8판

KERIN 핵심마케팅

8판

KERIN 핵심마케팅

Roger A. Kerin · Steven W. Hartley 지음
김성영 · 임채운 · 채명수 · 강민정 · 배정호 · 송상연 옮김

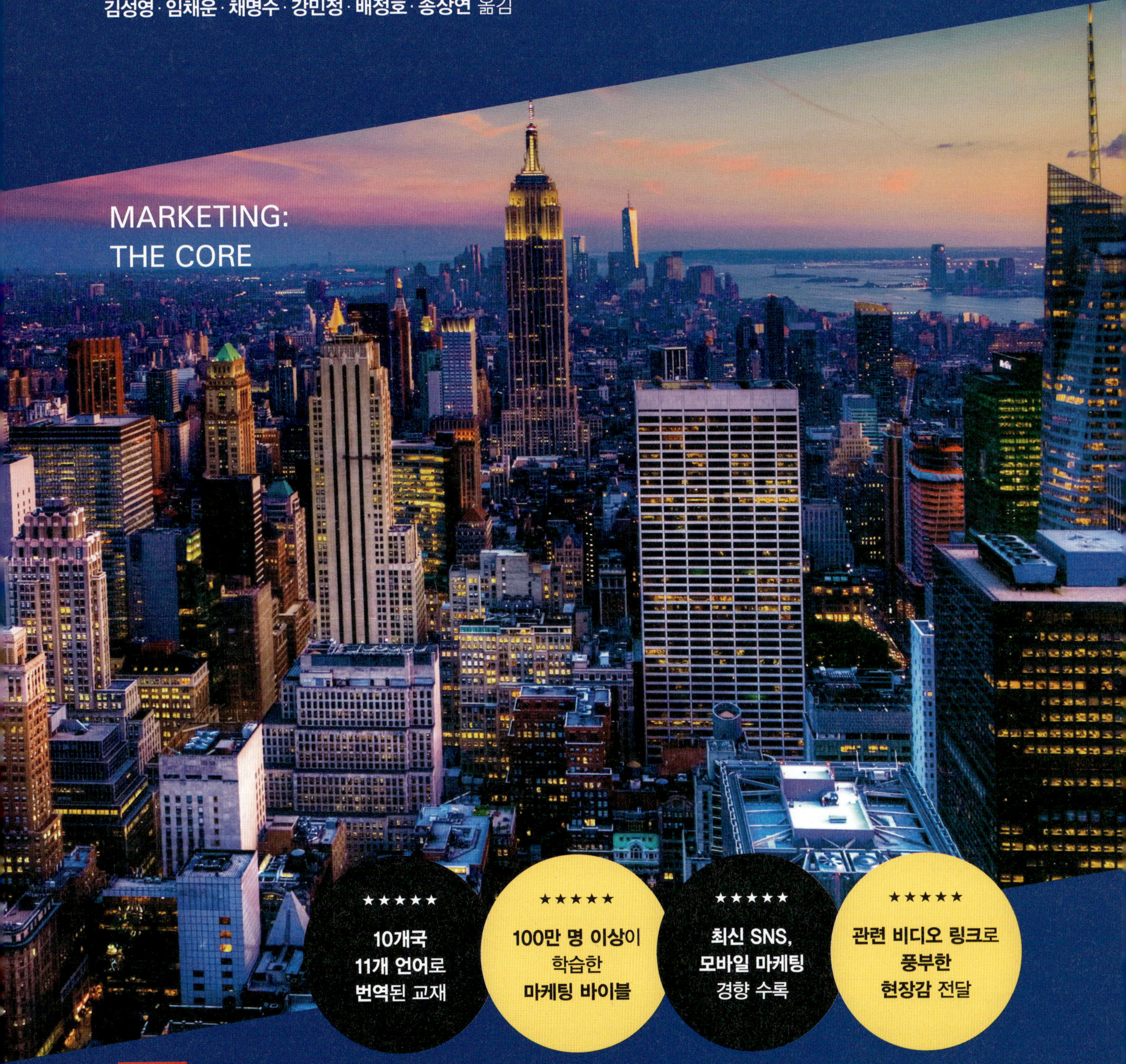

MARKETING:
THE CORE

★★★★★
10개국
11개 언어로
번역된 교재

★★★★★
100만 명 이상이
학습한
마케팅 바이블

★★★★★
최신 SNS,
모바일 마케팅
경향 수록

★★★★★
관련 비디오 링크로
풍부한
현장감 전달

Mc Graw Hill

교문사

Marketing: The Core, 8th Edition

1 2 3 4 5 6 7 8 9 10 GMS 20 21

Original: Marketing: The Core, 8th Edition © 2020
By Roger A. Kerin, Steven W. Hartley, William Rudelius
ISBN 978-1-260-08886-1

This authorized Korean translation edition is published by Gyomoonsa. in arrangement with McGraw-Hill Education Korea, Ltd. This edition is authorized for sale in the Republic of Korea.

This book is exclusively distributed by Gyomoonsa.

When ordering this title, please use ISBN 978-89-363-2074-4

Printed in Korea

저자들의 환영 인사

여러분의 인생에서 기술이 중요한 부분입니까? 여러분에게는 혁신적이고 창업가적인 마인드가 있습니까? 목표를 이끄는 일이 중요하다고 생각하십니까? 세상을 변화시킬 수 있다고 생각해본적 있습니까? 질문에 대한 답이 하나라도 '그렇다'라면 마케팅을 공부하기로 한 결심이 헛되지는 않을 것입니다. 또 여러분이 로봇에 흥미를 느끼고, 광고 속 가상현실이나 증강현실, 웨어러블기술, 유튜브 채널 브랜드, 게임화(gamification)에 관심이 있다면 마케팅을 공부하는 과정에서 여러분이 얻게 될 통찰력에 흥분하게 될 겁니다. 우리 역시 이처럼 신나는 분야의 책을 통해 여러분을 도와줄 수 있다고 생각하니 기쁩니다.

우리는 경험을 통해 강의실에서 여러 가지 이유로 마케팅을 공부한다는 것을 알고 있습니다. 마케팅 전공자들은 학위를 취득하기 위한 여러 강의의 첫 단계로 마케팅 원론을 듣습니다. 다른 경영학 분야 전공자들에게는 마케팅이 경영학의 핵심 과목 중 하나입니다. 경영학 전공자가 아닌 다른 학생들은 시장에서 일어나는 현상에 관심을 느껴 마케팅을 선택합니다. 마케팅을 수강하는 이유와 관계없이 우리는 현대 마케팅의 새로운 추세, 개념, 실행, 도전과 기회를 탐구하는 것을 돕는 것이 즐겁습니다. 학생들이 과거의 경험과 미래에 관심을 가지고 마케팅 분야를 탐구하고 공부하기를 강력하게 권합니다.

마케팅이라는 학문은 역동적인 특징이 있어 학습을 위한 다양한 자료가 필요합니다. 그래서 우리는 많은 시간과 노력을 들여 가장 최신의, 통찰력을 불러일으키는, 포괄적인 시장 정보를 제공하는 데 초점을 맞추었습니다. 최근 학생들의 학습방식은 전통적인 관찰형 학습에서 협력형 학습으로 극적으로 변화하고 있습니다. 이러한 변화에 따라오는 다양한 특성을 포함하기 위해 최선을 다했습니다. 마케팅의 복잡한 현상을 제시하고, 학습방식의 변화를 촉진하기 위해 다음 세 가지 차원에서 노력을 했습니다.

- 참여: 교수로서 여러 학생, 경영자, 강사와 상호작용하며 많은 도움을 얻었습니다. 그들의 통찰력은 강의에 접근하는 방식과 교재를 저술할 때의 관점 형성에 큰 도움을 주었습니다. 우리 접근방식의 요체는 참여형, 통합적 그리고 시의적절한 자료를 활용하여 능동적인 학습을 유도하는 것이었습니다. 강의실에서의 활동, 상호작용형 블로그, 마케팅계획 작성, 온라인 광고와 웹 링크 설정 등은 참여형 모델의 몇 가지 사례에 불과합니다.
- 리더십: 우리의 접근법은 새로운 아이디어, 원리, 이론 및 실행방식의 발굴과 제시에서 리더의 역할을 수행하자는 것이었습니다. 이러한 역할은 경영학이 급격히 변화·발전하고 전통적 마케팅의 모든 측면에 영향을 미치는 변화가 가속화됨에 따라 이전보다 더 중요해지고 있습니다. 우리는 학생들이 소셜미디어, 데이터 애널리틱스, 마케팅측정치와 같은 주제와 관련된 최신 자료를 접하면서 관련 업무를 수행하는 데 있어 리더의 역할을 할 수 있을 것으로 확신합니다.
- 혁신: 새로운 에듀테크와 혁신적인 강의도구로 인해 참여와 리더십 측면이 더욱 돋보이게 되었습니다. 예를 들어 커넥트, 스마트학습, 스마트북은 오늘날 젊은 학생들의 '언제 어디서나' 스타일의 학습에 적합한 상호작용적 디지털 플랫폼을 제공합니다. 멀티미디어 학습을 위해 새로운 영상을 제공하고 텍스트와 파워포인트 자료에서도 비주얼을 강화했습니다.

지금까지 7판을 11개 언어로 출간하면서 학생들과 강사들로부터 열정적인 피드백을 받았고, 이에 감사를 드립니다. 마케팅이라는 흥미로운 학문에 대한 열정을 여러분과 공유할 수 있게 되어 매우 기쁩니다. 8판 《핵심마케팅(Marketing: The Core)》에 모두를 초대합니다.

Roger A. Kerin
Steven W. Hartley

서문

우리 저자들은 대학 강의실에서의 경험을 통해 독창적·혁신적이고 매우 효율적인 강의 및 저술 방식을 개발했습니다. 이 방식이 바로 핵심마케팅의 근간입니다. 마케팅 학문의 발전, 새로운 저작 및 강의 방식의 개발되고 있지만 여전히 본문과 보충 학습자료는 중요합니다. 이 책의 두드러진 특징은 아래와 같습니다.

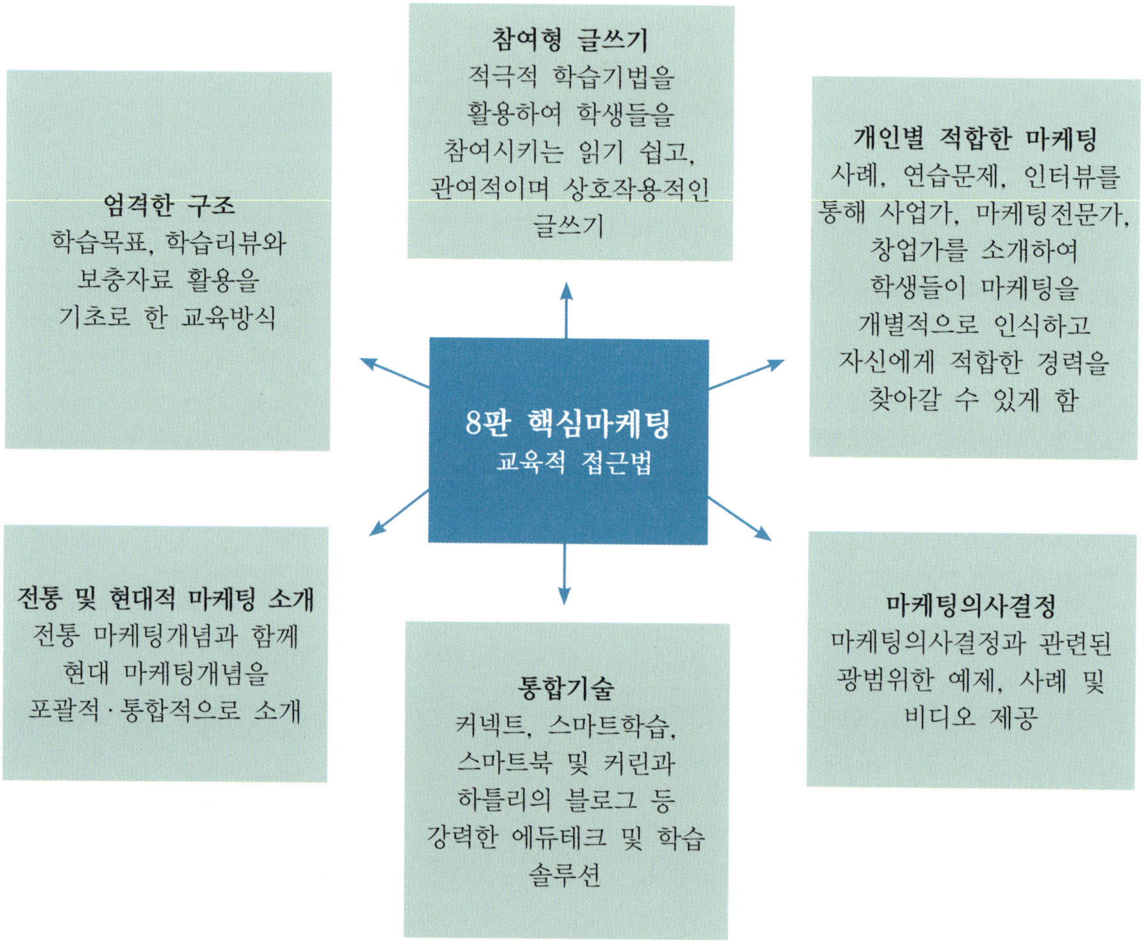

8판《핵심마케팅》의 목표는 마케팅 전공 학생들과 강사들에게 특별한 경험을 만들어주는 것입니다.《핵심마케팅》의 개발은 엄밀한 평가과정을 기반으로 하여 그 과정의 결과물이 참여, 리더십과 혁신에 기초한 교재와 보충학습자료가 되도록 했습니다.

참여

저자들은 강사, 연구자, 컨설턴트로서 쌓은 경험을 통해 무려 100만 명에 달하는 학생들로부터 조언을 받아 많은 깨달음을 얻었습니다. 미래 마케팅교육의 성공은 높은 수준의 참여를 요구한다고 굳게 믿습니다. 참여는 학생과 강사, 다른 학생, 기업 및 출판사 간의 상호작용을 촉진함으로써 이루어질 것입니다. 《핵심마케팅》의 수준 높은 참여의 예는 아래와 같습니다.

강의실활동과 디지털강의실활동

강사용 매뉴얼에 있는 강의실활동은 강사와 학생뿐만 아니라 학생들 간 토론에 참여하도록 유도하기 위해 디자인된 것으로 서베이, 온라인 자료, 강의실 밖 과제, 관찰 등으로 구성되어있습니다. 각 활동은 교재에 있는 개념을 제시하고 단독 혹은 팀으로 수행됩니다. 캔디바 디자인, 셀프마케팅, 펩시콜라 대 코카콜라의 맛 대결, 기억 나는 TV광고 만들기 등을 말입니다. 몇몇 장에는 디지털활동도 추가되어있습니다. 강사용 자료에 있는 활동들은 웹 및 마케팅 데이터의 활용에 초점이 맞추어져 있습니다.

상호작용 웹페이지 및 블로그

학생들은 마케팅에 관한 최근 문헌과 다른 학생들이 포스트한 댓글에 접근할 수 있습니다. www.kerinmarketing.com에서 핵심마케팅 트위터 피드에도 접근할 수 있습니다.

마케팅계획 세워보기

매 장의 끝에 있는 '마케팅계획 세워보기'는 부록에 제시된 마케팅계획에 기반을 두고 있습니다. 이 활동은 혼자서 할 수도 있고, 강의 중간에 과제로 작성해볼 수도 있습니다. 학생들은 활동을 통해 비즈니스와 상호작용하며 마케팅계획을 세워볼 수 있게 됩니다. 학생뿐만 아니라 고용주들에게도, 학생들의 포트폴리오에 잘 만들어진 마케팅계획이 있다면 오늘날 경쟁이 매우 심한 고용시장에서 큰 도움이 될 것이라고 말합니다.

리더십

《핵심마케팅》이 미국뿐 아니라 세계적으로 유명한 이유는 최신의 마케팅 콘텐츠와 교육기법 때문입니다. 《핵심마케팅》은 윤리, 기술, 상호작용 마케팅을 최초로 소개한 교재입니다. 그뿐만 아니라 마케팅원리 이해와 실행을 위해 최초로 맞춤형 비디오를 제작하여 학생들이 교재를 읽을 때 관련된 내용을 실감나게 이해하도록 도와주고 있습니다. 우리 저자들은 새로운 학습 도구를 개발하는 데 리더십을 발휘해보았습니다. 학습목표, 학습리뷰, 학습목표 리뷰를 교육학 이론에 따라 제시하고, 블룸(Bloom)의 분류에 따라 만들어진 시험문제도 제공합니다. 이 책이 마케팅 분야 저서 중 최고인 이유를 생각해봅시다.

역자 주
학습목표 리뷰는 번역하지 않았으므로 학생들이 직접 복습해보길 바란다.

17장 소셜미디어와 모바일마케팅을 활용하여 고객과 접촉하기

《핵심마케팅》은 17장 전체를 소셜미디어와 모바일마케팅을 소개하는 데 할애하고 있습니다. 새로운 환경은 급격히 변화하며 지속적으로 발전하고 있습니다. 저자들은 소셜미디어와 모바일마케팅의 현재를 보여주기 위해 관련된 콘텐츠와 사례를 낱낱이 소개했습니다. 트위터, 페이스북, 링크드인과 유튜브 등 주요 미디어 플랫폼에 관해 논의하며 마케팅활동을 위해 기업과 경영자들이 미디어 플랫폼을 활용하는 방식에 대하여 논했습니다. 17장에 있는 '소셜미디어 마케팅 프로그램과 고객참여'라는 제목의 절에서는 소셜미디어를 선택하는 기준, 소셜미디어가 매출을 만들어내는 과정, 소셜미디어와 모바일마케팅을 활용한 기업의 성공 여부를 측정하는 방법을 다루었습니다. 17장은 이 책이 해당 분야에서 가장 앞서간다는 것을 웅변해줍니다.

마케팅계기판

'마케팅계기판' 박스에서 소개하는 마케팅측정치 활용방법은 성과측정치와 그것을 시각화하는 방법인 계기판을 보여줍니다. 이는 최근 마케팅환경 변화에 따른 최신 기법입니다. 이 책에서는 제품군개발지표(CDI), 브랜드개발지표(BDI), 용량관리지표, 매출액 대비 프로모션 비율, 1,000회당 임프레션 원가(CPM) 등 많은 측정치를 소개하고 있습니다. 독자들은 이러한 측정치를 학습 및 실습하며 실제로 적용해볼 수 있습니다.

컬러로 제시되는 그래프와 표

이 책의 그래프와 표는 컬러로 제시되어있습니다. 교재의 가독성을 높이고, 독자들이 교재를 이해하는 수준을 높이기 위해서입니다.

최신 비디오 케이스

각 장은 본문에서 제시된 주제를 뒷받침하는 '비디오 케이스'로 끝을 맺습니다. 학생들은 IBM, 토요타, 저스틴즈, 바디글러브, 고프로(GoPro), 카퍼톤과 같은 최신 기업 사례에서 친숙한 기업에 관한 정보를 얻을 수 있습니다.

혁신

급변하는 교육환경에서 혁신은 효과적인 학습의 필수사항입니다. 《핵심마케팅》은 교재 시장에서 리더의 위치를 유지하기 위해 학생들의 학습 스타일과 관심에 적합한 혁신적인 교육방식을 적용하고자 최선을 다하고 있습니다. 저자들은 교재와 보조학습 자료의 진정한 혁신을 이루기 위해 기술이 발전되는 것을 지켜보며 그것에 항상 귀를 기울이고 있습니다. 본문에 삽입된 링크, 트위터 피드, 하이퍼링크로 연결되어 있는 PPT 슬라이드와 온라인 블로그는 맥그로힐 출판사의 커넥트, 스마트학습과 스마트북 같은 온라인 혁신과 함께합니다.

본문에 삽입된 링크

잡지 광고, TV 프로그램, 카탈로그, 점포 내 전시물, 제품 패키지 등 교재 곳곳에 링크가 존재합니다. 이 링크는 교재에 소개되어있는 기업과 제품 관련 광고에 생동감을 불어넣어줍니다. 제품, 브랜드, 광고 관련 비디오는 최신 변화를 잘 반영합니다. 모든 링크에는 설명이 붙어있고 최신 캠페인과 시장 변화를 반영하기 위해 지속적으로 갱신될 예정입니다. 독자들은 각 장 끝에 등장하는 비디오 케이스를 스트리밍해볼 수도 있습니다. 그러기 위해서는 e-book의 링크를 클릭하거나 스마트폰이나 PC를 활용해 링크에 접속하면 됩니다.

역자 주
한국에서는 e-book이 제공되지 않아 링크를 클릭하여 접속할 수 없으므로 주소를 타이핑해서 접속해야 한다.

트위터 피드와 온라인 블로그

핵심마케팅 온라인 토의에 참여하거나 트위터 피드를 살펴보려면 커린마케팅닷컴(www.kerinmarketing.com)을 방문해봅시다. 트위터 피드를 구독해서 오늘날의 마케팅에 관한 질문을 받아보고, #QotD로 반응을 보내도 좋습니다.

커넥트, 스마트학습, 스마트북

맥그로힐의 제품인 커넥트, 스마트학습, 스마트북은 학생들이 더 빨리 학습하고, 더 효율적으로 학습하고, 더 풍부한 지식을 축적할 수 있게 온라인 자료 패키지를 제공합니다. 이 자료들은 온라인 상호작용적 적응 학습도구의 기준으로 여겨지며, 학습센터의 역할, 필터링과 리포팅 기능, 즉각적 학생 피드백 기능 등 여러 측면에서 해당 산업 전문가들로부터 찬사를 받고 있습니다. 그뿐만 아니라 강의자를 위해 '마케팅계획 실습에 기반을 둔 자동평가기능', '마케팅계기판'과 교재에 소개되어있는 '마케팅측정치'에 기반을 둔 활동 등 다양한 상호작용적 과제 및 평가 기능을 개발했습니다.

혁신적인 문제은행

5,000개 이상의 객관식 및 주관식 문제를 담은 강의자용 문제은행은 지난 20여 년간 이루어진 혁신의 결과입니다. 이 문제은행에는 각 장과 관련된 가상 질문도 포함되어있습니다. 가상 질문은 주요 그래프, 표, 이미지를 이해하려는 학생들의 노력에 보상하기 위해 고안되었습니다.

감사의 말

교재와 보충자료를 끊임없이 개선하기 위해 지난 판을 리뷰하는 과정에 많은 노력을 기울여왔습니다. 이러한 노력을 기반으로 8판의 개발과정에서는 몇 번의 개선과 다양한 독자들의 피드백을 얻는 과정을 거쳤습니다. 지금까지 교재 개발에 조언을 아끼지 않은 많은 분들이 계십니다. 이들은 학생, 전 세계의 마케팅 강사, 대학 교직원, 비즈니스 관련 잡지의 편집자와 기고가, 기업 직원, 모든 마케팅 전문가들을 망라합니다. 그들의 조언을 통해 가장 포괄적이고, 시대에 적합하고, 통합적인 강의 및 보충자료 패키지가 완성되었습니다.

이처럼 많은 분들이 우리 팀의 일원이 되어준 것은 행운입니다. 특별히 우리의 오랜 친구이자 동료이며 공동 저자였던 윌리엄 루디리우스(William Rudelius)의 통찰력과 조언에서 많은 도움을 얻었습니다. 그의 기여는 진정 끝이 없었습니다.

저자들이 소속되어있는 대학의 동료 교수, 박사과정 학생, 비서 등 많은 분들께 감사드립니다. 이들은 원고를 자세히 읽어주고 검토하여 건설적인 조언을 해주었으며 교정과 편집에도 많은 도움을 주었습니다. 교재의 완성도를 높이기 위해서는 그래픽, 레이아웃, 사진 등 세밀한 부분까지 점검하는 것이 매우 중요합니다. 이 과정은 저자, 디자이너, 편집자 등과 긴밀한 협조가 필요한 부분이기도 합니다. 마감에 쫒기면서도 자세한 부분까지 세밀하게 챙겨준 맥그로힐의 담당자 덕분에 교재의 완성도가 매우 높아졌습니다. 이에 감사드립니다.

맥그로힐에 있는 모든 직원 분들의 높은 전문성에 감사드립니다. 책을 완성하기 위해서는 생산, 마케팅, 편집 그리고 연구 분야 인력의 노력이 필수적입니다. 그들은 이런 면에서 어떤 수고도 아끼지 않고 최선을 다해주었습니다. 그들의 노력에 진정으로 감사드립니다.

역자 서문

한국에서 가장 먼저 소개된 마케팅 교재는 코틀러 교수가 저술한 것이었다. 한때는 한국에서 유일한 마케팅 교재인 것처럼 여겨지기도 했다. 그동안 다양한 외국 교재들이 번역 및 소개되었고 한국 마케팅학계의 수준도 높아지면서 국내 대학 교수들이 저술한 교재의 수준도 매우 높아졌다. 그럼에도 불구하고 7년 전에 번역 소개되었던 Kerin과 Hartley 교수의 《핵심마케팅》이 단연 뛰어난 마케팅 교재라는 역자의 생각은 변함이 없다. 체계적인 구성, 유려한 필체, 적절한 사례 소개, 간단 명료한 개념 소개라는 측면에서 가장 앞서가는 교재라고 생각한다. 이는 전 세계적으로 가장 많이 판매되는 마케팅 교재 중 하나라는 사실에서도 드러난다. 이 교재는 11개의 언어로 번역되어 전 세계에서 판매되며 누적 독자가 100만 명을 넘어섰다.

《핵심마케팅》 4판이 한국에 소개된 지 어느덧 7여 년이 지났다. 그동안 마케팅을 둘러싼 환경에 많은 변화가 있었고 이에 따라 이론과 실행에서도 많은 변화가 일어났다. 그중 마케팅에 가장 광범위한 영향을 미치는 변화는 기술의 발전에 따른 전자상거래의 활성화와 소셜미디어의 부상이었다. 이베이, 아마존 및 한국의 인터넷 쇼핑몰, 페이스북, 유튜브, 카카오톡 등 대표적 소셜미디어가 시작된 지는 오래되었지만 대부분의 마케팅 교재들은 이들을 소개하는 정도에 그치고 있을 뿐이었다. 학계에서의 연구는 현상의 변화에 따라 즉각 이루어지지만 현상이 정착되기 전에 교재에서 다루는 것은 한계가 있기 때문일 것이다. 이러한 문제에도 불구하고 《핵심마케팅》은 이미 4판에서 급부상하는 인터넷마케팅, 상호작용마케팅 등의 영향력을 소개한 바 있으며 8판에서는 거의 모든 장에서 소셜미디어, 온라인 상거래, 공유경제를 다루며 소셜미디어와 모바일마케팅 소개에 17장을 모두 할애하고 있다. 저자들이 서문에서 자랑스럽게 말하는 이러한 점은 8판 《핵심마케팅》이 가장 앞서가는 교재인 이유 중 하나이다.

《핵심마케팅》의 또 다른 뛰어난 점은 학생들의 능동적 참여를 유도한다는 것이다. 이론을 소개할 때도 다양한 사례를 들어 이론이 현실에 적용되는 예를 볼 수 있도록 하며 장마다 '마케팅지식 적용해보기'를 작성함으로써 이론 적용에 직접 참여해보도록 유도한다. 그뿐만 아니라 장마다 관련된 비디오 케이스를 소개하여 이론이 적용되는 생생한 현장을 느낄 수 있으며, 본문 곳곳에 관련 광고, 제품 소개, 고객 인터뷰 등을 집어넣어 작은 비디오 링크를 클릭하면 시청할 수 있게 했다. 한국에서는 e-book이 제공되지 않아 바로 클릭하여 시청할 수 없다는 아쉬움이 있고, 영어로 되어있어 시청에 어려움이 있을 수는 있으나 실제 현장의 생생한 스토리를 알 수 있어 많은 도움이 될 것이다. 덤으로 영어 실력의 향상도 기대해볼 수 있다. 2장과 3장 사이에 부록으로 소개되는 마케팅계획 사례는 학생들이 직접 마케팅계획을 세워볼 수 있는 좋은 기회를 제공한다. 《핵심마케팅》을 교재로 채택하여 강의하는 많은 대학에서 기말 과제로 마케팅계획을 작성하여 제출하게 하고 있는데, 이는 학생들이 취업할 때 도움이 될 수 있고 직장에서 일하면서, 혹은 자신의 사업을 구상할 때 많은 도움이 될 것으로 확신한다.

이제 8판 《핵심마케팅》을 번역 소개함을 매우 기쁘게 생각하며 한국의 학생들이 더욱 쉽고 명료하게 마케팅을 이해하는 데 일조할 것이라고 믿어 의심치 않는다. 번역하면서 어려움을 겪었던 몇 가지 사항을 소개하면서 서문을 마무리한다.

1. 번역 초기에는 한국 사례를 가급적 많이 삽입하는 것으로 계획하였으나 번역을 하는 도중 한국 사례는 소개하지 않는 것으로 가닥을 잡았다. 그 이유는 책에 있는 사례들이 독립되어있는 것이 아니라 책의 내용과 밀접하게 연계되어 사례 하나를 바꿀 경우 책의 내용을 상당 부분 고쳐야 하고, 그렇게 하면 저자의 원래 의도와 번역서의 내용에 차이가 생기는 사태가 발생할 수 있을 것이라 생각했기 때문이다. 이 점이 바로 이 책의 우수성인데, 모든 내용들이 서로 밀접하게 연관되어 개념을 설명해주고 있기 때문에 어느 한 부분도 빼거나 더하기 어렵게 구성되어있다. 세계적으로 앞서가는 기업들의 사례를 통해 학생들이 글로벌기업에 보다 친숙해질 수 있다는 것이 오히려 장점으로 나타나길 바란다.
2. 마케팅용어를 한국말로 번역하는 것이 쉽지 않았다. 지난 10여 년간 소셜네트워크가 일반화되면서 많은 영어 단어가 번역되지 않은 채 그대로 사용되고, 시류에 따라 많은 유행어가 만들어지고 있다. Greek라는 단어는 그리스식이라 번역해도 되나, 그릭요거트라는 말이 정착되어 있기에 그릭이라는 발음 그대로 사용하기로 한 것처럼 말이다. 소셜미디어에 글을 게시한다는 의미의 post도 이 책의 주 독자층에게는 '게시'보다 '포스트'라고 하는 것이 적합할 것이다. comment도 유사한 경우인데, 이 역시 번역하지 않고 코멘트라고 하거나 의견 등으로 번역할 수 있으나, 한국에서 널리 사용되는 단어인 '댓글'로 번역하는 것이 가장 적합할 것으로 판단하였다. promotion 또한 하나의 예로, 많은 교재에서 촉진이라는 용어가 사용되지만 광고회사 등 실제 업무에서는 프로모션이라고 칭하는 경우가 대부분이며, 경영학을 전공하지 않은 사람들은 촉진이라는 단어 자체를 들어본 적이 없다는 반응도 있었다. 이 책에서는 주로 '프로모션'을 사용하되 필요시 '촉진'도 병행 사용하였다.
3. 이 교재로 강의하고 학습하는 것을 도와주기 위해 저자들을 매우 풍부한 보충자료를 제공하고 있다. 학생들의 이해를 도와주는 테스트 뱅크, 종이책이 없어도 언제 어디서나 교재를 읽을 수 있게 해주는 e-book, 맥그로힐이 제공하는 'Connect, Smart Learning, Smart Book'이 제공하는 온라인 자료 패키지 등이 바로 그것이다. 그렇지만 한국에서는 이러한 서비스를 활용하기가 어려우며 번역 역시 현실적으로 불가능하다. 이 점을 아쉽게 생각하며, 이러한 문제는 이 책의 활용이 한국에서 확산된다면 해결될 것으로 기대해본다.

역자 대표 김성영

차례

2부 소비자와 시장의 이해

1

마케팅을 통한 고객관계 및 고객가치의 창조

LEARNING OBJECTIVES

다음 학습목표를 달성해보자.

목표 1 마케팅을 정의하고 마케팅활동에 영향을 미치는 다양한 요인들을 확인한다.

목표 2 소비자욕구를 어떻게 발견하고 만족시키는지 설명할 수 있다.

목표 3 마케팅믹스 변수와 환경 변수를 구분하여 설명할 수 있다.

목표 4 조직이 어떻게 마케팅을 통해 강력한 고객관계를 구축하고 고객가치를 창출하는지 설명할 수 있다.

목표 5 시장지향의 특징을 설명할 수 있다.

고객가치의 창출: 초바니요거트가 한 일!

당신은 건강을 의식하는 소비자인가? 당신에게 높은 가치를 제공할 식품을 찾고 싶은가? 그렇다면 초바니(Chobani)요거트에 주목해보자.

만일 당신이 초바니요거트를 구매해서 맛있게 먹었다면 엄청난 마케팅 성공 스토리가 될 것이다. 불과 몇 년 전만 해도 미국의 요거트 시장은 다논(Dannon)과 요플레가 지배하고 있었다.

함디 우루카야(Hamdi Ulukaya)가 창업한 브랜드 초바니는 낮은 설탕 함량, 고단백질 그릭(그리스식)요거트로 미국 소비자들의 변화하는 취향을 만족시켰다. 오늘날 초바니는 연 매출액 15억 달러를 넘어섰으며 최근에는 가장 혁신적인 기업으로 여겨지며 미국의 식품 매장을 흔들고 있다.

초바니요거트 성공의 비결은 무엇일까? 초바니의 이야기를 끝까지 살펴보자.

특별한 제품을 창출하다

초바니의 웹사이트를 보면 "더 많은 사람들에 더 좋은 식품을 제공한다"라는 사명에 따라 행동한다고 적혀 있다. 소개에 따르면 그들은 인근 지역에서 우유를 공급받아 단백질을 두 배 이상 함유한 유달리 진한 요거트를 걸러내며, 여기에는 생과일과 천연당이 첨가되어있다. 창업자의 말에 따르면 초바니의 레시피는 고품질 제품에 대한 헌신의 결과이다. 그는 "나는 매우 까다로운 사람이다. 레시피를 확정하는 데 18개월 이상 걸린다. 기회는 오직 한 번뿐이며 그것은 완벽해야 한다는 것을 알고 있다"라고 말한다. 우루카야는 뉴욕에 위치한 작은 도시의 도산한 낙농 공장을 중소기업대출로 구매한 후 환경과 커뮤니티에 초점을 맞추고 지속가능성을 고려하여 시설을 개조하였다.

Source: Chobani, LLC

Source: Chobani, LLC

Source: Chobani, LLC

고객과의 연결을 시도하다

초바니에는 전통적인 광고를 시행할만한 돈이 없었다. 그래서 만족한 고객이 다른 고객에 새로운 유형의 요거트에 관해 소문을 퍼뜨리는 구전효과에 의존했다. 그들은 트위터나 페이스북 등의 SNS를 적극 활용하여 고객과 소통하였고, CHO모바일로 불리는 사이버 요거트 트럭 사이트에서 무료 샘플을 나누어주면서 첫 구매를 유도하였다. 대중의 관심을 끄는 결정적 계기는 미국 올림픽팀과 장애인 올림픽팀에 대한 후원이었다.

초바니는 소규모 식품점보다는 유명 대규모 식품체인점에 입점하기 위해 애썼으며, 특별식품이나 건강식품 코너가 아니라 일반 유제품 코너에 진열될 수 있게 노력하였다. 우루카야는 사람들이 초바니에 관해 들어본다면, 한 번만 먹어본다면, 식품점에서 쉽게 구매할 수 있다면, 미국 사람들이 초바니 그릭요거트를 좋아할 것이라고 확신했다.

Video 1-1
Chobani Fruit Symphony Ad
kerin.tv/cr8e/v1-1

오늘날의 초바니

초바니는 소비자들의 취향 변화를 지속적으로 모니터하여 그들의 입맛에 맞는 신제

최초의 초바니 소매점인 뉴욕 초바니 소호(Chobani SoHo)에서는 혁신적인 토핑을 얹은 독특한 요거트를 판매한다.

품을 출시하고 있다. 그 예로는 드링크 초바니(Drink Chobani)라 불리는 마시는 요거트가 있다. 이 제품의 패키지 디자인에는 별도로 과자를 보관할 수 있는 공간이 있어, 용기를 비틀어 뒤집으면 바삭한 상태의 과자가 요거트에 섞인다. 신맛이 덜한 스무드 요거트(Smooth Yogurt), 초바니 세이버(Chobani Savor)라 불리는 짜 먹을 수 있는 패키지 등도 출시하여 기존고객뿐 아니라 새로운 고객의 취향에 맞도록, 또한 다양한 상황에서 편하게 먹을 수 있도록 하였다.

그들은 뉴욕의 소호와 트리베카 지역에 요거트 카페를 오픈하여 고객과 지속적으로 접촉하고 있다. 새로운 아이디어를 메뉴에 즉각 반영하고 테스트하여 큰 성공을 거두며 LA, 샌프란시스코, 시카고 등 미국 주요 도시에 지점을 확대할 계획을 세우고 있다. 식품 창업가들의 아이디어를 육성하고 투자하기 위한 기관 '초바니식품인큐베이터(Chobani Food Incubator)'의 설립계획도 발표했다.

오늘날 초바니는 미국 그릭요거트 시장에서 40% 점유율을 보이고 있다. 80억 달러 규모의 전체 요거트 시장에서 거의 절반을 차지하는 셈이다. 유튜브 초바니 채널에서는 '식품을 믿어라', '당신 인생을 사랑하라', '나쁜 것은 사절(No Bad Stuff)'과 같은 제목의 광고가 나오고 미식축구 결승전인 슈퍼볼(Super Bowl)에 건강한 스낵을 찾아 포효하는 635kg의 거대한 곰이 출연하는 광고를 내보냈다. 슈퍼볼에 광고를 내보낸다는 것 자체가 초바니의 대성공을 말해준다.

마케팅이란 무엇인가?

여러분은 마케팅 전문가인가? 그렇다면 최첨단 TV 구입에 얼마를 쓸 수 있는가?

©Kobby Dagan/VWPics via AP Images

다행인 것은 우리가 이미 마케팅 전문가라는 사실이다! 우리는 여러 마케팅활동과 함께 마케팅에 관한 의사결정을 매일 내린다. 예를 들어보자. LG 시그니처 77인치 OLED TV를 24,999달러와 7,999달러 중 어느 가격에 더 많이 팔 수 있을까? 당연하게도 7,999달러라고 답할 것이다. 이처럼 일상의 쇼핑경험을 통해 우리는 이미 마케팅에 관한 전문성을 갖고 있다. 소비자로서 우리는 판매보다 구매를 할 때가 많지만 수많은 마케팅의사결정에 관여한다.

우리가 이미 마케팅 전문가라는 사실은 좋은 일이긴 하다. 하지만 마케팅활동이 항상 쉽지만은 않다는 것이 문제이다. 해마다 수천 가지 신제품이 시장에 출시되었다가 조용히 사라지고 있다.

마케팅과 우리의 커리어

마케팅은 모든 사람, 모든 조직, 모든 산업, 그리고 모든 국가에 영향을 미친다. 이 책은 우리가 직접 '마케팅활동을 하도록' 하거나, 혹은 실제 마케팅 의사결정에 직면한 마케팅관리자의 입장에서 마케팅 개념을 익히도록 구성되어있다. 이 책은 마케팅의 여러 실제 사례를 보여줄 것이며 마케팅이 우리 생활에 어떻게 영향을 미치는지도 보여줄 것이다. 이러한 지식은 우리가 좋은 소비자가 되는 데, 더 많은 정보를 지닌 시민이 되는 데, 나아가 우리의 커리어를 설계하는 데 도움을 줄 것이다.

아마 우리는 미래에 큰 조직을 위해 판매를 하거나 마케팅활동을 하는 것과 관련된 일을 하게 될 수도 있다. 애플, 포드, 식품기업 제너럴밀스(General Mills) 혹은 페이스북같이 유명한 회사와 일한다면 개인적으로는 만족스러울 거고, 재정적으로는 충분한 보상을 받을 것이며, 친구들에게는 부러움을 살 것이다.

테슬라와 스페이스X의 CEO는 대학을 졸업하자마자 사업을 시작했다.
©Reuters/Alamy Stock Photo

스타트업이나 소규모 기업에도 마케팅 관련 일자리가 많이 있다. 미국의 경우 소규모 기업이 대부분의 신규 일자리를 창출한다. 우리가 창업을 하여 사장이 될 수도 있다.

스탠포드대학교를 졸업 후 바로 웹 소프트웨어 기업인 집2(Zip2)를 창업한 일론 머스크(Elon Musk)는 좋은 예가 될 것이다. 그는 집2를 판 자금으로 다른 사업을 시작했고, 이는 또 다른 사업에 합병되어 결국 결제 서비스를 제공하는 페이팔(PayPal)로 거듭났다. 페이팔이 이베이(eBay)에 합병될 무렵 머스크는 우주 발사체를 디자인·제작하는 '스페이스X'라는 벤처를 창업했다. 이 벤처기업은 현재 위성을 띄우고 국제우주정거장에 화물을 실어 나르는 사업을 하고 있다. 이러한 초기 스타트업을 거쳐 전기차를 만드는 테슬라(Tesla)와 태양광 사업을 하는 솔라시티(SolarCity)도 창업했다. 이어서 그는 '하이퍼루프'라고 불리는 초고속 교통시스템의 디자인에 참여하는 경연을 시작하여 오픈AI(OpenAI)라는 비영리 AI기업을 창업했다. 뉴럴링크(Neurolink)라는 뇌과학기술 기업도 만들었다. 마케팅에 관심이 있는 우리도 머스크처럼 성공적인 사업을 시작할 수 있을 것이다!

마케팅: 조직과 이해관계자와 사회에 혜택을 준다

목표 1 마케팅을 정의하고 마케팅활동에 영향을 미치는 다양한 요인들을 확인한다.

미국마케팅학회(American Marketing Association)는 세계적으로 마케팅을 개발하고 실행하는 개인들과 조직을 대표한다. 이 학회는 마케팅을 다음과 같이 정의한다. "**마케팅**(marketing)은 소비자, 고객, 파트너 및 사회 전체에 가치를 제공하는 제공물을 창출, 커뮤니케이션, 전달, 교환하는 과정과 이를 위한 활동 및 참여하는 기관이다." 이 정의는 마케팅이 단순히 광고하고 판매하는 활동을 훨씬 넘어서는 것이라는 것을 말해준다. 고객에게 제공되는 재화, 서비스, 그리고 아이디어가 진정한 가치를 제공해야 한다는 것을 강조하는 것이다. 조직의 마케팅활동은 고객뿐 아니라 조직의 파트너와 사회 전체에 가치를 제공해야 한다는 점에 유의해야 한다.

마케팅
소비자, 고객, 파트너 및 사회 전체에 가치를 제공하는 제공물을 창출, 커뮤니케이션, 전달, 교환하는 과정과 이를 위한 활동 및 참여하는 기관

판매자와 구매자 모두에게 도움을 주기 위해, 마케팅은 ① 가망고객의 필요와 욕구를 찾아내고, ② 만족시키는 방법을 모색한다. 여기서 가망고객(prospective customer)이란 자신 혹은 가족을 위해 구매하는 개인이나 제조업체처럼 직접 사용하려고 구매하는 조직, 그리고 소매상 혹은 도매상처럼 되팔기 위해 구매하는 조직 모두를 가리킨다. 이 두 가지 목표를 달성하기 위한 핵심은 **교환**(exchange)이다. 교환은 판매자와 구매자 모두 더 나은 상태가 되기 위해, 혹은 더 좋아지기 위해 가치 있는 것들을 맞바꾸는 행위를 의미한다.

교환
판매자와 구매자 모두 더 나은 상태가 되기 위해 혹은 더 좋아지기 위해 가치 있는 것들을 맞바꾸는 행위

마케팅활동에 영향을 미치는 다양한 요인들

조직의 마케팅활동은 소비자의 욕구를 분석하고 만족시키는 일에 집중하지만, 이것은 조직이 단독으로 이루는 것이 아니라 수많은 개인, 집단, 많은 요인이 상호작용하며 이루는 것이다(도표 1-1). 우선적인 것은 조직 그 자체다. 조직의 사명과 목표는 그들이 어떤 사업을 하며 어떤 목표를 추구할 것인지를 결정한다. 조직의 관리자들은 목표 달성의 책임을 진다. 마케팅부서는 타 부서 및 직원들과 긴밀하게 협조하여 조직의 생존과 번성을 위해 필수적인 고객을 만족시키는 제품을 공급하고자 일한다.

도표 1-1은 마케팅활동에 영향을 미치는 조직 외부의 핵심 인물들, 집단 및 환경적인 요인들을 보여준다. 마케팅부서는 조직의 고객, 주주(비영리조직의 경우에는 활동 대상 집단의 대표들), 공급자 및 기타 집단들과 관계, 파트너십 및 제휴를 맺고 관리할 책임을 진다. 사회, 경제, 기술, 경쟁 그리고 규제와 관련된 요인 등 다양한 환경요인들도 조직의 마케팅활동에 영향을 미친다. 끝으로 조직의 마케팅의사결정은 사회 전체에 영향을 미치거나 받는다.

조직은 때로 상충되기도 하는 개인과 집단의 이해관계 사이에서 균형을 맞추어야 한다. 예를 들어 가장 저렴한 가격에 최고의 품질을 제공하거나, 공급자에게 가장 높은 가격을 지불하고 직원들에게 고임금을 주면서 동시에 주주들에게 높은 배당금을 지급하기란 불가능하다.

마케팅활동이 일어나기 위한 조건

마케팅활동이 일어나기 위해서는 적어도 다음의 네 가지 요인이 갖추어져야 한다. ① 충족되지 않은 욕구를 가진 둘 이상의 당사자(개인 혹은 조직), ② 욕구를 충족시키려는 의사와 능력, ③ 서로 커뮤니케이션할 수단, ④ 교환할 어떤 것.

도표 1-1 마케팅부서는 개인, 조직 그리고 환경요인들과 관계를 맺고 있다. 이들은 이러한 내적, 외적 집단과 관계를 형성하는 동시에 관계의 영향을 받기도 한다.

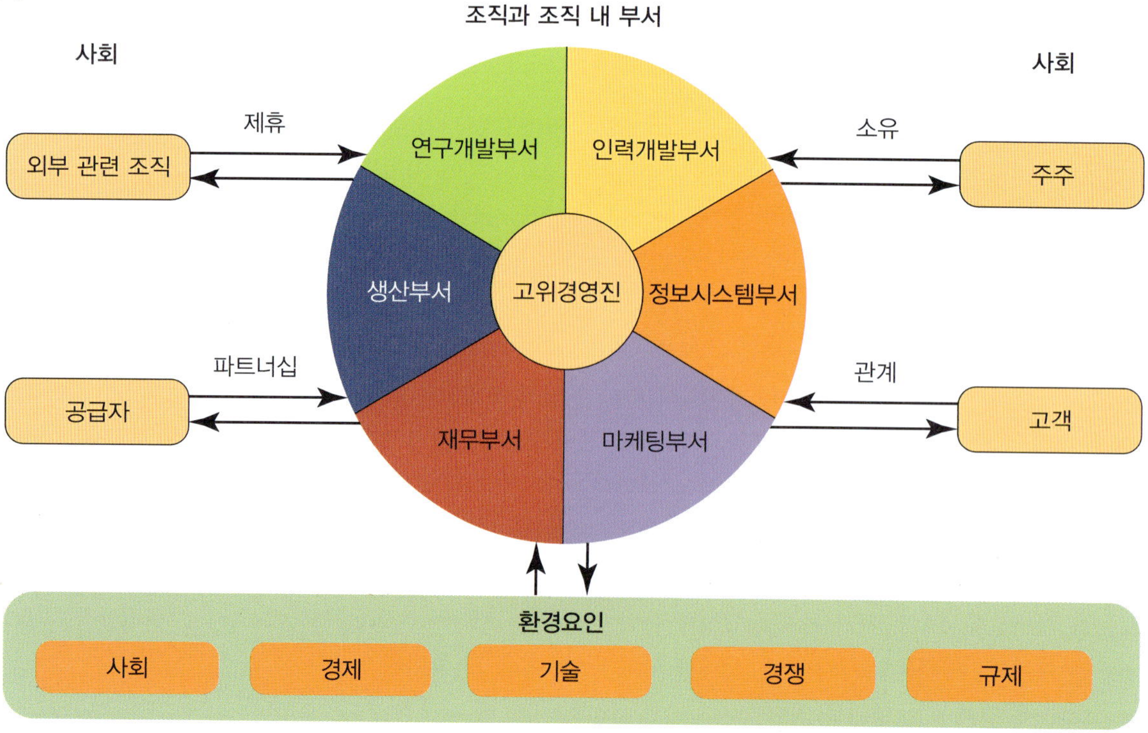

충족되지 않는 욕구를 가진 둘 이상의 당사자 밤 늦게 공부하다 무언가 먹고 싶은 욕구가 생겼는데, 가까운 도미노피자가 어디에 있는지 모른다고 가정하자. 그리고 도미노피자에는 메뉴를 두 가지 이상을 구매할 때 제공하는 '믹스앤매치(mix & match)' 스페셜이 있지만 주문이 없어서 누군가 주문하면 배달하려고 대기하고만 있다고 생각해보자. 이것이 바로 충족되지 않은 욕구를 가진 둘 이상의 당사자의 예이다. 무언가 먹고 싶은 욕구를 가진 당신, 그리고 누군가 주문하기를 기다리는 인근의 도미노피자점 말이다.

욕구를 충족시키려는 의사와 능력 당신과 도미노피자는 이렇게 충족되지 않은 욕구를 만족시키려고 한다. 그뿐만 아니라 당신은 온라인이나 전화로 혹은 직접 매장에 가서 주문하기 위한 돈을 가지고 있다. 도미노피자는 피자를 판매할 의사가 있으며, 피자를 굽고 배달하거나 매장에서 피자를 건네줄 능력도 있다.

커뮤니케이션할 수단 도미노의 피자나 다른 메뉴를 구매하는 마케팅 거래는 당신이 그 제품이 존재한다는 것을 알지 못하거나 매장의 주소, 웹사이트 혹은 전화번호를 알지 못한다면 발생할 수 없다. 마찬가지로 도미노피자는 인근에 잠재적 구매자가 있는 시장이 없다면 제품을 판매할 수 없을 것이다. 이때 휴대폰으로 쿠폰을 전달받거나, 지나가다가 도미노피자를 본다고 하면 구매자인 당신과 판매자인 도미노피자 간의 커뮤니케이션 장벽이 허물어진다.

교환할 어떤 것 마케팅은 판매자와 구매자가 무언가 가치 있는 것을 교환하여 거래가 이루어질 때 발생한다. 이 경우 당신은 도미노 '믹스앤매치' 메뉴에서 주문한 피자와 당신의 돈(5.99달러)을 교환하게 된다. 당신과 도미노피자 점주는 모두 무엇인가 얻기도 하고 포기하기도 했다. 그렇지만 상대의 충족되지 않은 욕구를 충족시켰기에 둘 다 더 좋은 상태가 된다. 당신은 허기를 채우기 위해 피자를 먹을 기회를 얻었지만 돈을 포기해야 한다. 도미노피자의 점주는 피자를 포기했지만 돈을 벌었기에 사업을 계속할 수 있을 것이다. 이 교환에 대한 윤리와 규제의 측면에 관해서는 3장에서 논의하겠다.

마케팅은 맨땅에서 일어나지 않는다. 여기서는 도미노피자의 믹스앤매치 메뉴에서 원하는 것을 구매하기 위한 조건을 설명한다.
Source: Domino's Pizza

학습리뷰

1. 마케팅이란 무엇인가?
2. 마케팅은 고객의 욕구를 ________하고 ________하는 데 집중한다.
3. 마케팅활동이 발생하려면 어떠한 조건이 충족되어야 하는가?

마케팅은 어떻게 소비자의 욕구를 발견하고 만족시키는가?

> 목표 2 소비자욕구를 어떻게 발견하고 만족시키는지 설명할 수 있다.

성공적인 제품 개발을 위해 소비자의 필요와 욕구를 발견하고 충족시키는 것이 중요하다는 사실이 마케팅을 이해하는 데 결정적이다. 여기서는 이 두 가지 단계를 자세히 살펴볼 것이다. 먼저 아래의 세 가지 제품에 관해 생각해보자.

소비자욕구의 발견

마케팅의 첫 번째 목표는 가망고객의 욕구 발견이다. 마케팅관리자는 고객의 아이디어를 잘 이해하기 위해 고객 서베이, 제품 개념 테스트 등 다양한 마케팅조사기법(7장에서 자세히 다룰 예정)을 널리 활용한다. 많은 기업이 고객으로부터 아이디어를 얻고, 그렇게 얻은 아이디어를 평가하기 위해 크라우드소싱(crowdsourcing) 웹사이트를 적극 활용하고 있다. 레고 그룹(LEGO Group)은 크라우드소싱 웹사이트의 방문자들로부터 1만 표 이상을 받은 아이디어는 제품 라인에 추가할 것을 고려한다. 고스트버스터즈가 활용하는 앰뷸런스, 마스 로버와 마인크래프트 시리즈 등 여러 유명 레고 블록이 웹사이트에서 얻은 아이디어에서 개발되었다! 그렇지만 때로 소비자들은 자신이 무엇을 필요로 하며 무엇을 원하는지 알지 못하거나 설명하지 못하기도 한다. 스마트폰, 전기자동차, 커넥티드홈과 같은 제품들이 좋은 사례다. 따라서 이러한 제품의 경우에는 소비자욕구에 대한 정교한 장기 예측이 필수적이다.

도전: 신제품을 통한 소비자욕구 만족

마케팅관리자들은 신제품 아이디어의 창출방법을 꾸준히 개선하고 있지만 이는 3,000개의 초기 아이디어 중 하나만이 시장에서 성공할 정도로 쉽지 않은 작업이다. 시장 정보를 전문으로 다루는 민텔(Mintel)은 세계적으로 매달 3만 3,000개의 신제품이 출시된다고 추정한다. 신제품 출시에 관한 연구에 따르면 대개 약 40%의 제품이 시장에서 실패한다고 한다. 신제품 출시 사례를 11만 건 이상 연구해온 로버트 맥메스(Robert McMath)는 두 가지 조언을 했다. ① 소비자에게 주는 혜택에 집중할 것, ② 과거의 경험에서 배울 것.

신제품의 실패를 방지하는 방법은 놀라울 정도로 명확해 보인다. ① 소비의 욕구와 필요를 발견하라. ② 그들의 욕구와 필요에 맞는 제품을 만들고 그렇지 않은 제품

이 세 가지 제품을 보고 ① 어떤 혜택을 소비자에게 제공하는지, ② 시장에서 어떤 요인들로 인해 이 제품들이 실패할 수 있을지에 대한 답을 본문에서 찾아보자.

(Left): ©Victor Virgile/Gamma-Rapho via Getty Images; (Middle): Source: The Coca-Cola Company; (Right): Source: YOYO

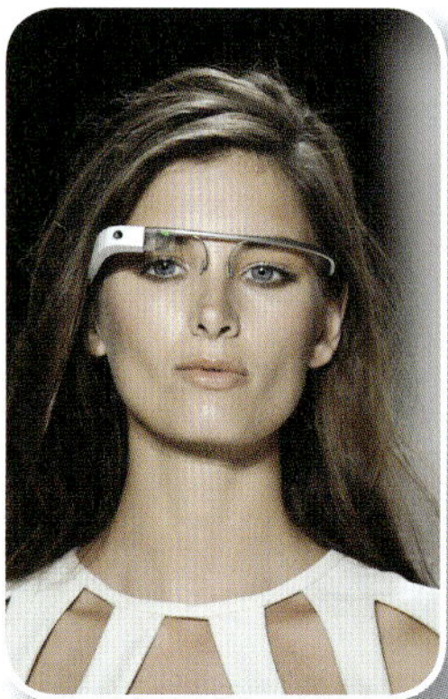

웨어러블 컴퓨터

무가당 탄산음료

자동차 구독서비스

은 생산하지 말아라. 앞에서 소개한 세 가지 제품은 신제품을 성공시킨다는 것이 얼마나 어려운 일인지 보여준다. 신제품 출시에 관해서는 9장에서 자세히 다룰 것이다.

아래의 설명을 읽기 전에 세 가지 제품이 고객에 주는 혜택이 무엇이며, 이 제품들을 '망친 요인'들이 무엇인지 생각해보자. 어떤 것은 이미 경험했을 수도 있고 어떤 것은 전혀 모르는 것일 수도 있다. 다음은 세 가지 제품에 대한 간단한 분석이다.

- 구글 글래스: 2014년에 구글은 구글 글래스(Google Glass)라는 이름의 웨어러블 컴퓨터를 출시하였다. 이 신제품은 머리에 착용하는 것으로 안경과 비슷한 모습이었다. 생김새와 달리 인터넷도 가능하며 카메라, 전화기, 스피커, 마이크, 터치패드와 디스플레이까지 갖췄다. 얼리어답터 사이에서는 큰 인기를 끌었지만 대중을 매혹시키지는 못했다. 이 신제품의 성공을 '망친 요인'은 1,500달러의 높은 가격, 그리고 글래스를 착용하면 기술만 아는 괴짜로 보인다는 인식과 프라이버시 침해에 관한 우려인 것으로 여겨진다. 구글이 새로운 모델을 디자인하고 있다고 하니 새로운 글래스를 기대해본다.
- 코카콜라의 스테비아 노슈거(Coca-Cola Stevia No Sugar): 소비자의 선호가 변하면서 음료회사들이 저설탕 드링크까지 제품의 영역을 넓히고 있다. 펩시와 코카콜라는 설탕과 스테비아잎 추출물로 단맛을 낸 '펩시트루'와 '코카콜라 라이프'를 각각 출시하였다. 미국의 식의약품 규제기관인 FDA가 2020년부터 제품에 첨가된 설탕에 대해 상세한 정보를 제공하도록 하는 새로운 영양정보제공지침을 내놓으면서 신제품 개발이 계속되고 있다. 코카콜라는 설탕을 첨가하지 않고 스테비아로만 단맛을 내는 '코카콜라 스테비아'를 테스트 중이라고 한다. 스테비아가 들어간 음료는 마신 후 약간의 쓴맛이 남는다는 소비자들의 보고가 있는데, 이것이 바로 제품을 '망칠 수 있는 요인'이 될 수도 있다. '코카콜라 스테비아'는 과연 어떨까? 우리와 같은 소비자가 판단할 일이다.
- 요요(YoYo): 마일 단위로 사용료를 지불하는 자동차 구독서비스이다. 요요는 매년 개인 교통비용의 평균인 9,500달러 미만을 내면 어떤 종류의 자동차도 구독해볼 수 있는 서비스를 제공하면서 전통적인 자동차 구매와 소유의 관행을 뒤집으려 하고 있다. 차종 선택은 스마트폰으로 하며 우버(마일당 0.96달러)나 집카(Zipcar; 마일당 1.5달러)와 같은 차량공유서비스보다 저렴한 마일당 0.50달러라는 경쟁력 있는 가격으로 서비스를 시도하고 있다. 이 서비스를 '망칠 수 있는 요인'은 무엇일까? 소비자들은 매번 새로운 차종을 운전한다는 사실에 큰 가치를 부여하지 않을 수 있고, 자동차에 대한 소유권을 쉽게 포기하지 않을 수도 있다.

Video 1-2
Google Glass
kerin.tv/cr8e/v1-2

Video 1-3
Coca-Cola
Stevia Ad
kerin.tv/cr8e/v1-3

기업들은 신제품이 실패할 가능성을 완전히 제거하지는 못하더라도 이를 최소한으로 줄이기 위해 매년 수십억 달러를 쏟아붓고 있다. 변화하는 소비자들의 욕구에 대응하는 것은 전 세계 기업들에게 끝없는 도전이다.

소비자의 욕구와 필요 마케팅에서는 소비자들의 욕구 혹은 필요를 만족시키기 위해 노력해야만 하는가? 마케팅은 그들의 욕구와 필요를 모두 만족시키기 위해 노력한다. 이에 대해서는 열띤 논쟁이 이루어져왔는데, 이러한 논쟁은 욕구와 필요의 정의가 무엇이며 가망고객들이 얼마나 자유롭게 구매 관련 의사결정을 하는가에 의해 촉발되었다.

밤 늦게 시험 공부를 하다가 허기진 배를 달래려고 '쿨민트 초콜릿 클리프 바'를 먹기로 했다. 이것은 욕구일까, 필요일까? 여기서는 이 같은 의사결정에 영향을 미치는 마케팅의 역할을 이야기하겠다.

©McGraw-Hill Education/Evelyn Nicole Kirksey, photographer

욕구(needs)는 음식, 옷, 집처럼 기본적으로 필요한 것들이 결핍되었다고 느낄 때 나타난다. 필요(wants)는 개인의 지식, 문화, 인격 등에 의해 가다듬어진 욕구이다. 우리는 배고프다고 느낄 때 무엇인가를 먹고 싶다는 욕구가 생긴다. 우리는 경험을 통해 '쿨민트 초콜릿 클리프 바(Cool Mint Chocolate Clif bar)'를 먹으면 배고픔에 대한 욕구를 만족시킬 수 있다는 것을 안다. 효과적인 마케팅활동은 어떤 제품이 좋은 제품이라는 것, 편리한 장소에 있다는 것을 알게 함으로써 욕구가 일어나게 할 수 있다.

당연하게도 마케팅은 구매에 영향을 미치고자 한다. 그렇다면 어떤 때 정부나 사회가 소비자를 보호하기 위해 나서야 할까? 대부분의 소비자는 정부가 해로운 약물이나 위험한 자동차로부터 소비자를 보호해야 한다고 하지, 캔디나 음료로부터 보호해야 한다고 말하지는 않을 것이다. 대학생들을 보호하기 위해 그들의 신용카드 사용을 제한해야 할까? 이러한 질문에 대한 명확한 답은 없다. 그래서 마케팅에서는 법·사회적 이슈가 중요하다. 여전히 심리학자, 경영학자, 경제학자들은 욕구와 필요의 의미에 대한 논쟁을 하고 있기에 이 책에서는 이 단어들을 특별히 구분하지 않고 사용하겠다.

도표 1-2에 나와 있는 것처럼 욕구를 발견하기 위해서는 가망고객이 M&M 초콜릿을 구매하는 아이들이든, 초바니 그릭요거트를 구매하는 대학생들이든, 제록스(Xerox)의 컬러 복사기를 구매하는 기업이든 구분 없이 모두를 조심스럽게 관찰해야 한다. 마케팅부서의 주된 활동은 고객을 잘 관찰하여 그들의 욕구와 필요를 이해하고, 욕구와 필요가 형성되는 데 영향을 미치는 요인들을 이해하는 것이다.

시장
특정 제품을 구매할 의사와 능력이 있는 사람들

시장이란 무엇인가 **시장**은 잠재고객들로 구성된다. 시장이란 특정 제품을 구매할 의사와 능력이 있는 사람들을 지칭한다. 모든 시장은 궁극적으로 사람이다. 한 기업이 제록스 복사기를 구매했다는 것은, 기업 내의 한 사람 혹은 다수의 사람들이 구매를 결정했다는 의미이기도 하다. 충족되지 않은 욕구가 있는 사람은 아마도 제품을 구매할 의사가 있을 것이다. 그렇지만, 의사만으로 충분하지는 않다. 구매할 능력이 있어야 한다. 구매할 권한, 시간, 돈이 있어야 한다. 사람들은 매년 혈압을 측정하

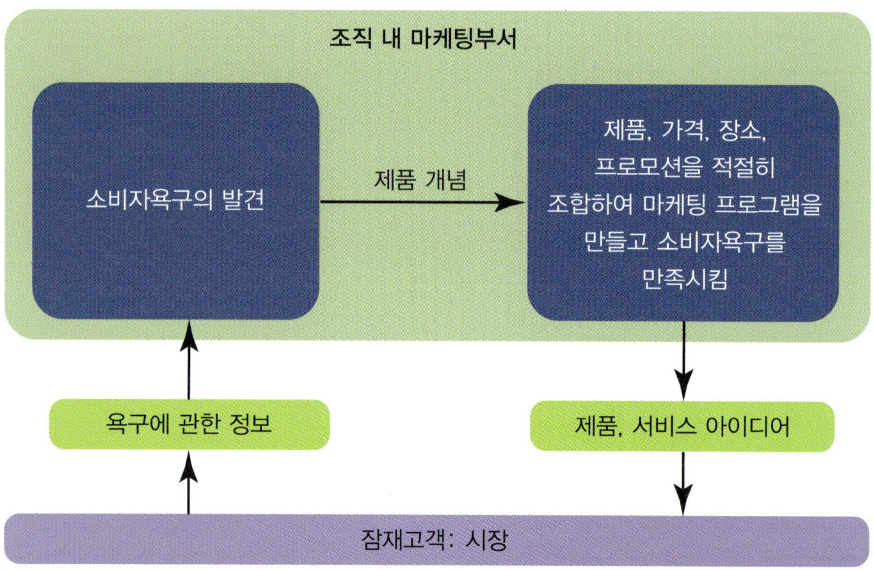

도표 1-2 마케팅에서는 광범위한 조사로 소비자욕구를 발견하려고 한다. 그러고 나서 마케팅믹스, 즉 4P를 적절히 조합하고 마케팅 프로그램을 수행하여 욕구를 만족시킨다.

도록 유도하는 것, 재사용 가능한 용기로 바꾸게 하는 것 등 어떤 행위로 이어지는 아이디어를 구매하기도 한다.

소비자욕구 만족시키기

목표 3 마케팅믹스 변수와 환경변수를 구분하여 설명할 수 있다.

마케팅은 소비자욕구의 발견에서 멈추지 않는다. 조직은 소비자욕구를 모두 만족시킬 수 없기에 잠재고객 중 특정 집단에 집중할 수 밖에 없다. 이 특정 집단이 바로 **표적시장**(target market)이다. 표적시장은 조직의 마케팅 프로그램이 대상으로 하는 하나 혹은 그 이상의 잠재고객 그룹을 말한다.

표적시장
조직의 마케팅 프로그램의 대상이 되는 하나 혹은 그 이상의 잠재고객 그룹

마케팅믹스
마케팅 문제를 해결하기 위해 마케팅관리자가 사용할 수 있는 통제가능 변수인 제품, 가격, 프로모션(촉진), 장소(유통)

고객가치제안
조직이 고객의 욕구를 충족시키기 위해 고객들에 약속한 혜택의 묶음

환경변수
통제가 불가능한 변수로 마케팅 의사결정에 영향을 미치는 사회, 경제, 기술, 경쟁 및 규제

4P: 통제가능한 마케팅믹스 변수 표적시장을 선정하고 나면, 도표 1-2의 오른쪽에 있는 것처럼 그들의 욕구를 만족시키기 위한 조치를 취해야 한다. 4P라 불리는 네 가지 수단을 적절히 조합하여 마케팅 프로그램을 만들어 소비자에게 다가가야 하는 것이다. 4P는 제롬 매카시(Jerome McCarthy) 교수가 처음 제안한 것으로 제품, 가격, 프로모션(촉진), 장소(유통)의 약어이다.

- 제품(Product): 소비자의 욕구를 만족시키는 제품, 서비스, 아이디어
- 가격(Price): 제품과 교환되는 것
- 프로모션(Promotion): 구매자와 판매자 간의 커뮤니케이션 수단
- 장소(Place: 유통): 제품을 소비자에게 전달하는 수단

여기서는 4P를 매우 상세히 설명할 예정으로 이것은 **마케팅믹스**를 구성하는 요소 혹은 변수들이라고 이해하면 된다. 이 네 가지 요소들이 마케팅관리자가 마케팅 문제를 해결하기 위해 사용하는 통제가능한 변수다. 예를 들어 제품을 할인 판매할 때, 기업은 마케팅믹스의 한 변수인 가격을 변화시킬 수 있다. 마케팅믹스는 통제가능한 변수(controllable variables)라고 불리는 데 그 이유는 조직의 마케팅부서가 그것을 조정, 즉 통제할 수 있기 때문이다.

효과적인 마케팅믹스를 디자인하면 잠재고객에게 명확한 **고객가치제안**(customer value proposition)이 전달된다. 고객가치제안은 조직이 고객의 욕구를 충족시키기 위해 고객들에게 약속한 혜택의 묶음을 말한다. 예를 들어, 월마트의 고객가치제안은 "사람들이 더 좋은 생활을 영위하도록 돈을 아낄 수 있게 도와준다—언제 어디서나"이다. 미쉐린 타이어의 고객가치제안은 "안전을 의식하는 부모들에게 좋은 가격으로 최상의 안전을 제공한다"로 요약된다.

아마존 에코와 같은 획기적인 제품은 환경요인에 어느 정도 영향을 미칠 수 있다.
©Luke MacGregor/Bloomberg via Getty Images

통제 불가능한 환경변수 마케팅관리자가 통제할 수 있는 마케팅믹스 변수가 있는 반면에, 통제를 벗어난 요소도 있다(도표 1-1). 바로 마케팅 의사결정과정에 작용하는 **환경변수**(사회, 경제, 기술, 경쟁, 규제 관련 변수)들이다. 예를 들어 소비자들의 필요와 욕구, 급변하는 기술, 팽창 혹은 수축하는 경제, 경쟁자들의 행위, 정부의 규제가 이러한 변수에 해당된다. 이에 관해서는 3장에서 자세히 다룰 예정인데, 이 다섯 가지 요소들은 조직에게 마케팅기회를 제공하거나 빼앗으면서 마케팅활동을 촉진하거나 제동을 걸기도 한다.

전통적으로 마케팅 담당 경영자는 환경변수들을 취급할 때 영향력을 전혀 미칠 수 없는 절대적인 제약요인으로 다루어왔다. 그러나 최근의 연구 및 성공 사례에 의하면, 미래지향적이고 행동지향적인 기업들은 아마존의 버추얼 도우미 에코(Echo)의 성공 사례에서 볼 수 있듯 획기적인 기술이나 경쟁의 돌파구를 통해 환경변수에 어느 정도 영향을 미친다는 것을 알 수 있다.

마케팅 프로그램: 어떻게 고객관계가 형성되는가?

목표 4 조직이 어떻게 마케팅을 통해 강력한 고객관계를 구축하고 고객가치를 창출하는지 설명할 수 있다.

한 조직의 마케팅 프로그램은 조직과 고객을 연결한다. 이 연결고리를 명확히 하기 위해 우선 고객가치와 고객관계, 그리고 관계마케팅을 논한 후 포스트잇 플래그 하이라이터를 위한 3M의 마케팅 프로그램 사례를 통해 이러한 개념들을 살펴보겠다.

관계마케팅: 이해는 쉬우나 실행은 어렵다

급변하는 글로벌시장에서의 격심한 경쟁으로 인해 성공한 여러 기업들이 고객가치에 초점을 맞추게 되었다. 성공적인 마케팅활동의 핵심은 독특한 가치 제공으로 충성도 높은 고객을 확보하는 것이다. 고객이 가치를 인지하는 과정을 이해하고, 그 가치를 실제로 제공하려는 기업의 세심한 노력은 이전에는 보기 어려웠던 새로운 점이다. 여기서 **고객가치**(customer value)는 표적시장의 소비자들이 누리는 독특한 혜택으로, 적절한 가격에 제공되는 품질, 편의성, 적시 전달 그리고 구매 전후에 제공되는 서비스 등의 묶음을 말한다. 기업은 충성스러운 고객이 일생 동안 구매하는 제품의 금전적 가치를 계산하기도 한다. 예를 들어 크리넥스(Kleenex)의 충성스러운 고객들은 매년 제품을 6.7박스 구매하고 이를 계산하면 60년 동안 약 994달러를 구매하는 셈이 된다.

고객가치
표적시장의 소비자들이 누리는 독특한 혜택으로 적절한 가격에 제공되는 품질, 편의성, 적시 전달 그리고 구매 전후에 제공되는 서비스 등의 묶음

기업이 모든 사람에게 모든 것이 되어서는 결코 성공할 수 없다. 기업은 표적시장에 자사만이 제공할 수 있는 독특한 가치를 제공하기 위하여 장기적인 고객관계를 구축해야 한다. 여러 성공적인 기업들은 뛰어난 고객가치를 제공하기 위해 세 가지의 가치전략, 즉 최저가, 최고의 제품, 최상의 서비스 중 하나를 선택한다.

'타겟'은 고객가치를 제공하기 위해 대단히 구체적인 접근을 하고 있다. 이에 대해서는 본문을 읽어보자.

Source: Target Brands, Inc.

기업 간의 격렬한 경쟁으로 인해 어떤 전략이 최고라고 선뜻 말하기는 어렵다. 그러나 타겟, 스타벅스와 노드스트롬은 고객가치의 중요성을 강조하고 있으며 그들이 실제로 경영의 근거가 되는 사명·비전·가치에 관한 선언에 반영된 고객가치를 제공하여 크게 성공한 것만은 사실이다.

- 타겟(Target)의 최저가: 할인점 타겟은 "더 많이 기대하고, 더 적게 지불하세요(Expect More, Pay Less)"라는 브랜드 슬로건을 내세우며 '최상의 가치를 제공하여 우리 고객이 가장 선호하는 쇼핑장소'로 만들고 있다.
- 스타벅스(Starbucks)가 제공하는 최고의 제품: 스타벅스는 "인간 정신을 고양하고 키운다–한 번에 한 사람, 한 컵 그리고 이웃"을 추구한다. 스타벅스의 광고는 고객에게 그들의 제품이 '넘버원 커피'임을 상기시킨다.
- 노드스트롬(Nordstrom)이 제공하는 최상의 서비스: 패션 전문 소매점의 리더 노드스트롬은 "고객에게 최상의 쇼핑경험을 선사하고, 패션을 단순히 구매하는

것이 아니라 고객이 그들의 스타일을 표현하도록 돕기 위해" 일한다. 노드스트롬은 "고객에게 가능한 한 최고의 서비스를 제공할 뿐 아니라 매일 서비스수준을 높이기" 위해 매진한다.

최고가 된다는 것은 오늘날의 기업에게 끝없는 도전이다. 기업은 제품, 가격, 촉진, 유통을 적절히 조정·조합하여 고객과 연결 짓고 고객관계를 만들어간다.

효과적인 고객관계를 구축하고 유지하는 과정을 관계마케팅이라고 부른다. **관계마케팅**(relationship marketing)은 개별 고객, 직원, 공급자 및 기타 파트너들과 조직을 서로의 장기적 혜택을 위해 연결하는 역할을 한다. 제품 판매라는 측면에서 보면, 구매 전부터 시작되어 구매 후에도 계속되는 개별 고객과 기업 간의 개별적이고 지속적인 관계를 의미한다.

관계마케팅
개별 고객, 직원, 공급자 및 기타 파트너들과 조직 간 서로의 장기적 혜택을 위한 연결

오늘날에는 IT 기술과 첨단 제조공정기술 및 마케팅기법으로 인해 고객과의 관계를 형성하는 것이 쉬워지고 있다. 스마트·커넥티드 제품, 사물인터넷 등으로 제품 사용에 대한 상세한 데이터베이스 구축이 가능해진 것이다. 이렇게 축적된 데이터를 분석하면 제품이 고객가치를 창출하는 방법에 대한 아이디어를 얻을 수 있다. BMW는 판매한 자동차에서 전송되는 데이터를 수집하며, GE는 제트엔진에서 들어오는 데이터를 수집한다. 이 데이터를 활용하여 고객들이 제품을 사용하는 방법, 서비스가 필요한 시기 등을 분석한다. 리츠칼튼호텔은 고객의 선호를 관찰하여 고객인식시스템에 기록하도록 직원을 훈련시킨다. 이 호텔의 골드스탠다드라 불리는 고객가치 선언에는 "리츠칼튼의 평생고객이 되도록 하기 위해 직원들이 고객과 강력한 관계를 구축해야 한다"고 되어있으며, 웹사이트에는 트위터 기반 컨시어지 서비스를 하는 등 다양한 방법을 통해 고객이 온라인 커뮤니티에 참여하도록 유도하고 있다.

리츠칼튼호텔은 모든 고객에게 맞춤 경험을 제공하는 관계마케팅을 실행하여 평생고객이 되도록 유도한다.
©Paul Hilton/Bloomberg/Getty Images

마케팅 프로그램과 세분시장

마케팅 프로그램
잠재고객에게 제품, 서비스, 아이디어를 제공하기 위해 마케팅믹스 변수들을 통합시키는 계획

세분시장
동질적 욕구를 가지고, 마케팅활동에 유사하게 반응하는 비교적 동질적인 가망고객집단

효율적인 관계마케팅전략은 관리자가 잠재고객의 욕구를 발견하고 이를 판매가능한 제품으로 전환될 수 있도록 도와준다(도표 1–2). 이러한 아이디어는 실행가능한 마케팅 프로그램에 반영되어야 한다. **마케팅 프로그램**(marketing program)은 잠재고객에게 제품, 서비스, 아이디어를 제공하기 위해 마케팅믹스변수들을 통합시키는 계획이다. 이러한 과정은 세분시장 내에서 일어나는 것이 이상적이다. **세분시장**은 비교적 동질적인 가망고객들로 구성되며 세분시장 내의 소비자들은 ① 동질적인 욕구를 가지며, ② 제품, 프로모션, 가격 등 마케팅활동에 유사하게 반응한다. 도표 1–2에 나타난 것처럼 효율적인 조직에서는 이러한 과정이 연속으로 발생한다. 즉, 소비자의 욕구는 제품 콘셉트를 개발하게 하며 이는 실제 제품에 반영되고 개발된 제품을 통해 소비자의 욕구를 더 많이 발견하게 된다.

학 습 리 뷰

1. 조직은 모든 소비자의 욕구를 충족시킬 수 없다. 그래서 하나 혹은 몇 개의 작은 집단에 집중해야 한다. 이 작은 시장을 ________라고 한다.
2. 조직의 마케팅 프로그램을 구성하는 네 개의 마케팅믹스 변수는 무엇인가?
3. 환경요인이란 무엇인가?

학생들의 학습을 도와주는 3M의 전략과 마케팅 프로그램

"학생들은 실제로 어떻게 공부할까?" 3M의 포스트잇(Post–it) 브랜드 제품을 발명한 데이비드 윈도스키(David Windorski)가 포스트잇 제품 라인에 어떤 것을 추가할지 생각하며 던진 질문이다.

이 질문에 답하기 위해 윈도스키는 네 명의 대학생으로 이루어진 팀과 작업했다. 이들의 과제는 교재를 어떻게 활용하며, 노트 필기는 어떻게 하는지, 기말 과제를 어떻게 작성하며, 시험을 위해 어떤 방식으로 복습하는지와 같은 학습 행위를 수십 명의 학생들에게 질문하고 또 관찰하는 것이었다. 그들은 학생들이 중요한 부분에 줄을 긋고 나서 포스트잇 노트(Post–it Note) 혹은 작은 사이즈의 포스트잇 플래그(Post–it Flag)를 해당 페이지에 붙인다는 것을 발견하였다. 윈도스키는 두 제품의 기능을 하나로 합치면 학생들의 학습을 도울 수 있다는 것을 깨달았다.

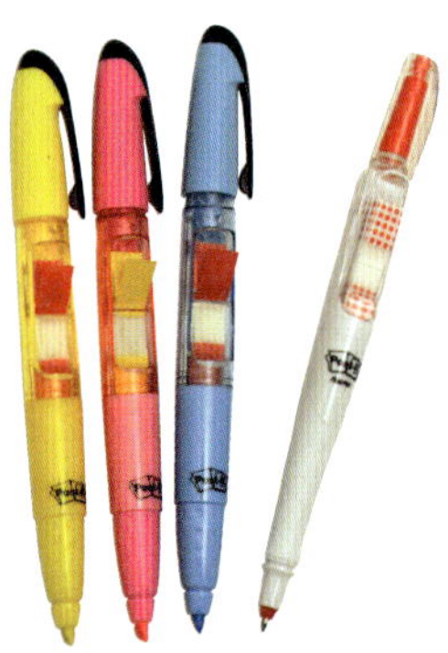

3M의 초기 '포스트잇 플래그 하이라이터'와 '포스트잇 플래그펜'의 제품 라인에는 다양한 색상과 굵기가 존재했다.

아이디어를 형광펜 제품에 적용하기 15~20개의 나무와 찰흙 모델을 만들어본 결과, 윈도스키는 작은 사이즈의 포스트잇 프래그를 담을 수 있는 형광펜을 고안해야 한다고 결론을 내렸다. 그는 수백 개의 포스트잇 플래그를 탑재한 형광펜 모형을 만들어서 학생 및 사무직 종사자들에게 배포하여 그들의 반응을 조사했다. 조사 결과, 형광펜에 부착된 포스트잇 플래그를 보호할 수 있는 간편한 뚜껑이 필요하다는 것을 알게 되었다. 그렇게 포스트잇 플래그를 보호할 수 있는 미닫이식 뚜껑이 만들어졌다.

포스트잇 플래그펜 추가 초기에 윈도스키는 포스트잇 플래그 하이라이터의 조사와 개발에 에너지를 주로 쏟았는데, 동시에 관련 제품들도 고려하였다. 사무실에서

	마케팅 프로그램		
마케팅믹스	대학생 세분시장	사무직 세분시장	근거
제품전략	대학생들의 공부를 돕기 위해 포스트잇 플래그 하이라이터를 제공	사무직 종사자들의 작업을 돕기 위해 포스트잇 플래그펜을 제공	3M의 기술을 유용하고 혁신적인 제품의 도입에 활용하기 위해 잠재소비자들의 욕구와 필요에 귀를 기울임
가격전략	한 개에 3.99달러에서 4.99달러, 세 개에 5.99에서 7.99달러 정도의 소매가 설정	한 개에 3.99달러에서 4.99달러의 소매가 설정, 도매가는 그 이하로 설정	표적세분시장에 진정한 가치를 제공하기 위한 가격 설정
프로모션(촉진)전략	TV 광고와 대학 신문에 제한적으로 광고하고 대학생들의 구전에 의존	산업재 공급자들이 제품을 구매하도록 한정된 촉진활동	혁신적인 3M 제품에 대해 들어본 적 없는 잠재사용자들에게 인지도를 높임
장소(유통)전략	대학서점, 사무용품 소매상, 대형 소매상에 공급	사무용품 도매상 및 소매상, 대형 소매상을 통해 공급	잠재구매자들이 소매상에서 편리하게 구매할 수 있게, 포스트잇 플래그펜의 경우 직장에서 쉽게 구할 수 있게끔 노력

도표 1-3 두 개의 세분시장을 표적으로 하는 포스트잇 2종의 출시를 위한 마케팅 프로그램

근무하는 사람들은 일반적인 펜을 사용하면서도 필요할 때 즉시 포스트잇 플래그를 사용할 수 있어야 했다. 그래서 포스트잇 플래그펜을 개발하였다. 학생들을 위한 시장은 사무직 종사자들을 위한 시장보다는 작을 것으로 예상했다.

포스트잇 형광펜과 일반 펜을 위한 마케팅 프로그램 몇 년에 걸친 조사와 개발 끝에 신제품이 출시되었다. 도표 1-3은 포스트잇 플래그 형광펜 및 포스트잇 플래그 일반 펜을 위한 마케팅 프로그램의 개요이다. 유사한 두 제품의 마케팅 프로그램을 비교해보자.

- 포스트잇 플래그 하이라이터(Post-it Flag Highlighter): 주된 표적시장은 대학생들이다. 3M의 초기 도전 과제는 제품의 인지도를 구축하는 것이었다. 이를 위해 대학 신문 광고와 TV 광고를 하여 제품을 사용해본 학생이 제품에 관한 이야기를 친구들에게 전하는 구전효과에 주로 의존하였다. 제품을 대학서점에 유통시키고 매력적인 포장을 하는 것도 매우 중요했다. 가격은 적절하게 책정하여 유통업체와 3M에 적정한 이윤을 주면서도 학생들에게 합리적인 가격에 제공될 수 있도록 했다.
- 포스트잇 플래그펜(Post-it Flag Pen): 주된 표적시장은 사무직 종사자들이다. 기본적으로 이 펜은 산업재로 조직의 구매부서가 구매하여 비축해두었다가 직원들에게 공급하는 것이었다. 그래서 포스트잇 플래그펜의 마케팅 프로그램은 조직의 구매부서가 이용하는 소매상에 유통되는 것에 초점을 맞추었다.

Video 1-4
3M Post-it® Flag Highlighters Ad
kerin.tv/cr8e/v1-4

최근에는 포스트잇 플래그 하이라이터와 펜 겸용 제품이 추가되었다.
©McGraw-Hill Education

시장에서 두 제품의 성과는 어땠을까? 성과는 매우 뛰어나서 윈도스키와 그의 팀은 회사에서 상을 받았다. 윈도스키는 〈오프라 윈프리쇼〉에 초대되어 시카고로 날아갔다. 진행자인 오프라는 그에게 개인적인 감사를 전했다. 오프라는 윈도스키와 청중들에게 포스트잇 플래그 하이라이터 때문에 집과 사무실에서 일하는 방법이 바뀌었다고 했다. 특히 그녀의 북클럽에서 추천도서를 선택하기 위해 후보작을 심사하는 과정에 큰 변화가 생겼다고 했다. 그녀는 "데이비드, 아마도 당신이 3M 실험실에 있을 때 오늘 같은 일이 생길 것으로 상상도 못했겠죠. 그런데 나는 미국 국민 앞에서 당신이 이 제품을 발명해준 것에 대하여 머리 숙여 감사합니다. 이것은 놀라운 발명품입니다"라고 말했다.

어떻게 마케팅이 이렇게 중요해졌을까?

목표 5 시장지향의 특징을 설명할 수 있다.

여기서는 오늘날의 글로벌경제시대에 마케팅이 어떻게 발전의 추진동력이 되었는지 이해하기 위해 ① 시장지향으로의 진화, ② 마케팅의 윤리적·사회적 의무, ③ 마케팅 활동의 깊이와 폭을 살펴보도록 한다.

시장지향으로의 진화

마케팅개념
조직의 목표를 성취하려는 노력을 계속하면서 동시에 고객의 욕구를 만족시키려고 최선을 다해야 한다는 생각

1950년대 마케팅이 여러 미국 기업들의 주된 동력으로 부상하면서 **마케팅개념**(marketing concept)의 시대가 열렸다. 마케팅개념이란 ① 조직은 소비자욕구를 만족시키기 위해 노력해야 하며, ② 동시에 목적을 달성해야 한다는 사고이다. 1952년 연래 보고서에서 GE는 마케팅개념과 소비자에 초점을 맞춰야 한다고 처음으로 주장하였다. "마케팅개념은 마케팅을 생산주기의 마지막이 아니라 처음에 투입하고 마케팅을 사업의 각 단계에 통합시킨다."

시장지향
고객욕구에 대한 정보를 수집하고 모든 부서가 공유하여 고객가치를 창출하려는 조직의 노력

사우스웨스트항공(Southwest Airline), 메리어트(Marriot), 페이스북(Facebook) 같은 기업들은 **시장지향**(market orientation)이라고 불리는 사고를 주입하여 마케팅개념을 실행하는 데 모든 노력을 쏟아 크게 성공했다. 시장지향적인 기업은 ① 소비자욕구에 대한 정보를 끊임없이 수집하고, ② 수집된 정보를 모든 부서가 공유하며, ③ 그것으로 고객가치를 창출한다.

고객관계관리에 초점을 맞추다

최근 고객관계시대의 화제는 디지털마케팅의 출현이다. 조직과 고객은 앱과 페이스북, 트위터, 유튜브 같은 SNS를 통해 관계를 형성한다. 디지털마케팅은 조직이 다양한 방법으로 기존고객 및 가망고객을 이해하고 접근하는 것을 가능하게 한다. 이러한 방법은 계속 진화 중이다.

고객관계관리
가망고객을 알아내고 그들을 긴밀히 이해하여 조직과 조직의 제품에 호의적인 인식을 가지게 함으로써 시장에서 조직의 제품을 선택하고 구매 후 조직의 옹호자가 되게끔 하는 과정

고객에 초점을 맞추는 경향은 **고객관계관리**(customer relationship management, CRM)로 나타난다. CRM은 예상 고객을 밝혀내고, 그들을 긴밀하게 이해하며, 조직과 조직이 제공하는 것에 대하여 호의적인 인식을 심어주어 고객들이 시장에서 그것을 선택할 수 있도록 하는 과정이다. 이를 위해서는 관리자뿐 아니라 조직 내 모든 직원의 헌신이 필요하다. 또 앞으로 계속 강조하게 될 정보, 커뮤니케이션 및 인터넷

기술의 적용이 필수이다.

고객관계관리의 기초는 **고객경험**(customer experience)으로, 이는 조직 자체와 조직이 제공하는 제공물에 대한 고객의 반응이다. 반응은 고객의 기업에 대한 직간접적인 접촉을 포함한다. 직접적 접촉이란 구매하고 사용하고 서비스를 받을 때 판매자와 접촉하는 것을 의미한다. 간접적 접촉이란 다른 고객, 제품에 대한 논평, 혹은 뉴스에 나온 제품평을 우연히 접함으로써 기업과 접촉하는 경우이다. 한 예로 트레이더조스(Trader Joe's)는 특별한 고객경험을 제공하는 기업 리스트의 최상단에 자리하고 있다. 〈마켓포스인포메이션〉은 미국 사람들이 가장 좋아하는 슈퍼마켓 체인 중 하나로 이들을 꼽았고, 경제지 〈포춘〉은 미국에서 가장 핫(hot)한 소매상으로 이들을 지목했다.

고객경험
조직 자체와 조직이 제공하는 제공물에 대한 고객의 반응

그렇다면 트레이더조스가 제공하는 고객경험과 쇼핑객의 충성도는 왜 특별할까? 아래에서 그 이유를 살펴보자.

- 널리 알려진 전국 브랜드(national brand) 대신 자체 유통업체 브랜드(private brand, PB)를 판매하여 저렴한 가격에 제공한다.
- 태국식 칠리와 라임이 첨가된 캐슈너트같이 트레이더조스에서만 살 수 있는 독특한 제품을 쉽게 구매할 수 있는 가격대로 제공한다.
- 5번 진열대에 있다고 안내하기보다는 직원이 직접 제품 진열대까지 안내하며 고객에게 헌신한다.

이처럼 고객에게 예외적인 고객경험을 제공하는 데 최선을 다한 것이, 트레이더조스가 높은 점수를 얻은 이유이다. 최근의 연구에 의하면 기업은 고객과 접촉할 때 고객이 기대하는 것과 기업이 제공하는 것의 차이에 주목해야 하며, 시작부터 끝까지 모든 경험을 관리하는 데 뛰어나야 한다. 트레이더조스는 이런 점을 잘 해내고 있다.

트레이더조스는 미국에서 가장 선호되는 슈퍼마켓 체인 중 하나다. 특별한 고객경험 제공에 집중하기 때문이다.

파타고니아의 재활용 플라스틱병 활용과 제품 수명을 연장시키려는 노력에는 사회 전체의 웰빙에 대한 조직의 관심이 반영되어있다.

Source: Patagonia

사회지향 마케팅개념
사회 전체의 웰빙을 제공하는 방향으로 소비자의 욕구를 발견하고 만족시켜나가야 한다는 관점

윤리 및 사회적 책임: 집단 간 이해관계의 균형 맞추기

오늘날 마케팅관행의 표준은 제조업자의 이해를 강조하는 것에서 소비자의 이해를 강조하는 방향으로 옮겨가고 있다. 윤리 및 사회적으로 책임을 지는 행위에 대한 지침은 관리자가 고객, 조직, 그리고 사회의 이해관계 간에 균형을 맞추는 데 도움을 주고 있다.

윤리 여러 마케팅 문제는 법과 규정에 구체적으로 나타나 있지 않다. 고객정보가 다른 조직에 판매되어도 될까? 어린아이들을 겨냥한 온라인광고는 규제되어야 할까? 소비자들이 제품 안전성을 스스로 분석해야 할까? 이러한 질문들은 아주 어려운 윤리적 문제를 제기한다. 여러 기업과 산업 및 전문가협회들은 관리자들을 위한 윤리강령을 만들고 있다.

사회적 책임 많은 윤리적 문제에는 구매자와 판매자만이 관련되지만 어떤 문제들은 사회 전체와도 관련된다. 개천에 독성물질을 버리는 기업은 환경과 사회 전체에 영향을 끼친다. 이는 사회적 책임에 관해 말하는데, 사회적 책임이란 개인과 조직이 사회에 대하여 책임 있는 행동을 해야 한다는 것이다. 사회 전체의 안녕은 조직의 마케팅 관련 의사결정에서 고려되어야만 한다. 많은 마케팅 전문가들은 조직이 사회 전체의 웰빙을 제공하는 방향으로 소비자의 욕구를 발견하고 만족시켜나가야 한다는 **사회지향 마케팅개념**(societal marketing concept)을 강조한다. 예를 들어 등산용품을 제조하는 파타고니아(Patagonia)는 재활용 플라스틱병에서 추출한 폴리에스터로 제품을 생산한다. 그들은 고객이 제품을 수선하고 중고로 거래해서 모든 제품을 재활용하라고 권고한다. 파타고니아는 "기업으로서 우리가 할 수 있는 가장 책임감 있는 행동은 오래 가는 고품질 제품을 수선 가능하게 만들어서 다시 구매할 필요가 없도록 하는 것이다"라고 말한다.

마케팅의 깊이와 넓이

오늘날 마케팅은 모든 개인과 조직에 영향을 미친다. 이를 이해하기 위해 ① 누가 마케팅활동을 하고, ② 무엇이 마케팅의 대상이 되며, ③ 누가 마케팅되고 있는 것을 구매 및 사용하고, ④ 마케팅활동으로부터 얻는 혜택은 무엇이며, ⑤ 어떻게 소비자가 혜택을 누리는지 살펴보도록 한다.

누가 마케팅활동을 하나? 모든 조직은 마케팅활동을 한다. 파타고니아와 같은 제조업자, 트레이더조스와 같은 소매업자, 메리어트호텔과 같은 서비스제공자와 같은 모든 기업이 그들의 제공물을 마케팅하고 있다는 것은 명백한 사실이다. 지역에 있는 병원, 우리가 다니는 대학, 도시, 주, 국가와 같은 지역 단위뿐만 아니라 '치유를 위한 질주(Race for the Cure)'와 같이 사회적 명분을 위한 단체들도 마케팅활동을 한다. 또한 정치 후보와 같은 개인도 유권자들의 주목과 지지를 얻기 위해 마케팅활동을 한다.

무엇을 마케팅하는가? 재화(goods), 서비스(service), 아이디어(idea)가 마케팅의

대상이 된다. 재화는 철강, 사과, 컴퓨터와 같은 형태가 있는 물건이다. 서비스는 항공 여행, 재무 상담, 박물관처럼 형태가 없다. 아이디어는 개념, 행동, 사회적 명분 등에 대한 생각을 의미한다.

여기서는 재화, 서비스, 아이디어 모두를 마케팅의 대상이 되는 제품으로 여긴다. 따라서 **제품**이란 소비자의 욕구를 충족시키며 금전 혹은 가치 있는 어떤 것과의 교환으로 취득되는 유형 혹은 무형의 속성의 묶임인 재화, 서비스 혹은 아이디어이다.

제품
소비자의 욕구를 충족시키며 금전 혹은 가치 있는 어떤 것과의 교환으로 취득되는 유형 혹은 무형의 속성의 묶음인 재화, 서비스 혹은 아이디어

박물관, 병원, 스포츠팀과 같은 서비스는 효과적인 마케팅활동에 더 많이 의존한다. 예를 들어 재정에 대한 압박으로 수입을 올리고자 박물관에서도 예술품 전시라는 서비스를 마케팅하기 위한 혁신에 나서고 있다. 예전에는 생각하지도 못했던 창의적인 방법을 동원하고 있는 것이다.

해외에 박물관을 설립하거나 집에 앉아서 참가하는 비디오 투어 등 다양한 방법이 사용되고 있다. 〈모나리자〉를 소장하고 있는 프랑스의 루브르박물관은 아부다비에 독특한 돔 형태의 분관을 개관하여 운영하고 있다. 전시실이 1,000개나 되는 러시아의 에르미타주미술관(State Hermitage Museum)은 IBM과의 제휴로 가상투어를 제공한다. 관람하려면 아이패드를 여유 있게 쳐다보기만 하면 된다.

Video 1-5
Hermitage Tour
kerin.tv/cr8e/v1-5

아이디를 주로 마케팅하는 주체는 비영리조직이나 정부다. 자연보호단체는 환경보호운동을 마케팅한다. 자선단체는 돈 혹은 시간을 기부할 가치가 있는 아이디어를 마케팅한다. 평화봉사단은 자원자를 모집하기 위해 마케팅활동을 하며, 애리조나 혹은 플로리다주의 정부는 햇볕이 가득한 따뜻한 겨울 휴가를 보낼 수 있다고 마케팅한다.

러시아 에르미타주미술관의 가상투어처럼 박물관들은 창의적인 마케팅 전략을 사용하고 있다.
©Izzet Keribar/Getty Images

누가 구매하며 사용하나? 개인과 조직은 마케팅되는 제품과 서비스를 구매하고 사용한다. **최종소비자**(ultimate consumer)는 생후 8개월이든 여든 살이든 가족을 위해 구매된 제품과 서비스를 사용한다. **조직구매자**(organizational buyer)는 제조업자, 도매상, 소매상, 서비스기업, 정부의 구매기관처럼 직접 사용하기 위해 혹은 되팔기 위해서 제품과 서비스를 구매하는 조직이다. 소비자, 구매자, 고객은 최종소비자와 조직구매자를 모두 일컫는 용어로 사용되기도 하는데 항상 그런 것은 아니다. 이 책에 등장하는 사례에서는 구매자가 최종소비자인지, 조직구매자인지 아니면 둘 다인지 쉽게 구분할 수 있을 것이다.

최종소비자
가족을 위하여 구매한 제품이나 서비스를 사용하는 사람. 소비자, 구매자 혹은 고객으로도 불림

조직구매자
제조업자, 도매상, 소매상, 서비스기업 그리고 정부 구매기관처럼 직접 사용하기 위해 혹은 되팔기 위해 제품과 서비스를 구매하는 조직

누가 혜택을 보나? 자유로운 기업활동이 보장되는 국가에서는 구매하는 소비자, 판매하는 조직과 사회 전체가 모두 마케팅활동의 수혜자이다. 시장에서 제품과 서비스 간의 경쟁으로 인해 소비자들은 최고의 제품, 저렴한 가격, 뛰어난 서비스를 누릴 수 있다. 다양한 선택이 가능하기에 경제시스템에서 기대할 수 있는 소비자만족과 삶의 질을 누릴 수 있는 것이다.

아마존, 애플, 화장품을 만드는 로레알처럼 효율적인 마케팅 프로그램으로 욕구를 만족시켜주는 제품을 제공하는 기업은 크게 성공한다. 하지만 완구전문할인점 토이저러스(Toys Я Us), 전자제품 소매상 라디오쉑((Radio Shack), 의류 소매상 리미티드(the Limited)처럼 경쟁력이 약한 기업은 도태된다.

사회는 평화봉사단의 자원봉사 아이디어를 마케팅함으로써 혜택을 본다.
Source: Peace Corps

효용
제품의 사용자가 얻는 혜택 혹은 소비자 가치

효율적인 마케팅은 사회에 혜택을 준다. 마케팅은 경쟁력을 높여주며 높아진 경쟁력으로 인해 제품 및 서비스의 질은 높아지고 가격은 낮아진다. 이로 인해 글로벌시장에서 국가 경쟁력이 올라가고 일자리가 창출되며 국민의 생활수준이 향상된다.

소비자는 어떻게 혜택을 보는가? 마케팅은 효용을 창출한다. **효용**(utility)이란 제품의 사용자가 얻는 혜택 혹은 소비자가치를 말한다. 효용은 마케팅 교환과정의 결과이며 사회가 마케팅으로부터 혜택을 얻는 방식이다. 효용에는 형태, 장소, 시간 및 소유 효용이 있다. 제품과 서비스의 생산은 형태효용을 동반한다. 장소효용은 소비자가 필요로 하는 곳에서 구매할 수 있도록 하는 것을 의미하며, 시간효용은 필요한 시간에 구매할 수 있게 하는 것을 의미한다. 소유효용은 신용카드를 사용할 수 있게 하거나, 신용을 제공하여 쉽게 구매할 수 있어 발생하는 가치를 의미한다. 마케팅은 소비자가 소유하고 사용(소유효용)할 수 있도록 제품을 제공(형태효용)하기 위해 시간(시간효용) 및 공간(장소효용)을 이어줌으로써 효용을 창출한다.

학습리뷰

1. 마케팅개념의 핵심적인 두 가지 특징은 무엇인가?
2. 최종소비자와 조직구매자의 차이는 무엇인가?

마케팅지식 적용해보기

1. 다음 제품과 서비스로 인해 어떤 소비자욕구 혹은 혜택이 충족되는가? (a) 3M 포스트잇 플래그 하이라이터, (b) 나이키 운동화, (c) 허츠 렌터카(Herz Rent-A-Car), (d) 아마존 온라인 쇼핑.
2. 위 질문에 등장하는 네 가지 제품은 모두 대체품이 존재한다. 각각의 예는 (a) 빅(Bic) 하이라이터, (b) 일반 테니스화, (c) 공유차량서비스를 제공하는 우버 혹은 리프트(Lyft), (d) 백화점이다. 어떤 소비자들은 이러한 대체품들이 위 질문에서 제시한 제품보다 더 가치가 있다고 생각하는데 이 대체품들이 주는 소비자가치는 무엇인가?
3. 다음의 제품 혹은 서비스가 가리키는 표적고객들의 나이, 소득, 교육 등의 특징은 무엇인가? (a) 자연, 지리, 여행 전문잡지 〈내셔널 지오그래픽〉, (b) 초바니 그릭요거트, (c) 뉴욕 자이언트 미식축구팀, (d) 페이스북
4. 대도시에 있는 대학에서 마케팅, 회계, 재무, 관리 등 경영학 관련 야간 강좌 수를 늘리려고 한다. 강의의 표적고객은 누구인가?
5. 위 질문에서 표적시장에 접근하기 위해 마케팅믹스 변수를 어떻게 활용해야 하는가?
6. 4번 질문에서 대학은 마케팅 프로그램을 수립하는 데 어떤 환경요인들을 고려해야 하는가?
7. 기업은 소비자들이 이전에 몰랐던 재화와 서비스를 구매하도록 하기 위해 필요와 욕구를 만들어낼 권리가 있는가? '좋은' 욕구와 '나쁜' 욕구를 만들어낸 예를 들어보자. 무엇이 좋은 것인지 또 무엇이 나쁜 것인지는 누가 결정하는가?

마케팅계획 세워보기

마케팅계획을 세우라는 과제를 받았다면 신바람이 나길 바란다. 여기에는 두 가지 특별한 이유가 있다. 첫째, 단순히 교재를 읽을 때보다 마케팅을 실제로 행하는 데 관한 통찰력을 더 많이 얻을 수 있다. 둘째, 매년 수천 명의 졸업생들이 직장을 얻기 위해 대학 재학 중 작성한 과제 일부를 고용주에 제출하고 있다. 거기에는 마케팅계획도 포함되며 이는 유용하게 쓰일 것이다.

각 장의 끝에 있는 이 '마케팅계획 세워보기' 코너는 마케팅계획에 관심을 갖게 하고, 수립된 마케팅계획을 개선시킬 수 있는 방법을 제안한다. 2장과 3장 사이에 수록된 부록에 있는 마케팅계획이 좋은 길잡이가 될 것이다. 매 장의 '마케팅계획 세워보기'는 당신이 마케팅계획을 세우는 데 도움을 줄 것이다.

뛰어난 마케팅계획 작성의 첫 번째 단계는 우리를 열광하게 하고, 구체적인 정보를 얻을 수 있는 제품이나 사업을 고르는 것이다. 그렇게 하지 않으면 보기에만 그럴듯한 추상적인 계획을 세우고 만다. 이외에도 다음을 염두에 두자.

- 당신에게 개인적으로 관심이 있는 주제를 선정하라. 가족이 하는 사업, 당신이나 친구가 해보려고 생각하는 사업이나 제품 혹은 마케팅 측면에서 도움이 필요한 대학생 서클이 구상하는 사업 등을 말한다.
- 너무 광범위하여 다루기 적절치 않거나 너무 추상적이어서 구체성이 떨어지는 주제는 가급적 피하라.

1. 일단 시작하는 의미에서 너댓 개의 가능한 주제를 열거한 후 강사가 제안한 기준 혹은 위에 소개한 기준과 비교해보자. 신중하게 고려해야 한다. 이때의 결정이 한 학기 내내 우리와 함께할 것이고 미래에 우리가 고용주에 제출하는 마케팅계획의 질을 좌우할 수 있으니까 말이다.
2. 주제를 정했다면 계획이 실제 사업을 위한 것이든, 가능성 있는 사업을 위한 것이든, 아니면 학생 서클을 위한 것이든 상관없이 부록을 참고하여 '기업 소개'를 작성해 보자.

비디오 케이스 1 초바니, 그릭요거트를 집 안의 필수품으로 만들다

Video 1-6
Chobani Video Case
kerin.tv/cr8e/v1-6

초바니의 설립자이자 CEO인 함디 우루카야는 "모든 사람은 순수하고 단순한 요거트를 즐길 수 있어야 합니다. 이게 바로 초바니의 존재 이유입니다"라고 기업 비전을 간단히 요약했다. 언스트앤영(Ernst & Young) 회계법인이 '올해의 기업가'로 선정한 그의 말과 성공 스토리는 신뢰할만한 것이다.

아이디어

함디 우루카야는 1994년에 경영학을 공부하기 위해 미국에 갔다. 그의 아버지가 미국을 방문했을 때 그리스식 페타치즈의 질이 형편없다고 불평하자 그는 '유프라테스(Euphrates)'라는 페타치즈를 만드는 기업을 설립했다. 2005년 크래프트 식품(Kraft Food)은 뉴욕주 뉴베를린 소재의 요거트 공장을 폐쇄했는데 오피스를 정리하던 우루카야는 우연히 쇠락한 크래프트 공장 판매에 관한 전단을 보고 쓰레기통에 던졌다. 밤새 고민하던 그는 쓰레기통에 버린 전단지를 다시 꺼내어 공장을 방문하고 중소기업대출을 받아 공장을 매입하였다.

사진 중앙에 서 있는 우루카야는 사실 요거트사업에 대한 어떤 경험도 없었다. 터키 동부의 가족 농장에서 양의 젖을 짜며 자란 그는 고향의 진하고 톡 쏘는 요거트를 많이 먹었다. 미국 식품점의 선반에 놓여있는 일반 요거트를 먹고 그가 던진 한마디는 "끔찍하네"였다. 그의 평은 너무 묽고, 달고, 인공적인 맛이라는 것이었다. 그래서 그는 진하고 높은 단백질 함량과 저지방 혹은 무지방의 빽빽한 정통 '그릭' 요거트를 만들기로 했다. 크래프트공장의 직원들과 요거트 장인 무스타파 도간(Mustafa Dogan)의 도움으로 18개월 동안 초바니 그릭요거트의 레시피를 완성했다.

우루카야의 첫 요거트는 뉴욕 롱아이랜드의 조그만 식품점에서 판매되었다. 신제품의 출시는 마케팅믹스의 전통적인 4가지 요소인 4P, 즉 제품, 가격, 장소, 프로모션에 초점을 맞추어 이루어졌다.

제품전략

우루카야 그릭요거트의 브랜드명은 초창기부터 '초바니'였다. 제품전략은 제품 자체와 패키지라는 두 가지 요소에 집중하였다.

제품 자체에 대한 전략은 젖에서 단백질과 지방을 제거하고 남은 액체인 유장을 제거하는 정통 그리스식 여과공법을 사용하는 것이었다. 그 결과 한 컵당 13g에서 18g 정도의 단백질이 함유된 진하고 크림 같은 요거트를 추출하게 되었다. 그릭요거트를 만드는 기업에서 많이 첨가하는 우유단백질 농축액이나 걸쭉하게 만드는 동물질 점증제는 일절 넣지 않았다.

초바니는 그릭요거트 1lb(약 453g)를 만드는 데 우유를 3lb 사용한다. 초바니 그릭요거트가 최고의 요거트인 이유를

©Diane Bondareff/Invision for Chobani/AP Images

초바니의 광고 문구에서 찾아보면 다음과 같다.

- 일반 요거트보다 월등히 높은 단백질 함량
- 생과일과 천연재료 사용
- 보존제 무첨가
- 인공향료 혹은 인공감미료를 사용하지 않음
- 프로바이오틱스를 포함한 다섯 가지 생능동배양균 사용

예나 지금이나 우루카야는 패키지에 집착한다. 컵을 디자인할 때 그는 다른 어떤 컵도 이것만 못하다고 느껴질 정도로 한다. 그는 정확히 지름이 95mm인 원형 유럽식 컵을 선호 한다. 컵 높이가 낮고 넓어서 소매상 매대에 놓으면 눈에 잘 띄기 때문이다. 또 컵에 레이블을 인쇄하지 않고, 인쇄된 플라스틱 슬리브를 컵에 부착하여 색깔이 눈에 선명하게 들어오도록 했다.

판매를 담당하는 카일 오브라이언(Kyle O'Brien) 부사장은 말한다. "담당 직원들과 저는 패키지를 다른 제품과 다르게 만들고자 노력합니다. 왜 이렇게 할까요? 사람들이 밝고 컬러풀한 컵에 주목한다면 그들이 우리의 고객이 된다는 걸 알고 있으니까요. 우리 컵에 담긴 내용물은 매대의 어떤 제품과도 다릅니다."

가격전략

제품을 잘 관리하기 위해 우루카야와 오브라이언은 도매상을 통하지 않고 직접 소매상에 접근했다. 가격은 원가를 보전하고 소매상에 충분한 마진을 제공하되 미래의 경쟁자들이

Source: Chobani, LLC

진입하기 어려울 정도로 합리적인 고가격으로 정했다. 지금도 1회 제공량당 약 1.29달러 수준을 유지하고 있다.

장소전략

특별 코너나 건강식품 코너가 아닌 일반 요거트 코너에 진열하기로 한 그들의 전략은 천재적인 발상으로 증명되었다. 오늘날 초바니는 전통시장, 슈퍼마켓, 기업 혹은 클럽의 구내상점과 자연식품점 등에서 광범위하게 유통되고 있다. 앞으로는 편의점, 드러그스토어, 각급 학교 등에도 유통될 것이다.

초바니의 성장은 상상을 초월한다. 첫 주문 200박스는 금새 주당 2백만 박스를 넘어섰다. 2012년에는 생산량을 늘려 시장에 신속히 배송하고자 아이다호주에 9만m^2의 공장을 326일 만에 완성시켰다. 세계 최대 규모의 요거트 공장이었다.

이만큼 성장하는 도중 이상한 장애물이 발생하기도 했다. 수요 폭발로 공급이 수요를 따라가지 못해 소매상들의 불만이 쌓인 것이다. 이에 오브라이언은 '불만고객 감싸기' 운동을 전개하여 "소매상에 정중한 편지를 쓰는 대신 24시간 내에 현지에 비행기를 타고 날아가서 문제를 어떻게 해결할 것이며 어떤 제안을 할 것인지에 대해 소통하겠다"라고 선언했다. 또 "우리는 그와 같은 상황에서 투명하고 솔직하게 모든 걸 공개하고 대화하는 것이 핵심이라는 것을 안다"라고 말했다.

프로모션전략

초기에는 광고할 수 있는 자금이 부족하여 주로 소비자들의 열띤 구전에 의존하였다. 그들은 SNS에서 소비자들과 접촉하면서, 일단 먹어보기만 하면 초바니를 선호한다는 사실을 확인했다. 그래서 CHO모바일 투어를 시작하였다. 차량으로 전국을 순회하며 소비자들에게 샘플을 제공하고 초바니 요거트를 맛보도록 권한 것이다. 초바니가 성장함에 따라 ① 전통적 광고, ② SNS, 다이렉트 마케팅 등 다양한 프로모션을 시도했다.

2011년에는 처음으로 전국 광고 캠페인인 '진정한 사랑 이야기'를 펼쳤다. 이 광고는 너무나 성공적이라는 게 문제였다. 초바니에 대한 소비자 수요가 공급량을 넘어 불평하는 소비자들로 인해 소매상이 곤경에 처하게 된 것이다. 이에 초바니는 어떻게 대응했을까? 그들은 광고를 중단하고 '불만고객 감싸기' 운동팀을 급히 파견하여 소매상과 대화를 시도했다. 이후 미국 올림픽팀 스폰서 등을 포함하여 다양한 광고 캠페인을 전개하고 있다.

"SNS는 고객과 긍정적 커뮤니케이션을 강조하는 고감성 모델이라는 점에서 초바니에 매우 중요하다"고 기업관계 담당자 수진 리(Sujean Lee)가 말했다. 최근 초바니의 고객충성도 관리팀은 고객 이메일과 전화를 매달 7,000건 이상 받고 가능한 한 많은 답변을 하려고 시도한다. 가끔은 직접 손으로 쓴 편지를 받기도 한다. 초바니는 진정성 있는 대화를 통해 고객과 접촉하고 진정한 제품을 생산하는 진정한 기업이라는 것을 강조하기 위해 'Go Real Chobani' 캠페인을 벌이고 있다.

©John Minchillo/AP Images

이들은 페이스북(www.Facebook.com/Chobani)뿐만 아니라 트위터, 핀터레스트, 인스타그램, 포스퀘어 등 많은 SNS를 활용하고 있다. 요리에 그릭요거트를 활용하는 방법에 대한 자료, 레시피, 비디오 등을 제공하는 초바니 키친(Chobani Kitchen: www.chobanikitchen.com)도 운영한다.

공격적인 혁신과 긍정적 사회 변화

다논, 요플레, 펩시는 초바니의 성공에 경악했다. 현재 세 기업 모두 그릭요거트를 판매하고 있다. 이 거대한 경쟁자들과 싸우기 위해 초바니는 무엇을 할 수 있었을까? 답은 바로 혁신을 통해 새로운 그릭요거트를 개발하는 것이었다.

브랜드 광고 담당 부사장 조슈아 딘(Joshua Dean)은 "오늘날 우리는 다양한 용량의 요거트를 제공함과 동시에 새로운 상황에서 접할 수 있는 새로운 형태의 정통 그릭요거트로 제품을 확장해나가야 합니다"라고 했다. 그들이 추가로 출시한 신제품은 다음과 같다.

- 초바니 새이버: 칠리나 구운 감자와 같은 요리를 할 때 재료로 짜 넣을 수 있도록 개발된 400g 정도의 튜브형 요거트이다.
- 초바니 키즈 튜브: 경쟁제품보다 설탕이 25% 정도 적게 첨가되어있고 유전자 조작 식자재가 사용되지 않은 유아용 요거트. 초바니 바닐라 초콜릿 트위스트가 대표적이다.
- 초바니 플립: 그래놀라 혹은 헤이즐넛 같은 과자류를 별도 칸에 넣었다가 먹기 직전에 요거트에 넣어 섞어 먹을 수 있도록 설계된 150g 크기의 제품이다. 진한 초콜릿과 꿀 성분을 넣어 구운 가염 아몬드와 짝지은 코코넛 저지방 요거트 '알몬드 코코 로코'가 대표적이다.
- 드링크 초바니: 10가지 맛의 단백질 10g이 함유된 부드러운 드링킹 요거트이다.

초바니는 긍정적이고 지속적인 변화를 위해 일하는 사람 혹은 조직을 후원하고자 이윤의 10%를 매년 쉐퍼드기프트 재단에 기부한다. 재단의 이름은 보상을 바라지 않고 주는 사람을 표현하는 터키어 '목자(쉐퍼드: shepherd)정신'이라는 표현에서 따왔다. 지금껏 이 재단은 미국 내외의 기아퇴치사업 등 50개 이상의 프로젝트를 후원했다.

이제 어디로 갈까

해외 진출과 뉴욕에 있는 테스트 마켓용 점포에서 초바니의 미래를 엿볼 수 있다. 해외시장은 성장기회를 제공한다. 미국보다 연간 1인당 요거트 소비가 많은 나라들이 많다. 일부 유럽 국가들은 미국보다 평균 대여섯 배 정도의 요거트를 소비하고 있다. 여러 국가에 이미 자리 잡은 경쟁사들이 있다고 해도 시장은 매우 넓다.

신제품에 대한 아이디어를 어떻게 테스트해볼 수 있을까? 초바니는 뉴욕의 핫플레이스인 소호에 업계 최초로 지중해식 요거트 바(yogurt bar) '초바니 소호(Chobani SoHo)'를 열었다. 여기서 '딸기+그래놀라', '구운 코코넛+파인애플' 등 다양한 신제품을 맛볼 수 있다. 마케팅팀은 초바니 소호에서 소비자의 반응을 수집하여 새로운 맛과 제품을 개발한다.

뉴욕에 가서 초바니 소호를 방문할 준비가 되어있는가? 플레인요거트에 피스타치오 너트, 진한 초콜릿, 꿀, 오렌지와 민트잎이 올라간 '피스타치오+초콜릿'을 맛본다면 앞으로 초바니의 고객들이 구매할 요거트에 여러분의 의견이 반영될 수도 있다.

질문

1. 비디오 케이스와 이 장의 시작 부분을 읽고 다음 질문에 답하시오. (a) 초기에 함디 우루카야가 표적으로 삼은 고객은 누구였으며, (b) 4P 전략은 무엇이었는가?
2. (a) 초바니의 등장에 요플레와 다논, 펩시가 펼친 요거트에 대한 마케팅활동은 무엇이었으며, (b) 초바니는 그것에 어떻게 대응했는가?
3. 전화 통화, 이메일부터 페이스북과 트위터를 통해 고객과 커뮤니케이션하는 초바니의 고객충성도 관리팀의 (a) 장점과 (b) 한계는 무엇인가?
4. 브랜드를 강화하기 위해 그들은 초바니 소호라는 독특한 소매점을 오픈했다. 왜 그랬을까?
5. (a) 초바니가 해외시장 진입을 계획할 때의 판단기준은 무엇이며, (b) 이 기준에 적합한 국가 서너 곳을 생각해보자.

2

성공적인 조직 및 마케팅전략 개발

LEARNING OBJECTIVES

다음 학습목표를 달성해보자.

목표 1 세 가지 유형의 조직과 전략의 세 단계를 설명할 수 있다.

목표 2 핵심가치, 사명, 조직문화, 사업 그리고 목표를 설명할 수 있다.

목표 3 마케팅관리자들이 마케팅계기판과 측정치를 사용하는 이유를 이해한다.

목표 4 조직이 현재 어디에 있으며 향후 어디로 가려하는지를 분석하는 방법에 대해 논의한다.

목표 5 전략적 마케팅과정 계획 단계의 세 가지 절차를 설명할 수 있다.

목표 6 전략적 마케팅과정 실행 단계의 네 가지 요소를 설명할 수 있다.

목표 7 경영자들이 어떻게 성과와 계획의 차이를 확인하고 보정하는지를 설명할 수 있다.

'벤앤제리'의 사명: 판타스틱하고 지속가능하며 세상을 바꾸는 아이스크림 만들기

야망이 너무 크지 않나요? 오랜 절친인 벤 코헨(Ben Cohen)과 제리 그린필드(Jerry Greenfield)에게는 큰 야망이 아니었다. 이것은 '벤앤제리 아이스크림'의 공동 창업자들이 사업을 시작할 때부터 간직했던 아이디어다.

벤앤제리는 1978년 두 사람이 미국 동북부 버몬트주로 가서 오래된 주유소 자리에서 아이스크림 가게를 열며 출발하였다. 그들은 약간의 저금과 빌린 돈 12,000달러, 등록금 5달러를 내고 수강한 아이스크림 만들기 원격강의에서 얻은 아이디어로 창업을 해서 대박을 터뜨렸다. 첫 번째로 출시한 제품은 바닐라 아이스크림이었다. 가장 기본이 되는 맛이었기 때문이다. 이후 청키 몽키(Chuncky Monkey), 체리그라시아(Cherry Gracia), 피넛버터컵(Peanut Butte Cup) 등 다양한 제품을 출시했다.

이 기업이 특별한 점은 맛뿐만이 아니다. 그들은 '연결된 번영(linked prosperity)'이라 불리는 경영이념을 받아들였다. 직원, 공급자, 고객, 이웃 등 모든 구성원을 위해 성공해야 한다는 것이다. 그들은 '연결된 번영'을 이루기 위해 세 가지 사명을 제시한다.

- 제품사명: 최상품의 천연 아이스크림을 생산, 유통, 판매한다.
- 경제사명: 지속가능한 재무 성장을 달성하기 위해 기업을 경영한다.
- 사회사명: 세상을 더 좋은 곳으로 만드는 것을 염두에 두고 기업을 경영한다.

사명은 재료 구매, 제조 및 커뮤니티 관여 등 사업상 의사결정을 내리는 기업가에게 지침이 되어준다. 벤앤제리는 사명에 입각한 경영을 하여 고도로 창의적인 조직 및 마케팅전략을 성공적으로 실행할 수 있었다. 몇 가지 예를 살펴보자.

Source: Ben & Jerry's Homemade, Inc.

- 프리 콘데이: 1년에 한 번 전 세계 100만 명 이상의 고객에게 아이스크림을 무료로 제공한다. 기업이 서비스하는 커뮤니티에 보답하기 위함이다.
- 공정거래: 코코아, 커피, 바닐라 등 원재료를 재배하는 농부들이 자신의 수확물에 공정한 가격을 받아야 한다고 믿는다. 대신 농부들은 지속가능한 농법을 활용하고, 공정한 노동기준을 준수하며, 지역 커뮤니티에 투자하는 데 동의한다.
- B-Corp(benefit corporation certification): 이 운동은 기업의 사회·환경 면에서의 성과, 투명성 및 책임의식 등의 측면에서 기업을 평가하는 엄격한 기준과 원칙을 세우고 이 기준에 적합한 기업을 인증한다. 벤앤제리는 B-Corp 인증 운동

에 최초로 참여한 기업 중 하나이다.

- 파트너숍 프로그램: 파트너숍은 지역의 비영리조직이 독립적으로 소유하고 운영하는 아이스크림 판매점이다. 취업하는 데 장애가 있는 청소년 및 젊은이들을 고용하여 그들이 좋은 삶을 설계하도록 도와준다.

이를 통해 우리는 벤앤제리의 사명과 전략이 깊이 연계되어있음을 알 수 있다. CEO인 조스타인 솔하임(Jostein Solheim)은 그들의 목표가 "세상을 변화시킬 수 있고 신명나는 글로벌 운동의 일부가 되는 것입니다"라고 말한다.

오늘날 벤앤제리는 2023년 매출액이 895억 달러가 될 것으로 예측되는 아이스크림 시장에서 글로벌 리더인 유니레버(Unilever)가 소유하고 있다. 벤앤제리는 최근 네 가지 맛의 채식주의자를 위한 아이스크림 라인을 출시하고, 초코릿칩 쿠키 에일(Chocolate Chip Cookie Ale)을 생산하기 위해 벨기에 맥주회사와 협약을 체결하였다. 그뿐만 아니라 직원들의 자선사업 참여를 돕고 사회활동을 지원하는 재단을 지원 중이다. 고객들은 벤앤제리의 고급 아이스크림에서 나는 풍성한 향과 맛을 사랑하기도 하지만, 이 기업의 사회 사명을 지지하기 위해 제품을 산다. 벤앤제리 페이스북(Facebook)에 870만 명 이상의 팬들이 있다는 사실은 벤앤제리의 성공을 증언해준다.

Video 2-1
Ben & Jerry's
kerin.tv/cr8e/v2-1

이 장에서는 조직의 전략 및 마케팅전략에 전반적 방향성을 부여하기 위해 조직이 목표를 설정하는 과정을 설명하겠다. 조직의 마케팅부서는 수립된 전략에 근거하여 구체적 계획을 수립하여 실행·평가하고 마케팅환경을 고려하여 계획과 실제의 차이를 보정한다.

현대의 조직

목표 1 세 가지 유형의 조직과 전략의 세 단계를 설명할 수 있다.

현대의 조직을 연구하기 위해 우리는 ① 조직에는 어떤 유형이 있으며, ② 전략은 무엇이며, ③ 전략이 대규모 조직에 있는 세 단계의 구조와 어떻게 관련되어있는지를 알아야 한다.

조직의 종류

조직은 공통의 사명을 공유하는 사람들로 구성된 법적 실체다. 조직은 고객의 욕구와 필요를 만족시킴으로써 조직 자체와 고객을 위한 가치를 창조하는 재화, 서비스 혹은 아이디어와 같은 제공물을 개발한다. 오늘날의 조직은 영리조직, 비영리조직 및 정부기관으로 구분된다.

'브리타'는 영리조직의 한 예다. 이 보틀은 비스페놀A(BPA)라는 성분이 들어있지 않은 브리타 하드-사이디드 정수기로, 수돗물을 필터로 정화해준다. 필터 하나로 약 300잔의 수돗물을 걸러낼 수 있다.

책임 있는 의사결정

사회적 책임

기업가가 열정과 목표에 몰입할 수 있게 하는 새로운 유형의 조직

영화제작자 피트 윌리엄스(Pete Williams)는 2년에 걸쳐 〈새로운 유형의 기업〉이라는 다큐멘터리를 만들었다. 영화에서는 세상을 영원히 변화시키려는 사업에 매진하는 사람들을 그린다. 여기 등장하는 사회적 기업가들은 사회에 부족한 부분에 열정을 가지고 그것을 해결하고자 다양한 조직 모델을 사용한다. 이 사업체는 때로 목적지향적인 전통적인 영리기업처럼 조직되고, 때로는 사회·환경에 미치는 영향을 평가받는 베네핏기업(benefit corporation)이 되기도 한다. 비영리조직처럼 조직되는 경우도 있다. 그들이 초점을 맞추는 이슈는 헬스케어부터 고등교육 비용, 농업 효율성까지 매우 다양하다.

경제 잡지 〈포브스(Forbes)〉는 가장 혁신적인 '30살 이하의 사회적 기업가 30명'이라는 리스트를 발표했다. 그중 한 명인 켈리 필러(Kelly Peeler)는 월가에 있는 고연봉 직장을 포기하고 넥스젠베스트(NexGenVest)를 설립하여 7,000만 명이 넘는 Z세대 학생들에게 학자금을 지원하고 학생을 위한 대출 탐색을 도와준다. 고객은 주로 고등학교 졸업반 학생들이나 대학생들이다. 이들은 24시간 문자 메시지를 통해 상담사와 접촉하여 맞춤 정보와 조언을 들을 수 있다. 필러는 이 일에 왜 그렇게 열정적일까? 오늘날 미국인들이 학자금 대출 탓에 1조 4,000억 달러 이상의 빚을 지고 있기 때문이다. 필러는 다음 경제 위기가 학자금 대출 시장에서 발생할 것이라고 굳게 믿고 있다.

미국을 위한 교육(Teach For America, TFA)은 창의적인 사회적 기업의 또 다른 예이다. 웬디 코프(Wendy Kopp)라는 대학교 4학년생이 만든 이 조직은 대학을 우수한 성적으로 졸업한 사람들이 모인 단체이다. 이들은 2년 동안 도심 혹은 시골 공립학교에 근무하면서 평생교육 기회 확대에 전념한다. 매년 만 명 이상의 TFA 조직원이 75만 명 이상의 학생들을 가르치고 있다.

Courtesy of STAY GOLD Studios

이러한 사례는 사회의 부족한 부분과 도전 과제에 관해 깊이 생각하게 하며, 다양한 구성원들을 위한 가치 창출을 위해 변화하는 조직의 모습을 보여준다.

영리조직은 보통 기업으로 불리는 타겟(Target), 나이키(Nike), 브리타(Brita)와 같은 사기업으로, 생존에 필요한 이윤을 얻고자 고객에게 제품을 제공한다. **이익**(profit)은 총수익에서 총비용을 제한 금액으로, 기업이 제공물을 마케팅할 때 부담하는 위험의 대가이다.

> **이익**
> 총수익에서 총비용을 제한 금액으로 영리조직이 제공물을 마케팅할 때 부담하는 위험의 대가

비영리조직은 고객에 무엇인가를 제공하지만 이익이 목표가 아닌 비정부조직이다. 그들의 목표는 운영상의 효율성 혹은 고객만족이다. 그렇지만 활동을 지속하기 위해서는 비용을 초과하는 충분한 자금을 확보해야 한다. '책임 있는 의사결정' 박스에 소개된 저소득층 자녀의 교육을 위한 교사단체인 '미국을 위한 교육(Teach For America, TFA)'과 같은 비영리조직은 사회의 실질적인 필요를 해결해나간다. 앞으로 이 책에서는 논의를 단순화하기 위해 기업(firm), 회사(company), 조직(organization)이라는 용어를 영리조직과 비영리조직 모두를 통칭하는 것으로 사용하고자 한다.

정부기관은 미연방, 주, 시 단위의 조직으로 구성원들에게 특정한 서비스를 제공한다. 예를 들어 센서스국(the Census Bureau)은 미 상무성 소속 조직으로 인구 및

경제 데이터를 제공하는 기관이다.

유사한 제공물을 개발하는 조직들은 컴퓨터산업 혹은 자동차산업처럼 산업을 구성한다. 산업 내의 조직들은 경쟁자들에 비해 매력적이고 지속가능한 우위를 가진 제공물을 창출하고 우수한 수준의 성과를 내기 위해 산업 내 역학관계를 반영하는 전략적 의사결정을 내린다. 마케팅전략에서는 조직이 경쟁하고 있는 산업을 명확히 이해하는 것이 상당 부분을 차지한다.

전략이란 무엇인가?

모든 조직은 제품, 서비스 등의 제공물을 만들고 마케팅하기 위해 활용가능한 재무, 기술, 인적 및 기타 자원들을 무한히 가지고 있지 않다. 즉 모든 사람을 위한 모든 것일 수는 없다. 모든 조직은 목표를 달성하기 위해 그들의 노력을 집중하게 하고 이끌어가는 전략을 수립해야 한다. 그러나 전략의 정의에 관해서는 경영학 및 마케팅 이론가들 간의 논쟁이 계속되어왔다. 여기서는 책의 목적상 **전략**(strategy)을 '목표를 달성하면서 동시에 독특한 고객경험을 제공하기 위해 고안된 조직의 장기 활동 경로'로 정의하겠다. 모든 조직은 전략 방향을 정해야 한다. 마케팅은 방향을 정하고 조직을 그쪽으로 이끄는 역할을 한다.

전략
목표를 달성하면서 동시에 독특한 고객 경험을 제공하기 위해 고안된 조직의 장기 활동 경로

현대 조직의 구조

거대 조직은 극도로 복잡하다. 일반적으로 거대 조직은 세 단계로 구성되며 각 수준의 전략은 마케팅과 연계된다(도표 2-1).

전사수준 전사수준(corporate level)이란 최고경영자들이 전체 조직을 위해 전반적인 전략을 지시하는 수준이다. 여기서 최고경영자는 일반적으로 전반적 전략을 수립하는 데 필수적인 다양한 기술과 경험을 가진 이사진과 상급경영자들을 의미한다.

사장 혹은 최고경영자(chief executive officer, CEO)는 조직의 최고위 경영자이

도표 2-1 조직에서 이사진은 세 단계 수준의 전략을 관장한다. 조직은 전사수준, 사업부수준 및 기능수준의 세 단계로 구분된다.

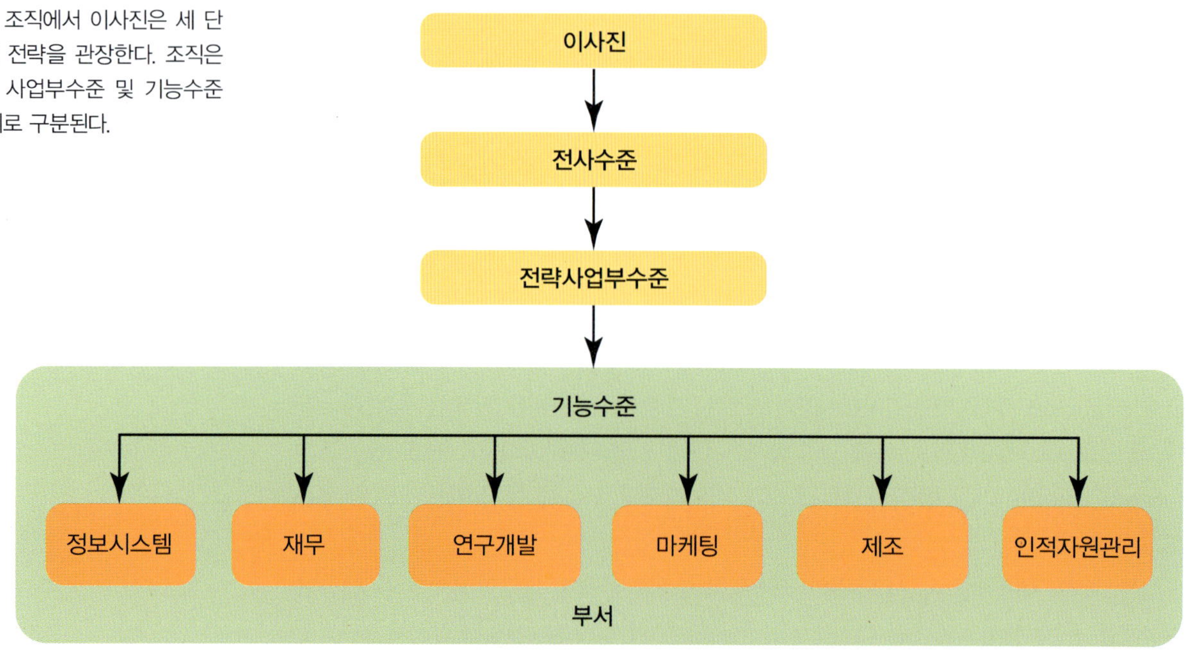

자 일반적으로는 이사진의 일원이다. 이들은 조직의 일상적 운영부터 생존을 결정하는 전략적 계획 수립까지 모든 분야에 대한 리더십과 전문성을 가지고 있어야 한다.

최근 많은 대기업에서 마케팅 책임자의 명칭을 마케팅담당부사장에서 최고마케팅경영자(chief marketing officer, CMO)로 바꾸고 있다. 최고마케팅경영자들은 최고경영자층에서 점점 중요한 역할을 맡고 있다. 이들은 다양한 산업에서의 경험, 교차기능경영 전문능력, 마케팅에 대한 직관력 등을 갖고 있다. 또한 전략적 관점, 출중한 측정 및 분석 능력, 재무관리능력, 운영의 탁월함을 보여 점차 활발히 활동하고 있다.

전략사업부수준 프라다(Prada)와 존슨앤존슨(Johnson and Johnson)처럼 다양한 시장에서 많은 제품을 생산하는 기업들은 사업포트폴리오(사업집단)를 운영한다. 이 사업 집단을 전략사업부(strategic business unit, SBU)라고 한다. 전략사업부는 조직의 부서, 지사 혹은 하나의 사업체이며 명확히 정의된 고객집단들에게 일련의 제공물을 마케팅한다. 이 수준의 경영자는 가치 창출 기회를 활용하기 위해 사업부의 명확한 전략 방향을 수립한다. 벤앤제리처럼 하나의 사업만 영위하는 기업의 경우에는 전사수준과 전략사업부수준이 구분되지 않고 같다.

프라다는 의류, 향수, 가죽제품 및 신발 등 다양한 사업 포트폴리오를 운영하고 있다. 각 사업이 전략사업부(SBU)와 같다.

©Imaginechina via AP Images

기능수준 각 전략사업부에는 기능수준의 부서들이 있다. 각 부서에는 그 분야의 전문가들이 조직을 위해 가치를 창출한다. 부서(department)는 마케팅, 재무처럼 전문화된 기능을 지칭하는 용어로, 기능수준에서 조직의 전략 방향은 가장 구체적이고 집중적이다. 조직 내에 세 단계 수준이 존재하듯 각 수준에는 경영자가 정한 전략 방향의 계층이 있다.

마케팅부서의 핵심 역할은 조직과 고객을 위해 가치를 창출하는 데 초점을 맞추면서 조직의 외부를 바라보는 일이다. 이 역할은 고객에게 귀를 기울이고, 제공물을 개발하고 제조하며 마케팅 프로그램을 실행하며 수행된다. 새로운 제공물을 만들어내거나 기존의 제공물을 개선하기 위한 마케팅 프로그램을 개발하기 위해 조직의 고위경영자는 기능을 통합하는 팀을 만들기도 한다. 이 팀은 과업을 수행하거나 공통의 목적을 달성하는 데 책임이 있는 부서에서 차출된 사람들로 꾸려지며 다기능팀 혹은 교차기능팀(cross-functional team)이라고도 불린다. 이 팀에는 공급자, 고객 등 조직 외부의 인원도 참여하여 그들에게 도움을 받기도 한다.

학습리뷰

1. 영리조직과 비영리조직의 차이는 무엇인가?
2. 조직 내 기능수준의 예를 들어보자.

비전이 있는 조직의 전략

목표 2 핵심가치, 사명, 조직문화, 사업 그리고 목표를 설명할 수 있다.

현대 조직이 성공하기 위해서는 앞을 내다보아야 한다. 미래를 예견하고 재빨리 또 효율적으로 대처해야 한다. 이들은 오늘날의 불확실하고 혼란스럽고 급속히 변화하는 환경에서도 번성해야 한다. 비전이 있는 조직은 도표 2-2처럼 조직의 존립 근거(우리는 왜 존재하는가)를 명시하고, 방향을 정하며(무엇을 할 것인가), 전략을 만들어야 한다(어떻게 할 수 있을까).

조직의 존립 근거: 우리는 왜 존재하는가?

조직의 존립 근거는 철학적 존재 이유이다. 가장 근본적인 수준에서 보면 조직은 누군가를 위한 무엇을 성취하기 위해 존재한다. 비전이 있고 성공적인 조직은 자신의 존립 근거를 핵심가치, 사명, 조직문화를 통해 직원을 이끌고 영감을 불어넣기 위해 사용한다.

핵심가치
조직의 행위를 인도하는 근본적이고 열정적이고 지속적인 원칙

핵심가치 조직의 **핵심가치**(core values)는 조직의 행위를 인도하는 근본적이고 열정적이고 지속적인 원칙이다. 창업자와 고위경영자는 그들의 기본적인 믿음과 특징에 부합하는 핵심가치를 개발한다. 핵심가치는 기업의 심장과 영혼을 짚어내며 조직의 이해관계자들을 자극하고 동기를 부여해준다. 조직의 이해관계자는 직원, 주주, 이사진, 공급자, 유통업자, 채권자, 노조, 정부, 지역 커뮤니티 및 고객 등으로 기업과 이해관계가 있는 개인 혹은 조직이다. 핵심가치는 영속적이며 기업이 하는 행위의 지침이 된다. 페이스북의 다섯 가지 핵심가치는 다음과 같다. ① 충격을 가한다. ② 신속히 움직인다. ③ 과감하다. ④ 열려 있다. ⑤ 사회가치를 쌓는다.

핵심가치가 효과를 발휘하기 위해서는 최고경영층과 직원 사이에 소통이 이루어져야 하며 각각이 서로를 지지해야 한다. 그렇지 않다면 핵심가치는 공허한 단어에 불과해진다.

사명
조직의 고객, 시장, 제품과 기술을 명시한 조직의 사회적 역할의 정의. 비전과 같은 의미로 사용되기도 함

사명 핵심가치를 이해하고 나면 **사명**(mission)을 정의한다. 사명은 조직의 고객, 시장, 제품 그리고 기술을 명시함으로써 사회에서 조직의 역할을 정의하는 것이다. 이것을 문장으로 나타낸 것이 사명문(mission statement)이다. 사명문은 종종 비전(vision)과 구분 없이 사용되는데 명료하고, 간결하며, 의미가 있고, 영감을 주며 장기적이어야 한다.

많은 영리기업과 비영리조직 및 정부기관의 사명문에는 영감을 불러일으키고 조직이 집중하는 분야가 표현되어있다.

도표 2-2 비전이 있는 현대의 조직은 ① 존립의 근거를 마련하고, ② 조직의 제품을 성공적으로 개발하고 마케팅할 수 있는 전략을 사용하여, ③ 발전 방향을 결정한다.

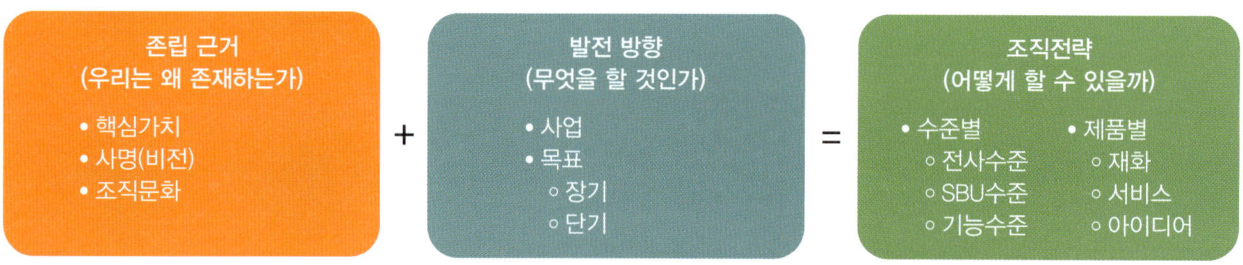

- 사우스웨스트항공(Southwest Airlines): 뜨거움, 우정, 자부심 및 기업정신으로 최고 품질의 고객서비스를 제공하는 데 헌신한다.
- 미국 적십자사(Red Cross): 자원자들의 힘과 기부자들의 정성을 합쳐 위기 상황을 예방하고 위기에 처한 인간의 고통을 덜어준다.
- 연방통상위원회(Federal Trade Commission): 정당한 사업활동에 과도한 부담을 주지 않으면서도 반경쟁적이고 불공정하고 기만적인 사업활동을 방지한다. 또 고객의 선택을 위한 풍부한 정보를 제공하고 경쟁과정에 대한 대중의 이해를 증진시킨다.

사우스웨스트항공의 광고 슬로건 "사랑은 멀리 간다"는 '따뜻하고 우호적인 경험 제공'이 그들의 조직전략임을 알려준다.

Source: Southwest Airlines Co.

Video 2-2
Southwest Airlines
kerin.tv/cr8e/v2-2

위 사명문에는 좋은 사명문이 가져야 할 요건과 비전에 가득 찬 미래상이 나타나 있다. 이 장의 도입부에 있는 밴앤제리의 사회 사명에 나타난 것처럼, 최근 많은 조직에서 윤리적으로 옳고 가치 있는 이상을 반영하고자 사명문에 사회적 요소를 더하고 있다. 이해관계자들, 특히 고객, 종업원, 그리고 사회 자체가 조직이 사회의 문제를 해결해가면서 동시에 장기적 가치를 제공함으로써 어엿한 사회의 일원이 되기를 요구하고 있는 것이다.

조직문화 조직은 모든 이해관계자와 연결되어야 한다. 따라서 전사수준의 마케팅 활동의 중요 기능은 핵심가치와 사명을 이해관계자들에게 알리는 것이다. 이러한 활동은 직원과 이해관계자에게 조직문화에 대한 명확한 메시지를 전달한다. **조직문화**(organizational culture)란 구성원들에게 학습되고 공유되는 가치, 아이디어, 태도 및 행동 규준을 말한다.

조직문화
조직의 구성원들에 학습되고 공유되는 가치, 아이디어, 태도 및 행동 규준

조직의 발전 방향: 무엇을 할 것인가?

도표 2-2에 나타난 것처럼 기업은 조직의 존립 근거에 입각하여 ① 어떠한 사업을 하며, ② 구체적인 목적은 무엇인가의 측면에서 발전 방향을 정한다.

사업 **사업**(business)은 조직의 제공물이 속하는 명확하고 광범위하게 정의된 산업 혹은 시장을 의미한다. 사업을 정의하기 위해 조직은 유사한 제공물을 판매하는 조직들, 즉 직접적으로 경쟁관계에 있는 조직들을 잘 살펴보아야 한다. 벤앤제리의 경우에는 '아이스크림 사업자들'을 잘 살펴보아야 할 것이다. 그러고 나서 '무엇을 하고 있는가' 혹은 '어떤 사업을 하고 있는가'와 같은 질문에 답해야 한다.

사업
조직의 제공물이 속하는 명확하고 광범위하게 정의된 산업 혹은 시장

유명한 논문인 〈마케팅근시(Marketing Myopia)〉를 저술한 테오도르 레빗(Theodore Levitt) 교수는 20세기 미국의 철도회사 경영자들이 '우리는 철도 사업(railroad business)을 한다'라고 사업을 너무 좁게 정의했다고 비판하였다. 근시안적 생각 때문에 고객이 누구이며 그들이 무엇을 원하는지를 파악하지 못했다는 것이다. 그래서 그들은 항공, 바지선(barge, 화물운반선), 파이프라인, 트럭 등 물자와 사람을 실어 나르는 기업과 경쟁하는 전략을 개발하지 못했다는 것이다. 그 결과 많은 철도회사가 합병되거나 도산되었다. 철도회사들은 그들이 '수송사업

(transportation business)'을 하고 있다는 것을 깨달았어야 한다. 마찬가지로 인쇄업자들은 그들의 일이 '신문이나 잡지를 인쇄하는 사업'이라고 정의하였다. 하지만 인쇄물에 대한 수요가 격감하고 있다는 현실을 감안할 때, 그들은 자신의 사업을 정보 사업 혹은 엔터테인먼트 사업이라고 보아야 했다.

20세기 전반에 걸쳐 철도회사의 경영자들은 그들이 어떤 사업을 한다고 생각하는가? 본문에서 그들이 가졌던 심각한 오류에 대해 설명한다.

심화되는 글로벌경쟁으로 인해 많은 조직이 그들의 사업 모델을 다시 생각하고 있다. 사업모델(business model)이란 고객에게 가치를 제공하기 위한 전략을 의미한다. 기술 혁신은 특히 그것이 고객의 욕구와 관련이 있을 때 사업 모델 변화를 촉진시킨다. 예를 들어 넷플릭스(Netflix)는 사업 모델을 여러 번 변경했다. 초기에는 DVD 대여 사업을 했으나 비디오 스트리밍 사업으로 변신했고, 다시 콘텐츠 제작 사업으로 방향을 틀었다. 서적 소매상 반스앤노블(Barnes&Noble) 역시 아마존의 전자책 단말기 킨들(Kindle)과 애플의 아이패드(i-Pad)가 엄청난 인기를 끌자 자신들의 사업 모델을 전자책(e-book) 단말기 사업으로 변경할 생각을 하고 있다.

우버의 사업 정의는 왜 변하고 있는가? 본문을 참고해보자.

차량 공유 사업을 하는 우버(Uber)는 사업을 계속 새롭게 정의한다. 그들은 우버캡(UberCab)이라는 리무진 서비스로 시작했으나 곧 운전자가 자신의 차를 직접 사용하게 하는 앱인 우버엑스(UberX)와 우버풀(UberPool)을 탑재하면서 차량공유서비스로 사업을 재정의했다. 그러고 나서 택배 사업인 우버러시(UberRush)와 레스토랑 음식 배달 사업인 우버이츠(UberEats)를 추가하면서 '수송 사업'으로 사업의 정의를 확장하고 있다. 그들은 레빗 교수의 조언을 심각하게 고려하며, 자신을 택시 사업, 차량 공유 사업 혹은 배달 사업을 넘어선 무언가로 보고 있다. 〈포브스〉는 우버의 사업 모델을 '마찰 없는 연결자(frictionless middleman)'라고 설명한다.

Video 2-3
Uber Video
kerin.tv/cr8e/v2-3

목표, 목적
성취되어야 하는 성과 표적. 일반적으로 정해진 시간이 제시됨

목표 **목표** 혹은 **목적**(goals, objectives; 여기서 이 용어들은 구분 없이 사용될 것이다)은 성취되어야 하는 과업으로, 많은 경우 시간의 제약을 받는다. 목표가 정해지면 조직의 사명과 사업이 장기 및 단기 성과 표적으로 표현될 수 있다. 기업은 다음에 제시된 목표 유형 중 몇 개를 동시에 추구할 수 있다.

- 이윤: 대부분의 기업이 이윤을 극대화하려고 한다. 다시 말해 투자 대비 높은 재무적 보상, 즉 높은 투자수익률(ROI)을 올리려 한다.
- 매출: 이윤이 적정수준이면 기업은 이윤이 극대화되지 않더라도 매출(액수 또는 수량) 증대를 택할 수 있다.
- **시장점유율**: 해당 기업을 포함한 산업 내 모든 기업의 매출 중 해당 기업의 매출이 차지하는 비율이다. 기업은 산업 내 위치나 명성이 위태로울 경우 높은 이윤을 포기하고 시장점유율 증대를 선택하기도 한다.

시장점유율
해당 기업을 포함한 산업 내 모든 기업의 매출 중 해당 기업의 매출이 차지하는 비율

- 품질: 기업은 원가 혹은 고객의 성과 기대에 부응하거나 때로는 초과하는 수준의 품질을 추구한다.
- 고객만족: 고객은 조직이 존재하는 이유다. 따라서 고객의 인식과 행동은 조직에 절대적이라고 할 수 있다. 만족은 서베이나 조직이 접수하는 고객 불평의 수를 활용하여 측정할 수 있다.
- 직원복지: 기업은 직원들에게 좋은 고용 기회와 근무환경을 제공하는 목표를 명확히 함으로써 직원의 중요성을 인정한다.
- 사회적 의무: 기업은 이윤을 희생하는 한이 있어도 전반적인 복지수준 향상을 위해 이해관계자들의 상충되는 목표 간에 균형을 맞추려 노력한다.

박물관이나 병원 같은 비영리조직들도 기업과 마찬가지로 고객을 가능한 한 효율적으로 대접하려는 목표를 설정한다. 정부기관도 국민에게 봉사하기 위한 목표를 세운다.

조직의 전략: 어떻게 할 수 있을까?

도표 2-2에 나타난 것처럼 조직의 존립 근거는 조직이 '왜' 존재하는가에 관한 것이며, 조직의 전략 방향은 '무엇을' 할 것인가에 관한 것이다. 이 두 가지가 실제 결과로 이어지기 위해 조직의 전략은 '어떻게' 할 것인가를 모색한다. 조직의 전략은 ① 조직 내 전략의 수준, ② 조직이 고객에 제공하는 제공물에 따라 차이가 난다.

수준에 따른 차이 전략과 계획은 전사수준에서 전략사업부수준, 기능수준을 거치며 점점 구체화된다. 예를 들어 전사수준에서 최고경영층은 의미 있는 사명문을 작성하고자 애쓴다. 그렇지만 기능수준에서는 판매를 위해 내일 누가 고객을 방문할지 결정한다.

제품에 따른 차이 조직의 전략은 제품에 따라 차이가 난다. 벤앤제리의 아이스크림처럼 유형제품을 마케팅하는 경우, 사우스웨스트항공처럼 무형의 서비스를 마케팅하는 경우, 적십자에 기부하는 경우처럼 어떤 아이디어를 마케팅할 때의 전략은 제품에 따라 완전히 다를 수 있다.

대부분의 조직은 전략적 마케팅 과정의 일환으로 마케팅계획을 수립한다. **마케팅계획**(marketing plan)은 조직이 1년 혹은 5년처럼 정해진 기간 동안 마케팅활동을 하기 위한 로드맵이다. 뒤에서 논의할 전략적 마케팅과정의 계획 단계에서 조직의 마케팅활동의 방향을 정해주는 마케팅계획이 마련된다. 마케팅계획 작성의 가이드라인은 이 장 끝에 수록된 '부록'에 나와 있다.

마케팅계획
조직이 1년 혹은 5년처럼 정해진 기간 동안 마케팅활동을 하기 위한 로드맵

학습리뷰

1. 조직의 사명은 무엇인가?
2. 조직의 사업과 목표의 차이는 무엇인가?

목표 3 마케팅관리자들이 마케팅 계기판과 측정치를 사용하는 이유를 이해한다.

마케팅계기판을 통한 전략의 성과 추적

마케팅관리자는 조직의 전략 방향을 설정하고 나서 그곳에 도달해가고 있다는 것은 어떻게 알 수 있을까? 많은 산업 전문가들이 관찰한 대로 '측정하지 못하는 것은 관리할 수 없다'. 이 문제에 대한 해법은 데이터과학 혹은 빅데이터라고 불리는 분야로 최근 급성장 중이다. 빅데이터 분석을 통해 데이터를 수집하고 이어서 소개할 '마케팅계기판'처럼 시각적으로 제시하면 데이터에 기반한 의사결정이 가능해진다.

마케팅계기판
마케팅목표를 달성하기 위해 필요한 정보를 시각적으로 보여주는 도구

자동차계기판과 마케팅계기판 **마케팅계기판**(marketing dashboard)은 마케팅 목표 달성 정도와 관련된 주요 정보를 시각적으로 보여준다. 오늘날 첨단 경영정보시스템은 마케팅믹스 변경, 맞춤마케팅, 고객만족도 평가 등을 가능하게 하는 데이터를 실시간으로 제공한다. 예를 들어 최고마케팅경영자(chief marketing officer, CMO)가 새로 시도하는 SNS 활용 프로모션이 매출에 미치는 영향을 매일 알고 싶다면 마케팅계기판을 확인하면 된다.

마케팅계기판에 대한 아이디어는 자동차의 계기판으로부터 나왔다. 자동차 계기판에서는 차의 연료 상태를 확인할 수 있어서 연료가 떨어져갈 때 조치를 바로 취할 수 있다. 마케팅관리자는 마케팅계기판에서 그래프나 도표를 보고 주요 마케팅측정치를 확인한 후 바로 행동을 할지 아니면 좀 더 지켜보면서 분석할지 정한다.

마케팅측정치
마케팅 변수의 측정치 혹은 마케팅활동 혹은 활동 결과의 추세

계기판, 측정치, 계획 도표 2-3은 하드웨어 및 소프트웨어 기업 소나티카(가칭)의 마케팅계기판이다. 이 계기판은 소나티카 제품에 관한 주요 성과지표를 그래픽으로 보여준다. 마케팅계기판의 각 변수는 마케팅활동이나 활동 결과의 계량적 가치 혹은 추세를 나타내는 **마케팅측정치**(marketing metric)이다. 어떤 마케팅측정치를 표시

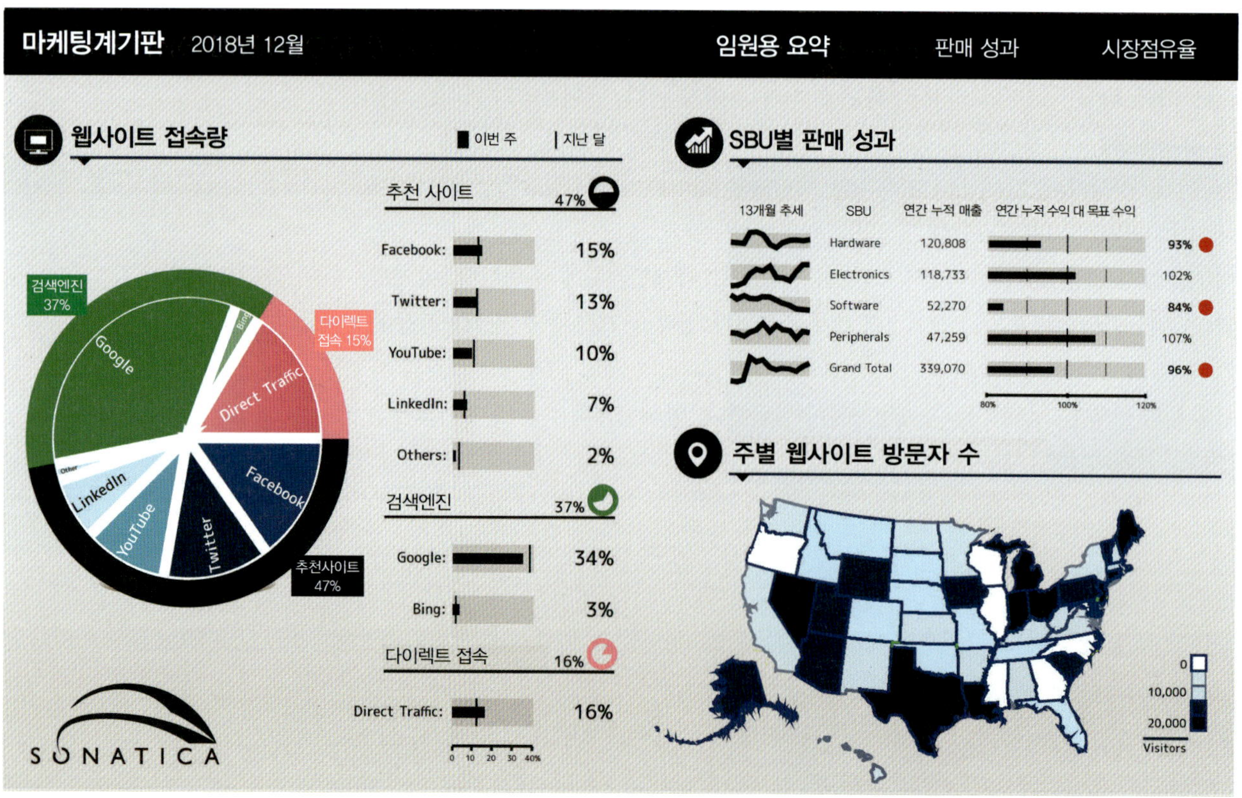

도표 2-3 하드웨어와 소프트웨어를 판매하는 가상 기업인 소나티카의 마케팅계기판처럼, 경영자는 효과적인 마케팅계기판을 통해 사업 현황을 한 눈에 보고 분석할 수 있다.

할 것인가를 결정하는 것은 적절하지 않은 정보를 과도하게 접하는 마케팅관리자에 매우 중요한 문제이다.

마케팅측정치를 시각적으로 제시하는 데이터 그래픽을 활용하여 마케팅관리자들은 ① 평가 단계에서 마케팅계획과 실제의 차이를 파악하고 ② 보정한다. 여기서는 데이터를 시각화하여 설명하고자 하는 주요 요점을 컬러로 표시해서 보여준다. 도표 2-3에 있는 소나티카의 마케팅계기판은 2018년 12월 기준, 사업의 분야별 성과를 보여주기 위해 파이차트, 바차트, 지도 등과 같은 시각화된 데이터 그래픽을 활용하고 있다.

- 웹사이트 접속량: 파이차트에서 컬러로 표시된 주변부는 웹사이트 접속의 세 가지 통로를 보여준다(추천 사이트를 통한 접속 47%, 검색엔진을 활용한 접속 37%, 다이렉트 접속 16%). 접속방법 중 빈번히 활용되는 사이트들은 파이차트에서 내부 파이로 표시된다. 47%를 차지하는 추천 사이트 중에는 그림 오른쪽에 있는 눈금그래프(bullet graph)가 보여주듯 페이스북이 15%를 차지하고 있는데, 이는 지난 달보다 늘어난 것임을 알 수 있다(눈금그래프의 수직선은 지난 달의 퍼센티지를 보여준다). 유튜브는 10%를 차지하는데 지난 달에 비해 약간 줄어들었다.

마케팅계기판

벤앤제리는 얼마나 잘하고 있을까?

우리가 벤앤제리의 경영자라고 생각해보자. 우리는 벤앤제리가 미국 내 최고급 아이스크림 시장에서 얼마나 잘하고 있는지를 분석할 필요가 있다. 이를 알아보기 위해 매출액과 시장점유율이라는 두 가지의 마케팅측정치를 살펴볼 수 있다.

도전

식품점 및 기타 소매상의 계산대에서 수집한 스캐너 데이터(scanner data)를 보면 2018년 최고급 아이스크림 총 매출액은 12억 5,000만 달러였다. 벤앤제리의 내부 데이터는 개당 평균 5달러로 5,000만 개를 판 것을 알 수 있다.

발견

우리가 선택한 측정치인 매출액과 시장점유율은 간단한 계산을 거쳐 도출되어 마케팅계기판에 다음과 같이 표시된다.

$$\text{매출액(\$)} = \text{평균가격} \times \text{판매개수} = \text{5.00달러} \times \text{5,000만 개} = \text{2억 5,000만 달러}$$

$$\text{시장점유율(\%)} = \frac{\text{벤앤제리의 매출액(\$)}}{\text{산업 전체 매출액(\$)}} = \frac{\text{2억 5,000만 달러}}{\text{12억 5,000만 달러}} = \text{0.20 혹은 20\%}$$

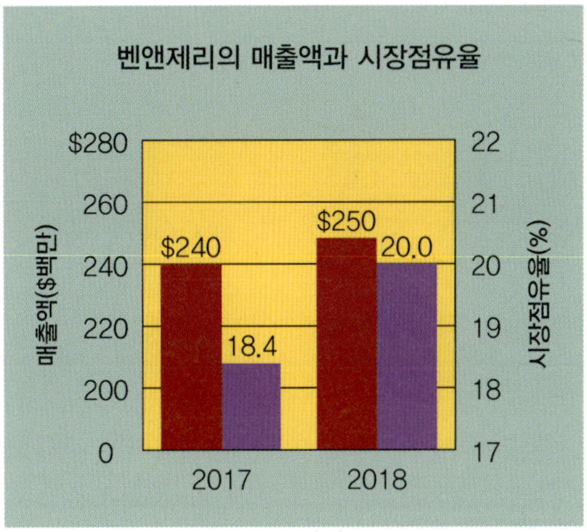

우리는 계기판에서 2017년에서 2018년까지 매출액이 2억 4,000만 달러에서 2억 5,000만 달러로 늘었으며 시장점유율은 18.4%에서 20.0%로 증가했음을 눈으로 확인할 수 있다.

행동

결과는 이러한 측정치를 사용한 목표와 비교될 필요가 있고 추세가 증가세인지 하락세인지 혹은 변화가 없는지를 알기 위해 지난 해의 결과와 비교되어야 한다. 이러한 분석은 마케팅활동으로 이어진다.

- 전략사업부별 판매 성과: 도표 2-3의 오른쪽 위에 있는 판매성과표 왼쪽의 꺾인 라인(스파크라인; spark line)은 소나티카 전략사업부의 13주간 판매실적을 보여준다. 예를 들어, 전자기기와 주변기기의 판매 추세는 대체로 늘어나고 있으며 연간(year to date, YTD) 표적 매출을 능가하고 있다. 반면 소프트웨어와 하드웨어의 판매량은 연간 표적 매출에 못 미치고 있다. 이러한 사실은 오른쪽의 빨간 경고점으로 표시되어 마케팅관리자가 한 눈에 알아볼 수 있다. 이는 하드웨어와 소프트웨어 사업부에 즉각 보정 조치를 취해야 함을 알려준다.
- 미국의 주별 웹사이트 방문자 수: 미국 지도에서 어두운색으로 표시된 주는 이번 달 웹사이트 방문자 수가 많았음을 보여준다. 예를 들어, 텍사스주에서 매달 2만 명이 방문하는데 일리노이주에서는 방문하는 사람이 거의 없다.

벤앤제리의 계기판은 널리 활용되는 두 가지 마케팅측정치, 즉 매출액과 시장점유율의 2017년과 2018년에 걸친 성장세를 분석하는 데 마케팅계기판이 활용되는 예를 보여준다. 이후에도 계속 마케팅계기판의 예를 통해 다양한 마케팅측정치가 마케팅활동에 활용되는 모습을 보여주도록 하겠다.

전략 방향의 설정

목표 4 조직이 현재 어디에 있으며 향후 어디로 가려하는지를 분석하는 방법에 대해 논의한다.

전략 방향을 설정하기 위해 조직은 다음과 같은 어려운 질문에 답해야 한다. ① 우리는 지금 어디에 있는가, ② 어디로 가길 원하는가?

돌아보기: 우리는 지금 어디에 있는가?

조직에 현재 어디에 있는지를 묻는 것은 조직의 역량, 고객, 경쟁에 대해 질문하는 것과 같다.

핵심역량 경영자는 반드시 다음 질문을 해야 한다. 우리는 무엇을 최고로 잘하는가? 이 질문에 답하기 위해 조직의 핵심역량을 분석해야 한다. 핵심역량(core competencies)은 다른 조직과 차이가 나게 하며 고객에 가치를 제공하는 특별한 능력(숙련기능, 기술, 자원 등)을 말한다. 이러한 역량을 잘 활용하는 것이 성공의 지름길이다. 핵심역량은 기업에 경쟁우위를 제공할 만큼 독특해야 한다. 경쟁우위(competitive advantage)는 경쟁자보다 우수한 보상을 제공해주는 강점을 말하며 이 강점은 품질, 시간, 원가 혹은 혁신에서 나온다.

고객 벤앤제리의 고객은 형태, 맛, 건강, 편의성에 있어 다양한 기호를 가진 아이스크림과 냉동 요구르트 소비자이다. 보잉 제트기의 고객은 아메리카유나이티드, 사우스웨스트항공 등 항공사이다. 카탈로그 소매상 랜즈앤드(Lands' End)는 다음과 같은 슬로건으로 고객경험과 제품 품질에 대한 헌신을 표현한다.

보증한다. 끝.®(Guaranteed. Period.®)

랜즈앤드의 웹사이트에서 보증은 무조건임을 강조한다. "어떤 품목에 만족하지 못하신다면 반품하십시오. 바꿔드리거나 환불해드립니다." 이 말을 고객에게 더 명확히 밝히기 위해 위의 두 단어로 된 슬로건을 만들었다. 랜즈앤드의 전략은 만족스러운 경험을 할 수 있도록 고객에게 진정한 가치를 제공하는 것이다.

랜즈앤드의 제품에 대한 무조건적인 보증은 고객중심주의를 강조한다.
Source: Lands' End

경쟁 오늘날 글로벌경쟁의 특징은 경쟁자 간 차이가 점차 없어지고 있다는 것이다. 랜즈앤드는 카탈로그 의류소매상으로 출발했다. 그런데 현재는 엘엘빈(L.L.Bean)과 같은 카탈로그 의류소매상뿐만 아니라 백화점, 양판점, 전문점과도 경쟁한다. 유명 의류브랜드인 에디 바우어(Eddie Bauer)조차 자체 체인점포를 가지고 있다. 이들 점포 내 의류 중 오직 일부만이 랜즈앤드의 제품과 직접적인 경쟁관계이긴 하지만, 앞에서 언급한 소매상 모두 웹사이트를 개설하여 온라인에서 제품을 판매하고 있다. 엄청난 경쟁 상황이 벌어지고 있는 것이다.

성장전략: 어디로 가길 원하는가?

경영자가 현재 조직이 어디에 있는지 알아야 기업의 발전 방향을 정하고 그 방향으로 가기 위해 자원을 배분할 수 있다. 이러한 결정을 하는 데 도움을 주는 두 가지 기법으로 사업포트폴리오분석과 다각화분석을 살펴보자.

사업포트폴리오분석 성공적인 기업은 다양한 제공물(제품, 서비스 등)을 보유하고 있다. 즉 다양한 사업을 동시에 하는데, 각 사업이 속한 산업의 성장률이 다르고 해당 산업 내에서의 각 사업 시장점유율도 다르다. 보스턴컨설팅그룹(Boston Consulting Group, BCG)은 국제적으로 널리 알려진 경영 컨설팅기업으로 **사업포트폴리오분석**(business portfolio analysis)기법을 개발하였다. 이 기법은 관리자들이 성과지표와 성장목표를 계량화하여 기업의 전략사업부(strategic business unit, SBU)를 각각 별개의 투자의 집합인 것처럼 취급하여 분석하는 기법이다. 이 기법을 이용하는 목적은 자금을 창출하는 SBU(전략사업부) 혹은 제품을 확인하고 조직의 성장을 위해 자금을 투입해야 하는 사업부 혹은 제품을 결정하는 것이다.

사업포트폴리오분석
기업의 전략사업부의 성과 및 성장 목표를 계량화하기 위해 경영자들이 사용하는 기법으로 전략사업부를 별도의 투자로 간주하여 분석함

우리가 애플의 CEO라고 가정해보자. 애플 제품에 관해 알고 있는 지식에 기초하여 애플의 네 가지 주요 전략사업부를 분석해보자. 기대 성장률에 따라 사업부의 순위를 메기고 애플 전략사업부의 미래를 보듯 사업포트폴리오를 분석해보자.

사업포트폴리오분석을 하기 위해서는 각 SBU의 위치를 성장-점유율 매트릭스에 위치시켜야 한다(도표 2-4). 수직축은 시장성장률인데 이는 사업부가 속한 산업의 연간 성장률을 의미한다. 수평축은 상대적 시장점유율인데 이는 사업부의 매출액을 소속 산업에서 가장 큰 기업의 매출액으로 나눈 수치이다. 상대적 시장점유율 축의 왼쪽 끝 10×는 SBU가 가장 큰 경쟁자보다 10배의 매출을 올리고 있다는 것을 뜻한다. 반면, 오른쪽 끝의 0.1×는 가장 큰 경쟁자의 10%에 불과하다는 것을 뜻한다.

보스톤컨설팅그룹은 성장-점유율 매트릭스의 사분면 각각이 창출하는 현금 혹은 조직에 요구하는 자금을 근거로 하여 흥미로운 이름을 붙였다.

도표 2-4 애플 SBU의 BCG 사업포트폴리오분석. 빨간색 화살표는 제품이 매트릭스상에서 움직이는 전형적인 방향을 보여준다.

- 물음표(question mark): 빠르게 성장하는 시장에서 시장점유율이 낮은 SBU이다. 시장점유율을 올리기보다는 유지하는 데도 많은 자금이 투입되어야 한다. 물음표라는 명칭은 선택하여 투자하고 나머지는 버려야 하는 경영자의 고민을 나타낸다.
- 스타(star): 빠르게 성장하는 시장에서 높은 시장점유율을 기록하는 SBU로 높은 성장에 필요한 투자를 하기 위해 많은 자금을 필요로 한다. 성장이 멈추면 캐시카우가 될 가능성이 있다.
- 캐시카우(cash cow): 필요한 비용보다 훨씬 많은 자금을 창출하는 SBU이다. 이러한 SBU는 저성장 시장에서 높은 시장점유율을 차지하며 조직 전체의 간접비를 충당하고 다른 SBU에 투자할 자금을 창출한다.
- 개(dog): 저성장 시장에서 낮은 점유율을 가지는 SBU이다. 사업을 유지할 정도의 자금을 창출할 수는 있지만 조직을 위한 진정한 승자가 될 수는 없다. 다른 SBU와의 특수한 관계, 경쟁 상황에서의 고려 사항 혹은 잠재적 전략적 제휴의 가능성 등이 없다면, 창출하는 자금보다 많은 자금이 필요한 사업은 철수해야 한다.

조직의 SBU는 대개 물음표에서 출발하여 시계 반대 방향으로 이동하여 스타가 되었다가, 캐시카우가 되었다가 결국에는 개가 된다. 조직은 시장 전체의 성장에 영향을 미치는 데 한계가 있기에 상대적 시장점유율을 변화시키려고 노력할 수밖에 없다. 이를 위해 경영자는 각 SBU의 미래 역할을 결정하여 자금을 투입할지 혹은 회수할지를 결정해야 한다.

브랜드전략 전문 자문사인 인터브랜드(Inerbrand)가 매년 시행하는 글로벌 베스트브랜드 서베이에서 애플은 지난 10여 년간 글로벌 최고 브랜드 리스트에 빠짐없이 올랐다. 애플이 이처럼 상징적인 브랜드가 된 것은 혁신적 기술 때문만은 아니다. 애플은 고객이 인지적·감성적인 수준에서 브랜드와 교감하도록 제품에 '휴먼터치'를 주입하는 데 매진해왔다. 고 스티브 잡스(Steve Jobs)는 애플의 미래를 지속적으로 인도하는 조직문화와 핵심가치를 만들어내는 데 최선을 다했다.

BCG 사업포트폴리오분석을 활용하여 작성한 도표 2-4는 애플에 있는 네 개의

SBU가 2018년 이후 어떤 모습인지 보여준다.

- 애플워치(웨어러블 기술): 애플은 애플워치를 출시하며 웨어러블 기술 시장에 진입했다. 이 제품은 삼성, LG, 페블(Pebble), 모토로라 워치와 직접적인 경쟁관계이며 넓게 보면 핏빗(Fitbit)이나 가민(Garmin)의 피트니스 트래커(fitness tracker) 등 여러 웨어러블 기술 제품과 경쟁하고 있다. 산업 전문가에 의하면 2017년에는 1,800만 개, 2019년에는 4,500만 개가 팔리며 58% 정도의 성장률을 보였다. 애플워치는 물음표로 진입했다가 스타로 성장해가고 있다고 볼 수 있다.
- 아이폰: 2007년 애플은 혁신적인 제품인 아이폰을 출시했다. 이후 아이폰의 매출은 폭발적으로 증가하여 미국 시장에서 최대 경쟁자인 삼성을 누르고 44%가 넘는 시장점유율을 보이고 있다. 스마트폰 시장은 인도, 인도네시아와 아프리카 시장의 성장으로 인해 연 7%의 성장률을 보일 것으로 예측된다. 고성장 시장에서 높은 시장점유율을 확보한 아이폰은 스타의 위치에 있다고 판단된다.
- 아이패드/아이패드 미니(태블릿): 2010년 출시된 아이패드는 2013년 삼성 갤럭시(18%), 아마존 킨들(4%)을 넘어 40%의 시장점유율을 달성했다. 그러나 현재 태블릿(tablet)의 판매는 소비자들이 커다란 화면의 스마트폰이나 초박형 노트북을 선호하면서 감소되고 있다. 애플의 입장에서 보면 저성장시장에서 높은 시장점유율을 보이는 아이패드는 캐시카우이다.
- 아이팟(음악재생기): 애플은 2001년 아이팟을 출시하면서 뮤직 플레이어 시장에 진입했다. 아이팟은 2010년 아이폰이 음악재생기능을 탑재하기까지 연 5,000만 개 이상 판매되면서 상징적인 문화 제품의 위치에 올랐다. 2010년 이후에는 판매가 급감하여 2014년 애플은 아이팟 클래식을 단종시키겠다고 선언하고 2017년 아이팟 셔플과 아이팟 나노까지 단종을 발표하였다. 아직도 아이팟 터치를 판매하고는 있지만 판매 감소와 모델 단종은 아이팟 사업부가 개(dog)의 위치에 있음을 말해준다.

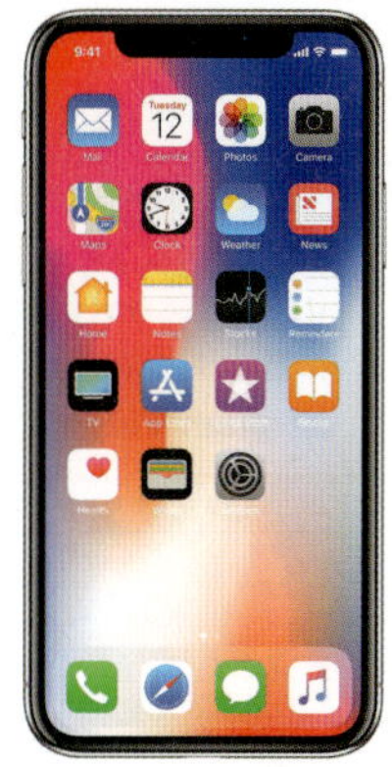

아이폰이 창출한 판매 수익으로 애플은 무엇을 할 수 있는가…

Source: Apple Inc.

… 아이팟으로 창출되는 판매 수익으로는?

Source: Apple Inc.

여러분은 네 가지 SBU의 성장가능성을 어떻게 평가하는가? 애플워치의 성장률은 58%로 가장 높게 평가된다. 아이패드 사업부는 매출이 하락하고 있는데, 아이폰은 7% 정도로 꾸준히 성장하고 있다. 성장률의 차이는 있지만 아이폰과 아이패드는 2018년에 애플 수익의 76% 정도를 기여하였다. 애플의 수익은 애플 홈팟, 차세대 전화기인 애플 에어팟 및 애플카와 같은 성장기회 추구에 투입되고 있다. 그리고 아이팟 클래식, 셔플, 나노의 매출 하락과 단종은 애플 아이팟 종말의 시작을 시사한다고 할 수 있다.

사업포트폴리오분석의 가장 큰 장점은 기업이 사업부를 성장–점유율 매트릭스에 위치시켜 미래에 자금을 창출할 사업부와 자금을 투입해야 할 사업부를 가려낼 수 있다는 것이다. 그렇지만 분석에 필요한 정보를 찾기가 쉽지 않고, 경쟁에 관한 데이터를 분석에 포함시키기 어렵다는 한계가 있다.

다각화분석 **다각화분석**(diversification analysis)은 현재와 미래의 시장 및 기존 제품과 신제품을 분석하여 성장기회를 찾는 기법이다. 어떤 시장에도 현재 판매되는 제품과 미래 판매할 수 있는 신제품이 있다. 마찬가지로 어떤 제품도 현재 판매되고

다각화분석
현재와 미래의 시장 및 기존 제품과 신제품을 분석하여 성장기회를 찾는 기법

있는 시장(현재 고객)이 있고 앞으로 판매할 수 있는 새 시장(미래고객)이 있다. 벤앤제리는 수익을 올리기 위해 도표 2-5에 나타나 있는 네 가지 시장-제품 전략을 고려했다.

Video 2-4
B&J's Chocolate Chip Cookie Dough Video
kerin.tv/cr8e/v2-4

- 시장침투전략(market penetration): 현재 판매되는 제품의 매출을 현재 판매되고 있는 시장에서 증가시키는 전략이다. 벤앤제리가 미국 소비자들에게 현재 판매되고 있는 초코릿칩 쿠키 도우(Chocolate Chip Cookie Dough) 아이스크림을 더 많이 판매하려는 시도가 여기에 해당된다. 기본적인 제품이나 시장 변화 없이 촉진이나 유통을 효율적으로 실행함으로써 혹은 더 비싼 가격으로 판매함으로써 더 많은 매출을 올리는 것이다.
- 시장개발전략(market development): 현재 판매되는 제품을 새로운 시장에 판매하는 전략이다. 벤앤제리에게 브라질은 매력적인 새 시장이지만 가능성과 문제점이 동시에 존재한다. 브라질의 가계 소득이 올라감에 따라 소비자들이 더 많은 아이스크림을 소비할 가능성이 있지만, 벤앤제리라는 브랜드가 브라질에 전혀 알려져 있지 않다.
- 제품개발전략(product development): 신제품을 현재 시장에 판매하는 전략이다. 벤앤제리는 미국 시장에 어린이 의류를 판매하면서 자신의 브랜드명을 활용할 수도 있다. 하지만 미국 사람들이 아이스크림 전문 기업이 어린이 의류로 제품을 확장하려고 시도하는 것를 회의적으로 볼 수도 있기에 위험하기도 하다.
- 다각화전략(diversification): 신제품을 개발하여 새로운 시장에 판매하는 전략이다. 만약 벤앤제리 브랜드 의류를 브라질에 판매하려고 한다면 그것은 위험한 전략이다. 벤앤제리는 의류 생산 경험이 없고 의류를 마케팅한 경험도 없어 브라질 의류 시장을 개척하기가 어려울 것이다.

시장	제품: 기존제품	제품: 신제품
기존 시장	**시장침투전략** 벤앤제리의 최고급 아이스크림을 미국에서 더 많이 판매하기	**제품개발전략** 벤앤제리의 브랜드를 단 어린이 의류 같은 신제품을 미국에서 판매하기
새로운 시장	**시장개발전략** 벤앤제리의 최고급 아이스크림을 브라질 시장에 진출하여 판매하기	**다각화전략** 벤앤제리 브랜드의 어린이 의류 같은 신제품을 브라질 시장에 진출하여 판매하기

도표 2-5 **네 가지 시장-제품 전략:** 벤앤제리의 다각화분석을 이용하여 매출을 증진시킬 대안들

학 습 리 뷰

1. 마케팅계기판과 마케팅측정치의 차이는 무엇인가?
2. 사업포트폴리오분석은 무엇인가?
3. 다각화분석에서 네 가지 시장-제품전략을 설명해보자.

전략적 마케팅과정

조직이 현재 어디에 있으며 어디로 가길 원하는지 분석했다면, 경영자는 전략적 마케팅과정에 집중해야 한다. 전략적 마케팅과정은 표적시장에 접근하고 경쟁우위를 획득하기 위해 조직의 마케팅믹스 자원을 배분하는 과정이다. 이 과정은 기업이 세운 원칙에 따라 이루어지며 도표 2-6과 같이 계획, 실행, 평가의 세 단계를 거친다.

목표 5 전략적 마케팅과정 계획 단계의 세 가지 절차를 설명할 수 있다.

전략적 마케팅과정
조직이 표적시장에 접근하고 경쟁우위를 획득하기 위해 마케팅믹스 자원을 배분하는 과정

전략적 마케팅과정 수립 원칙

전략적 마케팅과정(strategic marketing process) 수립을 위해서는 네 가지 기본 원칙을 준수해야 한다. 각 원칙은 고객, 경쟁자 그리고 조직의 자원에 관한 근본적인 가정을 나타낸다.

- 고객은 이질적이다: 고객은 같지 않다. 이러한 차이점으로 인해 고객의 상이한 마케팅믹스 요소에 대한 반응이 다르다.
- 고객은 변화한다: 고객의 선호, 욕구, 행동은 그대로 있지 않다. 시간과 상황에 따라 변화하며 경쟁 조직의 행동에도 영향을 받는다.
- 경쟁자는 변화하고 반응한다: 조직의 경쟁우위는 현재 혹은 미래의 경쟁자들의 행위와 그들이 조직의 행위에 반응하는 양식에 영향을 받는다.
- 조직의 자원은 한정되어있다: 어떠한 조직도 인적, 기술, 재무 자원을 무한정 보유하고 있지 않다. 기회를 포착하거나 성과에 위협을 가하는 요인을 극복할 때는 이들의 균형을 고려해야 한다.

이러한 원칙은 전략적 마케팅과정의 각 단계에서 개념, 기술, 분석도구 사용 시 적용되어야 한다.

도표 2-6 전략적 마케팅과정은 계획, 실행, 평가의 세 단계로 구성된다. 이 그림은 각 단계가 책의 어느 장에서 논의되는지를 보여준다.

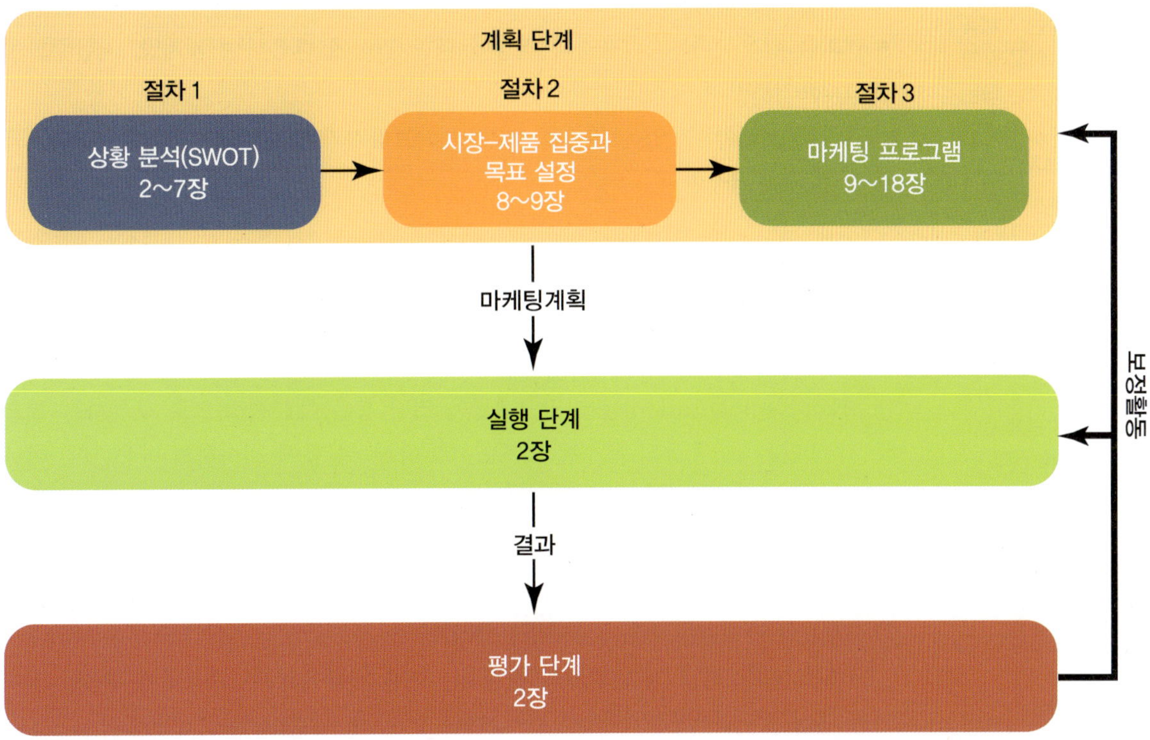

전략적 마케팅과정의 계획 단계

상황 분석
기업 혹은 제품의 현황을 파악하고, 그들이 현재 어디에 있으며 마케팅계획상 어디로 향하고 있는지를 기업의 외부 요인과 그것에 영향을 미치는 추세를 분석하여 파악하는 것

SWOT 분석
조직의 내부 강점 및 약점과 외부의 기회와 위협을 분석하는 기법

절차 1: 상황 분석(SWOT 분석) **상황 분석**(situation analysis)의 핵심은 기업 혹은 제품의 현황을 파악하고, 그들이 현재 어디에 있으며 마케팅계획상 어디로 향하고 있는지를 기업의 외부 요인과 그것에 영향을 미치는 추세를 분석하여 파악하는 것이다. 이 상황 분석을 효율적으로 정리한 것이 바로 **SWOT 분석**이다. SWOT은 조직의 내부 강점(Strength) 및 약점(Weakness), 외부의 기회(Opportunity)와 위협(Threat)을 분석하는 것이며 각 단어의 첫 글자를 조합한 용어이다.

SWOT 분석은 기업이 마케팅 프로그램을 세우는 데 근거가 되는 네 가지 영역을 광범위하게 조사하는 것에서부터 출발한다.

- 조직이 속한 산업의 변화와 추세를 알아낸다.
- 조직의 현재 경쟁자 혹은 잠재 경쟁자들을 분석한다.
- 가용한 자원을 포함하여 조직 자체를 분석한다.
- 조직의 현 고객 및 잠재고객을 조사한다.

벤앤제리는 사명에 부합하는 신제품과 사회공헌 프로그램을 어떻게 개발하고 있을까? 이를 개발하는 데는 전략적 마케팅과정과 SWOT 분석이 활용된다. 본문을 참고해보자.
©McGraw-Hill Education/Evelyn Nicole Kirksey, photographer

우리가 도표 2-7에 제시된 벤앤제리의 SWOT 분석을 책임지고 있다고 가정해보자. 궁극적인 목표는 조직에 영향을 미치는 핵심적인 전략 관련 요인을 찾아내어 긴요한 강점은 활용하고, 눈에 잘 띄는 약점은 바로 잡고, 기회는 이용하며, 비극을 초래할 수 있는 위협은 피해가는 것이다.

도표 2-7에 나와 있는 벤앤제리의 SWOT 분석은 다음과 같이 구체적인 행동 도출의 기초가 된다.

- 강점을 이용한다: 모기업인 유니레버 아이스크림 브랜드의 유통상 효율성을 찾아내어 활용한다.
- 약점을 보정한다: 성장을 촉진하기 위해 다른 소비재기업의 경험 많은 관리자를 채용한다.
- 기회를 활용한다: 소비자들의 건강에 대한 관심에 반응하여 저지방, 저탄수화물 그릭요거트맛 아이스크림 라인을 개발한다.
- 비극을 초래할 수 있는 위협을 회피한다: 브라질과 아르헨티나처럼 덜 위험한 국제 시장에 집중한다.

시장세분화
가망고객들을 공통의 욕구를 가지며 마케팅활동에 유사하게 반응하는 집단으로 구분하는 방법

차별포인트
제품을 경쟁 제품보다 뛰어나게 만드는 제품의 특성

절차 2: 시장-제품 집중과 목표 설정 어떤 제품을 어떤 소비자들에게 제공할 것인지 결정(계획 2단계)하는 것은 효율적인 마케팅 프로그램을 수립(절차 3)하는 데 매우 중요하다. 이 결정은 흔히 시장세분화를 기초로 하여 이루어진다. **시장세분화**(market segmentation)는 가망고객들을 집단(혹은 세분시장)으로 구분하는 것으로 각 집단은 ① 공통의 욕구를 가지며, ② 마케팅활동에 비슷하게 반응한다. 이로 인해 조직은 표적시장에서 구체적인 마케팅 프로그램을 개발하는 것이 가능해진다. 세분시장과 제품을 일치시키는 과정은 **차별포인트**(points of difference), 즉 경쟁하고 있는 대체재보다 우월한 제품의 특징과 관련이 있다. 목표 설정은 성취되어야 할 측정가능한 마케팅목표를 구체화하는 작업이다.

전략적 마케팅과정 계획 단계의 절차 2는 어떤 제품을 어떤 고객에게 제공할 것인가를 결정하는 과정으로 마케팅 프로그램을 개발하는 3단계의 근거가 된다.

요인의 위치	요인의 유형	
	유리함	불리함
내부	**강점** • 미국 소비자들에게 널리 알려진 저명한 브랜드 • 모회사 유니레버의 다른 아이스크림 브랜드와 보완 역할 • 널리 알려진 사회적 사명, 가치와 행위	**약점** • 벤앤제리의 사회지향 책임 행동으로 집중력이 저하될 가능성 • 성장을 도울 경험 많은 관리자 부족 • 최근의 성장과 이윤의 정체
외부	**기회** • 해외시장에서 고급 아이스크림 수요 증가 • 미국에서 그릭요거트에 대한 수요 증가 • 많은 미국 기업의 성공적 제품 및 브랜드 확장 전략	**위협** • 영양에 관한 정보를 열심히 읽는 벤앤제리 고객들의 당분과 지방에 관한 우려 • 제너럴밀스(General Mills) 및 네슬레 제품과 경쟁 • 국제 시장에서의 경쟁 격화

도표 2-7 **벤앤제리의 성장을 위한 SWOT 분석**: SWOT 분석은 경영을 위한 기초가 된다.

절차 3: 마케팅 프로그램 절차 2에서의 활동은 마케팅관리자에게 어떤 고객을 표적으로 하며 고객의 어떤 욕구를 충족시킬지, 즉 전략적 마케팅 과정의 '누구를' 및 '무엇을'의 측면을 말해준다. 절차 3의 전략적 마케팅과정의 '어떻게' 측면은 마케팅믹스(4P) 및 예산을 결정하는 작업이다. 도표 2-8은 마케팅믹스의 각 요소가 합쳐져서 일관된 마케팅 프로그램을 제공함을 나타낸다.

마케팅 프로그램을 실행하기 위해 기업은 시간과 자금을 예측된 수요(7장 참고)와 최고경영층이 승인해야 하는 예산을 감안하여 투입해야 한다.

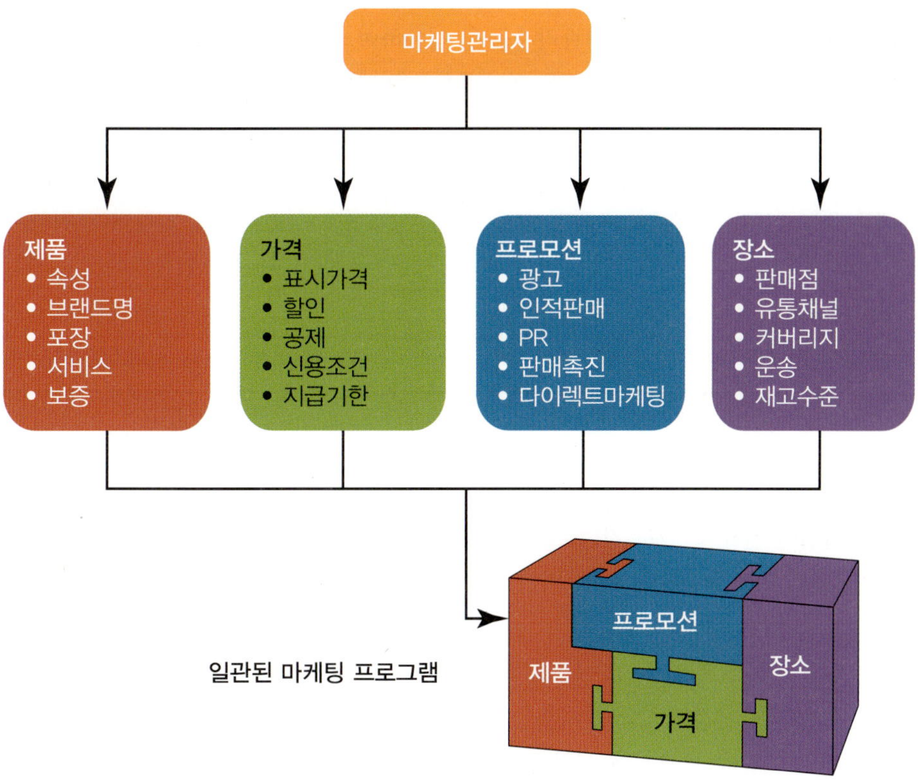

도표 2-8 통합 마케팅 프로그램을 만들기 위해서는 마케팅믹스의 4P가 적절히 조합되어야 한다.

학 습 리 뷰

1. 전략적 마케팅과정 계획의 단계의 세 가지 절차는 무엇인가?
2. 차별포인트란 무엇이며 왜 중요한가?

목표 6 전략적 마케팅과정 실행 단계의 네 가지 요소를 설명할 수 있다.

전략적 마케팅 과정의 실행 단계

도표 2-6에 나타난 것처럼 전략적 마케팅과정의 계획 단계에 투입한 오랜 시간의 결과물이 바로 기업의 마케팅계획이다. 전략적 마케팅과정의 두 번째 단계인 실행 단계에서는 계획 단계에서 고안된 마케팅계획을 실행하게 된다. 기업이 마케팅계획을 실행하지 않는다면 계획은 시간 낭비가 되어버린다.

실행 단계는 네 가지 요소로 구성된다. ① 자원 획득, ② 마케팅조직 설계, ③ 세부 과업과 책임의 정의 및 기한 설정, ④ 계획 단계에서 디자인된 마케팅 프로그램의 실행이다.

자원 획득 실행 단계의 핵심 과제는 마케팅 프로그램을 성공적으로 실행하기 위해 적절한 인적 및 물적 자원을 확보하는 것이다. 소규모기업 소유자는 저축, 가족, 친구, 은행 대출로 자금을 마련한다. 기존 기업의 마케팅관리자는 최고경영자에게 지원을 요청하여 BCG의 스타나 캐시카우에 해당하는 사업부가 창출한 이윤에서 자원을 확보한다.

마케팅조직 설계 마케팅 프로그램을 실행에 옮기기 위해서는 조직이 필요하다. 도표2-9는 전형적인 제조기업의 조직도로, 마케팅부서의 구조를 상세히 보여준다. 네 명의 마케팅관리자는 마케팅 담당 최고경영자(CMO)에게 보고한다. 판매 담당자는 지역 판매관리자와 해외 판매관리자들을 경유하여 판매 총괄관리자에게 보고한다. 제품 혹은 브랜드 관리자와 직원은 마케팅계획을 계획·실행·평가하는 과정을 보조한다. 그렇지만 결국 마케팅계획을 실행에 옮기는 것은 마케팅조직 모두의 책임이다.

세부 과업과 책임의 정의 및 기한 설정 마케팅계획을 성공적으로 실행하기 위해서는 팀의 구성원들이 각자가 책임을 지는 과업을 이해하고 완성 기한을 알아야 한다. 항공기를 만드는 제조회사 록히드마틴(Lockheed Martin)은 비행기 설계를 위한 수천 가지의 세부 과업을 실행하기 위해 매주 프로그램 회의를 연다. 회의 결과는 네 개의 열로 구성된 마케팅계획을 실행하는 도구로 활동 리스트로 표현된다. 네 개의 열은 ① 과업, ② 과업을 책임지는 사람, ③ 과업 완성 기한, ④ 결과물이다. 회의를 마치면 수 시간 내로 활동 리스트가 모든 근무자들에게 전달되며 이것은 차기 회의의 출발점이 된다. 회의는 지난 결과를 검토하는 셈이 되고 활동 리스트는 앞으로 해야 할 일로 목표를 분명히 하고 기한 내 지정된 과업을 성취하도록 강력한 압력을 가한다.

우리가 친구 두 명과 '대학 연주회 참가를 증진하는 방안'에 대한 기말 과제(project)를 수행한다고 가정해보자. 강사는 기말 과제에 학생 대상 설문이 포함되어야 하며, 설문 결과와 함께 보고서를 이번 학기 11주차 말까지 제출해야 한다고 말했다고 치

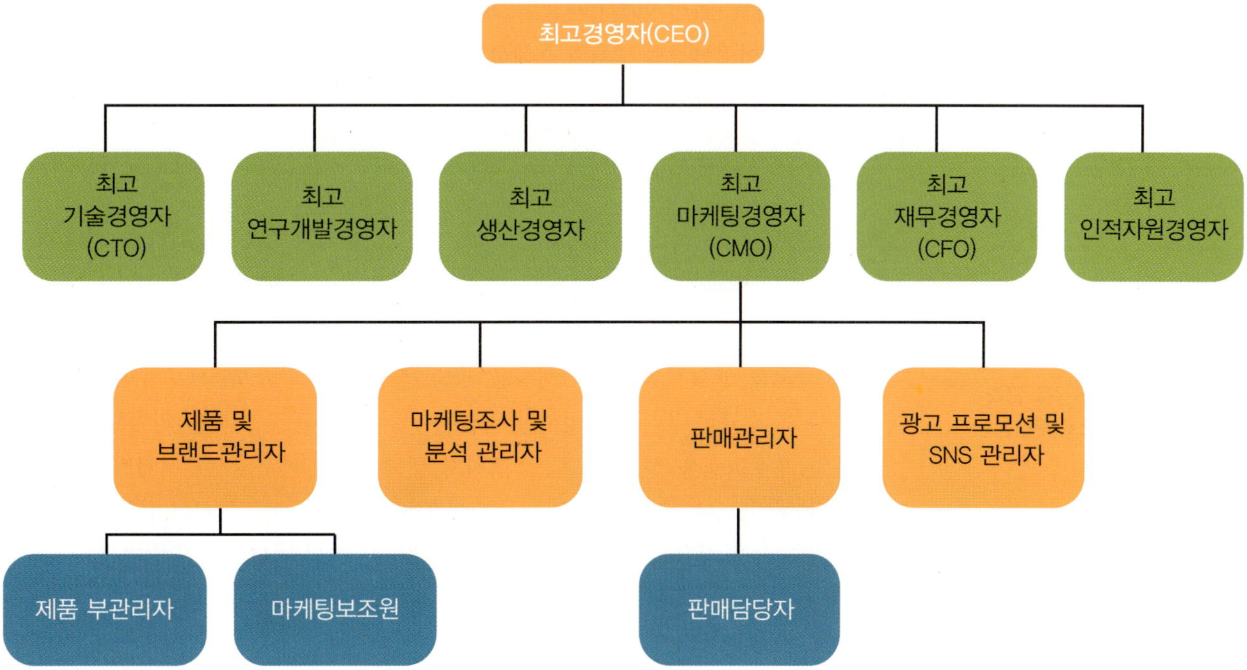

도표 2-9 제조기업의 전형적인 조직도로 마케팅부서의 하부 조직을 보여준다.

자. 먼저 우리는 행해야 하는 과업을 파악하고 나서 각 과업을 완성시키는 데 필요한 시간을 추정해야 한다. 시간을 절약하면서 과제를 11주차까지 완성하기 위해서는 어떤 활동을 동시에 수행할지를 계획해야 한다.

간트차트(Gantt chart)를 활용하면 활동의 일정을 효율적으로 계획할 수 있다. 헨리 간트(Henry Gantt)가 최초로 고안한 일정을 표시하는 이 차트는 도표 2-10처럼 학생들이 과제를 기한 내에 마칠 수 있도록 과업을 동시에 수행하는 일정을 보여준다. MS 프로젝트와 같은 소프트웨어를 사용하면 일정관리를 편하게 할 수 있다.

일정관리기법의 핵심은 동시에 행할 수 있는 과업과 순차적으로 해야 하는 과업을 구분하는 것이다. 예를 들어 도표 2-10의 노란색 행에 있는 과업 1과 과업 2는 순차적으로 행해져야 한다. 팀원들이 과업 1을 통해 과제의 대략적인 주요 목적에 대한 공

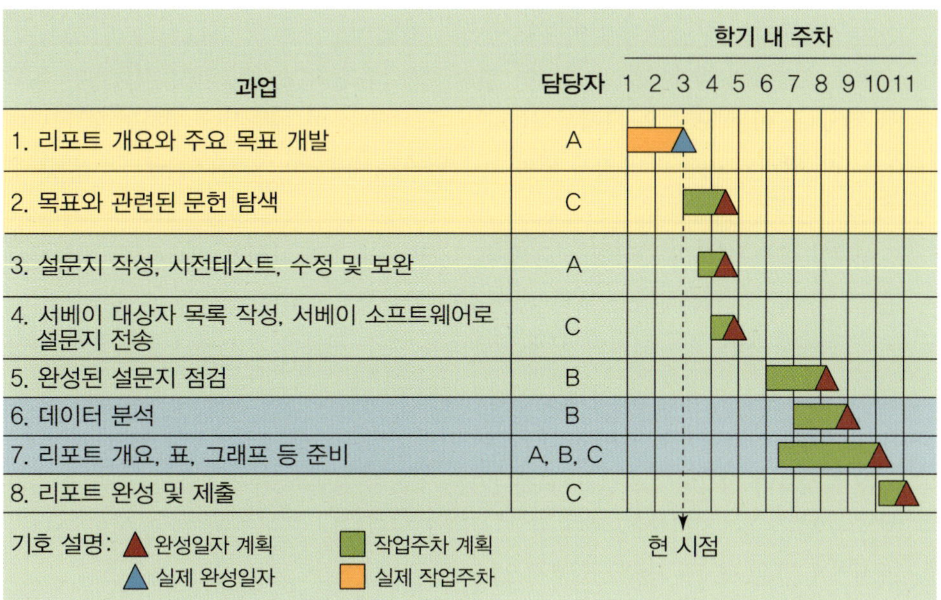

도표 2-10 간트차트는 세 학생이(A, B, C)이 기말 과제를 완성하기 위해 수행하는 과업의 일정관리과정을 보여준다.

감대를 형성하고, 과업 2에서 목표와 관련된 온·오프라인 문헌을 탐색해야 하기 때문이다. 반면 과업 6과 7은 동시에 수행할 수 있다. 즉, 마지막 리포트 작성은 질문에 대한 답을 정리하기 전에 시작하면 된다. 이렇게 중복 작업을 하면 과제의 완성속도를 높일 수 있다.

마케팅전략
마케팅목표를 달성하는 수단으로 표적시장과 표적시장을 공략할 마케팅 프로그램으로 구성됨

마케팅전술
마케팅전략의 성공을 위해 일상적으로 수행해야 하는 마케팅믹스의 각 요소에 관한 활동

마케팅 프로그램 실행 효과적인 실행이 따르지 않는다면 마케팅계획은 휴지 조각에 불과하다. 효과적인 실행을 위해서는 마케팅전략과 마케팅전술의 미세한 부분에도 주의를 기울여야 한다. **마케팅전략**(marketing strategy)은 마케팅목표를 달성하는 수단으로 표적시장과 표적시장을 공략할 마케팅 프로그램으로 구성된다. 즉, 추구하는 목적(표적시장)과 달성하기 위한 수단(마케팅 프로그램)을 의미한다.

마케팅 프로그램을 성공적으로 실행하기 위해서는 실행을 위한 구체적인 활동을 개발해야 한다. 구체적인 활동을 **마케팅전술**(marketing tactics)이라고 하는데 이는 마케팅전략의 성공을 위해 일상적으로 수행해야 하는 마케팅믹스의 각 요소에 관한 활동을 말한다. 광고를 기획한다거나 신제품의 가격을 결정하는 것이 바로 마케팅전술에 해당된다.

목표 7 경영자들이 어떻게 성과와 계획의 차이를 확인하고 보정하는지를 설명할 수 있다.

전략적 마케팅과정의 평가 단계

전략적 마케팅과정의 평가 단계에서는 마케팅 프로그램이 정해진 방향으로 실행되도록 하기 위한 방안을 모색한다(도표 2-6). 이를 달성하기 위해 마케팅관리자는 ① 마케팅 프로그램의 결과를 기술된 계획서의 목표와 비교하고 차이를 발견하여 원인을 알아내고, ② 부정적 차이를 수정하고 긍정적 차이를 활용하여 차이를 보정해야 한다.

결과와 계획을 비교하여 차이 알아내기 회계연도 말인 9월 30일에 애플은 전략적 마케팅과정의 평가 절차를 밟기 시작했다. 2009년을 기준으로 2017년까지 기획을 책임지는 애플의 테스크포스팀의 일원이라고 가정해보자. 2004년에서 2009년까지의 매출액 추세(도표 2-11의 AB)를 2017년까지 직선 BC를 따라 연장시켜보면, 애플의 경영자들이 받아들이기 어려운 수준의 매출액이 나올 것이다.

애플 신제품의 잠재력을 감안하여 테스크포스팀은 매년 25%라는 저돌적인 목표를 잡았다. 이는 도표 2-11에서 선 BD로 표시된다. 이 예측선에 의하면 2013년에 1,040억 달러의 매출을 올리게 되며 2017년에는 매출액이 2,550억 달러에 달할 것으로 보인다.

이처럼 예측을 하면 그림에서 흰색 쐐기 모양(DBC)의 차이가 발생한다. 기획자들은 이 차이를 계획격차라고 부른다. 계획격차는 새로운 매출액 목표를 설정하고 경로를 연장한 선(BD)과 과거의 실제 매출액을 단순 연장한 선(BC)과의 차이를 말한다. 마케팅 프로그램의 궁극적인 목표는 계획격차를 메우는 것이다. 애플의 경우 선 BC를 따른 느린 성장이 아니라 선 BD를 따라 도전할만한 성장을 해나가는 것이다.

실제 성과와 설정된 목표를 비교해나가는 것이 평가 단계의 전부다. 애플뿐 아니라 모든 기업은 공격적인 성장 목표를 달성하기 위해 지속적으로 BCG 분석의 스타나 캐시카우 같은 새로운 전략사업부를 발굴해야 한다.

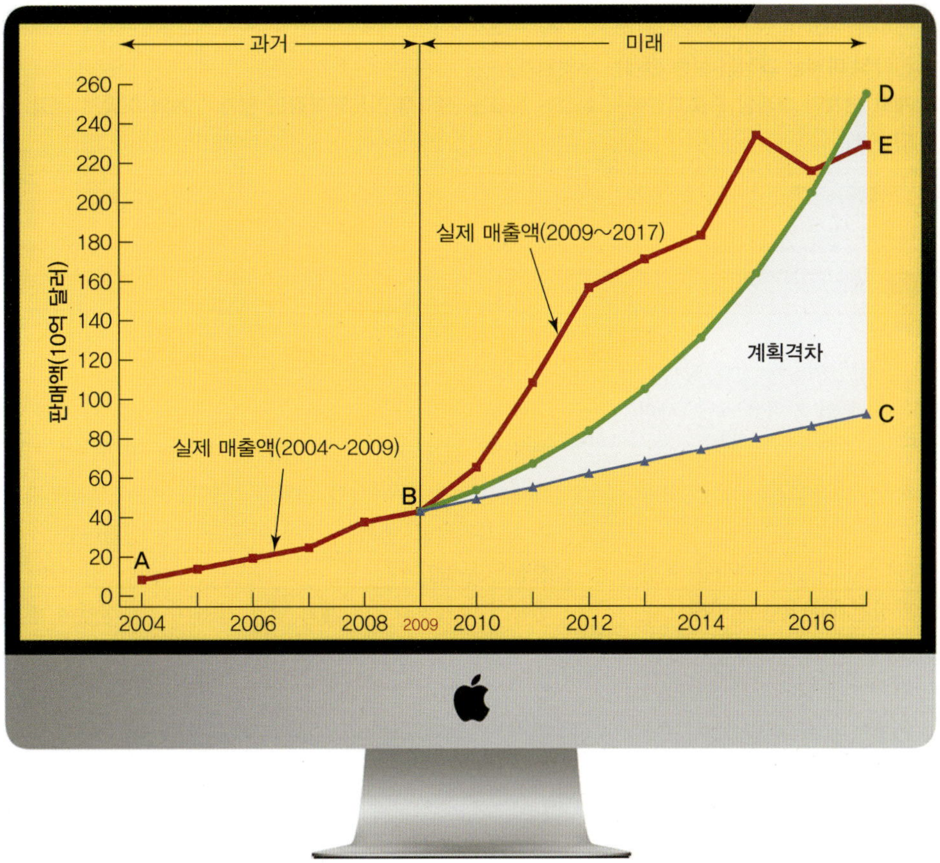

도표 2-11 전략적 마케팅과정의 평가 단계에서 조직은 계획의 격차를 발견하고 격차를 메우기 위해 목표와 실제 성과를 비교해야 한다. 본문은 애플이 계획격차를 어떠한 방법으로 메우려고 하는지를 설명하고 있다.

차이의 보정 평가 결과, 실제 성과가 기대와 차이가 난다면 경영자는 즉시 긍정적 차이를 활용하고 부정적 차이는 수정해야 한다. 매출액 목표치(선 BD)와 2009~2017년 애플 매출의 폭발적인 증가(선 BE)를 비교해보면, 애플이 소비자의 수요를 촉발시키고 새로운 기술을 혁명적인 제품에 적용하는 데 뛰어나다는 사실을 알 수 있다. 여기서 애플이 실행한 몇 가지 마케팅활동을 살펴보자.

- 긍정적 차이의 활용: 아이폰(2007)과 아이패드(2010)에 대한 소비자들의 호의적인 반응으로 제품을 글로벌시장에 판매할 수 있었다. 아이패드프로(2015)와 아이폰X(2017) 같은 신모델 출시도 가능했다. 신모델의 성공으로 인해 애플워치(2015)와 에어팟(2016), 홈팟(2018) 같은 신제품 도입도 가능해졌다.
- 부정적 차이의 수정: 애플은 데스크톱 PC가 노후화되자 아이맥과 맥북 같은 신제품을 출시하여 노후 모델을 공격적으로 대체했다. 이와 함께 랩톱인 맥북에어는 2015년과 2017년, 맥북프로는 2016년과 2017년에 걸쳐 개선된 모델을 출시하였다.

앞에서 분석한 애플의 네 가지 제품에 관한 BCG 포트폴리오분석에서 보았듯, 애플은 보유하고 있는 스타와 캐시카우를 활용해 계획격차를 메워왔다. 이후 8장과 9장에서는 애플의 시장-제품 전략을 상세히 알아보겠다.

학습리뷰

1. 전략적 마케팅 과정의 실행 단계는 무엇인가?
2. 계획 단계의 마케팅 프로그램에서 설정된 목표는 전략적 마케팅과정의 평가 단계와 어떻게 연결되는가?

마케팅지식 적용해보기

1. (a) 넷플릭스를 예로 들어 사명문이 어떻게 전략 방향을 제시하는지 설명해보자. (b) 여러분의 경력을 놓고 사명문을 작성해보자.
2. 다니는 대학교와 가장 좋아하는 레스토랑의 핵심역량을 생각해보자.
3. 벤앤제리가 (a) 제품개발전략과 (b) 시장개발전략을 이용하여 매출을 늘이려는 시도의 장점과 한계를 설명해보자.
4. 도표 2-7에 나타난 벤앤제리의 SWOT 분석에서 강점, 약점, 기회 및 위협요인을 하나씩 선택하고 각 요인별로 마케팅관리자가 택할 수 있는 행동을 제시해보자.
5. 마케팅전략과정의 세 단계인 계획, 실행, 평가의 각 단계별 주된 결과물은 무엇인가?
6. 도표 2-10의 과업 5와 6은 순차적으로 혹은 동시에 수행할 수 있다. (a) 이유는 무엇인가? (b) 학생들이 기말과제 기한에 맞추는 데 어떻게 도움이 되는가? (c) 과업을 순차적으로 행하는 것에 비해 동시에 진행하는 것의 장점은 무엇인가?
7. 전략적 마케팅과정의 계획 단계 목표 수립과정에서 평가단계에서 사용되는 계량적 목표를 설정한다. 만약 측정결과가 목표를 달성하지 못했다면 관리자는 무엇을 해야 하나? 만약 목표를 초과하였다면?

마케팅계획 세워보기

1. 부록 '효과적인 마케팅계획 세우기'를 읽고 계획서의 번호가 매겨진 제목을 사용하여 파라다이스 키친을 위한 600단어 정도 길이의 임원용 요약본을 만들어보자. 여러분의 마케팅계획이 완성되면 마케팅계획 앞에 들어갈 600단어 정도의 임원용 요약본을 작성해보자.
2. 부록을 참고하여 우리가 속한 조직 혹은 관심이 있는 조직의 사명을 25단어 이내로 작성하고, 비재무적 목표 셋, 재무적 목표 셋을 열거한 다음 조직의 경쟁적 우위를 35단어 내로 쓴 후, SWOT 분석을 행하여 마케팅계획을 세워보자.
3. 여러분이 속한 혹은 관심이 있는 조직의 조직도를 간단히 그려보자.

비디오 케이스 2 IBM: 스마트한 전략을 사용하다

Video 2-5
IBM Video Case
kerin.tv/cr8e/v2-5

세계적으로 일하는 방식이 변화하고 있으며 IBM은 여기에 도움을 줄 전략을 가지고 있다. 마케팅 담당 부사장 앤 루빈(Ann Rubin)은 "IBM이 디지털 지식이 녹아든 세상 그리고 인간과 기계가 인간이 혼자 할 수 없는 일을 함께 해나가는 세상을 준비하며 끝없이 혁신 중입니다"라고 말한다. 그녀는 이어서 '일을 스마트하게'는 우리의 새로운 브랜드 플랫폼이라고 말한다. 그렇지만 이것은 단순히 광고가 아니라 광고 이상의 것이라고도 말한다. '일을 스마트하게'는 하나의 초대이다. 그들은 고객과 파트너에게 사업과 산업과 조직을 변화시키기 위해 혁신적 기술을 사용하는 데 함께 스마트하게 일하기를 요청하고 있다.

새로운 IBM

IBM은 100년이 넘는 혁신의 역사를 가지고 있다. 초기의 계수기 기업 시절 이후 IBM은 많은 극적인 변화를 거쳐왔다. 기술, 경제 및 사업 방식의 변화에 반응하여 계수기에서 타자기로 그리고 컴퓨터에서 서비스와 컨설팅 기업으로 또 AI 기업으로 변신해왔다. 이렇게 변해오면서 IBM은 ATM, 하드디스크 드라이브, 자기띠 카드, UPC(표준상품코드)와 같이 널리 알려진 제품을 개발하였다. 그뿐만 아니라 기업의 연구원들은 컴퓨터 분야에 중요한 기술적 공헌을 인정받아 노벨상을 4번 수상했고 튜링(Turing)상을 6번이나 수상했다. IBM은 세계적으로 가장 가치가 높은 브랜드 상위 20위에 속하며 가장 존경받는 기업 상위 50위에 속한다. 오늘날에는 790억 달러의 매출액을 기록하고 있으며 38만 명의 종업원을 거느린 〈포춘〉의 500대 기업 리스트에 34위에 올라 있고 인지 솔루션 및 클라우드 플랫폼 기업으로 분류된다. 최고경영자 버지니아 로메티(Virginia Rometty)에 의하면 IBM은 해당 산업 분야에서 고객의 절박한 욕구를 해결하는 능력 면에 있어서는 경쟁자가 없다.

©Peter Probst/Alamy Stock Photo

가치에 기반한 전략

전향적이며 비전이 있는 IBM의 전략은 근본적이며 열정적이고 기업의 행위에 지침이 되는 지속적인 원칙인 핵심가치에 기반을 두고 있다. IBM은 핵심가치를 명확히 하기 위해 5만 명 이상의 직원을 대상으로 벨류잼(ValuesJam)이라는 글로벌 규모의 토론 이벤트를 개최하였다. 그 결과물이 IBM의 사업활동의 근거가 되는 세 가지 기본가치이다. 브랜드 전략과 체험 디자인 분야 담당 부사장인 테레사 유(Teresa Yoo)는 아래와 같이 말했다. "우리는 특정 제품이나 특정 리더에 근거를 두거나 그것으로 정의되지 않습니다. 우리의 근거는 세상에서 가치가 있다고 믿는 것, 그리고 우리가 하는 것에 관한 결정을 촉발하는 것입니다. 그러한 가치는 시간을 두고 진화해왔고 우리가 하는 것의 핵심을 이룹니다. 그것은 ① 모든 고객의 성공에 기여, ② 우리 기업과 세상을 위해 중요한 혁신, ③ 우리와 관계 있는 것에 대한 신뢰와 책임입니다."

핵심가치는 포트폴리오 분석이나 SWOT 분석과 같은 전략적 도구를 사용하는 데 영향을 미치며, 세계 곳곳의 시장 기회 분석에도 영향을 미친다. 루빈은 "진출하는 국가의 기회를 이용하고 각 지역의 사업을 추진하는 것이 무엇인지 이해하기 위해서 사업포트폴리오분석과 같은 분석도구는 매우 중요합니다. 분석은 수익 창출 기회가 무엇이고 진출 국가 내의 성장기회가 무엇인지 아는데 도움을 줍니다"라고 말한다. 테레사 유도 비슷한 말을 한다. "특정 제품 혹은 제품군을 위한 전략을 수립할 때 SWOT 분석을 행합니다. 그러한 분석은 어떠한 가치 제안을 해야 할지 결정할 때 그리고 전략을 짜기 위해 우리가 처해 있는 위치를 알고 싶을 때 도움을 줍니다."

이러한 분석은 사업환경에 근본적 변화가 있다는 것을 보여준다. IBM은 가까운 미래에 사업은 전사 규모의 클라우드 능력, 기업과 고객 데이터를 분석할 능력이 있는 인공지능, 산업 특유의 컨설팅 서비스, 첨단의 사이버 보안이 필요할 것이라고 믿고 있다. 테레사 유는 "우리의 브랜드 전략은 고객이 IBM을 쉽게 이해하고, 소비하고, 탐색하게 도와주는 것입니다"라고 하며 이어 다음과 같이 말하기도 했다. "우리는 우리가 하고 있는 것, 즉 서비스와 AI에서 클라우드, 연구 개발부터 보안까지 모든 영역을 포괄하는 수백 개의 제품을 보유하고 있습니다. 우리는 몇 개의 핵심 브랜드에 집중해왔고 이것으로 알려지길 원합니다. 핵심 브랜드는 인공지능 분야에 IBM 왓슨(Watson), IBM 클라우드, IBM 보안, IBM 서비스, IBM 리서치입니다." 대체로 IBM은 이러한 브랜드들이 사업이 더 스마트한 사업이 되는 데 도움을 주는 핵심 역할을 한다고 보고 있다.

CEO 로메티는 주주들에게 보내는 서신에서 스마트 사업으로 가는 변곡점에 처해 있다고 썼다. 그녀는 ① 디지털 지능 플랫폼을 활용하여 사업이 더 스마트해지고, ② 시스템과 과정이 지능 중심이 되어 사업은 더 스마트해지고, ③ 인간+기계시대에 대비하여 인공지능과 데이터를 겸비하여 일하는 방식을 바꾸어 사업이 더 스마트해지고 있는 것을 본다고 말했다. 이러한 변화에 대한 직관에 의거하여 그들은 IBM의 전략을 '일을 스마트하게'라고 부르게 되었다.

Source: IBM Corporation

'일을 스마트하게' 전략

'일을 스마트하게'는 파트너, 고객, 산업계 대표, 기술 리더들이 모여 변화하는 사업환경과 사업을 위해 필요한 것에 관한 정보를 공유하는 자리인 'IBM Think'라 불리는 컨퍼런스에서 제안되었다. IBM은 새로운 기업 관련 기술의 세계로 지속적으로 변신하며 기술 와해자가 되기를 원한다. '일을 스마트하게'로 진화하는 것은 근본적으로 차이가 나는 기술의 결과다. 그것은 놀라운 것이며 비즈니스 앱(application)을 향하도록 조정하고 있다고 테레사 유는 말한다. 우리는 고객에게 "하고자 하는 것이 무엇이든 '일을 스마트하게 합시다'라고 말합니다"라고 덧붙였다.

이 전략은 IBM의 모든 측면을 아우른다. 루빈은 '일을 스마트하게'가 고객과 함께 파트너들에게 행동할 것을 촉구하는 부름이며 이 세상을 좀 더 좋게 만들고 사업을 좀 더 스마트하게 하자는 요청이라고 한다. 또 IBM과 고객은 모든 산업 분야에서 '일을 스마트하게' 하려 한다고 덧붙인다. IBM이 도움을 주는 사업이 속한 산업은 농업, 자동차, 항공, 은행, 건강, 보험, 오일, 가스, 소매업, 공익산업 등이다. 예를 들어 농업 분야에서 IBM 왓슨은 온도, 토양 산성도 및 다양한 환경요인을 분석하여 농부들이 수확량을 늘리는 데 도움을 준다. 자동차 산업에서는 사물인터넷 센서에서 데이터를 수집하여 지능형 자동차 운전자에게 도움을 주고 있다. 의료 산업에서 과학자들은 IBM의 인공지능으로 연구를 신속히 하여 기존 약품의 새로운 용도를 찾는 데 도움을 받는다. 남아프리카에서는 사물인터넷 센서로 동물의 이동을 추적하여 코뿔소 밀렵을 줄이는 데 도움을 받고 있다.

'일을 스마트하게'를 마케팅하다

IBM의 마케팅조직은 100여 개국에 수천 명에 달하는 마케팅 전문가로 구성되어있다. 그들은 모두 '민첩마케팅(agile marketing)'으로 불리는 접근법을 사용한다. 이 접근법은 즉흥성, 시험, 데이터 및 협력을 기반으로 이루어져 스피드, 적응력, 창조성의 성과를 내고 있다. 루빈은 말한다. "IBM은 민첩한 실행, 민첩한 방법을 사용하고 있습니다. 이 방법이 당신이 가장 잘 협력하는 길이며, 가장 반복적으로 잘할 수 있는 길이며, 프로그램과 제품을 앞으로 전진하게 하는 최선의 방법입니다." 전략과 민첩마케팅의 세부적 요소는 마케팅계획에 담겨 있다. 루빈은 "모든 것은 마케팅계획에 기반을 두고 있습니다. 모든 것은 전반적 기업의 전략과 우리의 가치와 우리의 전략적 우선순위에 기반하고 있습니다"라고도 말한다.

마케팅계획은 다양한 마케팅도구를 포괄한다. 루빈은 "우리의 마케팅계획은 전통적인 방법일 뿐 아니라 떠오르는 기술과 플랫폼 요소들을 모두 활용합니다. 우리는 전통적인 TV, 라디오와 인쇄 광고를 활용하고 있지만 우리 고객이 미디어를 소비하는 방법을 잘 이해하고 있습니다"라고 말한다. 가령 IBM의 고객들은 여행을 많이 하므로 그들은 공항에 광고를 많이 한다. 디지털 광고와 SNS 광고도 마케팅계획의 일부다. 루빈은 설명한다. "소셜미디어에 관해서는 모든 플랫폼이 차이가 난다는 사실이 중요합니다. TV 광고를 그대로 페이스북, 트위터, 인스타그램 혹은 링크드인에 올리고 거기서도 효과가 있을 것이라고 생각해서는 안 됩니다. 데이터와 분석 및 측정치를 많이 살펴봐야 합니다. 그러면 직관을 얻어 플랫폼마다 올바른 콘텐츠를 창출할 수 있게 될 것입니다."

이벤트 역시 마케팅계획에서 매우 중요한 부분이다. 루빈은 이어서 설명한다. "우리 제품은 만지고 느끼기 어렵습니다. 따라서 청중이 IBM 직원들과 같이 참여하는 게 중요합니다." 이벤트는 마케팅관리자들이 고객과 일대일로 부딪칠 수 있는 기회이다. 같은 이유로 IBM은 마스터즈 골프대회, US 오픈과 세계적인 여러 테니스 대회, 그래미, 오스카 및 토니 시상식을 후원하고 있다. 이렇게 하는 이유를 테레사 유는 다음과 같이 설명한다. "우리가 목표로 하는 고객들은 이러한 이벤트를 시청하거나 직접 관람합니다. 이러한 이벤트는 우리의 기술을 이해하기 쉽게 하는 기회이기도 합니다."

'스마트' 미래

혁신 기술과 변화하는 사업의 결합은 IBM에게 신나는 일이다. 그들은 최근 크게 변신했다. 앤 루빈은 다음과 같이 얼마나 신이 나는지를 이야기한다. "저는 IBM에서 최고의 역할을 수행하고 있으며, 솔직히 말하자면 마케팅 산업 전체에서 최고의 일을 하고 있다고 느낍니다. 마케팅 산업은 매일 변화하고 있습니다. 우리는 계속 변화를 따라가야 합니다. 이것은 흥분되는 일이며 지겨운 것은 하나도 없습니다. 그래서 미래는 어떻게 될까요?" 테레사 유는 다음과 같이 조언한다. "IBM을 지켜봐주세요. 우리는 세상을 바꿀 믿기 어려운 일을 하고 있습니다!"

질문

1. IBM의 전략 '일을 스마트하게'란 어떤 것인가?
2. 이 전략과 IBM의 가치는 어떻게 연결되는가?
3. IBM의 '일을 스마트하게'에 대한 SWOT 분석을 해보자. 고려해야 할 추세는 어떤 것인가?
4. 2장에서 설명한 마케팅도구 중 어떤 것이 IBM의 전략적 마케팅과정에서 중요한가?
5. IBM의 민첩마케팅이란 무엇인가? 왜 이러한 접근을 하고 있는가?

부록 효과적인 마케팅계획 세우기

아서 키드(Arthur R. Kydd)의 말에 따르면, 만약 당신이 고객의 욕구를 충족시킬 만큼 차별화된 포인트가 있는 진짜 제품을 가지고 있다면 승리자가 될 수 있다. 그의 도움으로 60개가 넘는 스타트업이 시작되었다. 그는 잘 작성된 마케팅계획 혹은 사업계획을 가지고 있다면 이 사실을 느낄 수 있다고 부연한다.

이 부록은 ① 효과적인 계획의 목적과 작성 가이드라인을 포함하여 마케팅계획과 사업계획이 무엇인지 설명하고, ② 마케팅계획서의 예를 보여줄 것이다.

마케팅이란 무엇인가?

마케팅계획과 사업계획의 의미, 목표 및 계획서를 읽는 사람들, 즉 독자에 대해 설명한 후에 집필에 관한 가이드라인을 살펴보고 외부 투자자들이 성공적인 계획에서 찾고자 하는 것이 무엇인지를 논해보자.

의미, 목표 및 독자

마케팅계획은 1년 혹은 5년처럼 정해진 기간 동안 조직의 마케팅활동에 대한 로드맵이다. 모든 조직과 상황에 적용할 수 있는 마케팅계획이란 존재하지 않는다. 조직을 위한 마케팅계획의 구체적인 형식은 다음과 같은 요소에 따라 달라진다.

- 표적독자와 목표: 마케팅계획에 포함될 구성요소는 그것을 누가 읽을 것이며 마케팅계획의 목표가 무엇인가에 따라 달라진다. 내부독자를 위한 마케팅계획은 마케팅활동의 방향을 강조하기 위한 것이며, 작성된 마케팅계획서는 이를 직접 실행하거나 혹은 계획의 영향을 받을 모든 조직 내 사람들에게 전달된다. 마케팅계획이 자금조달을 목적으로 친구, 은행, 벤처캐피털업체 혹은 킥스타터(Kickstarter)와 같은 크라우드 펀딩 플랫폼 등 외부인들을 위한 것이라면 마케팅계획은 중요한 매출 자료 같은 역할을 한다. 이 경우 전략 계획/집중 분야, 조직구조 및 내부용 마케팅계획에서는 거의 포함되지 않는 주요 조직구성원의 이력과 같은 요소가 포함된다. 이 두 가지 상이한 마케팅계획에 포함되는 사항은 도표 1의 왼쪽 두 개 열에 비교되어 나타나 있다.
- 조직의 종류와 복잡한 정도: 동네에 있는 조그마한 식당의 마케팅계획은 글로벌시장을 상대로 하는 애플의 마케팅계획과는 매우 다를 것이다. 식당의 계획은 상대적으로 단순하고 지역 시장의 고객을 향할 것이다. 애플의 경우에는 마케팅계획에도 계층이 있어서 조직 전체, 전략사업부, 혹은 제품생산부서같이 조직수준에 따라 상세함의 정도에 많은 차이가 난다.
- 산업: 지역의 시장을 상대로 하는 식당이나 전자기기를 글로벌시장에 판매하는 애플이나 양자 모두 산업의 다양한 요소들을 분석한다. 그렇지만 지리적 영역은 판이하게 다르며 이에 따라 제공물의 복잡함도 다르고, 마케팅계획의 시간 범위도 크게 달라진다. 식당의 경우 1년짜리 마케팅계획이 적절할 수 있지만, 복잡한 최신 전자기기의 제품 개발 주기는 몇 년이나 되기에 애플의 경우에는 5년 정도의 시간계획이 필요하다.

마케팅계획과 달리 사업계획(business plan)은 1년 혹은 5년처럼 정해진 기간 동안의 조직 전체 로드맵이다. 마케팅계획과 사업계획의 주된 차이를 살펴보면, 사업계획의 경우에는 연구개발/운영/제조 활동에 관한 상세 사항을 포함하고 있다는 것이다. 제조업의 경우에도 마케팅계획이 전체 사업계획의 60~70%를 차지한다. 작은 식당이나 자동차 수리업체의 경우에는 마케팅계획과 사업계획이 사실상 같다. 내부 및 외부 독자들을 위한 사업계획서에 포함되는 사항들은 도표 1의 오른쪽 두 개 열에 나타나 있다.

도표 1 마케팅계획서와 사업계획서의 모든 요소는 각각 다른 독자를 목표로 한다.

계획의 구성요소	마케팅계획		사업계획	
	내부독자용 (기업 경영을 위해)	외부독자용 (자금 조달을 위해)	내부독자용 (기업 경영을 위해)	외부독자용 (자금 조달을 위해)
1. 임원용 요약	✓	✓	✓	✓
2. 회사 소개		✓		✓
3. 전략 계획/집중 분야		✓		✓
4. 상황 분석	✓	✓	✓	✓
5.시장-제품 집중 분야	✓	✓	✓	✓
6. 마케팅 프로그램 전략과 전술	✓	✓	✓	✓
7. R&D 및 운영 프로그램			✓	✓
8. 재무 예측	✓	✓	✓	✓
9. 조직 구조		✓		✓
10. 실행계획	✓	✓	✓	✓
11. 평가 및 통제	✓		✓	
12. 부록 A: 핵심요원의 이력		✓		✓
13. 부록 B: 기타	✓	✓	✓	✓

외부독자가 가장 많이 하는 질문

아마도 출자를 위한 사업 혹은 마케팅계획을 읽는 채권자나 투자자들이 가장 만족시키기 어려운 까다로운 독자일 것이다. 이들이 가장 많이 하는 질문은 다음과 같다.

1. 사업 혹은 마케팅 아이디어가 확실한가?
2. 제품 혹은 서비스가 대체품이나 경쟁자와 차별적인 독특한 무엇이 있는가?
3. 확실한 시장이 존재하는가?
4. 재무계획이 현실적이며 건전한가?
5. 핵심경영자와 기술요원들에게 능력이 있는가? 그들이 활동할 산업에서의 경력과 업적이 있는가?
6. 자금을 환수할 방법과 이익을 창출하는 방법에 대한 명확한 계획이 포함되어있는가?

사업계획서 작성에 관한 책을 몇 권이나 저술한 론다 에브람스(Rhonda Abrams)는 "당신이 계획을 작성하는 데 5개월이 걸렸다고 해도, 채권자나 투자자들은 5분도 안 되어 폐기할 수 있는 것이 냉혹한 현실이다. 첫 5분 내에 긍정적 인상을 남기지 못한다면 거부당하고 말 것이다"라고 말한다. 이 말은 자금 조달을 위한 계획에 관한 것이지만, 앞에 제시된 질문 중 첫 다섯 가지 질문은 내부독자를 위한 계획에도 그대로 적용된다.

작성 및 스타일에 대한 제언

성공적인 마케팅 및 사업 계획에 대한 모든 것에 다같이 적용되는 마법 같은 가이드라인은 존재하지 않는다. 그렇지만 일반적으로 아래의 작성 및 스타일에 대한 가이드라인이 적용된다.

- 직접적이고 전문가다운 문체를 사용하라. 속어가 아니라 적절한 사업용어를 사용

하라. 현재시제와 미래시제와 능동태를 사용하는 것이 과거시제와 수동태를 사용하는 것보다 좋다. 즉 '효과적인 마케팅계획이 나에 의해 쓰여졌다'가 아니라 '내가 효과적인 마케팅계획을 작성했다'라고 쓰는 것이 좋다.

- 잠재적 성공가능성을 구체적이고 긍정적으로 전달하라. 동시에 '굉장하다' 혹은 '멋있다' 등의 감탄사를 사용하지 마라. 미사여구로 그럴듯하게 추상적으로 쓰지 말고 구체적으로 쓰라.
- 논리적이며 수리적인 가정하에 세워진 예측치를 합리화하고 충격을 주기 위해 가능하면 수치를 사용하라.
- 간결과 강조를 위해 글머리기호를 사용하라. 지금 읽고 있는 가이드라인에 사용된 글머리 기호처럼 핵심 사항을 효과적으로 강조하라.
- 번호가 매겨진 머릿글 아래에 1순위와 2순위 머릿글을 사용하여 독자들이 다음 주제로 쉽게 넘어가도록 하라. 그렇게 하면 작성자가 계획을 좀 더 조직적으로 작성할 수 있다.
- 시각자료를 적절한 장소에 사용하라. 사진, 삽화, 그래프, 차트 등을 사용하면 많은 정보를 간결하게 제시할 수 있다.
- 재무 예측이나 부록을 제외하고 15쪽에서 35쪽 내로 작성하라. 비교적 단순한 소기업이라면 15쪽 정도, 신생 하이테크기업의 경우에는 35쪽 이상이 필요할 수도 있다.
- 배치, 디자인 및 표현을 아주 조심스럽게 하라. 레이저 인쇄가 잉크젯 인쇄보다 전문가다운 느낌을 준다. 계획서의 서체 크기는 11포인트나 12포인트를 사용하라(일반적으로는 10포인트가 사용된다). 영어의 경우 세리프(serif)체를 사용하는 것이 읽기 편하며, 그림이나 표에는 산세리프(sans serif)체를 사용하라(세리프체는 영문 상하에 가늘고 짧은 선이 그어져 있다. 산세리프체에는 그 선이 없다). 멋진 겉표지와 명확한 제목 페이지에서 전문성이 드러난다.

다음의 마케팅계획은 위의 가이드라인에 따라 작성되었다.

파라다이스 키친을 위한 5개년 마케팅계획의 예

파라다이스 키친(Paradise Kitchens)의 마케팅계획에 대한 이해를 돕기 위해 기업을 간단히 설명하고 가이드라인을 제시하겠다.

파라다이스 키친의 배경

랜달과 리아 피터스(Randall and Leah Peters)는 40년간 제너럴푸드(General Foods)와 필스베리(Pillsbury)에서 일하며 공장 운영, R&D, 레스토랑 운영 및 신사업 개발 등 다양한 분야를 체험했다. 그들은 이러한 경험과 저축한 돈을 가지고 파라다이스 키친을 공동 창업했다.

마케팅계획서 소개

다음 마케팅계획서는 파라다이스 키친의 실제 계획서를 기초로 하며 외부독자(도표 1)를 위한 것이다. 복잡함을 피하기 위해 시기는 2019년 초라고 가정하고, 2018년까지 피터스가 축적한 데이터를 기반으로 2023년까지의 5개년 마케팅계획을 세웠다. 일부 세부사항과 날짜가 변경되었으나 전반적인 계획의 논거는 그대로이다.

파라다이스 키친 마케팅계획서의 여백에 있는 주석의 종류는 다음과 같다.

1. 내용에 대한 주석은 파란색 박스에 들어있다. 이 주석은 마케팅계획의 중요한 구성요소에 관한 설명으로 그것과 관련된 장이 제시되어있다.
2. 문체, 형식과 배치에 관한 주석은 빨간색 박스에 들어있다. 이 주석은 구성요소에 관한 편집 혹은 시각적 근거에 대한 설명이다.

효과적인 마케팅계획을 작성하는 것은 어렵지만 도전할만하고 보람된 작업이다. 본서의 저자들이 키운 제자 수십 명은 수업시간에 작성한 마케팅계획서를 채용 면접에서 제시하고 자신들이 할 수 있는 일을 고용주에게 보여주며 첫 직장에 성공적으로 취업했다.

색깔-코딩 범례

파란색 박스는 마케팅계획요소의 중요성을 설명한다.

빨간색 박스는 문체, 포맷 및 레이아웃의 가이드라인을 제공한다.

목차는 각 주제를 쉽게 찾아갈 수 있게 하는데, 보통 절이나 작은 절의 제목으로 구성된다.

많은 전문가에 의하면 계획에서 가장 중요한 요소로 여겨지는 것은 2쪽 정도 분량의 임원용 요약(executive summary)이다. 임원용 요약은 명료하고 간결하며 독자들을 납득시킬 수 있어야 한다. 여기서는 지면 부족으로 생략하나 2장 끝부분의 '마케팅계획 세워보기'에 과제로 제시되어있다.

회사 개요에서는 조직의 최근 역사와 성공 사례들을 소개한다.

전략적 초점과 계획에서는 전체 조직의 전략적 방향을 설명한다. 마케팅계획에서 제안된 행동은 전략적 방향과 일관성을 가져야 한다. 이 절이 모든 마케팅계획에 반드시 포함되어야 하는 것은 아니다. 이에 관해서는 2장을 참고하자.

이 사명문은 주요 이해관계자 집단을 위한 파라다이스 키친의 활동에 초점을 맞추고 있다. 이에 관해서는 2장을 참고해보자.

5개년 마케팅계획
파라다이스 키친

차례

2. 회사 개요

파라다이스 키친(Paradise Kitchens®, Inc)은 미국 남서부/멕시코 스타일의 냉동칠리 제품라인인 전자레인지로 조리가능한 1인용 하울링 코요테 칠리(Howlin' Coyote® Chili 를 개발하고 판매하는 기업이다. 기업의 설립자는 랜덜 피터스와 리아 피터스(Randall F. Peters and Leah E. Peters)이다. 하울링 코요테 칠리 제품라인은 미니애폴리스-세인트폴(Minneapolis-St. Paul) 시장에 가장 먼저 소개되었고, 2년 후 덴버(Denver), 다시 2년 후에는 피닉스(Phoenix)로 확장되었다.

하울링 코요테는 정통 미국 남서부/멕시코 스타일의 냉동칠리제품으로 미국 식품점에서 팔리는 유일한 최상급 제품이다. 하울링 코요테는 고품질을 통해 빠르고 광범위하게 시장을 확보하는 것이 가능했다. 사실상 데이터가 수집된 점포의 경우 지난 해 점포당 매출이 두 배로 늘었다. 회사는 하울링 코요테 브랜드가 타코, 엔칠라다와 부리또(tacos, enchiladas, burritos)와 같은 다른 미국 남서부/멕시코 음식군으로 확장될 수 있다고 믿는다.

파라다이스 키친은 자사의 고품질, 고가격 전략이 성공했다고 믿는다. 이 마케팅계획은 이 기업이 2023년까지 3개의 시장에서 20개의 시장으로 어떻게 지리적 범위를 확장하려 하는지를 간략하게 보여준다.

3. 전략적 초점과 계획

이 절에서는 마케팅계획에 영향을 미치는 회사 전략의 세 가지 측면, 즉 ① 사명, ② 목표, ③ 파라다이스 키친의 핵심역량/지속가능한 경쟁우위를 다룬다.

사명

파라다이스 키친은 종업원들에게 도전적인 경력을 쌓을 기회를 주며, 주주들에게는 평균 이상의 수익을 제공하고, 고품질 미국 남서부/멕시코 음식 제품군을 고가로 제공하여 고속 성장하는 세분시장의 소비자들을 만족시킨다.

이 절에서는 비재무적 목표 및 계량적 재무 목표를 설정한다. 회사의 성과는 이 목표를 기준으로 평가된다. 이에 관해서는 2장을 살펴보자.

각 항목은 가독성을 높이기 위해 병렬구조를 사용했다.

여기서는 사진이나 샘플 광고가 컬러로 되어있지만, 컬러가 아니라도 요점을 효과적으로 보여줄 수 있다.

사진과 샘플 광고에 대한 간략한 설명은 광고를 본문 내용과 연결시켜주며, 이것이 포함된 이유를 강조해준다.

목표

파라다이스 키친은 향후 5년간 다음 목표를 달성하고자 한다.

- 비재무적 목표
  1. 현재 경쟁하고 있는 미국 남서부/멕시코 식품 부문에서 최고 품질의 제품라인이라는 현재의 이미지를 유지한다.
  2. 17개 대도시 시장에 신규 진입한다.
  3. 2019년까지 두 곳, 2020년까지 다섯 곳의 편의점 또는 슈퍼마켓 체인점에 납품하여 전국적인 유통망을 확보한다.
  4. 3년마다 신제품라인을 추가한다.
  5. 2020년까지 현재 경쟁하고 있는 대도시 시장의 1/3, 2022년까지 2/3에서 냉동과 통조림 칠리 라인 부문 5등 이내에 든다.

- 재무 목표
  1. 인플레이션을 계산 조정한 주당 이익 연간 성장률 8%를 달성한다.
  2. 적어도 20%의 자기자본 수익률을 달성한다.
  3. 2020년까지 주식을 공개한다.

핵심역량과 지속가능한 경쟁우위

핵심역량이라는 측면에서 파라다이스 키친은 ① 미국 남서부/멕시코 음식에 대한 소비자들의 현대적 미각을 만족시켜주며 동시에 자극하기 위해 남서부/멕시코 조리법을 사용하여 독특한 고품질 칠리 및 관련 제품을 제공하는 능력을 달성하고, ② 회사의 품질기준에 맞는 효과적인 생산 및 유통 시스템을 통해 고객의 식탁에 배달하는 독특한 능력을 달성하고자 한다.

핵심역량을 지속가능한 경쟁우위로 만들고자 기업은 고객의 높은 미각기준을 만족시키는 데 필요한 관계를 구축하고 협력하기 위해 주요 공급업체 및 유통업체와 긴밀하게 협조해나갈 것이다.

파라다이스 키친은 체인점을 통한 전국적 유통망 구축을 촉진하고자 냉동고 유리문에 붙이는 구매시점광고를 도입했다.

가독성을 위해 일련번호가 들어가는 절은 되도록 새 페이지에서 시작한다(이 계획서에서는 지면 절약을 위해 그렇게 하지 않았다).

상황 분석은 '우리는 현재 어디에 있는가?'라는 질문에 답하기 위한 스냅사진이다. 2장을 참고하자.

SWOT 분석은 목표 달성을 위해 필요한 마케팅활동을 찾아내기 위한 수단으로 강점, 약점, 기회와 위협을 확인하고 분석하는 것이다. 2장을 참고하자.

긴 표, 큰 그림이나 사진에는 번호와 제목을 붙인다. 가능하면 본문에서 언급하고 있는 곳과 가깝게 놓여야 하지만, 필요한 경우 페이지를 넘겨서 들어가기도 한다. 이 표와 같이 길이가 긴 경우 가운데를 나누는 것은 바람직하지 않다. 짧은 표나 그림은 본문에 번호 없이 들어가도 무방한데, 이것들은 페이지를 넘겨서 들어가도 심각한 문제가 없기 때문이다.

효과적인 표는 작은 공간에 많은 정보를 요약하여 담고 있다.

4. 상황 분석

상황 분석은 현재의 환경에 대한 스냅사진, 즉 파라다이스 키친의 간략한 SWOT(강점, 약점, 기회, 위협) 분석으로부터 시작된다. 이후 분석에서는 다음과 같이 보다 세밀한 수준으로 진입한다(산업, 경쟁자, 기업 및 소비자).

SWOT 분석

표 1은 파라다이스 키친의 시장 기회에 영향을 미치는 내외부 요인들을 보여준다. 즉 이 SWOT 분석은 제품이 식품점 선반에 최초로 올라간 후 기업의 발자취를 강조하여 보여준다.

표 1. 파라다이스 키친 SWOT 분석

내부 요소	강점	약점
경영진	경험이 풍부하고 기업가정신이 투철한 경영진과 이사진	작은 규모로 선택 제약 가능성
제공물	독특한 고품질, 고가격 제품	저품질, 저가격의 많은 경쟁자들
마케팅	보급률이 매우 높은 3개 시장에서의 유통	전국적 인지도 내지는 유통망 미흡, 냉동식품군에서의 제한적 선반 차지
인력	소수의 훌륭한 인력과 낮은 이직률	주요 직원에 대한 지나친 의존
재무	매출액의 대단한 성장	거대 경쟁자보다 제한적 자원으로 성장기회의 활용가능성이 낮음
제조	단독공급처의 높은 품질	거대 경쟁자에 비해 규모의 경제 부재
연구개발	배달된 제품의 품질 보증을 위한 지속적인 노력	통조림 제조기술 및 전자레인지용 음식 생산기술의 부족
외부 요소	**기회**	**위협**
소비자/사회 환경	고소득층 시장의 안정성, 히스패닉 인구의 성장에 기인한 남서부/멕시코 음식 분야의 빠른 성장세와 외국 음식에 대한 욕망	고가격으로 인한 대중시장에 대한 제한적 접근성, 소비자들의 유명 브랜드 선호도
경쟁 환경	독특한 이름과 포장	특허를 받지 못함, 경쟁사의 제품 복제 가능성, 타 기업에 비해 소매상 취급비용 지불이 어려움
기술 환경	기술적 혁신을 통한 중소 식품제조업체의 경제성 달성 가능성	경쟁사들의 통조림 제조와 전자레인지용 가능 음식 생산에 경제성 달성
경제 환경	소비자 소득의 향상, 미국 가계에서 편의성이 중시되는 경향	많은 가계의 외식 경향, 식당에서의 포장 주문 증가
법적/제도 환경	손쉽게 돈 벌려는 경쟁자를 없애주는 미국 식약청의 높은 기준	거대한 경쟁자의 합병에 대한 정부의 승인 증가

본문은 표 1의 주된 요소를 상세히 설명하고 있다. 이는 독자로 하여금 작성자의 시각에서 정보를 살펴보게 한다.

산업 분석은 이후 진행될 경쟁, 기업, 기업의 고객에 관한 세부 분석을 위한 배경을 제공한다. 산업 분석을 철저히 하지 않으면 나머지 분석은 적절하지 못할 수 있다. 2장을 참조해보자.

멕시코식 메인요리(entrée, 앙트레)의 매출은 상당하며 향후 파라다이스 키친에 다양한 기회를 제공할 것이다.

미국 내 멕시코 음식 매출에 관한 심도 깊은 논의는 비교적 간략하긴 하지만 계획서의 독자에게 기업이 경쟁하고 있는 산업을 충분히 이해하고 있다는 것을 알려준다.

경쟁 분석은 기업이 주요 칠리 경쟁사와 그들의 마케팅전략을 현실적으로 이해하고 있다는 것을 보여준다. 또한 이 현실적 평가를 통해 계획서에 이어지는 마케팅활동이 견실한 기반에 근거하고 있다는 신뢰감을 준다. 이에 관해서는 2, 3, 7, 8장을 참고해보자.

경험 많은 경영진과 이사회, 경쟁 지역인 세 곳의 대도시 시장에서 높은 인지도 및 소비자 수용도, 세 개의 한정된 시장을 위한 강력한 제조 및 유통 시스템은 내부적으로 기업의 강점으로 작용한다. 유리한 외부요인(기회)은 미국 남서부/멕시코 음식의 매력 증가, 이 기업의 제품을 원하는 고급 시장의 강세, 소규모 식품업체의 경쟁을 용이하게 해주는 식품가공기술의 혁신 등이다.

내부적 약점은 경영진의 인력 구성이 풍부하지 못하며, 가용 재무자원이 적고, 제품라인의 전국적 인지도가 부족하며, 유통망 등에서 경쟁력을 확보하기 위한 파라다이스 키친의 규모가 경쟁사보다 작다는 것이다. 위협요인은 높은 가격대로 인해 저가 대중시장 진입이 어렵고, 외식 시장과 포장음식 시장에의 접근이 어렵다는 점이다.

산업 분석: 냉동식품 및 멕시코 음식 추세

냉동식품. 최근 냉동식품업계 보고서에 의하면 소비자들의 외식은 줄고 냉동식품 구매가 증가하고 있다. 많은 미국인들이 일자리로 복귀하면서 직접 조리할 시간이 없으며, 식품점에 새롭고 편리하며 영양가 높은 냉동식품이 늘어나고 있기 때문이다. 2018년 드러그스토어, 슈퍼마켓 및 타겟(Target)과 코스트코(COSTCO) 같은 대량판매점에서의 냉동식품 매출은 350억 달러에 이르렀다. 최소한의 조리과정을 거쳐 먹을 수 있는 냉동식이나 메인요리(entree)로 정의되는 냉동식사 시장은 전체 냉동식품 시장의 39%를 차지한다.

멕시코 메인요리 매출은 6억 달러에 달했다. 2주에 5번 이상 냉동식사를 먹는 대량 소비자들은 주로 아이들, 10대와 35~44세의 성인들이었다.

멕시코 음식. 미국 가정의 3분의 2가 부리또(burritos), 엔칠라다(enchiladas), 타코(tacos) 같은 멕시코 음식을 즐기고 있다. 이러한 추세는 미국인 상당수가 붉은 고추가 가미된 양념이 강한 음식을 선호한다는 것을 반영하고 있다. 멕시코 음식에 대한 수요 증가는 5,700만 명에 이르며 1조 4,000억 달러의 구매력을 가진 히스패닉 인구의 급증으로 어느 정도 설명할 수 있다. 히스패닉의 구매력은 2020년에 1조 7,000억 달러가 넘을 것으로 추산된다.

경쟁 분석: 칠리 시장

칠리 시장은 연 매출 5억 달러를 상회한다. NPD그룹 조사에 따르면 소비자들은 매년 평균 5회 내지 6회 정도 칠리를 구매하며, 이것은 크게 칠리 통조림(매출의 75%)과 건식 칠리(매출의 25%)의 두 종류로 나누어진다. 세분시장의 주력 제품인 칠리 통조림의 주된 약점은 맛이 썩 좋지 않다는 것이다.

이 페이지 문단 사이에는 추가 공간이 있지만, 각 문단은 들여쓰기를 하지 않는 블록 스타일을 사용하고 있다. 들여쓰기를 한 앞 페이지와 이 페이지를 비교해보자. 대부분의 독자들은 들여쓰기를 한 마케팅계획서와 보고서를 더 편하게 읽을 것이다.

〈컨슈머리포트〉에 소개된 맛 테스트에서는 26개의 칠리 통조림을 전반적 미각 품질 면에서 '형편없거나', '그저 그렇다'라고 평가했다. 이 테스트에서는 "칠리가 맛있기 위해 매울 필요는 없다. 하지만 정말 좋은 칠리는 맵든 순하든 간에 깡통에 들어있지 않다"라고 결론지었다.

기업 분석은 이 기업의 강점과 마케팅전략에 관한 세부 내용을 제공한다. 앞서 제시한 사명과 목표를 성취할 수 있도록 말이다. 이에 관해서는 2장과 7장을 살펴보자.

기업 분석

파라다이스 키친을 공동 창업한 부부는 식품가공 사업 분야에서 총 44년의 경력을 쌓았다. 둘은 필즈버리(Pillsbury Company) 경영에서 중요한 역할을 했다. 그들은 신제품 개발에 필요한 사항을 폭넓게 이해하는 노련한 비즈니스 전문가 집단의 자문을 받는다.

회사는 외부 단일 생산업체를 고용하여 이들과 긴밀히 협조하여 제품에 요구되는, 일관적인 최상의 품질을 유지하고 있다. 막대한 물량은 생산효율성을 향상시켰으며 이에 따라 판매제품의 원가가 감소되었다.

이 절의 상위 제목(4. 상황 분석)은 마케팅계획의 주요 내용이다. 하위 차원인 '고객 분석'은 그 아래 차원 제목인 '고객 특성'보다 더 큰 활자체를 사용하여 눈에 더 잘 띄는 곳에 배치해놓았다. 이러한 제목들은 독자에게 상위 제목의 주제(4. 상황 분석) 아래에 있는 소주제의 순서 및 수준을 알려준다. 본 교재에서도 같은 구조와 제목을 사용한다.

고객 분석

여기서는 ① 하울링 코요테 제품의 구매고객 특성, ② 오늘날 미국인들의 건강과 영양에 대한 우려를 설명한다.

고객 특성. 인구통계 측면에서 칠리제품을 구매하는 소비자들은 대개 폭넓은 사회경제적 배경을 가지고 있다. 하울링 코요테 칠리의 주요 고객은 고등교육을 받고 소득이 5만 달러 이상인 사람들이다. 이들이 깡통 및 건식 칠리 구매자의 50%를 차지한다.

고객을 만족시키고 그들에게 진정한 가치를 제공하는 것은 시장경제에서 기업이 존재하는 이유다. 이 절은 '파라다이스의 고객은 누구인가?'에 대해 질문하고 있다. 4~8장을 읽어보자.

하울링 코요테를 구매하는 가구의 가족 수는 1~3명이다. 기혼 중에서는 대부분 맞벌이 가구가 구매한다. 대부분 여성이 구매하지만 독신 남성도 중요한 비중을 차지한다. 칠리는 손쉽게 맛있는 식사를 제공할 수 있기 때문에 대다수의 소비자들은 시간에 쫓기는 사람들이다. 하울링 코요테의 높은 가격은 구매자들의 소득수준이 상위에 편중되어있음을 의미한다. 구매자들의 나이는 25세부터 54세이며 보통 미국 서부에 거주하는데, 이 지역에서는 양념이 강한 식품이 잘 나가는 편이다.

하울링 코요테는 다섯 가지 메인에 고품질 재료를 사용하여 신속하고 맛있는 식사를 제공한다.

이 부분은 잠재적으로 커다란 영향을 미칠 수 있는 주요 추세에 관한 기업의 식견을 나타낸다.

건강과 영양에 대한 우려. 미국 대중매체의 음식 문제 취급은 종종 불규칙적이며 때로 불필요한 우려를 자아낸다. 미국인들은 그들의 먹거리에 대한 우려가 크기 때문에 신뢰 여부에 관계없이 연구소가 제공하는 연구 결과는 주요 뉴스매체로부터 종종 대단한 반향을 불러일으킨다. 예를 들어 영화관에서 파는 팝콘 지방 함량에 대한 연구는 모든 주요 대중매체에 보도되었다. 마찬가지로 멕시코 음식이 건강에 좋다는 연구는 인쇄매체와 방송보도에서 괄목할만한 취급을 받았다. 멕시코 혹은 미국 남서부 스타일 음식이 고칼로리라는 사실은 널리 보도되고 종종 과장되기도 했다. 돈 미후엘(Don Miguel), 미션 푸드(Mission Foods), 호세 올레(Jose Ole) 등 몇몇 멕시코 냉동식품 경쟁회사들은 이러한 우려에 대응하여 '탄수화물 친화적(carb-friendly)'이고 '지방 친화적(fat-friendly)'인 제품을 출시할 계획이거나 이미 출시하였다.

하울링 코요테 제품의 칼로리, 지방, 염도 함량은 경쟁사의 제품보다 낮으므로 현재는 프로모션에서 이러한 점을 강조하고 있지 않다. 대신 하울링 코요테의 맛, 편의성 및 유연성을 강조하고 있다.

보고서에서 제목은 전문성 있는 모습으로 나타나야 한다. 제목 크기가 독자를 압도해서는 안 된다. 두 제목 다 너무 크다.

5. 시장/제품 포커스

여기서는 파라다이스 키친에 대한 5개년 마케팅 및 제품 목표와 파라다이스 키친의 하울링 코요테 칠리 제품라인의 목표시장, 차별포인트와 포지셔닝을 설명한다.

마케팅과 제품 목표

하울링 코요테 칠리의 마케팅의도는 브랜드의 잠재력을 최대한 활용하면서 소매 식료품 사업 내외부에서 다른 수익원을 찾아내는 토대를 구축해나가는 것이다.

2장, 8장, 9장에서 언급한 것처럼 목표가 제품 자체에 맞추어져 있고 목표시장이 확인되면 신제품의 성공 확률은 크게 증가한다. 2장에서 논의한 다각화 분석은 표적으로 삼을 세분시장을 찾아내는 데 유용하다. 이 절은 파라다이스 키친에 대한 이와 같은 사실을 명백히 밝히고 있다. 이 목표들은 프로그램 실행과 평가과정에서 측정되는 마케팅활동의 달성 목표가 된다.

- *기존시장*: 기존시장은 소매점 단계에서 브랜드를 확장하고 다양한 맛을 추가하면서 성장할 것이다. 점포당 매출은 소비자 인지도와 재구매가 증가하면서 올라갈 것이고 이로 인해 더 효과적인 중개업자/창고 유통채널로 발전할 것이다.
- *신규 시장*: 5년차 말까지 칠리, 살사, 부리또, 엔칠라다 사업은 전체 20개 대도시 지역으로 확대될 것이다. 이는 미국 전체 38개 대도시 시장의 53%에 해당하며, 미국 내 식료품점 매출의 70%를 차지하는 것이다.
- *음식 서비스*: 음식 서비스 매출은 칠리 제품과 소스 등을 포함한다. 매출은 3년차 말에 69만 3,000달러, 5년차 말에는 150만 달러에 이를 것으로 예상된다.
- *신제품*: 하울링 코요테 브랜드는 소매 단계에서 냉동식품 분야 신제품을 추가함으로써 시장에서의 위상을 올릴 것이다. 이를 위해 1년차에 신제품 콘셉트 테스트를 통해 잠재력 있는 신제품을 찾고 2년차 혹은 3년차에 시장에 출시할 것이다.

이 부분에서는 기업의 제품이 지향하는 특정 틈새시장이나 목표시장을 확인한다. 이 부분은 관련이 있고 지면이 허락한다면 시장-제품 격자를 포함할 수 있다. 8장을 참조해보자.

독자에게 혼동을 주지 않기 위해 제목은 위의 단락보다 제목과 관련 있는 아래 단락에 가까이 배치되어야 한다. 불행히도 여기서는 제목(목표시장)이 규칙을 따르지 않아 이전 단락과 다음 단락 사이에서 자리를 잃고 헤매는 것처럼 보인다.

모방제품만으로는 기업이 성장할 수 없다. 신제품이 실패하는 가장 주된 요인은 경쟁제품과 차이 나는 중요한 차별포인트가 없어서이다. 여기서는 제품의 차별포인트를 명확하게 밝히고 있다. 9장을 참조해보자.

포지셔닝전략이란 기업이 제품의 독특한 차별포인트를 잠재고객에게 간단하고 명료하게 전달하는 방법이다. 여기서는 포지셔닝을 설명하고 있다. 8장을 참조해보자.

목표시장

하울링 코요테 제품의 주요 목표시장은 1~3명으로 이루어진 가구이며 보통 부부 모두 일을 하고 개인 수입이 연간 50,000달러 이상이다. 이러한 가구들은 경험이 많고, 모험을 좋아하며, 미국 남서부/멕시코 음식을 많이 소비하며, 고급 품질의 제품을 원하는 사람들로 구성된다.

차별포인트

하울링 코요테 칠리를 경쟁자들에 비해 독특하게 만들어주는 특징인 차별포인트는 세 가지 주요 영역으로 나누어볼 수 있다.

하울링 코요테 칠리의 다양한 쓰임을 알려주고자 포장지 안쪽에 조리법을 인쇄해놓았다.

- *독특한 맛과 편의성*: 어떠한 경쟁자도 고품질의 정통 냉동 칠리를 다양한 맛으로 제공하지 못하고 있다. 어떤 칠리도 하울링 코요테 제품처럼 신속하게 조리가 가능하고 가정식 맛과 동일하지 못하다.
- *맛의 추세*: 미국인의 입맛이 점점 매운맛에 강하게 끌리고 있다. 이러한 경향에 맞추어 하울링 코요테 브랜드 제품은 대부분의 칠리보다 자극적이다.
- *고급 포장*: 하울링 코요테 포장지는 독특하면서도 고품질 제품임을 잘 표현해주고 제품의 전통적인 방식을 넘어선 포지셔닝을 전달해준다.

포지셔닝

과거 칠리 제품들은 편리하거나 맛이 있었지만, 편리성과 맛을 동시에 만족시키지는 못했다. 하울링 코요테는 준비하기가 편하고 빠르며 고품질의 '정통 미국 남서부/멕시코 맛'으로 소비자의 기억속에 자사를 포지셔닝하고자 두 가지 바람직한 특성을 모두 지녔다.

지금까지 기술한 모든 사항은 마케팅 프로그램에서 다루는 마케팅믹스, 즉 4P 결정의 근거가 된다. 9~18장을 참조해 보자.

이 절에서는 기업 제품전략의 3가지 핵심요소에 대하여 상세하게 설명한다(제품라인, 제품 품질 및 달성방법, 최첨단 포장). 자세한 내용은 9~10장을 참조해보자.

가격전략 부분에서는 잠재적 대체재에 대한 가격 포지션과 함께 가격에서의 차별점을 명확하게 밝혀준다. 적당한 공간이 있다면 손익분기점 분석을 포함해도 좋다. 11장을 참조해보자.

이 부분은 도입부의 개관을 설명하는 문장으로 이 절에서 다루고 있는 주제(점포 내 전시, 조리법, 할인 쿠폰)가 무엇인지 알려준다. 짧은 메모나 계획에서는 이 내용이 생략될 수 있으나, 이것은 독자들에게 이 글이 어디로 향하고 있는지 알 수 있게 도와준다. 이 같은 문장은 계획서 전반에 사용된다. 교재의 본문에서도 독자들의 이해를 돕기 위해 도입부의 개관을 설명하는 문장을 활용한다.

6. 마케팅 프로그램

하울링 코요테 칠리의 마케팅 프로그램에 있는 4가지 마케팅믹스 요소에 대한 자세한 내용은 다음과 같다. "칠리(chile)"는 채소로 고추의 일종이고, "칠리(chili)"는 음식 이름이라는 점에 유의하시오.

제품전략

먼저 제품라인을 요약한 후 품질과 포장에 대해 설명할 것이다.

제품라인. 하울링 코요테 칠리는 11온스에 3.99달러로 5가지 맛을 제공한다. 맛의 종류는 그린칠리, 레드칠리, 쇠고기와 검은콩칠리, 치킨청크칠리, 콩칠리이다.

독특한 품질. 하울링 코요테 칠리의 맛 시스템은 상표로 등록되어있다. 제품의 맛은 생산과정에서 재료를 아낌없이 사용하는 특별한 배려에서 나온다. 여기에는 대단히 고품질의 재료가 사용된다. 고기는 저지방이며 조직과 수분 보존을 위해 냉동이 아닌 생으로 조리된다. 칠리고추는 신선한 맛을 내기 위해 불에 볶는다. 토마토와 채소의 품질도 최고 수준이다. 방부제나 인공감미료는 사용하지 않는다.

포장. 생산업체의 최첨단 마케팅전략을 반영하기 위해 하울링 코요테는 포장에서 전통을 따르지 않았다. 그들은 뻔한 제품 사진을 넣지 않고, 남다른 포지셔닝을 전달하기 위해 미국 남서부를 표현한 그림을 사용하였다. 앞서 언급한 대로 하울링 코요테 칠리를 구매하는 소비자들은 남녀가 비슷한 비율을 차지하고 있다. 포장에 있는 미국 남서부 그림은 남녀 모두에 매력적이도록 디자인되었다.

미국 남서부를 주제로 한 포장 덕분에 하울링 코요테 칠리는 슈퍼마켓 진열대에서 눈에 금방 띈다.

가격전략

하울링 코요테 칠리는 11온스를 3.99달러에 판다. 다른 냉동제품과 비슷한 수준의 가격인데, 캔이나 말린 칠리보다는 비싸다. 하지만 캔에 든 칠리보다 맛이 좋고 말린 칠리보다는 조리하기 편하다는 이점이 있어 고가격 전략을 쓰는 것이 합리적이다. 이는 유통채널상의 도매상과 소매상에게 적정 이윤을 제공한다.

프로모션전략

주요 프로모션 프로그램은 점포 내 전시, 조리법, 할인 쿠폰이다.

프로모션 요소 중 세 가지 핵심 프로모션활동(점포 내 전시, 조리법, 할인 쿠폰)이 강조되어있다. 지면상의 제약으로 기업의 온라인전략을 보여주지는 못했다. 15~17장을 참조해보자.

점포 내 전시. 소비자로 하여금 하울링 코요테 제품을 시식하여 이 제품의 독특한 품질을 발견할 수 있게 해준다. 전시는 인지도와 구매 시도 증가를 위해 모든 시장에서 정기적으로 시행된다.

조리법. 제품 사용의 유연성이 핵심 판매 포인트이기 때문에, 소비자들이 제품을 사용하는 것을 촉진하기 위해 조리법이 제공된다. 조리법은 모든 점포 내 전시, 포장지 뒷면, 우편 발송 요리책, 다이렉트메일이나 신문 삽입 쿠폰을 통해 제공된다.

할인 쿠폰. 하울링 코요테 제품의 시용과 반복 구매를 불러일으키기 위해 쿠폰이 네 가지 방식으로 배포된다.

글머리기호가 있는 이 리스트는 하울링 코요테가 새로운 도심 지역에 진출하면서 고객의 인지도, 시험구매, 재구매를 확보하기 위한 방법을 포함하는 여러 가지 세부사항을 담고 있다.

- 일요판 신문 삽입: 삽입물은 널리 읽히고 인지도를 생성하는 데 도움이 된다.
- 포장 내 쿠폰: 하울링 코요테 칠리 박스에 칠리 두 개 구매 시 사용할 수 있는 1달러 할인 쿠폰을 넣는다. 이 쿠폰은 제품이 새로운 시장에 진입하는 첫 세 달 동안 배포될 것이다. 포장 내 쿠폰은 새로운 소비자들의 반복구매를 유도하기 위한 것이다.
- 다이렉트메일 쿠폰: 앞서 설명한 하울링 코요테의 인구통계적 변수와 일치하는 가구에 쿠폰을 발송한다.
- 점포 내 전시: 구매를 위한 추가 동기를 제공하기 위해 점포 내 전시를 통해 쿠폰을 제공한다.

일요판 신문 삽입 쿠폰 광고물은 시용을 촉진한다. 또 여름에 먹기 좋은 하울링 코요테 칠리 요리법을 제공하고 있다.

유통전략에는 ① 기존 방법과 ② 판매량이 증가하여 가능해지는 시점에서 사용할 수 있는 새로운 방법이 설명되어있다. 12~13장을 참조해보자.

장소(유통)전략

하울링 코요테는 기존 시장에서 식품유통업체를 통해 제품을 유통시킨다. 유통업체가 제품을 구매하고 창고에 저장한 후 재판매하고 점포별로 배송하는 식이다. 판매가 증가하면 제품을 소매 체인업체나 식품도매상에게 직접 판매하는 중개업체를 이용하여 더욱 효율적인 시스템으로 변경할 것이다.

지금껏 설명한 마케팅계획의 마케팅믹스에 대한 모든 결정은 매출과 비용에 영향을 미친다. 이러한 영향에 관한 내용은 재무를 다루는 이 절에 요약되어있다.

7. 재무 데이터와 예측

과거 매출 수익

이 절에는 도입부가 없다. 도입부가 필수는 아니지만 갑자기 '과거 매출 수익'이라는 제목으로 시작하면 거부감을 느끼는 독자도 있을 수 있다.

2010년 창업 이래 하울링 코요테의 매출은 꾸준히 증가해오고 있다.

그래프는 매출의 급격한 성장을 도표보다 더 극적으로 나타내준다.

5개년 예측은 판단 추정으로 예측한 판매 개수와 순매출액으로 시작된다. 총이익의 예측에 이어 생존에 필수적인 영업이익이 예측되어있다. 실제 계획서에는 엑셀과 같은 소프트웨어를 사용해 계산한 스프레드시트가 부록으로 첨부된다.

이 표는 매우 짧기 때문에 일련번호나 제목을 붙이지 않은 상태로 본문에 삽입되었다.

이 계획서는 새로운 대도시 17곳에(총 20곳) 향후 5년 내에 진입할 내용을 담고 있다. 그림 2를 단순히 연장하여 예측하는 것은 불가능하기에 관리자들의 판단이 개입될 수 밖에 없다. 여기에서 사용된 '로스트 호스(lost horse)' 예측법 및 기타 방법은 7장에 서술되어 있다.

파라다이스 키친의 조직도이다. 이 조직도는 성공적인 소규모 기업의 가장 기본적인 조직구조를 보여준다. 더 상세한 마케팅계획서에서는 기업이 성장하며 추가될 것으로 예상되는 부서 및 직급을 보여주기도 한다.

2014년, 새로운 촉진전략을 시행한 덕에 매출이 극적으로 늘었다. 이후에도 매출은 꾸준히 증가 중이나 이전처럼 극적으로 늘어나지는 않고 있다. 매출은 그림 2와 같다.

5개년 재무예측

파라다이스 키친의 5개년 재무예측은 다음과 같다. 매출(케이스 기준)의 꾸준한 증가가 예측된다(코요테 칠리 한 케이스에 포장제품 8개가 들어있다).

그림 2. 파라다이스 키친의 매출수익(1,000달러)

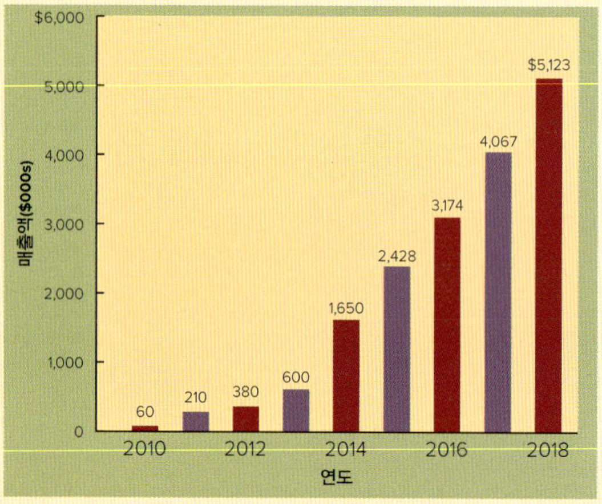

재무요소	실제 2018	예측치 1년차 2019	2년차 2020	3년차 2021	4년차 2021	5년차 2023
매출수량(케이스, 1,000개)	353	684	889	1,249	1,499	1,799
순매출액(1,000달러)	5,123	9,913	12,884	18,111	21,733	26,080
총이익(1,000달러)	2,545	4,820	6,527	8,831	10,597	$12,717
영업이익(1,000달러)	339	985	2,906	2,805	3,366	$4,039

8. 조직

파라다이스 키친의 현 조직도는 그림 3과 같다. 총 4명이 회장에게 보고하며 그 아래 회사의 전업 혹은 파트타임 직원들이 존재한다.

그림 3. 파라다이스 키친 조직도

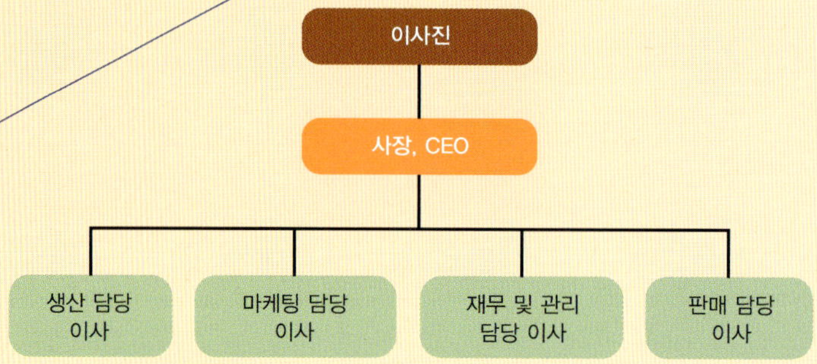

실행계획에서는 기업이 계획을 어떻게 실천할 것인가를 보여준다. 이를 위해 달성 기한을 정하고, 새로운 시장에 진입하기 위해 필요한 전술적 마케팅 결정을 위한 실천 사항을 나타내는 데 도표를 많이 사용한다.

현재 파라다이스 키친은 핵심 자리에만 전업직원을 고용하고 있다. 자문역, 컨설턴트 및 계약자들은 전업직원들을 도와주고 있다. 회사가 성장함에 따라 전문가들이 추가로 고용될 것이다.

9. 실행계획

하울링 코요테 칠리를 17개의 새로운 대도시 시장에 출시하는 것은 쉬운 일이 아니기에 인지도를 높이고 시용 구매를 유도하기 위해 창의적인 프로모션활동이 필요하다. 현재 경쟁하고 있는 세 개의 대도시 시장을 포함하면 2023년까지 20개의 대도시 시장에 순차적으로 진입하는 것인데, 이는 38개 미국 대도시 시장의 53%에 해당한다. 그림 4에는 대도시 시장 진입의 예상 시점이 나와 있다.

그림 4. 미국 새로운 시장 출시 스케줄

연도	추가되는 시장 개수	누적 시장 개수	38개 대도시 시장 대비 누적(%)
현재(2018)	2	5	16
1차 연도(2019)	3	8	21
2차 연도(2020)	4	12	29
3차 연도(2021)	2	14	37
4차 연도(2022)	3	17	45
5차 연도(2023)	3	20	53

평가의 핵심은 계획서에 정해진 목표치와 실제 매출을 비교하여 적절한 조치를 취하는 것이다. 새로운 시장 진입의 성공 정도에 따라 취하게 될 대체 행동에 대한 비상계획이 간략히 설명되어있다는 점에 주목해보자.

칠리 맛에 대한 지역별 차이를 면밀히 관찰하고 검토하여 칠리의 맛을 수정할 필요가 있는지를 분석해나갈 것이다. 대도시 지역에 제품을 순차적으로 출시하면서 파라다이스 키친은 제조와 유통 간 균형도 분석할 것이다. 이 분석은 해당 지역까지 배송할지, 아니면 지역별로 유수의 상급 제조업체와 생산 계약을 체결할지를 결정하는 데 매우 중요하다.

10. 평가

대도시 시장마다 하울링 코요테 칠리의 목표 월별 매출액이 설정되었다. 실제 매출액과 이 목표치를 비교·분석할 것이며 각 도시 시장별 독특한 요인을 감안하여 전술적 마케팅 프로그램을 수정할 것이다.

계획서의 목적과 예상 독자에 따라 다양한 부록이 계획서 끝에 추가될 수 있다. 실제로 핵심인력의 이력 혹은 구체적인 재무보고서가 부록으로 많이 첨부된다. 지면상의 이유로 여기서는 생략하였다.

부록 A. 핵심인력 주요 이력

부록 B. 상세한 재무계획

3

마케팅환경, 윤리적 행동 및 사회적 책임에 대한 이해

LEARNING OBJECTIVES

다음 학습목표를 달성해보자.

- 목표 1 환경 탐색의 목적을 설명할 수 있다.
- 목표 2 인구통계와 문화 같은 사회 환경을 기술할 수 있다.
- 목표 3 경제의 힘이 마케팅에 어떤 영향을 미치는지 논의한다.
- 목표 4 기술 변화가 마케팅에 어떤 영향을 미칠 수 있는지 설명할 수 있다.
- 목표 5 시장에 존재하는 경쟁의 형태를 논의한다.
- 목표 6 규제가 어떻게 경쟁을 보장하고 생산자와 소비자를 보호하는지 설명할 수 있다.
- 목표 7 윤리적·비윤리적 마케팅의 사결정에 영향을 미치는 요인들을 알아본다.
- 목표 8 사회적 책임의 다양한 개념을 설명할 수 있다.

〈포춘〉이 선정한 올해의 비즈니스맨: "무언가 멋진 걸 만들기 위해 사업을 합니다!"

〈포춘〉은 최근 페이스북의 최고경영자 마크 저커버그(Mark Zuckerberg)를 올해의 비즈니스맨 수상자로 지명했다. 그들은 저커버그 성공의 열쇠 중 하나가 미래를 들여다보는 그의 독특한 능력이라고 설명하고 있다. 그는 세상을 하나의 시스템으로 보고 시스템을 구성하고 있는 요소들이 어떻게 상호작용하는지, 그리고 어떻게 변화할지 이해하기 위해 노력한다.

저커버그는 하버드대학교 기숙사 방에서 페이스북을 시작했다. 그의 비전은 단지 회사를 만드는 게 아니라 세상 모든 사람을 연결하는 것이었다. 페이스북은 오늘날 세계 인구 4분의 1이 넘는 22억 명의 사용자들과 함께 그러한 비전을 잘 달성하고 있다.

페이스북의 믿기 힘든 성공은 급격하게 변화하고 있는 마케팅환경을 관찰하고 적응하는 능력을 포함한 많은 것의 결과다. 여기서는 페이스북에 영향을 미치는 환경의 힘에 대해 살펴보자.

- 사회적 영향력은 사람들이 의사소통하기 위해, 정보를 획득하기 위해, 그리고 의견을 제공하기 위해 새로운 방법들을 찾음으로써 변하고 있다. 데스크톱 컴퓨터에서 시작된 단순한 온라인 대화는 모바일 기기로 넘어가고 있으며, 현재는 사진이나 그룹 채팅과 비디오 채팅, 인스턴트 메시징을 포함하고 있다.
- 경제적 힘은 스마트폰과 무선 연결비용이 내려가고 인터넷 접근이 세계로 확장되면서 더 많은 사람에게 더 낮은 가격으로 소셜네트워킹을 사용할 수 있게 해줌으로써 페이스북의 수요에 영향을 미친다.
- 소프트웨어 통합, 서버 스피드 및 데이터 저장과 같은 기술의 진화는 페이스북을 점점 더 빠르고 편하게 만들어주고 있다. 사진 보정, 3D 포스트, 앱 개

©David Paul Morris/Bloomberg via Getty Images

발 세트와 같은 개선은 페이스북의 사용을 증가시키고 있다.

- 경쟁의 힘: 구글, 트위터, 스냅챗과의 경쟁 구도, 사용자들이 쉽게 플랫폼을 바꿀 수 있는 능력, 특정 이해집단을 표적으로 하는 새로운 소셜네트워크의 끊임없는 위협 등과 같은 경쟁은 빠른 확장을 권장하고 있다.
- 법과 규제의 힘: 이 또한 페이스북의 성장에 영향을 미친다. 회사의 상표권와 특허권은 사생활 보호, 데이터 보호, 미성년자 보호, 세금 등과 같은 다양한 주제에 관한 문의에 대응하는 가이드라인을 제공한다.

저커버그의 환경 변화에 대한 빠른 반응과 새로운 것을 시도하는 적극성으로 탄생한 세계에서 가장 큰 소셜네트워트가 세계를 빠르게 연결하고 있다.

페이스북의 미래

오늘날 페이스북의 도전과제는 마케팅환경 변화에 지속적으로 반응하면서 성장을 유지하는 것이다. 저커버그는 "우리가 하길 원하는 다음 큰일에 대해 생각하는 것"이 필요하다는 것을 언급한다. 가령 저커버그는 페이스북이 좀 더 직관화되고 사용자들이 질문에 답하고 문제를 푸는 것을 도울 수 있길 원한다. 다른 변화는 "진짜가 아닌 활동"을 제거하는 절차의 개발과 타깃 사용자들의 요구사항을 명확히 할 수 있게 하는 것들이 될 것이다. 미래에 사용자는 "내가 왜 이 광고를 보고 있는지"를 클릭하면 광고주가 그러한 정보를 어떻게 받아들였는지를 정확하게 알 수 있을 것이다. 페이스북은 가상현실 의사소통에 대한 소비자의 관심을 고려하여 가상현실 헤드세트

회사인 오큘러스 VR(Oculus VR)을 20억 달러에 사들였다. 페이스북은 메신저에서 증강현실 광고를 테스트하고 있다. 또한 최근에는 메이저리그 풋볼 및 워너뮤직그룹(Warner Music Group)과 함께 여성 기업가들을 전 세계적으로 연결해주는 도구인 커뮤니티 파인더(Community Finder)를 시작한다고 발표하기도 했다. 이후 17장에서 소셜네트워크와 소셜미디어에 대한 추가적인 논의를 제공할 것이다.

많은 기업이 중요한 힘이 변화하는 환경에서 활동 중이다. 변화에 대해 기대하고 반응하는 것은 종종 마케팅의 성공과 실패를 가른다. 여기서는 마케팅환경이 과거에 어떻게 변화해왔으며 미래에는 어떻게 변화할 것인지에 대해 다룬다.

환경 탐색

목표 1 환경 탐색의 목적을 설명할 수 있다.

환경 탐색
잠재적인 추세를 발견하고 해석하기 위해 조직 외부에서 발생하는 변화에 관한 정보를 지속적으로 획득하는 과정

마케팅환경 변화는 관리되어야 할 기회와 위협의 원천이다. 잠재적 추세를 확인하고 해석하기 위해 기업 외부에서 일어나는 변화에 관한 정보를 끊임없이 획득하는 과정을 **환경 탐색**(environmental scanning)이라고 한다. 환경의 추세는 보통 사회, 경제, 기술, 경쟁, 법의 5가지 원천으로부터 발생한다. 도표 3-1에 나타난 바와 같이 이러한 환경들은 기업 마케팅활동의 여러 측면에 영향을 미치고 있다.

오늘날의 시장환경 탐색

어떤 추세가 미래 마케팅에 영향을 미치는가? 환경 탐색을 수행하는 기업은 브랜드 지지자들의 급증에서부터 가상현실과 증강현실의 지속적인 적용, 소비자 데이터의 수집과 사용에 대한 철저한 조사 요구에 이르는 5가지 환경요소에서 각각 일어나고 있는 중요한 추세를 발견할 수 있다. 이러한 추세 목록은 비록 완벽하지는 않지만, 환경에 대한 관심 증대부터 대규모 사업에 대한 정부 소유 지분 증대, 프라이버시와 개인정보 수집에 대한 관심 증대라는 환경 탐색의 범위를 드러내고 있다. 이러한 추세는 소비자, 기업, 조직에 영향을 미치고 있다. 이에 대한 자세한 논의는 아래의 5가지 환경요소 설명과 함께 기술되어있다.

도표 3-1 환경의 힘은 조직뿐만 아니라 조직의 공급업자와 고객에게도 영향을 미친다.

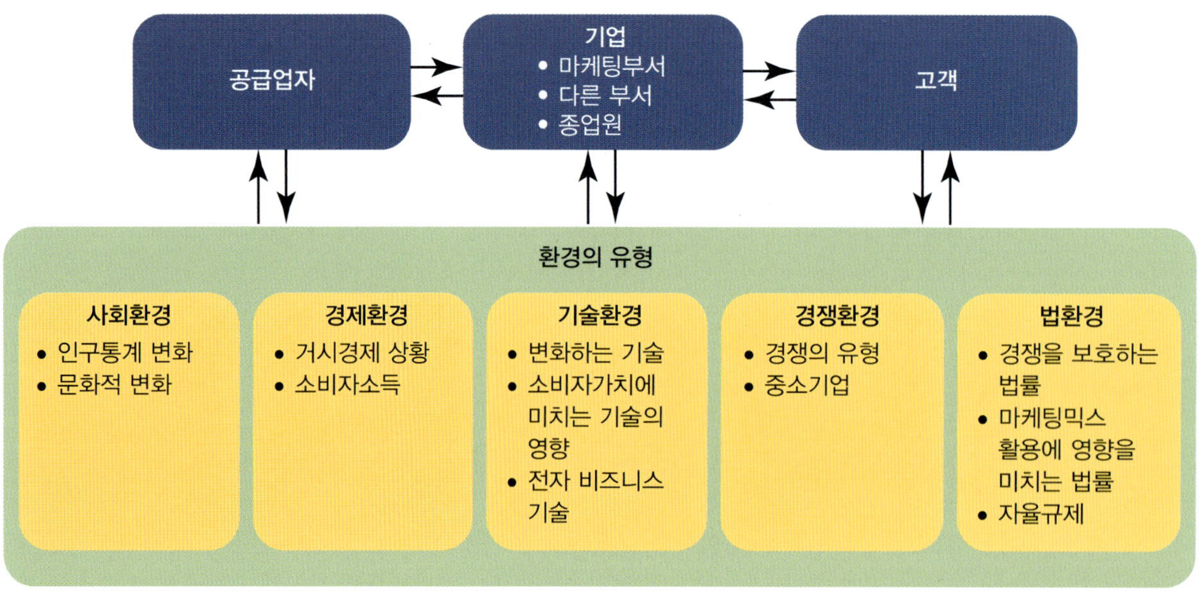

사회환경

환경의 **사회적 영향력**(social forces)은 인구와 문화의 인구통계적인 특징들을 포함하고 있다. 변화는 마케팅전략에 엄청난 영향을 미칠 수 있다.

목표 2 인구통계와 문화 같은 사회환경을 기술할 수 있다.

사회적 영향력
인구와 문화의 인구통계적 특징들

인구통계
인구통계는 나이, 성, 인종, 수입 및 직업 등과 같은 특성에 따라 인구를 기술함

인구통계

인구통계(demographics)는 나이, 성, 인종, 소득 및 직업 등과 같은 특성에 따라 인구를 기술하는 것을 일컫는 말이다. 세 개의 중요한 인구통계 특징은 인구 특성에 대한 기술, 세대별 공유집단(cohort)에 대한 기술, 인종적 민족적 다양성에 대한 기술을 포함한다.

세계인구 현황과 추이 최근의 예측에 따르면 현재 세계 인구는 74억 명 정도이며, 2050년까지 98억 명 정도로 늘어날 전망이다. 이러한 성장세는 인구 급증이라 부를 만하지만 세계적으로 일어나는 현상이 아니라 주로 아프리카와 아시아 등 개발도상국에서 일어날 것으로 예상되는 일이다. 실제로 인도는 2050년에 세계 최대인구인 17억 명에 도달할 것으로 예상되며, 중국이 13억 명으로 2위를 차지할 것으로 예측된다. 세계인구 예측에 따르면 중국, 일본, 우크라이나, 러시아, 루마니아, 폴란드, 스페인, 대만을 포함한 42개국의 인구는 줄어들 것이다. 미국 인구의 인구통계 특징에 관한 연구들은 여러 가지 중요한 추세를 암시하고 있다. 일반적으로 인구는 점점 늘고 고령화되며 다양화되고 있다. 미국 통계국(US Census Bureau)은 현재 미국 인구를 대략 3억 2,800만 명이라고 보고 있다. 현재의 기대수명, 출생률, 이민이 계속된다면 2030년과 2050년에는 인구가 각각 3억 5,900만 명과 3억 9,800만 명을 넘길 것이다.

베이비붐 세대
1946년과 1964년 사이에 태어난 7,300만 명으로 구성된 세대

세대별 공유집단(Generational Cohorts) 미국 인구고령화의 가장 큰 원인은 7,300만 명에 달하는 1946~1964년 사이에 태어난 **베이비붐 세대**가 늙어가고 있기 때문이다. 베이비붐 세대는 24시간마다 약 1만 명 정도 은퇴하고, 2030년에 65세 또는 그 이상의 나이가 될 것이다.

광고주들은 어떤 세대별 공유집단에게 접근하려고 노력하는가?

(Left) Source: Merrill Lynch; (Center) Source: IHG; (Right) Source: Athleta

책임 있는 의사결정

지속가능성

이익과 삶의 목표의 균형: 밀레니얼의 스타일

밀레니얼 세대는 기술에 능하고 혁신적이며 야망이 있다. 게다가 세상을 좀 더 나은 곳으로 만들 각오가 되어있다. 그들은 브랜드와 기업이 자신의 이익과 더불어 사회적 변화와 책임, 환경에 대한 책무를 수용하길 바란다. 이러한 인식은 소비자로서, 학생으로서, 사회초년생으로서 그들의 선택에 영향을 미치는 보다 높은 목표에 집중하게 한다.

어떤 기업은 밀레니얼 세대의 관심에 주의를 기울인다. 예를 들어 P&G는 최근 25% 재활용된 플라스틱으로 만든 완전 재활용 가능한 헤드 앤 숄더(Head & Shoulders) 샴푸 용기를 선보였다. 이와 비슷하게 유니레버는 "삶에서 의미 있는 브랜드들"을 만들기 위해 지속가능하고 살아있는 계획을 도입하였다. 애플의 새 본부는 "지구상에서 가장 환경친화적인 빌딩"으로 언급되며, 홀푸드마켓(Whole Foods Market)은 모든 이해관계자의 욕구를 고려한 후 의사결정을 하고 있다.

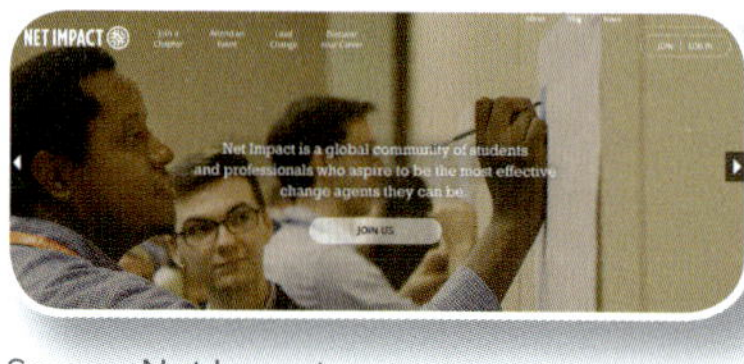

Source: Net Impact

공인주택(certified housing), 캠퍼스 이동시스템, 재활용 프로그램을 포함하는 지속가능한 캠퍼스 커뮤니티를 기대하는 약 1,700만 명의 학부생 밀레니얼 세대들이 있다. 대학원생들은 지속가능성 관련 과목, 사례 연구 과목을 선택하고, 비즈니스가 세상을 향상시키는 데 사용되길 원하는 학생들을 위한 사회적 기업인 넷임팩트(www.netimpact.org)와 일해볼 수 있는 프로그램을 찾는다. 사라 학치먼(Sara Hochman)은 전형적인 예다. 그녀는 대학 시절 환경 이슈에 관심이 있었다. 그녀의 첫 번째 직업은 환경컨설턴트였다. 그녀는 고객들에게 더 큰 영향을 미치고자 시카고대학교 대학원에서 재생에너지 관련 선택과목을 듣고 에너지클럽에 가입했다. 사회초년생들은 사회적 책임 담당 관리자, 기업의 자선 관련 담당자, 지속가능성 데이터베이스 전문가와 같은 녹색직업을 원한다. 그들은 선량한 시민정신, 책임 있는 자본주의, 환경 보호와 사회적 책임을 옹호하는 회사에서 일하길 원한다. 그들은 자신을 주주, 종업원, 사회 간 균형을 찾는 긍정적 비즈니스 운동의 일부라고 여긴다. 시멘스(Siemens)의 가전 마케팅 관리자로 일하는 20대 중반의 샬럿 모란(Charlotte Moran)은 "환경에 미치는 영향을 이해하지 못하고, 보다 좋은 환경으로 변화시키려는 노력을 하지 않는 기업을 위해 일하는 것이 매우 힘들다는 것을 알았습니다"라고 말한다. 좋은 영향을 미치는 것에 관심을 둠으로써 우리의 교육과 경력 관련 의사결정은 어떻게 달라지는가? 세상은 곧 알게 될 것이다!

X세대
1965년과 1976년 사이에 태어난 5,000만 명의 사람들. 출생률 격감시기로도 불림

베이비붐 세대를 잇는 **X세대**는 1965~1976년 사이에 태어난 5,000만 명에 달하는 사람들이다. 이 기간은 매년 신생아 출생률이 감소하는 저출생기간으로 알려져 있다. X세대는 자신을 믿으며 인종과 민족별 다양성을 지지하고, 이전 세대보다 교육을 잘 받았다. 이들은 낭비하지 않으며 조심스러움과 실용주의, 전통주의가 섞인 라이프스타일을 가지고 있다. 다른 어떤 세대보다 인터넷을 더 많이 사용하며, 비즈니스 여행객이 가장 많은 세분시장이기도 하다.

Y세대
1977년과 1994년 사이에 태어난 7,500만 명의 사람들. 베이비붐 세대의 자녀 세대로도 불림

1977~1994년 사이에 태어난 미국인들은 **Y세대**라고 불린다. 이들이 태어난 시기는 베이비붐 세대가 자녀를 가지면서 인구가 증가했는데, 이들을 에코붐(echo-boom) 세대라고 부르기도 한다. Y세대는 음악, 스포츠, 컴퓨터, 비디오게임과 모든 형태의 커뮤니케이션, 네트워킹에서 영향력을 행사한다. Y세대의 구성원들은 독특하고 기억할만한, 개인적 경험에 관심이 있으며 일과 삶의 균형을 찾고 관리하는 데 매우 능숙하다. 그들은 환경에 대한 의지가 강하고 열정적이며 낙관적이다. 또 그들이 통제할 수 있는 목적의식이 있는 일에 이끌리는 그룹이기도 하다. 다양한 정의를 가지고 종종 사용되는 밀레니얼 세대(millennials)라는 용어는 바로 이 Y세대 중에서도 젊은 층을 일컫는 말이다. '책임 있는 의사결정' 박스에서 설명한 것처럼 밀레니얼 세대는 지속가능성에 대한 관심이 매우 많고, 이것은 조직의 제공물과 대학교, 고용주들에게 영향을 미치고 있다. 인구 예측에 따르면 밀레니얼 세대의 수는 최근 7,500만 명으로 가장 많으며 베이비부머(baby boomers)보다 앞선다. 밀레니얼 세대의 이후 세대는 1995~2010년 사이에 태어난 **Z세대**이다. Z세대는 가장 넓은 다양성

Z세대
1995년과 2010년 사이에 태어난 소비자를 포함하는 밀레니얼의 후속 세대

에 대한 정의를 가지고 있다. 이들은 인종, 민족성, 성소수자 집단, 다른 신체 유형과 신체에 어려움을 가진 사람들까지 포함하여 다양성을 규정한다. 그들은 건강하고 적극적인 라이프스타일을 향유하며, 자연스러운 모습을 선호하고, 온라인에서 배우며, 온라인과 오프라인을 유기적으로 연결하는 시장을 즐길 수 있길 기대한다.

인종별·민족별 다양성 미국 인구의 인종별·민족별 구성비 변화가 눈에 띄고 있다. 대개 미국 거주인의 3명 중 1명은 아프리칸 아메리칸(African American), 아메리칸 인디언(American Indian), 알래스카 원주민, 아시아 아메리칸, 하와이 원주민, 태평양 섬사람(Pacific Islander)에 속한다. 새로운 인구조사에서 확인된 것처럼 이러한 집단의 규모는 점점 커지고 있으며 시장에 미치는 경제적 영향 역시 주목할만하다. 히스패닉, 아프리칸 아메리칸과 아시아 아메리칸들은 매년 각 1.4조 달러, 1.2조 달러와 8,910억 달러를 소비한다. 이처럼 새로운 시장을 잡기 위해 많은 기업이 **다문화마케팅**(multicultural marketing) 프로그램을 개발하고 있다. 이러한 프로그램은 그들의 독특한 태도, 혈통, 커뮤니케이션 선호도, 라이프스타일을 반영한 마케팅믹스의 결합을 의미한다.

다문화마케팅
다른 인종과 민족의 독특한 태도, 혈통, 커뮤니케이션 선호도 및 라이프스타일을 반영한 마케팅믹스의 결합

문화
집단의 구성원들 사이에 배우고 공유하는 가치, 아이디어 및 태도의 집합체

문화

두 번째 사회적 영향력 요소는 집단구성원 사이에서 배우고 공유하는 가치, 아이디어, 태도 등으로 구성된 **문화**(culture)이다. 문화의 많은 요소가 소비자 구매패턴에 영향을 미치기 때문에 국가와 글로벌한 수준에서의 문화적 추세를 모니터링하는 것은 마케팅활동에서 매우 중요한 일이다. 글로벌 마케팅을 위해 필요한 다문화분석(cross-cultural analysis)은 이후 6장에서 다룬다.

가장 현저한 문화 측면의 변화 중 하나는 남녀의 태도와 역할 부분에서 일어나고 있다. 어떤 기업은 성별 고정관념을 피하기 위해 전통적인 성별 규범에서 벗어나고 있다. 할인점 타겟(Target)은 최근 장난감, 오락기기 및 가정용품 부문에서 성별에 근거한 표시체계를 바꾸었다. 디즈니랜드는 핼로윈(Halloween) 의류에서 성별 레이블을 없앴다. 패션계의 리더 자라(Zara)는 스웨터, 티셔츠, 바지 및 신발을 포함하여 성별에 구분이 없는 의류 라인을 도입했다. 캘빈클라인(Calvin Klein)은 남녀를 동시에 만족시키는 CK2 향수를 출시하였다. 성중립적 광고 또한 일반화되고 있다. 영화배우이자 래퍼인 제이든 스미스(Jaden Smith)는 최근 세 명의 여성 모델과 루이뷔통(Louis Vuitton)의 새 여성의류 모델이 되었다. 디젤(Diesel)은 광고 캠페인 중 하나에서 "이 광고는 성중립적이다"라는 문구를 사용했다.

디젤(Diesel)은 남성뿐만 아니라 여성들에게 어필하기 위해 변화를 시도하고 있다.

Source: Diesel

미국과 전 세계에서 소비자들을 위해 높아지고 있는 또 다른 중요한 가치는 지속가능성과 환경 보호다. 사실상 오늘날 소비자의 82%는 스스로를 환경친화적이라고 생각한다. 최근 연구 또한 소비자들이 사회적 행동에 강한 연결고리를 가진 브랜드를 구매하고자 한다고 밝히고 있다. 예를 들어 슈퍼볼 광고에서 치약 브랜드 콜게이트(Colgate)의 "한 방울도 고려한다"라는 물 보호 캠페인에서는 소비자들에게 양치질할 때 수도꼭지를 잠가 물을 아껴달라고 부탁했다.

Video 3-1
Colgate Super Bowl Ad
kerin.tv/cr8e/v3-1

학 습 리 뷰

1. 네 가지 세대별 공유집단을 설명하시오.
2. 왜 많은 기업에서 다문화마케팅 프로그램을 개발하고 있는가?
3. 오늘날 시장에서 지속가능성과 같은 중요한 가치가 어떻게 반영되고 있는가?

경제환경

목표 3 경제의 힘이 마케팅에 어떤 영향을 미치는지 논의한다.

경제
비즈니스나 가계를 움직이는 비용에 영향을 미치는 소득, 지출 및 자원을 포함한다.

환경 탐색의 두 번째 요소인 **경제**(economy)는 기업과 가계를 운영하는 데 필요한 비용을 반영한 소득, 지출, 그리고 자원을 포함하고 있다. 우리는 경제환경의 두 가지 측면, 즉 시장의 거시 측면과 소비자소득의 미시 측면에 관해 생각해볼 것이다.

거시경제 상황

거시수준에서 특별히 관심을 가질 부분은 국민총생산, 실업률, 인플레이션 또는 디플레이션같이 가격 변화와 같은 지표에 기초한 경제의 성과이다. 인플레이션 시기에는 가격이 오르는 만큼 제품과 서비스를 생산하고 구매하는 데 들어가는 비용이 올라간다. 마케팅 관점에서는 가격이 소비자소득보다 빠르게 오르면 소비자가 구매할 수 있는 아이템의 수가 줄어든다. 이러한 예로는 대학 교육에 드는 비용이 있다. 대학입시위원회(The College Board)는 2000년 이래 가계 소득은 2% 줄었는데, 대학 등록금은 160%(3,508달러에서 9,650달러까지) 인상되었다고 보고한다. 4년제 공립대학교 등록금을 지불하기 위한 가계의 몫은 2000년 5%에서 최근에는 17%로 늘어났다.

경제활동이 침체되는 시기를 불황이라고 부른다. 불황이 오면 기업의 생산이 감소하고, 실업률은 오르며, 소비자는 소비할 돈이 줄어든다. 미국 경제는 1973~1975년, 1981~1982년, 1990~1991년, 2001년에 불황을 경험했다. 가장 최근의 불황은 2007년에 시작되어 2009년에 끝났는데, 최근 역사에서 가장 긴 불황이었다.

소비자소득

소비자소득의 미시 추세는 마케터에게 중요한 문제다. 소비자욕구를 충족시키는 제품이 있더라도 소비자에게 돈이 없어 그것을 살 수 없다면 가치가 없어진다. 소비자가 구매할 수 있는 능력은 총소득, 가처분소득, 재량소득으로 구성된 소득과 관련이 있다.

총소득
한 사람, 한 가계, 또는 가족이 연간 버는 총액. 인구조사국에서는 현금수입(money income)으로 부름

총소득 한 사람, 한 가계, 또는 가족이 1년간 버는 총액을 **총소득**(gross income)이라고 한다. 일반적인 미국 가정의 경우 1970년에는 8,700달러 정도의 수입이 전부였으나, 2016년에는 약 5만 9,039달러 정도까지 늘어났다. 그러나 인플레이션을 감안한 총소득을 고려하면 전형적인 미국 가계의 소득은 상대적으로 안정적인 편이다. 실제로 인플레이션을 감안하면 1970년 이래로 1만 400달러 정도만 증가한 셈이다. 미국 가계의 51% 정도는 2만 5,000달러에서 9만 9,999달러 사이의 연간 소득을 올리고 있다.

가처분소득 두 번째 소득 구성요인인 **가처분소득**(disposable income)은 의식주나 교통같이 필수적인 것에 소비하기 위해 소비자가 세금을 내고 남은 금액이다. 만약 소득보다 세금이 빠르게 오르거나 내리면 소비자의 가처분소득 역시 많아지거나 적어진다. 또한 제품 가격의 급격한 변화 역시 소비를 조정하게 만든다. 예를 들어 휘발유 가격이 급격하게 오르거나 내리면 소비자는 다른 부분에 대한 지출을 조정할 수밖에 없다. 또한 주택가격이 내리면 그것을 구매하려고 했던 소비자에게 심리적 영향을 미치게 된다. 즉, 구매를 미루게 된다. 불황기에는 지출, 부채 및 신용거래 모두 감소한다.

> **가처분소득**
> 소비자가 세금을 내고 남은 의식주나 교통처럼 필수적인 것에 소비하기 위한 금액

재량소득 세 번째 소득 구성요인인 **재량소득**(discretionary income)은 세금과 필수품에 지출하고 남은 금액을 말한다. 이 소득은 크루즈(cruise) 여행 같은 사치품에 사용된다. 가처분소득과 재량소득을 정의하는 데 고려해야 할 점은, 무엇이 사치품이고 무엇이 필수품인지를 결정하는 것이다.

> **재량소득**
> 세금과 필수품에 지출하고 남은 금액

노동부(The Department of Labor)는 매년 소비자지출조사(Consumer Expenditure Survey)를 통해 소비자의 지출 정도를 모니터링한다. 가장 최근의 보고서는 소비자들이 소득 중 13%를 음식에, 33%는 주택에, 3% 정도는 의류에 지출하는 것으로 추정하고 있다. 추가로 25% 정도는 교통과 건강관리에 사용하고, 나머지는 자유재량소득으로 간주된다. 보통 소득이 증가하면 음식과 주택에 사용하는 소득의 비율은 줄고 재량소득이 증가한다. 재량적인 지출 또한 저축을 적게 하면 늘어날 수 있다. 노동통계국(the Bureau of Labor Statistics)은 저축률이 1990년대에는 장기 평균 8%에서 2000년대 초기에는 대략 2% 정도로 떨어졌음을 확인했다. 이러한 추세는 2008년 정부가 경기부양책으로 발행한 수표를 사람들이 소비하지 않고 저축해버림으로써 역전된다. 소비자 지출에 관한 최근 데이터를 보면 저축률은 5.5% 정도다.

소비자의 재량소득이 늘어날수록 쿠나드 크루즈와 같은 호화 여행을 할 기회가 늘어난다.
Courtesy of Cunard Line

기술환경

목표 4 기술 변화가 마케팅에 어떤 영향을 미칠 수 있는지 설명할 수 있다.

기술
응용과학이나 공학연구에 의한 발명 또는 혁신

우리 사회는 급격한 **기술**(technology) 변화를 경험하고 있다. 도표 3-1에서 세 번째 환경요소인 기술은 응용과학이나 엔지니어링 연구에 의한 발명 또는 혁신을 일컫는다. 기술 혁신의 물결은 현존하는 제품과 회사들을 교체시킬 수 있다. 여러분은 아마 업그레이드된 핸드폰이나 컴퓨터 같은 제품을 가지고 있을 것이다. DVD와 책을 생각해보면 모든 제품군이 신기술에 의해 완전히 교체될 수 있음을 알 수 있다.

미래 기술

기술 변화는 연구의 결과여서 예측이 힘들다. 그러나 지금 일어나고 있는 가장 급격한 기술 변화 가운데 몇몇을 살펴보면 다음과 같다.

- 인공지능은 판매, 소매 및 고객서비스 등 모든 마케팅 기능 분야에 영향을 미칠 것이다.
- 자동화는 가정이나 사무실에서 자율주행 자동차부터 배달 드론과 로봇에 이르기까지 많은 곳에서 보편화될 것이다.
- 사물인터넷(internet of things, IoT)은 아마존의 알렉사(Amazon Alexa)처럼 모든 전자기기를 쉽게 연결시켜주는 디지털 보조원으로 현실화될 것이다.
- 웨어러블 기술(wearable technology)은 건강, 웰빙과 관련된 생체 측정 모니터에서부터 정보와 훈련을 위한 비주얼 디스플레이와 개인의 이동을 향상시켜주는 외골격 로봇(exoskeletons)에 이르기까지 다양한 형태로 나타날 것이다.

기술의 이러한 추세는 오늘날 시장에서 벌써 실현되고 있다. 예를 들어 IBM은 판매사원용 고객서비스 소프트웨어에 인공지능을 사용하는 세일즈포스닷컴(Salesforce.com)과 파트너십을 맺고 있다. 아마존은 최근 영국에서 자동화된 드론을 이용한 배달을 시작했다. LG는 최근 식품의 유효기간을 추적하고 음성 명령에 반응하는 커넥티드 냉장고를 출시했다. IBM의 왓슨(Watson), 슬랙(Slack)의 새로운 소프트웨어 및 애플페이와 같은 기술은 고객서비스 요원, 이메일 및 신용카드, 현금 같은 기존의 제품과 서비스를 대체하거나 그것의 대체품이 되고 있다.

기술 변화는 신제품을 낳는다. 어떤 제품 또는 서비스가 이러한 발명으로 인해 대체될까?

(Left) ©dpa picture alliance archive/Alamy Stock Photo; (Center) Source: Slack; (Right) ©Bryan Thomas/Getty Images

고객가치에 미치는 기술의 영향

기술의 진전은 마케팅에 중요한 영향을 미치고 있다. 첫째, 기술의 비용이 급격히 떨어짐으로써 기술 기반 제품에 대한 고객가치의 평가에서 품질, 서비스, 관계 등 기술 이외의 요인에 초점이 맞춰지게 되었다. 심지어 소프트웨어를 무료로 제공하는 기업까지 등장했다. 〈PC 매거진〉은 "가장 좋은 무료 소프트웨어"라는 기사를 매년 쓰는데, 그 기사에는 광고효과를 노리고 혹은 업그레이드를 위한 구매가 매출을 만들어 줄 것이란 기대로 소프트웨어를 무료로 제공하는 기업들이 소개된다. 소비자가 서비스 사업자를 변경하면 기기를 무료로 주거나 보조금을 지급하는 몇몇 핸드폰 서비스 사업자들도 유사한 접근방법을 사용하고 있는 셈이다.

기술은 신제품 개발을 통해서도 가치를 제공할 수 있다. 3,800개가 넘는 기업들이 라스베이거스에서 열린 소비자전자기기전람회(Consumer Electronics Show, CES)에서 2만 개의 신제품을 선보였다. 신제품은 37개 언어로 즉각 번역되는 무선 이어폰, 신용카드처럼 얇은 TV 및 손목에 차는 건강측정기와 같은 기능을 하는 스마트 반지 등을 포함하고 있다. 〈베터 홈스 앤 가든(Better Homes and Gardens)〉은 최근 버트루(Virtru)사의 해킹 방지 소프트웨어, LG의 세탁기와 건조기를 결합하여 하나로 만든 제품 및 삼성의 360도 카메라 등에 혁신상을 수여했다. 다른 신제품들도 곧 시장에 출시될 것으로 예상된다. 5피트 범위 안에 있는 기기에 전기를 보낼 수 있는 무선충전시스템, 시계나 핸드폰과 같은 모바일 기기에 생체정보를 보내는 신체에 삽입가능한 건강 모니터가 바로 그것이다.

온라인시장
첨단의 컴퓨터와 정보통신기술 및 디지털 제품들로 구성된 정보 및 커뮤니케이션 기반의 전자적 교환환경

전자상거래
제품과 서비스의 재고, 촉진, 유통, 구매 및 교환에 전자적 커뮤니케이션을 사용하는 활동. e-커머스(e-commerce)로도 불림

사물인터넷
연결가능한 전자장치들이 내재된 제품의 네트워크

기술은 데이터 애널리틱스를 가능하게 한다

기술은 마케팅조직 운영에 극적인 영향을 미쳐왔다. 첫째, 온라인 역량의 발전은 첨단의 컴퓨터와 정보통신기술 및 디지털제품들이 사용되는 정보와 커뮤니케이션 기반의 전자적 교환환경인 **온라인시장**의 탄생에 크게 기여했다. 둘째, 이러한 역량들로 인해 **전자상거래**(electronic commerce) 혹은 제품과 서비스의 재고, 촉진, 유통, 구매 및 교환에 있어 전자적 커뮤니케이션을 사용하는 활동이 가능해졌다. 그뿐만 아니라 인터넷 기반 기술로 기업들이 조직 내에서 의사소통할 수 있는 인트라넷(intranets)과 공급업자, 유통업자 및 광고대행사와 같은 파트너들과 의사소통하는 데 필요한 엑스트라넷(extranets)이 구축되었다.

오늘날 기술은 거의 모든 제품에 컴퓨터칩이 들어가고 거의 모든 장소에 네트워크가 연결될 정도로 발전하고 있다. 연결가능한 전자기기가 내포된 제품의 네트워크가 바로 **사물인터넷**(internet of things, IoT)이다. 사물인터넷에 의해 만들어진 정보는 소비자 선호와 행동을 예측할 수 있게 해주는 애널리틱스(analytics)라 불리는 대용량 데이터 분석기법에 관심이 집중되는 현상을 낳았다. 포레스터 리서치(Forrester Research)의 최근 조사에 의하면 기업 중 74%가 데이터 기반이 되길 원하고, 위키본 리서치(Wikibon Research)에 의하면 대용량 데이

사물인터넷은 데이터 애널리틱스의 성장에 기여해왔다.
©Askold Romanov/Getty Images

터 역량에 대한 지출이 2026년까지 920억 달러에 달할 것으로 나타났다. 몇몇 전문가들은 애널리틱스 활용이 시장에서의 성공에 기여할 것으로 예상하며, 실제로 데이터 분석에서 도출한 직관을 가지고 매출을 증가시킨 기업이 나타나고 있다. 그 예로는 넷플릭스, 구글, 아마존, 델, 이베이 등이 있다.

경쟁환경

목표 5 시장에 존재하는 경쟁의 형태를 논의한다.

경쟁
특정 시장의 욕구를 충족시키기 위해 제품을 공급할 수 있는 대체가능한 기업들

환경 탐색의 네 번째 요소인 경쟁은 특정 시장의 욕구를 충족시키기 위해 제품을 공급할 수 있는 대체가능한 기업들을 의미한다. 다양한 형태의 **경쟁**(competition)이 존재하는데, 각 기업은 마케팅전략을 세울 때 현재의 경쟁자와 잠재적인 경쟁자들을 고려해야 한다.

경쟁의 다양한 형태

네 가지 유형의 경쟁, 즉 완전경쟁(pure competition), 독점적 경쟁(monopolistic competition), 과점(oligopoly), 완전독점(pure monopoly)까지 다양한 유형의 경쟁이 연속선상에 존재한다.

연속선상의 한 극점에 있는 완전경쟁이란 유사한 제품을 판매하는 사람이 많은 시장이다. 예를 들어 쌀, 밀, 곡물과 같은 기업식 농업으로 재배되는 농산물을 다루는 기업들에게는 유통 외의 나머지 요소에 큰 영향을 받지 않고, 유통이 중요한 완전경쟁시장에서 경쟁한다.

경쟁 연속선상의 두 번째 점에 있는 독점적 경쟁이란 일정 가격 내에서 대체될 수 있는 제품을 가진 여러 판매자들이 경쟁하는 시장이다. 예를 들어 커피 가격이 너무 오르면 소비자들은 커피 대신 차를 마실 수 있다. 여기서는 쿠폰이나 가격 할인 등의 마케팅전략이 자주 사용된다.

흔한 산업 구조의 유형인 과점은 소수의 기업이 매출의 대부분을 통제할 때 나타난다. 예를 들어 무선전화산업은 미국 시장의 95% 이상을 네 개 통신사가 지배하고 있다. 버라이즌(Verizon), AT&T, 스프린트(Sprint), 티모바일(T-Mobile)에는 각각 1억 5,200만 명, 1억 4,700만 명, 7,500만 명, 5,300만 명의 가입자가 있다. 미국 오락산업은 바이어콤(Viacom), 디즈니(Disney), 타임워너(Time Warner) 등이 지배한다. 방위산업의 주요 계약자는 보잉(Boeing), 노스랍 그루먼(Northrop Grumman), 록히드마틴(Lockheed Martin)이다. 소수의 판매자가 있는 과점에서는 가격 경쟁이 모든 생산업자의 이익을 감소시키기 때문에 바람직하지 않다는 점에서 비판의 대상이 되기도 한다.

경쟁 연속선상의 또 다른 극점에 있는 완전독점은 단 하나의 기업만이 제품을 판매할 때 발생한다. 독점은 지역사회에 필수적인 수도, 전기, 케이블서비스 등과 같은 제품의 생산업자들 사이에서 흔히 발생한다. 독점 상황에서는 주정부나 연방정부에 의한 규제를 받기 때문에 마케팅의 역할이 작다. 최근에는 규제 철폐로 전기시장 등에 가격 경쟁을 장려하기도 하지만, 정부의 통제와 규제는 보통 가격 측면에서의 소비자 보호를 목적으로 한다. 마이크로소프트의 PC 운영체계시장의 시장점유율 91%는 소비자들의 경쟁사를 통한 인터넷 브라우저 접근을 제한한다는 우려로 인해 소

송으로 이어졌고, 미국 법무부(U.S. Justice Department)로부터 화해 이행 명령을 유럽연합으로부터 벌금과 엄밀한 조사를 선고받았다. 연방통상위원회(Federal Trade Commission)의 최근 구글에 대한 조사에서는 비록 구글이 온라인 검색시장의 70% 이상을 차지하고 있기는 하지만 시장에서의 경쟁을 해치지는 않는다고 결론지었다. 그러나 유럽연합의 조사는 아직도 진행 중이다.

경쟁자로서의 중소기업

대기업은 경쟁의 형태와 구성요소에 있어 널리 알려진 특징을 보이는 반면, 중소기업은 대부분의 사업 분야에서 다양한 형태의 경쟁을 하고 있다. 미국에 있는 약 2,880만 개의 중소기업들이 모든 사기업 부문 종업원의 48% 정도를 고용하고 있음을 생각해보자. 게다가 중소기업들은 매년 새로운 일자리의 63% 정도를 만들어내고, 국내총생산(gross domestic product)의 46% 정도를 차지한다. 연구조사 결과 지난 몇 년간 국가 경제성장률과 새로운 중소기업들의 활동수준 사이에 상당히 강한 상관관계가 있음이 나타났다.

학습리뷰

1. 소비자의 가처분소득과 재량소득의 차이는 무엇인가?
2. 기술은 어떻게 소비자가치에 영향을 미치는가?
3. 완전경쟁 상황에서는 ____________ 판매자가 존재한다.

규제환경

모든 조직은 마케팅 및 상위의 사업 의사결정을 할 때 법의 제약을 받아 지시대로 움직여야 하며, 직접은 아니라도 그것의 영향을 받기 마련이다. **규제**(regulation)는 주법과 연방법이 비즈니스 활동과 관련하여 영향을 미치는 제약으로 이루어져 있다. 규제는 기업뿐만 아니라 소비자들도 보호하기 위해서도 존재한다. 연방정부와 주정부 수준의 규제 대부분이 정치의 결과이며 경쟁과 공정한 비즈니스 관행을 보장하기 위해 만들어졌다. 소비자들을 위한 규제의 초점은 불공정한 거래 관행으로부터 그들을 보호하고 안전을 보장하는 것이다.

목표 6 규제가 어떻게 경쟁을 보장하고 생산자와 소비자를 보호하는지 설명할 수 있다.

규제
사업활동에 대해 법으로 제약하는 행위

경쟁 보호하기

연방정부의 입법 대부분은 소비자들이 어떤 경쟁자가 성공할 것인지 또는 실패할 것인지를 결정할 수 있게 해주는 경쟁을 장려하기 위해 만들어졌다. 첫 번째 법은 셔먼 반트러스트법(Sherman Antitrust Act, 1890)이었다. 이 법 통과의 원동력은 고정 철도 운송 가격에 대항하는 중서부지역에 거주하는 농부들의 로비였다. 이 법은 거래에 장애가 되는 계약 또는 조합행위, 음모뿐 아니라 거래와 통상과정의 어떤 부분을 독점하려는 시도 또는 실질적 독점을 금지하고 있다. 그러나 애매한 문구와 정부활동의 저조로 법 통과 후 9년간 단 한 차례의 성공적인 집행 사례가 있었을 뿐이어서 1914년 클레이턴법(Clayton Act)으로 보완되었다. 이 법은 실제 해가 발생하지 않더라도 경쟁을 약화시킬 수 있는 특정 행위를 금하고 있다.

1930년대 연방정부는 다시금 공정한 경쟁을 보장하는 법을 만들어야 했다. 그 기간 동안 그레이트애틀랜틱 앤 퍼시픽티컴퍼니(Great Atlantic & Pacific Tea Company)와 같은 대규모 체인 소매업자가 등장했다. 중소소매업자들은 위협받았고, 그들은 로빈슨–패트맨법(Robinson–Patman Act) 통과를 위해 로비활동을 했다. 이 법은 같은 제품을 다양한 구매자에게 가격을 차별하여 판매하는 행위가 위법임을 명백히 했는데, 그러한 행위가 경쟁을 심각하게 낮추거나 독점에 도움을 줄 수 있기 때문이었다.

생산자와 소비자 보호하기

다양한 연방법들이 기업 혹은 소비자를 보호하기 위해 존재한다. 어떤 경우 둘 다를 보호하기 위해 제정되기도 한다.

기업은 새롭고 진기한 제품에 대한 경쟁적 지위를 특허법으로 보호할 수 있다. 특허법은 발명자에게 다른 사람들이 특허로 보호된 발명을 침해하기 위해 제품을 만들거나, 사용하거나 판매하는 행위를 하지 못하도록 권리를 부여한다. 연방 저작권보호법은 회사 스스로 제품의 경쟁적 지위를 보호할 수 있게 해주는 또 다른 방법이다. 저작권법은 저자에게 저술, 드라마, 음악 또는 예술작품에 대해 그 작품을 복사하거나, 프린트하거나 또는 연주하는 것을 금할 수 있는 권리를 부여한다. 저작권은 작품이 만들어지면 자동으로 성립된다. 디지털기술을 보호하기 위해 저작권을 가진 디지털제품의 보호를 강화하는 디지털밀레니엄저작권보호법(Digital Millennium Copyright Act, 1998)이 추가로 제정되었다.

연방법은 소비자들도 보호한다. 다양한 법에서 마케팅믹스의 네 가지 요소 각각을 다루고 있다. 제품의 요구사항들은 정당한 포장과 표시법(Fair Packaging and Labeling Act, 1966), 어린이보호법(Child Protection Act, 1966), 소비자제품안전위원회(Consumer Product Safety Commission)가 제품 안전을 감시하고 획일적인 제품 안전기준을 만들도록 한 소비자제품보호법(Consumer Product Safety Act, 1972), 영유아조제분유법(Infant Formula Act, 1980) 및 영양성분표시 및 교육법(Nutritional Labeling and Education Act, 1990)과 같은 법에 명시되어있다. 이러한 법 대부분은 기관을 상대할 때 소비자의 영향력, 힘 및 권리를 향상시키기 위해 1960대부터 시작된 **컨슈머리즘**(consumerism)을 바탕으로 한 것이다.

컨슈머리즘
소비자들이 기업이나 기관과 관계할 때의 영향력, 힘 및 권리를 증가시키기 위해 1960년대에 시작된 풀뿌리 운동

이러한 제품들은 보호된 상표에 의해 식별된다. 이러한 상표권들이 무상표화되는 위험에 처해 있는가?
©McGraw-Hill Education

또한 법에서는 가격, 유통 및 촉진 분야도 다루고 있다. 예를 들어 1914년의 연방통상위원회법(FTC Act, 1914)은 불공정한 비즈니스 관행을 감시하는 연방통상위원회를 만들 수 있게 하는 것이었다. 연방통상위원회에는 중단 명령, 철회 명령과 광고시정 명령들을 내릴 수 있는 힘이 있다. 연방통상위원회는 중단 명령과 철회 명령을 내릴 때 위원회가 불공정하다고 판단하는 관행을 기업이 중단하도록 명령을 내린다. 광고 시정 명령을 내릴 때는 회사로 하여금 기존의 잘못된 촉진을 시정하는 광고에 돈을 지불하도록 요구할 수 있다. 사기우편 방지와 시행법(Deceptive Mail Prevention and Enforcement Act, 1999), 전화소비자보호법(Telephone Consumer Protection Act, 1991), 성인물과 마케팅통제법(Controlling the Assault of Non-Solicited Pornography and Marketing Act, 2004)과 같은 법은 다이렉트메일, 텔레마케팅, 이메일 및 다른 형태의 촉진 사용에 대한 가이드라인을 제공하도록 제정되었다.

연방통상위원회

Source: Federal Trade Commission

Video 3-2
Federal Trade Commission (FTC)
kerin.tv/cr8e/v3-2

생산자와 소비자를 보호하는 법의 예로는 상표권의 등록을 제공하는 랜햄법(Lanham Act, 1946)이 있다. 이 법에서 등록은 상표권자에게 중요한 이점을 제공하지만, 소유권을 부여하는 것은 아니다. 만약 상표명이 너무 일반적인 이름이라면, 즉 너무 일반적으로 사용되는 단어라면 상표권을 잃을 수 있다. 코카콜라(Coca-Cola), 와퍼(Whopper), 제록스(Xerox)는 등록된 상표로 경쟁사는 이 이름을 사용할 수 없다. 아스피린(Aspirin)과 에스컬레이터(escalator)는 예전에는 등록된 상표였으나, 지금은 미국에서 보편적인 용어가 되어 누구나 사용할 수 있다. 소비자들은 상표를 보고 원하는 제품을 정확히 찾을 수 있으므로, 상표권 사용의 혜택을 누린다.

자율규제를 통한 통제

정부 통제에 대한 대안으로 **자율규제**(self-regulation), 즉 산업이 스스로를 감시하려는 시도를 생각해볼 수 있다. 예를 들어 대규모 TV 네트워크는 어린이용 장난감 TV 광고에 대한 가이드라인을 만들어 자율규제를 하고 있다. 이러한 가이드라인은 대개 긍정적으로 작용한다. 그러나 이러한 자율규제에도 두 가지 문제, 즉 회원사의 불복종과 시행의 문제가 생긴다. 또 자율규제를 너무 세게 시도하면 로빈슨-패트맨법(Robinson-Patman Act)에 저촉된다. 가장 잘 알려진 자율규제집단은 거래개선협회(Better Business Bureau, BBB)이다. 이 기관은 공정한 가격을 유지하는 데 도움을 주는 것을 목표로 한 기업들의 자발적 연합체이다. BBB는 행동강령(Partner Code of Conduct)을 제정하여 회원사들이 기준을 준수하도록 격려하는 비영리기업이다.

기업은 웹사이트에 이 로고를 보여주기 전에 특정 요구사항을 만족시켜야 한다.

Better Business Bureau. Used with permission.

자율규제
산업이 스스로를 감시하려는 시도로 정부 통제의 대안

법원에서 집행할 수 있는 사회적 가치를 가진 법과 개인적·윤리적 기준 및 가치를 다루고 있는 윤리 사이에는 차이가 있다. 이 다음에는 마케팅에서의 윤리적 행동과 사회적 책임에 대해 다룰 것이다.

학 습 리 뷰

1. ______________법은 실질적 독점을 금지하는 반면, ______________법은 경쟁을 줄일 것 같은 행동들을 금지한다.
2. 연방통상위원회(Federal Trade Commission, FTC)는 ______________을 감시한다.
3. BBB(Better Business Bureau)는 어떻게 기업들이 상거래기준을 따르도록 격려하는가?

윤리적 마케팅행동 이해하기

목표 7 윤리적 · 비윤리적 마케팅의사결정에 영향을 미치는 요인들을 알아본다.

윤리
개인이나 단체의 행동과 의사결정을 지배하는 도덕기준과 가치

윤리(ethics)는 개인이나 단체의 행동과 의사결정을 지배하는 도덕적 기준과 가치다. 윤리는 도덕적 딜레마에 직면했을 때 어떻게 바르게 그리고 정당하게 행동하는지에 대한 가이드라인을 제공한다. 연구자들은 윤리적 마케팅행동에 영향을 미치는 네 가지 요소를 확인했다. 도표 3-2는 이러한 요소와 그들의 관계를 보여주는 틀을 제시한다.

문화와 규범

이미 기술한 바와 같이 문화는 집단의 구성원들이 배우고 공유하는 가치, 아이디어 및 태도의 총합을 의미한다. 또한 문화는 무엇이 도덕적으로 옳고 정당한지를 결정하는 사회적 힘으로 작용한다. 이 말은 도덕기준이 특정 사회마다 다를 수 있다는 것, 즉 상대적임을 의미한다. 도덕기준은 사회 및 경제 행동에 영향을 미치는 법과 규제에 반영되며 윤리적 딜레마를 야기하기도 한다. 글로벌시장에서 경쟁하는 기업들은 이 사실을 인식하고 있다. 전 세계 220개 이상의 국가와 지역에서 영업하는 세계에서 가장 큰 소화물 배달회사 UPS를 떠올려보자. 회사의 글로벌 규정준수 및 윤리 담당자는 "전 세계 언어와 문화는 다를지라도, UPS의 윤리기준은 변하지 않습니다. 저희의 윤리 프로그램은 본질적으로 글로벌하게 적용됩니다"라고 말한다. 이들이 세계에서 가장 윤리적인 기업 중 하나로 지속적으로 인정받는 것은 놀라운 일이 아니다.

기업문화와 산업관행

사회문화는 비즈니스활동에 대한 도덕적 판단의 근거를 제공한다. 기업문화는 사업활동의 효과적인 규칙, 경쟁 행위와 비윤리적 행동 사이의 경계 그리고 비즈니스 거래 규칙 등으로 구성된다. 소비자들은 금융(내부자 거래), 보험과 은행(사기판매관행) 및 방위산업(뇌물) 등에서 그릇된 기업문화를 목격하고 있다. 기업문화는 판매자와 구매자 사이의 교환과정과 판매자 사이의 경쟁과정에서 행해지는 행위의 윤리에 영향을 미친다.

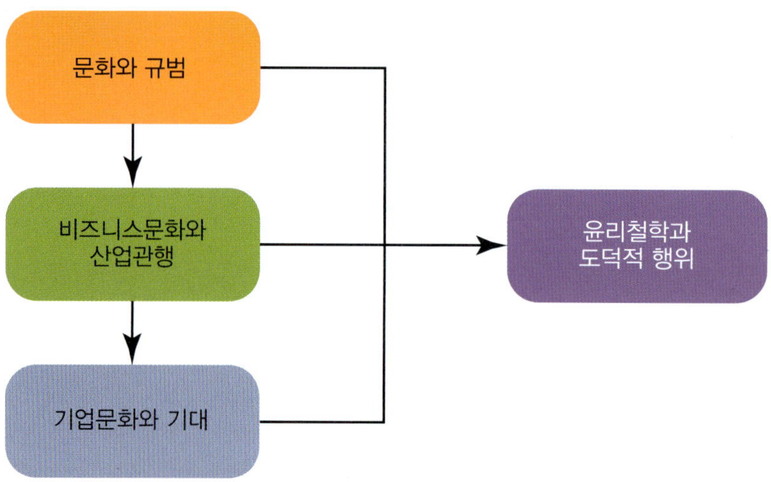

도표 3-2 윤리행동을 이해하기 위한 틀. 본문에 기술된 바와 같이 이러한 요인들은 윤리적 마케팅행동에 영향을 미치고 있다.

교환윤리 교환은 마케팅 개념의 핵심이다. 판매자와 구매자 사이의 윤리적 교환은 거래 후 양자 모두가 더 좋은 상태로 귀결되어야 한다.

1960년대 이전의 미국은 구매 물품의 하자 유무에 대해서는 매수자가 확인할 책임이 있다는 매수자위험부담원칙(caveat emptor)이 지배적이었다. 1962년 존 F. 케네디 대통령이 구매자와 판매자 사이의 교환에 대한 윤리적 기준인 **소비자권리장전**(Consumer Bill of Rights)을 명문화하였다. 이 장전은 안전에 관한 권리, 정보를 제공받을 권리, 선택할 수 있는 권리 및 들을 수 있는 권리 등을 포함하고 있다. 소비자들은 미국 기업들이 가지고 있는 권리처럼 이러한 권리들이 보호되기를 기대하고 또 요구한다.

> **소비자권리장전**
> 1962년 존 F. 케네디 대통령에 의해 개요가 발표된 것으로 안전에 관한 권리, 정보를 제공받을 권리, 선택할 수 있는 권리 및 들을 수 있는 권리 등을 포함하는 구매자와 판매자 사이의 교환에 대한 윤리를 명문화한 것

경쟁윤리 기업문화는 경쟁에 있어 윤리적 행동에 영향을 미친다. 비윤리적 행동의 유형으로는 크게 산업스파이 행위와 부패의 유형이 가장 흔하게 나타난다.

산업스파이 행위란 경쟁사에 대한 거래 기밀 또는 특허 정보에 대한 은밀한 수집을 말한다. 이러한 관행은 불법이며 비윤리적인 것으로 이를 위반하는 개인이나 비즈니스에 심대한 처벌이 가해진다. 스파이활동은 무단침입, 절도, 사기, 허위진술, 해킹, 경쟁사의 쓰레기 뒤지기, 경쟁금지조항이 들어있는 서명된 혹은 암묵적 고용계약 위반 등을 포괄한다. 세계에서 가장 큰 기업 중 반 이상이 다양한 형태의 스파이 행위를 찾아내고 그것을 색출하는 데 연간 4,450억 달러를 쓰고 있다. '책임 있는 의사결정' 박스를 읽어보면 펩시가 경쟁사의 마케팅계획에 관한 비밀정보를 주겠다는 제안에 어떻게 대응했는지 알 수 있다.

부패는 비윤리적 행동의 두 번째 유형이다. 부패는 권한을 가진 사람에 의해 행해지는 비윤리적 행위로, 종종 개인적 혜택을 얻기 위해 벌어진다. 뇌물, 불법적인 리베이트 및 선물을 주고받는 행위 등이 가장 흔한 유형이다. 이러한 관행은 소비자마

책임 있는 의사결정

윤리

콜라전쟁에서 기업의 양심

만일 우리가 펩시콜라의 경영자이고, 코카콜라 직원이 당신에게 새로운 콜라(Coke)에 대한 마케팅계획안과 샘플을 적당한 가격에 팔려고 시도했다고 가정해보자. 이것을 구입하면 펩시콜라가 콜라전쟁에서 상당한 경쟁적 우위를 얻을 수 있을 것 같은데, 제안을 받아들여야 하는가?

마케팅과 광고 경영자들을 대상으로 온라인 설문조사를 해보니 67%가 좋지 않은 영향이 없다면 계획안과 제품 샘플을 살 것이라고 답했다. 실제로 이러한 제안이 왔을 때 펩시콜라는 어떻게 했을까? 이들은 바로 코카콜라에게 연락했고, 코카콜라는 FBI에 연락을 했다. FBI 요원은 직원에게 착수금 조로 쿠키박스에 3만 달러를 넣어 전달했고, 나중에 해당 직원과 공범들을 체포했다. 사건에 대해 묻자 펩시콜라 대변인은 "책임 있는 회사라면 당연히 해야 할 일을 우리가 했을 뿐입니다. 경쟁은 심하지만 항상 공정하고 합법적이어야 합니다"라고 말했다.

©Cliff Tew

온라인 설문조사에 답한 33%는 왜 그러한 제안을 거절할 것이라고 말했을까? 대부분은 자신이 윤리적인 경쟁을 선호하며 그래야만 밤에 잠을 편하게 잘 수 있을 거라고 말했다. 나쁜 제안을 거절한 광고대행사 임원은 "스파이 행위에 대한 처벌은 상당합니다. 우리에게 양심이 있는 한 그런 일은 없을 것입니다"라고 말하고 있다.

코카콜라의 직원과 공범들에는 무슨 일이 벌어졌을까? 그는 8년형과 배상금 4만 달러를 지불하라는 판결을 받았다. 공범들은 각각 5년형을 받았다.

케팅 부문보다 B2B마케팅과 정부마케팅 부문에서 더 자주 일어난다. 일반적으로 뇌물은 심한 경쟁을 경험하고 있는 산업과 경제 발전 단계 초기 국가들, 경제적·정치적 혼란에 직면한 국가에서 흔하게 나타난다. UN의 조사에 의하면 산업화된 국가의 기업 중 15% 정도는 사업을 하기 위해 또는 유지하기 위해 뇌물을 준 경험이 있다고 한다. 동유럽에서는 기업의 60% 정도가 사업을 하기 위해 뇌물을 주어야 하는 것으로 알려져 있다. 세계 은행 전문가들은 글로벌시장에서 연간 1조 달러에 달하는 금액이 뇌물과 불법 리베이트로 제공된다고 추정하였다.

기업문화와 기대

윤리적 관행에 미치는 세 번째 요소는 기업문화이다. 기업문화는 조직의 구성원들 사이에서 배우고 공유하는 가치, 아이디어 및 태도의 총합을 말한다. 기업문화는 종업원들의 옷에서(우리는 넥타이를 매지 않습니다), 말하는 방식(IBM 방식)에서, 일하는 매너(팀 노력)에서 나타난다. 윤리강령에 규정된 윤리행위와 최고경영진과 직원들의 윤리행위에 대한 기대와 생각에도 기업문화가 반영되어있다.

윤리강령
윤리적 원칙과 행동 규칙에 대한 형식적 선언문

윤리강령 **윤리강령**(Code of Ethics)은 윤리적 원칙과 행동규칙에 대한 형식적 선언문이다. 미국 기업의 85~90% 정도가 어떤 형태의 윤리강령을 가지고 있고, 네 개의 대기업 중 하나 정도가 기업윤리 담당관을 두고 있다. 전형적인 윤리강령은 공무원과 정당에 대한 기부, 고객과 공급업자 관계, 이해 충돌 및 정확한 기록 등에 관해 규정하고 있다.

3M의 스카치가드는 윤리, 사회적 책임 및 2억 달러의 매출 손실과 어떤 관계가 있는가? 본문에서 답을 찾아보자.
©McGraw-Hill Education/Mike Hruby, photographer

최고경영진과 직원들의 윤리행동 윤리강령을 위반하는 이유 중 하나는 최고경영진과 동료 직원들의 행동에 대한 지각 때문이다. 동료와 최고경영진을 관찰하고 비윤리적인 행동에 대한 반응을 살피는 것은 개인의 행동에 중요한 역할을 한다. 경영자들에 관한 한 연구는, 63% 정도가 윤리적으로 문제가 되는 행동을 목격한 것으로 밝히고 있다. 비윤리적인 행동을 보고한 사람 중 21% 정도가 노골적인 처벌을 받거나 회사에서의 지위가 낮아지는 벌을 받았다. 윤리적 딜레마는 분명하게도 개인적·직업적 갈등을 수반하기 마련이다. 이러한 이유로 미국은 다른 직원의 비윤리 혹은 불법 행위를 보고하는 직원들인 내부고발자(whistle-blowers)를 보호하기 위한 법을 제정했다.

개인의 도덕철학과 윤리행동

궁극적으로 윤리적 선택은 의사결정자의 개인의 도덕철학에 달려 있다. 도덕철학은 친구와 가족을 통한 사회화과정 및 정식 교육을 통해 학습된다. 또한 문화, 사업 관행 및 기업문화에 의해 영향을 받는데 개인은 그 안에서 스스로를 알게 된다. 두 가지 중요한 개인의 도덕철학, 즉 ① 도덕적 이상주의와 ② 공리주의는 마케팅 관행에 직접적인 영향을 미친다.

도덕적 이상주의
결과와 상관없이 특정 개인의 권리나 의무를 고려하는 개인의 도덕철학

도덕적 이상주의 **도덕적 이상주의**(moral idealism)는 결과와 상관없이 특정 개인의 권리나 의무를 고려하는 개인의 도덕철학이다. 이 철학은 소비자권리보호장전(Consumer Bill of Rights)에 반영되어있고 소비자 이해집단과 도덕 철학자들에 의

해 옹호되고 있다. 예를 들어 알 권리는 안전과 관련되는 자동차의 결함 가능성에 적용된다.

이러한 철학은 윤리적 의무에도 적용된다. 기본적인 윤리적 의무는 해가 되지 않는 행동을 하는 것이다. 이러한 의무를 지키기 위해 3M의 경영진은 거의 40년 동안 사용하던 한 화학물질의 생산을 단계적으로 중단하겠다는 의사결정을 하였다. 애완동물 사료 봉지, 사탕 포장지, 카펫 및 3M의 인기제품인 스카치가드(Scotch gard) 섬유보호제 등에 광범위하게 사용되는 제품의 특정 물질이 인체나 환경에 해를 끼친다는 것이 알려진 바도 없었다. 그렇지만 3M은 그것이 세계적으로 인간과 동물의 조직에 극소량 축적되어있음을 발견하고 이러한 물질이 많이 축적된다면 인체에 해로울 수 있다고 생각하여 생산을 중단하였다. 이는 연 매출 2억 달러의 감소를 초래하였다.

공리주의 이상주의 철학에 대한 대안적 관점은 윤리적 행동의 결과로 인한 비용과 이익을 평가함으로써 '가장 많은 사람을 위한 가장 큰 이익'에 초점을 맞추는 **공리주의**(utilitarianism)이다. 혜택이 비용을 초과하면 그 행동은 윤리적이다. 반대의 경우 비윤리적이다. 이 철학은 자본주의의 경제적 신조를 기본으로 한다. 많은 기업 경영자와 학생들이 이것을 받아들이고 있다는 사실은 그다지 놀라운 일은 아니다.

공리주의
윤리적 행동의 결과에 대한 비용과 혜택을 분석함으로써 최대 다수의 최대 이익에 집중하는 개인의 도덕철학

학습리뷰

1. 소비자권리장전에는 어떤 권리가 포함되는가?
2. 산업스파이 활동에는 어떤 활동이 포함되는가?
3. 도덕적 이상주의란 무엇을 의미하는가?

지속가능한 마케팅을 위한 사회적 책임 이해하기

1장에서 살펴본 것처럼 사회지향 마케팅개념은 소비자의 욕구를 충족시킬뿐만 아니라 사회복지를 제공함으로써 마케팅의 사회적 책임을 강조한다. 사회적 책임이란 조직이 더 큰 사회의 일부이며 그들의 행동에 책임이 따른다는 것을 의미한다. 사회, 사업 및 기업문화에 존재하는 가치의 다양성을 고려할 때 윤리와 마찬가지로 사회지향 책임의 본질과 범위에 대한 합의에 이르기는 어렵다.

목표 8 사회적 책임의 다양한 개념을 설명할 수 있다.

사회적 책임의 세 가지 개념

사회적 책임은 크게 ① 이익 책임, ② 이해관계자 책임, ③ 사회지향 책임으로 나누어진다.

사회적 책임
조직이 더 큰 사회의 일부이며 그들의 행동에는 그 사회에 대한 책임이 있다는 생각

이익 책임 이익 책임은 기업이 소유주 또는 주주를 위해 이익을 극대화해야 하는 단순한 의무를 가지고 있음을 의미한다. 이 견해는 노벨상 수상자 밀튼 프리드먼(Milton Friedman)에 의해 다음과 같이 표현되었다. 그는 "기업의 사회적 책임은 단 하나뿐이다. 즉, 속임수나 사기 없이 개방적이고 자유로운 경쟁에 참여하는 게임의 규칙을 지키는 범위 내에서 자원을 사용하고 수익을 높이기 위해 고안된 활동에

참여하는 것이다"라고 말했다.

이해관계자 책임 이익 관점에 대한 비판은 사회적 책임에 대한 더 넓은 개념으로 이어졌다. 이해관계자의 책임(stakeholder responsibility)은 조직의 목표를 달성하는 데 영향을 미치는 사람들에 대한 조직의 의무에 중점을 둔다. 이러한 이해관계자에는 소비자, 직원, 공급업체 및 유통업체가 포함된다. 의사결정을 할 때 회사의 광범위한 이해관계자를 고려하지 않으면 심각한 결과가 초래될 수 있다. 예를 들어 폭스바겐(Volkswagen AG)은 일부 폭스바겐, 아우디(Audi) 및 포르쉐(Porsche) 모델에 미국환경보호국(U.S. Environmental Protection Agency)이 요구하는 디젤 배출장치가 제 기능을 못하게 하는 정교한 소프트웨어를 사용했다는 비판을 폭넓게 받았다. 폭스바겐 경영진은 회사가 배기가스 조작에 관여했음을 인정하고 최대 250억 달러의 합의금을 지불하기로 했다.

사회지향 책임 최근 몇 년간 더 광범위한 사회적 책임 개념이 등장했다. 사회지향 책임이란 조직이 가진 ① 생태환경의 보존과 ② 대중에 대한 의무를 의미한다. 이는 기업이 지속가능한 장기 성장을 달성하기 위해 사람, 지구 및 이익의 상태를 동시에 개선해야 하는 필요성을 인식하는 세 가지 기본원칙에 중점을 둔다. 마케팅 담당자는 지속가능한 마케팅을 통해 미래 세대가 자신의 요구사항을 충족할 수 있는 기회를 훼손하지 않으면서 오늘날의 (글로벌) 경제, 환경 및 사회의 요구사항을 충족시키는 사회지향 책임을 다하려고 한다. 그린마케팅, 대의명분마케팅(cause marketing), 사회 감사 및 지속가능한 개발은 이러한 인식을 반영한다.

친환경마케팅
환경에 민감한 제품을 생산, 홍보 및 회수하기 위한 마케팅 노력

친환경마케팅(green marketing)은 환경에 민감한 제품을 생산, 홍보 및 재생하려는 마케팅 노력으로 다양한 형태를 띤다. 3M에서 제품 개발 기회는 소비자조사와 '3P(Pollution Prevention Pays: 오염 방지는 보상한다) 프로그램'으로부터 출발한다. 이 프로그램은 직원에게 오염을 줄이고 재료를 재활용하는 방법에 대한 제안을 이끌어낸다. 1975년 이래로 이 프로그램을 통해 20억 톤 이상의 공기, 물, 고형 폐기물 오염물질을 제거한 1만 1,000개 이상의 3P 프로젝트를 만들어냈다. 리바이 스트라우스(Levi Strauss & Co.)는 재활용 플라스틱이 최소 20% 포함된 웨이스트리스 청바지(waste Less jeans) 한 벌에 재활용 플라스틱병 8개를 사용한다. 이 제조 방법은 매립지에 버려진 수백만 개의 플라스틱 병을 제거하고 제조 공정에 사용되는 물의 양을 줄여주었다.

대의명분마케팅
기업의 자선 기부가 제품의 촉진을 통해 만들어진 고객 수익과 직접적으로 연결되도록 하는 마케팅활동

대중을 위한 지속가능한 마케팅노력이 점차 보편화되고 있다. 기업의 자선 기부가 제품의 판매에서 발생한 고객 수익과 직접 연계되어 이루어지는 **대의명분마케팅**(cuase marketing)은 하나의 관행이 되었다. 대의명분마케팅은 기업의 표준 자선행위인 기부와 차이가 있다. 가령 소비자가 특정 회사 제품을 구매할 때, P&G는 해당 수익의 일부를 불우한 청소년과 재난 구호 제공 프로그램에 보낸다. 마스터카드는 카드 사용을 암, 심장병, 아동 학대, 약물 남용 및 근육위축병 퇴치기관을 위한 기금 조성과 연계시킨다. 미국의 서점 반스앤노블(Barnes & Noble)은 글을 읽고 쓸 줄 아는 능력을 증진시키려 노력하고, 코카콜라는 지역의 소년·소녀 클럽을 후원한다. 화장품 제조기업 에이본(Avon Products, Inc.)은 유방암, 가정 폭력, 재난 구호 등 여러 국가의 다양한 문제에 초점을 맞추고 있다.

30년 이상 대의명분마케팅의 선구자였던 P&G는 불우한 청소년과 재난을 지원하는 데 중점을 두었다. 유니세프와 제휴한 성공적인 브랜드 캠페인으로는 2006년부터 3억 명의 여성과 아기를 파상풍으로부터 보호해온 '팸퍼스 1팩=백신 1개' 운동이 있다.

Source: Procter & Gamble Babycare Western Europe and Unicef

대의명분마케팅 프로그램은 대중의 관심에 대응하고 고객의 욕구를 충족시킴으로써 사회적 책임의 세 가지 개념을 모두 실현한다. 뿐만 아니라 '마케팅의 힘' 박스에 설명된 것처럼 기업 매출과 수익을 향상시킬 수 있다.

지속가능한 개발: 좋은 일을 잘하는 것

지속가능한 개발(sustainable development)은 경제적인 발전을 이루면서 자연환경을 보호하는 방식으로 사업을 수행하는 것을 말한다. 친환경마케팅과 같은 생태학적으로 책임을 지는 운동이 대표적인 예다. 미국 기업을 위한 제품을 생산하는 위탁생산지의 근무 조건과 관련된 최근 이슈는 삶의 질 문제에 중점을 두는 것이다. 여

지속가능한 개발
경제적인 발전을 이루면서 자연환경을 보호하는 방식으로 사업을 수행하는 것

마케팅의 힘

고객가치

고객이 대의명분 때문에 브랜드를 바꾸는가?

아메리칸익스프레스(American Express Company)는 자유의 여신상 보수를 후원하면서 대의명분마케팅을 선도했다. 그들은 보수를 위해 170만 달러를 모금했는데, 이는 신용카드 소지자들의 카드 사용을 늘리고 새로운 회원을 유치하는 결과를 낳았다. 제너럴밀스(General Mills)는 1996년 이래로 'Box Tops for Education'이라는 인기 대의명분마케팅 프로그램을 통해 학교에 7억 8,000만 달러 이상을 모금하였다. 2016년에 이 대의명분마케팅은 120억 달러 이상을 모금한 것으로 추정된다.

Source: General Mills

대의명분마케팅은 회사뿐만 아니라 대의명분 자체에도 도움이 된다. 연구에 따르면 미국 소비자의 85% 정도가 관심 있는 대의명분을 지원하는 회사에 더 호의적인 생각을 가지는 것으로 나타났다. 또 소비자의 80%는 브랜드나 소매업체의 가격과 품질이 동일하다면 좋은 대의명분을 지원하는 브랜드나 소매업체로 전환할 것이라고 답했다. 요컨대, 대의명분마케팅은 다른 모든 요소가 동일하다면 브랜드와 회사를 위해 중요한 차별점이 될 수 있다. 뉴스, 링크 및 사례 연구를 포함한 자세한 정보는 대의명분마케팅포럼(www.causemarketingforum.com)에서 찾아보자.

론 조사에 따르면 미국 시민의 90%가 아시아와 라틴아메리카에서 만들어지는 제품의 제조환경에 관해 관심이 있는 것으로 나타났다. 리복(Reebok), 나이키(Nike), 리즈 클레어본(Liz Claiborne), 리바이 스트라우스(Levi Strauss), 완구회사 매텔(Mattel) 같은 기업들은 해외 제조시설에서 안전하지 않거나 가혹하거나 학대하는 작업 조건을 줄이기 위해 행동강령을 부과하였다. 그러나 열악한 근무조건은 여전히 존재한다.

지속가능한 마케팅을 입증하는 기업은 노력에 대한 보상을 받고 있다. 연구에 따르면 이들은 ① 소비자 사이에서 호의적인 입소문으로 혜택을 보고 있으며, ② 일반적으로 재무 성과 측면에서 책임감이 덜한 기업을 능가하는 것으로 나타났다.

학습리뷰

1. 사회적 책임이란 무엇을 의미하는가?
2. 환경에 민감한 제품을 생산, 프로모션 및 회수하기 위한 마케팅노력을 __________라고 부른다.
3. 지속가능한 개발이란 무엇인가?

마케팅지식 적용해보기

1. 수년간 거버(Gerber)는 작은 일회용기에 유아식을 담아 제조해왔다. 환경 탐색을 할 때 (a) 이 회사의 미래 비즈니스에 중대한 영향을 미칠 수 있는 세 가지 추세 또는 요인을 식별하고 (b) 거버가 이러한 변화에 어떻게 대응할 수 있는지 제안하시오.
2. 55세 이상의 소비자를 위해 설계된 자동차에 추가할 새로운 기능을 기술해보자. 여러분은 이 목표시장에 어필하기 위해 어떤 잡지에 광고를 낼 것인가?
3. 새로운 기술은 지속적으로 기존 제품을 개선하고 대체하고 있다. 기술 변화는 종종 예측하기 어렵지만 (a) 타이멕스(Timex) 시계, (b) 아메리칸항공(American Airlines), (c) 메트로폴리탄박물관(Metropolitan Museum of Art)과 같은 조직과 제품이 인터넷 및 디지털 기술의 영향을 어떻게 받을지 생각해보자.
4. 제록스(Xerox)는 왜 기업명이 일반화되는 것을 염려하는가?
5. 새로운 비타민 온라인 상점을 위한 '비즈니스 관행 강령'을 개발해보자. 여러분의 강령은 광고에 대해 다루고 있는가? 상표권 침해는? 아동 노동은? 자율규제가 중요한 이유는 무엇인가?
6. 개인의 도덕철학으로서의 도덕적 이상주의와 공리주의를 비교하고 대조해보자.
7. 기업의 사회지향 책임에 대한 밀튼 프리드먼(Milton Friedman)의 견해를 어떻게 평가하는가?

마케팅계획 세워보기

여러분의 마케팅계획에는 마케팅 프로그램에 영향을 미칠 수 있는 내부 및 외부 요인에 근거한 상황 분석이 포함될 것이다.

1. 외부 요인에 관한 정보를 요약하기 위해, 표를 만들고 제품 또는 서비스와 관련된 다섯 가지 환경요소(사회, 경제, 기술, 경쟁 및 규제 환경)와 관련된 세 가지 추세를 알아보자.
2. 표가 완성되면 각 추세가 당신의 비즈니스에 어떻게 기회 또는 위협이 되는지 설명해보자.

이 계획은 주주, 공급업체, 직원, 고객 및 일반적으로 사회와 같은 잠재적 이해관계자와 관련된 윤리적 또는 사회적 책임 이슈를 다루어야 한다.

비디오 케이스 3 토요타: 오늘 미래가 있는 곳

Video 3-3
Toyota Video Case
kerin.tv/cr8e/v3-3

토요타 자동차(Toyota Motor Corporation)의 아키오 토요다(Akio Toyoda) 사장은 최근 "토요타를 자동차기업에서 모빌리티(mobility)기업으로 전환하는 것이 목표입니다"라고 발표했다. 이건 정확히 무슨 뜻일까? 미라이(Mirai)와 프리우스 프라임(Prius Prime)의 마케팅관리자인 재나 하트라인(Jana Hartline)에 따르면 전통적인 차량 모델의 시대가 끝나고 우리가 움직이는 방식이 미래에 바뀔 것을 의미한다고 한다. 그들은 자율주행차량을, 공유교통수단을 찾고 있으며, 사람들이 거실과 도시를 가로질러 이동하도록 도울 방법을 찾고 있다. 더 이상 차량에 관한 것이 아니라 사람들을 어떻게 움직이는지에 관한 방법이다. 이것이 바로 토요타가 집중하는 것이다. '미래에 오신 것을 환영합니다. 토요타에는 이미 미래가 있습니다!'

토요타라는 기업

아키오의 할아버지 키이치로 토요다(Kiichiro Toyoda)는 일본에서 직기 제조업체를 차렸다. 그 후 가솔린 엔진 연구를 통해 자동차 제조시설과 회사 최초의 차량인 토요펫(Toyopet)을 만들었다. 후속 차량에는 여전히 세계에서 가장 많이 팔리는 자동차 중 하나이며 최근 150개국 이상에서 4,400만 대를 넘게 판 토요타 코롤라(Toyota Corolla)가 포함되어있다. 렉서스(Lexus), 히노(Hino), 란츠(Ranz), 다이하츠(Daihatsu) 등 많은 브랜드도 개발했다.

토요타는 폭스바겐(Volkswagen)과 1위를 다툴 정도로 세계에서 가장 큰 자동차 제조업체 중 하나로 성장했다. 이 회사는 36만 9,000명의 직원과 2,540억 달러의 매출로 〈포춘〉이 선정한 세계 최대 기업 목록 5위에 올라 있다. 또 〈포브스〉가 발표하는 세계에서 가장 가치 있는 브랜드 9위를 차지했다.

회사의 성공에 기여한 요인들은 무엇인가? 첫째, 토요타의 가족은 고무적인 기업철학을 옹호한다. 즉 사람과 사회, 지구환경의 조화를 추구하고 제조를 통한 사회의 지속가능한 발전을 추구한다.

이 철학은 비즈니스 가치에 대한 여러 성명서에 의해 지지되어왔다. 여기에 토요타의 길(The Toyota Way)과 토요타 효과(The Toyota Effect)가 포함된다.

토요타의 길

미라이(Mirai) 브랜드의 관리자인 롬멜 모멘(Rommel Momen)은 "여기 토요타의 기업문화는 우리가 토요타의 길(The Toyota Way)이라고 부르는 것에 의해 인도됩니다. 이 길은 사람에 대한 존중과 지속적인 개선이라는 두 가지 기둥으로 구성되어있습니다"라고 말한다. 여기서 두 가지 기둥은 도전, 카이젠(개선: kaizen), 겐치 겐부츠(현지 현물: genchi genbutsu), 존경, 팀워크의 다섯 가지 비즈니스 관행에 의해 지지된다(도표 참조). 이어서 모멘은 "카이젠은 최종 사용자의 제안을 받아 제품을 개선하여 제품을 더 좋게 만들기 위

도표 토요타 환경 챌린지 2050

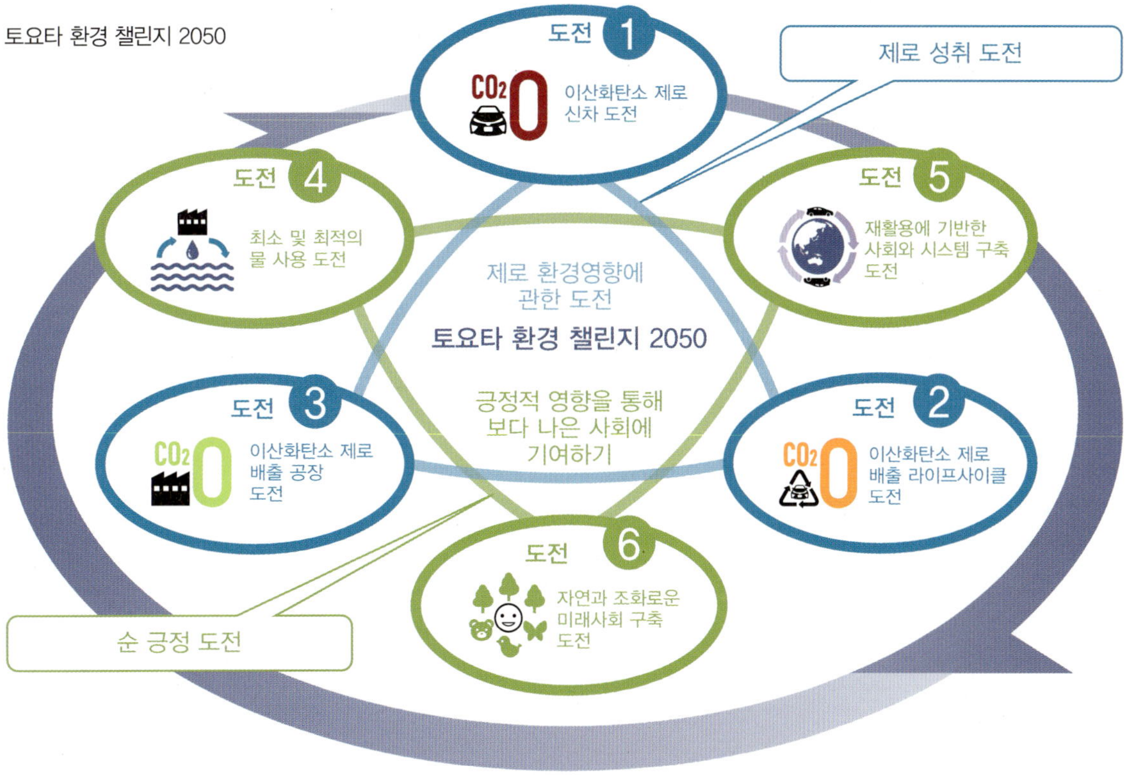

해 조정하여 지속적으로 개선하는" 것을 의미하며, 현장을 중시하는 겐치 겐부츠는 "가서 관찰하고, 부품사로 가고, 소비자와 대화하고, 자신의 눈과 감정, 경험을 통해 훌륭하고 성공적인 제품을 만드는 것을 의미합니다"라고 하며 "우리는 모든 당사자가 전략에 동의하게 하여 우리가 더 단합하고 팀으로서 일을 더 잘하며 사람에 대한 존경심을 보이도록 노력합니다"라고 덧붙였다.

토요타효과

토요타효과(The Toyota Effect)는 긍정적인 영향을 만드는 회사의 접근 방식을 말한다 하트라인(Hartline)은 "토요타효과는 우리의 자원과 노하우로 사회, 사람, 지구를 개선하는 토요타의 능력입니다"라고 한다. 그녀는 "예를 들어 초강력 폭풍 샌디(Superstorm Sandy) 이후 푸드뱅크(Food Bank)는 모든 이재민의 요구를 충족시키는 데 문제가 있었습니다. 토요타는 생산시스템 구현으로 음식을 보다 효율적으로 포장하고 배포할 수 있도록 도움을 주었습니다"라고 설명했다. 토요타효과의 또 다른 예는 기업가정신과 혁신을 통해 세상에서 긍정적인 변화를 주도하는 여성을 인정하고 지원하는 토요타의 혁신의 어머니(Mothers of Invention) 프로그램이다. 토요타는 이 프로그램의 일환으로 보조금, 네트워킹 기회 및 지적 자본에 대한 접근을 제공한다.

오늘날 토요타는 환경과 지속가능성 및 모빌리티기업으로의 전환에 지속적으로 초점을 맞추면서 다양한 새로운 일들을 진행하고 있다. 하트라인은 "자율주행차량에서 승차 공유까지 우리가 살펴보고 있는 수많은 비즈니스 모델이 있습니다"라고 말했다. 그녀는 "우리는 사람들이 미래에 A에서 B로 어떻게 이동하는지 지켜보면서 지구상에 있는 모든 종류의 일들을 진행하고 있습니다"라고 덧붙였다.

토요타의 환경 챌린지 2050

아키오 토요다는 회사의 환경을 위한 노력을 이끌기 위해 토요타 환경 챌린지 2050(Toyota Environmental Challenge 2050)을 시작했다. 이 글로벌한 계획은 자동차와 관련된 부정적인 요소를 줄이고 사회와 지구에 긍정적인 영향을 미치는 것을 추구한다. 미래에 대한 청사진은 여섯 가지 구체적인 활동에 자세히 기술되어있으며, 2050년까지의 성능 벤치마크를 포함한다. 활동 내용은 다음과 같다.

1. 새로운 토요타 차량에서 거의 모든 이산화탄소 배출을 제거한다.
2. 새로운 토요타 차량 제조에서 발생하는 모든 이산화탄소 배출을 제거한다.
3. 토요타 시설, 물류 및 프로세스에서 모든 이산화탄소 배출을 제거한다.
4. 모든 토요타 시설이 수자원을 보존하고 보호하는 것을 보장한다.
5. 모든 토요타 시설이 재활용 기반 사회를 지원하도록 보장한다.
6. 모든 토요타 시설이 자연과 조화롭게 운영되도록 보장한다.

모멘(Momen)은 "처음 세 가지는 배출가스가 전혀 없는 자동차와 배출가스 없는 자동차 공장, 궁극적으로 배출가스가 전혀 없이 차량을 폐기하는 것입니다"라고 설명한다. "다른 세 가지는 더 많은 생분해성 물질의 사용, 적은 물의 사용, 환경에 대한 책임감에 대한 전반적인 집중을 포함합니다. 기업의 사회적 책임은 회사를 위해 일하는 사람들뿐만 아니라 전 세계의 사람들의 훌륭한 도우미가 되는 것을 의미합니다"라고도 했다.

지속가능성에 대한 토요타의 노력은 이러한 목표를 향한 좋은 출발을 제공한다. 예를 들어 내연기관과 전기모터를 결합한 하이브리드 차량 토요타 프리우스(Toyota Prius)는 시장에서 오랫동안 많이 판매되었다. 하트라인은 "이제 토요타는 전 세계에 30개 이상의 하이브리드 모델을 보유하고 있으며 하이브리드 리더로 간주됩니다"라고 말했다. 지속가능성에 대한 토요타의 또 다른 집중의 예는 무공해 및 수소 연료 차량에 대한 투자다. 수소는 우주에서 가장 풍부한 원소이며 온실가스를 배출하지 않고 연료전지기술을 통해 활용할 수 있는 미래의 전기 공급원이다. 토요타 최초의 수소 연료전지차 미라이(Mirai)는 말 그대로 '미래'를 의미한다.

미라이

모멘(Momen)은 "미라이(The Mirai)는 현재 판매중인 수소 연료전지 차량입니다"라고 말했다. 미라이는 토요타의 환경 목표를 향한 한 걸음을 의미한다. 미라이는 주행거리가 300마일이며 수소 주유소에서 연료를 공급하는 데 5분밖에 걸리지 않는다. 이 기술은 주변 공기의 산소와 탱크에 저장된 수소를 혼합하여 작동한다. 그다음 화학 반응이 전기를 생성하여 전기모터에 전원을 공급하는 데 사용된다. 이 과정의 유일한 부산물은 배기관에서 배출되는 물이다. 토요타는 이미 캘리포니아에 미라이를 4,000대 이상 팔았다. 캘리포니아에너지위원회(California Energy Commission)는 2030년까지 미라이 같은 수소연료전지차량을 포함하여 무공해 차량 500만 대를 도로에 배치할 계획이다.

하트라인은 "사람들이 깨닫지 못하는 것은 토요타가 프리우스를 개발하기 시작한 것과 동시에 수소 연료전지기술을 연구하기 시작했다는 것입니다"라고 말한다. "토요타는 20년 넘게 연료전지 기술 개발을 위해 노력해왔습니다. 우리는 이 기술을 시장에 출시할 수 있는 방법, 대중을 위한 안정적이고 안전하며 편리하고 저렴한 차량을 만드는 방법을 찾고 있었습니다. 이것이 바로 토요타 미라이가 된 것입니다"라고 덧붙였다. 엔지니어들은 수년간의 개발기간 동안 소비자가 토요

Source: Toyota Motor Sales, U.S.A., Inc.

타 차량에서 기대할 수 있는 모든 것을 갖춘 제품을 만들기 위해 편의성, 안전 및 가격과 관련한 많은 이슈들을 해결해 왔다.

미라이 마케팅

연료전지기술의 여러 고유한 측면은 미라이의 마케팅계획 프로세스를 독특하게 만들었다. 하트라인은 그녀의 관점을 다음과 같이 제시한다. “미라이는 지금 당장 기술의 초기 단계에서부터 매우 독특합니다. 소비자가 작동방식을 알고 있는 캠리(Camry) 또는 코롤라(Corolla)를 마케팅하는 것과는 다릅니다. 우리는 소비자에게 기술과 특정 차량에 대해 교육하려 합니다. 우리는 출시 전 몇 년 동안 마케팅계획을 세웠습니다. 캠페인을 개발하면서 누가 차량을 구매할지, 누가 경쟁자인지, 차량의 고유한 측면이 무엇인지 이해하길 원했습니다. 그때 토요타 직원들의 농담은 미라이에 관한 어떤 것도 정상적이지 않다는 것이었습니다!”

토요타에서 마케팅은 특정 세분시장을 위해 디자인된 여러 계층으로 구성된다. 각 부문에는 일반적으로 특정 차량과 선임 관리자, 제품 관리자, 제품 기획자 및 브랜드 홍보 대사가 존재한다. 마케팅 기능의 대부분은 대규모 및 전국적인 캠페인이 관리되는 토요타 본사에 집중되어있다. 예를 들어 토요타는 슈퍼볼(Super Bowl) 기간 동안 올림픽 및 패럴림픽 후원을 지원하는 광고를 게재했다. “불가능한 것을 시작하세요(Start Your Impossible)”, “어디든지 갑시다(Let's Go Places)” 같은 태그 라인이 있는 광고를 본 적이 있을 것이다. 마케팅활동은 지역에 배치된 소규모 그룹에 의해 조정된다.

토요타의 자동차 마케팅 및 커뮤니케이션(Vehicle Marketing and Communications) 부서의 제품 기획자인 조니 스웨어링건(Joanie Swearingen)은 자신이 관리하는 특정 마케팅활동을 다음과 같이 설명한다. 그녀는 “제품 기획자로서 매일 여러 이벤트 및 딜러팀과 교류하며, 이메일을 사용하고 우리의 타깃이 되는 고객 모두를 통합하는 데이터베이스 관리 플랫폼을 사용합니다”라고 말한다. 그녀는 “통합 마케팅은 제가 각각 하는 일이고 매일 하는 일입니다”라고 덧붙인다. 통합 마케팅 프로그램에는 전국 텔레비전 광고 캠페인과 같은 전통적인 광고와 다양한 형태의 소셜 및 온라인 미디어가 포함된다. 그녀는 “저희는 소셜미디어를 온라인 유료 미디어의 일부로 보고 있습니다”라고 설명하면서 “고객이 우리의 커뮤니케이션을 전체적으로 보고 있기 때문에 전체적으로 생각하고 싶습니다”라고 말한다. 제품 기획자로서 성공한 비결은 무엇일까? 그녀는 “마케팅에 성공하려면 불편해지는 것을 편안하게 해야 한다고 생각합니다”라고 밝혔다.

이동수단으로서 토요타의 미래

미래는 토요타에게 여러 길을 제시한다. 이들은 무공해 연료전지기술을 대형 트럭, 버스 및 발전소로 확대하고 있다. 토요타는 또 공유자동차 기업 우버(Uber)와 그랩(Grab), 자율운행 자동차회사 및 시각장애가 있는 사람들을 지원하는 제품을 개발하고 있는 파트너 로봇그룹(Partner Robot Group)에 투자하고 있다. 모멘(Momen)은 “모든 사람을 위해 환경을 더 깨끗하고 친환경적이게, 더 좋게 만들기 위해 토요타가 수행하는 모든 활동은 우리가 회사의 일원이 된 것을 기쁘고 자랑스럽게 여기도록 만듭니다”라고 말한다. 마찬가지로 스웨어링건(Swearingen) 역시 “미래의 일부가 되고 '모두를 위한 이동'이 멋진 일의 시작점에 불과하다는 사실이 정말 기쁩니다”라고 말한다. 하트라인(Hartline)은 “토요타는 미래를 위한 모빌리티(mobility) 기업입니다!”라고 확신한다.

질문

1. 토요타가 자동차기업에서 모빌리티 기업으로 전환한 것에 대해 설명하시오.
2. 토요타의 기업철학은 이익 책임, 이해관계자 책임 및 사회지향 책임의 개념과 어떻게 관련되어있는가?
3. 토요타의 미라이(Mirai)는 2050 운동의 목표에 어떻게 부합하는가?
4. 토요타는 미래를 위해 어떤 새로운 이동 제품과 서비스를 고려하고 있는가? 토요타가 미래를 준비하기 위해 어떤 활동을 해야 한다고 추천할 수 있는가?

4

소비자행동의 이해

LEARNING OBJECTIVES

다음 학습목표를 달성해보자.

목표 1 소비자 구매결정과정 단계에 대해 설명할 수 있다.

목표 2 소비자 구매의사결정과정의 세 가지 유형(일상적, 제한적, 확장된 문제해결)을 구분한다.

목표 3 소비자행 동에 대한 주요 심리적 영향요인을 파악한다.

목표 4 소비자행동에 대한 주요 사회문화적 영향요인을 파악한다.

앞서가는 자동차 제조업체들은 고객이 중시하는 가치를 안다

누가 신차 구매의 60%를 결정할까? 누가 신차 구매의 87%에 영향을 미칠까? 그렇다. 그건 바로 여성이다. 여성은 미국 자동차 산업의 원동력이다. 이를 잘 알고 있는 미국의 자동차 제조업체는 이들을 더 잘 이해하고 만족시키기 위해 여성 디자이너, 엔지니어와 마케팅 임원을 고용했다. 이를 통해 가격과 신뢰성 및 기술도 중요하지만 남녀가 신차 구매결정과정에서 서로 다른 생각을 하고 다른 경험을 한다는 것을 알게 되었다.

- 스타일링 감각(the sense of styling): 남녀 모두 스타일링에 신경 쓴다. 남성은 자동차 외부 라인과 특색에 신경을 많이 쓰고, 여성은 내부 디자인과 마무리에 신경 쓴다. 전체적으로 균형이 맞으면서 눈에 잘 띄고 충분한 저장 공간이 있고 주차가 쉬운 디자인은 여성들에게 특히 중요하다.
- 속도에 대한 욕구(the need for speed): 남녀 모두 빠른 속도를 원하지만 그것을 원하는 이유는 다르다. 남성들은 시속 100km에 도달하는 데 몇 초가 걸리는지 생각하고, 여성은 고속도로 진입로에서 자신을 지나쳐가려는 대형 트럭을 안전하게 추월할 수 있는 충분한 가속을 얻길 원한다.
- 안전의 본질(the substance of safety): 남성에게 안전이란 첨단 브레이크 시스템이나 반응성이 좋은 핸들과 같이 사고를 피하는 데 도움이 되는 기능을 말한다. 여성들에게 안전이란 에어백과 튼튼한 차체 등 사고에서 생존가능성을 높여주는 기능에 관한 것이다.
- 쇼핑경험(the shopping experience): 남녀의 신차 구매와 관련된 경험은 상당히 다르다. 남성은 일반적으로 원하는 차종을 미리 결정하고 혼자서 사러 간다. 하지만 여성들은 정보를 치밀하게 수집한다. 신뢰할만한 의견을 찾아

©Whisson/Jordan/Corbis/Getty Images

정보를 활발히 탐색하고, 모든 요소들을 평가할 때까지 구매를 결정하지 않는다. 여성은 남성보다 더 자주 자동차 구매 웹사이트를 방문하고, 차량 비교 기사를 읽고, 자동차 광고를 탐색한다. 또 친구나 친척의 추천을 중요하게 고려한다. 남성들은 구매를 결정하기 전에 두 곳의 판매 대리점을 방문하지만 여성들은 세 곳을 방문한다.

여성은 남성보다 자동차 구매경험, 특히 자동차 판매원과의 거래경험을 싫어한다. 많은 남성 자동차 구매자와 달리 여성은 일반적으로 자동차 구매 시의 협상과정을 좋아하지 않는다. 소비자평가기관 우먼드라이버닷컴(www.women-drivers.com)의 사장 앤 플레밍(Anne Fleming)은 "남성은 차량 구매과정에서 협상을 통해 좋은 조건을 얻어내는 것에 희열을 느낀다고 한다. 하지만 여성들이 그렇게 말하는 것을 본 적이 없다"라고 하였다. 여성들은 가격 협상을 특히 두려워한다. 그래서 약 50%의 여성 차량 구매자가 최종적으로 구매조건을 결정하기 위해 남성과 동행한다.

이 장에서는 사람들이 제품과 서비스를 구매하고 소비할 때 취하는 행동과 그 전후에 발생하는 심리적이고 사회적인 과정을 모두 포함하는 **소비자행동**(consumer

소비자행동
제품과 서비스를 구매하고 소비할 때 취하는 행동으로 행동 전후의 심리적·사회적 과정을 포함

behavior)에 대해 고찰할 것이다. 여기서는 사람들이 다른 제품이나 브랜드 대신 특정 제품을 선택하는 이유, 선택하는 과정, 이러한 지식이 기업의 가치전달과정에서 어떻게 활용되는지를 살펴볼 것이다.

소비자 구매의사결정과정과 체험

목표 1 소비자 구매의사결정과정 단계에 대해 설명할 수 있다.

구매의사결정과정
구매할 제품이나 서비스의 선택을 위해 구매자가 거치는 5단계

① 문제 인식
② 정보 탐색
③ 대안 평가
④ 구매 결정
⑤ 구매 후 행동

관찰할 수 있는 구매행동의 배후에는 반드시 조사할 필요가 있는 중요한 의사결정과정과 소비자체험이 존재한다. 어떤 제품이나 서비스를 구매할 것인가에 대한 의사결정을 수행하기 위하여 구매자가 거치는 단계가 바로 **구매의사결정과정**이다. 각 단계는 도표 4-1과 같이 ① 문제 인식, ② 정보 탐색, ③ 대안 평가, ④ 구매 결정, ⑤ 구매 후 행동으로 나누어진다.

소비자가 구매의사결정과정에서 어떤 체험을 하느냐에 따라 그들이 쇼핑과정에 지속적으로 참여할지 그만둘지가 결정된다. 이와 유사하게 소비자의 호의적이거나 비호의적인 체험은 마케팅에 중요한 영향을 미친다. 체험은 소비자만족도, 소비자충성도 및 기업, 제품, 서비스, 브랜드에 대한 긍정적이거나 부정적인 구전에 영향을 미친다.

문제 인식: 욕구의 인지

첫 단계인 문제 인식은 본인이 바라는 이상적 상태와 현실의 차이가 커서 구매가 필요함을 지각하는 단계이다. 이는 냉장고에서 빈 우윳병을 발견하는 단순한 일일 수도 있고, 대학생이 되어보니 고등학생 때 입었던 옷이 다른 학생들의 스타일과 다르다는 것을 알아채는 것, 노트북이 제대로 작동하지 않는 것을 깨닫는 일일 수도 있다.

마케팅상황에서 광고나 판매원은 경쟁제품(또는 현재 소유한 제품)의 단점을 보여줌으로써 소비자의 의사결정과정을 활성화할 수 있다. 예를 들어 차세대 스마트폰 광고는 기존 제품의 단점을 능가하는 새로운 기능을 강조하여 소비자의 문제 인식을 자극할 수 있다.

정보 탐색: 가치 탐색

문제 인식이 끝난 후, 소비자는 다음 단계인 정보 탐색을 시작한다. 첫째, 제품이나 브랜드 경험에 관한 과거 기억을 살펴볼 수 있는데, 이를 내적 탐색(internal search)이라고 한다. 샴푸와 컨디셔너처럼 자주 구매하는 제품은 내적 탐색만으로도 충분할 것이다.

이와 다른 상황에서 소비자들은 외적 탐색(external search)을 수행할 수 있다. 외적 탐색은 과거 경험이나 지식이 불충분하거나, 잘못된 구매결정에 따르는 위험이 높거나 정보 탐색 비용이 낮을 때 사용된다. 외적 정보의 주요 원천은 ① 개

도표 4-1 구매의사결정과정의 5단계

선택기준	Apple iPhone XS	HTC U12	LG G7	MotoZ2 Force	Samsung Galaxy S9
	브랜드와 모델명				
소비자 가격	$999	$650	$650	$720	$720
디스플레이	★★★	★★★	★★★	★★★	★★★
음질	★★	★★	★★	★	★★
문자 기능	★★★	★★★	★★★	★★★	★★★
인터넷 기능	★★★	★★★	★★★	★★★	★★★
카메라 성능	★★★	★	★★	★★★	★★
베터리 성능	★★	★★	★★	★★	★★

평가조직의 복합적인 스마트폰 평가

★★★ 탁월함 ★★ 평균 이상 ★ 평균

도표 4-2 일반적인 소비자의 스마트폰 평가기준

인적 원천(personal sources): 신뢰할 수 있는 친구나 친척, 소셜네트워크 사이트, ② 공적 원천(public sources): 다양한 제품의 평가기관인 컨슈머리포트(Consumer Report)이나 정부기관, 텔레비전의 소비자 프로그램, ③ 마케터 주도 원천(marketer dominated sources): 광고, 기업홈페이지, 판매원, 점포 내 구매시점광고(POP display, point-of-purchase display)와 같이 판매자가 제공하는 정보로 나눌 수 있다.

새로운 스마트폰을 구매하려 한다고 가정해보자. 아마도 여러분은 친구 혹은 친인척, 광고, 브랜드와 기업홈페이지, 핸드폰을 취급하는 점포와 같은 정보원을 이용할 것이다. 도표 4-2와 같이 독자적인 평가기관의 스마트폰 평가 자료를 검토할 수도 있다.

대안 평가: 가치 평가

정보 탐색 단계에서는 ① 구매기준 제시, ② 기준을 충족시켜줄 수 있는 브랜드 선정, ③ 소비자가치에 대한 지각(perception) 형성을 거쳐 수집된 정보를 명확히 정리한다. 도표 4-2에 제시된 정보만 보았을 때 우리는 스마트폰 구매 시 어떠한 선택기준을 적용하는가? 소비자 가격, 디스플레이, 음질, 문자 기능, 인터넷 기능, 카메라 성능, 배터리 성능을 기준으로 사용하는가, 아니면 이러한 다른 다양한 기준을 활용하는가?

어떤 이들은 이러한 정보가 스마트폰을 구매할 때 고려하는 모든 요소가 아니기 때문에 이것만으로는 부족하다고 생각할 것이다. 이처럼 제품과 브랜드를 평가할 때 이용하는 브랜드의 객관적 기준(디스플레이 등)과 주관적 기준(품격 등)을 소비자평가기준이라고 한다. 기업들은 소비자들이 지불하는 비용에 대한 최고의 가치를 제공하기 위해서 이러한 두 가지 유형의 기준(주관적, 객관적 기준)이 무엇인지 확인하고 이를 활용하고자 노력한다. 이러한 기준들은 종종 광고의 소재로도 활용된다.

소비자들은 브랜드를 평가하는 기준을 가지고 있다. 기업은 이러한 사실을 알기 때문에 소비자들이 브랜드를 평가할 때 사용하는 가장 중요한 평가기준을 알아내려고 노력한다. 예를 들어 도표 4-2에 제시된 7가지 스마트폰 평가기준 중에서 ① 소매가격 700달러 이하, ② 뛰어난 문자 기능, ③ 우수한 인터넷 기능을 활용한다고 생각해보자. 이러한 기준을 통해 우리는 고려상표군(consideration set, 해당 제품군에서 소비자가 알고 있는 모든 브랜드 중 구매할 만하다고 생각되는 브랜드들의 집합)을 정하게 된다. 우리가 고려상표군에서 선택한 브랜드와 모델은 HTC U12와 LG G7이다. 만약 이러한 기준으로 선택된 대안의 매력도가 동일하다면 다른 기준을 추가해서 평가하게 된다. 예를 들어 앞의 세 가지 기준(가격, 문자 기능, 인터넷 기능) 외에 카메라 성능과 음질을 추가하여 대안을 평가하게 되는 것이다.

구매결정: 가치 구매

고려상표군에 속한 대안의 검토가 끝났다면 구매의사결정을 내릴 준비가 거의 마무리된 것이다. 남아있는 두 가지 선택은 ① 누구에게서 구매할 것인가, ② 언제 구매할 것인가에 대한 것이다. 스마트폰과 같은 제품의 정보 탐색과정에서 소비자는 소매점포를 방문하고, 광고에 등장하는 다른 브랜드를 알아보고, 판매자의 웹사이트를 살펴본다. 어떤 판매자로부터 구매할 것인가에 대한 결정은 판매조건, 과거 구매경험, 환불정책 등에 달려 있다. 때때로 구매 결정을 위해서는 제품속성과 판매자 특성이 동시에 고려된다. 예를 들면, 가장 선호하는 브랜드의 스마트폰이지만 까다로운 교환·환불정책을 가진 판매자와 두 번째로 선호하는 브랜드이지만 관대한 교환·환불정책을 가진 판매자 중에서 선택을 해야 하는 상황에 처할 수 있다.

쇼핑객은 온라인에서 탐색하고 소매상에서 쇼핑하는 경우가 흔하다. 심지어는 쇼핑하는 도중에도 온라인 탐색을 하기도 한다.
©Seb Oliver/Cultura/Getty Images

언제 구매할 것인가에 대한 의사결정은 다양한 요인에 의해 결정된다. 예를 들어 선호하는 브랜드가 세일 중이거나 리베이트를 제공한다면 구매시점을 앞당길 수 있다. 점포 분위기, 쇼핑경험의 즐거움이나 편리성, 판매원 도움, 시간 압박, 재무적 상황과 같은 요인들이 당장 구매 결정을 내리거나 구매시점을 연기하는 것에 영향을 미칠 수 있다.

정보 수집, 대안 평가, 구매결정과정에서 인터넷을 사용하면 구매결정과정과 구매경험에 기술적 차원이 추가된다. 예를 들면, 가격비교 스마트폰 앱을 사용하는 45%의 소비자는 구매를 결정하기 직전인 구매시점에 항상 다른 판매자들의 가격을 비교한다.

구매 후 행동: 소비 및 사용 가치

제품을 구매한 소비자는 그들의 기대와 구매한 제품의 비교를 통해 만족하거나 불만족한다. 소비자가 불만족한다면, 마케터들은 제품이 부족한 것인지 소비자의 기대가 너무 높았던 것인지를 파악해야 한다. 제품이 부족하다면 제품을 재설계해야 한다. 소비자 기대가 너무 높았다면 기업 광고에서 혹은 판매원이 제품 특징이나 효용을 과장했기 때문일 것이다.

소비경험 및 사용경험에 대한 민감성은 소비자의 가치지각에서 매우 중요하다. 스프린트(Sprint)와 AT&T의 전화서비스 연구는 만족과 불만족이 소비자 가치지각에 영향을 미친다는 것을 밝혀냈다. 이것이 소비자 의사소통과 반복 구매행동에 영향을 미친다는 것이다. 만족한 구매자들은 자신의 경험을 3명에게 이야기했고, 반대로

마케팅의 힘

고객가치

만족한 고객의 기업에 대한 가치

고객만족과 경험은 마케팅개념의 기반이 된다. 만족한 고객의 가치는 얼마나 큰가? 이러한 질문에 답하기 위해 기업들은 만족한 고객의 재무적 가치를 오랫동안 측정해왔다. 예를 들어 프리토레이(Frito-Lay)는 미국 남서부의 충성고객들이 연간 21파운드의 스낵칩을 먹는다는 사실을 밝혀냈다. 소비자들은 프리토레이 레이스(Lays)나 러플스(Ruffels) 감자칩, 도리토스(Doritos)와 토스띠토스(Tostitos), 또르띠야칩(tortilla chips), 프리토스(Fritos) 콘칩 등 파운드당 2.50달러인 스낵제품에 연간 52.50달러를 소비했다. 엑슨(Exxon)은 충성고객이 주유소에서 살 수 있는 캔디, 스낵, 오일 교환 및 수리 서비스를 제외하고 엑슨 휘발유 소비에만 연간 500달러를 사용한다고 추정해냈다. 킴벌리클락(Kimberly-Clark)은 충성고객들이 매년 6.7박스의 크리넥스 티슈를 구매하고 있으며 현재 가치 기준으로 고급 화장지 소비에 향후 60년간 994달러를 사용할 것으로 예측해냈다.

©Bill Pugliano/Getty Images

이러한 결과는 마케터의 관심을 소비자의 ① 구매경험, ② 만족, ③ 고객 유지에 집중하게 했다. 캐딜락(Cadillac), 쉐보레(Chevrolet), 뷰익(Buick), GMC를 가지고 있는 제너럴모터스(GM)를 생각해보자. 제너럴모터스는 사람들이 생애에 걸쳐 차를 11번, 혹은 그 이상 바꾸고, 부품을 갈고, 서비스를 이용하며 자사 고객의 평생가치가 27만 6,000달러에 이른다고 추정했다. 제너럴모터스의 고객 유지율은 69%이다. 그들은 고객 유지율이 1% 증가할 때마다 기업 이익이 7억 달러 증가한다고 밝혔다. 이러한 결과는 단지 제너럴모터스에만 적용되는 것은 아니다. 여러 연구에 따르면 고객 유지율이 5% 증가하면 기업의 이익이 70~80% 늘어나는 것으로 밝혀졌다.

불만족한 고객의 약 90%는 해당 제품을 다시 구매하지 않고 9명에게 불평하는 것으로 나타났다. 또 만족한 구매자들은 다른 구매상황에서도 동일한 판매자에게 제품을 구매하려는 경향을 보였다. 재구매행동이 기업의 재무적 성과에 미치는 영향은 대단히 높다. 이에 관해서는 '마케팅의 힘' 박스를 읽어보자.

제네럴일렉트릭(GE), 존슨앤존슨(Johnson & Johnson), 코카콜라, 브리티시에어웨이(British Airway) 같은 기업들은 고객만족과 고객유지수준을 극대화하기 위해 구매 후 행동에 관심을 집중하고 있다. 이들은 수신자부담 무료전화 및 관대한 교환·환불정책을 제공하며, 고객불만이나 질의에 대한 응답, 고객 제안 기록, 소비자 문제 해결을 위해 직원 교육을 대대적으로 시행하고 있다. 제너럴일렉트릭은 연간 3만 건의 전화 응대를 처리하고자 120개 제품라인의 8,500개 모델에 대한 75만 개의 응답 내용을 저장한 데이터베이스를 보유하고 있다. 이러한 노력은 소비자들의 긍정적인 구매 후 커뮤니케이션에 영향을 미치고 소비자와 판매자 간 관계 구축을 촉진한다.

소비자들은 LG G7과 HTC U12같이 둘 이상의 매력적인 대안이 존재하는 상황에 자주 처한다. LG G7을 선택한다면 '내가 HTC U12를 구매해야 했나?'라고 생각할지도 모른다. 이러한 구매 후의 심리적 긴장이나 불안한 감정을 인지부조화(cognitive dissonance)라고 한다. 소비자들은 이러한 감정을 완화하기 위해 올바른 선택을 했다고 스스로를 칭찬하기도 한다. 구매 후 자신의 구매를 확인하기 위해 친구들에게 "내 새 전화기 괜찮지 않아?"와 같은 질문을 하거나, 이미 구매한 제품의 광고를 살펴보기도 한다. 구매하지 않은 브랜드의 부정적인 특징을 찾아보면서

HTC U12를 구매하지 않은 것이 잘한 선택이라고 여긴다. 따라서 기업은 구매 후 행동 단계에서 소비자들에게 옳은 결정이었다는 확신을 주기 위해 광고를 하거나 판매원의 전화 통화를 이용하기도 한다. 뷰익(Buick)은 오랜 기간 "당신이 뷰익을 구매했다는 것이 정말 기쁘지 않나요?"라는 메시지의 광고 캠페인을 실행한 바 있다.

소비자 관여도와 문제해결 유형

목표 2 소비자 구매결정과정의 세 가지 유형(일상적, 제한적, 확장된 문제해결)을 구분한다.

관여도
구매의 개인적 · 사회적 · 경제적 중요성

소비자들은 때로 5단계의 구매의사결정 과정을 거치지 않는다. **관여도**(involvement) 수준, 즉 구매의 개인적·사회적·경제적 중요성에 따라 하나 혹은 그 이상의 단계를 생략하거나 최소화한다. 고관여 구매 상황은 대체로 다음 세 가지 중 하나 이상의 특성을 가진다. ① 가격이 비싸거나, ② 개인에게 중대한 영향을 미칠 수 있거나, ③ 개인의 사회적 이미지를 반영하는 제품인 경우다. 소비자들은 이러한 상황에서 광범위한 정보 탐색을 수행하고, 많은 수의 제품 속성과 브랜드를 고려하여 태도를 형성하고, 구전활동에 적극 참여한다. 비누나 치약 등 제품 구매할 때는 관여도가 낮고, 음향시스템이나 비디오시스템 또는 자동차를 살 때는 관여도 수준이 높다.

구매의사결정과정에 대한 소비자 관여수준과 제품지식에 따라 세 가지의 대표적인 문제해결 유형이 존재한다. 도표 4-3은 세 가지 문제해결 유형의 중요한 차이를 보여준다.

확장된 문제해결 확장된 문제해결에서 소비자들은 외부 정보 탐색과 대안의 확인 및 평가에 상당한 시간과 노력을 기울이면서 구매결정과정 5단계를 모두 거친다. 이때 상당수의 브랜드가 고려 대상에 포함되며 많은 수의 속성을 고려하고 평가한다. 확장된 문제해결은 자동차, 음향시스템과 같은 고관여 구매상황에서 주로 발생한다.

제한된 문제해결 제한된 문제해결에서 대개 소비자들은 약간의 정보를 스스로 탐색하거나, 대안 평가에 도움을 줄 수 있는 친구에게 의존하여 정보 탐색을 수행한다. 또한 비교적 소수의 브랜드를 대상으로 하여 적당한 수준의 속성을 기준으로 평가한

도표 4-3 문제해결 유형의 비교

	높음 ← 소비자 관여수준 → 낮음		
소비자 구매의사결정과정의 특성	확장된 문제해결	제한된 문제해결	일상적 문제해결
검토한 브랜드의 수	많음	일부	1개
고려한 판매자의 수	많음	일부	소수
평가한 제품 속성의 수	많음	중간수준	1개
사용한 외부 정보의 수	많음	소수	없음
탐색에 사용한 시간	상당한 수준	적은 편	최소

다. 제한된 문제해결은 토스터나 식당같이 선택에 시간과 노력을 들여도 얻을 수 있는 혜택이 크지 않은 구매 상황에 적당하다.

일상적 문제해결 소금과 우유 같은 제품에 대한 의사 결정 시, 소비자들은 외부 정보 탐색과 대안 평가에 노력을 거의 기울이지 않는다. 사실상 이런 제품의 구매과정은 습관성으로 이루어지며 이는 저관여 의사결정의 전형이다. 통상적으로 가격이 저렴하고 자주 구매하는 식료품 같은 것을 구매할 때 적용된다.

관여도와 마케팅전략 소비자 관여도 수준은 마케팅전략에 중요한 시사점을 제공한다. 기업이 저관여 제품을 판매하고 자사 브랜드가 시장선도자(마켓 리더)라면 ① 제품의 품질을 유지하고, ② 재고가 부족하여 소비자가 대체재인 경쟁 브랜드를 구매하는 상황을 피하고, ③ 소비자의 지식을 강화하고 올바른 선택을 내렸다는 확신을 주기 위해 반복적인 광고 메시지를 전달해야 한다. 시장도전자는 다른 형태의 과업을 수행해야 한다. 그들은 자사 브랜드 시용을 촉진하기 위해 무료 샘플이나 쿠폰, 리베이트(rebate, 구매 후 일정금액 환불)를 활용하여 기존 소비자의 구매 습관을 바꾸어야 한다. 광고 메시지는 소비자들의 고려상표군에 자사 브랜드가 포함되도록 하는 데 중점을 두어야 한다. 예를 들어 캠벨(Campbell) V8 야채주스의 "V8 살 수 있었는데!"라는 메시지는 일상적으로 과일주스나 청량음료를 마시는 소비자를 목표고객으로 삼고 있다. 마케터는 그들의 브랜드 속성을 고관여 이슈와 연결시킬 수 있다. 시리얼을 만드는 기업 포스트(Post)는 자사의 통곡물 시리얼을 홍보하면서, 통곡물이 심장 건강을 증진시키고 주요 질병으로부터 보호해준다는 정보와 연결하여 고관여화시켰다.

고관여제품의 마케터들은 소비자가 끊임없이 다양한 브랜드 속성 정보를 탐색하여 이를 새로운 평가기준으로 삼고, 이러한 기준으로 각 속성을 평가하여 전반적인 브랜드 평가를 한다는 사실을 잘 안다(앞의 스마트폰 구매 상황 사례 참고). 시장선도 브랜드는 광고와 인적판매를 통해 소비자들에게 제품정보를 제공하고, 소셜미디어를 통해 기업과 브랜드에 대한 온라인체험을 제공한다. 시장후발 기업은 기존 제품 속성에 관한 비교광고를 통하여 고관여 소비자행동을 변화시킬 기회로 삼거나 경쟁제품을 평가할 수 있는 새로운 기준을 소개하기도 한다. 시장도전 기업들은 고관여 제품의 구매자들을 돕는 마이크로소프트 빙(Microsoft Bing)이나 구글 같은 인터넷 검색 사이트를 활용하기도 한다.

포스트가 슈레디드 위트(Shredded Wheat) 포장지에 심장 건강에 대한 주장을 눈에 띄게 표시해놓은 행위는 어떻게 설명해야 하는가?

구매의사결정에 영향을 미치는 상황적 영향

구매상황은 종종 구매의사결정과정에 영향을 미친다. 즉 ① 구매과업, ② 사회적 환경, ③ 물리적 환경, ④ 시간적 영향, ⑤ 선행 상황의 5가지 상황 영향요인(situational influences)이 구매의사결정과정에 영향을 미친다. 구매과업은 소비자가 구매 결정에 참여하는 이유다. 정보 탐색과 대안 평가는 사회적 가시성이 중요한 선물을 위한 구매인지, 스스로 사용하기 위한 구매인지에 따라 달라진다. 구매 결정 상황에서 타인의 존재 등의 사회적 환경은 어떤 제품을 구매할 것인가에 영향을 미칠 것이다. 아이와 동행한 소비자들은 혼자 쇼핑하는 소비자들보다 40%가량 더 많은 물품을 구매한다. 실내장식, 음악, 혼잡성과 같은 점포의 물리적 환경은 구매의사결정방식을 바꿀 수 있다. 하루 중 특정 시간이나 여유시간의 수준 등 시간의 영향은 아침·점심 식사 장소 결정 및 주문 제품에 영향을 미친다. 마지막으로 소비자의 기분이나 보유 현금 액수 같은 선행 상황(antecedent state)은 구매행동과 선택에 영향을 미친다. 예를 들어 신용카드를 보유하고 있는 소비자들은 직불카드나 현금으로 물건을 구매하는 소비자들보다 더 많이 구매한다.

구매의사결정과정 실행: 소비자접점 및 소비자 여정지도

오늘날 마케팅 실무자들은 완전한 소비자 구매의사결정과정과 소비자체험에 관심을 가진다. 그들의 목표는 원대하다. 구매의사결정이 언제, 어디서, 무엇 때문에, 어떻게 촉발되는지에 가장 중요하게 영향을 미치는 물리적·시간적 순간들을 규명하기 위해 정보를 탐색하고 평가하며, 구매 거래와 서비스 전달과정은 어떠한지, 구매 후 결과가 다른 소비자행동에 어떤 영향을 미치는지를 알고자 한다. 마케터는 이러한 시간적·공간적 순간을 '진실의 순간(moments of truth)'이라고 부르는데, 이것이 특정 제품과 서비스, 브랜드에 대한 소비자의 인식을 형성하거나 바꾸는 결정적인 순간이기 때문이다. 마케터는 소비자접점과 소비자 여정지도를 통해 소비자의 구매의사결정과정을 살펴볼 수 있다.

소비자접점
소비자의 구매의사결정과정 전반에서의 제품, 서비스, 브랜드 접점들

소비자접점(consumer touchpoints)은 소비자의 구매의사결정과정 전반에서의 제품, 서비스, 브랜드 접점들을 말한다. 예를 들어 소비자는 온라인과 오프라인 점포, 인쇄물과 카탈로그 및 디지털 광고, 기업 고객센터와 통화나 기술지원부서를 통해 기업의 제품을 접할 수 있다. 그러나 소비자접점이 항상 회사에 의해 통제되는 것은 아니다. 소비자의 독립적 평가나 서비스 리뷰, 소셜미디어 등을 통한 다른 고객과의 대화 등도 소비자들이 그러한 정보를 기업의 제품과 서비스 평가에 참고한다면 중요한 접점이 될 수 있다. 그래서 많은 마케팅 담당자는 소셜미디어의 게시물을 주의 깊게

도표 4-4 애플의 소비자 여정지도와 애플스토어의 제품 구매 관련 소비자접점

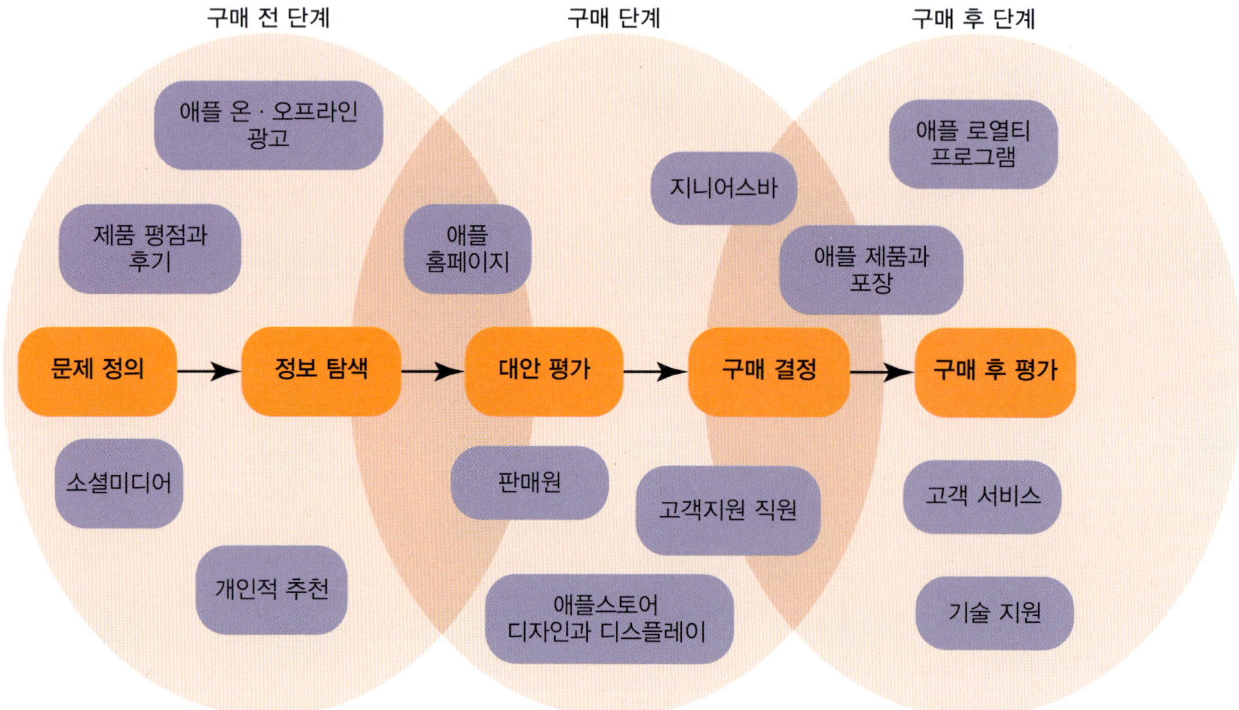

살핀다. 또 이러한 소비자접점은 소비자와 회사가 정보를 교환하거나 서비스를 제공하거나 거래를 처리하는 순간마다 소비자체험을 만들어낸다.

소비자 여정지도(consumer journey map)는 기업의 제품, 서비스, 브랜드와 관련된 구매 전, 구매 중, 구매 후 전 과정의 모든 접점을 시각적으로 표현한 것이다. 도표 4-4는 스마트폰, 컴퓨터 및 웨어러블 기기 등을 판매하는 애플 매장에서의 소비자 여정을 시각화한 것이다. 주요한 소비자접점은 구매의사결정과정 단계와 함께 제시된다. 소비자 여정지도는 구매의사결정과정에서 언제, 어디서, 어떤 접점이 핵심 역할을 하는지 보여준다. 이와 관련해서 소비자 여정지도는 소비자체험을 훼손하는 '불만요소(pain point)'를 밝히는 데 도움을 준다. 정보 탐색이 불편한 웹사이트는 심각한 결과를 초래하는 불만요소이다. 연구에 따르면 소비자는 탐색이 불편한 웹사이트를 8초 만에 떠난다고 한다. 도표 4-5는 소비자 구매의사결정과정에 영향을 미치는 여러 영향요인들을 제시하고 있다. 여기에는 제품 구매의사결정에 중요한 심리, 사회문화적 영향요인들이 관련되어있다. 이 같은 두 가지 영향요인은 본 장의 뒷부분에서 다룰 것이다. 마케팅믹스의 영향은 책의 4부(9~18장)에서 설명하겠다. 그중 14장에서 온라인정보 탐색 및 구매의 맥락에서 소비자행동에 대해 자세히 설명할 것이다.

소비자 여정지도
소비자들의 구매 전, 구매, 구매 후 단계의 모든 접점에 대한 시각적 표현

도표 4-5 소비자 구매의사결정과정에 대한 내외 정보원천의 영향요인

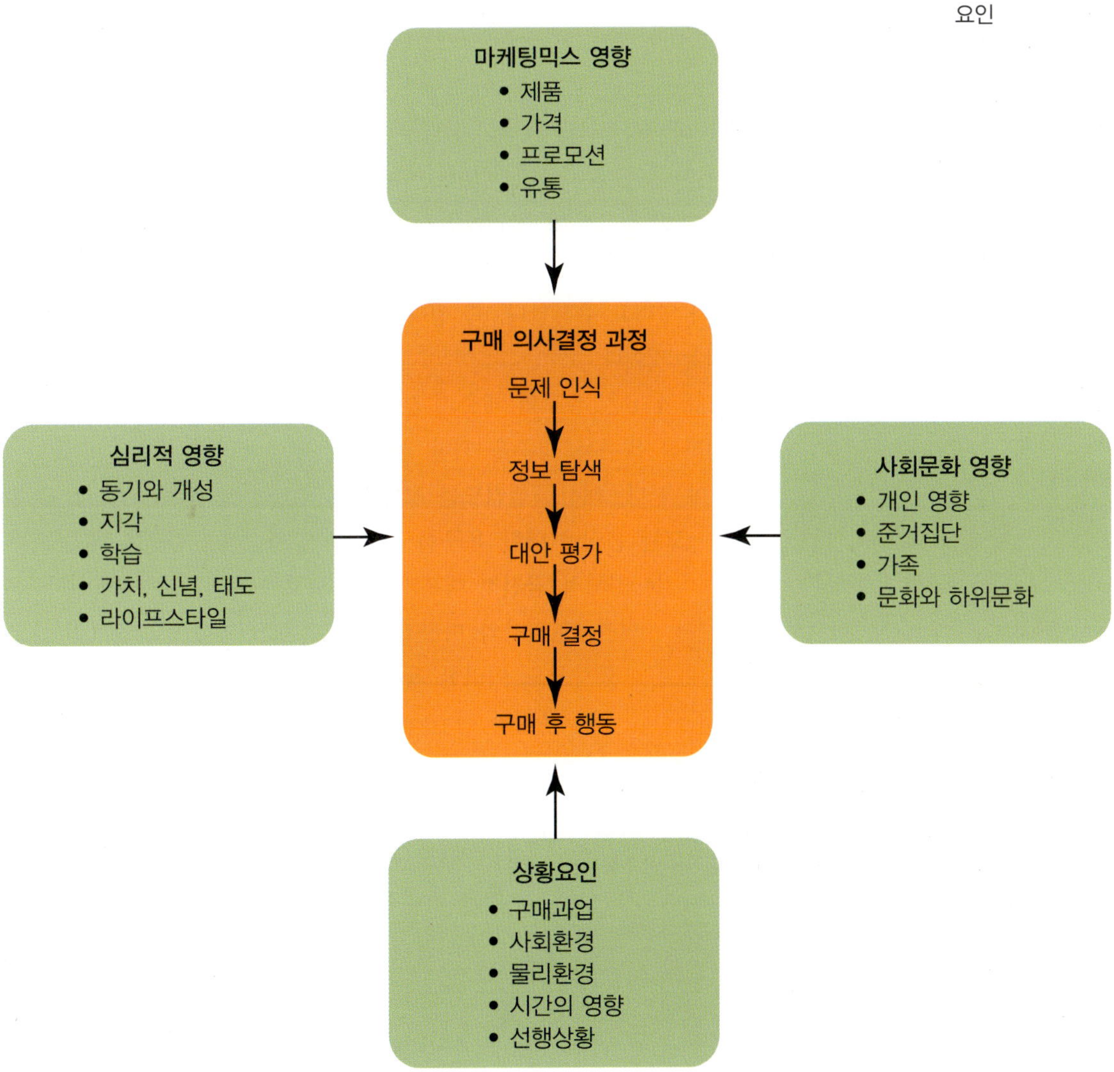

학 습 리 뷰

1. 소비자 구매의사결정과정의 첫 번째 단계는 무엇인가?
2. 소비자가 인지하고 있는 제품군 내 브랜드 중에서 구매를 적극 고려하고 있는 브랜드의 집합을 무엇이라고 하는가?
3. 구매 후 불안과 관련된 용어는 무엇인가?

소비자행동에 대한 심리적 영향요인

목표 3 소비자행동에 대한 주요 심리적 영향요인을 파악한다.

심리학은 소비자들이 왜, 그리고 어떻게 행동하는지를 이해하는 데 도움을 준다. 특히 동기와 개성, 학습, 가치와 신념 및 태도, 라이프스타일과 같은 심리학의 개념은 구매과정을 해석하고 마케팅활동의 방향을 제시하는 데 유용하다.

동기와 개성

Video 4-1
Match.com
kerin.tv/cr8e/v4-1

동기와 개성은 구체적 의미와 마케팅 시사점을 가진 두 개의 친숙한 심리학 개념이다. 이 개념들은 서로 긴밀하게 연결되어있으며, 왜 사람들이 특정 행동을 하거나 하지 않는지를 설명하는 데 활용된다.

동기
욕구를 만족시키는 행동을 자극하는 활력소

동기 **동기**(motivation)는 욕구를 만족시키는 행동을 수행하도록 하는 활력소이다. 소비자욕구는 마케팅개념의 초점이기 때문에 마케터들은 욕구를 활성화하기 위해 노력한다. 개인의 욕구에는 한계가 없다. 사람들에게는 물, 보금자리, 음식 등 기본적인 것에 대한 생리적 욕구(physiological needs)가 있다. 또 자존감, 성취, 애정 등 학습된 욕구(learned needs)도 있다. 심리학자들은 욕구에 계층적인 구조가 있다고 주장한다. 즉 생리적 욕구가 충족되면 학습된 욕구를 추구한다는 것이다.

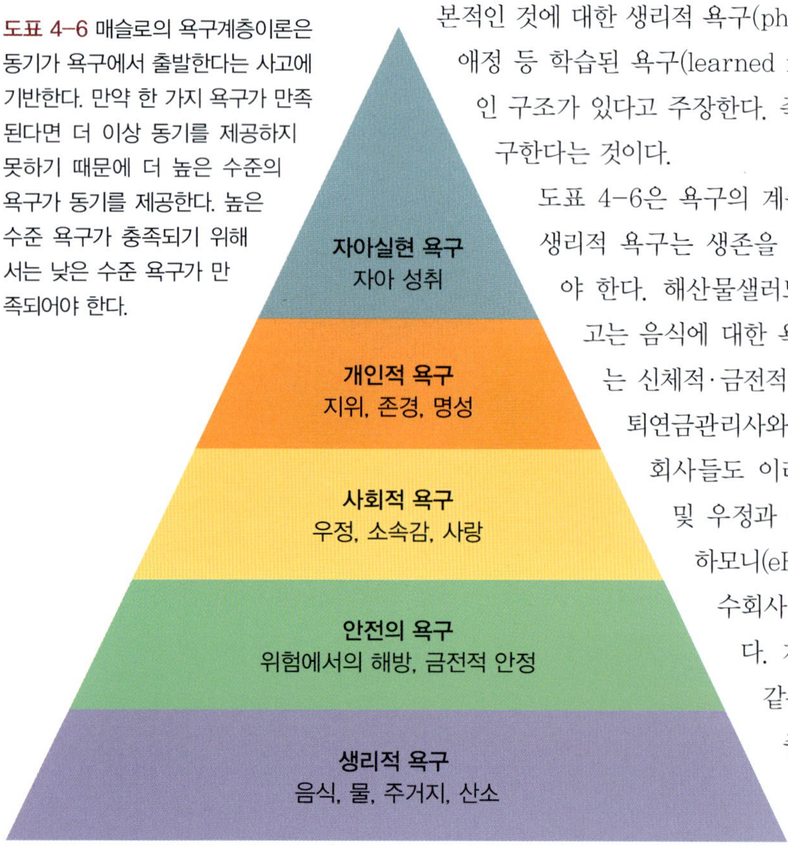

도표 4-6 매슬로의 욕구계층이론은 동기가 욕구에서 출발한다는 사고에 기반한다. 만약 한 가지 욕구가 만족된다면 더 이상 동기를 제공하지 못하기 때문에 더 높은 수준의 욕구가 동기를 제공한다. 높은 수준 욕구가 충족되기 위해서는 낮은 수준 욕구가 만족되어야 한다.

도표 4-6은 욕구의 계층과 5개 욕구 유형을 포함하는 분류표이다. 생리적 욕구는 생존을 위한 기본적인 것이며 최우선으로 만족되어야 한다. 해산물샐러드를 보여주는 레드랍스터(Red Lobster) 광고는 음식에 대한 욕구를 활성화하고자 한다. 안전에 대한 욕구는 신체적·금전적 행복과 자기 보호를 포함한다. 보험회사, 은퇴연금관리사와 마찬가지로, 화재감지기나 도난경보기 제조회사들도 이러한 욕구에 집중한다. 사회적 욕구는 사랑 및 우정과 관련되어있다. 매치닷컴(Match.com)이나 이하모니(eHarmony)와 같은 결혼정보서비스회사와 향수회사들은 이러한 욕구들을 환기시키고자 노력한다. 개인적 욕구는 성취, 지위, 명성, 자아존중과 같은 욕구를 포함한다. 아메리칸익스프레스 센츄리온카드(American Express Centurion Card)와 브룩스브라더 클로디어스(Brooks Brothers Clothiers)는 이 같은 욕구에

호소한다. 기업은 때때로 문제 인식을 자극하고자 여러 가지 욕구를 함께 환기시키려고 한다. 미쉐린(Michelin)은 자동차 타이어 교체를 촉진하기 위해 안전과 부모 사랑을 결합했다. 자아실현 욕구(self-actualization needs)는 개인의 성취를 포함한다. 한 예로 스포츠 의류기업 언더아머(Under Armour)는 광고 캠페인에서 소비자에게 "자신을 지배하라(Rule Yourself)!"고 권유했다.

개성 동기가 소비자행동을 목적지향적으로 만드는 활력소라면, 소비자의 개성은 행동을 안내하고 지시한다. **개성**(personality)은 반복적 상황에 대한 개인의 일관된 행동이나 반응을 의미한다.

개성
반복적 상황에 대한 개인의 일관된 행동이나 반응

개성에 대한 여러 이론이 존재하지만 이들 대부분은 개인의 내면이나 타인과의 관계에서 드러나는 핵심적인 특성을 규정하고 있다. 이 같은 특성으로는 소신(assertiveness), 외향성(extroversion), 순응(compliance), 지배(dominance), 공격성(aggression) 등이 있다. 이러한 특성은 유전적으로 물려받거나 어린 나이에 형성되며 세월이 지나도 쉽게 변하지 않는다. 관련 연구에 따르면 순응적인 사람들은 잘 알려진 브랜드를 선호하고, 구강세정제와 세숫비누를 더 많이 사용한다. 공격적인 사람들은 전기 면도기보다 수동 면도기를 이용하고 향수와 애프터셰이브 로션을 많이 바르고 자신의 지위를 드러내기 위해 구찌(Gucci), 이브생로랑(Yves st. Laurent) 같은 명품을 구매한다. 외향성(extroversion)과 신경증(neuroticism)은 충동구매와 관련되는 것으로 나타났다.

개성은 종종 사람들이 자신을 바라보는 방식과 타인이 자신을 바라본다고 믿고 있는 방식과 관련된 자아개념(self-concept)을 통해 나타난다. 마케터들은 사람들이 실제 자아개념과 이상적 자아개념을 가지고 있다는 것을 안다. 실제 자아는 사람들이 자신이 실제로 어떻다고 보는지를 의미하고 이상적 자아는 사람들이 자신을 어떻게 보고 싶어하는지와 관련이 있다. 두 가지 자아 이미지는 구매하는 자동차, 가전제품, 가구, 잡지, 전자기기, 의류, 미용제품, 레저 제품 등 제품과 브랜드, 그리고 구매하는 점포에 반영된다. 자아개념의 중요성에 대해 세계적인 노트북 제조업체 레노버(Lenovo) 수석 마케팅 임원은 다음과 같이 요약했다. "노트북 시장은 점차 자동차 시장과 유사해지고 있습니다. 당신이 운전하는 자동차는 당신을 반영하며, 노트북도 점차 자아 표현을 위한 형식이 되고 있습니다."

지각

어떤 사람은 캐딜락이 사회적 성취를 표현해준다고 보지만 어떤 사람은 과시라고 생각할 수 있다. 개인이 세상에 대한 의미 있는 모습을 만들어내기 위해 정보를 선택하고 조직화하고 해석하는 과정은 **지각**(perception)의 결과이다.

지각
개인이 세상에 대한 의미 있는 모습을 만들어내기 위해 정보를 선택하고 조직화하고 해석하는 과정

선택적 지각 평균적인 소비자는 복잡한 환경에서 활동하기 때문에 우리 두뇌는 노출 정보를 선별하여 이해 및 보유하는 선택적 지각(selective perception)을 통해 정보를 조직화하고 해석한다. 선택적 노출(selective exposure)은 태도 및 신념과 일치하는 메시지에 주의를 기울이고 불일치하는 메시지를 무시할 때 나타난다. 선택적 노출은 소비자들이 방금 구매한 제품의 광고를 볼 때와 같이 구매의사결정과정의

구매 후 단계에서도 종종 발생한다. 어떤 욕구가 있을 때도 나타난다. 피자를 먹은 직후보다는 배고플 때 맥도날드 광고를 '보게 될' 가능성이 높아진다.

선택적 이해(selective comprehension)는 기존 태도 및 신념과 일치하도록 정보를 해석하는 것과 관련이 있다. 마케터들이 이러한 현상을 이해하지 못한다면 실망스러운 결과가 나타날 수 있다. 예를 들어 가정용 및 골프장 조경기구 제조업체 토로(Toro)는 스노펍(Snow Pup)이라는 작고 가벼운 제설기를 출시했다. 제품은 제대로 작동했지만 판매량은 기대에 못 미쳤다. 왜일까? 토로는 나중에 소비자들이 스노펍이 장난감 이름 같으며 많은 눈을 치워야 하는 심각한 작업을 하기에는 너무 가벼울 거라고 생각했다는 사실을 알아냈다. 그래서 제품명을 스노마스터(Snow Master)로 변경하자 판매량이 급격히 증가했다.

선택적 보유(selective retention)는 소비자들이 보고 듣고 읽은 정보를 노출된 지 불과 몇 분만 지나면 전부 기억하지 못하는 것을 의미한다. 이러한 현상은 구매의 사결정과정의 내외적 정보 탐색 단계에 영향을 미친다. 그래서 가구나 자동차 판매점들이 소비자가 전시장을 떠날 때 안내 책자를 제공하는 것이다.

지각은 소비자행동에 중요한 역할을 수행하기 때문에 식역하지각(subliminal perception)이 자주 논쟁거리가 되는 것은 놀라운 일이 아니다. 식역하지각이란 인지하지 못한 상태에서 메시지를 보거나 듣는 것을 의미한다. 식역하지각의 존재 및 행동에 미치는 영향에 대해 열띤 논의가 진행되고 있지만, 과학적으로 지지되는 수준 이상으로 대중적인 호소력을 가진다. 과학적 증거에 의하면 사실상 이 유형의 메시지는 제한적 수준에서만 소비자행동에 영향을 미친다. 만약 이러한 메시지가 행동에 영향을 미친다면 이를 활용하는 것은 윤리적인가? 이에 대해서는 '책임 있는 의사결정' 박스를 참조해보자.

지각된 위험
소비자가 일어날 수 있는 구매의 부정적 결과를 예측하지 못할 때 느끼는 불안감

지각된 위험 제품이나 서비스를 구매할 때 나타나는 지각된 위험에서 지각(perception)은 중요한 역할을 수행한다. **지각된 위험**(perceived risk)은 소비자가 구매 결과를 예상할 수 없지만 부정적인 결과가 존재할 수 있다고 생각하기 때문에 느끼는 불안감이다. 부정적인 결과의 예로는 제품을 구매하기 위해 필요한 금전적 지출수준(내가 스키를 900달러에 살 여유가 있을까), 신체적 손상의 위험(번지점프가 안전할까), 제품 성능(미백치약이 효과가 있을까)이 있다. 좀 더 추상적인 형태는 심리적인 것이다(내가 문신을 한다면 친구들이 무슨 말을 할까). 지각된 위험이 클수록 더욱 광범위한 외적 탐색을 거치기 때문에, 지각된 위험은 정보 탐색에 영향을 미친다. 예를 들어 자동차를 구매하는 소비자는 선택을 위해 온라인 정보 탐색을 평균 14시간 하고, 자동차 판매점에서 4시간 정도를 소비한다고 한다.

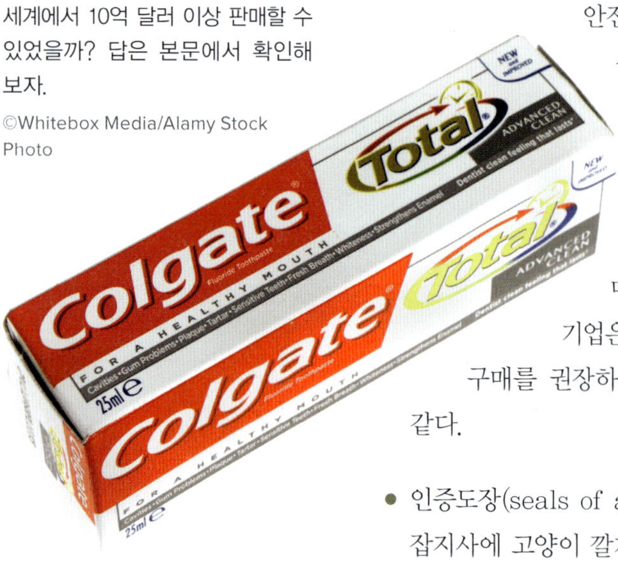

콜게이트-파몰리브사는 어떻게 지각된 위험을 완화하고 소비자 태도를 변화시켜 콜게이트 토탈 치약을 세계에서 10억 달러 이상 판매할 수 있었을까? 답은 본문에서 확인해보자.

기업은 지각된 위험의 중요성을 알기 때문에 소비자 위험을 줄이고 구매를 권장하기 위한 여러 전략을 개발했다. 이 같은 전략의 예는 다음과 같다.

- 인증도장(seals of approval) 획득: 프레시스텝(Fresh Step)은 〈굿하우스키핑〉 잡지사에 고양이 깔개의 인증을 받았다.

책임 있는 의사결정

윤리

식역하 메시지의 윤리

식역하지각 및 광고에 끼워넣은 식역하 메시지와 이미지의 존재 여부는 지난 50년간 열띤 논쟁을 불러일으켰다. 미국연방통신위원회(the Federal Communications Commission)는 식역하 메시지(subliminal messages)가 기만적이라고 비난했다. 하지만 자기존중감을 증가시키고, 금연을 하거나 체중 감소를 도와주기 위하여 고안된 식역하 메시지에 소비자들이 연간 5,000만 달러를 사용한다. 미국 소비자의 약 2/3은 식역하 메시지가 광고에 존재한다고 생각하며, 50% 정도는 이러한 관행이 원하지 않는 것을 구매하도록 만든다고 확고하게 믿는다.

미국에서 식역하 메시지는 불법이 아니다. 그러나 마케터들은 전자매체나 인쇄매체에 이러한 메시지 제작 기회를 추구한다고 자주 비난받는다. 어거스트 벌록(August Bullock)의 책 《비밀스러운 판매권유: 식역하 광고 개관(the Secret Sales Pitch: An Overview of Subliminal Advertising)》은 이러한 주제를 다루고 있다. 벌록은 식역하 메시지를 포함하고 있다고 주장하는 이미지와 광고를 찾아내고 이러한 메시지를 전달하는 기법을 설명한다. 저자의 책 표지에서 식역하 메시지가 느껴지는가? 마케터가 전자매체나 인쇄매체에 식역하 메시지를 삽입하는 것이 메시지의 의도와 상관없이 기만적인 행위이며 비윤리적이라고 생각하는가?

- 영향력 있는 사람들의 지지(endorsements) 확보: 콜게이트-파몰리브사는 자사의 제품이 치과의사들이 최고로 꼽는 치약이라고 주장하기 위해 치과의사들의 지지를 활용했다.
- 제품 무료 이용(free trials): 메리 케이(Mary Kay)는 소비자에게 벨로시티(Velocity) 향수 샘플을 무료로 나누어주었다.
- 광범위한 사용 설명: 클레롤(Clairol) 염색약을 예로 들 수 있다.
- 보증과 보장(warranties and guarantees): 기아자동차의 10년, 10만 마일 품질 보증을 예로 들 수 있다.

학습

소비자행동의 상당 부분은 학습에 의한 것이다. 소비자들은 제품과 서비스에 대한 정보를 참고할 때 어떤 정보원천을 이용할지, 대안을 평가할 때 어떤 평가기준을 사용할지, 좀 더 일반적으로 어떻게 구매의사결정을 할지에 대해 학습한다. **학습**(learning)은 ① 반복된 경험과 ② 추론의 결과로 발생하는 행동이다.

> **학습**
> 반복된 경험이나 추론에 의해 발생하는 행동

행동적 학습 행동적 학습(behavioral learning)은 반복 노출을 통해 상황에 대한 자동적 반응이 형성되는 과정이다. 충동(drive), 단서(cue), 반응(response), 강화(reinforcement)의 네 변수가 소비자들이 반복된 경험으로부터 어떻게 학습하는지 대해 중요한 역할을 담당한다. 충동(drive)은 소비자가 행동하도록 만드는 욕구이다.

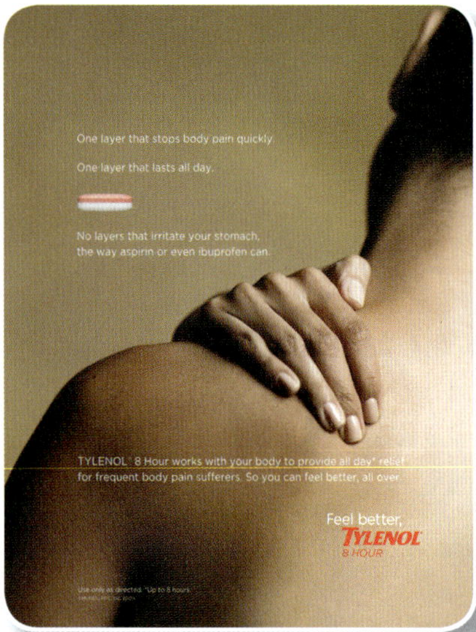

'타이레놀-8시간' 광고에서 인지적 학습을 어떻게 적용했는가? 본문에서 관련 내용을 찾아보자.

Source: McNeil Consumer Healthcare Division of McNeil-PPC, Inc.

배고픔과 같은 충동은 동기에 의해 나타난다. 단서(cue)는 소비자들이 지각하는 자극이나 상징이다. 반응(response)은 충동을 만족시키기 위하여 소비자들이 취하는 행동이고 강화(reinforcement)는 보상이다. 소비자들이 배가 고프면(충동), 단서(광고판)를 보고, 행동을 수행하고(샌드위치를 구매하고), 보상을 받는다(맛있다고 느낀다).

마케터들은 행동적 학습이론의 두 가지 개념을 이용한다. 자극일반화(stimulus generalization)는 한 가지 자극(즉, 단서)에서 발생한 반응이 다른 자극에 일반화될 때 나타난다. 타이레놀 콜드앤플루(Tylenol Cold & Flu) 및 타이레놀 피엠(Tylenol P.M)과 같이 다른 제품에 동일한 브랜드를 사용하는 것이 바로 이 개념을 적용한 것이다. 자극차별화(stimulus discrimination)는 자극 차이를 인식하는 능력을 의미한다. 소비자들이 모든 라이트맥주를 비슷하게 지각하는 성향 때문에 버드와이저 라이트(Budweiser light) 광고는 많은 종류의 라이트비어와 버드라이트(Bud Light)의 차이점을 강조했다.

인지적 학습 소비자들은 직접 경험하지 않아도 사고, 추론, 정신적 문제해결 등을 통해 학습한다. 인지적 학습(cognitive learning)이라 불리는 유형의 학습은 둘 이상의 아이디어를 연관시키거나 다른 사람들의 행동을 관찰하여 자신에게 적용하는 것과 관련이 있다. 기업들도 이 유형의 학습에 영향을 미친다. "일주일 만에 더 하얀 치아"라는 메시지가 담긴 반복광고에서는 치약을 사용하며 이가 점점 하얗게 변하는 사람을 보여주면서 브랜드(Colgate Visible White)와 아이디어(치아 착색 제거)를 연결한다. 이와 같은 방법으로 맥닐컨슈머헬스케어(McNeil Consumer Health Care)사는 '타이레놀-8시간'을 복용한 후 통증에서 벗어나는 사람을 보여줌으로써 타이레놀과 아이디어(진통제)를 연결하도록 유도했다.

브랜드충성도 학습은 일상적 문제해결의 기본이 되는 습관 형성과 관련되기 때문에 마케터들에게 중요하다. 오랜 기간 하나의 브랜드에 긍정적인 태도를 가지고 일관성 있게 구매하는 **브랜드충성도**(brand loyalty)와 습관 사이에는 긴밀한 관련이 있다. 브랜드충성도는 이전 행동에 대한 긍정적 강화의 결과로 나타난다. 소비자는 동일한 브랜드의 샴푸를 사용하고 긍정적인 결과(건강하고 윤기 나는 머리카락)를 일관되게 얻음으로써 위험을 줄이고 시간을 절약한다. 미국과 글로벌시장에는 상당수의 일상적 구매 제품에 브랜드 충성도가 존재한다. 하지만 북미, 서유럽, 일본에서는 브랜드충성수준이 대체로 하락 중인 것으로 알려져 있다.

브랜드충성도
오랜 기간 하나의 브랜드에 대한 긍정적인 태도 및 일관된 구매행동

가치, 신념, 태도

가치, 신념, 태도는 소비자 의사결정과 관련된 마케팅 활동에 중요한 역할을 수행한다.

태도 형성 **태도**(attitude)는 '대상이나 대상의 집단에 일관되게 호의적이거나 비호의적인 방식으로 반응하는 학습된 성향'이다. 태도는 학습된 가치와 신념에 의해 형성된다. 가치는 얼마나 개별적인 것이냐에 따라 구분될 수 있다. 물질적 행복과 인도주의 등 미국인의 보편적 핵심가치에 대해 많은 이야기를 한다. 또한 절약 및 야망

태도
어떤 대상에 대한 일관된 호의적 혹은 비호의적인 방식으로 반응하는 학습된 성향

과 같이 보편적이라기보다는 개인적인 가치도 있다. 마케터들은 두 가지 모두에 관심을 보이지만 주로 개인 가치에 집중한다. 개인 가치는 특정 제품 속성에 부여하는 중요도에 차이를 주어 태도에 영향을 미친다. 만약 절약을 중시하는 사람이라면 자동차를 평가할 때 연료의 경제성(제품 속성)을 중요하게 여길 것이다. 또 해당 브랜드의 자동차에 이러한 속성이 있다면 그 브랜드에 호의적인 태도를 가질 가능성이 높다.

신념도 태도 형성의 역할을 담당한다. **신념**(belief)은 제품이나 브랜드가 여러 속성에 대하여 어느 수준의 성과를 내고 있는지에 대한 주관적인 지각이다. 신념은 개인적 경험, 광고, 다른 사람들과 토론 등을 근거로 하여 형성된다. 이는 속성에 관한 신념이 개인 가치와 함께 제품, 서비스, 브랜드에 호의적이거나 비호의적인 태도를 형성하기 때문에 중요하다.

신념
제품이나 브랜드의 성과 수준에 대한 소비자 지각

태도 변화 다음 사례와 같이, 마케터들은 제품이나 브랜드에 대한 소비자 태도를 변화시키기 위하여 다음 세 가지 접근방법을 이용한다.

- 브랜드 속성 수준에 대한 신념을 변화시킨다: 식품회사 헬만(Hellmann)은 마요네즈 재료에 관한 어머니들의 걱정을 완화시키기 위해 건강에 필수적인 오메가3 함유량이 높다는 사실을 성공적으로 전달했다.
- 속성의 지각된 중요성을 변화시킨다: 펩시콜라가 유통기간을 캔에 표기하면서 신선도가 중요한 제품 속성이 되었다. 그전에는 콜라의 신선도가 중요하다고 생각하는 소비자가 거의 없었다. 펩시가 광고와 기타 프로모션비용으로 2,500만 달러를 사용한 후, 소비자 조사에서 61%의 콜라 소비자들이 유통기한이 중요한 속성이라고 응답했다.
- 제품에 새로운 속성을 추가한다: 생활용품기업 콜게이트파몰리브(Colgate-Palmolive)는 콜게이트 토탈(Colgate Total) 치약에 새로운 항균 성분인 트리클로손을 추가하고 브랜드 마케팅을 수행하는 데 1억 달러를 사용했다. 그 결과 콜게이트는 10억 달러 이상의 글로벌브랜드가 되었다.

소비자 라이프스타일

라이프스타일(Lifestyle)은 사람들이 시간과 자원을 어떻게 사용하는지, 환경에서 무엇을 중요하게 생각하는지, 자신과 주변 세상에 대해 어떻게 생각하는가에 의해 파악되는 생활방식을 말한다. 사이코그래픽스(psychographics)라 불리는 소비자 라이프스타일 분석은 소비자의 욕구와 필요에 대한 통찰력을 제공한다. 라이프스타일 분석은 새로운 제품이나 서비스 혹은 기존 제품이나 서비스에 대한 시장세분화와 목표시장 선정에 유용하다는 것은 널리 알려진 사실이다(8장 참조).

사이코그래픽스는 행동, 태도, 활동, 관심사, 의견, 사회적 가치에 따라 구분되는 다양한 세분시장을 설명하는 데 폭넓게 사용될 수 있다. 제품과 서비스를 구매하고 사용하는 소비자의 동기를 파악하기 위해 심리, 라이프스타일, 인구통계요소를 통합적으로 고려하는 데는 많은 비용이 든다. 스트레티직 비즈니스 인사이트(Strategic Business Insights, SBI)에서 개발한 발스(VALS™)는 위의 심리, 인구통계, 라이프스타일을 복합적으로 고려하고 있기 때문에 단순한 라이프스타일 시장세분화 이상의 의미를 갖는다. 발스 시스템은 독립적인 조사와 자체 알고리즘을 사

도표 4-7 VALS 분류시스템은 8개의 소비자 세분시장을 제시한다. 심리, 신체 및 물질적 수단과 능력 면에서 풍부한 자원을 가진 소비자를 도표의 위쪽에 위치시키고, 자원이 부족한 소비자를 아래에 위치시킨다. 동일한 동기에 의해 움직이는 소비자는 같은 세분시장으로 묶을 수도 있다. 예를 들어 마케터는 사색가와 신뢰자를 한 집단으로 구분할 수 있다. 우리가 어느 집단에 속하는지 궁금하다면 다음 웹사이트의 서베이에 참여해보자(www.strategicbusinessinsights.com/VALS). 간단한 응답만으로 자신의 프로파일을 확인할 수 있다. 하지만 자신이 영어를 모국어로 사용하는 미국이나 캐나다에 거주하는 사람이 아니라면 그들의 문화와 용어들을 이해하는 데 충분한 시간을 들여야 할 것이다. 그렇지 않으면 결과로 제시되는 프로파일이 정확하지 않을 수 있다.

용하여 18세 이상 미국 성인의 소비자행동을 설명하고 예측하게 하는 항구적인 차이를 측정한다.

8개의 주요 집단은 동기와 자원을 기초로 구분된다(도표 4-7). SBI 연구에 의하면, 소비자들은 자기 삶의 형식, 중요성, 만족을 제공할 수 있는 제품과 서비스를 구매하고 관련된 경험을 추구하도록 동기가 부여되어있다. 다른 소비자집단은 대체로 다른 행동을 보인다. 같은 맥락에서 각 집단의 소비자들은 각각 다른 이유에서 같은 행동을 할 것이다. 대부분의 소비자는 이상, 성취, 자아표현의 세 가지 주요 동기 중 하나에 고무되고 움직인다. 그러나 소비자자원의 수준이 다르기 때문에 중요한 동기의 표출이 증대되거나 감소되기도 한다. 발스 시스템에서 자원의 차원은 핵심 인구통계요인과 나아가 자신감, 호기심, 정보 탐색, 위험 수용도 등과 같은 심리, 감정, 물질적 능력을 포함한다.

- 이상(ideal)에 동기화된 집단: 이상에 의해 동기화된 소비자들은 지식과 신념에 따라 움직인다. 높은 자원수준의 사색가(thinkers)는 연륜 있는 보호자이다. 이들은 사회적 행위를 위해 질서, 지식, 책임감을 가치 있게 여긴다. 낮은 자원수준의 신뢰자(believers)는 사회를 바꾸려 하지는 않는다. 그들은 좋은 삶을 위해 옳고 그름을 믿는다.
- 성취(achievement)에 동기화된 집단: 성취에 의해 동기화된 집단은 동료나 속하고 싶어하는 동료 혹은 다른 집단에게 성공을 과시할 수 있는 제품이나 브랜드를 찾는다. 높은 자원수준의 성취자(achievers)는 '자기가 우선, 내 가족이 우선'이라는 생각을 가진다. 그들은 현재의 삶을 유지하는 데 관심이 많다. 낮은 자원수준의 분투자(strivers)는 그때그때 순간을 산다. 그들은 더 나은 삶을 원하지만 그렇게 살기는 어렵다.

- 자아표현(self-expression)에 동기화된 집단: 자아표현에 의해 동기화된 집단은 세상에 영향력을 미치고자 한다. 높은 자원수준의 경험자(experiencers)는 사회적이고 자발적이다. 그들은 시장에 먼저 진입하고 빨리 다른 시장으로 이동하는 트랜드세터들이다. 적은 자원을 보유하고 있는 제작자(makers)는 그저 그들이 생각하는 것과 가진 것을 지키고 싶어하는 사람들이다. 이들은 지식인이 되기를 거부한다.
- 자원(resource)수준이 높은 집단과 낮은 집단: 두 집단은 주요한 동기에서 구분된다. 자원수준이 높은 혁신자(innovator)는 미래지향적이며, 시행착오를 수반하는 새로운 실험을 시도할만한 자신감을 가지고 있다. 자원수준이 낮은 생존자(survivors)는 기본적인 욕구 충족에 관심이 높은 조용한 집단이다. 이들은 디지털보다 아날로그를 선호한다.

각 집단은 독특한 매체 선호도를 가지고 있다. 경험자는 대개 페이스북이나 패션잡지를 좋아한다. 제작자와 성취자는 주당 누적 운전거리가 길고, 옥외광고를 즐겨본다. 혁신자와 사색가는 전국 단위 신문을 구독하는 경향이 있다. 생존자는 다른 집단보다 TV를 더 오래 시청한다.

학습리뷰

1. 토로 스노우펍의 문제점은 선택적 ____________의 예이다.
2. 일반적으로 사용하는 세 가지 태도 변화 접근방법은 무엇인가?
3. 라이프스타일은 무엇을 의미하는가?

소비자행동에 미치는 사회문화적 영향

다른 사람들과의 공식, 비공식적 관계에 의해 발달한 사회문화적 영향은 소비자행동에 중요한 영향을 미친다. 사회문화적 영향은 개인적 영향, 준거집단, 가족의 영향, 문화와 하위문화를 포함한다.

목표 4 소비자행동에 대한 주요 사회문화적 영향요인을 파악한다.

개인적 영향

소비자들의 구매는 다른 사람들의 관점, 의견, 행동의 영향을 받는다. 개인적 영향의 두 형태인 오피니언리더십(opinion leadership)과 구전활동(word-of-mouth activity)은 마케팅활동에서 매우 중요하다.

오피니언리더십 다른 사람들에게 직간접적으로 사회적 영향을 미치는 사람들을 **오피니언리더**(opinion leaders)라고 한다. 오피니언리더들은 특정 제품이나 서비스를 잘 알거나 사용한 경험이 있는 사람으로 그들의 의견은 다른 사람의 제품 선택에 영향을 미친다. 오피니언리더십은 자동차, 트럭, 오락, 옷, 액세서리, 클럽멤버십, 전자제품, 휴양지, 음식, 금융투자 등 광범위하게 나타난다. 〈파퓰러 매카닉스(Popular Mechanics)〉는 DIY제품(do-it-yourself product)을 구매하는 약 8,500만 명의 소비자들에게 영향을 미치고 있는 오피니언리더가 1,800만 명임을 밝혀냈다.

오피니언리더
다른 사람들에게 직간접적인 사회적 영향을 미치는 사람들

미국 성인의 10%가량이 오피니언리더이며 이들을 식별하여 접근하고 영향을 미치는 것은 기업에게 중요한 일이 되었다. 어떤 기업들은 유명 뮤지션, 배우, 스포츠스타를 제품의 대표 대변인으로 활용한다. 또 다른 기업들은 오피니언리더에게 정보가 전달될 것 같은 미디어를 활용하여 제품의 프로모션활동을 한다. 어떤 기업들은 더욱 직접적인 접근법을 이용한다. 최근 한 자동차 제조회사는 새로운 승용차 시승식에 영향력 있는 지역사회 지도자와 기업 경영자들을 초청하였다. 총 6,000명이 초청에 응했고 98%가 시승한 차를 다른 사람에게 추천할 것이라고 이야기했다. 이 기업은 호의적인 추천 횟수가 총 3만 2,000개에 달할 것으로 추정하였다.

인적 영향력의 중요성으로 인해 인플루언서마케팅(influencer marketing)이 유행하고 있다. 이 마케팅은 잠재고객에 집중하기보다는 제품, 서비스, 브랜드를 홍보해줄 인플루언서를 식별하여 모집하는 데 초점을 맞춘다. 소셜미디어, 특히 인스타그램과 유튜브는 인플루언서마케팅에 주로 사용되는 플랫폼으로, 잠재구매자들에게 쉽고 빠르게 공유된다.

구전
대화에 의해 사람들이 서로에게 미치는 영향

구전 대화에 의해 사람들에게 영향력을 미치는 것을 **구전**(word of mouth)이라고 한다. 일반적으로 구전은 신뢰할 수 있는 친구들이 관련되어있는 소비자들에게 가장 강력하고 정확한 정보원천이다. 약 75%의 브랜드에 대한 소비자 대화가 대면을 통해 일어나고, 15%는 전화, 10%는 온라인을 통해 일어난다. 최근 연구에 따르면 미국 소비재 판매의 67%가 친구, 가족, 동료 사이의 구전활동에 영향을 받는다고 한다.

개인적 영향력의 막강한 힘 때문에 기업은 긍정적인 구전을 촉진하고 부정적인 구전은 저지하려고 노력한다. 예를 들어 신제품 출시 전에는 의사소통을 촉진시키기 위해 티저(teaser) 광고 캠페인이 활용된다. 광고 슬로건, 음악, 유머와 같은 기법들이 긍정적인 구전활동을 촉진하기도 한다. 미식축구 챔피언을 결정하는 슈퍼볼(Super Bowl) 경기 중에 방영되는 여러 광고는 다음 날 광고와 관련된 제품이나 서비스에 대한 대화를 이끌어내기 위한 목적으로 제작된다. 이처럼 기업들이 버즈(buzz: 소비자 구전을 통해 만든 인기)를 만들어내기 위한 인력을 채용하여 배치하

기업은 제품의 대표 대변인으로 세계적인 운동선수나 뮤지션을 활용한다. 컨트리음악을 하는 켈리 클락슨(Kelly Clarkson)의 시티즌 시계, 테니스 선수 로저 페더러(Roger Federer)의 롤렉스 시계가 바로 이러한 예이다.

(left): Source: Citizen Watch Company of America; (right): Source: Rolex

마케팅의 힘

고객가치

버즈에이전트: 구전경험

최근 아는 사람 혹은 전혀 모르는 사람으로부터 새로운 제품, 영화, 웹사이트, 책, 음식점 등에 대해 들어본 적 있는가? 만약 그렇다면 구전경험을 한 것이다.

마케터들은 구전의 영향력을 알지만 활용하는 것은 쉽지 않다. 버즈에이전트(BzzAgent)는 이 같은 과업을 수행하고 있다. 타고난 이야기꾼으로 구성된 100만 명 이상의 버즈에이전트 자원자 집단이 언급할만하다고 생각하는 제품이나 서비스에 대한 이야기를 온라인이나 오프라인을 통해 내보낸다. 버즈에이전트의 창립자 데이비드 발터(David Balter)는 정직한 구전을 포착하고 열정적인 고객을 브랜드 전도자로 만들 네트워크를 구축하는 것이 목표라고 밝혔다.

©BzzAgent

버즈에이전트의 방식은 단순하다. 기업 고객이 버즈에이전트와 계약하면 해당 기업이 제시한 목표시장과 인구통계, 심리분석 프로파일과 일치하는 사람들을 데이터베이스에서 검색한다. 이후 에이전트로 참석하는 사람들이 구전 캠페인과 계약을 하고 제품 샘플과 구전 창출 전략에 관한 훈련 메뉴얼을 받는다. 페이스북이나 인스타그램 포스트와 같은 온라인 활동이 버즈에이전트닷컴(BuzzAgent.com)에서 진행된다. 에이전트들은 오프라인활동을 마칠 때마다 구전의 특성과 효과에 관한 온라인 보고서를 제출한다. 버즈에이전트 소속 관리자(moderator)들은 격려 사항과 추가 기법에 대한 피드백을 제공한다.

에이전트들은 자신이 참가하는 프로그램의 제품을 소유할 수 있다. 이들은 남과 어울리기 좋아하고 해당 제품과 서비스를 진짜로 좋아하는 집단이다. 그렇지 않다면 구전캠페인에 참여하지 않았을 것이다.

네슬레, P&G, 다논, 로레알, 유니레버와 같은 기업들이 버즈에이전트를 이용했다. 버즈에이전트에 관심이 있다면 해당 웹사이트를 방문해보자.

는 사례가 증가하고 있다. 위의 '마케팅의 힘' 박스에서 버즈에이전트가 이러한 과업을 어떻게 수행했는지 살펴보자.

> Video 4-2
> Dove
> kerin.tv/cr8e/v4-2

한편 구전은 기업에게 부정적인 정보원이 될 수도 있다. 예를 들면 케이마트(K-Mart)에서 판매한 옷에서 뱀의 알이 나온 일, 타코벨(Taco Bell)에서 판매한 타코 속의 쇠고기 내용물, 코로나 엑스트라(Corona Extra) 맥주의 오염, 러시아 시장에서 스니커즈(Snickers) 캔디바가 당뇨병을 유발한 사건들은 사실이 아닌 루머임에도 기업에 피해를 끼쳤다. 이러한 부정적 구전을 극복하거나 상쇄하기란 어려우며 많은 비용이 들어간다. 사실에 근거한 정보를 제공하고, 수신자부담번호를 고객에게 알리고, 제품에 대한 적절한 근거를 보여주는 방법 등은 모두 부정적인 구전에 직면한 마케터들에게 도움을 줄 수 있는 방법으로 알려져 있다.

구전의 영향력은 온라인 커뮤니티, 블로그, 소셜미디어, 웹사이트 등 인터넷에서 확대되고 있다. 실제로 기업들은 온라인 메시지를 감시하고 소비자들이 제품, 서비스, 브랜드에 대하여 어떤 이야기를 하는지 알아내고자 특별한 소프트웨어를 활용한다. 부정적인 정보를 전파하는 사람의 30%는 자사의 제품, 서비스, 브랜드를 소유하거나 사용해보지 않았으며 페이스북이나 인스타그램의 '좋아요' 횟수가 조작된다는 사실은 소프트웨어를 통해 알려졌다.

준거집단의 영향

> **준거집단**
> 한 개인이 자아평가의 근거로 삼거나 개인적 기준의 원천으로 삼는 사람들

준거집단(Reference groups)은 소비자기준을 정립하는 데 도움이 되는 정보, 태도, 열망수준에 영향을 미치기 때문에 구매에도 영향력을 행사한다. 예를 들어 개인이

할리오너스그룹(HOG)은 100만 명 이상의 회원을 보유한 브랜드 커뮤니티의 원형이다. 해당 커뮤니티의 특성을 본문에서 찾아보자.

사회 행사에 참여하려고 할 때 다른 사람들에게 물어볼 첫 번째 질문은 "무엇을 입고 갈까?"일 것이다. 준거집단은 필수품보다는 사치품 구매에 영향을 미친다. 특히 브랜드 사용이나 소비가 다른 사람에게 잘 드러나는 경우에 더욱 그렇다.

소비자들은 많은 준거집단을 가지며 특히 세 가지 집단이 마케팅 시사점을 분명히 제시한다. 소속집단(associative group)은 남자 대학생 기숙클럽(fraternity), 여자 대학생 기숙클럽(sorrotiry), 동문회와 같이 개인이 실제로 속해 있는 집단이다. 이러한 집단은 쉽게 파악할 수 있고 보험이나 소속 혹은 지위를 나타내는 배지 등 휘장제품(insignia product), 휴가 프로그램 등을 판매하는 회사들의 표적이 된다. 소속집단은 미국 모터사이클 브랜드 할리데이비슨(Harley-Davidson)의 팬들로 구성이 된 할리오너스그룹(HOG)과 같이 브랜드를 중심으로 형성되기도 한다. 브랜드 커뮤니티는 특정 브랜드나 해당 브랜드를 추종하거나 사용하는 소비자와의 관계 구조에서 만들어진 특별한 집단이다. 브랜드 커뮤니티의 소비자들은 브랜드명(예: 할리데이비슨), 제품 카테고리(예: 모터사이클), 브랜드를 소비하는 다른 소비자(예: HOG Members), 브랜드를 제작하고 프로모션하는 마케터에 대해 생각한다.

열망집단(aspiration group)은 전문가집단이나 스포츠팀과 같이 구성원에 속하길 원하거나 동일시하고 싶어하는 집단이다. 기업들은 광고에 목표시장의 열망집단과 관련된 모델을 내세우거나 분위기를 연출한다.

회피집단(dissociative group)은 가치나 행동의 차이 때문에 개인이 거리를 유지하고 싶어하는 집단이다. 기업은 마케팅활동에서 회피집단과 거리를 두고자 한다. 예를 들어 패션기업 아베크롬비앤피치(Abercrombie & Fitch)는 논란을 일으키는 어느 TV 리얼리티쇼 출연자에게 자사의 옷을 입지 않는 조건으로 돈을 주겠다고 제안한 적이 있다. 해당 기업 관계자는 "이 쇼가 오락 목적이라는 걸 알지만 쇼와 연관된다는 것이 우리 브랜드가 열망하는 바와 상반된다고 생각하며, 이는 우리 팬들을 괴롭힐 수 있다고 생각한다"라고 밝혔다.

가족의 영향

가족은 소비자 사회화, 가족수명주기의 단계, 가족 내 구매의사결정에서 소비자행동에 영향을 미친다.

소비자 사회화 사람들이 소비자로 살아가기 위해 필요한 기술, 지식, 태도를 획득하는 과정이 바로 소비자 사회화(consumer socialization)이다. 아이들은 ① 구매 상황에서 어른들과 상호작용하거나, ② 구매 및 제품 사용에 대한 스스로의 경험을 통해 구매를 어떻게 수행하는지 학습한다. 한 연구에 의하면, 아이들은 2살에 이미 브랜드 선호를 보인다는 증거가 있으며 이때 형성된 선호는 종종 평생 지속된다. 이러한 정보를 이용하여, 미국의 공구 브랜드로 유명한 크래프트맨(Craftsman)은 완구 및 게임 회사인 MGA 엔터테인먼트에 라이선스 계약으로 브랜드명 사용권을 주어 '나의 첫 크래프트맨(My First Craftsman)'이라는 아동용 제품라인을 판매하게

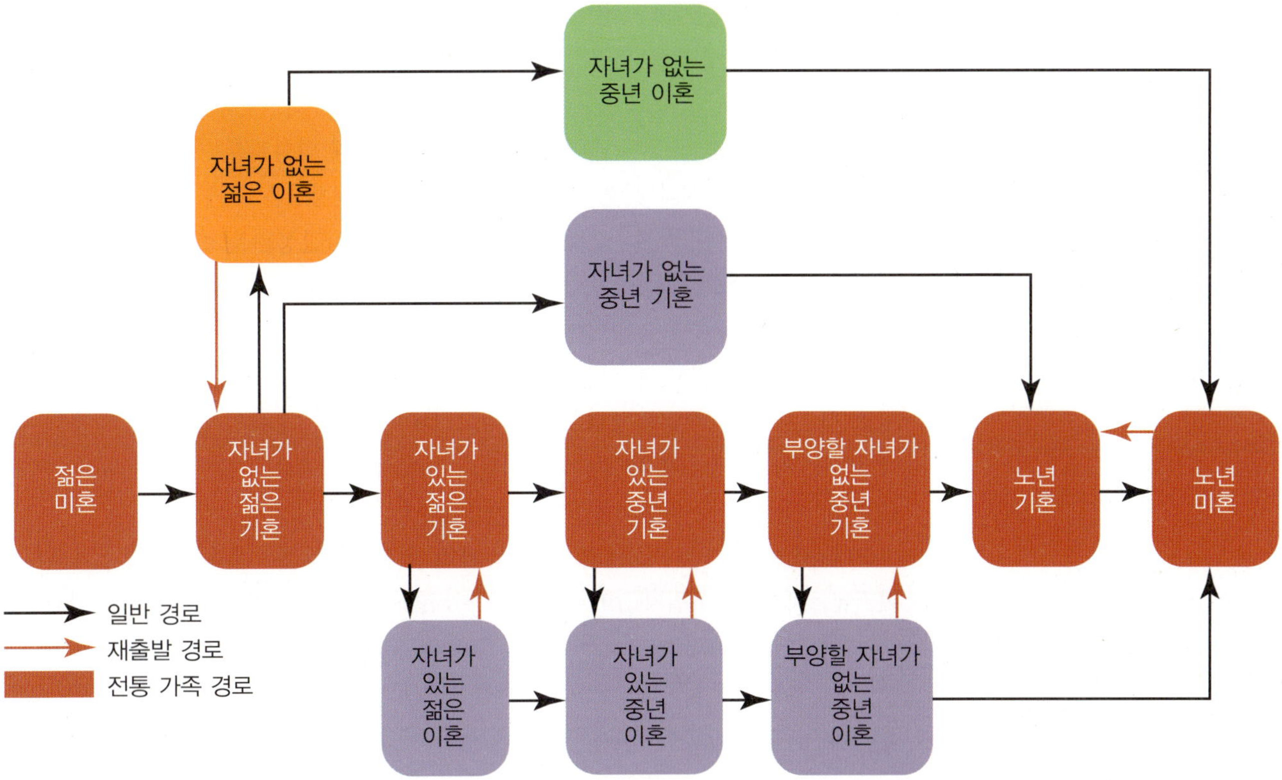

도표 4-8 현대 가족수명주기의 단계와 흐름. 각 단계에 속해 있는 주변 사람들을 떠올려보자. 그들이 본문에 나오는 구매양식을 따르고 있는가?

하였다. 또 스포츠 전문 잡지 〈스포츠 일러스트레이티드(Sports Illustrated)〉를 발행하는 〈타임(Times Inc)〉은 아동용 〈스포츠 일러스트레이티드〉를 출간했다. 마이크로소프트는 어린이 뉴스 사이트와 어린이용 MSN을 제공했다.

> **가족수명주기**
> 형성 단계부터 은퇴까지 가족이 거쳐가는 과정으로, 각 단계마다 독특한 구매행동을 보임

가족수명주기 소비자들은 살아온 삶에 따라 다르게 행동하고 소비한다. **가족수명주기**(family life cycle)의 개념은 가족의 형성부터 은퇴까지 가족이 거쳐온 단계를 설명해준다. 각 단계에서는 다른 단계와 구분되는 구매행동이 나타난다. 도표 4-8은 전통적인 가족수명주기와 최근 나타나는 다양한 형태를 설명하고 있다. 오늘날 미국에서 전통적인 가족이라고 할 수 있는, 18세 이하의 자녀들과 함께 살고 결혼한 부부의 비중은 20%에 불과하다. 나머지 80%의 가구들은 편부모 가족, 미혼 동거 커플, 이혼, 비혼, 사별한 1인 가구, 자녀들과 따로 사는 노년기 부부들로 구성되어 있다.

젊은 독신들은 간편조리식품, 의류, 개인생활용품, 엔터테인먼트와 같은 비내구재 구매를 선호하며 휴가, 자동차, 전자제품 기업의 표적시장이다. 자녀가 없는 젊은 부부들은 일반적으로 둘 다 직업을 가지고 있어서 젊은 미혼에 비해 부유하고 가구나 가정의 주방용품, 서로를 위한 선물을 선호한다. 자녀가 있는 젊은 기혼 커플은 아이들의 욕구에 따라 소비 방향이 결정되고 생명보험, 다양한 아동용품, 가정용 가구 분야에서 상당한 규모의 시장을 형성하고 있다. 자녀가 있는 편부모 가정은 금전적으로 가장 불안정한데, 이들의 제품 혹은 브랜드 선호는 제약이 많은 경제상태에 영향을 받아 편의식품, 보육서비스, 개인생활용품에 한정될 가능성이 높다.

자녀가 있는 중년 기혼 부부는 자녀가 있는 젊은 기혼 부부보다 대개 금전적으로 풍족하며 레저, 주택 유지보수용품 시장에서 중요한 고객이다. 자녀가 없는 중년 부부는 높은 수준의 가처분소득을 올리며 고급 가구와 자동차, 금융 서비스 등을 구

매한다. 마지막 2단계에 있는 사람들, 즉 노년 기혼 및 미혼 집단은 처방약, 의료서비스, 휴가, 젊은 친척을 위한 선물 시장의 상당 부분을 차지하고 있다.

가족 구매의사결정 소비자행동에서 가족의 세 번째 영향력은 가족 내에서 발생하는 구매의사결정과정과 관련되어 나타난다. 의사결정방식은 크게 배우자 주도 의사결정과 공동의사결정의 두 가지로 존재한다. 공동의사결정은 남편과 부인이 함께 대부분의 의사결정을 하는 경우다. 배우자 주도 의사결정은 남편이나 부인 중 한 명이 대부분을 책임지는 것을 의미한다. 연구 결과에 따르면 부인들은 식료품, 자녀의 장난감, 옷, 약을 구매할 때 발언권이 높은 경향이 있고 남편들은 집이나 자동차의 유지보수와 관련된 구매에 영향을 미친다고 알려져 있다. 공동의사결정은 자동차, 휴가, 주택, 가전제품, 전자제품, 의료서비스 등에서 일반적으로 일어나며 배우자의 교육수준이 높을수록 공동의사결정이 증가한다.

구매과정에서 가족구성원의 역할은 가족 의사결정의 또 다른 구성요소가 된다. 여기에는 ① 정보수집자(information gatherer), ② 영향력 행사자(influencer), ③ 의사결정자(decision maker), ④ 구매자(purchaser), ⑤ 사용자(users) 등 다섯 가지 역할이 존재한다. 가족구성원들은 제품과 서비스에 따라 다른 역할을 수행하는데 이러한 정보는 기업에게 중요하다. 예를 들어 89%의 부인들이 남편 의류 구매에 영향을 끼치거나 직접적으로 구매를 한다. 여성들이 식료품 구매의 의사결정자이지만 반드시 구매자는 아니다. 31% 이상의 식품 구매는 남성 고객들에 의해 이루어진다.

맞벌이 부부와 편부모 가정이 보편화되면서 점차 10대 청소년들이 가족을 위한 제품이나 서비스 구매에서 정보수집자, 영향력 행사자, 의사결정자의 역할을 수행하고 있다. 10대들을 위한 시장은 매년 2,080억 달러를 넘어섰다. 이러한 조사 결과는 존슨앤존슨, 애플, 켈로그, P&G, 나이키, 소니, 오스카마이어(Oscar Mayer) 같은 많은 기업에서 10대들에게 정보를 전달할 수 있는 전자 및 인쇄 매체에 연간 700억 달러 이상을 지출하는 이유를 설명해준다.

오늘날 31% 이상의 식품 구매는 남성 고객들에 의해 이루어진다. 5,600억 규모의 식품유통업계 마케터들은 점포의 구조와 진열대 위치를 남성들에게 맞추어 조정하고 있다.
©Jochen Sand/Getty Images

문화와 하위문화

앞의 3장에서 설명한 것처럼 문화(Culture)는 학습되어 집단 구성원이 공유하고 있는 가치, 생각, 태도와 관련되어있다. 집단에 따라 문화가 다르기에 미국문화, 라틴아메리카문화, 혹은 일본문화처럼 문화를 구분해서 말한다. 3장에서는 미국인 구매패턴에 대한 문화적 근거에 대하여 설명했고, 이후 6장에서는 글로벌 마케팅에서 문화가 하는 역할을 살펴볼 것이다.

Video 4-3
Nissan Ad
kerin.tv/cr8e/v4-3

미국 문화 안에는 다양한 **하위문화**(subcultures)가 존재한다. 미국 내에서 규모가 가장 큰 민족, 인종적 하위문화를 꼽으면 히스패닉(Hispanic), 아프리칸 아메리칸(African American), 아시안 아메리칸(Asian American)이다. 이들을 모두 합하면 2021년에는 미국 소비자의 1/4를 차지하고 제품과 서비스 구매에 약 4조억 달러를 지출할 것으로 예상된다. 이들은 미국 전체 구매력의 거의 30% 정도를 대변한다고 볼 수 있다. 각 그룹은 구매패턴에 영향을 미치는 복잡한 사회적·문화적 행동을 보여준다.

하위문화
규모가 더 큰 혹은 국가수준의 문화 내에 독특한 가치, 이상 그리고 태도를 가지고 있는 하위그룹의 문화

학 습 리 뷰

1. 개인적 영향의 두 가지 주요 형태는 무엇인가?
2. 마케터들은 어떤 유형의 준거집단에 관심을 가지는가?

마케팅지식 적용해보기

1. 도표 4-2의 스마트폰 속성을 검토해보자. 어떤 속성이 당신에게 가장 중요한가? 어떤 추가 속성을 고려할 것인가? 그리고 어떤 브랜드를 선호하는지 답해보자.
2. 파나소닉(Panasonic)의 연구 결과 잠재구매자들이 고화질 TV 구매에 불안해 한다는 것을 발견했다고 치자. 소비자의 불안감을 줄이기 위해 파나소닉에게 어떤 전략을 추천할 수 있는가?
3. 다음 제품들이 도표 4-6에 묘사된 매슬로의 욕구 계층구조의 어떤 단계와 가장 관련성이 높은지 설명해보자. (a) 생명보험, (b) 화장품, (c) 월스트리트저널, (d) 햄버거.
4. 다음 제품이나 서비스 구매가 가족수명주기 중 어느 시점과 가장 밀접하게 관련되어있는지 설명해보자. (a) 침실가구, (b) 생명보험, (c) 카리브해 크루즈 여행, (d) 자녀 장난감.

마케팅계획 세워보기

제품(유형제품, 서비스 혹은 아이디어)에 대한 마케팅계획을 수립하기 위해서는 소비자분석을 해야 한다. 다음을 수행해보자.

1. 제품을 구매할 가능성이 가장 높은 소비자 유형, 즉 표적시장을 (a) 인구통계적 특성 및 (b) 중요하다고 생각하는 특성들의 측면에서 묘사해보자.
2. (a) 제품의 중요한 차별적 특성을 설명하고, (b) 그 특징이 소비자들의 어떤 문제해결에 도움이 되는지를 도표 4-1의 소비자 구매의사결정과정 첫 번째 단계와 관련하여 설명해보자.
3. 도표 4-5의 (a) 마케팅믹스, (b) 심리적 영향, (c) 사회문화적 영향, (d) 상황적 영향별로 제품에 영향을 미칠 수 있는 요인들을 한두 개씩 떠올려보자.

이러한 소비자분석들은 마케팅계획 중 마케팅믹스활동 개발의 기초가 될 것이다.

비디오 케이스 4 코퍼톤: 소비자 이해를 통한 선도적인 선케어 브랜드 창조

Video 4-4
Coppertone Video Case
kerin.tv/cr8e/v4-4

어떻게 하면 미국 선케어 시장에서 선도기업이 될 수 있을까? 코퍼톤의(Coppertone) 마케팅 부사장 트레이시 넌지아타(Tracy Nunziata)는 "고객을 사랑하라고 말하고 싶다"라고 말한다. 그녀는 소비자가 모든 활동의 기초가 되어야 하며 소비자의 마음, 행동, 태도를 더 잘 이해할수록 브랜드를 어떻게 마케팅할지 더 잘 알게 된다고 한다.

코퍼톤과 선케어 산업

코퍼톤은 변화하는 고객의 욕구에 대응해온 길고 흥미로운 역사를 가지고 있다. 그들은 미 공군에서 정비공들이 피부 보호를 위해 페트롤리움(red petroleum: 바세린의 원료)을 사용하는 것을 본 약사 벤자민 그린(Benjamin Green)에 의해 시작되었다. 그는 코코아버터와 코코넛오일을 추가하여 미국 최초 선케어 제품인 코퍼톤 선탠크림을 개발하였다. 마케팅 책임자 리사 페레스(Lisa Perez)는 코퍼톤은 태닝 브랜드로 시작했으며, 과거 비즈니스에 사용하던 태그라인 중 가장 인기 있었던 것은 "태우지 말고, 태닝하세요"라고 말한다. 그 후 코퍼톤은 현재의 광고 아이콘인 강아지가 수영복을 끌어내려 태닝자국이 드러나 놀라고 있는 모습의 '코퍼톤 걸'을 등장시켰다. 어린이 미스 코퍼톤 선발대회가 열렸고 조디 포스터(Jody Foster)와 같은 연예인이 코퍼톤 광고에서 어린이 모델로 데뷔하였다. 당시 옥외광고판은 플로리다 마이애미 비치에 여전히 남아있다.

피부관리에 대한 관심 증가에 따라 소비자의 관심이 태닝에서 피부 보호로 변했고, 코퍼톤은 이러한 요구에 따라 신제품을 개발하였다. 페레스는 "우리는 지속적으로 소비자의 기대에 부응하고자 꾸준히 진화해왔다"는 점을 언급한다. 예를 들어 코퍼톤은 햇볕 차단율을 측정하는 시스템을 개발하기 위해 연구소를 설립했다. 개발된 시스템은 식약처(FDA)의 자외선 차단지수인 SPF(Sun Protection Factor) 등급의 기초가 되었다. 게다가 이들은 아이들을 위한 자외선 차단제품을 최초 개발하고, 방수 로션과 스프레이형 자외선 차단제를 출시하였다. 또 개별 가족에 맞추어진 재주문 알림을 제공하는 자외선알림 앱(MyUV Alert™)을 제공하였다.

오늘날 코퍼톤은 90억 달러에 이르는, 세계 시장점유율 18%의 선도기업이다. 코퍼톤의 성공은 시장의 치열한 경쟁을 고려할 때 이례적이다. 넌지아타는 "당신의 경쟁자가 누구이고 그들에게 어떤 경쟁력이 있는지 알아야 하기 때문에 뉴트로지나, 바나나보트, 심지어 중소 규모 브랜드까지 조사하는 것은 필수"라고 말한다. 이 브랜드들은 제품군 내에서 다른 역할을 하기 때문에 그들의 어떠한 혁신을 위해 노력하는지, 그들이 핵심 타깃이 누구이고 그 시장을 어떤 제품으로 공략하는지 아는 것은 매우 중요하다. 산업은 지속으로 변하며 선케어와 스킨케어의 경계가 모호해지고 있다. 많은 선케어 제품은 비타민 B_3와 은행나무 성분 등의 새로운 성분을 추가하고, 스킨케어 제품은 자외선 차단 기능(SPF protection)을 포함하는 다기능 제품을 출시하며 치열하게 경쟁하고 있다.

선케어 제품 구매의사결정 프로세스

코퍼톤 경영진은 소비자가 선케어 제품을 구매하면서 어떤 과정을 거치는지 매우 신경 쓴다. 페레스에 따르면 첫 번째 단계인 문제 인식과정은 두 가지 방식으로 일어난다고 한다. 첫 번째는 "햇볕에 노출되는 자신들의 피부를 보호하는 것이 중요하다는 것을 이해하고 관심을 갖는 것"이다. 두 번째는 "소비자가 해변이나 수영장 등 휴가를 위해 '어딘가 가야 하는' 상황에 처하게 되면서"이다. 두 상황에서 소비자는 선케어 제품이 필요해진다. 코퍼톤은 연구를 통해 80%의 소비자가 점포에 가기도 전에 선케어제품을 구매하기로 결정한다는 것을 알아냈다. 필요를 인지한 소비자는 다양한 정보원에서 정보를 수집한다. 제품을 사용하는 주변 사람에게 묻기도 하고 온라인에서 정보를 탐색하기도 한다. 넌지아타는 "소비자들이 다양한 브랜드를 알아보고 어떤 종류의 자외선 차단 기능이 있는지 살펴보고 어떤 새로운 혁신이 있는지 조사한다"라는 것을 안다고 말한다. "이러한 제품군에서는 뉴스가 매우 중요한데 소비자들이 다양한 필요에 맞는 최고의 제품을 구매하려 하기 때문이라고"도 밝혔다. 코퍼톤은 고객의 정보 검색을 용이하게 하기 위해 마케팅 예산의 상당 부분을 제품이 온라인 검색에 잘 노출되게 하는 데 사용한다. 또 전통적인 광고나 PR, 웹페이지 안내를 통해 새로운 정보가 소비자들에게 쉽고 빠르게 전달되도록 한다.

Source: Bayer

선케어제품 카테고리에는 많은 옵션이 있어 소비자들이 대안을 평가하기가 복잡할 수 있다. 소비자평가의 첫 번째 중 하나는 로션이나 스프레이와 같은 제품 형태이다. 그리고 자외선차단(SPF) 수준과 브랜드이다. 마지막으로 가격이 평가 과정에 영향을 미친다. 코퍼톤은 소비자들의 기호에 맞추기 위해 방수기능(코퍼톤 스포츠), 시트러스 향(코퍼톤 클리어리시어 페이스), 항산화기능(코퍼톤 클리어리시어 에프터선), 휴대용 사이즈 등의 새로운 속성을 계속 추가하고 있다. 합리적인 소비자들을 사로 잡기 위해 가격도 지속적으로 조정했다. 리사 페레스는 "소비자는 상당히 많은 결정 기준을 고려한다"고 말한다.

일단 소비자가 대안을 검토하면 그들은 온라인이나 오프라인 점포에서 제품을 구매할 수 있다. 예를 들어 코퍼톤닷컴(www.coppertone.com)에서는 드러그스토어 체인인 월그린과 CVS, 타겟, 케이마트 같은 할인점, 아마존닷컴, 소프닷컴(soap.com), 드러그스토어닷컴 등 온라인 소매점에서 제품을 구매할 수 있게 링크를 제공한다. 만약 소비자가 소매점을 선택한다면 코퍼톤 브랜드를 크로거, 세이프웨이, 퓨빅스 등 슈퍼마켓이나 코스트코, 샘스클럽과 같은 회원제창고형 점포에서도 판매한다. 페레스는 이러한 상황에 관해 "소비자는 자신이 원하는 제품, 원하는 시간을 찾는다"라고 설명한다. 일반적으로 매장의 직원은 소비자들이 선케어제품을 구매하는 과정에 도움을 주지 않으므로, 구매시점 진열은 소비자가 제품의 위치를 찾을 수 있도록 돕는 중요한 일이다. 코퍼톤은 때로 소매상과 파트너가 되어 점포 내 화장품 카운터에서 일하는 뷰티 어드바이저에게 교육과 정보를 제공하기도 한다.

넌지아타는 구매 후 평가가 신속하게, 그리고 두 가지 측면에서 일어난다고 믿는다. 첫 번째는 그들이 화상을 입을지 여부다. 이것이 제품 만족 여부를 가르는 중요한 신호라고 생각한다. 두 번째는 제품에 대한 느낌이다. 만약 제품이 매우 끈적이고 기름지다면 소비자는 해당 제품을 좋아하지 않을 것이다. 코퍼톤은 웹사이트와 이메일, 편지, 전화로 제품에 대한 모든 피드백을 구한다. 코퍼톤의 마케팅활동은 페이스북이나 인스타그램, 뷰티 웹사이트에서의 소비자와의 관계관리도 포함한다. 그들은 브랜드에 대한 진정성 있는 대화에 참여하는 것을 목표로 한다.

소비자 구매의사결정과정에 영향을 미치는 여러 가지 다른 요소들이 많다. 소비자는 자신을 위한 제품, 아이를 위한 제품 등 다양한 상황이나 날씨에 맞는 여러 가지 제품을 선택하길 원한다. 야외 및 실내 라이프스타일과 같은 심리적 영향 요소, 건강과 웰빙에 대한 인식도 제품 선호에 영향을 미칠 수 있다. 페레스는 이러한 요소들이 소비자가 어떤 삶의 단계에 있는지, 그들의 라이프스타일이 어떠한지에 따라 달라진다고 말한다. 마지막으로 또래집단이나 준거집단 같은 사회문화적 영향이 중요하다. 코퍼톤은 여성 소비자들이 스킨케어나 화장품관 관련해서 친구들이 선호하는 제품에 대한 관심이 크다는 것에 주목하고 있다.

코퍼톤의 마케팅전략

트레이시 넌지아타와 리사 페레스는 코퍼톤 제품에 대한 통합 마케팅 프로그램을 관리한다. 이 프로그램에는 TV와 인쇄물 같은 전통적인 대중매체, 다양한 소셜미디어와 디지털 광고 매체가 포함되어있다. 코퍼톤은 다양한 쿠폰을 활용한다. 일요신문의 전단지(FSI), 디지털 쿠폰, 소비자가 포장지에서 오려내어 사용하는 즉석상환쿠폰(IRC) 등이 바로 그것이다. 코퍼톤 마케팅 프로그램의 또 다른 중요한 부분은 미국 남녀 축구팀을 후원하는 것이다. 또 그들은 디즈니와 파트너십을 맺어 〈도리를 찾아서〉와 같은 영화 프로모션을 진행했다. 코퍼톤의 마케팅활동에는 미국 전역에 걸쳐 시행되는 샘플링, 빌보드 등 옥외광고 등도 있다.

코퍼톤의 미래

코퍼톤은 몇 가지 독특한 기회와 미래에 대한 도전에 직면해 있다. 첫째, 코퍼톤 제품에 대한 수요는 계절의 영향을 많이 받는다. 실제로 코퍼톤 매출의 대부분이 100일 만에 이루

Source: Bayer

어진다. 둘째, 소비자들은 전통적으로 코퍼톤 제품을 해변에 가거나 휴가를 가는 등 특정 행사와 연결지어 생각한다. 하지만 소비자들의 건강과 웰빙에 대한 관심이 커지면서, 코퍼톤은 소비자들이 코퍼톤 제품을 일상 생활의 일부로 인지하도록 노력해야 한다. 마지막으로 코퍼톤은 최근 소비자의 니즈에 맞는 신제품 개발을 위한 노력의 일환으로 안경렌즈 제조기업 비전이즈(Vision Ease)와 파트너가 되어 코퍼톤 편광 선글라스와 콘택트렌즈 라인을 출시했다.

현재는 물론 앞으로도 코퍼톤은 소비자를 이해하기 위해 지속적으로 노력해야 할 것이다. 페레스는 "코퍼톤 비즈니스는 일상에 기반하여 빠르게 변화하는 사업이다"라고 한다. 소비자들은 유행을 따르고, 똑똑하고, 재치 있고, 정보에 민감하다. 마케터에게 정말 중요한 것은 어떻게 그것을 앞서나가느냐 하는 것이다. 이를 위해 마케터는 트렌드를 끊임없이 연구하고, 소비자와의 소통을 통해 마케팅활동을 조정하여 그들에게 적용해야 한다.

질문

1. 소비자행동에 대한 이해가 어떻게 코퍼톤이 미국과 전 세계에서 성장하는 데 도움이 되었는가?
2. 코퍼톤 고객의 5단계 구매 결정 프로세스에 대해 설명해 보자.
3. 코퍼톤의 소비자 구매의사결정과정에 영향을 미칠 수 있는 상황, 심리, 사회문화적 요소는 무엇인가?
4. 코퍼튼은 어떠한 구체적인 마케팅활동을 통해 시장에서 성장했는가?
5. 코퍼톤이 직면해 있는 도전은 무엇인가? 각 도전과 관련하여 어떠한 행동을 해야 하는가?

5

조직을 고객으로 이해하기

LEARNING OBJECTIVES

다음 학습목표를 달성해보자.

목표 1 산업재, 재판매업자와 정부 조직시장을 구분할 수 있다.

목표 2 소비자 구매와 상이한 조직 구매의 주요 특성을 설명할 수 있다.

목표 3 구매센터와 구매상황이 조직 구매에 어떻게 영향을 미치는지 설명할 수 있다.

목표 4 산업, 재판매업자 및 정부 등 조직시장에서 온라인구매가 갖는 중요성과 본질을 이해한다.

조직구매도 마케팅! JC페니의 출판용지 구매

JCP미디어의 경영진은 종이를 대부분의 사람들이 보는 것과 다르게 본다. 거기에는 충분한 이유가 있다. JCP미디어의 구매전문팀은 매년 출판용지를 10만 톤 이상을 구매한다.

JCP미디어는 미국에서 가장 큰 백화점 중 하나이며, JC페니에서 출판과 종이 구매를 책임진다. 그들은 신문에 들어가는 JC페니 광고 전단지 및 다이렉트메일을 위해 종이를 구매한다. 미국의 버소페이퍼(Verso Paper), 캐나다의 캐털리스트페이퍼(Catalyst Paper Inc.), 노르웨이의 노스케스코그(Norske Skog), 핀란드의 UPM-킴네(UPM-Kymmene)를 포함하여 전 세계 약 10개 기업으로부터 종이를 공급받는다.

JCP미디어의 마케팅생산 담당 부사장은 "상당한 규모의 매출과 비용을 고려하면 종이와 공급업자의 선택은 중요한 사업상 의사결정입니다"라고 말한다. JCP미디어의 종이 구매 담당자들은 JC페니의 마케팅 인력과 매년 제작되는 카탈로그 수백만 개, 신문 삽입 전단지 및 다이렉트메일에 적당한 품질과 적정한 양의 종이를 예산의 범위 안에서 적절한 가격으로 구매하는 것을 보장하고자 긴밀하게 협력하고 있다.

JCP미디어의 구매자들은 종이의 모양, 품질, 양, 가격을 따질 뿐만 아니라 미국, 캐나다 및 유럽 공급업자들의 공장을 장기간 방문하고 그들의 능력을 정식으로 평가하기도 한다. 공급업자의 역량은 특수한 아이템부터 잡지용지에 이르는 다양한 품질의 종이를 정시에 배달하는 능력, 출판 마감일을 맞출 수 있도록 특정 종이의 보유 여부나 종이의 라이프사이클에 초점을 맞춘 정식 프로그램 등으로 평가한다. 예를 들어 공급업자의 삼림관리와 지속가능한 개발 수행은 JCP미디어의 구매과정에서 고려되는 사항이다. 실제로 JCP미디어에서 구입한 종이는 지속가능한 산림계획부, 산림관리위원회 또는 산림관리를 위한 세

Courtesy of JCPenney

가지의 저명한 산림 승인 프로그램으로 인증된다.

JC페니의 신문 전단지 또는 다이렉트메일의 종이를 보면, JPC미디어 종이구매팀이 종이 선택과 구매에 얼마나 많은 노력과 주의를 기울였는지 알 수 있다.

JCP미디어의 종이 구매는 조직구매의 한 예다. 이 장에서는 다양한 조직구매 유형과 온라인구매, 구매 상황, 소비재와 다른 조직구매과정의 특수성 등 조직구매의 특징을 살펴본다.

B2B마케팅과 조직구매자

목표 1 산업재, 재판매업자와 정부조직시장을 구분할 수 있다.

B2B마케팅
회사, 정부 또는 비영리조직들이 사용하거나 자신들이 만들어 다른 사람들에게 팔 제품과 서비스의 창출에 필요한 제품과 서비스의 마케팅

조직구매자
자신들의 사용이나 재판매를 위해 제품과 서비스를 구매하는 제조업체, 도매업자, 소매업자, 서비스기업, 비영리조직 및 정부기관

조직시장(organizational marekts) 및 구매행동을 이해하는 것은 효과적인 **B2B마케팅**(business-to-business marketing)의 필수 전제조건이다. 미국 경영대학 졸업생의 반 이상이 비즈니스마케팅(business marketing)기업에서 일하고 있다. 조직구매자의 특성과 구매 행동을 이해하는 것은 중요한 일이다.

조직구매자

조직구매자(organizational buyers)는 자신이 사용할 목적으로 컴퓨터와 전화서비스를 구매한다. 제조업자들은 그들이 판매하는 최종제품에 중간재로 들어가는 원자재와 부품을 구입한다. 도매업자와 소매업자는 그들이 사는 제품을 재가공하지 않고 재판매한다.

조직구매자는 최종적인 소비자를 제외한 모든 구매자를 포함한다. 이러한 조직구매자는 대규모의 자본재, 원자재, 부품, 비품 및 비즈니스 서비스를 구매하고 임대차계약(lease)을 한다. 그들은 사실상 최종 조직구매자나 궁극적인 소비자들이 구매하기 전에 원자재와 부품을 사고 가공하여 개선된 제품을 판매하기 때문에, 조직구매자의 총 연간 구입액은 최종소비자의 구매액보다 훨씬 많다. IBM의 경우만 해도 자사에서 사용하거나 재판매하기 위해 연간 약 520억 달러에 달하는 제품과 서비스를 구매한다.

조직시장

조직구매자는 ① 산업재시장, ② 재판매업자시장, ③ 정부시장으로 나누어진다. 각 시장에 대한 설명은 다음과 같다.

산업재시장(industrial markets) 산업재 혹은 비즈니스시장에는 약 750만 개의 기업이 있다. 산업재기업(industrial firms)은 다음 단계의 고객에게 제공물을 다시 판매하기 전에 자신이 구매하는 제품 또는 서비스를 어떤 방법으로든 재가공한다. 이는 미국의 전화 통화량을 소화할 수 있는 광섬유를 만들기 위해 원재료를 특이한 배합으로 바꾸는 코닝(Corning)의 경우를 보면 알 수 있다. 만일 여러분이 상상력을 동원한다면, 예금자에게 돈을 받아 대출자에게 융자를 통해 판매하는 은행의 판매서비스도 이러한 경우에 속한다는 것을 알게 될 것이다.

유형적인 제품(제조업체, 광업, 건설, 농업, 임업 및 수산업)을 주로 판매하는 회사들은 산업시장의 25% 정도를 차지한다. 서비스시장은 법률 자문, 자동차 수리, 드라이클리닝 등 다양한 서비스를 판매한다. 비영리조직뿐만 아니라 금융, 보험, 부동산, 수송, 커뮤니케이션 및 공익기업체 같은 서비스기업들이 모든 산업재 기업의 75%를 차지하고 있다.

재판매업자시장(reseller markets) 제품을 사서 재가공 없이 다시 판매하는 도매업자와 소매업자를 재판매업자(resellers)라고 한다. 미국에는 약 1,100만 명의 소매업자와 43만 5,000명의 도매업자가 존재한다. 이후 12~13장에서는 제조업체가 그들의 제품이 최종소비자에 도달하기 위해 도매업자와 소매업자를 어떻게 그들의 유통

록히드마틴이 디자인 및 개발하고, 테스트하여 성능을 평가한 오리온 다목적 유인 우주선(Orion lunar spacecraft)은 미국항공우주국이라 불리는 정부조직에 판매되었다. 미국항공우주국이 오리온 다목적 유인 우주선의 개발, 시험 비행 및 첫 번째 유인 미션에 얼마나 많은 돈을 지불했는지는 본문에서 확인해보자.
Courtesy of Lockheed Martin Company

전략에서 사용하는지 소개할 것이다. 이 장에서 우리는 이러한 재판매업자들이 ① 어떻게 자신의 구매의사결정을 하는지, ② 어떤 제품을 판매하기 위해 구매하는지를 조직구매자의 관점에서 주로 살펴볼 것이다.

정부시장(government markets) 정부기관(Government units)은 그들이 봉사하는 주체를 위해 제품과 서비스를 구매하는 연방, 주정부 및 지방정부의 기관을 말한다. 미국에는 이런 정부기관이 약 8만 9,500개 존재한다. 여기에는 2023년까지 소행성과 화성을 탐사하게 될 오리온 다목적 유인 우주선 개발에 미국항공우주국(NASA)이 록히드마틴에게 지불할 20.4억 달러도 포함되어있다.

Video 5-1
NASA
kerin.tv/cr8e/v5-1

조직시장 측정

산업재, 재판매업자 및 정부시장의 규모 측정은, 이러한 시장의 규모를 가늠하는 데 관심이 있는 기업에게는 매우 중요한 일이 될 것이다. 이 작업은 **북미산업분류시스템**(North American Industry Classification System, NAICS)의 도움으로 보다 쉬워졌다. 북미산업분류시스템은 북미자유무역협정(North American Free Trade Agreement, NAFTA)의 세 회원국인 캐나다, 멕시코 및 미국의 경제활동을 쉽게 측정할 수 있도록 공통적인 산업 정의를 제공한다.

북미산업분류시스템
북미자유무역협정의 세 회원국인 캐나다, 멕시코, 미국의 경제활동을 쉽게 측정할 수 있게 공통적인 산업 정의를 제공

북미산업분류시스템은 경제활동을 묶어 시장점유율, 제품과 서비스 수요, 국내 시장에서의 수입 경쟁 등에 대한 조사를 할 수 있게 만들어졌다. 이 시스템은 정의된 구조에 따라 산업을 숫자 코드로 분류하며 여기에 여섯 자리 코딩시스템이 사용된다. 첫 두 자리는 경제 부문을 뜻하며, 세 번째 자리는 소부문을 의미하고, 네 번째 자리는 산업집단을 지칭한다. 다섯 번째 자리는 특정 산업을 나타내는데 이는 캐나다, 멕시코, 미국을 대상으로 비교가능한 데이터를 제공하는 가장 구체적인 수준이다. 여섯 번째 자리는 각국 수준의 국가산업을 나타낸다.

학습리뷰

1. 조직구매자는 ______________________ 이다.
2. 조직구매자의 세 가지 주요 유형은 무엇인가?

조직구매의 특성

목표 2 소비자 구매와 상이한 조직구매의 주요 특성을 설명할 수 있다.

조직은 개인과 다르다. 조직을 위한 구매 역시 자신이나 가족을 위한 구매와 다르다. 두 행위 모두 구매의 목적은 문제해결, 즉 욕구와 필요를 만족시키기 위해서이다. 그러나 조직의 독특한 목표와 정책은 구매의사결정을 어떻게 해야 하는지에 대해 특별한 제한을 두게 된다. 조직구매의 특성을 이해하는 것은 조직구매자에 어필할 수 있는 효과적인 마케팅 프로그램을 디자인하는 데 필수적이다. 조직구매의 주요 특성은 도표 5-1에 나타내었다.

수요의 특성

파생수요
소비재와 서비스에 대한 수요에 의하거나 수요로부터 생기는 산업제품과 서비스에 대한 수요

제품과 서비스에 대한 소비자수요는 제품이나 서비스의 가격과 구입가능성 및 소비자의 개인 취향과 재량소득의 영향을 받는다. 이와 달리 산업재수요는 파생수요다. **파생수요**(derived demand)는 소비재와 서비스에 대한 수요에 의해 또는 수요로부터 생기는 산업제품과 서비스에 대한 수요를 의미한다. 예를 들어, 미국의 산림목재기업 웨어하우저(Weyerhaeuser)의 펄프(pulp)와 종이제품에 대한 수요는 신문, 페덱스(FedEx) 포장 및 일회용 기저귀에 대한 소비자수요에 달려 있다. 파생수요는 미래 소비자수요에 대한 기대를 근거로 한다. 예를 들어, 가전제조기

도표 5-1 조직구매행동의 주요 특성과 차원

특성	차원
시장 특성	• 산업재 제품과 서비스에 대한 수요는 파생수요다. • 소수의 고객이 존재하고, 그들의 구매 규모는 크다.
제품 또는 서비스 특성	• 제품 또는 서비스는 본질적으로 전문적이고 세부요구사항에 따라 구매된다. • 구매된 제품의 대부분은 원재료와 중간재이다. • 강조되는 서비스는 배달시간, 기술적 지원 및 판매 후 서비스이다.
구매과정 특성	• 기술적으로 자격을 갖춘 전문적인 구매자들이 확립되어있는 구매정책과 절차에 따라 구매한다. • 판매자와 판매자의 제품 또는 서비스를 평가하는 절차와 같은 구매목표와 기준은 전형적으로 명시되어있다. • 구매의사결정에는 많은 영향요인이 작용하고 다수의 사람이 참여한다. • 상호 합의가 진행되며 구매자와 판매자 간의 협상이 일반적이다. • 인터넷을 통한 온라인구매가 유행이다.
마케팅믹스 특성	• 조직구매자에 대한 직접판매가 원칙이며 물류는 아주 중요하다. • 광고와 다른 형태의 촉진은 본질적으로 전문적이다. • 가격은 종종 협상가능하며, 판매자의 수와 제품 내지 서비스 품질에 따라 평가된다. 가격은 수량할인의 영향을 받는다.

업 월풀(Whirpool)은 소비자수요 예측을 근거로 하여 세탁기와 건조기의 부속품을 구매하는데, 이런 소비자수요는 제품의 교체사이클과 소비자소득의 영향을 받는다.

주문 또는 구매 규모

조직구매의 구매 규모는 대개 소비자 구매보다 훨씬 크다. 한 회사가 한 번 구매하는 것의 달러가치는 종종 수백만 달러 내지 수십억 달러에 이른다. 예를 들어, 독일의 중공업 기업인 지멘스(Siemens)는 텍사스에 천연가스발전소를 짓는 데 10억 달러를 받았다. 세계 최대의 항공우주기업 보잉(Boeing)은 보잉 737 상용 여객기에 대해 약 1억 300만 달러, 보잉 777에 대해서는 3억 4,400만 달러, 보잉 787에 대해서는 2억 7,000만 달러를 청구한다.

상업용 항공기 구입은 복잡하고 시간이 많이 걸리며 비용이 많이 드는 일이다. 다음 내용을 읽고 새로운 보잉 777 여객기의 구매비용을 알아보자.

©Karie Hamilton/Bloomberg via Getty Images

대부분의 회사들은 상당한 금액이 걸려 있기 때문에 구매정책 또는 구매절차의 형태로 구매부서에 대한 제한을 두고 있다. 구매자들은 주문 규모가 5,000달러와 같이 특정 금액을 넘을 때, 많은 경우 적어도 세 곳의 잠재 공급업자로부터 경쟁입찰을 받아야 한다. 5만 달러와 같이 상당한 금액이 되면, 부사장 또는 사장의 검토와 승인이 필요하다. 주문 규모가 구매절차에 영향을 미친다는 것을 아는 것은 구매의사결정에 누가 참여하고 누가 최종결정을 내리는지, 그리고 구매계약에 이르기까지 걸리는 시간의 정도를 결정하는 데 있어 중요한 일이다.

잠재구매자의 수

소비자 제품이나 서비스를 마케팅하는 회사는 종종 수천 내지 수백만 명의 개인 혹은 가정에 도달하고자 노력한다. 예를 들어 동네 슈퍼마켓이나 은행은 아마 수천 명의 고객을 상대하고 있을 것이다. 켈로그(Kellogg)는 시리얼 제품이 북미의 8,000만 가정에 도달하도록 노력하고, 대체로 매년 이 중 3분의 1 내지 반 정도에 도달한다. 조직에게 판매하는 기업들은 종종 보다 적은 수의 구매자를 상대한다. 걸프스트림 항공우주회사(Gulfstream Aerospace)는 전 세계 단 수천 개의 조직에 그들의 비즈니스용 제트기를 판매하고, 굿이어(Goodyear)는 주문자 상표부착 타이어를 10개도 안 되는 자동차 제조회사에 판매한다.

조직구매목표

보통 기업들의 구매목표는 비용을 줄이거나 매출을 늘려서 이익을 증가시키는 것이다. 예를 들어, 세븐일레븐(7-Eleven)은 편의점에서 파는 제품 수를 늘리기 위해, 그리고 제품을 신선하게 유지하기 위해 자동화된 재고시스템을 구매한다. 닛산(Nissan)자동차는 광고대행사를 바꾸었는데, 그 이유는 새 대행사가 더 효과적인 광고 캠페인을 만들며 더 많은 차를 팔리게 해서 매출을 증가시켜줄 것으로 기대했기 때문이다. 많은 회사에서 경영자의 의사결정능력을 향상시키고자 데이터를 처리하는 보다 향상된 컴퓨터시스템을 구매한다. 비영리기업과 정부기관의 목표는 보통 그들이 봉사하는 집단의 욕구를 해결하는 것이다.

오늘날 많은 기업이 소수집단, 여성이 사장인 공급업체와 판매회사로부터 구매하는 것을 강조함으로써 구매목표의 범위를 넓혀가고 있다. 피트니 보우스(Pitney Bowes), 펩시콜라, 쿠어즈(Coors), JC페니 같은 회사들은 소수집단, 즉 여성이 사장인 공급업체와 판매회사로부터의 구매 건을 늘림으로써 매출, 이익, 소비자만족이 증가하고 있다고 밝혔다.

어떤 회사들은 환경 이슈에 초점을 두고 있다. 유지보수자재 전문 소매상 로우스(Lowe's)와 홈디포(Home Depot)는 사라질 위기에 처한 숲에서 목재를 채취하는 회사에서 자재를 더 이상 구매하지 않는다. 성공적인 비즈니스 마케터들은 구매목표의 이해가 조직에 마케팅을 하는 첫 번째 단계임을 알고 있다.

미국의 우편물처리기 전문기업 피트니 보우스는 공급업체 다양성 분야의 리더이다. 이 회사는 연간 구매에 수백만 달러를 차지하는 수백 개의 다양한 공급업체를 두고 있다. 성공적인 공급업체의 다양성과 전반적인 다양성을 보유한 기업에 대해 자세히 알아보려면 www.diversityinc.com을 방문해보자.

Source: Pitney Bowes Inc.

조직구매기준

구매조직은 잠재공급업자와 그들이 팔길 원하는 것에 적용되는 중요한 구매기준을 고려해야 한다. 조직구매기준(organizational buying criteria)은 공급업자의 제품과 서비스의 객관적 속성이며 공급업자의 능력이다. 이러한 기준은 4장에서 설명한 소비자에 의해 사용되는 평가기준과 같은 목적으로 사용된다. 가장 널리 사용되는 기준은 ① 가격, ② 해당 아이템에 요구되는 품질 요구사항을 맞추는 능력, ③ 배달 스케줄을 맞추는 능력, ④ 기술역량, ⑤ 문제가 생겼을 경우의 보장과 클레임 정책, ⑥ 지난 계약에서의 성과, ⑦ 생산공장과 생산능력 등이다. 이러한 기준에 맞추거나 초과하는 공급업자들이 고객가치를 만들어낸다.

실제 예로, 도표 5-2는 사람의 눈 대신 기계로 생산품의 불량 여부를 검사하는 머신비전장비(machine vision system)와 공급업체를 선택할 때 조직구매자가 채택한 실제 구매기준과 이러한 기준이 사용되는 빈도를 보여준다. 흥미롭게도 다양한 선택기준 중에서 머신비전장비의 가격은 자주 언급되는 기준이 아니었다.

많은 조직구매자들은 오늘날 유망한 공급업자에게 커뮤니케이션되는 그들의 구매기준을 자세한 요구사항으로 바꾸고 있다. 이러한 관행을 공급업자개발(supplier development)이라 부르는데, 이는 조직구매자가 공급업자와의 관계를 구축하여 공급업자의 제품, 서비스 및 역량을 구매자의 욕구와 구매자 고객의 욕구에 맞게 만들려는 조직구매자의 의도된 노력이다. 존 디어(John Deere) 브랜드 농기구, 건설장비 및 잔디 깎는 예초기 제조업체 디어앤컴퍼니(Deere & Company)를 생각해보자. 디어(Deere)는 자사 공급업자의 효율을 개선하고 비용을 줄이기 위해 그들과 함께 일하는 공급업자 개발 엔지니어제도를 채택했다. 디어의 고위경영자는 "그들의 품질, 배달 및 비용은 결국 우리의 품질, 배달 및 비용입니다"라고 말했다.

구매자-판매자 관계와 공급업자 파트너십

조직의 구매행동과 소비자 구매행동의 차이는 조직구매자와 공급업자 간 관계의 본질에 있다. 조직구매에서 분명 배달 스케줄, 가격, 기술적 지원, 보증 및 클레임 정책과 관련하여 복잡한 협상을 할 가능성이 높다. 이러한 협상은 상당 기간 지속될 수 있다. 미국 에너지국의 오크리지국립연구소(Oak Ridge National Laboratory)가

머신비전 검사카메라는 자동차 산업에서 기어 검사를 수행하는 데 사용된다. 카메라는 기어의 날이 올바른 각도와 크기인지 확인한다.

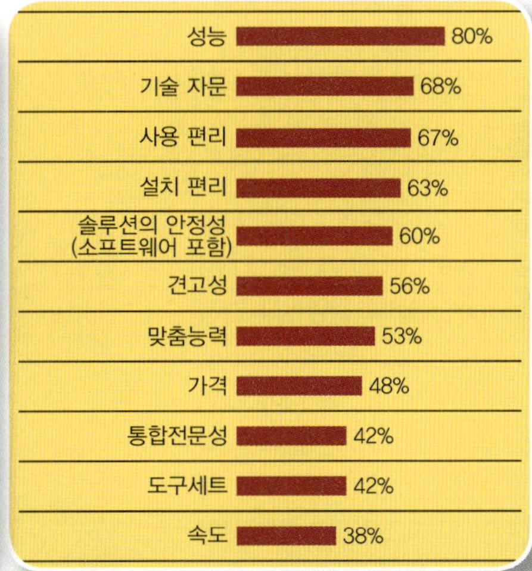

머신비전 구매자가 제품 또는 공급업자를 결정할 때 가장 중요하게 고려하는 개별 선택기준

도표 5-2 머신비전장비를 구매하기 위한 제품과 공급업자 선택기준에서는 가격보다 다른 기준이 강조된다.

약 2억 달러를 들여 IBM 서밋(Summit) 슈퍼컴퓨터를 인수했을 때도 마찬가지였다. 서밋은 처리 속도 면에서 초당 20만 조 개의 계산을 수행할 수 있었다!

호혜약정(reciprocal arrangement) 또한 조직구매에서 발생한다. 호혜(reciprocity)란 두 조직이 서로의 제품과 서비스를 구매할 때 행해지는 조직구매 관행이다. 미국 법무부(U.S. Justice Department)는 호혜협정을 인정하지 않는데, 왜냐하면 그것이 자유시장의 정상적인 운영을 제한하기 때문이다. 그럼에도 관행은 존재하고, 이는 조직구매자들이 다른 공급업자를 선택하는 것의 유연성을 제한할 수 있다.

장기계약 또한 흔히 볼 수 있다. 예를 들어 GT 어드벤스드테크놀리지(GT Advanced Technology)는 아이폰 카메라 렌즈 및 화면에 사용되는 재료를 공급하기 위해 애플과 다년간 5억 7,800만 달러의 계약을 체결했다.

또 다른 사례로 구매자-판매자 관계가 공급 파트너십으로 발전하기도 한다. 공급 파트너십(Aupply partnership)은 구매자와 그의 공급업자가 최종 소비자에게 전달될 제품과 서비스의 가치를 증가시키거나 비용을 낮출 목적으로 상호호혜적 목표, 정책 및 절차를 채택한 경우를 말한다. 공급 파트너십의 전형적인 예는 할리데비슨과 밀스코의 파트너십이다. 밀스코는 1934년부터 할리데이비슨 모터사이클 시트를 설계하고 제조했다. 밀스코를 위한 공급 파트너십의 중요성은 '마케팅의 힘' 박스에 설명되어있다.

소매업자 역시 공급업자와의 파트너십을 구축한다. 월마트(Walmart)는 P&G 제품을 주문하고 점포에 보충하기 위해 파트너십을 구축하였다. 월마트의 계산대의 스캐너는 P&G에 인터넷으로 연결되어있어 어떤 제품이 언제 어느 점포에 얼마나 필요한지 바로 파악할 수 있다.

공급 파트너십은 종종 지속가능한 조달(sustainable procurement)이라 불리는 관행으로 이어진다. 이러한 구매관행이 스타벅스에서 어떻게 시행되고 있는지는 '책임 있는 의사결정' 박스를 보면 알 수 있다.

Video 5-2
Starbucks Sustainability
kerin.tv/cr8e/v5-2

마케팅의 힘

고객가치

밀스코의 마케팅철학은 파트너십 개발에 맞춰져 있다. 시트 때문에 모터사이클 주행이 더 즐거워진다

생김새, 착석감, 기능은 모터사이클 시트가 갖추어야 하는 사항들이다. 매년 200개 이상의 다양한 모델로 300만 개 이상의 시트를 생산하는 밀스코(Milsco Manufacturing)의 경영진과 엔지니어에게 관련 내용을 물어보자.

할리데이비슨(Harley-Davidson)을 타고 달리든 존 디어(John Deere)의 잔디 트랙터로 뒷마당을 정리하든, 우리는 들어본 적 없는 기업 덕분에 편안한 승차감을 누릴 수 있다. 밀스코는 미국 위스콘신주에 소재한 시트 디자인 및 제조업체로 할리데이비슨, 존 디어, 야마하, 캐터필라(Caterpillar), 악틱캣(Arctic Cat), 쿠바타(Kubata), 토로(Toro), 토요타(Toyota), 오토바이, 파워스포츠, 농업, 건설, 해양 레크리에이션, 잔디관리, 산업용 엘리베이터, 골프 카트 및 이동 시장에서 잘 알려진 유명회사를 고객으로 두고 있다.

밀스코의 마케팅철학은 고객과의 파트너십을 개발하기 위해 고안되었다. 할리데이비슨과 밀스코의 85년된 파트너십이 좋은 예이다. 밀스코는 1934년부터 주문자 상표방식으로 시트를 공급하는 유일한 공급업체이자 할리데이비슨의 새들백과 같은 판매 후 부품, 액세서리의 주요 공급업체였다. 밀스코의 엔지니어와 디자이너들은 매년 신제품을 디자인할 때 할리데이비슨의 직원들과 긴밀하게 협력한다.

실제로 밀스코는 각 고객과 협력하여 가장 효과적이고 기능적인 좌석을 설계 및 제조한다. 이들은 매년 변화하는 고객의 요구사항에 대응하여 100개 이상의 신제품을 출시한다. 그중 상당수가 수작업으로 만들어진다.

©Lluis Gene/AFP/Getty Images

만약 할리데이비슨 또는 존 디어의 잔디 트랙터(또는 밀스코와의 파트너십이 관련된 기타 제품)에 앉을 기회가 있다면, 그 좌석이 편안함은 물론이고 생김새, 착석감, 기능 등이 여러분을 위해 설계 및 제작되었음을 기억하자.

조직구매 기능과 과정 및 구매센터

조직구매행동
조직들이 제품과 서비스에 대한 욕구를 확인하고 대안 브랜드와 공급업자들을 발견·평가·선택하는 데 사용하는 의사결정과정

소비자와 같이 조직구매자도 제품과 서비스를 선택할 때 의사결정과정에 참여한다. **조직구매행동**(organizational buying behavior)은 조직이 제품과 서비스에 대한 욕구를 확인하고 대안 브랜드와 공급업자들을 발견·평가·선택하는 데 사용하는 의사결정과정이다. 두 의사결정과정 사이에는 중요한 유사점과 차이점이 있다. 조직구매행동의 본질을 보다 잘 이해하기 위해서, 먼저 조직에서의 구매기능을 살펴본다. 그리고 소비자구매행동과의 비교를 통해 조직구매과정을 살펴본 후 조직구매의 독특한 특징인 구매센터에 대해 살펴보도록 한다.

조직에서의 구매기능

조직에서 구매기능의 주된 책임은 조직에서 사용하거나 소비자에게 재판매하기 위해 제품과 서비스를 선택하고 구매하는 것을 촉진하는 것이다. 구매기능에는 제품 및

책임 있는 의사결정

지속가능성

스타벅스의 지속가능한 성장을 위한 지속가능한 조달

제조업체, 소매업자, 도매업자 및 정부기관은 그들의 구매의사결정이 환경에 어떤 영향을 미치는지에 대해 점점 더 예민해지고 있다. 천연자원 고갈, 공기, 물 및 토양오염 및 경제활동이 사회에 미치는 영향에 대한 관심은 지속가능한 조달의 개념을 낳았다. 지속가능한 조달은 인간의 건강과 물적 환경에 대한 영향을 줄이려는 목적으로 조직구매과정의 모든 단계에서 환경에 대한 영향 고려를 목표로 한다.

스타벅스는 지속가능한 조달의 선구자이자 세계적인 리더이다. 고품질 커피에 대한 이들의 관심은 20개국보다 많은 나라에 산재한 커피 재배자들에게 확장되었다. 이것은 스타벅스가 재배한 커피원두를 공정가격에 구매하고, 커피가 건강한 생태환경 아래 재배되고, 그들이 커피생산 농업공동체에 투자하는 것을 의미한다. 스타벅스는 이러한 방법으로 공급업자들의 지속가능한 성장을 유도하고 있다.

©Jewel Samad/AFP/Getty Images

서비스, 가격, 공급업체에 대한 정보를 수집하고 선별하는 것이 포함된다. 구매기능은 공급업체의 공식 입찰 요청과 구매 계약 수주를 담당하는 경우가 많다.

제품 및 서비스의 선택 및 구매를 담당하는 개인을 일반적으로 구매관리자, 대리인, 조달관리자 또는 소싱관리자라고 한다. 조직구매 프로세스에서 그들이 하는 역할은 다음과 같다.

조직구매과정의 단계

목표 3 구매센터와 구매상황이 조직구매에 어떻게 영향을 미치는지 설명할 수 있다.

도표 5-3에 나타난 바와 같이, 한 학생이 스마트폰을 구매하는 데 사용할 수 있는 다섯 단계는 조직구매에도 적용된다. 도표 5-3의 두 개 열을 비교해보면 주요한 차이점을 알 수 있다. 예를 들어 제조업체가 공급업자로부터 이어버드 헤드셋(earbud headset)을 구매하는 경우, 많은 개인이 참여하게 되고 공급업자의 능력이 더 중요해지며, 구매 후 평가행동이 보다 정식으로 진행된다. 이어버드 헤드셋 구매의사결정 과정은 조직구매자의 전형적인 구매 단계를 보여준다.

소액의 일상적인 구매의 경우에는 구매자 혹은 구매관리자 혼자 구매의사결정을 내린다. 그러나 대부분은 조직의 여러 사람이 구매과정에 참여한다. 이러한 집단에 속한 개인들을 **구매센터**(buying center)라고 하는데, 이들은 의사결정에 중요한 목표, 위험, 지식을 공유한다. 할인점 타겟(Target), 편의점 세븐일레븐, 슈퍼마켓 세이프웨이(Safeway) 같은 대규모 체인 재판매업자들은 구매위원회(buying committee)라 불리는 구매센터를 통해 정식으로 구매를 한다. 이런 기업과 달리 많은 산업재기업 또는 정부기관들은 구매결정에 도달하기 위해 비공식적인 집단을 사용하거나 회의를 통해 결정하기도 한다.

구매센터
구매 프로세스에 참여하고 구매 결정에서 중요한 공통의 목표, 위험 및 지식을 공유하는 사람들의 집단

구매센터는 매우 중요하기 때문에 산업재기업과 정부기관에 마케팅하는 기업은 이 집단의 구조, 대표하는 기술 및 비즈니스 기능과 집단의 행위에 대해 이해해야 한다. 다음의 네 가지 질문은 이러한 조직들의 구매센터를 이해하는 데 도움이 된다. ① 제

품 또는 서비스를 위해 구매센터에 누가 참여하고 있는가? ② 각 구성원의 상대적인 영향력은 어느 정도인가? ③ 각 구성원의 구매기준은 무엇인가? ④ 각 구성원은 우리 회사, 제품과 서비스 및 판매사원을 어떻게 인식하고 있는가?

구매센터의 구성원 한 조직의 구매센터 구성은 그들이 사려고 하는 아이템에 따라 달라진다. 구매자나 구매부서관리자는 거의 항상 구매센터의 구성원이 되지만, 무엇을 구매하느냐에 따라 다른 부서의 사람들이 어느 정도 포함되느냐가 결정된다. 수백만 달러의 공작기계를 구매하는 경우에는 구매금액 때문에 사장과 생산부사장 또는 부서장이 구성원으로 참여하는 경우가 많을 것이다. 최종 제품에 포함되는 주요 구성품들을 구매하는 경우에는 연구개발부서, 엔지니어링부서와 품질통제부서의 사람들이 추가로 포함될 가능성이 높다. 새로운 워드프로세스 장비의 경우에는 그 장비를 사용할 경험 있는 비서들이 포함될 수 있다. 구매센터 공략의 핵심은 누가 문제를 인식하는지, 영향력을 발휘하는지, 실제로 구매결정을 하는지 발견하고 당사자를 설득하는 것이다.

구매센터의 역할 구매센터에 속한 개인은 다섯 가지의 특별한 역할을 수행한다. 어떤 구매에 있어서는 한 사람이 둘 또는 그 이상의 역할을 하기도 한다.

도표 5-3 소비자와 조직의 구매의사결정과정 단계별 비교

구매의사결정과정의 단계	소비자구매: 한 학생을 위한 스마트폰	조직구매: 스마트폰을 위한 이어버드 헤드셋
문제 인식	학생은 현재 갖고 있는 스마트폰의 기능을 좋아하지 않으며 새로운 폰을 원한다.	마케팅조사 및 판매부서는 경쟁자들이 그들의 스마트폰을 위한 이어버드 헤드셋을 향상시키고 있음을 목격한다. 외부의 공급업자들이 구매할 예정인 신 모델의 이어버드 헤드셋을 향상시키기로 결정한다.
정보 탐색	학생은 정보를 수집하고 대안을 찾기 위해 과거 경험, 친구의 경험, 광고, 인터넷 및 소비자리포트(Consumer Reports) 등을 참고한다.	디자인과 생산 기술자들이 이어버드 헤드셋의 명세를 작성한다. 구매부서는 이어버드 헤드셋의 공급자들을 찾는다.
대안 평가	대안 스마트폰들을 자신이 원하는 중요한 특징을 근거로 평가하며, 여러 가게를 방문한다.	구매와 엔지니어링 부서원들은 공급업자를 방문하여 ① 시설, ② 생산능력, ③ 품질 통제, ④ 재무상태를 평가한다. 이러한 평가에서 만족스럽지 않은 공급업자는 제외시킨다.
구매 결정	특정 브랜드의 스마트폰을 선택하여 결제하고 가게를 떠난다.	공급업자를 선택하기 위해 ① 품질, ② 가격, ③ 배달, ④ 기술적 역량을 주요 구매기준으로 사용한다. 협상을 통해 계약을 체결한다.
구매 후 행동	구매의사결정을 재평가하고 만일 불만족스럽다면 가게에 가서 스마트폰을 환불한다.	공식적인 공급업자 평가시스템을 사용하여 공급업자를 평가한다. 만일 이어버드 헤드셋이 품질 기준에 맞지 않으면 공급업자에게 통지한다. 만약 문제가 해결되지 않으면, 그 기업을 미래 공급업자 리스트에서 제외한다.

- 사용자(users): 새로운 워드프로세스를 사용할 비서의 예처럼, 제품이나 서비스를 실제로 사용하는 조직 내의 사람이다.
- 영향자(influencers): 무엇을 구매할지에 대해 명세를 정하는 데 도움을 줌으로써 구매결정에 영향을 미친다. 정보시스템 관리자는 새로운 메인프레임 컴퓨터 구매의 주요 영향자가 될 수 있다.
- 구매자(buyers): 공급업자를 선택하고 계약 조건을 협상하는 공식적인 권한과 책임을 가진다. 이 장 도입부에서 기술했듯 JCP미디어의 고위 조달관리자가 이 역할을 수행한다.
- 결정자(deciders): 계약을 체결할 공급업자를 선택하거나 승인할 수 있는 공식적 또는 비공식적 힘을 가진 사람이다. 일상적인 주문의 경우 결정자가 보통 구매자나 구매관리자가 되지만, 중요한 기술적 구매에 있어서는 연구개발, 엔지니어링 또는 품질 통제부서의 사람이 결정자가 될 가능성이 높다. 최종 제품에 쓰이는 주요 부품의 결정자는 세 부서의 사람 중 하나가 될 것이다.
- 정보통제자(gatekeepers): 구매센터로의 정보 흐름을 통제한다. 구매담당인력, 기술적 전문가 및 비서는 위에서 설명한 다른 네 가지의 역할을 수행하는 사람에게 접근하려는 판매원 또는 정보를 통제한다.

조직에 대한 효과적인 마케팅을 위해 구매센터와 구매센터 구성원들의 역할을 잘 이해해야 한다.

©monkeybusinessimages/Getty Images

구매상황과 구매센터 구매센터에 속하는 사람의 수는 구체적인 구매상황에 따라 크게 달라진다. 조직구매를 연구하는 연구자들에 의하면 구매유형(buy classes)이라 불리는 세 가지의 구매상황이 존재한다. 이러한 구매유형은 일상적인 재주문 또

도표 5-4 구매상황은 구매센터의 행동에 영향을 미친다. 이러한 차이를 이해하는 것은 성과에 큰 영향을 미친다.

구매센터 차원	구매유형 상황: 신규구매	단순재구매	수정재구매
참여인원	많음	1명	2명 내지 3명
의사결정시간	길다	짧다	적당하다
문제 정의	불확실하다	잘 정의된다	조금 수정된다
구매 목표	좋은 해결책	저렴한 공급업자	저렴한 공급업자
고려되는 공급업자	새로운/현재 공급업자	현재 공급업자	현재 공급업자
구매영향자	기술/생산 인력	구매관리자	구매관리자 등

는 단순재구매부터 신규구매라 불리는 완전 새로운 구매에 이르기까지 다양하다. 이러한 양극단의 중간에 수정재구매가 있다. 도표 5-4는 구매유형이 어떻게 구매센터의 행동에 영향을 미치는지 보여준다. 예를 보면 차이점을 명확히 알 수 있을 것이다.

- 신규구매(new buy): 조직이 제품이나 서비스의 첫 번째 구매자인 경우다. 구매에 상당한 잠재적 위험을 내포하므로, 구매센터는 신규구매에 영향을 미치는 모든 사람을 포함할 정도로 확대된다. BMW가 최근 IBM에서 수백만 달러 규모의 클라우드 기반 데이터관리시스템을 구매한 것이 신규구매의 예이다.
- 단순재구매(straight rebuy): 이 구매는 구매자 또는 구매 관리자가 기술, 생산 또는 품질통제 등 관련 부서의 사용자나 영향자의 확인조차 없이 공급업자 리스트에서 기존 제품이나 서비스를 재주문하는 것을 말한다. 사무용품과 유지서비스는 보통 단순재구매된다.
- 수정재구매(modified rebuy): 구매센터의 사용자, 영향자 또는 결정자가 제품 명세, 가격, 배달 스케줄 또는 공급업자를 변경하길 원하는 상황이다. 구매되는 아이템은 주로 단순재구매 상황과 같은 것들이지만, 변경을 위해서는 통상적으로 구매부서 외에 다른 부서원들을 포함시켜 구매센터를 확장해야 한다.

학습리뷰

1. 어떤 부서가 구매센터의 구성원으로 거의 항상 참여하는가?
2. 구매상황 내지 구매 유형의 세 가지 형태는 무엇인가?

산업재시장에서의 온라인구매

목표 4 산업, 재판매업자 및 정부 등 조직시장에서 온라인 구매가 갖는 중요성과 본질을 이해한다.

조직구매 행동과 사업자마케팅(B2B마케팅)은 인터넷기술이 적용되면서 지속적으로 변화하고 있다. 조직들은 온라인 거래량, 평균 거래 규모 및 전반적인 구매액 면에서 소비자들을 왜소하게 만든다. 조직구매자는 모든 온라인거래에서 글로벌 달러가치의 약 70%를 차지하고 있다.

산업재시장에서의 온라인구매 중요성

산업재시장에서 온라인구매가 많은 이유로는 세 가지 정도를 들 수 있다. 첫째, 조직구매자는 제품의 가용성, 기술명세서, 용도, 가격 및 배달 스케줄 등과 같은 적시의 공급업자 정보에 강하게 의존한다. 이러한 정보는 인터넷기술을 통해 빠르게 전달될 수 있다. 둘째, 이 기술은 구매자 주문처리비용을 상당한 수준으로 감소시킬 수 있음을 보여준다. 제너럴일렉트릭(General Electric)은 온라인구매로 구매당 50달러에서 100달러나 하던 비용을 약 5달러로 감소시켰다. 셋째, 비즈니스 마케터 입장에서 보면 인터넷기술이 마케팅비용을 감소시킬 뿐만 아니라 판매와 광고비용을 상당히 줄여주며, 여러 유형의 제품과 서비스를 위해 잠재고객 기반을 확장시켜준다.

이러한 이유로 온라인구매는 세 가지 유형의 산업재시장 모두에서 인기가 있다. 예를 들어, 비행사들은 매년 보잉(Boeing)으로부터 104억 달러의 부품을 온라인으로 주문하고 있다. 유지보수 및 운용기기의 대형 도매업자 그레인저(W. W. Grainger)의 고객들은 매년 온라인으로 거의 50억 달러 정도를 구매한다. 미국 정부는 온라인에서 자재와 서비스를 구매하는 데 연간 500억 달러를 쓰고 있다.

e-마켓플레이스: 가상 산업재시장

조직구매에 있어 중요한 발전은 구매자조직과 공급업자조직을 연결해주는 **e-마켓플레이스**(e-marketplaces)라 불리는 온라인거래 커뮤니티의 태동이다. 이 온라인 커뮤니티는 B2B거래(business-to-business exchanges)와 e-허브(e-hubs) 등 여러 가지 이름으로 불리며 정보, 화폐, 제품 및 서비스의 실시간 교환을 가능하게 해준다.

e-마켓플레이스
정보, 화폐, 제품 및 서비스의 실시간 교환을 가능하게 하기 위해 구매자 조직과 공급업자 조직을 함께 연결해주는 온라인 트레이딩 커뮤니티. B2B거래 또는 e-허브라고 불리기도 함

e-마켓플레이스는 독립적인 거래 커뮤니티이거나 사적 거래공간이다. 독립적인 e-마켓플레이스는 중립적인 제3자로 행동하여, 구매자와 판매자 사이의 거래를 가능하게 해주는 IT 기반 거래 플랫폼과 중앙집중시장을 제공한다. 서비스에 대해 요금을 청구하고 다음의 여러 경우 중 하나 또는 여러 상황에서 역할을 한다. ① 지리적으로 분산된 수천 명의 구매자와 판매자, ② 수요와 공급 변동으로 나타나는 심한 가격 변동, ③ 시간이 지나면 사라지는 제품이나 서비스 및 변화하는 기술로 인한 시간 민감성, ④ 여러 판매자 사이에서 쉽게 비교되는 제품과 서비스 등.

독립적인 e-마켓플레이스의 예로는 아마존 비즈니스(Amazon Business, 일반 비즈니스 장비와 용품), 플라스틱넷(PlasticsNet, 플라스틱), 호스피털네트워크(HospitalNetwork.com, 건강용품과 장비), 텍스타일웹(Textile Web, 의류 및 의류제품) 등이 있다. 소기업 구매자와 판매자는 독립적인 e-마켓플레이스로부터 많은 혜택을 본다. e-마켓플레이스는 이들에게 고객 기반을 확장하고 제품과 서비스의 비용을 줄이는 경제적 방법을 제공한다. 예를 들어 이베이는 미국과 다른 나라에서 기업가와 소기업시장을 위한 전자 플랫폼을 제공한다. 이베이가 어떻게 B2B 매출을 증가시키고 기업가정신을 고양시키는지 알고 싶다면, '마케팅의 힘' 박스를 읽어보시오.

대기업은 자격 있는 공급업자들과 고객들의 네트워크에 연결되는 사적거래를 선호하는 경향이 있다. 사적거래는 공급업자들과 고객들과의 구매거래를 간소화하는 데 초점을 맞춘다. 독립적인 e-마켓플레이스처럼 그들은 구매자-판매자 상호작용을 위한 IT 기반 거래 플랫폼과 중앙집중시장을 제공한다. 그러나 독립적인 e-마켓플레이스와 달리 그들은 중립적인 제3자가 아니며 사적교환이 기업주들의 이익을 위해 일어난다. 예를 들어 네오그리드(NeoGrid)는 글로벌 공급을 하는 B2B 사적거래공간이다. 이들은 250명 이상의 소매고객과 8만 개의 공급업체를 연결해준다. 이들의 회원으로는 베스트바이(Best Buy), 캠벨수프(Campbell Soup), 코스트코(COSTCO), 세이프웨이(Safeway), 타겟(Target), 테스코(Tesco), 월그린(Walgreens) 등이 있다. 글로벌 헬스케어 익스체인지(Global Healthcare Exchange)는 4,000개가 넘는 병원과 애봇연구소(Abbott Laboratories), GE메디컬시스템즈(GE Medical Systems), 존슨앤존슨(Johnson & Johnson), 메드트로닉(Medtronic USA), 맥케슨(McKesson)과 같은 400곳 이상의 의료공급업체에서

마케팅의 힘

기업가정신

이베이는 B2B 기업가에게도 비즈니스를 의미한다

캘리포니아주 산호세시에 소재한 이베이(eBay)는 인터넷의 진정한 총아이다. 어떻게 보아도 이들은 세계에서 가장 탁월한 개인 대 개인(P2P) 거래 커뮤니티다. 하지만 그들에게는 그 이상의 무엇이 있다.

이베이는 B2B마케팅에 참여하는 미국 내 수백만 개의 소기업을 위한 거래 플랫폼을 제공한다. 세계적으로는 더 많은 소기업을 위한 거래 플랫폼을 제공한다. 이베이 비즈니스 서플라이(eBay Business Supply)의 중소기업 중 81%는 5개 이상의 외국에 제품을 판매하고 있다. 이베이 비즈니스 서플라이는 연간 총 약 40억 달러 정도의 매출을 기록하고 있다.

©Grzegorz Knec/Alamy Stock Photo

이베이 거래 플랫폼은 소기업들에게 혜택으로 증명되었다. 조사전문업체 닐슨(Nielsen)에 의뢰하여 수행된 설문조사에 따르면 이베이 보고서를 사용하는 소기업의 82%가 그들의 사업을 성장 및 확장시키는 데 도움이 되었다고 하였으며, 78%는 비용을 줄여주었다고 했고, 79%는 사업의 수익성이 개선되었다고 했다. 게다가 이들은 기업가정신을 촉진한다. 공공정책 연구를 위한 미국기업연구소(American Enterprise Institute for Public Policy Research)의 대변인은 "기업가들이 이베이를 통해 성공을 경험하는 것의 잠재력은 매우 중요하다"라고 말했다.

이루어지는 의료제품의 구매 및 판매에 관여한다.

산업재시장에서의 온라인경매

온라인경매는 산업재 구매자와 비즈니스 마케터 사이에서 상당한 인기를 끌어왔다. 여러 e-마켓플레이스는 이러한 서비스를 제공하는데 ① 전통 경매, ② 역경매가 일반적이다. 도표 5-5는 구매자와 판매자 참여자들과 가격 패턴이 경매의 유형에 따라 어떻게 다른지 보여준다. 구매자와 판매자를 위한 경매를 이해하기 위해 각각을 좀 더 유심히 살펴보자.

전통 경매
판매자가 한 아이템을 판매하기 위해 내놓고 잠재구매자들이 서로 경쟁하여 입찰에 참여하는 온라인경매

전통 경매(traditional auction)에서 판매자가 한 아이템을 판매하기 위해 내놓으면, 잠재구매자들이 서로 경쟁하는 입찰에 초대받는다. 더 많은 잠재구매자들이 참여할수록 입찰가는 상승 압력을 받는다. 입찰은 연속적이기 때문이다. 잠재구매자들은 다른 사람의 입찰을 관찰하고 입찰가를 올릴 것인지 결정한다. 한 입찰자가 남고 가장 높은 가격을 제시한 사람이 아이템을 차지하면 경매가 끝난다. 전통 경매는 종종 여분의 상품을 처분하는 데 사용된다. 예를 들어 델(Dell)은 델옥션닷컴(www.dellauction.com)에서 재고와 반품제품, 마감세일하는 컴퓨터제품 등을 팔고 있다.

역경매
한 구매자가 어떤 제품 또는 서비스에 대한 욕구를 말하고 잠재공급업자들이 서로 경쟁하며 입찰에 참여하는 온라인경매

역경매(reverse auction)는 전통적 경매와 반대 방향으로 작용한다. 여기서는 한 구매자가 제품 또는 서비스에 대한 욕구를 말하면, 잠재공급업자들이 서로 경쟁하며 입찰에 참여한다. 잠재공급업자가 많을수록 구매자의 비즈니스를 위해 입찰가가 하향 압력을 받는다. 전통 경매처럼 입찰은 연속적이고, 잠재공급업자들은 다른 사람의 입찰가를 관찰하여 입찰가를 내릴지 결정한다. 경매는 한 입찰자가 남고 가장 낮은 가격을 제시한 참여업체가 이기며 끝난다. 역경매는 조직구매자에게 구매원가를 낮추어줌으로써 혜택을 준다. 한 예로 유나이티드 테크놀리지(United Technologies)는 온라인 역경매를 통해 60억 달러의 물품 구입에서 6억 달러를 절약한 것으로 추정된다.

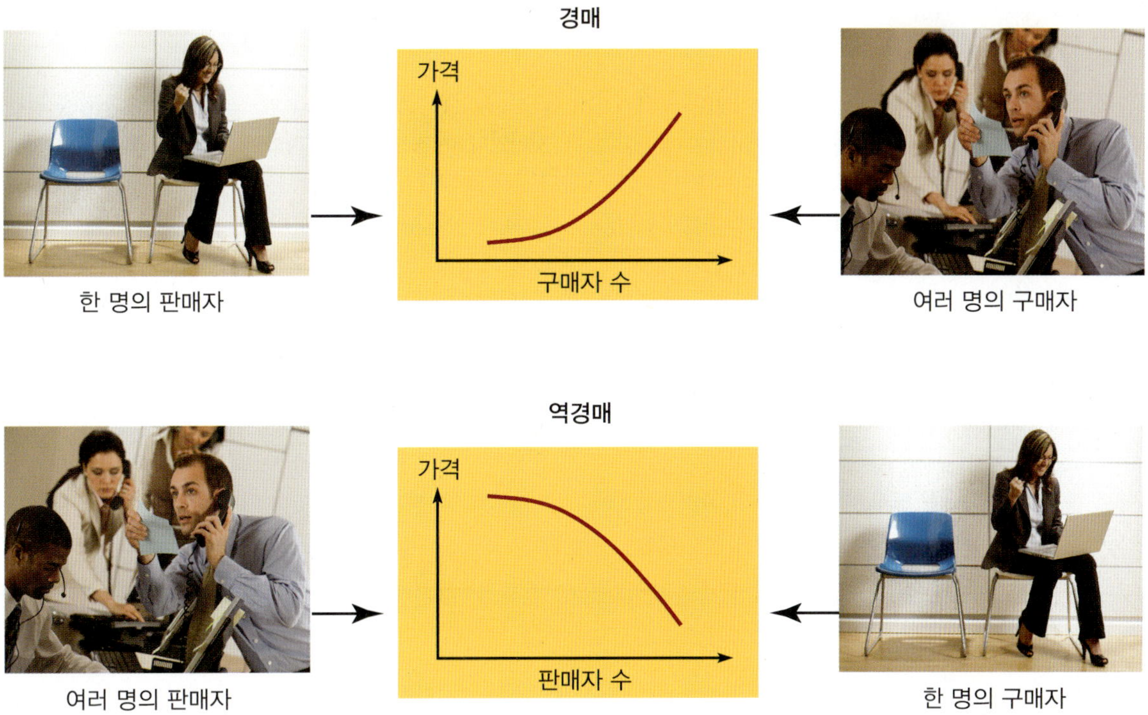

(top, left): ©Jim Esposito/blend Images/Getty Images; (top, right): ©Comstock Images/Getty Images; (bottom, left): ©Comstock Images/Getty Images; (bottom, right): ©Jim Esposito/blend Images/Getty Images

도표 5-5 구매와 판매를 위한 참여자들과 가격 행동은 온라인경매의 유형에 따라 달라진다. 만약 여러분이 조직구매자라면 전통 경매와 역경매 중 어떤 것에 참여하길 좋아하겠는가?

구매자는 분명 역경매로 인한 더 낮은 가격을 환영한다. 공급업체도 종종 역경매를 선호하는데, 아마 구매자와 다른 공급업체 사이의 오랜 구매관계 때문에 놓치고 있을지 모를 비즈니스 기회가 있기 때문일 것이다. 반면 공급업체들은 역경매가 가격을 너무 강조하고, 다른 중요한 구매기준에 대한 고려를 방해하며, 공급 파트너십의 기회를 위협할 수 있다고 말한다.

학습리뷰

1. e-마켓플레이스는 무엇인가?
2. 일반적으로 어떤 유형의 온라인경매가 입찰가에 상승 압력을 만들어내는가? 또한 입찰가에 하향 압력을 만들어내는 것은 어떤 유형의 온라인경매인가?

마케팅지식 적용해보기

1. 미국의 산업재기업, 재판매업자 및 정부기관 사이의 주요한 차이점을 기술해보자.
2. 조직구매의 주요 특성을 말하고 그에 대해 논의해보자.
3. 구매센터란 무엇인가? 구매센터에서 사람들이 수행하는 역할을 기술하고, 구매센터의 구조와 행동을 분석하는 데 도움이 되는 질문에 관해 설명해보자.
4. 시에 수백만 달러의 폐수처리시스템을 마케팅하는 회사가 새로운 시스템을 판매하지 못하고 있다. 새로운 시스템이 경쟁시스템보다 저렴하며 미국 환경보호청(U.S. Environmental Protection Agency, EPA)의 규격에도 맞음에도 불구하고 말이다. 현재까지 회사가 한 마케팅에 대한 노력은 시의 구매부서와 여러 주 환경보호청을 대상으로 승인된 입찰자 리스트에 오르는 것에 초점을 맞춘 것이었다. 시청 직원과의 대화에서 새로운 시스템이 기존 시스템과 상당히 다르기 때문에 시 위생과와 하수처리과의 엔지니어, 두 부서의 책임자 및 시의회 의원들이 이 시스템 작동에 친숙하지 않음을 알게 되었다. 시에서는 이러한 시스템의 엔지니어링과 디자인에 관해 자문하고 시스템 비용에 따라 수당을 받는 컨설팅 엔지니어들을 고용하였는데, 이들 또한 새로운 시스템에 부정적이다. (a) 폐수처리시스템을 위한 구매결정에 다양한 개인이 어떤 역할을 수행하고 있는가? (b) 새로운 시스템을 위한 마케팅 노력 향상을 위해서는 무엇을 해야 하는가?

마케팅계획 세워보기

우리가 경쟁하고 있는 제품시장을 위해 잠재시장의 규모 혹은 잠재산업의 규모를 추정해보자(7장 참조). 추정에는 아래의 절차를 사용해보자.

1. 아이스크림과 같은 제품시장을 명확하게 정의해보자.
2. www.census.gov에서 NAICS 웹사이트를 방문해보자.
3. NAICS를 클릭하고 여러분의 제품시장(예: 아이스크림)을 말해줄 주요 단어를 적어보자.
4. 지침에 따라 제품시장에 대한 특정 NAICS 코드와 달러 매출을 자세히 설명하고, 시장 또는 산업의 잠재 규모 추정치를 제공하는 경제 센서스 데이터를 찾아보자.

비디오 케이스 5 트렉: 조직구매를 통해 보다 나은 자전거 만들기

Video 5-3
Trek Video Case
kerin.tv/cr8e/v5-3

트렉자전거그룹(Trek Bicycle Corporation)의 인사 담당 부사장 마크 조슬린(Mark Joslyn)은 "트렉의 역사에 대해 조금 말씀드리겠습니다. 환상적인 이야기입니다"라고 말했다. 그는 계속해서 자랑스럽게 "시장기회에 대응하여 시작된 사업에 관한 이야기입니다"라고 말을 꺼냈다. 그 기회는 최고 품질의 프레임으로 자전거를 만드는 것이었다. 트렉의 사명은 간단하다. "세계 최고의 자전거를 만들자." 이를 위해 그들은 최고의 공급업체로부터 최고의 원자재를 찾아야 했다. 제품관리자 마이클 레이톤(Michael Leighton)은 "공급업체와의 관계는 매우 중요하며 성공을 위한 비결 중 하나입니다!"라고 설명한다.

기업

리처드 버크(Richard Burke)와 베빌 호그(Bevill Hogg)가 1976년에 설립한 트렉은, 5명의 직원과 함께 위스콘신의 헛간에서 자전거를 만들기 시작했다. 처음부터 그들은 최고의 원자재와 부품만 사용하여 고품질, 고가의 프리미엄 자전거 세분시장을 노렸다. 첫 해에 그들은 900대의 주문 제작 자전거를 빠르게 판매했다. 곧이어 주문량이 제조량을 초과했다. 증가하는 수요를 충족시키기 위해 2만 6,000평방피트 규모의 새로운 공장과 본사를 지었다.

품질에 대한 트렉의 초점은 자전거 제조에 사용되는 재료에 매우 민감하다는 것을 의미한다. 예를 들어 첫 번째 모델은 프레임에 수작업으로 만든 강철을 사용했다. 그다음 항공우주 산업의 아이디어를 빌려 접착 알루미늄으로 프레임을 만들기 시작했다. 알루미늄 자전거의 성공에 이어 트렉은 탄소섬유로 자전거를 제조하기 시작했다. 조슬린은 이 아이디어가 '기술의 최전선에 있는 것'이라고 설명한다.

이들은 제품 라인도 확장했다. 최초의 자전거는 일본 및 이탈리아산 자전거와 직접 경쟁하도록 설계됐다. 이어서 길거리 경주 모델이 포함되었다. 1983년에 트렉은 산악자전거도 생산하기 시작했다. 1990년에 그들은 길거리 경주 자전거의 속도와 산악자전거의 견고함을 결합한 새로운 카테고리의 자전거(멀티트랙)를 개발했다. 또한 어린이용 자전거, 탠덤 자전거, BMX 자전거 및 경찰서와 미국 비밀기관에서 사용하는 모델을 제작하기 시작했다. 또한 트렉웨어(Trek Wear)라는 사이클링 의류 라인과 헬멧과 같은 사이클링 액세서리를 추가했다. 최근 트렉은 자전거와 부품을 제작할 때 환경에 미치는 영향, 수명 및 재활용 방법 측면에서 '친환경'인 자전거 및 부품을 만들기 위해 에코디자인(Eco Design) 이니셔티브를 착수했다. 이러한 생산 수요를 수용하기 위해 시설을 두 번 더 확장했다.

그들은 트렉의 인기가 높아짐에 따라 사업을 미국 외부로 확장하기 시작하여 빌리저(Villiger)라는 스위스의 자전거 기업과 독일에서 가장 오래된 자전거 기업인 다이어먼트(Diamant)를 인수했다. 또 중국에 매장 두 곳을 열고 중국 유통업체 20곳과 계약을 체결했다.

오늘날 트렉은 매출이 8억 달러 이상, 직원이 2,000명 이상의 자전거 및 사이클링 제품의 선도적 제조업체 중 하나이다. 트렉은 북미의 1,700개 딜러, 7개국의 100% 소유 자회사, 그리고 90개국의 유통업체를 통해 제품을 판매하고 있다. 브랜드로는 트렉(trek), 게리피셔(Gary Fisher) 및 본트레이저(Bontrager)가 있다. 글로벌기업으로서 사명도 발전하여 오늘날의 사명은 "전 세계가 복잡한 문제에 대해 간단한 해결책으로 자전거를 사용하도록 돕는 것"이 되었다. 트렉의 직원들은 자전거가 가장 효율적인 인간 운송수단이며 기후변화에 대처하고 도시 혼잡을 완화하며 인간을 건강하게 할 수 있다고 믿는다. 기업 모토는 "우리는 자전거를 믿습니다"이다.

마크 조슬린은 다음과 같이 설명한다. "오늘날 세계에서 많은 도전에 직면해 있습니다. 우리는 혼잡, 이동 문제, 환경 문제, 그리고 건강 문제에 직면해 있습니다. 우리는 자전거가 모든 것에 대한 간단한 해결책이라고 믿습니다. 우리는 분명 다른 형태의 교통수단에 대한 대안이자 레크리에이션, 교통수단으로 사이클링을 수용하고 있습니다. 그리고 점점 더 자주, 특히 미국에서 사람들이 자전거를 타고 돌아다니며 이동하는 것을 볼 수 있습니다."

트렉의 조직구매

트렉이 사명을 성공적으로 달성하게 된 것은, 조직구매 프로세스를 포함하여 여러 중요한 비즈니스 관행을 따른 결과다. 이 프로세스는 관리자가 트랙 제품을 생산하는 데 필요한 탄소섬유, 바퀴 및 기어박스와 같은 구성 부품, 페인트 및 데칼(도료용제) 등 마감재처럼 재료 유형을 구체화할 때 시작된다. 또한 품질 요구사항, 크기를 조정하는 표준 및 가능한 배송 일정을 구체화한다. 레이톤(Leighton)은 요구사항이 파악되면 다음 단계는 "구매센터로 이동하여 이 제품을 찾는 데 도움을 줄 수 있습니까?"라고 말하는 것이라고 한다.

구매센터는 조직의 구매에 가장 적합한 공급업체와 공급업체를 찾을 책임 있는 개인의 집단이다. 트렉의 구매센터는 국내외의 재료와 구성품을 공급하는 공급업체를 물색하는 구매관리자, 연구개발, 생산 및 품질관리 부문의 대표자들로 구성되며 제품관리자와 구매센터 간의 커뮤니케이션이 중요

©Jean Christophe Bott/Keystone/AP Images

하다. 레이톤은 다음과 같이 설명한다. "저는 신뢰할 수 있는 품질을 공급할 수 있는 공급업체와 협력하고 있는지 확인하기 위해 구매센터와 매우 긴밀하게 협력합니다. 실제로 그들은 우리의 품질관리팀과 함께 '예, 이 공급업체는 트렉의 표준을 충족하는 품질의 제품을 만들고 있습니다'라고 말하며, 가격을 협상하기도 합니다. 우리의 구매센터는 국내에서는 상대적으로 적은 인원으로 구성된 팀이며 특정 구성품에 집중하고 있습니다."

잠재적 공급업체가 식별되면 품질, 배송능력, 가격 및 생산 프로세스의 환경 영향이라는 네 가지 기준에 따라 그들을 평가한다. 트렉은 이를 통해 대안을 비교하고, 자사와 고객에게 가장 적합한 공급업체를 선택할 수 있게 된다. 기업이 트렉의 공급업체로 선정되면 네 가지 기준의 요소를 지속적으로 평가받는다. 예를 들어, 적시 주문이 잘 지켜졌는지, 목표 가격이 유지되었는지, 재활용 포장이 사용되었는지 여부 등 대량 공급품의 결함 수에 대한 점수가 매겨진다. 트렉에서는 잠재적 공급업체 및 기존 공급업체에 대한 정보를 기록하는 데 사용되는 도구를 '백서'라고 부른다. 마이클 레이톤(Michael Leighton)은 이것이 어떻게 작동하는지 설명한다. "우리의 구매센터는 '백서'라고 부르는 것을 개발하는 임무를 맡고 있습니다. 이러한 사람들과 함께 일하는 것과 관련된 문제와 이점을 보여주는 종이인데 관리자가 볼 수 있는 문서입니다." 그들은 공급업체와 장기적인 관계를 발전시켜 트렉의 파트너가 되도록 모든 노력을 기울인다. 이러한 파트너십은 트렉의 성공이 파트너의 성공에 기여함을 의미한다.

트렉의 제품관리자와 구매센터는 세 가지 유형의 조직구매에 관여한다. 첫째, 신규구매는 처음 하는 구매이다. 둘째, 수정재구매는 이전에 주문한 제품의 일부 측면이 변경되는 것을 말한다. 마지막으로, 단순재구매는 믿을 수 있는 공급업체 목록에서 기존 제품을 재주문하는 것이다. 레이톤은 트렉에서 일어나는 각 구매유형의 예를 설명한다. "신규구매를 위해 우리는 새로운 재료의 안장이든, 진동을 완화하거나 더 나은 승차감을 주는 신기술이든, 이전에 없던 신제품을 찾기 위해 구매센터와 협력합니다. 또 다른 예로는 전기자전거를 들 수 있습니다. 모터를 자전거에 넣는 것은 새로운 일이므로 구매센터가 해당 공급업체를 찾는 데 도움을 줄 것입니다. 수정재구매는 기본적으로 재질이 약간 다른 안장이지만 일부 구성품을 공유하고 있으므로, 안장의 기본 구성품은 동일하고 덮개가 새것으로 약간 다르게 제품이 개선된 경우입니다. 단순재구매는 같은 구성품을 구매하고 구매액이 높아질수록 그 구성품에 대한 전략적 비전을 살펴보는 것입니다. 우리는 이것을 어떻게 하면 더 나은 사업으로 만들 수 있는지 살펴봅니다. 돈을 절약할 수 있는지, 새것을 사는 것보다 같은 제품을 계속 타면서 더 가치 있게 만들 수 있는지를 살펴봅니다."

트렉에서는 각 구매유형이 자주 발생하지만 공급업체를 선택하거나 평가하는 데 사용되는 기준은 구매유형 및 제품 유형에 따라 다를 수 있으므로, 관리자에게 있어 구매 프로세스는 역동적인 도전이라고 할 수 있다.

트렉의 에코 구매와 미래

기존의 공급업자 및 잠재적인 공급업체를 평가하는 트렉의 기준 중 하나는 환경에 미치는 영향이다. 조슬린은 다음과 같이 설명한다. "우리는 공급업체 제품의 '친환경' 부분으로 간주되는 요소를 포함하여 점점 더 많은 기준에 따라 공급업체를 평가합니다. 예를 들어 트렉은 최근 ① 재료 추출을 위해 채석장을 소유하고, ② 자체 제조시설을 사용하고, ③ 생산 공정에서 석탄 대신 천연가스를 사용하는 공급업체를 선택했습니다. 이것은 공급업체가 처음부터 끝까지 제품이 환경에 미치는 영향에 대해 '완전히 이해'했다는 것을 의미하기 때문에 우리에게 매력적이었습니다."

트렉의 조직구매는 에코 관점의 중요성이 커지고 있음을 반영한다. 자전거가 실용적인 교통수단이 될 수 있도록 전기보조 부품을 추가함에 따라 자전거가 "더 스마트"해지고 있다. 그들의 자전거는 또한 환경에 영향이 적은 재료와 구성품을 더 많이 사용하고 포장 크기와 무게가 감소할수록 "더 친환경적"이 되고 있다. 트렉은 또한 자전거를 더 오래 사용할 수 있도록 만들고, 딜러를 통해 타이어와 튜브를 재활용하도록 하며, 드림바이크(Dream Bikes)라는 비영리단체에 자금을 지원하여 기증된 자전거를 청소년들이 수리할 수 있도록 교육함으로써 재활용 문제를 해결하고 있다.

자전거를 바꾸고 만드는 방법 외에도 조직구매 프로세스를 개선하기 위해 노력하면서 몇 가지 다른 과제에 직면해 있다. 예를 들어, 공급업체와 공급업체의 수가 증가함에 따라 모든 구성품이 필요할 때 사용할 수 있도록 지속적이고 조정된 실시간 커뮤니케이션이 필요하다. 또한 소비자 관심과 경제 상황의 변화로 인해 수요 변동을 예상하고 주문량과 배송날짜를 적절하게 변경해야 한다. 마크 조슬린은 "우리가 항상 하는 모든 것은 개선될 수 있고 개선되어야 합니다. 또 비즈니스 내외부에서 아이디어를 찾고 항상 기술과 해법을 개선하여 시장에 내어놓는 방법을 찾는 것은 우리가 누구인지의 핵심일 뿐입니다"라고 설명한다.

질문

1. 트렉에서의 구매센터의 역할은 무엇인가? 트렉에서 새로운 공급업체를 선택할 때 누가 구매센터를 구성할 가능성이 있는가?
2. 트렉이 새로운 공급업체를 선택하거나 기존의 공급업체를 평가할 때 어떤 선택기준을 활용하는가?
3. 사업이 환경에 미치는 영향에 대한 트렉의 관심이 조직구매과정에 어떤 영향을 미치는가?
4. 트렉에서의 세 가지 구매 상황인 단순재구매, 수정재구매 및 신규구매에 대해 각각의 예를 설명해보자.

6

글로벌 소비자와 시장에 대한 이해 및 접근

LEARNING OBJECTIVES

다음 학습목표를 달성해보자.

- 목표 1 글로벌 관점에서 세계무역의 본질과 범위를 설명할 수 있다.
- 목표 2 세계무역과 글로벌마케팅에 영향을 미치는 주요 동향을 확인할 수 있다.
- 목표 3 글로벌마케팅활동에 영향을 미치는 환경의 힘을 확인할 수 있다.
- 목표 4 글로벌시장에 진입하기 위해 기업이 사용하는 진입전략을 설명할 수 있다.
- 목표 5 범세계 마케팅 프로그램 수립을 위한 표준화와 현지화의 차이를 설명할 수 있다.

인도의 판매 및 구매 방식 전환: 아마존 인디아가 맨땅에서 클라우드까지 수십억 달러 규모의 활동을 구축하다

아마존(Amazon)의 아시아 및 유럽 소매 부문 수석 부사장 디에고 피아센티니(Diego Piacentini)는 "(인도에서) 기회가 너무 많아 수십억 달러가 아닌 수조 달러(인도 루피가 아닌)로 측정될 것입니다"라고 말했다. 그는 "우리는 인도에서 승리하기 위해 다른 나라에서 한 번도 해본 적 없는 일을 해야 함을 알고 있습니다. 우리는 훌륭한 사람, 훌륭한 플랫폼, 솔직히 많은 돈이 필요합니다"라고 덧붙였다. 돈이 얼마나 많이 필요할까? 아마존은 인도에서 사업을 구축하기 위해 연간 약 10억 달러를 투자하고 있다.

아마존은 소매업 총액이 23억 달러였던 2013년 말, 인도에서 사업을 시작했다. 아마존의 경영진은 인도에 있는 기회에 열광 중이다. 그러나 인도에서 사업을 한다는 것은 독특한 도전을 의미하기도 한다.

인도에서의 놀라운 기회

인도가 세계 최대 전자상거래기업 아마존에게 큰 기회로 간주되는 이유는 무엇인가? 다음 내용을 살펴보자.

- 인도는 세계에서 두 번째로 인구가 많은 나라이며, 두 번째로 큰 영어권 국가다.
- 인도는 세계에서 가장 빠르게 성장하는 주요 경제국으로, 경제의 총 구매력이 중국과 미국에 이어 세 번째다.
- 인도는 현재 세계에서 두 번째로 많은 인터넷 사용자를 보유 중이며, 2025년에는 8억 5,000만 명의 사용자를 확보할 것이다.

(left): ©Editorial/Alamy Stock Photo; (right): ©Andrey Arkusha/Shutterstock

인도에서의 놀라운 도전

경영진은 인도에 아마존이 직면해 있고 극복해야 할 과제가 가득하다는 걸 인정한다. 인도의 아마존 책임자 아밋 아가월(Amit Agarwal)은 "인도에서 우리가 하는 일은 아마존의 미래에 매우 큰 영향을 미칠 것입니다"라고 말한다. 아마존 인디아(Amazon India)는 어떤 문제에 직면해 있으며 이를 어떻게 해결할 수 있는가?

- 무역규제: 아마존은 무역규제로 인해 인도에서의 운영 플랫폼을 수정해야 했다. 아마존 같은 외국기업은 인도 소비자에게 제품을 직접 판매하는 것이 금지되어있다. 따라서 그들은 도매가격으로 제품을 대량 구매하고, 온라인점포에서 판매하는 방식 대신 현지 제조업체와 소매업체에 의존해야 한다. 즉, 아마존은 인도 제조업체와 소매업체가 소유한 제품을 창고에 보관하고, 그들을 위한 주문 처리기능을 제공한다. 아마존은 판매자의 장소에서 구매한 아이템을 픽업하고 아마존 로고가 새겨진 상자와 가방에 포장한 후, 아마존 오토바이에 싣고 구매자에게 제품을 배송한다. 이러한 관행은 거래에서 버는 돈보다 더 많은 비용을 수반하기도 한다.
- 결제시스템: 대략 인도 소비자의 60%가 은행 계좌를 가지고 있다. 그리고 12%만이 신용카드나 직불카드를 가지고 있다. 인도의 아마존 결제시스템은 다른 어떤 기업의 시스템과도 크게 다르다. 인도 구매자의 약 절반은 제품이 배송될 때만 현금을 지불한다고 한다. 이에 아마존은 인도 전역에서 패키지당 소액의 수수료를 받는 대가로 픽업 지점 역할을 하는 수천 명의 소규모 상점 주인들과 협력하고 있다.
- 치열한 경쟁: 아마존은 인도에서 자금력이 풍부하고 유능한 인도 내 경쟁자들과 경쟁 중이다. 아마존을 본뜬 플립카트(Flipkart)와 스냅딜(Snapdeal)은 이미 인도에서 상당한 규모의 유통시스템, 고급 전자 플랫폼 및 온라인상점을 운영 중이며 월마트의 소유이다. 인도 최대 소매업체 타타그룹(Tata Group)은 자체 전자상거래 플랫폼을 보유하고 있으며, 이를 수천 개의 소매점과 연결했다. 이러한 경쟁자들은 상거래기술과 창고에도 수십억 달러를 투자한다. 그들은 외국 기업으로 아마존에 부과된 무역규제를 받지 않는다.

- 클라우드기술 확장: 아마존은 2017년 인도에서 클라우드컴퓨팅 플랫폼을 확장하여 인도 고객을 위한 서비스를 개선했다. 인도의 현지화된 클라우드 컴퓨팅 플랫폼만이 제공할 수 있는 점점 더 복잡해지는 서버 및 인프라 요구를 해결하기 위해 상당한 규모의 재정 및 기술 투자가 이루어졌다.

미래는 선택이 아니다

여러 어려움에도 불구하고 아마존 경영진은 인도에서 실패라는 선택지는 없다고 믿는다. 전자상거래업계 분석가들은 일반적으로 인도가 세계에서 마지막으로 중요한 전자상거래 기회라는 데 동의한다. 그들은 인도 소매 전자상거래 매출이 2025년까지 720억 달러에 이를 것으로 예측한다. 만약 아마존이 기대하는 것처럼, 인도가 판매와 구매 방식을 바꾼다면 10년 내에 미국 다음으로 큰 시장이 될 것이라고 예측하고 있다.

이 장에서는 오늘날의 복잡하고 역동적인 글로벌시장 환경을 소개한다. 먼저 국경 없는 경제 세계의 개관을 다룬다. 그리고 글로벌마케터에 기회와 도전을 동시에 제공하는 중요한 문화, 경제 및 정치–법적 환경에 대해 초점을 맞춘다. 또 각 장단점에 대한 논의를 포함하여 네 가지 주요한 글로벌시장 진입전략을 이어서 기술한다. 끝으로 기업을 위한 글로벌마케팅 프로그램을 디자인하고 실행하며 평가하는 과정에 관해 설명한다.

세계무역의 역동성

목표 1 글로벌 관점에서 세계무역의 본질과 범위를 설명할 수 있다.

세계무역의 달러가치는 지난 10년 동안 거의 두 배가 되었다. 물리적 제품이 세계무역의 80%를 차지하며 정보통신, 수송, 보험, 교육, 은행업 및 여행업을 포함한 서비스산업이 나머지 20%를 차지하고 있다.

세계의 모든 국가와 지역이 세계무역에 동등하게 참여하고 있지는 않다. 세계무역의 흐름은 산업, 국가 및 지역 간의 상호의존성을 반영한다. 이러한 흐름은 국가, 기업, 산업, 지역별 수출 및 수입에서 나타난다. 세계무역의 역학은 진화하고 있다. 중국은 세계무역으로 측정되는 가장 큰 국가다. 아시아는 세계무역으로 측정되는 가장 큰 지역이다.

세계무역에 대한 글로벌 관점

미국, 중국, 일본, 서유럽 및 캐나다는 무역량의 2/3 이상을 차지한다. 중국은 세계 최고의 수출국이며 미국과 독일이 그 뒤를 따른다. 미국은 세계 최고의 수입국이며 중국과 독일이 그 뒤를 따르고 있다. 중국, 독일, 미국은 도표 6–1에서 보이는 바와 같이 수입 및 수출 측면에서 다른 국가보다 훨씬 앞서 있다.

세계무역에 대한 글로벌 관점은 수출과 수입을 보완적인 경제 흐름으로 간주한다. 한 국가의 수입은 수출에 영향을 미치고 한 국가의 수출은 수입에 영향을 미친다. 모든 국가의 수입은 다른 국가의 수출로부터 발생한다. 한 국가의 수출이 증가함에 따라 그 국가의 생산량과 소득이 증가하여 수입 수요가 증가하게 된다. 이 국가의 큰 수입 수요 증가는 다른 국가들의 수출을 자극한다. 다른 국가의 수출 수요 증가는

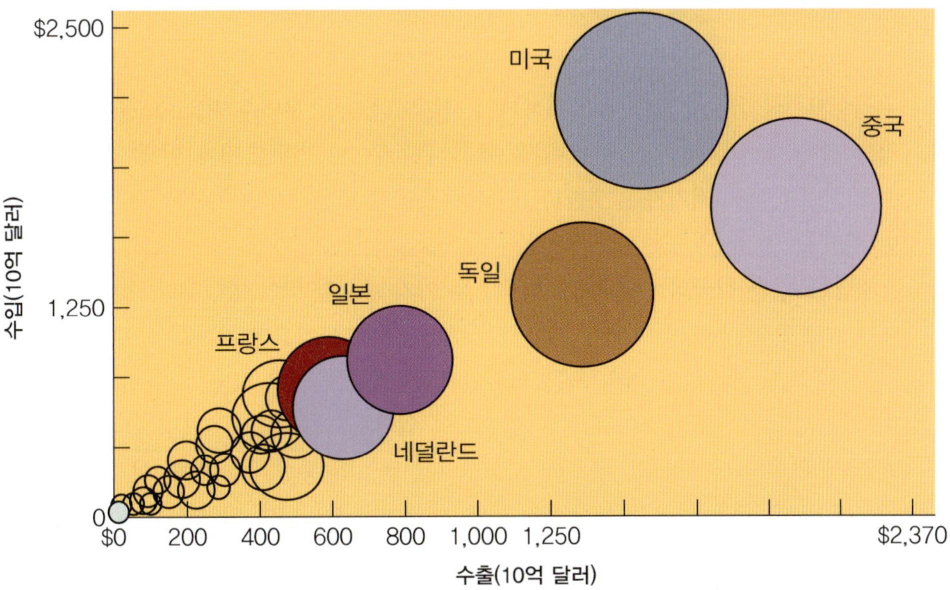

도표 6-1 미국, 중국, 독일은 세계무역의 선두 주자이다. 중국은 수입하는 것보다 더 많이 수출한다. 미국은 수출하는 것보다 더 많이 수입한다. 전 세계와 미국의 수출과 수입 동향에 관해서는 본문을 살펴보자.

경제활동에 활력을 불어넣어 국민소득이 높아지고 이는 수입 수요를 자극한다. 요컨대 수입은 수출에 영향을 미치고 그 반대의 경우도 마찬가지다. 이러한 현상을 무역 피드백 효과라고 하는데, 이는 국가 간 자유무역의 근거가 되는 논점이다.

모든 거래가 제품이나 서비스를 위한 화폐의 교환으로 이루어지지는 않는다. 국가의 70% 정도는 규제 없이 자유롭게 통용되는 교환 가능 통화가 없고, 정부 소유기업에 수입에 대한 충분한 현금이나 신용이 부족한 경우도 많다. 이러한 경우에는 다른 지불수단이 사용된다. 세계무역의 약 10~15%는 글로벌 판매에서 화폐보다 물물교환을 사용하는 방식인 **구상무역**(countertrade)으로 이루어진다.

구상무역
글로벌 판매를 위해 돈보다 물물교환을 사용하는 관행

구상무역은 여러 동유럽 국가와 아시아 및 아프리카에서 인기가 있다. 예를 들어, 다임러 AG(Daimler AG)는 루마니아산 지프 150대와 맞교환하여 트럭 30대를 루마니아에 판매하기로 합의했다. 다임러는 에콰도르에서 지프 브랜드 차를 바나나와 교환하여 팔았고, 그것을 독일로 가져와 독일 슈퍼마켓 체인에 현금을 받고 팔았다. 중국 국영기업들은 콩고 민주공화국에 철도, 병원, 보건소를 짓기 위해 90억 달러를 지원하는 대가로, 전기차 배터리의 핵심 금속인 구리 1,000만 톤과 코발트 40만 톤을 받는 것에 합의했다.

세계무역에 대한 미국의 관점

세계무역에서 미국이 하는 역할은 ① 국내총생산, ② 무역수지에서 살펴볼 수 있다.

국내총생산 미국은 1년 동안 한 국가에서 생산된 모든 제품과 서비스의 금전적 가치인 국내총생산(gross domestic product, GDP) 측면에서 오랫 동안 세계 최고의 선두주자 자리를 지키고 있다. 또한 항공우주, 화학, 사무기기, 정보기술, 제약, 통신 및 전문 서비스산업에서 세계적인 명성을 누리고 있기 때문에 수출 분야에서도 세계적인 선두주자 중 하나이다. 그러나 미국의 세계 수출 비중은 지난 40년 동안 하락한 반면, 세계 수입 비중은 증가해왔다. 수출이 절대적으로 늘었음에도 불구하고 세계 공급자로서의 미국의 상대적 위치는 줄어들었다. 실제로 GDP 대비 미국의 수출량은 세계 선진국 중 제일 낮은 편이다. 그렇지만 자동차, 섬유, 의류 및 소비자 가전

제품 분야에서는 세계 시장으로서의 상대적 역할이 증가했다.

무역수지
국가의 수출과 수입 화폐가치 사이의 차이

무역수지 국가의 수출과 수입 화폐가치 사이의 차이를 **무역수지**(balance of trade)라고 한다. 한 국가의 수출이 수입을 초과하면 무역수지에 흑자가 발생한다. 수입이 수출을 초과하면 적자가 발생한다. 미국 수출입의 세계무역 동향은 미국 무역수지에 반영된다.

지난 40년간 미국의 수출과 수입에는 두 가지 중요한 일이 발생했다. 첫째, 수입이 매년 수출을 초과하여 미국이 지속적인 무역적자를 보이고 있다. 둘째, 수출과 수입의 양이 크게 증가하여 거의 모든 미국인이 큰 영향을 받고 있다. 영향은 그들이 구매하는 제품(예: 삼성 스마트폰, 아일랜드의 워터포드 크리스탈, 프랑스의 루이뷔통 백)에서 판매하는 제품(예: 유럽에 시스코 시스템즈의 통신기술 판매, 아시아에 보잉 항공기 판매, 극동에 듀퐁 화학제품 판매, 아프리카로에 머크 의약품 판매)에 이르기까지 다양하며 그 결과 일자리와 생활수준이 향상되었다.

미국을 오가는 세계무역의 흐름은 국가와 산업 간 제품 및 서비스에 대한 수요와 공급의 상호의존성을 반영한다. 미국의 제품 및 서비스를 가장 많이 수입하는 4대 국가는 캐나다, 멕시코, 중국, 일본이다. 이러한 개별 국가들이 미국 수출품의 약 3분의 2를 구매한다. 미국에 제품을 파는 4대 수출국은 중국, 캐나다, 멕시코, 일본이다. 미국은 이 4개국의 주요 무역 파트너 모두와 무역수지 적자를 기록하고 있다. 중국 하나로도 미국 전체 무역수지 적자의 약 40%를 차지한다.

학습리뷰

1. 세계무역으로 측정하면 어떤 나라가 가장 큰가?
2. 무역 피드백 효과란 무엇인가?

역동적인 글로벌경제에서의 마케팅

목표 2 세계무역과 글로벌마케팅에 영향을 미치는 주요 동향을 확인할 수 있다.

글로벌마케팅은 역동적인 세계 경제의 영향을 받아왔으며 계속해서 받아오고 있다. 지난 10년간 다음과 같은 발전이 글로벌마케팅환경에 큰 영향을 미쳤다.

- 개별 국가의 경제보호주의
- 국가 간 경제 통합
- 글로벌소비자를 위한 글로벌기업 간 글로벌경쟁
- 네트워크로 연결된 글로벌시장 공간의 출현
- 산업스파이 활동의 증가

개별 국가들의 경제보호주의

보호주의
관세나 쿼터 사용을 통해 해외 경쟁으로부터 국가의 산업을 보호하려는 관행

보호주의(protectionism)는 주로 관세 혹은 쿼터를 통해 외국의 경쟁으로부터 한 국가의 경제에 속해 있는 산업을 보호하려는 관행이다. 보호주의에 대한 경제적 당위성은 보호주의가 일자리를 보존하며, 한 국가의 정치적 안보를 보호하고, 다른 국가들에 대한 경제의존도를 낮추며, 국내 산업의 발전을 장려한다는 것이다. 경제 민

책임 있는 의사결정

윤리

글로벌윤리 및 글로벌경제학: 보호주의 사례

세계무역은 국가 간 자유롭고 공정한 무역으로부터 혜택을 받는다. 그럼에도 여러 국가의 정부에서 다양한 국내 산업을 보호하기 위해 관세와 쿼터를 계속 사용하고 있다. 왜일까? 보호주의는 국내 생산자에게는 이윤을, 정부에게는 관세 수입을 가져다준다. 그러나 여기에는 비용도 들어간다. 보호주의정책은 일본 소비자에게 연간 750억~1,100억 달러의 손실을 입히고 있다. 미국 소비자는 관세 및 기타 보호무역 제한으로 인해 매년 약 700억 달러를 지불하고 있다.

미국의 설탕 및 섬유 수입 쿼터, 유럽 국가의 자동차 및 바나나 수입 관세, 미국의 신발 및 자동차 타이어 수입관세, 캐나다의 맥주 수입관세 및 일본의 쌀 수입관세는 국내 산업을 보호하지만 이러한 제품들에 대한 세계무역을 저해하기도 한다. 유럽연합 및 북미 자유무역협정(NAFTA) 조항에 명시된 것과 같은 지역 무역협정은 회원국에게는 쿼터 및 관세에 대한 우대를 제공하지만, 비회원국에게는 그렇지 않다.

©Frans Lemmens/The Image Bank/Getty Images

보호주의는 다양한 형태로 흥미로운 글로벌윤리 문제를 제기하고 있다. 보호주의는 어떻게 적용되어도 윤리적인 관행인가?

족주의와 포퓰리즘으로 인해 보호주의 관행이 널리 퍼지고 있다. 경제 이슈들은 일단 제쳐두고 '책임 있는 의사결정' 박스를 읽고 나서 보호주의에 윤리적 차원이 있는지 스스로 생각해보자.

관세 및 쿼터는 도표 6-2에 설명된 것처럼 세계무역을 저해할 수 있다. 사실 다른 제한적인 무역조치 중에서도, 관세와 쿼터는 지난 10년간 세계무역의 성장을 둔화시켜왔다.

관세(tariff)는 주로 수입품의 가격을 올리는 데 기여하는 정부 세금으로 한 국가에 진입하는 제품이나 서비스에 부과된다. 선진국에서 생산된 제품에 부과되는 평균 관세는 4%인데 국가별·산업별 차이가 매우 크다. 예를 들어 EU는 미국에서 수입한

관세
주로 수입품에 대한 가격을 올리기 위해 한 국가에 들어오는 제품이나 서비스에 부과하는 정부 세금

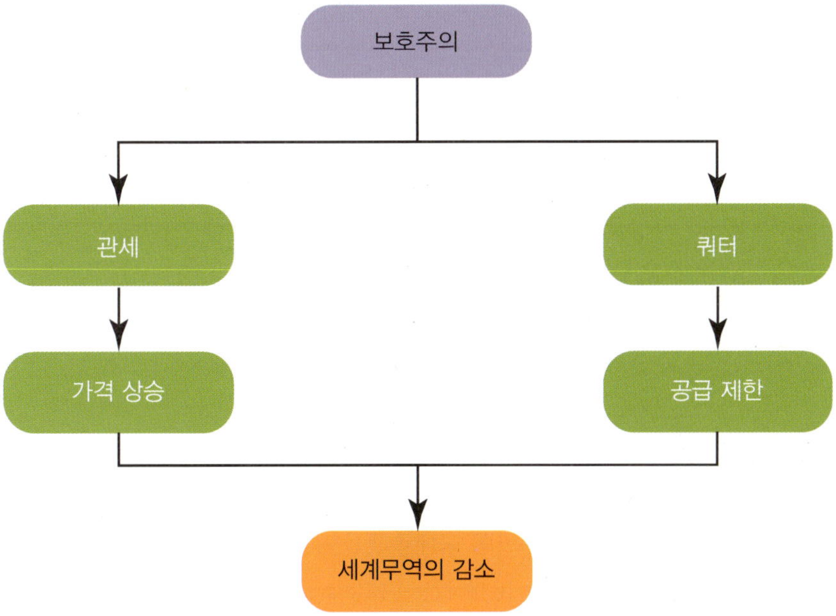

도표 6-2 보호주의가 세계무역에 어떻게 영향을 미치는가? 보호주의는 각국의 관세와 쿼터 정책을 통해 세계무역을 방해한다. 관세는 가격을 올리고, 쿼터는 공급을 제한한다.

자동차에 대해 10%의 관세를 부과하는데, 이는 미국이 EU에서 수입한 자동차에 부과하는 관세보다 4배 정도 높다.

소비자가격에 대한 관세의 영향은 대단하다. 미국쌀의 일본 수출을 생각해보자. 미국정미업체협회(U.S. Rice Miller's Association)의 주장에 따르면, 만일 일본의 쌀 시장이 관세를 낮춤으로써 수입을 개방한다면 낮아진 가격은 일본 소비자들에게 60억 달러를 절약하게 해주고, 미국은 일본 쌀시장의 상당 부분을 얻을 수 있게 된다. 이와 유사하게 서유럽국가들이 바나나에 부과한 관세로 소비자들은 매년 20억 달러를 지불하고, 미국 소비자들은 수입 신발에 부과된 관세 탓에 매년 50억 달러를 지불하고 있다. 덧붙이자면, 미국에서 신는 신발의 99%가 수입품이다.

쿼터
한 나라를 들어갈 때 또는 나갈 때 허용된 제품의 양에 부과된 제한

쿼터(quota)는 의무적이거나 자발적일 수 있으며 정부가 입법하거나 협상을 할 수 있다. 수입 쿼터는 국내 산업이 국내 시장의 일정 비율을 차지할 수 있도록 보장한다. 예를 들어 인도에서 판매되는 중국 유제품에는 제한이 있고, 이탈리아에 판매되는 일본 오토바이에는 쿼터가 존재한다. 중국은 옥수수, 면화, 쌀, 밀에 대한 수입 쿼터가 있다.

미국도 쿼터를 부과한다. 예를 들어 미국의 설탕 수입 쿼터는 70년 이상 존재해왔으며 국내 생산자를 위해 미국 설탕시장의 약 절반을 보호하고 있다. 하지만 미국의 소비자는 이 쿼터로 인해 연간 30억 달러의 추가 식비를 지불하고 있다. 미국의 섬유 쿼터는 미국 소비자의 의류 도매가격에 50%를 추가하는 것으로 추정되며, 이는 소매가 인상으로 이어진다.

세계무역기구
회원국 간의 무역 분쟁에 구속력 있는 결정을 내리는 무역 전문가 패널을 통해 회원국 간 무역을 관장하는 규칙을 설정하는 영구기관

무역전쟁
일반적으로 관세 및 쿼터 제한을 부과하여 국가가 서로의 무역에 피해를 주려고 하는 상황

세계의 주요 산업국들은 1995년에 세계무역의 보다 넓은 이슈를 다루고자 **세계무역기구**(World Trade Organization, WTO)를 발족하였다. 미국을 포함한 164개 회원국은 세계무역의 97% 이상을 차지한다. WTO는 회원국 사이의 무역분쟁과 의사결정 관련 이슈를 다루는 무역전문가 패널을 통해 그들 간의 무역을 관리하는 규칙을 제정한다.

WTO는 국가 간의 무역전쟁을 완화하고자 500개가 넘는 무역 분쟁에 대한 의사결정을 하였다. **무역전쟁**(trade war)은 국가가 일반적으로 관세 및 쿼터 제한을 부과하여 서로의 무역에 피해를 주려고 하는 상황을 말한다.

국가 간의 경제 통합

최근에 비슷한 경제 목표를 가진 다수의 국가들이 회원국 사이의 자유무역을 촉진하고 각국의 경제를 향상시키기 위해 초국가적 무역집단을 형성하거나 또는 무역협정에 사인하고 있다. 가장 잘 알려진 예로는 유럽연합(European Union, EU)과 북미자유무역협정(North American Free Trade Agreement, NAFTA)이 있다. 미국에서 일어나는 모든 수출의 약 46%는 자유무역협정 회원국을 대상으로 한다.

유럽연합 유럽연합은 국경을 넘는 제품, 서비스, 자본 및 노동인력의 자유로운 흐름에 대한 대부분의 장애를 제거한 27개의 회원국으로 구성되어있다(도표 6-3). 이러한 단일시장은 전체를 합하면 미국의 국내총생산보다 크며 대략 5억 1,000만 명의 소비자로 구성되어있다. 게다가 16개국은 유로(euro)라 불리는 공동화폐를 채택

도표 6-3 유럽연합은 2019년 중반에 27개국으로 구성되어 소비자가 약 5억 1,000만 명에 이르렀다. 영국은 2019년 3월, 유럽연합에서 공식 탈퇴했다.

했다. 유로 채택은 지속적으로 환율을 모니터링해야 하는 필요성을 없애줌으로써 유럽연합 내에서의 전자상거래 활성화에 기여했다.

유럽연합은 기업이 더 이상 그들의 제품과 서비스를 국가 단위로 판매할 필요가 없어지게 하여 풍부한 마케팅기회를 만들어냈다. 또한 범유럽 마케팅전략이 가능해졌다. 제품과 포장기준의 통일, 각국이 규제하던 수송·광고 및 프로모션에 대한 법적 제한의 감소, 가격 책정에 영향을 미치는 대부분의 관세 철폐 등 덕분이다. 예를 들어 콜게이트-파몰리브(Colgate-Palmolive Company)는 현재 한 가지 가격으로 유럽연합국가들을 대상으로 하여 같은 용량과 포장의 치약을 팔고 있다. 소형 전동공구, 가전 및 기타 소비재를 만드는 스탠리 블랙앤데커(Stanley Black & Decker)는 현재 유럽시장을 위해 20여 종이 아닌 8개의 모터 사이즈를 생산하여 생산과 마케팅비용을 절감했다. 과거에는 각기 다른 정부와 무역규제로 인해 불가능했던 일들이다. 전 유럽을 대상으로 한 유통은 국경이 허물어짐으로써 소수의 물류창고에서 가능해졌다. 프랑스의 타이어 제조업체 미쉐린(Michelin)은 모든 유럽연합국가의 시장을 상대하기 위해 기존에 있던 물류센터 180곳을 폐쇄하고, 단 20곳에서 제품을 공급하고 있다.

영국(잉글랜드, 북아일랜드, 스코틀랜드, 웨일스)은 2019년 3월부터 유럽연합을 탈퇴하기로 공식 결정했다. 영국과 유럽연합은 무역 관련 분쟁을 계속 해결 중이다.

북미자유무역협정 북미자유무역협정(North American Free Trade Agreement, NAFTA)은 캐나다, 멕시코와 미국 사이의 많은 무역장벽을 제거하여 4억 7,500만 명의 소비자시장을 만들어냈다. 이 협정은 회원국 간 무역 흐름은 물론 국경 간 소매, 제조 및 투자를 촉진했다. 월마트(Walmart)는 북미자유무역협정으로 멕시코에 진입했고, 멕시코 슈퍼마켓체인 자이간테(Gigante)와 멕시코 제과업체 그루포 빔보(Grupo Bimbo)가 미국 시장에 진입했다. 월풀(Whirlpool)의 캐나다 자회사는 캐나다에서 세탁기를 만드는 것을 멈추고 미국으로 생산기지를 이전했다. 그다음 월풀은 주방용 레인지와 소형 건조기의 생산지를 캐나다로 옮겼다. 포드(Ford)는 세계시장을 겨냥한 소형 자동차와 경량 트럭을 생산하기 위해 멕시코시티 생산공장에 6,000만 달러를 투자했다.

미국은 초기 북미자유무역협정 조건에 따른 캐나다 및 멕시코와의 관세정책에 이의를 제기하고 국가 간 무역에 대한 개정된 관세에 대해 협상하고 있다.

글로벌소비자를 향한 글로벌기업들의 글로벌경쟁

국가 간 경제 통합은 모든 형태와 규모로 마케터에게 새로운 현실을 만들어주고 있다. 오늘날 세계무역은 글로벌소비자를 향한 글로벌기업들의 글로벌경쟁에 의해 촉진되고 있다.

글로벌경쟁
기업이 제품과 서비스를 세계적으로 개발·생산·판매할 때 발생

글로벌경쟁 **글로벌경쟁**(global competition)은 제품과 서비스를 세계적으로 개발·생산·판매할 때 발생한다. 자동차, 제약, 의류, 전자, 우주항공 및 정보통신 분야는 모든 대륙에 판매자와 구매자를 가진 것으로 잘 알려진 산업들이다. 이외에 점차 글로벌해지고 있는 다른 산업으로는 청량음료, 화장품, 시리얼, 간식용 감자튀김 및 소매업이 있다.

글로벌경쟁은 마케터의 경쟁환경을 넓혀준다. 미국 시장에서 일어난 펩시콜라와 코카콜라 사이의 유명한 콜라전쟁(cola war)은 인도, 중국, 미얀마, 아르헨티나를 포함하여 세계에서 재현되었다. P&G의 팸퍼스(Pampers)와 킴벌리클락(Kimberly-Clark)의 하기스(Huggies)는 1회용 기저귀 시장의 경쟁을 미국으로부터 서유럽시장으로까지 확대하고 있다. 보잉과 유럽의 에어버스(Airbus)는 거의 모든 대륙에서 수익성 좋은 상업용 비행기를 수주하려고 경쟁하고 있다.

글로벌기업 글로벌시장에는 ① 국제기업(international firms), ② 다국적기업(multinational firms), ③ 초국가기업(transnational firms)이 존재하며 동시에 경쟁한다. 이들은 모두 다른 국가의 여러 사람을 고용하고, 전 세계에서 마케팅 및 제조 활동을 하고 있다. 하지만 기업의 글로벌시장과 글로벌마케팅을 위한 지향성과 전략에 따라 기업의 유형이 달라진다.

국제기업은 본국에서 사용하는 마케팅전략의 확장으로 다른 국가에서 무역과 마케팅활동을 한다. 일반적으로 이러한 기업들은 그들의 기존 제품과 서비스를 본국에서 하는 것과 같은 방법으로 다른 국가에서 판매한다. 예를 들어 미국의 화장품회사 에이본(Avon)은 미국에서 사용하는 것과 같은 마케팅전략으로 아시아, 유럽 및 남미에서 직접판매를 통해 그들의 제품라인을 성공적으로 유통시키고 있다.

메리케이(Mary Kay, Inc.)는 1971년 호주에서 첫 번째 글로벌 벤처를 시작한 이후 5개 대륙의 35개 이상의 국가로 영역을 확장시켰다. 사진은 CC선스크린을 판매하기 위해 한국에서 진행한 광고 화보다.

Courtesy of Mary Kay, Inc.
Mary Kay, Inc.
www.marykay.com

다국적기업은 세계가 독특한 시장들로 구성되어있다고 보고, 각 시장마다 판매방식을 다르게 한다. 이들은 그들이 활동하는 국가시장에서 그 국가에 적합한 제품과 브랜드를 개발하고 적합한 프로모션을 행하는 **다국적마케팅전략**을 사용한다.

P&G는 유명한 다용도 청소제 미스터클린(Mr. Clean)을 북미와 아시아에 판매한다. 미스터클린을 세계의 다른 지역에서 발견하기는 어렵다. 멕시코와 푸에르토리코에는 마스트로 림피오(Mastro Limpio)로 팔리고, 스페인에서는 돈 림피오(Don Limpio)로 팔리며, 프랑스와 벨기에에서는 몬슈르 프로프레(Monsieur Propre), 이탈리아에서는 마스트로 린도(Mastro Lindo), 폴란드에서는 팬 프로퍼(Pan Proper), 동유럽과 중동·러시아에서는 미스터프라퍼(Mr. Proper)란 브랜드로 판매되기 때문이다.

다국적마케팅전략
다국적기업이 활동하는 국가에서 가능한 한 많은 제품, 브랜드명, 광고 프로그램을 제공하는 전략

초국가기업은 세계를 하나의 시장으로 보고 문화 사이의 차이점보다는 보편적인 소비자욕구와 필요를 강조한다. 따라서 초국가 마케터는 **글로벌마케팅전략**을 사용하는데, 이는 문화적 유사성이 있을 때는 마케팅활동을 표준화하고 문화가 다를 때는 현지화하는 전략을 말한다. 이러한 접근방식은 생산 및 마케팅활동에서 규모의 경제를 실현할 수 있게 하여 마케터를 도와준다.

글로벌마케팅전략
문화적 유사성이 있을 때 마케팅 활동을 표준화하고 문화가 다를 때 다르게 적용하는 관행을 채택하는 초국가기업의 전략

글로벌마케팅전략은 케터필러와 코마추(중장비 건설 장비), 텍사스 인스트루먼트, 인텔 및 히타치(반도체)와 같은 B2B마케팅 담당자들에게 인기가 있다. 애플과 삼성(스마트폰), 세이코와 스와치(시계), 코카콜라와 펩시콜라, 매텔과 레고(어린이 장난감), 나이키와 아디다스(운동화), 질레트(퍼스널케어 제품), 로레알과 시세이도(화장품), 맥도날드도 이 전략을 성공적으로 실행하고 있다.

이러한 회사들은 유사하고 중앙집권적으로 조정된 마케팅 프로그램으로 여러 나라에서 같은 이름으로 마케팅되는 브랜드, 즉 글로벌브랜드를 사용한다. **글로벌브랜드**는 같은 제품 유형 또는 서비스 개념을 가지며, 소비자에게 같은 혜택을 전달하고,

글로벌브랜드
유사하고 중앙집권적으로 조정된 마케팅 프로그램으로 여러 나라에서 같은 이름으로 마케팅되는 브랜드

미스터클린(Mr. Clean)은 세계 여러 국가와 지역에서 각기 다른 브랜드명으로 판매되지만 제품의 이미지는 동일하게 유지된다.

(all): Source: Procter & Gamble

여러 나라와 문화를 대상으로 일관된 광고를 사용한다. 글로벌브랜드가 특수한 문화나 국가에 적응하여 변형되지 않는 것은 아니지만, 현지화(localization)는 브랜드를 다른 시장에 있는 소비자들과 보다 잘 연결하는 것이 필요한 경우에만 사용된다.

맥도날드의 경우를 생각해보자. 이 글로벌마케터는 6개 대륙의 119개국에서 "음식, 재미 그리고 가족(food, fun, and families)"이라는 증명된 공식을 상황에 맞추어 사용한다. 금색 아치(Golden Arches)와 로날드 맥도날드(Ronald McDonald)는 전 세계에 등장하지만, 마케팅 프로그램은 상황에 따라 다르게 사용된다. 독일에서는 맥주를, 프랑스에서는 와인을, 홍콩에서는 코코넛과 망고 및 열대 박하향 쉐이크를 판다. 일본, 태국, 인도 및 필리핀에서는 다른 고기와 향을 가진 햄버거를 만든다. 그러나 세계적으로 유명한 감자튀김만은 표준화되어있다. 즉 우리 동네에서 맛보는 것과 똑같은 감자튀김을 베이징과 파리에서도 맛볼 수 있는 것이다.

글로벌소비자 글로벌기업 간의 글로벌한 경쟁은 종종 '마케팅의 힘' 박스에서 기술한 것과 같이 글로벌소비자의 발견과 추구에 초점을 맞추고 있다. **글로벌소비자**는 세계의 여러 국가와 지역에 살면서 유사한 욕구를 가지거나 제품이나 서비스로부터 유사한 특징과 혜택을 추구하는 소비자집단으로 구성되어있다. 글로벌 중산층, 젊은이 시장, 엘리트 시장의 출현은 지리적 위치와 관계없이 공통의 제품과 서비스를 소비하거나 사용하는 것을 의미한다.

> **글로벌소비자**
> 유사한 욕구를 가지고 있거나 제품이나 서비스로부터 유사한 혜택을 추구하는 전 세계에 걸쳐 살고 있는 소비자집단

많은 기업에서 글로벌소비자를 활용하고 있다. 월풀, 소니, 그리고 이케아(IKEA)는 각각 글로벌 중산층이 늘어남에 따라 부엌 전기용품, 소비자 전자제품, 가구에 대한 그들의 욕구를 활용하여 혜택을 보고 있다. 리바이스, 나이키, 코카콜라, 애플은 글로벌 젊은이 시장을 타깃으로 삼고 있다. 드비어(DeBeers), 롤렉스(Rolex), 샤넬,

마케팅의 힘

고객가치

글로벌 틴에이저: 탐욕스러운 소비자들의 시장

글로벌 틴에이저 시장은 유럽 북미와 남미, 아시아, 아프리카 및 환태평양 지역에 있는 산업화된 국가에 사는 13~19세의 청소년으로 구성되어있다. 이들은 TV(MTV는 전 세계 3억 7,200만 가구에 60개의 TV 채널로 방송됨), 영화, 여행, 소셜미디어, 애플, 소니, 나이키와 코카콜라 같은 글로벌기업의 글로벌광고에 엄청나게 노출되어 있다. 이 국가들의 청소년 간의 공통점은 차이점보다 훨씬 많다. 예를 들어 산업화된 25개국 중산층 10대들의 방을 조사한 한 연구에 따르면, 그 방들은 로스엔젤레스와 멕시코시티, 도쿄, 리우데자네이로, 시드니, 파리 등 어느 도시에 있는지 구분하기가 어려웠다. 왜 그럴까? 10대들은 1년간 닌텐도의 비디오게임, 리바이스의 청바지, 나이키와 아디다스의 운동화, 스와치(Swatch)의 시계, 애플과 삼성의 스마트폰 및 커버걸(CoverGirl)의 화장품 같은 제품을 구매하는 데 8,200억 달러 정도를 소비했기 때문이다. 페이스북과 스냅챗(Snapchat), 인스타그램은 그들에게 가장 인기 있는 소셜미디어다.

©Kim Petersen/Alamy Stock Pho4.233mmto

전 세계의 10대들은 패션과 음악을 좋아하며, 신기한 최신 유행의 디자인과 이미지를 원한다. 26개국에 사는 10대 6,500명을 조사한 결과, 그들은 패션과 문화의 미국화를 인정하고 있었다. 어느 나라가 그들의 태도와 구매행동에 가장 큰 영향을 미쳤는지에 대한 질문에는 미국 10대들 중에서 54%, 남미 10대들 중에서 87%, 유럽 10대들 중에서 80%, 아시아의 10대들 중 80%가 미국이라고 답변했다. 이러한 현상은 부모들도 인지하고 있는 것이었다. 인도의 한 부모는 "요즘 젊은이들은 미국 사람처럼 입고 얘기하고 먹어요"라고 말했다.

구찌, 롤스로이스와 세계에서 가장 큰 예술품과 골동품 경매회사인 소더비앤크리스티(Sotherby's and Christie's)는 세계의 고급제품을 위한 엘리트 시장을 대상으로 하고 있다.

네트워크화된 글로벌시장의 출현

글로벌한 규모의 제품, 서비스 및 정보 교환의 도구로 사용되는 인터넷기술은 세계무역에 영향을 미치는 네 번째 변화이다. 세계적으로 40억 개가 넘는 기업, 교육기관, 정부부처 및 가정이 인터넷을 사용 중이었다(2018년 기준). 기술의 광범위한 활용은 세계무역이 증진될 가능성이 크다는 것을 암시한다.

네트워크화된 글로벌시장은 판매자가 어느 곳에 있든 언제 어디서나 낮은 가격으로 제품, 서비스 및 정보의 교환을 할 수 있게 해준다. 특히 B2B마케팅에 종사하는 기업은 글로벌 전자상거래 성장에 박차를 가하고 있다. 전 세계 전자상거래 수익의 90%는 북미, 동유럽 및 아시아/태평양 지역의 12개 국가 간 B2B 거래에서 발생하고 있다.

마케터들은 네트워크화된 글로벌시장이 전 대륙의 잠재구매자에게 전례없는 접근이 가능함을 의미한다고 인식하고 있다. 이러한 접근을 성공적으로 활용한 기업들은 각국의 언어로 내용을 개별화하고 소비자들과 의사소통할 수 있는 다국가·다언어의 웹사이트를 운영하고 있다. 세계에서 가장 큰 포장식품 제조업체이자, 커피와 초콜릿 제조업체인 네슬레(Nestlé)가 바로 이러한 기업의 사례이다. 이 기업은 다섯 개 대륙에 걸쳐 20개가 넘는 언어로 65개국에서 웹사이트를 운영하고 있다.

Video 6-1
Nestlé Hungary Ad
kerin.tv/cr8e/v6-1

이케아는 중국을 휩쓸고 있는 주택 개조 트렌드를 활용한다. 이 가정용품 소매업체는 현대적이고 다채롭지만 저렴한 가구로 주택을 열심히 업데이트하는 젊은 중국 소비자를 대상으로 한다. 이케아는 1998년 중국에 진출하여 오늘날 중국에서 21개 매장을 운영하며, 2022년까지 매년 4~5개의 매장을 오픈할 계획이다.

IKEA
www.ikea.com

산업스파이 활동
기업의 경쟁사에 대한 영업 비밀 또는 독점 정보의 은밀한 수집

산업스파이 활동의 확산

역동적인 글로벌경제에는 산업스파이 활동이라는 어두운 면도 있다. **산업스파이 활동**(economic espionage)이란 경쟁업체에 대한 영업비밀 또는 독점정보의 비밀 수집을 말한다. 이러한 관행은 전자, 특수화학, 산업장비, 항공우주 및 제약 같은 첨단기술산업에서 흔히 발생하는데 기술 노하우와 영업 비밀은 글로벌 산업의 리더와 팔로워를 구분하는 기준이 된다.

외국의 산업스파이 행위로 인해 미국 기업은 연간 6,000억 달러 이상의 비용이 발생하는 것으로 추정된다. 약 23개국의 비밀정보서비스는 연구개발, 제조 및 마케팅 계획, 고객 목록에 대한 정보를 얻기 위해 미국 기업을 정기적으로 살피고 있다. 이러한 위협에 대응하기 위해 미국에서는 산업스파이 행위법(economic espionage Act, 1996)으로 외국 기관의 영업 비밀 도난을 연방 범죄로 간주한다. 이 법은 개인에게 최고 15년의 징역형, 최대 50만 달러의 벌금을 부과한다. 외국 정부요원들의 산업스파이 혐의가 밝혀지면 25년의 징역형과 1,000만 달러의 벌금이 부과된다.

학습리뷰

1. 보호주의란 무엇인가?
2. 북미무역협정은 어느 국가 간의 자유무역을 증진하기 위해 만들어졌는가?
3. 다국적마케팅전략과 글로벌마케팅전략의 차이점은 무엇인가?

글로벌환경 탐색

글로벌기업들은 도표 3-1에 나타난 것처럼 다섯 가지의 환경요인(사회, 경제, 기술, 경쟁 및 법적 환경)을 지속적으로 탐색하고 있다. 여기서는 국내 시장보다 글로벌마케팅 실행에 다른 방법으로 영향을 미치는 세 가지의 통제 불가능한 환경요인인 문화, 경제, 정치-법적 환경요인을 살펴본다.

목표 3 글로벌마케팅활동에 영향을 미치는 환경의 힘을 확인할 수 있다.

문화적 다양성

마케터는 글로벌소비자와 상호호혜적인 교환관계를 완벽하게 만들기 위해 다른 사회의 문화적 토대에 민감해야 한다. 이를 위해 **비교문화분석** 혹은 **다문화분석**(cross-cultural analysis), 즉 둘 또는 그 이상의 국가나 사회에 살고 있는 소비자들 사이의 유사점과 차이점에 대한 연구가 필요하다. 철저한 다문화분석은 다른 사회의 가치, 관습, 상징 및 언어에 대한 이해와 평가를 통해 이루어진다.

비교문화분석 혹은 다문화분석
둘 또는 그 이상의 국가나 사회에 살고 있는 소비자들 사이의 유사점과 차이점에 대한 연구

가치 한 사회의 **가치**(values)는 개인적 또는 사회적으로 선호하는 행동양식 또는 오랜 시간 동안 지속되는 경향이 있는 존재양식을 말한다. 사회의 이러한 측면을 이해하고 일하는 것은 글로벌마케팅에 있어 중요한 요소이다.

가치
한 사회에서 개인 또는 사회적으로 선호되는 행동양식 또는 오랜 시간 지속되는 존재양식

- 인도 인구의 대략 85%는 소가 신성한 동물이라고 믿는다. 따라서 인도 맥도날드에서는 쇠고기가 들어간 햄버거를 팔지 않는다. 대신 그곳에서는 두 장의 닭고기 패티, 특별한 소스, 상추, 치즈, 피클, 참깨로 만든 빵으로 이루어진 마하라자맥(Maharaja Mac)을 판다. 그들은 어떤 고기도 먹지 않는 인도 소비자의 40%를 위해 매콤한 빵가루를 입힌 감자패티를 넣고, 채소 및 치즈, 밀가루 반죽으로 구운 맥퍼프(McPuff)가 들어간 맥알루 티키버거(McAloo Tikki burger)를 판다.
- 독일인들은 비자(Visa) 또는 마스터카드(MasterCard)와 같은 신용카드 사용과 제품 및 서비스를 할부로 구매하는 것에 강한 거부감을 느낀다. 독일에서 빚을 뜻하는 '슐트(Schuld)'라는 단어에는 '죄스러운'이라는 뜻도 있다.

본문에 언급된 맥도날드의 마하라자맥(Maharaja Mac)이나 맥알루 티키버거(McAloo Tikki burger)를 맛보려면 인도에 가야 한다.
Source: McDonald's

문화적 가치는 개인의 태도와 신념에 영향을 미치는 개인적 가치, 그리고 제품 및 서비스의 속성 및 특정 행동이 중요하다고 여기는 정도에서 명백하게 드러난다. 이러한 개인적 가치는 독일인의 할부 사용에 대한 혐오와 같은 소비 관련 가치 및 신용카드 할부이자의 중요성과 같은 제품 관련 가치에 영향을 미친다.

관습 **관습**(customs)은 특정 국가에서 어떤 일을 하는 방식에 관한 규범과 기대를 말한다. 분명 관습은 국가마다 다를 수 있다. 다른 국가의 관습은 미국 사람에게는 이상하게 보일 수 있다. 예를 들어, 미국 사람들은 '프랑스에서 남성이 여성보다 화장품을 두 배 이상 많이 바르는 것', '일본 여성들이 밸런타인데이(Valentine's Day)에 남성에게 초콜릿을 주는 것'을 보고 이상하다고 생각할 가능성이 높다.

관습
특정 국가에서 사람들이 어떤 일을 하는 방식에 관한 규범과 기대

사업상 선물을 하는 관습은 그러한 것들이 기대되고 받아들여지는 많은 국가에서 통상적인 일이다. 그러나 경제적 이익을 위해 불법이나 부적절한 행동을 하게끔 유혹하는 뇌물(bribes), 리베이트(kickbacks), 보상(payoffs) 등은 어떤 문화에서든 부

패한 것으로 간주된다.

글로벌마케팅에서 뇌물의 유행은 세계 주요 수출국 사이에서 외국 정부 관료에게 뇌물을 주는 행위가 범죄에 해당한다는 협정을 이끌어냈다. 이 협정은 1998년에 국제 반덤핑 및 공정경쟁법(International Anti-Dumping and Fair Competition Act)에 의해 수정된 **해외부패방지법**(Foreign Corrupt Practices Act, 1977)을 참고하여 만들어졌다. 이러한 법에서는 미국 기업들이 해외 정부관료에게 뇌물을 주거나 해외에서 비즈니스를 획득하고 유지하기 위해 정당에 뇌물을 주는 행위를 불법으로 간주하고 있다. 예를 들어, 독일의 엔지니어링기업 지멘스(Siemens AG)는 세계의 정부 관료들에게 10억 달러의 뇌물을 준 혐의로 8억 달러의 벌금을 납부하였다.

해외부패방지법
미국 기업이 해외 정부의 관료에게 뇌물을 주거나 사업을 획득하거나 유지하기 위해 정당에 뇌물을 주는 행위를 범죄로 간주하는 법. 국제 반덤핑 및 공정경쟁법(1988)에 의해 수정됨

문화상징 **문화상징**(cultural symbols)은 특정 문화의 아이디어와 개념을 대표하는 사물이다. 상징(symbol)과 상징주의(symbolism)는 다른 문화들이 사물에 각각 상이한 의미를 부여하기 때문에 다문화분석에서 중요한 역할을 한다. 기호의 역할이 매우 중요하기 때문에 '기호학'이라는 연구 분야가 등장하였는데, 이는 기호 사이의 일치 여부와 사람들의 의미 할당에 있어 그들의 역할을 조사한다. 글로벌마케터는 문화상징을 영리하게 사용함으로써 그들의 제품, 서비스 및 브랜드가 소비자들에게 매력적으로 보이도록 긍정적인 상징과 연계시킬 수 있다. 한편으로 상징의 부적절한 사용은 재앙을 불러올 수 있다. 문화적으로 예민한 글로벌마케터는 다음 내용을 알고 있을 것이다.

문화상징
특정 문화의 아이디어나 개념을 대표하는 사물

- 북미 사람들은 숫자 13에 미신적인 믿음을 가지고 있다. 일본 사람들은 숫자 4를 그렇게 느낀다. 일본 말로 4는 '시(Shi)'인데 이는 죽음을 의미하는 단어이기도 하다. 한 예로 티파니앤컴퍼니(Tiffany & Company)는 고급 유리와 도자기 제품들을 일본에서 4개가 아닌 5개를 한 세트로 하여 팔고 있다.
- 미국에서는 엄지를 치켜드는 것(Thumbs-up)이 긍정적 손짓이다. 그러나 러시아와 폴란드에서는 엄지를 치켜들 때 손바닥이 보이면 공격적인 의미를 가진다. 이에 따라 AT&T는 광고에서 손바닥이 아닌 손등이 보이도록 거꾸로 바꾸었다.

문화상징은 깊은 감정을 유발한다. 코카콜라 경영진이 프랑스 파리에 있는 에펠탑과 그리스 아테네에 있는 파르테논 신전을 글로벌 광고 캠페인에 사용했을 때 어떤 문화적 교훈을 얻었을까? 본문에서 해답을 찾아보자.

(Eiffel Tower): ©Sylvain Sonnet/Photographer's Choice RF/Getty Images; (Parthenon): ©Antonio M. Rosario/Getty Images

문화상징은 깊은 감정을 유발한다. 코카콜라 이탈리아 지사의 경영자가 이러한 교훈을 어떻게 얻었는지 생각해보자. 그들은 이탈리아의 휴양객들을 대상으로 한 시리즈 광고에서 유명 코카콜라병에 에펠탑(Eiffel Tower), 엠파이어스테이트빌딩(Empire State Building), 피사의 사탑(Tower of Pisa) 사진을 넣었다. 그리스인들은 파르테논 신전에 있는 하얀 대리석 기둥과 아테네 아크로폴리스의 왕관이 코카콜라의 병에 새겨지자 격노했다. 그들은 아크로폴리스를 '신성한 바위(holy rock)'로 간주한다. 한 정부 관료는 파르테논 신전이 "탁월함의 국제적 상징"이며 "누구든 파르테논 신전을 모욕하면 문화를 모욕하는 것이다"라고 했다. 코카콜라는 이 광고에 대해 사과했다.

언어 글로벌마케터는 그들의 제품과 서비스를 파는 국가의 언어를 이해하고 언어의 미묘한 차이와 관용구를 잘 알아야 한다. 전 세계에 약 100여 개의 공식언어가 존재하지만 인류학자들은 적어도 3,000개의 다른 언어들이 사용되고 있다고 추정한다. 유럽연합에서는 23개의 공식언어가 사용되고, 캐나다에서는 두 개의 공식언어(영어, 프랑스어)가 사용된다. 인도에는 20개의 주요 언어가 있다.

영어, 프랑스어, 스페인어는 글로벌 외교와 상업에 사용되는 주요 언어다. 그럼에도 불구하고 노련한 글로벌마케터가 증명한 것처럼 소비자와 의사소통하기 위해 사용되는 가장 좋은 언어는 자국어이다. 브랜드명과 메시지에는 의도하지 않은 의미들이 우스꽝스럽거나 외설적으로 나타날 수 있기 때문이다.

- P&G의 성공적인 샴푸인 퍼트(Pert)의 캐나다 출시를 담당한 광고대행사는, 프랑스어로 퍼트가 '잃어버린(lost)'이라는 의미를 띤다는 것을 알고 브랜드명을 '준비된'이라는 의미의 프렛(Pret)으로 바꾸었다.
- 미국에서는 일반적인 브랜드명 빅스(Vicks)가 독일에서는 성관계를 의미하기 때문에 독일에서는 빅스(Wicks)로 바뀌었다.

Video 6-2
Nestlé Japan Ad
kerin.tv/cr8e/v6-2

숙련된 글로벌마케터는 오류를 바로잡기 위해 번역된 단어나 구절을 다른 번역자로 하여금 원래의 언어로 재번역하게 하는 **역번역**(back translation)을 사용한다. 예를 들어 IBM의 "작은 지구를 위한 해결책(Solution for a small planet)"이라는 광고메시지의 초기 일본어 번역판은 "사람들을 더 작게 만드는 해결안(Answers that make people smaller)"이었다. 이 실수는 수정되었다. 그렇지만 의도하지 않은 번역이 호의적인 결과를 만들기도 한다. 네슬레가 세계에 판매하는 킷캣(Kit Kat)을 생각해보자. 킷캣은 일본어로 '키또 카츄(kitto katsu)'라고 발음되는데, 이는 '나는 이길 것이다'라는 뜻으로 해석될 수 있다. 일본 청소년들은 중요한 시험을 볼 때 행운을 비는 의미로 킷캣을 먹는다.

역번역
오류를 바로잡기 위해 다른 번역자들에게 단어나 구절을 원래 언어로 재번역하게 하는 작업

네슬레의 킷캣(Nestlé Kit Kat)은 일본의 학업 성취와 어떤 관련이 있는가? 본문에서 그 답을 찾아보자.

문화민족중심주의 사람들이 자신의 가치, 관습, 상징 및 언어를 호의적으로 보는 경향은 잘 알려져 있다. 그러나 자신의 문화가 타 문화보다 우월하다는 믿음을 문화민족중심주의(cultural ethnocentrcity)라고 한다. 이는 성공적인 글로벌마케팅을 가로막는 확실한 장애물이 된다.

문화민족중심주의의 부산물은 국가 밖에서 생산된 제품 및 서비스의 구매 및 사용

미니(Mini)는 영어 및 이탈리아어 같은 다양한 언어로 여러 국가에서 판매된다. 이탈리아어를 번역하면 "내 뒷모습 그만 쳐다봐"라는 뜻이 나온다.

(both): Source: MINI USA

에서 나타난다. 글로벌마케팅 담당자는 국가 내의 특정 그룹이 가격, 기능 또는 성능이 아니라 순전히 해외 원산지 때문에 수입 제품을 선호하지 않는다는 것을 잘 알고 있다.

소비자민족중심주의
외국산 제품 구매가 부적절하고 부도덕하다고 믿는 경향

소비자민족중심주의(consumer ethnocentrism)는 외국산 제품을 구매하는 것이 부적절하고 부도덕하다고 믿는 경향이다. 민족중심적 소비자는 수입제품을 구매하는 것이 반애국적이고 국내의 산업에 해를 끼치며 국내의 실업을 유발하므로 잘못되었다고 생각한다. 소비자민족중심주의는 미국, 프랑스, 일본, 한국, 독일뿐만 아니라 유럽과 아시아의 특정 인구집단에서 관찰되어왔다. 소비자민족중심주의는 글로벌마케터의 업무를 더 어렵게 만든다.

소비자민족중심주의는 여러 국가에서 일반적으로 나타난다. 이 범퍼 스티커는 미국의 민족중심적 소비자가 자신을 표현하는 방법의 한 가지 예일 뿐이다.

©McGraw-Hill Education

경제요인

글로벌마케팅은 경제요인의 영향을 받는다. 그러므로 글로벌시장의 환경 탐색에는 ① 다른 국가들의 경제적 인프라 분석, ② 다른 국가들의 소비자 소득 측정, ③ 국가 환율에 대한 인식이 포함되어야 한다.

경제인프라　국가의 통신, 수송, 금융 및 유통시스템을 의미하는 경제인프라(economic infrastructure)는 국가의 소비자와 조직에게 판매를 시도할 것인지를 결정하는 데 중요한 고려요인이다. 북미인과 유럽인들이 당연하게 받아들이는 인프라가 다른 지역에서는 큰 문제다. 비단 개발도상국뿐만 아니라 동유럽, 인도 및 중국

펩시콜라는 중국에서 병을 만들고 유통망을 확보하기 위해 대규모 투자를 감행했다.

©ChinaFotoPress/ZUMA Press/Newscom
PepsiCo
www.pepsico.com

등의 지역에서조차 심각한 문제일 수 있다. 예를 들어 펩시는 중국과 인도 시장을 위해 2010년 이래로 수송, 제조시스템에 15억 달러를 투자했다.

이러한 국가들의 커뮤니케이션 인프라 역시 상당히 다양하다. 전화, 케이블 TV, 라디오와 TV 방송, 컴퓨터, 위성 및 무선 전화와 같은 정보통신시스템과 네트워크 등이 커뮤니케이션 인프라이다. 일반적으로 많은 개발도상국의 커뮤니케이션 인프라는 선진국과 비교할 때 제한적이거나 구식이다. 아마존은 이 장 도입부에서 설명한 것처럼 인도의 웹서비스에 수백만 달러를 투자했다.

재무 및 법률 시스템조차 문제를 일으킬 수 있다. 금융기관 간의 정식 운영 절차와 사유재산이라는 개념도 여전히 제한적이다. 이런 문제로 러시아에서는 상업적 거래의 약 3분의 2가량이 비화폐적 수단을 사용하여 지불되는 것으로 추정된다. 관청에서 제조, 도매, 소매를 위한 빌딩과 토지에 대한 소유권을 획득하는 데 필요한 허가를 받아야 하는데, 거쳐야 할 행정절차가 큰 문제다. 코카콜라는 이러한 어려움에도 러시아에서 병을 만드는 공장을 짓는 데 10억 달러를 투자했다. 프리토레이(Frito-Lay)는 감자칩을 만들기 위해 모스코바 외곽에 공장을 짓는 데 6,000만 달러를 들였다.

소비자소득과 구매력 소비재를 판매하는 글로벌마케터는 국가의 구매력을 결정하기 위해 1인당 또는 가구당 평균소득과 소득이 어떻게 분배되는지 고려해야 한다. 1인당 소득은 국가마다 상당히 다르다. 유럽연합의 1인당 평균 연소득은 약 3만 5,500달러인 반면, 라이베리아(Liberia) 같은 개발도상국은 700달러도 채 되지 않는다. 한 국가의 소득 분배는 그 국가의 구매력을 평가하는 데 있어 신뢰할만한 그림을 그리도록 해주기 때문에 중요하다. 일반적으로 중산층의 비율이 높아지면, 국가의 구매력도 커지는 경향이 있다.

노련한 글로벌마케터는 개발도상국 사람들이 소득 보전을 위해 정부로부터 음식,

집, 의료보조금을 받는다는 것을 안다. 외견상으로는 저소득층인 사람들도 실제로는 여러 제품의 유망한 소비자들인 경우가 흔하다. 예를 들어, 일년에 250달러 정도를 버는 남아시아의 소비자는 질레트(Gillette) 면도기를 살 형편이 된다. 이 소비자의 소득이 1,000달러로 오르면 소니 TV를 살 수 있고, 1만 달러 정도가 되면 폭스바겐(Volkswagen) 또는 닛산(Nisan)의 자동차를 살 수 있게 된다. 동유럽 개발도상국에서는 연 1,000달러의 소득수준이면 냉장고를 살 수 있고, 2,000달러 수준이면 자동세탁기를 살 수 있다. 이는 세계적인 가전제품 제조업체이자 마케터인 월풀(Whirlpool)에게는 좋은 소식이다.

아시아, 라틴 아메리카 및 동유럽 개발도상국의 소득 증가는 세계무역을 진작시킨다. 이들 국가에서 연간 1만 달러 정도의 수입을 올리는 소비자 수는 미국, 일본 및 서유럽의 소비자 수를 합보다 많다. 한 추정치에 따르면 전 세계 인구의 절반이 이제는 '중산층'의 지위를 달성했고, 2030년까지 63%가 중산층의 지위를 달성할 것이다. 이러한 이유로 개발도상국은 글로벌기업에게 탁월한 마케팅기회를 제공한다.

환율 전 세계 통화 간의 환율 변동은 글로벌마케팅에서 매우 중요한 부분이다. 환율 변동은 해외 관광객부터 글로벌기업에게까지 모든 사람에게 영향을 미친다.

환율
한 국가의 화폐 가격이 다른 국가의 화폐로 표시된 것

환율은 미국의 달러가 일본 엔, 유로, 스위스 프랑 또는 영국 파운드로 표시되는 것처럼 한 국가의 화폐의 가격이 다른 국가의 화폐로 표시되는 것이다. 글로벌시장에서 제품 가격을 책정할 때 환율을 고려하지 않으면 심각한 결과를 초래할 수 있다. 완구기업 매텔(Mattel)은 이 교훈을 어렵게 배웠다. 최근 인기 있는 홀리데이 바비인형과 액세서리는 가격이 너무 비싼 나머지 일부 국제 시장에서 판매될 수 없었다. 미국 달러로 표시되는 바비인형의 가격은 그것이 외화로 어떻게 변환되는지를 고려하지 않고 정해져서 해외 국가의 구매자들에게 너무 비싸 보이는 결과를 초래했다.

Video 6-3
Denizen
kerin.tv/cr8e/v6-3

환율 변동은 글로벌기업의 매출과 수익에 영향을 미친다. 예를 들어 외화를 가지고 미국 달러를 더 많이 살 수 있는 경우, 미국 제품은 외국 고객에게 저렴해 보인다. 그러나 단기적인 변동은 글로벌기업의 이익에 큰 영향을 미칠 수 있다. 휴렛팩커드

리바이스(Levi Strauss & Co.)는 중국에서 데니즌(Denizen) 브랜드 청바지를 출시했다. 리바이스의 청바지를 살 수 없는 신흥시장의 청소년과 청년을 위해 만들어진 데니즌은, 현재 북미에서도 판매된다.

©Eugene Hoshiko/AP Images
Levi Strauss & Co.
www.levistrauss.com

(Hewlett-Packard)는 1년 만에 환율 변동을 통해 거의 50만 달러의 추가 이익을 얻은 적이 있다. 반면 P&G(Procter & Gamble)는 루블의 평가 절하로 인해 러시아에서 5억 5,000만 달러의 손실을 입기도 했다.

정치-규제 환경

세계의 한 국가 또는 한 지역에서 마케팅을 함에 있어 정치 및 규제 환경의 의미는 단지 현재의 환경을 확인하는 것뿐만 아니라 우호적 혹은 비우호적 환경이 얼마나 오래 지속될지가 결정된다는 것을 의미한다. 한 국가 또는 지역의 정치-규제 환경 분석에서의 핵심은 정치적 안정성과 무역규제의 분석이다.

정치적 안정성 국가 간 또는 지역 간 무역은 정치적 안전성에 좌우된다. 중동과 아프리카 지역에서는 국내의 정치 갈등, 테러 및 전쟁 등으로 인해 수십억 달러가 사라졌다. 이러한 손실은 무역을 위해 정치적으로 안정된 국가와 지역을 신중하게 선택해야 한다는 것을 알려준다.

국가의 정치적 안정성은 정부의 외국 기업들과 다른 국가와의 무역에 대한 성향을 포함한 많은 요소들의 영향을 받는다. 이러한 요소들이 모여 한 국가 또는 한 지역의 마케팅과 재무 관련 투자에 대해 우호적 또는 비우호적인 정치환경이 만들어진다. 마케팅관리자는 다양한 조치를 사용하여 정치적 안정성을 모니터링하는 PRS그룹(PRS Group)과 같은 기관에서 제공하는 국가위험등급을 살펴본다. PRS그룹닷컴(www.prsgroup.com)을 방문하여 100여 개국의 정치적 위험등급을 확인해보자. 미국을 포함한 국가 순위가 예상과 달라서 놀랄 것이다.

무역규제 국가마다 국경 안에서 벌어지는 비즈니스 관행을 통제하는 규칙이 존재한다. 이러한 규칙은 종종 무역장벽으로 작용한다. 한 예로 일본에는 1만 1,000여 개에 달하는 무역규제가 있다. 일본의 자동차 안전규칙은 모든 자동차 교체 부품이 반드시 미국제나 유럽제가 아닌, 일본제여야 한다고 요구한다. 대중보건규칙은 약사가 아니면 아스피린이나 감기약을 판매하는 것을 불법으로 간주한다. 말레이시아 정부는 "광고가 지나치게 열망적인 라이프스타일을 보여주거나 조장해서는 안 된다"라는 규정을 만들었다. 스웨덴의 경우에는 어린이를 대상으로 하는 모든 광고를 금지하고, 이란은 매텔의 바비인형이 서구사회 타락의 상징이기 때문에 판매를 금지하기로 했다. 쿠바와 북한은 미국의 무역금지조치에 대항하여 코카콜라의 수입과 판매를 금지하고 있다.

학습리뷰

1. 비교문화 분석은 ______________________의 연구를 포함한다.
2. 외국 화폐로 더 많은 미국 달러를 살 수 있을 때 미국 제품은 외국 소비자에게 더 비싸게 보이는가, 덜 비싸게 보이는가?

글로벌시장 진입전략 비교

목표 4 글로벌시장에 진입하기 위해 기업이 사용하는 진입전략을 설명할 수 있다.

일단 기업이 글로벌시장에 진입하기로 결정했다면, 시장 진입방법을 선택해야 한다. 이 경우 일반적으로 ① 수출, ② 라이선싱, ③ 합작투자, ④ 직접투자가 고려된다. 도표 6-4에서 볼 수 있듯 기업이 수출에서 직접투자로 움직이면 투자액, 위험, 마케팅 통제 및 이익가능성 모두 증가한다.

수출

수출
한 국가에서 제품들을 생산하여 그 제품들을 다른 국가에 판매하는 글로벌시장 진입전략

수출(exporting)이란 한 국가에서 제품을 생산하여 그 제품을 다른 국가에 판매하는 것을 말한다. 이 진입 옵션은 회사로 하여금 제품, 조직 및 회사 목표라는 관점에서 가장 적은 변화로 실행이 가능하다. 투자 대상 국가는 다른 진입방식보다 현지 고용이 적기 때문에 이 관행을 그다지 좋아하지 않는다.

간접수출(indirect exporting)이란 한 기업이 국내용으로 생산한 제품을 중간상을 통해 다른 국가에 판매하는 것을 말한다. 이 전략은 가장 적은 수준의 몰입과 위험을 내포하지만, 가장 적은 이익을 가져다줄 것이다. 간접수출은 해외 접점이 없지만 해외로 판매하길 원하는 기업에게 이상적이다. 중간상은 종종 마케팅 노하우와 성공을 위한 노력에 필요한 자원을 가지고 있는 유통업체가 맡게 된다. 프랜윌슨 크리에이티브코스메틱스는 일본에 제품을 판매하기 위해 간접수출방식을 사용했다. 미국 화장품기업들이 일본에 수출한 립스틱 전체 수출 중 어떻게 이 혁신적인 마케터와 일본의 유통업체들이 20%를 차지했는지 알고 싶다면 '마케팅의 힘' 박스를 읽어보자.

직접수출(direct exporting)은 중간상을 통하지 않고 생산된 제품을 외국에 판매하는 경우다. 대부분의 기업은 판매 규모가 크고 쉽게 판매할 수 있기 때문에 중간상이 필요하지 않다고 판단하면 직접수출을 한다. 예를 들어, 상당한 물량의 구매를 위한 계약을 하고자 하는 외국 구매자가 수출업자에게 접근할 수 있다. 직접수출은 간접수출보다는 많은 위험을 내포하지만 기업의 이익을 증대시킬 수 있다. 보잉(Boeing)이 바로 직접수출방식을 사용하는 기업이다. 보잉은 세계에서 가장 큰 항공

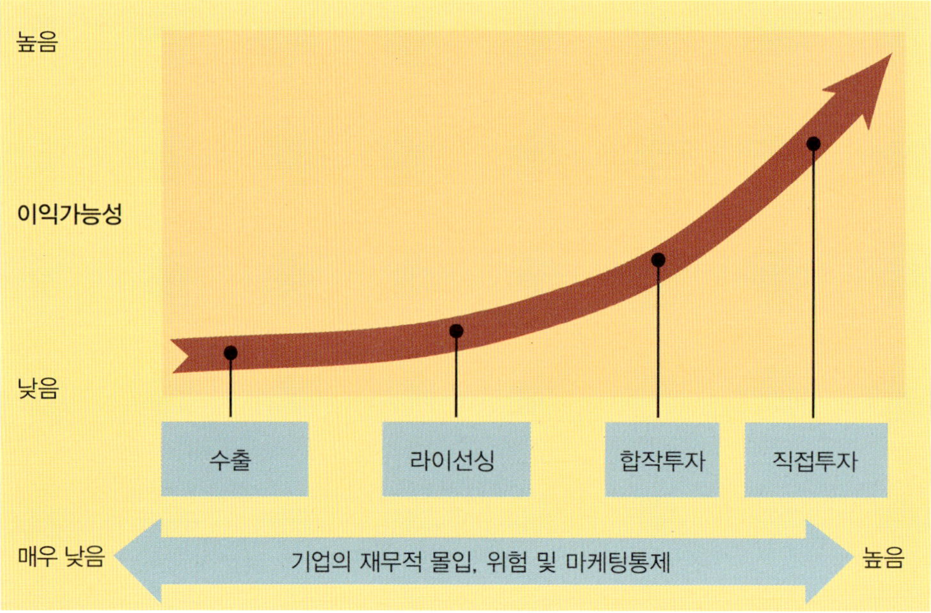

도표 6-4 글로벌시장 진입전략으로 수출에서 직접투자로 옮겨감에 따라 기업의 마케팅활동에 대한 이익가능성과 통제 정도가 증가하게 된다. 그러나 재무적 몰입과 위험도 커진다. 기업은 대개 직접투자전략을 추구하기 전에 수출, 라이선싱 및 합작투자를 통해 경험을 쌓는다.

마케팅의 힘

기업가정신

미국 기업의 창의적인 일본 수출 마케팅전략

어떻게 중소 규모의 미국 화장품기업이 일본에서 연간 150만 개의 립스틱을 판매했을까? 프랜윌슨 크리에이티브코스메틱스(Fran Wilson Creative Cosmetics)는 그들의 성공을 최고의 품질, 효과적인 광고, 독특한 수출마케팅 프로그램 때문이라고 본다. 이 기업의 무드맷쳐(Moodmatcher)라는 립스틱은 발랐을 때 여성의 화학작용에 따라 핑크색, 산호색, 붉은색 등으로 변하는 녹색, 오렌지색, 은색, 검은색 및 기타 여섯 가지의 다른 색조로 출시된다.

이들은 제품을 백화점에서 판매하지 않는다. 회사 대변인에 따르면 "일본의 화장품 대기업 시세이도와 가네보(Shiseido and Kanebo)는 다른 일본 제품이나 수입 브랜드들이 주요 백화점에 입점하지 못하도록 하고 있다"라고 밝혔다. 그래서 이들은 일본에 있는 4만여 개 미용실에 제품을 공급하는 일본 유통업체 네트워크를 통해 립스틱을 판매했다. 결과는 어땠을까? 이들은 매년 정통 일본 유통업체와 함께 미국 화장품기업이 일본에 수출하는 립스틱의 20% 정도를 차지하게 되었다.

©Markus Sepperer/Anzenberger/Redux

우주기업이며, 미국에서 가장 큰 수출업자이기도 하다.

수출이 비록 대기업에서 보편적으로 사용되는 방법이기는 하지만, 중소기업에게도 유용한 글로벌시장 진입전략이다. 제품을 수출하는 미국 기업의 97% 정도가 500명 이하의 종업원을 두고 있다. 이러한 기업들은 미국 제품 총 수출의 약 33% 정도를 차지한다.

라이선싱

기업은 라이선싱(licensing)을 통해 로열티나 수수료를 받고 상표, 특허, 무역기밀, 지적재산의 가치가 있는 아이템을 사용할 권리를 제공한다. 라이선스를 제공하는 기업은 낮은 위험과 적은 비용으로 해외시장에 들어갈 기회를 누린다. 권리를 받은 기업(licensee)은 정보를 얻고 경쟁적 우위를 점하고서 사업을 시작할 수 있는 권한을 얻으며, 현지 국가는 그곳에서 제품이 생산됨으로써 고용을 창출할 수 있다. 예를 들어, 제너럴밀스(General Mills)는 프랑스 협동조합기업인 소디알(Sodiaal)로부터 라이선스를 얻어 요플레(Yoplait) 브랜드 요거트를 미국에서 판매하고 있다.

이 진입 모드에는 장점이 많지만 심각한 문제점도 있다. 인가하는 기업(라이선서: licensor)의 입장에서는 제품에 대한 통제를 포기하므로 얻을 수 있는 잠재적 이익이 감소된다. 게다가 관계가 지속되는 동안 인가하는 기업이 스스로 경쟁을 만들어내기도 한다. 인가받은 기업(라이선시: licensee) 중 일부는 제품을 수정 혹은 개량하여 그들이 사업을 시작하게끔 만들어준 기업을 제물로 삼아 풍부한 제품과 마케팅 지식을 가지고 시장에 진입할 수 있다. 이러한 문제점 탓에 기업들은 혁신적인 기업이 되기 위해 노력함으로써, 인가를 받은 기업이 발전하고 성공하기 위해 자신들에게 어쩔 수 없이 의존하도록 만들고자 한다. 끝으로 라이선시를 잘못 선택하면, 라이선서는 명성에 해를 입을 가능성도 있다.

맥도날드는 시장진입전략으로 프랜차이즈를 사용한다. 기업 매출의 약 2/3가 미국 이외의 지역에서 발생한다. 글로벌브랜드임을 나타내는 황금색 아치가 눈에 확 들어온다.

©China/Alamy Stock Photo
McDonald's
www.mcdonalds.com

프랜차이징(franchising)은 라이선싱의 변형이다. 프랜차이징은 가장 빠르게 성장하고 있는 시장진입전략 중 하나다. 미국의 7만 5,000개가 넘는 프랜차이즈 기업들이 전 세계에 진출하여 자리 잡고 있다. 프랜차이즈는 청량음료, 호텔, 소매, 패스트푸드, 자동차 렌탈 및 다양한 비즈니스 서비스를 포함한다. 맥도날드는 최정상급의 글로벌 프랜차이저(franchisor)다. 이들은 미국 외의 지역에 약 1만 4,000개의 프랜차이즈점을 보유하고 있다.

합작투자

외국 기업과 현지 기업이 현지에서 새로운 사업을 하기 위해 공동으로 투자하는 것을 **합작투자**(joint venture)라고 부른다. 두 기업은 새로운 기업의 소유권, 통제 및 이익을 공유한다. 예를 들어 스트라우스그룹(Strauss Group)은 이스라엘에서 프리토레이의 치토스, 도리토스 및 다른 스낵을 팔기 위해 펩시와 합작투자를 했다.

합작투자
외국 기업과 현지 기업이 함께 투자하여 현지에 새로운 사업을 만들고 그 기업의 소유권, 통제 및 이익을 공유하는 글로벌시장 진입전략

이 진출방식의 이점은 두 가지다. 첫째, 기업이 홀로 외국 시장에 들어가기 위해 필요한 재무, 물질 내지는 경영 자원을 가지고 있지 않아도 된다. 스웨덴의 정보통신기업 에릭슨(Ericsson)과 프랑스 스위치 제조업체 CGCT와의 합작투자는 1억 달러짜리 사업권 쟁탈전에서 미국 정보통신기업 AT&T를 이겼다. 에릭슨의 자금과 기술이 CGCT의 프랑스시장에 대한 지식과 결합되어 단독으로는 따낼 수 없었던 계약을 따낼 수 있도록 해준 것이다. 둘째, 외국 기업이 자국 시장에 들어오는 것을 허락하기 전에 현지 정부가 합작투자를 요구하거나 강력하게 권장할 수 있다. 예를 들어 중국에서는 P&G, 스타벅스 및 제너럴모터스와 같은 거대기업도 합작투자를 통해서만 시장에 진입할 수 있었다.

합작투자의 불리한 점은 두 기업이 정책이나 경영방식에 이견이 생길 때, 혹은 정부 관료주의가 기업의 노력을 방해할 때 발생한다. 예를 들어, 미국 기업들은 발생한 이익을 재투자하는 것을 선호하는 반면, 어떤 외국 기업들은 이러한 이익을 배분하여 각자 사용하는 쪽을 선호하기도 한다. 미국 기업은 벌어들인 이익을 미국으로 송금하길 바라지만, 현지 기업 내지 현지 정부는 이것에 반대할 수 있다. 프랑스의 다논 그룹과 중국 현지 기업의 합작투자 붕괴가 바로 그러한 예이다. 합작투자의 파트너들은 이익 분배에 대해 합의할 수 없었다.

직접투자

글로벌시장에 진입할 때 기업이 할 수 있는 가장 큰 모험은 해외 자회사나 사업부를 소유하는 직접투자(direct investment)다. 직접투자의 예로는 닛산(Nissan)의 픽업트럭을 생산하는 테네시주 스미나(Smyrna, Tennessee) 공장과 벤츠 엠클래스 SUV 차량을 만드는 앨러배마주 밴스(Vance, Alabama)의 메르세데스벤츠(Mercedes-Benz) 공장을 들 수 있다. 많은 미국의 글로벌기업 역시 이 진입방식을 사용하고 있다. 리복(Reebok)은 자회사인 리복 러시아(Reebok Russia)를 만들어 러시아에 진출했다.

많은 기업에게 직접투자는 대부분 다른 세 가지 유형의 진입전략 중 하나를 경험해본 뒤 선택하는 진입방식이다. 예를 들어, 페덱스(FedEx)와 UPS는 중국 기업과의 합작투자를 통해 중국에 진출했다. 각 기업은 파트너의 지분을 사들여 중국 합작투자기업을 하나의 사업부로 바꾸었다.

직접투자의 장점으로는 비용 절감, 현지시장 상황에 대한 보다 나은 이해, 현지 제한의 최소화 등이 있다. 직접투자를 통해 해외시장에 진입하는 기업들은 발생하는 재무적 부담과 위험보다는 이러한 장점들이 훨씬 많을 것이라고 믿는다. 하지만 때로 그렇지 않은 경우도 있다. 미국 미니에폴리스에 본부를 둔 할인점 타겟(Target)은 2013년 캐나다에 진출하여 57억 달러를 투자했지만 상당한 영업 손실을 입어 2015년에 사업을 철수했다. 우버(Uber)는 2년간 20억 달러의 손실을 기록한 후, 2016년에 중국을 떠났다.

학습리뷰

1. 글로벌마케팅에 대한 경험이 없는 기업은 어떤 시장 진입 유형을 선택할 수 있는가?
2. 라이선싱은 합작투자와 어떻게 다른가?

세계적인 마케팅 프로그램 만들기

목표 5 범세계 마케팅 프로그램 수립을 위한 표준화와 현지화의 차이를 설명할 수 있다.

시장진입전략의 선택은 마케터의 입장에서 보면 글로벌기업의 커뮤니티에 합류하려고 할 때의 첫 번째 단계이다. 진입전략을 선택하고 난 후에는 마케팅 프로그램을 글로벌하게 디자인하고 실행하며 평가하는 도전적 업무를 해야 한다.

성공적인 글로벌마케터는 가능하면 글로벌마케팅 프로그램을 표준화하고자 하며, 어디서든 필요하다면 현지화한다. 표준화와 현지화의 정도는 엄밀한 글로벌환경 탐색을 통해 결정되며, 이는 경험과 마케팅조사에 근거한 판단에 의해 조절된다.

제품과 촉진전략

글로벌기업들은 글로벌시장에 맞추어 촉진을 실행하기 위해 다섯 가지 전략을 세운다. 도표 6-5에서 나타나듯 이러한 전략은 다른 국가와 문화에 속해 있는 소비자들을 위해 제품과 프로모션 메시지를 그대로 사용할 것인지, 아니면 현지에 맞게 변형할 것인지에 초점을 맞추고 있다.

제품은 다음 세 가지 방법 중 하나를 통해 글로벌시장에 판매할 수 있다. ① 국내시장과 같은 형태(제품 연장), ② 변형된 제품(제품 적응), ③ 완전히 새로운 제품(제품 발명)이 바로 그것이다.

- 제품 연장(product extension): 다른 국가에서 같은 제품을 판매하는 것은 제품 연장전략에 속한다. 이 같은 전략은 코카콜라, 질레트의 면도기, 소니의 소비자 전자제품, 할리데이비슨의 오토바이, 나이키 의류와 신발 및 애플의 아이폰과 같은 제품에 성공적으로 적용되었다. 대체로 제품 연장은 표적시장이 국가와 문화에 걸쳐 유사할 때 효과적이다. 즉 소비자가 같은 욕구, 필요 및 제품 사용 용도를 가지고 있을 때 가장 성공적이다.

- 제품 적응(product adaptation): 한 국가의 환경 내지 소비자 선호에 보다 적절하게 만들기 위해 제품을 어떤 방식으로든 바꾼다면 이는 제품 적응전략에 해당된다. 미국의 껌 제조기업 리글리(Wrigley's)는 중국에서 자몽맛, 오이맛, 차맛의 츄잉껌을 판매한다. 프리토레이(Frito-Lay)는 러시아에서 감자칩을 생산·판매하는데, 미국에서 먹는 것과 같은 맛이 선호될 것이라고 기대하지 않는다. 러시아인들은 우유맛, 고기맛, 생선맛이 나는 감자칩을 선호한다. 리스테린(Listerine) 구강청결제는 미국 이외의 지역에서 다양하게 판매된다. 알코올이 금지된 이슬람국가에서는 알코올을 제거한 리스테린 제로를 판매하고, 아시아시장에서는 녹차맛 리스테린을 판매한다. 메이블린(Maybelline)의 메이크업은 장마철에도 지워지지 않는 아시아 전용 마스카라 등 전 세계 지역의 피부 유형과 날씨에 맞게 변형된다.
- 제품 발명(product invention): 여러 국가에 걸쳐 공통적인 욕구를 만족시키기 위해 전혀 새로운 제품을 발명할 수도 있다. 블랙앤데커(Black & Decker)는 이러한 맥락으로 스네이크 라이트 플렉시블 플래시라이트(Snake Light Flexible Flashlight)를 만들었다. 휴대 조명에 대한 글로벌한 욕구를 만족시키기 위해 만들어진 이 제품은 북미, 유럽, 남미, 호주에서 가장 잘 팔리는 제품이 되었다. 블랙앤데커의 신제품 중에서 가장 성공한 제품이기도 하다. 월풀(Whirlpool)은 연간 가계소득이 2,000달러 정도인 개발도상국의 가정을 상대로 소형 자동세탁기를 개발했다. 아이디얼레(Ideale)라고 불리는 이 세탁기는 밝은색으로 디자인되었는데, 그 이유는 개발도상국 가정에 다용도실이 없어서 세탁기를 주로 거실에 두기 때문이다.

동일한 광고 메시지는 전 세계에서 제품 연장과 제품 적응전략에 사용된다. 질레트는 남성용 제품에 "질레트, 남성이 가질 수 있는 최고의 제품(Gillette, the Best a Man Can Get)"이라는 동일한 글로벌 메시지를 사용한다. 정유기업 엑슨(Exxon)도 기후에 따라 국가별 가솔린 혼합물을 다르게 하지만 광고메시지는 동일하다. "연료탱크에 호랑이를 넣으세요(Put a Tiger in Your Tank)."

글로벌기업들은 광고메시지를 바꾸기도 한다. 예를 들어, 같은 제품을 여러 나라에 판매할 수 있지만 광고는 다르게 할 수 있다. 프랑스의 건강 및 화장품 기업 로레알(L'Oréal)은 서유럽에서 그들의 자외선 차단제품인 골든뷰티(Golden Beauty) 브랜드를 자회사인 헬레나 루벤스타인(Helena Rubenstein)을 통해 소개할 때 커뮤니

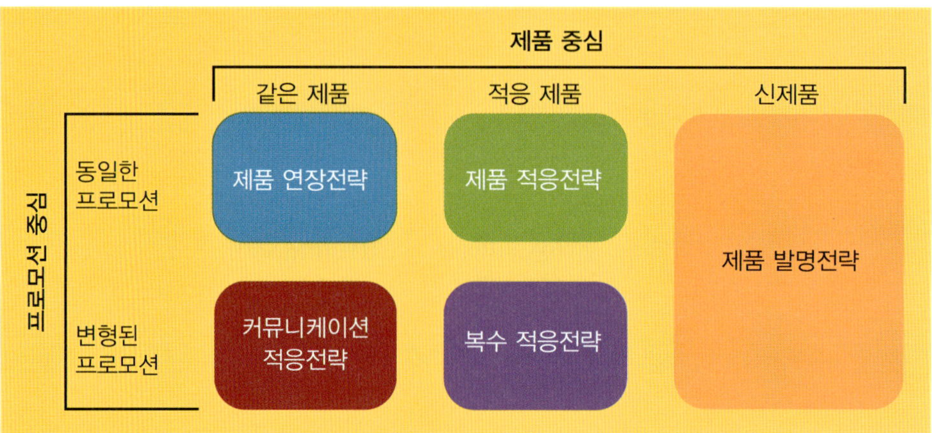

도표 6-5 글로벌마케팅에는 다섯 가지 제품-프로모션전략이 존재한다. 각 전략은 기업이 다른 국가와 문화권의 소비자들에게 제품과 프로모션 메시지를 그대로 사용할지 아니면 현지에 맞게 변형할 것인지에 달려 있다. 기업들이 전략을 어떻게 사용하는지에 관해서는 본문을 살펴보자.

질레트는 프랑스, 멕시코, 미국의 여성용 면도기 비너스 광고처럼 가능하면 언제나 동일한 메시지를 전달한다.

(all): Source: Procter & Gamble

케이션 적응전략을 사용했다. 그들은 피부관리와 선탠과 관련하여 문화와 구매 동기의 차이를 인식하고, 비록 제품은 같지만 북유럽에서 진한 선탠을, 라틴계 유럽인에게는 주름 방지를, 지중해 연안의 유럽인들에게는 멋진 피부를 강조했다.

제품과 프로모션 메시지 둘 다를 바꾸는 복수 적응전략을 사용하는 기업도 있다. 네슬레는 네스카페(Nescafé) 커피에 이 전략을 사용한다. 네스카페는 다른 국가에 거주하는 서로 다른 소비자들의 선호를 맞추기 위해 다양한 커피향과 광고 캠페인을 활용한다. 예를 들어, 세계 최대 커피 브랜드인 네스카페는 일반적으로 공유된 순간의 맛, 향, 따뜻함을 세계적으로 강조한다. 그러나 태국에서는 일상생활의 압력에서 벗어나 휴식을 취하는 방법으로 광고한다.

Video 6-4
Nescafé China
kerin.tv/cr8e/v6-4

이러한 예들은 글로벌기업들이 사용하는 간단한 규칙을 보여준다. 언제나 가능하면 표준화(standardization)하고 필요한 곳이라면 어디라도 현지화(localization)한다. 이것이 바로 글로벌마케팅의 예술이다.

유통전략

유통전략은 글로벌마케팅에서 매우 중요한 영역이다. 수송, 커뮤니케이션, 창고시설뿐만 아니라 소매업자와 도매업자의 이용가능성과 능력은 한 국가의 경제적 인프라에 좌우된다. 도표 6-6은 제품이 한 국가에서 생산되어 다른 국가에 도달하기 위해 거쳐야만 하는 채널을 보여준다. 첫 번째 채널은 판매자이다. 판매자의 본사는 시작점인 동시에 최종 소비자에게 도달하기까지 유통을 책임지는 곳이기도 하다.

다음 채널은 제품을 한 국가에서 다른 국가로 움직이는 두 국가 사이의 채널이다. 이 과정에서 책임을 담당할 수 있는 중간상들로는 외국에 거주하는 구매업자, 제품을 사고파는 독립적 상인 도매업자 내지 구매자와 판매자를 연결하는 중개상 등이 있다.

일단 제품이 외국에 도착하면, 그 나라의 유통채널이 다음 단계를 담당한다. 이러한 채널은 제품라인에 따라 매우 길거나 아니면 놀랄 정도로 짧을 수 있다. 일본에서는 신선한 생선이 소매점에 도달하기까지 세 단계의 중간상을 거친다. 반면 신발은 한 단계의 중간상만 거친다.

도표 6-6 글로벌 유통채널은 대개 길고 복잡하다.

가격전략

글로벌기업은 세계적인 마케팅노력의 일환으로 가격전략을 결정해야 하는 어려운 도전에 직면해 있다. 자유무역협정을 체결한 국가조차 글로벌기업의 가격에 상당한 경쟁, 정치 및 법적 제한을 부과하고 있다. 예를 들어, 독일은 월마트(Walmart)가 쇼핑객을 유인하기 위해 특정 아이템의 가격을 많이 할인하는 것을 규제했다. 그렇게 하지 않으면 월마트는 독일의 할인점과 경쟁할 수 없었다. 다른 이유도 있었겠지만, 월마트는 이익을 얻지 못한 채 8년을 보내고 독일을 떠나야만 했다.

너무 낮은 또는 높은 가격 정책은 심각한 결과를 낳을 수 있다. 한 국가에서 가격이 너무 낮으면, 기업은 덤핑으로 제소되어 처벌과 벌금형을 받을 수 있다. 덤핑(dumping)은 기업이 제품의 가격을 외국에서 본국 가격이나 실제 생산원가보다 낮게 판매하는 경우를 말한다. 경쟁적 가격 책정은 회사의 시장점유율을 높이기 위해 수행된다. 또 다른 이유는 판매되는 제품이 과잉이거나 국내에서 판매될 수 없어 이미 회사에 부담이 되기 때문에 해외시장에서 빨리 처분하기 위해서이다. 어떤 가격이든 팔리기만 하면 기업으로서는 최선인 경우다.

기업이 어떤 국가에서는 가격을 매우 높게 책정하고 다른 국가에서는 경쟁적 가격을 책정하면, 회색시장 문제에 직면하게 된다. 병행수입(parallel importing)이라고도 불리는 회색시장(gray market)은 제품이 비공식적인 유통채널을 통해 팔리면서 형성된다. 회색시장은 가격이 낮게 책정된 국가의 공식 소매업자로부터 제품을 구매하여 가격이 비싼 나라로 제품을 보낸 후, 해당 국가의 비공식적 소매업자를 통해 제조업체의 권장소매가보다 제품을 저렴하게 판매할 때 형성된다. 세이코(Seiko)의 시계, 샤넬(Chanel)의 향수, 메르세데스벤츠(Mercedes-Benz)의 자동차 등 잘 알려진 많은 제품이 회색시장에서 판매된다. 미국에서는 병행수입이 합법이지만 유럽연합에서는 불법이다.

학습리뷰

1. 제품은 글로벌시장에서 세 가지 방법으로 판매될 수 있다. 세 가지 방법은 무엇인가?
2. 덤핑이란 무엇인가?

마케팅지식 적용해보기

1. 다음 말이 의미하는 바는 무엇인가? "관세는 소비자에게 명확히 세금인 반면, 쿼터는 감춰진 세금이다."
2. 일본에서 TV 광고를 한다고 가정할 때, 남편이 밸런타인데이 초콜릿 네 개가 담긴 박스를 들고 드레스룸에 있는 아내를 놀라게 하는 장면을 담는다고 가정하자. 이 광고는 얼마나 성공적일까? 그 이유는 무엇인가?
3. 글로벌마케팅의 초심자로서 글로벌시장 진입전략의 대안 중 여러분이 시작할 가능성이 높은 것은 무엇인가? 그렇게 생각한 이유는 무엇인가? 글로벌시장의 진입을 위해 사용 가능한 다른 대안은 무엇인가?
4. 코카콜라는 전 세계에서 판매된다. 어떤 나라에서는 코카콜라가 병 제조시설을 가지고, 다른 나라에서는 라이선싱을 맺거나 합작투자를 하기도 한다. 라이선싱을 하려고 라이선시를 고를 때는 어떤 요소들은 고려해야 하는가?

마케팅계획 세워보기

당신의 마케팅계획은 미국 외의 글로벌 고객에 도달하는 것을 포함하고 있는가? 만일 대답이 '아니오'라면 마케팅계획에 글로벌요소를 포함해서는 안 된다. 만약 대답이 '예'라면 다음 내용을 확인하려고 노력해보자.

1. 여러분의 제품 중 어떤 특징이 잠재고객에게 특히 중요한가?
2. 잠재고객은 어느 나라에 사는가?
3. 이들에게 도달하려는 노력과 관련된 특별한 마케팅이슈는 무엇인가?

이러한 질문에 대한 답은 향후 본문에 등장하는 마케팅믹스전략을 좀 더 구체적으로 개발하는 데 도움이 될 것이다.

비디오 케이스 6 메리케이: 인도에서 브랜드 구축하기

Video 6-5
Mary Kay Video Case
kerin.tv/cr8e/v6-5

셔릴 애드킨스-그린(Sheryl Adkins-Green)은 최선의 임무를 수행하고 있다. 그녀는 메리케이(Mary Kay, Inc.)에 새 브랜드 개발 부사장으로 글로벌 이니셔티브(global initiatives) 및 글로벌시장을 위해 특별히 개발된 제품 등 전 세계 제품 포트폴리오 개발을 담당하고 있다. 그녀는 직책에 매우 열정적이며 "성장할 수 있는 엄청난 기회가 있습니다. 이러한 시대에도 여성들은 여전히 자신을 애지중지하며, 예쁘게 보이는 것은 즐거운 일입니다"라고 말한다.

그녀는 새 회사와 직책에 대한 발전을 위해 단기적인 과제를 찾았다. 그녀는 특히 인도에서 메리케이 브랜드를 구축하려는 회사의 노력에 관심이 많다.

메리케이의 방식

메리케이 애쉬(Mary Kay Ash)는 1963년에 평생 모은 5,000달러와 현재 메리케이의 회장직을 맡고 있는 20세 아들 리처드 로저스(Richard Rogers)의 도움을 받아 메리케이 화장품(Mary Kay Cosmetics)을 설립했다. 메리케이는 연 매출 25억 달러 이상을 기록하는 세계 최대의 스킨케어 및 색조화장품 직판회사 중 하나다. 메리케이의 제품은 다섯 개 대륙 35개 이상의 시장에서 판매된다. 미국, 중국, 러시아, 멕시코는 기업이 서비스를 제공하는 상위 네 개 시장이다. 기업의 글로벌 독립 판매인력은 200만 명이 넘는다. 독립 판매사원 중 약 65%가 미국 이외의 지역에 거주한다.

메리케이 애쉬의 창립원칙은 간단하고 오랜 시간 동안 검증되어 기본적인 사업철학으로 남았다. 그녀는 황금률을 지도원칙으로 정했다. 사실상 모든 상황에서 최선의 행동방침은 "다른 사람이 당신에게 해주길 바라는 대로 행동"하느냐를 따져보면 알 수 있다는 것이다. 그녀는 삶의 우선순위가 올바르게 유지되어야 한다고 굳게 믿었는데 그녀의 우선순위는 "하나님 먼저, 가족 두 번째, 직업 세 번째"였다. 그녀의 직업윤리와 사업에 대한 접근방식 및 성공은 호라시오알거 미국시민상(Horatio Alger American Citizen Award) 수상, '미국에서 가장 영향력 있는 여성 25명' 중 한 명으로 선정, 기업인 명예의 전당(the National Business Hall of Fame) 입회로 입증되었다.

메리케이는 남녀를 위한 스킨케어, 메이크업, 스파 및 향수 제품 개발, 제조 및 포장을 한다. 또한 노화 방지, 세습제, 보습제, 입술과 눈 관리, 바디케어, 자외선 차단 제품을 제공한다. 전반적으로 이들은 200개 이상의 프리미엄 제품을 텍사스의 달라스와 중국 항저우에 있는 최첨단 제조시설에서 생산한다. 직접판매를 위해 독립 판매사원이 파티 호스트가 되어 제품을 시연하거나 소비자에게 판매하는 '파티'를 활용한다.

아시아-태평양 시장의 성장기회

아시아-태평양 시장은 메리케이의 주요 성장 기회이다. 이 시장에는 호주, 중국, 홍콩, 인도, 한국, 말레이시아, 뉴질랜드, 필리핀, 싱가포르 및 대만이 포함된다. 중국은 전 세계 연 매출의 약 25%를 차지하는 미국 이외의 지역에서 가장 큰 매출을 차지하고 있다. 그들은 1995년에 중국에 진출하여 현재 약 20만 명의 독립 판매사원 또는 뷰티 컨설턴트를 보유하고 있다.

메리케이가 중국에서 성공한 이유 중 하나는 젊은 여성이 자신의 사업을 시작할 기회가 거의 없는 중국에서 반향을 불러일으킨 여성 역량 강화와 여성성에 대한 메리케이의 메시지 때문이었다. 아시아 태평양 사장 KK 추아(KK Chua)는 메리케이의 기업철학에 대해 "메리케이의 기업목표는 시장을 창출하고 스킨케어와 화장품을 판매하는 것만이 아닙니다. 여성이 잠재력을 최대한 발휘하고 내면의 아름다움을 찾고 진정으로 얼마나 위대한지 발견하도록 돕고 여성의 삶을 풍요롭게 하는 것입니다"라고 말했다. 셔릴 애드킨스-그린도 같은 의견이다. 그녀는 메리케이가 '변혁적이고 열망적인' 사용자와 뷰티 컨설턴트 모두를 위한 것을 의미한다고 말했다.

메리케이는 일부 아시아-태평양 시장에서 여성을 위한 제품 라인과 메시지에 있어 조율이 필요하다는 것을 알게 되었다. 예를 들어 중국에서는 삶의 우선순위인 '하나님 먼저, 가족 두 번째, 직업 세 번째'가 '신뢰 우선, 가족 두 번째, 직업 세 번째'로 수정되었다. 또한, 중국 여성들은 메이크업을 많이 하지 않는다. 따라서 주요 제품에 스킨크림, 노화방지크림, 미백크림을 포함시켰다. 일반적으로 흰 피부는 아름다움, 계급 및 특권과 관련되므로 중국, 인도, 한국 및 필리핀에서는 여성들 사이에서 미백제품의 인기가 높다.

메리케이, 인도

메리케이의 고위경영진은 다음 세 가지 이유로 인도가 그들의 성장기회를 대표한다고 믿는다.

첫째, 상류층과 소비계층이 증가하여 총 5억 명 이상이 될 것으로 예상된다. 둘째, 인구는 압도적으로 젊고 낙관적이다. 이 젊은 인구는 사치품과 필수품 사이의 경계가 계속 모호해지면서 소비주의를 밀어붙이고 있다. 셋째, 인도의 중산층 여성의 70%가 거주하는 인도의 도시 지역에서 일하는 여성의 수가 증가하면서 화장품, 스킨케어, 향수 판매가 늘고 있다.

또한 최고경영자들은 2007년 인도의 사회경제적 특성이 회사가 시장에 진입한 1995년의 중국과 여러 면에서 유사하다고 믿는다(표 참조). 메리케이의 문화는 인도의 문화와 잘 어울리는 것으로 간주되어 진출에 도움이 될 것이다. 한 산업 연구에 따르면 국가의 지속적인 현대화가 열망의 대상을 변화시키는 것으로 나타났다. 그 결과 외모가 훌륭하고 단정하며 세련되어야 할 필요성이 새롭게 대두되었다.

메리케이는 2007년 9월, 인도에서 사업을 시작하고 2008년 초에 정식으로 마케팅을 시작했다. 인도의 수도이자 두 번째로 인구가 많은 대도시인 델리, 인구가 가장 많은 대도시인 뭄바이에서부터 시작했다. 1인당 소득이 1,420달러인 델리와 1인당 소득이 2,850달러인 뭄바이는 인도에서 가장 부유한 대도시 지역에 속한다.

메리케이의 최고 마케팅 책임자인 론다 셰스틴(Rhonda Shasteen)는 "메리케이가 인도에서 성공하기 위해서는 브랜드와 영업인력을 구축하고 영업인력을 지원할 효과적인 공급망을 구축해야 했습니다"라고 말한다.

브랜드 구축하기

메리케이의 경영진은 인도에서의 브랜드 구축을 위해 미디어 광고, 메리케이 문화, 메리케이 스토리 및 기업 이미지를 설명하는 책자, 메리케이 독립 판매사원을 위한 교육자료 등이 필요하다고 여겼다. 또한 미스 인도 경연대회의 화장품 파트너가 되었다. 이 행사에서 메리케이 아름다운 피부 미인(Mary Kay Miss Beautiful Skin)이 선정되었다.

인도의 브랜드 구축에는 제품 믹스 및 가격 책정도 포함되어있다. 이때 다음 네 가지 지침이 고려되었다.

- 새로운 판매인력과 운영에 초점을 맞춘 단순한 스킨케어를 지속적으로 제공한다.
- 메리케이 제품의 품질과 가치를 확립하기 위해 경쟁을 고려한 합리적 가격의 기본적인 스킨케어 제품으로 시작한다.
- 출시 직후 빠르게 사라질 가능성이 있는 제품은 고려하지 않는다.
- 현재 시장정보를 기반으로 하여 스킨케어, 바디케어, 색조 화장품의 세 가지 제품을 제공한다.

표 인도(2007)와 중국(1995)의 사회경제 통계

	인도(2007)	중국(1995)
인구(백만)	1,136	1,198
인구 연령 분포(0~24: 25~49: 50+)	52%, 33%, 15%	43%, 39%, 18%
도시인구	29.2%	29.0%
인구/평방 마일	990	332
국내총생산(10억 달러)	3,113	728
1인당 소득(달러)	950달러	399달러
총 화장품 판매 중 직접판매비율	3.3%	3.0%

Courtesy of Mary Kay, Inc.

브랜드 가격전략은 25세에서 54세 사이의 인도 중산층 소비자들이 지불가능한 가격대의 기본적인 스킨 케어제품을 제공하는 데 초점을 맞추었다. '매스티지가격책정(mass-tige pricing)'이라고 불리는 이 전략은 대중적인 제품의 가격보다는 비싸지만 경쟁하고 있는 고급 제품들보다는 가격을 낮게 책정하는 것이다. 초기에 고품질의 대량판매 제품을 제공하는 데 초점을 맞춘 다음 메리케이는 더 높은 가격대를 요구하는 기술적으로 진보된 제품을 출시하였다. 2009년 3월에 출시된 아시아 피부용으로 특별히 고안된 7가지 제품으로 구성된 메리케이 멜라CEP(Mary Kay MelaCEP) 화이트닝 시스템이 바로 이러한 경우이다. 이 시스템은 "가격 대비 가치가 높은 고급 제품의 저가형에 맞춘 가격으로 책정되었습니다"라고 인도 매니저 히나 나가라잔(Hina Nagarajan)은 말한다.

판매인력 구축하기

애드킨스-그린에 따르면 "메리케이의 가장 강력한 마케팅수단은 직접판매조직"이며 이는 브랜드 마케팅전략의 핵심 구성요소이다. 메리케이는 미국과 캐나다의 글로벌 리더십 개발 프로그램 이사와 전국 판매 이사, 메리케이 판매 교육직원을 동원해 인도의 독립 판매사원을 처음 모집하고 교육했다. 새로운 독립 판매사원에게는 2~3일간의 집중 교육과 제품 시연, 판매 프레젠테이션, 전문적인 태도, 회사의 역사와 문화, 팀워크 구축 관련 정보가 포함된 스타터 키트(starter kit)를 제공했다.

히나 나가라잔은 "독립 판매사원은 메리케이의 메신저가 될 것이기 때문에 문화교육은 매우 중요합니다"라고 말한다. 론다 섀스틴은 "개인 대 개인으로 판매하는 제품을 제공하는 직접 판매회사로서 컨설턴트와 고객 사이에 개인적인 관계가 형성된다는 것을 알고 있습니다"라고 덧붙였다. 2009년 말까지 주로 북부, 서부 및 북동부 지역의 약 200개 도시에서 약 4,000명의 독립 판매사원이 활약했다.

공급망 만들기

인도의 메리케이는 중국, 한국 및 미국에서 제품을 인도로 수입했다. 제품은 메리케이 뷰티센터가 있는 델리와 뭄바이의 지역 유통센터로 배송되었다. 뷰티센터는 독립 판매사원의 주문 픽업 지점 역할을 했다. 메리케이 뷰티 컨설턴트는 회사로부터 제품을 구입하여 소비자에게 판매했다.

메리케이의 미래

메리케이는 향후 5년간 제품 개발, 기업 인프라 및 인도에서의 브랜드 구축에 약 2,000만 달러를 투자할 계획이다. 셰릴 애드스킨스-그린은 "인도에는 성장을 위한 엄청난 기회가 있습니다"라고 말한다. 인도에는 특별히 매력적인 기회가 있다. 브랜드 및 브랜드 포트폴리오를 개발하고, 특히 인도 소비자를 위한 제품을 만들기 위해서는 브랜드 포지셔닝과 브랜드 자산에 관심을 기울여야 할 것이다.

질문

1. 메리케이는 마케팅전략을 기반으로 하는 기업 유형 중 국제기업, 다국적기업 또는 초국적기업 중 어떤 기업인가? 그 이유는 무엇인가?
2. 메리케이가 인도에 진출했을 때 어떤 글로벌시장 진입전략을 사용했는가?
3. 메리케이는 글로벌브랜드인가? 그렇다면 그 이유를 생각해보고, 그렇지 않다면 그 이유를 생각해보자.

7

마케팅조사: 고객에 관한 통찰을 실행으로

LEARNING OBJECTIVES

다음 학습목표를 달성해보자.

목표 1 마케팅조사를 하는 이유를 확인한다.

목표 2 마케팅활동으로 이어지는 마케팅조사과정 5단계를 설명할 수 있다.

목표 3 1차 자료와 2차 자료를 어떻게 사용하는지 설명할 수 있다.

목표 4 관찰, 설문지, 패널, 실험, 그 외 최신 자료 수집방법을 논의한다.

목표 5 데이터분석, 데이터마이닝, 예측모형이 어떻게 마케팅활동으로 이어지는지 설명할 수 있다.

목표 6 기업의 매출을 예측할 수 있는 세 가지 접근법에 관해 설명할 수 있다.

Video 7-1
Black Panther
Movie Trailer
Kerin.tv/cr8e/v7-1

할리우드는 마케팅조사를 좋아한다!

〈블랙팬서〉, 〈스타워즈: 라스트 제다이〉, 〈아바타〉는 전 세계 수백만 관객을 매료시킨 블록버스터 영화들이다. 이 영화들이 창출한 티켓 수익은 각각 10억 달러를 초과하여 제작에 소요된 2억 달러가량의 예산을 훨씬 초과했다. 물론 모든 영화가 좋은 결과를 얻지는 못한다. 〈미이라〉, 〈블레이드러너 2049〉, 〈47로닌〉 같은 영화들은 각각 7,500만 달러 이상의 손실을 보았다. 스튜디오는 영화 흥행 실패의 위험을 줄이기 위해 무엇을 할 수 있는가? 그것이 바로 마케팅조사다.

영화산업의 비밀

이상한 제목, 형편없는 대본, 괴팍한 스타, 과다한 비용이 드는 특수효과, 경쟁 영화, 늘 변하는 소비자들은 스튜디오 경영진이 직면하는 위험의 일부에 불과하다. 경영진은 전체 소비자를 대표하는 소수의 표본관객을 대상으로 하는 비밀스러운 마케팅조사를 통해 위험을 줄이려고 한다. 예를 들어 잘못 지은 영화 제목을 수정하면 잠재적인 실패작이 성공적인 블록버스터로 바뀔 수도 있다. 많은 스튜디오에서 제목을 짓기 위해 마케팅조사의 한 형태인 제목 테스트를 사용한다. 다음은 몇 가지 사례다.

- 〈아토믹 블론드(Atomic Blonde)〉는 원래 〈가장 차가운 도시(Coldest City)〉라는 제목이었다. 하지만 스타 배우 샤를리즈 테론(Charlize Theron)의 연기에 더 잘 맞도록 변경되었다.
- 톰 크루즈(Tom Cruise)와 에밀리 블런트(Emily Blunt)가 주연을 맡은 〈엣지 오브 투모로우(Edge of Tomorrow)〉는 처음에 바탕이 된 소설 제목 〈올 유 니드 이즈 킬(All You Need Is Kill)〉을 영화 제목으로 사용했다. 그러나 '킬(kill)'이라는 단어는 인기가 없었다.

©Moviestore Collection Ltd/Alamy Stock Photo

- 〈워 독(War Dogs)〉의 원래 제목은 〈암즈 앤 듀드(Arms and the Dudes)〉였다. 이 제목은 혼란스럽고 너무 복잡했다.
- 키이라 나이틀리(Keira Knightley)와 마크 러팔로(Mark Ruffalo)가 출연한 〈비긴 어게인〉의 최초 제목은 〈노래가 당신의 삶을 구할 수 있을까요?〉였다. 조사 대상 관객들은 이 제목을 좋아하지 않았다.

본문은 영화를 성공시키기 위해 소셜리스닝이 어떻게 사용되는지를 보여준다.

Composite image: (ear) ©vvs1976/iStock/Getty Images; (thought bubble) ©Hilch/Shutterstock; (icons) ©Brilliantist Studio/Shutterstock

일반적으로 영화 제작자들은 짧고 기억하기 쉬우며 소비자의 관심을 끌고 법적 제한이 없는 영화 제목(좋은 브랜드 이름을 만드는 요소와 동일함)을 짓길 원한다. 스튜디오는 다음과 같은 추가적인 마케팅조사를 통해 위험을 줄이려고 노력한다.

- 콘셉트 테스트 및 대본 평가: 제안된 새 영화에 대한 초기 아이디어를 평가하는 데 사용된다. 〈분노의 질주〉, 〈스타워즈〉, 〈캐리비안의 해적〉 같은 시리즈물의 경우 대본과 영화 각 편이 전체의 일부이기 때문에 조사를 통해 속편에서 만들어낸 기대와 일치하는지 확인하는 것이 중요하다.
- 스크린 테스트(test screening: 시험상영): 300~400명의 관객을 개봉 전 영화 시사회에 초대한다. 영화가 끝난 뒤 관객은 제목, 줄거리, 등장인물, 음악 및 엔딩을 평가하기 위한 설문조사를 하고 제작자는 이를 기반으로 최종 편집에서 개선해야 할 사항을 파악한다. 제임스 카메론(James Cameron)은 〈타이타닉〉의 스크린 테스트를 통해 러닝타임을 4시간에서 194분으로 줄이고 엔딩을 변경했다.
- 추적조사: 스튜디오는 차기작이 개봉되기 전에 표적청중 중 관람가능성이 높은 관객들에게 세 가지 질문을 한다. ① 영화에 대해 알고 계십니까? ② 영화 보는 데 관심이 있으십니까? ③ 영화를 보시겠습니까? 스튜디오는 또한 '소셜리스닝(social listening)'을 하여 잠재 관객이 트위터, 유튜브, 텀블러, 페이스북, 인스타그램 및 기타 소셜미디어에서 말하는 내용을 파악한다. 스튜디오는 이러한 데이터로 프로모션 캠페인을 모니터링하고, 개봉 첫 주 매출을 예측하고, 필요한 경우 영화를 촉진하기 위한 마케팅활동을 추가한다.

이러한 예들은 마케팅조사가 7장의 주요 주제인 효과적인 마케팅활동으로 이어지는 방법을 보여준다. 마케팅조사는 기업이 매출액을 예측하는 데도 도움을 주는데 매출액 예측은 이 장의 마지막 주제이다.

마케팅조사의 역할

여기서는 ① 마케팅조사가 무엇인지 알아보고, ② 마케팅조사의 여러 가지 문제점들을 확인하고, ③ 마케팅조사를 실시하기 위해 마케팅 관리자들이 사용하는 5단계를 살펴본다.

목표 1 마케팅조사를 하는 이유를 확인한다.

마케팅조사의 정의

마케팅조사(Marketing research)는 마케팅문제와 기회를 정의하고, 정보를 체계적으로 수집·분석하고, 실행방안을 제시하는 과정이다. 마케팅관리자들은 비록 불완전하더라도 위험을 감소시키기 위해 마케팅조사를 실시하고 이를 통해 마케팅 의사결정과정을 개선한다.

마케팅조사
마케팅문제와 기회를 정의하고, 정보를 체계적으로 수집·분석하고, 실행방안을 제시하는 과정

좋은 마케팅조사를 위해 극복해야 할 과제

소비자의 취향을 저격하든, 아니면 적절한 가격을 설정하든, 마케팅 주제가 무엇을 포함하든 간에 훌륭한 마케팅조사를 하는 것은 어려운 도전이다.

- 소비자에게 한 번도 선보인 적 없는 신제품을 개발한다고 가정해보자. 소비자들이 생각해본 적도 없는 이 제품을 사야 할지 알 수 있는가?
- 소비자가 어떤 제품을 구매하는 이유를 이해하려면 종종 개인적인 질문에 답변할 필요가 생긴다. 사람들이 알고는 있지만 밝히길 꺼리는 답을 마케팅조사에서 어떻게 얻을 수 있는가?
- 과거의 구매행동은 기업이 마케팅활동의 영향을 이해하는 데 도움이 될 수 있다. 사람들이 자신의 관심사, 의도 및 구매를 정확하게 기억하고 보고하는 데 마케팅조사가 어떻게 도움이 될 수 있는가?

위와 같은 어려움을 극복하고 마케팅조사에서 필요한 정보를 획득하면, 마케팅 담당자들은 소비자들이 원하는 것과 사고자 하는 것에 접근할 수 있게 된다.

5단계 마케팅조사 접근법

목표 2 마케팅활동으로 이어지는 마케팅조사과정 5단계를 설명할 수 있다.

의사결정이란 둘 또는 그 이상의 대안에 대한 의도적인 선택이다. 우리는 모두 매일 여러 가지 선택을 한다. 직장에서는 여러 대안 중 하나를 선택함으로써 주어진 업무를 달성한다. 학교에서는 여러 강의 중에서 자신이 수강할 과목을 선택한다. 소비자로서 우리는 여러 브랜드 대안 중에서 하나를 선택한다. 이때 어떤 마법 같은 공식도 올바른 결정을 보장해주지 못한다.

관리자와 조사자는 여러 대안들로부터 의식적인 선택활동인 의사결정을 하기 위해 정형화되고 구조화된 접근법을 사용하여 더 좋은 의사결정을 내리고자 노력한다. 이 장에서는 마케팅 의사결정 및 활동을 개선하기 위해 정보를 수집하는 데 사용되는 체계적인 마케팅조사 접근방식을 설명하겠다. 이 5단계의 접근방식은 도표 7-1에 설명되어있다. 여기서는 마케팅 의사결정에 중점을 두었지만, 이 접근방식은 비즈니스에서 혹은 개인이 의사결정을 내리기 위한 체계적인 체크리스트로 이용된다.

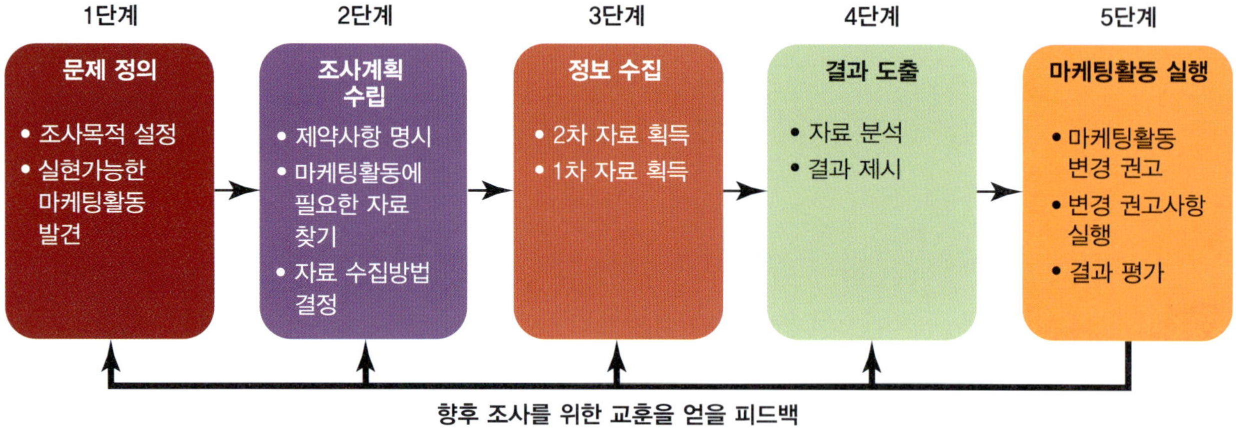

도표 7-1 마케팅활동으로 이어지는 5단계 마케팅조사 접근법. 이전 조사의 오류를 통해 배운 교훈은 각 단계 개선을 위한 피드백이 된다.

1단계: 문제 정의

모든 마케팅문제에는 조사 과제가 주어진다. 예를 들어 덴마크에서 레고 그룹(LEGO Group)의 장난감 연구자 및 디자이너가 사용한 마케팅전략은 더 나은 장난감을 만들기 위해 마케팅조사 데이터를 취합할 때 가능성 있는 다양한 변화를 보여준다.

레고 그룹의 장난감에 대한 정의는 지난 60년간 플라스틱 벽돌을 맞물리는 것에서부터 시작되어 피규어, 차량, 건물, 심지어 로봇을 만드는 건설 세트에 이르기까지 엄청나게 변해왔다. 레고 그룹이 가진 장난감의 새로운 버전 중 하나는 전자제품, 컴퓨터 및 로봇을 기존 레고 브릭과 통합하는 마인드스톰(MINDSTORMS®) 키트다. MIT 미디어랩의 도움으로 개발된 이 키트는 초등학생부터 세계적 수준의 로봇 전문가까지 다양한 사람의 관심을 끌고 있다. 키트는 가정, 학교, 대학, 산업 실험실에서 찾아볼 수 있다. 레고 그룹의 마인드스톰 EV3에 대한 마케팅조사를 간략히 살펴보면, 문제를 정의하는 두 가지 핵심요소인 조사 목적 설정과 실행가능한 마케팅활동에 관해 이해할 수 있다.

마케팅조사는 레고 그룹이 마인드스톰 EV3 조립시스템과 같은 제품에 대한 실행가능한 마케팅활동을 식별하는 데 도움을 준다.

Source: LEGO Group

조사목적의 설정

조사목적은 의사결정자가 마케팅조사를 수행하여 얻고자 하는 구체적이고 측정할 수 있는 목표다. 레고 그룹의 경우 즉각적인 조사 목적이 두 가지 새로운 마인드스톰 디자인 중 마케팅을 위해 어떤 디자인을 선택해야만 하는지 결정하는 것이라고 가정해보자.

실현가능한 마케팅활동 파악

성공측정기준
문제에 대해 제시된 해결책을 평가하는 데 사용되는 기준이나 표준

효율적인 의사결정자는 문제에 제시된 해결책을 평가하는 데 사용되는 기준이나 표준으로 구체적인 **성공측정기준**(measure of success)을 개발한다. 성공측정기준에

의해 측정한 조사 결과에 따라 마케팅활동은 달라진다. 레고 그룹의 경우 성공측정 기준이 실행가능한 장치가 만들어질 때까지 두 개의 새로 출시될 마인드스톰 키트 각각에 소요된 총 플레이 시간이라고 가정한다. 이러한 성공측정기준은 다음과 같은 명확한 마케팅활동으로 이어진다. "최소한의 플레이시간으로 쓸만한 장치가 만들어지는 키트를 마케팅하시오." 마케팅조사자들은 문제를 규정하는 것이 믿을 수 없을 만큼 어려운 일임을 안다. 목표가 너무 광범위하면, 그 문제를 연구할 수 없을 수도 있다. 만약 목표가 너무 한정적이라면 연구 결과의 가치가 심히 떨어질 수 있다. 이는 마케팅조사 연구자들이 마케팅문제를 정확하게 규정하는 데 많은 시간을 소비하는 이유이자, 실행할 연구를 설명하기 위해 정형화된 제안서를 쓰는 이유이기도 하다.

2단계: 조사계획 수립

마케팅조사과정의 두 번째 단계는 조사연구자가 ① 마케팅조사 활동에서 제약사항을 명시하고, ② 마케팅활동에 필요한 자료를 찾고, ③ 자료 수집방법을 결정하는 단계이다.

제약사항의 명시

의사결정에서 **제약**은 문제에 대한 잠재적인 해결책에 대한 제한요소로 문제를 해결하기 위해 이용할 수 있는 예산과 시간의 한계가 대표적이다. 레고 그룹이 새로운 레고 그룹 마인드스톰 EV3 제품을 개발할 때 어떤 제약을 설정할 수 있을까? 레고 그룹은 두 가지 새 디자인 중 하나를 선택하기로 결정하는 데 다음과 같은 제약조건을 설정할 수 있다. 결정은 ① 5주 내에, ② 두 가지 마인드스톰 키트를 가지고 노는 중학생 10팀을 통해 내려져야 한다.

제약
문제에 대한 잠재적인 해결책에 부과된 대표적인 제약요소

마케팅활동에 필요한 자료 찾기

효과적인 마케팅조사는 효과적인 마케팅활동으로 이어지는 데이터 수집에 중점을 둔다. 예를 들어 마인드스톰의 사례에서 레고 그룹의 마케팅 담당자는 학생들의 수리능력, 평상시의 비디오게임 플레이시간 등도 알고 싶을 수 있다. 그러나 조사에서는 두 가지 마인드스톰 디자인 중에서 명확한 선택을 하는 데 도움이 되는 데이터의 수집에만 초점을 맞추어야 하기 때문에, 이러한 정보를 알아두면 좋기야 하겠지만 활동과의 관련은 거의 없다고 할 수 있다.

자료 수집방법 결정

유용한 마케팅조사 자료 수집방법에 대한 결정은 보통 실제 자료 수집(3단계에서 논의)만큼이나 중요하다. 자료 수집방법을 결정하는 데 있어 두 가지 핵심요소는 ① 콘셉트, ② 방법이다.

콘셉트 마케팅 분야에서 콘셉트란 제품이나 서비스에 대한 아이디어를 말한다. 마케팅조사자들은 가능성 있는 신제품에 대한 소비자의 반응을 알아보기 위해 신제품

콘셉트를 개발한다. 다시 말해 이것은 회사가 팔려고 하는 제품이나 서비스에 대한 그림이나 설명이다. 예를 들어 레고 그룹의 디자이너는 컬러 센서를 사용하거나 음성 명령에 응답하거나 GPS 내비게이션 소프트웨어를 사용하는 새로운 마인드스톰 EV3 로봇이라는 신제품 콘셉트를 개발할 수 있을 것이다.

자료 수집방법 자료 수집방법은 문제의 전체 또는 일부를 해결하기 위해 자료를 수집하는 데 사용할 수 있는 접근법이다. 레고 그룹 마케팅조사원은 데이터 수집을 위해 ① 마인드스톰 사용자의 행동을 관찰하고, ② 마인드스톰 키트에 대한 의견을 사용자에게 묻는 방법을 사용할 수 있다. 사람을 관찰하고 질문하는 두 가지 주요 데이터 수집방법은 이후에 다시 설명할 것이다.

다른 마케팅조사자들이 성공적으로 찾은 자료 수집방법을 우리가 어떻게 찾아내어 사용할 수 있을까? 유용한 방법에 대한 정보는 마케팅과 마케팅조사에 관련된 조사업계의 책, 교과서, 안내서에서 찾을 수 있다. 미국마케팅학회에서 출판하는 〈마케팅저널(Journal of Marketing)〉이나 〈마케팅연구저널(Journal of Marketing Research)〉 같은 몇몇 학술지나 전문지를 통해 마케팅문제를 해결할 수 있는 중요한 방법과 기법들을 찾아볼 수 있는 것이다.

마케팅에 필요한 통계기법은 ① 표본추출, ② 통계적 추론이다. 마케팅조사자들은 표본추출법을 사용하여 판매자집단, 고객집단, 구매예상자집단을 선택한 후 그들에게 설문하여 나온 결과를 전체 집단을 대표하는 것으로 사용한다. 그 후 통계적 추론을 사용하여 결과를 일반화하고 이를 바탕으로 마케팅활동을 결정하게 된다.

학습리뷰

1. 마케팅조사란 무엇인가?
2. 마케팅조사 접근법의 5단계는 무엇인가?
3. 조사계획을 수립하는 데 적용되는 제약은 무엇인가?

목표 3 1차 자료와 2차 자료를 어떻게 사용하는지 설명할 수 있다.

3단계: 정보 수집

합리적인 마케팅 의사결정을 위해 적절한 정보를 수집하는 것은, 즉각적인 의사결정을 위해 이미 가지고 있는 지식을 사용하는 것을 의미할 수도 있고, 큰 비용을 들여 엄청난 양의 정보를 수집하는 것을 의미할 수도 있다.

도표 7-2는 서로 다른 종류의 마케팅정보가 어떻게 조합되고 있는지를 보여준다. 조사와 관련된 사실과 수치인 **자료**(data)는 크게 **2차 자료**(secondary data)와 **1차 자료**(primary data)로 나누어진다. 2차 자료는 당면한 조사를 수행하기 전에 이미 기록된 사실과 수치다. 2차 자료는 연구에 필요한 자료가 내부 조직으로부터 왔는지 아니면 외부 조직으로부터 왔는지에 따라 내부 2차 자료와 외부 2차 자료로 구분된다. 1차 자료는 당면해 있는 조사를 수행하기 위해 수집한 새로운 사실과 수치다. 도표 7-2는 1차 자료는 관찰 자료, 서베이 자료 및 기타 출처 자료들로 나누어질 수 있음을 나타낸다.

자료
프로젝트와 관련 있는 사실과 수치로 크게 2차 자료와 1차 자료로 나누어진다.

2차 자료
당면해 있는 조사를 수행하기 이전에 이미 기록된 사실과 수치

1차 자료
조사를 수행하기 위해 수집된 새로운 사실과 수치

2차 자료: 내부

회사의 내부 기록은 일반적으로 가장 쉽게 접근할 수 있는 마케팅정보다. 내부의 2차 자료 출처는 ① 마케팅 투입, ② 마케팅 산출의 두 가지 관련 부분으로 구분할 수 있다.

마케팅 투입 데이터는 판매를 위해 사용한 노력과 관련이 있다. 여기에는 광고 지출이 포함되며 마케팅 예산 보고서부터 영업 사원의 통화 보고서(일일 판매 통화 수, 방문한 사람 및 논의 내용을 설명하는 보고서)에 이르기까지 다양한 내용이 포함된다.

마케팅 산출 데이터는 마케팅노력의 결과와 관련이 있다. 여기에는 배송 관련 회계 기록과 판매 및 반복 판매도 포함되며 종종 판매 담당자, 산업 및 지역별로 분류된다. 또한 고객의 이메일, 전화, 편지를 통해 불만사항이 무엇인지, 일이 문제 없이 잘 진행되는지를 확인할 수 있다.

도표 7-2 마케팅정보의 종류. 연구자들은 시간과 비용의 제약을 고려하여 마케팅정보 사이에서 가장 좋은 결과를 얻을 수 있는 자료를 신중하게 선택해야 한다.

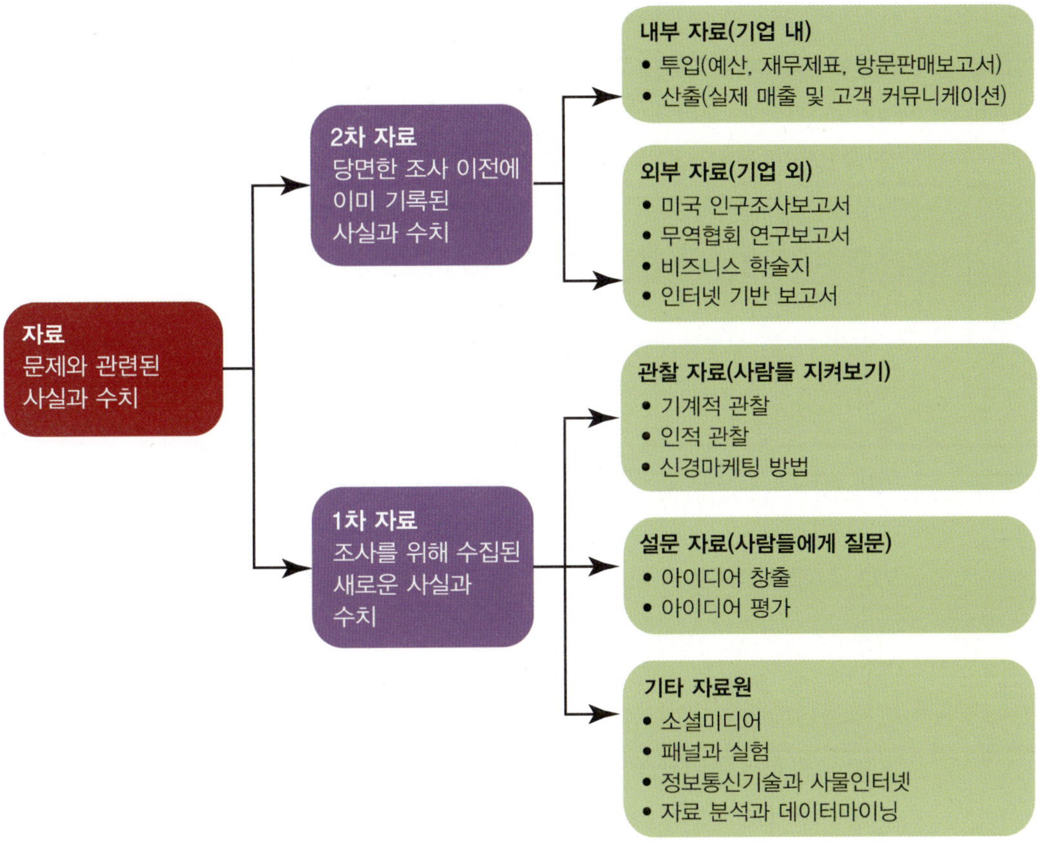

2차 자료: 외부

조직 외부에서 발간된 자료가 바로 외부 2차 자료이다. 미국통계국(US Census Bureau)은 다양하고 유용한 자료들을 발표한다. 가장 잘 알려진 것은 10년마다 실행하는 인구센서스로 가장 최근의 조사는 2020년에 이루어졌다. 최근 통계국은 미국 커뮤니티 조사를 통해 소수 집단의 사람들로부터 매년 자료를 모으고 있다. 이런 설문조사들은 미국의 가구당 인원 수, 나이, 성별, 인종/민족적 배경, 소득, 직업, 교육 수준과 같은 미국 가정 내 개인에 대한 상세한 정보를 포함하고 있다. 마케팅 담당자들은 최종소비자의 트렌드나 특성을 알아보기 위해 이러한 자료들을 사용한다.

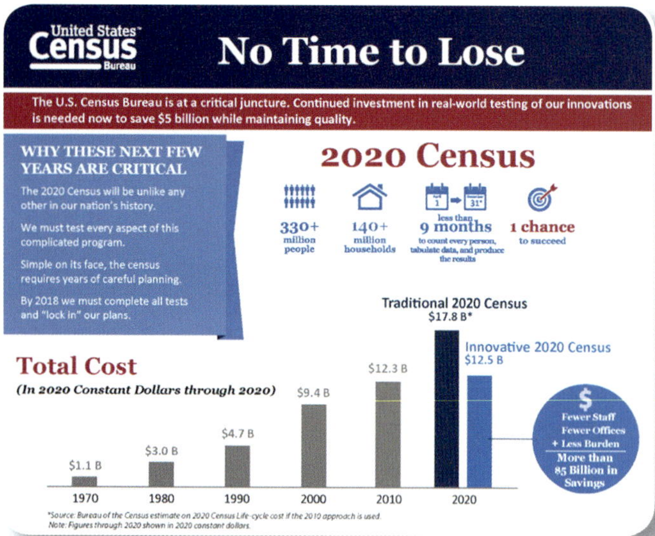

미국 인구센서스는 마케팅 의사결정에 유용한 정보를 제공한다. 당신은 2020년 인구센서스를 찾아볼 준비가 되었는가?

Source: U.S. Department of Commerce

Video 7-2
U.S. Census
kerin.tv/cr8e/v7-2

몇몇 마케팅조사회사는 가구나 기업에 사례를 하고, 그들이 구매하는 물건을 종이 혹은 전자 일기장에 기입하도록 한다. 신디케이트패널(syndicated panel) 자료는 작년과 비교하여 고객들이 올해 제품을 얼마나 자주 구입하는지와 같이 시기별로 일관적 자료 수집이 필요한 질문에 해답을 제공한다. 주기적으로 표준화된 데이터를 제공하는 신디케이트패널의 예로는 닐슨의(Nielsen)의 TV시청률조사와 J.D. 파워(J.D. Power)의 자동차품질조사 및 고객만족조사 등이 있다.

자료제공서비스를 하는 조사회사들은 가족인구통계나 라이프스타일, 제품 구매, TV 시청 행동에 관한 종합적인 정보와 쿠폰, 무료 샘플 등 판매촉진활동이나 소셜미디어 사용 등에 대한 풍부한 자료를 제공한다. 자료제공서비스의 장점은 단일 조사회사가 모든 정보를 수집·분석해서, 관계를 규명하고, 결과를 제시할 수 있다는 것이다. P&G와 같은 소비재 제조기업들에 다양한 채널을 통해 수집된 매출자료는 부족한 마케팅자원 배분에 도움이 된다. 이러한 기업들은 슈퍼마켓, 약국, 편의시설, 대규모 제품 소매상의 계산대에서 조사되는 매출액과 쿠폰 및 무료 샘플의 사용에 대한 데이터를 수집하기 위해 IRI의 인포스캔(InfoScan)과 같은 추적서비스를 사용한다.

마지막으로 산업단체협회, 대학 혹은 기업이 발행하는 정기간행물은 마케팅조사나 기획자들에게 값지고 상세한 자료를 제공한다. 이 자료는 종종 온라인으로 이용할 수 있고 구글이나 MS 빙(Bing)과 같은 검색엔진을 사용하여 찾아볼 수 있다. 인터넷 자료를 찾아볼 수 있는 주요 웹사이트는 '마케팅의 힘' 박스에서 소개하겠다.

2차 자료의 장점과 약점

마케팅조사자들의 일반적인 원칙은 우선 2차 자료를 구해보고, 그것을 얻지 못하면 1차 자료를 수집하는 것이다. 2차 자료의 두 가지 중요한 장점은 ① 자료가 이미 수집·발표되고 내부에 존재하며, ② 무료이거나 인구통계보고서같이 저렴한 비용으로 사용할 수 있다는 것이다. 더욱이 2차 자료를 통해, 특히 미국통계국 자료(한국의 경우 통계청 자료)처럼 매우 세부적인 사항까지 접근할 수 있는 경우도 있다.

그러나 이러한 장점들은 몇 가지 중요한 약점과 비교 및 검토되어야 한다. 첫째, 만약 5년이나 10년마다 수집되는 통계국의 자료라면 마케팅조사자가 조사를 하는 시점에는 이미 적절하지 않은 진부한 자료일 수 있다. 둘째, 정의나 범주가 조사에 적합하지 않을 수도 있다. 가령 나이 집단과 제품 범주는 조사마다 달라질 수 있다. 또 이러한 자료들은 각각 다른 목적으로 수집되어 해당 조사에 적합하지 않을 수 있다. 이러한 경우 1차 자료를 직접 수집해야 한다.

학 습 리 뷰

1. 2차 자료와 1차 자료의 차이는 무엇인가?
2. 2차 자료의 장점과 약점은 무엇인가?

마케팅의 힘

정보통신기술

마케팅 담당자에게 유용한 온라인 데이터베이스와 인터넷자료원

2차 자료를 검색하는 마케팅 담당자는 다양한 온라인 데이터베이스와 인터넷 자료원을 활용할 수 있다. 이 자료원은 정기간행물의 기사, 시장, 제품 및 조직에 대한 통계 또는 재무 데이터, 상업정보회사의 보고서에 대한 접근을 가능하게 해준다. 뉴스와 기사의 출처에는 아래 항목들이 포함된다.

- 렉시스넥시스 아카데믹(LexisNexis Academic: www.lexisnexis.com)은 국내외 출처에서 포괄적인 뉴스 및 회사 정보를 제공한다.
- 월스트리트저널(www.wsj.com), 블룸버그(www.bloomberg.com), CNBC(www.cnbc.com) 및 Fox Business(www.foxbusiness.com)는 기업, 산업 및 트렌드에 대한 최신 비즈니스 뉴스 및 비디오 클립 등의 정보를 제공한다.

시장, 제품 및 조직에 대한 통계 및 재무 데이터 출처에는 다음의 항목들이 포함된다.

- 연방정부가 수집한 미국의 산업, 경제 및 무역 활동에 대한 정보를 제공하는 FedStats(fedstats.sites.usa.gov) 및 미국 상무부의 인구조사국(www.census.gov)이 있다.

주요 포털과 검색엔진은 다음과 같다.

- USA.gov(www.usa.gov)는 모든 미국 정부 웹사이트에 대한 포털이다. 사용자는 주제에 따라 인터넷을 검색하다가 링크를 클릭하거나 특정 검색을 위해 핵심단어를 입력한다.
- 구글(www.Google.com)은 인터넷에서 가장 인기 있는 포털이다. 사용자는 특정 검색을 위해 핵심단어를 입력하고 관심 있는 결과를 클릭한다.
- 주제에 따라 인터넷 검색을 하다가 링크를 클릭하거나 특정 검색을 위해 핵심단어를 입력한다.

이 중 일부 자료원은 개인이나 교육기관이 구독료를 지불해야 이용할 수 있으므로, 본인이 소속된 기관의 웹사이트를 확인해보자.

1차 자료: 관찰

목표 4 관찰, 설문지, 패널, 실험, 그 외 최신 자료 수집방법을 논의한다.

마케팅연구에서 새로운 자료나 1차 자료를 모으는 두 가지 기본적인 방법은 사람들을 관찰하고 그들에게 질문하는 것이다. 사람들이 실제 행동하는 방식을 관찰하여 사실과 수치를 모으는 것은 마케팅연구자들이 **관찰자료**(observational data)를 수집하는 방법이다. 관찰자료는 기계적인(전자적인 것을 포함) 방법, 직접 눈으로 관찰하는 방법, 신경마케팅(neuromarketing) 방법에 의해 수집될 수 있다.

관찰자료
사람들이 실제 행동하는 방식을 관찰하여 모으는 사실과 수치들. 눈으로 관찰하거나 기계적인 방법 혹은 신경마케팅 방법을 사용하여 수집

기계장치를 이용한 관찰 도표 7-3과 같은 닐슨의 전국 TV 시청률조사는 피플미터(people meter)라는 장치를 이용해 수집한 것이다. 이 장치는 어떤 채널과 프로그램을 누가 시청하는지 측정한다. 피플미터는 박스 형태의 측정기로 ① 미국 전역의 3만 가구 이상의 TV, DVR(Digital Video Recorders), 케이블박스, 위성안테나에 부착되고, ② 시청자가 TV를 보기 시작해서 마치는 시점까지 리모콘으로 작동되며, ③ 닐슨에서 매일 밤 시청정보를 저장하고 전송한다. 자료는 시청자가 직접 기입하는 TV 다이어리를 통해서도 수집된다.

시청자들은 점점 더 다양한 기기를 이용하고, 본방송 이후에 시청을 하기 때문에 TV 시청 행동에 대한 정확한 모습을 파악하는 일이 점점 더 어려워지고 있다. 한 예로 〈베터 콜 사울(Better Call Saul)〉이라는 프로그램은 70% 이상의 시청이 본방송 이후에 일어났다. 이 프로그램의 시청자 중 50% 이상은 TV가 아닌 다른 기기를 이용했다. 닐슨은 이러한 문제를 해결하기 위해 자사의 기존 TV 시청률과 새로운 온라인 시청률을 결합한 토털콘텐츠시청률(Total Content Rating)이라는 교차 플랫폼 관찰시스템을 도입했다. 이 토털콘텐츠시청률에는 기존의 TV 본방송 시청뿐만 아니라 PC, 스마트폰, 태블릿, 비디오게임 콘솔에서 스트리밍되는 TV 프로그램 시청이 모두 포함된다. 닐슨은 이러한 관찰 데이터를 기반으로 각 프로그램의 시청률을

도표 7-3 닐슨의 TV 시청률 보고서. 2018년 7월 23일 마지막 주 황금시간대 시청가구 기준. TV 시청률에서는 작은 점유율 차이가 프로그램에 붙는 TV 광고 가격에 영향을 미친다.

순위	프로그램	방송사	시청률	시청자 수(000)
1	America's Got Talent	NBC	6.9	11,830
2	60 Minutes	CBS	4.8	7,539
3	NFL Football	NBC	4.1	6,774
4	NFL Football	NBC	4.0	6,572
5	The Big Bang Theory	CBS	3.7	5,863
6	The Bachelorette	ABC	3.7	5,479
7	Celebrity Family Feud	ABC	3.5	5,957
8	Young Sheldon	CBS	3.5	5,503
9	Big Brother-Thu	CBS	3.4	5,621
10	Big Brother-Sun	CBS	3.4	5,570

자료: 닐슨. 황금시간대 방송 프로그램. 이 페이지의 시청 관련 추정치에는 오전 3시부터 다음날 오전 3시까지 동일한 날짜에 생방송 시청자와 DVR 녹화 재생자가 포함되어있다. 시청률은 TV 보유 가정 중 TV를 시청하는 비율이다.

계산한다. 미국에는 1억 1,960만 가구가 TV를 보유하고 있으며 시청률 1%는 119만 6,000가구에 해당된다.

어떤 경우 시청률은 점유 점수 또는 특정 프로그램에 맞추어 텔레비전을 시청하는 가구의 비율로 보고된다. TV와 케이블 방송사는 매년 680억 달러의 광고를 판매하고, 광고주들에게 이러한 자료를 기초로 하여 광고비를 책정하므로 닐슨이 제공하는 자료의 정확성은 매우 중요하다. 광고주는 TV 프로그램에 대한 시청자 수를 기반으로 광고비를 지불하기 때문에 시청률이 1% 변화하는 것은 광고 수익으로 보면 수백만 달러가 왔다 갔다 하는 것을 의미한다. 도표 7-3의 초록색 행을 보면 〈빅브라더(Big Brother)〉의 30초짜리 광고보다 NFL 미식축구 경기의 30초짜리 광고에 더 많은 비용이 지불될 것이라고 예측할 수 있다. 만약 특정 TV 프로그램의 시청률이 지속적으로 저조하다면 광고주들은 이전의 높은 시청률에 근거한 비싼 광고비 지불을 꺼릴 것이므로, 방송국은 시간대를 바꾸거나 해당 프로그램을 종영할 수 있다.

〈아메리카 갓 탤런트(America's Got Talent)〉를 계속 방영할지 여부는 어떻게 결정할까? TV 시청률 게임의 중요성에 대해서는 본문을 참조해 보자.

©NBC/Photofest

직접관찰 소비자를 사람이 직접 관찰하는 것은 관찰 데이터를 수집하는 또 다른 방법이다. 예를 들어 P&G는 혁신을 위해 관찰연구에 수백만 달러를 투자한다. 여러 업계 전문가들은 "이 글을 읽는 동안 P&G 연구원이 쇼핑객을 관찰하는 매장이나 심지어 소비자의 집에 있을 가능성이 높습니다"라고 말한다. P&G는 인도에서 질레트 면도기를 사용하는 소비자를 관찰하면서 많은 사람이 작은 컵에 담긴 찬물로 면도를 하여 면도날이 막힌다는 사실을 발견했다. 이후 P&G는 단일 블레이드와 간편한 헹굼이 가능한 디자인의 질레트 가드 면도기를 출시했다. 마찬가지로 이케아는 장바구니나 쇼핑카트가 가득 차면 고객이 쇼핑을 중단하는 경우가 많다는 것을 발견하고, 매장 전체에 쇼핑백을 추가로 배치했다.

관찰 데이터를 통해 P&G는 질레트 가드 면도기를 개발할 수 있었다.

직접관찰의 흥미로운 유형은 미스터리쇼퍼(mystery shopper)를 이용한 관찰이다. 기업은 실제 고객의 관점에서 정보를 얻기 위해 조사자들에게 매장이나 아웃렛, 쇼룸에서 쇼핑하는 비용을 지불하고 직원 모르게 손님의 입장에서 관찰을 하도록 시킨다. 이러한 조사자들을 미스터리쇼퍼라 하는데 이들은 제품 및 서비스의 가용성과 가격, 직원이 제공하는 고객서비스의 품질을 관찰한다. 슈퍼마켓, 전자제품 매장, 은행, 테마파크 등의 여러 기업에서는 고객경험관리 노력의 일환으로 이 방법을 사용하여 고객서비스, 매장 청결도, 직원의 외모와 행동을 평가한다. 이 프로세스는 다른 방법에서는 얻을 수 없는, 특별한 마케팅조사 정보를 제공한다.

직접관찰의 특이한 형태 중 하나가 바로 에스노그래픽 조사(Ethnographic research: 민족지학연구)이다. 에스노그래픽 조사는 전문화된 관찰조사방법으로, 훈련받은 관찰자가 소비자들이 집이나 자동차와 같은 '자연스러운 사용환경'에서 제품을 마주쳤을 보이는 미묘한 행동 혹은 감성적 반응을 발견하는 것이다. 최근 크래프트(Kraft)의 조사자들은 소비자의 주방에서 몇 달을 지내며 그들의 요리 및 취식 행위를 관찰한 후 델리 크리에이션즈(Deli Creations)를 출시했다. 이것은 오스카마이어(Oscar Mayer) 소시지, 크래프트 치즈, 그레이 푸폰(Grey Poupon) 겨자소스로 만든 샌드위치였다. 크래프트는 소비자들이 준비하기 쉬운 완벽한 즉석음식을 원한다는 것을 발견했으며, 그러한 음식을 만들 모든 재료를 생산하고 있었다.

직접관찰은 유용하고 융통성 있는 방법이지만 같은 사건을 관찰하고도 관찰자들이 서로 다른 결론을 보고한다면 많은 비용만 들고 신뢰성이 떨어질 수 있다. 관찰을 통해 사람들이 무엇을 하는지를 밝힐 수는 있지만 왜 그것을 하는지에 대해서는 쉽게 설명할 수 없다.

신경마케팅 방법 마케팅 연구자들은 무의식적 자극에 대한 반응을 관찰하기 위해 신경마케팅 방법을 활용한다. 이 방법은 뇌를 연구하는 데 사용되는 기술을 소비자 이해에 대한 마케팅의 관심과 결합한 비교적 새로운 연구 분야이다. 이 분야의 최고 전문가 중 한 명인 아라드나 크리쉬나(Aradhna Krishna)는 "많은 기업에서 감각이 우리 뇌의 가장 깊은 부분에 얼마나 강한 영향을 미치는지 이제 막 인식하기 시작했습니다"라고 말했다. 시선 추적, 생체 인식 모니터링, 안면 코딩과 같은 다른 신경과학도구도 뇌 연구를 보완하는 데 사용된다.

신경마케팅 방법은 미디어 선택, 광고 콘텐츠, 포장 및 레이블 등 마케팅 프로그램의 여러 요소에 대한 통찰력을 제공해준다. 캠벨수프(Campbell Soup)는 이 방법의 연구 결과를 기반으로 대부분의 캔 레이블을 바꾸었다. 김이 모락모락 피어오르는

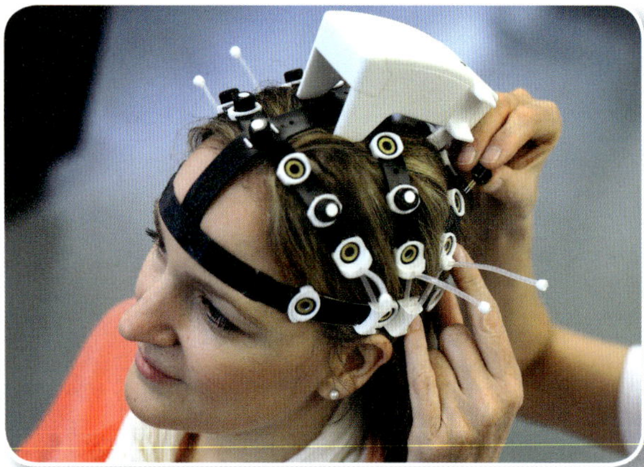

신경마케팅에서는 센서가 달린 헤드셋으로 뇌파를 측정하여 소비자를 더 잘 이해하고자 한다. 신경마케팅을 기반으로 캠벨수프가 행한 제품 수정에 관한 내용을 본문에서 찾아보자.

©Ronny Hartmann/picture-alliance/dpa/AP Images

생생한 수프 이미지가 드러나고, 무미건조한 숟가락 그림은 사라졌으며, 문자 로고는 작아져서 캔 바닥으로 이동되었다.

1차 자료: 사람들에게 질문하기

우리는 얼마나 많은 설문지에 응답해보았는가? 학교에서 수강한 과목이나 교수님에 대한 간단한 설문, 우리가 받은 서비스에 만족하는지에 대해 알아보는 전화 또는 이메일 설문조사에 응답해보았을 것이다. 소비자에게 질문하고 대답을 기록하는 것은 정보를 모으는 두 번째 주된 방법으로 이를 서베이(survey)라고 한다.

이 1차 자료 수집에 속한 방법들은 각자 특수한 기법을 가지고 있거나 때때로 겹치기도 하지만 대개 ① 아이디어 창출방법, ② 아이디어 평가방법으로 나누어진다. 서베이를 이용해 **설문자료**(questionnaire data)를 얻는데, 이는 사람들의 태도, 의식, 감정, 행동을 사람들에게 질문하여 얻은 사실과 수치이다.

설문자료
사람들의 태도, 의식, 감정, 행동에 대해 사람들에게 질문하여 얻은 사실과 수치

아이디어 창출방법: 아이디어 만들기 과거에 아이디어를 만들기 위해 설문자료를 모으는 가장 흔한 방법은 개별면접을 이용하는 것이었다. 개별면접에서는 응답자 한 명에게 질문하고자 연구자 한 명이 참여한다. 이 방법은 응답자의 초기 대답에 따라 부가적인 질문을 함으로써 추가적인 생각에 대해 알아볼 수 있는 등 여러 장점이 있지만 비용이 매우 많이 든다. 이 장의 마지막에서는 이에 대한 몇 가지 대안에 관해 논의할 것이다.

제너럴밀스(General Mills)는 햄버거 헬퍼(Hamburger Helper)의 출시가 그다지 성공적이지 못했던 이유에 대한 답을 찾고자 했다. 제품설명서에는 반 파운드짜리 햄버거와 면 혹은 감자를 별도로 요리한 후 섞어서 마무리하라고 되어있었다. 제너럴밀스의 연구자들은 심층면접(depth interview)이라고 불리는 특별한 종류의 개별면접을 사용했다. 드러나지 않는 생각이나 감정을 파악하기 위해 오랜 시간 자연스럽게 이어지는 질문을 던지는 방법이었다. 기업은 심층면접을 통해 소비자들이 ① 고기가 충분하지 않다고 생각한다는 것, ② 두 개의 냄비를 사용해 요리하는 번거로운 일을 원하지 않는다는 것을 알아냈다. 햄버거 헬퍼의 제품관리자는 고기를 1파운드로 늘리고 한꺼번에 조리하는 것이 가능하도록 제품을 바꾸었으며, 이는 제품의 성공으로 이어졌다.

학생과 강사로 이루어진 포커스그룹이 이 교재를 개발하는 데 사용되었다. 공부에 도움이 될만한 구체적인 제안을 확인하려면 본문을 살펴보자.

©Spencer Grant/PhotoEdit

포커스그룹(focus group)은 6명에서 10명 규모의 과거, 현재, 미래의 고객으로 구성된 비형식적 집단으로, 리더 또는 사회자가 특정 기업의 제품과 경쟁기업 제품에 대한 고객의 의견, 고객이 이 제품을 어떻게 사용하는지 혹은 제품에는 언급되어있지 않은 고객의 욕구 등에 대해 질문하고 토의한다. 포커스그룹 면접은 편면거울(one-way mirror: 한쪽에서만 볼 수 있는 거울)이 설치된 특수면접실에서 이루어지며, 마케팅조사자나 관리자가 거울을 통해 고객의 반응을 보고 들을 수 있다. 효과적인 포커스그룹에서의 자유로운 분위기나 참가자 간의 토론 등은 개별면접

에서 얻기 어려운 아이디어를 도출하는 데 효과적이다.

마케팅조사자들은 소비자를 위한 '차세대 대박 제품'을 찾기 위해 전통적인 기법이 아닌 다른 기법을 사용하기도 한다. 한 예로 이해하기 어려운 소비자 취향이나 추세를 조기에 식별하는 퍼지프런트엔드(Fuzzy front end) 방법이 있다. 트렌드헌터(Trend Hunter)는 '쿨(cool)한 것의 변화'를 예상하고 추적하는 회사이다. 신제품 개발을 이끄는 대중문화의 변화는 '사회적 행동의 새로운 변화'를 촉진한다. 트렌드 찾기 (또는 감시)는 이러한 '떠오르는 변화'를 파악하는 과정이다. 트렌드헌터는 15만 5,000명의 글로벌 네트워크를 통해 약 25만 2,000개의 최첨단 아이디어를 찾아내고 유튜브의 trendhuntertv에서 매일 새로운 아이디어를 소개한다.

아이디어 평가방법: 아이디어 테스트 마케팅조사자는 마케팅관리자에게 특정 마케팅활동을 추천하기 위해 여러 아이디어를 평가한다. 과거, 현재, 미래 소비자들로 구성된 대형 표본집단을 대상으로 대인, 우편, 전화, 온라인(이메일 또는 인터넷) 등을 이용하여 실시되는 서베이가 바로 아이디어 테스트이다. 마케팅조사자는 다양한 방법의 설문조사 중 특정 방법에 소요되는 비용과 정보의 정확성 및 정보 획득속도와 비교하여 결정한다.

Video 7-3
Trend Hunter
kerin.tv/cr8e/v7-3

대인설문조사는 면접원이 질문을 하거나 시각적 자료를 보여주고 면접대상자의 반응을 볼 수 있어 융통성이 있지만 비용이 매우 많이 든다. 우편설문조사는 제품이나 브랜드에 대하여 특별히 긍정적이거나 부정적인 경험을 가진 사람들이 응답하는 경향이 있기에 대개 편향적이다. 전화면접은 융통성이 있고, 컴퓨터를 이용한 전화조사(CATI)는 효율적이기는 하지만 이를 불쾌하게 느끼는 사람은 전화를 끊을 수도 있다.

마케팅조사자들은 1차 자료를 모으기 위해 온라인(이메일과 인터넷) 설문조사를 점점 더 많이 사용하고 있다. 대부분의 소비자들이 인터넷에 접속하고 이메일주소를 가지고 있기 때문이다. 마케터들은 표적이 되는 응답자들에게 이메일을 통해 설문지를 보낼 수 있다. 소비자들은 이메일을 열어보고 설문조사에 바로 참여하거나, 웹사이트를 통해 설문조사에 응하기 위해 링크를 클릭할 수 있다. 마케터들은 소비자들이 자사의 웹사이트에 접근했을 때 독립된 윈도 창에서 팝업(pop up) 설문조사에 참여할 것을 요청하기도 한다. 많은 기업에서 소비자들이 자사의 제품과 서비스를 평가하거나 웹사이트의 디자인과 유용성을 평가하도록 하기 위해 이 방법을 사용한다.

온라인 서베이의 장점은 비용이 비교적 적게 소요되고, 자료 수집부터 분석 및 보고에 걸리는 시간이 앞서 논의된 전통적인 방법들보다 훨씬 짧다는 것이다. 그러나 온라인 서베이에는 심각한 단점도 있는데, 일부 소비자들이 이메일 설문을 정크메일이나 스팸메일로 간주할 수 있으며 이메일 설문지를 받지 않도록 선택해두거나(만약 소비자들이 '스팸 방지 프로그램'을 가지고 있다면) 고의적 또는 무심코 개봉하지 않은 채 설문지를 삭제해버릴 수 있다는 것이다. 일부 소비자들은 브라우저에 설문지를 포함한 독립된 창이 열리는 것을 금지하는 팝업 방지 프로그램을 사용하고 있어서 원천적으로 조사에 참여할 수 없을 가능성도 있다. 또 소비자들이 여러 번 설문지를 작성하여 결과를 심하게 왜곡시킬 수도 있다. 특히 온라인 패널일 경우에는 더더욱 그렇다. 이에 대응하기 위해 서베이몽키(SurveyMonkey) 같은 조사전문기업은 이러한 문제를 방지할 수 있는 표본추출기술을 개발했다.

설문지를 사용하는 모든 조사의 기본은 응답자들로부터 명확한 대답을 얻을 수 있

웬디스는 42년의 역사를 가진 버거를 다시 만드는 데 2년 이상을 보냈다. 이를 통해 설립자인 데이브 토마스의 이름을 딴 데이브 싱글(Dave's Single: Double 및 Triple도 주문 가능) 버거가 출시되었다. 웬디스는 설문조사에서 패스트푸드 선호도, 행동 및 인구 통계를 파악하기 위해 소비자에게 몇 가지 질문을 던졌다. 자세한 내용은 도표 7-4를 살펴보자.

Source: Wendy's International, LLC

는 정확한 질문을 하는 것이다. 도표 7-4는 현재와 미래의 소비자로부터 패스트푸드점의 선호도를 평가하는 웬디스(Wendy's)의 설문조사에 사용된 질문들을 제시한 것이다. 문항 1은 응답자가 마케팅조사자에 의해 미리 제시된 대안 중에서 하나를 고르는 것이 아니라 자신의 의견, 생각, 행동을 직접 서술하게 하는 개방형 질문(open-ended question)의 사례다. 이 정보에는 응답자의 생각이 표출되어 마케팅관리자들에게 매우 유용하며 소비자들의 행동을 이해하고, 이들이 생각하는 제품편익이 무엇인지 확인하고, 광고 메시지를 개발하기에 좋다. 반대로 폐쇄형(closed-ended) 혹은 선택형(fixed alternative) 질문은 응답자들에게 미리 정해진 선택의 대안 중 하나 또는 그 이상의 답을 요구한다. 질문 2는 선택형 질문 중에서 가장 간단한 형태인 오직 '예' 또는 '아니오'의 대답만을 허용하는 양자택일(혹은 이분형)의 질문(dichotomous question) 사례이다.

셋 이상의 대안 중 하나를 고르는 질문에서는 척도가 사용된다. 5번 질문은 의미차별척도(semantic differential scale)를 사용한 질문의 한 예이다. 의미차별척도는 양 끝에 반대의 의미를 가진 형용사를 배치하는 5점 척도이다. 예를 들어 웬디스의 식당 청결도에 대한 생각을 서로 반대가 되는 양 끝단 혹은 중간 지점에 체크한다. 6번 질문은 응답자가 서술에 대해 동의하거나 반대하는 정도를 나타내는 리커트(Likert) 척도를 사용한 것이다.

도표 7-4의 설문지는 웬디스의 마케팅조사자에게 유용한 정보를 제공한다. 1번부터 8번까지는 외식에 대해 응답자가 좋아하는 것과 싫어하는 것, 일반적으로 패스트푸드점에서 외식을 하는 빈도, 특히 웬디스에서 외식하는 빈도, 패스트푸드점에 대한 의사결정을 하는 데 사용되는 정보의 출처를 알려준다. 9번은 응답자 개인 또는 가족의 특성에 대한 세부자료를 제공하는데, 이 자료는 8장에서 논의할 주제인 패스

도표 7-4 웬디스는 소비자들로부터 가치 있는 정보를 얻고자, 본문에서 논의한 네 가지 질문을 사용했다.

1. 패스트푸드점에 외식하러 가기로 결정했을 때 당신에게 가장 중요한 것은 무엇입니까?

____

____

____

2. 지난 달에 패스트푸드점에서 식사한 적이 있습니까?

◉ 예　　◉ 아니오

3. 만약 질문 2에 '예'라고 대답했다면, 패스트푸드를 얼마나 자주 먹습니까?

◉ 일주일에 한 번 이상　　◉ 한 달에 두세 번　　◉ 한 달에 한 번 이하

4. 패스트푸드점이 당신을 만족시키는 데 다음 특성이 얼마나 중요합니까?(각 특성에서 당신의 생각을 나타내는 부분에 체크하세요.)

특성	매우 중요	약간 중요	중요	중요하지 않음	약간 중요하지 않음	전혀 중요하지 않음
• 음식의 맛	◉	◉	◉	◉	◉	◉
• 청결성	◉	◉	◉	◉	◉	◉
• 가격	◉	◉	◉	◉	◉	◉
• 메뉴의 다양성	◉	◉	◉	◉	◉	◉

5. 다음에 열거된 각 특성에 대해 당신이 어떻게 느끼는지 설명하기 위해 척도에 있는 빈칸에 체크하세요. 다섯 개의 빈칸 중에서 오직 한 칸에만 √ 표시를 하세요.

특성	웬디스에 대하여 느끼는 정도를 설명하기 위해 빈칸에 체크하세요.						
• 음식의 맛	맛있다	____	____	____	____	____	맛없다
• 청결성	청결하다	____	____	____	____	____	더럽다
• 가격	비싸지 않다	____	____	____	____	____	비싸다
• 메뉴의 다양성	폭넓다	____	____	____	____	____	한정적이다

6. 다음에 열거된 각 문장에 대해 동의 혹은 동의하지 않는 정도를 표시하세요.

진술	매우 동의	동의	모름	동의하지 않음	매우 동의하지 않음
• 어른들은 가족을 패스트푸드점에 데려가는 걸 좋아한다.	○	○	○	○	○
• 아이들에게 가족 외식장소에 대한 선택권이 있다.	○	○	○	○	○

7. 외식장소로 패스드푸드점을 선택할 때, 각각 정보에 대한 출처는 얼마나 중요합니까?(각 출처에 대해 하나씩만 체크하세요.)

정보의 출처	매우 중요	다소 중요	전혀 중요하지 않음
• TV	○	○	○
• 신문	○	○	○
• 라디오	○	○	○
• 옥외광고판	○	○	○
• 인터넷	○	○	○
• 소셜미디어	○	○	○

8. 다음 각 패스드푸드점에서 외식을 얼마나 자주 하십니까?(각 레스토랑에 대해 하나씩만 체크하세요.)

레스토랑	일주일에 한 번 이상	한 달에 2~3번	한 달에 한 번 이하
• 버거킹	○	○	○
• 멕도날드	○	○	○
• 웬디즈	○	○	○

9. 가장으로서 본인과 가족에 대해 다음 질문에 대답하세요.(각 질문에 하나씩만 체크하세요.)

a. 성별	○ 남성	○ 여성		
b. 혼인 여부	○ 미혼	○ 기혼	○ 기타(배우자 사망, 이혼 등등)	
c. 18세 이하의 자녀 수	○ 0명	○ 1명	○ 2명	○ 3명 이상
d. 나이	○ 25세 이하	○ 25세에서 44세 이하	○ 45세 이상	
e. 연간 개인 수입 또는 가족 수입	○ 15,000달러 미만	○ 15,000~49,000달러	○ 49,000달러 초과	

트푸드시장을 세분화하는 데 사용할 수 있다.

마케팅조사의 질문은 모든 응답자가 한 질문을 똑같이 이해할 수 있도록 정확해야 한다. 예를 들어, 패스트푸드점에서 규칙적으로 식사를 하는지 묻는 질문에서 '규칙적으로'라는 표현은 애매모호하다. 어떤 사람은 그 질문에 '예'라고 대답하면서 '하루에 한 번'이라는 의미로 생각할 수 있지만, 어떤 사람은 '한 달에 한 번' 또는 '두 번'이라고 생각할 수도 있다. 이러한 각각의 해석에 따라 두 잠재소비자에게 극적으로 다른 마케팅활동을 시행할 수도 있다.

자택을 방문하여 시행하는 대인면접에는 많은 비용이 들기 때문에 많은 사람이 방문하는 쇼핑몰에서 대인면접을 하는 쇼핑몰면접(mall intercept interviews)이 널리 시행되고 있다. 사람들과 직접 대면하는 쇼핑몰면접은 소비자들의 가정에 개별적으로 방문하는 비용을 감소시켜주는 동시에, 광고나 실질적인 견본제품 같은 것을 보여줄 수 있어 효과적이다. 쇼핑몰면접의 약점은 면접을 본 사람들이 표적소비자들을 대표하지 않으므로 왜곡된 결과를 불러올 수 있다는 것이다.

전자기술은 면접이나 설문조사에 대한 전통적인 개념에 거대한 혁신을 불러왔다. 오늘날 응답자들은 쇼핑센터에 있는 간이매점까지 걸어가서 컴퓨터 화면을 통해 질문을 읽고, 터치스크린에 대답을 입력할 수 있다. 완전 자동화된 전화면접도 존재한다. 자동음성전화로 응답자에게 질문하면 응답자가 터치식 전화기에 답을 입력하는 것이다.

1차 자료: 기타 방법

여기서 소개할 1차 자료 수집의 네 가지 방법은 앞서 논의한 방법과 다소 중복된다. 여기서는 ① 소셜미디어, ② 패널조사와 실험, ③ 정보통신기술, ④ 데이터 분석 및 데이터마이닝을 사용하는 것에 관해 살펴본다. 소셜미디어, 패널과 실험은 아래에서 설명할 것이다. 정보통신기술, 데이터 분석 및 데이터마이닝은 다음에서 배우게 될 '4단계: 결과 도출'에서 논의할 것이다.

소셜미디어 페이스북, 트위터, 기타 소셜미디어는 마케팅조사방식에 혁명을 일으켰다. 프리토레이(Frito-Lay)는 새로운 맛의 감자칩을 개발하면서 통상적인 포커스그룹 인터뷰를 페이스북 조사로 대체했다. 페이스북 페이지의 방문자들은 설문조사에 응답하여 새로운 맛을 제안했으며 그중 세 가지가 슈퍼마켓에 실제로 등장했다. 소비자가 할 일은 '투표' 버튼을 클릭하여 선호하는 맛을 표시하는 것뿐이었다. 그리고 에스티로더(Estee Lauder)는 소셜미디어 사용자를 상대로 단종된 컬러 중에서 어떤 것을 다시 생산할지에 관한 투표를 했다.

카멕스(Carmex) 립밤을 제조하는 카르마랩스(Carma Laboratories)는 고객접근성 가치를 존중하는 전통을 3대째 이어가고 있는 가족 소유 기업이다. 설립자 알프레드 울빙(Alfred Woelbing)은 고객으로부터 받은 모든 편지에 개인적으로 응답하기도 했다. 오늘날 카르마랩스는 제품 홍보를 위해 소셜미디어를 적극 활용하고 있다.

카멕스닷컴(www.mycarmex.com)은 소셜미디어 청취도구를 이용한 마케팅조사를 수행하여 온라인에서 발생하는 립밤 관련 대화의 특성을 이해할 기회를 적극 활용하였다. 다음에 등장하는 '마케팅계기판'을 보면 카

카멕스의 페이스북 계정을 사용하면 소비자의 의견에 응답하고 일상적인 소비자경험을 추적할수 있다. 소셜미디어 마케팅조사를 사용하는 방법에 관해서는 '마케팅계기판'을 참조해보자.

Source: Carmex/Facebook

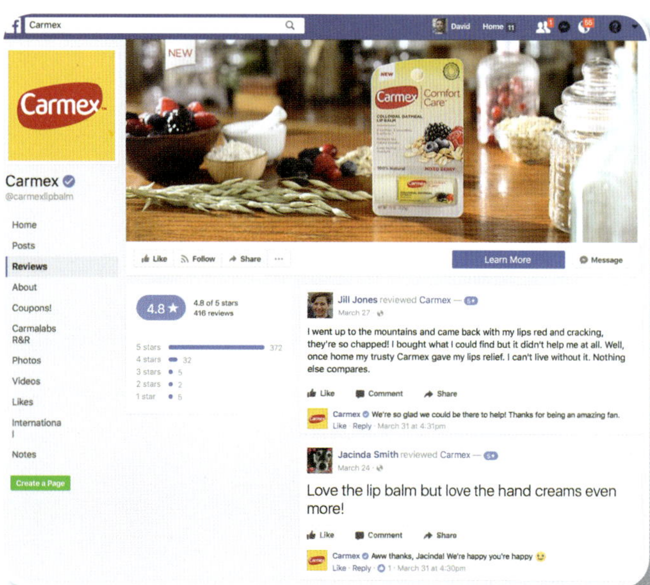

멕스가 마케팅측정치를 사용하여 제품 라인에 대한 소셜미디어 프로그램을 평가하는 방법을 알 수 있다. 자료에서는 대외비 정보를 보호하기 위해 변형된 데이터를 사용하였다.

그들은 대화 속도(conversation velocity), 목소리 점유율(share of voice), 소비자 정서(sentiment)와 같은 여러 소셜미디어 측정치를 사용했다. 인터넷을 샅샅이 뒤져 소비자의 행동과 브랜드 언급(brand mention)을 찾아내어 목소리 점유율을 계산하고 브랜드 언급이 긍정적인지, 중립적인지, 부정적인지를 판단하여 '소비자 정서'를 계산한다. 널리 사용되는 페이스북 측정치는 '좋아요(like)' 회수를 측정한 수치다. '좋아요'는 브랜드 메시지를 선택하여 수신하고 브랜드를 선호하는 페이스북 사용자의 수를 말하는 용어다.

마케팅조사자들은 더 많은 사이트에서 정보를 수집하여 소비자가 생성한 원본 콘텐츠를 실시간으로 채굴하고 싶어한다. 그러나 소비자가 만들어내는 콘텐츠에 얽매이는 것에는 약간의 위험이 따를 수도 있다. 해당 콘텐츠가 수집되는 사람들의 표본이 전체 시장을 대변하지 않을 수도 있기 때문이다.

패널조사와 실험 관찰과 설문이 활용되는 두 가지 특별한 방법이 바로 패널(panel)조사와 실험이다. 마케팅조사자들은 시간 경과에 따라 소비자의 행동이 변하는지에 대해 알고 싶어 한다. 그래서 같은 사람을 관찰하며 이들을 지속적으로 조사할 필요가 있다. 패널은 연구자가 측정하는 일련의 소비자 또는 상점의 고정된 표본집단을 말한다. NPD그룹은 전 세계 200만 명가량의 개인 소비자로 구성된 온라인 소비자 패널에게서 의류, 음식, 전자기기 같은 소비재에 대한 자료를 수집한다. 미국 식품회사 제너럴밀스(General Mills)는 휘티즈(Wheaties) 시리얼 브랜드에 대한 구매빈도를 산출하여 다른 브랜드(Cheerios) 또는 경쟁자 브랜드(켈로그의 스페셜 K)로 이동하는 행동을 측정하기도 한다. 패널을 이용한 방법의 약점은 표본이 고정되지 않는 경우 발생한다. 이 경우 대표성에 문제가 생긴다. 패널에서 빠지는 사람들을 대체할 새로운 구성원을 모집해야 하는데, 기존 패널의 대표성을 유지하기 위해서는 이 새로운 구성원들의 특성이 패널에서 빠지는 사람들의 특성과 일치해야 한다.

실험이란 원인과 결과를 테스트하기 위해 빈틈없이 통제된 상황에서 원인변수를 조작하여 결과에 대한 자료를 수집하는 방법이다. 관심은 독립변수(원인)가 연구 대상인 종속변수(결과)를 변화시키는지에 있다. 마케팅실험에서 관심의 대상인 독립변수들{보통 마케팅 드라이버(marketing drivers)라고 함}은 종종 제품의 특성, 가격, 프로모션(광고 메시지나 쿠폰)과 같은 마케팅믹스 하나 또는 그 이상의 요소들이 된다. 일반적으로 종속변수는 개인, 가족, 조직의 구매 변화(양 혹은 금액상 증가분)가 된다. 식품기업들은 종종 테스트마켓(test market)을 실시하는데, 이는 앞으로 실행할 마케팅 프로그램의 효율성을 평가하기 위해 소규모 인구 거주지에서 제품을 판매해보는 것을 말한다. 맥도날드는 확장을 결정하기 전에 소비자 관심도를 평가하고자 플로리다의 세 도시 에서 배달서비스를 테스트했다. 맥도날드는 테스트 결과를 평가한 후 배달서비스를 2만 개 점포로 확대했다.

실험의 잠재적인 어려움은 외적 요인(예: 경쟁사의 방해공작)

맥도날드가 테스트마켓을 사용하여 배달서비스를 개발하는 방법에 관해서는 본문을 참조해보자.

Source: McDonald's

마케팅계기판

카멕스의 소셜미디어 프로그램은 제대로 작동하는가?

여러분이 카멕스의 마케팅 컨설턴트이고 립밤 제품 라인에 대한 소셜미디어 활동을 평가하라는 요청을 받았다고 가정하자. 카멕스는 최근 미국 소비자에게 립밤 제품 라인을 더 많이 알리기 위해 새로운 소셜미디어 프로그램과 프로모션을 시작했다. 카멕스의 팬과 팔로워가 카멕스에 접속하여 무료 샘플을 받을 수 있는 페이스북 및 트위터 콘테스트가 이에 해당한다. 창의적인 '카멕스 키스' 위젯을 사용하면 사진을 업로드하고 친구에게 키스 애니메이션을 보낼 수 있다.

과제

카멕스 소셜미디어 프로그램의 실적을 평가하기 위해 다섯 가지 측정치를 선택했다. ① 카멕스 대화 속도–인터넷에서 총 카멕스가 언급된 횟수, ② 페이스북 팬–특정 기간 카멕스의 페이스북 브랜드 페이지에 '좋아요'를 누른 페이스북 사용자 수, ③ 트위터 팔로워–카멕스의 트위터 피드를 팔로우하는 일정 기간의 트위터 사용자 수, ④ 카멕스의 목소리 점유율–인터넷에서 발생하는 모든 주요 립밤 브랜드에 대한 언급 중 카멕스에 대한 언급이 차지하는 비율, ⑤ 카멕스 브랜드 정서–인터넷 카멕스 목소리 점유율 중 (a) 긍정적, (b) 중립적 또는 (c) 부정적 언급의 비율.

발견

마케팅계기판을 분석해보면 이러한 결론에 도달한다. 첫째, 2018년에 카멕스의 페이스북 팬과 트위터 팔로워 수가 2017년보다 크게 증가했는데 이는 좋은 소식이다. 둘째, 카멕스의 목소리 점유율 35%는 점유율 1위 브랜드인 챕스틱(ChapStick)의 48%와 비교해도 확실히 우수하다. 특히 긍정적인 부분은 카멕스의 목소리 점유율이 1년 전보다 12% 증가했다는 점이다. 셋째, 카멕스 브랜드 정서 계기판은 카멕스 언급의 80%가 긍정적이고 5%만이 부정적임을 보여준다. 더 중요한 것은 긍정적인 언급이 작년보다 23% 증가했다는 것이다.

행동

카멕스의 소셜미디어 활동이 잘되고 있다고 결론 내린다. 다음 단계는 무료 샘플과 카멕스 키스 중 어떤 것이 긍정적인 결과를 유발하는 데 특히 효과적인지 알아내기 위해 데이터를 더 깊이 조사하고 조사 결과를 활용하는 것이다.

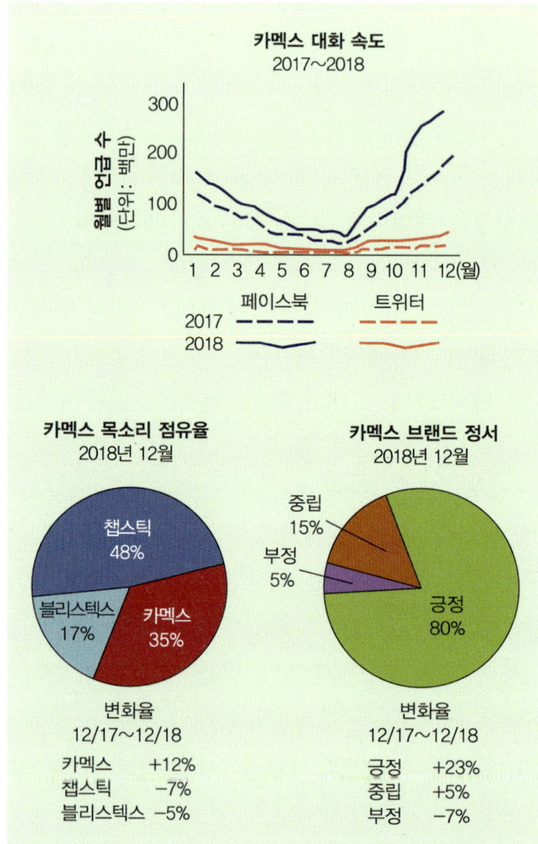

이 실험 결과를 왜곡할 수 있고 종속변수(매출과 같은)에 영향을 미칠 수 있다는 점이다. 조사자의 과제는 외적 요인의 영향이 관심 대상 마케팅변수의 영향과 섞여있을 경우, 종속변수에 대한 관심 대상 마케팅변수만의 순수한 영향을 분리하여 확인하는 것이다.

1차 자료의 장점과 약점

1차 자료는 2차 자료와 비교할 때 특정 연구 대상의 문제에 관해 훨씬 신축적이고 더 구체적이라는 장점이 있다. 1차 자료의 주된 약점은 보통 2차 자료보다 자료를 모으는 데 훨씬 많은 비용과 시간이 소요된다는 것이다.

학습리뷰

1. 관찰자료와 설문자료 사이의 차이는 무엇인가?
2. 우편, 전화, 대인면접 중에서 질문에 융통성을 가장 많이 제공하는 서베이방법은 어느 것인가?
3. 패널조사와 실험의 차이는 무엇인가?

4단계: 결과 도출

목표 5 데이터분석, 데이터마이닝, 예측모형이 어떻게 마케팅활동으로 이어지는지 설명할 수 있다.

마크 트웨인(Mark Twain)은 언젠가 "자료를 모으는 것은 쓰레기를 모으는 것과 같다. 자료를 모으기 전에 그것으로 무엇을 할지 알아야 한다"라고 했다. 신중하게 분석하여 마케팅조사 접근방식의 4단계인 정보와 결과로 해석되지 않는 한, 마케팅데이터는 쓰레기와 같다.

자료 분석

오늘날 마케팅데이터 분석에는 종종 매우 정교하고 복잡한 방법이 사용된다. 여기에는 빅데이터, 자료 분석, 인공지능, 데이터마이닝 및 예측모형이 포함된다. 이에 관해 논의한 후 토니피자(Tony's Pizza)의 판매 분석에 대한 사례를 자세히 살펴보도록 하자.

빅데이터, 데이터 분석 및 인공지능 빅데이터는 다양한 출처에서 수집된 대량의 데이터를 설명하는 데 일반적으로 사용되는 광범위한 용어로, 빅데이터는 점점 더 고도화된 기술로 분석되고 있다. **정보통신기술**(information technology)에는 데이터를 수집, 저장, 분석하는 모든 컴퓨팅 리소스가 포함된다. 마케팅연구자들은 오늘날 우리가 데이터 홍수시대에 살고 있다고 본다. 관리자가 직면한 과제는 데이터 수집이나 저장이 아니라 방대한 양의 데이터를 유용한 정보로 효율적으로 변환하는 방법이다. 이 변환은 데이터 분석을 통해 이루어진다. 야후(Yahoo!)의 하둡(Hadoop) 및 구글의 빅테이블(Bigtable) 같은 제품은 종종 데이터 과학자라고 불리는 사람들이 사용할 수 있는 분석도구의 예이다. 그들의 연구는 데이터 시각화 또는 분석 결과 발표에 초점을 맞춘 새로운 마케팅 연구 분야를 창출하고 있다.

정보통신기술
자료를 수집, 저장 및 분석하는 모든 컴퓨팅 리소스가 포함된다.

오늘날 마케팅 담당자는 계산대에서 바코드 스캐너, 컴퓨터 및 태블릿의 온라인 추적 소프트웨어, 전화기의 사용 내역과 같은 다양한 출처에서 데이터를 얻는다. 실제로 사물인터넷(IoT)의 성장으로 우리는 소비자가 사용하는 거의 모든 장치에서 데이터를 수집할 수 있다. 마케팅 관리자는 데이터, 정보통신기술 및 분석의 조합으로 수집한 데이터를 마케팅 관련 의문점에 답하고 효과적인 마케팅활동으로 이어지는 유용한 정보로 변환시킨다. 이를 성공적으로 수행하는 조직을 종종 지능형 기업이라고 부른다.

도표 7-5에 나타난 것처럼 지능형 마케팅기업 플랫폼의 요소는 상호작용하여 마케팅 연구원 또는 데이터 과학자의 작업을 용이하게 한다. 그림의 위쪽 절반은 내부 및 외부 출처에서 데이터를 수집하는 정교한 통신 네트워크를 통해 빅데이터가 생성되는 방식을 보여준다. 이러한 데이터는 데이터베이스에 저장, 구성, 관리된다. 총체적으로 이러한 데이터베이스는 데이터 웨어하우스를 형성한다. 데이터 저장 (및 연산)은 단순히 인터넷 연결을 통해 액세스할 수 있는 서버의 집합인 클라우드에서도

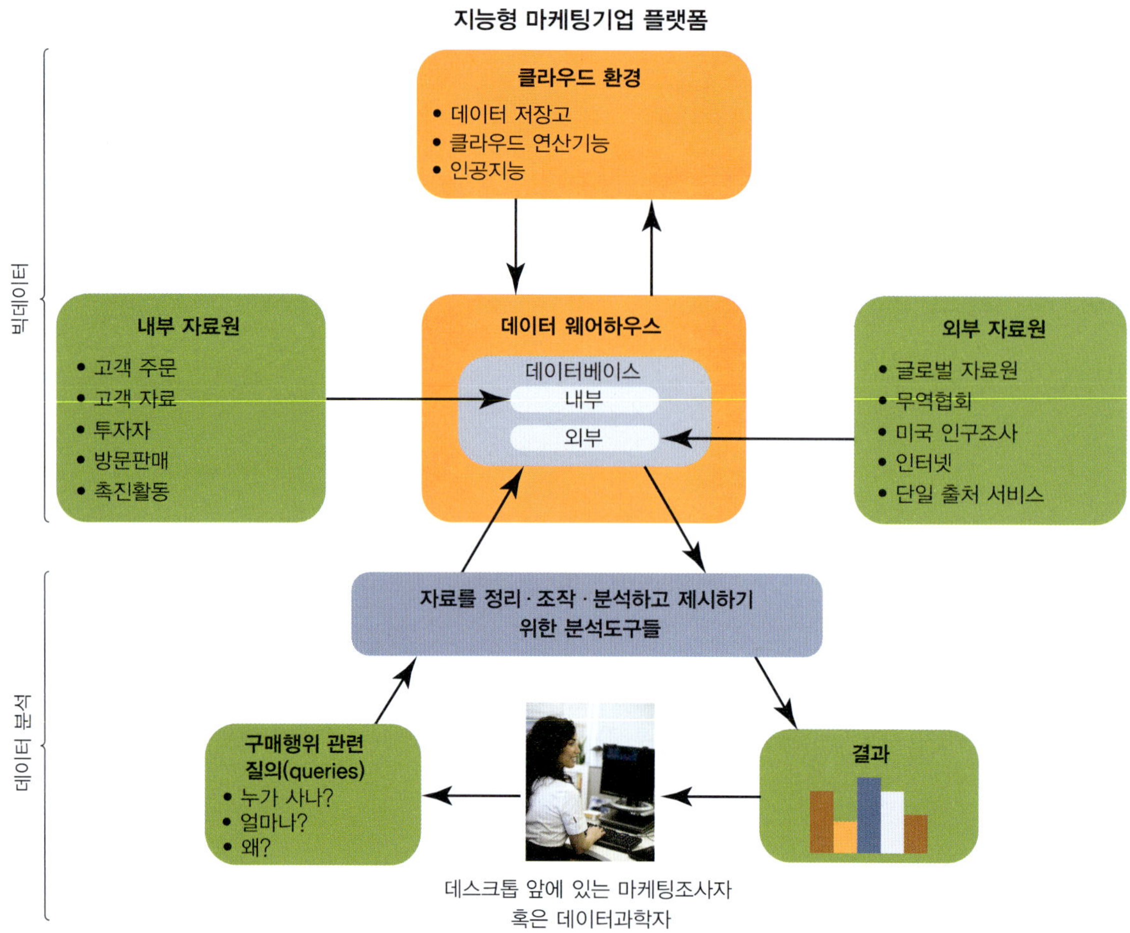

도표 7-5 마케팅조사자와 관리자가 지능형 기업 플랫폼을 사용하여 데이터를 마케팅활동으로 바꾸는 방법

수행된다. 대규모 데이터베이스는 컴퓨터가 지능적으로 '행동'할 수 있도록 추론, 지각 및 연산 작업을 수행하는 인공지능 플랫폼에 속해 있다. IBM, 테슬라, 아마존은 인공지능을 사용하여 인간의 언어를 이해하는 슈퍼컴퓨터 IBM 왓슨(Watson)을 운영하고 자율주행차를 주행하며 구매를 권장한다.

도표 7-5의 하단에 나타난 것처럼 데이터 분석은 여러 가지 요소로 구성된다. 마케터는 컴퓨터로 중요한 마케팅 쿼리 또는 질문을 지정하고 웨어하우스 (또는 클라우드)의 데이터베이스에 액세스한다. 분석도구는 데이터를 구성하고 조작하여 존재할 수 있는 모든 관리 통찰력을 식별하는 데 사용된다. 결과는 더 쉬운 해석을 위해 표와 그래픽으로 표현된다. 마케터는 데이터베이스에 액세스할 때 민감도 분석을 사용하여 "만약에 ~한다면"이라는 질문을 통해 제품 또는 브랜드 드라이버(구매 결정에 영향을 미치는 요인)의 가상적 변화가 판매에 미칠 영향을 분석할 수 있다.

전통적인 마케팅조사에서는 일반적으로 가능한 드라이버(driver)를 식별한 다음 데이터를 수집한다. 예를 들어, 봄에 쿠폰(드라이버)을 늘리면 첫 구매자의 시험 회수가 증가한다(결과)는 가설을 검증하기 위해 데이터를 수집한다.

데이터마이닝
소비자 구매패턴 간 통계적 연관성 찾기 위해 대규모 데이터베이스를 검사하는 과정

데이터마이닝과 예측모형 **데이터마이닝**(data mining)이란 소비자 구매패턴 간 통계적 연관성을 찾기 위해 대규모 데이터베이스를 검사하는 과정이다. 이 중 몇 가지는 다음과 같이 상식적인 내용이다. 많은 사람이 땅콩버터와 포도젤리를 동시에 구매하기 때문에 스키피(Skippy) 땅콩버터와 웰치스(Welch's) 포도젤리를 같이 프로

모션하는 것은 좋은 아이디어이다. 그러나 저녁에 기저귀를 구입하는 남성들이 6개들이 맥주를 같이 구매하는지 알아볼 수 있을까? 실제로 슈퍼마켓의 관계자들은 계산대에서 나온 스캐너 자료를 조사해서 이러한 현상을 발견해냈다. 그들은 기저귀와 맥주를 가까이에 두고 그 사이에 감자칩을 배치했다. 그러자 세 품목 모두 판매량이 증가했다!

오후 10시에 이 남성이 기저귀 외에 무엇을 구입할까? 데이터마이닝이 밝혀낸 답을 본문에서 찾아보자.

©Brent Jones

이제 마케팅 담당자는 데이터마이닝 및 데이터 분석의 개선을 통해 **예측모형**(predictive modeling)을 사용하여 소비자의 행동을 예측할 수 있다. 예측모형은 데이터마이닝 및 확률 분석을 사용하여 결과를 예측하는 통계모형으로, 미래 결과의 가능성에 영향을 미치는 여러 예측 변수들을 사용한다. 할인점 타겟(Target)은 데이터마이닝을 사용하여 묶음 구매를 하거나 일정 시간에 걸쳐 구매될 때 여성의 임신 가능성과 자녀의 출산 예정일을 예측할 수 있는 25개의 제품을 확인했다. 또 임신 확률을 알아내기 위해 사용가능한 인구통계 데이터와 함께 여성의 구매패턴을 아기 등록부에 연결시켰다. 예측모형은 특정 품목이 첫 임신 3개월에, 다른 품목은 임신 4개월에서 6개월째에, 또 다른 품목은 7개월에서 9개월째에 구매되었음을 보여주었다. 그 밖에 파란색 또는 분홍색 담요를 구입하는 행위는 자녀의 성별을 말해줄 가능성이 높았다. 타겟은 이러한 정보를 가지고 임신 각 단계에 적합한 광고와 쿠폰을 임산부에게 보냈다.

예측모형
데이터마이닝 및 확률 분석을 사용하여 결과를 예측하는 통계모형

데이터마이닝 및 예측모형이 구매행동에 대해 얼마나 많은 정보를 제공할 수 있는지, 그와 관련된 윤리적 문제를 살펴보려면 '책임 있는 의사결정' 박스를 읽어보자.

책임 있는 의사결정

윤리

더 이상의 사적 비밀은 없다: 데이터마이닝과 예측모형의 단점

아마존, 구글, 야후, 이베이, 유튜브, 스코어닷컴, 페이스북, 트위터 등. 이들의 공통점은 거의 모든 사람에 대한 엄청난 양의 개인 정보를 분석하는 정교한 데이터마이닝 기술을 갖추고 있다는 것이다. 〈타임〉의 저널리스트 조엘 슈타인(Joel Stein)은 온라인과 오프라인 출처를 모두 사용하여 타인이 자신의 사회보장번호를 쉽게 알 수 있다는 것을 알아내고, 다양한 출처에서 자신에 대한 여러 정보를 발견했다. 일부는 정확했고 일부는 그렇지 않았다.

데이터마이닝 결과는 그가 하키, 랩, 락, 육아, 조리법, 의류 및 미용제품, 영화를 좋아한다는 것을 알려주었다. 그는 대부분 온라인에서 구매를 하며 구매당 평균 25달러를 사용한다. 그는 페이스북, 링크드인, 판도라, 스텀블어폰(StumbleUpon)을 사용한다. 그는 주택보험이 갱신되는 11월에 집을 샀다. 그의 아버지의 부인은 교통 위반 딱지를 뗐다. 일부 데이터 원천에서는 그가 18세에서 19세 여성이라고 예측했다. 공식적으로 슈타인은 10대도 아니고 남성이다. 이처럼 데이터마이닝과 예측모형에는 가끔 오류가 발생한다.

이러한 데이터는 여러 온라인 출처에서 데이터를 집계하는 기술을 이용하여 웹사이트의 추적장치(예를 들면 14장에서 논의하게 될 쿠키)뿐만 아니라 사용자의 연락처 목록과 위치를 표시하는 휴대폰, PC 또는 태블릿 장치에 다운로드한 앱에 이르기까지 다양한 방법으로 수집된다.

개인정보는 마케팅 담당자에게 중요한 자료가 되지만 소비자의 개인정보를 침해한다는 문제점이 있다. 오늘날 기업은 데이터마이닝과 예측모형을 통해 개별 소비자를 대상으로 개인 맞춤 제품 설계를 용이하게 할 수 있다. 여기에는 연령 및 성별과 같은 인구통계뿐만 아니라 '좋아요', 과거 구매습관, 사용한 소셜미디어, 구매한 브랜드, 시청한 TV 프로그램, 방문한 매장 등도 포함된다.

이러한 내용을 직접 조사하고 싶다면 고스터리닷컴(www.ghostery.com)에서 고스터리(Ghostery)를 다운로드해보자. 여기서 웹사이트 방문 시 데이터를 수집하는 기업이 어디인지 확인해볼 수 있다.

토니피자의 판매량은 어땠을까? 마케팅 담당자가 이 질문과 결과를 어떻게 평가했는지 알고 싶다면 본문을 읽어보자.

©McGraw-Hill Education

토니피자의 매출 분석 슈완컴퍼니(Schwan's Company)는 토니(Tony's)와 레드 바론(Red Baron) 등의 브랜드명으로 냉동 피자를 하루에 300만 판 생산한다. 지금부터 토니 브랜드의 마케팅관리자 테레 캐럴(Tere Carral)이 시장세분화와 관련된 질문에 어떻게 답했는지를 살펴볼 것이다. 여기서는 토니의 기업 정보 보호를 위해 가상의 데이터를 사용하였다.

테레는 토니피자의 지난 4년간 극히 제한된 성장률에 대해 걱정하고 있다. 그녀는 이 제한적 성장의 원인을 파악하기 위해 자료를 수집·분석하여 이를 향상시킬 방안을 제시할 컨설턴트를 고용했다. 테레는 두 가지 핵심질문에 대한 대답을 포함한 제안을 해달라고 요청했다.

1. 토니의 가구 단위 매출은 얼마나 되는가? 토니피자를 구매하는 가구수가 적은가, 아니면 개별 가구가 토니피자를 덜 구매하는가, 아니면 둘 다인가?
2. 지난 4년간 토니의 매출이 증가하지 않은 요인은 무엇인가?

컨설턴트가 발견한 사실은 핵심을 찌르는 것이었다. '토니피자의 평균 구매량이 작년과 비슷한지', '토니의 매출 정체가 어떤 요인과 관련되어있는지'에 대한 답을 통해 테레는 문제를 해결하기 위한 마케팅활동을 실행할 수 있었다.

결과 제시

결과는 명확해야 하고 데이터가 제시한 방법으로 이해되어야 한다. 마케팅관리자는 실행을 할 책임이 있다. 실행을 위해서는 결과가 도표로, 가능하다면 한 페이지에 제시될 필요가 있다.

컨설턴트는 질문에 대한 답으로 마케팅계기판을 사용해 결과물을 도표로 제시하는 창의적인 방법을 사용했다(도표 7-6). 테레가 이 결과를 어떻게 해석했는지 살펴보도록 하자.

- 도표 7-6A, 연매출: 2015~2018년까지 매출의 성장률이 안정적으로 보이지만 사실상 정체되어있었음을 보여준다.
- 도표 7-6B, 가구당 평균 연매출: 그래프를 자세히 보자. 언뜻 2018년의 매출액이 2015년의 절반처럼 보인다. 하지만 정말 그럴까? 수직축에 있는 숫자를 주의 깊게 읽어보자. 이 숫자들은 2015년에 가구당 구매 평균이 3.4판에서 2018년에는 3.1판으로 지난 4년간 토니피자의 가구당 구매가 꾸준히 하락하고 있었음을 보여준다(상당히 급격하지만 50%의 하락은 아님). 자, 이제 질문해보자. 평균적으로 개별 가구가 토니피자를 더 적게 구매했는데 토니의 연 매출액이 안정적이라면 도대체 어떤 일이 벌어지고 있는 것인가? 대답은 피자를 구매하는 가구가 더 많아졌기 때문이다. 이는 즉, 각 가구가 토니피자를 더 적게 구매했다는 것이다. 문제의 근원은 사람들이 토니피자를 선택하지 않는다는 것이다. 그러나 다시 생각하면 마케팅문제가 마케팅기회를 나타낸다는 전형적인 사례이기도 하다. 즉, 피자를 구매하는 가구수가 증가했다는 것이며, 이는 토니에게 좋은 소식이다.
- 도표 7-6C, 가구 규모별 가구당 평균 연매출: 이 도표는 문제의 근원을 보여주기 시작한다. 비록 1인 혹은 2인 가구에게는 피자의 평균 매출액이 안정적일지라도

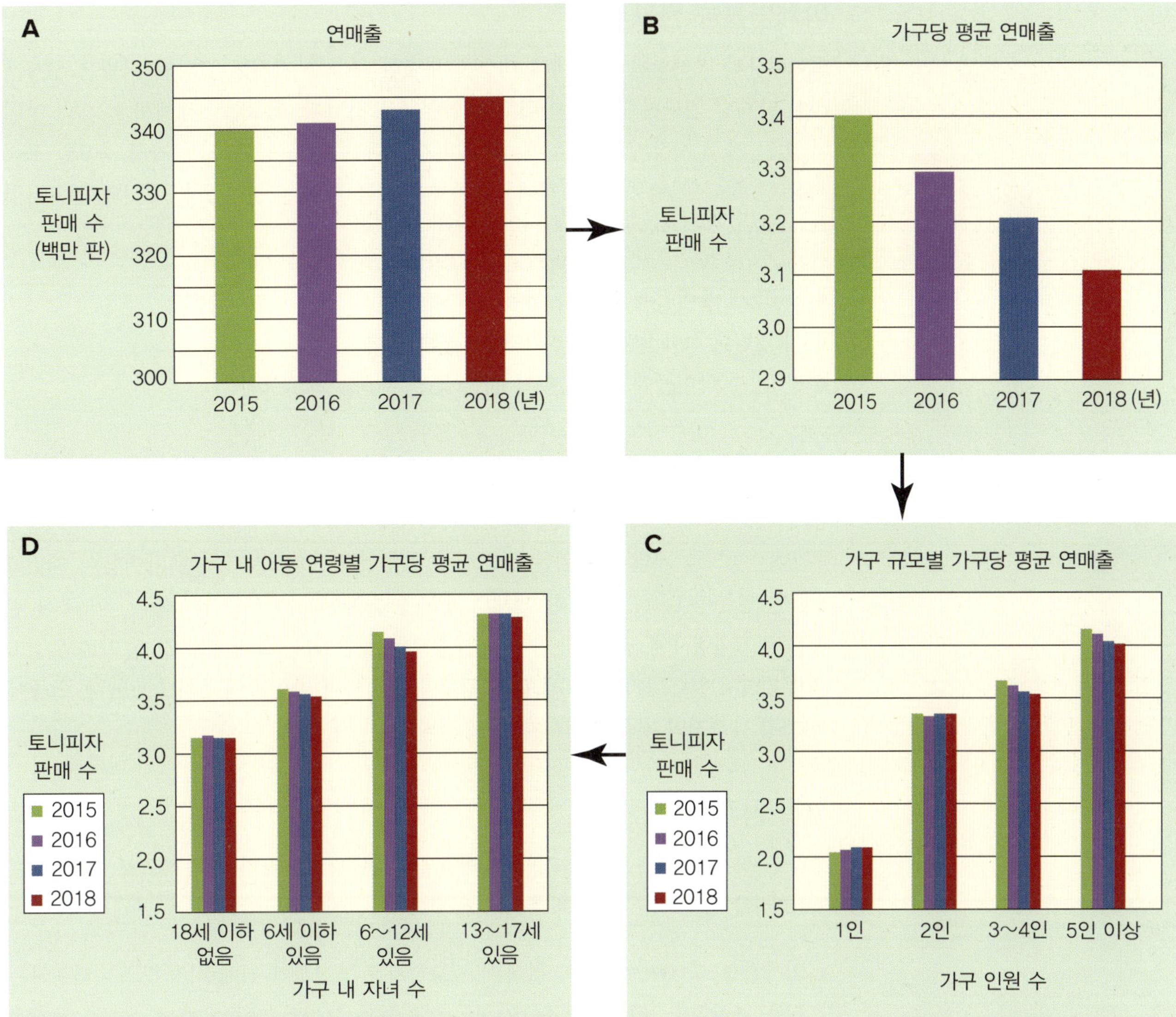

도표 7-6 이 마케팅계기판은 토니의 마케팅관리자들에게 권고사항과 행동으로 이어질 수 있는 결과를 제시한다.

3인이나 4인 가구 혹은 5명 이상의 가구에서는 연평균 피자 소비가 줄고 있다. 어떤 가구가 2인 이상으로 이루어질까? 정답은 자녀가 있는 가구이다. 그러므로 자녀가 있는 가구의 행동을 더 자세히 살펴보아야 한다.

- 도표 7-6D, 가구 내 아이 연령별 가구당 평균 연매출: 자녀가 있는 가구(특히 6세에서 12세 아이들이 있는 가구)에서의 연 평균 소비량이 심각한 하락세인 것이 현 상황의 진정한 문제점이다.

6~12세의 아이가 있는 가구의 매출에 관한 문제는 매우 중요한 발견이다. 토니의 피자 구매에서 가장 비중이 큰 것으로 알려진 시장에서 매출이 하락하고 있었기 때문이다.

5단계: 마케팅활동 실행

효과적인 마케팅조사는 조사 결과와 권고사항을 제시하는 데서 끝나지 않는다. 즉, 누군가 어떤 마케팅활동이 필요한지 찾아내어 이를 실행하고, 이에 따른 결과를 모니터링해야 한다. 이것이 바로 5단계의 핵심이다.

마케팅활동 권고사항

토니피자의 마케팅관리자 테레 캐럴은 뚜렷한 목표를 가지고 결과를 바탕으로 구체적인 마케팅 권고사항을 찾아내고자 팀원들을 만났다. 목표는 6세에서 12세의 아이가 있는 가구 시장에서의 열세를 만회하기 위해 이들을 공략하고, 가장 중요한 표적시장 중 하나인 냉동 피자 카테고리에서 우위를 점하는 것이었다. 그녀의 권고사항은 다음과 같은 것들을 개발하는 것이었다.

- 6~12세 아이들을 목표로 하는 광고 캠페인
- 이 연령대 목표집단을 고려한 월별 홍보 달력
- 6~12세 아이들에게 접근하기 위한 특별 이벤트 프로그램

권고사항 이행

테레의 첫 번째 마케팅활동은 6~12세 연령대 집단의 아이들과 가족들에게 소구할 수 있는 광고를 개발하기 위한 광고조사 착수였다. 이 조사에서는 아이들이 재밌고 친근한 인물이 나오는 화려한 색채의 광고를 좋아한다는 것을 알아냈다. 이 조사 결과를 광고대행사에 넘겨 몇 가지 샘플광고를 개발했다. 그녀는 가장 흥미로운 광고가 무엇인지 알아내기 위해 세 편의 광고를 선별하여 아이들에게 테스트했다. 그중에서 가장 매력적인 것을 토니피자 광고 캠페인에 사용했다.

결과 평가

결과를 평가하는 것은 효율적인 마케팅을 하는 관리자라면 지속적으로 해야 하는 일이다. 이 평가에는 두 가지 측면이 존재한다.

- 의사결정 그 자체를 평가: 활동이 필요한지를 결정하기 위해 시장을 모니터링하는 것을 포함한다. 테레에게 6~12세의 아이들과 그들의 가족에게 호소하는 새로운 광고는 성공적인가? 이 목표시장에서 매출은 증가했는가? 만약 전략이 성공적이라면 테레는 더 화려하고 재밌고 좀 더 친근한 인물이 등장하는 후속광고를 도입해야 한다.
- 의사결정과정 평가: 권고사항을 개발하기 위해 사용된 마케팅조사와 분석은 효과적이었는가? 결함은 없었는가? 미래에 생길 유사한 상황에 대비하기 위해 개선할 수 있는가? 테레와 마케팅팀은 분석과 결과를 향상시키기 위한 방법을 계속 신경쓰고 찾아야 한다. 미래의 마케팅조사에 대한 노력에 응용할 만한 교훈을 얻기 위해서 말이다.

다시 말해 체계적인 분석을 거쳤다고 해도 결코 성공이 보장되지는 않는다. 그러나 토니피자의 사례에서 보았듯이 체계적인 분석은 기업 마케팅 의사결정의 성공확률을 높일 수 있다.

학습리뷰

1. 토니피자의 마케팅조사에서 발견한 것과 이를 바탕으로 한 마케팅활동의 예를 들어보자.
2. 마케팅활동을 돌아볼 때 평가해야 두 가지 측면은 무엇인가?

매출액 예측기법

목표 6 기업의 매출을 예측할 수 있는 세 가지 접근법에 관해 설명할 수 있다.

잠재매출액을 예측하고 추정하는 것은 마케팅조사의 핵심목표이다. 적절한 매출액 예측은 제품의 생산계획과 직결되는 기업에게 매우 중요한 일이다. **매출액 예측**(sales forecast)이라는 용어는 특정 기간 및 여건 아래 마케팅노력을 기울여 기업이 판매를 기대하는 제품의 총매출을 뜻한다. 한 예로 베티 크로커(Betty Crocker)는 소비자들의 디저트 애호가 변함이 없고 경쟁자들이 가격을 조정하지 않는다는 가정 아래, 2019년 미국 소비자에 대한 케이크믹스 매출을 400만 건으로 잡았다.

매출액 예측
특정 기간 및 여건 아래 마케팅노력을 기울여 기업이 판매를 기대하는 제품의 총매출

흔히 사용되는 주요 매출액 예측기법은 ① 의사결정자의 판단, ② 전문가 서베이, ③ 통계적 방법이다.

의사결정자의 판단

거의 모든 매출액 예측의 99%는 단순히 예측 결과에 따라 움직여야 하는 사람(개별 의사결정자)의 판단에서 나온다. 직접예측은 어떤 중간과정 없이 예측될 값을 추정해보는 것을 말한다. 이런 예측은 매일 일어난다. 우유를 얼마만큼 사야 할까? ATM에서 돈을 얼마나 인출할까?

로스트-호스예측(lost-horse forecast)은 예측할 품목에 대해 가장 최근에 알려진 값을 가지고 시작하여, 예측에 영향을 미칠 수 있는 요소들을 열거하고, 이 요소들이 긍정적 혹은 부정적 영향을 가지는지 평가한 후, 최종적으로 예측하는 기법이다. 기법의 명칭은 잃어버린 말을 찾는 방법으로부터 유래되었다. 즉 마지막으로 말을 본 적이 있는 장소로 가서, 본인이 말이라고 가정하고, 말이 어디로 갈 것인지에 영향을 미칠 수 있는 모든 요소를 고려하고(만약 갈증이 난다면 연못에 갈 것이고, 배가 고프다면 건초지에 갈 것), 거기로 가는 것이다. 최근에 뉴발란스는 쿠션과 안정성 사이에서 최적의 균형을 이루는 운동화인 프레쉬 폼 잔테(Fresh Foam Zante)를 출시했다. 이 운동화는 더 가볍고 잘 맞으며 기능적으로 향상되어있다. 2019년 초의 뉴발란스 마케팅관리자가 되어 2021년까지의 매출을 예측해야 한다고 가정해보자. 먼저 2018년도 매출액을 집계하고 긍정적인 요소(올해의 로드화 수상, 긍정적인 마모 테스트 의견)와 부정적인 요소(경쟁의 심화, 느린 경제 성장)들을 열거하여 최종 판매 예측에 도달할 것이다.

뉴발란스의 잔테 운동화의 마케팅관리자가 2021년까지의 판매량을 어떻게 예측할 수 있을까? 이에 관해서는 본문을 살펴보자.

전문가 서베이

만약 내년도 기업 매출액이 얼마인지 궁금하다면, 향후 매출액에 대해 무언가 알만한 사람들에게 물어보면 된다. 일반적으로 매출액 예측을 위해 미래의 구매자들과 기업의 영업직원들에게 질문한다.

구매의도 예측 서베이는 미래의 일정 기간 동안 제품을 구매할 것인지를 장래 고객에게 물어보는 것이다. 이 방법은 소수의 미래 구매자가 존재하는 산업재 판매의 경우 효과적이다. 보잉의 대형 비행기를 예로 들어보자. 보잉의 고객은 전 세계에 오직 수백 명이므로 그들은 수백 명에게만 설문조사를 실시하여 대형 비행기의 매출액을 예측하고 생산계획을 수립한다.

영업사원 서베이는 차기 매출액을 추정하기 위해 회사의 영업직원에게 질문하는 방법이다. 영업사원들은 고객과 직접 접촉하고, 고객이 좋아하는 것과 싫어하는 것을 알기 때문에 이 접근법은 논리적이다. 그러나 이들은 신뢰할 수 없는 예측자이기도 하다. 영업직원들은 신제품에 열광하거나 너무 낙관적인 예측을 할 수 있으며, 그들의 판매 할당량과 미래 포상금이 매출액 예측에 연관된다면 예측을 너무 비관적으로 할 수도 있다.

통계적 방법

예측을 위해 가장 잘 알려진 통계방법은 과거 자료에서 관찰된 패턴을 미래에 연장해보는 추세외삽법(trend extrapolation)이다. 패턴이 직선 형태로 나타나면 그것은 선형추세외삽법(linear trend extrapolation)이라고 한다. 2000년 초 제록스(Xerox)의 매출액을 예측하려 하며 1988년부터 1999년까지 집계된 실제 매출액 자료를 가지고 있다고 가정해보자(도표 7-7). 선형추세외삽법을 사용하여, 과거 매출액 자료에 적합한 직선을 그리면 2000년부터 2020년까지의 매출예측치를 추정할 수 있다.

만약 2018년에 실제 결과와 예측치를 비교하려 한다면, 추세외삽법의 강점과 약점이 극명히 들어날 것이다. 추세외삽법은 과거의 기본적인 관계가 미래에 계속된다는 것을 가정하는데 이것은 이 방법의 주요 강점인 단순성에 기초한다. 만약 이 가정이 맞는 것으로 판명되면, 정확한 예측일 것이다. 그러나 만약 이 가정이 틀린다면, 예측도 틀릴 것이다. 이 사례에서는 도표 7-7에서 보이는 것처럼, 2000년부터 2017년에 걸친 예측치가 너무 높았다. 많은 부분은 복사기 산업 내의 격심한 경쟁 때문이었다.

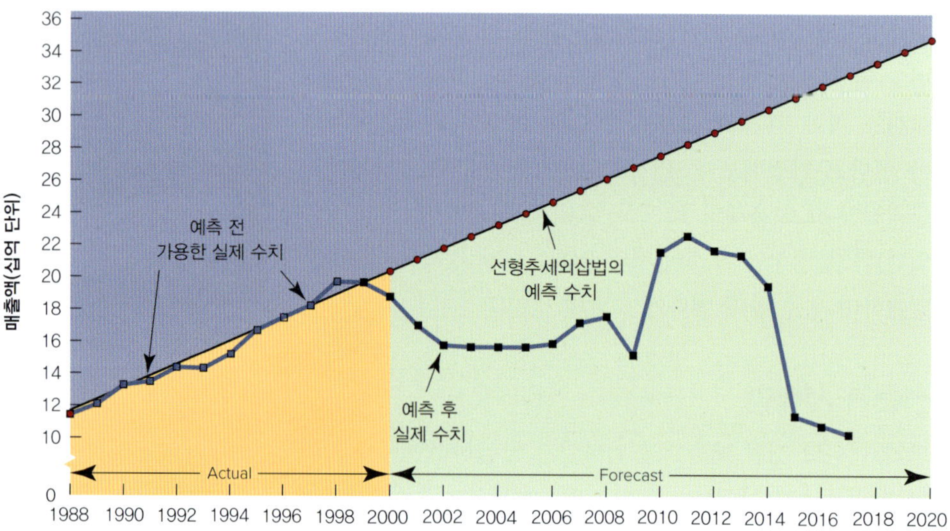

도표 7-7 선형추세외삽법을 이용하여 2000년 초 제록스가 작성한 매출액 예측

학 습 리 뷰

1. 매출액 예측기법의 세 가지 종류는 무엇인가?
2. 로스트-호스예측(lost-horse forecast)은 어떻게 이루어지는가?

마케팅지식 적용해보기

1. 대학교 입학담당처장이 고등학생들 위한 학교 안내책자를 개발하려고 대학에 대한 인식에 관해 고등학교 3학년을 대상으로 서베이를 한다고 가정해보자. 학생들을 대상으로 한 (a) 전화면접과 (b) 인터넷 서베이의 장단점은 무엇인가?
2. 세탁세제를 만드는 위스크(Wisk)의 관리자는 쿠폰과 점포 내 광고가 매출에 미치는 영향을 알아보기 위해 테스트마켓을 하기로 결정했다. 매출지수는 다음 표와 같다. 어떤 결론을 내리고 어떤 제안을 할 수 있는가?

시험시장 요인	쿠폰 배포 전 주간 매출	쿠폰 사용기간 동안의 주간 매출	이후 주간 매출
점포 내 광고 없음	100	144	108
점포 내 광고 있음	100	268	203

3. 닐슨은 특정 가구를 대상으로 일기장에 기록하는 방식을 통해 소규모 시장에서 지상파 TV 시청률 자료를 얻고자 한다. 이 정보는 (a) 누가 TV를 시청하는지, (b) 어떤 프로그램을 시청하는지를 알려준다. 이런 설문지를 이용한 조사의 한계는 무엇인가?
4. 정보가 제시되는 형식은 매우 중요하다. (a) 몹시 급박한 마케팅관리자가 정보시스템을 통해 질의한다면 결과를 표로 아니면 차트 혹은 그래프로 보기를 원할까? (b) 각 형식의 강점과 약점은 무엇인가?
5. (a) 마케팅조사자는 왜 1차 자료보다 2차 자료를 선호하는가? (b) 반대라면 이유는?
6. (a) 연간 미국 인구, (b) 포드의 미국 생산 자동차의 연간 판매량 중에서 어떤 변수가 선형추세외삽법에 더 적합한가? 그렇게 생각한 이유는 무엇인가?

마케팅계획 세워보기

마케팅계획에 유용한 자료를 수집하는 데 도움이 될 3열짜리 표를 만들어보자.

1. 1열에는 마케팅계획의 빈칸을 채우는 데 필요한 정보를 나열한다.
2. 2열에는 1열에 나열된 정보의 출처, 즉 인터넷 검색, 잠재고객과의 대화, 내부 정보 살펴보기 등을 적는다.
3. 3열에는 1=가장 중요, 2=그다음 중요… 등 순위를 매겨 수집에 소요되는 시간을 할당할 정보의 우선순위를 정한다.

비디오 케이스 7 카멕스, 페이스북을 활용하여 마케팅조사의 효과를 높이다

Video 7-4
Carmex (A)
Video Case
kerin.tv/cr8e/v7-4

카멕스(Carmex)의 소셜미디어 자산을 관리하는 볼린 마케팅(Bolin Marketing)의 제프 거스트(Jeff Gerst)는 "소셜미디어를 '소셜'로 만드는 것은 주고받는(give and take) 것입니다"라고 했다. 거스트는 '주는 것(give)'을 소비자가 소셜미디어에서 보내는 피드백이라고 말했다. '받는 것(take)'은 뉴스나 쿠폰처럼 그들이 받는 것이라고 했다. "카멕스에게 페이스북은 쿠폰이나 최신 제품의 뉴스를 공유하는 방법일 뿐만 아니라 마케팅조사 리소스이기도 합니다. 우리는 소비자의 의견에 즉시 접근할 수 있습니다."

볼린 디지털(Bolin Digital)의 제너럴 매니저인 데인 하첼(Dane Hartzell)은 "어떤 사람들은 소셜미디어가 '무료'라고 생각하지만 사실이 아닙니다. 그러나 소셜미디어의 거의 모든 것이 오프라인보다 빠르고 저렴할 수는 있습니다"라고 했다. 그는 "많은 플랫폼이 사전에 구축되었으며 마케팅 담당자는 약간만 수정하면 됩니다"라고도 했다.

카멕스와 제품 라인

1937년부터 립밤을 만들어온 카멕스는 최근 몇 년간 더 성장하고 경쟁력을 높이기 위해 진지하게 노력해왔다. 카멕스는 다음과 같은 강점을 가지고 있다.

- 립밤 제품의 새로운 맛과 종류 확장
- 30여 개의 국제시장으로 진출
- 여성용 프리미엄 립밤인 '카멕스 모이스처 플러스 라인' 개발
- 립케어 외에도 최초의 스킨케어 제품 라인 출시

카멕스는 이러한 계획을 개발하는 데 소셜미디어 도구를

사용했다. 하지만 이 사례의 핵심은 카멕스가 페이스북 마케팅 연구를 통해 미국에서 다양한 종류의 립밤을 성장시키는 방법에 있다.

페이스북 마케팅 연구: 유행의 인식

브랜드관리자는 페이스북 및 모든 소셜미디어 플랫폼을 활용하여 잠재고객이 가장 많이 참여하는 주제와 이야기를 테스트하고 개념과 아이디어를 검증할 수 있다. 카멕스는 최근 맞춤형 제품을 추구하는 소비자의 증가 추세를 확인했다. 카멕스는 마케팅조사와 페이스북 참여 데이터를 결합하여 소비자의 관심을 확인하고 두 가지 새로운 한정판 립밤 제품을 개발했다.

첫 번째 라인은 뉴욕, 시카고, 라스베이거스 버전의 세 가지 다른 카멕스 '시티스틱(City Stick)' 세트로 쉽게 알아볼 수 있는 각 도시의 랜드마크가 그려져 있다. 이들은 드러그스토어 월그린(Walgreens)과 제휴하여 시티스틱을 각 도시에서 독점 판매했다. 이 기간 동안 카멕스는 페이스북 및 인스타그램의 소셜미디어 채널을 활용하여 팬들에게 자기 도시에 있는 랜드마크 앞에서 좋아하는 카멕스 스타일을 들고 있는 사진을 요청했다. 카멕스는 사진을 활용하여 이후에 나올 한정판 시티스틱에 적용할 도시를 결정했다.

카멕스의 두 번째 신제품 라인은 네 가지 카멕스 모이스처 플러스였다. 유행을 선도하는 화려한 디자인의 제품이었다. 카멕스는 여성 패션산업의 디자인 트렌드를 조사하여 네 가지 스타일을 제시했으며, '패션 테마' 게시물에 대한 페이스북 커뮤니티의 상당한 참여도를 확인하고 제품의 콘셉트를 검증했다.

네 가지 스타일은 ① 시크(Chic)를 나타내는 흑백의 사냥개 이빨 디자인, ② 밝은 자주색 원이 그려진 멋진(Fab) 디자인, ③ 모험(Adventurous)을 나타내는 표범 무늬, ④ 파란색·주황색·녹색·분홍색 리본이 얽혀 있는 기발한(Whimsical) 디자인이었다. 이 새로운 라인은 카멕스 페이스북 팬들에게 맨 처음 알려졌다.

페이스북 마케팅 연구: 두 가지 주요 지표

제프 거스트는 팀원들에게 설명했다. "우리는 세 가지 잠재적인 새로운 맛을 가지고 있으며 두 가지만 정량 테스트를 해볼 수 있습니다. 우리는 이 제품에 대한 마케팅조사에서 두 가지 목표를 가져야 합니다. 하나는 페이스북을 사용하여 우리가 만들어낼 두 가지 맛을 결정해야 한다는 것입니다. 두 번째는 페이스북 측정치를 활용하는 것입니다."

카멕스의 마케팅팀이 맛 선택을 세 가지에서 두 가지로 좁히기 위해 선택한 주요 측정치는 페이스북의 '좋아요(likes)'와 '참여'였다. '좋아요'라는 측정치는 말 그대로 자사 브랜드의 페이스북 페이지에 새로 올라온 '좋아요' 숫자를 말한다. 이 측정 항목은 브랜드의 페이스북 잠재고객 규모를 측정해준다. 반대로 '참여'는 페이스북 사용자가 카멕스에 얼마나 적극적인지를 측정해준다. '좋아요'를 누른 사람이 카멕스 게시판에 댓글을 달거나 상태를 좋아하거나 게시물 중 하나에 답글을 작성할 때마다 참여수준이 증가한다.

©McGraw-Hill Education

카멕스가 페이스북 페이지에서 '좋아요' 수를 늘리는 가장 쉬운 방법은 콘테스트와 프로모션을 이용하는 것이다. 상을 주면 사람들이 그 사이트에 끌리고 좋아할 것이다. 그러나 여기에 끌리는 사람들은 실제로 카멕스 제품의 팬이 아닐 수도 있으므로, 프로모션이 끝날 때 '좋아요'를 취소하거나 팬으로 남아있지만 카멕스 페이지에 전혀 참여하지 않을 수도 있다.

볼린 마케팅의 체험계획 책임자 홀리 맷슨(Holly Matson)은 "브랜드를 위한 페이스북 커뮤니티 관리자가 직면한 가장 큰 과제 중 하나가 참여수준을 떨어뜨리지 않고 '좋아요'를 늘리는 방법입니다"라고 말한다.

거스트는 "조사 수행방법에 따라 기존 페이스북 커뮤니티의 참여를 유도할 수 있으며 이를 페이스북 커뮤니티를 성장시키는 기회로 사용할 수도 있고, 잠재적으로 둘 다 할 수도 있습니다"라고 덧붙였다. 이 카멕스 페이스북 전략의 이점은 ① 연구할 맛의 수를 세 가지에서 두 가지로 좁히고 ② 카멕스 페이스북 커뮤니티와의 연결을 강화할 수 있다는 것이다.

측정치를 사용하는 방법

카멕스의 페이스북 활동은 ① 설문조사를 사용하여 참여도를 높이고, ② 콘테스트를 하여 '좋아요' 수를 늘리고, ③ 설문조사와 콘테스트를 결합하여 '참여'와 '좋아요'를 모두 늘리는 방식으로 이점을 얻을 수 있다.

'참여' 전략: 설문조사

실제 페이스북 화면을 보여주는 참여 전략을 사용한 두 가지 사례를 살펴보자. 첫째, 카멕스는 페이스북 게시판에 "가장 출시되었으면 하는 카멕스 립밤 맛: 수박, 청사과, 피치망고"와 같이 어느 정도 개방된 질문을 올릴 수 있다(도표 1). 응답을 입력했을 때 소비자의 이름이 나타나는 경우에는 질문에 답할 가능성이 줄어든다.

또 한 가지, 카멕스는 선택형 투표 질문을 페이스북에 게시할 수 있다(도표 2). 이때 소비자는 원하는 맛을 클릭하기만 하면 된다. 이 방법은 빠르고 익명이어서 더 많은 사람이 투표하도록 유도할 것이다. 더 많은 투표는 곧 더 많은 참여를 의미한다. 이 방법으로 카멕스는 5분 내에 수십 개의 투표 결과를 얻었다. 그들은 영업일이 끝날 때까지 500개 이상의 응답을 매우 쉽게 받아냈다.

이 시나리오에서 소비자는 자신이 좋아하는 브랜드에 참여하고 그에 대한 의견을 들을 수 있어서 만족한다. 카멕스는 페이스북 페이지에서 자사의 팬 수백 명을 참여시켰고, 이들에게서 어떤 맛을 테스트할지 결정하는 데 도움이 되는 결과를 얻었으므로 만족했다. 이 시나리오는 답변을 빠르게 얻고 기존 팬들의 참여를 유도하지만, 카멕스 페이스북 페이지에 대한 새로운 '좋아요'를 유도하지는 못한다.

'좋아요' 전략: 콘테스트

카멕스가 자사의 브랜드 페이지 '좋아요' 수로 대변되는 페이스북 커뮤니티의 규모를 늘리고 싶다면 다른 전략을 채택할 수 있다. 소비자가 페이스북에서 '좋아요'를 누르고 댓글을 공유하면 세 가지 한정판 맛의 립밤을 받을 수 있는 콘테스트를 시행하는 것이다. 한정판을 얻을 수 있는 기회는 카멕스 팬들에게 흥미로우며, 새로운 소비자를 페이지로 끌어들일 수 있다. 카멕스는 경품 당첨자에게 한정판의 맛을 검토하도록 요청할 수 있고, 어떤 맛이 다음 검증 단계로 넘어가야 할 만큼

도표 1
페이스북 개방형 설문조사

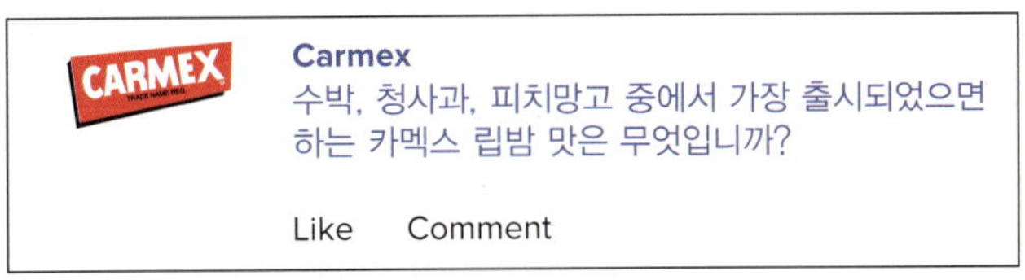

Courtesy Jeff Gerst of Bolin Marketing

도표 2
페이스북 선택형 투표 질문

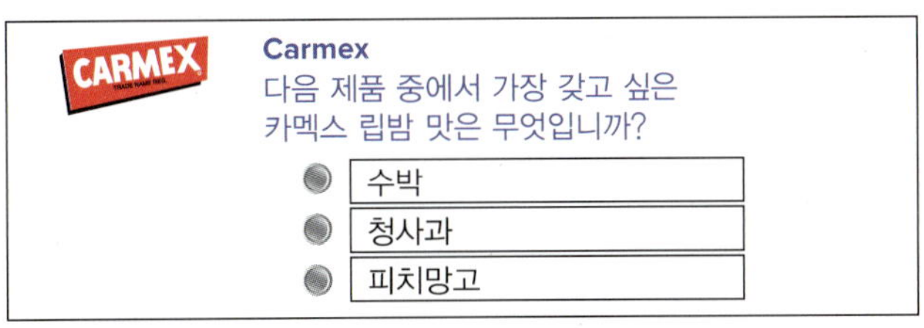

Courtesy Jeff Gerst of Bolin Marketing

의 공감대를 형성하고 있는지 확인할 수 있다. 콘테스트를 설정하고, 공식적인 규칙을 만들고, 페이스북 광고를 통해 홍보하고, 수행하는 데는 많은 비용과 시간이 소요될 수 있다.

결합된 전략: 설문조사 및 콘테스트 사용

카멕스는 이 두 가지 전략을 결합할 수도 있다. 새로운 '좋아요'를 홍보하고 참여를 유도하기 위해 페이스북에 설문조사를 게시하는 한정판 맛 콘테스트를 실행할 수 있다.

의사결정에 도달

도표 3은 고려 중인 세 가지 페이스북 전략(투표, 콘테스트, 두 전략을 같이)의 잠재적인 결과를 보여준다. 카멕스 마케팅팀이 여러분에게 전략을 선택하는 데 도움을 요청했으며, 아래 질문에 대한 여러분의 답변이 필요하다고 가정해보자.

질문

1. 카멕스 마케팅팀이 맛을 세 개에서 두 개로 좁히기 위해 시행하고자 하는 (a) 인터넷 사용 가구를 대상 온라인 서베이하는 것, (b) 카멕스 페이스북에 '좋아요'를 표시한 사용자를 대상 온라인 서베이하는 것의 장점과 단점은 무엇인가?
2. (a) 페이스북 브랜드 페이지에 '참여'와 '좋아요'가 실제로 측정하는 것은 무엇일까? (b) 카멕스에게는 어떤 것이 더 중요한가? 그렇게 생각하는 이유는?
3. (a) 페이스북 브랜드 페이지에서 무엇이 소비자를 '참여'로 이끄는가? (b) 무엇이 '좋아요'로 이끄는가?
4. (a) 페이스북에 투표할 때 선택형 질문의 장점은 무엇인가? (b) 개방형 질문이 더 좋을 것 같다면 그렇게 생각하는 이유는 무엇인가?
5. (a) 두 가지 중에서 어떤 맛이 좋을지 결정하는 조사를 하는데 예산이 제한되어있고 시간이 2주밖에 없다고 가정한다면 투표만 하는 게 좋을까, 콘테스트만 하는 게 좋은가? (b) 결정을 하는 데 충분한 예산이 있고 두 달이라는 시간이 주어진다면 어떤 방법을 선택할 수 있는가? 그렇게 결정한 이유는?

도표 3

세 가지 페이스북 전략의 잠재적인 결과

페이스북 전략	아래 항목에 대한 잠재적인 영향		
	참여도 증가	좋아요 증가	비용
투표만 진행	높음	낮음	낮음
콘테스트만 진행	낮음	높음	적당함
투표 + 콘테스트	높음	높음	적당함~높음

(색상 범례) 호의적 / 중립 / 호의적이지 않음

Courtesy Jeff Gerst of Bolin Marketing

8

시장세분화, 표적시장, 포지셔닝

LEARNING OBJECTIVES

다음 학습목표를 달성해보자.

- 목표 1 시장세분화란 무엇이며, 언제 사용하는지 설명할 수 있다.
- 목표 2 시장을 세분화하고 표적시장을 설정하는 5단계를 이해한다.
- 목표 3 소비재시장과 산업재시장을 세분화하는 기준을 이해한다.
- 목표 4 표적시장을 알기 위해 시장-제품 격자를 설계하고 이에 맞는 마케팅활동을 추천할 수 있다.
- 목표 5 마케팅관리자가 시장에 제품을 포지셔닝하는 방법을 설명할 수 있다.

행복왕국의 세분화규칙

자포스(Zappos)의 설립자 토니 셰(Tony Hsieh)는 저서 《행복의 전달(Delivering Happiness)》에서 기업가이자 벤처 자본가로서 본인의 경력을 설명하고 있다. 그의 철학은 ① 수익, ② 열정, ③ 독특한 기업문화와 특별한 고객경험을 창출해야 한다는 목적의식 간에 균형을 유지하는 것이다. 만약 여러분이 온라인에서 자포스의 신발을 구매한다면 이 경험이 훌륭한 신발과 행복을 전달한다는 데 동의하는 수백만 명 중 하나가 될 것이다.

자포스의 성공 비밀

자포스는 최고의 신발 구색을 갖춘 웹사이트를 만들겠다는 아이디어에서 시작되었다. 새로운 벤처기업의 성공 비결은 셰의 세분화전략이었는데, 모바일기기를 통해 온라인에서 신발을 쇼핑하고 구매하는 사람들에게 초점을 맞추는 것이었다. 이들은 온라인 신발 구매자 세분시장에 초점을 맞춰 연 매출 10억 달러 이상을 기록했고, 곧이어 온라인에서 발생할 가능성이 있는 모든 운동화 소매거래의 1/3에 해당하는 소비자를 흡수하겠다는 비전을 갖게 되었다. 세분화전략도 자포스가 과거 신발 구매를 기반으로 다른 카테고리의 관련 제품과 일치하도록 행동변수 기준의 세분화를 구현함에 따라 발전되었다. 소비자가 쇼핑에 사용한 기기의 유형에 따라 신발을 추천하기도 했다.

다양한 신발들과 다른 카테고리의 제품에 대한 맞춤 추천 외에도 자포스는 대기 없는 24시간 고객서비스뿐만 아니라 무료 배송 및 무료 반품 서비스도 제공한다. 뉴저지에 사는 파멜라 레오(Pamela Leo)는 "자포스를 이용하면 신발을 집에서 편하게 신어볼 수 있습니다. 훌륭합니다"라고 말했다.

©Brad Swonetz/Redux

Source: Grand Central Publishing

'와우'라는 감탄사가 나올 정도의 고객서비스를 하다

셰는 "저희는 고객서비스 수준을 개선하는 데 가장 많은 시간을 씁니다"라고 설명한다. 자포스닷컴의 온라인 고객 세분집단을 위한 고객서비스에 대한 집착은 모든 직원이 4주간의 고객충성교육을 이수해야 한다는 사실에서 잘 나타난다. 셰는 교육을 마치고 자포스닷컴를 떠나길 원하는 사람들에게는 2,000달러를 주며 추가로 연 1,000불에서 5,000불까지 제공한다. 만약 누군가 돈을 받고 떠난다면, 그는 자포스닷컴에 적합하지 않은 사람이라는 이유에서이다. 거의 대부분이 그 돈을 받지 않는다.

10가지의 핵심가치(core values)는 자포스닷컴의 기업문화, 브랜드, 사업전략의 기초다. 그중에서 몇 개를 여기에서 소개한다.

#1 서비스를 통해 '와우(WOW)'라는 감탄사가 나오는 경험을 선사한다.
#3 흥미와 약간의 엉뚱함을 유발한다.
#6 커뮤니케이션을 통해 솔직하고 열린 관계를 구축한다.

기타 핵심가치들은 자포스닷컴(www.zappos.com)에 나타나 있다. 셰는 기업문화에 관심이 있었고, 관습적인 기존의 계층적 상하 보고 라인을 워크서클(work circles)로 대체하여 자기관리를 강조하는 홀로크레시(holocracy)라 불리는 새로운 조직구조를 구축하였다.

자포스닷컴의 전략은 이 장의 첫 번째 주제인 성공적인 시장세분화와 표적시장 선정에 대해 잘 보여준다. 조직, 제품 또는 브랜드의 포지셔닝에 대한 주제는 이 장의 마지막에서 다룬다.

시장을 왜 세분하는가?

목표 1 시장세분화란 무엇이며, 언제 사용하는지 설명할 수 있다.

기업은 잠재 구매자집단의 필요와 욕구에 효과적으로 대응하기 위해 시장을 세분한다. 그리고 이를 통해 기업의 매출액과 이익을 증가시킨다. 비영리단체도 고객의 욕구를 더 효과적으로 만족시키기 위해 고객을 세분한다. 그리고 이를 통해 조직의 목표를 달성하고자 한다. 여기서는 ① 시장세분화란 무엇이며, ② 언제 시장을 세분해야 하는지를 자포스닷컴의 세분화전략을 통해 알아보도록 하자.

시장세분화가 의미하는 것

시장세분화
잠재구매자를 ① 공통된 욕구를 가지고, ② 기업이 펼치는 마케팅활동에 유사하게 반응하는 집단이나 세분시장으로 나누는 것

제품차별화
기업이 소비자에게 자사 제품이 경쟁제품과 다르고 좋다는 것을 인식할 수 있도록 다양한 마케팅 믹스활동을 사용하는 전략

사람들은 서로 다른 필요와 욕구를 가지고 있다. **시장세분화**(market segmentation)란 잠재고객들을 ① 공통된 욕구를 가지고 있으며, ② 마케팅활동에 비슷하게 반응할 것으로 보이는 집단으로 나누는 것이다. 1장에서 정의한 것처럼, 세분시장은 시장세분화과정을 통해 구분된 상대적으로 동질의 특성을 가진 잠재고객 집단이다. 각 세분시장은 소비행동 측면에서 상대적으로 비슷한 사람들로 구성된다.

서로 다른 세분시장이 존재하기 때문에 기업은 **제품차별화**(product differentiation)라는 마케팅전략을 사용하게 된다. 제품차별화전략은 기업이 제품의 특징이나 광고와 같은 마케팅믹스활동을 다르게 사용하는 것으로 소비자에게 자사의 제품이 경쟁제품과 다르며 더 좋다는 것을 인식하게 만든다. 소비자가 인식하는 차이에는 크기, 색깔과 같은 물리적 특징뿐만 아니라 이미지나 가격과 같은 비물리적 특징까지 전부 포함한다.

시장세분화: 고객욕구와 마케팅활동의 연결 시장을 세분하는 과정과 목표로 하고자 하는 특정 세분시장을 선택하는 과정은 도표 8-1과 같이, 고객의 다양한 욕구와 조직의 마케팅 프로그램 간의 연결고리이다. 시장세분화는 목적을 달성하는 한 수단으로, 이를 통해 매출과 수익성을 증가시킬 수 있는 구체적 마케팅활동이 제시된다.

첫째, 시장세분화에서는 시장에 있는 사람들이나 조직을 욕구나 편익이 유사한 집단으로 나누는 것이 중요하다. 둘째, 그러한 욕구나 편익은 새로운 제품을 제공하거나 특별 프로모션을 제공하는 것과 같은 기업의 특정 마케팅활동과 연관되어야 한다.

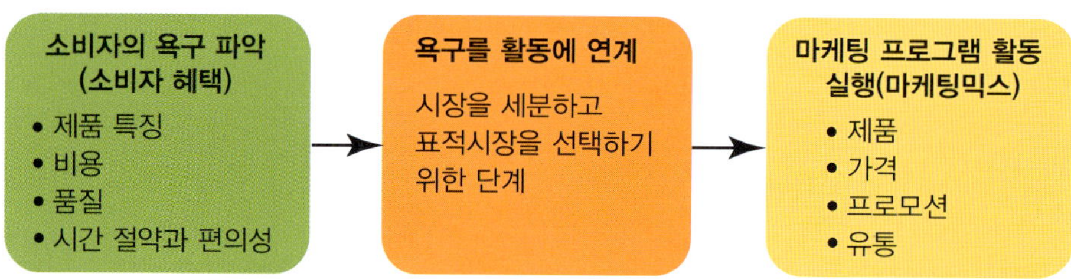

도표 8-1 시장세분화는 소비자의 욕구를 기업의 마케팅 프로그램과 연결시켜준다. 마케팅 프로그램은 소비자의 욕구를 만족시키기 위한 마케팅믹스활동이다.

자포스닷컴의 성공적인 신발(시장 세분화전략) 자포스닷컴의 표적 세분시장은 ① 신발을 구입할 때 폭넓은 선택을 할 수 있고, ② 집에서 온라인으로 편하게 쇼핑할 수 있으며, ③ 빠른 배송과 무료 환불을 원하는 사람들로 구성된다. 기본적인 전략은 표적세분시장에 엄청나게 다양한 신발 및 기타 제품을 제공하고, 온라인 판매전략을 사용하며, 주문 다음 날 배송되게 하는 것이다. 자포스닷컴은 이를 실행하여 고객에게 긍정적인 구매경험을 하게 만들고, 이들로부터 반복구매를 이끌어냈다. 자포스는 신발 사업에 성공하면서 의류, 가방, 액세서리(예: 선글라스) 및 가정용품을 추가하여 새로운 세분시장을 개척할 수 있었다.

Video 8-1
Zappos Video
kerin.tv/cr8e/v8-1

자포스닷컴은 신제품과 주의를 끄는 예리한 광고로 새로운 세분시장을 공략했다.

Source: Zappos.com, Inc.

자포스의 경영진은 수백만 명이 넘는 고객이 있고, 서비스 센터에 매일 5,000통 이상의 전화가 걸려오기 때문에 고객들이 온라인구매를 통해 물품을 받는 속도가 반복구매에 큰 역할을 한다고 믿는다. 경영진은 자포스가 온라인 판매자 중 최고의 서비스를 제공한다는 차별화 포인트를 계속 강조하고 있다.

시장–제품 격자 사용하기 잠을 잘 때 옆구리, 등, 배 중에서 어느 곳을 바닥에 붙이고 자는가? 이것은 잠을 자는 사람들에 대한 중요한 시장세분화 기준이다. 수면 연구자들은 자는 방식에 따라 베개의 단단함을 다르게 하면 더 나은 수면을 취할 수 있을 것이라고 보았다. 연구 결과에 따르면 도표 8–2와 같은 **시장–제품 격자**(market–product grid)를 개발할 수 있다.

시장–제품 격자
잠재구매자들로 구성된 세분화된 시장을 제품이나 마케팅활동과 연결하는 모형

시장–제품 격자는 잠재구매자들로 구성된 세분화된 시장을 제품이나 마케팅활동과 연결 짓게 해주는 모형이다. 도표 8–2의 수평행은 각 베개에 속한 세 가지 시장(옆구리, 등, 배를 붙이고 자는 시장)을 보여준다. 수직열은 수면 형태에 따른 서로 다른 종류(단단함, 적당함, 부드러움)의 세 가지 베개를 보여주고 있다. 마케팅조사에 따르면 각 수면 세분시장의 크기는 도표 8–2처럼 원으로 표시된다. 세 가지 시장의 상대적 중요성과 관련된 정보는 베개업체가 생산 일정을 세울 때 매우 중요하다. 또 옆으로 자는 사람들을 위한 단단한 베개 시장의 중요성을 강조해준다. 도표 8–2에서 나타나듯 이 세분시장은 다른 두 시장을 합친 것보다 거의 3배 정도 크다. 따라서 이 시장에 단단한 베개를 제공하는 일이 특히 중요하다.

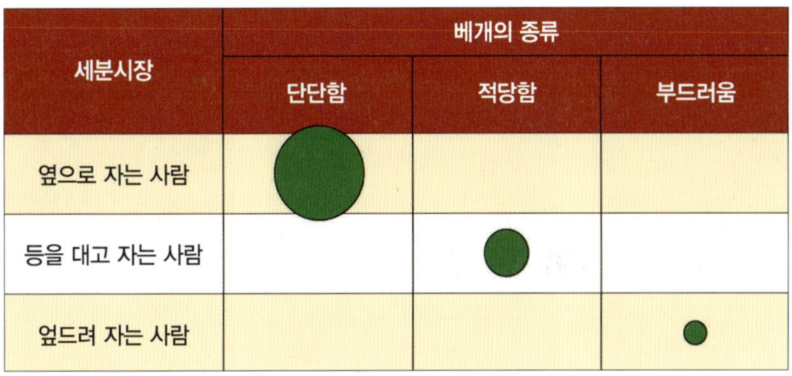

도표 8–2 이 시장–제품 격자는 다양한 수면 형태를 가진 사람과 이들을 목표로 한 베개를 보여준다. 원의 크기를 보면 옆으로 누워 자는 사람이 압도적으로 많고, 이들이 단단한 베개를 선호한다는 사실을 알 수 있다.

시장세분화의 시점과 방법

40년 전 P&G의 세제 타이드(Tide)가 표적으로 삼았던 대중시장(mass market)은 더 이상 존재하지 않는다. 타이드를 마케팅한 P&G의 마케터는 “저희 브랜드에는 표적시장이 각각 존재한다”라고 말했다. 느린 경제 성장으로 중산층 시장의 규모가 줄고 있다. 이에 따라 P&G는 고소득 가구와 저소득 가구로 시장을 세분화하여, 서로 다른 제품을 제공하는 새로운 전략을 실행하기 시작했다.

기업은 매출액과 이익, 투자수익률을 증가시키고자 할 때 시장세분화에 노력과 비용을 들인다. 그러나 세분화비용이 시장세분화로부터 증가될 수 있는 매출액보다 크다면 세분화를 하지 말아야 한다. 이 점을 보여주는 세 가지 구체적인 시장세분화전략은 ① 하나의 제품과 복수의 세분시장, ② 복수의 제품과 복수의 세분시장, ③ 한 명으로 구성된 세분시장 또는 대량맞춤(mass customization)으로 구분된다.

하나의 제품과 복수의 세분시장 기업이 하나의 제품이나 서비스를 생산하고 그것을 둘 이상의 세분시장에 판매한다면, 세분시장별 복수의 제품을 추가적으로 개발하여 생산할 때 발생하는 추가비용을 줄일 수 있다. 하나의 제품으로 복수의 세분시장을 공략할 때 새로운 시장 진출에 추가되는 비용은 일반적으로 새로운 유통채널이나 개별 프로모션 캠페인에서 발생하는 정도이다.

잡지의 경우 단일제품이지만 둘 이상의 다른 세분시장을 공략하는 경우가 자주 있다. 연간 발행되는 미국 야구 잡지 〈스트리트 앤 스미스 베이스볼(Street & Smith's Baseball)〉의 내용은 기본적으로 동일하나 지역마다 상이한 15종의 표지로 인쇄된다. 각 표지 모델은 미국 각지에서 선발된 야구스타들이다.

동일 제품을 서로 다른 다양한 세분시장을 공략하는 예로는 책, 영화 등 다양한 서비스 산업이 있다. 〈해리포터〉, 〈트와일라잇 사가〉, 〈다이버전트〉, 〈헝거게임〉 같은 출판 시리즈물은 10대 미만, 10대, 성인을 구분하는 출판사의 창의적인 마케팅으로 놀라운 성공을 거뒀다. 영화산업 역시 서로 다른 세분시장의 고객이 서로 다른 경로(극장, 스트리밍 서비스, 유료 케이블 채널 등)로 영화를 접한다는 점에서 유사한 성격을 띤다. 마지막으로 디즈니 리조트와 같은 서비스는 자녀, 부모, 조부모 등 셋 이상의 세분시장에 동일한 경험을 제공한다. 동일한 경험에 대해 각 세분시장에 특화된 별도의 광고, 판촉 및 배포를 하는 데는 비용이 많이 들 수 있지만, 세분시장별로 각각 다른 경험을 제공하는 비용을 고려한다면 상대적으로 비용이 적게 든다.

같은 잡지에 다른 표지를 사용하는 것은 매우 효과적인 시장세분화전략이다. 왜 이러한 전략을 사용하는지에 대해서는 본문을 참조해보자.

Source: Street & Smith's Yearbooks

복수의 제품과 복수의 세분시장 복수의 제품과 복수의 세분시장의 예로는 포드(Ford)의 사례를 들 수 있다. SUV, 트럭, 크로스오버, 하이브리드처럼 서로 다른 제품라인의 자동차는 각각 다른 고객들을 표적시장으로 삼는다. 서로 다른 자동차를 생산하는 것은 한 종류의 자동차를 생산하는 것보다 비용이 훨씬 많이 든다. 그러나 고객의 욕구를 더 잘 충족시키고 품질 하락이나 가격 상승 없이 포드의 매출과 수익을 올릴 수 있다면 이 전략은 매우 효과적이다.

불행히도 자동차산업에서 제품 차별화전략은 잠재적인 단점을 가지고 있다. 새로운 브랜드, 모델 및 옵션을 늘리는 것은 가격은 높이고 품질은 떨어뜨릴 수 있다. 몇 년 전 포드는 포드, 링컨(Lincoln), 머큐리(Mercury), 재규어(Jaguar), 애스톤 마틴(Aston Martin), 볼보(Volvo), 랜드로버(Land Rover)를 포함한 다양한 브랜드로 차량을 판매했다. 각 브랜드에서 모델을 생산하고 다양한 옵션을 제공했는데, 이는 수천 가지 조합이 가능함을 의미했다. 이러한 엄청난 수의 조합으로 인해 생산량이 제한되면서 가격이 상승했다.

오늘날 포드는 다른 전략을 추구하고 있다. 포드와 링컨을 제외한 모든 브랜드를 없애거나 매각했으며, 판매하는 모델 수를 줄였다. 또 현재 많은 옵션이 패키지로만 제공되고 있다. 그들은 선택 폭은 좁지만 단순화된 제품 라인을 통해 ① 대량생산으로 인한 효율성 증가로 낮아진 가격, ② 기본 디자인의 수가 줄면서 문제해결능력이 좋아지고 이로 인해 품질이 높아지는 두 가지 이점을 얻었다.

한 명으로 구성된 세분시장: 대량맞춤 미국의 마케터들은 한 세기 전에 선조들이 구식 상점을 운영하면서 깨달았던 것을 재발견하고 있다. 고객은 독특한 욕구를 가지고 있으며 특별하고 애정 어린 보살핌을 받고자 한다는 것이다. 지난 한 세기 동안 생산과 마케팅에서 규모의 경제로 인해 대량생산제품의 가격이 구매가능한 수준으로 낮아지면서 대부분의 고객이 개별적인 취향을 고집하지 않고 적당히 타협하여 표준화된 제품을 구매하게 되었다. 하지만 인터넷 주문과 생산방식 및 마케팅의 유연성으로 인해 대량맞춤(mass customization)이 점차 가능해지고 있다. 이것은 개별 고객의 취향에 따라 제품 또는 서비스를 대량으로 맞추어 생산할 수 있다는 것을 의미한다.

대량맞춤은 고객으로부터 주문이 들어올 때 제품을 생산하는 주문생산(build-to-order, BTO)을 넘어서는 단계다. 애플은 제조과정에 있는 가공품을 없애고 고객에게 배달되는 시간을 줄이기 위해 주문생산(BTO)시스템을 사용한다. 이 시스템을 활용하기 위해 애플은 4분 만에 조립할 수 있는 기본적인 몇 가지 모델로 컴퓨터의 생산 라인을 제한했다. 주문생산시스템은 고객에게 신속한 배송과 좋은 선택을 제공하지만, 고객이 선택할 수 있는 속성의 수가 제한적이기 때문에 대량맞춤까지는 미치지 못한다.

세분화의 균형: 시너지와 자기잠식 제품차별화와 시장세분화전략의 성공적인 수행의 핵심은 고객들의 개별적인 욕구의 만족과 조직시너지(organizational synergy) 사이에서 이상적인 균형점을 찾는 것이다. 조직시너지란 마케팅이나 제품 생산과 같은 기능을 효율적으로 수행함으로써 달성할 수 있는 고객가치의 향상을 의미한다. 고객가치의 향상은 매우 다양한 형태로 나타날 수 있는데, 더 많은 제품 생산, 기존

여성의류 전문기업 앤의 체인점 앤 테일러는 세련되고 상대적으로 부유한 여성 소비자층을 겨냥한다. 이 기업은 의류 체인점인 로프트(LOFT)를 오픈하여 캐주얼한 라이프스타일을 추구하고 가격 대비 가치에 민감한 여성들에게 접근하려고 한다. 이 두 가지 세분시장전략의 잠재적 위험성에 대해서는 본문을 참조해보자.

©Goran Bogicevic/Alamy Stock Photo

제품의 품질 향상, 유통망 개선을 통한 고객접근 용이성 등이 그러한 예이다. 기업 마케팅 성공의 궁극적인 기준은 시너지효과로 인해 고객들이 더 나아졌는지 여부다.

기업은 또한 제품차별화와 시장세분화전략을 통해 수익(revenue)과 이윤(profit)을 향상시켜야 한다. 고객가치를 향상시키기 위해 신제품을 개발하고 유통점을 확장해야 한다면 시장세분화의 균형 문제가 심각한 화두가 된다. 신제품이나 새 유통점이 기존 제품이나 유통점들로부터 매출과 고객을 빼앗고만 있는 것은 아닌가? 만약 그렇다면 자기잠식(cannibalization)이 발생하고 있는 것이다.

마케터들은 '티파니/월마트(Tiffany/Walmart) 전략'으로 불리는 이층마케팅(two-tier marketing) 전략을 강조한다. 현재 많은 기업에서 동일한 기본 제품에 약간의 수정만 가하여 고가 및 저가 세분시장에 서로 다른 제품을 제공하고 있다. 갭(Gap)의 하위 브랜드 바나나리퍼블릭(Banana Republic)의 체인점에서는 청바지가 58불이지만, 다른 브랜드인 올드 네이비(Old Navy)의 체인점에서는 약간 다른 청바지가 22불에 팔리고 있다.

불행히도 세분시장 사이의 구분이 모호해지면서 문제가 발생할 수 있다. 예를 들어 패션기업 앤(ANN)의 브랜드 앤 테일러(Ann Taylor)와 로프트(LOFT)는 서로 경쟁 관계에 놓여있다. 앤 테일러는 '성공적이고 비교적 풍요로우며 패션에 민감한 여성'을 겨냥하고, 로프트는 '직장과 가정에서 캐주얼한 라이프스타일을 추구하는 가치에 민감한 여성'을 대상으로 한다. 로프트는 앤 테일러의 매출을 잠식했고, 그 결과 100개 이상의 앤 테일러와 로프트 점포가 문을 닫았다. 앤 테일러와 로프트는 이제 온라인 판매를 강조하고, 새로운 아웃렛(앤 테일러 팩토리와 로프트 아웃렛)을 열어 고객을 적극 공략하고 있다.

월마트의 소형 체인인 네이버후드마켓은 할인 쇼핑을 원하는 소비자들이 접근하기에 편리한 위치에 입점해 있다.

©Scott Olson/Getty Images

월마트는 슈퍼센터(Supercenter) 크기의 약 1/3 정도인 월마트 네이버후드마켓(Walmart Neighborhood Market)을 열었다. 이 작은 매장은 달러제너럴(Dollar General)과 같은 할인체인에서 쇼핑하는 세분시장을 놓고 경쟁하기 위해 만들어졌다. 월마트 네이버후드마켓에서는 신선한 농산물, 건강 및 미용용품, 가정용품, 휘발유, 약을 제공하며 소비자의 다양한 요구를 충족시킨다. 월마트는 현재 700개의 소형 점포를 보유 중이며 올해에는 20개의 신규 점포를 열 계획이다. 티파니/월마트 전략 또는 월마트/달러 제너럴 전략이 성공할 수 있을까? 아니면 더 큰 자기잠식으로 이어질 것인가? 답을 찾으려면 향후 몇 년간 새 점포가 개점되는 상황을 살펴보면 될 것이다.

학습리뷰

1. 시장세분화는 잠재고객들을 집단으로 묶는다. 집단의 두 가지 핵심적인 특징은 무엇인가?
2. 세분시장과 제품의 관점에서 세 가지 시장세분화전략을 정리해보자.

시장세분화와 표적시장 선택의 단계

목표 2 시장을 세분화하고 표적시장을 설정하는 5단계를 이해한다.

도표 8-3은 시장을 세분화할 때 사용되는 5단계 과정과 주력하고자 하는 표적시장 선택에 관한 내용이다. 시장을 세분화하는 데는 세심한 분석과 상식적인 또는 관리적인 판단이 요구된다. 시장세분화는 과학이자 기술이다!

설명을 쉽게 하기 위해, 우리가 지금 막 패스트푸드 레스토랑 웬디스(Wendy's)를 인수했다고 가정해보자. 인수한 웬디스는 주간과 야간에 수업을 하는 대도시 대학교 옆에 위치하며 햄버거, 치킨, 샌드위치, 샐러드, 감자튀김, 프로스티(Frosty) 디저트 같은 기본적인 메뉴를 판매한다. 비록 메뉴와 실내장식이 제한적인 체인점 중 하나지만, 영업시간 선정과 지역광고를 계획하는 데는 자유롭다. 시장세분화를 어떻게 해야 할까? 웬디스를 위한 마케팅활동을 전개하기 위해 시장을 세분화하고 표적시장을 선택하는 5단계 과정을 적용해보자.

1단계: 잠재고객들을 세분화하여 그룹으로 나누기

시장을 세분하는 것이 늘 좋은 생각은 아니다. 잠재고객을 중요한 세분시장으로 분류하기 위해서는 '시장을 세분하는 것이 가치가 있을까?', '시장세분화가 가능할까?'와 같은 질문에 대답 가능한 몇 가지 구체적인 기준이 충족되어야 한다. 만약 앞 질문에 '예'라고 대답할 수 있다면, 그다음에는 세분시장을 밝히는 데 사용하는 구체적인 변수를 찾아야 한다.

세분시장을 구성하는 데 사용되는 기준 마케팅관리자는 다음의 5가지 필수적인 기준을 충족시키는 세분시장을 개발해야 한다.

- 잠재고객들을 세분시장에 할당하는 과정의 단순성과 비용효율성: 마케팅관리자는 시장세분화계획을 효과적으로 실행할 수 있어야 한다. 이것은 시장에서 잠재고객의 특징을 파악하고, 이들을 비용효율적으로 세분시장에 할당하는 것을 의미한다.
- 이익이 증가할 가능성: 최고의 시장세분화 접근방법은 미래 이익과 투자수익률에 대한 기회를 최대화하는 것이다. 만약 시장을 세분하지 않고도 이익이 증가할 가능성을 극대화할 수 있다면 시장을 세분하지 말아야 한다. 비영리단체의 입장에서는 고객에게 더 효과적으로 서비스할 수 있는 가능성이 시장세분화의 기준이 된다.
- 세분시장 내 잠재구매자들의 욕구의 유사성: 각 세분시장 내 잠재구매자들은 공통적인 욕구를 가지고 있다는 점에서 유사해야 한다. 이들은 이 유사성으로 인해 선호하는 제품 속성이나 광고매체의 선택에서 유사한 행동을 하게 된다.

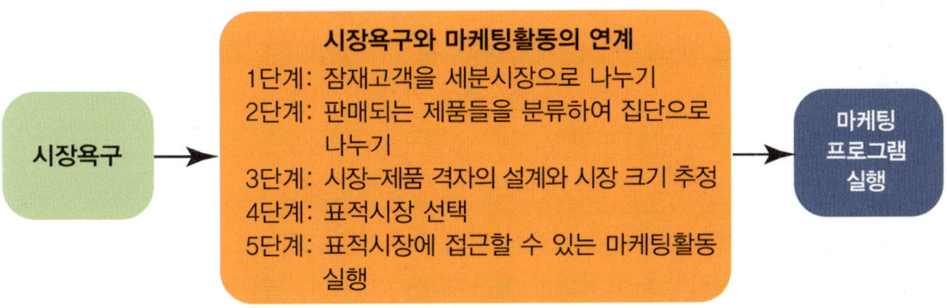

도표 8-3 고객의 시장욕구와 조직의 마케팅 프로그램을 연결하는 목표시장 선정과 시장세분화의 5단계

웬디스 로컬 매장의 모습이다.

©Reed Saxon/AP Images

- 다른 세분시장 간 구매자의 욕구 차이: 세분시장의 욕구에 큰 차이가 없다면 그들을 합쳐서 시장의 수를 줄여야 한다. 다른 세분시장은 각각 다른 마케팅활동을 요구하는데, 이는 다시 말해 더 큰 비용이 든다는 것을 의미한다. 만약 증가된 매출액이 추가비용을 상쇄하지 못한다면 세분시장들을 합쳐서 마케팅활동의 가짓수를 줄여야 한다.
- 세분시장에 접근할 수 있는 마케팅활동의 가능성: 세분시장에 접근하기 위해서는 단순하지만 효과적인 마케팅활동이 필요하다. 만약 이런 마케팅활동이 존재하지 않는다면 시장을 세분하지 말아야 한다.

목표 3 소비재시장과 산업재시장을 세분화하는 기준을 이해한다.

소비재시장을 세분하는 방법 소비재시장을 세분하는 데는 네 가지 기준이 널리 사용된다. ① 잠재고객들이 사는 장소나 일하는 장소(지역, 도시의 크기 등)에 기초한 지리변수, ② 미래 고객의 객관적인 신체적 속성(성별, 인종 등), 측정가능한 속성(나이, 수입 등), 기타 속성(출생 지역, 직업)에 기반한 인구통계변수, ③ 주관적·심적 혹은 감정적 속성(개성), 열망(라이프스타일), 욕구에 기초한 사이코그래픽변수(psychographic), ⑤ 구매하는 장소, 추구하고자 하는 편익, 물건을 사는 빈도, 물건을 구입하는 이유와 같은 행동이나 속성들에 기반한 행동변수가 바로 그것이다. 다음은 이에 대한 몇 가지 사례다.

- 지리변수(지역): 캠벨수프(Campbell Soup)는 데워서 나초칩(nacho chip)에 부어먹는 통조림 나초치즈소스가 미국 동부 사람들에게는 너무 맵고, 서부 또는 남서부 사람들에게는 충분히 맵지 않다는 것을 알아냈다. 그들은 텍사스와 캘리포니아에 있는 캠벨 공장에서 해당 지역 고객의 욕구를 충족시키기 위해 더 매운 나초 치즈소스를 생산했다.
- 인구통계변수(가구의 크기): 미국 가구의 반 이상은 한 명 또는 두 명으로 구성되어있다. 캠벨은 이 세분시장을 위해 1인분 또는 2인분의 포장음식을 제공한다.
- 사이코그래픽변수(라이프스타일): 닐슨의 라이프스타일 시장세분화방법은 '유유상종'이라는 신념에 기초한다. 비슷한 라이프스타일을 가진 사람들은 서로 근처에 살려는 경향이 있고, 비슷한 관심사를 가지며, 유사한 제품을 구매한다. 이것은 마케팅 담당자에게 매우 중요한 사실이다. 닐슨의 시장세분화 모델인 프리즘(PRIZM)은 미국에 있는 모든 가구를 66개의 독특한 세분시장으로 분류했다.
- 행동변수(제품 특성): 서로 다른 고객에게 제품의 어떤 특성이 중요한지 이해하는 것은 시장을 세분하는 유용한 방법이다. 왜냐하면 고객에게 중요한 제품의 특성이 신제품, 광고 캠페인, 유통채널과 같은 구체적 마케팅활동에 사용되기 때문이다. 예를 들어 대학교 기숙사에 사는 학생들은 돈을 아끼거나 밤 늦게 간식을 먹기 위해 음식을 스스로 준비하고 조리하길 원한다. 그렇지만 기숙사 방은 심히 작다. 이들은 이러한 점을 이해하여 학생 시장을 표적으로 전자레인지, 냉장고, 냉동고, 연기감지기 및 전

마이크로프리지(MicroFridge)로 불리는 이 제품에는 소형 냉장고, 냉동고, 전자레인지, 연기감지기, 전기충전장치가 결합되어있다. 이 제품은 어떤 시장을 표적으로 하는가? 본문에서 답을 찾아보자.

Source: Intirion Corporation

기충전장치(charging station)가 결합된 마이크로프리지(MicroFridge)를 내놓았다.

- 행동변수(이용률): **이용률**(usage rate)은 일정 기간 고객의 소비량 또는 상점 방문 횟수를 말한다. 서로 다른 고객집단 간의 이용률 차이는 상당하다. 항공사는 충성고객을 창출하기 위해 같은 비행기를 반복해서 타는 고객들에게 탑승을 권장하는 마일리지 프로그램을 개발했다. 이는 이용률에 중점을 둔 빈도마케팅(frequency marketing)이다. 이용률에 대한 한 가지 중요한 결론은, 시장세분화 조사에서 각 세분시장의 이용률과 각 세분시장에서 수집된 매출자료가 분석의 핵심이라는 것이다.

이용률
일정 기간의 소비량 또는 상점 방문 횟수

최근 애버딘그룹(Aberdeen Group)은 설문조사를 통해 220개의 수익성이 가장 높은 상위 20% 조직들에 사용된 시장세분화기준을 분석했다. 그들이 사용한 시장세분화기준은 다음과 같다.

- 지리변수: 88%
- 행동변수: 65%
- 인구통계변수: 53%
- 사이코그래픽변수: 43%

상위 20%의 조직은 고객의 구매기록과 이용률 같은 측정치와 함께 위 변수 중 하나를 사용하여 시장을 세분화하는 것으로 나타났다.

시몬스(Simmons)는 500개의 소비재 항목과 8,000개 이상의 브랜드에 대한 미국 총인구 분기별 예측이용률 자료를 얻기 위해 매년 2만 5,000명 이상의 성인을 대상으로 서베이를 한다. 목적은 고객이 구매하는 제품, 서비스와 이용하는 매체들이 그들의 행동, 사이코그래픽, 지리적 특징들과 어떻게 관련되는지를 밝히는 것이다.

이용률은 종종 매출액의 80%가 고객의 20%로부터 얻어진다는 개념인 **80/20법칙**으로 설명된다. 이 법칙은 적은 수의 고객이 매출액의 대부분을 차지한다는 것을 시사하는 것으로, 정확히 80%와 20%로 고정되어 나타난다는 의미는 아니다.

80/20법칙
매출액의 80%가 20%의 고객에게서 얻어진다는 개념

애용하는 패스트푸드 레스토랑 시몬스는 서베이에서 성인들에게 ① 유일하게 방문하는 레스토랑, ② 최우선으로 이용하는 레스토랑, ③ 차선책으로 방문하는 레스토랑이 어디인지 물었다. 만약 여러분이 웬디스의 소유자라면 도표 8-4를 보고 지역상권에서 마케팅 프로그램을 개발하는 데 필요한 몇 가지 아이디어를 찾아낼 수 있을 것이다. 도표 8-4에 나타난 웬디스의 막대그래프는 웬디스만 이용하는 고객(0.6%)과 웬디스를 최우선으로 이용하는 고객(10.5%)이 버거킹보다는 다소 뒤처지고, 맥도날드보다는 훨씬 뒤처진다는 것을 보여준다. 이때 여러분의 도전 과제는 두 경쟁자를 자세히 살펴보고 거기에서 고객을 끌어들일 수 있는 마케팅 프로그램을 개발해내는 것이다.

막대그래프의 비이용자 부분 또한 아이디어를 제공해준다. 미국 성인의 약 14.9%는 한 달에 한 번조차 패스드푸드 레스토랑을 이용하지 않았다. 이것은 이들이 웬디스를 결코 애용하지 않을 비가망고객층(nonprospcets)임을 보여준다. 반면에 웬디

도표 8-4 웬디스, 버거킹, 맥도날드 같은 패스트푸드 레스토랑의 다양한 이용자와 비이용자 비교. 막대그래프는 웬디스의 고객들과 주요 경쟁사의 고객들을 비교한 것이다.

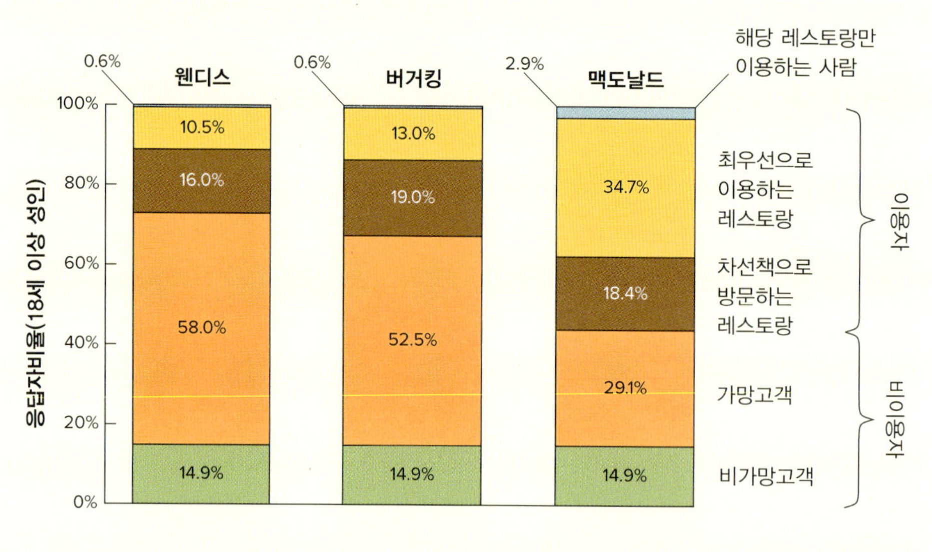

스를 이용하지 않는 고객의 약 58.0%는 겨냥할 가치가 있는 가망고객이다. 그들은 패스트푸드를 먹기는 하지만 아직 웬디스에서 먹어본 적은 없다. 따라서 새로운 메뉴나 프로모션을 통해 이들을 웬디스의 애용자로 전환시킬 수 있을지도 모른다.

웬디스가 세분시장을 형성하는 데 사용되는 변수들 웬디스의 고객들을 분석하기 위해서는 그들을 세분화하는 데 사용되는 변수에는 어떠한 것이 있는지 알아보아야 한다. 레스토랑은 대도시 대학교 근처에 위치해 있기 때문에, 시장세분화를 위한 가장 논리적인 출발점은 '잠재고객들이 학생들인가' 여부와 같은 행동 측면이 될 것이다.

학생들을 세분화하기 위해 우리는 ① 도시 또는 우편번호와 같은 여러 가지 지리변수, ② 성별, 나이, 학년, 전공 같은 여러 가지 인구통계변수, ③ 개성 또는 욕구와 같은 여러 가지 사이코그래픽변수들을 사용해볼 수 있다. 그러나 이 변수들은 앞서 열거한 다섯 가지 기준에 실제로 부합하지 않는다. 특히 다양한 세분시장에 접근하게 해주는 실전 마케팅활동이 도출될 수 있게 하는 다섯 번째 기준에 부합하지 않는다. '학생' 세분시장에 대한 행동 기반 세분화기준은 ① 학생들이 사는 장소, ② 학생들이 캠퍼스에 있는 시간이라는 두 가지 변수를 결합한 것이다. 그 결과 4개의 '학생 세분시장'이 만들어졌다.

- 기숙사에 사는 학생들: 대학교 기숙사, 여학생 기숙클럽(sororities), 남학생 기숙클럽(fraternities)
- 대학교 근처 아파트에 사는 학생들
- 외곽에 사는 주간 통학생들
- 외곽에 사는 야간 통학생들

'비학생'의 세 가지 주요 세분시장은 다음과 같다.

- 대학교에서 일하는 교수와 교직원
- 지역에 거주하지만 대학과 관련 없는 사람들

- 지역에서 일하지만 대학과 관련 없는 사람들

비학생 세분시장에 포함된 사람들은 학생 세분시장에 포함된 사람과 매우 다르다. 따라서 그들은 마케팅 프로그램이나 활동에 노출되기 어렵다. ① 이 모든 세분시장에서의 고객의 욕구가 각각 어떻게 다른지 생각해보고, ② 해당 그룹에게 효과적으로 도달하기 위해 다양한 광고매체들이 어떻게 사용되어야 하는지 생각해보자.

산업재시장을 세분화하는 방법 산업재시장을 세분화하는 데는 많은 변수가 사용된다. 예를 들어, 다기능 컬러프린터의 신규 생산라인을 책임지는 제록스의 관리자라면, 다음과 같은 시장세분화 기준과 이에 상응하는 변수들을 사용할 것이다.

- 지리변수(통계 지역): 미국의 도시분류시스템에 따라 대도시통계지역(metropolitan statistical area)에 있는 기업에는 제록스의 영업사원들이 직접 방문한다. 반면 소도시통계지역(micropolitan statistical area)에 위치한 기업에는 전화로 연락을 취한다.
- 인구통계변수(북미산업분류시스템 코드): 북미산업분류시스템(NAICS) 코드에 제조업체로 분류된 글로벌 고객을 상대하는 기업에서 필요로 하는 프린터와 지역 고객을 대상으로 하는 소매상 또는 변호사들이 요구하는 프린터는 완전히 다를 것이다.
- 인구통계변수(종업원 수): 기업 규모는 생성되는 디지털 문서의 양과 관련된다. 따라서 종업원 수를 각기 다른 복사시스템의 표적시장을 나누는 기준으로 삼을 수 있다.
- 행동변수(사용률): 소비재시장의 세분화기준 변수인 행동변수에 해당하는 산업재 제품의 특성은 대단히 중요하다. 제록스는 신속한 인쇄, 복사, 팩스, 컬러 스캔이 필요한 기업을 표적으로 삼아 '워크센터 4265 다기능 프린터 MFP 시스템(WorkCentre 4265 Multifunction Printer)'의 편익과 특징을 광고했다.

제록스는 기업의 컬러 복사에 대한 필요성에 대응하기 어떤 변수를 사용하여 산업재시장을 세분화했는가?
Source: Xerox

> **학습리뷰**
> 1. 시장세분화와 표적시장 선정은 어떤 두 가지 마케팅활동 사이의 가교 역할을 하는가?
> 2. 시장세분화에서 인구통계변수와 행동변수의 차이는 무엇인가?

2단계: 제품을 그룹으로 묶어 유형화하기

웬디스는 프로스티, 햄버거, 감자튀김 같은 개별제품을 판다. 웬디스가 마케팅목표를 달성하기 위해서는 식사가 되는 개별제품의 조합인 콤보(또는 세트메뉴)를 팔아야 한다. 이러한 구분은 매우 중요하다. 여기서는 웬디스의 개별 제품과, 개별 제품의 조합에 관해 논의해보자.

> **Video 8-2**
> Dave's Hot 'N Juicy Ad
> kerin.tv/cr8e/v8-2

웬디스의 개별제품 1969년에 데이브 토마스(Dave Thomas)가 웬디스를 창업할 당시, 매장에서는 오직 핫앤쥬시 햄버거(Hot'n juicy Hamburger; 요즘에는 데이브 햄버거로 불림), 프로스티, 감자튀김, 청량음료의 기본적인 제품만 제공했다. 이후 웬디스는 패스트푸드 시장에서 경쟁하고자 신제품과 혁신적인 서비스를 개발했다. 이 중 몇 가지는 도표 8-5에서 확인해볼 수 있다. 드라이브 스루 서비스나 모바일 앱과 같은 고객의 편의를 향상시키는 혁신 서비스도 만들었다.

도표 8-5는 각 제품과 혁신 서비스가 성별, 고객욕구, 대학 연관성에 기반을 둔 모든 세분시장을 동일하게 표적으로 삼지는 않았음을 보여준다. 도표에서 'P'로 분류된 칸은 각 제품이나 혁신 서비스의 주된 표적세분시장임을 나타낸다. 'S'로 분류된 칸은 이 제품을 구입하거나 이 서비스들을 사용하는 부차적인 표적세분시장을 나타낸다. 몇몇 경우 특정 제품이나 혁신 서비스의 표적시장이 아닌 세분시장의 여러 사

도표 8-5 웬디스의 신제품과 혁신적인 서비스들은 고객의 성별, 욕구, 대학 연관 여부에 기반한 특정 세분시장을 목표로 하고 있다.

세분시장		제품 또는 혁신								
구분	욕구	핫앤쥬시 햄버거 (1969)	드라이브 스루 (1970)	구운 감자 (1983)	슈퍼밸류 밀스 (1989)	신선한 샐러드 (2002)	베이커 네이터 (2007)	칠리치즈 프라이스 (2012)	마이 웬디스 모바일 앱 (2015)	사우스웨스트 치킨샌드위치 (2018)
성별	남성	P	P	P	P	S	P	P	P	P
	여성			P		P		P	P	P
욕구	가격/가치				P	S				
	건강염려			S		P				P
	편의성	S	P	P		S	P	P	P	S
	육류애호	P			S		S			
대학 연관 여부	학생, 교수, 교직원	P	S	P	P	P	S	P	P	P
	주변 거주자, 주변 직장인	S	P	S	S	S	P	S	S	S

P 주 시장　　S 부차적 시장

람들도 제품 또는 서비스를 구매한다는 것을 보여준다.

웬디스 제품의 그룹화: 식사 기업이 판매하는 제품을 그룹으로 묶어 의미 있는 유형으로 구분하는 것은 세분시장에서 고객을 집단으로 분류하는 것만큼이나 중요하다. 만약 기업이 오직 하나의 제품이나 서비스만 제공한다면 이것을 고려할 필요는 없다. 그러나 많은 제품이나 서비스를 제공하고 있을 때, 각 구매자가 자신과 제품을 연관 지을 수 있도록 묶을 필요가 있다. 백화점이나 슈퍼마켓에서 제품이 품목별로 각기 다른 위치에 전시되는 이유가 바로 여기에 있다. 마찬가지로 제조업체들은 고객에게 보내는 카탈로그에서 제품을 정리하여 그룹화한다.

웬디스의 제품그룹은 무엇일까? 이 질문에 답하려면 마케팅의 질적 측면, 즉 판단이 동원되어야 한다. 제품그룹은 많은 고객이 구매한 햄버거, 샐러드, 프로스티, 감자튀김이 될 수 있다. 고객들은 하루 중 특정한 시간에 욕구를 충족시켜주는 '식사'라는 체험을 구매한다. 마케팅 의미에 가장 적합한 제품 분류기준은 고객들이 구매하는 시간이다. 이 기준에 따라 아침, 점심, 간식, 저녁, 저녁 후 간식이라는 다섯 끼의 식사(meal)로 제품을 분류할 수 있다. 이 분류는 구매가 이루어지는 방식과 밀접하게 관련되며, 감자튀김이나 햄버거 같은 개별제품이 아닌 한끼 식사로 제품이 고객에게 접근하도록 해준다.

3단계: 시장-제품 격자 설계와 시장 규모의 추정

이 장 앞부분에서 언급한 것처럼 시장-제품 격자는 잠재 구매고객 세분시장을 기업이 제공하는 제품이나 잠재적 마케팅활동에 연관시키기 위한 모델이다. 시장-제품 격자 분석에서 격자에 있는 각 셀은 구체적인 세분시장에 판매된 특정 제품의 추정 시장 규모를 나타낸다. 우선 웬디스의 시장-제품 격자를 구성하는 항목에 대해 생각해보고 그다음 시장 규모 추정에 관해 생각해보자.

목표 4 표적시장을 알기 위해 시장-제품 격자를 설계하고 이에 맞는 마케팅 활동을 추천할 수 있다.

웬디스의 시장-제품 격자 구성 시장-제품 격자를 개발하는 것은 도표 8-6과 같이 시장(수평행)과 제품들(수직열)을 확인하고 표시하는 과정이다. 이전 논의에서 세분시장을 학생 대 비학생으로 나누었고, 학생 대 비학생의 두 세분시장은 각기 하위 세분시장으로 나누었다. 수직열, 즉 '제품'은 실제로 고객들이 즐기는 식사 (혹은 끼니)이다.

웬디스의 시장 규모 추정 이제 시장-제품 격자의 각 셀(특정 시장-제품 조합)의 시장 규모가 추정되어야 한다. 웬디스의 경우 각 학생 세분시장과 비학생 세분시장에 판매될 식사의 매출액이 모두 추정되어야 한다.

도표 8-6의 시장 규모 추정은 시장-제품 격자의 각 셀에 걸쳐 가장 큰 시장("3")부터 전혀 가능성이 없는 시장("0")까지 다양하다. 7장에서 논의한 것처럼 만약 공식적인 시장조사를 할 시간과 예산이 없는 경우라면 간단한 어림짐작으로 대신한다. 시장-제품 격자를 사용한 특정 시장 규모의 추정은 대략적인 것이라도 표적세분시장의 선택과 제공할 제품그룹을 결정하는 데 도움이 된다.

도표 8-6 대도시 대학교 근처에 있는 웬디스 패스드푸드 레스토랑의 시장-제품 격자. 격자의 숫자는 각 셀의 추정되는 시장 규모를 보여준다. 이 격자는 표적시장(색으로 표시된 부분) 선택으로 이어진다.

시장세분화		제품과 혁신 서비스				
구분	사는 곳	아침	점심	간식	저녁	야식
학생	기숙사	0	1	3	0	3
	아파트	1	3	3	1	1
	주간 통학생	0	3	2	1	0
	야간 통학생	0	0	1	3	2
비학생	직원	0	3	1	1	0
	지역 거주자	0	1	2	2	1
	지역 근로자	1	3	0	1	0

결과 해석: 3은 큰 시장, 2는 중간 규모의 시장, 1은 작은 시장, 0은 시장 없음

4단계: 표적시장 선택

기업은 표적세분시장을 세심하게 선택해야 한다. 만약 세분시장을 너무 좁게 설정하면 필요한 매출액이나 이익 획득에 실패할 수 있다. 반대로 세분시장을 너무 광범위하게 설정하면 마케팅노력이 희석되어 추가로 드는 비용이 증가된 매출액과 이익을 초과할 수 있다.

표적세분시장 선택 시 사용하는 기준 시장세분화과정에서 사용되는 두 가지 기준은 ① 전체시장을 세분시장으로 나누는 데 사용하는 기준들, ② 표적세분시장을 실제로 선택하는 데 사용하는 기준이다. 간혹 경험이 풍부한 마케팅관리자들도 이 두 가지를 혼동하곤 하는데, 웬디스의 표적시장을 선택하는 데 사용할 수 있는 다섯 기지 기준을 정리하면 다음과 같다.

웬디스는 패스트푸드 고객의 관심을 끌고자 아시아고 랜치 치킨샌드위치(Asiago Ranch Chicken Club) 같은 신제품을 적극 도입했다.

Source: Wendy's International, LLC

- 시장 규모: 추정 시장 규모는 그 세분시장이 공략할 가치가 있는지를 결정하는 데 매우 중요한 요소다. 식사를 제공하는 기숙사에 사는 학생들은 아침 식사를 위한 시장이 아니다. 따라서 이 작은 세분시장에 도달하기 위한 어떠한 마케팅노력도 필요없다. 도표 8-6에 나와 있는 시장-제품 격자에서 이 세분시장은 시장이 존재하지 않는다는 의미의 숫자 0으로 표시되었다.
- 기대 성장률: 세분시장의 규모가 현재는 작더라도 매우 빠르게 성장하고 있거나 미래에 성장할 것으로 예상될 수 있다. 여기서는 테이크아웃을 하는 고객에게서 나오는 매출액이 점포 내에서 식사하는 고객의 매출액을 초과할 것으로 예상된다. 웬디스는 평균적으로 맥도날드보다 빠른 드라이브스루 주문을 처리하는 패스트푸드계의 리더다. 이들이 지닌 속도와 편리성은 성인 대상 강

의를 듣는 야간 통학생들에게 잠재적으로 매우 중요한 요소일 것이다.

- 경쟁: 세분시장이 현재 치열한 경쟁 중인가? 아니면 미래에 치열하게 경쟁하고 있을 것인가? 경쟁은 덜하면 덜할수록 더 매력적인 세분시장이다. 예를 들어, 대학교 기숙사에서 '주말에 식사 제공 없음'이라는 새로운 방침을 발표했다고 치자. 이들은 웬디스에게 촉망받는 세분시장으로 떠오를 것이다. 최근 웬디스는 버거킹 모바일 앱과 경쟁하기 위해 식당에서 주문하고 결제할 수 있는 '마이 웬디스(My Wendy's)' 모바일 앱을 도입했다.
- 세분시장에 도달하는 비용: 기업이 마케팅활동으로 접근하기 힘든 세분시장은 포기해야 한다. 예를 들어 그 지역에 사는 비학생이 소수라면 신문 광고나 다른 매체 광고를 통해 공략할 필요가 없을지도 모른다. 그들에게 광고하기 위해 예산을 낭비해서는 안 된다.
- 조직의 목표와 자원의 공존가능성: 만약 웬디스가 아침 식사 조리를 위한 주방기구를 아직 갖추지 않았고 레스토랑 장비에 더 이상 비용을 들이지 않겠다는 방침을 가지고 있다면 아침 식사 세분시장에 접근하려는 시도조차 하지 말아야 한다. 이는 마케팅 의사결정에서 종종 발생하는 경우로, 특정 세분시장은 어떤 기준에 의하면 매력적일 수도 있으나 다른 기준에 의하면 조금도 매력적이지 않다.

웬디스의 세분시장 선택 마케팅관리자는 특별한 마케팅노력을 쏟을 세분시장을 선택하기 위해 이러한 기준을 사용해야 한다. 도표 8-6의 아침 식사 제품 그룹을 두 가지 이유로 포기했다고 가정해보자. 첫 번째 이유는 시장이 너무 작아서이고, 두 번째 이유는 우리의 목표와 가용자원이 양립할 수 없기 때문이라고 치자. 경쟁적 위치와 세분시장에 접근하는 비용 측면에서 우리는 세 가지 비학생 세분시장이 아니라, 네 가지 학생 세분시장에 주력해야 한다(비록 비학생 세분시장을 완전히 외면하지는 않는다고 해도). 우리의 표적시장인 시장-제품 세분시장들은 도표 8-6에 음영으로 표시되어있다.

5단계: 표적시장에 도달하게 해주는 마케팅활동 실행

시장-제품 격자 설계의 목적은 매출액과 이익을 증가시키기 위한 마케팅활동을 작동시키는 것이다. 이는 누군가 마케팅 프로그램의 형식으로 계획을 설계하고 실행해야 한다는 것을 의미한다.

웬디스가 당면한 시장세분화전략 웬디스 레스토랑을 위해 우리는 이미 한 가지 중요한 결정을 했다. 아침 식사 시장에는 한계가 있으므로 오전 10시 전에는 레스토랑을 운영하지 않는 것이다. 실제로 웬디스의 첫 아침 메뉴 판매는 크게 실패하여 1986년에 중단되었다. 이 전략은 현재 일부 지역에서 제공되는 제한적인 조식 메뉴로 바뀌었다.

또 다른 중요한 결정은 특정 세분시장에 접근하기 위해 어떤 음식을 어디에 광고해야 하는지이다. 학생신문에 광고하면 모든 학생 세분시장에 접촉할 수 있겠지만 가격이 너무 비쌀 수 있다. 만약 특별히 신경을 써서 세 가지 세분시장을 선택한다면(도표 8-7), 그 세분시장을 공략할 수 있는 광고활동은 다음과 같다.

도표 8-7 대학생 세분시장에서 진행할 수 있는 다양한 식사에 대한 광고활동

시장세분화	제품 그룹: 식사 종류			
행동변수: 어디에 사는지	점심	오후 간식	저녁	야식
기숙사 거주생	1	3	0	3
아파트 거주생	3	3	1	1
주간 통학생	3	2	1	0
야간 통학생	0	1	3	2

버스 광고 및 주차된 차량 와이퍼에 전단지 끼움

겨울학기 동안 오후 2시부터 4시 반 사이에 모든 음식을 10% 할인

야간에 주차된 차량 와이퍼에 '오후 5시에서 8시 사이 드라이브 스루 고객에게는 무료 프로스티를 주는 쿠폰' 삽입

결과 해석: 3은 큰 시장, 2는 중간 규모의 시장, 1은 작은 시장, 0은 시장 없음

- 주간 통학생(한 세분시장 전체): 버스 내부에 광고를 하고, 주차된 차 앞유리에 광고 전단을 끼운다. 광고 및 전단지는 주황색 가로줄로 표시된 주간 통학생 세분시장에 레스토랑의 모든 식사(점심, 간식, 저녁식사, 야식)를 광고한다.
- 오후 간식(네 가지 학생 세분시장 모두를 표적으로 함): 이 한가한 시간에 식사를 홍보하기 위해 '봄학기 동안 오후 2시에서 4시 반 사이에 구매하는 모든 품목 10% 할인'이라는 광고를 할 수 있다. 이 광고는 시장-제품 격자에서 파란색 열에 속한 네 가지 학생 세분시장 전체에 한 가지 간식만 프로모션한다.
- 야간 통학생을 위한 저녁 식사(독특한 시장-제품 조합): 세 가지 캠페인 중에서 가장 주력해야 하는 부분이다. 이때는 초록색 셀에 속한 야간 통학생이라는 하나의 세분시장에 단 한 가지의 저녁 식사만 광고한다. 이 캠페인은 야간에 주차된 자동차 앞유리 와이퍼 아래 전단지를 배치하는 방식으로 진행한다. 웬디스에서는 저녁 식사를 장려하기 위해, 오후 5시부터 8시까지 드라이브 스루로 식사 구매 시 사용가능한 무료 프로스티 쿠폰을 제공했다.

광고는 효과 여부에 따라 반복하거나 변경 및 철회하거나 정말 노력할 가치가 있는 다른 세분시장에 대한 새로운 캠페인을 만들 수도 있다. 여기서 언급한 예시는 웬디스를 위한 전체 마케팅 프로그램 중 작은 부분에 불과하다.

경쟁에 대한 지속적인 관심 경쟁자들은 가만히 있지 않으므로 웬디스를 경영하려면 경쟁자들의 전략을 알고 있어야 한다. 맥도날드는 인기 있는 종일 판매 아침 메뉴를 지속적으로 확장시키고 있다. 또한 맥도날드는 서스테이너블 비프(sustainable beef: 사회적으로 책임 있고 환경적으로 건전하며 경제적으로도 문제 없는 쇠고기), 세 가지 맛 슬러시, 모바일 주문 및 결제 플랫폼을 시험 중이다. 버거킹은 패스트푸드와 유명한 스낵을 혼합하는 추세에 맞추어 맥앤치토스(Macn' Cheetos)를 시험 중

이며, 소셜미디어의 소비자 의견에 따라 텐더크리스피 치킨샌드위치(tendercrisp chicken sandwich)를 크리스피 치킨샌드위치(crispy chicken sandwich)로 대체했다.

새로운 햄버거 체인점도 등장하고 있다. 버지니아 부부는 1986년에 파이브가이즈 버거앤프라이즈(Five Guys Burgers and Fries) 레스토랑을 열었다. 15년이 지난 후 워싱턴 D.C.에 5개의 점포가 생겼다. 그들은 2003년부터 2018년까지 폭발적으로 성장하여 전국에 1,500개 이상의 점포를 내고 1,500개의 새 점포를 계획 중이다. 그들의 차별화 포인트는 간단한 메뉴와 음식의 장식, 적당한 가격, 신선한 그라운드 비프(냉장육), 트랜스지방이 들어가지 않은 메뉴(땅콩유로 요리)다. 그러나 빅 3인 맥도날드, 버거킹, 웬디스는 가만히 있지 않고 이에 대응하고 있다.

햄버거 사업에는 늘 수많은 경쟁자가 존재한다. 파이브가이즈 버거앤프라이즈는 1,500개 이상의 매장을 가진 기업으로 성장했다.

ZUMA Press/Alamy Stock Photo

파이브가이즈나 기타 햄버거 체인점과 같은 전통적인 햄버거 체인 사이에서의 경쟁 외에도 세 기업은 모두 새로운 '패스트캐주얼(fast casual)' 세분시장에 접근하기 위해 공격적으로 대응하고 있다. 패스트캐주얼 세분시장의 고객들은 레스토랑에서 낮은 가격으로 건강한 음식을 먹고 싶어한다. 치폴레 멕시칸그릴(Chipotle Mexican Grill), 누들스앤컴퍼니(Noodles and Company), 파네라브레드(Panera Bread) 같은 패스트캐주얼 레스토랑이 이 세분시장을 표적으로 하여 성공적으로 영업 중이다. 또 반드시 식당으로 분류되지 않는 다양한 체인점에서 새로운 경쟁이 등장하고 있다. 여기에는 세븐일레븐과 같은 편의점 체인, 스타벅스 같은 커피 체인, 잠바주스 같은 스무디 체인, 사전에 조리되어 데워 먹을 수 있는 포장식품을 파는 주유소가 해당된다. 이러한 매장 중 다수가 현재 식품을 판매하며 햄버거 체인 빅 3의 시장을 잠식하고 있다.

웬디스 레스토랑의 미래 전략 고객의 취향과 경쟁사가 변한다는 것은 필요할 때마다 전략을 바꾸어야 함을 의미한다. 이를 위해 ① 웬디스 본사는 무엇을 하고 있으며, ② 경쟁사들은 무엇을 하고 있는지, ③ 레스토랑을 운영하고 있는 지역에서 무엇이 변하고 있는지를 자세히 살펴볼 필요가 있다.

웬디스는 최근 새로운 공격적 마케팅 프로그램을 발표했다.

- 신선한 냉장 쇠고기 사용에 대한 광고, 자연방사 암탉이 낳은 달걀로 전환: 태국식 스리라차 치킨샌드위치(Spicy Sriracha Chicken sandwich)와 같은 새로운 메뉴 항목 테스트
- 1,000개 이상의 셀프서비스 주문 키오스크를 설치하여 고객의 편의성 증대: 인도, 두바이 및 마닐라를 포함한 여러 시장에서 배달 테스트
- 미국대학운동연맹(National Collegiate Athletic Association, NCAA) 공식 햄버거로 선정되어 3월 대학 농구 시즌 동안 TV 광고, 웬디스 푸드트럭 투어, 소셜미디어 프로모션 캠페인 진행

이러한 전략은 엄청난 성공을 거두며 웬디스는 시장 내 2위였던 버거킹을 제치고

매출 측면에서 맥도날드 다음인 2위를 차지했다. 또 맥도날드의 수요가 감소한 기간 동안 매장당 평균 매출이 증가했다. 미국 최고의 패스트푸드점과 최악의 패스트푸드점을 대상으로 한 최근 컨슈머리포트(Consumer Reports)의 설문조사를 보면 웬디스는 맥도날드, 버거킹, 그 외 세 개의 버거 체인보다 높은 순위를 기록했다.

웬디스 본사의 계획과 경쟁사들의 새로운 활동 때문에 매장 운영시간에 대한 시장세분화 결정을 재고하는 것이 좋을 수도 있다. 만약 새로운 기업이 인근에 입주한다면 해당 기업의 직원들을 공략하기 위해 할 수 있는 새로운 전략은 무엇일까? 밤 12시부터 새벽 5시까지 내방하는 심야 올빼미족과 새벽 종달새족을 공략하기 위한 촉진 방법을 생각해볼 수 있을 것이다.

Video 8-3
Apple's 1984 Super Bowl Ad
kerin.tv/cr8e/v8-3

애플의 변화무쌍한 시장세분화전략 1976년 만우절에 스티브 잡스(Steve Jobs)와 스티브 워즈니악(Steve Wozniak)이 애플 I을 발명할 때만 해도, 오늘날 수십억 달러에 이르는 PC 산업을 태동시키고 있다고 인식하지는 못했을 것이다. 그러나 1977년 컴퓨터 트레이드쇼에서 애플 II가 전시되었을 때, 소비자들은 애플 II와 사랑에 빠지며 애플의 컴퓨터가 탄생했다. 애플은 전형적인 신생기업답게 제품 자체에 주력하고 제품의 소비자들, 즉 시장에는 별 관심이 없었다. 애플의 창의적인 젊은 엔지니어들은 '어른의 감시가 없는 보이스카우트'에 비유되었다. 1984년 애플의 맥킨토시(Macintosh)는 컴퓨터계에 혁명을 일으켰고, 1984년 슈퍼볼 TV 광고는 역사상 최고의 광고로 인정받았다.

스티브 잡스는 '애플 제품 매트릭스'라고 부르는 신시장 세분화전략을 설명하며 새롭게 탄생한 애플에 대한 비전을 자세히 설명했다. 이 전략은 두 가지 일반적인 유형의 컴퓨터 제품(데스크톱 및 랩톱)을 일반 소비자 및 전문가 시장을 대상으로 개발하는 것으로 구성되어있었다.

1997년에 출시된 애플 II가 오늘날의 아이맥(iMac)으로 어떻게 진화해왔을까? '마케팅의 힘' 박스에서 이에 대한 통찰을 살펴보자.
©SSPL/Getty Images

대부분의 시장세분화 상황에서 단 하나의 제품은 독점적인 틈새시장에 적합하지 않다. 그리고 제품라인과 세분시장은 겹치기 마련이다. 그래서 애플의 시장세분화전략은 '마케팅의 힘' 박스에 나타난 것처럼 서로 다른 세부시장의 욕구를 충족시키기 위해 다른 제품들을 제공하는 것이었다.

시장-제품 시너지: 균형 잡기

시너지(synergy; 상승작용) 효과의 인식은 세분시장 선택과 마케팅 의사결정의 성공에 필수적이다. 시장-제품 격자는 이런 시너지효과를 어디에서 찾을 수 있는지 설명해준다. 어떻게 찾을 수 있을까? '마케팅의 힘' 박스에서 애플의 시장-제품 격자를 살펴보고 거기에 나타난 마케팅 시너지와 제품 시너지 간의 차이를 생각해보자.

- 마케팅시너지(marketing synergy): 시장-제품 격자를 수평으로 가로지르는 각 줄은 시장효율성에 대한 기회를 나타낸다. 애플이 중대형 사업체 세분시장과 같은 단 하나의 소비자그룹에 주력했다면 그들의 마케팅노력은 간략했을 것이다. 대학생이나 교수의 구매습관을 조사하는 데 시간을 보낼 필요도 없었을 것이고 개발을 고민할 필요가 있는 제품들(맥프로, 맥북프로, 아이맥, 맥북에어, 맥미니)만 강조하며 중대형 사업체의 표적시장(노란색 줄)을 공략하기 위한 광고를 하나만 만들었을 것이다. 이것은 확실히 오늘날 애플의 전략은 아니다. 다만 신생기업들은 종종 단

하나의 고객 세분시장에 주력한다.

- 제품시너지(product synergy): 시장–제품 격자의 수직 각 열은 연구개발(R&D)과 생산의 효율성에 대한 기회를 나타낸다. 만약 애플이 생산라인을 간소화하고, 연구개발 및 생산비용을 절감하고 오직 한 가지 컴퓨터만 만들기를 원한다면 어떤 시장을 선택해야 할까? 시장–제품 격자에 기반하여 살펴보면 모든 세분시장이 아이맥(iMac)을 구매하고 있는 것으로 보인다. 따라서 그들은 아이맥(오렌지색 열)에 주력하여 성공할 수도 있다.

애플의 아이맥이 만족시키는 시장제품의 시너지효과는 무엇일까? 이에 관해서는 본문을 살펴보자.

Source: Apple Inc.

한 세분시장의 고객들은 다양한 제품을 요구하므로 이를 충족시키기 위해서는 각기 다른 제품들이 디자인되고 만들어져야 한다. 마케팅시너지는 제품시너지의 희생으로 얻어진다. 기업은 마케팅비용을 절약하고 생산비용을 더 많이 지출해야 한다. 반대로 제품시너지를 강조한다면, 폭넓은 소비자들의 관심을 고려해야 하기에 마케팅에 더 많은 시간과 돈을 들일 것이다. 기업의 제품라인 개발을 책임지는 마케팅관리자는, 기업의 이익을 증가시키고 할 때 제품시너지와 마케팅시너지 간 균형을 맞추어야 한다.

마케팅의 힘

기술

애플의 시장세분화전략: 더 이상 미친 듯이 날뛰지 않기

혁신적인 기업인 애플의 초창기 별명은 미친 듯이 날뛴다는 의미의 '캠프 런어목(camp runamok)'이었다. 이는 애플이 세분시장을 겨냥한 일관적인 생산라인을 가지고 있지 않았기 때문에 붙은 별명이다. 다음의 시장–제품 격자에 나타난 것처럼 오늘날 애플은 특정 세분시장을 겨냥하여 다양한 맥킨토시 라인을 제공하고 있다. 시장–제품 격자는 기업의 전략에 따라 변하는데, 다음 도표는 애플의 현재 제품라인에 기반을 둔 것이다. 시장–제품 격자는 애플이 디지털시대에 경쟁력을 갖추기 위해 사용하는 시장세분화전략을 시사한다.

시장세분화		제품				
시장	세분시장	맥프로	맥북프로	아이맥	맥북에어	맥미니

개인 소비자	일반 소비자			✓	✓	✓
	집/소규모 사업체		✓	✓	✓	
	학생			✓	✓	✓
	교사		✓	✓		
전문 소비자	중/대규모 기업체	✓	✓	✓	✓	✓
	그래픽 전문가 등	✓	✓	✓		
	대학교 교원		✓	✓	✓	
	대학교 직원			✓	✓	

Photos: Source: Apple Inc.

학습리뷰

1. 시장-제품 격자의 각 셀을 위해 어떤 요소가 추정 및 측정되는가?
2. 어떤 세분시장을 표적시장으로 선택할지를 결정하는 데 사용되는 기준은 무엇인가?
3. 시장-제품 격자에서 마케팅시너지와 제품시너지는 어떻게 다른가?

제품 포지셔닝

목표 5 마케팅관리자가 시장에 제품을 포지셔닝하는 방법을 설명할 수 있다.

제품 포지셔닝
경쟁제품과 비교하여 중요한 속성에서 기반하여 자사의 제품이 소비자들의 마음속에 차지하고 있는 위치

제품 리포지셔닝
경쟁 제품과 비교하여 소비자의 마음속에서 차지하는 자사 제품의 위치를 변화시킴

기업이 신제품을 시장에 내놓을 때 장기적 성공을 위해서는 잠재고객이 신제품을 경쟁사들의 제품들과 비교하여 어떻게 인식하게 만들지에 관한 의사결정을 해야 한다. **제품 포지셔닝**(product positioning)은 중요한 속성을 기준으로 자사의 제품이 경쟁제품과 비교하여 소비자들의 마음속에 차지하고 있는 위치를 의미한다. 마케팅관리자는 소비자들이 현재 기업의 제품 또는 브랜드를 보는 관점을 이해함으로써 고객 마음속 제품의 위치 변화를 시도해볼 수 있다. 이때 경쟁제품과 비교하여 소비자의 마음속에서 차지하는 자사 제품의 위치를 변화시키는 **제품 리포지셔닝**(product repositioning)이 필요하다.

제품 포지셔닝을 하기 위한 두 가지 접근법

마케터들은 신제품을 포지셔닝할 때 주로 두 가지 접근법을 사용한다. 직접경쟁포지셔닝(Head-to-head positioning)은 동일한 표적시장에서 유사한 제품 속성을 가진 경쟁자들과 직접적으로 경쟁하는 것과 관련되어있는 접근법이다. 달러렌터카(Dollar Rent A Car)는 이러한 전략을 통해 에이비스(Avis) 및 허츠(Hertz)와 직접 경쟁하고 있다.

차별화포지셔닝(differentiation positioning)은 브랜드를 안착시킬 수 있는 경쟁이 덜한 작은 틈새시장을 찾는 접근법이다. 맥도날드는 웬디스나 버거킹과의 직접경쟁을 피하기 위해 저지방 맥린 딜럭스(McLean Deluxe) 버거를 출시하여 건강을 의식하는 세분시장을 겨냥했다. 그러나 이 버거는 결국 메뉴판에서 사라졌다.

포지셔닝 계획서 작성

마케팅관리자는 제품의 포지셔닝계획을 간결한 문장으로 정리해야 한다. 이렇게 정리한 결과물을 포지셔닝 계획서라고 한다. 이 계획서는 목표시장과 충족된 니즈, 자사 제품이 경쟁하는 제품군이나 유형, 제품 (또는 서비스) 특유의 이점이나 속성을 명확히하는 것을 목적으로 한다.

포지셔닝 계획서는 마케팅부서에서 내부적으로 사용할 뿐만 아니라 연구개발 엔지니어나 광고 대행사와 같은 외부 사람들도 사용한다. 다음은 북미 시장에 대한 볼보(Volvo)의 포지셔닝 계획서이다.

> **볼보는 마음 놓고 운전하고 다니기를 원하는 수준 높은 미국의 가정(목표시장과 니즈)을 대상으로 최고 수준의 안정성과 신뢰성(이점)을 제공하는 고가의 자동차(제품 종류) 브랜드이다.**

이 포지셔닝 계획서는 볼보의 북미 마케팅전략을 나타내며 안전을 위한 사이드도어 에어백을 차내에 설치하는 것 같은 제품 개발 노력에 초점을 맞추고 있다. 또한 볼보의 마케팅 커뮤니케이션 메시지를 전달한다. 볼보의 광고는 안전성과 신뢰성이라는 두 가지 이점을 강조하며 수상 경력이 있는 “Volvo for life”라는 슬로건을 사용한다.

지각도를 사용한 제품 포지셔닝

효과적인 제품이나 브랜드 포지셔닝의 핵심은, 네 단계를 통해 잠재고객들이 마음속에 인지하고 있는 것을 발견하는 것이다.

- 제품이나 브랜드의 중요한 속성 밝히기
- 표적고객들이 이 속성들에 대하여 경쟁제품이나 브랜드를 어떻게 평가하는지 알아내기
- 이 속성에 대하여 자사의 제품이나 브랜드가 잠재고객들의 마음속 어디쯤에 위치하고 있는지 찾아내기
- 잠재고객의 마음속에 자사 제품이나 브랜드를 리포지셔닝하기

이러한 자료들을 이용하면 도표 8-8과 같이 **지각도**(perceptual map)를 설계할 수 있다. 지각도란 소비자의 마음속에 있는 제품이나 브랜드의 위치를 2차원상에 표시한 것으로 경영자에게 소비자가 자사의 제품이나 브랜드뿐만 아니라 경쟁 제품이나 경쟁 브랜드를 어떻게 지각하고 있는지 보여준다.

지각도
소비자가 자사의 제품이나 브랜드뿐 아니라 경쟁제품이나 경쟁브랜드를 어떻게 지각하고 있는지 알기 위해 소비자의 마음속에 있는 제품이나 브랜드의 위치를 2차원에 표시하는 방법

성인 대상 초코우유 리포지셔닝을 위한 지각도

최근 미국 유가공식품업체들은 매출을 늘리기 위해 미국 성인들의 마음속에 초코우유를 리포지셔닝하기로 결정했다. 다음에 열거한 4단계를 이용하여 유가공식품업체들이 미국 성인들에게 초코우유를 어떻게 리포지셔닝했는지 살펴보도록 하자.

- 성인용 음료의 중요한 속성 밝히기: 성인들이 다양한 음료를 평가하는 데 사용하는 핵심속성들은 도표 8-8의 두 축에 나타난 것과 같이 (a) 저영양 대 고영양, (b) 어린이용 대 성인용임을 알 수 있다.
- 성인들이 여러 가지 경쟁음료들을 어떻게 바라보는지 알아보기: 도표 8-8과 같이 다양한 성인 대상 음료들을 두 축상에 위치시켰다.
- 성인들이 초코우유를 어떻게 보는지 밝혀내기: 도표 8-8은 미국 성인들이 초코우유를 적당한 영양가를 가진(수직축 위에), 하지만 어린이용 음료로 보고 있음(수평축 위에)을 보여준다.
- 성인들의 주목을 끌기 위해 리포지셔닝하기: 미국 유가공식품업체들은 매출액을 높이기 위해 어떤 활동을 했을까? 그들은 도표 8-8에 나타난 것처럼 초코우유를 붉은색 별의 위치로 리포지셔닝했다.

본문과 도표 8-8에서 미국 유가공식품업체가 성인들에게 초코우유를 리포지셔닝한 방법을 알아보자.

낙농업자들의 주장은 영양 측면에서 매우 강력한 것이었다. 그들의 주장에 따르면

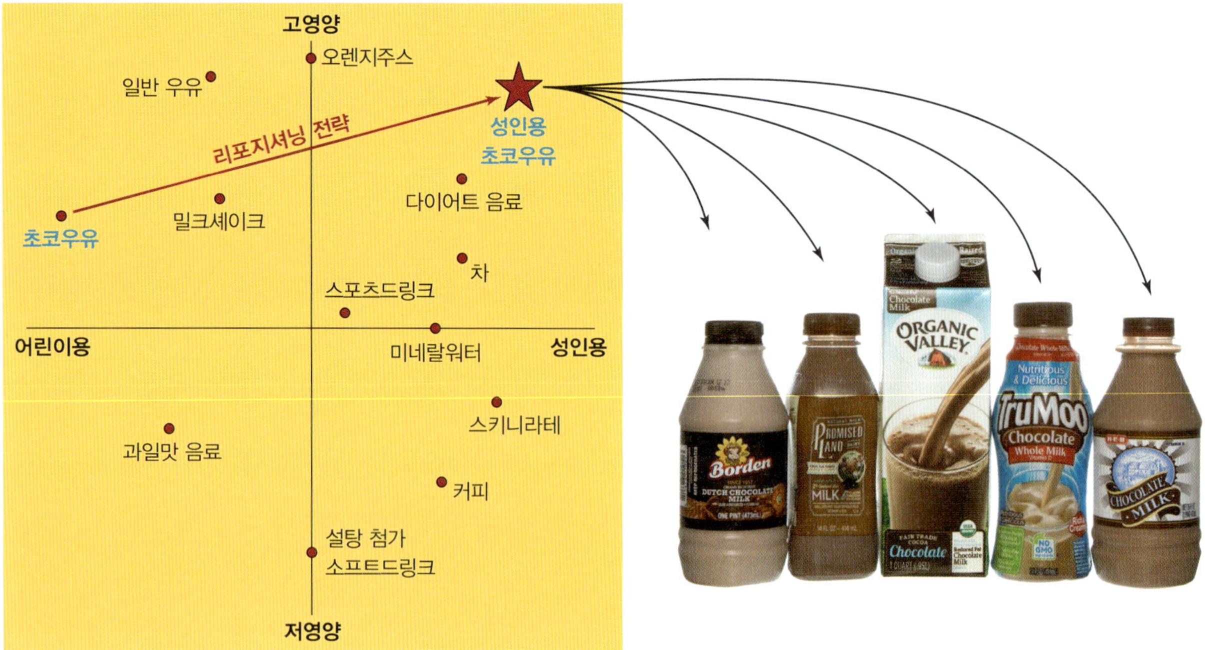

그림 8-8 미국 유가공식품업체에서 초코우유를 리포지셔닝하여 성인들을 공략하는 전략. 이들은 성인들이 초코우유를 영양이 풍부하고 '어른스러운' 식품으로 지각하게끔 했다.

초코우유는 여성들의 다이어트에 대단히 중요한 칼슘을 제공한다. 그리고 같은 칼로리의 청량음료보다 다이어트를 하는 사람에게 더 많은 포만감을 주는, 영양가가 훨씬 높은 음료다. 결과적으로 초코우유 매출이 극적으로 증가했으며 증가분의 대부분이 성인들의 소비로 인한 것이었다. 이러한 성인의 소비 증가는 초코우유가 그들에게 영양 면에서 훌륭한 제품이기도 하지만, 한편으로는 자동차 컵홀더에 들어맞게 디자인된 혁신적인 포장 때문이기도 했다.

학 습 리 뷰

1. 제품 포지셔닝과 제품 리포지셔닝 간의 차이는 무엇인가?
2. 마케터들은 왜 제품 포지셔닝에 관한 의사결정에서 지각도를 사용하는가?

마케팅지식 적용해보기

1. 다음 소비재시장을 세분하는 데 어떤 변수들이 사용될 수 있는가? (a) 잔디 깎는 기계, (b) 냉동 저녁 식사, (c) 아침 식사용 시리얼, (d) 청량음료
2. 다음 산업재시장을 세분하는 데 어떤 변수들이 사용될 수 있는가? (a) 산업용 청소기, (b) 복사기, (c) 생산제어 시스템, (d) 렌터카 업체
3. 도표 8-6에서 기숙사 세분시장은 대학 기숙사, 여학생 기숙클럽, 남학생 기숙클럽에 살고 있는 학생들을 포함하고 있다. 웬디스의 입장에서 시장을 연구하고자 할 때, 이 학생들을 하나의 세분시장으로 통합하는 것을 정당화시켜주는 학생의 공통적인 욕구는 무엇인가?
4. 도표 8-6에 있는 시장-제품 격자의 셀에 주어진 시장 규모의 추정치에 대하여 동의하지 않을 수도 있다. (a) 기숙사 학생들, (b) 주간 통학생, (c) 그 지역에서 일하는 사람들의 시장 규모를 추정하고 근거를 간단히 제시해보자.
5. 패스트푸드점의 수익을 증가시키기를 원한다고 가정해보자. 도표 8-7를 보면 (a) 기숙사 학생들, (b) 저녁 식사, (c) 심야 통학생이 먹는 야식으로부터 수익을 증가시키기 위해 어떠한 광고활동을 취해야 하는가?
6. 도표 8-8의 지각도 위에서 (a) 카푸치노, (b) 맥주, (c) 두유 같은 음료들의 위치를 찾아보자.

마케팅계획 세워보기

여러분의 (a) 마케팅노력을 집중시키기 위해서는 시장–제품 격자가 필요하다. (b) 시장–제품 격자는 기업의 매출 예측을 제시하는 데 도움이 된다.

1. 소비재시장과 산업재시장을 세분화하는 데 사용되는 세분화변수를 이용하여 세분시장(격자의 줄)을 정의해보자.
2. 관련 제품들을 어떻게 그룹으로 묶을지 결정해보자.
3. 격자를 형성하고 각 시장–제품 셀의 시장 규모를 추정해보자.
4. 특정 마케팅 프로그램을 집중시킬 표적세분시장을 선정해보자.
5. 주어진 정보와 로스트–호스예측기법(7장 참고)을 이용하여 매출을 예측해보자(기업 차원).
6. 포지셔닝 계획서의 초안을 작성해보자.

비디오 케이스 8 프린스스포츠: 모든 세분시장을 위한 테니스 라켓

Video 8-4
Prince Sports Video Case
kerin.tv/cr8e/v8-4

프린스스포츠(Prince Sports Inc.)의 스포츠마케팅 및 브랜드 이미지 담당 부사장 린다 글라셀(Linda Glassel)은 "지난 10여 년간 우리는 소비자를 공략하기 위한 매체의 엄청난 변화를 목격했다"라고 말했다.

변화하는 세계의 프린스스포츠

그녀는 "오늘날 특히 젊은 소비자에게 다가서기 위해 페이스북, 트위터, 해외의 하이파이브(Hi5), 베보(Bebo), 오르컷(Orkut) 등 소셜마케팅과 소셜네트워크에 중점을 두고 있다"라고 덧붙였다.

린다 글라셀의 논평은 프린스스포츠가 21세기의 변화하는 테니스 세계에 직면해 있음을 단적으로 보여준다. 프린스스포츠는 프린스(테니스, 스쿼시, 배드민턴), 에크텔론(Ektelon, 라켓볼), 바이킹(플랫폼/패들 테니스)등 브랜드 포트폴리오로 가지고 있는 스포츠용품기업이다. 테니스 제품라인만 해도 대단하다. 150개의 라켓 모델, 50종 이상의 테니스라켓줄, 50개 이상의 신발 모델, 셀 수 없을 만큼 다양한 가방과 의류, 기타 액세서리가 있다.

프린스는 그들이 테니스 혁신에 기여한 역사에 자부심이 있다. 최초의 '특대형', '기다란 몸통'을 가진 라켓, 최초의 '합성물질' 테니스 라켓줄, 최초의 '자연스러운 발 모양(Natural Foot Shape)' 테니스화를 개발한 것을 포함해서 말이다. 오늘날 프린스스포츠의 도전 과제는 모든 수준의 테니스 플레이어들의 요구에 부응하기 위해 지속적으로 혁신하는 것이다.

고위 마케팅관리자 닉 스캘리(Nick Skally)는 "요즘 프린스에게 유익한 현상은 지난 몇 년간보다 훨씬 많은 사람들이 테니스를 즐기고 있다는 것이다"라고 말했다. 스포츠용품제조협회(Sporting Goods Manufacturers Association, SGMA)의 최근 연구는 이러한 사실을 확인시켜준다. 미국은 테니스 인구가 43% 증가하였다. 테니스는 미국에서 가장 빨리 성장한 전통적인 개인 스포츠다.

플레이어의 요구에 부응하기 위한 기술 개발

모든 테니스인들은 더 잘 휘두르기를 원한다. 그러나 모두에게 라켓을 똑같이 빠르게 휘두를 수 있는 기술 또는 능력이 있지는 않다. 프린스스포츠는 성인 테니스 플레이어들을 각각 특정한 요구를 가진 세 그룹으로 나누었다.

- 짧고 느린 스트로크를 하는 플레이어: 이들은 가벼운 무게의 프레임에서 최대의 파워를 원한다.
- 중간 이상의 강한 스트로크를 하는 플레이어: 파워와 컨트롤의 조합을 원한다.
- 길고 빠른 스트로크를 하는 플레이어: 작은 파워와 정교한 컨트롤을 원한다.

하나의 라켓으로 이 모든 요구를 만족시키는 것은 무리한 일이다. 글로벌 사업 책임자 타일러 헤링(Tyler Herring)은 "테니스 라켓을 디자인하기 위해서는 모든 수준의 플레이어들에 대한 엄청난 양의 시장조사가 이루어져야 합니다"라고 테니스 라켓의 성과에 대해 설명한다. 연구부서는 자사의 획기적인 O3기술을 소개한다. "우리의 O3기술은 라켓 스피드와 스위트 스폿 사이의 원천적인 모순점을 해결해줍니다." 이 기술은 엄청나게 확대된 '스위트 스폿'을 가진 동시에 더 빠른 라켓 스피드를 제공하는, 이전에는 결코 디자인된 적 없는 것이다. '스위트 스폿'이란 볼을 칠 때 가장 큰 파워와 안정성을 주는 프레임의 중간 부분이다. 최근 프린스는 EXO3로 불리는, 가장 최근에 발전시킨 O3플랫폼을 소개하였다. 이 새로운 특허 디자인은 라켓 프레임에 줄 바닥을 걸어 프레임 진동을 50%까지 감소시키고 스위트 스팟은 83%까지 확대시켰다.

테니스시장의 세분화

헤링은 "테니스 라켓의 주요 세분시장은 퍼포먼스 라인, 레크리에이션 라인, 주니어 라인입니다"라고 말한다. 각 세분시장에서 프린스는 서로 대립되는 다음 세 요소 간의 균형을 맞추어 디자인한다. ① 플레이어가 기꺼이 지불하고자 하는 가격, ② 이들이 원하는 경기 특성(스피드 대 스핀, 스위트 스폿 대 컨트롤, 기타 등등), ③ 특정 가격대에 적용가능한 기술.

각 주요 세분시장 내에는 최소 두 가지의 하위 세분시장이 있으며 이들은 겹치기도 한다. 아래의 도표는 프린스 시장세분화전략의 개요이며, 각 세분시장에 맞는 라켓 모델 샘플을 제시한 것이다. 우측 3개 열은 라켓의 길이, 줄을 끼우지 않은 라켓 무게와 헤드 사이즈를 나타낸다. 그림을 보면 프린스가 자사 기술을 플레이어의 욕구를 충족시킬 물리적 특성을 가진 라켓으로 변환시키는 것이 얼마나 복잡한 일인지 알 수 있다.

유통과 촉진 전략

닉 샐리는 "프린스는 월마트(Walmart)와 타겟(Target) 같은 대중 양판점, 스포츠용품체인점 및 테니스 전문점 등 다양한 유통채널을 가지고 있습니다"라고 말한다. 그들은 대형 체인점을 위해 점포 내 회랑의 공동광고(co-op advertising), 판매시점전시(point-of-purchase displays), 점포 내 입간판(in-store signage), 소비자 브로슈어 및 입체 인쇄물을 제공하여 테니스 코너에 프린스의 제품을 전시하는 데 도움을 준다. 소형 테니스 전문점을 위한 광고는 전시용 라켓 제공, 세부 카탈로그, 포스터, 라켓과 줄에 관한 지침서, 판촉용 부착물 및 라켓걸이와 신발장 같은 하드웨어 등을 포함한다. 또한 이들 점포에 프로 테니스 선수의 실물 크기 입간판(player standees)을 제공한다.

프린스는 웹사이트(www.princetennis.com)를 통해 테니스 플레이어들에게 직접 접근하여 제품 정보, 플레이 기술, 최신 테니스 뉴스 등을 제공한다. 페이스북이나 트위터 같은 소셜네트워크를 사용하는 것 외에도 지역 및 전국 테니스 간행물에 광고를 게재하고 온라인 사이트와 방송매체를 위한 광고 캠페인도 개발한다.

프린스는 점포 내 활동, 광고, 온라인마케팅에 더해 티칭프로(Teaching Pro) 프로그램에 대대적으로 투자한다. 프린스가 후원하는 티칭프로들은 프린스로부터 최신 제품 정보, 전시용 라켓, 장비 등을 제공받는다. 이들은 자기 분야에서 진정한 프린스제품 전도사가 된다. 테니스 강사와 전문 티칭프로들은 정규 레슨 외에 전국적으로 '프린스 데모 이벤트(Price Demo events)'를 개최하여 잠재고객들이 다양한 프린스 라켓과 줄, 그립 등을 테스트해볼 수 있는 체험 기회를 제공한다.

프린스는 네 개의 그랜드슬럼 대회(윔블던, 호주오픈, 프랑스오픈, USA오픈) 같은 주요 이벤트에 출전하는 100명 이상의 프로 테니스 선수를 후원한다. 시청자들은 러시아의 마리아 샤라포바(Maria Sharapova)가 프린스 라켓백을 들고 테니스코트에 걸어들어가는 것, 프랑스의 갤 몽

도표 프린스의 라켓이 목표로 하는 세분시장

세분시장		세분시장의 성격 (수준, 나이)	브랜드명	라켓의 제품 특성		
주된 세분시장	하위 세분시장			길이(인치)	줄 달기 전 무게(온스)	헤드 사이즈 (평방 인치)
퍼포먼스	정확성	좋은 감촉, 컨트롤, 스핀을 원하는 투어 프로선수	EXO³ Ignite 95	27.0	11.8	95
	파워	더 큰 스위트 스폿과 파워를 원하는 경쟁심이 강한 플레이어	EXO³ Red 95	27.25	9.9	105
레크리에이션	작은 헤드 사이즈	추가적인 파워를 가진 치기 쉬운 라켓을 찾는 플레이어	AirO Lightning MP	27.0	9.9	100
	큰 헤드 사이즈	더 큰 스위트 스폿과 파워를 원하는 플레이어	AirO Maria Lite OS	27.0	9.7	110
주니어	어리지만 숙련된 플레이어	8세에서 15세를 위한 고등학생 플레이어가 쓰는 것보다는 다소 짧고 가벼운 라켓	AirO Team Maria 23	23.0	8.1	100
	초보자	8세에서 15세를 위한 훨씬 짧고 가벼운 라켓, 어린 초보자를 위한 50%에서 75% 덜 빠른 테니스공	Air Team Maria 19	19.0	7.1	82

피스(Gael Monfils)가 프린스 라켓으로 서비스 에이스를 하는 것을 보게 된다.

21세기에 프린스는 어디로 나아가고 있을까? 글라셀은 "마케터로서 가장 큰 도전 중 하나는 시대의 흐름을 앞서 가는 것입니다"라고 하며 "그것은 시장이 어디로 가는지를 이해하는 사람들을 배우고 연구하며 또한 그들에게 말하는 것입니다"라고 역설한다.

질문

1. 21세기에 환경적 요인(사회, 경제, 기술, 경쟁, 규제) 중 어떠한 추세가 테니스산업에서 프린스스포츠의 성공에 (a) 기여하는가? (b) 장애가 되는가?
2. 프린스스포츠의 테니스 관련 제품 매출은 전체 테니스산업 성장에 전적으로 달려 있다. 테니스 참여인구를 늘리기 위해서는 어떤 마케팅활동을 전개해야 하는가?
3. 다음 각 테니스 플레이어들을 공략하기 위해 어떤 촉진활동을 전개해야 하는가? (a) 레크리에이션 플레이어, (b) 주니어 플레이어.
4. 다음의 각 상점에서 유통망과 매출을 확보하기 위해 무엇을 해야 하는가? (a) 타겟이나 월마트 같은 대중 양판점, (b) 테니스 전문점.
5. 미국 외의 글로벌시장을 공략하고자 한다. (a) 프린스가 마케팅활동을 집중적으로 전개할 국가를 선택할 때 사용해야 하는 기준은 무엇인가? (b) 이러한 기준에 부합하는 서너 개 국가는 어디인가? (c) 이러한 시장을 공략하기 위해 사용해야 하는 마케팅활동은 무엇인가?

9

신제품 및 서비스 개발

LEARNING OBJECTIVES

다음 학습목표를 달성해보자.

목표 1 제품 및 서비스와 관련된 다양한 용어를 이해한다.

목표 2 소비재와 산업재, 서비스를 분류하는 방법을 설명할 수 있다.

목표 3 서비스의 네 가지 고유 특성을 설명할 수 있다.

목표 4 고객에게 요구되는 학습의 정도와 관련하여 신제품과 신서비스의 '새로움'이 갖는 중요성에 대해 설명할 수 있다.

목표 5 신제품 또는 신규 서비스의 성공 또는 실패의 원인이 되는 요소들에 대해 설명할 수 있다.

목표 6 신제품 개발과정의 단계별 목표를 설명할 수 있다.

애플: 세계 최고 수준의 신제품 개발 기업

어떻게 해야 기업이 세계에서 가장 존경받고 재무적으로 가치 있는 조직이 될 수 있을까? 40년간 전 세계인에게 영향을 미쳐온 애플(Apple)과 애플의 전설적인 제품 혁신을 살펴보자.

애플의 성공적인 신제품 개발

고인이 된 공동 창립자 스티브 잡스가 주도한 애플의 신제품 성공은 개인 컴퓨터 분야, 음악, 스마트폰, 태블릿 컴퓨터 분야, 디지털 출판 등 5개 산업에 혁명을 일으켰다. 애플의 혁신 사례는 다음과 같다.

- 애플 Ⅱ: 최초로 상용화된 개인용 컴퓨터(1977)
- 매킨토시: 마우스와 그래픽 사용자 인터페이스가 있는 최초의 개인용 컴퓨터(1984)
- 아이팟: 세계 최초로 가장 성공한 MP3 플레이어(2001)
- 아이폰 4: 세계에서 가장 뛰어난 멀티터치 입력방식의 스마트폰이자 미디어 플레이어. 100만 개 이상의 앱이 존재함(2007)
- 아이패드(2010)와 아이패드 미니(2012): 책, 신문, 잡지, 교과서를 읽을 수 있는 얇은 태블릿
- 카플레이(CarPlay): 차를 운전하는 동안 아이폰으로 전화를 걸고, 음악을 듣고, 음성 또는 터치로 메시지를 확인할 수 있게 해주는 장치(2014)
- 애플워치: 웨어러블(wearable) 기기 내 시장 점유율 1위인 스마트워치(2015)
- 에어팟: 헤드폰 시장의 구도를 바꾼 무선 블루투스 이어버드(2017)
- 홈팟(HomePod): 시리(Siri)를 기반으로 한 프리미엄 스피커 및 홈허브(2018)

Source: Motor Trend

애플의 신제품 개발 실패

애플은 끊임없이 혁신을 추구하는 과정에서 종종 실패했다. 주목할만한 실패 사례는 다음과 같다.

- 애플 Ⅲ(Apple Ⅲ, 1980)과 애플 리사(Apple Lisa, 1983): 기업 사용자를 위한 제품인데 디자인 결함으로 인해 실패했다. 도입 4년 후 단종되었다.
- 애플 뉴턴(Apple Newton, 1987): 필기 인식 소프트웨어가 탑재된 PDA(Personal Digital Assistant). 제한된 배터리 수명과 가독성이 떨어지는 화면 탓에 10년 후 단종되었다.
- 매킨토시 포터블(Macintosh Portable, 1989): 애플이 최초로 시도한 배터리 전원을 사용하는 휴대용 컴퓨터. 비싼 가격과 휴대하기 어려운 16파운드의 무게 때문에 2년 후 사라졌다.
- 하키퍽(Hockey Puck) 마우스(1998): USB로 연결하는 애플 최초의 상용 마우스. 둥근 모양 때문에 잡기가 어려웠다.

이러한 예는 신제품 개발이 애플에게도 쉽지 않은 도전임을 보여준다. 애플은 각 실패에서 교훈을 얻었고 여기서 얻은 귀중한 통찰력으로 성공을 거두었다. 간단히 말해, 애플은 현명하게 실패했다. 매킨토시는 애플 리사의 실패에서 탄생했다. 애플의 아이폰은 모토로라와 함께 생산했던 오리지널 뮤직폰의 실패에서 탄생한 결과물이다.

애플의 다음 행보는 애플 기반 아이카?

애플의 제품 개발 단계에서 다음으로 진행될 주요 혁신은 무엇일까? 자동차? 그렇다. 애플 기반의 아이카(iCar)는 정가 5만 5,000달러로 출시될 가능성이 있다.

업계 관계자에 따르면 애플은 자동차 산업에 참여하기 위해 자동차, 디자인 및 컴퓨터 소프트웨어 엔지니어팀을 구성했다. 이 팀은 배터리, 센서 및 하드웨어-소프트웨어 통합과 같은 영역에서 애플이 아이폰을 개발할 때 연마한 전문지식을 차세대 자동차에 적용하는 작업을 한다.

애플의 개발 노력에 대한 세부 사항은 일부만 알려져 있다. 애플은 실제 자동차를 만들기 위해 기존 자동차 제조업체와 파트너십을 맺을 것으로 예상된다. 애플은 현재 렉서스(Lexus) SUV와 폭스바겐(Volkswagen) 밴에서 기술을 테스트하고 있다. 자동차에는 다른 애플 장치와 함께 작동하는 기능과 운전, 주차 및 제동을 포함한 자율기능이 있다. 새로 등록된 인터넷 도메인 www.AppleCar가 활성화되면 애플의 계획과 진행 상황에 대해 자세히 알아볼 수 있을 것이다.

독립 자동차 엔지니어들은 잡지 〈모터 트렌드(Motor Trend)〉에 애플 기반 아이카의 예상 콘셉트를 제공했다. 이 내용은 온라인으로도 볼 수 있는 잡지의 최근 호에서 생생하게 볼 수 있다. 〈모터 트렌드〉에 실린 아이카에 독자가 애플의 디자인 엔지니어에게 기대하는 내용이 포함되어있을지 기대된다.

조직의 수명은 새로운 제품과 서비스를 어떻게 구상하고, 생산하고, 마케팅하는가에 달려 있다. 9장에서는 제품 및 서비스의 특성에 대해 설명한다. 신제품이 성공하거나 실패하는 이유를 밝히고 신제품 개발 프로세스를 자세히 설명한다. 10장에서는 조직이 기존 제품, 서비스 및 브랜드를 관리하는 방법에 대해 설명한다.

제품과 서비스는 무엇인가?

목표 1 제품 및 서비스와 관련된 다양한 용어를 이해한다.

제품
고객의 욕구를 만족시킬 수 있는 유형과 무형의 속성들의 묶음으로 이루어진 유형제품, 서비스 및 아이디어이며 고객에게 제공하여 이들로부터 돈이나 그 외 가치 있는 것을 대가로 받음

마케팅의 핵심은 구매자의 욕구를 충족시킬 수 있는 **제품**(product)을 개발하는 데 있다. 제품은 고객의 욕구를 만족시킬 수 있는 유형과 무형의 속성들의 묶음으로 이루어진 유형제품, 서비스 및 아이디어이며 고객에게 제공하여 이들로부터 돈이나 그 외 다른 가치 있는 것을 대가로 받는다. 재화, 서비스 및 아이디어의 의미를 명확히 살펴보자.

유형제품, 서비스, 아이디어 살펴보기

유형제품은 소비자의 오감을 통해 인지할 수 있는 유형의 속성을 가지고 있다. 예를 들어 애플워치는 만질 수 있으며, 특징을 살펴보거나 들을 수 있다. 또한 배달이나 보증으로 이루어진 무형의 속성을 가질 수도 있으며, 더 건강해지거나 부유해지는 것 같은 훨씬 추상적인 개념들을 구체화시킬 수도 있다. 유형제품은 비내구재와 내구

재로 분류할 수 있다. 비내구재는 식품이나 연료와 같이 한 번 또는 몇 번 사용되는 제품이다. 내구재는 보통 가전제품, 자동차, 스마트폰처럼 지속적으로 사용할 수 있는 제품이다. 이 분류법은 또한 마케팅활동에 대한 방향을 제시한다. 예를 들어, 리글리껌(Wrigley's gum)과 같은 비내구재는 소비자 광고에 상당히 의존한다. 반대로 자동차와 같이 많은 비용이 드는 내구재는 일반적으로 인적판매를 통해 판매된다.

서비스(service)는 기업이 고객의 욕구를 만족시키기 위해 돈이나 다른 가치 있는 것을 받고 제공하는 무형의 활동이나 혜택이다. 서비스는 미국 경제에서 상당히 중요한 부분을 차지하고, 종종 제품을 보강해준다. 예를 들어 제품은 애플의 아이폰이고, 버라이즌(Verizon)은 무선 네트워크서비스 제공업체다.

마케팅에서 아이디어는 새로운 발명에 대한 개념이나 사람들이 투표하도록 유도하는 것과 같은, 제품이나 행동으로 이어지게 하는 생각이다.

이 책에서 제품은 일반적으로 유형제품뿐만 아니라 서비스와 아이디어까지도 포함한다. 제품이 '유형제품'이라는 좁은 의미로 사용될 때는 예시나 문장에서 명확히 드러날 것이다.

껌과 같은 비내구재는 쉽게 소비되고 소비자광고에 의존한다.

©McGraw-Hill Education/Mike Hruby, photographer

서비스
기업이 고객의 욕구를 만족시키기 위해 돈이나 다른 가치를 받고 제공하는 무형의 활동이나 혜택

제품 분류

목표 2 소비재와 산업재, 서비스를 분류하는 방법을 설명할 수 있다.

마케팅에서 널리 사용되는 두 가지 넓은 제품 범주는 사용자의 유형과 관련이 있다. **소비재**(consumer product)는 최종소비자에 의해 구매되는 제품인 반면, B2B제품이나 사업재(business products)로도 불리는 **산업재**(industrial products)는 재판매를 위한 제품을 공급하는 데 도움을 주는 제품으로 기업이나 기타 조직에 의해 구매된다. 어떤 제품은 소비재와 산업재 둘 다로 간주되기도 한다. 예를 들어, 애플의 아이맥(i-Mac)은 개인용으로 소비자에게 팔릴 수도, 사무용으로 기업에 팔릴 수도 있다. 각 분류는 서로 다른 마케팅활동을 야기한다. 소비재로서 아이맥은 애플스토어나 온라인스토어 통해 직접 구매될 수 있다. 산업재로서 아이맥의 대량구매는 애플의 영업사원이 기업의 구매 담당자와 직접 접촉하여 이루어질 수 있다. 이때 대량구매에 따른 가격 할인이 이루어지기도 한다.

소비재
최종소비자에 의해 구매되는 제품

산업재
재판매를 위한 제품을 공급하는 데 있어서 도움을 주기 위하여 기업이 구매하는 제품. B2B제품이라고도 불림

소비재 도표 9-1에 있는 소비재의 네 가지 유형은 ① 소비자가 의사결정에 쏟는 노력, ② 구매 결정을 하기 위해 고려된 속성, ③ 구매빈도의 세 가지 관점에 따라 차이가 난다. **편의품**(convenient products)은 소비자들이 빈번하게, 편하게, 쇼핑 시 최소한의 노력으로 구입하는 제품이다. **선매품**(shopping products)은 소비자들이 가격, 품질, 스타일과 같은 기준으로 몇 가지 대안을 비교하는 제품이다. **전문품**(specialty products)은 소비자들이 검색과 구매를 위해 특별한 노력을 들이는 제품이다. **비탐색품**(unsought product)은 소비자들이 모르거나, 알고 있으나 처음에는 원하지 않았던 제품이다.

도표 9-1은 소비재의 유형에 따라 마케팅믹스활동, 브랜드 충성도, 쇼핑에 대한 노력이 어떻게 달라지는지 보여준다. 그러나 소비재가 어떻게 분류되는지는 개인에 따라 다르다. 어떤 소비자는 스마트폰을 선매품으로 간주하여 브랜드를 결정하기 전에 오프라인 점포 몇 곳과 웹사이트들을 방문하는 반면, 다른 소비자는 스마트폰을 전문품으로 간주하고 오직 아이폰을 사기 위해서만 특별한 노력을 기울일 수도 있다.

편의품
소비자들이 빈번하게, 편하게, 쇼핑 시 최소한의 노력으로 구입하는 제품

선매품
소비자들이 가격, 품질, 스타일과 같은 기준으로써 몇 가지 대안들을 비교하는 제품

전문품
소비자들이 검색과 구매를 위해 특별한 노력을 들이는 제품

비탐색품
소비자들이 모르거나, 알고 있으나 처음에는 원하지 않았던 제품

비교기준	편의품	선매품	전문품	비탐색품
	소비재의 유형			
제품	치약, 케이크믹스, 비누, ATM	카메라, TV, 서류가방, 항공권	롤스로이스 자동차, 롤렉스 시계, 심장 수술	상조보험, 유의어사전
가격	비교적 저렴함	꽤 비쌈	보통 매우 비쌈	각기 다름
유통	광범위한 여러 점포	많은 수의 선택적 점포	매우 제한적	종종 제한적
촉진	가격, 유용성, 인지도가 중시됨	경쟁자와의 차별화가 중시됨	브랜드의 독특함과 사회적 지위가 중시됨	인지도가 필수적
소비자의 브랜드충성도	브랜드를 인지하나 대체품을 인정함	특정 브랜드 선호하나 대체품은 받아들임	대체품을 받아들이지 않을 정도의 높은 브랜드충성도	대체품을 받아들임
소비자의 구매행동	빈번하게 구매, 쇼핑에 소비하는 시간과 노력이 적음	드물게 구매, 비교 쇼핑시간이 많이 필요	드물게 구매, 광범위한 검색과 의사결정시간 필요	매우 드물게 구매, 약간 비교하며 쇼핑

도표 9-1 소비재의 유형은 소비자가 어떤 제품을 구매하는가와 사용된 마케팅전략에 상당한 영향을 미친다.

산업재 사업재(business products)라고 불리기도 한다. 주요 특징은 매출이 종종 파생수요(derived demand)의 결과, 즉 산업재의 매출은 소비재의 판매로부터 기인된다는(파생된다는) 것이다. 예를 들어 GM자동차(소비재)에 대한 소비자 수요가 증가하면, 기업의 페인트 분무장치(사업재)에 대한 수요도 증가한다.

사업재는 부분품과 지원품으로 분류된다. 부분품(components)은 최종 제품의 부분이 되는 제품이다. 부분품에는 토요타(Toyota) 자동차엔진 같은 부품(parts)뿐만 아니라 목재 같은 원료(raw material)도 포함된다. 지원품(support products)은 다른 재화와 서비스를 생산하는 데 도움을 주기 위해 사용되는 제품이다. 지원품에는 다음과 같은 것이 포함된다.

- 건물이나 고정장비와 같은 설비(installation)
- 공구나 사무기기 같은 보조장비(accessory equipment)
- 문구류, 종이클립, 빗자루와 같은 소모품(supplies)
- 유지, 보수, 법률서비스와 같은 산업서비스(industrial service)

산업재에 대한 전략은 제품의 복잡성(클립 대 개인용 제트기)과 5장에서 논의된 구매 유형(일상적 재구매 대 신규구매) 등을 고려하여 이루어진다.

서비스의 분류

서비스는 ① 사람이나 장비에 의해 제공되는지, ② 기업이나 비영리단체에 의해 제공되는지, ③ 정부단체에 의해 제공되는지에 따라 분류할 수 있다. 기업은 범주별로 다른 마케팅믹스전략을 사용한다.

사람이나 장비에 의한 서비스 제공　도표 9-2는 서비스를 제공하는 다양한 기업들을 보여준다. 사람에 기반을 둔 전문서비스에는 광고대행사나 의사에 의해 제공되는 서비스가 포함된다. 베스트바이(Best Buy)는 가전제품수리서비스를 제공하기 위해 숙련 노동자를 고용한다. 브로드뷰 시큐리티(Broadview Security)는 경비용역서비스를 제공하기 위해 상대적으로 미숙련 노동자를 고용한다. 사람에 기반을 둔 모든 서비스의 품질은 서비스를 제공하는 사람의 능력에 상당히 좌우된다.

도표 9-2의 장비에 기반을 둔 서비스는 종업원이 소비자에게 서비스를 제공할 때 일반적으로 직접 접촉하지 않기 때문에 일관성 없는 품질로 인한 마케팅 우려가 없다는 것을 보여준다. 사우스웨스트항공(Southwest Airlines)에서 자신이 탑승수속을 하거나, 인근 극장에서 영화를 보거나, 슈왑(Schwab)의 온라인 주식거래시스템을 사용할 때는 어떤 서비스 직원과도 소통할 필요없이 자동화된 서비스를 이용하면 된다.

사우스웨스트항공은 장비 기반 서비스의 예다.
©PSL Images/Alamy Stock Photo

기업이나 비영리단체에 의한 서비스 제공　2장에서 논의했던 바와 같이 개인 소유 기업은 생존을 위해 이윤을 추구하는 반면, 비영리단체는 고객만족과 효율성을 추구한다. 서비스의 종류에 따라 마케팅활동이 달라진다. 최근 미국 적십자와 같은 비영리단체들은 의사소통을 개선하고 어려움에 처한 사람들에게 더 많이 봉사하기 위해 마케팅을 활용하고 있다.

정부단체에 의한 서비스 제공　미연방정부, 주정부, 지방정부는 넓은 범위의 서비스를 제공한다. 이 조직들은 기업에서 사용하는 여러 마케팅방식을 활용하고 있다. 미국 우편사업청의 "쉽게 오고, 쉽게 간다(Easy Come, Easy Go)"라는 마케팅 캠페인은 글로벌 택배사업 분야에서 미국의 UPS, 페덱스(FedEx), DHL뿐만 아니라 외

도표 9-2 서비스는 사람 기반인지, 장비 기반인지에 따라 분류될 수 있다.

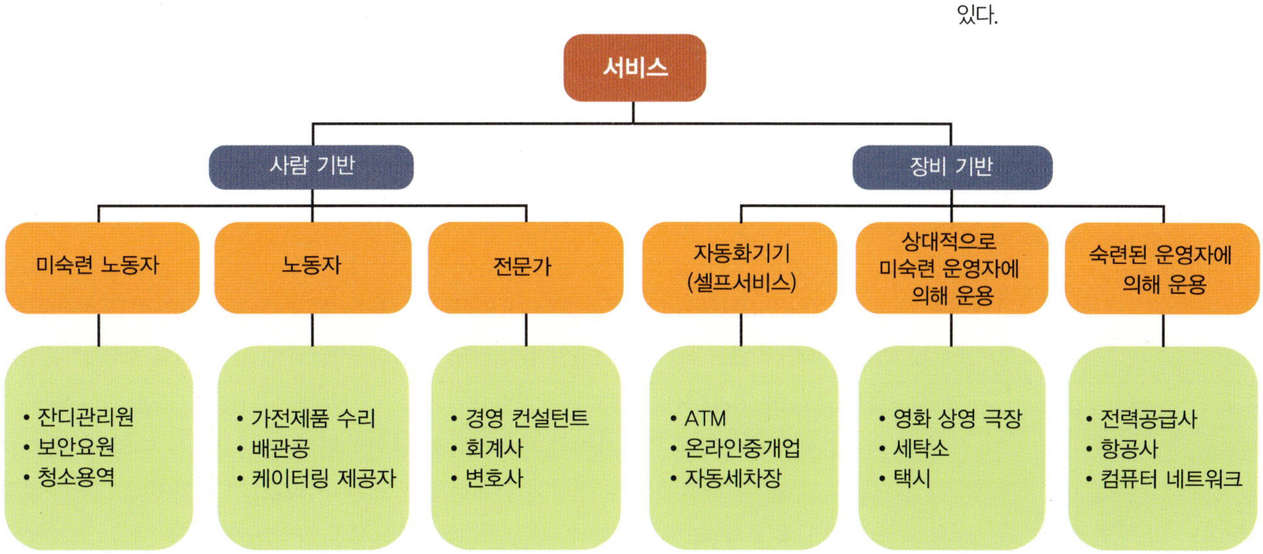

국 소재 소포 배달업체들과 효율적으로 경쟁하기 위해 도입되었다.

목표 3 서비스의 네 가지 고유 특성을 설명할 수 있다.

서비스의 고유 특성

서비즈의 네 가지 독특한 요소는 서비스를 유형제품과 구별해준다. **서비스의 4I**(four I's of service)라 불리는 네 가지 요소는 무형성, 불일치성, 비분리성, 재고다.

서비스의 4I
재화로부터 서비스를 구별하는 네 가지 독특한 요소로 비유형성, 불일치성, 비분리성, 재고가 있음

무형성 서비스에는 무형성(intangibility)이 있어서 구매를 결정하기 전에는 볼 수도 만질 수도 없다. 서비스는 물체(object)라기보다는 퍼포먼스(performance)라고 할 수 있는데, 이러한 성질은 고객이 서비스를 평가하는 것을 훨씬 어렵게 만든다. 마케터들은 고객이 서비스를 비교하고 평가할 수 있게 하고자 서비스를 유형화시키거나 이것을 사용함으로써 얻는 편익을 보여주려고 노력한다. 한 예로 아메리칸항공(American Airlines)은 리클라이닝 좌석의 편안함을 강조하는 광고를 통해 자사의 이점을 유형화하고자 한다.

불일치성 서비스는 서비스를 제공하는 사람에 의해 결정된다. 결과적으로 서비스의 품질은 각 개인의 능력과 그날의 업무 성과에 달려 있다. 이러한 불일치성(inconsistency)은 유형의 재화보다 서비스에서 더 문제가 된다. 유형의 제품은 품질의 관점에서 좋거나 나쁠 수 있지만, 유형제품의 품질은 현대의 생산라인에서 만들어지므로 최소한의 일치성이 보장된다. 반면 필라델피아 필리즈(Philadelphia Phillies) 야구팀의 경우, 하루는 굉장한 타격과 피칭능력을 보여주지만 다음 날에는 10점 이상의 대량 실점을 하기도 한다. 따라서 기업은 표준화와 교육을 통해 서비스의 불일치성을 감소시키고자 노력한다.

비분리성 비분리성(inseparability)이란 소비자가 서비스 공급자와 서비스 자체를 구별할 수 없음을 의미한다. 예를 들어, 대학교 대형 강의의 품질이 우수하더라도 학생들이 질문에 응답받지 못하거나, 형편없는 상담서비스를 받거나, 적절한 도서 지원을 받지 못한다면 전체적인 교육체험에 만족하지 못할 수도 있다. 아마 여러분은 대학교에서 교육서비스를 제공하는 사람들로부터 교육서비스의 본질인 '교육체험'에 대한 인식을 분리하지 못할 가능성이 크다.

재고 유형제품은 저장·소멸·이동되면서 재고(inventory) 취급비용을 발생시킨다. 서비스의 경우 이런 비용들은 훨씬 주관적이며 **유휴생산력**(idle production capacity)과 관련이 있다. 유휴생산력은 제공자가 서비스를 제공할 수 있지만, 서비스에 대한 수요가 없을 때에 발생한다. 서비스에 있어 재고비용은 놀고 있는 소요장비와 서비스 공급자에게 지불하는 비용이다. 의사는 환자를 진료하고 임금을 받는데, 만약 환자가 없어 의사가 일하지 않더라도 임금은 지급된다. 건축자재 소매상 홈디포(The Home Depot)의 파트타임 영업사원같이 직원에게 시간당 수당을 지급하는 서비스업체의 경우라면 영업사원의 근무시간을 단축하여 유휴생산력을 줄일 수 있다.

유휴생산력
서비스 제공자가 서비스를 제공할 수 있지만 서비스에 대한 수요가 없을 때 발생

오늘날 많은 사업체들은 핵심제품(유형제품 또는 서비스)과 부가서비스를 구분하는 것이 유용하다고 판단한다. U.S.뱅크는 핵심서비스(당좌예금)와 예금 보조업무,

주차, 드라이브스루, ATM 같은 부가서비스를 전부 제공하고 있다. 부가서비스는 종종 서비스 공급자들이 소비자들을 위해 부가가치를 제공함으로써 경쟁자로부터 자사를 차별화할 수 있게 해준다.

서비스 품질 평가 및 개선

소비자는 서비스를 경험한 후 그것을 어떻게 평가할까? 그들은 주로 서비스에 대한 기대치와 서비스에서의 실제 경험을 비교한다. 소비자의 기대와 실제 경험의 차이는 갭 분석(gap analysis)을 통해 파악하면 된다. 이 분석은 소비자에게 서비스품질 차원에 대한 기대와 경험을 평가하도록 요청한다. 예를 들어 항공사는 고객에게 세 가지 차원의 서비스품질의 평가에 관해 질문하는데, 그 질문은 다음과 같다.

- 신뢰성: 비행은 정시에 이루어졌는가?
- 유형성: 게이트, 비행기, 수하물 구역이 청결했는가?
- 반응성: 승무원이 질문에 기꺼이 대답했는가?

기대는 구전, 개인적인 욕구, 과거 경험 및 광고의 영향을 받는 반면에 실제 경험은 해당 기업이 서비스를 제공하는 방식에 따라 결정된다. 누군가 불만족하여 불평할 경우 어떻게 될까? 연구에 따르면 '서비스실패'를 경험한 고객의 불만사항을 해결하기 위해 기업이 성실히 응대하면 해당 고객의 만족도가 높아졌다고 한다.

콘서트장, 동물원, 미술관과 같이 소비자가 단순 참여자인 경우, 서비스 품질 향상을 위한 마케팅조사 수행은 특히 어려워진다. 디트로이트미술관(Detroit Institute of Art, DIA)은 갤러리를 더 매력적으로 만들기 위해 방문자들을 관찰하고 인터뷰한 후, 미술품 옆 작품 설명을 읽는 방문객들이 종종 혼란스러워 하는 것을 발견했다. 그래서 작품 설명을 보다 관람객 친화적으로 만들었다.

- 작품에 더 가깝게 이동시킨다.
- 최대 단어 수를 250개에서 150개로 줄인다.
- 글머리기호, 부제, 색상, 그래픽으로 단락을 분할하여 가독성을 높인다.

이렇게 수정한 결과, 작품 설명을 읽는 읽는 관람객의 비중이 크게 증가했다. 변경 전에는 작품 설명을 읽는 관람객의 비중이 2%에 불과한 경우도 있었다. 최근 디트로이트미술관은 더 많은 고객을 참여시키기 위해 증강현실 투어를 제공하기 시작했다.

제품군, 제품 형태, 품목, 제품라인, 제품믹스

대부분의 기업은 고객에게 다양한 제품과 서비스를 제공한다. 각 제품의 묶음들은 제품군이나 제품이 속한 산업에 따라 분류될 수 있다. 제품은 제품군 내에서 다양한 제품의 형태로 존재할 수 있다(2장 및 10장 참조). **품목**(product item)은 고유의 브랜드, 사이즈 혹은 가격을 가지고 있는 특정 제품을 말한다. 예를 들면, 울트라 다우니(Ultra Downy) 섬유유연제는 여러 가지 형태(세탁기용 액체 형태, 건조기를 위

품목
고유의 브랜드, 사이즈 혹은 가격을 지닌 특정 제품

디트로이트미술관이 마케팅활동의 결과를 측정하기 위해 직접 관찰 및 인터뷰를 사용했는지 본문을 통해 알아보자.

©Fabrizio Costantini

제품라인
밀접하게 관련된 제품이나 서비스의 집합으로 한 유형의 욕구를 충족시켜주며, 함께 사용되거나 비슷한 소비자 그룹에게 판매되며 비슷한 유통경로를 통해 판매되고 특정 가격대의 범위에 들어감

Video 9-1
Crapola
kerin.tv/cr8e/v9-1

어떤 기업이 고객에게 "형편없는 하루 보내세요?"라고 기쁘게 말할까? 이 맛있는 제품에 대해 알아보려면 본문을 확인해보자.

©Source: Brainstorm Bakery

제품믹스
기업이 제공하는 모든 제품라인

한 얇은 종이 형태)와 사이즈(40온스, 60온스 등)로 제공된다. 각 품목은 독립된 재고관리코드(stock keeping unit, SKU)를 가지고 있는데 이는 주문이나 재고관리를 목적으로 품목을 규정한 고유 식별번호이다.

제품라인(product line)은 밀접하게 관련된 제품이나 서비스의 집합으로 한 유형의 욕구를 충족시켜주며, 함께 사용되거나 비슷한 소비자 그룹에게 비슷한 유통경로를 통해 판매되고 특정 가격대의 범위에 들어간다. 나이키의 제품라인에는 신발과 의류가 있고, 세계적으로 명성이 높은 병원 메이요클리닉(Mayo Clinic)의 서비스라인은 입원 환자 의료서비스와 외래 환자 의료서비스로 이루어진다. 각 제품라인마다 그들만의 마케팅전략이 존재한다.

크래폴라 그레놀라(Crapola Granola) **제품라인**(product line)은 브레인스톰베이커리(Brainstorm Bakery)라는 작은 빵집 주인 브라이언(Brian)과 안드레아 스트롬(Andrea Strom)의 농담에서 시작되었다. 건조 크랜베리(CRanberries)와 사과 그래놀라(APplesgranOLA)를 합쳐 크래폴라(Crapola)라고 명명된 이 제품 안에는 견과류, 메이플시럽과 꿀로 단맛을 낸 5가지 유기농 곡물이 들어간다. 겉포장에는 "크래폴라가 비정상적인 사람들도 평범하게 만듭니다"라고 쓰여있다.

크래폴라는 미국 중서부, 캘리포니아 및 오레곤의 소매점과 www.crapola.us에서 온라인으로 판매된다. 현재는 '넘버 투(Number Two)', '콜로니얼 타임즈(Colo-nial Times)', '키사푸(Kissapoo)' 같은 다른 맛의 제품도 공급한다. 이처럼 제품라인을 확장하면 소비자와 소매업체는 구매 결정을 단순화할 수 있다. 크래폴라를 좋아하는 개인 소비자 혹은 가족은 크래폴라 제품라인 내 다른 제품도 구입할 수 있다. 슈퍼마켓 체인은 가능하면 소수의 공급자와 거래하여 효율성을 높이려고 하기에 넓은 제품라인을 보유한 브레인스톰베이커리는 슈퍼마켓 체인에서 유통망을 확보하기가 유리하다.

많은 기업들이 제품믹스를 가지고 있다. **제품믹스**(product mix)는 각 기업에서 제공하는 모든 제품라인들로 구성된다. 예를 들어, 슈퍼컴퓨터 제조기업 크레이(Cray

Inc.)는 주로 정부나 대기업에게 판매되는 세 가지 제품믹스인 슈퍼컴퓨터, 저장시스템, 데이터 어플라이언스(data appliance)를 가지고 있다. 그러나 P&G는 미용 및 그루밍(크레스트 치약 및 질레트 면도기) 및 가정용 케어(다우니 섬유유연제, 타이드 세제 및 팸퍼스 기저귀) 같은 제품라인 등 대규모 제품믹스를 보유하고 있다.

학 습 리 뷰

1. 소비재의 네 가지 종류는 무엇인가?
2. 서비스의 4I는 무엇인가?
3. 제품라인과 제품믹스의 차이는 무엇인가?

신제품의 의미와 성공 및 실패 이유

신제품은 기업의 생명선으로 기업을 지속적으로 성장시켜주지만, 재무적인 위험이 될 가능성도 크다. 신제품이 시장에 도입되는 방법에 관해 논의하기 전에, 신제품이 무엇인지를 자세히 살펴보자.

목표 4 고객에게 요구되는 학습의 정도와 관련하여 신제품과 신서비스의 '새로움'이 갖는 중요성에 대해 설명할 수 있다.

신제품의 정의

'신(new)'이라는 용어는 정의하기 어렵다. 소니의 플레이스테이션 5는 플레이스테이션 4가 이미 있는데도 새로운 것이었을까? 아마 그럴 것이다. 왜냐면 플레이스테이션 5, 닌텐도의 위 유(Wii U), 마이크로소프트의 엑스박스 원엑스 모두 단순한 게임 콘솔이 아닌 엔터테인먼트 '허브'로 포지셔닝하기 때문이다. 신제품마케팅에서 '신'이 갖는 의미는 무엇일까? 몇 가지 관점에서 새로움에 대해 논의해보자.

기존의 제품과 비교한 새로움 만약 제품이 기능적으로 기존 제품과 다르다면, 새롭다고 정의할 수 있다. 때때로 새로움은 애플의 스마트폰처럼 획기적이며 완전히 새로운 산업을 창출한다. 그런 경우는 사실 드물고 보통은 더 많은 고객으로부터 관심을 끌기 위한 노력의 일환으로 기존의 제품에 더 많은 특징을 추가한다. 스마트티비, 스마트폰, 스마트카, 스마트워치, 태블릿기기가 더욱 정교해질수록 소비자들의 삶은 훨씬 복잡해질 수 있다. 간혹 '특성 부풀리기(feature bloat)'로 불리는 추가 옵션의 급증은 많은 소비자를 압도하고, 의도하지 않은 결과를 낳는다. 이를 '소비자 특성피로감'이라고 부른다. '마케팅의 힘' 박스에서는 특성 부풀리기와 그 결과 나타나는 특성피로감에 대해 설명한다.

고객 관점에서의 새로움 신제품을 정의하는 두 번째 방법은 제품을 소비에 미치는 영향의 관점에서 보는 것이다. 이 방법은 도표 9-3에서와 같이 소비자에 의해 요구되는 학습의 정도에 따라 신제품을 분류한다.

연속적 혁신(continuous innovation)의 경우, 소비자들은 새로운 행동을 배울 필요가 없다. 치약 제조사는 신제품이나 개량된 제품을 소개할 때 '치아 미백' 또는 '플라크 제거'와 같은 새로운 속성이나 특성들을 추가할 수 있다. 콜게이트 토털 어드밴스드(Colgate Total Advanced) 잇몸 보호 치약이 그 예이다. 그러나 추가적인 특성들은 구매자가 새로운 칫솔질 행동을 배우도록 요구하지는 않는다. 따라서 이것은 연속적 혁신이다. 이 단순한 혁신의 좋은 점은 고객을 재교육할 필요없이 인지도만 높이면 효과적인 마케팅이 된다는 것이다.

동적인 연속적 혁신(dynamically continuous innovation)의 경우에는 소비행동에 최소한의 변화가 요구된다. P&G의 스위퍼 웻젯(Swiffer WetJet) 올인원 걸레질 솔루션은 성공적인 동적 연속 혁신이다. 새로운 디자인은 소비자의 큰 행동 변화없이 더러운 상태, 힘든 노동, 무거운 바닥청소기계 이동의 세 가지를 없애주었다. 여기에서의 마케팅전략은 제품의 편익, 장점, 적절한 사용법을 잠재고객에게 교육시키는 것이었다. P&G는 새로운 걸레질 기계로 이것을 해냈고, 그 결과 연 매출 10억 달러

마케팅의 힘

고객가치

너무 많은 장점: 신제품 개발에서의 특성 부풀리기와 특성피로감

더 많은 소비자를 만족시키기 위해 제품에 여러 특성을 추가하는 것은 따져볼 필요도 없이 좋은 전략처럼 보인다. 과연 그러할까?

특성 부풀리기

제품의 잠재고객을 대상으로 한 대부분의 마케팅조사에서 잠재고객들은 더 많은 특성을 원한다고 말하지만, 실제로는 너무 복잡한 특성이나 신제품의 '특성 부풀리기'에 압도되는 것으로 나타났다. 특성 부풀리기란 제품 개발자가 대부분의 소비자에게 어떤 편익도 없으며 제품 비용만 증가하는 불필요한 기능을 제품에 추가하는 경향이다.

예를 들어, 오늘날 소비자는 휴대폰, 콘솔게임, 계산기, 문자메시지 장치, 무선 인터넷 연결, 디지털카메라, MP3 플레이어 및 GPS 기능을 하는 단일 제품을 구입할 수 있다. 각 기능을 추가할 때마다 개발자가 신제품이라고 주장할 수 있게 되며 당연히 그렇게 한다.

특성피로감

그러나 연구에 따르면 특성 부풀리기는 신제품(기존 제품에 비해)의 기능을 높이고 구매를 장려할 수 있지만 구매 후 실제 사용경험에서 소비자불만 또는 특성피로감으로 이어질 수 있다. 메릴랜드 대학의 한 연구원은 "소비자는 제품 사용 전에(사용 후에 비해) 기능에 더 많은 가중치를 부여하고 (제품의) 사용성에 더 적은 가중치를 부여하기 때문에 지나치게 복잡한 제품을 선택하는 경향이 있고, 그 때문에 제품 사용 시 만족감을 극대화 시킬 수 없다"라고 하며 이러한 이유로 특성피로감이 발생한다고 말했다.

특성피로감의 결과는 짜증, 재구매 및 소비자 유지가능성의 감소로 나타난다. 이 현상은 디지털시계와 스마트글래스를 포함한 웨어러블 기술 분야에서 관찰되었다. 그림은 소비자의 관점에서 특성 부풀리기에 따른 피로 궤적을 보여준다. 피로가 시작되는 특성 부풀리기 꼭짓점은 다른 기능의 추가가 소비자의 관심을 끌기보다는 짜증나게 하는 시점을 나타낸다.

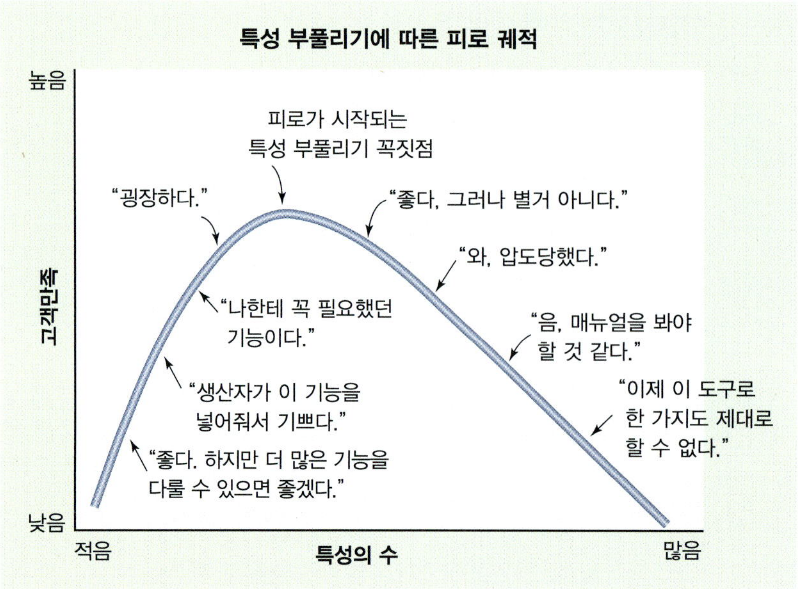

낮음 ← 소비자로부터 새롭게 요구되는 학습의 정도 → 높음

비교기준	연속적 혁신	동적인 연속적 혁신	불연속적 혁신
정의	고객에게 새로운 학습에 대한 요구가 없음	소비행위에 지장을 주나, 새롭게 학습할 필요는 없음	소비자에게 새로운 학습과 소비패턴이 요구됨
예시	업그레이드된 전기면도기, 세제, 치약	전동칫솔, LED HDTV, 스마트폰	무선 라우터, 디지털비디오레코더, 전기자동차
마케팅전략	소비자의 관심과 광범위한 유통 확보	소비자에게 차이점과 혜택을 광고	대인 직접판매와 시매품을 통해 소비자들을 교육

도표 9-3 신제품에서 '새로움'의 정도는 소비자가 제품을 사용하기 위해 들이는 학습의 양에 영향을 미치며, 결과적으로는 이에 따라 마케팅전략이 달라진다.

를 달성했다.

불연속적 혁신(discontinuous innovation)의 경우, 소비자들이 제품을 사용하기 위해서는 완전히 새로운 소비패턴을 배워야 한다. 보안, 난방 및 조명과 같은 가정용 시스템을 제어하는 스마트홈 장치를 아마존이나 구글에서 구입한 적이 있고, 그것을 스스로 성공적으로 설치했다면 축하할 일이다. 미국 전자제품 판매 소매상 베스트바이(BestBuy)의 긱스쿼드(Geek Squad)와 아마존의 스마트홈서비스는 설정과 작동이 매우 복잡한 스마트홈 장치를 소비자 대신 설치하고 활성화하는 사업을 운영하며 번창 중이다. 불연속적 혁신에 대한 마케팅노력은 일반적으로 최초 소비자의 관심을 끄는 것뿐만 아니라 혁신적인 제품의 적절한 사용법과 혜택 모두를 소비자들에게 교육시키는 것까지 포함한다.

법률 용어로서의 새로움 미국연방통상위원회(U.S. Federal Trade Commission)에서는 신제품이 정규 유통에 진입한 후에 6개월 내까지 '신(new)'이라는 용어의 사용 제한을 권고한다. 이 제안이 가지는 어려움은 '정규 유통'이라는 용어를 어떻게 해석하는가에 있다.

기업 관점에서의 새로움 성공적인 기업은 제품에 대한 새로움과 혁신을 세 가지 수준에서 판단한다. 가장 적은 위험을 수반하는 가장 낮은 수준은 제품라인의 확장이다. 이것은 기업의 기존 제품에 대한 점진적 개선이다. 예를 들어, 퓨리나(Purina)는 기존 50종의 팬시 피스트(Fancy Feast) 고급 고양이 사료 제품라인에 레스토랑급 고양이 사료인 엘리건트 메들리(Elegant Medleys) 신제품라인을 추가했다. 이 방법은 신규 고객을 확대하는 잠재적 이득을 주지만 비용 증가와 자기잠식(cannibalization), 즉 기존 제품라인의 매출 감소라는 두 가지 위험도 존재한다.

두 번째 수준은 ① 혁신의 또는 기술의 현저한 도약 또는 ② 익숙하지 않은 시장의 신제품에 기존 브랜드 이름을 추가하는 것과 관련된 브랜드 확장이다. ①의 경우 제조업체가 새로운 스마트폰이나 디지털카메라를 판매하는 경우 기술이 크게 향상 되었다고 볼 수 있다.

레스토랑급 고양이 사료 퓨리나의 엘리건트 메들리와 같은 점진적 개선 제품의 잠재적 이득과 위험성은 본문에 설명되어있다.

Source: Nestlé

②의 경우(기존 브랜드명을 사용하여 익숙하지 않은 시장에 신제품을 소개하는 경우) 강력한 브랜드명을 가진 회사에게는 속기 쉬울 정도로 쉬워 보인다. 실제로 콜게이트는 그렇게 생각했다. 콜게이트는 냉동 디너 라인에 브랜드명을 붙여 콜게이트 키친 앙트레(Colgate's Kitchen Entrees)를 출시했다. 제품라인은 빠르게 죽어갔다. 한 마케팅 전문가는 이 사례를 "지금까지 본 가장 기이한 브랜드 확장 중 하나"라고 부르며, 사람들의 마음속에 치약 브랜드로 강하게 자리잡은 콜게이트 브랜드가 정확히 "미각이 자극"되도록 하지 못했다는 점을 확인시켜주었다.

세 번째이자 최고 수준의 혁신은 진정으로 혁신적인 신제품인 획기적인 발명과 관련된다. 3D 시스템의 창립자인 척 헐(Chuck Hull)이 발명하고 상용화한 3D 프린터는 근본적인 발명의 한 예다. 기업의 효과적인 신제품 개발은 세 가지 수준에서 전부 존재한다.

제품과 서비스가 성공하거나 실패하는 이유

우리는 모두 애플의 아이폰, 넷플릭스와 같은 위대한 제품과 서비스의 성공에 대해 잘 알고 있다. 그러나 조용히 잊혀져가는 수천 개의 실패한 제품들로 인해 미국 기업들은 매년 수억 달러의 손실을 보고 있다. 이상적으로 말하면 신제품과 신규 서비스는 제품 개발을 시작하기 전에 ① 잘 정의된 표적시장, ② 구체적인 고객들의 필요, 욕구, 선호, ③ 제품이 어떤 것이며 고객을 만족시키기 위해 무엇을 할 수 있는가 등 세 가지 사항을 정확하게 정의한 계획서, 즉 **프로토콜**(protocol)이 필요하다.

프로토콜
제품 개발을 시작하기 전에 ① 잘 정의된 표적시장, ② 구체적인 고객들의 필요, 욕구, 선호, ③ 제품이 어떤 것이며 고객을 만족시키기 위해 무엇을 할 수 있는지 등 세 가지 사항을 정확하게 정의한 계획서

한 연구는 상업적으로 성공한 단일 신제품을 생산하는 것이 얼마나 어려운지 보여준다. 특히 한 달 동안 진열대에 올라갔다가 몇 달 후 영원히 사라지는 소비재의 경우라면 더욱 그렇다. 대부분의 미국 가정은 동일한 150개의 품목을 반복구매하고 있기에 신제품의 구매자를 확보하기란 매우 어렵다. 새로운 소비재의 3% 미만 정도가 성공적인 소비재 출시의 기준인 첫 해 매출 5,000만 달러를 초과한다.

이 장의 후반부에서는 신제품 개발과정에 대해 살펴보며 이런 실패를 피하는 방법에 관해 알아볼 것이다. 그리고 나면 이 실패들이 이제와서는 명백해 보이지만, 예견하기 어려운 일이었다는 걸 인정하게 될 것이다.

목표 5 신제품 또는 신규 서비스의 성공 또는 실패의 원인이 되는 요소들에 대해 설명할 수 있다.

신제품 실패의 마케팅 이유 마케팅과 비마케팅 요인 모두 신제품 실패의 원인이 된다. 신제품의 성공과 실패에 대한 몇 가지 연구로부터 나온 연구 결과를 바탕으로 신제품의 승자와 패자를 구분할 수 있는 중대한 마케팅요인들을 확인해보자. 이러한 요인들은 때로 겹치기도 한다.

- 차별화할 수 있는 포인트 적음: 한 연구 보고서는 신제품의 독특한 차이점은 사용자에게 독특한 혜택을 주기에 경쟁제품들을 물리칠 수 있는 가장 중요한 요소라고 제시하고 있다. 제너럴밀스(General Mills)는 3,400만 달러의 프로모션 예산을 가지고 콘칩 크기의 달콤한 곡물 시리얼 플레이크 '핑고스(Fingos)'를 출시했다. 핑고스는 건조된 그대로 스낵으로 먹는 제품이었는데 소비자들은 이 제품을 그렇게 먹지 않았다. 이 차별 포인트는 소비자들에게 팝콘과 감자칩과 같은 경쟁 스낵을 먹는 것을 중단하게 할 정도로 충분하지 않았다.
- 불완전한 시장 및 제품계획서: 기업들은 제품계획서(프로토콜) 없이 가상적

인 시장에 애매모호한 제품을 출시하려고 한다. 킴벌리-클라크(Kimberly-Clark)가 만든 비타민 C 파생물을 함유한 어버트 바이러사이덜(Avert Virucidal) 티슈는 사용자들이 재채기를 하거나 코를 풀 때, 과학적으로 감기와 독감 세균을 죽이도록 고안되었다. 그런데 이 제품은 시험마케팅에서 실패했다. 사람들은 그들의 주장을 믿지 않았고, 바이러스와 사이덜(cidal: 죽이는)의 조어로 만들어진 제품명에서 '죽음의 초래'를 연상했다. 어버트 바이러사이덜 티슈의 가장 큰 실패 원인은 소비자들이 원하는 것과 필요한 것을 만족시키는 방법에 대한 명확하게 정의된 제품계획서가 없다는 것이었다.

- 결정적 요인에서 고객의 욕구를 만족시키지 못함: 첫 번째 원인과 다소 중복될 수 있지만, 이 실패요인은 일반적으로 품질이 높다고 하더라도 한 두 개의 결정적 요인에 대한 문제가 제품을 망칠 수 있다는 것을 강조한다.

미국에서 음료기계를 만드는 큐리그그린마운틴(Keurig Green Mountain)이 출시한 콜드(Kold)의 실패에 관해 생각해보자. 사용자가 주방에 설치해놓고 차가운 코카콜라, 닥터페퍼, 여러 탄산음료를 만들어 마실 수 있는 이 탄산음료 메이커는 결국 판매가 중단되었다. 이 제품은 맛있고 차가운 탄산음료를 만들어 주었음에도 불구하고, 소비자가 중요하다고 생각하는 다른 요인을 충족시키지 못했다. 기계는 너무 커서 대부분의 주방 조리대에 설치하기 어려웠다. 음료는 만들어지기까지 너무 오래 걸렸고, 가격은 매우 비쌌다. 가격은 370달러에 책정되었는데, 당시 8온스 음료의 가격은 1.25달러였다.

큐리그 콜드(Keurig Kold)는 맛있는 탄산음료 제조기계를 생산했다. 이 제품은 왜 실패했을까? 이에 관해서는 본문을 읽어보자.

- 적절하지 못한 시기 선택: 이것은 제품을 너무 빨리 또는 너무 늦게 소개하거나 소비자의 취향이나 선호가 급격히 바뀌었을 때 발생한다. 적절하지 못한 시기 선택은 신제품 관리자에게 있어 악몽이다. 예를 들어, 휴렛팩커드(HP)는 애플이 아이패드를 처음 출시한지 몇 년이 지난 후 HP태블릿을 출시하였는데, 그때 애플은 수많은 앱을 기반으로 한 차세대 아이패드를 출시했다. 휴렛팩커드의 제품은 출시가 늦었을 뿐만 아니라 앱 측면에서 아이패드 2보다 크게 뒤처지는 것이었다. 그들은 적시에 소비자의 선호를 충족시키는 제품을 제공하지 못한 까닭에 출시 2개월 후 HP태블릿을 포기하게 되었다.
- 구매자에게 접근할 경제적 방법 부재: 식료품의 사례에서 이 요인에 대한 예시를 살펴볼 수 있다. 오늘날 메가 슈퍼마켓에서는 6만 개 이상의 재고관리코드(SKU)를 관리한다. 매달 미국 내에서만 연간 약 4만 개의 새로운 소비재(식품, 음료, 건강보조제와 화장품, 가사용품, 애완용품)가 나오기 때문에, 유통매장에 제품 판매를 위한 진열대를 확보하기 위한 비용이 엄청나다. 진열대는 단위 면적당 매출액의 관점에서 평가되기 때문에 서스티도그(Thirsty Dog!: 강한 맥주향이 나고, 비타민이 풍부하고, 미네랄이 가득한 강아지용 탄산수)는 슈퍼마켓 선반에서 기존제품을 몰아내고 선반에 전시되어야 했다. 하지만 소매상의 단위 면적당 높은 매출 요구를 맞추기는 어려운 일이었다. 서스티도그와 자매품 서스티캣도 이러한 요구들을 만족시킬 만큼 충분한 매출을 올리는 데 실패했다.

늦게 출시된 휴렛팩커드 태블릿은 애플의 아이패드 2보다 기능 면에서 한 세대 뒤처진 것이었다. 그 결과 출시 2개월 후 판매가 중단되었다.

- 잘못된 마케팅믹스(브랜드명, 포장, 가격, 촉진, 유통) 실행: 마케팅믹스 중

제품 실패의 원인이 있을 수도 있다. 건더슨 앤 로사리오(Gunderson & Rosario)가 출시한 갈릭케이크(Garlic Cake)는 달콤한 빵과 레드수프, 고기와 함께 전채요리로 기획되었지만 어찌된 일인지 회사는 잠재고객에게 이 제품에 대해 언급하는 것을 잊어버렸다. 갈릭케이크는 이것이 무엇인지, 그리고 소비자들이 언제 먹어야 하는지에 대한 의구심만 불러일으키며 결국 퇴출되었다.

- 낮은 시장 매력도: 높은 성장률이 예상되고 풍부한 구매자욕구를 가진 커다란 표적시장은 이상적이다. 그러나 어떤 표적시장은 막대한 비용을 확보하기에는 너무 작거나 경쟁이 치열하다. 아웃!인터내셔널(OUT! International's)의 '헤이! 괴물이 내 방에 있어(Hey! There's A Monster In My Room)'는 아이들이 자는 방의 해충을 제거하도록 고안된 버블껌향이 나는 스프레이였다. 이 스프레이는 참신하고 귀여웠지만 브랜드명에서 침대에 괴물이 숨어있다는 것을 암시했기 때문에, 아이들이 괴물에 대한 공포로 늦은 시간까지 잠을 못 이룰 가능성이 있었다. 그리고 이게 정말 매력적인 시장일까?
- 형편없는 품질: 이 요인은 제품이 철저히 테스트되지 않았을 때 나타난다. 형편없는 품질로 인한 비용은 기업에게 큰 충격을 줄 수 있다. 이 비용에는 임금, 재료비, 문제해결을 위한 기타 경비가 포함되는데, 결과적으로 발생하는 매출액, 이익, 시장점유율의 손실은 말할 필요도 없다. 호버보드(hoverboards)라고 불리는 자체 균형 스쿠터를 떠올려보자. 10대들에게 인기 있던 이 제품은 언론의 주목을 받았으나 다양한 제조업체에서 만든 호버보드에 불이 붙거나 폭발한 이후 판매가 급감하였다.

개나 고양이가 비타민이 풍부한 탄산수를 마시고 싶어 할까? 만일 그렇다고 하더라도, 우리는 그 사실을 결코 알 수 없다. 이 제품은 반려인들의 외면으로 슈퍼마켓 진열대에서 오래 살아남지 못했다.

©Patrick Farrell/KRT/Newscom

제품의 품질이 호버보드의 판매 잠재력을 방해한 경우다. 이 제품은 안전 문제가 발생한 후 매출이 급감했다.

©B Christopher/Alamy Stock Photo

신제품에서 발생하는 문제는 간단한 마케팅조사로 파악할 수 있다. 신제품 개발이 성공하는 것은 때로 운이 필요하지만 그보다는 제품 자체에 소비자욕구를 충족시키고 경쟁제품을 능가할 만한 차별 포인트가 있어야 한다.

신제품 실패와 조직의 타성 조직의 문제와 태도 또한 신제품 재앙을 일으킬 수 있다. 핵심은 다음과 같다.

- 테스크포스와 위원회 미팅에서 '집단사고'에 대항하기: 신제품기획팀 회의에서 누군가는 제품 콘셉트가 어이없는 아이디어라고 생각하거나 제품에 대해 의심쩍어 할 수 있다. 그 사람은 '부정적인 생각을 하는 사람' 혹은 '단체행동을 하지 않는 사람'으로 의심받을 수 있고, 집단에 참여하지 못하게 될 수도 있다는 두려움 때문에 말하기를 꺼려 하게 된다. 라이프 세이버즈(Life Savers) 신제품팀의 누군가도 자사의 탄산음료가 좋은 아이디어가 아니라는 의견을 말하길 두려워했을 것 같다. 그렇게 라이프 세이버즈는 실패했다. 마찬가지로 신제품의 핵심 지지자들이

마케팅계기판

어느 주의 실적이 낮은가?

여러분이 2015년에 고영양·고에너지 스낵을 개발하여 창업을 했다고 가정해보자. 지금은 2019년 1월이라고 가정한 후 마케터로서 '사업체가 잘 커나갈까?'라고 자문해보자.

도전

스낵은 50개주 모두에서 팔리고 있다. 목표는 연평균 10% 성장이다. 회사는 2019년을 시작하면서 2018년 발생한 모든 매출상 문제를 빠르게 해결하길 원한다. 또 침체 혹은 하락세에 있는 주의 매출액이 10% 이상의 성장률을 보이는 주의 매출액을 상쇄시키고 있다는 걸 알고 있다.

각 주에서의 1년 전 대비 매출액의 퍼센트 변화율의 도표 분석이 도움이 되기는 하겠지만 분석에 시간이 많이 들 것이다. 이때는 잘 표현된 그래픽이 더 유용하다. 다음과 같은 마케팅측정치를 선택하여 매출을 판매 개수로 측정했다.

$$\text{연 매출 변화(\%)} = \frac{(\text{2018년 매출} - \text{2017년 매출}) \times 100}{\text{2017년 매출}}$$

매출을 향상시킬 수 있도록 즉각 행동하길 원한다고 치자. 지도에서 10% 이상 성장률을 보인 곳은 녹색, 10% 이하의 성장률을 보인 곳은 주황색, 하락세인 곳은 빨간색으로 표시되어있다. ① 마케팅측정치를 선택했다는 것, ② 녹색은 좋고 주황색은 저조하고, 빨간색은 매우 저조한 지역이라는 나만의 규칙을 만들었다는 것에 주목해보자.

발견

북동부에 있는 주의 매출 성장률이 목표인 10%보다 낮으며, 실질적으로 많은 주에서 하락하고 있다는 것을 알 수 있다.

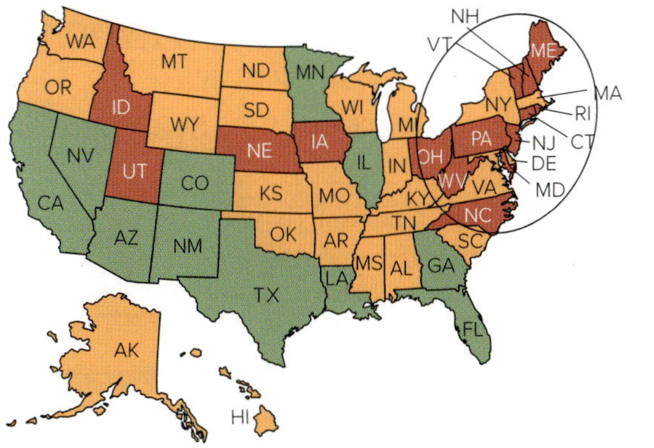

주별 연간 매출 성장률

행동

종종 매출이 미달되는 문제를 해결하려고 노력하는 것이 마케팅 과제가 되는 경우가 있다. 실적을 못 내고 있는 가장 큰 규모의 주들(이 경우에는 미국 북동부에 있는 주들)에서 나타나는 문제점을 알아보고 바로잡고자 하는 노력을 할 필요가 있다.

만약 문제점이 ① 소비자의 취향을 포함하는 외부적인 요인이나 ② 유통시스템의 실패와 같은 내부적인 요인으로 밝혀진다면 우리는 이를 확인하기 위해 마케팅조사를 실시해야 할 것이다.

갖는 강한 믿음 때문에 부정적인 정보가 밝혀져도 제품 개발을 중단시키기가 어려워지기도 한다. 이때 팀 리더가 팀원들로 하여금 가정을 해보게 하고 건설적인 반대 의견을 표명하고 대안을 제시하도록 장려한다면 집단사고를 최소화할 수 있을 것이다.

- NIH(기업 내부에서 직접 개발하지 않은 기술이나 아이디어) 문제 회피하기: 대단한 아이디어는 출처에 상관없이 대단하다. 그러나 대기업의 관료제적 조직은 종종 외부에서 온 아이디어들을 단순히 외부에서 왔다는 이유만으로 거부한다. 이것이 바로 '기업 내부에서 직접 개발하지 않는 기술이나 아이디어(not-invented-here, NIH)의 문제'다. 미래지향적인 기업은 **오픈 이노베이션**(open innovation)을 수용하여 이 문제를 해결하려고 한다. 오픈 이노베이션은 새로운 제품과 서비스를 구상, 생산 및 마케팅할 때 내외부의 아이디어와 내외부의 협업을 장려하는 과정 및 실행을 말한다. 오픈 이노베이션에 대한 접근방식은 곧 논의하게 될 신제품 개발과정에 대한 설명에서 다시 한번 언급할 것이다.

> **오픈 이노베이션**
> 새로운 제품과 서비스를 구상, 생산 및 마케팅할 때 내부 및 외부 아이디어와 내부와 외부의 협업을 장려하는 과정 및 실행

이러한 기업조직 내부의 문제는 앞서 열거한 신제품 실패에 대한 8가지 마케팅요인을 가중시킨다.

마케팅측정치를 적용하여 신제품 성능을 모니터링하는 방법

'마케팅계기판' 박스는 마케팅 담당자가 신제품 계획에서 설정한 목표 대비 실제 성과를 측정하는 방법을 보여준다. 이 시나리오에서는 새로운 스낵을 개발하고 연간 10%의 성장목표를 설정했다고 가정한다. 또 50개 주 각각에 대해 2017년과 2018년의 연간 성장률을 측정하고자 '연 매출액 % 변화'라는 마케팅측정치를 선택하기로 했다.

여기서 특별히 염려되는 부분은 판매가 실제로 감소한 빨간색으로 표시된 주이다. 미국 북동부가 문제 지역이라는 것을 확인했다면, 이를 개선하기 위한 마케팅활동을 수행하기 위해 심도 깊은 마케팅조사를 실시해볼 수 있다. 가령 소비자 선호도와 같은 외부요인으로 인해 이 지역의 판매량이 감소했을까? 아마 미국 북동부의 소비자들은 지역의 스낵맛을 더 선호하거나 해당 스낵이 너무 달다고 생각할 것이다. 문제는 열악한 유통망, 너무 높은 가격 또는 비효율적인 광고와 같은 내부 마케팅전략 때문일 수도 있다.

학 습 리 뷰

1. 개선된 전동칫솔은 어떤 종류의 혁신인가?
2. '크지 않은 차별포인트'는 왜 신제품의 실패를 초래할 수 있는가?
3. 마케팅계기판에서 매출이 저조한 주를 발견하기 위해 어떤 마케팅측정치를 사용할 수 있는가?

신제품 개발과정

목표 6 신제품 개발과정의 단계별 목표를 설명할 수 있다.

미국에서 혁신에 대한 관심을 불러일으키고, 일자리를 공급할 방법을 찾는 것은 연방정부와 주정부, 기업, 시민 모두에게 똑같이 중요한 관심사다. 기업은 새로운 하이테크 제품에 필요한 창의적인 돌파구를 마련할 수 있는 과학자들과 엔지니어들을 전 세계에서 찾고 있다. 예를 들어 미국 캘리포니아 실리콘밸리에 있는 엔지니어들의 절반은 중국인, 인도인, 러시아인, 기타 국가에서 이주해온 사람들이다.

신제품을 효율적으로 개발하기 위해 제너럴밀스(General Mills)와 3M 같은 기업들은 구체적인 일련의 과정을 거쳐 시장지향적인 제품을 만든다. 도표 9-4에 나타난 **신제품 개발과정**(new-product development process)은 7단계로, 기업은 이러한 과정을 거쳐 포착한 기회를 잘 팔리는 제품 또는 서비스로 변환시킨다.

신제품 개발과정
기업이 사업기회를 포착하여 잘 팔리는 제품 또는 서비스로 변환시키기 위해 거치는 7단계

오늘날 많은 기업은 스테이지게이트(Stage-Gate®) 프로세스를 통해 신제품 개발 프로세스의 각 단계에서 결과가 다음 단계로 진행될 수 있을 만큼 충분히 성공적인지를 평가한다. 어떤 단계의 문제를 수정할 수 없다면 프로젝트가 다음 단계로 진행되지 않으며 제품 개발이 중단된다.

1단계: 신제품전략 개발

기업에게 있어 신제품전략 개발이란 기업의 전반적인 목표의 관점에서 신제품에 대한 역할을 규정하는 신제품 개발의 첫 단계다. 이 단계에서 기업은 SWOT 분석(2장 참조)과 환경 탐색(3장 참조)을 행하여 기회 또는 위협으로 평가되는 환경요인에 대해 기업의 강점과 약점을 평가한다. 그 결과를 기반으로 신제품 아이디어에 대한 필수적인 '계획서(protocol)'를 명확히 정의하고 신제품이 기업의 사업 포트폴리오에서

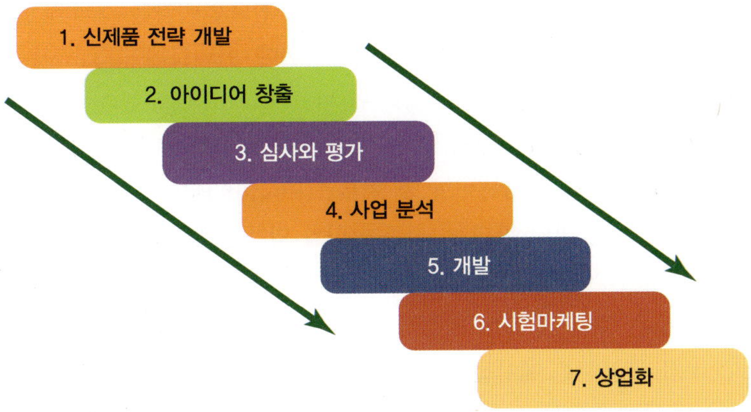

도표 9-4 신제품 개발과정의 7단계를 주의 깊게 사용하면 신제품의 성공가능성이 높아진다.

차지하는 전략적 역할을 확인한다.

때로 기업의 1단계 활동은 비즈니스를 완전히 방해하는 혁신적인 신제품이나 기술(와해성 혁신이라고도 함)로 인해 공격당할 수 있다.

- 위키피디아(Wikipedia): 〈브리태니커 백과사전〉은 무료로 사용가능한 커뮤니티 편집 온라인 백과사전으로 인해 244년 만에 종이 백과사전의 인쇄를 중단했다.
- 디지털 사진: 코닥(Kodak)이 발명한 디지털카메라는 역설적으로 코닥을 파산시켰다. 2000년대 중반에 필름 및 필름카메라를 쓸모없게 만들었기 때문이다. 코닥은 필름 사업을 보호하고자 디지털카메라를 적극적으로 판매하지 않았다.

분명히 기업의 **신제품 전략 개발**은 계획을 방해할 수 있는 혁신적인 제품이나 기술을 주시해야 한다.

신제품 전략 개발
기업의 전반적인 목표의 관점에서 신제품에 대한 역할을 규정하는 신제품 개발과정

주식이나 항공권을 구매하거나 미식축구를 관람하는 것과 같은 서비스 분야에서 신제품을 개발하는 일은 쉽지 않다. 왜 그럴까? 서비스는 무형이며 성과 중심적이기 때문이다. 그럼에도 불구하고 서비스 혁신은 우리 삶에 막대한 영향을 미칠 수 있다. 예를 들어, 온라인 투자 중개회사 이트레이드(E*TRADE)는 온라인 거래를 통해 금융서비스 산업에 혁명을 일으켰다.

2단계: 아이디어 창출

신제품 개발과정의 두 번째 단계인 **아이디어 창출**(idea generation)은 이전 단계의 결과에 기반하여 신제품 후보를 선정하는 콘셉트풀(concept pool, 여러 아이디어 모음)을 개발하는 과정이라고 할 수 있다. 앞서가는 기업들은 자사에 유용한 신제품 아이디어를 충분히 만들어낼 수 없음을 잘 안다.

아이디어 창출
전 단계의 결과에 기반하여 신제품 후보를 선정하는 콘셉트풀을 개발하는 과정

기업에서 아이디어를 얻기 위한 내부 접근방식 중 하나는, 창의적이고 탐색적인 질문을 하는 예술과 과학 분야의 직원을 교육시키는 것이다. 신제품의 아이디어와 전략을 창출하는 목표는 현재 상황을 설명하는 '무엇인가'라는 형식의 질문을 해결방안 및 마케팅활동에 초점을 맞춘 '만약 이렇게 한다면'이라는 질문으로 바꿔보는 것이다. 다음 논의에서는 내외부에서 신제품 아이디어를 생성하는 방법을 제안해본다. 외부로부터의 아이디어 생성은 오픈 이노베이션을 널리 사용한다.

종업원과 친구의 제안 기업은 종종 '만약 이렇게 한다면'이라는 형식의 질문을 하는 직원으로부터 성공적인 신제품 아이디어를 얻는다. 프리토레이(Frito-Lay) 제조공장의 한 관리자는 '치토스에 칠리를 입히면 어떨까?'라고 자문했다. 그다음 부엌에서 매운 칠리파우더를 뿌린 뒤 프리토레이 고위 경영진에게 맛보게 했다. 그 결과 불타는 것처럼 맵다는 의미의 플래이밍 핫 치토스(Flamin'Hot Cheetos)가 탄생했고 이는 기업 역사상 가장 많이 팔린 스낵 중 하나가 되었다. 제안자였던 리처드 몬타네즈(Richard Montanez)는 현재 이 기업의 부사장이다.

Video 9-2
Life Is Good
kerin.tv/cr8e/v9-2

존 버튼과 존 제이콥 형제는 '인생은 좋은 것' 티셔츠에 인쇄할 긍정적이고 경쾌한 메시지를 끊임없이 찾고 있다.

©Michael Dwyer/AP Images

'인생은 좋은 것(Life Is Good)' 티셔츠 사업의 돌파구는 기업의 설립자 버트(Bert)와 존 제이콥(John Jacobs) 형제가 친구들과 열었던 맥주 파티에서 시작되었다. 그들은 종종 거실 벽에 티셔츠 아이디어에 대한 설명과 스케치를 걸어두고 친구들에게 그림에 대한 피드백을 요청했다.

한 파티에서 '인생은 좋은 것'이라는 문구가 적힌 베레모를 쓴 미소 짓는 막대 그림이 가장 많은 호평을 받았다. 그들은 캐릭터 이름을 '제이크(Jake)'라고 짓고, 웃는 제이크와 '인생은 좋은 것'이라는 글자가 적힌 티셔츠 48장을 만들었다. 이 티셔츠는 지역의 거리 박람회에서 한 시간도 채 안 되어 매진됐다. '인생은 좋은 것'은 긍정적이고 경쾌한 메시지와 함께 연 매출 1억 달러를 기록하고 있다. 이 기업은 남성과 여성, 어린이, 애완동물을 위한 티셔츠와 모자, 기타 품목을 4,500개의 오프라인 소매점과 30개국에서 온라인으로 판매한다.

고객과 공급자의 제안 기업은 신제품 아이디어를 찾기 위해, 영업사원에게는 고객들과 대화하라고 요구하고 구매 담당 직원들에게는 공급자들과 대화하라고 요구한다. 월풀(Whirlpool)은 고객들로부터 비용 절감을 위한 부품표준화에 대한 아이디어를 얻어 제품 플랫폼의 수를 줄일 수 있었다. 경영학 연구자들은 신제품 개발과정에 고객과 공급자를 적극 참여시켜야 한다고 말한다. 이것은 단지 고객과 공급자들이 원하는 것보다는 신제품이 실질적으로 그들에게 무엇을 해줄지에 중점을 두어야 함을 의미한다.

Video 9-3
P&G's Tide Pods Ad
kerin.tv/cr8e/v9-3

P&G의 새로운 타이드팟은 혁신 활동 초기에 소비자를 참여시켜 계획과 실행을 모두 개선한 방법을 보여준다.

©McGraw-Hill Education/Mike Hruby, photographer

P&G의 전 최고경영자 래플리(A. G. Lafley)는 경영진들에게 다음과 같은 획기적인 사고를 심어주었다. 'P&G가 가장 잘 안다고 주장하지 말고 문제에 대한 해결책을 찾기 위해 밖을 보아라.' P&G가 세탁용 세제사업에 뛰어들었을 때, 래플리는 박스 형태의 제품 포장을 쉽게 열 수 있도록 디자인을 다시 했다. 왜 그랬을까? 소비자들은 그들의 세제 박스를 '열기 쉽다'라고 평가했지만 세탁실에 설치된 카메라에는 고객이 세제 박스를 드라이버로 여는 모습이 찍혀 있었기 때문이다.

P&G는 1억 5,000만 달러의 마케팅 예산으로 세탁물을 세척하고, 얼룩을 없애고, 옷감을 밝게 만드는 세 칸으로 구성된 혁신적인 캡슐세제 타이드팟(Tide Pods)을 출시했다. P&G는 타이드팟을 "25년 이상에 걸쳐 가장 큰 세탁 혁신"이라고 설명했다. 그들은 타이드팟이 세제 신제품 중에서 기업이 기록한 최고의 소비자 만족도 점수에 도달했다고 말했다. 이 성공적인 신제품 출시 이후, P&G는 일부 어린이들이 타이드팟이 사탕인 줄 알고 먹으려 했다는 사실을 발견한 후 포장을 재설계했다. 타이드팟은 얼마나 성공적인 제품이었을까? 이 제품은 출시 첫 해 이후, 약 5억 달러의 매출로 세제 시장의 '단위 용량' 부문에서 73%의 점유율

을 차지하며 P&G의 가장 성공적인 제품 중 하나가 되었다.

만약 R&D팀과 마케팅팀이 1만 명 또는 2만 명의 고객이나 공급자들로부터 아이디어를 얻길 원한다면, 크라우드소싱(crowdsourcing)이 또 하나의 창의적인 아이디어 창출방법이 될 수 있다. 크라우드소싱은 수많은 사람들의 아이디어를 기반으로 하여 행동으로 이어갈 수 있는 통찰력을 창출하는 과정이다. 이 오픈 이노베이션 아이디어 창출과정에 초점을 맞추기 위해서는 정확한 질문이 필요하다. PC 제조기업 델(Dell)은 온라인사이트를 개발하기 위해 크라우드소싱을 활용하여 그 결과 신제품과 웹사이트, 마케팅 개선에 대한 1만 3,464개의 아이디어를 얻었다. 그중 402개가 실행되었다.

R&D 연구실 신제품의 또 다른 출처는 기업의 R&D(연구개발) 연구실이다. 애플의 세련된 아이패드, 아이폰, 아이맥 모델은 애플산업디자인팀에서 개발한 것이다. 이 팀은 최고 디자인 책임자인 조나단 아이브(Jonathan Ive)의 지휘 아래 있다. 모호한 개념을 실제 제품으로 전환하는 애플의 비결은 무엇일까? 비결은 바로 누가 무엇을 언제까지 하는지에 초점을 맞추어져 있는 회의의 작업 항목이다.

대기업 성벽 밖에 있는 전문적인 R&D 및 혁신연구소는 열린 혁신의 원천이며 신제품에 대한 아이디어를 제공한다. 아이디오(IDEO)는 혁신-디자인 과정에서 다른 사람의 아이디어를 기반으로 발전시키고 인간의 행동을 통합하는 '디자인사고'를 사용하는 세계적 수준의 신제품 개발회사다. 세계에서 가장 많은 디자인을 생산하고 영향력을 갖춘 그들은 고객을 위해 수천 개의 신제품을 만든다. 아이디오에서 진행되는 브레인스토밍 세션에서는 시간당 100개의 아이디어를 생성한다.

잘 알려진 디자인 중에서는 '크레스트 니트 스퀴즈(Crest Neat Squeeze) 치약 디스펜서'와 '오리지널 애플 마우스 개선안'이 있다. 최근 미국의 샐러드 제조판매 기업 프레시익스프레스(Fresh Express)는 아이디오에 샐러드를 위한 혁신적인 1인용 패키지를 설계해 달라고 했다. 아이디오의 솔루션은 다섯 칸(샐러드 채소를 위한 큰 부분 하나, 단백질, 드레싱 등을 위한 작은 부분 네 곳)으로 만들어진 용기로 각 부분이 플라스틱으로 밀봉되어있는 것이었다.

아이디오가 제안한 다섯 칸으로 구분된 1인용 샐러드 패키지. 최근의 혁신을 알아보고 싶다면 아이디오닷컴(www.ideo.com)을 방문해보자.
Source: IDEO

경쟁제품 경쟁제품 분석 또한 신제품 아이디어로 이어질 수 있다. GM은 전기차 테슬라(Tesla)를 3만 달러짜리 전기차 쉐보레 볼트(Chevrolet Bolt)의 기준으로 삼았다. 볼트는 한 번 충전으로 200마일을 주행할 수 있으며 크로스오버 차량처럼 보이게 한 해치백 디자인이 특징이다. GM의 한 임원에 따르면 볼트는 "시장 최초의 저렴한 장거리 전기차로, 현재의 전기차 시장을 완전히 뒤흔들 것"이라고 말했다. 볼트는 3만 5,000달러로 책정된 테슬라의 모델3에 대한 직접적인 경쟁제품이 되도록 설계되었다.

소기업, 대학 및 발명가 많은 기업에서 제품화할 수 있는 발명품이나 획기적인 아이디어를 가진 공상가를 외부에서 찾는 방법이다. 이 오픈 이노베이션 전략의 결과와 원천은 다음과 같다.

- 소규모의 비전통적 기업: 소규모의 기술기업과 인접 산업에 위치하는 작고 비전

통적인 기업에서도 창의적인 발전을 제공할 수 있다. 제너럴밀스는 다이어트 전문기업 웨이트워처스(Weight Watchers)와 파트너십을 맺어 프로그레소라이트(Progresso Light) 수프를 개발했다. 이 제품은 웨이트워처스의 보증을 받은 식료품 중 첫 번째 포장 소비재였다.

- 대학교: 많은 대학교에서 기술이전센터를 두고 기업과 파트너십을 맺어 교수진의 발명품을 상업화한다. 그중 한 예가 바로 최초의 탄산 요구르트 고-거트 피직스(Go-Gurt Fizzix)이다. 이 제품은 제너럴밀스가 브리검영(Brigham Young) 대학교와 파트너십을 맺어 요구르트에 거품을 넣는 대학교의 특허권을 사용하면서 탄생했다.
- 발명가: 많은 고독한 발명가들과 창업가들은 아론 크라우즈(Aaron Krause)의 스크럽 대디(Scrub Daddy)처럼 눈부신 신제품을 개발한다. 웃는 얼굴을 한 이 스펀지는 물에 들어가면 질감이 바뀐다. 이 스크럽 대디는 TV 리얼리티쇼 〈샤크탱크(Shark Tank)〉에 노출되어 총 수익 1억 달러를 초과했다. 해당 프로그램에 소개된 제품 중 가장 성공적이었다.

발명가 아론 크라우즈는 TV 리얼리티쇼 〈샤크탱크〉에서 가장 성공적인 신제품을 소개했다.

©John Ziomek/Courier-Post via USA TODAY NETWORK

초기 단계의 자금 조달은 그 위험성 때문에 발명가 또는 사업을 시작하는 사람들에게 항상 걸림돌이 된다. 크라우드펀딩은 온라인 후원자 커뮤니티를 형성해 은행이나 벤처 캐피탈회사와 같은 전통적인 소스로부터 자원을 얻을 가능성이 거의 없는 프로젝트를 지원하는 방법이다. 한 예로 킥스타터닷컴(Kickstarter.com)은 사용자가 원격제어로 집 안을 모니터링하는 아이디어를 가진 신생기업 스마트싱즈(SmartThings)를 위해 120만 달러를 모금했다. 가장 큰 크라우드펀딩 성공 사례는 아이폰과 안드로이드 스마트폰이 통합된 페블(Pebble) 스마트워치였다. 7만 명 이상의 후원자가 2012년과 2016년 사이에 이 제품을 개발하고 마케팅하는 데 3,000만 달러 이상을 기부했다. 그럼에도 페블은 2016년에 부실화되어 활동량 트랙커(tracker) 기업 핏빗(Fitbit)에 인수되었다. 만약 여러분이 크라우드펀딩에 관심이 있다면, 10달러 중 약 1달러 정도가 실패한 프로젝트에 사용된다는 것을 알아야 한다. 킥스타터 기부자들은 평균 25달러를 펀딩에 쓴다.

위대한 아이디어는 거의 모든 곳에 존재한다. 위대한 아이디어를 인정하고 시행하는 것이 바로 도전이다.

페블(Pebble)은 크라우드펀딩 사이트 킥스타터닷컴을 통해 애플워치가 출시되기 2년 전에 이미 상업적으로 성공한 최초의 스마트폰 연결 스마트워치를 개발하고 마케팅했다.

©Neil Godwin/T3 Magazine via Getty Images

3단계: 선별과 평가

선별과 평가(screening and evaluation)는 더 이상 노력할 필요가 없는 신제품 아이디어를 제거하기 위해 내외적으로 신제품 아이디어를 평가하는 신제품 개발의 한 단계다.

선별과 평가
더 이상의 노력할 필요가 없는 신제품 아이디어를 제거하기 위해 내외적으로 신제품 아이디어를 평가하는 신제품 개발의 한 단계

내부적인 접근법 심사와 평가에 대한 내부적인 접근에서 기업의 직원들은 신제품 전략 개발 단계에서 규정된 목표를 충족시킬 수 있는지 알기 위해 신제품 아이디어의 기술적인 실행가능성을 평가한다. 예를 들어, 3M의 과학자들은 기업의 연구실에

서 세계적인 수준의 많은 혁신을 개발해왔다. 최근에 개발된 혁신 중 하나는 마이크로레플리케이션(micro-replication) 기술이다. 이 기술은 평방인치당 3,000개의 무언가를 꽉 잡아주는 작은 손가락으로 이루어져 있다. 내부에서는 이 기술을 야구나 작업용 장갑 손잡이 개선에 사용할 수 있다고 평가했다.

서비스에서 주도적인 제품을 개발하는 기업이라면, 직원들로 하여금 반드시 고객의 기대를 충족시키고 고객충성도를 지속시키기 위한 책무와 기술을 가지게 해야 한다. 이는 새로운 서비스 아이디어를 심사하는 중요한 기준이며 고객체험관리(customer experience management, CEM)의 핵심으로 기업 내의 전체적인 고객체험을 관리하는 과정에 해당된다. 마케터들은 새로운 서비스가 일관성 있게 제공되고 체험되도록 종업원들과의 고객 간 상호관계를 고려해야 하며, 다른 서비스와 확실히 차별화될 수 있고 표적시장에 적절하며 가치가 있도록 해주어야 한다.

외부적인 접근법 선별과 평가에 대한 외부적인 접근방식을 취하는 기업들은 콘셉트 테스트(concepts test) 사용하는데, 이는 소비자들을 통한 외부적인 평가로서 실제 제품보다는 신제품 아이디어에 대한 예비 테스트로 이루어진다. 일반적으로 이 테스트는 소비자들이 친숙하지 않은 새롭고 획기적인 제품보다는 기존 제품에 작

마케팅의 힘

첨단기술

구글글래스: 절반이나 왔는가? 절반밖에 못 왔는가?

어떻게 구글글래스(Google Glass)는 2012년 〈타임〉이 선정한 올해 최고의 발명품 중 하나에서 2015년의 당황스러운 실패로 변했을까? 아마 구글의 제품개발팀은 다음 세 가지 간단한 질문을 하지 않았던 것 같다. 소비자는 구글글래스를 어떻게 인식하는가? 누가 그것을 사용하는가? 그것은 어떻게 사용되는가?

구글글래스는 착용자에게 작은 화면이 보이는 안경과 비슷하다. 주목할만한 기능으로는 전화 통화, 사진 업데이트 같은 현재 및 과거 이벤트를 '볼 수 있는' 터치패드와 사진을 찍고 비디오를 녹화하는 카메라이다. 화면으로 액세스되는 사운드, 비디오, 그래픽은 물리적인 실제 환경을 겹쳐 씌우는 증강현실을 생성한다.

구글은 2013년 4월, 8,000명의 '글래스 익스플로러(Glass Explorer)'들에게 1,500달러에 시제품(완제품이 아님)을 판매했다. 의도는 장치에 대한 피드백을 수집한 후 동일한 가격으로 2014년 5월에 제품을 출시하기 전에 문제를 빠르게 얻고 수정하는 것이었다. 안타깝게도 제품은 널리 판매되었다. 사람들은 1,500달러를 지불했기에 이 제품이 완제품이라고 믿었다. 시제품에서 짧은 배터리 수명, 열악한 음질, 왜곡된 이미지 같은 단점이 밝혀졌다.

기술적인 문제는 해결가능한 것이었다. 그러나 구글글래스에는 불완전한 콘셉트 테스트와 관련된 더 심각한 문제가 있었다. 구글은 소비자가 기기를 어떻게 인식하는지 전혀 이해하지 못했다. 단순히 '멋진' 괴짜 도구? 아니면 더 많은 소비자가 착용할 수 있는 세련된 안경? 사용자는 이 기술을 어떻게 사용해야 할

©Seth Wenig/AP Images

까? 이와 관련된 문제가 발생하자 사용자들은 즉시 사진 및 비디오 기능을 받아들여 활용하기 시작했다. 그 후 구글글래스 착용자는 개인정보 보호 및 지적재산권의 문제로 클럽에서 쫓겨나고 극장에서는 입장을 금지당했다. 더 문제가 된 것은 착용자들이 '글래스홀(glasshole: asshole에서 비롯된 비아냥거림)'이라며 조롱받았다는 것이었다.

결과는 어땠을까? 구글글래스는 2015년 1월, 시장에서 철수했다. 그 후 기업형 버전(Glass Enterprise Edition)의 새로운 구글글래스가 2018년 기술 근로자들을 대상으로 1,828달러에 출시되었다.

은 수정만 가한 경우에 더 유용하다. 콘셉트 테스트는 제품에 대한 설명서에만 의존하지만 스케치, 실물 크기의 모형 또는 홍보용 인쇄물이 더 제공될 수 있다. 콘셉트 테스트에 대한 핵심 질문은 대체로 아래 질문을 포함한다. '고객들이 그 제품을 어떻게 인지하는가?', '제품을 누가 사용하는가?', '제품은 어떻게 사용되는가?'

학습리뷰

1. 신제품 개발과정에서 신제품전략 개발 단계는 무엇인가?
2. 신제품 아이디어의 주요 출처는 어디인가?
3. 내부적인 선별·평가와 외부적인 선별·평가는 어떻게 다른가?

4단계: 사업 분석

사업 분석
시장에 제품이나 서비스를 도입하고 재무적 예측을 하기 위해 필요한 제품의 특징과 마케팅전략을 구체적으로 명시하는 신제품 개발과정의 단계

사업 분석(business analysis)은 시장에 제품이나 서비스를 도입하고 재무적 예측을 하기 위해 필요한 제품의 특징과 마케팅전략을 구체적으로 명시한다. 이것은 제품이나 서비스의 실물 크기 모형인 시제품(prototype)을 만들기 위해 충분한 자원을 투입하기 전의 마지막 체크포인트다. 사업 분석 단계는 기업의 사명과 목표의 관점에서 제안된 신제품의 전체적인 '사업적절성(business fit)'을 평가한다. 즉, 제품이나 서비스가 채산에 맞게 생산될 가능성부터 시장에서 성공하기 위한 마케팅전략까지 전부 평가한다.

이 과정에서는 구체적인 매출과 수익 같은 재무적 예측뿐만 아니라 기업 운영과 관련된 마케팅 및 제품의 상승효과(시너지)까지도 평가해야 한다. 신제품 생산을 위해 새로운 장비나 첨단기술이 필요할까? 아니면 기존 기계를 사용하여 생산할까? 신제품이 기존 제품의 매출액 감소를 불러올까? 아니면 새로운 세분시장에 접근함으로써 수익을 증가시킬까? 신제품은 특허권이나 저작권에 의해 보호될 수 있을까? 북미, 유럽, 아시아의 자동차 제조업체는 10년 전 무인 자동차에 대한 초기 비즈니스 분석을 시작했을 때, 이러한 질문과 기타 다른 질문들을 해결해야만 했다. 당시 비즈니스 분석에는 R&D와 제조에 드는 비용, 기술 인수에 대한 투자, 생산 일정과 제품 마케팅 일정이 포함되었다.

5단계: 개발

개발
종이 위에 쓰여진 아이디어를 시제품으로 만드는 단계

개발(development)은 종이 위에 적힌 아이디어를 시제품(prototype)으로 만드는 단계다. 그 결과, 보여줄 수 있고 만들 수 있는 제품이 탄생하게 된다. 여기에는 제품을 효율적으로 제조하는 것뿐만 아니라 시제품부터 수립된 표준이 부합하는지 확신을 갖기 위한 실험과 소비자 테스트를 수행하는 것까지 포함된다. 구글의 무인자동차 계획은 내구재를 위한 5단계 개발 프로세스의 복잡성을 보여주는 극단적인 사례다. 구글의 개발팀은 토요타 프리우스(Toyota Prius) 및 렉서스 RX 450h 같은 차량을 테스트 모델로 사용했다. 구글의 무인 자동차는 300만 마일 이상을 주행했다. 이 차는 운전석에 뛰어난 운전기록을 가진 비인간 운전자와 조수석에 앉은 구글 엔지니어에 의해 '주행'된다. 지붕에 장착된 회전하는 레이저 거리측정기와 정교한 소프트웨어는 샌프란시스코의 거리와 매력적인 퍼시픽 코스트 하이웨이를 주행하게 해주었다. 2017년 구글의 무인자동차는 구글의 모회사 알파벳(alphabet)의 자회사

인 웨이모(Wymo)에 소속되었다. 웨이모는 차량 자체를 상용화하지 않고 피아트 크라이슬러 같은 자동차 제조업체에 자율주행기술을 판매할 계획이다. 그러나 이면에는 더 많은 이야기가 있다. GM은 밑바닥 설계부터 자체 개발한 최초의 대량생산 자율주행 자동차인 크루즈 AV를 빠르면 2020년 경에 선보일 예정이었다. 이 자동차에는 스티어링휠, 가속 페달, 브레이크 페달, 기타 수동 제어장치가 없다.

크루즈 AV는 2019년 또는 2020년에 도로에서 주행 시 운전자, 스티어링휠, 페달 또는 기타 수동 제어 없이도 그 자체로 안전하게 움직이도록 설계되었다.

Source: General Motors

6단계: 시험마케팅

시험마케팅(market testing)은 고객들이 구매를 할 것인지 알아보기 위해 실제 구매상황에서 잠재고객들에게 실제 제품을 노출시키는 신제품 개발 단계다. 소비재회사는 예산이 허용된다면, 특정 기간 동안 한정된 영역에서 제한된 기준으로 제품을 판매하는 시험마케팅을 통해 이를 수행한다. 시험마케팅의 세 가지 종류는 ① 표준, ② 통제, ③ 시뮬레이션이다. 실제 시장에서 행하는 표준 시험마케팅은 시간과 비용이 많이 들고 경쟁업체에 계획이 노출될 가능성이 있기 때문에, 일부 기업에서는 시험마케팅을 완전히 건너뛰거나 통제하고, 모의시험시장(simulated test market)을 이용한다.

시험마케팅
고객들이 구매할지 알아보기 위해 실제 구매상황에서 잠재고객에게 실제 제품을 노출시키는 신제품 개발의 단계

표준시험시장 표준시험시장(standard test market)에서 기업은 제품을 개발한 후 여러 시험시장으로 선정된 도시에서 일반 유통채널을 통해 판매를 시도한다. 시험시장이 되는 도시는 신제품의 표적이 되는 시장의 인구통계적 특성을 지녀야 하며, 각 가정에 서로 다른 광고를 제공할 수 있는 케이블 TV 시스템을 갖추고 있어야 한다. 또 판매를 측정할 수 있는 제품 스캐너를 갖춘 소매업체가 자리해야 한다. 표준시험시장의 특징은 생산자가 다른 제품과 마찬가지로 유통업체, 도매업체, 소매업체에 제품을 판매한다는 것이다. 테스트 결과에 따라 기업은 세 가지 조치 중 하나를 취할 수 있다. 만약 결과가 기대에 미치지 못한다면 제품은 중단된다. 결과가 호의적이라면 본격적으로 전국 단위의 제품 도입이 이루어질 수 있다. 또 제품을 지리적으로 확장하는 것을 선택할 수도 있다. 제품은 지리적 확장을 통해 인근 지역에 순차적으로 퍼지며, 이를 지원하기 위해 생산수준과 마케팅활동을 지리를 기반으로 하여 점진적으로 구축할 수 있다.

제너럴밀스에서는 소비재를 대상으로 신제품의 성공가능성, 프로모션 혹은 가격전략을 분석하기 위해 통제시험시장을 이용한다.

Courtesy of Bolin Marketing

통제된 시험시장 통제된 시험시장(controlled test market)이란 전체 테스트 프로그램을 외부 서비스를 통해 진행하는 것을 말한다. 이 서비스는 소매업체에게 선반공간에 대한 비용을 지불하므로 시험 대상 제품의 잠재적 유통량의 지정된 비율을 보장할 수 있다. IRI는 제너럴밀스(General Mills)와 같은 소비재 회사에 통제된 시험시장을 공급하고 있는 선두업체다. 이들의 서비스는 인구통계적으로 대표되는 도시

에서 가구 패널에 대한 판매를 추적하는 것이다. 경우에 따라서는 다양한 TV 광고 및 기타 소비자에게 직접 판매하는 프로모션의 효과를 측정할 수도 있다.

모의시험시장 기업은 시간과 비용 절약을 위해 종종 실제 규모의 시험시장을 어느 정도 복제하는 기술인 모의시험{simulated (혹은 laboratory) test market, STM}으로 전환한다. 모의시험시장은 테스트하고 있는 제품군을 사용하는 소비자들을 찾기 위해 종종 쇼핑몰에서 진행된다. 해당 자격을 갖춘 참가자에게 제품 또는 제품의 개념을 보여주고 사용 및 구매의 이유와 중요한 제품 속성에 대해 질문한다. 이후 시제품에 대한 기업 및 경쟁업체의 광고를 살펴본다. 마지막으로 참가자는 돈을 받고 실제 매장환경이나 모의매장환경에서 기업의 제품 또는 경쟁업체 제품을 구매하게 된다.

7단계: 상업화

드디어 대량생산과 판매가능한 신제품을 포지셔닝하고 출시하는 상업화(commercialization)의 단계까지 왔다. 대부분의 신제품 출시과정에서 가장 비용이 많이 드는 단계다. 만약 이 단계에서 자사 제품을 뛰어넘을 정도의 신제품이 경쟁사에서 나온다거나, 기존 제품에 대한 자기잠식이 치명적으로 일어날 것 같아 보인다면 기업은 신제품 출시를 중단할 수도 있다. 사업재든 소비재든 기업은 바로 이 상업화 단계에서 재난에 직면할 가능성이 있다. 이와 관련된 예로는 보잉787 드림라이너, 버거킹의 감자튀김이 있다.

보잉787 드림라이너의 예에서 신제품을 통해 얻을 수 있는 교훈을 생각해보자.

보잉787 드림라이너 보잉787 드림라이너(Dreamliner)라는 이름의 상업용 비행기가 발표되었을 때, 보잉은 이 새 비행기가 현재의 비행기보다 연료를 20% 더 적게 소모하며 유지비용이 30% 절감된다고 주장했다. 보잉은 개발에 수십억 달러를 투자했고 항공사들은 약 1,300대의 드림라이너를 주문했다. 물론 이것이 이야기의 끝은 아니다. 드림라이너는 상용화 단계에 접어들어 전 세계 항공사에 배송되었다. 문제는 광범위한 테스트 후에도 드림라이너의 신기술을 장착한 새로운 비행기가 기술적인 문제에 시달리고 있었다는 점이다. 알루미늄 대신 플라스틱 강화탄소섬유로 만들어진 날개는 생산 및 동체에 부착하기가 어려웠다. 드림라이너의 새로운 '첨단스킨'은 기존의 알루미늄스킨처럼 번개를 흘려보내지 못했다. 그런데 더 심각한 문제가 발생했다. 전력을 공급하는 리튬이온배터리로 인해 두 대의 드림라이너에 화재가 일어난 것이다. 규제 당국은 전 세계에서 운행 중인 모든 드림라이너를 접지하라고 촉구했다. 〈월스트리트저널〉은 보잉787 드림라이너에 대해 언급하면서 신제품에서 얻을 수 있는 최고의 교훈을 다음과 같이 표현했다. "혁신은 모든 가치에서 캐치프레이즈만큼 쉽게 오지 않습니다. 굉장히 복잡하고 골치 아픈 일들이 많이 생길 수 있습니다."

버거킹의 감자튀김: 상업화의 복잡성 맥도날드의 감자튀김은 다른 감자튀김과 비교할 때 최고 수준의 표준이다. 하지만 버거킹의 감자튀김이 맥도날드의 감자튀김을 추월하는 걸 막지는 못했다. 버거킹은 열기가 더 오래 유지되고 더 바삭하게 해주는

감자튀김 개발에 수백만 달러의 R&D 비용을 지불했다.

연구 결과 두껍게 자른 감자튀김이 나왔다. 고객 중 75%가 사무실, 집 혹은 차 안에서 '이동 중에' 감자튀김을 먹는 것으로 밝혀졌기 때문에 열을 더 오래 (적어도 10분 동안) 유지하면서 '바삭한 황금빛 갈색맛'을 만들기 위해 외부에 새로운 '코팅'을 씌운 것이다. 또 버거킹은 새로운 감자튀김을 홍보하기 위해 역사상 가장 큰 TV 광고 캠페인을 실시했다. 그런데 이 새로운 감자튀김의 출시는 재앙이 되었다. 이상적인 조건을 제외하면 버거킹 레스토랑에서 매일 먹기에는 만드는 과정이 너무 복잡했기 때문이다.

그 후 버거킹은 어린이용 식사에 만족스러운 감자튀김이라는 의미를 담은 '세티스프라이(Satisfries)'를 소개했다. 어린이의 영양 및 비만에 대한 우려를 해결하기 위한 것이었다. 세티스프라이는 일반 감자튀김보다 칼로리가 약 20% 적었고, 지방 역시 25% 적게 들어있었다. 하지만 버거킹의 노력은 실패했다. 버거킹은 고객에게 의미 있는 차별화 포인트를 전달하지 못했고, 일반 감자튀김보다 비싼 세티스프라이는 대부분의 매장에서 판매가 중단되었다.

신제품 상용화과정에서의 우여곡절을 알아보기 위해, 버거킹이 맥도날드에 대항하고자 다년간 감자튀김을 개발한 과정을 본문에서 살펴보자.

©McGraw-Hill Education/Mike Hruby, photographer

학 습 리 뷰

1. 신제품 개발 단계는 기업의 내부와 외부에서 제품을 테스트하는 것과 어떤 관련이 있는가?
2. 시험마케팅이란 무엇인가?
3. 신제품의 상업화란 무엇인가?

마케팅지식 적용해보기

1. 제품은 소비재나 사업재 중 하나로 분류될 수 있다. 다음 제품을 어떻게 분류할 수 있는가? (a) 존슨즈(Johnson's) 베이비샴푸, (b) 블랙앤데커(Black & Decker)의 2단 변속 드릴, (c) 아크용접기
2. 네이처밸리(Nature Valley)의 그래놀라바와 에디바우어(Eddie Bauer)의 등산화는 편의품, 선매품, 전문품, 비탐색품 중 어느 것에 속하는가?
3. 2번 질문에 대한 답을 바탕으로 하여, 마케팅활동이 각 제품과 분류에 따라 어떻게 달라질지 생각해보자.
4. 소비자의 행동에 미치는 영향의 관점에서, 애플의 아이맥(iMac)과 같은 컴퓨터는 어떻게 분류할 수 있는가? 이 분류에 비추어 시장에서 이러한 제품 제조업체들의 매출액을 증가시키기 위해 이들에게 어떤 마케팅활동을 제안할 수 있는가?
5. 다음 신제품에 잠재된 상업적 성공을 평가하기 위해 어떤 방법을 제안할 수 있는가? (a) 새롭게 개선한 케첩, (b) 기업에서 10년간 개발한 3차원 텔레비전 시스템, (c) 기업이 특허권을 소유하고 있는 새로운 어린이 장난감
6. 콘셉트 테스트는 신제품 개발에서 중요한 단계다. (a) 전동 자동차, (b) 변동금리에 기초한 새로운 자동차 융자상환제도에 대한 콘셉트 테스트의 개요를 서술해보자. 콘셉트 테스트를 개발하는 데 있어 둘의 차이는 무엇인가?

마케팅계획 세워보기

마케팅계획서의 제품전략을 수립하며 다음 두 가지를 실행해보자.

1. (a) 잠재고객의 세분시장이 첫 번째 열(column)에 있고, (b) 세분시장의 욕구를 충족시켜줄 제품의 주요 차별 포인트가 두 번 째 열에 있는 열 세 개짜리 표를 만들어보자.
2. 테이블의 세 번째 열에서 사업체를 위한 특정 신제품에 대한 아이디어를 테이블의 각 행마다 작성해보자.

비디오 케이스 9 고프로: 흥미진진한 신제품으로 우리 모두를 영웅으로 만든다

Video 9-4
GoPro Video Case
kerin.tv/cr8e/v9-4

고프로(GoPro)의 대표이사 닉 우드먼(Nick Woodman)과 그의 대학 친구들은 서핑을 좋아했다. 순수한 열정이었다. 고프로 통합브랜드 담당 부사장 저스틴 윌켄펠트(Justin Wilkenfeld)는 "우리는 매일 서핑을 하려고 해변으로 달려갔고 대학 수업과 균형을 맞추려고 노력했습니다"라고 설명한다. 우드먼은 호주에서 서핑을 하며 그 경험을 포착하고 싶었지만 좋은 사진을 찍을 수 있는 사진작가가 가까이에 없었다. 열정은 훌륭한 신제품 아이디어로 바뀌었다. 그 결과 손목 스트랩에 부착된 고프로 카메라가 탄생했다. 윌켄펠트는 "이 아이디어는 핸즈프리 경험을 캡처하고 화면 반대편을 걱정하는 대신 열정을 즐기는 데 집중하게 해준다는 것이었습니다"라고 말했다.

여러분은 서퍼, 스노보더, 록스타, 하키 선수, 부모, 스카이다이버, 스쿠버다이버, 조종사, 또는 인생에 열정적인 거의 모든 사람들이 제작한 수백만 개의 동영상 중 일부를 시청했을 가능성이 있다. 실제로 유튜브에서만 매년 10억 분 이상의 고프로 동영상이 조회되는 것으로 추정된다. 우드먼과 그의 친구들은 이것을 '고프로 운동'이라고 부른다.

고프로 운동에 참여하는 것은, 전 세계 고프로 커뮤니티에 참여한다는 것을 뜻한다. 윌켄펠트는 "이것은 큰 삶을 살고 경험하는 것을 좋아하는 열정적인 사람들의 그룹입니다"라고 말한다.

고프로가 세계적인 고객 유치에 성공하게 된 것은, 고객의 요구를 충족시키는 신제품 개발에 대한 기업의 헌신을 보면 이해가 된다. 윌켄펠트는 다음과 같이 말한다. "기술 개발의 가장 큰 과제 중 하나는 소비자보다 앞서나가고 그들이 필요하다고 생각하는 것을 개발하는 것입니다."

기업

고프로의 신제품 개발 역사는 특히 현재 제품 라인을 첫 번째 제품과 비교할 때 진정으로 고무적이다. 미디어 관계 담당 이사 켈리 베이커(Kelly Baker)는 다음과 같이 설명한다. "시장에 출시된 최초의 제품은 위아래로 젖힐 수 있는 손목에 부착된 크고 투박한 플라스틱 하우징(덮개)이었습니다. 약국이나 사진 스튜디오로 가져가 사진을 인쇄할 35mm 필름에 이미지를 캡처했습니다." 이후에 이 제품은 AAA 배터리 하나로 전원이 공급되고 조용한 10초짜리 VGA 비디오를 제공하는 디지털 히어로(Digital HERO) 카메라로 대체되었다. 곧 다른 신제품이 출시되었고 거기에는 오디오, 광각렌즈 및 저속 촬영기능이 추가되었다. 또 헬멧 히어로(Helmet HERO), 모터스포츠 히어로(Motorsports HERO), 서프 히어로(Surf HERO)를 비롯하여 다양한 곳에 탑재가능한 제품들이 '손목에 차는 카메라'라는 포지셔닝을 넘어 시장을 확장시켰다. 인기의 가장 큰 변화는 고프로가 1080픽셀짜리 고화질 이미지의 HD 히어로를 추가했을 때 일어났다. 탈착식 배터리팩, 비디오 편집도구, 고프로 앱 및 와이파이 리모컨과 같은 보완 제품도 제품라인에 추가되었다.

고프로 제품의 인기가 높아지자 기업이 나스닥 증권거래소에 상장되었다. 베이커에 따르면 가장 인상적인 통계는 "직원 수와 매출의 증가"였다. 현재 이 기업에서 1,300명 이상의 직원이 15억 달러의 매출을 일으키고 있다.

고프로의 제품 개발 프로세스

신제품의 흐름은 고프로에 필수적이다. 윌켄펠트는 "고프로가 특별한 점은 열정과 소비자의 어깨 위에 세워진 회사이자 우리 자신이라는 것입니다"라고 말한다. 일반적으로 기업은 소비자를 위한 제품을 유지하기 위해 엄격한 일련의 단계를 따른다.

첫 번째 단계인 신제품 전략 개발은 고프로의 주변 환경에 대해 살펴보는 노력을 반영한다. 처음에 우드먼과 그의 친구들은 경험을 공유하는 것에 대한 사회적 트렌드를 관찰했다. 이러한 트렌드는 카메라와 소셜미디어의 성장으로 인해 촉진되었다. 고프로는 스마트폰이나 다른 카메라를 사용할 수 없는 특수한 상황과 카메라 각도를 포착하는 것에 대한 관심이 커지고 있음을 알았다. 이러한 추세를 기반으로, 타사 제품에 고프로 호환성을 구축할 수 있는 개발자 프로그램을 발표했다. 예를 들어 BMW는 고프로 비디오와 원격 측정 데이터 및 위치 데이터를 결합하여 고객에게 가치를 전하는 앱을 만들었다. 완구 제작기업 피셔프라이스(Fisher-Price)는 고프로 마운트를 스프링 점핑기구 및 걸음마 제품에 구축하여 어린이의 관점에서 보는 이미지를 제공할 계획이다.

두 번째 단계는 아이디어 창출이다. 이는 고프로의 여러 가지 두드러진 활동에 대한 결과다. 윌켄펠트는 "새로운 제품을 개발할 때는 두 가지 소스가 있습니다. 하나는 엔지니어나 닉(Nick) 또는 팀의 누군가가 가지고 있는 말도 안 되는 생각이고, 또 하나는 보다 공식적인 접근방식입니다"라고 말한다. 두 가지 접근방식 모두 고프로에서 널리 활용된다. 직원들은 고프로에 대한 열정이 너무 높아 끊임없이 새로운 아이디어를 생각해내며 오픈 이노베이션 측면에서 소비자, 소매업체, 아마추어 및 프로 스포츠팀의 아이디어를 장려한다.

고프로는 새롭고 창의적인 아이디어가 자주 발견되는 액션, 모험, 음악, 동물, 가족, 여행 및 과학 같은 다양한 카테고리에서 웹사이트에 제출된 최고의 콘텐츠에 상도 수여했다.

선별과 평가 단계에서는 추가적인 노력이 필요한지 결정하기 위해 각 아이디어에 대한 평가가 포함된다. 이 단계에서는 신기술의 다양한 양적 요구 사항을 평가하지만 고프로는 새로운 아이디어의 질적 측면도 신중히 평가한다. 윌켄펠트는

"만약 데이터에 관심이 있고 완전히 데이터 중심적이라면 소비자가 요구하는 일만 하게 될 것입니다. 스스로 탐구하거나 실험하지 않으면 고객은 자신이 필요하거나 원하는 것을 알지 못합니다"라고 설명한다.

아이디어가 승인되면 고프로는 아이디어에 대한 '비즈니스 사례'를 구축하는 사업 분석 단계에 돌입한다. 이 단계에서의 주요 고려사항 중 하나는 자기잠식 가능성이다. 예를 들어 고프로가 다른 고프로 모델보다 훨씬 저렴한 가격에 히어로 세션(HERO Session) 카메라를 출시한다면 자사 제품의 시장을 잠식할 가능성을 고려해야 한다. 손익분기점에 도달하는 데 필요한 시간과 경쟁업체가 신제품에 대응하는 시기도 고려해야 한다. 윌켄펠트는 "제품수명주기는 확실히 고려 사항입니다"라고 말한다.

고프로는 개발 단계에서 아이디어를 시제품으로 바꾸기 시작한다. 제품팀은 종종 신제품의 미적인 부분과 치수를 확인하고자 시제품을 3D프린터로 제작한다. 최종 디자인이 결정되면 기능적 시제품이 개발된다. 윌켄펠트는 이렇게 설명한다. "저희 제품팀은 초기 시제품을 테스트하여 원하는 기능성을 갖추고 있는지, 시장에 출시할 수 있는 제품인지 확인합니다. 그렇지 않으면 정상 궤도에서 많이 벗어날 수 있습니다"라고 말했다.

©GoPro, Inc.

생산 품질의 시제품을 사용할 수 있게 되면 고프로는 6단계인 시험마케팅을 시작한다. 시험의 첫 번째 요소는 직원을 참여시키는 것이다. 윌켄펠트에 따르면 "저희는 매주 목요일에 '살고, 먹고, 사랑하자(Live It, Eat It, Love It)'라는 프로그램을 운영합니다. 이 프로그램은 브랜드와 같이 살아가는 것을 의미합니다"라고 했다. 직원들은 제품 개발팀에 피드백을 주기 위해 고프로 제품을 테스트한다. 테스트의 두 번째 요소는 시제품을 소셜미디어의 팬, 전문 사진작가, 운동선수 및 과거 소비자에게 보내어 제품의 최종 변경 사항을 확인하는 것이다.

시험시장에서의 변경 사항은 신제품 개발의 마지막 단계인 상업화로 이어진다. 이 시점에서는 좋은 마케팅계획이 중요하다. 윌켄펠트에 따르면 "새 제품을 성공적으로 출시하려면 디지털마케팅을 통해 올바른 수단이 무엇인지, 잠재고객이 누구인지 잘 알고 있어야" 한다.

고프로 소셜팀의 선임 관리자 스테파니 밀러(Stephanie Miller)는 다음과 같이 말한다. "소셜미디어는 제품 출시 및 제품 출시를 위한 시장 진출전략에서 큰 역할을 합니다. 무엇보다 먼저 소셜을 경청도구로 사용하여 제품을 출시할 거시적 환경과 주요 비즈니스 트렌드를 이해하는 것에서부터 시작합니다."

고객에게 새로운 제품의 꾸준한 흐름을 제공한다는 것은 신제품 개발 프로세스가 고프로에서 지속적인 활동임을 의미한다. 그러나 프로세스는 제품 유형에 따라 다르다. "일반적인 제품개발 수명주기는 실제 제품 유형에 따라 달라진다"라고 윌켄펠트는 설명한다. "몇 달의 처리 기간이 걸리는 제품이 있고 몇 년이 걸리는 제품이 있습니다. 기간은 제품의 복잡성에 따라 달라집니다"라고 그는 덧붙인다. 고프로의 성공은 확실히 기업이 개발하는 제품과 관련이 있지만 또 다른 요소도 있다. 윌켄펠트는 웃으면서 성공하려면 "제품을 마케팅해야 합니다!"라고 말한다.

고프로의 마케팅

예상하겠지만 고프로는 마케팅도 잘한다. 빠르게 변화하는 산업과 참여도가 높은 고객에게는 포괄적인 마케팅활동전략 도구상자가 필요하다. 켈리 베이커(Kelly Baker)는 "우리는 스포츠와 지역사회에서 영웅이 되는 사람들을 원합니다"라고 설명한다. "그들이 저희 브랜드의 훌륭한 홍보대사가 될 것을 알기 때문입니다"라고 말이다.

고프로 마케팅 프로그램의 상대적으로 새로운 부분은 특정 잠재고객을 위한 콘텐츠(예: 비디오, 웹페이지, 팟캐스트, 인포그래픽 등)의 생성 및 배포와 같은 콘텐츠마케팅의 성장이다. 예를 들어 고프로는 종종 고무적인 콘텐츠가 포함된 셀프샷 동영상에 대한 권리를 구입하고 편집한 후 자체 채널에 게시한다. 고프로의 총괄 프로듀서 야라 카크바즈(Yara Khakbaz)는 사용자 생성 콘텐츠(UGC)와 '스토리텔링'이 고프로 프로그램의 독특하고 강력한 측면이라는 점을 발견했다. 이 새로운 주안점은 새로운 목표시장에 대한 추가적인 관심의 결과다. 고프로는 물론 익스트림 스포츠 애호가들과 함께 시작했다. 그다음 영화감독과 프로듀서, 엄마와 가족, 이제는 여행 및 모험 애호가와 같은 전문시장을 추가했다. 이 모든 시장은 자신의 흥미롭고 강력한 스토리를 전달하는 데 관심이 있다. 카크바즈가 설명했듯이, 콘텐츠마케팅은 "오디언스를 구축하고 사용자와 소비자가 계속해서 자신의 이야기를 캡처하고 공유하도록 고무하는 것"이다. 그녀는 "이 진정한 순간, 그 순수한 진정성은 고프로입니다"라고 덧붙인다. 미래는 고프로의 더 많은 진정함과 흥미를 약속한다. Fusion(360도 비디오카메라)과 같은 신제품과 클라우드 연결 및 가상현실 앱도 개발 중이다. 월켄펠트는 "고프로는 우리가 꿈도 꾸지 못했던 방식으로 현대적인 스토리텔링을 가능하게 하는 데 큰 도움을 주며, 우리 제품을 사용하는 사람들에 의해 지속적으로 검증받고 있다는 점이 우리에게 매우 특별합니다"라고 말했다. 또 그는 "특히 좋은 점은 이 회사가 일하는 데 있어 영감을 주는 곳이라는 점입니다"라고 밝혔다.

질문

1. 고프로 제품의 차별점 또는 고유한 속성은 무엇인가?
2. 고프로의 주요 목표시장은 어디인가? 콘텐츠마케팅이 이러한 시장에 어떤 영향을 미치는가?
3. 고프로에서 사용하는 신제품 개발 프로세스를 설명해보자. 도표 9-4에 설명된 프로세스의 유사점과 차이점은 무엇일까?
4. 고프로가 제품을 성공시키기 위해 고려한 신제품 실패의 8가지 이유 중 하나는 어떤 것인가?
5. 고프로가 평가하도록 제안할 신제품 아이디어 하나를 제시해보자.

10

제품, 서비스, 브랜드의 성공적인 관리

LEARNING OBJECTIVES

다음 학습목표를 달성해보자.

- 목표 1 제품수명주기의 개념을 설명할 수 있다.
- 목표 2 마케팅관리자가 제품수명주기를 관리하는 방법을 파악한다.
- 목표 3 브랜딩의 중요성과 대안적인 브랜딩전략을 인식한다.
- 목표 4 제품마케팅에서 포장과 레이블의 역할을 설명할 수 있다.
- 목표 5 4P가 서비스마케팅에 어떻게 확장되어 적용되는지 이해한다.

게토레이: 50년 이상 과학을 땀에 흠뻑 젖게 하다

왜 게토레이(Gatorade)에 대한 갈증은 해소되지 않을까? 끊임없는 제품 혁신과 능숙한 브랜드관리만 있으면 된다.

미용티슈시장의 크리넥스(Kleenex), 젤리디저트 시장의 젤로(Jell-O), MP3 시장의 아이팟(ipod)과 마찬가지로 게토레이는 스포츠음료와 동의어가 되었다. 이 음료는 1965년 플로리다대학교에서 미식축구팀 수분공급용으로 만들어졌다. 또 오렌지볼(Orange Bowl: 미국 대학 미식축구 동남부지역 결승전) 경기에서 플로리다팀에 패배한 상대팀 코치에 의해 '게토레이'라고 명명되었다{플로리다대학 미식축구팀의 별명인 게이터즈, 즉 악어들(Gators에서 유래)}. 그 후 제품명이 고작되면서 새로운 음료 제품군이 탄생하게 되었다. 이후 1967년에 음료기업 스토클리 밴 캠프(Stokely-Van Camp)가 게토레이 제조법을 구매해서 제품을 상용화시켰다.

'게토레이'라는 브랜드 만들기

이후 1983년에 식품회사 퀘이커오츠(Quaker Oats)가 스토클리 밴 캠프를 인수하고, 다양한 방법으로 게토레이의 매출을 빠르게 끌어올렸다. 그들은 다양한 맛 추가와 여러 용기를 가지고 다양한 용량을 제공했다. 유통도 편의점과 슈퍼마켓부터 월마트 같은 대형 할인점으로 확장시켰다. 일관성 있는 광고 및 촉진활동을 통해 제품의 독특한 혜택과 운동 경기와의 연계를 효과적으로 전달했다. 또한 게토레이는 해외시장도 적극 개척했다.

오늘날 게토레이는 글로벌 브랜드로서 80여 개국에 판매된다. 또 스포츠카경기협회(NASCAR), 미식축구 프로리그(NFL), 메이저야구리그(MLB), 프로농구협회(NBA), 하키리그(NHL), 축구 메이저리그(MLS), 여자농구협회의 공식 스포츠음료가 되었다.

Source: PepsiCo

게토레이 성공의 원동력은 훌륭한 브랜드관리다. 1999년에 그들은 비타민을 강화한 프로펠 피트니스 워터(Propel Fitness Water)로 생수시장에 진출했다. 2001년에는 게토레이 에너지바(Energy Bar), 게토레이 에너지드링크(Energy Drink), 게토레이 뉴트리셔널 쉐이크(Nutritional Shake)를 포함한 게토레이 퍼포먼스(Gatorade Performance) 시리즈를 출시했다.

'게토레이'라는 브랜드 구축하기

2001년 펩시(PepsiCo)가 퀘이커오츠와 함께 게토레이 브랜드를 인수한 후, 브랜드 개발이 급격하게 진행됐다. 게토레이 엔듀어런스 포뮬러(Gatorade Endurance Formula)는 러닝 애호가, 건설 노동자처럼 오랫동안 많은 땀을 흘리는 사람들을 위해 개발되었다. 2008년에는 G2라고 불리는 저칼로리 게토레이가 출시되었다.

게토레이의 마케팅 성과는 지속적인 제품 개선, '게토레이 배스(Gatorade bath)'로 상징되는 능숙한 브랜드관리의 결과다.

©J. Meric/Getty Images

2009년 게토레이의 경영진들은 과감한 새 용기에 담긴 여러 가지 개선된 음료들을 선보였다. 게토레이의 마케팅 담당 최고책임자는 "다른 훌륭한 선수들처럼 게토레이도 한 단계 도약하고 있다"라고 말했다. 그는 "승리를 위해서든, 스릴을 위해서든, 건강을 위해서든, 몸이 움직이고 있다면 게토레이는 당신을 운동선수라고 보고 브랜드로 초

Video 10-1
Gatorade Ad
kerin.tv/cr8e/v10-1

대할 겁니다"라고 했다. 게토레이의 발표에 따르면 "새로운 게토레이의 각오는 패키지를 완전히 재구성함으로써 가장 잘 나타날 것"이라고 했다. 가령 게토레이 서스트퀜처(Gatorade Thirst Quencher)는 G라는 글씨를 정면 중앙, 즉 게토레이의 브랜드 상징인 번개와 함께 보여준다. "게토레이에게 G란 심장, 활기, 스포츠열정의 정신을 나타내고 어디서 활동하든 땀을 흘리는 누구에게나 자부심의 상징이 될 것이다."

이러한 지속적인 제품 개발에 대한 노력은 2010년과 2011년 G시리즈의 개발을 이끌었다. 당시 게토레이는 브랜드 재배치과정을 거치며 다양한 유형의 선수를 대상으로 게토레이 제품을 개발했다. 이 제품라인에는 운동선수를 위한 전통적인 G시리즈와 익스트림스포츠 선수들을 위한 G시리즈 엔듀런스(G Series Endurance) 등이 포함되어있었다. 새로운 게토레이 사탕, 바, 파우더, 쉐이크, 요구르트의 출시로 증명된 것처럼, 이 라인 내 제품 개발은 지금도 계속되고 있다. 2016년에는 유기농 게토레이가 도입되었다. 칼로리가 적은 수분 공급 음료인 게토레이 플로(Gatorade Flow)는 2017년에 출시되었다.

2018년 게토레이는 디지털방식으로 통신하고 운동선수와 피트니스 애호가에게 마실 양에 대한 지속적인 업데이트를 제공하는 마이크로칩이 장착된 '스마트캡' 병과 땀 패치를 선보였다. 게토레이의 마케팅은 역동적인 시장에서 지속적인 제품 개발과 뛰어난 브랜드관리를 보여준다. 게토레이는 창립 50년이 지난 지금도, 수십억 달러 규모를 자랑하는 활기찬 브랜드로 남아있다. 이 장에서는 게토레이 경영진의 행동이 어떻게 성공적인 마케터에 의해 수행된 행동의 모범이 되는지 살펴보도록 한다.

목표 1 제품수명주기의 개념을 설명할 수 있다.

제품수명주기

제품수명주기
신제품이 시장에서 거치는 도입기, 성장기, 성숙기, 쇠퇴기의 단계

사람과 마찬가지로 제품도 수명주기가 있는 것으로 간주된다. **제품수명주기**(product life cycle)의 개념은 신제품이 시장에서 거치는 도입기, 성장기, 성숙기, 쇠퇴기의 단계를 설명해준다(도표 10-1). 그림의 두 곡선(총산업매출액과 총산업이익액)은 제품을 생산하는 모든 기업의 판매액과 이익 합계를 나타낸다. 각 곡선이 변화하는 이유와 각 단계 관련 마케팅 의사결정에 대해 살펴보자.

질레트 퓨전 면도시스템의 성공은 본무에서 논의한 바와 같이 제품수명주기의 개념으로 이해할 수 있다.

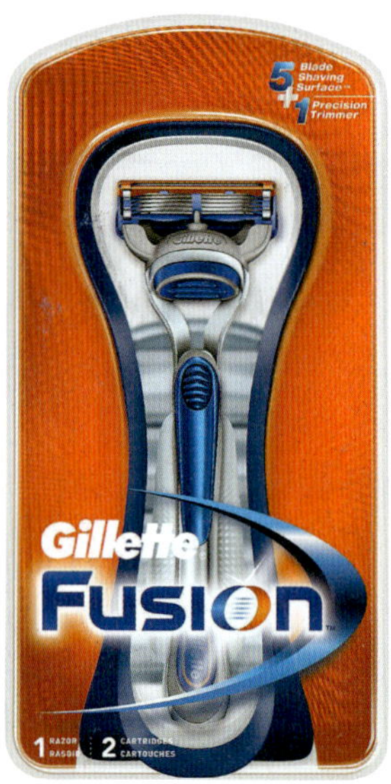

도입기

제품수명주기의 도입기(introduction stage)는 제품이 계획된 목표시장에 출시될 때 나타난다. 이 기간 동안 판매는 느리게 증가하며 이익은 최소 수준으로 나타난다. 질레트가 질레트 퓨전(Gillette Fusion) 면도기를 개발하기 위해 수백만 달러를 사용한 것처럼, 이익이 나지 않는 이유는 제품 개발에 많은 투자비용을 사용했기 때문이다. 이 단계의 마케팅목표는 소비자 인지도를 높이고 시용구매, 즉 소비자에 의한 제품의 최초 구입을 촉진하는 것이다.

기업은 광고 및 기타 프로모션에 많은 비용을 투자하여 도입 단계에서 소비자의 인지도를 형성하고 그들 사이에서 시용구매를 자극한다. 예를 들어 질레트는 남성 면도인을 대상으로 퓨전면도시스템을 도입하기 위해 2억 달러의 광고 예산을 책정했다. 결과는 어땠을까? 6개월 안에 60% 남성 면도인들이 새로운 면도기를 인지했고 그중 26%가 제품을 시용구매했다.

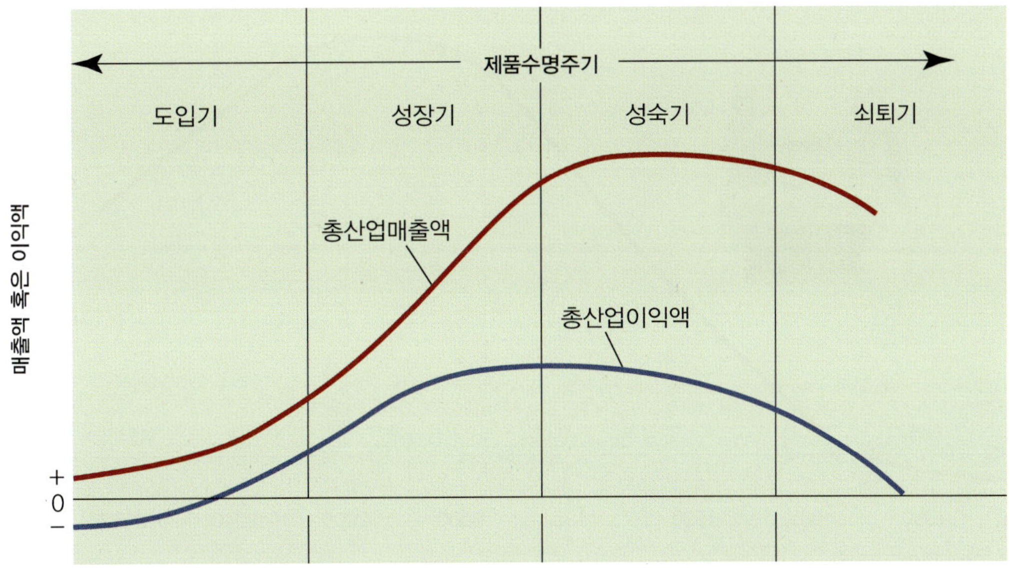

마케팅목표	인지도 확보	차별화 강조	브랜드충성도 유지	수확 및 철수
경쟁	적음	증가	많음	감소
제품	하나	다양한 버전	모든 제품라인	최고 판매제품에 한정
가격	스키밍가격이나 침투가격	시장점유율 확보, 세일가격	시장점유율과 이익 방어	이익 유지
유통	제한적	판매점 증가	최다 판매점	판매점 감소
프로모션	정보 제공, 교육	차별점 강조	브랜드 상기를 지향	최소한의 프로모션

도표 10–1 제품수명주기 단계는 기업의 마케팅목표, 마케팅믹스활동과 관련이 있다.

도입기의 광고와 프로모션 지출은 특정 브랜드가 아닌 제품군에 대한 욕구인 일차수요(primary demand)를 자극하기 위해 수행된다. 경쟁자들이 제품을 출시하고 제품수명주기에 따라 제품의 발달이 이루어지면 기업은 점차 특정 브랜드를 선호하는 선택적 수요(selective demand)에 집중하게 된다.

이 단계에서는 다른 마케팅믹스요인도 중요하다. 중간상들이 새로운 제품을 취급하는 것을 꺼려할 수도 있기 때문에 유통망을 확보하는 것이 큰 과제다. 기업에서는 품질을 통제하기 위해 제품 종류의 수를 제한하는 것이 일반적이다. 우리는 게토레이가 원래 레몬라임맛 한 가지로 출시되었다는 점을 기억할 필요가 있다.

도입기의 가격은 높거나 낮을 수 있다. 초기가격을 높게 책정하면, 초기 구매자들의 가격 민감도를 활용할 뿐만 아니라 개발비용을 회수하는 데 도움이 되는 스키밍(skimming)전략의 한 부분으로 사용할 수 있다. 이 전략에 숙달된 회사가 바로 3M이다. 3M 관리자는 "빠르게 출시하고 가격을 높이 책정하고, 모방제품이 진입하면 빠

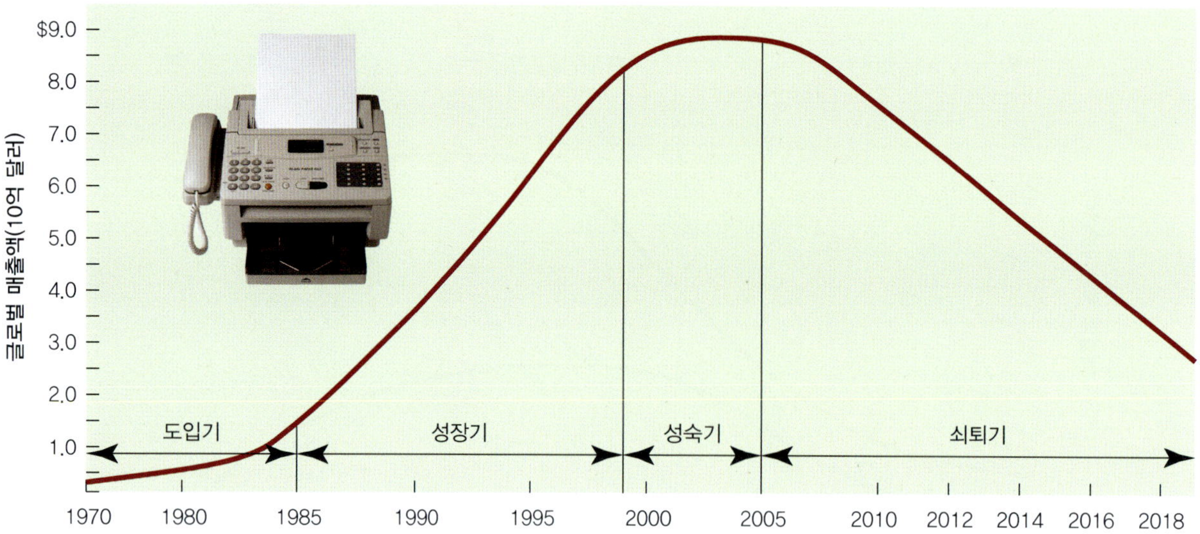

도표 10-2 1970~2019년의 사무용 독립형 팩스의 제품수명주기. 도입기, 성장기, 성숙기, 쇠퇴기 등 모든 제품수명주기 단계가 나타나 있다.

져나간다"라고 말한다. 높은 가격은 이익을 얻을 수 있는 기회를 발견하고 시장에 진입하고자 하는 경쟁자들을 유인하는 경향이 있다. 기업은 경쟁자의 진입을 저지하고자 침투가격(penetration prining)을 통해 가격을 낮출 수 있다. 이와 다른 가격 책정방법은 11장에서 다룰 것이다.

도표 10-2는 1970년 초부터 2019년 초까지 미국의 독립형 사무용 팩스의 제품수명주기를 나타낸 것이다. 도표에 나타난 것처럼 제록스(Xerox)가 첫 번째 팩스를 만든 이후, 1970년 초부터 1980년 초까지 판매량이 느리게 증가했다. 처음에는 영업판매원이 기업을 대상으로 팩스를 높은 가격에 직접 판매했다. 1980년대 팩스의 평균가격은 높은 수준으로 1만 2,700달러, 즉 현재를 기준으로 하면 3만 9,000달러 정도였다. 이 팩스들은 오늘날을 기준으로 하면 상당히 원시적이었다. 이 팩스에는 전자회로가 아닌 기계 부품을 포함하고 있었지만, 전기회로가 없었고 현재 시판되는 모델의 기능을 거의 갖추지 못한 상태였다. 오늘날 몇몇 제품군은 제품수명주기의 도입기에 위치해 있는데 휴대용 스마트 TV와 전기자동차가 이에 포함된다.

성장기

제품수명주기 중 성장기(growth stage)는 급격한 판매량 증가가 특징적이다. 이 단계에서는 경쟁자가 등장한다. 도표 10-2는 1986년부터 1998년까지 팩스 판매량의 급격한 증가를 보여준다. 팩스를 판매하는 기업 수는 1970년대 초반에는 한 곳이었다가 1983년에는 7곳으로 늘어나 총 9개 브랜드가 판매되었다. 그 후 1998년까지 약 25개의 제조업체와 60개의 브랜드가 나타났다.

경쟁자가 늘어나고 공격적인 가격정책 결과, 성장기의 이익은 정점에 도달한다. 예를 들어, 팩스의 평균 가격은 1985년 3,300달러에서 1995년 500달러로 급감했다. 이 단계에서 광고는 선택적 수요를 강조하는 방향으로 전환되고, 시장점유율을 높이기 위해 자사 제품 혜택과 경쟁사 제품을 비교하는 데 중점을 둔다.

성장기의 제품 판매는 제품을 시용해보거나 사용하는 신규 사용자와 제품을 사용하고 만족한 후 다시 구매하는 반복구매자(repeated purchasers)의 비율이 증가함에 따라 가속적으로 성장한다. 질레트 퓨전 면도기의 경우, 면도기를 사용해본 남성 중 60% 이상이 영구적으로 제품을 사용하기로 했다. 성공적인 제품의 경우, 제품수

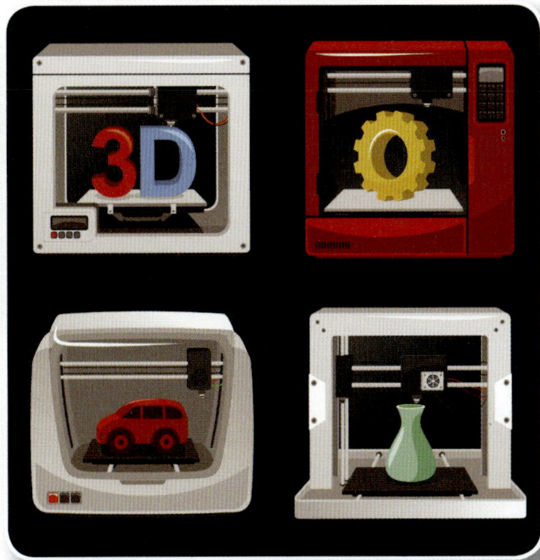

쉐보레 볼트(Bolt)처럼 GM이 만드는 전기자동차는 제품수명주기상 도입기에 위치해 있다. 반면에 3D 프린터는 성장기에 위치해 있다. 각 제품과 기업은 제품수명주기의 어느 단계에 있느냐에 따라 독특한 도전과제에 직면해 있다.

(left): ©Samuel Corum/Anadolu Agency/Getty Images; (right): ©Tomacco/iStock/Getty Images
General Motors Company
www.gm.com

명주기가 경과할수록 구매시도고객 중 재구매비율이 증가한다. 내구성이 높은 팩스는 대체구매가 드물다. 하지만 팩스를 사용하는 경우가 늘어나면서 사무실에 팩스를 두 대 이상 구입하는 일이 일반화되었다.

성장 단계에서는 제품에 변화가 생긴다. 기업은 자사 브랜드를 경쟁업체의 브랜드와 차별화하기 위해 원래 디자인에 개선된 안이나 새로운 특징을 추가하여 제품 확산을 일으킨다. 팩스의 변화는 ① 전화기가 내장된 모델, ② 열감지형이 아닌 일반 종이를 출력용지로 사용하는 모델, ③ 전자메일을 통합한 모델 순으로 진행되었다.

성장 단계에서는 유통경로를 확대하는 것이 중요하다. 소매상의 예를 들면 제품 진열과 점포 내 진열대를 확보하기 위해 경쟁업체와 경쟁하는 것을 의미한다. 팩스산업의 유통망 확장이 그 예다. 성장 초기 단계에서는 11%의 사무기기 판매상이 팩스를 취급했다. 1990년 중반에는 70%가 넘는 사무기기 판매상이 팩스를 판매했으며 베스트바이(Best Buy)와 오피스디포(Office Depot)처럼 전자제품을 판매하는 다른 유형의 상점으로 유통망이 확장되었다.

오늘날에는 광범위한 제품군과 산업이 제품수명주기의 성장 단계에 속해 있다. e북 리더기와 3D 프린터가 바로 그렇다.

성숙기

성숙기(maturity Stage)에는 총산업매출액이나 제품군의 수익이 둔화된다. 한계를 느낀 경쟁자들은 시장을 떠나기 시작한다. 제품을 구매하는 대부분의 소비자는 해당 제품의 반복구매자들이다. 성숙기에 시장에 진입하는 새로운 구매자가 거의 없기 때문에 판매량이 증가하지만 증가속도는 감소한다. 많은 판매자들이 극심한 가격 경쟁 때문에 이익이 감소되고 이 단계에서 신규 구매자를 확보하는 데 드는 비용이 증가한다.

성숙기의 마케팅 관심은 추가적인 제품차별화를 시도하여 시장점유율을 유지하고 새로운 구매자 및 사용용도를 발견하는 것이다. 예를 들어, 질레트는 뒷면에 불필요한 부분을 자르기 위한 추가 칼날이 있는 다섯 개의 칼날로 된 퓨전 프로글라이드(Fusion ProGlide)를 추가하여 퓨전 면도 시스템을 수정했다. 팩스 제조업체들은 스캔, 복사, 컬러복사 등과 같은 새로운 특징을 보유하면서 인터넷이 가능한 다기능

모델을 개발했다. 또한 매출의 상당 부분을 차지하는 소규모 사업체나 재택 사업자를 위한 팩스를 고안했다. 이 단계에서 기업전략의 주요 고려 사항은 프로모션 및 유통 효율을 향상시켜 총마케팅비용을 통제하는 것이다.

팩스는 1990년 후반 성숙기에 진입했다. 이 시기에는 산업 전체 판매의 약 90%가 5개 제조업체인 휴렛팩커드(Hewlett-Pakard), 브라더(Brother), 샤프(Sharp), 렉스마크(Lexmark), 삼성(Samsung)에 의해 이루어졌다. 이는 한계가 있는 경쟁자들의 이탈을 의미한다. 2004년까지 세계적으로 2억 대의 독립형 팩스가 설치되었고 연간 1,200억 건 이상의 팩스가 전송되었다.

많은 수의 제품군과 산업이 제품수명주기의 성숙기에 위치해 있으며 탄산 청량음료와 설탕이 들어간 아침 식사용 시리얼도 이에 해당된다.

쇠퇴기

쇠퇴기(decline stage)는 판매가 감소할 때 발생한다. 팩스는 2005년 초, 쇠퇴기에 진입했으며 팩스기기 평균 가격이 100달러 이하로 떨어졌다. 오늘날 세계적으로 4,600만 대의 팩스가 설치되어있고 2017년에 약 200억 건의 팩스가 전송되었다. 어떤 제품은 기업의 잘못된 전략 때문이 아니라 환경 변화로 인해 이 단계에 진입한다. 디지털음원으로 인해 음반산업에서 콤팩트디스크가 쇠퇴기에 접어든 것처럼 말이다. 팩스는 인터넷과 이메일 탓에 조만간 멸종될 것인가? '마케팅의 힘' 박스에서 이 문제에 관한 한 가지 견해를 읽을 수 있다.

수많은 제품군 또는 산업이 제품수명주기의 쇠퇴 단계에 직면해 있다. 두 가지 대

마케팅의 힘

고객가치

이메일이 팩스를 없앨까?

고객가치를 창출하는 기술적 대체품은 종종 제품의 쇠퇴기를 불러오는 원인이 된다. '이메일은 팩스를 대체할 수 있을까?' 이 질문은 수년간 논쟁거리가 되어왔다. 인터넷 접근성이 확대되면서 전자메일의 사용이 지속적으로 성장하고 있지만, 여전히 매년 수백만 대의 팩스가 판매된다. 2018년에 전 세계 전자메일 계정이 52억 개로 추산되었다. 전자메일의 놀랄만한 인기에도 불구하고 팩스는 아직 소멸되지 않았다. 왜일까? 두 개의 기술은 동일한 메시지 전달방식이 아니라서 직접적으로 경쟁하지 않기 때문이다.

이메일은 글자로 된 메시지를 전달하기 위해 사용하는 것이고, 팩스는 주로 기업의 이용자들, 특히 인터넷 보안에 관심이 있는 의사나 기타 의료서비스 제공자가 서식이 지정되어있는 문서를 전달하는 데 주로 사용된다. 세계적으로 팩스기기 판매량이 감소하고는 있지만 사용량은 2020년까지 증가할 것으로 예상된다. 인터넷기술과 전자메일은 언젠가 팩스기술과 종이를 대체하고 팩스의 소멸을 초래하겠지만, 아주 가까운 미래의 일은 아닐 것 같다.

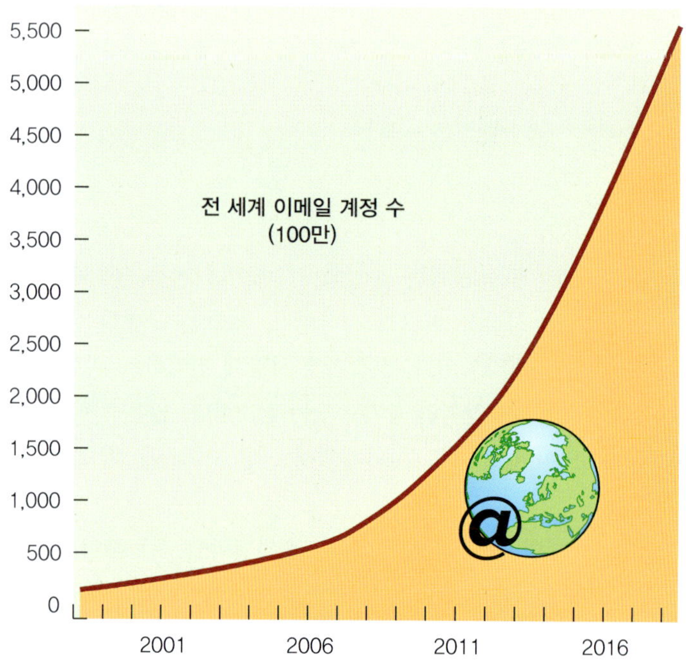

표적인 예가 바로 아날로그 TV와 개인용 데스크톱 컴퓨터다. 쇠퇴기의 제품은 미래 가치에 비해 경영 및 재무 자원을 지나치게 많이 소모하는 경향이 있다. 기업은 이러한 제품을 처리하기 위해 철수 혹은 수확 중 하나의 전략을 선택하게 된다.

철수 제품의 철수(deletion) 혹은 기업의 제품라인에서 해당 제품을 제외하는 것은 가장 극단적인 전략이다. 남아있는 핵심소비자들이 제품을 이용하고 있을지도 모르기 때문에 제품에 대한 철수 결정을 가볍게 내려서는 안 된다. 샌포드(Sanford Corporation)는 타자기용 수정액 리퀴드페이퍼(Liquid Paper)를 워드프로세스기기 시대에도 지속적으로 판매하고 있다.

수확 수확(harvesting)이란 기업이 제품을 유지하면서 마케팅비용을 줄이는 것을 말한다. 제품이 지속적으로 제공되지만, 판매원들이 판매활동에 시간을 할당하거나 광고비용을 지출하지는 않는다. 수확의 목적은 소비자 요청을 충족시키는 능력을 적정하게 유지하는 것이다. 코카콜라는 아직도 최초의 다이어트 콜라 '탭(Tab)'을 소수의 골수팬을 위해 판매한다. 코카콜라의 최고경영자는 "이것은 여러분에 대한 배려를 보여줍니다. 우리는 탭을 원하는 사람들이 확실하게 구매할 수 있기를 원합니다"라고 말한다.

제품수명주기의 세 가지 측면

제품수명주기의 중요한 세 가지 측면은 ① 기간, ② 판매곡선의 형태, ③ 소비자가 제품을 채택하는 비율이다.

제품수명주기의 기간 제품이 수명주기를 거치는 데 정해진 기간은 없다. 일반적으로 소비재의 수명주기는 산업재보다 짧다. 프리토레이(Frito-Lays)의 베이크드 레이즈(Baked Lay's) 감자칩과 같이, 많은 소비재 식품류의 신제품이 도입기에서 18개월 만에 성숙기로 이동한다. 대중매체의 이용가능성은 소비자들에게 정보를 빠르게 전달하고 수명주기를 짧게 한다. 또 기술적 변화에 의해 신제품 혁신이 기존제품을 대체하면서 제품수명주기가 짧아진다. 예를 들어, 스마트폰은 아마추어 사진 시장에서 디지털카메라를 대체했다.

제품수명주기 형태 도표 10-1과 같은 제품수명주기 판매곡선의 형태는 일반적인 수명주기를 보여준다. 그러나 모든 제품이 같은 형태의 수명주기를 갖지는 않는다. 사실상 몇 개의 수명주기곡선 유형이 있으며, 각 유형별로 다른 마케팅전략을 사용할 필요가 있다. 도표 10-3은 네 가지 다른 형태의 제품수명주기 판매곡선의 형태를 보여준다. 즉 고학습제품, 저학습제품, 패션제품, 패드제품(일시유행제품)에 대한 것이다.

고학습제품(high leaning product)은 상당한 고객교육이 필요하고 도입기가 길다(도표 10-3A). 개인용 컴퓨터가 이러한 수명주기곡선을 가지고 있는데, 많은 사람들이 이를 믿기 어려워한다. 1980년대 소비자들은 제품을 소유함으로써 얻는 혜택을 학습해야 했고, 이미 익숙한 과업을 수행하는 새로운 방법을 교육받아야 했다. 가정용 대류식(뜨거운 공기를 순환시켜서 작용하는) 오븐은 소비자들이 새로운 요리방법

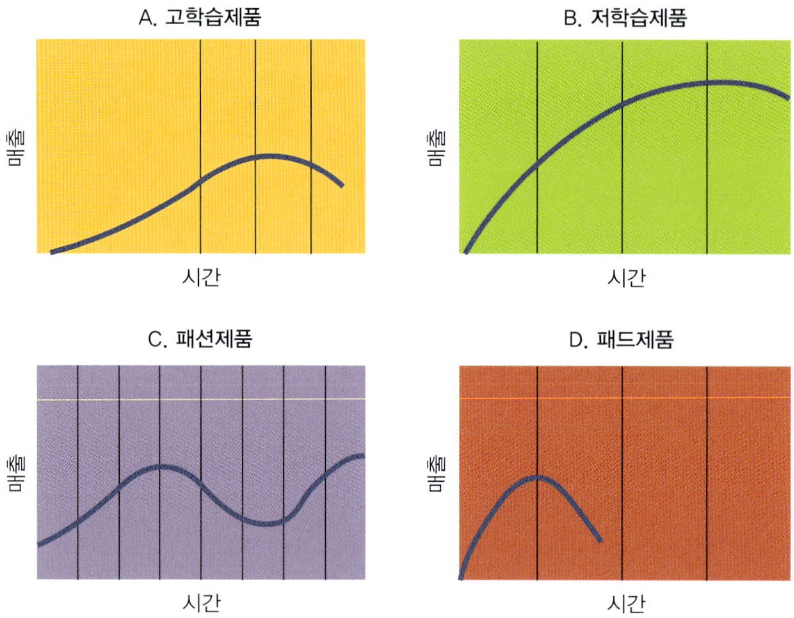

도표 10-3 제품 형태에 따른 다양한 제품수명주기곡선. 고학습제품이 저학습제품에 비해 도입기가 긴 것에 유의해서 살펴보자. 다양한 제품수명주기의 형태에 관해서는 본문을 참고해보자.

을 학습하여 전통적 오븐을 사용하는 익숙한 요리법을 대체해야 팔릴 수 있기에, 수년간 도입기에 머물러 있었다.

이와 대조적으로 저학습제품(low learning product)은 소비자들이 학습할 필요가 거의 없고 구매혜택을 쉽게 이해할 수 있기 때문에 도입기가 바로 시작된다(도표 10-3B). 이러한 제품은 경쟁사에서 쉽게 모방할 수 있으므로, 기업은 유통망을 빠르게 확장하는 마케팅전략을 사용한다. 이렇게 하면 경쟁자들이 제품을 출시하더라도 대부분의 소매점에서 이미 혁신자의 제품을 보유하고 있을 것이다. 수요를 충족시킬 생산능력을 갖추는 것도 중요하다. 성공적인 저학습제품의 예가 바로 질레트 퓨전 면도기다. 이 제품은 출시 후 3년 안에 세계적으로 매출액 10억 달러를 달성했다. 세계에서 가장 많이 팔리는 면도기가 되었다.

패션제품(fashion product, 도표 10-3C)은 어떤 시기의 스타일을 말한다. 패션제품의 수명주기는 남녀 의류에서 빈번하게 나타난다. 패션제품은 도입되고 쇠퇴했다가 다시 돌아오는 형태를 띤다. 주기의 길이는 몇 달이나 몇 년, 때로는 몇 십 년이 될 수도 있다. 팬티스타킹과 같은 여성 양말류를 떠올려보자. 이 제품의 판매량은 수년간 감소해왔다. 여성들은 팬티스타킹을 신지 않는 것이 더 유행에 맞는 일이라고 생각했다. 이러한 상황은 여성 양말업계의 선두 브랜드 헤인즈(Hanes)에게 나쁜 소식이었다. 한 패션 전문가는 "기업들은 패션주기가 정상적인 과정을 따라가면서 팬티스타킹 유행이 다시 돌아오기를 기다리는 것이 낫다"라고 말했다.

패드제품(일시유행제품)은 도입기가 거의 없이 바로 급격히 성장하고 성숙기가 거의 없이 빠르게 쇠퇴한다(도표 10-3D). 이러한 제품은 일반적으로 참신하며 수명주기가 짧다. 손으로 가지고 노는 피젯스피너(fidgit spinners), 제거할 수 있고 재사용도 가능한 자동차 문신 스티커, 미네소타주의 한 의류업체가 만든 비닐드레스와 모직비키니 등이 이러한 패드제품에 속한다.

제품수준: 제품군과 형태 도표 10-1에 나타난 제품수명주기는 전체 산업 또는 일반적인 제품군의 판매곡선이다. 제품을 관리할 때 나타날 수 있는 여러 수명주기(제품

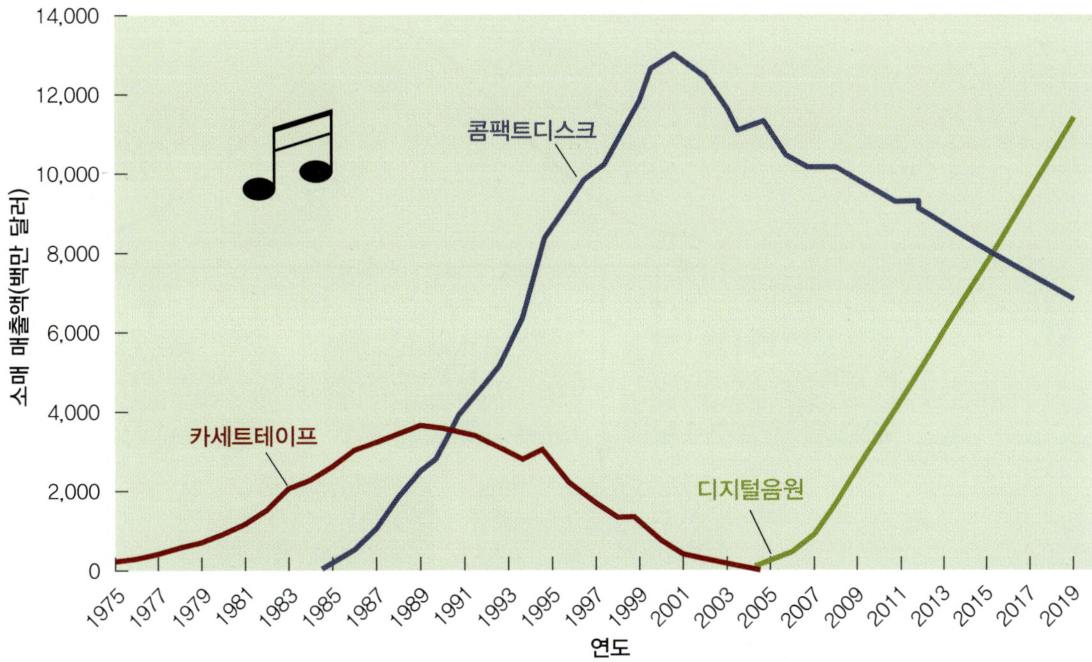

도표 10-4 사전에 녹음된 음악의 제품 형태별 제품수명주기는 기술 혁신이 판매에 미치는 영향을 보여준다. 2015년에는 콤팩트디스크가 카세트테이프를, 디지털음원과 스트리밍이 콤팩트디스크를 대체했다. 여러분은 카세트테이프를 기억하는가?

군 및 형태 수준)를 구별하는 것이 중요하다.

제품군(product class)이란 사전에 녹음된 음악처럼 전체 제품 범주 또는 산업을 나타낸다. 제품 형태(product form)는 제품군 내 제품 변형과 관련이 있다. 사전에 녹음된 음악의 경우, 카세트테이프, 콤팩트디스크, 디지털음원 다운로드 및 스트리밍처럼 음악을 제공하는 데 사용되는 기술에 따른 제품 형태가 존재한다. 도표 10-4는 이러한 세 가지 제품 형태의 수명주기와 기술 혁신이 판매에 미치는 영향을 보여준다.

제품수명주기와 소비자 제품의 수명주기는 소비자들의 구매 형태에 따라 다르다. 모든 소비자들이 도입기에 제품을 구매하기 위해 서두르지는 않으며, 수명주기곡선의 형태는 제품이 일정 기간 시장에 머문 이후 대부분의 매출이 발생한다는 것을 뜻한다. 본질적으로 제품은 혁신의 확산(diffusion of innovation) 개념에 따라 사람들을 통해 확산되거나 퍼져나간다.

어떤 사람들은 제품에 빠르게 매료된다. 다른 사람들은 친구나 의견선도자가 제품을 사용하는 것을 본 후 구매한다. 도표 10-5는 신제품을 채택한 시기를 기준으로 삼아 소비자들을 다섯 개 범주의 제품채택자로 나누고 각 범주에 대한 간단한 개요를 제시한 것이다. 제품이 성공하려면 먼저 혁신자(innovator)와 조기수용자(early adopter)가 제품을 구매해야 한다. 신약을 개발하는 제약사가 신뢰도가 높은 병원, 진료소, 내과의사들이 신약을 사용하길 바라는 이유가 바로 이것이다. 일단 혁신자와 조기수용자가 제품을 받아들이면, 새로운 제품의 수용이 조기다수자(early majority), 후기다수자(late majority), 지체수용자(laggard)의 범주로 옮겨간다.

다양한 요인이 소비자의 신제품 채택 여부에 영향을 끼친다. 도입기에 제품을 거부하는 일반적인 이유로는 사용장벽(usage barriers, 제품이 기존 습관에 맞지 않음), 가치장벽(value barriers, 제품이 대체할만한 동기를 주지 못함), 위험장벽(risk barriers, 신체적·경제적·사회적 위험), 심리장벽(psychological barriers, 문화적 차이, 이미지)이 있다. 이러한 요인들은 미국에서 전기자동차가 느리게 채택된 이유

도표 10-5 제품채택자의 다섯 집단과 특징. 제품이 성공하기 위해서는 혁신자와 조기수용자의 구매가 필요하다는 걸 보여준다.

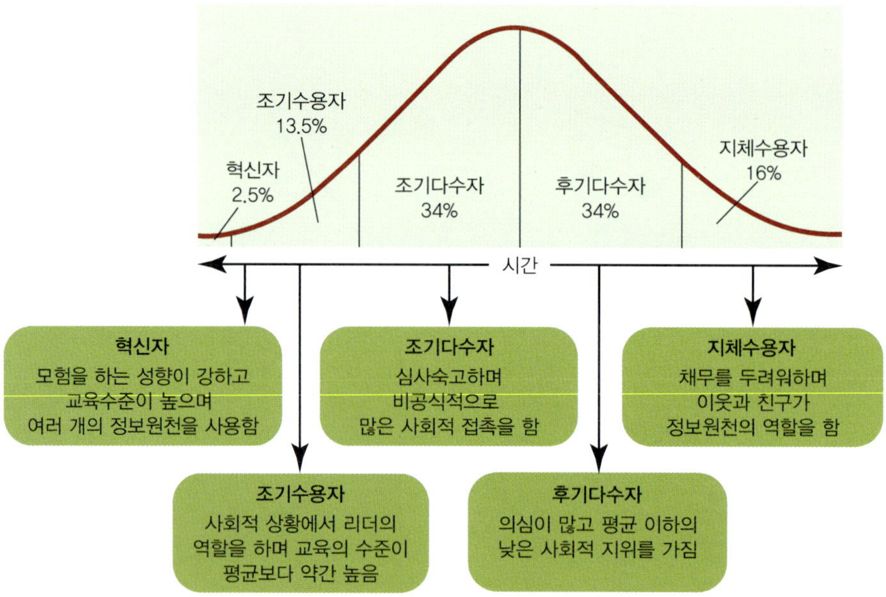

를 설명하는 데 도움이 된다. 2018년에 판매된 자동차 중 1% 미만이 완전 전기자동차였다. 업계 분석가들은 이러한 실망스러운 판매의 원인으로 사용장벽을 들었다. 그들은 잠재구매자들이 전기자동차가 기존의 운전습관과 양립할 수 없다고 믿는다는 점에 주목했으며, 가치장벽도 언급했다. 소비자들은 내연기관이 장착된 차에 비해 전기차의 우월성을 인식하지 못하고 있다. 실제 전기자동차 유지비에 대한 불확실성도 커다란 위험장벽이다. 한 자동차산업 분석가는 "혁신가와 조기수용자는 모든 전기자동차를 구매했지만 주류 소비자는 따르지 않았다"라고 말했다. 아직 전기자동차는 제품수명주기 중 도입기에 머물러 있다.

기업은 다양한 방법으로 이러한 장벽을 극복하고자 한다. 모든 전기자동차 제조업체에서 사용, 가치 및 위험장벽을 극복하기 위해 저렴한 임대 옵션을 제공한다. 어떤 기업들은 신제품의 시험 사용을 자극하고자 품질 보증, 환불 보장, 광범위한 사용제품지침, 데모 및 무료 샘플을 제공한다. 예를 들어 소프트웨어 개발자는 인터넷에서 다운로드할 수 있는 안내용 데모제품을 제공한다. 피부관리를 받는 소비자는 올레이닷컴(www.olay.com)의 스킨 어드바이저(Skin Advisor)를 통해 자신이 제출한 셀카를 기반으로 어떤 피부관리제품을 사용해야 하는지를 확인할 수 있다. 무료 샘플은 소비자의 시용을 확보할 수 있는 가장 일반적인 방법 중 하나다. 실제로 71% 소비자들이 새 제품을 평가하는 가장 좋은 방법으로 샘플을 꼽았다.

학습리뷰

1. 광고는 제품수명주기의 ______________ 단계에서 중요한 역할을 하고 ______________은(는) 성숙기에서 주된 역할을 한다.
2. 고학습제품과 저학습제품은 어떻게 다른가?
3. 혁신의 확산에서 제품채택자의 다섯 가지 범주는 무엇인가?

제품수명주기 관리

목표 2 마케팅관리자가 제품수명주기를 관리하는 방법을 파악한다.

기업의 중요한 과업은 수명주기의 연속적 단계에 따라 제품을 지속적으로 관리하는 것이다. 여기서는 이 과업에 대해 일반적으로 책임을 지는 제품관리자의 역할을 설명하고, 제품수명주기에 따른 제품관리의 세 가지 방법(제품 변경, 시장 변경, 제품 리포지셔닝) 등을 설명하겠다.

제품관리자의 역할

브랜드관리자(brand manager)로도 불리는 제품관리자는, 서로 밀접하게 관련된 몇 개의 제품이나 브랜드에 대한 마케팅활동을 관리하는 사람이다. 제너럴밀스(General Mills), 펩시콜라 등 소비재 기업과 인텔, HP 등 산업재 기업에는 제품관리자의 역할을 담당하는 마케팅조직이 있다.

모든 제품관리자는 제품수명주기 단계를 통해 기존 제품을 관리할 책임을 진다. 신제품 개발까지 책임지는 제품관리자도 있다. 제품관리자의 마케팅임무는 연간 마케팅계획에 포함되어있는 제품라인에 대한 마케팅 프로그램을 개발·실행하며, 광고 카피, 매체 선택, 패키지 디자인 등을 승인하는 것이다.

제품관리자들은 제품 및 브랜드와 관련된 광범위한 데이터 분석에도 관여하며 매출, 시장점유율, 이익 추세 등을 상세히 검토한다. 제품관리자들은 이러한 데이터에 두 가지 방법, ① 제품군개발지수(category development index, CDI), ② 브랜드개발지수(brand development index, BDI)의 두 가지 척도를 추가한다. 이 지수들은 특정 소비재 제품과 브랜드에 대하여 강세를 보이는 세분시장과 약세를 보이는 세분시장(보통 인구통계적 혹은 지리적 세분시장)을 식별하고 마케팅활동에 지침을 제공하는 데 도움을 준다. 하와이안펀치(Hawaiian Punch)에 대한 두 지수의 계산방법, 시각적 제시방법과 해석 결과는 '마케팅계기판' 박스에서 설명한다.

제품 수정

제품 수정(product modification)은 소비자에 대한 제품가치를 향상하고 판매를 증대하기 위해 제품의 품질, 성능, 외형 등 제품 특징을 변화시키는 것이다. 나노기술로 탄생한 주름 방지 의류, 얼룩 방지 의류는 의류산업에서 혁명을 불러일으키며 캐주얼한 바지, 셔츠, 블라우스의 판매량을 자극하였다. 소비자들에게 제품의 가치를 높이기 위한 제품 수정 중에서 널리 사용되는 방법 중 하나가 바로 제품번들링(product bundling)이다. 이는 둘 이상의 개별 제품을 하나의 패키지로 판매하는 것이다. 한 예로 마이크로소프트 오피스는 워드, 엑셀, 파워포인트를 컴퓨터 소프트웨어의 묶음으로 판매된다.

새로운 특징, 패키지, 향기는 제품 특성을 변경하고 개선된 제품이라는 것을 알리기 위해 사용된다. P&G는 비타민을 추가하여 팬틴(Pantene) 샴푸와 컨디셔너를 개선하고 수백만 달러의 광고 및 프로모션 캠페인을 이용하여 브랜드를 다시 출시했다. 결과는 어땠을까? 1940년대에 처음 소개된 팬틴은, 1,000개 이상의 경쟁 브랜드가 존재하는 미국 시장에서 가장 잘 팔리는 샴푸와 린스가 되었다.

마케팅계기판

CDI와 BDI의 이해

제품군 및 브랜드 매출이 가장 높은 곳은 어디이며 낮은 곳은 어디인가? 이 질문과 관련된 자료인 ① 제품군개발지수, ② 브랜드개발지수를 이용해보자.

도전

우리가 미국에서 가장 잘 팔리는 과일펀치 음료 하와이안펀치(Hawaiian Punch)의 마케팅부서에 있다고 생각해보자. 이 브랜드는 13세 이하의 자녀를 둔 어머니들을 대상으로 마케팅활동을 수행해왔다. 하와이안펀치 매출의 대부분은 1갤런과 2리터짜리 병에서 발생한다. 우리의 과제는 브랜드 성과를 검토하고 가공 과일음료(해당 제품군)시장에서 하와이안펀치의 성장가능성을 파악하는 것이다.

여기서는 마케팅조사회사 연합체가 제공한 제품군개발지수와 브랜드개발지수를 제시하겠다. 각 지수는 다음 식에 기초하여 계산한 것이다.

$$\text{제품군개발지수(CDI)} = \frac{\text{제품군의 미국 시장 총매출액에 대한 세분시장 매출액의 백분율}}{\text{미국 총인구에 대한 세분시장 인구의 백분율}} \times 100$$

$$\text{브랜드개발지수(BDI)} = \frac{\text{브랜드의 미국 시장 총매출액에 대한 세분시장 매출액의 백분율}}{\text{미국 총인구에 대한 세분시장 인구의 백분율}} \times 100$$

CDI가 100 이상이면 세분시장의 제품군 구매가 미국 시장에서 평균 이상이라는 것이다. 100 이하라면 평균 이하라는 것이다. BDI가 100 이상이면 세분시장의 브랜드 위상이 강한 것이고, 100 이하라면 브랜드 위상이 약한 것이다.

우리는 가공과일음료를 소비하는 4가지 유형의 세분시장, ① 자녀가 없는 가구, ② 자녀가 6세 이하인 가구, ③ 자녀가 7~12세인 가구, ④ 자녀가 13~18세인 가구 등의 CDI와 BDI에 흥미를 가지고 있다.

발견

다음은 자녀가 있는 가구, 특히 12세 이하의 자녀가 있는 가구의 BDI와 CDI를 측정한 것이다. 두 세분시장 모두 하와이안펀치의 BDI가 100 이상이다. 브랜드가 두 세분시장을 목표로 하여 출시되었기 때문에 이것이 놀라운 사실은 아니다. 13~18세인 자녀가 있는 가구의 CDI는 100 이상으로 높은 과일음료 소비량을 보여준다. 그러나 하와이안펀치의 BDI는 100 이하로 상대적으로 약하다.

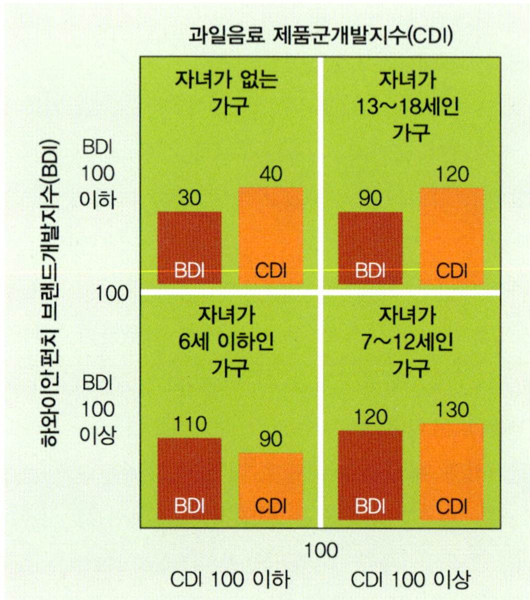

행동

하와이안펀치의 기회는 13~18세인 10대 자녀를 가진 가구에 있다. 우리는 하와이안펀치를 이 세분시장을 대상으로 리포지셔닝하라고 제안할 수 있고, 이 세분시장을 끌어들이기 위해 다른 청량음료들처럼 1회분씩 캔이나 병에 포장할 것을 추천할 수 있다. 이때 10대들이 광고와 기타 프로모션의 목표 대상이 될 수 있다.

시장 수정

기업은 시장 수정(market modification)전략을 통해 새로운 고객을 찾고, 기존 고객 사이에서 제품 사용을 늘리거나 새로운 상황을 만들고자 한다.

새로운 고객 찾기 시장 수정전략의 일환으로 레고 그룹(LEGO Group)은 기존 시장 외부의 소비자를 유치하기 위해 새로운 제품라인을 제공하였다. 어린 소년들을 위한 인기 있는 건설 장난감 라인으로 유명한 그들은 어린 소녀들을 위한 레고 프렌즈(LEGO Friends)라는 제품라인을 도입했다. 할리데이비슨(Harley-Davidson)은 여성들이 오토바이를 타게끔 장려하기 위해 마케팅 프로그램을 맞춤화하여 자사 오토바이의 잠재고객 수를 두 배로 만들었다.

할리데이비슨은 여성의 좀 더 편안한 운전을 위하여 작은 손잡이, 낮은 의자, 잡아당기기 쉬운 클러치가 달린 일부 오토바이 모델을 새롭게 디자인했다. 우먼라이더나우닷컴(WomenRidersNow.com)의 창립 편집자 제네비에브 쉬미트(Genevieve Schmitt)는 "할리데이비슨에게 여성들은 떠오르는 시장이며 그들을 포용해야 함을 깨달았다"라고 말했다.

©Gary Gardiner/Bloomberg via Getty Images
Harley-Davidson, Inc.
www.harley-davidson.com

제품 사용 증가시키기 좀 더 빈번하게 사용하도록 프로모션활동을 수행하는 것은 캠벨 수프(Campbell Soup)의 전략이다. 겨울철에는 수프 소비가 증가하고 여름철에는 감소하므로, 이 기업은 수프가 추운 계절에만 먹는 음식이 아니라고 생각되게 하고자 따뜻한 계절에 광고를 더 많이 내보낸다. 비슷한 예로 플로리다오렌지재배자협회(The Florida Orange Growers)에서는 오렌지주스가 아침 식사에서뿐만 아니라 하루 종일 마시는 것이라고 주장한다.

새로운 사용 상황 만들기 기존 제품에 대한 새로운 사용 상황을 찾는 것은 남성용 면도 제품의 세계적 리더 질레트(Gillette)의 전략이었다. 질레트는 이제 새로운 사용 상황인 '맨스케이핑(manscaping; 목선 아래 부위의 체모 면도 기술)'을 위한 면도기, 면도날 및 면도 젤로 구성된 질레트 바디(Gillette Body) 라인을 판매하고 있다.

Video 10-2
Gillette Ad
kerin.tv/cr8e/v10-2

제품 리포지셔닝

일반적으로 기업은 판매를 강화하기 위해 제품이나 제품라인을 리포지셔닝하기로 결정한다. 제품 리포지셔닝(product repositioning)은 경쟁제품과 비교하여 소비자의 기억 속에 자리 잡은 위치를 변경하는 작업이다. 기업은 네 개의 마케팅믹스요소 중 하나 혹은 그 이상을 변경함으로써 제품을 리포지셔닝할 수 있다. 여기서는 리포지셔닝을 유발하는 네 가지 요소를 알아보자.

질레트의 면도기, 면도날, 젤은 목선 아래의 남성 체모를 면도하기에 적합하다. 면도 제품에 대한 이러한 새로운 사용 상황은 '맨스케이핑(masncaping)'이라고 지칭되었다.

Source: Procter & Gamble

제공되는 가치를 변화하기 기업은 소비자에게 제공하는 가치를 증가하거나 감소시키는 방향으로 제품을 리포지셔닝할 수 있다. 고가치전환(trading up)은 추가적인 기능이나 고품질 재료를 이용하여 제품에 가치를 추가하는 것이다. 미쉐린(Michelin), 브리지스톤(Bridgestone), 굿이어(Goodyear)는 공기가 완전히 빠진 후에도 시속 55마일(약 90킬로미터)의 속도로 50마일(약 80킬로미터)까지 주행할 수 있는 런플랫(run-flat) 타이어를 출시하여 고가치전환을 실행했다. 랄스턴푸리나(Ralston Purina)와 같은 사료 제조업체도 '생애 단계 영양'을 기반으로 하는 프리미엄 사료로 고가치전환을 시도했다. 타겟(Target)이나 월마트(Walmart) 같은 대량판매업체는 매장에 디자이너 의류 코너를 추가하여 고가치전환을 시도했다.

저가치전환(trading down)은 기능의 수, 품질, 가격을 낮추는 것이다. 예를 들어 항공사에서는 대부분의 국내선 항공편에 더 많은 좌석을 추가하고 간식만 제공한다. 다리를 뻗을 공간을 줄이고 식사서비스를 축소하는 것이다. 이처럼 기업이 패키지의 크기는 그대로 두고 내용물의 양을 줄이면서 가격을 유지 혹은 인상하는 다운사이징(downsizing, 용량 줄이기) 관행도 저가치전환으로 볼 수 있다. '책임 있는 의사결

책임 있는 의사결정

윤리

다운사이징의 소비자경제: 적게 받고 더 많이 지불한다

스타키스트(Starkist)는 30년간 보통 크기의 캔에 참치를 6.5온스(약 184그램) 담아왔다. 오늘날 스타키스트는 6.125온스(약 174그램)의 참치를 캔에 넣지만 가격은 동일하다. 프리토레이(Frito-Lay)의 도리토스(Doritos)와 레이즈 감자칩(Lay's snack chips), 펩시의 트로피카나(Tropicana) 오렌지주스와 하겐다즈, 네슬레의 폴란드 스프링 및 캘리스토가 생수 역시 포장은 그대로 유지하면서 내용물은 5~10% 줄였다.

©McGraw-Hill Education

P&G는 최근 팸퍼스와 러브즈 1회용 기저귀 점보팩에 대한 소매가격을 유지했지만, 한 팩당 기저귀 수를 140개에서 132개로 줄였다. 킴벌리클락(kimberly-Clark)은 대용량으로 포장된 하기스 기저귀의 소매가격을 13.5달러에서 12.5달러로 내렸지만, 포장당 기저귀 수는 48개에서 42개로 줄였다. 마찬가지로 유니레버는 패키지의 가격을 변경하지 않았지만 각 패키지의 아이스캔디 수를 24개에서 20개로 줄였다. 조지아퍼시픽(Georgia-Pacific)의 경우에는 가격 인하 없이 6개짜리 브라우니(Brawny) 종이타월의 내용물을 20% 줄였다.

소비자 운동가들은 가격을 유지하면서 포장 내용물을 줄이는 것이 사전 통보 없이 미묘한 방식으로 소비자의 구매습관을 이용하려는 행위라고 주장한다. 그들은 또한 다운사이징은 기만적이고 은밀한, 그러나 합법적인 가격 인상이라고 비난한다. 일부 제조업체들은 이러한 관행이 제품에 대한 심리적 장벽을 넘어서는 수준으로 가격이 인상되는 것을 막는 방법이라고 주장한다. 어떤 제조업체들은 자신들이 아니라 개별 상점에서 가격을 결정한다고 말한다.

제조업체들이 제품의 내용물이 이전보다 줄었다는 것을 알리지 않았을 때, 다운사이징은 비윤리적 관행일까?

정' 박스에 설명된 것처럼, 기업은 이러한 관행에 대한 비판을 받는다.

경쟁자 위치에 대응하기 제품을 리포지셔닝하는 한 가지 이유는 경쟁자의 확고한 위치가 판매와 시장점유율에 부정적인 영향을 미치기 때문이다. 뉴발란스(New Balance)는 패션성 및 전문적인 스포츠 이미지에 의존하는 나이키나 아디다스와 경쟁하는 대신 착용감, 내구성, 편안함에 초점을 맞추어 성공적으로 리포지셔닝을 했다. 또 다양한 신발을 제공하고 스포츠스타가 아닌 발을 치료하는 전문의들과의 인적 네트워크를 형성했다.

새로운 시장에 진입하기 유니레버(Unilever)가 영국에 아이스티를 출시했을 때, 판매 성과는 실망스러웠다. 영국 소비자들은 이것이 뜨거운 차의 찌꺼기라고 생각해서 마시기에 적합하지 않다고 여겼다. 유니레버는 차가 아니라 탄산음료로 경쟁하기 위해 아이스티에 탄산을 넣어 차가운 청량음료로 리포지셔닝하였다. 그러자 판매가 개선되었다. 존슨앤존슨(Johnson & Johnson)은 세인트 조셉(St. Joseph) 아스피린을 효과적으로 리포지셔닝했다. 이것은 한때 유아용 제품으로 간주되었지만 현재는 심장질환이나 뇌졸중의 위험을 줄여주는 저강도 성인용 아스피린으로 여겨진다.

떠오르는 트렌드 잡기 변화하는 소비자트렌드 또한 제품의 리포지셔닝과 연결된다. 점차 증가하는 건강과 다이어트에 도움이 되는 식품에 대한 관심이 그 예다. 많은 제품이 이러한 트렌드를 활용하기 위해 리포지셔닝된다. 퀘이커오츠(Quaker Oats)는 오트밀이 포화지방과 콜레스테롤이 적은 식품으로 심장질환의 위험을 줄여준다는 미국식품의약국(FDA)이 인정한 주장을 하였다. 크래프트 아메리칸 치즈(Craft American Cheese)와 엉클 벤스 칼슘플러스(Uncle Ben's Calcium Plus) 쌀 등 칼슘 첨가 제품들은 아동과 성인을 위한 건강한 뼈 구조를 강조한다. 점차 체중에 민감한 소비자들이 저지방·저칼로리 식단을 받아들이고 있다. 오늘날 대부분 식품 및 음료 회사들이 저지방·저칼로리 제품을 제공한다.

학습리뷰

1. 제품관리자는 제품의 수명주기를 어떻게 관리하는가?
2. 제품수명주기관리에서 '새로운 사용 상황 만들기'란 무엇을 의미하는가?
3. 제품 리포지셔닝에서 고가치전환과 저가치전환의 차이점에 대해 설명해보자.

브랜딩과 브랜드관리 전략

목표 3 브랜딩의 중요성과 대안적인 브랜딩전략을 인식한다.

제품을 마케팅할 때 행하는 기본적인 의사결정을 **브랜딩**(branding)이라고 한다. 브랜딩은 조직이 자신의 제품을 확인하고 경쟁브랜드와 구분하기 위하여 이름, 언어적 표현, 디자인, 상징물 혹은 그 복합체를 사용하는 것이다. **브랜드명**(brand name)은 판매자 제품이나 서비스를 구분하기 위하여 사용하는 모든 단어와 도구(디자인, 소리, 모양, 색) 혹은 그 조합이다. 단순한 이름과 브랜드의 차이를 만들기 위해 사용되는 잘 알려진 도구로는 기호(예: 나이키 스워시), 로고(예: 애플의 흰색 사과), 캐릭터(예: 스타키스트 찰리튜나) 등이 있다.

브랜딩
조직이 자신의 제품을 식별하고 경쟁브랜드와 구분하기 위하여 이름, 언어적 표현, 디자인, 상징물 혹은 그 복합체를 사용하는 행위

브랜드명
판매자 제품이나 서비스를 구분하기 위하여 사용하는 모든 단어와 도구(디자인, 소리, 모양, 색) 혹은 그 조합

등록상표(trade mark)는 회사가 브랜드명 또는 상호를 합법적으로 등록하여 독점적으로, 즉 다른 사람이 사용할 수 없도록 한다. 예를 들어 코카콜라와 P&G는 그들의 브랜드를 지칭하는 해시태그(#)를 상표로 등록했다. 미국에서 상표는 미국 특허청(U.S. Patent and Trademark Office)에 등록되며 랜햄법(Lanham Act)으로 보호받는다. 잘 알려진 등록상표는 회사가 고객에게 제품을 광고하고 브랜드 충성도를 높이는 데 도움이 될 수 있다. 리얼리티 TV쇼 〈Keep Up with the Kardashians〉에 출연한 카일리와 켄달 제너(Kylie and Kendall Jenner)를 떠올려보자. 그들은 자신의 이름을 상표로 등록 신청했는데, '엔터테인먼트, 패션, 대중문화' 분야에서 그들의 이름을 사용하기 위해서였다. 그렇지만 엔터테이너 카일리 미노그(Kylie Minogue)의 이의 제기로 반려되었다.

소비자들은 브랜딩을 통해 상당한 혜택을 누릴 수 있다. 뚜렷한 등록상표로 경쟁제품을 구별할 수 있기 때문에 효과적으로 쇼핑을 할 수 있다. 소비자들은 자신이 불만족스러워하는 제품을 인식하고 피할 수 있으며, 동시에 다른 만족도 높은 브랜드에 충실해질 수 있다. 4장에서 논의한 것처럼, 브랜드충성도가 높으면 외적 탐색을 할 필요가 없기 때문에 소비자의사결정이 쉬워진다.

브랜드개성과 브랜드자산

제품관리자들은 브랜드가 단순한 제품 식별 이상의 것이며 자사의 제품을 경쟁제품과 구별하는 방법을 제공한다는 사실을 안다. 성공적으로 구축된 브랜드는 브랜드명과 연관되는 인간 특성의 집합체인 **브랜드개성**(brand personality)을 가진다. 한 연구에 따르면 소비자들은 종종 제품에 개성(예: 전통적인, 낭만적인, 거친, 세련된, 반항적인 등)을 부여하고 자신이 가지고 있거나 갖고 싶은 자아이미지와 일치하는 브랜

브랜드개성
브랜드명과 연관되는 인간 특성의 집합체

리복(Reebok)이라는 강력한 브랜드 자산으로 인해 회사는 제품에 프리미엄가격을 부과할 수 있다.
Source: Reebok

Video 10-3
Dr Pepper Ad
kerin.tv/cr8e/v10-3

브랜드자산
브랜드명이 제품에 제공하는 기능적 혜택 이상으로 추가된 가치

드를 선택한다고 한다.

마케터들은 특정 사용자나 사용 상황을 묘사하고 브랜드와 관련된 감정이나 느낌을 전달하는 광고를 통해 브랜드에 개성을 부여한다. 코카콜라와 관련된 개성은 '미국적이고 실제적이다', 펩시의 개성은 '젊고 신난다', 닥터페퍼(Dr Pepper)의 개성은 '비순종적이고 독특하다'이다. 할리데이비슨과 관련된 특징은 '남자다움, 반항, 단호한 개인주의'이다.

기업에게 브랜드명의 중요성은 **브랜드자산**(brand equity)이라는 개념을 이끌어냈다. 브랜드자산은 브랜드명이 제품에 제공하는 기능적 혜택 이상으로 추가된 가치이다. 이러한 부가가치에는 두 가지의 뚜렷한 장점이 있다. 첫째, 브랜드자산은 경쟁우위를 제공해준다. 선키스트(Sunkist)는 고품질 과일을 의미하고, 디즈니는 어린이들의 엔터테인먼트로 정의된다. 둘째, 소비자들은 종종 브랜드자산을 가진 제품에 더 높은 가격을 지불할 의향을 보인다. 이 상황에서 브랜드자산은 기능적인 혜택이 동일하지만, 소비자가 특정 브랜드에 대하여 다른 브랜드보다 추가적으로 지불할 의향이 있는 가격프리미엄으로 표현된다. 질레트 면도기와 면도날, 보스(Bose) 오디오시스템, 듀라셀(Duracell) 건전지, 까르띠에(Cartier) 보석, 루이비통(Louis Vuitton) 가방 모두 브랜드자산에 의한 가격 프리미엄을 누리고 있다.

브랜드자산의 창출 브랜드자산은 단순하게 생겨나지 않는다. 브랜드자산은 브랜드에 대하여 강력하고, 호의적이며 독특한 고객들의 연상과 경험을 구축하는 마케팅 프로그램에 의하여 생성되고 커나간다. 이것은 소비자들의 기억 속에 자리 잡고 있으며, 소비자들이 오랜 기간 브랜드에 관해 학습하고, 느끼고, 보고, 들은 것에 의해 형성된다. 마케터들은 브랜드자산이 쉽고 빠르게 이루어지는 것이 아니라, 네 단계로 구성된 순차적 구축과정을 통해 생겨난다는 것을 안다(도표 10-6).

- 첫 번째 단계에서는 긍정적인 브랜드 인지도를 높이고 소비자의 기억 속에 제품군 혹은 욕구와 관련된 브랜드 연상을 개발하여 브랜드에 정체성을 부여해야 한다. 게토레이와 크리넥스(Kleenex)는 스포츠음료와 미용티슈 제품군에서 각각 이러한 과업을 성취했다.
- 그다음으로 마케터는 소비자의 기억속에 브랜드의미를 확고하게 구축해야 한다. 브랜드의미는 브랜드가 나타내는 것에 의해 발생하고, 기능 혹은 성능과 관련된

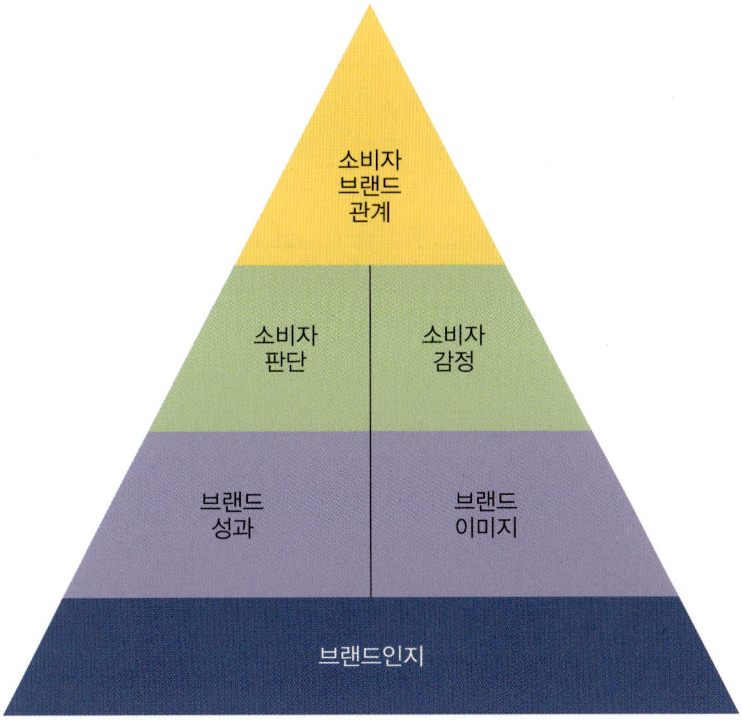

도표 10-6 고객 기반 브랜드자산 피라미드는 강력하고 호의적이며 독특한 고객 브랜드연상을 만드는 4단계의 구축과정을 잘 보여준다.

차원과 추상적이고 이미지와 관련된 차원 등 두 가지의 차원을 가지고 있다. 나이키는 지속적인 제품의 개발 및 개선, 최고의 운동 성과와 연관시키는 광고를 통해 이러한 과업을 달성했다.

- 세 번째 단계는 브랜드 아이덴티티와 의미에 대해 적절한 소비자 반응을 이끌어 내는 것이다. 이 단계에서는 소비자가 브랜드를 어떻게 생각하고 느끼는지에 주의를 기울여야 한다. 생각(thinking)이란 한 브랜드를 다른 브랜드에 비교하여 지각된 품질·신뢰성·우월성과 관련이 있고, 느낌(feeling)은 브랜드에 대한 감정적인 반응과 관련이 있다. 미쉐린(Michelin)은 자사 타이어에 대해 두 가지 반응 모두를 이끌어냈다. 소비자들은 미쉐린을 신뢰할 수 있고 우수한 품질의 브랜드로 인식할 뿐만 아니라, 브랜드에 대한 걱정이나 우려 없이 안전성, 편안함, 자신감 등 따뜻하고 안정적인 감정을 느꼈다.
- 마지막으로 가장 어려운 단계는 소비자-브랜드관계를 창출하는 것이다. 이는 소비자와 브랜드 간에 강력하고 생동감 있으며 충성도가 높은 관계에서 잘 나타난다. 깊은 심리적 유대감은 소비자-브랜드관계 및 브랜드 관련 개인의 자아 인식을 특징 짓게 한다. 이러한 지위를 갖게 된 브랜드로는 할리데이비슨, 애플, 이베이 등이 있다.

브랜드자산가치 브랜드자산은 브랜드 소유자에게 재무적인 이점을 제공한다. 질레트, 루이비통, 나이키, 게토레이, 애플 등 성공적이고 잘 확립된 브랜드명은 무형자산이라는 의미에서 경제적 가치를 가진다. 애플은 브랜드명만으로 1,830억 달러의 가치를 지닌다. 브랜드가 자산이라는 인식은 브랜드를 인수하거나 매도하는 의사결정 상황에서 명백하게 나타난다. 한 예로 P&G가 질레트를 570억 달러에 인수할 때, 질레트라는 브랜드명의 가치는 240억 달러로 평가되었다. 이는 해당 기업 구매가격의 42%에 해당된다.

브랜드만 독립적으로 사고파는 것도 가능하다. 예를 들어 트리악(Triarc)은 브랜드 스내플(Snapple)을 식음료회사 퀘이커오츠로부터 3억 달러에 인수한 다음, 3년 후 영국 식음료회사 캐드베리 스웹스(Cadbury Schweppes)에 9억 달러에 매도했다. 시간과 사용량에 따라 가치가 떨어지는 유형자산과 달리, 브랜드는 마케팅이 효과적으로 수행된다면 가치가 상승할 수 있다. 그러나 브랜드는 적절하게 관리되지 않으면 가치를 잃을 수도 있다. 렌더스베이글스(Lenders Bagels)의 인수와 매도 사례를 생각해보자. 켈로그(Kellogg)는 이 브랜드를 4억 6,600만 달러에 구입했지만, 매출과 이익 감소로 인해 3년 후 오로라푸드(Aurora Foods)에 2억 7,500만 달러로 매도했다.

브랜드라이선싱
한 회사(라이선스 제공자)가 로열티 또는 수수료를 받고 다른 회사(라이선스 사용자)가 제공하는 제품 또는 서비스에 브랜드명 또는 상표를 사용할 수 있도록 허용하는 계약

재무적으로 이득이 되는 브랜드라이선싱 기회는 브랜드자산에서 나온다. **브랜드라이선싱**(brand licensing, 브랜드사용권협약)은 한 기업(브랜드사용권을 소유하고 있으며 이를 빌려주려는 라이센서, licensor)이 다른 기업(브랜드사용권을 라이센서로부터 빌려서 사용하고자 하는 라이선시, licensee)에게 브랜드사용료나 요금을 지불하면서 브랜드명이나 등록상표를 제품이나 서비스에 사용하도록 허용하는 계약적 합의다. NFL(National Football League)과 NBA(National Basketball Association)는 팀명과 로고를 라이선스하여 연간 약 35억 달러를 번다. 찰리브라운(Charlie Brown), 스누피(Snoopy), 루시(Lucy) 등 만화 〈피너츠〉의 캐릭터들은 라이선스 비용으로 매년 약 1억 달러를 벌어들인다.

브랜드라이선싱이 성공적으로 수행되려면 사용권을 빌려주는 라이센서 기업의 브랜드와 사용권을 활용하고자 하는 라이선시 기업의 제품 사이에 적합성을 확보하기 위한 주의 깊은 마케팅 분석이 필요하다. 세계적인 디자이너 랄프로렌(Ralph Lauren)은 매년 랄프로렌, 폴로(Polo), 챕스(Chaps) 등의 브랜드를 가지고 글리든(Glidden) 페인트, 헨리돈(Henredon) 가구, 락포트(Rockport) 신발, 룩소티카(Luxottica) 안경, 로레알(L'Oreal) 향수 등 수십 가지 제품과 라이선싱 계약을 맺어 매년 1억 4,000만 달러 이상을 번다. 반면 크리넥스 기저귀, 빅(Bic) 향수, 도미노(Domino) 과일맛 풍선껌처럼 적합성 부족으로 인해 라이선싱이 실패한 사례도 존재한다.

좋은 브랜드명 고르기

우리는 레드불(Red Bull), 아이팟(Ipod), 안드로이드(Android), 액스(Axe)와 같은 브랜드명을 당연하게 받아들이지만, 좋은 이름을 고르는 것은 어렵고 많은 비용이 소요되는 일이다. 기업은 새로운 브랜드명을 찾고 조사하는 데 2만 5,000달러에서 10만 달러 정도를 지출한다. 좋은 브랜드명을 고를 때는 주로 다음의 여섯 가지 기준이 사용된다.

- 브랜드명에서 제품의 혜택을 전달해주어야 한다: 아큐트론(Accutron) 시계(정확하다는 의미의 accurate과 전자장치의 tron을 합하여 정밀기계, 과학 등의 의미 전달), 이지오프(Easy Off) 오븐세척제, 글래스플러스(Glass Plus) 유리세척제, 클링프리(Cling-Free) 정전기방지제, 쉐비볼트(Chevy Bolt) 전기자동차, 타이디볼(Tidy Bowl) 변기세척제는 모두 제품 구매의 혜택을 확실하게 묘사하고 있다.

랄프로렌(Ralph Lauren)은 랄프로렌 브랜드 안경테와 선글라스의 디자인, 제조 및 유통에 관하여 밀라노의 룩소티카(Luxottica) 그룹과 라이선싱 계약을 맺고 있다. 랄프로렌은 고급 라이프스타일 제품의 디자인, 마케팅 및 유통의 리더이며, 룩소티카는 최고급 안경제품의 세계적인 리더다.

©Rebecca Sapp/WireImage for Mediaplacement/Getty Images
Luxottica Group, S.p.A.
www.luxottica.com
Ralph Lauren Corporation
www.ralphlauren.com

- 기억하기 쉽고 독특하며 긍정적이어야 한다: 자동차산업에서 한 회사가 기억하기 쉬운 브랜드명을 가지면 다른 기업은 빠르게 모방한다. 포드(Ford)가 자동차의 이름을 머스탱(Mustang)으로 짓자 핀토스(Pintos), 브롱코스(Broncos)가 곧 그 뒤를 따랐다. 포드의 선더버드(Thunderbird)는 피닉스(Phoenix), 이글(Eagle), 선버드(Sunbird), 파이어버드(Firebird) 등 관련된 브랜드명의 출시를 이끌었다.
- 기업이나 제품 이미지에 적합해야 한다: 샤프(Sharp)는 오디오와 비디오 장비에 적용해볼 수 있는 이름이다. 버퍼린(Bufferin), 엑시드린(Excedrin), 아낙신(Anacin), 누프린(Nuprin)은 과학적인 것처럼 들리기 때문에 진통제와 어울린다. 에브리데이(Everyday), 듀라셀(Duracell), 다이하드(Diehard)는 소비자들이 건전지에서 원하는 두 가지 품질인 신뢰성과 지속성을 나타낸다.
- 법적 혹은 규제적 제약이 없어야 한다: 법적 제약은 상표 침해 소송으로 이어질 수 있다. 규제적 제약은 단어의 부적절한 사용에서 발생하게 된다. 미국식품의약청(US Food and Drug Administration, FDA)은 식품 브랜드명에 '심장(heart)'이라는 단어 사용을 금지했다. 이 규제로 인해 켈로그(Kelogg)는 '하트와이즈(Heartwise)' 시리얼을 '파이버와이즈(Fiberwise)'로 변경할 수밖에 없었고, 크로락스(Clorox)는 '히든 밸리 랜치 테이크 하트 샐러드드레싱(Hidden Valley Ranch Take Heart Salad Dressing)'을 '히든 밸리 랜치 로 팻 샐러드드레싱(Hidden Valley Ranch Low-fat Salad Dressing)'으로 바꾸어야 했다. 점점 브랜드명과 일치하는 인터넷 주소를 확보해야 할 필요성이 커지고 있다. 이미 2억 5,000만 개의 웹사이트 주소가 등록되어있기 때문에 브랜드명의 선택은 점차 복잡한 과제가 되어가고 있다.
- 단순하고 감성적이어야 한다: 볼드(Bold) 세탁세제, 액스(Axe) 탈취제와 신체용 스프레이, 빅(Bic) 펜 등은 매우 단순한 이름을 갖고 있다. 조이(Joy), 옵세션(Obsession) 향수, 커레스(Caress) 비누, 샤워젤, 로션 등은 감성이 풍부한 명칭이다.

- 다른 언어에서 선호되는 음성 및 의미 연관성을 가져야 한다: 많은 사람들이 글로벌한 시장에 출시할 제품에는 의미가 없는 브랜드명을 사용하는 것이 이득이라고 생각해왔다. '엑슨(Exxon)' 같은 이름은 다른 언어와 문화의 다양한 인구 사이에서 사전에 어떤 인상이나 바람직하지 않은 이미지를 부여하지 않는다. '7UP'이라는 이름은 또 다른 문제다. 중국 상하이에서 이 표현은 현지 방언으로 "마시면 죽는다"를 의미한다. 그 결과 매출이 타격을 입었다.

여러 가지 브랜딩전략

기업은 다제품브랜딩, 다수브랜딩, 유통업체브랜딩, 혼합브랜딩 등 다양한 브랜딩전략을 사용할 수 있다(도표 10–7).

다제품브랜딩
한 제품군에 속하는 모든 제품에 하나의 명칭을 사용하는 브랜딩 전략

다제품브랜딩 기업은 **다제품브랜딩**(multiproduct branding)을 통해 제품군의 모든 제품에 동일한 브랜드명을 사용한다. 이 방법은 종종 가족군브랜딩(family branding) 혹은 공동브랜딩이라 불린다. 예를 들어 마이크로소프트, 제너럴 일렉트릭(General Electric), 삼성(Samsung), 거버(Gerber), 소니(Sony)는 기업명을 그대로 브랜드명으로 사용한다. 이런 브랜딩을 기업브랜딩(corporate branding)이라고 한다. 처치앤드와이트(Church & Dwight)는 암앤해머(Arm & Hammer)라는 브랜드명을 주원료가 베이킹소다인 모든 제품에 사용한다. 기업명이 아닌 가족군브랜드명을 사용하는 경우다.

다제품브랜딩에는 몇 가지 장점이 있다. 브랜드자산을 활용하여 특정 제품에 좋은 경험을 가지고 있는 소비자의 호의적인 태도가 동일한 브랜드명의 제품군 내 다른 제품에 전이된다. 이 브랜드전략은 기존 브랜드명으로 제품군 내 새로운 세분시장에 진출하는 관행인 제품라인확장(Product line extension)이 가능하도록 한다.

캠벨수프(Campbell Soup Company)는 수프의 제품라인 확장에 다제품브랜딩전략을 적용했다. 캠벨이라는 이름으로 일반적인 수프, 가정요리 스타일, 건더기가 큰 종류 등 100가지가 넘는 수프를 제공한다. 이러한 전략은 같은 이름을 모든 제품에 사용하여 브랜드인지도를 높여주기 때문에 프로모션비용을 절약할 수 있다. 제품라인 확장의 위험은 확장제품의 매출이 해당 기업 제품라인의 다른 품목을 희생하여

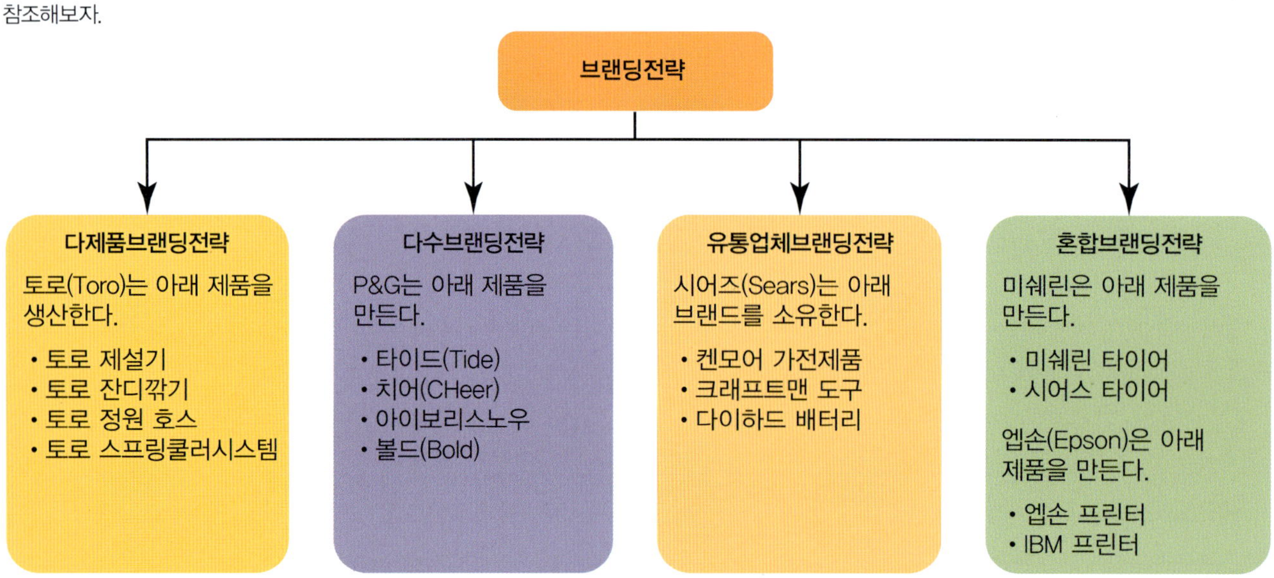

도표 10–7 브랜딩전략에는 각각 장단점이 있다. 자세한 내용은 본문을 참조해보자.

자기잠식(cannibalization)이 발생할 수 있음을 뜻한다. 라인확장은 경쟁 브랜드 매출을 빼앗아오거나 신규 고객을 끌어들여 기업의 추가 매출을 발생시켰을 때 가장 효과적이다.

아메리칸익스프레스는 여러 색상의 카드에 어떤 브랜딩개념을 사용했는가?
©Peter Jobst/Alamy Stock Photo

다제품브랜딩을 사용하는 몇몇 기업들은 특정 제품라인을 다른 제품라인과 구분하기 위해 가족군브랜드나 기업브랜드에 새로운 브랜드를 결합하는 하위브랜딩(subbranding)을 채택한다. 아메리칸익스프레스 신용카드(American Express Credit Card)는 아메리칸익스프레스 그린(American Express Green), 골드(Gold), 플래티넘(Platinum), 블루(Blue), 센츄리온 블랙(Centurion Black) 등 하위 브랜드를 만들고 각각에 고유한 서비스를 제공했다. 마찬가지로 포르쉐는 고급형 포르쉐 카레라(Porsche Carrera)와 저가형 포르쉐 박스터(Porsche Boxster)를 성공적으로 판매하였다.

강력한 브랜드자산으로 인해 기존 브랜드명으로 다른 제품군에 진입하는 방법인 브랜드확장(brand extension)이 가능하다. 킴벌리클락(Kimberly-Clark)은 하기스(Huggies)라는 가족군브랜드명 자산을 활용하여 갓난아기 및 유아용 위생용품시장의 모든 라인으로 브랜드 확장을 성공적으로 수행하였다. 이 브랜드확장전략 덕분에 세계적으로 연간 5억 달러의 매출이 일어난다. 혼다(Honda)는 자동차명으로 잘 알려진 브랜드명인데 제설차, 잔디깎는 기계, 선박의 엔진, 설상차, 비즈니스 제트기로 쉽게 확장되었다.

킴벌리클락이 맘 시장에서 하기스 브랜드의 브랜드자산을 활용하기 위해 브랜드확장전략을 어떻게 사용했는지 알고 싶다면 본문을 참조해보자.
©McGraw-Hill Education/Mike Hruby, photographer
Kimberly-Clark Corporation
www.kimberly-clark.com

브랜드 간 제휴의 기회는 강력한 브랜드자산에서 발생한다. 제휴브랜딩(co-branding)은 상호 이익을 위해 공동제품 또는 서비스의 마케팅을 촉진하기 위한 둘 이상의 강력한 브랜드의 결합으로 전략적 제휴의 일환으로 이루어진다. 예를 들어, 기업은 구성 재료나 자재의 공동 사용을 위해{예: Intel 프로세서를 사용한 델(Dell) 컴퓨터 또는 베티크로커(Betty Crocker) 컵케이크믹스를 사용한 허쉬(Hershey) 초콜릿}, 합작 투자를 위해(예: 시티뱅크와 아메리칸에어라인 신용카드) 혹은 합동 스폰서십(예: AT&T, 메르세데스-벤츠 및 IBM의 마스터스 골프 토너먼트 공동 후원)을 위해 제휴브랜딩을 사용한다.

허쉬와 베티크로커의 조합은 어떤 브랜드개념을 설명해주는가?
©Keith Homan/Alamy Stock Photo

그러나 과도한 브랜드 확장, 하위 브랜드 및 제휴 브랜드에는 위험이 따른다. 마케팅 전문가들은 한 브랜드명을 너무 많이 사용하면 브랜드의 의미가 희석되고 브랜드 자산이 손상될 수 있다고 주장한다. 브랜드희석(brand dilution)이란 소비자가 더 이상 특정 제품 또는 서비스를 브랜드와 연관시키지 않거나, 브랜드를 덜 호의적으로 생각할 때 발생한다.

다수브랜딩 기업은 각 제품에 뚜렷한 이름을 붙이는 **다수브랜딩**(multibranding)을 사용하기도 한다. 다수브랜딩은 각 브랜드가 다른 세분시장을 목표로 삼을 때 유용하다. P&G는 부드러운 피부를 가진 사람들을 위한 카메이(Camay) 비누와 탈취제 보호를 원하는 사람들을 위한 세이프가드를 만든다. 스탠리 블랙앤데커(Stanley Black & Decker)는 가정용 DIY 시장을 대상으로 하는 공구 제품라인을 블랙앤데커의 이름으로 출시하고 있지만 전문가용 공구 라인에는 드왈트(DeWalt)라는 브랜드명을 사용한다.

다수브랜딩
각 브랜드가 다른 시장 부문을 대상으로 할 때 각 제품에 고유한 이름을 부여하는 브랜딩전략

스탠리 블랙앤데커는 다양한 세분시장에 도달하기 위해 다수브랜딩전략을 사용한다. 가정용 DIY 세분시장을 대상으로 하는 공구 제품라인을 블랙앤데커의 이름으로 출시하고 있지만, 전문가용 공구라인에서는 드왈트(DeWalt)라는 이름을 사용한다.

(left): Source: The Black & Decker Corporation; (right): Source: DEWALT
Black & Decker
www.stanleyblackanddecker.com

다수브랜딩은 다양한 방법으로 적용된다. 어떤 기업들은 브랜드를 가격–품질 세분시장에 배열한다. 예를 들어 메리어트 인터내셔널(Marriott international)은 18개의 호텔 및 리조트 브랜드를 가지고 있다. 매리어트 이디션(Marriott EDITION) 호텔과 베이케이션클럽(Vacation Club)은 프리미엄 가격에 고급 편의시설을 제공한다. 매리어트와 르네상스(Renaissance) 호텔은 중간가격부터 고가격까지의 숙박시설을 제공한다. 코트야드(Courtyard) 호텔과 타운플레이스 스위트(TownPlace Suites)는 경제성을 추구하는 여행자들에게 매력적이며, 페어필드인(Fairfield Inn)은 더 적은 예산을 가진 여행객들을 위한 것이다.

다수브랜딩을 사용하는 어떤 기업들은 경쟁에 대항하기 위한 방어수단으로 신제품 브랜드를 출시한다. 대항브랜드(fighting brand)의 주된 목표는 경쟁사의 브랜드와 대결하는 것이다. 예를 들어 프리토레이(Frito–Lay)는 자사의 대표 브랜드인 도리토스(Doritos)와 토스티토스(Tostitos) 브랜드의 또르띠야칩 판매를 잠식하는 지역의 브랜드들과 정면 대결을 위해 산티타스(Santitas) 브랜드 또르띠야칩을 도입했다. 포드는 경쟁사의 중형차를 사려는 포드자동차 소유주들의 이탈을 막기 위해 퓨전(Fusion) 브랜드를 출시했다. 포드의 자동차그룹 마케팅 관리자는 다음과 같이 말했다. "매년 우리 제품에서 이탈하여 경쟁사 중형차로 바꾸는 소비자가 약 5만 명에 달합니다. 우리는 무스탕(Mustang), 포커스(Focus), 토러스(Taurus)의 소유주를 잃고 있습니다. 퓨전은 포드의 이탈차단용 브랜드입니다."

다제품브랜딩전략과 비교할 때, 다수브랜딩전략을 채택하면 광고 및 기타 프로모션 비용이 많이 든다. 이미 구축된 브랜드 이미지의 혜택을 받을 수 없으므로 소비자들과 소매상들에게 새로운 브랜드명의 인지도를 구축해야 한다. 이 전략의 장점은 각 브랜드가 각 세분시장에 대하여 독특한 이미지를 구축할 수 있고, 서로 다른 브랜드를 사용하기 때문에 제품 실패가 같은 라인에 속한 다른 제품에게 영향을 줄 위험이 적다는 것이다. 그러나 몇몇 대형 다수브랜딩전략을 사용하는 기업들은 이 전략의 복잡성과 비용이 얻을 수 있는 혜택보다 크다는 것을 알게 되었다. 그래서 P&G는 수년에 걸쳐 제품 철수 및 다른 회사에 매각하는 방법으로 브랜드 100여 개를 정리했다.

유통업체브랜딩 제조업체가 제품을 생산하지만 도매상 혹은 소매상 브랜드명으로 판매하는 형태를 **유통업체브랜딩**(private branding, PB)이라고 한다. 이것은 프라이빗레이블링(private labeling) 혹은 재판매자브랜딩(reseller branding)이라고도 불린다. 대부분의 소비자에게는 생소한 기업인 라요백(Rayovac), 파라곤 트레이드 브랜즈(Paragon Trade Brands), 코나그라 푸드(ConAgra Foods) 등 제조업체들은 각각 알칼라인(alkaline) 건전지, 기저귀, 식료품을 유통업체에 공급하는 주요 공급업체이다. 코스트코, 아마존, 월마트, 크로거(Kroger)는 매장에서 판매하는 제품에 자신의 브랜드명을 붙여 판매하는 대형 소매상이다. 일반적으로 유통업체브랜드가 제조업체와 재판매자들에게 높은 이익을 제공하기 때문에 인기가 있다. 소비자들도 유통업체브랜드를 선호한다. 미국 슈퍼마켓, 약국, 대중 판매점에서 판매되는 제품 5개 중에서 하나는 유통업체브랜드로 추정된다.

유통업체브랜딩
제품을 제조하지만 판매는 도매상 또는 소매상 브랜드명으로 판매 하는 브랜딩전략. 프라이빗브랜딩(private branding) 또는 재판매자브랜딩(reseller branding)이라고도 함

혼합브랜딩 네 번째 브랜딩전략은 **혼합브랜딩**(mixed branding)이다. 유통업체브랜드에 매력을 느끼는 세분시장이 제조업체 브랜드의 세분시장과 겹치지 않고 상이하기 때문에 제조업체는 자사 브랜드명과 유통업체 브랜드명으로 제품을 출시하기도 한다. 자사의 유명 브랜드를 생산·판매하고 있는 델몬테(Del Monte), 월풀(Whirlpool), 다이얼(Dial)은 각각 애완동물 사료, 가전제품, 비누를 생산하여 유통업체에 납품한다. 유통업체는 이 제품들에 자신의 브랜드를 붙여 판매한다.

혼합브랜딩
유통업체브랜드에 매력을 느끼는 세분시장이 제조업체브랜드의 세분시장과 겹치지 않고 상이하기 때문에 제조업체가 자사 브랜드명과 유통업체브랜드명으로 제품을 각각 출시하는 전략

포장과 레이블

목표 4 제품마케팅에서 포장과 레이블의 역할을 설명할 수 있다.

제품의 포장(packaging)이란 판매용 제품을 담고 있으며 겉면에 브랜드정보가 새겨진 모든 용기를 의미한다. 레이블(label)은 포장의 필수요소이며, 일반적으로 제품이나 브랜드를 누가 만들었는지, 언제 어디서 만들었는지, 어떻게 사용되는지, 포장 내용물과 성분은 무엇인지를 알려준다. 대체로 소비자들의 제품에 대한 첫인상은 포장과 레이블이 좌우한다. 포장과 레이블은 제작에 많은 비용이 소요되며 마케팅전략에서 매우 중요한 제품의 구성요소이다. 페즈캔디(Pez Candy)의 스틱 윗부분에 있는 캐릭터 머리가 달린 소형 사탕용기를 떠올려보자. '마케팅의 힘' 박스에서 설명한 바와 같이 포장은 마케팅전략의 핵심적인 구성요소이다.

포장과 레이블을 통한 고객가치와 경쟁우위 창출

미국 기업들이 포장과 레이블에 지불하는 비용은 제품가격 1달러당 15센트를 차지한다. 이러한 비용에도 불구하고 포장과 레이블은 제조업체, 소매상, 최종소비자에게 중요한 혜택을 제공하기 때문에 필수불가결한 부분이다. 이들은 제품에 경쟁우위를 제공한다.

의사소통 혜택 포장의 주요 혜택은 언제, 어디서, 어떻게 제품을 사용하는지에 대한 안내 등 제품정보와 소비자 보호를 위해 법으로 규정하는 제품 구성, 원산지 등에 관한 정보를 전달한다는 것이다. 예를 들어 미국 포장음식과 가공식품의 레이블시스템은 영양과 칼로리에 대한 규격화된 정보를 제공한다. 많은 포장식품은 제품 사용

마케팅의 힘

고객가치

포장을 통한 고객가치 창출: 캔디 이상의 것을 제공하는 페즈의 캐릭터헤드 용기

고객가치는 다양한 형태로 나타난다. 페즈캔디(Pez Candy)의 고객가치는 450개의 페즈 캐릭터헤드 사탕용기에서 나타난다. 캔디를 추가하여 보충할 수 있는 이 용기는, 2017년에 진출한 중국 등 80여 개국에서 10대들이 즐겨 먹는 다양한 맛의 캔디를 담고 있다. 이 용기에서 캔디를 손쉽게 빼내어 즐길 수 있다.

페즈는 1927년 오스트리아의 음식업계 실력자 에드워드 하스 3세(Edward Haas III)가 설립하여, 유럽에서 성인을 위한 민트맛 캔디로 성공하였다. 독일어 '페퍼민트(pfefferminz)'에서 유래된 페즈는 원래 평범한 위생적인 플라스틱 용기에 들어있었다. 이 성인용 사탕은 1953년에 처음으로 미국 시장에 진출하게 된다. 그때는 용기에 캐릭터 헤드가 붙어있지 않았다. 그러다가 1950년대 중반, 광범위한 마케팅조사를 통해 과일맛 사탕으로 리포지셔닝을 시도하였다. 이때 라이선스를 받은 캐릭터를 용기 윗부분에 달아 재포장하여 아동용 제품으로 출시했다. 이후 라이선스를 받은 최고 수준의 캐릭터와 수백 개의 캐릭터를 페즈 용기의 캐릭터헤드로 사용하게 되었다. 이러한 결과, 미국에서만 연간 약 8,000만 개의 페즈 용기와 30억 개의 페즈캔디가 소비되고 회사의 매출 성장률이 전체 사탕산업의 성장률을 능가하게 되었다.

독특한 페즈의 포장용기는 소비자들에게 사탕 이상의 것, 즉 재미(fun) 이상의 '사용경험(use experience)'을 제공한다. 이 사용경험은 10대들 사이에서 98%의 인지도, 자녀를 가진 어머니들 사이에서는 89% 인지도와 연결되었다. 페즈는 지난 몇 년간 광고를 하지 않았다. 이러한 수준의 인지도를 가졌는데 왜 광고를 하겠는가?

©Blank Archives/Getty Images

을 촉진하기 위해 유용한 조리법을 레이블에 표시하기도 한다. 캠벨수프는 버섯크림 수프 캔에 인쇄된 완두콩(green bean) 찜 조리법이 연간 수프 판매에 2,000만 달러 정도를 기여하는 것으로 추정했다. 다른 정보는 정부의 필수사항이거나 상업적 인증(굿하우스키핑 잡지의 우수제품 인증마크 같은) 같은 인증 및 상징물로 구성된다.

기능 혜택 포장은 저장, 편리성, 보호, 제품 품질 보증 같은 기능적인 역할을 맡는다. 음식 저장용기가 바로 기능 혜택의 예이다. 음료회사들은 선반과 냉장고에 제품을 저장할 수 있는 가볍고 편리한 방법을 개발해왔다. 코카콜라 음료팩은 냉장고 선반에 맞게 고안된 것이고, 오션 스프레이 크랜베리(Ocean Spray Cranberries)의 사각 주스병은 둥근 병 8개가 들어가는 공간에 10개의 병이 들어간다.

포장의 편리성 측면이 점차 중요해지고 있다. 크래프트 미라클휩(Craft Miracle Whip) 샐러드드레싱, 하인즈(Heinz) 케첩, 스키피(Skippy) 스퀴즈잇(Squeez'It) 땅콩버터는 내용물을 짜서 사용할 수 있는 용기에 담겨 판매된다. 전자레인지용 팝콘은 시장에서 크게 성공하였고, 치킨 오브 더 시(Chicken of the Sea) 참치캔과 폴저스(Folgers) 커피는 1회 분량으로 포장되어있다. 나비스코(Nabisco)는 체중을 신경쓰는 소비자들에게 편리성을 제공하기 위해 용량을 조절한 포장을 제공한다. 100칼로리 포장 오레오(Oreo), 치즈 닙스(Cheese Nips) 등 많은 제품이 개별 포장 단위로 팔린다.

훼손 방지 용기에서 볼 수 있듯이 소비자 보호는 포장의 또 다른 중요 기능이다. 오늘날 기업들은 개봉 여부를 알 수 있도록 안전봉인이나 고리를 가지고 개봉하는 형식의 용기를 사용한다. 제품의 예상수명을 나타내는 '개봉날짜'를 레이블에 표시하도록 하는 것 역시 소비자 보호를 위해서이다.

포장의 기능적 특징은 제품의 품질에도 영향을 미친다. P&G의 프링글스(Pringles)는 원통형 용기에 감자칩을 담아 제품의 파손을 최소화하여, 부드러운 재질의 포장에 담긴 제품보다 가격 대비 높은 가치를 제공한다.

프링글스의 원통형 포장이 제공하는 기능적 이점에 대해서는 본문을 참고해보자.

©McGraw-Hill Education/Mike Hruby, photographer

지각된 혜택 포장과 레이블의 세 번째 구성요소는 소비자 기억에 생성되는 지각이다. 포장 및 레이블의 형태, 색깔, 그래픽이 다른 브랜드들과 구분하게 만들어주고 브랜드 포지셔닝의 위치를 전달하고 브랜드자산을 구축한다. 레그스(L'eggs)의 마케팅 담당 이사는 "포장은 레그스 브랜드의 포지셔닝과 자산 구축에 중요합니다"라고 말했다. 왜 그랬을까? 포장과 레이블이 브랜드 인지도를 높여주고 강력하며 호의적이고 독특한 브랜드연상의 형성을 촉진하기 때문이다.

성공적인 마케터들은 포장과 레이블을 바꾸면 소비자 기억 속에 브랜드 이미지를 쇄신하고 확고하게 할 수 있음을 알고 있다. 예를 들어, 펩시콜라는 10대와 젊은 층에게 브랜드 이미지를 확고히 하기 위해 포장을 변경했으며 스포츠, 음악, 패션, 자동차와 같은 다양한 테마를 반영하기 위해 몇 주마다 변경되는 새로운 패키지 그래픽을 도입했다.

1969년에 출시된 이후부터 레그스의 양말 패키지는 포지셔닝의 주된 요소였다.

©McGraw-Hill Education/Mike Hruby, photographer
Hanes Brands, Inc.
www.leggs.com

6장에서 설명한 바와 같이 글로벌시장에서 경쟁하고 있는 브랜드들은 레이블에 제품 원산지를 표기함으로써 '원산지 또는 제조국'에 대한 인식의 혜택을 얻을 수 있다. 소비자들은 영국 차, 프랑스 향수, 이탈리아 가죽, 일본 전자제품처럼 '최고'라고 판단되는 '국가-제품'의 조합에 관해 고정관념을 가지고 있고, 이는 브랜드 이미지에 영향을 미친다. 중국 기업들이 브랜드에 점점 영어와 로마문자를 채택하는 것도, 여러 아시아국가에서 '서양 것이 좋다'라는 통념을 가지고 있기에 발생하는 현상이다.

포장과 레이블의 과제와 반응

포장과 레이블의 디자이너들은 ① 고객관계의 지속적인 필요성, ② 환경적 우려, ③ 건강·안전·보안의 문제, ④ 비용 절감이라는 과제에 직면해 있다.

고객과의 연결 자사를 고객과 연결하려면 포장와 레이블을 지속적으로 업데이트해야 한다. 문제는 고객의 주의를 끌고 사용 상황에서 고객가치를 전달할 수 있는 미학적이고 기능적인 디자인의 개발이다. 이를 제대로 수행하면 보상이 클 것이다. 예를 들어 크리넥스(Kleenex) 티슈를 담당하고 있는 마케팅팀은 표준형 사각박스에 화려한 색상의 계절적 그래픽을 사용하여 타원형으로 만들었다. 그들은 포장을 아름답게 바꾸어 판매량을 급격히 증가시켰다. 수개월에 걸친 가정 내 마케팅조사를 마친 후, 식품회사 크래프트(Kraft)의 제품관리자들은 소비자들이 칩스 어호이(Chips Ahoy!)를 꺼내기 쉬우면서도 굳는 것을 방지해주는 과자단지로 옮긴다는 것을 알아냈다. 이들은 봉지 윗부분을 다시 봉하는 방식으로 문제를 해결하고 특허를 받아냈다. 결과는 어땠을까? 포장을 바꾸자 판매가 두 배로 늘어났다.

환경에 대한 우려 세계적으로 고형 폐기물이 증가하고 매립지가 부족해지는 것에 대한 우려가 커지고 있다. 사람들은 포장재의 양, 재질 및 폐기에 많은 주의를 기울인다. 펩시콜라, 코카콜라, 네슬레는 고형 폐기물을 줄이기 위해 음료수병의 플라스틱 양을 줄였다. 재활용 포장재도 주요 해결방법이다. P&G는 종이 포장의 70% 이상을 재활용 판지로 사용한다. 이 회사의 스픽앤스팬(Spic and Span) 액체 세척제는 100% 재활용 재료로 포장된다. 월마트 같은 기업들도 포장재를 줄여서 사용할 것을 강조한다. 지난 10년간 월마트는 전 세계 60만 개의 공급업체들과 협력하여 전체 포장과 운반재료를 5% 감소시켰다.

건강·안전·보안 이슈 세 번째 과제는 포장재료의 건강·안전·보안에 대한 우려다. 오늘날 대부분의 미국 및 유럽 소비자들은 기업이 비용과 관계없이 제품과 포장을 안전하고 안심할 수 있게 만들어야 한다고 생각하며, 기업은 다양한 방법으로 이에 대응하고 있다. 스크립토(Scripto)에서 만든 것과 같이, 오늘날 판매되는 대부분의 부탄 라이터는 잘못된 사용이나 화재 사고를 방지하기 위해 어린이 사용 방지를 위한 안전걸쇠를 부착한다. 의약제품과 가정용 세척제에는 어린이가 열 수 없는 뚜껑, 식품 포장에는 봉인된 뚜껑을 사용하는 것이 일반적이다. 제품의 유통기한(shelf life)을 연장하고 부패를 방지하는 새로운 포장기술 및 재료도 계속해서 개발되고 있다.

비용 절감 전 세계에서 사용되는 포장재의 약 80%가 종이, 플라스틱, 유리로 되어 있다. 기업들은 원자재의 가격이 상승함에 따라 고객에게 가치를 제공하면서 동시에 포장비용을 줄이는 혁신적인 방법을 찾는 과제에 당면해 있다. 많은 식품 및 개인 관리(personal care) 기업들은 병과 캔을 밀봉된 플라스틱 또는 포일 파우치로 교체했다. 파우치는 포장비용을 10~15% 절감시켜주었다.

서비스마케팅 관리

목표 5 4P가 서비스마케팅에 어떻게 확장되어 적용되는지 이해한다.

서비스마케팅믹스를 간략하게 논의하고 이 장을 마무리하겠다. 이를 위해 사람, 물리적 환경, 과정을 포함하도록 4P 체계를 확장할 필요가 있다. 이 프레임워크를 **서비스마케팅의 7P**라고 부른다.

서비스마케팅 7P
서비스에서 4P(제품, 가격, 프로모션, 장소)에 사람, 물리적 환경, 과정을 포함하여 확장된 마케팅 믹스 개념

제품(서비스)

마케팅믹스의 제품에 대한 개념은 치리오스(Cheerios) 같은 제품이나 아메리칸익스프레스(American Express) 같은 서비스에 똑같이 적용된다. 하지만 서비스를 다룰 때는 제품/서비스믹스 요소의 두 가지 측면, 독점적 권리와 브랜드명에 주의를 기울여야 한다.

신제품의 유리한 점 중 하나는 특허를 받을 가능성이라고 9장에서 지적한 바 있다. 그러나 서비스는 특허를 받을 수 없다. 따라서 성공적인 퀵서비스 레스토랑체인의 창업자는 자신의 콘셉트가 다른 사람들에게 빠르게 복제된다는 걸 알아야 한다. 도미노피자는 피자헛 등의 경쟁사가 성공하는 계기가 되었던 신속배달의 장점을 따라 하는 것을 바라볼 수밖에 없었다. 서비스는 무형적이어서 설명하기가 더 어렵기

때문에 브랜드명이나 서비스업체를 식별할 수 있는 로고가 소비자의사결정과정에서 특히 중요하다. 브랜드명은 서비스의 추상적 특성을 보다 구체적으로 만드는 데 도움을 준다. 서비스 마케터들은 제품 마케터들과 같은 방법으로 브랜딩개념을 적용한다. 아메리칸익스프레스(American Express)를 생각해보자. 아메리칸익스프레스는 각기 다른 서비스가 제공되는 다양한 색상의 신용카드 하위브랜드를 만들었다.

가격

서비스산업에서 가격(price)은 다양한 용어로 사용된다. 서비스가 병원에서 제공되면 병원비(charge)라 하고 컨설턴트나 변호사, 내과의사, 회계사에 의해 제공되면 수수료(fee)라고 부른다. 또 이것이 항공사에 의해 제공되면 운임(fares), 호텔에서 제공되면 요금(rates) 등으로 다양하게 불린다. 가격은 용어와 상관없이 ① 소비자지각에 영향을 미치고, ② 수용능력관리에 사용되는 등 두 가지의 중요한 역할을 수행한다. 이러한 서비스의 무형적 특성 때문에, 가격은 서비스품질을 나타내줄 수 있다. 우리가 100달러짜리 수술 품질에 대해 의문을 갖는 것처럼 말이다. 여러 연구에 따르면, 소비자들은 제품이나 서비스 품질을 평가할 단서가 별로 없을 때 가격을 평가의 단서로 이용한다고 한다.

수용능력관리에서 가격의 역할은 영화관, 항공사, 레스토랑, 호텔에서 특히 중요하다. 많은 서비스기업들이 **비수기가격**(off-peak pricing)을 이용한다. 비수기가격은 서비스 수요의 변동을 반영하기 위해 특정한 계절이나 요일, 하루 중 특정 시간에 다른 가격을 부과하는 것을 말한다. 항공사들은 계절적 할인을 제공하고, 영화관은 오전할인가격을 제공한다.

비수기가격
서비스수요의 변동을 반영하기 위하여 연중 계절과 시간대 또는 요일에 다른 가격을 부과하는 전략

장소(유통)

생산자를 분리할 수 없는 서비스의 비분리성 때문에, 장소 혹은 유통은 서비스 마케팅전략 개발의 주요 요소이다. 최근까지도 서비스마케팅에서 유통은 큰 관심을 받지 못했다. 그러나 경쟁이 심화되면서 사람들은 편리한 유통망의 가치를 인식하기 시작했다. 코스트 커터 패밀리 헤어케어(Cost Cutters Family Hair Care) 등의 미용실 체인이나 H&R 블록 등의 세무사사무실, 프라이스워터하우스쿠퍼(Pricewaterhouse Coopers) 등의 회계법인 모두 서비스 유통망을 구축하기 위해 여러 지점을 활용하고 있다. 은행산업에서 사일러스시스템(Cirrus system)에 참여하는 은행의 고객들은 미국 전역에서 수천 대의 ATM을 이용할 수 있다. 오늘날에는 인터넷을 통한 전자유통이 가능해져서 여행서비스, 은행 업무, 오락 및 여러 가지 정보 기반의 서비스가 글로벌시장으로 확대되고 있다.

프로모션

서비스에 대한 프로모션의 가치, 특히 광고의 가치는 그것이 서비스 이용의 혜택을 알려준다는 것에 있다. 이용의 용이성, 장소, 일관성 있는 품질, 효율적이고 정중한 서비스를 강조하는 것은 중요하다. 서비스업체들은 자사의 이미지에 관심을 가져야 한다. 메릴린치(Merrill Lynch)가 광고에서 사용하는 황소와 같은 프로모션은 이미지와 포지셔닝전략에 기여한다. 일반적으로 서비스에 대한 프로모션활동

의 관심사는 제품에서의 관심사와 유사하다. 프로모션의 한 형태인 홍보(publicity)는 비영리단체 서비스와 전문조직의 촉진전략에서 중요한 역할을 담당한다. 공립학교, 시카고심포니오케스트라, 종교단체, 병원 등 비영리단체들은 자신들의 메시지를 보급하기 위해 홍보를 이용하고 있다. 많은 기관에서 홍보의 일환으로 공공서비스안내(public service announcements, PSAs)를 널리 활용하고 있다. 공공서비스안내는 무료이기 때문에, 비영리단체들은 미디어계획을 수립할 때 공공서비스 안내에 의존하는 경향이 있다. 그러나 공공서비스안내의 시간과 지역은 해당 기관이 아니라 매체에 의해 통제된다. 따라서 이와 관련된 비영리서비스기관은 메시지를 보는 사람과 메시지가 전달되는 시간을 원하는 대로 정할 수 없다.

힐러리 더프(Hilary Duff)는 '아기들을 위한 행진(March for Babies)'이라는 단체의 공공서비스안내에서 아기들이 건강한 삶을 시작할 수 있는 기금 마련(March for Dime)을 위해 자원봉사했다. '아기들을 위한 행진'은 유아 관련 연구, 교육 및 백신을 지원하기 위해 23억 달러 이상을 모금했다.

Source: March of Dimes
March of Dimes
www.marchforbabies.com

사람

고객서비스경험의 창출과 전달은 사람에 의존한다. 종업원과 고객의 상호작용 특성은 서비스경험에 대한 고객지각에 강력한 영향을 미친다. 고객들은 서비스를 제공하는 사람들의 성과에 근거하여 서비스경험의 품질을 판단한다. 성과가 이렇게 중요하지만 내셔널풋볼리그(National Football League) 임원은 "우리는 체험사업에 종사하고 있지만 매번 승리를 장담할 수는 없습니다"라고 시인했다. 이 같은 서비스마케팅 특성은 고객경험관리의 개념으로 이어진다.

디즈니(Disney), 사우스웨스트항공(Southwest Airlines), 스타벅스(Starbucks) 등의 서비스기업들은 고객에게 제공하는 경험을 관리한다. 그들은 고객관계를 넘어 고객충성도로 전환될 수 있도록 모든 고객접점에서 수행하는 고객관계활동을 통합한다. 온라인 소매상 자포스닷컴(Zappos.com)은 기업의 핵심 콘셉트인 "서비스를 통해 '와우(WOW)'라는 감탄사가 나오는 경험을 선사하기 위해" 모든 종업원이 4주간 고객충성 교육 프로그램을 이수하도록 했다.

물리적 환경

서비스가 제공되고 기업과 고객이 상호작용하는 환경의 형태는 고객서비스 지각에 영향을 미칠 수 있다. 서비스의 물리적 증거는 건물, 조경, 차량, 가구, 집기, 상징물, 소개 책자, 장비 등 서비스 주변의 모든 유형의 것을 포함한다. 서비스기업들은 고객에게 적합한 인상을 전달하기 위해 물리적 증거를 신중하고 체계적으로 관리해야 한다. 이는 때때로 인상관리 혹은 증거관리(impression or evidence management)라고 불린다. 많은 서비스에서 물리적 환경은 기업이 제공하고자 하는 서비스의 본질에 대해 일관성 있고 강력한 메시지를 보낼 기회를 제공한다.

과정

과정(process)은 서비스가 창출 및 제공하는 실제적인 절차, 구조, 활동의 흐름을 지칭한다. 고객이 경험하는 실제적인 서비스 창출과 제공 단계에서 고객이 서비스를 판단할 수 있는 증거를 제공한다. 이 단계에는 '무엇을' 창출할 것인가뿐만 아니라 '어떻게' 창출할 것인가도 포함된다. 그리스몽키(Grease Monkey)는 자동차오일 및 유체 교환서비스 사업과정이 제대로 작동한다고 스스로 생각하고 있다. 그들의 고객들은 예약할 필요가 없다. 점포는 한 주에 6일간 열려 있으며, 서비스는 15~20분 안에 끝난다. 서비스가 이루어지는 동안 고객들은 대기실에서 책을 읽거나 개인적인 용무를 볼 수 있다.

대부분의 서비스는 서비스 자체와 서비스 제공자 간의 비분리성(inseparability)과 소멸성(perishability)이라는 특성을 가지기 때문에 수용능력이 제한된다. 예를 들어 환자가 맹장수술을 '구매하기' 위해서는 반드시 외과의사와 같은 시간에 병원에 있어야 한다. 의사는 한 시간에 단 한 명만 수술할 수 있다. 이와 유사하게, 오늘 사용하지 않는 수술실이 있거나 가능한 의사가 있더라도 내일 추가로 수술을 할 수는 없다. 즉 서비스 수용능력은 사용하지 않으면 소멸된다. 따라서 마케팅믹스의 서비스 구성요소는 소비자 수요에 영향을 미치는 활동과 통합되어야 한다. 이것을 **수용능력 관리**(capacity management)라고 한다. 서비스조직은 ① 수요가 수요주기(예: 1일, 주, 월 또는 연도) 동안 용량과 일치하도록, ② 조직의 자산이 투자 수익률을 극대화하는 방식으로 사용되도록 제공물의 가용성을 관리해야 한다.

수용능력관리
마케팅믹스의 서비스 구성요소를 소비자 수요에 영향을 미치려는 노력과의 통합

학습리뷰

1. 라인 확장과 브랜드 확장의 차이는 무엇인가?
2. 소비자지각의 관점에서 포장의 역할을 설명해보자.
3. 서비스기업에서는 비수기가격을 어떻게 활용하는가?

마케팅지식 적용해보기

1. 아래에 제시된 것은 제품수명주기의 다양한 단계에 속한 세 가지 제품이다. 이 기업들에게 어떤 마케팅전략을 제안할 수 있는가? (a) 캐논(Cannon)의 디지털카메라: 성숙기, (b) 휴렛팩커드의 태블릿 컴퓨터: 성장기, (c) 수동 깡통따개: 쇠퇴기.
2. 종종 모든 제품이 의도적으로 고장 나고 손상되도록 만들어진다는 의견이 나온다. 이러한 일들이 계획된 제품 수정방법인가?
3. GE의 제품관리자는 쓰레기압축기의 미국 가정 보급수준을 검토했다. 제품이 도입되고 20여 년이 지났음에도 이 제품을 가지고 있는 가정의 수는 상대적으로 적었다. 이렇게 낮은 수용도를 어떻게 설명할 수 있는가? 쓰레기 압축기의 수명주기는 어떠한가?
4. 페라리(Ferrari)는 오랫 동안 비싸고 호화스러운 자동차 제조업체로 알려져왔다. 그런데 페라리가 자동차 구입시장의 주요 세분시장인 중간 가격의 자동차시장을 공략하기로 했다. 페라리가 이러한 저가치전환(trading down) 전략을 고려할 때 어떤 브랜딩전략을 제안할 수 있는가? 제안한 전략과 상충관계에 있는 것은 무엇인가?

마케팅계획 세워보기

마케팅계획에 포함한 제품에 대해 다음과 같이 생각해보자.

1. 도표 10-1에서 본 것과 같이 (a) 제품수명주기 단계와 (b) 적절한 주요 마케팅믹스활동을 구별해보자.
2. 제품에 적합한 (a) 브랜딩 (b) 포장전략을 개발해보자.

비디오 케이스 10 저스틴즈: 열정을 가지고 제품을 성공적으로 관리하기

Video 10-4
Justin's Video Case
kerin.tv/cr8e/v10-4

저스틴(Justin)의 유기농 견과류버터 및 땅콩버터컵 브랜드의 창업자이자 기업가 저스틴 골드(Justin Gold)는 "어딘가에서 시작하지 않으면 어디서도 끝나지 않을 것입니다"라고 말한다. 맛있는 유기농 식품에 대한 그의 열정을 현재 유명한 브랜드와 성장하는 성공적인 제품 포트폴리오로 바꾸는 데 도움이 된 것이 바로 이 화두였다. 실제로 저스틴(Justin)의 웹사이트에서는 저스틴즈가 "버터월드 만들기(Making a Butter World!)"라고 설명한다.

Courtesy of Justin's

기업

견과류버터에 대한 아이디어는 창업자의 개인적 경험에서 비롯되었다. 그는 "저는 적극적인 채식주의자이고 산악자전거, 달리기, 스키를 즐겼습니다"라고 이야기한다. 이 조합은 땅콩버터가 그의 필수식단이라는 것을 의미한다. "저는 궁금했습니다. 땅콩버터가 부드럽고 바삭바삭한 두 가지 맛으로만 제공되는 이유는 무엇일까요? 왜 땅콩버터를 맛볼 수 없나요?" 그래서 그는 기본적인 음식처리기와 천연재료를 사서 자기 집 부엌에서 실험을 시작했다. 새로운 맛으로 용기를 채우고, 룸메이트들이 그것을 먹지 못하도록 용기에 "저스틴의 것(Justin's)"이라고 썼다. 이 간단한 결정이 기업과 브랜드의 시작이 되었다.

그가 집에서 만든 견과류버터를 먹어본 모든 사람들은 저스틴이 그것들을 팔아야 한다고 말했다. 그는 소비자에 대한 연구와 멘토 네트워크로부터 조언을 얻어 사업계획을 세웠다. 그는 "기업가로서 당신은 기본적으로 영업, 마케팅, 운영, 금융의 네 가지 부분에 대해 생각해야 합니다"라고 말한다. 첫 번째 판매는 농산물시장을 통해 이루어졌다. 시장에서의 인기는 홀푸드(Whole Foods) 등 수준 높은 소매업체의 관심을 끌었다. 커다란 돌파구는 저스틴이 짜서 먹을 수 있는 소용량 스퀴즈팩(squeeze pack)을 만들기로 한 것에서 나왔다. 스퀴즈팩은 선반 위 버터병 옆에 비치되었다. 소비자들은 시용하기 좋은 스퀴즈팩을 구매하여 먹어본 후 다음 쇼핑 때 견과류버터병을 구입하곤 했다. 그는 "스퀴즈팩 덕분에 저희는 견과류버터의 혁신자가 되었습니다"라고 말하며 "차별화 포인트를 가지고 있었기에 다른 경쟁자들과 차별화되었습니다"라고도 했다.

저스틴즈는 계속 성장하여 식음료 부문 기업 중 가장 빠르게 성장하는 기업 상위 15위 안에 들었다. 컨설팅기업 언스트 앤영(Ernst and Young)은 저스틴 골드를 올해의 기업가로 선정했다. 이 세 가지 핵심가치는 회사의 성공에 기여했다.

- 자연 및 유기농 식품에 대한 열정
- 지속가능하고 환경친화적인 방법 추구와 지역사회에 기울인 관심
- 생산 혁신, 영양, 놀라운 맛을 바탕으로 한 제품 품질

결국 저스틴은 회사의 성장을 지속시켜줄 파트너가 필요하다고 생각했다. 저스틴은 스키피(Skippy) 땅콩버터 등 유명 소비자 브랜드식품의 다국적 제조업체이자 마케팅기업인 호멜식품기업(Hormel Foods Corporation)에 매각되었다. 그는 "그들이 우리에게 완벽한 파트너라고 느꼈고, 호멜(Hormel)이 우리의 가치와 사명을 구매했다고 느꼈습니다"라고 말했다.

오늘날 저스틴즈의 제품라인에는 10가지 맛의 견과버터, 8가지 종류의 견과 버터컵, 4가지 종류의 스낵팩, 〈저스틴 마이 키친(Justin My Kitchen)〉이라는 요리책이 포함되어있다. 고급 수퍼마켓 홀푸드 매장을 통한 초기 유통 외에도 오늘날 소매 파트너로 세이프웨이(Safeway), 코스트코(Costco), 타겟(Target), REI, 내추럴 그로서스(Natural Grocers), 킹 수퍼스(King Soopers), 스프라우트(Sprouts), 월마트(Walmart) 등을 두고 있다. 오프라인 슈퍼마켓뿐만 아니라 온라인 소매점 아마존닷컴(Amazon.com), 제트닷컴(Jet.com), 스라이브마켓닷컴(Thrivemarket.com)에서도 제품을 유통한다. 수백만 개의 견과류버터병과 스퀴즈팩 판매량도 급증하고 있다. 최근 저스틴즈는 새로운 유기농 화이트 초콜릿 미니 땅콩버터컵으로 전국 제과협회에서 가장 혁신적인 신제품상을 받았다.

호멜의 제품 및 브랜드 관리

호멜(Hormel)은 저스틴을 인수한 후, 성장하는 견과류버터 기업에 다양한 자원을 제공했다. 첫째, 이번 인수로 저스틴즈는 식품산업 내의 전국 유통경로의 접근성을 높이게 되었다. 둘째, 저스틴즈는 유기농 재료를 풍부히 공급받을 수 있는 다

Courtesy of Justin's

양한 공급업체에 접근할 수 있게 되었다. 또 호멜로 인해 브랜드관리에 뛰어난 전문성을 확보할 수 있었다.

호멜이 인수한 기업인 사이토스포트(CytoSport)의 최고경영자이자 유명 땅콩버터 스키피 브랜드의 마케팅 이사였던 리사 셀크(Lisa Selk)는 브랜드관리 방향에 대해 이렇게 설명한다. "호멜은 90억 달러 규모의 기업입니다. 저희는 브랜드를 개발하고 미국 소비자와 전 세계를 위해 훌륭한 제품을 만들어온 오랜 전통이 있습니다. 그리고 세계 1~2위를 다투는 35개의 브랜드와 2만 명이 넘는 직원이 있습니다. 우리는 모든 브랜드에 열정을 가지고 있습니다"라고 말이다. 호멜은 브랜드의 성공을 확실하게 해주는 다양한 관리도구를 활용하는 브랜드 조직 구조를 갖추고 있다.

예를 들어, 제품수명주기는 호멜의 브랜드관리자 중 많은 사람에게 지침을 제공한다. 어떤 제품들은 120년 된 이 기업과 같은 오랜 역사를 가지며 훨씬 새로운 제품도 존재한다. 셀크는 "스키피(Skippy)의 제품수명주기를 생각해보면 확실히 성숙한 제품이자 브랜드"라고 설명한다. "성숙기 브랜드의 대표적인 마케팅전략은 대중매체를 통한 브랜드 상기 메시지입니다. 소비자가 TV, 인쇄물, 소셜 및 디지털공간을 통해 얼마나 많이 노출될 수 있는지에 대한 것입니다." 제품관리자는 제품 수정, 시장 변경, 제품 리포지셔닝을 통해 제품수명주기 전반에 걸쳐 브랜드를 관리한다. 온라인채널을 통해 새로운 소비자를 찾고 스키피를 단백질 공급원으로 리포지셔닝하기 위해 PB Bites(땅콩버터스낵)를 개발하기도 했는데, 이것이 바로 제품수명주기에 따라 브랜드를 관리한 예이다.

호멜은 브랜딩전략의 다양한 조합을 활용한다. 여러 제품에 하나의 이름을 사용하는 다제품브랜딩전략은 호멜 베이컨(Hormel Bacon), 호멜 칠리(Hormel Chili), 호멜 델리미트(Hormel Deli Meats), 호멜 페퍼로니(Hormel Pepperoni) 같은 제품에 적용되었다. 각 제품에 고유한 브랜드명을 쓰는 다수브랜딩전략도 사용한다. 제니오(Jennie-O), 머슬밀크(Muscle Milk), 스키피(Skippy), 저스틴즈(Justin's) 같은 브랜드명이 그 예다. 제품과 브랜드의 조합은 관리해야 하는 포트폴리오를 형성해준다. 셀크는 "저희는 브랜드를 개발하고 미국 소비자를 위한 훌륭한 제품을 만드는 오랜 전통을 가지고 있습니다"라고 말했다.

다른 중요한 브랜드관리도구는 패키지 디자인과 레이블이다. 셀크는 "제품의 초기 개발에서 디자인은 매우 중요합니다"라고 설명한다. 왜냐하면 제품의 수명주기 동안 제품을 변경할 수 없기 때문이다. 패키지 디자인은 소비자들이 제품을 식별하는 데 도움을 주어 선반에서 익숙한 외관을 찾도록 해준다. 그러나 때로 작은 변화가 필요하다. 셀크는 "혜택은 바뀔 것입니다"라고 말한다. 예를 들어 "단백질은 소비자들이 일상 식단에서 찾는 것 중 하나여서 우리는 용기 전면에 단백질 함유량을 표시하고 있습니다"라고 밝힌다. 레이블은 또한 영양정보 제공에 대한 규정 변경 등 필수적인 정보를 제공해준다.

저스틴즈를 마케팅하기

저스틴즈의 마케팅조직에는 전통적이고 독특한 면이 많다. 사장 마이크 구아넬라(Mike Guanella)는 "저스틴즈의 마케팅은 두 가지 경로로 구성되어있습니다"라고 설명한다. 그는 "제품라인의 모든 요소, 즉 4개의 P를 모두 관리하는 브랜드관리자가 있고, 제품뿐만 아니라 브랜드의 모든 요소를 다루는 커뮤니케이션을 관장하는 마스터 브랜드관리자가 있습니다"라고 말한다. 브랜드관리자는 마케팅 프로그램의 특정 요소를 개발하고 실행하며 책임을 지는 전통적인 역할을 수행한다. 마스터 브랜드관리자는 전체 브랜드명에 영향을 미치는 커뮤니케이션 활동에 창의적인 해결책을 제공한다.

저스틴즈의 브랜드관리자는 일반적으로 견과류버터나 버터컵 같은 제품군을 담당한다. 구아넬라는 "브랜드관리자는 스프레드 또는 과자 등 특정 제품라인을 책임지고 해당 브랜드의 모든 요소, 전략과 관련한 의사결정, 전술 등을 관리합니다"라고 말한다. "브랜드관리자는 시장에 제품을 제공하기 위해 모든 수단의 허브 역할을 한다. 프로모션전략에서부터 일상적인 가격 책정, 영업 팀과의 협력에 이르기까지 4P의 모든 요소를 책임지고 있다"라고 덧붙인다. 마스터 브랜드관리자는 더 넓은 관점을 가져야 한다. 구아넬라는 "마스터 브랜드관리자들은 모든 제품라인을 가로지르는 요소들을 책임집니다. 저희 웹사이트와 미디어 캠페인은 특정 제품라인이 아니라 저스틴즈를 마스터 브랜드로 보고 저스틴즈 자체에 초점을 맞추고 있습니다"라고 밝혔다.

브랜드관리자와 마스터 브랜드관리자는 신제품과 기존 제품을 놓고 함께 일한다. 신제품이 개발되면 천연식품 유통업체를 통해 출시하고 샘플, 데모, 이벤트 등 프로모션 활동을 한다. 제품이 성장하면 전통적 프로모션을 활용하여 전통 유통채널로 유통을 확대시킨다. 마지막으로 구아넬라는 "저희 제품 중 일부가 성숙기에 가까워지고 있습니다"라고 하며 "이는 다른 맛이나 다른 크기를 제공해 제품을 새롭게 바꿀 기회이기도 합니다"라고 말했다.

미래

저스틴즈는 미래에 대한 기대에 들떠 있다. 리사 셀크는 "마케터로서 당신이 가질 수 있는 최고의 느낌은 제품을 만들어 선반 위에 놓고 사람들이 소비하는 것을 보는 것"이라고 말한다. 구아넬라는 "저는 제가 좋아하는 제품을 만드는 기업을 위해 일합니다. 그런데 매우 의미 있는 방식으로 일하죠. 이 기업은 지속가능성과 사회적 책임에 초점을 맞추어 일하며 이는 완벽한 조합입니다. 저는 제가 하는 일을 너무 좋아합니다!"라고 밝혔다. 저스틴 골드는 "저스틴즈에서는 회사를 견과의 집(Nuthouse)이라고 부릅니다. 일하기 위해 오는 곳일 뿐만 아니라 일하기 위해 오기를 즐기며 무엇인가 차이를 만들고 있다고 느끼기 때문입니다!"라고 말했다.

질문

1. 저스틴즈에서는 열정, 의식 및 제품 품질이 어떻게 제품관리과정의 부분을 차지하는가?
2. 제품수명주기 단계가 호멜과 저스틴즈의 마케팅결정에 어떤 영향을 미치는가?
3. 저스틴즈 제품 및 브랜드의 브랜드관리자와 마스터 브랜드관리자는 어떤 역할을 수행하는가?
4. 호멜이 사용하는 브랜딩전략를 소개하고, 저스틴즈의 제품이 호멜의 제품라인에 어떻게 부합하는지 설명해보자.
5. 지속가능성 및 기업의 책임에 대한 고려가 저스틴즈의 미래에 어떤 영향을 미치는가?

11

제품과 서비스의 가격 결정

LEARNING OBJECTIVES

다음 학습목표를 달성해보자.

목표 1 가격의 본질과 중요성을 이해하고 개략적 가격수준을 책정하기 위해 사용하는 접근방법을 설명할 수 있다.

목표 2 수요곡선이 무엇이며, 수익이 가격 결정에서 어떤 역할을 하는지 설명할 수 있다.

목표 3 가격 결정에서 원가의 역할을 이해하고 가격 및 고정비, 단위변동비의 조합이 기업 손익분기점에 어떤 영향을 미치는지 설명할 수 있다.

목표 4 기업이 가격전략을 통해 달성하고자 하는 목표는 무엇이며, 가격 변경 시 어떤 요인이 제약으로 작용하는지 이해할 수 있다.

목표 5 가격이 최종적으로 어떤 절차를 통해 결정되는지 설명할 수 있다.

비지오: 스마트TV의 가격 파괴

미국에서 가장 큰 TV 제조회사의 이름을 알고 있는가? 정답은 캘리포니아 어바인(Irvine)에 있는 기업가정신이 충만한 비지오(VISIO)이다. 비지오의설립자 윌리엄 왕(William Wang)은 대만에서 태어나 13살에 미국으로 이민을 와서 TV를 보며 영어를 배웠다.

2002년 왕은 평판 HDTV가 1만 달러에 달한다는 광고에서 창업 아이디어를 얻었다. 당시 HDTV는 부유층을 위한 사치품으로 마케팅되었고 가격대가 높아 일반 소비자들은 감히 구매할 엄두조차 내지 못했다. 이에 왕은 HDTV를 싸게 만들어 팔면 사업이 잘될 것이라고 생각했다.

대부분의 창업가와 마찬가지로 왕도 가족과 친구들로부터 돈을 빌리고 집을 담보로 대출을 받아 창업자금을 마련했다. 창업 후 1년 안에 왕은 비지오의 첫 번째 HDTV 제품을 코스트코(COSTCO)에 납품했다. 현재 비지오의 HDTV는 코스트코, 월마트, 비제이홀세일(BJ's Wholesale), 베스트바이(Best Buy), 샘스클럽(Sam's Club), 타겟(Target)뿐만 아니라 아마존 같은 온라인채널을 통해 미국 전역에 팔리고 있다. 비지오가 설립된 이래 지금까지 판매한 HDTV는 5,000만 대 이상이다.

일반 소비자에게 HDTV를 저렴하게 판매할 수 있는 비지오의 능력은 독창적인 전략에서 나왔다. 비지오는 투자비용이 많이 소요되는 생산설비를 갖추지 않고 전적으로 외주 생산에 의존한다. 미국 본사에는 제품의 디자인과 마케팅을 담당하는 전문가만 있다. 비지오의 전사적 목표는 "올바른 시간에 올바른 제품을 올바른 가격"에 공급하는 것이다. 이런 목표를 위해 비지오는 제품 개발부터 소비자 판매에 이르기까지의 가치사슬의 전 과정을 매끄럽게 운영하고자 노력하고 있다.

비지오는 소비자들이 기술적으로 우수한 품질의 제품을 저렴하게 사고 싶어

Source: Vizio, Inc.

Source: Vizio, Inc.

한다고 믿고 혁신적인 기능을 갖춘 TV를 최저가로 만드는 전략을 추구한다. 비지오의 TV는 시장에서 싸구려로 취급받지 않는다. 최신 기술을 탑재하고 있기 때문이다. 비지오는 스마트TV를 10여 년 전부터 선도적으로 출시해왔으므로 고품질의 최첨단기술 제품을 파격적 가격에 공급한다는 혁신자적 이미지를 갖고 있다. 비지오의 초창기 스마트TV는 소비자들이 TV를 이용해 직접 인터넷에 접속하여 다양한 콘텐츠를 시청할 수 있게 해줬다. 당시로는 아주 획기적인 상호작용적 쌍방향 TV를 경험할 수 있게 했던 것이다. 비지오는 지금도 북미 시장에서 스마트TV의 선도자로 인정받고 있다.

Video 11-1
VIZIO
kerin.tv/cr8e/v11-1

이러한 비지오의 가치지향가격전략은 강력한 마케팅무기여서 소비자들에게 큰 반향을 불러일으켰다. 비지오는 미국의 소비자만족도 조사기관인 J.D파워(J.D.Power)에 의해 "고객만족도 최고의 HDTV"로 여러 번 선정되었다. 비지오는 미국의 TV 및 스마트TV 시장에서 두 번째로 큰 점유율을 자랑하고 있다.

가격전략의 세계는 치열하면서도 경이롭다. 여기서는 제품 및 서비스의 가격을 설정하기 위해 조직이 고려해야 하는 중요한 요인들을 다룰 것이다.

가격의 본질과 중요성

목표 1 가격의 본질과 중요성을 이해하고 개략적 가격수준을 책정하기 위해 사용하는 접근방법을 설명할 수 있다.

우리는 제품과 서비스를 사용하기 위해 가격을 지불한다. 이런 가격은 상황에 따라 여러 가지로 불린다. 대학교육에는 등록금(tuition), 아파트에는 집세(rent), 은행 대출에는 이자(interest), 자동차보험에는 보험료(premium)를 지불한다. 의사는 환자에게 진료비(fee)를 요구하고, 전문가협회는 회원에게 회비(dues)를 부과하며, 항공사는 승객에게 항공료(fare)를 청구한다. 기업이 근로자에게 지급하는 가격도 사무직은 월급(salary), 영업사원은 수당(commission), 노동자는 임금(wage)이라고 부른다. 가게에서 파는 옷이나 모자에는 가격(price)이 붙어있다.

기업을 운영하고 제품을 마케팅하는 데 있어 가장 독특한 역할을 하는 요소가 바로 가격이다. 기업의 모든 의사결정은 가격으로 귀결된다. 가격에 따라 이득과 손해가 갈리기 때문에 가격을 정하는 것은 항상 올바르고 정확하게 이루어져야 한다. 가격은 소비자 입장에서 비용이 되므로 소비자가 지불할 용의가 있는 수준에서 결정되어야 한다. 그러면서도 기업의 입장에서는 수익이 되므로 제품을 개발하고 생산하며 마케팅하는 원가를 충당하기에 충분해야 한다. 가격의 사소한 변동은 제품에 대한 수요와 기업의 이익에 지대한 영향을 미친다. 궁극적으로 기업은 가격을 통해 이익을 창출해야 존속할 수 있게 된다. 따라서 소비자도 만족하고 기업도 이익을 볼 수 있는 가격을 찾는 일은 기업에게 매우 중요한 과제다.

가격의 정의

가격
제품이나 서비스를 소유하거나 사용하기 위해 교환하는 돈이나 보상(다른 제품과 서비스 포함)

물물교환
제품과 서비스에 대하여 돈 대신에 다른 제품이나 서비스를 교환하는 행위

마케팅 관점에서 **가격**(price)은 제품이나 서비스를 소유하거나 사용하기 위해 교환하는 돈이나 보상(다른 제품과 서비스 포함)을 의미한다. 이 중에서 제품과 서비스를 획득하기 위해 돈 대신에 다른 제품이나 서비스를 교환하는 것을 **물물교환**(barter)이라고 한다. 국내 교역이나 국제 무역에서는 연간 수십억 달러의 물물교환이 이루어진다. 화폐 없이 거래되는 제품과 서비스의 규모는 미국 내에서만 연간 120억 달러에 달한다.

가격방정식 대부분의 제품과 서비스는 돈과 교환된다. 그러나 지불하는 가격이 항상 정가(list price) 또는 견적가(quoted price)와 일치하지는 않는다. 그 이유는 실제 가격을 낮추거나 높이는 마케팅기법이 사용되기 때문이다. 할인(discount), 공제(allowance), 환급(rebate)은 가격을 낮추는 반면 특별수수료(special fee), 부가금(surcharge)은 가격을 높이는 효과를 갖는다. 이러한 기법들은 최근에 더욱 성행하며 가격 체계를 복잡하게 만들고 있다.

2008년식 미니쿠퍼(Mini-Cooper)를 세계에서 가장 비싼 2019년식 부가티 카이런 스포츠카와 교환공제한다면 얼마를 더 내야 할까? 본문에서 신차를 구매하는 데 드는 실제 비용을 알아보자.

(left): ©CTK/Alamy Stock Photo; (right): ©Drive Images/Alamy Stock Photo

가격관행은 인터넷이 확산하면서 더 정교하게 발전 중이다. 소비자는 인터넷을 이용한 가격비교를 통해 최저가를 찾고자 노력한다. 흥미롭게도 소비자들은 정가가 높은 것보다 부과수수료가 붙더라도 정가 자체가 낮은 것을 선호한다. 이에 따라 판매자들은 정가를 낮추는 대신, 추가비용(add-on charges)을 높이는 방법으로 실제 가격을 높이고 있다.

최종가격을 높이거나 낮추는 모든 요인을 종합적으로 보여주는 가격방정식(price equation)의 예는 도표 11-1에 나타나 있다. 소비자는 자동차를 살 때 이러한 요인들을 고려하여 구매 여부를 결정한다. 예를 들어 세계에서 가장 비싼 차인 2019년식 부가티 카이런 스포츠카(Bugatti Chiron)를 산다고 가정해보자. 이 차는 사륜구동이면서 1,500마력의 강력한 엔진을 장착하여 시동 후 시속 60마일에 도달하는 시간이 2.4초에 불과하며 최고 속도는 261마일까지 낼 수 있다. 공기역학적 유선형 차체는 탄소섬유 소재로 구성되어 최고 속도에서도 안전하게 운행할 수 있다.

최종 가격의 계산 미국에서 부가티 카이런 스포츠카의 정가는 약 300만 달러다. 소비자가 양호한 상태의 2008년식 미니쿠퍼 2도어 승용차를 교환공제할 경우 딜러는 7,000달러 가치를 쳐줄 용의가 있다고 했다. 추가비용으로 ① 수입관세 55,000달러, ② 연료 과다 소모 부과세 7,000달러, ③ 판매세 225,000달러, ④ 자동차 등록비 5,000달러, ⑤ 프랑스에서 소비자 주소지까지의 배송비 54,000달러가 소요된다.

도표 11-1 가격의 명칭과 가격방정식. 구매자가 지불하는 '가격'은 무엇을 사느냐에 따라 명칭이 달라지고, 가격방정식에 의해 변동된다.

	가격방정식			
구매 품목	최종가격	= 표시가격	− 인센티브 및 공제	+ 추가비용
개인 소비자가 구매하는 신차	최종가격	= 표시가격	− 환급금 현금 할인 중고차 교환공제	+ 금융비용 특별 옵션 배송료
대학생이 지불하는 1학기 대학 등록금	등록금	= 명목등록금	− 장학금 기타 학자금 지원 이수학점 수 할인	+ 학생회비 기숙사비 교재 및 문구비 학생융자금 이자 (졸업 후 부담)
소매상이 도매상으로부터 구매하는 물품	견적가격	= 표시가격	− 수량할인 현금할인 계절할인 기능할인	+ 대금 지불 연체료

도표 11-1의 가격방정식을 적용하면, 소비자가 부가티 카이런을 구매하기 위해 지불해야 하는 최종가격은 다음과 같다.

$$\begin{aligned}\text{최종가격} &= [\text{표시가격}] - [\text{공제}] + [\text{추가 비용}]\\ &= [\$3{,}000{,}000] - [\$7{,}000]\\ &\quad + [\$55{,}000 + \$7{,}000 + \$225{,}000 + \$5{,}000 + \$54{,}000]\\ &= \$3{,}000{,}000 - \$7{,}000 + \$346{,}000\\ &= \$3{,}339{,}000\end{aligned}$$

소비자가 부담해야 하는 최종가격은 표시 가격보다 339,000달러 더 많다. 이런 가격에도 불구하고 여전히 부가티 카이런을 사고 싶은가? 그렇다면 대기자명단에 이름을 올려야 한다. 이 차는 이 정도 가격을 내고도 한참을 기다려야 한다.

가치지표로서의 가격

가치
가격과 지각된 혜택의 비율.
가치=(지각된 혜택÷가격)

소비자 관점에서 가격은 품질, 내구성과 같은 지각된 혜택(perceived benefits)과 비교되어 가치를 평가하는 기준으로 사용된다. 구체적으로 **가치**(value)란 지각된 혜택과 가격의 비율을 의미한다.

$$\text{가치} = \frac{\text{지각된 혜택}}{\text{가격}}$$

이런 관계는 일정한 가격수준에서 지각된 혜택이 증가하면 가치도 증가한다는 것을 나타낸다. 예를 들어 냉동 치즈피자를 사려면 7.99달러의 가격을 지불해야 한다고 가정해보자. 같은 가격이라면 피자가 크면 클수록 그만큼 가치가 있다고 생각할 것이다. 반대로 동일한 가격에서 지각된 혜택이 감소되면 가치도 따라서 감소된다. 슈퍼마켓에서 팔리는 유명 브랜드 과자의 경우 양은 줄었지만 가격이 그대로라면 소비자가 느끼는 가치가 감소될 것이다.

가치지향가격
소비자의 가치를 높이는 방향으로 가격을 정하는 것

가치지향가격 소비자의 가치를 높이는 방향으로 가격을 정하는 것이 바로 **가치지향가격**(value pricing)이다. 일반적으로 가격을 유지하거나 낮추면서 제품과 서비스의 혜택을 증가시키면 소비자가치가 높아진다. 그런데 특별한 유형의 제품에서는 가격이 높아지면 소비자가치도 높아지는 상황이 발생한다. 소비자가 제품의 품질을 정확히 평가하기 어려운 경우 가격을 품질의 지표로 사용한다. 우수한 제품은 비용이 많이 들어 가격이 비쌀 것이라는 가정이 전제된다. 이 경우 가격이 전반적인 품질에 대한 소비자의 인식에 영향을 주어 궁극적으로 가치를 결정하는 역할을 수행한다. 즉, 가격이 높으면 품질이 우수하여 가치가 높다고 생각하는 것이다. 가구의 가격이 대표적인 예이다. 가구 구매자에 대한 설문에서 84%의 응답자들이 "가격이 높을수록 품질도 높을 것이다"라고 인식하는 것으로 조사되었다. 한국에서 수입 외제 가구의 가격이 높을수록 소비자들이 고급 가구로 인식하는 것과 같은 원리라고 할 수 있다.

소비자는 동일한 욕구를 만족시키는 대체품과 비교하여 제품과 서비스의 가치를 평가한다. 여기서 준거가치(reference value)라는 개념이 등장한다. 여행자의 경우

마케팅의 힘

고객가치

스피릿항공은 가치지향가격을 실시하고 있는가?

스피릿항공(Sprit Airlines)은 가치지향가격을 실시하고 있는가? 답은 고객이 어떤 혜택을 추구하며 가격을 얼마나 지불할 용의가 있느냐에 따라 달라진다.

미국 교통부(U.S. Department of Transportation) 보고서에 의하면 스피릿항공의 요금은 동일한 노선의 다른 항공사보다 평균 40%가 저렴하다고 한다. 이처럼 낮은 항공료에서 승객들이 얻는 혜택은 무엇일까? 전혀 없다. 비행기 좌석은 뒤로 젖혀지지 않는다. 공짜로 제공되는 서비스도 없다. 음료, 좌석 위 짐칸, 선호 좌석 배정, 심지어 탑승권까지 모두 별도의 추가 요금을 내야 한다.

©Sam Pollitt/Alamy Stock Photo

스피릿항공의 요금에는 가치가 있을까? 목적지까지 가능한 한 싸고 신속히 가길 원하는 고객들은 '그렇다'고 답할 것이다. 하지만 단순한 장소 이동을 넘어 서비스를 원하는 고객들은 '그렇지 않다'라고 말할 것이다.

당연하게도 스피릿항공은 가장 고객 불평이 많은 미국 항공사로 꾸준히 꼽히고 있다. 정시 출발, 좌석 공간, 기내 서비스 등 요금을 제외한 거의 전 분야에서 불평불만이 끊이질 않는다.

이런 승객의 불평에 대해 대변인은 "단지 소수 고객의 불평을 잠재우기 위해 대다수 고객이 가치를 두지 않는 것에 비용을 쓰는 것은 스피릿항공의 가치지향가격 철학과 맞지 않는 것"이라고 했다. 그는 서비스를 향상시키기 위해 가격을 인상시키면 우리 고객들이 진정으로 원하는 가치인 "가능한 한 최저가"를 지키지 못할 것이라고 강조했다.

같은 도시를 연결하는 경쟁 항공사의 티켓 가격이 준거가치로 작용한다. 미국의 스피릿항공(Sprit Airlines)은 최저가격을 제공하기 때문에 항공료만을 기준으로 하면 가치가 높다고 할 수 있다. 그러나 항공료가 낮다는 것 외에 다른 어떤 혜택도 제공하지 않으므로 서비스를 중시하는 소비자에게는 가치가 낮다고 볼 수 있다. 그렇지만 가치평가는 주어진 가격으로 얻을 수 있는 혜택도 포함된다. '마케팅의 힘' 박스를 읽어보고 스피릿항공이 가치지향가격을 제공하는지 그렇지 않은지를 설명해 보자.

마케팅믹스로서의 가격

가격은 기업의 이익에 직접적인 영향을 미친다. 가격 책정은 마케팅 임원에게 매우 중요한 의사결정이다. 가격의 중요성은 기업의 **이익방정식**(profit equation)을 살펴보면 명확해진다.

이익방정식
이익 = 총수익 − 총비용
= (단위가격 × 판매량) − (고정비 + 변동비)

$$\begin{aligned}\text{이익} &= \text{총수익} - \text{총비용}\\ &= (\text{단위가격} \times \text{판매량}) - (\text{고정비} + \text{변동비})\end{aligned}$$

이 방정식은 단위가격의 상승이나 하락이 총수익을 변화시키고 이에 따라 이익도 변화시킨다는 것을 보여준다. 이런 관계를 훨씬 복잡하게 만드는 것은 가격이 변하면 수요가 변하고 그 결과 판매량도 변한다는 사실이다. 더욱이 판매량이 변하면 생산효율도 달라져 생산원가도 변한다. 그러므로 가격은 원가에 간접적 영향을 미친다. 결론적으로 가격은 총수익과 총비용 모두에 영향을 주므로 가격 책정은 경영자가 직면한 가장 중요하고 어려운 의사결정 중 하나라고 할 수 있다.

일반적인 가격 접근방법

마케팅관리자가 제품의 최종가격을 결정하는 작업은 합리적인 출발점을 선정하는 것에서부터 시작된다. 합리적인 출발점이란 수요, 원가, 이익, 경쟁 등 여러 기준 가운데 무엇을 선정하느냐에 따라 달라진다. 마케팅관리자는 기업의 목표와 제약조건을 고려하여 가장 적합한 기준을 선정하고 이를 사용하여 개략적인 가격대를 파악한 다음, 거기서부터 출발하여 최종가격을 찾아낸다.

가격의 기준을 파악하는 방법에는 크게 ① 수요지향 가격 접근방법 , ② 원가지향 가격 접근방법, ③ 이익지향 가격 접근방법, ④ 경쟁지향 가격 접근방법의 네 가지가 있다(도표 11–2). 이러한 접근방법들은 각각 다르면서도 중복되는 부분이 있다. 유능한 마케팅관리자들은 여러 접근방법의 특징을 잘 이해하고 이를 활용하여 가격수준의 근사치를 파악한다.

수요지향 가격 접근방법

수요지향 가격 접근방법은 가격수준을 선택할 때 고객의 취향 및 선호와 관련되는 요인들을 원가, 이익, 경쟁요인보다 더 중요하게 고려하는 것이다.

초기고가격 기업은 신제품을 도입할 때 초기가격을 높게 책정할 수 있다. 시장에 새롭게 선보인 혁신제품을 진정으로 원하는 고객들은 높은 가격을 지불할 용의가 있다. 도입 초기에 제품을 구매하는 고객들은 기존 제품보다 신제품이 훨씬 우수하게 자신의 욕구를 충족시킬 수 있다는 점에 주목하기 때문에 가격에 민감하게 반응하지 않는다. 신제품의 가격은 이러한 고객들이 지불할 수 있는 최고수준으로 정할 수 있다. 초기에 열광적으로 반응하는 고객들이 대부분 구매하고 난 다음, 가격민감도가 높은 세분시장 고객들을 유치하기 위해 가격을 낮추면 된다. **초기고가격**을 '스키밍가격(skimming pricing)'이라고 하는 이유는 '크림(cream)'의 여러 층을 위에서부터 떠먹는 것처럼 가격을 단계적으로 낮추어 가격민감도가 다른 여러 고객층을 차례로 공략한다는 의미를 담고 있기 때문이다.

초기고가격이 효과적인 상황은 다음과 같다. ① 출시 초기 높은 가격에도 불구하고 즉각 구매할 가망고객(prospective customers)이 충분히 존재하여 많이 팔고 이익을 낼 수 있어야 한다. ② 초기고가격에 매력을 느껴 시장에 진입하는 경쟁자들

> **초기고가격**
> 신제품이나 혁신제품을 출시할 때 그 제품을 진정으로 원하는 고객들이 지불할 용의가 있는 최고 수준으로 초기가격을 설정하는 방법

도표 11–2 가격수준 선택에서의 접근방법

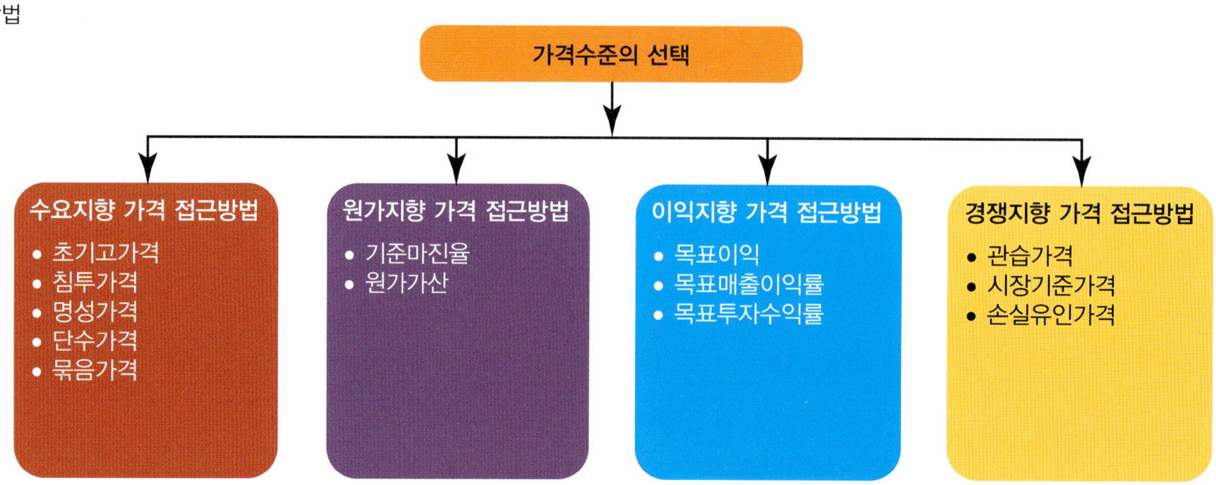

이 없어야 한다. ③ 가격을 낮추어도 매출 증가가 적고 단위당 원가의 하락이 적어야 한다. ④ 고객이 높은 가격을 고품질의 징표로 해석해야 한다.

이와 같은 네 가지 조건은 신제품이 특허권 및 지적재산권에 의해 보호되거나 신제품의 독특한 특징이 소비자에 의해 정확히 이해되고 가치 있는 것으로 평가될 때 형성된다. 예를 들어, 마이크로소프트는 2018년에 비디오 게임기 '엑스박스 원 엑스(Xbox One X)'를 출시할 때 이런 조건들이 충족된다고 판단하여 초기고가격 전략을 채택했다. 엑스박스 원 엑스의 가격은 소니의 플레이스테이션 4 프로(PlayStation 4 Pro)보다 100달러 높았고, 닌텐도 스위치(Nintendo Switch)보다는 200달러 높았다.

침투가격 **침투가격**(penetration pricing)은 초기고가격과는 정반대의 전략으로, 신제품을 대중 시장에 빠르게 확산시키기 위해 초기가격을 낮추는 것을 말한다. 아마존은 태블릿 컴퓨터를 출시할 때 의도적으로 파괴적인 가격을 책정했다. 경쟁제품의 평균가가 323달러 수준인 가운데, 차세대 제품인 아마존 킨들 파이어(Amazon Kindle Fire)의 가격을 49.99달러로 결정했다.

침투가격이 유리한 상황은 초기고가격이 유리한 상황의 반대라고 생각하면 된다. ① 시장의 많은 고객이 가격에 대하여 민감하게 반응하며, ② 초기가격 수준이 낮으면 경쟁자들이 시장에 진입할 가능성도 줄어들고, ③ 생산물량이 증가할수록 단위 생산비용과 마케팅비용은 더 큰 폭으로 감소하며, ④ 고객이 가격이 낮다고 해서 품질도 떨어지는 것으로 해석하지 않아야 한다.

침투가격의 기대효과는 가격을 낮춘 것보다 더 큰 폭으로 판매물량이 증대시켜 전반적인 이익을 증가시켜준다. 침투가격을 사용하는 기업은 ① 초기저가격을 오래 유지하며 이익을 안정적으로 확보하거나, ② 가격을 더 낮추어 고객 기반을 확대하고 판매물량을 증대시켜 이익을 공격적으로 창출할 수 있다.

침투가격
신제품을 대중 시장에 빠르게 확산시키기 위해 초기가격을 낮게 책정하는 것

명성가격 수요곡선

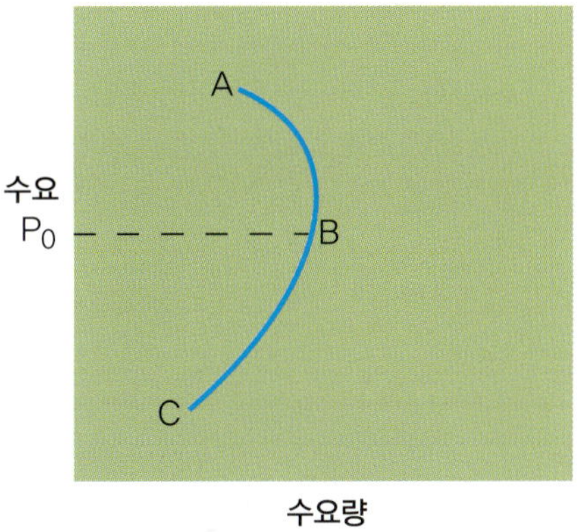

도표 11-3 명성에 민감한 소비자가 구매하는 고품질 제품의 수요곡선

명성가격 일반적으로 가격이 낮아지면 소비자의 구매가능성이 높아진다. 그러나 때로 반대의 현상이 나타나기도 한다. 특히 소비자가 가격을 품질이나 명성의 지표로 사용하는 경우, 가격이 일정 수준 이하로 낮아지면 오히려 수요가 감소한다. **명성가격**(prestige pricing)은 의도적으로 높은 가격을 책정하여 품질이나 위신에 민감한 소비자들의 관심을 끌고 구매하도록 유인하는 가격전략이다. 도표 11-3에 나타난 것처럼 명성가격이 적용되는 제품의 수요곡선은 가격이 하락할 때 A와 B 사이에서는 수요가 증가하지만 B와 C 사이에서는 오히려 수요가 감소하는 모습을 보여준다. 소비자들은 A에서 B로 가격이 하락할 때는 싸다고 생각하여 제품을 많이 구매하지만 B를 지나 C까지 하락하면 품질과 명성에 의구심을 갖게 되어 제품을 적게 구매하게 된다. 이 경우에 마케팅관리자는 수요 변곡점인 B에 해당하는 P_0 이상으로 가격을 유지해야 한다.

명성가격
의도적으로 높은 가격을 책정하여 품질이나 위신에 민감한 소비자들의 관심을 끌고 구매하도록 유인하는 가격전략

롤스로이스(Rolls-Royce) 자동차, 샤넬(Chanel) 핸드백, 까르띠에(Cartier) 보석 반지, 롤렉스(Rolex) 시계 등의 명품은 명성가격이 통용되는 대표적 예로 가격이 낮을 때보다 높을 때 더 잘 팔리는 경향이 있다. 최근 에너자이저(Energizer)는 고성능 알카인 배터리 구매자들에게 가격이 낮으면 성능도 낮다고 인식하는 성향이 있다는 것을 깨달았다. '마케팅의 힘' 박스에서 설명하듯 에너자이저(Energizer)는 명성

Video 11-2
Rolex Ad
kerin.tv/cr8e/v11-2

마케팅의 힘

고객가치

가격 인식에 대한 에너자이저의 교훈: 가치는 소비자가 어떻게 보느냐에 달려 있다

배터리 제조업체들은 성능이 더 우수하고 수명이 더 오래 지속되며 경쟁제품보다 잘 팔릴 수 있는 신제품을 개발하고자 노력해왔다. 그런데 신제품이 기술적으로 아무리 우수하더라도 소비자가 가치를 느낄 만한 가격을 찾아낸다는 것은 결코 쉬운 일이 아니다. 에너자이저(Energizer)가 혁신적인 신제품 e2 AA 배터리의 가격을 결정한 사례를 살펴보자.

경쟁사인 듀라셀(Duracell)은 고성능의 AA 배터리를 울트라(Ultra)라는 브랜드로 내놓으면서 기존의 듀라셀 배터리보다 25% 높은 가격을 책정했다. 이에 에너자이저는 신속하게 어드밴스트 포뮬러(Advanced Formula)라는 고성능 배터리를 출시하며 맞대응했다. 조사에 따르면, 소비자들은 듀라셀 울트라의 가격이 너무 비싼 것으로 인식하고 있었다. 에너자이저는 어드밴스트 포뮬러 브랜드를 기존의 표준형 AA 배터리와 동일한 가격에 판매하여 시장점유율을 높이려고 했다. 그런데 예상 외로 경쟁제품보다 저렴한 에너자이저의 고성능 배터리 판매가 부진했다.

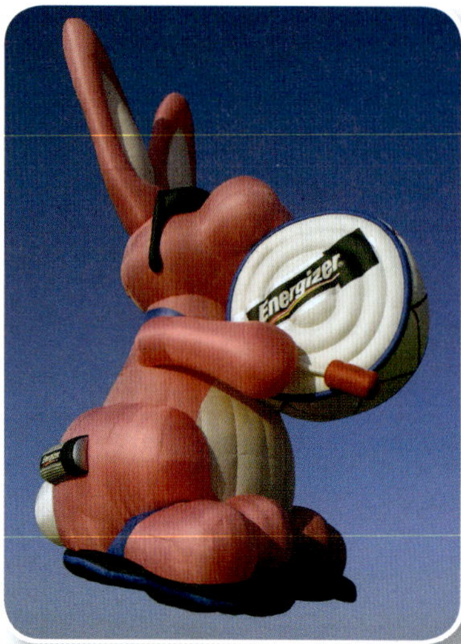

©Joe Marino/Bill Cantrell/UPI/Newscom

너무 낮은 가격 때문에 소비자들이 에너자이저 배터리의 품질과 성능이 떨어진다고 인식한 것이었다. 에너자이저는 듀라셀뿐만 아니라 3위 업체인 레이오백(Rayovac)에게까지 시장점유율이 뒤처지는 굴욕을 당했다.

에너자이저는 뼈 아픈 실패를 경험한 다음, 후속제품으로 출시한 고성능 배터리 e2 브랜드의 가격을 어드밴스트 포뮬러보다 50% 정도, 듀라셀 울트라보다 4% 이상 높게 책정했다. 그 결과, 잃어버렸던 매출과 점유율을 회복할 수 있었다. 여기서 얻을 수 있는 교훈은, 가치란 실제 제품의 성능보다는 소비자의 인식에 의해 결정된다는 사실이다.

가격을 이용하여 고성능 e2 AA 배터리를 성공적으로 판매할 수 있었다.

단수가격 애플의 아이폰 XS는 999달러이고 시어즈(Sears)의 목수용 전기톱은 899.99달러이다. 질레트(Gillette) 퓨전 면도기의 소매가격은 11.99달러다. 왜 가격을 단순히 1,000달러, 90달러, 12달러로 책정하지 않을까? 그 이유는 가격에서 몇 달러 또는 몇 센트를 낮추면 가격 단위 자체가 낮아진 것으로 인식되기 때문이다. 소비자들은 아이폰 XS의 가격을 '약 1,000달러'가 아닌 '900달러 이상'으로 인식한다. 1,000달러와 999달러의 차이는 1달러에 불과하지만, 수요는 그 이상 늘어난다. 이처럼 가격이 딱 떨어지지 않고 홀수로 떨어지게 책정하는 것을 **단수가격**(odd-even pricing)이라고 부른다. 이와 같은 단수가격은 실제 가격보다 싸다는 느낌을 전달하여 수요를 증대시키는 효과가 있다. 하지만 이 전략을 과도하게 사용하면 소비자의 반응이 둔감해져 수요증대효과가 사라지는 경향을 보인다.

> **단수가격**
> 가격을 한두 푼 낮춰 끝자리가 홀수로 끝나게 책정하는 것

묶음가격 둘 이상의 제품을 하나의 패키지로 묶어 가격을 정하고 마케팅하는 관행이 **묶음가격**(bundle pricing)이다. 미국의 대형 항공사 델타항공(Delta Air Lines)은 휴가철에 항공, 렌터카, 숙박 등을 묶어 패키지로 판매한다. 이처럼 소비자들이 개별 품목보다 패키지에 더 큰 가치를 둘 때 묶음가격이 유용하다. 소비자는 제품을 품목별로 따로 구매하는 것을 번거롭게 생각한다. 여러 품목은 패키지로 한 번에 구매하는 것이 훨씬 편리하며, 이들을 결합해 동시 사용하면 소비자의 만족도가 높아진다. 일종의 원스톱 토탈 솔루션(one-stop total solution) 같은 것이다. 햄버거 체인의 세트메뉴가 바로 묶음가격의 대표적인 예다. 통신사도 전화, 데이터, 인터넷 TV

> **묶음가격**
> 둘 이상의 제품을 하나의 패키지로 묶어 가격을 정하고 마케팅하는 관행

등을 하나의 결합상품으로 묶어 가격을 책정한다. 묶음가격은 소비자의 총구매비용을 낮추어주는 동시에 판매자의 마케팅비용을 절감시켜주는 효과가 있다.

본문에서 인터넷 TV의 가격이 어떤 방식으로 정해졌는지 알아보자.
Source: DIRECTV

원가지향 가격 접근방법

원가지향 가격 접근방법에서는 가격 문제를 해결하는 데 수요 측면보다 원가 측면을 강조한다. 여기서는 가격을 결정할 때 생산비용과 마케팅비용을 먼저 살펴보고 직접비와 간접비, 이익을 충당할 만한지를 고려하여 가격에 접근한다.

기준마진율 가격 슈퍼마켓과 같은 소매점에서는 수많은 제품을 관리하므로 각 제품의 수요를 추정하여 가격을 결정하는 것이 불가능하다. 따라서 이런 경우에는 제품군별로 품목의 원가에 일정한 비율의 마진을 붙여 가격을 정하는 **기준마진율 가격**(standard markup pricing)이 사용된다. 마진율은 소매업태(백화점, 대형마트, 슈퍼마켓, 편의점 등)와 취급제품(의류, 화장품, 가구, 식품 등)에 따라 다르다. 일반적으로 대량판매되는 제품은 마진율이 낮은 반면, 소량판매되는 제품은 마진율이 높다. 크로거(Kroger)와 세이프웨이(Safeway) 같은 슈퍼마켓은 식품과 기호품에 대한 마진을 다르게 책정한다. 설탕, 밀가루, 유제품 등 식품에 대한 마진은 10%에서 23% 사이로 정하지만 과자나 사탕 등 기호품에 대한 마진은 27%에서 47% 정도로 정한다. 소매마진은 점포의 운영비용과 간접비를 충당하면서 이익을 낼 수 있을 만큼 커야 한다. 얼핏 보면 슈퍼마켓의 소매마진이 매우 커 보이지만 모든 비용을 제하고 난 후의 영업이익률은 통상적으로 1%에 불과하다.

기준마진율 가격
제품군별로 품목의 원가에 일정한 비율의 마진을 붙여 가격을 정하는 것

이러한 마진을 영화관에서 사 먹는 음료 및 스낵, 팝콘의 마진과 비교해보자. 음료의 마진은 593%, 캔디바의 마진은 104%이며 팝콘은 무려 806%에 이른다. 얼핏 마진이 높아 바가지를 씌우는 것처럼 보이지만 다른 측면을 고려해보아야 한다. 미국에서 가장 큰 영화관 체인 리걸엔터테인먼트(Regal Entertainment)의 CEO는 "만일 음료나 스낵의 가격을 낮춘다면 입장료가 20달러 정도로 높아질 것이다"라고 밝혔다.

영화관에서 구매하는 음료, 스낵, 팝콘의 마진율을 본문에서 찾아보자.

원가가산 가격 기준마진율 가격의 변형이 **원가가산 가격**(cost-plus pricing)이다. 이 가격은 건설업, 산업재 공급계약, 전문서비스업에서 많이 사용한다. 원가가산 가격은 제품이나 서비스를 공급하는 데 소요되는 총단위원가(total unit cost)를 산정하고 여기에 일정 금액을 더하여 가격을 책정하는 방법이다. 원가가산 가격에는 두 가지 종류가 있다. 하나는 원가가산 고정비 가격(cost-plus fixed-fee pricing)으로 총원가에 고정된 수수료를 이익으로 더하여 최종가격을 정하는 것이다. 이러한 방식은 수력발전소나 인공위성처럼 고도로 기술화된 프로젝트를 정부가 발주할 때 사용된다. 한 예로 미국항공우주국(National Aeronautics and Space Administration, NASA)은 오리온 우주선(Orion lunar spacecraft)의 공급계약을 록히드마틴(Lockheed Martin)과 체결하면서 제작비 40억 달러에 수수료를 합해 총 65억 달러를 지불하기로 했다. 만일 나중에 우주선의 최종 원가가 70억 달러로 상승하더라도 록히드마틴은 65억 달러만 지불받게 된다.

원가가산 가격
제품이나 서비스를 공급하는 데 소요되는 총단위원가를 산정하고 여기에 일정 금액을 더하여 가격을 책정하는 방법

로큰롤 명예의 전당 기념관의 설계비는 어떻게 결정되었을까? 본문에서 내용을 찾아보자.
©Stan Rohrer/Alamy Stock Photo

또 다른 방식인 원가가산 원가율 가격(cost-plus percentage of cost pricing)은 한 품목의 총원가에 일정 비율을 곱하여 다른 품목의 가격을 정하는 것으로, 서로 연관된 품목의 가격을 정할 때 사용된다. 예를 들어 오하이오주 클리브랜드에 있는 로큰롤 명예의 전당 기념관(Rock and Roll Hall of Fame and Museum in Cleveland, Ohio)의 설계비는 총공사비 9,200만 달러의 일정 비율로 책정되었다.

원가가산 가격은 주로 산업재의 가격을 정하는 데 사용된다. 최근에는 서비스 부문의 기업 간 거래에서도 원가가산 가격이 널리 사용되고 있다. 서비스비용이 급격히 증가하는 상황에서 구매 기업은 비용을 확실히 예측하고 통제하기 위해 원가가산 가격을 선호한다. 예를 들어, 일부 법무법인(law firm)들은 법률비용이 솟구치자 법률자문 계약을 체결할 때 원가가산 가격을 채택했다. 고객 기업에 시간당 수임료를 청구하기보다는 법률서비스 제공의 총원가를 추정하고 여기에 일정한 이익을 더해 고정수임료를 책정한 것이다. 광고회사들도 점차 이러한 방법을 사용하기 시작하고 있다. 고객 기업이 광고회사에 건당 가격을 지불하는 것이 아니라 광고서비스의 원가에 일정한 비율을 이익을 더한 수수료를 지불하기로 계약하는 것이다.

이익지향 가격 접근방법

이익지향 가격(profit-oriented pricing)이란 수익과 비용의 균형을 맞추어 이익을 내는 방법이다. 구체적으로 목표이익액을 설정하거나 매출액 또는 투자액의 일정 비율을 목표이익률로 추구하는 것이다.

목표이익 가격
연간 목표이익액을 설정하고 이를 달성하기 위해 가격을 정하는 것

목표이익 가격 기업이 연간 목표이익액을 설정하고 이를 달성하기 위해 가격을 정하는 것을 **목표이익 가격**(target profit pricing)이라고 한다. 그림 액자를 파는 캡로 컴퍼니(Caplow Company)를 운영하는 주인의 입장에서 생각해보자. 연 7,000달러의 이익을 목표로 한다면 액자를 개당 얼마에 팔아야 할까? 가격을 계산하기 위해서는 몇 가지 가정이 필요하다.

- 변동비는 단위당 22달러
- 고정비는 26,000달러
- 개당 가격 60달러까지 수요는 비탄력적
- 연간 판매량 1,000개의 목표이익액은 7,000달러

이러한 수치들을 이용하면 다음과 같이 가격을 계산할 수 있다.

$$\text{이익} = \text{총수익} - \text{총비용}$$
$$= (\text{액자 판매량} \times \text{액자 가격}) - (\text{변동비} + \text{액자 판매량})$$
$$\text{가격} = \frac{\text{이익} + [\text{고정비} + (\text{변동비} \times \text{액자 판매량})]}{\text{액자 판매량}}$$

$$= \frac{\$7{,}000 + [\$26{,}000 + (\$22 \times 1{,}0000)]}{1{,}000}$$

$$= \frac{\$7{,}000 + \$48{,}000}{1{,}000}$$

$$= \$55$$

목표이익 가격을 효과적으로 사용하기 위해서는 가격 변동에 따른 수요를 정확히 예측해야 한다. 만일 목표이익을 확보하기 위해 가격을 높였는데 수요가 크게 하락한다면 참담한 결과가 나타날 것이다. 대체로 목표이익 가격은 수요가 안정적으로 발생하거나 또는 경쟁이 심하지 않은 전문품 및 독특한 제품에 적합하다.

캡로컴퍼니는 미술 및 사진 작품과 골동품에 사용되는 고품질의 맞춤형 액자를 취급하는 전문점이다. 이들은 목표이익 가격을 책정하는 데 손익분기분석을 활용한다.

©Jane Westerlund

목표 매출이익률 가격 **목표 매출이익률 가격**(target return-on-sales pricing)은 매출액의 일정 비율을 이익으로 목표하여 가격을 정하는 것이다. 이익 목표를 달성하기 위해 얼마나 많은 물량을 팔아야 하는지 측정하기 어려운 경우 이 방법을 사용한다. 슈퍼마켓의 경우 매출액의 1% 이익률을 목표로 가격을 정한다. 슈퍼마켓에서는 상품의 종류와 수가 매우 다양하며 판매 단위도 표준화되어있지 않아 정확한 판매량 추정이 매우 어렵기 때문이다.

목표 투자수익률 가격 GM 같은 상장 대기업은 주주와 투자자를 의식하여 연간 투자수익률(ROI)을 정해놓고 이를 달성하는 방향으로 가격을 정한다. 전력회사나 상수도회사처럼 대규모 설비 투자가 필요한 기업들도 투자수익률을 중시하며 이를 가격에 반영한다. 이처럼 정해진 투자수익률을 달성하기 위해 가격을 정하는 방법을 **목표 투자수익률 가격**target return-on-investment pricing)이라 부른다. 가령 전력회사가 발전소와 설비에 500억 달러를 투자하고 10%의 ROI를 추구한다면, 연간 50억 달러의 이익을 창출할 수 있는 수준에서 전기료를 책정할 것이다.

목표 매출이익률 가격
매출액의 일정 비율을 이익으로 목표하여 가격을 정하는 것

목표 투자수익률 가격
일정한 투자수익률(ROI)을 달성하기 위해 가격을 정하는 것

경쟁지향 가격 접근방법

시장은 경쟁에 의해 역동적으로 변한다. 경쟁사의 반응이 매출에 민감한 영향을 주는 상황에서는 수요, 원가, 이익 요인보다 경쟁요인을 우선적으로 고려하여 가격을 정하게 된다.

관습 가격 업계 전통이나 유통 관행이 규정하는 가격 기준을 수용하여 따르는 것이 바로 **관습 가격**(customary pricing)이다. 스와치(Swatch) 시계의 가격 전통은 기본 모델의 가격을 50달러로 하는 것인데, 이는 10년간 변함없이 유지됐다. 캔디바는 자동판매기에서 관행적으로 1달러에 판매된다. 캔디바의 가격을 여기서 벗어나게 정할 경우 심각한 매출 손실이 초래된다. 허쉬(Hershey)는 초콜릿 원료 가격이 변동되면, 캔디바의 소매가격을 변화시키보다는 초콜릿의 양을 증가시키거나 감소시켜 1달러의 가격을 유지하고 있다.

관습 가격
업계 전통이나 유통 관행에 따라 가격을 정하는 것

시장기준 가격 대부분의 제품은 구체적인 시장가격을 파악하기가 어렵다. 제품의

시장기준 가격
시장가격이나 준거가격을 기준으로 사용하여 그보다 높거나 비슷하거나 낮게 가격을 정하는 것

유형과 품목이 다양하기 때문이다. 그럼에도 불구하고 대부분의 마케팅관리자는 시장의 평균가격이 어느 수준인지, 그리고 경쟁사 가격이 얼마인지 잘 알고 있다. 이러한 가격들을 기준으로 사용하여 그보다 높거나 비슷하거나 낮게 가격을 정하는 것이 바로 **시장기준 가격**(above-, at-, or below-market pricing)이다.

마케팅계기판

레드불의 가격을 어느 수준에서 결정해야 하는가?

마케팅관리자는 자신이 담당하는 제품의 소매가격을 정할 때 시장가격을 기준으로 하여 높게 할지, 낮게 할지, 아니면 같게 할지를 고민하게 된다. 이러한 결정은 어떻게 내릴 수 있을까? 먼저 소매점을 여러 곳 방문해서 경쟁제품과 브랜드의 가격을 알아봐야 할 것이다.

이 같은 조사에는 많은 노력과 시간이 필요하다. 하지만 판매액점유율(dollar market share)과 판매량점유율(volume market share)의 두 가지 점유율 지표를 알면 쉽게 가격 프리미엄(price premium)을 계산할 수 있다.

도전

레드불(Red Bull)은 금액이나 물량 점유율 면에서 단연코 선도적인 미국의 에너지드링크 브랜드다. 조사 결과, 레드불은 강력한 브랜드자산(brand equity)을 가진 것으로 나타났다. 최근 편의점 채널에서 에너지드링크 할인 경쟁이 성행하면서 레드불의 브랜드자산이 손상되고 가격 프리미엄이 무너지는 게 아닌가 하는 우려가 커졌다. 편의점 채널은 에너지드링크 시장의 60%를 차지하는 주력 유통망이다.

가격 프리미엄은 특정 브랜드의 실제 가격이 유사 브랜드의 가격수준보다 얼마나 더 높은지(또는 낮은지)를 나타내는 비율이다. 가격 프리미엄은 아래와 같이 계산할 수 있다.

$$\text{가격 프리미엄(\%)} = \frac{\text{브랜드의 금액점유율 (Dollar sales market share)}}{\text{브랜드의 물량점유율 (Unit volume market share)}} - 1$$

발견

에너지드링크의 미국 편의점 시장점유율 자료(2016년 기준)를 가지고 계산해보면 레드불의 가격 프리미엄은 0.152 또는 15.2%로 나온다. 이 가격 프리미엄 수치는 2016년도 금액점유율 38%를 물량점유율 33%로 나누어 1을 뺀 것이다. 이에 따라 레드불의 가격이 편의점 채널에서 팔리는 에너지드링크의 평균가격보다 15.2%가 높다는 것을 알 수 있다. 2015년 시장점유율 자료에 기초한 레드불의 2015년 가격 프리미엄은 0.121 또는 12.1%로 계산된다{(37% ÷ 33%) − 1 = 0.121}. 레드불과 경쟁브랜드의 2015년도 및 2016년도 가격 프리미엄은 다음 도표에 나타나 있다.

행동

레드불이 물량점유율을 유지하면서 가격 프리미엄을 지켜내고 있다는 사실은 긍정적이다. 편의점 채널에서 다른 경쟁브랜드들이 가격을 할인하는 가운데, 가격 프리미엄을 유지하고 있다는 것은 레드불의 브랜드 구축 노력이 효과를 보고 있다는 것을 입증한다. 앞으로도 레드불은 가격 할인보다 소비자가 가치를 두는 브랜드속성에 집중해야 할 것이다.

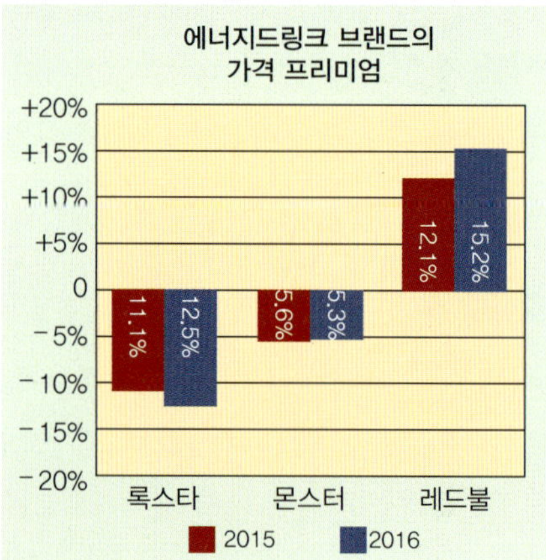

	금액점유율		물량점유율	
브랜드	2016	2015	2016	2015
레드불(Red Bull)	38%	37%	33%	33%
몬스터(Monster)	18	17	19	18
록스타(Rock Star)	7	8	8	9
기타 브랜드	37	38	40	40
	100%	100%	100%	100%

세상에서 가장 비싼 시계 중 하나임을 자랑하는 롤렉스(Rolex)는 시장상회 가격(above-market pricing)의 대표적인 사례다. 유명 의류 브랜드 하트쉐프너막스(Hart Schaffner & Marx)와 크리스티앙 디오르(Christian Dior)는 의도적으로 제품을 시장가격보다 높은 프리미엄가격에 판매한다.

대중적인 브랜드 레블론(Revlon) 화장품과 애로(Arrow) 셔츠는 시장가격(at-market pricing)에 팔린다. 경쟁사들은 이처럼 전형적인 대중 브랜드의 가격을 준거가격(reference price)으로 사용하여 자사 제품의 가격을 시장가격 이상으로 할지, 아니면 그 이하로 할지를 결정한다.

가격경쟁력을 높이려는 기업들은 제품을 시장하회 가격(below-market pricing)에 판다. 특히 브랜드 지명도가 낮은 제품의 경우, 유명 브랜드 제품보다 낮은 수준의 가격에 판다. 소매점에서 자신의 브랜드를 붙여 판매하는 유통업체 브랜드(private brand, PB)들은 전국적 인지도가 있는 제조업체 브랜드보다 통상 8~10% 가량 낮은 가격에 팔린다. 시장하회 가격은 기업 간 거래에서도 통용된다. 휴렛팩커드(Hewlett-Packard)는 기업 구매자들로부터 가성비가 좋다는 이미지를 얻기 위해 사무용 PC의 가격을 경쟁제품보다 낮게 책정했다.

기업들은 '가격 프리미엄'을 사용하여 자사 제품과 브랜드가 시장 가격보다 높은지 혹은 같은지, 낮은지를 평가할 수 있다. 가격 프리미엄을 계산하고 해석하는 방법은 '마케팅계기판' 박스에서 확인해보자.

편의점에서 판매되는 '레드불' 음료의 가격 프리미엄이 올라갔는지 혹은 내려갔는지 알고 싶다면 '마케팅계기판' 박스를 읽어보자.

©McGraw-Hill Education/Mike Hruby, photographer

손실유인 가격 여러 가지 제품을 판매하는 소매점은 고객을 유인하기 위해 의도적으로 인기 상품을 원가보다 낮은 파격적인 가격에 파는 특판행사를 실시한다. 이 같은 **손실유인 가격**(loss-leader pricing)의 목적은 특가 상품으로 유인한 고객이 점포에 와서 다른 상품, 특히 마진이 높은 기호품을 구매하도록 유도하는 것이다. 슈퍼마켓이 손실유인 가격을 적용하는 전형적인 상품으로는 우유와 바나나가 있다.

손실유인 가격
제품의 가격을 통상적인 수준보다 파격적으로 낮춰 고객을 유인하는 것

학습리뷰

1. 가치는 ______________________이다.
2. 신제품의 가격은 어떤 경우에 초기고가격 또는 침투가격으로 정해지는가?

수요와 매출의 예측

고객 수요의 예측은 가격 결정의 기본이다. 마케팅관리자는 제품에 대한 고객의 수요를 예측하고 이를 매출액으로 전환할 책임을 지고 있다.

목표 2 수요곡선이 무엇이며, 수익이 가격 결정에서 어떤 역할을 하는지 설명할 수 있다.

수요의 예측

소비자는 필요한 제품을 구매하기 위해 어느 정도의 가격을 지불할 용의가 있을까? 예를 들어, 대학생이 시험 공부 때문에 시간이 없어 간단히 요기하려고 피자를 배달 주문한다고 가정해보자. 이들은 얼마를 지불할까?

피자의 배달 주문에 영향을 주는 요인들은 무엇인가? 햄버거나 치킨에 비해 피자에 대한 그들의 선호도는 얼마나 되는가? 배달 음식 주문을 위해 도미노피자에 전화

하는 것과 동네 중국집에 전화하는 것 중 어느 게 더 쉽고 편한가? 다음 달에 등록금을 납부하면 생활비는 얼마나 남는가? 이런 모든 요인이 고객 수요에 영향을 미친다.

레드바론피자(Red Baron pizza) 마케팅관리자의 입장에서도 생각해보자. 레드바론 냉동 치즈피자의 수요를 분석하기 위해서는 먼저 수요곡선을 추정해야 한다. 그 다음 레드바론피자의 매출액과 수요의 가격탄력성을 계산해야 한다.

수요곡선
판매량과 가격의 관계를 나타내는 그래프. 주어진 가격에서 얼마나 많은 양이 팔릴지 보여줌

수요곡선 **수요곡선**(demand curve)이란 판매량과 가격의 관계를 나타내는 그래프로, 주어진 가격에서 얼마나 많은 양이 팔릴지 보여준다. 마케팅관리자는 문헌 자료조사를 통해 레드바론 냉동 피자의 연간 수요를 파악하고 이를 이용해 도표 11-4A에 나와 있는 수요곡선 D_1을 그릴 수 있다. 수요곡선을 살펴보면 가격이 하락할 경우 보다 많은 소비자가 레드바론피자를 구매하여 판매량이 증가하는 것을 알 수 있다. 그러나 수요 예측에서 가격이 전부는 아니다. 가격 이외에 세 가지 요인이 제품에 대한 소비자 수요에 영향을 준다.

레드바론 냉동 치즈피자의 수요에는 어떤 요인들이 영향을 주고 있는가? 본문에서 관련 내용을 찾아보자.

©McGraw-Hill Education/Mike Hruby, photographer

- 소비자기호: 3장에서 살펴보았듯 소비자기호는 인구통계, 문화, 기술과 같은 수많은 환경요인에 의해 결정된다. 소비자기호는 자주 변하기 때문에 수시로 마케팅조사를 하여 추적해야 한다. 예를 들어 영양학자가 유기농 채소로 만든 글루텐 프리 피자가 건강에 좋다고 한다면, 이러한 피자에 대한 수요가 증가할 것이다.
- 유사제품의 가격 및 이용가능성: 경쟁제품 및 대체재의 가격도 수요에 영향을 준다. 만일 레드바론피자의 경쟁사인 툼스톤(Tombstone)피자가 가격을 내린다면, 더 많은 사람이 툼스톤피자를 사 먹게 되어 레드바론피자의 수요는 감소할 것이다. 도미노피자가 30분 내에 신속히 배달을 해준다면, 냉동 피자를 데워 먹지 않고 전화로 도미노피자를 배달시킬 것이다. 다른 간편 음식도 피자의 대체재가 될 수 있다. 피자 대신 중국음식이나 치킨을 배달 주문해 먹을 수도 있다. 따라서 경쟁제품이나 대체재와 같은 유사제품이 쉽게 이용가능하고 이 제품의 가격이 하락한다면 레드바론 냉동 피자의 수요는 감소하게 된다.
- 소비자소득: 일반적으로 물가상승률을 고려한 소비자의 실질소득이 증가하면 제품에 대한 수요도 증가한다. 대학생들이 장학금을 받아 생활비에 여유가 생긴다면 레드바론피자를 좀 더 많이 먹게 될 것이다.

앞의 두 요인은 소비자가 무엇을 사길 원하느냐에 영향을 주고, 세 번째 요인은 무엇을 살 수 있느냐에 영향을 준다. 가격과 더불어 이런 요인들을 수요요인(demand factors)이라고 부른다. 수요요인은 소비자의 지불 의향 및 능력을 결정한다. 7장과 9장에서 설명한 바와 같이 신제품의 수요를 측정하는 것이 어려운 이유는 신제품에 대한 소비자의 호불호가 아직 형성되지 않아 지불 의향이 불분명하기 때문이다.

수요곡선상의 이동과 수요곡선의 이전 도표 11-4A에서 레드바론 냉동 치즈피자의 수요곡선 D_1은 가격이 8달러(점 1)에서 6달러(점 2)로 하락할 경우 수요량이 연간 200만 개(Q_1)에서 300만 개(Q_2)로 증가하는 것을 보여준다. 이 예는 수요곡선상의 이동을 보여준다. 다른 요인들(소비자기호, 유사제품의 가격 및 이용가능성, 그리고

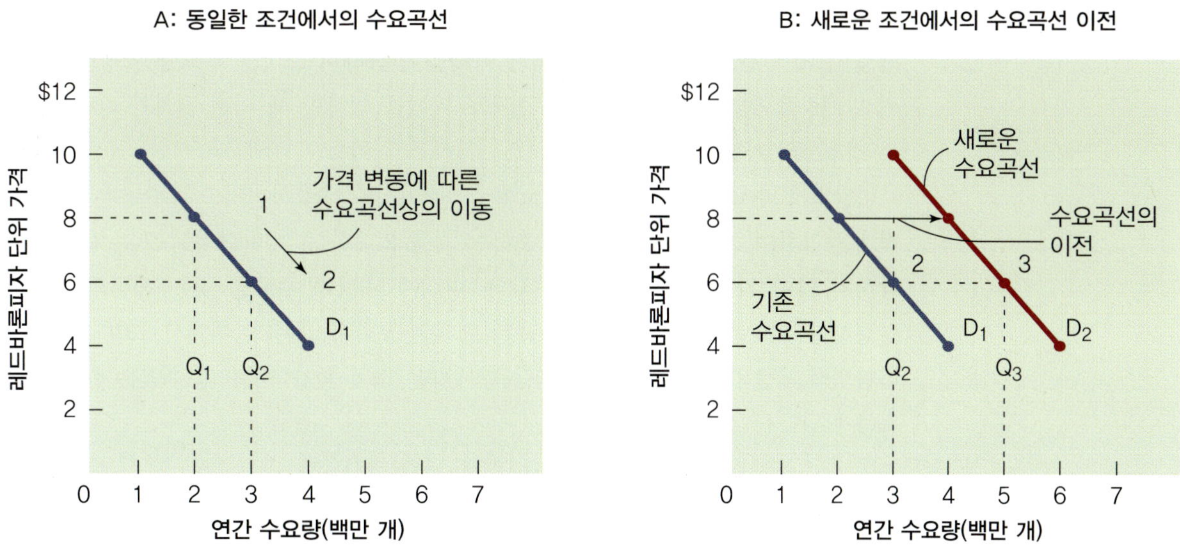

도표 11-4 수요곡선상의 이동(A)과 수요곡선의 이전(B)에 있어 가격 변동이 연간 수요량에 미치는 영향을 보여주는 레드바론피자의 수요곡선

소비자소득)이 변하지 않는 상황에서 가격만 변한다면 수요량이 수요곡선상에서 이동한다.

수요에 영향을 주는 다른 요인들이 변하면 어떻게 될까? 예를 들어, 광고에 의해 보다 많은 사람이 레드바론피자를 인지하고 선호하게 된다면 수요가 증가하게 될 것이다. 또 소비자의 소득이 상승할 경우에도 수요가 증가할 것이다. 이 경우 원래의 수요곡선 D_1(도표 11-4B의 파란선)은 더 이상 수요를 반영하지 못한다. 그 대신 새로운 수요곡선 D_2(도표 11-4B의 빨간선)이 새로운 수요를 보여준다. 이러한 현상을 수요곡선의 이전이라고 부른다. 여기서는 수요곡선 D_1이 오른쪽으로 이전하여 D_2가 된다. 오른쪽 방향으로 수요곡선이 이전되는 것은 동일한 가격 수준에서 레드바론피자에 대한 수요가 증가한다는 것을 의미한다. 즉 6달러(점 3)의 연간 수요량이 D_1에서 300만 개(Q_2)였다면, D_2에서는 500만 개(Q_3)로 나타나는 것이다.

수요의 가격탄력성

마케팅관리자는 수요곡선을 이용하여 가격 변화가 소비자 수요와 기업 매출에 얼마나 민감한 영향을 미치는지 분석할 수 있다. 가격이 수요에 미치는 영향은 **수요의 가격탄력성**(price elasticity of demand)으로 측정한다. 수요의 가격탄력성은 가격의 변화율과 비교한 수요량의 변화율을 의미한다. 수요탄력성은 아래의 공식과 같이 표현된다.

수요의 가격탄력성
수요량의 변화율을 가격의 변화율로 나눈 것으로 가격이 변화함에 따라 수요량이 변화하는 정도를 나타내는 지표

$$\text{수요의 가격탄력성(E)} = \frac{\text{수요량의 변화율}}{\text{가격의 변화율}}$$

가격이 상승하면 통상적으로 수요량은 감소하기 때문에, 수요의 가격탄력성은 음의 부호를 가진다. 그러나 단순하게 관행적으로 탄력성 수치는 절댓값인 양의 숫자로 표시한다. 수요의 가격탄력성은 탄력적 수요와 비탄력적 수요의 두 가지 형태로 구분된다.

탄력적 수요(elastic demand)는 가격이 1% 하락할 때, 수요가 1% 이상 증가하고 총수익도 증가하는 상황을 말한다. 탄력적 수요는 가격에 민감하게 반응하기 때문에 가격탄력성이 1보다 크다. 탄력적 수요의 제품은 가격이 조금만 하락해도 수요와 판

매량이 크게 증가한다. 역으로 가격이 조금만 상승해도 수요가 크게 감소한다. 그러므로 수요가 탄력적이라면, 마케터는 가격을 인하하여 소비자 수요를 활성화함으로써 판매량을 늘리고자 한다. 다만 실제로 가격을 인하할 때 어떤 결과가 나타나느냐는 경쟁사의 가격에 달려 있다.

비탄력적 수요(inelastic demand)는 가격이 1% 하락하더라도 수요량은 1%보다 적게 증가하여 실제로 총수익이 감소하는 것을 의미한다. 비탄력적 수요는 가격에 민감하지 않아 가격탄력성이 1보다 작다. 따라서 비탄력 수요를 갖는 제품의 가격이 상승하거나 하락해도 수요와 판매량은 크게 변동하지 않는다. 여기서 고민되는 점은 비탄력적 제품의 가격을 인하할 경우 판매량은 소폭 증가하지만 총수익은 실제로 감소하게 된다는 것이다.

수익 추정의 기본 개념

총수익
제품의 판매로부터 얻는 금전적 총수입으로 판매량과 제품의 단가를 곱한 수치

경제학에서는 수요곡선에 관심을 두지만, 마케팅에서는 수익창출에 더 큰 관심을 둔다. 수요곡선은 가격 결정에 핵심적인 개념인 **총수익**(total revenue, TR)과 직접적으로 연관된다. 총수익은 제품 판매로부터 얻는 금전적 수입을 의미하는데, 단위가격(P)을 판매량(Q)에 곱하여 계산한다. 이런 산식을 이용하여 앞에서 예를 든 캡로 컴퍼니의 액자 판매 총수익을 계산해보자. 수요가 개선되어 그림 액자 하나를 120달러에 팔 수 있고 연간 400개가 판매된다고 가정하면 총수익은 다음과 같이 나타난다.

$$\begin{aligned} TR &= P \times Q \\ &= \$120 \times 400 \\ &= \$48{,}000 \end{aligned}$$

가격과 물량을 곱하여 얻은 연간 총수익은 48,000달러로 계산된다. 이 정도면 만족스러운가? 답은 이익이 나느냐 나지 않느냐에 달려 있다. 앞서 살펴본 바와 같이 총수익은 이익공식의 일부일 뿐이다.

$$\text{총이익} = \text{총수익} - \text{총비용}$$

지금부터는 이익공식의 또 다른 부분인 원가를 다루어보자.

학 습 리 뷰

1. 소비자 수요를 추정할 때 고려해야 하는 세 가지 요인은 무엇인가?
2. 수요의 가격탄력성이란 ____________________이다.

원가, 물량, 이익의 연관관계 이해

목표 3 가격 결정에서 원가의 역할을 이해하고 가격 및 고정비, 단위변동비의 조합이 기업 손익분기점에 어떤 영향을 미치는지 설명할 수 있다.

기업이 제품이나 서비스를 고객에게 판매함으로써 획득하는 돈을 수익(revenue)이라고 한다면, 종업원과 공급자에게 지불하는 돈은 원가(cost) 또는 비용(expense)이라고 한다. 마케팅관리자는 수익과 원가의 연관성을 파악하기 위해 손익분기분석을 실시한다.

원가통제의 중요성

원가의 역할과 특징을 이해하는 것은 모든 마케팅 의사결정에서 필수적이다. 특히 원가와 가격은 밀접하게 연관되어있기 때문에 가격 결정에서 원가의 역할은 매우 중요하다. 가격을 정확히 정하기 위해서는 총원가, 고정비, 변동비, 단위변동비와 같은 네 가지 원가개념을 정확히 이해하고 있어야 한다(도표 11-5).

도표 11-5 기업이 직원과 공급업체에 지불하는 비용의 기본 개념

총원가(Total Cost, TC)는 기업이 제품의 생산과 마케팅에 지출하는 총비용이다. 총원가는 고정비와 변동비의 합이다.

고정비(Fixed Cost, FC)는 제품의 생산량 및 판매량에 따라 변화하지 않고 안정적으로 발생하는 비용의 합이다. 고정비의 예는 건물임대료, 관리자 봉급, 보험료 등이 있다.

변동비(Variable Cost, VC)는 생산량 및 판매량에 의해 직접적으로 변하는 비용의 합이다. 가령, 판매량이 배가 되면 변동비도 두 배가 된다. 변동비의 예로는 생산에 투입되는 직접노동비와 재료비, 판매량과 직접적으로 연동된 판매원 수당 등이 있다.

$$TC = FC + VC$$

단위변동비(Unit Variable Cost, UVC)는 제품 단위당 발생하는 변동비로, 변동비를 물량으로 나눈 것이다.

$$UVC = \frac{VC}{Q}$$

원가를 통제하지 못하면 **총원가**(total cost, TC: 고정비와 변동비의 합)가 총수익을 초과하여 이익을 내지 못하고, 이러한 상황이 오래 지속되면 기업은 부도 처리된다. 따라서 기업은 시설유지비와 인건비 같은 고정비를 통제하고, 제품 원자재 비용을 감축하여 변동비를 절감하려고 노력한다. 해외로 생산설비를 이전하는 것도 원가를 감소시키려는 노력의 일환이다. 노련한 마케팅관리자는 수익과 원가를 조화시키는 방향으로 가격을 결정한다.

총원가
기업이 제품의 생산과 마케팅에 지출하는 총비용. 총원가는 고정비와 변동비의 합

손익분기분석

마케팅관리자들은 손익분기분석을 이용하여 원가와 물량, 이익 간의 관계를 파악한다. **손익분기분석**(break-even analysis)은 다양한 산출물수준에서 총수익과 총원가의 관계를 분석하여 수익성을 평가하는 기법이다. 손익분기분석은 명확하고 단순하기 때문에 마케팅에서 가격, 고정비, 변동비가 이익의 변화에 어떤 영향을 미치는지 평가하기 위해 많이 활용되고 있다.

손익분기분석
다양한 산출량의 수준에서 총수익과 총원가의 관계를 분석하여 수익성을 평가하는 기법

손익분기점(break-even point, BEP)은 총수익과 총원가가 동일하게 일치하는 판매량을 나타낸다. 손익분기점을 초과하는 판매량을 달성할 때 이익이 발생한다. 도표 11-6의 원가 정의를 이용하여 손익분기점을 구하면 다음과 같다.

$$\text{손익분기점} = \frac{\text{고정비}}{\text{단위가격} - \text{단위변동비}} = \frac{FC}{P - UVC}$$

손익분기점의 계산 캡로컴퍼니의 사례에서 고정비를 충당하기 위해 얼마나 많은 액자를 팔아야 하는지 계산해보자. 액자에 대한 수요가 매우 많아서 소비자들은 액자 하나당 평균 120달러를 지불할 용의가 있다고 가정하자. 액자 가게의 고정비가

액자 판매량 (Q)	액자 가격 (P)	총수익 (TR=P×Q)	단위변동비 (UVC)	총변동비 (VC=UVC×Q)	고정비 (FC)	총원가 (TC=FC+VC)	이익 (TR–TC)
0	$120	$0	$40	$0	$32,000	$32,000	(532,000)
400	$120	$48,000	$40	$16,000	$32,000	$48,000	$0
800	$120	$96,000	$40	$32,000	$32,000	$64,000	$32,000
1,200	$120	$144,000	$40	$48,000	$32,000	$80,000	$64,000
1,600	$120	$192,000	$40	$64,000	$32,000	$96,000	$96,000
2,000	$120	$240,000	$40	$80,000	$32,000	$112,000	$128,000

도표 11-6 캡로컴퍼니의 손익분기점은 400개로, 액자를 400개 이상 팔아야 이익을 남길 수 있다.

32,000달러(임대료, 금융비용, 기타 고정비)이고 단위변동비(UVC)가 40달러(노무비, 유리, 액자틀, 장식 테두리)인 경우 손익분기점은 400개이다.

$$\text{손익분기점} = \frac{\$32,000}{\$120 - \$40} = 400\text{개}$$

손익분기도의 활용 도표 11-7에서 주황색으로 표기된 부분은 액자 하나에 120달러일 경우 손익분기점이 400개가 된다는 것을 보여준다. 손익분기점의 의미는 판매량이 400개 이하이면 손실이 발생하고 그 이상이면 이익이 난다는 것을 뜻한다. 연간 판매량이 2,000개로 늘어나면(녹색으로 표기된 줄) 128,000달러의 이익을 볼 수 있다.

도표 11-7은 손익분기분석을 그래프로 표현하는 손익분기도(break-even chart)이다. 손익분기도는 총수익(DE 선)과 총원가(AC 선)를 교차하는 점에 해당하는 판매량이 손익분기점(F)이 된다는 것을 보여준다. 손익분기점이 400개 수준이면, 이익은 정확히 0달러가 된다. 만일 캡로컴퍼니가 연간 판매량을 2,000개로 증가시키면 도표 11-6에서 나타난 것처럼 이익이 128,000달러($240,000–$112,000 또는 EC 선)로 증가한다.

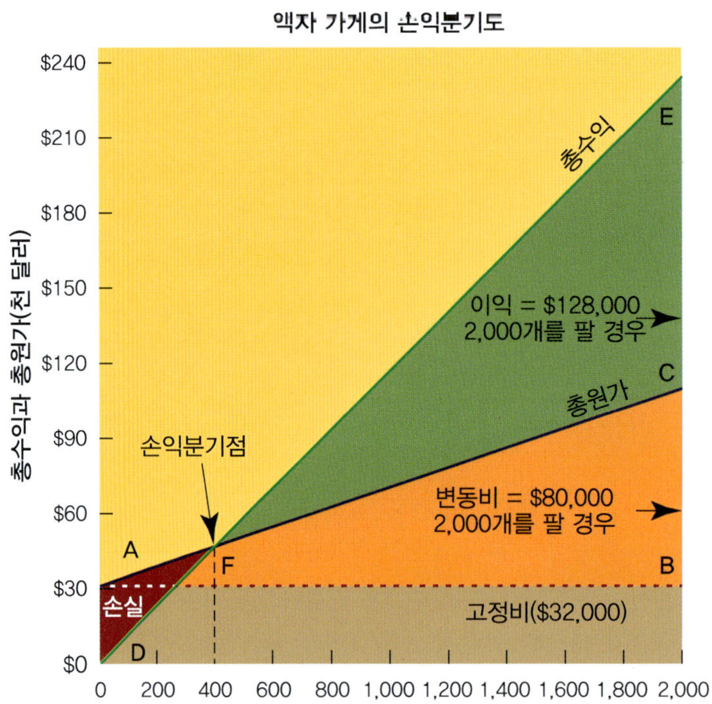

도표 11-7 캡로컴퍼니의 손익분기도는 액자 판매의 손익분기점이 400개이며, 2,000개를 팔 경우 상당한 이익이 생긴다는 것을 보여준다.

학습리뷰

1. 고정비와 변동비의 차이점은 무엇인가?
2. 손익분기점은 무엇인가?

가격 결정의 목표와 제약조건

목표 4 기업이 가격전략을 통해 달성하고자 하는 목표는 무엇이며, 가격 변경 시 어떤 요인이 제약으로 작용하는지 이해할 수 있다.

마케팅관리자는 다양한 가격전략 중에서 하나를 선택하기 위해 가격 결정의 목표와 제약조건을 이해해야 한다. 가격목표는 내부적 기업의 목표를 반영하며, 가격제약조건은 시장의 외부적 조건에 의해 결정된다.

가격목표의 파악

가격목표
조직의 마케팅 및 전략계획에서 가격의 역할을 규정하는 것

가격목표(pricing objectives)는 조직의 마케팅 및 전략계획에서 가격의 역할을 규정해준다. 이러한 가격목표는 조직의 일선 부서에 전달되어 개별 브랜드를 책임지는 마케팅관리자의 목표가 된다. 가격목표는 전반적인 기업의 재무상태나 제품의 판매상황 또는 사업을 영위하는 세분시장에 따라 달라진다. 케첩으로 유명한 하인즈(Heintz)는 하인즈 케첩 브랜드의 세부적인 가격목표를 국가마다 다르게 설정하고 있다.

이익 기업의 이익은 흔히 투자수익률(return on investment, ROI) 또는 자산수익률(return on asset, ROA)로 측정된다. 이익과 관련되는 가격목표에는 세 가지가 있다. 각 목표는 가격전략에 대하여 상이한 시사점을 가진다. 첫 번째는 장기이익을 추구하는 것이다. 일본 자동차회사나 한국 전자회사들은 경쟁이 치열한 시장에서 장기적인 기반을 구축하기 위해 단기적인 이익을 포기하고 고품질 제품을 저가에 판매한다. 이때 가격은 개발비용에도 못 미칠 정도로 낮지만, 나중에 시장점유율이 높아지면 충분한 이익을 창출할 것으로 기대된다.

두 번째는 분기별 또는 연도별 이익과 같은 현재 이익의 극대화를 목표로 하는 것이다. 구체적인 목표치가 설정되고 성과가 즉각적으로 나타난다는 점 때문에 많은 기업에서 사용하는 방법이다. 상당수의 미국 기업이 단기 이익 목표에 사로잡혀 장기적 안목이 부족하다는 비판을 받는다. 세 번째는 목표수익률(target return) 추구로, 이사회에서 결정한 이익목표(예: 세전 투자수익률 20%)를 달성하고자 노력하는 것이다.

매출액 기업이 지속적으로 사업을 영위하기에 충분한 수준의 이익을 확보하고 있다면, 매출액(sales revenue)의 증가를 목표로 삼을 수 있다. 기업에서 매출에 대한 책임은 제품관리자 또는 브랜드관리자에게 있기 때문에 매출액 목표는 마케팅에 매우 명확하게 반영될 수 있다는 장점이 있다. 또 매출액을 증가시키면 자연스럽게 시장점유율과 이익도 증가시킬 수 있다. 다만 다양한 제품 포트폴리오를 가진 기업의 경우, 한 제품 계열의 매출액을 증가시키기 위해 가격을 내리면 연관된 다른 제품의 매출액을 잠식하는 부작용이 일어날 수도 있다는 점에 유의해야 한다.

물량 가격의 목표로 물량(unit volume)을 사용하기도 한다. 물량목표는 생산량이나 판매량으로 표현된다. 대규모 설비 투자를 이행하는 기업들은 가동률을 유지하기 위해 일정 물량을 생산·판매하고자 한다. 다만 물량목표를 달성하기 위해 가격을 지나치게 하락시킬 경우, 이익이 감소되는 결과가 초래될 수도 있다.

시장점유율 시장점유율(market share)은 전체 시장의 매출(자사 및 경쟁사를 포함하는 모든 기업의 매출)에서 특정 기업의 매출액 또는 매출량이 차지하는 비율을 의미한다. 기업은 시장의 매출이 정체되거나 감소될 때 시장점유율 목표를 추구한다. 항공기를 만드는 보잉(Boeing)은 경쟁사 에어버스(Airbus)를 의식하여 60%의 시장점유율 유지를 목표로 가격을 책정했다. 보잉은 항공기 산업이 침체될 때도 60%의 시장점유율 목표를 고수하기 위해 가격을 대폭 내렸고 그 결과 막대한 손실을 감수해야만 했다. 비록 시장점유율이 일차적으로 중요한 목표라고는 하지만, 결국은 매출과 이익이라는 궁극적 목표를 달성하는 수단이라는 점을 명심해야 한다.

생존 생존이 위태로운 기업에게 이익, 매출액, 물량, 점유율은 더 이상 중요한 목표가 아니다. 전자제품 소매상 라디오쉑(RadioShack)은 다른 저가 소매상들과의 가격 경쟁에서 밀려 생존을 위협받는 상황에 직면했다. 그들은 경쟁사 가격에 대응하고 현금을 확보하기 위해 대대적인 할인을 단행했다. 하지만 이러한 노력은 실패하여 2017년에 파산을 선언했다.

사회적 책임 기업은 고객과 사회 전반에 대한 책임감을 중시하는 가격목표를 추구하여 높은 이익을 포기하기도 한다. 이유식을 만드는 거버(Gerber)는 우유로 만든 이유식을 섭취할 수 없는 어린이들을 위해 특수하게 제조된 제품을 무료로 공급하고 있다.

가격제약조건의 파악

가격제약조건
기업이 선택할 수 있는 가격의 범위를 제한하는 제반 요인

기업이 선택할 수 있는 가격대의 범위를 제한하는 요인들을 **가격제약조건**(pricing constraints)이라고 한다. 제품에 대한 소비자의 수요는 개별 기업이 통제할 수 없으므로 명백한 제약조건이다. 그 밖의 다른 제약은 조직 내부 요인부터 조직 외부의 경쟁적 요인까지 매우 다양하다.

제품군, 제품, 브랜드에 대한 수요 제품군(product class), 제품, 브랜드에 대한 잠재구매자 수는 가격에 직접적인 영향을 미친다. 예를 들어 자동차(제품군)에서 스포츠카(제품) 중 부가티 카이런(브랜드)을 구매할 잠재구매자가 얼마나 되는지는 가격 결정의 중요한 제약조건이다. 일반적으로 수요가 많으면 많을수록 가격을 높게 책정할 수 있다. 프로야구단 뉴욕메츠(New York Mets)는 맞수인 뉴욕양키즈(New York Yankees)와의 경기로 팬들의 관심이 뜨거울 때는 야구장 입장료를 높게 책정하고, 상대적으로 관심이 떨어지는 피츠버그 파이러츠(Pittsburgh Pirates)와 경기할 때는 낮게 책정한다.

제품의 혁신성: 제품수명주기 단계 혁신적인 제품이 시장에 도입되는 수명주기 초

기에는 가격을 높게 책정한다. 최근 출시된 가장 최신의 스마트TV인 LG 전자의 98인치 3D OLED HD TV는 가격이 40,000달러에 이른다. 신제품의 초기 단계에서는 특허로 보호받고 경쟁이 제한되어 고가격이 가능하다. 하지만 시간이 지나 경쟁제품이 속속 등장하면 가격이 하락하기 시작한다.

청바지의 가격 중 얼마가 소매상에게 돌아가는가?

©Amanda Edwards/Getty Images

제품의 생산, 마케팅 및 유통 비용 장기적으로 가격은 제품의 생산과 마케팅에 소요되는 모든 비용을 충당할 수 있어야 한다. 또한 유통채널을 구성하는 중간상들도 이익을 볼 수 있는 가격이어야 한다. 만일 중간상이 이익을 보지 못한다면 그들이 제품 취급을 거부하여 소비자가 구매할 수 없게 될 것이다. 소비자가 청바지 한 벌에 200달러를 지불한다면 그중 50%는 소매상에게 돌아간다. 나머지 50%에서 마케팅비용이 34%이고 생산비용은 16%를 차지한다. 이처럼 유통비용은 생산과 마케팅비용보다 훨씬 크다. 중간상이 점포를 운영하고 재고를 관리·진열·판매하는 비용을 충당하며 이익을 내기 위해서는 이 정도 마진이 확보되어야 한다.

경쟁제품의 가격 기업은 현재의 경쟁제품뿐만 아니라 미래의 잠재적 경쟁제품의 가격도 염두에 두어야 한다. 경쟁사가 공격적으로 가격 대응하여 발발하는 가격전쟁(price wars)이 초래할 위험과 비용에 대해서도 분석·예측해야 한다. 애플이 최초로 아이패드(iPad)를 내놓았을 때, 제품수명주기 도입기의 유일한 태블릿 제품이었기 때문에 엄청난 화제를 끌었고 애플 마음대로 가격을 결정할 수 있었다. 그러나 지금은 삼성의 갤럭시노트, 레노보의 싱크패드 등 무수한 경쟁제품이 출시되어 애플의 가격결정권이 제한을 받고 있다.

법적·윤리적 고려사항 최종적으로 가격을 정하는 것은 매우 어려운 과정이다. 이때 법적·윤리적 문제가 가격 결정을 더욱 복잡하게 만든다. 최근 법적으로 특별하게 주목받고 있는 가격 관행을 살펴보면 다음과 같다.

- 가격담합(price fixing): 기업이 제품의 가격을 공모하여 정하는 것이 바로 가격담합이다. 가격담합은 셔만법(Sherman Act)에 의해 불법으로 간주된다. 둘 이상의 경쟁자들이 명시적·묵시적으로 결탁하여 가격을 정하는 것은 수평적 가격담합(horizontal price fixing)이라고 한다. 한 예로 여섯 군데의 외국 비타민기업은 인체 및 동물 비타민 제품에 대한 가격담합에 대한 유죄를 인정하고 과징금으로 미국 역사상 최대 금액인 3억 3,500만 달러를 납부했다. 수직적 가격담합(vertical price fixing)은 제조업체와 유통업체가 소매가격의 통제에 합의하여 유통업체가 일정 가격 이하로 소비자에게 판매하지 않는 것을 말한다. 이런 관행은 재판매가격유지(resale price maintenance)로도 불린다.
- 가격차별(price discrimination): 클레이턴법(Clayton Act)은 동일한 등급과 품질의 제품에 대해 고객별로 가격을 다르게 부과하는 관행인 가격차별을 금지하고 있다. 그러나 모든 가격차별이 불법은 아니다. 경쟁을 크게 위축시키거나 독점을 형성하는 가격차별만 불법으로 간주된다.

- 기만가격(deceptive pricing): 소비자를 오도하는 가격 행사는 기만가격의 범주에 속한다. 기만가격은 연방통상위원회(Federal Trade Commission)에 의해 불법으로 간주된다. 미끼전환(bait and switch)이 대표적인 기만가격의 예다. 수법은 인기 품목(미끼)의 가격을 아주 낮게 책정하여 고객을 점포로 유인하는 것이다. 일단 고객이 점포에 들어오면 ① 미끼 품목의 단점을 부각시키거나, ② 미끼 품목의 재고가 없어 주문을 받지 못한다는 핑계로 고가격의 다른 품목으로 전환하여 구매를 유도한다.
- 약탈가격(predatory pricing): 경쟁자를 몰아내기 위해 제품을 파격적으로 낮은 가격에 판매하는 관행을 말한다. 일단 경쟁자들이 사업을 포기하면 시장을 약탈한 기업은 가격을 올린다. 이런 관행을 입증하기란 쉽지 않다. 약탈자가 명시적으로 경쟁자를 파괴하고자 시도했고, 약탈가격이 제품의 평균 원가보다 낮다는 증거를 찾는 것이 어렵기 때문이다. 법률의 제정과 집행에 의해 이와 같은 모든 관행으로부터 소비자를 완벽히 보호하기란 불가능한 일이다. 따라서 법적으로 규제하기 전에 기업이 가격 결정 관행에 대한 윤리적 지침을 수립하고, 이를 전사적으로 확산시키며 자율적으로 준수할 것을 장려할 필요가 있다.

학습리뷰

1. 가격목표와 가격제약조건의 차이는 무엇인가?
2. 미끼전환이 무엇이고 이것이 왜 기만가격의 예에 속하는지 설명해보자.

최종 가격의 결정

목표 5 가격이 최종적으로 어떤 절차를 통해 결정되는지 설명할 수 있다.

마케팅관리자는 여러 요인을 고려하여 최종 가격을 결정한다. 먼저 가격은 제품과 서비스를 제공하는 데 소요되는 원가를 충당하고 이익목표를 달성할 정도로 높아야 한다. 그러면서도 소비자가 지불할 의향을 갖기에 충분하도록 낮아야 한다. 그러나 너무 낮아서 소비자가 품질에 의구심을 갖게 해서는 안 된다. 이처럼 상충되는 요인들을 전부 충족시키는 최종 가격을 찾는 일은 매우 어려운 과제다. 가격을 정하는 것은 마케팅관리자에게 있어 가장 어려운 과업 중 하나로 꼽힌다. 최종 가격을 정할 때는 다음과 같이 일반화된 절차를 활용할 수 있다.

1단계: 개략적 가격수준 선정

최종 가격을 확정하기 전에 마케팅관리자는 시장환경, 제품의 특징과 소비자 혜택, 기업의 목표 등을 이해해야 한다. 또 가격을 상승시키는 요인(이익목표 등)과 하락시키는 요인(대체재의 증가 등)을 파악한다.

이와 같은 요인들을 중심으로 가격목표와 제약조건을 도출하고, 기본적인 가격 결정 접근방법(수요지향, 원가지향, 이익지향, 경쟁지향)을 선택하여 개략적 가격수준을 찾아낸다. 그다음 이 가격수준이 원가, 매출량, 이익과 어떤 관계를 갖는지 정밀하게 분석한다. 이 단계에서 손익분기분석 같은 기법이 활용된다. 개략적 가격수준이 올바른 것으로 판명되면, 다음 단계로 넘어가서 구체적인 정가(list price) 또는 견적가(quoted price)를 정한다.

2단계: 정가·견적가 결정

마케팅관리자는 정가를 정할 때 단일가격정책과 유연가격정책 중 하나를 선택해야 한다.

Video 11-3
CarMax Ad
kerin.tv/cr8e/v11-3

단일가격정책 단일가격정책은 한 제품에 대하여 단일가격(one-price policy)을 책정하는 것으로 고정가격(fixed pricing)이라고도 불린다. 중고차 판매업체 카맥스(CarMax)는 이런 정책을 선택하여 모든 점포에서 "흥정 없는 단일가격(no haggle, one price)"을 내세우고 있다. 저가격에 소구하는 소매점들은 시장가격보다 낮은 가격을 단일가격으로 내세운다. 균일가 소매점 달러밸리스토어(Dollar Valley Stores)와 99c온리스토어(99c Only Stores)는 모든 상품을 1달러 또는 그 이하로 판다. 패밀리달러스토어(Family Dollar Stores)는 모든 상품을 2달러에 판다.

유연가격정책 단일가격정책과 대조적으로 유연가격정책(flexible-price policy)은 수요, 원가, 경쟁 등의 요인들을 고려하여 구매자 또는 구매상황에 따라 제품가격을 다르게 책정하는 것이다. 가격을 수시로 변화시키기 때문에 동적 가격정책(dynamic price policy)이라고도 부른다. 온라인 PC업체 델(Dell)은 자사의 원가, 경쟁압력, 다양한 PC 세분시장(가정용, 상업용, 대기업용 등)의 수요를 고려하여 가격을 수시로 변경하는 유연가격정책을 사용한다. 델의 대변인은 "저희는 하루에도 몇 번씩 제품의 가격을 변경할 정도로 유연합니다"라고 말한다.

유연가격은 고객이 불리한 상황을 이용하여 가격을 차등 적용할 가능성이 크다는 것 때문에 비판을 받는다. 가장 빈번히 비판받는 유연가격관행은 수요가 급상승할 때 가격을 급격히 인상하는 급등가격(surge pricing)이다. '책임 있는 의사결정' 박스를 읽고 차량공유경제의 선도자 우버(Uber)와 리프트(Lyft)가 채택하고 있는 급등가격의 장단점에 대해 생각해보자.

3단계: 정가·견적가의 조정

소비자가 자판기에서 M&M 캔디 한통을 1달러에 살 때, 바로 이 정가를 최종가격이라고 한다. 도매상이나 소매상이 M&M 제조업체로부터 캔디를 대량 구매할 때는 정가에서 조정된 가격이 적용된다. 개인이 자가 주택의 주방을 새로 꾸미려면 시공업자가 청구하는 견적가인 5만 달러를 그대로 지불해야 한다. 하지만 건설업체가 대규모 주택단지를 조성하면서 주방을 공사하는 경우, 견적가에서 조정된 가격이 제시된다. 이처럼 정가 및 견적가는 구매자와 상황에 따라 조정된다. 정가를 조정하는 방법에는 할인과 공제가 있다.

할인 할인(discount)은 정가에서 일정 금액을 깎아주는 것으로 구매자가 판매자에게 유리한 조건을 제시할 때 적용된다. 마케팅전략에서 빈번하게 사용되는 할인에는 ① 수량할인, ② 계절할인, ③ 거래할인(기능할인), ④ 현금할인이 있다.

- 수량할인(quantity discount): 고객이 더 많은 수량을 구매하도록 유인하기 위해 대량주문의 단가를 깎아주는 것이다. 예를 들어 복사가게에서 복사 1장부터 24장까지는 장당 10센트, 25장부터 99장까지는 장당 9센트, 100장 이상은 장

책임 있는 의사결정

윤리

급등가격의 경제논리와 경제윤리

우버와 리프트는 택시의 운영방식을 변화시켰다. 두 기업은 디지털기술을 이용하여 운전자와 소비자를 독립적으로 연결함으로써 '주문형 교통서비스(on-demand transportation services)'를 제공하는 중간상(middlemen)의 역할을 하고 있다.

우버와 리프트는 수요가 급증하는 시간대에 '급등가격' 또는 '황금시간대 가격(prime-time pricing)'을 적용하는 관행으로 고객의 불만을 사고 있다.

전통적 경제논리에 따르면, 이런 형태의 유연가격은 수요와 공급의 원리에 기초하기 때문에 타당한 것이다. 성수기의 요금 인상은 운전자의 공급을 증가시켜 승객들이 이용할 수 있는 차량의 공급을 늘리게 된다는 것이다.

©Imaginechina/AP Images

급등가격의 옹호론자들은 공리적 관점에서도 이러한 가격 관행이 많은 운전자와 승객에게 혜택을 주므로 긍정적이라고 주장한다. 이 책의 3장에서 공리주의(utilitarainism)는 '최대 다수의 최대 복리'에 초점을 두어 관행의 비용과 혜택을 따진다고 했다. 이러한 측면에서 볼 때 급등가격의 비용보다 혜택이 더 크다고 평가할 수 있다는 것이다.

반면 윤리적 관점에서 보면 급등가격은 소비자를 착취하는 노골적 가격관행으로 비판할 수 있다. 우버와 리프트가 성수기의 수급 괴리를 제도적으로 해결하지 않고, 교통서비스가 필요한 소비자의 상황을 악용하여 요금 인상으로 폭리를 취한다는 것이다.

당 8센트로 수량에 따라 가격을 다르게 적용하는 것을 말한다. 대량주문은 주문처리비용을 절감시켜주며, 수량할인은 이런 비용 절감 혜택의 일부를 고객에게 돌려주는 가격전략이다.

- 계절할인(seasonal discount): 구매자가 성수기까지 기다리지 않고 비수기에 미리 제품을 구매하여 재고로 보유하도록 장려하기 위해 제공하는 할인이다. 토로(Toro)는 잔디깎기와 제설기를 제조하는 업체로 제품 종류에 따라 계절별 수요의 변동 폭이 크다. 토로는 제품 수급의 괴리를 해소하기 위해 계절할인을 활용한다. 수요가 발생하기 5~6개월 전에 중간상들이 제품을 구매하도록 유도하고자 계절할인을 제공하는 것이다. 도매상과 소매상은 계절할인 혜택을 받고자 1~2월에 잔디 깎는 기계를 구매하고, 7~8월에 제설기를 구매한다. 토로는 이 계절할인 덕분에 각 제품 생산주기의 계절적 기복을 균형화시키고 생산효율을 높일 수 있었다.
- 거래할인(기능할인): 도매상이나 소매상이 수행하는 마케팅기능을 보상해주기 위해 제조업체는 거래할인(trade discount) 또는 기능할인(functional discount)을 제공한다. 정가 혹은 기준가격에서 할인해주는 정도는 유통업체가 ① 관여하는 유통채널의 단계와 ② 수행하는 마케팅기능에 의해 결정된다.
- 현금할인(cash discount): 소매상이 대금을 신속하게 지불하도록 장려하기 위해 제조업체는 현금할인을 제공한다. 통상적으로 현금할인은 정가의 일정 비율(%)로 표시된다.

공제 공제(allowances)란 할인과 같이 구매자가 특정 활동을 수행할 경우 정가나 견적가를 깎아주는 것을 말한다.

- 교환공제(trade-in allowance): 신제품 대금의 일부로 중고제품을 받고 정가를 깎아주는 것이다. 소비자가 신제품과 중고제품을 교환하게 하고, 중고제품의 가

격을 평가하여 그만큼 신제품 가격에서 제해준다는 뜻으로 교환공제라고 부른다. 토요타의 자동차 딜러는 캠리(Camry) 신차를 구매하려는 고객이 보유한 중고 기아 리오(Kia Rio)를 2,500달러로 평가하여 이 금액을 신차 정가에서 공제해주고 나머지 금액을 지불하도록 한다. 교환공제는 정가를 인하하지 않으면서 구매자가 실질적으로 지불하는 가격을 낮춰주는 방법으로, 내구재의 교체 구매를 활성화하는 데 유용하다.

- 촉진공제: 제조업체는 제품을 취급하는 중간상들에게 광고나 프로모션을 수행하는 것에 대한 보상으로 촉진공제(promotional allowance)를 부여한다. 촉진공제는 현금지불(cash payment)이나 무료상품(free goods) 등 다양한 형태로 제공된다. 중간상이 판매목표를 초과 달성한 경우 대금 일부를 현금으로 돌려주는 장려금(rebate) 역시 촉진공제의 일종이다. 무료상품은 소매상이 10박스의 제품을 구매할 경우 1박스를 무료로 제공받는 방식이다. 소매상은 이렇게 절감된 비용의 일부를 소매가격에 반영하여 가격을 낮춤으로써 소비자의 제품 구매를 촉진한다. 제품의 정가는 같아도 소매점마다 소비자가격이 다른 이유는, 그들이 촉진공제를 받아 소비자에게 환원하는 정도가 다르기 때문이다.

제조업체는 중간상의 판매를 지원하기 위해 다양한 할인을 제공한다. 옷가게에서 '하나 사면 하나 공짜(Buy One, Get One Free)' 행사를 하는 것도 바로 이 촉진공제 덕분이다.
©DBurke/Alamy Stock Photo

촉진공제의 경우, 소매점이 제품을 많이 사갈수록 할인폭이 커지기 때문에 소매점 간 물량경쟁을 유발한다. 많은 소매점이 가격을 무리하게 할인해서 팔면, 제품의 가격체계가 무너지고 브랜드가치가 손상되는 부작용을 초래할 수 있다. 이러한 문제를 해결하고자 미국의 소비재기업 P&G는 상시저가정책(every day low pricing, EDLP)을 채택하여 소매상에 대한 촉진공제를 감축시켜왔다. 제조업체의 상시저가는 소매점에게 촉진공제를 제공하는 대신 공장도 가격 자체를 상시적으로 낮춰 공급하는 방식이다. 그들은 공급가를 상시저가로 전환하면서 연간 수십억 달러에 달하는 촉진공제비용을 절감하고, 소매가격을 안정적으로 유지하여 가격에 대한 소비자의 신뢰를 회복할 수 있었다.

학 습 리 뷰

1. 최종 가격을 결정하는 세 가지 단계를 설명해보자.
2. (a) 수량할인과 (b) 촉진공제의 목적은 무엇인가?

마케팅지식 적용해보기

1. 가격방정식을 (a) 휘발유, (b) 항공권, (c) 신용카드의 구매가격에 적용해보자.
2. 어떤 조건에서 카메라 제조업체가 신제품에 초기고가격 접근방법을 채택할 것인가? 침투가격 접근방법을 선택할 때의 조건은 무엇인가?
3. 초기고가격, 명성가격, 시장상회가격(above-market pricing) 간의 유사점과 차이점은 무엇인가?
4. 어느 화장품기업에서 새로운 로션 제품을 개발했다고 치자. 3온스 병 하나의 단위변동비는 45센트이며, 출시 첫해 대대적인 광고를 하기로 해서 고정비는 90만 달러로 추정된다. 신제품의 가격을 3온스 한 병에 7.50달러로 책정했다면, 손기분기점에 도달하기 위해서는 몇 병을 팔아야 하는가?
5. "이익극대화가 기업에게 가장 중요한 가격목표"라는 주장에 대해 생각해보자.

마케팅계획 세워보기

최종 가격을 책정하는 것과 관련하여 다음과 같은 질문에 대답해보자.

1. 두 가지 가격목표와 세 가지 가격제약조건을 제시해보자.

2. 고객과 경쟁사를 고려하여 선택가능한 세 가지 가격대안을 파악해보자.

3. 고정비와 변동비를 파악하여 (a) 손익분기점을 계산하고 (b) 앞에서 파악한 세 가지 가격대안에 대한 손익분기도를 그려보자.

비디오 케이스 11 카멕스(B): 1등 립밤 제품의 가격 결정

Video 11-4
Carmex (B)
Video Case
kerin.tv/cr8e/v11-4

카멕스(Carmex)는 카르마랩(Carma Laboratories)이 만드는 립밤(lip balm)으로 75년 동안 꾸준히 팔린 장수제품이다. 카르마랩의 사장 폴 올빙(Paul Woelbing)은 "카맥스는 입술을 진정시키고 보호하고 치료하여 건강하고 촉촉하게 유지시켜주는 우수한 기능의 립밤"이라고 자랑한다.

카르마랩 경영진은 카멕스의 성공비결로 강력한 브랜드, 충성도 높은 고객, 제품라인의 다양화와 더불어 기업 목표와 고객가치를 동시에 달성하는 탁월한 가격책정능력을 꼽는다. 카멕스는 정교한 가격 덕분에 경기침체기와 저성장기에도 기업을 지속적으로 성장시킬 수 있었다. 폴 올빙은 "경제가 나쁘면 쇼핑행동이 변한다. 소비자들은 바디 관련 용품이 필요하지만, 적은 양을 자주 구매하게 된다"라고 언급했다.

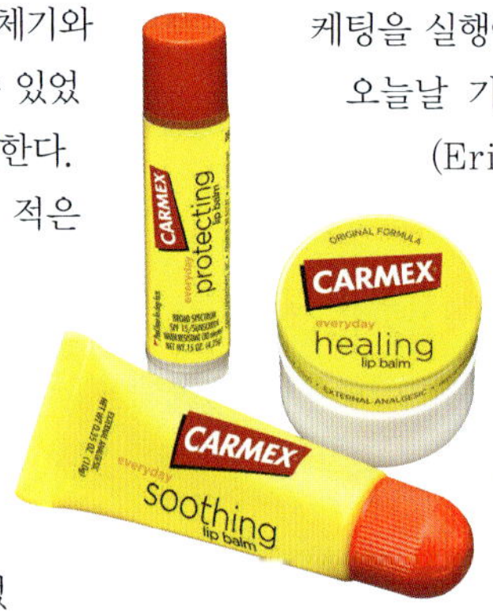

©McGraw-Hill Education

©McGraw-Hill Education

기업과 브랜드의 역사

카멕스는 폴의 할아버지인 알프레드 올빙이 1937년에 위스콘신 와우와토사(Wauwatosa, Wisconsin)에서 처음 만들었다. 알프레드는 탐구정신이 충만하여 자기 집 부엌에서 박하뇌, 장뇌, 석탄산, 양털유, 살리실산, 카카오씨유처럼 다양한 성분을 실험하다 새로운 립밤 포뮬라를 개발했다. 카멕스는 특별한 의미가 있는 이름이 아니었다. 알프레드는 단지 카르마(Carma)가 발음되는 소리를 좋아하여 기업명을 카르마랩이라고 지었다. 카멕스 브랜드라는 브랜드명은 '카르마'에 당시 많은 브랜드에 유행처럼 붙던 접미사 '엑스(ex)'를 붙여 합성한 것이다. 알프레드는 자신이 개발한 립케어 연고 카멕스를 작은 유리병에 넣어 자동차 트렁크에 싣고 위스콘신, 일리노이, 인디애나의 약국을 직접 돌며 한 병당 25센트에 팔았다.

처음부터 가격과 가치는 제품의 성공에 중요한 역할을 하였다. 알프레드는 약국에서 카멕스에 관심을 보이지 않으면 수십 통을 공짜로 주고 떠났다. 이후 물건들은 잘 팔렸고 약국은 더 많은 양을 주문했다. 회사가 성장하면서 알프레드의 아들 돈(Don)이 합류하여 제품을 지속적으로 개선하였다. 예를 들어, 1980년대 카멕스는 처음으로 포장을 혁신하여 립밤을 짤수 있는 튜브에 넣어 공급하였다. 1990년대에는 스틱 형태의 카멕스를 팔았다. 당시에는 스틱 포장이 유행이어서 주요 경쟁사인 챕스틱(ChapStick)과 블리스텍스(Blistex)도 제품을 스틱 형태로 포장하여 팔았다. 2000년대 들어 카멕스는 박하향, 체리향, 딸기향이 가미된 제품을 추가하여 판매하였다. 또 생산설비를 증설하고 새로운 물류센터를 건립하였으며 마케팅 전문가를 고용하여 본격적인 마케팅을 실행에 옮겼다.

오늘날 기업 경영은 알프레드의 손자인 폴과 에릭 올빙(Eric Woelbing)이 맡아 기업을 새롭게 발전시키고 있다. 그들은 카멕스의 10억 개째 판매를 발표하기 위해 〈오프라 윈프리쇼〉에 출연하기도 했다. 위스콘신 주지사는 카멕스가 75주년이 맞은 날을 '카멕스 기념일'로 지정하여 축하해주었다. NBA 올스타 레브론 제임스(LeBron James)는 홍보대사를 맡기도 했다. 약국업계 신문으로 유명한 〈파머시타임즈〉는 카멕스를 15년 연속으로 약사들이 추천하는 립밤 1위로 선정했다. 올빙은 "이처럼 전례없는 인정을 받은 것이 큰 영광"이라고 말했다.

업계 관계자들은 카멕스가 립밤 시장에서 약 10%의 점유율을 차지하고 있다고 추정한다. 카멕스는 세계 25개국 이상의 약국, 식품점, 편의점, 대형 종합소매점, 온라인에서 유통된다. 카멕스는 최근 제품을 립케어에서 스킨케어로 확장하고자 '카멕스 힐링크림'과 '카멕스 수분로션' 같은 신제품을 출시하였다. 시장 영역의 글로벌한 확장, 유통채널의 다변화, 제품계열의 확대에 따라 카멕스의 가격 결정은 더욱 중요하며 복잡해졌다.

카멕스 제품의 가격 결정

카르마랩에 자문을 제공하는 마케팅 전문가는 "점포의 소매가격은 수많은 요인을 고려하여 정해진다"라고 설명한다. 카르마랩 경영진은 구체적인 소비자 가격 수치를 도출하기 위해 소비자 수요, 생산비 및 재료비, 이익 목표, 경쟁 등을 고려한다. 이처럼 많은 요인은 종종 중복되거나 상충되기에 일관성 있는 가격을 찾기는 어렵다. 제품별·채널별·표적 시장별로 상황이 달라 의사결정이 더욱 어렵다.

소비자의 취향과 선호는 가격에 영향을 미치는 절대적 요인이다. 업계의 소비자 전문가에 따르면 "소비자가 카멕스 브랜드를 좋아한다고 말하는 것은 단지 가격이 싸서가 아니라 가성비가 우수하기 때문이다"라고 언급하였다. 오리지널 카멕스 제품은 월마트(Walmart)와 타겟(Target)과 같은 할인점에서 병당 0.99달러에 팔린다. 월그린(Walgreen)과 크로거(Kroger) 등의 슈퍼마켓에서는 1.59~1.79달러 사이에서 팔린다. 이처럼 끝자리가 '9'로 끝나는 가격은 소비자에 대한 분석에서 나온 결과다. 소비자를 이해하는 것은 가격을 정할 때 매우 중요하다. 마케팅 전문가들은 소비자를 매료시키는 마법의 숫자가 있으며, 가격을 1센트만 낮추어도 소비자의 반응이 달라진다고 말한다.

Source: Carma Labs Inc.

프리미엄 립밤인 카멕스 모이스처 플러스(Carmex Moisture Plus)는 2.49~2.99달러로 출시되었다. 모이스처 플러스는 여성 소비자를 표적으로 하여 얇은 은빛 튜브에 포장되고 립스틱처럼 끝이 기울어져 있었다. 입술에 바르면 윤이 나고, 풍부한 영양분과 수분을 공급하기 위해 비타민 E와 알로에 성분이 포함되어있다. 고급스러운 포장과 추가된 제품 편익은 카멕스 모이스처 플러스가 전통적인 포장제품보다 높은 가격에 팔릴 수 있도록 해준다.

립밤의 원가도 제품 가격에 반영되어있다. 원가에는 재료비, 포장비, 생산비, 인건비 등이 포함된다. 재료비와 포장비는 물량에 따라 달라진다. 평균적으로 카멕스는 연간 전통적인 제품에 사용되는 노란 튜브 1,200만 개와 모이스처 플러스 제품에 사용되는 은빛 튜브 200만 개를 구매한다. 이 두 제품의 물량 차이는 구매단가에 영향을 미친다. 당연히 대량으로 구매하는 전통적인 노란 튜브의 구매가격이 현저히 낮다. 마찬가지로 성분의 재료, 레이블, 박스 구매에서도 많은 수량할인을 받을 수 있다. 생산설비의 가동도 대량생산하는 전통적 제품이 소량생산하는 모이스처 플러스보다 훨씬 효율적이다. 카멕스는 플라스틱을 20% 덜 사용하는 친환경 용기를 개발하여 환경 보호에 기여하고, 35톤에 달하는 재료비의 비용과 물류비를 절감할 수 있었다.

카멕스는 가격을 정할 때 소매상의 마진도 고려한다. 소매상의 유형은 월마트와 같은 상시저가(EDLP) 소매상과 월그린과 같은 상고하저 가격(high-low price) 소매상의 두 가지로 구분된다. EDLP 소매상은 할인행사 없이 항상 가장 저렴한 가격으로 소비자에게 판매한다. 반면에, 상고하저 가격의 소매상은 평상시에 높은 가격을 책정하다가 가끔씩 특판행사를 실시해 제품을 할인가격으로 판다. 이런 상고하저 소매상에게 카멕스는 마케팅 재량펀드(marketing discretionary fund)를 통해 할인행사를 지원해준다. 카멕스는 소매상에 대한 공급가격을 정할 때 소매상의 마진목표와 촉진비용 지원을 고려한다. 따라서 EDLP 소매상과 상고하저 소매상에게 다른 가격을 책정하게 되는 것이다.

최종 가격을 결정할 때는 경쟁사 가격을 반영한다. 립밤 제품의 경쟁브랜드는 챕스틱, 블리스텍스, 버트 비즈(Burt's Bees) 등 수없이 많다. 소비자들은 이런 경쟁제품의 가격과 카멕스의 가격을 비교한다. 소비자 조사에 따르면, 가격 차이가 너무 커서는 안 된다. 만일 가격 차이가 너무 크면 카멕스 브랜드 대신 다른 경쟁브랜드를 구매하는 것으로 나타났다. 하지만 가격 차이가 너무 작으면 차별성을 인식하지 못했다. 그러므로 적당한 가격 차이를 유지하는 것이 매우 중요하다.

카멕스는 프리미엄 신제품 '모이스처 플러스'의 출시를 준비할 때, 소비자가 수용가능한 가격대를 찾기 위해 유사한 경쟁제품을 철저히 분석했다.

카멕스의 미래

카멕스의 오리지날 립밤 제품과 전통적인 포장은 전설로 자리 잡아 미래에도 원래의 형태를 유지할 것이며, 가격 정도만 주기적으로 변화하게 될 것이다. 그러나 카멕스 제품계열에 추가되는 신제품들은 카멕스 제품과 가격에 대한 인식을 바꿀 것으로 예상된다. 예를 들어, 카멕스 모이스처 플러스 제품은 소비자의 개성을 반영하는 한정판 디자인으로 제공될 것이다. 폴 올빙은 이처럼 새로운 접근방법에 대해 "립케어는 일상적 미용관리에서 중요한 부분이라 소비자는 기본적인 성능과 품질을 신뢰할 수 있는 제품을 원한다. 이와 달리, 새로운 카멕스 모이스처 플러스 계열은 소비자 개인의 독특한 스타일을 반영하는 최첨단 립밤을 소개하는 것이 목표다"라고 설명한다.

또 다른 새로운 스타일로는 톱니바퀴 모양의 시크(Chic), 매혹적인 복고풍의 팹(Fab), 표범 무늬의 어드벤처러스(Adventurous), 예술장식 디자인의 휨시컬(Whimsical)이 있다. 카멕스는 혁신적인 신제품을 연속으로 선보이고 소매상에 대한 지원을 강화할 계획을 세우며 미래의 성장을 준비하고 있다. 이러한 노력에 힘 입어 카르마랩 경영진은 카멕스 브랜드의 미래를 매우 밝게 전망하고 있다.

질문

1. 가격을 정하는 네 가지 접근방법 중에서 카멕스는 어떤 방법을 사용하고 있는가? 카멕스가 가격을 책정하기 위해 고려하는 요인들은 무엇인가?
2. 카멕스 제품의 가격이 9로 끝나는 이유는 무엇인가? 이런 유형의 가격 결정방법을 무엇이라 부르는가? 이런 방법은 소비자 수요에 어떤 영향을 미치는가?
3. 카멕스 제품 가격에서 원가요인은 어떻게 반영되고 있는가? 카멕스와 거래 소매상의 적정 마진은 얼마여야 한다고 생각하는가?
4. EDLP 소매상과 상고하저 소매상의 차이는 무엇인가? 카멕스는 왜 이 두 가지 유형의 소매상에게 다른 가격을 적용하는가?
5. 립밤 제품을 온라인으로 검색하여 카멕스 제품의 가격을 주요 경쟁제품 3개와 비교해보자. 경쟁사들은 가격을 어떻게 정하고 있는가?

12

마케팅경로와 공급망의 관리

Learning Objectives

다음 학습목표를 달성해보자.

- 목표 1 마케팅경로가 무엇이며 중간상이 왜 필요한지 설명할 수 있다.
- 목표 2 전통적 마케팅경로와 수직적 마케팅시스템의 차이를 구분하고 다양한 유형의 수직적 마케팅시스템에 대해 설명할 수 있다.
- 목표 3 마케팅경로를 선택하고 관리하기 위해 고려해야 하는 요인들을 이해한다.
- 목표 4 공급망과 물류관리가 무엇이며, 마케팅전략과 어떻게 연결되는지 설명할 수 있다.

에디 바우어: 열정적인 야외파의 선택을 위한 '브릭(소매점), 클릭(웹사이트), 플립(카탈로그)' 경로

여러분은 열정적인 야외파인가? 그렇다면 아웃도어 라이프스타일 의류와 장비를 만드는 에디 바우어(Eddie Bauer)가 여러분에게 맞는 브랜드일 것이다.

에디 바우어는 100년의 역사를 가진 정통 아웃도어 라이프스타일 브랜드다. 이 브랜드의 기원은 전설적 스포츠맨이자 사업가, 의류 디자이너인 창업가 에디 바우어로 거슬러 올라간다. 에디 바우어는 1920년 워싱턴주 시애틀에서 "소비자가 고도의 활동성과 최고의 자존감을 느낄 수 있는 업계 최상의 품질, 가치, 서비스 그리고 보증을 제공한다"라는 약속을 내세우며 창업했다. 이 약속은 '에디 바우어 신조(The Eddie Bauer Creed)'로 구현되어 지금도 기업 경영의 지침이 되고 있다.

에디 바우어의 복합경로마케팅전략

에디 바우어는 프리미엄 제품, 뛰어난 가치, 탁월한 서비스 이상으로 특별하다. 에디 바우어는 일찍부터 다양한 복합경로(multichannel)를 최대한 활용하기로 유명했다. 이 기업의 전략은 소매점포(brick), 웹사이트(click), 카탈로그(flip)를 통합하여 고객이 언제 어디서 무엇을 이용하든 에디 바우어 아웃도어 의류와 장비를 검색하고 구매할 수 있도록 해준다.

에디 바우어는 소비자가 소매점포, 웹사이트, 카탈로그 마케팅경로 등 어디서 쇼핑을 하든 동일한 경험을 할 수 있게 노력한다. 에디 바우어의 마케팅 관리자는 "우리는 경로를 구분하지 않는데, 그 이유는 고객이 어디서 구매하든 다 똑같은 에디 바우어 브랜드를 구매하기 때문입니다"라고 강조했다. 복합경로(multichannel) 전략이 효력을 발휘하려면 소매점포, 웹사이트(www.eddiebauer.com), 카탈로그 등 다양한 접점에서 소비자만족도를 측정하여 경

(top): ©Bonnie Kamin/PhotoEdit, Inc.; (bottom, left): Source: Eddie Bauer, LLC; (bottom, right): ©McGraw-Hill Education/Mike Hruby, photographer

로를 관리하고 유지하며 개선해야 한다.

에디 바우어는 각 경로로부터 수집된 구매자료를 통합하여 진화하는 소비자 욕구와 선호, 그리고 인지한 가치에 대한 통찰력을 얻고자 노력한다. 이런 실무 관행으로 종종 독특한 제품 시장기회를 포착할 수 있었다. 에디 바우어의 CEO는 최근 웹사이트 경로로 수집된 자료를 분석하여, 적어도 2만 명이 넘는 고객이 뉴욕과 인근 지역에 거주하고 있다는 사실에 주목하였다. 이에 따라 뉴욕에서 가장 인구밀집도가 높은 맨해튼(Manhattan) 시내에 소매점을 개설하기로 했다.

에디 바우어의 공급망관리

에디 바우어의 경영진은 '소매점, 웹사이트, 카탈로그'의 복합경로전략에 적용되는 공급망의 원리를 정확히 이해하며 이를 효과적으로 관리하고 있다. 에디 바우어는 미국과 캐나다에 소재한 점포 370개와 웹사이트 및 카탈로그 경로에 의류와 장비를 공급하는 방대한 공급망을 운영하고 있다. 소매점, 온라인, 카탈로그 경로는 각각 다른 목표와 우선순위를 갖고 있어서 이들에게 제품을 공급하는 복합경로 공급망(multichannel supply chain)을 관리한다는 것은 매우 난해한 과업이다. 예를 들어, 소매점에 대한 공급망은 고객이 가장 선호하는 제품이 매장 선반에 충분히 진열되도록 물류창고로부터 신속히 보충하는 것에 초점을 맞춘다. 반면 온라인과 카탈로그 경로에 대한 공급망의 초점은 광범위한 제품구색을 제공하면서 고객맞춤형 제품이 직접 소비자에게 배송되도록 하는 것이다.

에디 바우어는 복합마케팅경로에 대한 공급망을 관리하는 데 효과성(effectiveness)과 효율성(efficiency)의 미묘한 차이를 능숙하게 조화시키는 능력을 갖추고 있다.

이 장에서는 먼저 마케팅 유통경로가 왜 마케팅믹스에서 중요한 요소인지 설명한다. 그 후 이러한 마케팅경로가 소비자와 기업에게 어떤 혜택을 제공하는지 보여준다. 마지막으로 마케팅경로를 선택하고 관리하는 데 영향을 미치는 요인들을 기술하며, 경로 갈등과 협력에 관해 다루도록 한다.

이 장에서는 물류와 공급망관리의 논의로 마무리된다. 특히 공급망관리와 마케팅 전략의 일관성 있는 조화를 강조하고 총물류비와 고객서비스의 상충관계에 대해서도 설명한다.

마케팅경로의 본질과 중요성

목표 1 마케팅경로가 무엇이며 중간상이 왜 필요한지 설명할 수 있다.

성공적인 마케팅의 필수조건은 기업이 제품 구매가능성이 높은 소비자에게 직접 혹은 간접적으로 접근하는 것이다. 기업이 생산한 제품을 소비자에게 전달하고 판매하는 통로가 마케팅경로다. 소비자 역시 이를 통해 필요한 제품을 쉽고 편하게 구매할 수 있기 때문에 혜택을 본다. 유통시스템은 기업과 소비자를 연결해주는 역할을 하며 공급과 수요를 일치시켜 경제적 효용을 창출해낸다.

마케팅 유통경로의 정의

마케팅경로
소비자나 조직구매자가 제품과 서비스를 사용하고 소비하는 것을 가능하게 만드는 과정에 관여하는 중간상으로 구성

우리는 매일 수많은 경로와 접하며 살고 있다. 소비자로서 우리는 편의점 세븐일레븐에 가서 레이즈 감자칩(Lay's Potato Chips)을 사거나 아마존닷컴에서 책을 주문하거나 백화점 콜스(Kohl's)에서 리바이스 청바지를 구매할 수 있다. 이러한 제품들은 마케팅 유통경로(marketing channel of distribution) 또는 간략히 말해 **마케팅 경로**(marketing channel)를 통해 소비자에게 전달된다. 마케팅경로는 소비자나 조직구매자가 제품과 서비스를 사용하거나 소비하는 것을 가능하게 만드는 과정에 관여하는 중간상으로 구성된다.

마케팅경로는 수돗물을 상수원에서 소비자가 있는 가정까지 흘려보내는 수도관에 비유할 수 있다. 제품과 서비스가 생산자로부터 중간상을 거쳐 소비자에게 흘러가게 만드는 것이 바로 마케팅경로다. 여기에 개입하는 중간상(intermediary)은 도표 12-1과 같이 여러 가지 이름으로 불리며, 다양한 기능을 수행한다.

중간상은 생산자로부터 물품을 매입하여 저장해두었다가 소비자에게 되파는 역할을 한다. 예를 들어, 영농법인 셀레스티얼시즈닝(Celestial Seasonings)이 특제차를 생산해 식품 도매상에게 판매하면, 도매상은 이를 슈퍼마켓과 식품점 같은 소매상에게 판매하고, 소매상은 다시 소비자에게 판매한다. 대리인이나 중개인과 같은 중간상은 제품에 대한 소유권과 재고를 갖지 않고 단지 판매자와 구매자를 연결하는 역할을 수행한다. 부동산회사인 센추리21의 부동산 중개사가 바로 이런 예에 속하는 중간상이다.

용어	의미
중간상(middleman)	생산자와 최종 소비자 사이에 개입하는 중개인(intermediary)
대리상(agent) 또는 중개상(broker)	법적 권한을 갖고 생산자 또는 구매자를 대신하여 활동하는 중간상
도매상(wholesaler)	소비자가 아닌 중간상에게 판매하는 중간상으로, 주로 소비재시장에서 소매상을 대상으로 유통
소매상(retailer)	개인 소비자에게 판매하는 중간상
디스트리뷰터(distributor)	판매, 재고관리, 고객서비스, 신용 제공 등 다양한 유통기능을 종합적으로 수행하는 중간상으로, 주로 산업재 시장에서 활동하는 도매상을 지칭하는 용어
딜러(dealer)	특정 품목이나 제조업체의 제품을 전문으로 취급하는 소매상, 도매상, 디스트리뷰터 등을 통칭

도표 12-1 중간상을 지칭하는 다양한 용어

중간상은 어떻게 고객가치를 창출하는가?

중간상이 어떤 기능을 수행하고 소비자를 위해 어떤 가치를 창출하는지 고려하면, 중간상의 중요성을 분명히 이해할 수 있다.

중간상이 수행하는 기능 중간상은 기본적으로 세 가지 기능을 수행하여 생산자로부터 최종 소비자까지 제품이 원활하게 유통되도록 한다(도표 12-2). 중간상이 수행하는 첫 번째 기능은 제품을 매입하고 판매하는 거래기능(transaction function)이다. 중간상은 판매를 예상하고 제품을 매입하여 재고로 보유한다. 그런데 만약 어떤 이유에서든 제품이 팔리지 않는다면 중간상은 손해를 보게 된다. 이처럼 거래기능은 위험부담기능을 수반한다.

물류기능은 제품을 확보하여 구매자에게 전달하는 과정에서 필요하다. 제품의 구색, 보관, 분류, 운송이 중간상이 수행하는 물류기능(logistical function)에 속

도표 12-2 마케팅경로의 중간상이 수행하는 기능과 활동

기능의 유형	기능과 관련된 활동
거래기능 (transnational function)	• 매입(buying): 재판매를 위한 제품의 구매 • 판매(selling): 잠재고객을 접촉하여 제품을 촉진하고 주문을 획득하는 활동 • 위험부담(risk taking): 소유한 재고가 구식이 되거나 손상될 경우 발생하는 위험의 부담
물류기능 (logistical function)	• 구색(assorting): 고객의 욕구를 충족시키기 위해 다양한 제품을 여러 공급원으로부터 확보 • 보관(storing): 제품을 편리한 장소에 안전하게 모아서 보관 • 분류(sorting): 대량 구매한 제품을 소비자가 필요로 하는 소량 단위로 나눔 • 운송(transpor ting): 제품을 물리적으로 고객에게 배송
조성기능 (facilitating function)	• 금융(financing): 고객에게 신용 제공 • 등급(grading): 제품을 검사·시험·평가하여 품질등급 부여 • 마케팅정보(marketing information): 소비자와 공급업자에게 시장 추세 및 경쟁 상황에 대한 정보 제공

한다. 중간상은 소비자가 제품이나 서비스를 더 쉽게 구매하도록 만드는 조성기능(facilitating function)을 수행한다. 예를 들어, 양판점 체인 JC페니는 소비자에게 신용카드를 발급해주어 제품을 먼저 구매하고 대금 결제는 나중에 할 수 있도록 해준다.

위의 세 가지 기능은 마케팅경로에서 반드시 수행되어야 한다. 경로 구성원 중에는 이런 기능을 종합적으로 다 수행하는 중간상도 있고, 일부만 한정적으로 수행하는 중간상도 있다. 경로 구성원들은 서로 협의하여 각자 담당할 기능과 활동을 나누어 분업화한다. 중간상은 수행하는 기능의 대가로 유통마진을 얻는다.

소비자 혜택 기업뿐 아니라 소비자도 중간상으로부터 혜택을 본다. 소비자들은 마케팅경로에 참여하는 중간상을 통해, 원하는 시간(시간효용)에 원하는 장소(장소효용)에서 원하는 형태(형태효용)로 재화나 서비스를 구매(소유효용)할 수 있다.

부연 설명하면, 마케팅경로는 1장에서 설명한 네 가지 효용, 즉 시간효용, 장소효용, 형태효용, 소유효용을 소비자에게 제공한다. 시간효용(time utility)은 원하는 시간에 제품이나 서비스를 제공받을 수 있는 혜택이다. 예를 들어 페덱스(Fedex)는 익일 아침 배송을 제공한다. 장소효용(place utility)은 소비자가 원하는 장소에서 구매할 수 있는 혜택이다. 가령 외진 고속도로변에 위치한 쉐브론(Chevron) 주유소에서 필요한 휘발유를 구할 수 있는 효용처럼 말이다. 형태효용(form utility)이란 공장에서 생산된 제품과 서비스를 중간상이 가공하거나 변형하여 소비자가 얻는 혜택이다. 청량음료 시장에서 원액을 병에 넣어 유통하는 보틀러(bottlers)의 역할을 생각해보자. 코카콜라와 펩시콜라 같은 제조사들이 콜라 원액을 제조하여 중간상인 보틀러에게 제공하면, 보틀러는 콜라 원액에 설탕과 감미료를 첨가하여 탄산수와 혼합해 병이나 캔에 넣어 소매상에게 판매하고 소비자는 시원한 음료를 마시는 혜택을 누릴 수 있다. 소유효용(possession utility)이란 중간상의 도움으로 소비자가 제품과 서비스를 편리하게 구매할 수 있는 혜택을 말한다. 항공사가 발급한 항공권을 여행사가 받아 소비자가 사용할 수 있도록 전달해주는 것이 이에 해당한다

학습리뷰

1. 마케팅경로란 무엇을 의미하는가?
2. 중간상이 수행하는 기본적인 세 가지 기능은 무엇인가?

마케팅경로 구조와 조직

목표 2 전통적 마케팅경로와 수직적 마케팅시스템의 차이를 구분하고 다양한 유형의 수직적 마케팅시스템에 대해 설명할 수 있다.

제품이 생산자로부터 소비자까지 전달되는 유통과정은 매우 다양하다. 마케터는 수많은 경로의 대안 중에서 가장 효율적인 경로를 찾아 선택한다. 최근 유통환경이 급격히 변화하면서 최적 경로 대안을 모색하는 것이 중요한 과제로 대두되고 있다. 이 장에서는 소비재와 산업재에서 이용되는 경로 구조의 특징과 차이점에 대해 설명한다.

소비재 마케팅경로

도표 12-3은 소비재 유통에서 가장 보편적으로 사용되는 마케팅경로를 보여준다. 네 가지 마케팅경로의 차이점은 유통 단계의 수, 즉 마케팅경로에 관여하는 중간상의 개수가 다르다는 것이다. 유통 단계의 수는 마케팅경로의 길이를 의미한다. 생산자와 소비자 사이에 관여하는 중간상이 많으면 마케팅경로가 길어진다. '생산자 → 도매상 → 소매상 → 소비자'로 구성된 마케팅경로는 '생산자 → 소비자'로 구성된 경로보다 훨씬 길다.

직접경로 경로 A는 생산자와 최종소비자를 직접 연결하는 직접경로(direct channel)의 예다. 많은 제품과 서비스가 직접경로로 유통된다. 보험회사들은 주로 직영 영업소를 활용하여 보험상품을 판다. 미네소타 마샬(Marshall, Minnesota)에 있는 슈완식품(Schwan Food)은 미국에서 가장 큰 가정용 식품 직접판매(direct-to-home) 기업으로, 판매사원이 냉장트럭을 몰고 자기 구역의 가정을 순방하며 제품을 판매한다. 직접경로에서는 중간상이 개입하지 않기 때문에 생산자가 모든 경로 기능을 수행해야 한다.

간접경로 도표 12-3에서 직접경로를 제외한 나머지 세 경로를 간접경로(indirect channel)라고 한다. 간접경로에서는 생산자와 최종소비자 사이에 중간상이 개입하여 다양한 마케팅경로기능을 수행한다. 경로 B는 소매상을 한 단계 거치는데, 대체로 규모가 큰 기업형 소매상이 생산자로부터 대량으로 제품을 구매할 수 있거나 또는 제품의 재고비용이 너무 높아 생산자 입장에서 도매업자를 이용하기가 어려운 경우에 해당된다. 타겟, 세븐일레븐, 세이프웨이(Safeway), 홈디포(Home Depot)와 같은 대형 소매상들은 제품을 대량으로 구매하기 때문에 도매상을 거치지 않고 이들과 직접 거래하는 것이 생산자 입장에서 훨씬 원가가 적게 드는 일이다.

토요타와 같은 자동차 제조업체도 이런 경로를 활용한다. 토요타 자동차만 취급하는 지역 딜러가 소매상 역할을 수행하는 것이다. 그렇다면 왜 자동차 마케팅경로에서 도매상이 존재하지 않을까? 차종과 모델이 너무 많아 도매상이 소비자를 만족시키

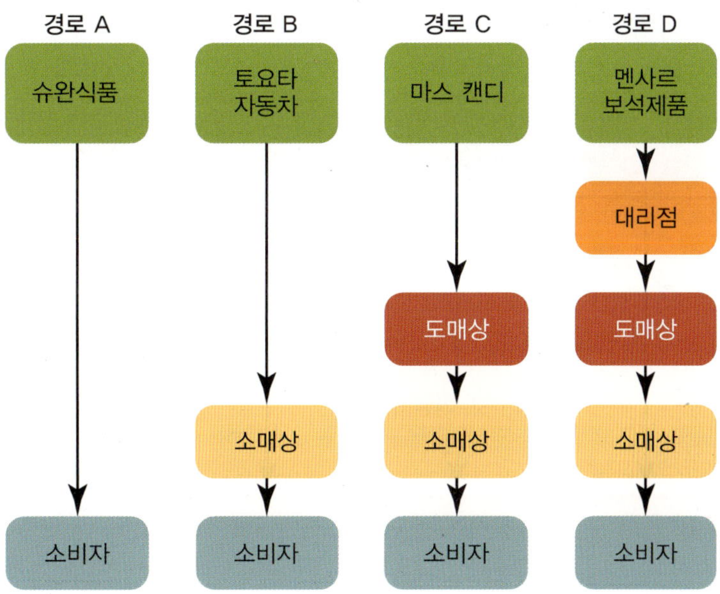

도표 12-3 소비재 마케팅경로의 유형

기 위해 모든 자동차를 재고로 가지고 있을 수 없기 때문이다. 다시 말해, 구색을 갖추기 위한 재고 유지비용이 너무 높기 때문이다.

경로 C는 소매상에 도매상이 추가된 경로로, 소비자가 자주 구매하며 가격대가 낮고 부피가 작은 과자, 캔디, 음료, 잡지 등 포장소비재 유통에서 가장 많이 찾아볼 수 있는 유형이다. 예를 들어 캔디업체인 마스(Mars)가 도매상에게 상자 단위로 캔디제품을 대량 판매하면, 도매상은 이를 소량으로 나누어 소매상에게 판매한다.

경로 D는 길이가 가장 긴 경로로, 제조업체와 소매상 모두 영세한 경우에 사용된다. 이런 유형의 경로에서는 제품의 대량 공급을 조율하는 대리점(agent)이 활용된다. 벨기에의 보석 전문업체 멘사르(Mansar Products)는 미국 시장에서 대리점을 이용하여 도매상에게 판매한다. 이 도매상은 제품을 다시 전국에 분산된 수많은 영세 보석상들에게 판매한다.

산업재 마케팅경로

도표 12-4는 산업재 유통에서 가장 흔하게 볼 수 있는 네 가지 마케팅경로 유형을 보여주고 있다. 산업재 경로는 소비재 경로와 대조적으로 훨씬 짧고 중간상이 없거나 하나 정도에만 관여하는데, 산업재 사용자는 일반 소비자보다 소수이고 지리적으로 집중되어있으며 제품을 대량으로 구매하기 때문이다.

IBM이 자연어로 질문에 답할 수 있는 인공지능 컴퓨터시스템인 왓슨(Watson)을 유통하기 위해 어떤 유형의 마케팅경로를 사용했을까? 본문에서 그 답을 찾아보자.

©Ben Hider/Getty Images

직접경로 도표 12-4의 경로 A는 IBM이 대용량 메인 프레임 컴퓨터를 산업재 사용자에게 판매하는 직접경로(direct channel)를 보여준다. 직접경로를 사용하는 기업은 모든 경로기능을 직접 수행하는 직영 영업조직을 운영한다. 구매자가 소수이며 규모가 크고, 영업과정에서 상세한 협상이 필요하며, 제품의 가격 단위가 높고 설치 및 사용에서 전문지식이 필요한 경우 이러한 경로를 이용한다.

간접경로 도표 12-4의 경로 B~D는 생산자와 산업재 사용자 사이에 하나 또는 그 이상의 중간상이 관여하는 간접

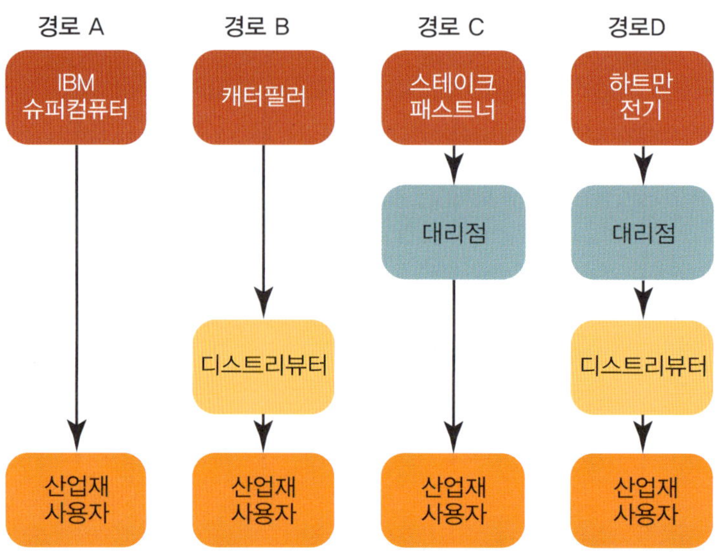

도표 12-4 산업재 마케팅경로의 유형

경로(Indirect Channel)를 보여준다. 경로 B는 판매, 재고 보유, 배송, 구색 완비, 금융 등 다양한 마케팅경로기능을 일괄 수행하는 산업재 디스트리뷰터(industrial distributor) 한 단계만 개입한다. 산업재 디스트리뷰터는 소비재경로에서의 도매상과 유사한 역할을 한다. 중장비회사인 캐터필러(Caterpillar)는 500여 개의 산업재 디스트리뷰터를 이용하여 180개국 이상에서 건설 및 광산 중장비를 판매한다. 캐터필러의 디스트리뷰터는 판매만 하는 것이 아니다. 이들은 4~5만 개에 이르는 부품을 재고로 갖추어놓고 숙련된 기능인력을 확보하여 고객이 구매해서 사용하는 캐터필러 장비에 대한 수리서비스를 제공하고 있다.

경로 C는 대리점(agent)을 활용하는 간접경로이다. 대리점은 생산자에 속해 있지 않으면서 생산자를 대표하여 제품을 판매하고 공급하는 역할을 수행한다. 독립된 사업체이지만 마치 생산자의 영업조직처럼 활동한다. 직영 영업조직을 외부화한 형태라고 간주하면 이해하기 쉽다. 산업용 나사를 생산하는 스테이크 패스너(Stake Fastener)는 직영 영업조직보다 대리점을 이용하여 산업 사용자들에게 나사제품을 판매하고 있다.

경로 D는 대리점과 디스트리뷰터 모두를 이용하는 가장 긴 산업재 마케팅경로이다. 전기 부품을 생산하는 하트만전기(Hartman Electric)는 대리점을 이용하여 전기부품 전문 디스트리뷰터에게 판매하고, 이 디스트리뷰터들은 제품을 다시 산업재 고객에게 판매한다.

인터넷 마케팅경로

앞서 살펴본 전형적인 유형의 마케팅경로 이외에도 새로운 경로가 급격히 부상하고 있다. 최근 인터넷 마케팅경로(internet marketing channels)가 소비자와 조직구매자에 의해 많이 활용되고 있다. 인터넷경로의 독특한 특징은 디지털인 온라인과 아날로그인 오프라인을 결합하여 구매자에게 더욱 가치 있는 시간효용, 장소효용, 형태효용, 소유효용을 창출한다는 것이다.

도표 12-5는 책(Amazon.com), 자동차(Autobytel.com), 예약서비스(Orbitz.com), 개인용 컴퓨터(Dell.com)의 인터넷 마케팅경로를 보여준다. 놀랍게도 이러한 경로들은 전형적인 소비재 마케팅경로와 비슷한 특징을 갖고 있다. 그 이유는 도표 12-2

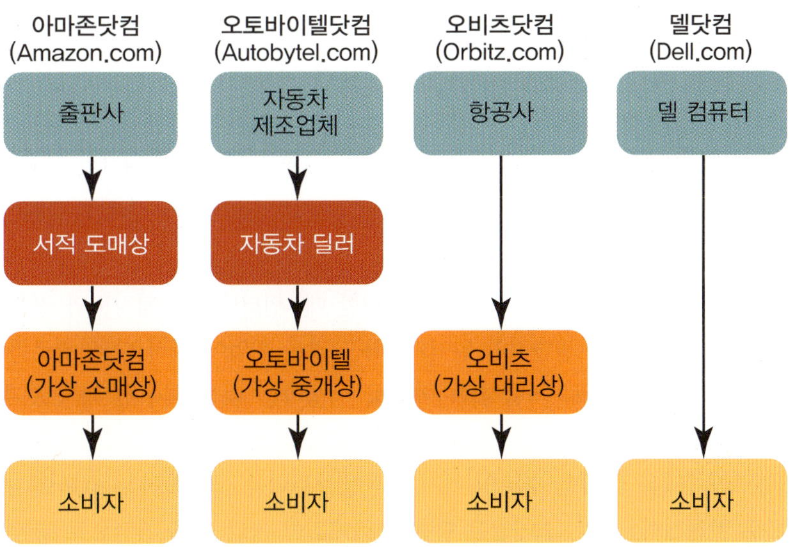

도표 12-5 소비재 인터넷 마케팅경로의 유형

에서 설명한 마케팅경로의 기능에서 찾아볼 수 있다. 이러한 기능은 전통적 경로든 인터넷경로든 경로의 유형과 상관없이 필요하다. 인터넷경로에 참여하는 전자상거래 중간상은 디지털기술을 효율적으로 활용하여 거래기능과 조성기능을 전통적 경로의 중간상보다 더 적은 비용에 더 효과적으로 수행할 수 있다. 그러나 물류기능은 인터넷경로가 가장 취약한 요소다. 특히, 자동차와 같은 제품의 물류는 전통적 중간상을 능가하기 어렵다. 이런 이유로 물류기능은 여전히 전통적 중간상이나 생산자가 담당한다. 델 컴퓨터는 자신의 직접경로를 통해 판매뿐 아니라 물류기능도 수행한다.

서비스는 유형제품과 달리 실체가 없기 때문에 인터넷 마케팅경로를 통해서 자유롭게 유통될 수 있다. 렌터카를 예약해주는 알라모닷컴(Alamo.com), 주식을 거래할 수 있는 이트레이드닷컴(E-Trade.com), 보험을 다루는 인슈런스닷컴(Esurance.com)은 인터넷에서만 서비스를 제공하고 있다. 하지만 소비자와 물리적인 접촉이 필요한 건강진단이나 자동차 수리 같은 서비스 영역에서는 여전히 전통적인 경로가 필요하다.

다이렉트마케팅

많은 기업이 다이렉트마케팅과 복합경로마케팅을 활용하여 소비자에게 접근한다. 다이렉트마케팅경로(direct marketing channel)는 소비자가 판매사원과의 대면 접촉 없이 광고매체와 상호작용하며 제품을 구매할 수 있도록 해준다. 다이렉트마케팅경로는 우편주문판매(mail-order selling), 다이렉트메일판매(direct-mail sales), 카탈로그판매(catalog sales), 텔레마케팅(telemarketing), TV홈쇼핑(televised home shopping), 쌍방향 뉴미디어(interactive new media) 등 다양한 매체를 망라한다. 일부 기업은 전적으로 다이렉트마케팅을 통해서만 제품을 판다. 의류업계의 엘엘빈(L.L.Bean)과 가전업계의 뉴에그닷컴(Newegg.com)이 대표적인 예이다. 상당수의 기업은 전통적인 경로와 다이렉트마케팅을 병행 활용한다. 네슬레(Nestlé)는 도매상과 소매상으로 구성된 전통경로에 추가로 카탈로그와 텔레마케팅 같은 다이렉트마케팅경로를 활용함으로써 보다 다양한 소비자에게 접근하고 있다.

다양한 커뮤니케이션 경로와 유통경로를 혼합하여 상호보완적으로 활용함으로써 전통적 중간상이나 온라인 사이트 어디서든 고객을 유치하고 보존하며 관계를 구축하는 것이 바로 **복합경로마케팅**(multichannel marketing)이다. 전통적으로 마케팅에서는 광고와 홍보를 위한 커뮤니케이션 경로와 판매와 서비스를 위한 유통경로를 구분하였다. 과거에는 인터넷 온라인을 단순한 커뮤니케이션 경로로 간주하였으나, 이제는 강력한 유통경로로 부각되고 있다. 이에 복합경로마케팅을 커뮤니케이션 경로와 유통경로를 구분하지 않고 고객이 언제 어디서나 정보를 검색하고 의사소통하며 주문하고 구매할 수 있도록 만들어준다는 뜻으로 옴니채널마케팅(omnichannel marketing)이라고도 부른다.

복합경로마케팅
다양한 커뮤니케이션 경로와 유통경로를 혼합하여 상호보완적으로 활용함으로써 전통적 중간상이나 온라인 사이트 어디서든 고객을 유치하고 보존하며 관계를 구축하는 활동

온라인과 모바일이 일상화되는 추세를 고려할 때, 인터넷 마케팅경로와 전통적 유통경로를 통합하는 것은 필연적인 일이다. 최근 많은 기업이 여러 다른 경로를 매끄럽게 운용하여 효과적으로 복합경로마케팅을 이행하는 것을 최우선 과제로 추진하고 있다.

복합경로마케팅은 상이한 경로의 부가가치 창출능력을 극대화하는 효과를 가져오는 것으로 밝혀졌다. 가령, 소매점은 단순한 판매점이 아닌 물류 거점으로 활용할 수

이튼 알렌(Ethan Allen)은 미국과 캐나다에 소재한 300개의 디자인센터와 더불어 자체 웹사이트와 카탈로그를 활용한 복합경로마케팅을 성공적으로 수행하고 있다.

(left): ©Rob Crandall/Alamy Stock Photo; (center): Source: Ethan Allen Global, Inc.; (right): Source: Ethan Allen Global, Inc.

있다. 소비자가 가까운 곳에 위치한 소매점을 이용하여 온라인으로 주문한 제품을 찾아가거나 또는 교환 및 환불할 수 있도록 하여 소매점의 가치를 높일 수 있다. 카탈로그는 점포 구매뿐 아니라 온라인구매를 위한 쇼핑도구로 사용될 수 있다. 온라인 웹사이트는 소비자가 점포를 방문하기 전에 제품 정보를 찾아보는 수단으로 이용될 수 있다. 이 장의 도입 부분에서 소개한 에디 바우어는 복합경로마케팅을 성공적으로 이행하고 있다. 이 기업의 매출에서 아직도 소매점의 차지하는 비중이 크지만, 웹사이트 통한 매출이 증가하여 지금은 그 비중이 35~40%에 이른다.

복수 유통경로와 전략적 경로제휴

생산자들은 종종 동일한 제품을 두 개 이상의 다른 경로를 통해 상이한 고객집단에게 접근한다. 이처럼 같은 제품을 다른 경로로 유통하는 것을 복수 유통경로(dual distribution channel)라고 한다. GE는 가전제품을 유통하는데, 주택건설업체에게는 직접 판매하지만 일반 소비자에게는 로우즈(Lowe's)와 같은 건축자재 소매상을 통해 판매한다. 기업들은 다수브랜딩전략(multibrand strategy, 10장 참고)에 따라 복수 유통경로를 사용하기도 한다. 브랜드별로 마케팅경로를 차별화함으로써 브랜드 간의 잠식효과를 최소화할 수 있는 것이다. 예를 들어, 축하카드 전문회사 홀마크(Hallmark)는 '홀마크'와 '앰배서더(Ambassador)'라는 두 개의 브랜드를 가지고 있다. 홀마크 브랜드는 직영점과 백화점을 통해 판매되고, 앰배서더 브랜드는 할인점과 드럭스토어를 통해 판매된다.

최근 혁신적인 마케팅경로로 전략적 경로제휴(strategic channel alliances)가 주목받고 있다. 이는 한 기업이 제품을 다른 기업의 마케팅경로를 통해 판매하는 것이다. 전략적 제휴는 마케팅경로의 구축에 비용과 시간이 많이 소요되는 글로벌 마케팅에서 주로 활용된다. 예를 들어, 미국에서 가장 큰 슈퍼마켓 체인 크로거(Kroger)는 중국의 가장 큰 전자상거래 업체인 알리바바(Alibaba)와 제휴하여 중국 시장에서 크로거 유통업체브랜드 식품을 팔고 있다.

식품회사인 미국의 제네럴밀스(General Mills)와 유럽의 네슬레(Nestlé)는 멕시코부터 중국에 이르는 140여 개 해외시장에서 광범위한 제휴관계를 맺고 상대방의 제품을 각자의 유통망에 유통시킨다. 북미 외의 지역에서는 제너럴밀스의 대표적인 시

마케팅의 힘

고객가치

네슬레와 제너럴밀스의 범세계적 시리얼 파트너십

네슬레의 치리오 벌꿀 아몬드(Cheerios miel amandes)를 들어보았는가? 이것은 수백만 프랑스인들이 매일 아침 먹는 시리얼 제품이다. 네슬레가 유럽에서 파는 시리얼 브랜드인 치리오 벌꿀 아몬드는 미국 식품회사 제너럴밀스의 허니넛 치리오(Honey Nut Cheerios)와 같은 제품이다. 이 제품은 네슬레와 제너럴밀스가 글로벌한 사업을 위해 맺은 전략적 제휴인 범세계적 시리얼 파트너십(Cereal Partners Worldwide, 이하 CPW)에 의해 만들어졌다. CPW는 미국의 제너럴밀스가 보유한 시리얼 제조와 마케팅 역량을 스위스 네슬레의 글로벌 유통망과 결합한 것이다. 오른쪽 사진은 제너럴밀스의 트릭스 시리얼(Trix cereal)이 네슬레의 이름을 달고 중국에서 팔리는 장면이다.

©picture alliance/Daniel Kalker/Newscom

1991년 제너럴밀스가 시리얼 제품을 네슬레 브랜드로 프랑스, 영국, 스페인, 포르투갈에서 판매하기 시작한 것을 계기로 지금은 전 세계 130여개 국에서 제품이 판매되고 있다.

제너럴밀스와 네슬레는 전 세계에서 가장 탁월한 식품회사 1, 2위를 다투고 있다. 통상 업계 상위업체들은 제품과 유통에서 서로 경쟁하는 관계에 놓여있다. 그런데 제너럴밀스와 네슬레는 전략적 제휴를 형성하여 함께 전 세계 시리얼 시장의 점유율을 높이기 위해 노력하고 있다. 현재 CPW는 300억 달러에 달하는 세계 시리얼 판매량의 10% 이상을 차지하며 연간 40억 달러의 매출을 올리고 있다.

Video 12-1
Honey Nut Cheerios Ad
kerin.tv/cr8e/v12-1

리얼 브랜드인 치리오(Cheerios)가 네슬레 유통망을 통해 '네슬레 치리오'라는 브랜드명으로 공급된다. '마케팅의 힘' 박스를 읽어보면 제너럴밀스와 네슬레가 얼마나 끈끈한 제휴관계를 맺고 있는지 알게 될 것이다.

수직적 마케팅시스템

지금까지 설명한 마케팅경로는 생산자와 중간상이 각각 독립적 관계를 유지하며 거래를 통해 상품과 서비스를 유통하는 전통적 구조에 속한다. 이와 달리 생산자와 중간상이 긴밀한 관계를 형성하여 경로기능을 효율적으로 수행하며 공동의 마케팅 성과를 향상하는 구조도 존재한다. 생산자와 중간상이 단순한 거래관계를 넘어 밀접한 협력관계를 구축하는 것을 **수직적 마케팅시스템**(Vertical Marketing System, VMS)이라고 한다. 수직적 마케팅시스템은 생산에서 소매에 이르는 전반적인 경로의 효율성과 마케팅 성과를 극대화하기 위해 구성원의 활동을 조직적으로 관리하고 체계적으로 조정하는 마케팅경로다. 수직적 마케팅시스템의 기본 유형에는 기업형, 계약형, 관리형의 세 가지가 있다. 도표 12-6은 각 유형에 속하는 경로의 형태를 나타낸 것이다. 이 중에서 계약형이 가장 많고 다양하다.

수직적 마케팅시스템
생산에서 소매에 이르는 전반적인 경로의 효율성과 마케팅 성과를 극대화하기 위해 구성원의 활동을 조직적으로 관리하고 체계적으로 조정하는 마케팅경로

기업형 수직적 마케팅시스템 한 기업이 생산에서 유통의 연관된 단계를 소유권을 통해 결합하는 것이 바로 기업형 수직적 마케팅시스템(Corporate VMS)이다. 가령 생산자는 다음 단계의 경로에 있는 중간상을 소유할 수 있는데, 이런 관행을 전방통

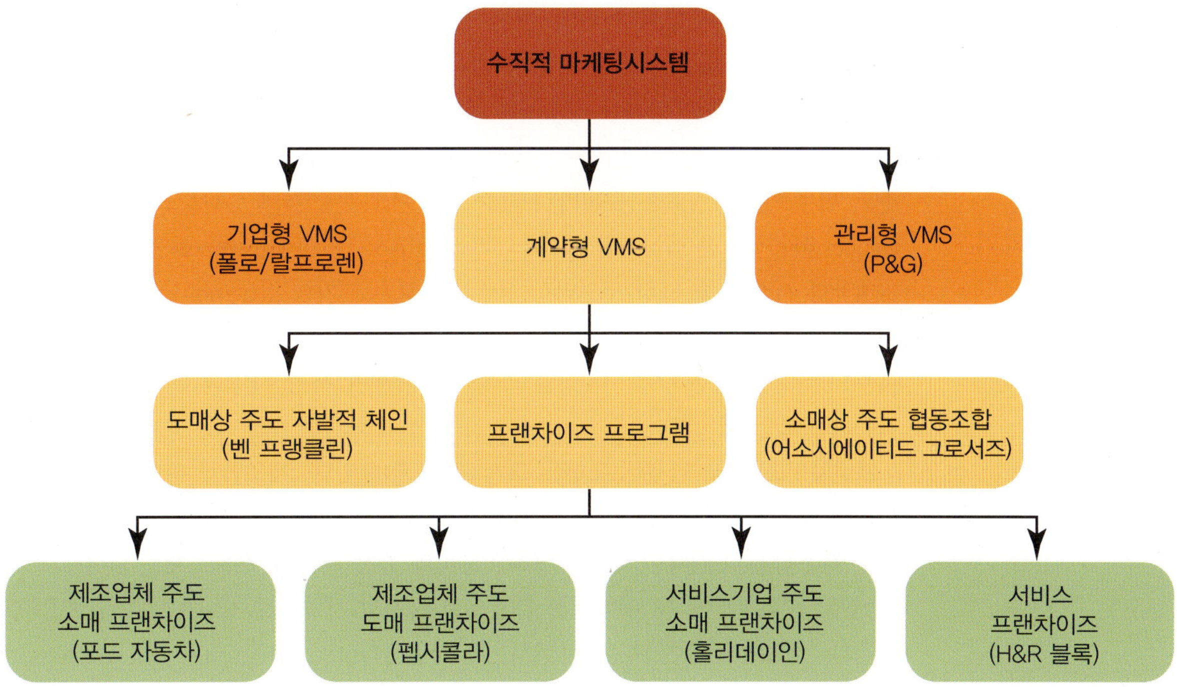

도표 12-6 수직적 마케팅시스템의 유형

합(forward integration)이라고 부른다. 의류 제조기업 랄프로렌(Ralph Lauren)은 의류 소매점을 소유하고 또 직접 운영한다. 컴퓨터와 스마트폰를 만드는 애플, 타이어를 제조하는 굿이어(Goodyear), 페인트를 제조하는 셔윈-윌리엄스(Sherwin-Williams)도 전방통합을 통해 유통망을 직접 운영한다. 반대로 소매상이 생산기능을 직접 수행하는 것을 후방통합(backward integration)이라고 한다. 예를 들어 슈퍼마켓 크로거(Kroger)는 크로거 브랜드명으로 판매하는 아스피린, 치즈 등의 수많은 제품을 생산하는 제조설비를 운영하고 있다. 보석상 티파니(Tiffany & Co.)는 전 세계 250여 개 점포와 매장을 통해 판매하는 보석류 품목의 절반가량을 직접 제조하고 있다.

기업은 유통비용을 절감하고 제품의 공급원 또는 판매과정에 대한 통제력을 강화하기 위해 전방통합 또는 후방통합을 추진한다. 그러나 유통이나 생산을 통합하여 직접 수행하는 방식은 자본투자와 고정비를 높인다는 단점도 있다. 이러한 이유로 많은 기업이 효율적으로 경로를 통제하는 동시에 통합 마케팅 성과를 달성하는 방법으로 계약형 수직적 마케팅시스템을 선택하고 있다.

계약형 수직적 마케팅시스템 독립적인 제조업체와 유통업체가 개별적으로 활동할 때 보다 더 큰 마케팅 성과를 얻기 위해 계약을 체결하여 협력관계를 맺고 공동의 노력을 기울이는 경로가 계약형 수직적 마케팅시스템(Contractual VMS)이다. 수직적 마케팅시스템의 세 가지 유형 중 가장 널리 사용된다.

계약형 시스템은 세 가지 형태로 구분된다. 도매상 주도 자발적 체인(wholesaler-sponsored voluntary chains)은 도매상이 영세한 독립 소매상들과 계약관계를 맺어 구매, 머천다이징 프로그램, 재고관리 등을 표준화하고 조정하는 것을 의미한다. 다수의 독립 소매상들이 조직화하여 대량 구매함으로 규모의 경제를 달성하고 대량 구매에 따른 할인 혜택을 받아 대형 체인점과 경쟁할 수 있다. 슈퍼마켓 체인 IGA(Independent Grocers Alliance)나 잡화점 체인 벤 프랭클린(Ben Franklin)

이 도매상 주도 자발적 체인의 예에 속한다. 소매상 주도 협동조합(retailer-sponsored cooperatives)은 규모가 작은 독립 소매상들이 공동조직인 조합을 구성하여 도매시설을 운영하는 경우이다. 회원 소매상들은 조합을 통해 구매력을 집중하여 구매비용을 절감하고 프로모션활동과 가격 책정도 협력하여 수행한다. 소매상 주도 협동조합의 예로는 슈퍼마켓 협동조합 어소시에이티드 그로서즈(Associated Grocers)와 철물점 협동조합 에이스 하드웨어(Ace Hardware)를 꼽을 수 있다.

계약형 시스템 중 가장 두드러진 형태가 바로 프랜차이징(franchising)이다. 프랜차이징은 본부(franchisor)와 가맹점(franchisee)이 가맹계약을 체결하고 가맹점이 본부의 상호를 사용하며 구체적인 규칙에 의거하여 특정 사업을 운영할 수 있도록 허용하는 것을 의미한다.

프랜차이즈 계약의 세부 유형은 크게 네 가지가 있다. 제조업체 주도 소매 프랜차이즈(manufacturer-sponsored retail franchise systems)는 자동차 산업에서 주로 사용하는 프랜차이즈이다. 포드(Ford)와 같은 자동차 제조업체는 딜러가 소비자에게 다양한 판매 및 서비스를 조건으로 자사의 자동차를 팔 수 있는 권한을 부여한다. 제조업체 주도 도매 프랜차이즈(manufacturer-sponsored wholesale franchise systems)는 청량음료 시장에서 볼 수 있다. 예를 들어, 펩시콜라는 보틀러(bottlers)라 불리는 도매상에게 펩시콜라 농축액을 공급하면 도매상은 여기에 탄산을 추가하고 병에 넣어 소매상과 식당에 프로모션하고 유통할 수 있는 권한을 부여한다. 서비스기업 주도 소매프랜차이즈(service-sponsored retail franchise system)는 서비스 상호와 네트워크를 개발한 서비스기업이 다른 서비스기업도 이용하여 소비자에게 판매하도록 허용하도록 계약하고 이익을 취하는 방식이다. 호텔, 렌터카, 외식업 등에서 이런 프랜차이즈 시스템을 많이 볼 수 있다. 호텔 체인 홀리데이인(Holiday Inn), 렌터카 기업 에이비스(Avis), 햄버거 체인 맥도날드가 대표적인 사례다. 서비스 프랜차이즈(service-sponsored franchise system)는 가맹본부가 개발한 서비스를 가맹점 통해 판매하는 프랜차이즈 시스템이다. 가맹본부는 가맹점이 특정 상호와 운영지침 아래 서비스를 제공하게끔 허용하고 사용료(royalty)를 받는다. 인력중개기업 스넬링앤스넬링(Snelling and Snelling)의 채용서비스나 세무처리기업 H&R 블록의 세금신고서비스가 이러한 예에 해당된다.

관리형 수직적 마케팅시스템 소유권이나 계약보다는 주도적 경로 구성원의 규모와 영향력에 의해 생산에서 유통에 이르는 경로 단계를 조율하는 것이 바로 관리형 수직적 마케팅시스템(Administered VMS)이다. 포장소비재 제조업체 P&G는 기저귀부터 세제에 이르는 광범위한 제품 구색과 강력한 브랜드 인지도를 무기로 슈퍼마켓에게 자사 제품의 진열, 프로모션, 가격에 대한 협조를 얻어낼 수 있다. 대형할인점인 월마트의 경우, 세계 1등 소매상이라는 지위를 이용하여 제조업체로부터 제품 사양, 구매가격, 프로모션 지원에 관한 협조를 이끌어낼 수 있다.

학습리뷰

1. 직접경로와 간접경로의 차이점은 무엇인가?
2. 소비재 제품경로보다 산업재 제품경로가 짧은 이유는 무엇인가?
3. 기업형 VMS와 관리형 VMS의 근본적인 차이는 무엇인가?

마케팅경로의 선택과 관리

목표 3 마케팅경로를 선택하고 관리하기 위해 고려해야 하는 요인들을 이해한다.

마케팅경로는 단순히 생산자와 소비자를 연결하는 역할을 수행할 뿐만 아니라 기업의 다양한 마케팅전략을 현장에서 실행하는 수단이기도 하다. 마케팅경로의 구조와 형태 선택은 매우 중요한 의사결정이다.

경로 선택과 관리에 영향을 미치는 요인

마케팅경로와 중간상을 선택하기 위해서는 세 가지 요인을 고려해야 한다.

- 표적시장 도달 범위(coverage): 어떤 경로와 중간상이 표적시장에 가장 효과적으로 도달할 수 있는가?
- 표적시장 고객의 구매요구 충족: 어떤 경로와 중간상이 표적시장 고객의 구매요구를 가장 잘 충족시켜줄 수 있는가?
- 수익성: 어떤 경로와 중간상이 가장 큰 수익을 가져다주는가?

표적시장 도달 범위 표적시장에 효과적으로 도달하기 위해서는 소매 단계에서 어떤 유형의 중간상을 얼마나 많이 활용할 것인지 결정해야 한다. 특정 지역에서 제품을 취급하는 중간상의 수는 밀도를 의미하는데, 그 정도에 따라 집약적 유통, 전속적 유통, 선택적 유통으로 구분할 수 있다. 유통밀도는 집약적 유통이 가장 높고 전속적 유통이 가장 낮다.

집약적 유통(intensive distribution)은 가능한 한 많은 중간상을 통해 기업의 제품과 서비스를 유통하는 것을 말한다. 집약적 유통은 주로 과자, 청량음료, 식품, 신문 같은 편의품 유통에 사용된다. 코카콜라의 소매유통 목표는 소비자가 갈증을 느낄 때 언제 어디서나 쉽게 코카콜라를 마실 수 있게 만드는 것이다. 전 세계 어디서나 결제가 가능한 신용카드를 표방하는 비자는 현금 서비스를 위해 200개국 이상에서 약 1,800만 대의 ATM을 운영하고 있다.

집약적 유통
가능한 한 많은 중간상을 통해 제품과 서비스를 유통하는 것으로 유통밀도가 매우 높은 수준

전속적 유통(exclusive distribution)은 집약적 유통의 정반대 의미로 특정 지역에서 하나의 소매상만 제품을 취급하도록 허용하는 것을 말한다. 이는 주로 향수, 여성복, 남성복, 귀금속 등의 전문품 유통에 사용된다. 세계적으로 유명한 명품기업 구찌(Gucci)는 자사의 브랜드인 이브생로랑(Yves Saint Laurent), 세르지오 로시(Sergio Rossi), 보체론(Boucheron), 오피엄(Opium) 등의 마케팅에 전속적 유통경로를 사용하고 있다.

전속적 유통
특정 지역에서 하나의 소매상이 제품을 취급하도록 허용하는 것으로 유통밀도가 매우 낮은 수준

소매상이 전속적 유통을 선호하는 이유는 크게 두 가지이다. 첫째, 동일한 제품에 대한 상권 경쟁을 최소화할 수 있다. 둘째, 제품과 브랜드의 차별성을 확보할 수 있다. 명품 백화점 삭스(Saks)는 삭스에서만 판매하는 독점적 제품 라인을 추구한다. 이 회사의 CEO에 따르면 "우리 점포만 유명 브랜드를 취급할 수 있는 것은 아닙니다. 샤넬, 프라다, 구찌 같은 명품브랜드는 다른 경쟁 소매점에서도 찾아볼 수 있습니다. 하지만 이런 브랜드 제품 가운데 저희만 파는 특별한 제품라인을 찾아 차별화하고자 노력합니다"라고 밝혔다.

선택적 유통(selective distribution)은 집약적 유통과 전속적 유통의 중간 형태로 특정 지역 내에서 소수의 소매상을 선택하여 제품을 판매하는 것이다. 선택적 유

선택적 유통
특정 지역 내에서 소수의 소매상을 선택하여 제품을 판매하는 것으로 유통밀도가 중간인 수준

통은 집약적 유통이 갖는 표적시장 도달 범위의 장점과 전속적 유통에서의 중간상 통제력이라는 장점을 조화시킬 수 있다. 컴퓨터 제조기업 델(Dell)은 미국 시장에서 온라인 직판과 더불어 소매점을 통해 일부 제품을 판매하기로 결정했을 때 선택적 경로를 사용하기로 하였다. CEO인 마이클 델(Michael Dell)은 "저희 제품을 판매하려는 소매상은 너무 많았습니다. 하지만 저희 제품이 이곳저곳에서 팔리기를 원하지 않습니다"라고 하였다. 이 기업은 현재 할인점 월마트(Walmart), 회원제 창고점 코스트코(COSTCO)와 샘스클럽(Sam's Club), 전자제품 전문점 베스트바이(Best Buy)의 네 군데 소매상에서 몇 가지 제품을 한정적으로 판매한다. 오늘날 선택적 유통은 가장 보편적인 경로로 사용되고 있다. 델 역시 이러한 추세에 부합하는 결정을 내린 것이다.

구매 요구 마케팅경로의 선택에서 두 번째로 고려해야 하는 것은 소비자가 제품이나 서비스를 구매할 때 무엇을 필요로 하느냐를 파악하고 경로에서 이를 충족시키는 것이다. 구매접점에서 소비자가 요구하는 것은 크게 ① 정보, ② 편의성, ③ 다양성, ④ 구매 전후 서비스의 네 가지로 구분되며 각각의 요구는 고객경험과 관련된다.

정보는 소비자가 제품이나 서비스를 구매하는 데 구체적인 자료와 정확한 지식이 필요할 때 중요한 요구사항이다. 이런 요구를 충족하려면 중간상은 매장 진열, 데모, 영업사원 배치 등을 통해 소비자와 의사소통해야 한다. 애플은 500개에 달하는 직영 소매점 애플스토어에 고도로 훈련된 전문인력을 배치하여 접점에서 소비자와 소통하며 소비자가 원하는 제품의 사용법을 익히고 경험할 수 있는 기회를 제공한다.

편의성은 소비자의 입장에서 다양한 의미를 가진다. 소매점의 이용편의성은 물리적 거리, 교통시간 또는 개점시간을 포함한다. 세계 곳곳에 5만 개 이상의 점포를 보유하고 있는 세븐일레븐은 중심지나 주택가에 위치하며 24시간 영업하고 소비자에게 편의성이라는 혜택을 제공한다. 과자와 음료회사들은 세븐일레븐 점포를 통해 제품을 판매하여 소비자의 구매편의성이라는 욕구를 충족시킨다. 편의성이 소비자의 시간과 번거로움을 최소화시켜주는 것을 의미하는 경우도 있다. 자동차 경정비 전문점 지피 루브(Jiffy Lube)는 엔진오일과 필터를 신속히 교체하여 소비자의 시간을 절약시켜준다. 인터넷쇼핑에서 편의성이란, 웹사이트를 쉽게 찾아 검색하며 이미지를 빠르게 받아볼 수 있음을 의미한다. 웹사이트를 개발할 때 지켜야 하는 '8초 규칙'란 것이 있다. 소비자가 웹사이트에 접속할 때 다운로드에 8초 이상이 걸리면 접속을 포기하고 다른 곳으로 가게 된다는 것이다.

'지피 루브'가 충족시키는 구매요구는 무엇인가? 본문에서 내용을 찾아보자.

다양성은 소비자의 제품 선택폭을 의미한다. 즉, 소비자가 구매할 때 얼마나 많은 종류의 경쟁제품과 대체품 중에서 선택할 수 있는가를 뜻한다. 다양성은 중간상이 취급하는 제품구색의 폭과 깊이에 반영된다. 구색경쟁력은 중간상의 집객력을 결정한다. 펫코(PETCO)와 펫스마트(PetSmart)는 애완동물 슈퍼스토어로 온갖 제품과 광범위한 서비스를 소비자에게 제공한다. 이에 따라, 애완동물 사료와 용품을 생산하는 업체들은 이런 대형 종합 애완동물 점포를 통해 제품을 유통하고자 한다.

구매 전후 서비스는 대형 가전제품처럼 신용구매, 배

마케팅계기판

찰스버그가구의 경로 매출과 이익관리

찰스버그가구는 미국에 있는 1,000여 개의 가구 제조업체 중 하나다. 주로 미국 남부 지역에서 가구체인, 독립가구점, 백화점을 통해 가구를 판다. 전통적으로 이들은 마케팅경로별 매출액을 기준으로 공동광고, 매장 진열, 소매영업 지원에 마케팅예산을 배정해왔다.

도전

찰스버그가구의 마케팅 부사장은 세 가지 경로에 대한 매출과 이익을 검토하여 2018년도 마케팅예산을 수립하고자 한다. 찰스버그가구가 고민하는 문제는 '관행대로 경로별 매출액을 기준으로 마케팅예산을 배분할지' 아니면 '이익도 고려해야 하는지'이다.

발견

찰스버그가구는 경로별(그리고 중간상별)로 최근 3년간 매출 추이 및 전체 매출과 이익에서 차지하는 비중을 분석해보았다. 해당 정보는 다음과 같다.

우리는 분석을 통해 몇 가지 시사점을 찾아볼 수 있다. 가구체인과 독립 가구점이라는 두 경로는 찰스버그가구의 전체 매출에서 85.2%, 이익에서 93%를 차지한다. 매출은 매년 성장하고 있다. 반면 백화점 판매는 매년 감소 중이며 2017년에는 역성장을 기록했다. 백화점 경로는 전체 매출의 14.8%, 이익의 7%를 차지한다.

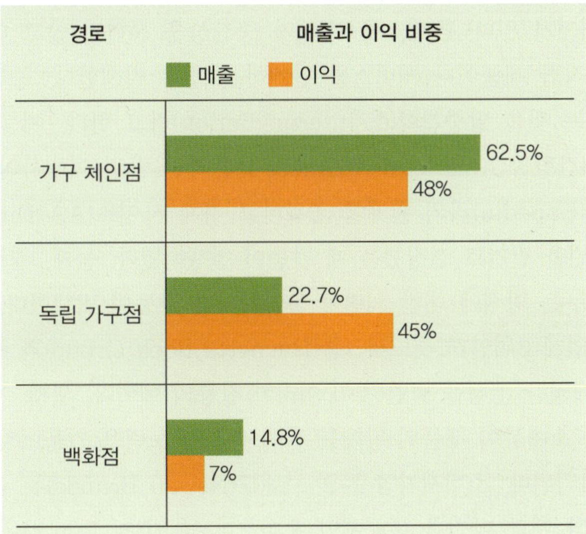

행동

찰스버그가구는 매출액을 기준으로 마케팅예산을 배분하던 관행을 바꾸어야 한다. 독립 가구점이 수익에서 차지하는 비중을 감안하여 이 경로에 더 많은 마케팅예산이 배정되어야 한다. 지난 3년간의 매출 신장세를 고려하면 독립 가구점이라는 경로의 중요성은 더욱 커진다. 그렇다고 해당 경로에 대한 마케팅예산을 2배가량 급격히 증가시키는 것은 극단적인 일로 혼란을 초래할 수 있다.

찰스버그가구는 마케팅경로로서 백화점의 장기적 역할을 생각해볼 필요가 있다. 백화점은 이익기여도가 낮고 매출이 지속 하락하고 있어 이것을 계속 유지할 것인지 고민해야 한다. 결정을 위해서는 백화점 경로에 브랜드이미지와 같은 다른 정성적 기여도가 있는지 평가해야 할 것이다.

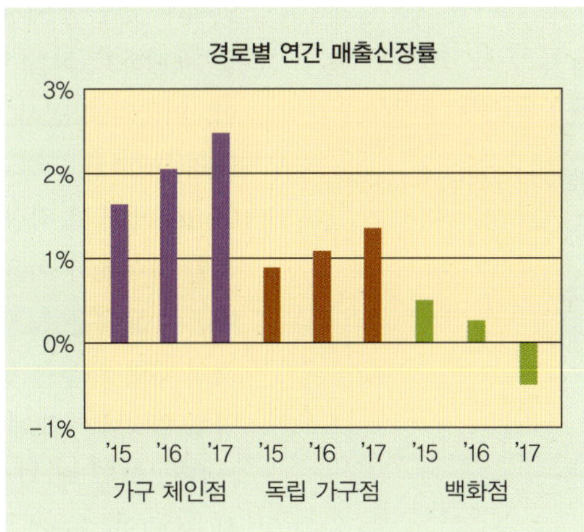

달, 설치, 수리 등이 필요한 제품의 구매에서 중요한 역할을 차지한다. 가전제품 제조업체 월풀(Whirlpool)은 이런 서비스를 일괄 제공할 수 있는 중간상을 딜러로 선정한다.

수익성 경로를 선택할 때 고려해야 하는 세 번째 요인은 수익성으로, 경로 전체의 마진에 의해 결정된다. 경로 전체의 마진은 각각의 경로 구성원이 얻는 마진(매출에서 비용을 뺀)의 합이다. 경로비용(channel cost)은 수익성을 좌우하는 중요한 요소다. 경로비용이 커지면 마진이 작아져서 수익성이 낮아진다. 따라서 제조업체는 유통 효율화를 통해 전반적인 경로비용을 줄이고자 노력한다.

경로비용은 유통비, 광고비, 판매비 등이며 마케팅경로의 유형별로 다르다. 경로 구성원이 이런 비용을 얼마나 부담하느냐에 의해 각 구성원이 얻는 마진도 달라진다. 기업들은 경로비용과 수익성을 평가하기 위해 주기적으로 마케팅경로의 성과를 분석한다. '마케팅계기판' 박스에서 소개하는 찰스버그가구(Charlesburg Furniture)의 예는 마케팅경로의 매출과 이익 성과를 평가하는 방법을 보여주고 있다.

마케팅경로 관계: 갈등과 협력

마케팅경로는 독립적인 개인이나 기업으로 구성되기 때문에 종종 갈등이 발생한다. 어떤 제품과 서비스를 누가 공급하고, 어떤 경로기능을 누가 수행하며, 중요한 경로 관련 의사결정을 누가 주도하고, 비용과 이익을 어떻게 배분하느냐를 놓고 경로 구성원 간에 의견이 충돌할 가능성이 크다. 이러한 경로갈등을 효과적으로 다루기 위해서는 갈등의 원인을 파악하고 갈등지표를 측정·관리해야 한다.

경로갈등
경로 구성원이 자신의 목표 달성을 다른 구성원에 의해 방해받는다고 믿을 때 발생

경로갈등의 원인 **경로갈등**(channel conflict)은 경로 구성원이 자신의 목표 달성을 다른 구성원에 의해 방해받는다고 믿을 때 발생한다. 마케팅경로에서 나타나는 갈등에는 수직적 갈등과 수평적 갈등의 두 가지 유형이 있다.

수직적 갈등(vertical conflict)은 제조업체와 도매상, 제조업체와 소매상, 도매상과 소매상과 같이 다른 단계에 위치한 경로구성원 사이에서 나타나는 갈등이다. 수직적 갈등의 원인은 세 가지가 있다. 첫째, 제조업체가 중간상을 통하지 않고 다음 단계에 있는 구매자에게 직접 제품이나 서비스를 판매하는 경우 발생한다. 중간상을 배제하고 직접 판매하는 것을 **탈중개화**(disintermediation)라고 한다. 예를 들어, 미국의 항공사 아메리칸항공(American Airlines)이 온라인 발권 여행사인 오비츠(Orbitz), 익스피디아(Expedia)와의 관계를 종료하고 자체 사이트(AA Direct Connect)에서 직접 항공권을 팔기로 결정했을 때 갈등이 발생하였다. 둘째, 경로구성원 사이에서 이윤을 나누는 방식에 대한 의견이 불일치하면 갈등이 발생한다. 아마존이 교육용 도서 출판업계 3위인 하쳇도서그룹(Hachette Book Group)과 전자책의 수익 배분을 놓고 7개월간 분쟁을 벌인 것이 이러한 갈등의 예이다. 셋째, 제조업체 입장에서 도매상이나 소매상이 제품의 판매를 위해 충분한 노력을 기울이지 않는다고 믿을 때 갈등이 야기된다. 소비재기업 뉴웰 브랜드(Newell Brands)는 유명한 사피(Sharpie) 브랜드의 펜과 마커를 문구체인 오피스디포(Office Depot)에 공급하지 않기로 했는데, 그 이유는 오피스디포가 원래 약속한 대로 사피 제품에 대한 진열과 마케팅에 충분한 예산을 투입하지 않는다고 믿었기 때문이다.

탈중개화
제조업체가 중간상을 통하지 않고 다음 단계에 있는 구매자에게 직접 제품이나 서비스를 판매하는 것

수평적 갈등(Horizontal conflict)은 마케팅경로에서 동일한 단계에 위치한 중간상 사이에서 발생하는 갈등이다. 가령 한 제조업체의 제품을 동시에 판매하는 도매상과 도매상 또는 소매상과 소매상 간의 갈등이 수평적 갈등의 예에 속한다. 할인 소매점 타겟(Target)이 인기 제품을 원가보다 싸게 팔면, 경쟁점인 K마트와 갈등을 겪게 된다. 수평적 갈등의 원인에는 두 가지가 있다. 첫째, 수평적 갈등은 제조업체가 한 지역시장 내에서 유통망을 늘릴 때 발생한다. 자동차 회사 GM이 시카고에서 캐딜락(Cadillac) 딜러망을 증가시켰을 때, 기존 캐딜락 딜러들이 인근에 새로운 딜러가 생기는 것에 대하여 반발한 사례가 있다. 둘째, 상이한 업태의 소매상들이 동일한 브랜드를 취급하는 복수 유통경로(dual distribution)에서 갈등이 발생한다. 굿이어

타이어(Goodyear Tire)가 타이어 제품을 시어스(Sears), 월마트(Walmart), 샘스클럽(Sam's Club) 등 대형 소매점에 납품하기로 결정하였을 때, 많은 독립 자영 딜러들이 반발하며 굿이어타이어의 경쟁사로 이탈하였다. 마찬가지로, 언더아머(Under Armour)가 운동복을 백화점에 공급하기 시작하자 운동용품 소매상들이 격분하여 언더아머 브랜드 대신 점포 브랜드(store brands)를 적극적으로 판매하기 시작했다.

소비자들도 경로갈등을 피부로 느낄 수 있다. 굿이어타이어의 독립 자영 딜러들을 적대적으로 만든 경로갈등의 유형을 본문에서 찾아보자.

©Joe & Kathy Heiner/Lindgren & Smith, Inc.

경로협력의 확보 경로갈등은 마케팅경로의 기능에 파괴적 영향을 미치므로 경로구성원 간의 갈등을 해소하고 협력을 확보하는 것이 매우 중요하다. 경로협력을 확보하는 한 가지 방법은 경로선도자(channel captain)가 다른 경로구성원들을 조정하고 지시하며 지원해주는 것이다. 경로선도자는 관련 업계의 선도적 기업으로 제조업체가 될 수 있고 도매상이나 소매상이 될 수도 있다. 미국의 소비재유통에서 P&G가 경로선도자의 역할을 담당하는데, 그 이유는 크레스트(Crest), 타이드(Tide), 팸퍼스(Pampers)와 같은 강력한 브랜드를 다수 보유하고 있기 때문이다. P&G가 유통정책이나 거래조건을 수립하면 소매상인 슈퍼마켓은 이를 받아들여 이행한다. 의약품 도매상 맥케슨(McKesson)은 중소 제약사의 약품이 미국 전역의 약국과 병원까지 유통되는 흐름을 조율·지원하는 능력을 갖추고 있어 경로선도자 역할을 수행한다. 소매업계의 선도자인 월마트(Walmart)는 강력한 소비자 이미지, 점포 수, 온라인 경쟁력, 구매량과 같은 요인 덕분에 경로선도자로 인정받고 있다.

경로선도자가 되는 기업은 다른 경로구성원의 행동에 영향을 미칠 수 있는 능력을 가지고 있다. 경로선도자의 영향력은 네 가지 형태로 구분된다. 첫째, 경제적인 영향력으로 풍부한 재무적 자원이나 강력한 고객 기반을 갖추어 경로 구성원에게 경제적 보상을 제공할 수 있는 능력이다. 거대 기업 마이크로소프트(Microsoft), 월마트(Walmart)가 이러한 영향력을 갖고 있다. 둘째, 전문성(expertise)에 기인한 영향력이다. 의료용품 전문기업 아메리칸호스피털서플라이(American Hospital Supply)는 병원 고객이 수백 가지가 넘는 의료용 소모품 주문을 신속하게 처리하고 재고관리를 효율적으로 수행할 수 있도록 지원해준다. 셋째, 기업의 명성이나 브랜드 인지도가 높은 경우 그 기업과 동일시되고 싶은 일체화(identification)라는 동기가 영향력의 원천으로 작용한다. 예를 들어 소매상들은 경쟁적으로 랄프로렌(Ralph Lauren) 브랜드 제품을 취급하고 싶어한다. 반면 여러 일반 의류업체들은 니만마커스(Neiman Marcus), 노드스트롬(Nordstrom), 블루밍데일스(Bloomingdale's) 같은 고급 백화점에 제품을 판매하기 위해 경쟁한다. 앞의 두 가지 예에서 살펴보았듯 경로구성원들이 거래를 통해 어떤 기업과 일체화되고자 하는 욕구를 가질 때 그 기업은 영향력을 행사할 수 있게 된다. 이처럼 평판과 명성에 나오는 영향력을 준거파워(referent power)라고 한다. 마지막으로 다른 경로구성원의 행동을 지정할 수 있는 법률적 권리에 의해 영향력이 생겨나기도 한다. 이런 상황은 프랜차이즈와 같은 계약형 수직적 마케팅시스템에서 가맹본부가 계약에 의해 가맹점을 통제하는 경우 나타난다.

학 습 리 뷰

1. 마케팅경로와 중간상을 결정하는 데 있어서 고려해야 하는 세 가지 요인은 무엇인가?
2. 경로 밀도의 정도에 따라 구분되는 세 가지 유형의 경로는 무엇인가?

물류와 공급망관리

목표 4 공급망과 물류관리가 무엇이며, 마케팅전략과 어떻게 연결되는지 설명할 수 있다.

물류
정확한 제품을 정확한 양만큼 정확한 시간에, 정확한 장소로 최저비용에 전달하는 활동

마케팅경로에서 제품이 소비자 및 산업재 구매자에게 전달되도록 만드는 역할을 수행하는 것이 바로 물류다. **물류**(logistics)란 정확한 제품을, 정확한 양만큼, 정확한 시간에, 정확한 장소로, 최저비용에 전달하는 활동이다. 이러한 활동을 계획하고 수행하는 것을 물류관리(logistics management)라고 한다. 구체적으로 물류관리는 원자재, 반제품, 완제품 및 관련 정보를 생산지점에서 소비지점까지 원활하고 효율적으로 흘러가도록 조직·실행하여 고객의 요구(customer requirements)를 충족시키는 업무를 말한다.

이러한 물류관리의 정의에서는 세 가지 요소가 강조된다. 첫째, 물류는 원자재의 공급원에서 소비까지 제품을 이동하는 데 필요한 의사결정을 다룬다. 즉 제품의 흐름(flow)을 관리하는 것이다. 둘째, 물류 의사결정은 비용효과적(cost effective)이어야 한다. 셋째, 물류비를 절감하는 것은 중요하지만 한계가 있다. 물류비는 고객의 요구를 만족시킬 것으로 기대되는 고객서비스를 제공할 수 있는 범위 내에서 절감해야 한다. 즉 물류비 감소가 고객서비스를 손상시켜서는 안 된다.

경영진의 역할은 가장 비용효과적인 방법으로 고객욕구를 만족시키도록 관리·감독하는 것에 있다. 물류관리가 제대로 이루어지면 놀라울 정도의 결과가 나타난다. P&G의 사례를 살펴보자. 이 회사는 공급업체 및 소매상과 협업하여 정확한 제품이 최저비용으로 정확한 시간에 점포 진열대에 도달하여 고객의 욕구를 좀 더 효과적으로 충족시키고자 하였다. 이러한 노력 덕분에 18개월간 P&G의 소매상 고객은 물류비에서 약 6,500만 달러를 절감하고 동시에 고객서비스를 대폭 향상시키는 성과를 거뒀다. 반면 물류관리가 제대로 이루어지지 않으면 재앙과 같은 결과가 초래된다. KFC는 영국에서 비용을 절감하기 위해 식품 디스트리뷰터를 교체했다가 충분한 양의 닭을 점포에 제 시간에 공급하지 못하는 문제를 발생시켰다. KFC 점포의 80%는 재료의 재고 부족으로 인해 일주일의 대부분을 영업하지 못하는 상황에 처하기도 했다.

오늘날 기업들은 생산이나 소비에 필요한 제품을 최저비용으로 정확한 시간에 정확한 장소로 전달하기 위해서는 개별적인 역량만으로 충분하지 못하다는 것을 안다. 고객에게 제품과 서비스를 매끄럽게 흘려보내려면 연관된 제조업체, 공급업체, 유통업체가 모두 협력하고 조정하여 정보를 공유해야 한다. 이 같은 협업의 관점은 공급망의 개념과 공급망관리의 실무에 잘 녹아있다.

공급망
제품 및 서비스를 창출하고 소비자나 산업재 사용자에게 전달하는 데 필요한 활동의 수행에 관여하는 기업의 집합

공급망 대 마케팅경로

공급망(supply chain)은 제품 및 서비스를 창출하고 소비자나 산업재 사용자에게 전달하는 데 필요한 활동의 수행에 관여하는 기업의 집합이다. 공급망과 마케팅경로

는 관여하는 기업들의 범위와 유형이 다르다는 점에서 차이가 있다. 공급망에는 완제품을 최종소비자에게 전달하는 도매상 및 소매상뿐 아니라 원자재나 부품을 제조업체에게 제공하는 공급업체들도 포함한다. 공급망의 관리과정 역시 마케팅경로와 다르다.

공급망관리(supply chain management)는 소비자에게 가치를 제공하는 제품과 서비스를 창출하고 전달할 목적으로 공급망에 관여하는 기업들의 정보와 물류활동을 통합하고 조직화하는 것을 말한다. 마케팅경로, 물류관리, 공급망관리의 관계는 도표 12-7에 나타나 있다. 공급망관리의 중요한 특성은 정교한 정보통신기술을 활용하여 주문 처리, 배송계획, 재고 및 시설관리를 위한 시스템을 관련 기업들이 공유하며 통합 운영한다는 것이다.

구매, 조립 및 신차 배송: 자동차 공급망

모든 기업은 하나 이상의 공급망에 속해 있다. 공급망은 일련의 기업이 공급자와 고객으로 사슬처럼 연결되어 고객은 다른 고객에 대해 공급자가 되며 이 과정은 완제품이 최종소비자에게 도달할 때까지 계속된다. 자동차 공급망을 보여주는 도표 12-8은 공급망사슬이 얼마나 복잡한지 보여준다. 일반적으로 완성차업체의 공급업체 네트워크에는 2,000개의 기능 구성품, 3만 개의 부품, 1,000만 개의 소프트웨어 코드를 공급하는 수천 개의 납품업체들이 포함되어있다. 이들은 강철이나 고무 같은 원자재부터 변속기, 타이어, 브레이크, 좌석 등의 기능 구성품에서 차체와 서스펜션시스템처럼 복잡한 반제품을 공급한다. 완성차업체가 자동차를 생산하기 위해서는 이처럼 다양하고 수많은 원자재와 부품의 흐름을 계획하고 조정하도록 주문 처리, 운송, 재고 통제, 자재 취급, 정보기술 등의 물류활동을 원활히 수행해야 한다. 완성차업체의 공급망관리자는 자동차 공급망의 중심 연결고리로서 고객 수요를 예측하여 공급업체에게 발주하고 자동차 딜러에 대한 배송 일정 및 재무적 약정을 처리한다.

자동차 마케팅경로의 물류 부분은 공급망의 중요한 축을 담당한다. 마케팅경로에서 수행되는 물류활동에는 딜러에 대한 완성차 및 부품의 운송(트럭, 항공, 철도, 선박 등의 운송업체 선정과 감독), 배송센터의 운영, 완성차의 재고관리, 판매를 위한 주문 처리 등이 포함된다. 공급망관리자는 마케팅경로에서도 중요한 역할을 수행한

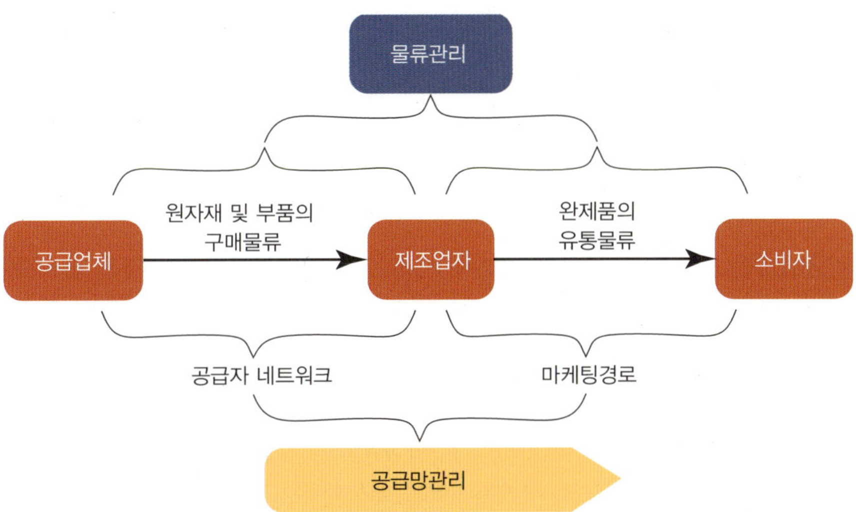

도표 12-7 물류관리, 공급망관리, 마케팅경로의 관계

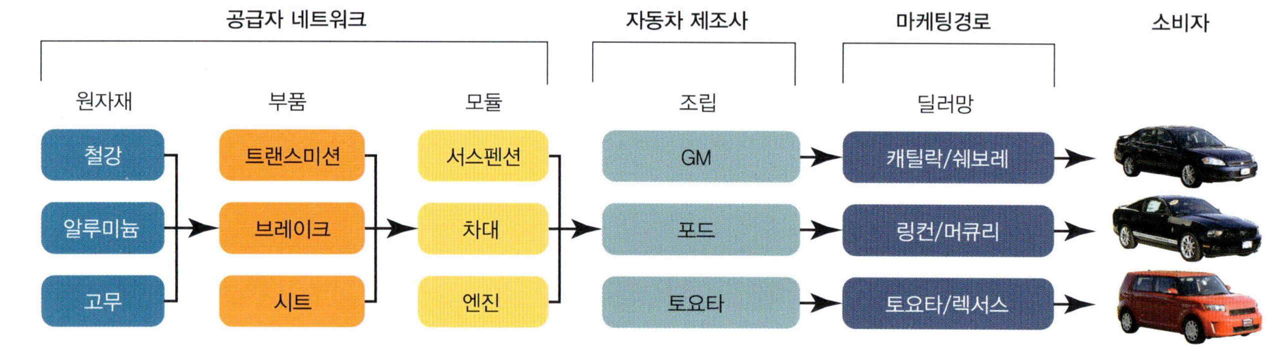

도표 12-8 자동차 공급망 안에는 원자재, 부품, 모듈, 소프트웨어코드를 공급하는 수천 개의 기업들이 있다.

다. 이들은 자동차 딜러들과 함께 일하면서 각 지역으로 차종이 구색에 맞게 차질 없이 배송되도록 해준다. 또한 딜러들이 고객의 요구에 따라 자동차 유지 및 수리 서비스를 신속하게 제공할 수 있도록 순정 부품을 적시에 공급하는 역할도 한다. 이 모든 과업은 자동차 공급망 전반을 연결하는 정보통신기술을 활용함으로써 가능해 진다. 모든 활동에 소요되는 비용은 얼마나 될까? 통상적으로 물류비용은 신차 소비자가격의 25~30%를 차지한다.

공급망관리와 마케팅전략

Video 12-2
IBM
kerin.tv/cr8e/v12-2

앞서 설명한 자동차 공급망 사례는 차 한 대가 만들어져 소비자에게 전달되는 과정에 관여하는 기업 간에 정보와 물류활동이 어떻게 통합되어 조직적으로 운영되는지를 보여준다. 여기서 빠진 부분은 공급망과 마케팅전략의 연관성이다. 기업들이 각각 다른 마케팅전략을 추구하듯 공급망도 각각 다르게 구성 및 관리된다. 기업이 추구하는 마케팅전략의 목표에 따라 공급망의 목표와 운영도 달라진다. 기업의 마케팅전략이 고객만족에 초점을 맞추면 공급망의 목표도 고객서비스에 중점을 두고, 원가우위에 초점을 맞추는 경우에는 공급망에서도 물류비의 최소화를 추구한다. 이처럼 공급망이 고객의 요구에 신속하고 민감하게 반응할 것인지, 아니면 효율성을 추구할 것인지가 마케팅전략에 의해 결정된다.

마케팅전략과 공급망의 조화 공급망의 형태는 매우 다양하며, 각각은 각기 다른 과업을 잘 수행할 수 있게 구성되어있다. 기업은 당연히 마케팅전략에 맞는 형태의 공급망을 선택해야 한다. 공급망의 선택은 세 단계를 거쳐 이루어진다.

- 고객을 이해하라: 고객을 이해하기 위해서는 기업이 초점을 두고 있는 표적시장 고객의 욕구를 정확히 파악해야 한다. 고객들이 저가격을 원하는지, 구매편의성을 원하는지 알아야 공급망을 구성할 때 효율성과 고객서비스의 상대적 비중을 결정할 수 있다.
- 공급망을 이해하라: 기업은 고객욕구를 이해한 후 공급망이 무엇을 잘 수행할 수 있도록 설계되었는지 알아야 한다. 공급망의 구조와 운영은 고객의 요구에 신속히 반응하기 위한 것인지, 효율성을 강조하여 가능한 한 최저의 원가로 공급하기 위한 것인지에 따라 달라진다.
- 마케팅전략과 공급망을 조화시켜라: 마지막으로 기업은 공급망이 수행하는 역할이 표적고객의 욕구 및 마케팅전략과 부합하는지 검토해야 한다. 만일 공급

마케팅의 힘

고객가치

IBM의 통합 공급망: 고객을 위한 토털 솔루션 제공

IBM은 역동적인 글로벌시장환경에서 고객의 변화하는 욕구에 맞추어 기업의 사업 영역을 재설계하는 능력을 발휘하였다. IBM은 탁월한 성능을 자랑하는 슈퍼컴퓨터 왓슨(Watson)이 개발한 인공지능으로 공급망을 전격적으로 개선했다.

IBM은 원자재 구매, 제조, 물류, 주문 입력, 고객 주문 이행, 기술 지원을 전사적으로 통합하여 처리하는 단일 공급망을 구축하였다. 하나의 공급망으로 이 모든 기능을 다 수행하는 것은 전례가 없는 일이다. IBM은 왜 이러한 변화를 시도했을까? IBM의 전임 CEO 팔미사노(Samuel J. Palmisano)는 "오늘날 IT 산업에서 고비용기업과 느리게 움직이는 기업은 살아남기 어렵습니다. 이런 상황에서 공급망이 새로운 경쟁력의 원천으로 주목받고 있습니다. 저희는 공급망을 혁신하여 IT 업계에서 가장 효율적이며 생산적인 기업이 되고자 노력하고 있습니다"라고 했다.

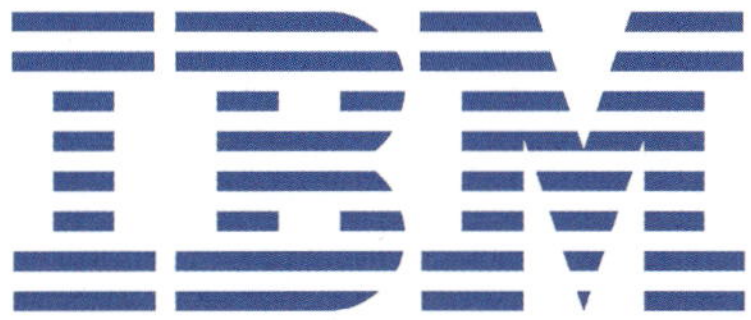

©Peter Probst/Alamy Stock Photo

통합 공급망 구축은 쉬운 과제가 아니었다. IBM은 64개국에서 사업장 360개를 운영하며 1,500만 개 이상의 자산을 관리하고 있다. 100개국에 분산된 공급업체 1만 7,000여 곳으로부터 수십억 개의 자재와 부품을 구매하고 있다. 그럼에도 IBM은 놀라운 효율성으로 원자재 조달부터 판매 후 고객서비스에 이르는 모든 공급망을 연결시켰다.

오늘날 IBM은 왓슨을 이용하여 고객의 요구에 맞는 하드웨어, 소프트웨어, 서비스믹스를 전달함으로써 고객에게 종합적인 해결책을 제공할 수 있는 독보적인 능력을 갖추고 있다. 왓슨은 IBM의 슈퍼컴퓨터로 인공지능과 정교한 소프트웨어를 결합하여 공급망의 성능을 향상시키는 데 사용된다. IBM의 통합 공급망이 세계 최고 수준으로 인정받고 있는 것은 당연하다.

망과 마케팅전략이 일치하지 않는다면 공급망을 마케팅전략에 맞게 재설계하거나 마케팅전략을 바꾸어야 한다. '마케팅의 힘' 박스에서 IBM이 공급망을 마케팅전략에 부합하도록 철저하게 재구축한 사례를 알아보자.

어떻게 앞의 세 단계를 실제로 적용하여 공급망의 효율성과 반응성을 결정할 수 있을까? 델과 월마트가 마케팅전략과 공급망을 어떻게 조화시켰는지 살펴보자.

델의 반응적 공급망 델(Dell)의 마케팅전략은 자신의 요구에 맞는 최신형 컴퓨터시스템을 원하는 고객을 표적으로 한다. 이러한 고객들은 ① 소매점에 가서 표준화된 제품을 즉각 구매하기보다는 며칠 기다리더라도 자신의 요구를 반영하는 맞춤형 컴퓨터를 배송받길 원하며, ② 최저가가 아닌 합리적인 수준의 가격을 지불할 용의가 있다는 특징을 가지고 있다. 델은 이러한 표적시장 고객의 성향을 고려하여 효율적인 공급망과 반응적인 공급망 중에서 어느 것을 선택할지 결정한다.

©Kristoffer Tripplaar/Alamy Stock Photo

효율적 공급망(efficient supply chain)이란 제품 종류를 단순화하여 대량생산을 통해 규모의 경제를 추구하고, 조립 및 보관 시설을 한 장소에만 설치하며, 배송이 오래 걸리더라도 비용이 저렴한 운송수단을 사용하는 것이다. 그러나 이 공급망으로는 신속 배송과 다양한 맞춤형 제품을 원하는 고객의 욕구를 충족시킬 수 없다.

그래서 델은 효율적 공급망 대신 반응적 공급망(responsive supply chain)을 선택했다. 그들은 반응적 공급망을 이용하여 제품의 다양성과 신속 배송을 확보할 수 있었다. 대가는 높은 비용이었다. 공급업체에서 부품을 받고 완제품을 소비자에게 배송하는 일은 신속하기는 하지만 비용이 많이 드는 운송수단을 이용하는 일이었기 때문이다. 델은 제품의 다양성을 확보하면서도 생산효율을 높이기 위해 제품 간의 플랫폼을 통일하여 동일한 부품을 사용했다. 또 공급망을 공급업체 및 고객들과 연결해주는 정보기술(IT)에 막대한 투자를 감행했다.

©R Heyes Design/Alamy Stock Photo

월마트의 효율적 공급망 월마트의 마케팅전략은 광범위한 구색의 소비재를 대량으로 저가에 판매하며 소비자로부터 신뢰받는 소매점이 되는 것이다. 이러한 전략을 실행하려면 매주 2억 4,500만 명의 소비자에게 최저비용으로 제품을 전달해주는 효율적 공급망이 필요하다. 공급망의 효율성은 다양한 방법으로 얻을 수 있다. 예를 들어 월마트는 재고수준을 아주 낮게 유지하면서 대부분의 재고를 창고가 아닌 점포에 보관하여 즉시 판매될 수 있게 준비한다. 월마트는 크로스도킹(cross-docking)을 사용하여 재고회전율을 높인다. 크로스도킹은 공급업체가 배송한 제품이 트럭에 실려 창고에 도착하면 하역 즉시 점포별로 분류하고 다시 트럭에 실어 점포로 보내는 방법이다. 대부분의 제품은 창고에 보관되지 않으며, 만일 보관되더라도 기껏해야 몇 시간 또는 하루에 불과하다. 월마트는 제품을 일찍 보내는 공급업체에게는 과징금을 매긴다. 이 크로스도킹 덕분에 월마트는 적은 수의 물류센터만 두고서도 월마트, 슈퍼센터(Supercenter), 네이버후드마켓(Neighborhood Market), 마켓사이드(Marketside), 샘스클럽(Sam's Club) 등의 방대한 점포망에 제품을 효율적으로 공급한다.

월마트는 공급망을 운영하기 위한 정보기술에 경쟁사보다 훨씬 많은 금액을 투자했다. 이를 통해 점포의 접점에서 수집된 고객 요구와 제품 수요에 대한 정보를 공급업체에게 제공한다. 공급업체는 이러한 정보를 바탕으로 제품을 시장에서 팔릴 만큼만 생산한다. 물류와 정보에 대한 투자가 월마트 공급망의 효율성을 개선하고 고객 욕구에 민감하게 반응할 수 있도록 해준 셈이다.

우리는 델과 월마트의 사례에서 세 가지 교훈을 얻을 수 있다. 첫째, 모든 기업에 통용되는 최고의 공급망은 없다. 둘째, 최고의 공급망이란 표적고객의 욕구와 일치하면서 기업의 마케팅전략과 부합하는 것이다. 셋째, 공급망관리자는 공급망을 선택함에 있어 효율성과 반응성 사이의 상충관계(trade-off)를 고려해야 한다.

공급망에 있어서 물류관리의 두 가지 개념

공급망에서의 물류관리 목표는 적절한 수준의 고객서비스를 제공하는 동시에 총물류비를 최소화하는 것이다.

총물류비의 개념

총물류비
운송, 자재관리 및 보관, 재고, 결품(재고 부족), 주문 처리, 반품 취급 등과 관련된 모든 비용

총물류비(total logistics cost)는 운송, 자재관리 및 보관, 재고, 결품(재고 부족), 주문 처리, 반품 취급 등과 관련된 모든 비용을 포함하는 것이다. 이러한 비용들은 서로 연관되어 하나가 변하면 다른 것들도 변한다. 예를 들어, 운송비를 줄이기 위해 1회 운송량을 늘리면 재고량이 증가한다. 재고량이 증가하면 재고비용도 증가하지만 결품은 감소한다. 따라서 물류에 관한 의사결정을 내릴 때는, 하나의 변화가 모든 비용 항목에 어떠한 영향을 미칠 것인지를 분석해야 한다.

고객서비스의 개념

고객서비스
시간, 신뢰성, 의사소통, 편의성 면에서 고객을 만족시킬 수 있는 능력

공급망은 흐름(flow)이며 그 종착점 또는 산출물은 고객에게 전달되는 서비스다. 공급망의 맥락에서 **고객서비스**(customer service)란 시간(time), 신뢰성(dependability),

의사소통(communication), 편의성(convenience)이라는 네 가지 요인에서 고객을 만족시킬 수 있는 능력을 의미한다. 도표 12-9에 제시된 바와 같이, 공급망관리자의 핵심 과업은 이러한 네 가지 서비스요인과 총물류비의 균형을 유지하는 것이다.

시간 공급망에서 시간(time)이란 제품의 주문주기 또는 보충시간을 의미한다. 즉, 어떤 품목을 주문하고 난 후에 배송받아 판매하거나 사용할 수 있을 때까지 소요되는 시간을 말한다. 주문주기를 구성하는 요인에는 주문필요성 인지, 주문 전송, 주문 처리, 문서화, 운송 등이 있다. 현대적인 공급망관리에서는 주문주기를 단축함으로써 재고량의 최소화를 추구한다. 또 재주문 및 제품 인도를 가능한 한 단순화시키기 위해 신속반응(quick response, QR)으로 불리는 재고관리시스템이나 효율적인 소비자 반응(efficient consumer response, ECR)과 같은 배송시스템을 많이 활용한다. 가령 백화점 삭스피프스애비뉴(Saks Fifth Avenue)는 POS(point-of-sale) 스캐너기술을 이용하여 매일의 판매량을 기록하고 재고가 최소수준 이하로 떨어지면 자동으로 재주문이 들어가도록 한다. 의류업체 DKNY는 이 주문을 받고 48시간 내에 제품을 배송한다.

신뢰성 신뢰성(dependability)이란 제품 보충의 일관성을 뜻한다. 일관된 제품 보충은 소비자를 포함하여 공급망에 관여하는 모든 구성원에게 매우 중요한 일이다. 소비자가 소매점에서 원하는 상품을 구매하지 못한다면 그는 그곳을 다시 찾지 않을 것이다. 신뢰성은 일정한 소요시간(lead time), 안전한 배송, 완벽한 주문 이행의 세 요소로 구성된다. 일관성 있는 고객서비스는 계획 수립이 가능한 반면, 일관성이 결여되면 계획을 세워 대처할 수 없기에 혼란이 초래된다. 가령 발주에서 배송까지 걸리는 시간이 길다고 해도 그것이 일정하다면 중간상은 사전에 계획을 세울 수 있으므로 이를 수용하게 될 것이다.

의사소통 의사소통(communication)은 구매자와 판매자 사이의 양방향 상호작용으로 서비스수준을 평가하거나 미래의 수요 예측하는 데 도움을 준다. 주문 처리 진행 상황에 대한 안내는 구매자와 판매자 사이에서 발생하는 의사소통의 대표적인 사례다.

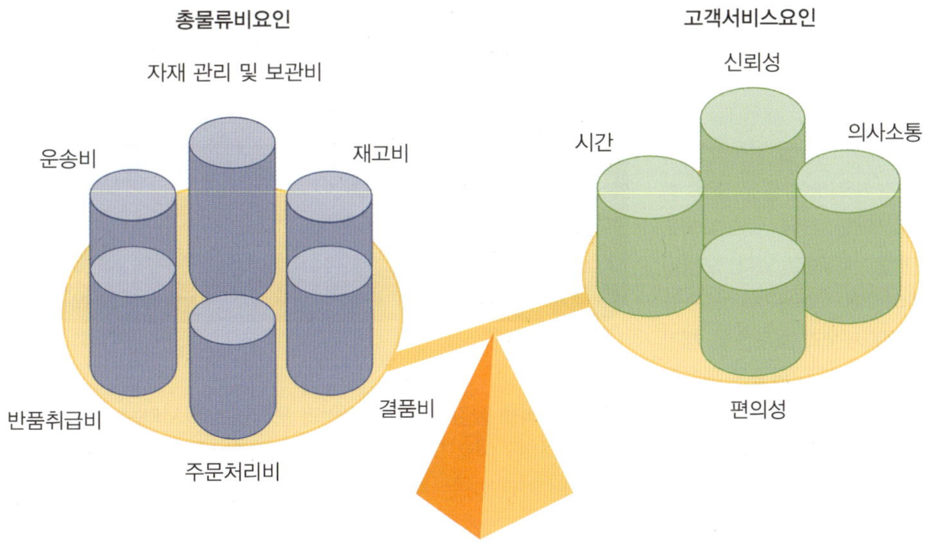

도표 12-9 공급망관리자는 총물류비 요인과 고객서비스 요인 간의 균형을 맞추어야 한다.

편의성 공급망관리자에게 편의성(convenience)은 제품의 공급과 관련된 구매자의 노력과 시간을 최소화시켜주는 것을 의미한다. 즉 '고객이 쉽게 주문할 수 있는가', '많은 점포에서 구매 가능한가', '판매자가 운송에 필요한 모든 상세 사항을 주선해주는가'와 관련된 것이다. 소매상은 취급하는 제품의 종류가 많아 발주와 재고관리에 어려움을 느끼는데, 그들의 구매편의성을 향상시키기 위해 **공급자재고관리**(vendor-managed inventory, VMI)가 사용된다. 이 시스템은 소매상이 필요로 하는 제품의 양과 구색을 공급자가 결정하고 자동으로 해당 품목을 배송해주는 일을 한다.

공급자재고관리
소매상이 필요로 하는 제품의 양과 구색을 공급자가 결정하고 자동으로 해당 품목을 배송해주는 재고관리시스템

캠벨수프(Campbell Soup)의 공급망은 공급자재고관리가 어떻게 작동하는지 보여준다. 소매상들은 매일 아침 필요한 제품 수량과 물류센터의 재고수준을 온라인으로 캠벨에 알린다. 캠벨은 이러한 정보를 이용하여 오전 중에는 미래 수요를 예측하고 각 소매상과 사전에 협의한 재고 상한선과 하한선을 고려하여 어떤 제품을 얼마나 보충할지 결정한다. 오후에는 소매상별로 보충해야 할 제품이 트럭에 실려 캠벨의 배송창고를 떠나고 각 소매상 물류센터에 제품이 당일 내로 도착한다.

공급사슬의 마무리: 역물류

공급사슬은 최종 소비자나 산업재 사용자에게서 끝나지 않는다. 오늘날에는 공급사슬이 역으로 움직이는 경우가 빈번히 발생한다. **역물류**(reverse logistics)는 소비자 또는 사용자로부터 수리, 재제조, 재유통, 폐기를 위해 재활용품, 재생용품, 반품, 중고품을 수거하는 과정을 말한다. 역물류는 토지 매립 쓰레기의 절감과 기업 운영비 절감의 효과를 가져온다. '마케팅의 힘' 박스에서 휴렛팩커드(Hewlett-Packard)가 역물류를 성공적으로 주도한 사례를 살펴보자.

역물류
소비자 또는 사용자로부터 수리, 재제조, 재유통, 폐기를 위해 재활용품, 재생용품, 반품, 중고품을 수거하는 과정

책임 있는 의사결정

윤리

휴렛팩커드의 역물류와 친환경마케팅: e-쓰레기 재활용

세계적으로 연간 약 50메가톤(1메가톤 = 100만 톤) 분량의 전자제품과 전기장비가 쓰레기로 매립되고 있다. 2018년에는 미국에서만 4억 대의 아날로그 TV 세트와 컴퓨터 모니터가 버려졌다. 일본 소비자들은 6억 1,000만 대 이상의 휴대폰을 폐기했다. 그 결과, 매립장에 버려진 디지털 쓰레기에 잔존되어있는 납, 크롬, 수은 등의 독극물이 환경을 오염시켰다.

다행히 휴렛팩커드는 이러한 문제에 대한 책임을 인식하고 역물류 프로그램을 통해 이를 해결하고자 노력하여 좋은 평을 받고 있다. 휴렛팩커드는 1987년부터 컴퓨터와 프린터 하드웨어를 재활용하고 있으며 이 분야에서 업계를 선도하고 있다. 오늘날 이 회사의 재활용 서비스는 73개국 이상에서 이용가능하다. 휴렛팩커드는 약 30억 파운드의 중고 전자제품과 소모품을 재가공하여 재판매하거나 기부하며, 재사용이 어려운 제품은 분해하여 원재료를 회수하고 있다.

휴렛팩커드의 재활용에 대한 노력은 기업 제품 개발 프로그램의 일부로 추진되고 있다. 이들은 제품 개발 단계부터 역물류비와 환경비를 절감하도록 디자인과 포장을 변화시키는 데 중점을 맞춘다. 한 예로 잉크 카트리지의 75%와 레이저 제트(Laser Jet) 토너 카트리지는 재생 플라스틱으로 만들어진다.

Source: Hewlett-Packard Development Company, L.P.

모토롤라(Motorola)와 노키아(Nokia)는 휴대폰의 교환과 재활용을 위해, 캐터필라(Caterpillar)와 제록스(Xerox), IBM은 산업재 장비의 제조·재생을 위해 역물류 프로그램을 실행하여 호평을 받고 있다. 역물류 프로세스를 취급하기 위해 기존의 공급망 기능과 함께 UPS, 페덱스(FedEx), 펜스키 로지스틱스(Penske Logistics)와 같은 3자물류(third-party logistics) 공급사들을 이용할 수도 있다. 자동차나 보트에 들어가는 배터리를 만드는 GNB 테크놀로지는 대부분의 공급망활동을 UPS 공급망 서비스에 외주를 준다. 이 기업은 계약을 체결하여 UPS가 공장, 물류센터, 재생센터, 소매상 간의 배송을 관리하도록 하고 있다. UPS는 트럭과 철도를 이용하여 배터리 신제품과 중고제품을 재생센터로 보낸다. 이러한 협력관계는 경제적·생태적 이득을 가져온다. 제조업체들은 배터리에 사용된 납의 약 90%를 재활용함으로써 납 재료비를 절감하여 배터리 원가를 낮출 수 있다. 또 폐기물 처리비용과 토지에 매립되는 납의 양을 줄여 환경 보호에도 기여한다.

Video 12-3
UPS
kerin.tv/cr8e/v12-3

학습리뷰

1. 마케팅경로와 공급망의 주된 차이점은 무엇인가?
2. 공급망을 선택하는 데 사용되는 세 단계는 무엇인가?
3. 공급망관리자의 핵심 과업은 물류비의 다섯 개 요소와 고객서비스의 네 가지 요소 간의 균형을 맞추는 것이다. 각 요소는 무엇인가?

마케팅지식 적용해보기

1. 셀라니스화학기업(Celanese chemical Company)의 디스트리뷰터는 여러 종류의 화학물을 대량 보관해두었다가 고객의 요구에 맞춰 배합하고, 주문 접수 24시간 내에 배합물을 고객의 창고로 배송해준다. 이 디스트리뷰터는 어떤 효용을 창출하고 있는가?
2. 카펫을 제조하는 기업이 기존에 거래하던 도매상을 거치지 않고 백화점이나 가구점에 직접 카펫을 판매할 것을 고려하고 있다. 이러한 상황에서 어떤 문제점에 유의해야 하며 의사결정에 필요한 정보는 무엇인가?
3. 복수유통경로를 사용할 때 어떤 유형의 경로갈등이 일어날 수 있는가? 직접경로를 사용함으로써 어떤 유형의 갈등을 줄일 수 있는가? 그렇게 되는 이유는 무엇인가?
4. 경로선도자의 개념은 기업형, 관리형, 계약형 VMS 각각에서 각각 어떻게 달라지는가? 각 VMS 상황에서 경로선도자는 어떤 유형의 영향력을 사용하는가?
5. 다음과 같은 산업에서 구매자에게 중요한 고객서비스 요인에는 무엇이 있는지 설명해보자. (a) 제조업, (b) 소매업, (c) 병원, (d) 건설업.

마케팅계획 세워보기

여러분의 마케팅계획에서 마케팅경로와 중간상의 선택이 필요한가? 만약 그렇다면 다음과 같은 질문에 대해 생각해보자.

1. 여러분의 제품이나 서비스를 표적시장의 고객들에게 가장 효과적으로 전달할 수 있는 경로와 중간상은 무엇인가?
2. 표적시장 고객의 주된 구매요구를 가장 잘 충족시킬 수 있는 경로와 중간상은 무엇인가?
3. 이익기여도가 가장 높은 경로와 중간상이 무엇인가?
4. 여러분의 경로와 중간상을 선정하고 그 이유를 설명해보자.
5. 여러분에게 필요한 재고 유형(소매재고, 완제품, 완재, 소모품 등) 서너 개를 파악하고 이를 중심으로 재고비를 줄일 수 있는 방안을 제시해보자.
6. 네 가지 고객서비스요인(시간, 신뢰성, 의사소통, 편의성)의 순위를 가장 중요한 것부터 덜 중요한 순으로 매겨보고 여러분의 제품과 서비스의 특징을 고려하여 가장 중요하다고 생각되는 한두 가지 요인에 대한 실행방안을 생각해보자.

비디오 케이스 12 아마존: 지상 최대의 구색 제공

> **Video 12-4**
> **Amazon Video Case**
> kerin.tv/cr8e/v12-4

아마존 CEO 제프 베이조스(Jeff Bezos)는 "비결의 핵심은 지속적으로 개선하여 7세대로 발전한 풀필먼트 센터(fulfillment center)입니다"라고 설명한다. 아마존은 신속하고 편리한 저비용 쇼핑을 선보이며 수백만 명의 소비자들을 매료시켰다. 아마존은 소비자들의 쇼핑방법을 변화시키기 위해 하루 수백만 건에 달하는 배송을 매끄럽게 완수해야 하는 벅찬 과제를 해결해야만 했다.

아마존의 역사

아마존은 인터넷에서 '서적 구매를 가장 쉽고 빠르게 할 수 있는 쇼핑경험'이 되게 하자는 단순한 아이디어에서 시작되었다. 아마존은 1994년에 설립되어 1995년 7월에 웹사이트를 출범하게 된다. 닷컴사업의 폭풍 성장에 앞장선 아마존은 사업을 고속으로 확장시키는 전략을 추구했다. 그들은 다른 제품과 서비스도 추가로 판매하며 매출을 급격히 신장시켰다. 아마존은 "지상에서 가장 고객 중심적인 회사(customer-centric company)가 되어 고객이 원하는 것이면 무엇이든 온라인에서 찾고 구매할 수 있게 만들어주는 것"을 목표로 삼았다. 오늘날 아마존은 낮은 가격, 방대한 제품 구색, 편의성을 제공함으로써 지속적으로 성장하고 있다. 아마존의 제품 선택 폭은 매우 광범위한 범주를 망라한다(도서, 영화, 음악과 게임, 전자제품과 컴퓨터, 가정용품, 정원용품 및 공구, 화장품, 건강용품 및 식품, 완구, 의복, 구두와 보석, 스포츠와 아웃도어, 자동차와 산업재). 또 디지털음원, 안드로이드 앱스토어, 아마존 클라우드 드라이브(Amazon Cloud Drive), 킨들 전자책 단말기(Kindle e-reader), 킨들 파이어 태블릿(Kindle Fire tablet), 아마존 파이어 TV, 아마존 파이어 휴대폰도 제공하고 있다. 그 밖에도 고객은 아래와 같은 서비스를 이용할 수 있다.

- 제품명을 일부만 입력해도 제품 및 브랜드 검색이 가능하다.
- 한 번 클릭으로 주문이 완료된다. 웹사이트에서 '원클릭 즉시 구매(Buy Now with 1-Click)' 버튼 혹은 휴대폰에서 '모바일 원클릭(Mobile 1-Click)' 버튼을 누르기만 하면 된다.
- 사전에 동의한 이메일(opt-in e-mail)로 과거 구매이력에 근거한 개인 맞춤형 제품을 추천받는다.

이러한 제품과 서비스 덕에 아마존은 전 세계의 수백만 명을 끌어들였다. 이제 아마존닷컴(Amazon.com)은 호주, 브라질, 캐나다, 중국, 프랑스, 독일, 인도, 이탈리아, 일본, 멕시코, 스페인, 영국 등의 해외시장에도 진출하여 세계에서 가장 큰 온라인 소매상이 되었다.

200만 개가 넘는 중소기업, 소매브랜드, 개인 판매자가 아마존의 전자상거래 플랫폼을 이용 중이다. 중소기업이 제품판매를 활성화하기 위해 사용할 수 있는 아마존의 전자상거래 플랫폼으로는 셀링온아마존(Selling on Amazon), 풀필먼트바이아마존(Fulfillment by Amazon), 아마존 웹스토어(Amazon Webstore), 체크아웃 바이 아마존(Checkout by Amazon)이 있다. 온라인 소매상이 제품을 아마존의 풀필먼트센터에 보관하고 있다가 제품이 판매되면 아마존이 배송을 해준다. 아마존은 브랜드를 위한 소매 웹사이트도 운영하는데 여기에는 베베(bebe), 막스앤스펜서(Mark & Spencer), 라코스테(Lacoste), AOL's Shop@AOL 등 다양한 브랜드가 입점되어있다. 개인 판매자도 아마존 네트워크를 이용하여 수백만 명의 잠재고객에게 접근할 수 있다. 이러한 비즈니스 협력관계에 힘 입은 아마존의 매출은 750억 달러에 달한다.

베이조스는 아마존의 사업을 고객 중심과 혁신이라는 빅 아이디어의 실현으로 정의한다. 고객 중심은 아마존이 행하는 보는 일의 중심을 고객에 두는 것이며, 혁신은 항상 탐구하고 새롭게 개척하는 것을 말한다. 아마존의 성공은 이런 철학을 바탕으로 원가와 효율성을 위해 치열하게 노력하여 저가격을 구현한 결과라고 할 수 있다. 아마존은 가장 복잡하고 비용이 많이 소요되는 영역인 공급망을 효율적으로 관리하는 능력이 탁월하다.

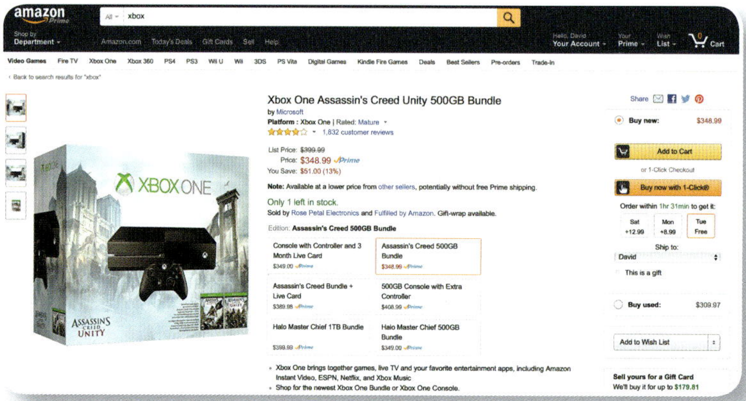

Source: Amazon.com, Inc.

아마존의 공급망과 물류관리

아마존의 웹사이트에 주문이 접수된 후, 제품이 고객의 집 문 앞에 도착할 때까지 무척 많은 일이 일어난다. 아마존은 수백만 개의 제품이 보관되어있는 거대한 물류센터(풀필먼트센터)를 운영한다. 아마존이 경쟁사들과 가장 다른 점은 판매 전에도 제품을 실제로 갖추고 있다는 것이다. 베이조스는 과거를 회상하며 오늘날의 아마존이 얼마나 개선되었는지 설명한다. "초창기에는 매일 아침 제가 직접 쉐보레 블레이저(Chevy Blazer)에 물건을 싣고 우체국까지 가서 소포를 부쳤습니다. 당시 지게차 하나를 갖는 게 꿈이었는데 빠르게 발전하여 오늘날에는 96개의 풀필먼트센터를 갖게 되었죠." 현재 아마존은 1,500만 개 정도 되는 공급업체로부터 들어오는 제품을 미국과 해외의 풀필먼트센터로 보내어 고객 주문의 흐름과 연결하고 제품을 직접 풀필먼트센터에서 소비자의 가정과 사무실로 보내고 있다.

이 과정은 공급업체로부터 시작된다. 아마존은 효율을 높이고 재고회전율을 향상시키기 위해 공급업체와 밀접하게 협력한다. 한 예로, 소프트웨어를 사용하여 지역별 구매패턴을 예측하고 이 정보를 공급업체에게 제공하여 배송일자와 물량에 대한 계획을 세우게 만든다. 풀필먼트센터에 도착한 제품은 스캔되어 빈 선반에 보관되는데, 이것은 얼핏 보기에는 막 쌓아놓은 것 같기도 하다. 어떤 때에는 책이 완구와 주방기구와 놓인 선반에 같이 놓이기도 한다. 아마존의 운영과 고객서비스를 책임지는 데이브 클라크(Dave Clark) 부사장은 "품목이 입고되는 시점에 컴퓨터가 크기에 딱 맞게 보관할 공간을 찾아 저장하여 빌딩의 공간을 최대한 활용할 수 있게 해줍니다"라고 말한다. 클라크는 100만 스퀘어풋(square foot)에 달하는 풀필먼트센터(풋볼 경기장 20개 이상의 크기) 하나에 지상 최대의 제품구색을 재고로 보유할 수 있다고 밝혔다.

아마존은 풀필먼트센터에서 제품을 개별 주문으로 분류하는 과정을 꾸준히 개선시켜왔다. 일단 컴퓨터시스템에 주문이 접수되면 정교한 소프트웨어가 각 제품의 위치를 계산하여 가장 단거리의 동선을 보여주는 지도를 생성하고 '픽 앰배서더(pick ambassador)'라는 작업자가 이 지도를 가지고 통로를 걸어다니며 제품을 집어든다. 각 품목은 스캔되어 재고수준과 위치가 항상 갱신된다. 포장직원(packer)은 모든 품목이 상자에 담긴 것을 확인하고 테이프로 봉한 후 라벨을 붙인다. 상자는 컨베이어벨트로 이송되어 배송장소에 따라 분산된다. 마지막으로 트럭과 지역 우편집중국의 네트워크가 배송과정을 마무리한다. 아마존에서는 실제로 비행기보다 트럭이 더 많이 사용된다.

아마존이 물류와 공급망을 얼마나 성공적으로 관리하는지는 연말 명절의 쇼핑 시즌에 극명하게 드러난다. 아마존은 추수감사절 다음 월요일인 사이버 먼데이(Cyber Monday)에 약 3,680만 개 품목에 대한 주문을 받는다. 인기 품목인 엑스박스(Xbox)와 플레이스테이션(Play Station)에만 분당 1,000개의 주문이 쏟아진다. 연말의 공휴일 시즌에는 185개국으로 물품을 보내는데 99% 이상이 정시에 배송된다.

아마존의 지속적인 개선

베이조스는 최근 아마존 주주들에게 보낸 편지에서, 직원들이 "항상 어떻게 하면 더 잘할 수 있을까를 고민한다"라고 보고했다. 베이조스는 유명한 토요타의 카이젠(개선) 프로그램을 도입하여 불량과 낭비를 줄이고 프로세스를 효율화하기 위해 노력하고 있다고 설명한다. 특히 공급망과 물류관리 접근방법에서 변화가 이루어지고 있다는 점을 강조한다.

아마존의 새로운 서비스 중 하나는 아마존 프레시(Amazon Fresh)이다. 이것은 식료품을 온라인으로 주문받아 당일에 배송하는 서비스이다. 이 서비스는 시애틀에서 몇 년간 시험되었고, 최근 로스앤젤레스와 샌프란시스코로 확대되었다. 이 서비스가 성공적이라고 판명되면 다른 도시로 신속히 확장될 것이다. 또 다른 새로운 서비스는 미국 우체국과 계약하여 일요일 배송을 제공하는 것이다. 현재 시험 중인 도시에서 이 서비스에 대한 수요가 입증되면, 다른 도시로도 신속히 확대할 계획이다. 마지막으로 아마존은 소형 품목을 고객에게 30분 내에 배송할 수 있는 무인 항공드론을 개발하고 있다고 공표하여 많은 주목을 받았다. 베이조스는 "항공드론으로 5파운드 정도의 물건을 배송할 수 있는데, 우리가 취급하는 품목의 86%가 5파운드 이하입니다"라고 설명한다. 미국 연방항공청(Federal Aviation Administration, FAA)은 2015년 초반 아마존에게 드론을 비행할 수 있는 허가를 부여했다. 이들이 드론 항공배송 서비스를 최종 승인하면, 빠르면 2020년에 일부 지역에서는 아마존 드론이 물건을 배송하는 장면을 볼 수 있을 것으로 기대된다.

1995년 창업 이래 아마존은 먼 길을 걸어왔다. 아마존의 물류와 공급망관리활동은 자동화와 커뮤니케이션 기술을 적용하여 비용 면에서 효과적이며 효율적인 배송시스템을 구축함으로써 탁월한 고객서비스를 제공하게 해준다. 앞으로도 아마존은 혁신을 장려하는 창의적 정신을 최대한 발휘하여 미래의 매출과 이익, 고객서비스를 지속적으로 향상시켜나갈 것이다. 베이조스는 "우리는 현재 도전하고 즐기며 미래의 일을 준비하고 있습니다"라고 말한다.

질문

1. 아마존의 물류와 공급망관리활동이 고객에 대한 가치를 어떻게 창출하고 있는가?
2. 아마존은 공급업체로부터 풀필먼트센터로 흐르는 제품의 이동을 개선하기 위하여 어떤 시스템을 개발했는가? 풀필먼트 센터로부터 고객에게로 이어지는 주문품의 흐름을 개선하기 위해 어떤 시스템을 사용하고 있는가?
3. 물류와 공급망관리가 아마존의 미래 성공에 있어 왜 중요한가?

13

소매상과 도매상

LEARNING OBJECTIVES

다음 학습목표를 달성해보자.

목표 1 소매상이 창출하는 효용의 관점에서 소매업을 이해한다.

목표 2 소매상을 분류하는 방법을 설명할 수 있다.

목표 3 무점포 소매업의 다양한 방식을 이해한다.

목표 4 소매전략을 실행하는 소매믹스활동에 대하여 설명할 수 있다.

목표 5 소매수레바퀴와 소매수명주기의 개념들을 이용하여 소매업의 변화를 설명할 수 있다.

목표 6 도매활동과 도매기능을 수행하는 도매상의 유형에 대하여 이해한다.

Video 13-1
Apple Watch
kerin.tv/cr8e/v13-1

스마트스토어가 소비자의 쇼핑 여정을 변화시키고 있다

오늘날에는 우리의 생활을 변화시키는 새로운 디지털기술이 널리 보급되고 있다. 이런 기술에 익숙하고 쇼핑을 좋아하는 소비자들은 이 놀랄만한 경험을 할 준비가 되어있다. 앞으로 기술과 소매업의 결합이 창조하는 스마트스토어(smart store)가 소비자의 쇼핑 여정을 변화시키고 향상시킬 것이다.

스마트스토어는 다양한 기술 솔루션을 이용하여 매장 내 경험을 강화한다. 예를 들어, 소매상은 스마트스토어에 사물인터넷(Internet of Things, IOT) 기술을 적용하여 점포 내의 모든 사람과 사물을 연결한다. 스마트스토어에 생체 스캐너를 사용하는 구매접점 진열대(point-of-purchase display)를 설치하여 개인 특징이 입력된 맞춤형 비디오에 소비자가 접근하거나 행동하는 것을 감지할 수 있다. 매장에서 가전이나 가구와 같은 제품을 살펴볼 때, 고객은 가상현실과 3D 영상도구를 이용하여 마치 이 제품이 자신의 집에 놓여있는 것과 같은 장면을 시각적으로 보고 묘사할 수 있다. 이런 스마트스토어 기술은 재고관리의 효율성 및 의사결정의 신속성을 높여주고 고객만족의 수준을 향상시킬 것으로 여겨진다.

또한 스마트스토어는 스마트워치 같은 웨어러블기술(wearable technology)을 이용하여 쇼핑경험을 개선한다. 스마트워치는 점포의 행사 정보와 제품 위치를 알려주고, 심지어 어느 계산대의 줄이 빨리 줄어드는지도 알려준다. 실제로, 타겟(Target)과 콜스(Kohl's)는 점포 근처에 있는 애플워치 착용자에게 특판행사에 관한 메시지를 전달한다. 일단 소비자가 점포 안에 들어오면, 애플워치가 행사 품목으로 안내하고 선택하고자 하는 제품에 가까이 다가가면 경보음이 울린다. 일부 식품점은 리스트이즈(List Ease)와 같은 쇼핑 앱을 이용하여 소비자를 앱의 쇼핑목록에 있는 식료품 쪽으로 안내한다. 이 앱을 개발한 모바일 마케팅 회사 인마켓(InMarket)의 데이브 하인징거(Dave Heinzinger)는 "앱을 시계 위의 쇼핑목록으로 생각하세요"라고 설명한다. 애플워치 사용자가 요리

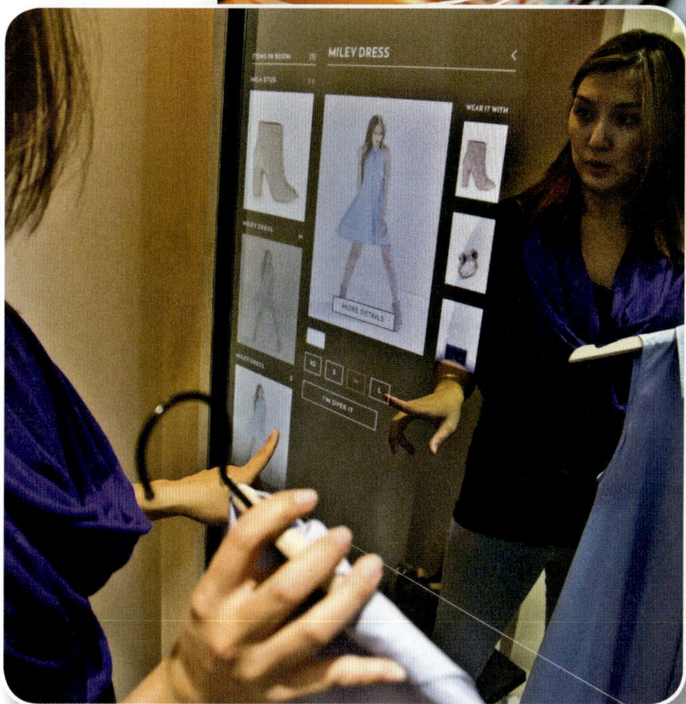

(top):©Jiraroj Praditcharoenkul/Alamy Stock Photo; (bottom, left):©Bebeto Matthews/AP Images; (bottom, right):©Zapp2Photo/Shutterstock

앱 에피큐리어스(Epicurious)에 나와 있는 어떤 조리법(recipe)을 좋아한다고 하면, 리스트이즈는 소비자를 이 음식을 만드는 데 필요한 식자재 근처로 안내해준다.

스마트폰도 스마트스토어 경험의 일부다. 쿠폰처리기업 밸팍(Valpak)은 스마트폰이 있는 곳에서 25마일 내의 점포에서 사용할 수 있는 쿠폰에 접근하는 앱을 개발했다. 로열티카드 앱(loyalty card app)은 카드의 바코드를 저장하고 필요할 때 스마트폰 화면에 보여줌으로써, 소지한 카드를 계산할 때 찾아야 하는 불편함을 없애주었다. 더욱 극적인 현상은 소비자가 계산대 근처에서 기기를 대기만 하면 결제할 수 있는 애플페이(Apple Pay), 안드로이드페이(Android Pay), 페이팔(PayPal)의 모바일 지갑 같은 근거리통신(near field communication, NFC) 기술의 사용이 늘어나고 있다는 것이다. 애플워치 사용자의 경우, 시계를 간단히 스캐너 근처로 옮기기만 해도 자신의 신용카드에서 대금이 결제되게 할 수 있다.

마지막으로, 스마트안경도 스마트스토어 경험의 일부로 사용되고 있다. 스마트안경은 일반 안경과 비슷하게 생겼는데, 여기에는 착용자가 볼 수 있는 작은 디스플레이가 장착되어있다. 스마트안경은 이미지와 음성인식 기술을 사용하여 필요한 정보가 안경의 화면 위에 보이도록 한다. 소비자는 점포 내에서 스마트안경을 사용하여 쇼핑을 할 수 있다. 뿐만 아니라, 소매점의 점원, 판매사원, 기능직 직원들도 스마트안경을 사용하여 점포 내 어디에서든 제품기술 정보에 관한 매뉴얼 검색, 물품 재고 확인, 주문 발송을 할 수 있다. 심지어 직원이 계산대에 가지 않고도 소비자가 구매한 물건을 계산할 수 있다.

이러한 요소들은 오늘날 소매업에서 진행되는 여러 흥미진진한 변화 중 일부에 불과하다. 이 장에서는 시장이라는 공간에서 소매상이 수행하는 중요한 역할에 관해 논의하고, 소매상들이 소비자를 위한 가치를 창출하기 위해 어떤 노력을 기울이고 있는지를 다룰 것이다.

소매상이 일상적으로 직면하는 어렵고도 중요한 질문은 다음과 같다. 소비자는 스마트폰, 인터넷, 카탈로그, TV를 이용하여 어떤 종류의 제품을 구매하는가? 소비자가 직접 원격으로 구매하지 않는 제품은 어떤 유형의 점포에서 사는 것인가? 점포의 입지는 얼마나 중요한가? 소비자들은 수선, 배송, 설치, 수리와 같은 서비스를 얼마나 기대하는가? 각 제품 가격을 얼마로 정해야 하는가? 이러한 질문에 답하기란 어렵지만 소매업에 핵심이 되는 중요한 질문인 것만은 분명하다. 유통경로에서 소매는 소비자들이 제품을 접하는 곳이다. 마케팅의 중심 현상인 교환(exchange)도 소매를 통해 이루어진다. **소매**(retailing)는 개인 혹은 가족이 사용하기 위해 구매하는 최종 소비자에게 제품과 서비스를 판매, 대여 및 제공하는 데 관여하는 모든 활동을 말한다.

소매
개인 혹은 가족이 사용하기 위해 구매하는 최종 소비자에게 제품과 서비스를 판매, 대여 및 제공하는데 관여하는 모든 활동

소매의 가치

목표 1 소매상이 창출하는 효용의 관점에서 소매업을 이해한다.

소매는 중요한 마케팅활동 중 하나다. 생산자와 소비자는 소매행위를 통해 서로 만나지 않고도 거래를 할 수 있다. 뿐만 아니라 소매는 고객가치를 창출하고 경제에 중대한 영향을 미친다. 소매의 가치는 소비자에게 여러 형태의 효용을 구현해준다(도표 13-1). 국가 경제 차원에서 소매는 소매업의 총매출 규모와 고용으로 나타난다.

소매업이 제공하는 소비자효용

소매상이 제공하는 효용은 소비자를 위한 가치를 창출한다. 소매상이 제공하는 네 가지 효용은 시간효용(time utility), 장소효용(place utility), 형태효용(form utility), 소유효용(possession utility)이다. 각 소매상은 이 네 가지 효용을 정도는 다르지만 모두 제공하며, 그중 하나를 특별히 강조하여 수행할 수도 있다. 도표 13-1에서 각 소매상이 어떤 효용들을 강조하고 있는지 파악해보자.

웰스파고(Wells Fargo) 은행은 슈퍼마켓에 소형 지점을 설치하여 금융상품과 서비스를 소비자 가까이 접근시킴으로써 장소효용을 제공한다. 카맥스(Carmax)는 융자, 리스, 교환공제를 제공함으로써 중고차 구매를 보다 용이하게 만들어 소유효용을 제공한다. 랄프로렌(Ralph Laurent)은 온라인 폴로커스텀숍(Polo Custom

Video 13-2
CarMax
kerin.tv/cr8e/v13-2

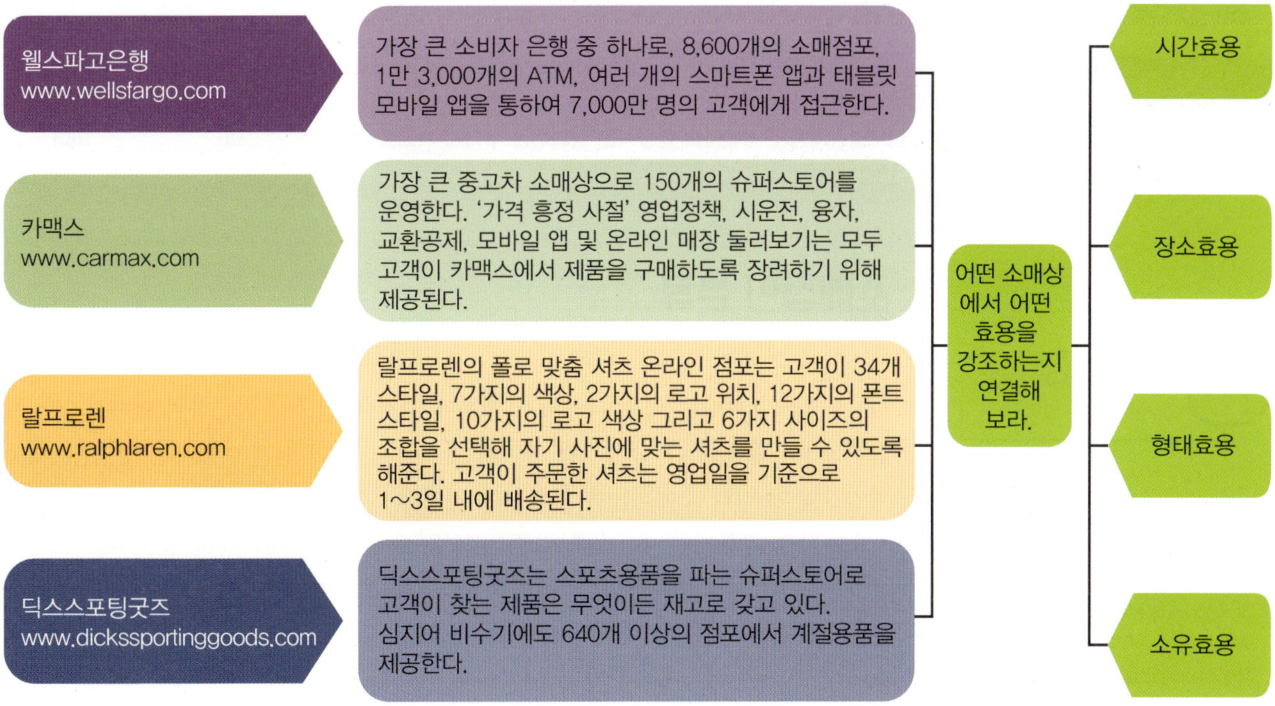

도표 13-1 각 소매상들은 어떤 효용을 가장 잘 제공하고 있는가?

Shop) 프로그램을 통해 개별 고객의 사양에 맞는 셔츠를 제공함으로써 제품 생산이나 가공과 관련되는 형태효용을 제공한다. 딕스스포팅굿즈(Dick's Sporting Goods)는 비수기에도 계절 스포츠용품을 판매함으로써 시간효용을 제공한다. 대다수의 소매상은 이런 네 가지 기본적인 효용의 조합을 제공한다. 예를 들어 슈퍼마켓은 편리한 입지(장소효용), 24시간 영업(시간효용), 빵·조리식품·꽃다발의 맞춤 구매(형태효용), 할부 결제와 신용 구매(소유효용)를 제공한다.

소매업이 글로벌경제에 미치는 영향

소매업은 미국과 글로벌경제에서 중요한 부분을 차지하고 있다. 미국의 40대 대기업 중 다섯 개가 소매기업에 해당된다(Walmart, Costco, Home Depot, Target, Lowe's). 월마트는 2017년 매출액이 5,000억 달러로 전 세계 국가 중 GDP 순위 24위에 해당된다. 월마트, 홈디포, 타겟, 로우즈의 네 업체가 고용한 종업원 수는 330만 명 이상으로 플로리다 잭슨빌, 텍사스 오스틴, 오클라호마 털사, 캘리포니아 산호세의 인구를 다 합친 것보다 많다. 식품점, 자동차 딜러, 양판점을 포함한 수많은 유형의 소매상들 모두가 미국 경제에 크게 공헌하고 있다.

일본 양판점 '이온'은 미국 외 국가에서 가장 큰 소매상 중 하나다.

미국 밖의 대형 소매기업으로는 일본의 이온(Aeon) 프랑스의 까르푸(Carrefour), 독일의 메트로(Metro), 영국의 테스코(Tesco)가 있다. 신흥국가인 중국과 멕시코에서는 현지 소매기업과 글로벌 소매기업이 진화 중이다. 예를 들어, 월마트는 미국 밖의 아르헨티나, 브라질, 중국, 인도, 일본, 멕시코, 영국 등에 6,000개의 점포를 갖고 있다. 이런 글로벌 소매기업의 위세에도 불구하고 대부분의 국제 시장은 현지 소매상들에게 지배되고 있다.

학 습 리 뷰

1. 랄프로렌이 소비자의 정확한 선호에 맞는 맞춤형 셔츠를 만들어주는 것은 어떤 효용을 제공하는 것인가?
2. 글로벌경제에서 소매업의 영향력을 나타내는 두가지 지표는 ________과 ________이다.

소매점의 분류

목표 2 소매상을 분류하는 방법을 설명할 수 있다.

제조업체, 소비자, 경제 전반에서 소매업은 변화무쌍한 마케팅의 중요한 구성요소이다. 소매업의 형태는 매우 다양하기 때문에 각각에 별도로 접근하여 이해하기란 복잡하고 어려운 일이다. 소매기관 사이의 차이점을 좀 더 쉽게 이해하는 방법은, 체계적인 기준에 따라 소매점들을 분류하는 것이다.

소매점을 구분하는 첫 번째 기준은 **소유 형태**(form of ownership)다. 소매점은 독립소매상, 기업형체인점, 계약형시스템 중 어디에 속해 있느냐에 따라 구분할 수 있다. 두 번째 기준은, 고객에게 제공하는 서비스의 정도를 반영하는 **서비스수준**(level of service)에 따라 구분하는 것이다. 이 서비스수준에 따라 소매점을 셀프서비스 소매상(self-service retailer), 한정서비스 소매상(limited-service retailer), 완전서비스 소매상(full-service retailer)으로 나눌 수 있다. 마지막 기준은 **취급제품계열**(merchandise line)의 유형으로 한 소매점이 얼마나 다른 종류의 제품을 어느 정도 구색으로 취급하느냐를 살펴보는 것이다. 여러 다양한 소매점에 대해서는 앞으로 좀 더 상세하게 살펴볼 것이다. 오늘날에는 환경오염이 심해지면서 소비자들이 소매점을 서비스수준 및 취급제품의 구색뿐만 아니라 환경친화성 또는 친환경활동의 관점에서 평가하고 있다. '책임 있는 의사결정' 박스에서 여러 소매점의 친환경활동 사례를 살펴보자.

소유 형태
누가 소매점을 소유하고 있느냐에 따라 소매점을 구분하는 방법. 독립소매상, 기업형 체인 또는 계약형시스템으로 분류됨

서비스수준
소매상이 고객에게 제공하는 서비스의 수준. 셀프서비스, 한정서비스, 완전서비스로 구분됨

취급제품계열
한 점포가 취급하는 제품의 구색

마케팅 유통경로의 정의

소매점의 일반적인 소유 형태로는 독립소매상(independent retailer), 기업형체인점(corporate chain), 계약형시스템(contractual system)이 있다.

독립소매상 가장 흔한 소매상의 소유 형태가 바로 개인이 소유한 독립소매상이다. 미국의 370만 개 소매상 중 대부분이 독립소매상이며 철물점, 편의점, 옷가게, 전자제품 등 거의 모든 제품을 취급한다. 가구점이 9만 600개, 주유소가 11만 3,500개, 자동차 딜러는 27만 8,700명이 존재한다. 독립소매상의 장점은 단순성에 있다. 소유주가 곧 의사결정자라는 것이다. 독립소매상은 고객에게 편의성, 개인적인 서비스, 라이프스타일 적합성을 제공한다.

기업형체인점 두 번째 소유 형태인 기업형체인점은 동일한 소유권 아래 다수의 소매점이 속해 있는 것을 말한다. 한 예로 메이시스(Macy's)는 45개 주에 걸쳐 670개의 백화점을 운영한다. 삭스피프스애비뉴(Saks Fifth Avenue)와 니만마커스(Neiman Marcus) 같은 체인점과 경쟁하는 백화점 블루밍데일(Bloomingdale)도 백화점을 38개나 소유하고 있다. 최근 메이시스는 124개의 미용 및 스파 서비스 전

©R Heyes Design/Alamy Stock Photo

책임 있는 의사결정

지속가능경영

소매상의 친환경 순위

최근 조사회사 닐슨(Nielsen)이 60개국 소비자를 대상으로 설문조사한 바에 따르면, 55%의 응답자가 사회와 환경에 긍정적 영향을 미치는 기업들의 제품과 서비스에 더 높은 가격을 지불할 용의가 있다고 답했다. 이에 반응하여 많은 소매상이 친환경(going green)을 추진하며 사회적 책임과 환경보호에 초점을 두는 광범위하고 정교한 사업 방식을 개발하고 있다. 이러한 추세는 매우 중요해져서 시사주간지 〈뉴스위크(Newsweek)〉에서는 8가지 지표로 환경 성과를 평가하여 매년 대기업의 친환경 순위(green ranking)를 발표하고 있다.

Source: Newsweek, LLC

미국 친환경소매협회(U.S. Green Retail Association)는 새롭게 친환경 경영을 시작하고 이행하려는 소매상에게 지침을 제공하고 친환경가치에 대한 노력을 인정하는 제3자 인증(third-party certification)을 부여하고 있다. 몇몇 프로그램은 재활용 쇼핑백의 사용을 장려하거나 LED 조명을 설치하거나 무해성 세제 제품을 사용하는 것처럼 직관적이고도 단순하다. 여기서 발전된 프로그램은 신용카드와 선물카드를 플라스틱이 아니라 재생 소재를 이용해 만드는 것이다. 더 많은 노력이 필요한 프로그램으로는 CO_2 감축, 배송차량의 배출가스 절감, 조경관리에 빗물 사용, 매립 쓰레기의 대체 용도 모색 등이 있다. 놀랍게도 이 같은 주도적 환경 경영은 재무적인 혜택으로 연결된다. 홈디포가 조명을 소형 형광등 및 LED로 교체하고 점포 옥상을 흰색으로 페인트칠하며 태양광 패널을 설치하자 에너지 사용량이 20% 감축된 사례도 있다.

쇼핑몰에서도 이러한 친환경 경영을 채택하고 있다. 가령 뉴욕주 시러큐스(Syracuse, New York)에 있는 데스티니 USA 몰(Destiny USA Mall)은 빗물 저장, 공기질 개선, 매립 쓰레기 재활용, 에너지 보존을 이행하여 '에너지·환경 우수디자인(Leadership in Energy and Environmental Design, LEED)' 인증을 받은 세계에서 가장 큰 상업시설이 되었다.

드러그스토어 월그린(Walgreen)도 태양광 패널, 풍력 발전, 자연 채광, 에너지 효율 건축자재를 사용하여 건물에서 생산한 에너지가 외부에서 공급된 에너지와 같거나 많은 '넷 제로 에너지(Net Zero Energy)' 점포를 보유한 최초의 소매상이 되었다. 캘리포니아에서는 주정부가 '제로 쓰레기(zero waste)' 법을 통과시켜 음식점에게 쓰레기를 분해하도록 요구함으로써 소매상의 지속가능경영이 확대되도록 유도 중이다.

이 같은 지속가능경영이 소비자의 구매행동에 영향을 줄까? 그렇다고 생각한다면 뉴스위크닷컴(www.newsweek.com/search/site/green)에 나와 있는 친환경 순위를 살펴보며 본인이 이용하는 소매점이 얼마나 친환경적인지 알아보도록 하자.

문점을 운영하고 있는 블루머큐리(Bluemercury)를 인수했다.

체인점 운영의 공통적인 특징은 의사결정과 구매의 중앙집중화이다. 체인점은 제조업체와의 거래에서 우위를 점하며, 체인의 규모가 커질수록 더 큰 우위를 누릴 수 있다. 대형 체인점은 협상을 통해 제조업체로부터 높은 수준의 서비스와 큰 폭의 할인을 얻어낼 수 있다. 이러한 체인점의 구매력 때문에 소비자는 다른 유형의 소매상보다 제품을 낮은 가격에 구매할 수 있게 된다. 또 소비자는 체인점과의 거래에서 혜택을 보는데, 그 이유는 체인점의 점포가 많고 제품 구색이 유사하며 점포의 경영정책이 일관적이기 때문이다.

대형 체인점의 입장에서 소매업은 첨단 하이테크 사업으로 발전 중이다. 전 세계에서 가장 큰 기업형체인점 월마트는 정교한 재고관리와 원가통제시스템을 개발하여 각 점포에서 개별 제품의 가격을 신속히 변경하고 있다. 일부 소매상들은 클라우드 기반의 사물인터넷 등 새로운 기술을 라디오 주파수 인식(radio frequency identification, RFID) 전자추적장치와 결합하여 소비자가 점포 내에서 쇼핑하며 사용할 수 있는 정보의 질을 개선하고 있다.

계약형시스템 계약형시스템은 독립적으로 소유된 소매점들이 뭉쳐 하나의 체인점처럼 행동하는 것을 말한다. 앞의 12장에서 이러한 종류의 계약형시스템에 소매상 주도 협동조합, 도매상 주도 자발적 체인 그리고 프랜차이즈의 세 가지가 있다고 소개하였다(그림 12-6). 소매상 주도 협동조합의 대표적 사례인 어소시에이티드 그로서즈(Associated Grocers)는 동네 식품점으로 구성되어있다. 서로 다른 독립 식품점들이 협력하기로 합의하고 공동으로 식품 제조업체들로부터 직접 구매하기 위해 협동조합을 결성한 예이다. 이러한 방법으로 회원 소매점들은 기업형체인점에서나 가능한 물량 할인 혜택을 누리는 동시에 소비자들에게 대형 체인점이라는 인상을 주어 신뢰감을 높일 수 있다. IGA(Independent Grocers' Alliance) 같은 도매상 주도 자발적 체인도 소매상 주도 협동조합과 유사한 혜택을 추구한다.

프랜차이즈시스템은 개인이나 기업이 가맹점으로서 가맹본부와의 계약을 통해 사업체나 소매점을 설립하는 방식이다. 가맹본부는 입지 선정, 매장 및 시설물 설치, 광고, 종업원 교육을 지원해준다. 가맹점은 대가로 일회성 가맹비(franchise fee)와 연간 사용료, 즉 로열티를 낸다. 통상적으로 가맹점은 가입시점에 가맹비를 한 번 내고, 그 후 매년 매출액의 일정 비율을 로열티로 지불한다.

지미존스 샌드위치는 유명한 사업형태프랜차이즈다.

©ZUMA Press/Alamy Stock Photo

프랜차이즈시스템에는 사업형태프랜차이즈(business-format franchises)와 제품유통프랜차이즈(product-distribution franchises)의 두 가지가 있다. 사업형태프랜차이즈는 가맹본부가 가맹점에게 사업 운영에 필요한 모든 절차와 활동을 전반적으로 지원해주는 시스템으로, 햄버거를 파는 맥도날드, 샌드위치를 파는 서브웨이, 편의점 세븐일레븐, 헬스클럽 애니타임 피트니스(Anytime Fitness)가 이에 속한다. 제품유통프랜차이즈는 가맹점이 가맹본부로부터 제품을 받아 유통하는 프랜차이즈시스템으로, 가맹본부가 최소한의 운영지침을 부여하고 가맹점은 상당히 독립적으로 운영된다. 자동차를 만드는 포드(Ford)의 딜러와 코카콜라의 디스트리뷰터가 이러한 사례에 해당된다.

가맹본부에게 지급되는 프랜차이즈 가맹비는 사업 유형에 따라 다르다. 샌드위치를 파는 서브웨이는 1만 5,000달러, 호텔 프랜차이즈 햄프톤인(Hampton Inn)은 7만 5,000달러에 이른다. 이러한 가맹비에 점포보증금, 설비구입비 등이 더해지면 가맹점 입장에서는 총투자비가 상당한 규모로 느껴지게 된다. 가맹점이 지불하는 로열티도 차이가 크다. 도미노피자(Domino's Pizza)는 5.5%인 반면, 세무대행프랜차이즈인 H&R 블록은 30%에 달한다. 가맹본부는 사업권인 프랜차이즈를 가맹점에게 팔아 적은 비용으로 확장할 수 있지만 반대급부로 통제력은 약화된다. 유능한 가맹본부는 제품의 품질과 고객서비스 측면에서 가맹점에 대한 강한 통제를 유지하여 프랜차이즈 브랜드의 지명도를 강화하고자 노력한다.

서비스의 수준

대부분의 소비자는 소매상의 소유 형태에 대해 잘 모른다. 하지만 서비스수준 차이에 대해서는 잘 알고 있다. 티제이맥스(T.J. Maxx)와 같은 염가소매상은 극히 최소한의 서비스만 제공한다. 일부 식품점에서는 소비자들에게 재사용가능한 쇼핑백을 갖고 와서 구매한 식품을 직접 담도록 권장한다. 이와 대조적으로 니만마커스

(Neiman Marcus) 같은 명품백화점에서는 선물 포장부터 의상 컨설팅까지 광범위한 고객서비스를 제공하고 있다.

셀프서비스 셀프서비스(self-service) 소매점은 고객들이 구매과정의 기능을 직접 수행하도록 요구한다. 예를 들어, 코스트코(COSTCO) 같은 회원제 창고점은 불요불급한 고객서비스를 모두 없애고 셀프서비스로 운영된다. 오늘날 대부분의 주유소, 슈퍼마켓, 항공사는 셀프서비스 대기줄과 계산대를 마련해놓고 있다. 영화와 게임 소매상인 레드박스(Redbox)는 미국 전역에 4만 1,500개의 키오스크를 설치하여 종업원 한 명 없이 운영 중이다. 편의점, 패스트푸드 식당, 심지어 커피숍에서도 새로운 형태의 셀프서비스가 도입되고 있다. 회원제 렌터카 공유기업 집카(Zipcar)는 모든 것을 소비자가 한다. 사이트에 접속하여 가입하고 회원카드인 집카드(Zipcard)를 받아 온라인으로 차를 예약하고, 자동차로 걸어가 앞 유리창 판독기에 카드를 스캔해서 차 문을 열고 운전하여 떠난다. 최근 한 설문에서는 공항 터미널의 자동화 키오스크가 여행객의 대기시간을 22%나 감소시켰다는 결과가 나왔다. 이러한 추세를 간파하여 은행 역시 단순히 현금을 지급하던 ATM을 은행 업무를 셀프로 볼 수 있는 스마트기계로 변화시키고 있다.

'레드박스'는 종업원 없이 서비스를 제공한다.
©Ross Dettman/AP Images

한정서비스 한정서비스(limited-service) 소매상은 신용판매와 제품 교환 같은 일부 서비스 외에 다른 서비스(배달, 수선, 수리)를 제공하지 않는다. 월마트, K-마트, 타겟과 같은 대량 판매 종합소매상은 한정서비스 소매상으로 분류된다. 소비자들은 이러한 소매상점에서 대부분의 쇼핑활동을 스스로 수행한다. 다만 가전제품, 보석상, 정원 및 잔디 용품을 파는 매장에는 판매사원이 배치되어있다.

완전서비스 완전서비스(full-service) 소매상은 고객에게 다양한 서비스를 제공한다. 전문점과 백화점 등이 여기에 속한다. 니만마커스(Neiman Marcus), 노드스트롬(Nordstrom), 삭스피프스애비뉴(Saks Fifth Avenue)와 같은 고급 백화점들은 높은 마진의 고급스러운 제품을 판다. 그들은 단골고객을 유지하기 위해 항상 더 좋은 서비스를 제공하려고 한다. 노드스트롬이 제공하는 서비스는 광범위하다. 그들은 현장 수선과 재봉, 무상 교환과 쉬운 환불, 기프트카드, 노드스트롬 신용카드, 주말에도 운영되는 전화 고객센터, 미용·디자인·결혼 전문가와의 실시간 화상채팅, 온라인 쇼핑 후 점포 내 픽업, 카탈로그, 노드스트롬 리워드(Nordstrom Reward)라 불리는 4단계 로열티 프로그램 등 다양한 것을 갖추고 있다. 노드스트롬은 43억 달러를 투입하여 온라인으로 구매한 물건의 점포 내 환불시스템, 리워드 회원을 위한 개인 맞춤형 제안, 스마트피팅룸(smart fitting room) 같은 서비스를 도입할 계획을 갖고 있다. 완전서비스를 지향하는 이 같은 노력 덕분에 노드스트롬은 매년 실시하는 업계 설문조사에서 5년 연속 최고로 인기 있는 소매상으로 꼽혔다.

취급제품계열의 유형

소매점마다 취급하는 제품계열(merchandise lines)이 다르다. 제품계열은 구체적으로 고객에게 제공하는 품목의 깊이와 폭으로 구분된다(도표 13-2). 제품계열의 깊이는 한 제품계열 내에서 다양한 구색을 갖추는 것으로, 신발 매장의 경우 운동화, 정

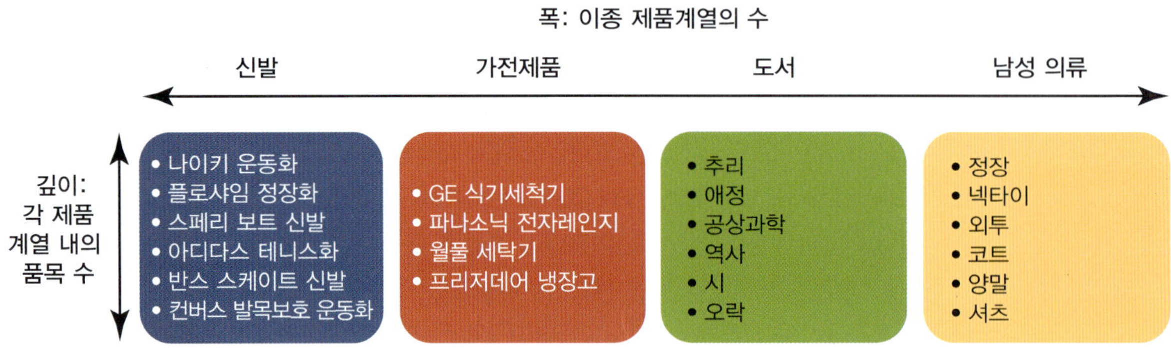

도표 13-2 취급제품계열의 폭과 깊이는 소매점에 따라 다르다.

장화, 아동화 등을 다같이 취급하는 것을 말한다. 제품계열의 폭은 한 점포가 취급하는 상이한 품목의 다양성을 의미한다. 가전제품과 도서를 함께 판다거나 하는 것이다.

사무용품의 카테고리킬러 스테이플스는 문구 시장을 지배하고 있다.
©McGraw-Hill Education

취급제품계열의 깊이 취급하는 제품계열 품목들의 구색을 풍부하게(깊이 있게) 갖추고 있는 점포를 한정계열소매점(limited-line store)이라고 부른다. 딕스스포팅굿즈(Dick's Sporting Goods)는 역도용품부터 운동화까지 다양한 스포츠용품을 깊게 취급한다. 하나의 주력 제품계열에서 아주 깊은 구색을 취급하는 점포는 단일계열소매점(single-line store)이라고 한다. 여성 속옷 전문점 빅토리아시크릿(Victoria's Secret)은 여성용 란제리 품목에서 매우 깊은 구색을 갖추고 있다. 한정계열소매점과 단일계열소매점 모두 전문점(specialty outlet)의 범주에 속한다.

전문할인점(specialty discount outlet)은 한 종류의 제품에만 초점을 두고 매우 경쟁력 있는 가격에 판매한다. 가전제품의 베스트바이(BestBuy), 사무용품의 스테이플스(Staples), 도서 판매의 반스앤노블(Barnes and Noble)이 이런 사례에 속한다. 이 같은 전문할인점은 해당 제품시장을 지배하기 때문에 카테고리킬러(category killer)라고 불린다. 예를 들어, 베스트바이는 1,000개 이상의 매장을 가진 최대의 소비자 가전 소매상이다. 스테이플스는 1,200개 이상의 사무용품점을 운영하고 있다. 반스앤노블도 서적 소매상 중에서는 규모가 가장 크다. 이런 형태의 소매업에서 관찰되는 흥미로운 추세는 전문할인점들이 온라인소매상과 경쟁할 수 있는 가격정책을 사용하고, 웹사이트와 모바일 앱을 개선하며, 창고가 아니라 재고를 갖춘 점포에서 직접 소비자에게 배송하는 방향으로의 변신이다.

취급제품계열의 폭 광범위한 제품계열을 제한적 깊이로 취급하는 점포를 종합소매점(general merchandise store)이라고 한다. 딜라드(Dillard's), 메이시스(Macy's), 니만마커스(Neiman Marcus)와 같은 대형 백화점은 다양한 종류의 제품을 광범위하게 취급하지만 특이한 사이즈의 품목은 갖추지 않고 있다.

혼합형 제품구색
단일 점포에서 여러 관련 없는 제품계열을 판매하는 것

제품계열의 폭과 깊이는 소매상에게 있어 중요한 의사결정이다. 전통적으로 소매점들은 연관된 계열의 제품을 취급해왔다. 그러나 오늘날에는 단일 점포에서 여러 비관련 제품계열을 동시에 취급하는 **혼합형 제품구색**(scrambled merchandising)이 흔하다. 가령 현대적인 드러그스토어에서는 의약품뿐만 아니라 식품, 화장품, 잡지, 휴지, 완구, 소형 공구도 판매한다. 슈퍼마켓에서도 식료품뿐만 아니라 꽃, CD, 의약품을 판다.

학습리뷰

1. 중앙집중식의 의사결정과 구매는 ____________의 장점이다.
2. 새로운 형태의 셀프서비스를 제공하는 소매점의 예를 들어보자.
3. 한 점포에서 체격이 큰 남성 소비자들에게 40에서 60 사이즈의 바지를 판매하고 있다. 이 점포의 제품계열은 넓은 것인가, 깊은 것인가?

무점포소매

목표 3 무점포소매업의 다양한 방식을 이해한다.

지금껏 설명한 기업형체인점, 백화점, 한정계열 및 단일계열 전문점 등은 점포소매(store retailing)에 해당된다. 그러나 오늘날 많은 소매활동은 점포 내의 판매에만 한정되어있지 않다. 소매점을 벗어나 소비자와 소매상이 다양한 수준으로 상호작용하면서 무점포소매(nonstore retailing)가 성장하고 있다. 대표적인 무점포소매의 형태로는 자동판매기, 다이렉트메일, 카탈로그, TV홈쇼핑, 온라인소매, 텔레마케팅, 직접판매가 있다.

자동판매기

자동판매기(vending machine) 또는 브이커머스(v-commerce)는 점포가 영업할 수 없는 시간과 장소에서도 고객들에게 서비스를 제공해주는 무점포소매의 예다. 자동판매기의 소매가격은 소매점의 가격보다 종종 높은데, 기계의 보수나 운영비용, 장소 임대료가 원가에 추가되기 때문이다. 자동판매기에서 판매되는 제품의 약 40%는 청량음료이고, 38%는 사탕과 스낵, 7%는 음식이다. 점점 더 새롭고 다양한 유형의 제품이 자동판매기에서 판매되고 있다. 베스트바이는 자동판매기를 통해 공항, 병원, 사무빌딩에서 휴대폰과 컴퓨터 액세서리, 디지털카메라, 플래시드라이브, 기타 소비자를 위한 전자제품을 판다. 헬시유벤딩(Healthy YOU Vending)은 건강음료, 건강스낵, 건강식을 사무실, 헬스클럽, 병원, 학교, 대학교에서 유통할 수 있는 자동판매기를 만든다. 현재 미국에서 사용 중인 자동판매기는 450만 대에 이르며, 연간 209억 달러의 매출을 올리고 있다.

자동판매기에서는 다양한 제품이 판매된다. 어떤 종류의 제품이 자동판매기에서 가장 많이 팔리는가? 본문에서 답을 찾아보자.
©David Brewster/MCT/Newscom

다이렉트메일과 카탈로그

'문 앞에 찾아오는 점포'로 불리는 다이렉트메일(direct-mail)과 카탈로그(catalog) 소매는 몇 가지 이유에서 매력적이다. 첫째, 점포비와 인건비가 들지 않는다. 가장 큰 컴퓨터 및 정보기술제품 소매상 델(Dell)은 어떤 점포도 두고 있지 않다. 둘째, 세분화와 표적시장 선정을 통해 마케팅효율을 향상하고 신속하고 편리한 구매수단을 제공함으로써 고객가치를 창출한다. 셋째, 카탈로그는 소비자가 웹사이트, 소셜미디어 페이지, 점포 방문을 유도하도록 설계된 복합경로전략의 한 요소로 사용된다. 자포스(Zappos), 아마존(Amazon), 이베이(e-Bay)와 같은 온라인소매상들도 카탈로그를 제공하고 있다. 오늘날 미국 가정에서 매주 받아보는 다이렉트메일 혹은 카탈로그는 대체로 19개에 이른다고 한다. 다이렉트마케터를 위한 단체 DMA(Data and Marketing Association)에서는 매년 1억 명의 성인이 카탈로그 구매를 하는 것으

전문품 카탈로그는 틈새시장에 어필하고, 빠르고 편리한 쇼핑방법을 제시하여 가치를 창출한다.

Source: Inter IKEA Systems B.V.; (center): Source: Crate and Barrel; (right): Source: L.L.Bean Inc.

Video 13-3
IKEA
kerin.tv/cr8e/v13-3

로 추정하고 있다. 다이렉트메일과 카탈로그 소매는 미국 밖에서도 유행하고 있다. 이케아(IKEA)는 2016년도에 28개국에 27개 언어로 된 카탈로그 2억 1,300만 부를 발송했다.

최근 다이렉트메일과 카탈로그 소매에 영향을 미친 요인에는 몇 가지가 있다. 먼저 이케아, 크레이트앤배럴(Crate & Barrel), 엘엘빈(L.L.Bean) 등의 대형 소매상들이 마케팅활동을 강화하며 다이렉트메일과 카탈로그를 통해 소비자가 구매할 수 있는 제품의 수와 다양성을 증가시킨 것이 긍정적인 영향으로 작용하고 있다. 반면 종이 원가 상승, 우편요금 인상, 무차별적인 우편물 발송 규제법안 논의, 미국 우체국의 주 5일 근무제 도입 가능성 등의 부정적인 요인들은 다이렉트메일과 카탈로그 소매의 미래를 어둡게 만들고 있다.

이러한 변화에 대응하여 다이렉트메일 소매상들은 새로운 고객가치를 제공할 방법을 모색 중이다. 한 가지 방법은 새로운 가망고객보다 기존의 검증된 구매고객에게 초점을 맞추는 것이다. 또 다른 방법은 데이터베이스를 통해 파악된 틈새시장에 전문품 카탈로그를 보내어 상당한 성공을 거두는 것이다. 한 예로 엘엘빈은 플라이피싱(fly-fishing)에 열광하는 사람들을 위해 개인 맞춤형 카탈로그를 개발했다.

TV홈쇼핑

TV홈쇼핑은 소비자들이 제품을 방송하는 쇼핑채널을 시청하면서 전화나 인터넷으로 주문하는 무점포소매이다. 현재 미국의 3대 TV홈쇼핑 프로그램은 QVC, HSN, Evine이다. QVC(quality, value, convenience)는 365일 24시간 생방송되며 케이블과 위성을 통해 미국, 영국, 독일, 일본, 이탈리아, 중국에 사는 3억 6,000만 명에게 도달되고 있다. 매주 770개 이상의 제품이 방영되며 6,000만 명의 고객들로부터 89억 달러의 매출이 일어난다. TV홈쇼핑채널에서 방영되는 제품은 의류, 보석, 주방 및 가정용품, 전자제품, 완구, 식품 등이다. 최근에는 유튜브가 '오늘의 쇼핑 선택(Today's Shopping Choice)'이라는 스트림 라이브쇼를 일주일 내내 24시간 방송하면서 홈쇼핑채널 역시 새로운 경쟁에 직면하고 있다.

과거 TV홈쇼핑 프로그램에 유인된 고객들은 주로 35세에서 60세의 중노년 여성이었다. QVC는 최근 젊은 시청자를 끌어들이기 위해 유명인들을 홈쇼핑에 출연시켰다. 슈퍼모델 하이디 클룸(Heidi Klum)은 수집한 보석을 프로모션하는 쇼에 출연했다. 유명 방송인 킴, 클로이, 코트니 카다시안(Kim, Khloe, and Kourtney Kardashian)은 자신의 의류제품을 판매하는 쇼의 호스트 역할을 맡았다. 부촌으로 꼽히는 베벌리힐스(Beverly Hills)의 포시즌스호텔(Four Seasons Hotel)에서 개최된 〈레드카펫 스타일쇼〉와 같은 방송 행사도 새로운 고객을 유인하는 데 효과가 있었다. 나아가 QVC는 소매점, 웹사이트, 모바일 앱, 문자 안내, 최근 인수한 반짝세일 쇼핑포털 쥬릴리(Zulily)와 공동으로 TV 프로그램을 지원하고 있다. HSN(Home Shopping Network)도 멀티 플랫폼 쇼핑경험을 제공한다. 전문가들은 TV홈쇼핑이 리얼리티 TV 프로그램, 토크쇼, 인포머셜의 요소들과 결합되어 현대판 방문판매업(door-to-door retailing)이 될 것으로 전망하고 있다.

TV홈쇼핑 프로그램은 매년 수백만 명에게 제품을 판매한다. 본문에서 TV홈쇼핑이 새로운 고객들을 어떻게 끌어들이고 있는지 찾아보자.

Source: QVC, Inc.

온라인소매

온라인소매는 소비자가 인터넷을 통하여 제품을 검색하고 평가하여 주문할 수 있게 해준다. 이러한 형태의 소매가 소비자에게 제공하는 장점은 24시간 접근가능한 용이성, 구색의 다양성, 비교구매능력, 재택쇼핑의 편리성이다.

오늘날에는 전통소매(bricks)와 온라인소매(clicks)가 융합되어 고객에게 더욱 유용한 쇼핑가치와 경험을 제공하는 추세가 나타나고 있다. 월마트닷컴(www.walmart.com)은 점포 픽업 서비스를 도입하여 고객들이 주문은 온라인으로 하고 제품은 월마트 점포에서 찾아가도록 하고 있다. 추가로 월마트는 200만 개 이상의 품목에 대해 소비자가 35달러 이상을 주문할 경우 이틀 내에 배송해주는 서비스를 무료로 제공한다. 2021년에는 온라인소매 매출이 미국 소매 판매의 14%, 글로벌 소매 판매의 17.5%에 달할 것으로 전망된다.

온라인소매는 여러 가지 방법으로 구현되고 있다. 넷마켓닷컴(www.netmarket.com) 같은 온라인 할인서비스는 소비자를 회원으로 가입시키고 수천 개의 제품과 수백 개의 브랜드를 파격적인 가격에 구매할 수 있게 해준다. 소비자는 마이사이먼닷컴(www.mysimon.com) 같은 쇼핑봇(로봇)을 이용할 수도 있다. 이 사이트는 소비자가 지정한 제품을 인터넷에서 찾아주고 최적 가격으로 구매할 수 있는 소매상 목록을 제공한다. 또 소비자들은 인터넷을 이용하여 온라인몰(www.shopzillal.com), 의류소매점(www.gap.com), 서점(www.barnesandnoble.com), 컴퓨터 제조기업(www.dell.com), 여행사(www.travelocity.com)의 웹사이트를 직접 방문해서 제품을 구매할 수도 있다. 또 다른 방법은 온라인 경매에 참여하는 것이다. 이베이닷컴(www.ebay.com)을 통해 연간 190개국 시장의 1억 6,900만 명이 1억 개 이상의 물품에 입찰하고 있다.

마이사이먼닷컴(mysimon.com)과 같은 쇼핑봇은 소비자가 지정한 제품의 최적 가격을 찾아준다. 자세한 내용을 본문에서 찾아 읽어보자.

Source: CBS Interactive Inc.

온라인소매상이 직면한 가장 큰 문제는 75% 이상의 온라인쇼핑객이 쇼핑카트에 담은 제품을 구매하지 않는다는 것이다. 쇼핑객이 제품을 한 사이트에서 구매하지 않는 이유는 다른 곳과 비교하기 때문이다. 온라인소매상이 이런 문제에 대응하는 방법은 경쟁사의 가격과 비교한 정보를 자사 사이트에서 제공하는 것이다. 예를 들어 올북스토어스닷컴(Allbookstores.com)은 고객들이 비교검색엔진을 사용해 아마존닷컴, 반스앤노블을 비롯한 25개의 다른 서점 사이트의 가격을 비교해볼 수 있게 해준다. 전문가들은 온라인소매상이 고객을 끌어들여 유지하기 위해서는 그들의 웹사이트를 역동적 광고판이라고 생각해야 한다고 말한다. 즉, 소비자가 사용하기 쉽고, 원하는 대로 조작할 수 있고, 상호작용할 수 있게 하여 온라인 고객경험을 강화해야 한다는 것이다. 한 예로 BMW, 메르세데스(Mercedes), 재규어(Jaguar)와 같은 자동차기업들은 웹사이트 방문객이 내외부의 색상, 패키지, 선택 사양을 골라 자기 취향에 맞는 가상 자동차를 '만들어' 3D로 살펴보고 페이스북이나 트위터, 이메일로 친구들에게 공유할 것을 장려한다.

온라인소매가 진화하면서 소셜쇼핑도 하나의 대안으로 부상하고 있다. 소셜커머스 그루폰(Groupon)과 리빙소셜(LivingSocial)은 소비자를 소매상과 연결해주는 중개상이다. 셀프서비스 광고 사이트 스토어엔비(Storenvy)는 시장장소(marketplace)로 간주된다. 여러 웹사이트의 정보를 모아 자기네 사이트에서 보여주는 이핏(Yipit)은 웹에서 조건이 좋은 물건을 모아 목록화하는 집합상의 역할을 수행한다. 많은 소비자가 온라인 자원을 가격 비교 사이트로 활용하는 행동은 지역 점포의 오프라인 쇼핑에도 영향을 미친다.

이후 14장에서는 온라인소매를 좀 더 깊이 있게 다룰 것이다. 웹사이트의 디자인, 온라인환경에서의 소비자행동, 전통적 점포와 온라인 사이트의 복합경로마케팅 활용법까지 말이다.

텔레마케팅

텔레마케팅
소비자와 직접 상호작용하고 판매하기 위해 전화를 사용하는 무점포소매

텔레마케팅(telemarketing)은 전화를 통해 소비자와 직접 상호작용하고 판매하는 방식의 무점포소매이다. 텔레마케팅은 다이렉트메일과 비교할 때 표적소비자에게 접근하기에 보다 효율적인 수단으로 여겨진다. 보험회사, 증권사, 신문사들은 비용을 절감하면서 고객과의 접촉을 유지하기 위해 텔레마케팅을 종종 사용한다. 다이렉트마케터를 위한 단체 DMA에 따르면 40% 이상의 기업이 고객에게 접근하기 위한 수단으로 텔레마케팅을 사용한다고 알려져 있다.

최근 텔레마케팅산업은 전화 호객행위와 관련된 규제 법안 제정으로 급격한 변화를 겪고 있다. 소비자의 사생활 보호, 업계 표준, 윤리적 지침과 같은 쟁점들에 대해 소비자, 기업, 의회, 연방통상위원회(FTC) 간에 뜨거운 논의가 촉발되었다. 그 결과 영리기업의 판매권유전화 받기를 원하지 않는 소비자들은 국가에서 관리하는 '전화금지명부(National Do-Not-Call registry)'에 번호를 등록하여 텔레마케팅 전화에 시달리지 않을 수 있다. 현재 이 명부에 등록된 전화번호만 2억 2,100만 개가 넘는다고 한다. 텔레마케팅을 사용하는 기업들은 이 명부에 있는 전화번호에 전화를 걸지 않도록 해주는 준법 소프트웨어를 설치해야 한다. 지금은 연방통상위원회와 업계 선도기업들이 로봇전화(robocall)나 사전에 녹음된 메시지를 전달하는 자동발신기(autodialer)를 규제하는 방안도 논의하고 있다.

직접판매

직접판매(direct selling)는 고객의 가정이나 사무실에서 개인적 상호작용과 제품 설명을 통해 소비자에게 제품과 서비스를 직접 대면하여 판매하는 방식으로, 방문판매

라고도 부른다. 화장품을 파는 에이본(Avon)과 메리케이(Mary Kay), 책을 파는 월드북(World Book), 청소용품을 다루는 풀러브러쉬(Fuller Brush)와 같이 친숙한 이름의 기업들이 직접판매를 통해 소비자들에게 개별적 서비스와 구매편리성을 제공하여 세계적으로 1,840억 달러, 미국에서만 360억 달러를 상회하는 시장을 창출하고 있다. 미국에서는 건강, 가정용 내구재, 인체관리 등의 다양한 제품군에서 풀타임이나 파트타임으로 일하는 직접판매사원이 2,000만 명 이상이라고 한다.

MARY KAY

©McGraw-Hill Education/Mark Dierker, photographer

직접판매산업의 성장은 두 가지 추세에서 기인한다. 첫째, 대다수의 직접판매 소매상들이 미국을 넘어 해외시장으로 사업을 확장하고 있다. 에이본(Avon)은 80개국에서 600만 명의 판매직원을 두고 있다. 방문판매 대표업체 암웨이(Amway)는 연간 매출 88억 달러의 90% 이상을 미국 밖의 시장에서 발생시키며, 중국에서 올리는 매출이 1/3을 넘는다. 허벌라이프(Herbalife)와 일렉트로룩스(Electrolux) 같은 다른 소매상들도 새로운 시장으로 사업을 급속히 확장시키고 있다. 효율적인 유통경로가 구축되지 않아 방문판매의 편익이 중요하고, 제품과 브랜드에 대한 소비자 지식이 부족하여 개인 대 개인 접근방법이 필요한 시장에서는 직접판매가 지속적으로 성장할 가능성이 크다.

직접판매산업의 두 번째 추세를 살펴보자. 온라인쇼핑이나 대형 할인점에서의 쇼핑보다 일대일 고객서비스와 사회적 쇼핑경험을 더 선호하는 고객들에게 접근하기 위해 직접판매를 사용하는 기업들의 수가 늘고 있다. 미국 직접판매협회(Direct Selling Association)는 미국에서 직접판매를 수행하는 기업의 수가 증가하고 있다고 발표했다. 예를 들어, 주방도구 다단계마케팅기업 팸퍼드쉐프(Pampered Chef)는 6만 명의 독립판매원들이 가정용 요리쇼를 개최하여 제품을 판다. 직업으로서 판매직에 대한 관심도 증가하고 있다. 직접판매업무가 개인의 근로활동에 큰 자율성과 통제력을 부여하기 때문이다. 특히 전통적인 근무시간에서 벗어난 라이프스타일을 추구하는 밀레니얼세대가 이 직업에 관심을 갖고 있다.

학습리뷰

1. 성공적인 카탈로그 소매상은 자신의 데이터베이스에서 파악된 ________ 시장에 ________ 카탈로그를 보낸다.
2. 소매상은 온라인소매에 대한 소비자의 관심과 참여를 어떻게 증가시키고 있는가?
3. 직접판매 소매 매출이 어디에서 증가하고 있는가? 그 이유는 무엇인가?

소매전략

여기서는 소매상이 어떻게 소매전략을 수립하고 실행에 옮기는지에 대해 다룬다. 소매전략 수립은 점포 및 제품의 관리와 연관된 활동인 **소매믹스**(retailing mix)를 결정하는 것이다. 도표 13-3은 소매믹스의 구성요소를 보여준다. 소매믹스는 마케팅믹스와 비슷한 개념으로 4P와 마찬가지로 소매가격 책정, 점포 입지 선정, 소매 커뮤니케이션, 취급제품 결정을 의미한다.

목표 4 소매전략을 실행하는 소매믹스활동에 대하여 설명할 수 있다.

소매믹스
소매가격 책정, 점포 입지 선정, 소매커뮤니케이션, 취급제품 결정 등 점포와 제품의 관리와 연관된 활동

소매가격 점포에서 판매하는 제품 가격을 책정하기 위해 소매상은 마크업(markup)과 마크다운(markdown)에 관해 결정하고 마크다운할 시점도 정해야 한다. 마크업은

최종 소비자 판매가격을 정하기 위해 소매상이 제품을 구입하기 위해 지불한 비용에 얼마를 더 추가하는지를 의미한다. 소매상이 처음 정한 최초 마크업은 시간이 지나면서 제품이 판매되는 시점까지 유지되는 경우가 드물다. 제품이 예상대로 빨리 팔리지 않으면 가격이 하락하고, 이에 따라 마크업도 하락한다. 그러므로 제품이 팔리는 시점에 적용되는 마크업은 처음과 달라지는데 이를 최종마크업이라고 한다. 요약하면 최초마크업은 소매원가와 최초판매가격의 차이이고, 최종마크업은 소매원가와 최종판매가격의 차이를 반영한다. 최종마크업은 총마진(gross margin)이라고도 불린다.

제품이 최초가격에 팔리지 않아 조정이 필요할 때, 가격할인 또는 마크다운이 나타난다. 종종 새로운 모델이나 스타일을 도입하면 기존 모델을 마크다운해야 한다. 할인(discount)은 점포 방문이나 보완제품에 대한 수요를 증대하는 방안으로도 사용된다. 한 예로 소매상은 케이크 장식용 프로스팅(frosting)의 매출을 늘리기 위해 케이크믹스에 마크다운을 이행할 수 있다.

마크다운을 선택하는 시점은 매우 중요하다. 많은 소매상들이 매출이 하락하면 제품을 진열대에서 빨리 치워버리고 현금을 확보하기 위해 신속히 마크다운을 실시한다. 그러나 일부 점포는 품질 이미지를 유지하고 초기가격에 구매한 고객들의 불만을 최소화하고자 마크다운을 늦춘다. 두 방법 중 확실한 정답은 존재하지 않으나, 소매상에서 마크다운이 미래 매출에 어떤 영향을 미칠 것인가를 고려해서 그 시기를 결정해야 한다는 점은 명백한 사실이다. 연구 결과, 빈번한 가격할인은 정가에 대한 소비자의 신뢰를 떨어뜨린다고 한다.

©Ian Dagnall/Alamy Stock Photo

대부분의 소매상에서는 초기가격을 높게 정하고 시간이 지나면 마크다운할 것을 계획한다. 그런데 어떤 소매상에서 마크다운 없이 처음부터 할인가격을 정상가격으로 사용한다. 가령 월마트와 홈디포는 상시저가(everyday low pricing, EDLP)라고 불리는 가격전략을 사용하여 제품을 일관적으로 낮은 가격에 판매하므로 마크다운을 하지 않는다. 월마트는 EDLP 2.0을 실시하여 소비자가 묶음제품과 지불 및 배송 조건을 선택하여 가격을 낮출 수 있게 해준다. 소비자들은 흔히 가격을 제품 품질의 지표로 사용하기 때문에 가격전략이 제품의 브랜드 명성이나 점포 이미지에 중요한 영향을 끼친다. 이러한 이유로 총체적인 쇼핑경험과 고객서비스를 통하여 고객에게 가치를 창출하고자 시도하는 소매상들은 최저가격이 아닌 적정가격을 상시 제공하

도표 13-3 소매전략은 점포 포지셔닝 및 소매믹스와 연관이 있다. 소매믹스와 마케팅믹스의 유사성에 주목해보자.

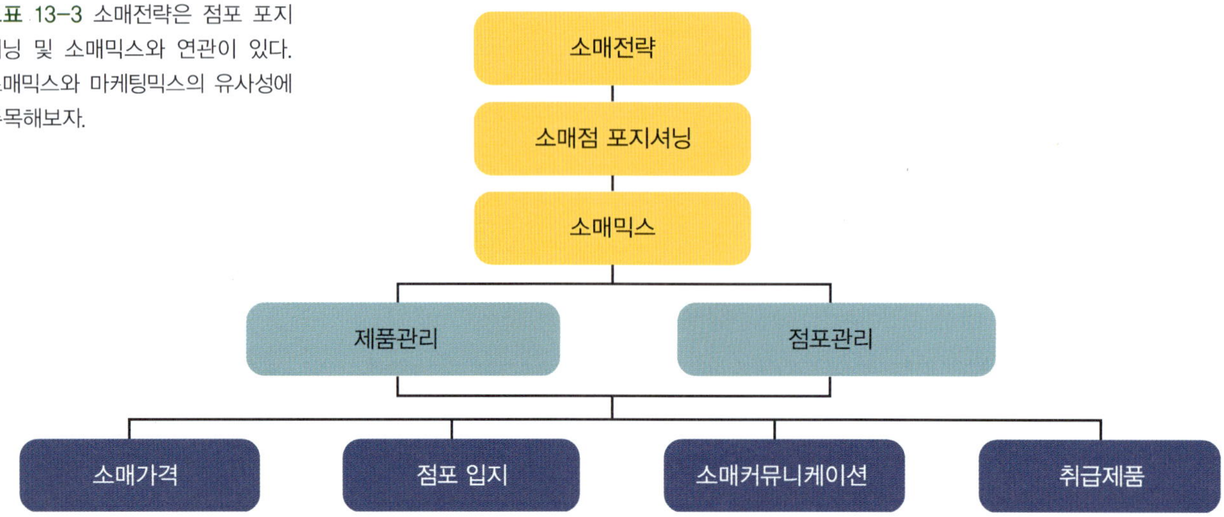

는 상시공정가전략(everyday fair pricing)을 사용한다. 연구에 의하면 온라인 경매와 같은 소매상에서 경쟁가격보장(price-matching) 또는 최저가격보장(price-beating)을 시행할 경우 상대적으로 높은 가격을 유지할 수 있다고 한다.

소비자들은 코카콜라와 같은 기준 품목 또는 간판 품목의 가격을 사용하여 점포의 가격 수준을 인지한다. 덧붙여 가격은 소비자의 제품 가치평가에 가장 큰 영향을 미치는 요인이다. 점포의 가격에 소비자 리베이트(rebate)가 포함된 경우, 소매상들은 리베이트 처리기간이 길어져서(가령 6주) 부정적인 소비자 인식이 발생하지 않도록 유의해야 한다.

티제이맥스 같은 염가소매상의 경우, 가격이 저렴하지만 상품 구색을 예측하기 어렵다.

©Tim Boyle/Bloomberg via Getty Images

염가소매(off-price retailing)는 티제이맥스(T.J.Maxx), 벌링턴코트팩토리(Burlington Coat Factory), 로스(Ross)와 같은 소매점에서 사용하는 소매가격 관행이다. 염가소매란 유명 브랜드 제품을 정상가보다 파격적으로 낮은 가격에 판매하는 것을 말한다. 염가소매상과 할인점은 매입방식과 가격에서 차이가 있다. 염가소매상은 과잉 재고를 가진 제조업체로부터 도매가격보다 낮은 가격에 제품을 구매하여 싸게 판다. 반면 할인점은 도매가격을 다 내고 구매하지만 전통적인 백화점보다 마크업을 작게 취해 싼 가격에 판매한다. 이 같은 제품 매입방식의 차이로 인해 소비자 입장에서는 염가소매상이 어떤 제품을 매입하여 판매할지 예측하기 어렵다. 소비자들이 원하는 제품을 싸게 건지려면 매장을 수시로 방문해야 한다. 오하이오 콜럼버스의 소매컨설팅기업 리테일 플래닝 어소시에츠(Retail Planning Associates)의 크리스토퍼 보링(Christopher Boring)은 "그건 일반적인 쇼핑이라기보다는 스포츠에 가깝죠"라고 말한다.

오프피프스 매장은 고급 백화점 삭스피프스애비뉴의 과잉 재고를 처분해준다.

©Paul Sakuma/AP Images

염가소매의 변형으로는 의류 브랜드 갭(Gap)의 저가 브랜드숍 갭팩토리스토어(Gap Factory Store), 고급 백화점 삭스피프스애비뉴(Saks Fifth Avenue)의 재고할인매장 오프피프스(Off 5th), 창고형 클럽인 샘즈클럽(Sam's Club)과 코스트코(COSTCO)가 있다. 최근 창고형 클럽의 경쟁상대로 아마존프라임(Amazon Prime) 같은 온라인 멤버십 클럽이 부상하고 있다.

점포 입지 소매믹스에서 두 번째로 중요한 의사결정은 어디에 점포를 얼마나 많이 열지를 정하는 일이다. 백화점은 원래 도심에서 시작되어 소비자를 좇아 교외로 이동해갔다. 최근에는 대형 쇼핑몰에 백화점이 입점하는 경향도 있다. 오늘날 대부분의 상점가는 중심업무지구, 지역쇼핑센터, 스트립몰, 파워센터 등으로 구분된다.

중심업무지구(central business district)는 가장 오래된 소매상권으로 도심의 중심지역을 지칭한다. 도시 인구가 교외로 유출되기 전까지 중심업무지구는 주된 쇼핑장소였다. 그러나 교외 거주 인구가 증가하면서 도심 쇼핑 중심지가 쇠락하기 시작했다. 소비자들은 주차공간이 부족하고, 범죄 발생률이 높으며, 야외에 그대로 노출되는 중심업무지구에서의 쇼핑이 불편하다고 생각했다. 루이빌(Louisville), 덴버(Denver), 샌안토니오(San Antonio) 같은 도시들은 새로운 첨단 사무빌딩, 최신 주상복합 건물, 오락시설을 도심지역에 유치하여 중심업무지구를 활성화하고자 노력하고 있다.

지역쇼핑센터(regional shopping center)는 50~150개 정도의 상점이 모여 5~10

©David Paul Morris/Bloomberg via Getty Images

마일 반경에 거주하는 소비자들을 대상으로 영업하는 장소다. 대형 지역쇼핑센터는 통상적으로 지명도가 높아 집객력이 뛰어난 두세 개의 간판점포(anchor store)를 중심으로 구성된다. 대표적인 간판점포로는 노드스트롬(Nordstrom), 삭스피프스애비뉴(Saks Fifth Avenue), 블루밍데일스(Bloomingdale's) 같은 백화점이다. 최근 나타난 발전된 형태의 지역쇼핑센터는 캐나다 앨버타(Alberta, Canada)에 있는 웨스트에드먼턴몰(West Edmonton Mall)이다. 이 쇼핑센터는 800개 이상의 점포, 세계에서 가장 큰 실내 놀이공원, 100여 개의 식당, 복합 영화관, 두 개의 호텔로 구성되어 연간 3,000만 명을 끌어들이고 있다.

모든 교외형 점포가 복합쇼핑몰에 집중되어있지는 않다. 교외 인근에는 자동차로 5~10분 거리에 사는 주민들이 이용하는 스트립몰(strip mall)이란 이름의 점포 밀집구역이 많이 있다. 스트립몰은 도로를 따라 소매점과 음식점이 길게 한 줄로 늘어서 있고, 그 앞에 주차장이 있는 형태의 상점가이다. 이 몰은 흔히 주유소, 철물점, 세탁소, 식료품점, 약국 등으로 구성된다.

대형 쇼핑센터는 사전 계획에 의해 체계적으로 개발되지만, 스트립몰은 자연발생되었다는 차이가 있다. 이러한 스트립몰이 확대·발전된 것이 바로 파워센터(power center)다. 파워센터는 티제이맥스, 울트라(Ultra), 로스드레스 포 레스(Ross Dress for Less), 피어1임포츠(Pier 1 Imports) 같은 전국 규모의 대형 점포가 상당수의 간판점포로 입점해 있는 대규모 상점가다. 파워센터는 스트립몰의 편리한 입지에서 유명 소매점의 집객력이 더해져 강력한 흡인력을 갖는다는 의미로 그러한 이름이 붙었다. 대형 스트립몰에서는 통상적으로 두 개에서 다섯 개의 간판점포와 한두 개의 슈퍼마켓을 찾아볼 수 있다. 슈퍼마켓은 주말에 장을 보러 오는 소비자들을 파워센터로 불러들이는 효과가 있다.

소매상이 시장에서 고객가치를 창출하기 위해서는 앞서 설명한 여러 소매업태 중에서 하나를 선택할 수 있다. 소매상은 다양한 고객집단 중에서 표적고객의 특정 욕구를 만족시키는 독특한 혜택을 제공하는 업태를 선택한다. 각 업태를 특징대로 활용하여 성공한 사례는 많다. 하지만 미래에는 각기 다른 업태를 결합하여 보다 광범위한 혜택과 경험으로 상이한 세분시장의 고객에게 폭넓게 접근하는 소매상이 늘어날 것이다. 이 같은 **복합경로소매상**(multichannel retailer)들은 점포와 무점포소매를 결합하여 소매점, 카탈로그, TV홈쇼핑, 온라인소매 등을 통합적으로 활용할 것이다. 반스앤노블은 온라인서점 아마존과 경쟁하고자 반스앤노블닷컴(Barnesandnoble.com)을 만들었다.

복합경로소매상
점포 소매상와 무점포소매를 결합하여 소매점, 카탈로그, TV홈쇼핑, 온라인소매 등을 통합적으로 활용하는 소매상

이와 비슷하게 오피스디포(Office Depot)는 소비자의 구매를 더욱 쉽고 편리하게 만들기 위해 점포와 카탈로그, 인터넷을 통합 운영하고 있다. 아마존은 6개 주에 오프라인 점포를 열고, 앞으로 점포를 더 많이 열 계획이다. 최근 연구에 따르면, 소매상은 온라인 쇼핑객이 자사 점포를 방문하도록 장려함으로써 수익성을 높일 수 있다.

소매 커뮤니케이션 소매상의 커뮤니케이션 활동은 소매상을 포지셔닝하고 그 이미

지를 형성하는 데 중요한 역할을 담당한다. 마케팅에서 사용하는 커뮤니케이션과 프로모션의 전형적 요소들은 16장(광고, 판매촉진, PR), 17장(소셜미디어), 18장(인적 판매)에서 논의될 것이다. 여기서는 소매믹스의 다른 구성요소들에 의해 의사소통되는 메시지를 다루고자 한다.

소매믹스가 소매점의 이미지를 결정하는 중요한 요인이라는 사실은 1950년대 후반 이후 널리 인정되어 이에 관한 연구가 활발히 수행되고 있다. 마케팅 학자 피에르 마티노(Pierre Martineau)는 이미지를 "소매점이 쇼핑객의 마음속에서 기능적 품질과 심리적 속성에 의해 규정되는 방식"이라고 정의했다. 이 정의에서 '기능적 품질'이란 가격대, 매장 배치, 제품계열의 폭과 깊이 같은 소매믹스요소를 뜻한다. 심리적 속성은 소속감, 흥분, 스타일, 따듯함 등의 무형적 요소를 의미한다.

아마존은 쇼핑과 주문, 픽업을 모두 할 수 있는 오프라인 점포를 개설하고 있다.

©Timothy A. Clary/AFP/Getty Images

기능적 차원에서 이미지는 점포를 운영하는 기업에 대한 인상, 점포의 업종과 업태, 점포의 취급제품군의 종류, 각 제품군 내 브랜드, 제품과 서비스의 품질, 점포의 마케팅활동 등을 포괄하는 것으로 밝혀져 있다. 심리적 차원에서 점포의 분위기나 환경은 점포 이미지와 밀접한 연관이 있다. 매장의 구성, 색채, 조명, 음악, 향기 등의 소매 환경요소들은 매출에 영향을 미치는 것으로 나타나 있다.

이러한 개념에 의거하여 소매상은 **쇼퍼마케팅**(shopper marketing)을 실시하고 있다. 쇼퍼마케팅은 점포 내에서의 쇼핑행동에 영향을 주기 위해 진열, 쿠폰, 제품 샘플 및 기타 브랜드 커뮤니케이션을 사용하는 활동이다. 또한 쇼퍼마케팅은 온라인 쇼핑환경에서의 행동에도 영향을 미칠 수 있다. 쇼핑객이 쇼핑욕구를 확인하거나 또는 구매결정을 내리기 위하여 스마트폰 앱을 사용할 때 쇼퍼마케팅을 사용하면 그들에게 영향을 미칠 수 있다. 소매상은 올바른 이미지와 분위기를 연출함으로써 표적 고객을 유인하고 점포, 취급제품, 점내 경험에 대한 신념을 강화하고자 노력한다.

쇼퍼마케팅
점포 내에서의 쇼핑행동에 영향을 주기 위해 진열, 쿠폰, 제품 샘플 및 기타 브래드 커뮤니케이션을 사용하는 활동

쇼핑경험(shopping experience)은 점포의 물리적 환경, 종업원, 정책 및 절차를 접하며 느끼는 소비자의 인식이다. 연구 결과는 소매상이 전달하는 쇼핑경험의 정도와 종류가 소매상 차별화의 주된 원천임을 보여준다. 점포 이미지에 대한 소비자의 인식은 기능적 품질이 작용하여 쇼핑경험과 별개로 형성될 수 있다. 하지만 소비자의 쇼핑경험은 점포에 대한 인식에 영향을 준다. 이런 점에서 이미지보다 경험이 더 중요하다고 할 수 있다. 또 소매환경의 물리적 여건은 점포 종업원에게 영향을 미치고, 종업원을 통해 고객에게도 영향을 미친다.

쇼핑경험
점포의 물리적 환경, 종업원 그리고 정책 및 절차를 접하며 느끼는 소비자의 인식

취급제품 소매믹스의 마지막 요소는 취급제품(merchandise offering)이다. 취급제품계열의 폭과 깊이를 효율적으로 관리하려면 소매상의 구매담당직원들이 표적시장의 욕구를 잘 알아야 할 뿐 아니라 어떤 제조업체가 어떤 제품을 공급할 수 있는지도 정확히 파악하고 있어야 한다. 오늘날 제품구색을 관리하는 접근방법으로 **카테고리관리**(category management)가 많이 사용되고 있다. 이 방법은 한 품목이나 브랜드가 아니라 제품군 전체 매출과 이익을 극대화하는 것을 목표로 한다. 제품군이란 소비자들이 대체 구매가능한 품목과 브랜드의 집합을 의미한다. 예를 들어 백화점의 구두, 슈퍼마켓의 종이류 등이 제품군으로 관리될 수 있다. 제품군 관리자는 제품군 내 품목과 브랜드를 통합 관리하고 가장 높은 성과를 낼 수 있는 제품을 선택할 책임이 있다. 이에 따라 거래조건, 주문비용, 가격 변화의 브랜드 간 효과를 고려하여 브랜드 구색과 주문량, 가격을 정한다. 점포 내 제한된 공간을 공유할 경우(예: 계산대

카테고리관리
제품군의 매출과 이익을 극대화하는 목표를 가지고 소비자들이 대체 구매가능한 모든 제품을 선택하는 책임을 부여받은 관리자가 제품의 구색을 관리하는 접근방법

통로) 제품군 관리자는 입지의 영향과 다른 제품군의 구색도 고려해야 한다.

소매상들은 점포의 성과를 분석하기 위해 고객지표, 점포지표, 재무지표의 여러 다양한 측정치를 사용한다. 고객지표는 고객과 연관된 지표로 고객당 거래 횟수, 평균 거래 규모, 일별·시간대별 고객수, 평균 점포체류시간 등을 측정한다. 점포지표는 점포 및 제품과 연관된 지표로 여기에 재고수준, 반품 수, 재고회전율, 재고 발주 비용, 반품 수, 거래당 평균 품목 수 등이 포함된다. 재무지표는 매출 총이익, 종업원 인당 매출액, 매출이익률, 가격할인율과 같은 재무적 지표를 말한다. 소매상에서 가장 널리 사용하는 측정치는 단위면적당 판매량(sales per square foot)과 동일점포 매출신장률(same store sales growth)이다. '마케팅계기판' 박스에서 애플스토어가 이 두 측정치를 사용한 예를 상세히 살펴보자.

마케팅계기판

애플스토어가 미국 최고의 소매점이 된 이유

해당 점포의 소매업태(retail format)는 다른 점포와 비교할 때 얼마나 효과적인가? 이 점포는 올해 전년도에 비해 얼마나 잘하고 있는가? 이러한 질문에 대한 정보는 ① 단위면적당 매출, ② 동일점포 매출신장률이라는 두 가지 측정치에 반영된다.

도전

애플스토어 소매업태를 평가해보자. 애플스토어는 단순하고 개방적인 환경으로 소비자들을 끌어들이며 소매업계에서 큰 화제를 불러일으켰다. 애플스토어를 평가하기 위해서는 단위면적당 매출(sales per square foot)과 동일점포 매출신장률(same-store sales growth)을 적용해보면 된다. 단위면적당 매출은 매출 수익을 창출하는 데 소매공간이 얼마나 효과적으로 사용되었는지를 평가하는 것이다. 동일점포 매출신장률은 전년 동기 대비 점포의 매출성장 정도를 파악하게 해준다. 두 지표의 계산법은 아래와 같다.

$$\text{단위면적당 매출} = \frac{\text{총매출액}}{\text{매장 영업면적}}$$

$$\text{동일점포 매출신장률} = \frac{\text{금년도 점포 매출액} - \text{전년도 점포 매출액}}{\text{전년도 점포 매출액}}$$

발견

애플스토어가 소매업태에서 보여준 성과는 다른 업태의 소매상과 비교하여 평가해야 한다. 할인점 타겟(Target), 고급 백화점 니만마커스(Neiman Marcus), 가전양판점 베스트바이(Best Buy), 보석전문점 티파니(Tiffany)와 같이 각 업태에서 성공한 소매상들의 매출정보를 수집하고 각각의 단위면적 매출과 동일점포 매출신장률을 계산하여 그래프로 그려보면 비교하기 수월할 것이다.

행동

관찰분석 결과를 보면, 애플스토어의 단위면적 매출(4,798달러)은 어떤 비교 대상보다 높았다. 동일점포 매출신장률(22%)도 다른 소매상보다 높았다. 즉 애플스토어 소매업태는 매우 효과적이며 오늘날 미국에서 가장 성공한 소매상이라는 결론을 내릴 수 있다.

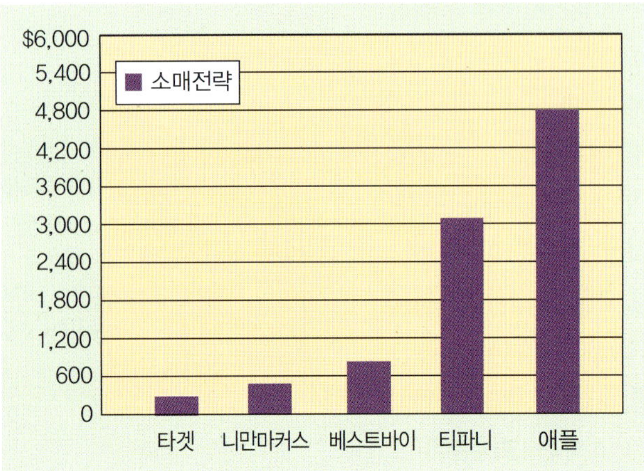

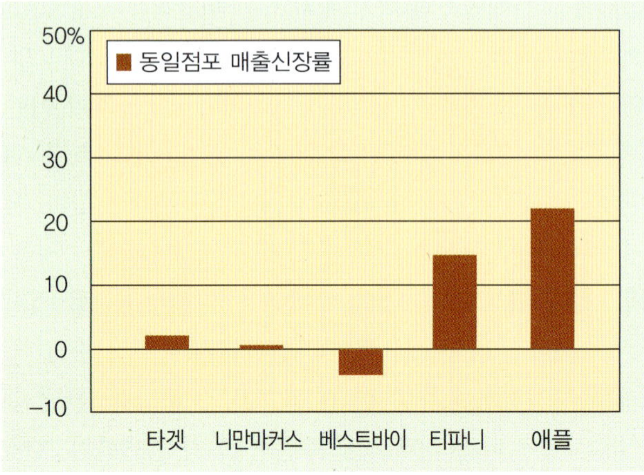

학습리뷰

1. 최초 마크업과 최종마크업에는 어떤 차이가 있는가?
2. 다수의 간판점포를 가진 대형 쇼핑 스트립몰을 ___________라고 부른다.
3. 점포 내 취급상품의 구색을 관리하기 위해 주로 사용되는 방법은 무엇인가?

소매업의 변화

목표 5 소매수레바퀴와 소매수명주기의 개념들을 이용하여 소매업의 변화를 설명할 수 있다.

소매업은 유통경로에서 가장 역동적인 부분이다. 시장에는 항상 새로운 유형의 소매상이 진입하여 소비자들을 끌어들일만한 새로운 포지션을 탐색한다. 이 같은 소매업의 끊임없는 변화과정은 소매수레바퀴와 소매수명주기라는 두 가지 개념으로 설명할 수 있다. 최근 소매업의 변화는 빅데이터와 분석기업의 발달로 인해 가속화되고 있다.

소매수레바퀴

소매수레바퀴 새로운 업태의 소매점이 어떻게 시장에 진입하는지를 설명하는 개념

소매수레바퀴(wheel of retailing)는 새로운 소매업태(retail format)가 시장에 어떻게 진입하고 변화하는지를 보여준다. 통상적으로 신업태는 저품격 저마진 점포의 형태로 진입한다. 실내에 좌석이 없고 메뉴도 제한된 드라이브스루 햄버거 가게가 적당한 예다(도표 13-4-1). 이 가게는 더 많은 손님을 끌어모으기 위해 설비(좌석, 화분)와 메뉴(치킨 샌드위치)를 추가하게 된다. 이렇게 하면 비용이 상승하고 가격과 품격도 올라간다(도표 13-4-2). 이 점포는 시간이 지날수록 더 많은 서비스를 추가하게 되고, 가격과 품격도 더 올라간다(도표 13-4-3). 이처럼 업계의 전반적인 가격대가 상승하면 또다시 저품격 저마진의 신업태가 등장하여(도표 13-4-4) 수레바퀴가 돌아가듯 소매업태의 순환이 반복되는 것이다.

1955년 레이 크록(Ray Kroc)이 맥도날드를 인수했을 때, 점심 직전에 문을 열고 저녁 직후에 문을 닫았다. 식당에는 좌석이 없었고 메뉴는 두 개뿐이었다. 그런데 시간이 지나며 새로운 메뉴와 서비스가 추가되었다. 1975년 맥도날드는 아침 식사에 패스트푸드 개념을 도입하여 에그 맥머핀(Egg McMuffin)을 선보였다. 오늘날에는 오트밀, 프리미엄 커피를 비롯한 다양한 메뉴와 넉넉한 좌석, 무선인터넷 연결서비스와 유아친화적인 놀이공간을 제공하고 있다. 맥도날드는 미래를 위해 시큼한 반죽빵 위에 대게살을 올리거나 마늘튀김, 신선한 쇠고기 쿼터파운더(Quarter Pounder) 등의 새로운 제품을 시험하고 있으며 셀프서비스 키오스크, 모바일 주문, 테이블 서비스와 같은 새로운 서비스도 도입하고 있다.

Video 13-4
McDonald's
kerin.tv/cr8e/v13-4

이러한 변화는 체커스 드라이브인 레스토랑(Checkers Drive-In Restaurant) 같은 새로운 형태의 소매점이 진입할 기회를 만들어주고 있다. 체커스는 햄버거, 감자튀김, 콜라라는 기본 메뉴만 제공하며 실내 좌석 없이 자동차에 앉아 주문하는 드라이브스루 창구를 갖추고 있다. 이들은 현재 800개 이상의 점포를 확보했다. 수레바퀴는 또 다른 소매점에서도 돈다. 패스트캐주얼 레스토랑체인 보스턴마켓(Boston Market)은 초기의 식당 형태에 픽업, 배달, 풀서비스 출장급식을 추가하고 나아가 슈퍼마켓 즉석요리 코너에서 자체 개발한 메뉴, 식료품점에서 냉동식을 판매한다. 수레바퀴가 완전히 한

'체커스'는 저품질·저가격을 제공하는 식당으로 소매수레바퀴에 진입했다.

©McGraw-Hill Education/Mark Dierker, photographer

도표 13-4 소매수레바퀴는 소매상이 시간의 흐름에 따라 어떻게 변화하는지를 설명해준다.

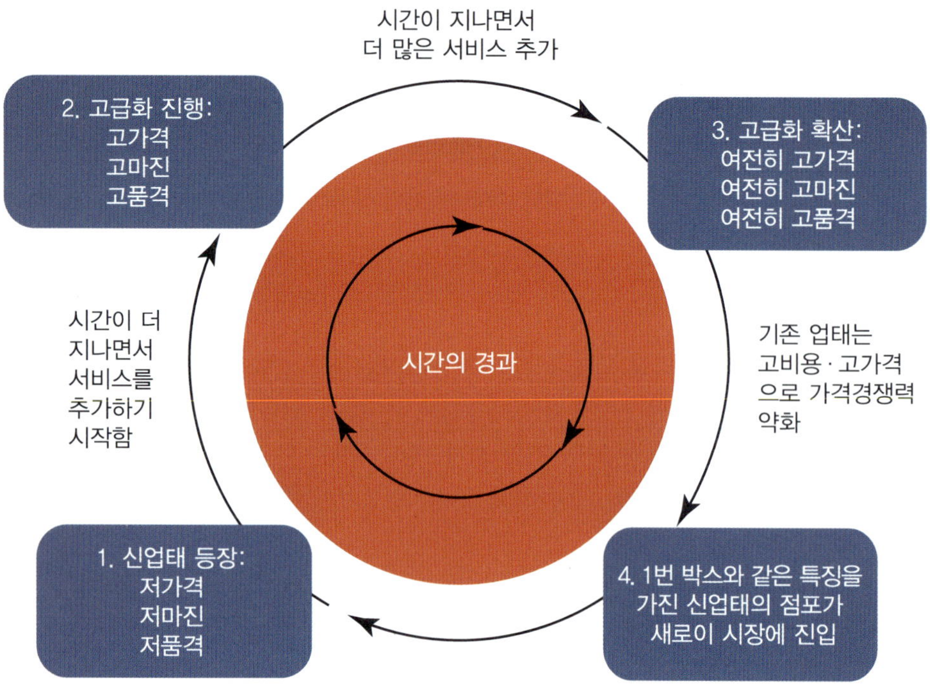

바퀴 돈 사례로는 타코벨(Taco Bell)을 들 수 있다. 타코벨은 현재 부리또 단품만을 한정적으로 파는 초소형 식당을 주유소나 할인점, 장소를 가리지 않고 개점하고 있다.

소매수레바퀴는 식당업 외의 소매업에서도 명백하게 관찰된다. 할인점은 1960년대에 백화점보다 가격을 낮게 정하여 진입한 새로운 소매업태였다. 그러다가 1980년대 할인점의 가격수준이 상승하고, 창고형 클럽이라는 새로운 형태의 소매점과 비교해서 가격대가 높아졌다. 오늘날에는 염가소매상과 공장 직영 아웃렛이 창고클럽보다 제품을 더 낮은 가격으로 판다.

소매수명주기

소매수명주기
제품수명주기와 같이 소매점이 성장하고 쇠퇴하는 과정으로 초기성장기, 가속성장기, 성숙기, 쇠퇴기로 구성

소매수명주기(retail life cycle)는 제품수명주기와 유사한 개념으로 소매상이 성장하고 쇠퇴하는 과정을 묘사해준다. 도표 13-5는 소매수명주기의 단계와 다양한 형태의 소매점의 현 위치를 단계별로 보여준다. 초기성장기(early growth, 도입기)는 기존 경쟁점포와 현저히 다른 새로운 형태의 소매점이 출현하는 단계다. 이때 시장점유율은 점진적으로 상승하지만 창업비용 때문에 이익이 낮다.

다음 단계는 가속성장기(accelerated development, 성장기)로 시장점유율과 이익 모두 급격한 성장률을 보인다. 소매업체는 소매믹스의 요소들을 확정하고 이를 확장하면서 신규 출점 속도도 빨라진다. 이 단계에서 후발 경쟁자들이 시장에 들어온다. 햄버거를 파는 웬디스(Wendy's)는 맥도날드가 사업을 시작하고 거의 20년이 지나 등장한 체인이다. 이 단계에서 소매상의 주된 목표는 시장점유율 다툼에서 유리한 위치를 차지하는 것이다.

소매점 간의 시장점유율 다툼은 보통 성숙기(maturity stage) 전에 나타나며 이러한 가운데 경쟁력이 취약한 소매상들은 도태된다. 햄버거체인 간의 시장점유율 전쟁에서 한때 우세한 위치를 차지하다 쇠락한 점포로는 잭인더박스(Jack in the Box), 지노햄버거(Gino's Hamburgers), 버거쉐프(Burger Chef)가 있다. 성숙기에

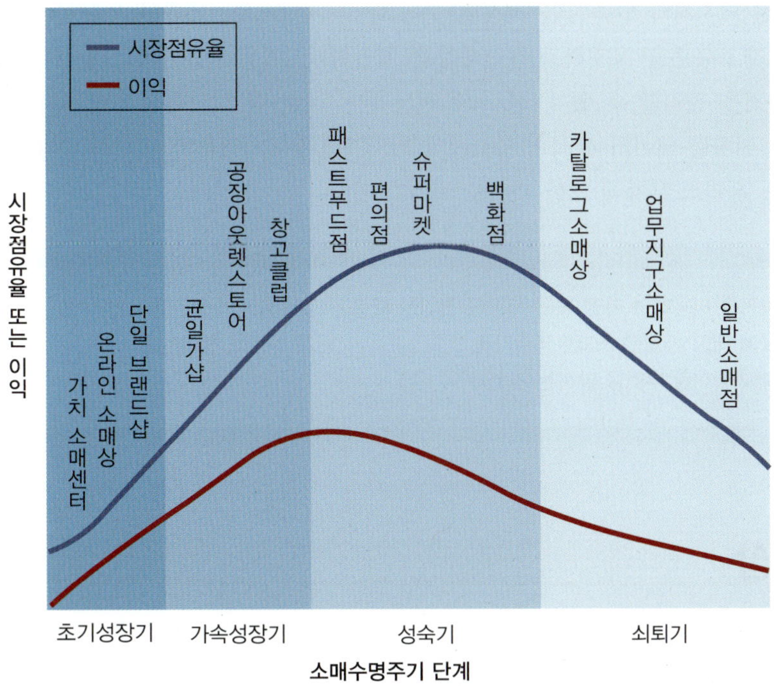

도표 13-5 소매수명주기는 소매점의 성장과 쇠락 단계를 보여준다.

는 새로운 형태의 소매점이 시장에 진입하며, 소매점들은 시장이 과밀해진 상황에서 점유율을 유지하고자 가격을 내린다. 햄버거체인사업에서 팻버거(Fatburger)와 인앤아웃버거(In-N-Out Burger) 같은 신규 업체들은 성숙기에 진입하여 기존 업체들과 치열한 경쟁을 벌이고 있다.

소매점이 직면한 도전은 쇠퇴기(decline stage)를 지연시키는 것이다. 쇠퇴기에는 시장점유율과 이익이 급격히 하락한다. 갭(Gap), 베네통(Benetton), 앤 테일러(Ann Taylor)와 같은 의류전문소매상들은 수년간의 성장기가 지난 후 시장점유율이 하락하는 것을 경험했다. 메이시스(Macy's)와 시어즈(Sears)는 수백여 곳에서 폐점했고 토이저러스(Toys "R" Us), 더리미티드(The Limited), 갠더마운틴(Gander Mountain), 래디오쉑(RadioShack) 같은 전문점들은 문을 닫거나 파산했다. 소매상들이 더 이상의 쇠락을 피하려면 점내 경험을 개선하여 고객이 전자상거래 구매로 옮겨가지 않도록 할 것이다.

데이터 분석

데이터 분석(data analytics)은 '새로운 소매과학(new science of retailing)'으로 간주된다. 오늘날에는 소매점의 스캐너와 로열티카드시스템을 통해 엄청난 양의 데이터가 수집되고 있다. 이러한 데이터가 (이 장 앞에서 설명한) 웨어러블기술의 사용과 복합경로마케팅의 수행을 보완해줄 수 있다. 소매상은 다양한 데이터의 원천을 결합하여 새로운 종합분석도구를 통합적으로 사용하는 능력을 갖추게 된다. 실제로 8개 산업의 관리자 418명을 설문조사한 바에 따르면, 소매기업들이 고객분석도구를 통해 가장 큰 이득을 얻는 것으로 밝혀졌다.

소매상은 데이터 분석을 통해 세 가지 혜택을 볼 수 있다. 첫째, 소비자가 복수경로와 정보원천, 지불수단을 어떻게 사용하는지 이해하여 그들의 쇼핑행동을 예측할 수 있다. 둘째, 개인 고객의 구체적 특징에 관한 상세한 데이터를 알면 실시간으로 개별화된 메시지와 판촉물을 제시할 수 있다. 마지막으로, 고객의 욕구를 추적하여 적정한 재고수준을 유지하고 혁신제품을 제안하며, 경쟁력을 유지하면서 이익을 내도록 가격을 관리할 수 있다. 한 소매 전문가는 "이런 정보는 매우 소중하다"라고 설명한다. 이처럼 데이터 분석의 중요성이 커지면서 통계기법뿐만 아니라 사생활에 관한 우려, 윤리적 문제에 대한 관심도 커지고 있다.

학 습 리 뷰

1. 소매수레바퀴를 이용하여 가장 최근 시장에 진입한 새로운 소매 형태의 특징을 설명해보자.
2. 시장점유율에 대한 싸움은 소매수명주기의 ____________단계 이전에 전개된다.
3. 새로운 소매과학이란 무엇을 말하는 것인가?

도매상

목표 6 도매활동과 도매기능을 수행하는 도매상의 유형에 대하여 이해한다.

많은 소매상에서 제품을 공급받기 위해 도매상에 의존한다. 도매상은 재판매나 사업을 목적으로 구매하는 고객에게 제품과 서비스를 판매하는 중간상이다. 도매상의 유형에는 상인도매상, 대리상과 중개상, 제조업체지점과 영업소 등이 있다. 도매상의 유형을 아는 것은 소매과정을 이해하기 위해 중요한 일이다.

상인도매상

상인도매상
취급하는 제품에 대하여 소유권을 갖고 독립적으로 활동하는 도매상

상인도매상(merchant wholesaler)은 취급제품에 대한 소유권을 갖고 독립적으로 활동한다. 산업재 디스트리뷰터(industrial distributor)를 포함하여 다양한 이름으로 불린다.

상인도매상은 수행하는 기능의 범위에 따라 완전서비스도매상(full-service wholesaler)과 한정서비스도매상(limited-service wholesaler)으로 분류된다. 완전서비스도매상은 다시 종합도매상(general merchandise or full-line wholesaler)과 전문도매상(specialty merchandise or limited-line wholesaler)으로 구분된다. 종합도매상은 폭넓은 구색의 제품을 취급하며 거의 모든 유통기능을 수행한다. 그러나 이런 도매상은 한 제품계열에서의 구색을 깊게 유지하지 못한다. 이 같은 유형의 도매상은 하드웨어, 약품, 의류산업에서 흔하게 나타난다. 전문도매상에서는 비교적 좁은 범위의 제품을 제공하며, 취급하는 제품계열 내에서 매우 깊은 구색을 가진다. 전문도매상도 대부분의 유통기능을 수행하며 주로 건강식품, 자동차 부품, 해산물 등을 많이 취급한다.

한정서비스도매상에는 네 가지 유형이 존재한다. 진열도매상(또는 위탁판매 도매상, rack jobbers)은 제품을 소매상에게 위탁판매하며 제품을 진열하는 선반(rack)이나 진열대(shelf)를 보충하는 일을 한다. 위탁판매란 소매점에 진열된 제품에 대한 소유권은 도매상이 갖고, 제품이 판매되면 소매상에게 대금을 청구하는 형태다. 진열도매상은 양말, 완구, 가정용품, 건강용품, 미용품 등의 일상 제품을 주로 공급한다.

현금거래도매상(cash and carry wholesaler)은 제품에 대한 소유권을 가지고 재고로 보관하며, 점포를 방문해 현금으로 구매하고 직접 운반해가는 고객들에게만 제품을 판매한다. 이들은 한정된 계열의 제품만 취급하며 배달, 외상판매, 시장정보 제

공 등의 서비스를 제공하지 않는다. 현금거래도매상에서는 보통 전기소모품, 사무용 소모품, 공구제품, 식품 등을 취급한다.

직송도매상(drop shipper) 또는 탁상배급상(desk jobber)은 판매하는 제품에 대한 소유권은 갖지만 물리적으로 취급·저장·운반하지 않는다. 이들은 단순히 소매상이나 다른 도매상으로부터 주문만 받으며, 제품이 생산자로부터 구매자에게 직접 배송되도록 주선해준다. 직송도매상에서는 석탄, 목재, 화학제품처럼 부피가 크고 대량으로 거래되는 제품을 취급한다.

트럭도매상(truck jobbers)은 작은 창고에 재고를 갖추어놓고 트럭으로 직접 소매상에게 배송해주는 소규모 영세도매상을 말한다. 통상적으로 회전율이 높거나 부패되기 쉬운 품목을 한정된 구색으로 취급하며, 트럭에 실은 물건은 현금을 받고 판매한다. 트럭도매상에게 취급하는 품목은 제과류, 유제품, 육류, 수산물 등이다.

대리상과 중개상

상인도매상들과 달리, 대리상(agent)과 중개상(broker)은 제품에 대한 소유권을 갖지 않으며 매우 제한된 경로기능만 수행한다. 상인도매상이 소유권을 갖고 있는 제품을 판매하여 이익을 올린다면, 대리상과 중개상은 서비스를 제공하고 그에 대한 수수료나 요금을 받는다.

생산자가 활용하는 대리상에는 제조업체대리상과 판매대리상의 두 가지 유형이 있다. **제조업체대리상**(manufacturers' agent, manufacturers' representative)은 여러 생산자를 위해 일하며 배타적 판매구역에서 경쟁적이지 않으며 상호보완적인 제품을 병행 취급한다. 제조업체대리상은 자신이 맡은 구역에서 생산자의 판매부서로 활동하며 거래기능, 그중에서도 주로 판매기능을 수행한다. 이들은 자동차부품, 신발, 조립철강 등과 같이 고객의 유형이 다양하고 제품 전문성이 필요한 산업에서 광범위하게 활용되고 있다. 제조업체대리상전국협회(Manufacturers' Agents National Association)에서는 제조업체대리상을 적절한 제품 및 기업들과 연결하는 업무를 수행하고 있다.

제조업체대리상
여러 생산자를 위해 일하며 배타적 판매구역에서 경쟁적이지 않고 상호보완적인 제품을 병행 취급하는 대리상. 제조업체 대행인이라고도 부름

Courtesy of Manufacturers' Agents National Association

제조업체대리상과 비교하여, 판매대리상(selling agent)은 단 하나의 생산자를 대표하고 그 생산자의 모든 마케팅기능을 책임진다. 판매대리상은 판촉을 기획하고, 가격을 책정하며, 유통정책을 결정하고, 제품전략에 대한 조언을 제공한다. 주로 직물, 의류, 식품, 가구 산업의 소규모 생산자들이 판매대리상을 이용한다.

중개상(broker)은 구매자와 판매자를 연결하여 판매를 실현하는 기능을 수행하는 독립적 기업이나 개인을 말한다. 대리상과 달리 보통 판매자 및 구매자와 지속적인 관계를 맺지 않고, 단지 두 당사자 간의 계약을 협상·체결하는 것을 도우며, 한 거래가 끝나면 다른 거래로 넘어간다. 중개상은 과일과 채소 같은 계절을 타는 제품의 유통이나 부동산업계에서 주로 활동한다.

중개상
구매자와 판매자를 연결해 판매를 실현하는 기능을 수행하는 독립적 기업이나 개인

중개상도 여러 가지 다양한 형태로 발전 중이다. 제조업체대리상과 같이 생산자를 위해 다방면에서 활동하는 독특한 중개상으로 식품업계에서 판매자와 구매자를 연결하는 식품중개상(food broker)을 이러한 예로 꼽을 수 있다. 식품중개상이 전통적인 중개상과 다른 점은, 상시적으로 생산자를 대표하여 활동하며 유통을 활성화시키는 서비스의 대가로 수수료를 받는다는 점이다. 식품기업 나비스코(Nabisco)는 주력 제품인 과자와 크래커는 소매점에게 직접 판매하지만, 사탕이나 마가린, 플랜터스땅

콩(Planters peanuts) 같은 제품들은 식품중개상을 통해 유통시킨다.

제조업체지점과 영업소

상인도매상, 대리상 및 중개상들과 달리 제조업체지점과 판매사무소는 생산자가 소유·운영하며 도매활동을 수행하는 직영도매상이다. 도매활동을 수행할 중간상이 없거나, 고객 수가 적고 지역적으로 집중되어있거나, 주문 단위가 크고 특별한 관리가 필요할 때 생산자가 직접 도매기능을 수행한다. 제조업체지점(manufacturer's branch office)은 재고를 보유하며 완전서비스도매상의 기능을 한다. 제조업체영업소(manufacturer's sales office)는 재고를 두지 않고 단지 판매기능만을 한다. 제조업체영업소는 대리상과 중개상의 대안으로 활용된다.

학 습 리 뷰

1. 상인도매상과 대리상의 차이점은 무엇인가?
2. 어떤 환경에서 생산자가 도매기능을 직접 담당하는가?

마케팅지식 적용해보기

1. 맞벌이가정이 증가하는 것이 (a) 무점포소매와 (b) 소매믹스에 어떤 영향을 미칠지 논의해보자.
2. 소매가격을 정하는 데 있어 소매상은 종종 최초마크업을 유지하지 못하고 낮은 수준의 최종마크업만 얻게 된다. 최종마크업이 왜 최초마크업과 달라지며, 이러한 수정이 왜 중요한지 설명해보자.
3. 제품수명주기와 소매수명주기의 공통점과 차이점은 무엇인가?
4. 염가소매점(off-price retailer)과 비교할 때, 월마트는 어떤 소매수명주기에 위치해 있는지 파악하고 그렇게 생각한 이유를 설명해보자.
5. 소매수명주기 단계별로 소매믹스의 네 요소가 어떻게 달라지고 어떤 역할을 담당하는지에 관한 도표를 만들어 보자.
6. 구색의 폭과 깊이는 소매상의 유형을 구분하는 중요한 두 가지 기준이다. 이 장에서 살펴본 다음 소매상에서 취급하는 제품구색의 폭과 깊이에 대하여 논의해보자. (a) 고급백화점 노드스트롬(Nordstrom), (b) 할인점 월마트(Walmart), (c) 의류 및 아웃도어 전문점 엘엘빈(L.L. Bean), (d) 가전 전문양판점 베스트바이(Best Buy).
7. 소매수레바퀴와 소매수명주기의 개념을 이용하여 공장형 아웃렛스토어(factory outlet store)의 미래 전망을 예측해보자.
8. 소매수명주기의 관점에서 미국의 온라인소매가 발달한 과정을 설명해보자.
9. 상인도매상과 대리상, 중개상을 구분하는 유일한 차이점은 판매하는 제품에 대한 소유권 여부다. 이러한 주장에 대한 자신의 생각을 말해보자.

마케팅계획 세워보기

여러분의 마케팅계획에 소매상을 활용하는 방안이 포함되어 있는가? 만일 그렇다면 아래 질문에 답해보자.

1. 도표 13-3을 사용하여 소매전략을 수립하고 이에 적합한 소매믹스를 상세하게 제시해보자.
2. 여러분의 제품을 유통할 소매상에서 취급하는 제품계열의 폭(넓은 제품계열 대 깊은 제품계열)과 부가가치(저부가가치 대 높은 부가가치)에 관해 서술해보자.
3. 여러분의 소매상에게 적합한 소매가격, 점포 입지, 소매커뮤니케이션, 취급하는 제품구색에 대해 설명해보자.
4. 여러분의 소매전략을 지원할 도매상이 여러분이 선택한 경로 및 중간상의 유형(12장 참조)과 일치하는지 확인해보자.

비디오 케이스 13 몰오브아메리카: 소매업의 성공 비결을 실천하는 미국에서 가장 큰 쇼핑몰

Video 13-5
Mall of America Video Case
kerin.tv/cr8e/v13-5

사업 개발과 마케팅을 책임지는 수석 부사장 질 렌스로(Jill Renslow)는 "미국 미네소타주 미네아폴리스(Minneapolis, Minnesota) 교외에 위치한 몰오브아메리카(Mall of America)의 성공 비결은 방문객을 위해 끊임없이 새로운 경험을 창출하는 것에 있습니다"라고 말한다. 또한 "저희는 지역 주민뿐만 아니라 관광객도 방문할 때마다 독특한 경험을 하길 바랍니다"라고 덧붙였다. 이것은 어떤 소매상에게도 야심찬 과업인데, 특히 몰오브아메리카처럼 연간 4,000만 명 이상의 방문객을 유치하는 거대 쇼핑몰에서는 더욱 어려운 일이다. 새로운 경험을 창출하기 위해서는 지속적인 소매점 구성, 오락시설, 특별 이벤트를 변화시켜야 한다. 항상 새로운 점포를 선보이고 연주회를 개최하며, 유명 작가의 사인회를 열고, 패션쇼를 개최해야 한다. 몰오브아메리카는 유명 가수 테일러 스위프트(Taylor Swift)의 공연도 2회나 개최하면서 '중서부의 할리우드(Hollywood of the Midwest)'라는 별칭을 얻었다. 렌스로는 "핵심은 신선하고 흥미로워지는 것입니다"라고 말한다.

거대한 몰을 위한 거대한 아이디어

거대한 쇼핑몰이라는 개념은 사회 변화의 결과로 탄생한 것이다. 우선 미국에서 실내 쇼핑센터가 도심의 중심 쇼핑상가를 대체하기 시작했다. 둘째, 상업시설 개발기업은 카지노가 가족 고객 유치를 위해 도박과 전혀 관련 없는 활동을 추가하는 것을 목격했다. 캐나다의 가족기업 거메지안(Ghermezian)은 라스베이거스에서 힌트를 얻어 에드먼턴(Edmonton)에 쇼핑, 식당, 호텔과 테마공원을 갖춘 웨스트에드먼턴몰(West Edmonton Mall)을 열었다. 그들은 웨스트에드먼턴몰의 성공에 힘입어 또 다른 목적성 몰 개념을 적용할 장소를 찾다가, 미네소타 미네아폴리스에 몰오브아메리카를 건설하게 된 것이다.

몰오브아메리카의 커뮤니케이션 담당 부사장 댄 재스퍼(Dan Jasper)에 따르면, 거메지안은 선구자적 혜안을 가진 놀라운 가족기업으로 큰 꿈을 갖고 이를 현실에 옮겼다. 에드먼턴에 웨스트에드먼턴몰을 세웠고 미네소타에는 몰오브아메리카를 만들었다. 오늘날 몰오브아메리카는 쇼핑과 오락공간이 4.8백만 평방피트에 달하는, 미국에서 가장 큰 몰이다. 이 몰은 계속해서 커지고 있다. 제스퍼는 "우리는 곧 현관 앞에 대형시설을 오픈하여 5.5백만 평방피트로 커질 것입니다. 이에 따라 미국에서 가장 붐비고 성공적이며 가장 크고 거대한 몰이 될 것입니다"라고 말한다.

몰오브아메리카 경영진은 몇 가지 중요한 도전에 직면해 있었다. 먼저 몰 안에 다양한 소매점과 오락시설을 유지하고 매년 수백만 명의 방문객을 끌어들여야 했다. 또 시장에서 마케팅과 소셜미디어의 존재감을 강화시켜야 했다. 이 같은 세 가지 활동의 조합은 몰의 지속적인 성공을 위해서는 필수적이었다. 이러한 노력은 특히 전자상거래와 온라인쇼핑이 대세로 부상하는 시기에 더욱 중요했다.

몰오브아메리카의 경영

몰오브아메리카의 규모는 상상하기 힘들 정도로 크다. 미식축구장 880개 규모의 공간에 점두(store front) 길이만 4마일 이상이다. 간판점포는 메이시스(Macy's), 노드스트롬(Nordstrom), 시어즈(Sears)이며, 전문점은 500개 이상이다. 소매시설의 다양성은 경이로울 정도다. 점포의 유형은 바나나리퍼블릭(Banana Republic), 애플, 트루릴리전(True Religion)처럼 친숙한 이름부터 맞춤형 레고(Lego) 조립 세트를 파는 브릭매니아(Brickmania), 수천 개의 보드게임과 퍼즐을 파는 게임즈바이제임스(Games by James)와 같이 독특한 점포를 망라하고 있다. 렌스로는 "소매점의 다양성이 몰오브아메리카를 특별하게 만들어 세계 곳곳에서 사람들을 끌어들입니다"라고 밝혔다.

©Steve Skjold/Alamy Stock Photo

몰오브아메리카는 창업하는 사람들의 입점을 장려하고자 특별 임대 프로그램을 운영하고 있다. 신규 소매상에게는 초기 임대료를 깎아주며 대신에 점포 위치를 유연하게 변화시킨다. ACES 모의비행체험점의 주인 마이크 폴(Mike Pohl)은 이 프로그램이 유치한 독특한 사업체의 한 예다. 그는 "몰오브아메리카가 미국에서 가장 큰 단일 소매시설이라 여기에 오기로 결정했다"라고 설명한다. 또 "매년 4,000만 명의 사람들이 방문한다. 몰오브아메리카는 전통적인 몰보다 오락몰의 성격이 강해서 ACES 같은 점포에 딱 맞았다"라고 덧붙인다.

몰오브아메리카에는 20개 이상

©Alvis Upitis/Alamy Stock Photo

의 식당과 함께 코미디언 순회공연이 열리는 하우스오브코미디(House of Comedy)와 인형들의 미용실인 아메리칸걸(American Girl)도 입점되어있다. 몰오브아메리카의 영화관은 D-Box 모션좌석이 설치된 200석의 3D 상영관과, 21세 이상의 성인용 148석 상영관을 포함하여 14개의 상영관을 보유하고 있다.

그 밖에도 몰오브아메리카에서 경험할 수 있는 독특한 시설은 다음과 같다.

- 태양광이 비치는 몰 중앙에 위치해 있으며 나무 400그루와 롤러코스터, 페리스 대회전식 관람차(Ferris wheel), 급경사 보트를 비롯해 20개 이상의 놀이시설과 탈것을 제공하는 실내 테마공원 니켈로디온 유니버스(Nickelodeon Universe)
- 방문객들이 해파리, 가오리, 바다거북, 열대어를 관람하고 잠수부와 유영하는 상어를 볼 수 있는 해양생물수족관
- 몰과 연결된 342개의 객실을 운영하는 JW메리어트와 500개의 객실을 가진 래디슨블루(Radisson Blu) 호텔
- 맞춤 결혼식과 신혼 패키지를 제공하면서 몰 안에서만 5,000건의 결혼식을 진행한 교회

정기행사와 활동으로는 '아트+스타일 시리즈(Art+Style Series)', 화요일에 열리는 유아를 위한 행사, 물에서 걷고 운동하길 원하는 사람들을 '몰 스타 프로그램(Mall Stars program)' 등이 있다. 또한 몰오브아메리카는 대규모의 군중과 집단을 위한 기업체 행사를 유치하고 있다. 1만 2,000대 이상을 수용하는 무료 주차장도 있어 어떤 규모의 그룹도 유치할 수 있다.

표적시장

몰오브아메리카는 개점일부터 만 명 이상이 매일 방문하는 놀라운 기록을 보였다. 이러한 기록은 몰오브아메리카가 미네소타, 위스컨신, 켄터키, 미시간, 오하이오, 펜실베이니아 등의 18개 주를 비롯해 캐나다, 영국, 프랑스, 멕시코, 독일, 스칸디나비아, 이탈리아, 네덜란드, 일본, 중국, 스페인과 같은 11개국에서 방문객을 끌어들이기 때문에 가능하다.

몰오브아메리카는 항공사 및 여행사와 밀접하게 협업하여 세계 곳곳에서 쇼핑객을 불러들이는 'Shop 'Til You Drop' 패키지를 제공한다.

렌스로는 "몰오브아메리카 쇼핑객은 말 그대로 3살부터 83살에 이릅니다. 이처럼 다양한 고객은 우리에게 기회이자 도전입니다. 저희는 방문객 한 명 한 명과 확실하게 의사소통할 수 있는 능력을 갖추는 것이 필요합니다. 그래서 쇼핑객의 60%를 구성하는 지역시장에 초점을 두는 동시에 40%를 차지하는 관광객도 중요시하여 두 상이한 청중에게 다른 메시지를 전달하고 있습니다"라고 밝혔다. 또 다른 핵심 타깃은 젊은 여성이다. 미혼 여성은 가처분 소득이 높고 여행을 좋아한다. 기혼 여성은 가정에서 일차적인 구매의사를 결정하며 종종 몰에 배우자와 자녀, 여자친구들을 데려온다.

몰오브아메리카의 마케팅과 소셜미디어

몰오브아메리카 성공의 또 다른 비결은 시장에서 존재감을 관

리하는 능력이다. 몰오브아메리카의 홍보 관리자인 사라 슈미트(Sara Schmidt)는 "몰오브아메리카의 전형적 캠페인은 TV, 라디오, 신문이며, 소셜미디어도 적극 활용한다"라고 한다. 최근에는 '비명수집가(The Scream Collector)'라는 캠페인을 TV 광고에서 시작하고 뒤이어 옥외광고판에 진행 상황을 게시했다. 또 다른 캠페인은 몰 안에 눈보라가 휘몰아치는 장면을 연출하는 것이었다. 이 눈보라는 트위터로 가동되는 것으로, 방문객이 #twizzard를 트윗하고 이런 트윗이 일정 수를 넘어가면 몰 안에 눈이 내리는 모습을 연출했다.

소셜미디어는 몰오브아메리카의 캠페인에서 중요한 요소를 차지하고 있다. 댄 재스퍼(Dan Jasper)는 "몰오브아메리카는 소매업계에서 소셜미디어와 디지털기술에서 가장 앞서 있습니다. 어떤 쇼핑몰도 아직 저희를 능가하지 못합니다"라고 설명한다. 몰오브아메리카는 커뮤니케이션 허브를 만들어 소셜미디어, 문자, 전화, 보안을 모두 단일시스템으로 운영한다. 그는 "커뮤니케이션 허브는 우리가 한 목소리로 소통하고 고객에게 실시간으로 응답하며 제안하고 조언할 수 있도록 해줍니다"라고 말한다.

몰오브아메리카의 미래는 어떨까? 재스퍼는 그 답이 더 커진 몰이라고 말한다. 그는 "앞으로 몇 년간 우리는 몰오브아메리카를 두 배로 키울 것입니다"라고 말한다.

질문

1. 몰오브아메리카의 성공비결은 무엇인가?
2. 몰오브아메리카와 같은 복합쇼핑몰의 개념에 기여한 추세는 무엇인가? 처음에는 어떻게 시작하게 되었을까?
3. 몰오브아메리카가 성공을 유지하려고 노력하는 가운데 직면해 있는 도전 과제는 무엇인가?
4. 몰오브아메리카가 각 도전 과제를 극복하기 위해 실행한 구체적인 행동은 무엇인가?

14

상호작용마케팅과 복합경로마케팅의 시행

LEARNING OBJECTIVES

다음 학습목표를 달성해보자.

목표 1 상호작용마케팅이 무엇인지 설명하고 이를 통해 어떻게 고객가치, 고객관계, 고객체험을 창출하는지 설명할 수 있다.

목표 2 특정 유형의 제품과 서비스가 상호작용마케팅에 더 적합한 이유를 설명할 수 있다.

목표 3 소비자들이 온라인에서 쇼핑하는 이유를 설명하고 마케터들이 온라인구매행동에 영향을 미치는 방법을 설명할 수 있다.

목표 4 크로스채널소비자를 정의하고, 이러한 소비자를 공략하기 위한 복합경로마케팅의 역할에 대해 설명할 수 있다.

당신만을 위한 단 하나의 자전거를 파는 세븐사이클

"단 하나의 자전거. 당신의 것(One Bike. Yours)"은 매사추세츠주의 워터타운에 위치한 세븐사이클사의 기업 슬로건이다.

세븐사이클(Seven Cycles)은 세계에서 규모가 가장 큰 주문형 자전거 프레임 생산기업이다. 이들은 로드사이클, 산악자전거, 사이클로크로스 자전거, 2인용 자전거, 장거리 여행용 자전거, 픽시자전거, 통근용 자전거 등 폭넓은 라인의 자전거를 생산하며 모든 제품을 개별 맞춤 형태로 만든다. 세븐사이클은 20년 전 창업한 이래로 3만 대 이상의 맞춤 제작 자전거를 만들어왔다. 맞춤 제작 자전거는 4,000달러부터 시작되는 프리미엄 제품이다. 세븐사이클은 개인에게 최적화된 맞춤, 기능, 성능, 편안함을 통해 고객에게 독특한 사이클링 경험을 제공하는 데 초점을 두고 있다. 세븐사이클 제품에 만족한 한 고객은 "세븐의 제품은 구매하는 것이라기보다 창작하는 것에 가깝다"고 표현했다.

세븐사이클은 200개 이상의 사이즈별 프레임 재고를 가지고 있지만, 각 제품은 여전히 주문 제작된다. 세븐사이클이 배송하는 자전거의 95%가 맞춤 제작된 제품이다. 맞춤 제작할 수 있는 요소는 프레임의 크기와 모양, 튜브의 직경 및 두께뿐만 아니라 케이블의 배선, 물병걸이, 페인트 색상, 스티커 색상 등 수많은 옵션이 존재한다. 모든 맞춤 옵션에 추가되는 비용은 없으며 고려할 수 있는 조합의 수는 헤아릴 수 없을 정도다.

세븐사이클의 마케팅이 성공한 이유는 최고 기술의 카본, 티타늄, 스틸 소재의 자전거 프레임 때문이다. 그러나 창립자이자 대표인 롭 반더마크(Rob Vandermark)는 "저희가 성공한 이유 중 하나는 인터넷을 활용하는 사업 모델에 있습니다"라고 밝혔다.

세븐사이클은 고객이 프레임 제작에 깊이 관여하여 자전거 구성요소를 선택할 수 있도록 다양한 언어(영어, 독일어, 중국어, 일본어, 한국어, 플라망어)로 된 웹사이트(www.sevencycles.com)를 운영하고 있다. 웹사이트는 고객의 사

seven cycles

(both photos): Courtesy of Seven Cycles, Inc.

이즈, 희망사항, 타는 습관 등이 반영되는 세븐사이클의 고객맞춤시스템(Custom Kit fitting system)을 이용해 구매자가 자신의 자전거를 함께 디자인할 수 있게 해준다. 고객들은 웹사이트에서 클릭만으로 본인의 프레임이 개발 및 생산되는 과정을 모니터링할 수 있다.

세븐사이클은 이러한 맞춤 생산과정과 지속적인 피드백을 통해 미국 내 약 200개의 소매상과 협력관계를 구축할 수 있었다. 40개국의 30개 국제 유통업체와 고객들이 자전거 판매의 약 40%를 차지한다. 세븐사이클의 마케팅관리자 매티슨 크로우(Mattison Crowe)는 "우리의 모든 프로세스는 자전거를 제작 의뢰한 라이더에게 초점을 맞추어 설계되기 때문에 기존과는 매우 다른 상호작용 경험을 제공합니다. 이러한 경험은 단순한 자전거를 넘어 우리가 판매하는 가치의 큰 부분을 차지합니다"라고 설명한다.

웹사이트 방문자들은 주문과정 외에도 매주 새로운 소식과 사업에 대한 독특한 시각을 엿볼 수 있는 제품 정보를 얻을 수 있다. 또한 온라인을 통해 종업원들의 이력사항을 확인하여 자전거를 설계하는 사람들에 대해 더 많이 알 수 있다. 웹사이트는 채널 파트너를 위해 매일 24시간 정보를 업데이트하는 등 소매상에 특화된 페이지를 제공한다. 웹사이트 외에도 세븐사이클을 가진 사람들은 기업 블로그에서 그들의 활동과 제품에 관하여 그들과 소통할 수 있다. 세븐사이클은 페이스북 페이지, 인스타그램, 트위터를 활용하여 간단한 최신 정보를 공유하고 브랜드를 중심으로 공동체의식을 강화해나간다.

이 장에서는 기업이 상호작용마케팅 프로그램을 설계·실행하는 방법에 대해 설명한다. 이는 인터넷기술이 어떻게 새로운 방식으로 고객가치를 창출하고, 고객관계를 수립하며, 고객체험을 만들어낼 수 있는지 설명하는 것에서 시작된다. 그다음 인터넷기술이 어떻게 소비자행동과 마케팅 실행에 영향을 주고 또 영향을 받는지에 대해 설명한다. 마지막으로는 마케터들이 어떻게 커뮤니케이션 및 전달경로들을 통합·활용하여 복합경로마케팅 프로그램을 구현하고, 크로스채널소비자에게 더 나은 서비스를 제공하는지 살펴보도록 한다.

시장에서 고객가치, 관계, 경험을 창출하기

목표 1 상호작용마케팅이 무엇인지 설명하고 이를 통해 어떻게 고객가치, 고객관계, 고객체험을 창출하는지 설명할 수 있다.

오늘날 소비자와 기업은 두 개의 시장환경에서 살아간다. 하나는 전통적인 장소로서의 시장장소(marketplace), 즉 오프라인시장이다. 이곳에서 구매자와 판매자는 물리적인 시설(상점과 사무실)과 유형적 실체로 구성된 물리적인 환경에서 직접 대면을 통해 교환과정에 참여한다. 또 다른 하나는 시장공간(marketspace), 즉 온라인시장으로 화면을 통해 제공되는 이미지를 통해 제품을 교환하는 디지털환경이다.

두 환경에서의 마케팅 도전

두 개의 시장환경이 존재한다는 것은 소비자들에게 큰 혜택이다. 오늘날 소비자들은 이 두 가지 환경에서 다양한 제품과 서비스를 찾고 구매할 수 있다. 앞으로 스마트폰과 같은 모바일기기들의 기능이 확장되면서 더 많은 소비자들이 이러한 활동을 할 것으로 예상된다.

미국의 15세 이상 인터넷 사용자의 약 90%는 온라인구매를 한다. 이들은 2022년에 5,000억 달러가 넘는 제품과 서비스(여행, 자동차, 처방약을 제외한 추정치)를 구매할 것으로 예상된다.

시장의 성장가능성에도 불구하고, 두 시장환경에서의 마케팅활동은 전통시장과 디지털시장을 근간으로 하는 기업에게 중요한 도전을 안겨준다. 사실 두 환경에서 발생하는 마케팅의 도전은 마케팅채널과 공급망시스템, 전통적인 소매업에 혁명을 불러일으켰다.

전통기업 P&G, 월마트, GM 같은 전통시장에서 출발한 전통기업들은 그들의 시장을 바라볼 때 시장의 특성과 범위를 정의하는 문제에 대한 끊임없는 도전에 직면해 있다. 그들은 소비자관계를 유치하고 유지 및 구축하는 데 있어 디지털기술의 역할을 지속적으로 개선하여 기존 시장에서 경쟁적 위치를 개선하는 동시에 시장 입지를 강화한다. 하지만 일부 전통기업들은 온라인시장에 진출하지 않기로 결정했다. 럭셔리 패션기업의 대부분은 제품을 온라인에서 팔지 않는다. 프라다(Prada)의 설립자는 "우리의 럭셔리함을 생각하면 그것은 옳지 않다고 생각합니다. 개인적으로, 저는 관심이 없습니다"라고 말했다. 놀랄 것도 없이, 럭셔리 패션제품의 90% 이상이 오프라인 매장에서만 판매된다.

인터넷기업 반면 아마존, 구글, 이베이, 이트레이드 등 온라인시장에서 출발한 기업들은 시장에서 지속적으로 존재감을 다듬고 넓히고 심화시켜야 하는 과제를 안고 있다. 동시에 이들은 기존 전통시장이 미래에 어떤 역할을 할지 고려해야 한다. 예를 들어 안경 온라인 소매업체 와비파커(Warby Parker), 온라인 매트리스 판매업체 캐스퍼슬립(Casper Sleep), 의류 온라인 소매업체 보노보스(Bonobos), 보석 온라인 소매업체 블루나일(Blue Nile), 아마존은 구매자들이 온라인에서 제품을 구입하기 전에 직접 체험해볼 수 있는 기회를 주는 물리적인 쇼룸을 열었다. 기업이 어떤 시장에서 출발했는지와 무관하게 온라인시장에서 존재감이 큰 기업의 성공은 ① 고유한 가치 창출을 활용하는 마케팅 프로그램을 설계하고 실행하는 능력, ② 호의적인 고객경험을 전달하기 위한 디지털기술의 관계 구축 능력에 크게 좌우된다.

시장공간에서의 고객가치 창출

왜 시장공간(marketspace), 즉 온라인시장이 전 세계 마케터들의 시선과 상상력을 사로잡고 있을까? 마케팅은 시간, 공간, 형태, 소유의 효용을 창조하여 고객가치를 생산한다는 것을 떠올릴 필요가 있다. 마케터들은 고객가치 창출에 대한 가능성이 물리적 시장장소에서보다 디지털 온라인시장공간에서 더 클 것이라고 믿는다.

장소와 시간의 효용에 대해 생각해보자. 시장공간에서 직접적인 주문형 정보의 제공은 마케터가 어디에 있든, 소비자가 어디에 있든 언제든지 가능하다. 온라인시장공간에 운영시간과 지리적 제약은 존재하지 않기 때문이다. 레저 장비회사 REI(Recreational Equipment, www.rei.com)의 야외설비 마케터는 소매점이 문을 열기 전인 밤 10시부터 오전 7시 사이에 주문의 약 35%가 이루어진다고 말한다.

세븐사이클은 주문 제작된 자전거를 통해 40개국의 고객들에게 형태효용을 제공한다.

Courtesy of Seven Cycles, Inc.

비슷하게 미국 시카고에 있는 소비자는 유명한 영국 백화점 막스앤스펜서(Marks & Spencer, www.makrs-and-spencer.co.uk)를 런던의 피카딜리광장(Piccadilly Square) 근처에 사는 사람만큼 쉽게 이용할 수 있다. 국가의 경계를 넘나드는 해외 구매는 2022년 전 세계 온라인 판매의 20%를 차지할 것으로 보인다.

소유효용, 즉 소비자들이 제품이나 서비스를 소유하거나 사용해서 얻는 혜택은 가속화되고 있다. 오비츠(Orbitz, www.orbitz.com)와 같은 항공사, 자동차 렌탈, 숙박 예약시스템을 이용하면 가장 낮은 항공료, 렌트비, 숙박료에 대한 비교 쇼핑이 가능하고 즉각적으로 여행 준비와 숙박시설에 접근하고 예약을 확인하는 것도 가능하다.

그러나 마케터들에게 시장공간(marketspace)이 주는 가장 큰 기회는, 형태효용을 창출할 수 있는 잠재력이다. 소비자들이 자신의 요구를 마케터에게 명확히 표현할 수 있게 하는 뛰어난 커뮤니케이션 기술과 역량이 시장공간을 떠받치고 있다. 이 커뮤니케이션의 가능성으로 인해 시장공간에서 소비자들의 정확한 요구에 부합할 수 있는 제품이나 서비스의 주문생산이 가능해진다. 오늘날 온라인소비자의 35%는 고객 맞춤 사양이나 주문형 제품 구매에 관심이 있다. 세븐사이클의 고객들은 안내에 따라 본인이 원하는 사양의 맞춤형 자전거를 구매할 수 있다.

'마스'는 개인 사진과 메시지로 M&M 초콜릿을 장식하기 위해 초이스보드 기술을 사용한다. 초이스보드를 다르게 적용한 예를 본문에서 찾아보자.
©McGraw-Hill Education

시장공간에서의 상호작용성, 개별성, 고객관계

마케터들은 고객관계를 발전·유지시키는 것을 가능하게 하는 두 가지 인터넷기술의 고유한 능력의 도움을 받는다. 하나는 상호작용성(interactivity)이고 다른 하나는 개별성(individuality)이다. 두 역량 모두 구매자-판매자 관계를 위한 중요한 초석이다. 이런 관계가 생성되기 위해서는 기업들이 고객들의 요구에 귀 기울이고 응답하여 고객들과 상호작용할 필요가 있다. 또한 마케터들은 고객들을 개별적으로 대하고 ① 구매자-판매자 상호작용의 시기와 범위에 영향을 줄 수 있는 권한을 주어야 하며, ② 구매하는 제품과 서비스 유형, 제공받는 정보뿐 아니라 어떤 경우에는 구매 가격에 대해서도 이야기할 권한을 주어야 한다.

인터넷기술은 과거에는 가능하지 않은 규모로 상호작용성, 개별성, 고객관계 구축이 실행될 수 있도록 해주고 상호작용마케팅도 가능하게 만들어준다. **상호작용마케팅**(interactive marketing)은 구매자와 판매자 간 양방향 커뮤니케이션을 포함하는데, 이 과정에서 구매자는 판매자로부터 받은 정보의 종류와 양을 제어한다. 상호작용마케팅은 고객이 제공한 정보를 개별 요구에 맞춘 주문형 응답으로 변환시켜 준다.

Video 14-1
My M&M's®
kerin.tv/cr8e/v14-1

상호작용마케팅
구매자가 판매자로부터는 받는 정보의 종류와 양을 컨트롤하는 양방향 구매자-판매자 간 전자 커뮤니케이션

초이스보드 **초이스보드**(choice board)는 상호작용적으로 인터넷 접속을 가능하게 하는 시스템으로 개별 고객이 몇 가지 질문에 대답하고 제품 또는 서비스의 속성(혹은 구성), 가격, 배달방법을 메뉴에서 선택하여 그들 스스로 자신만의 제품과 서비스를 설계할 수 있게 해준다. 초이스보드는 기업에 따라 다양한 명칭으로 운영된다. 델(Dell)의 경우 온라인 컨피큐레이터(configurator, 사용자가 옵션을 선택하여 PC를 맞춤 주문할 수 있는 컴퓨터 프로그램)를 사용하면 자신만의 컴퓨터를 디자인할

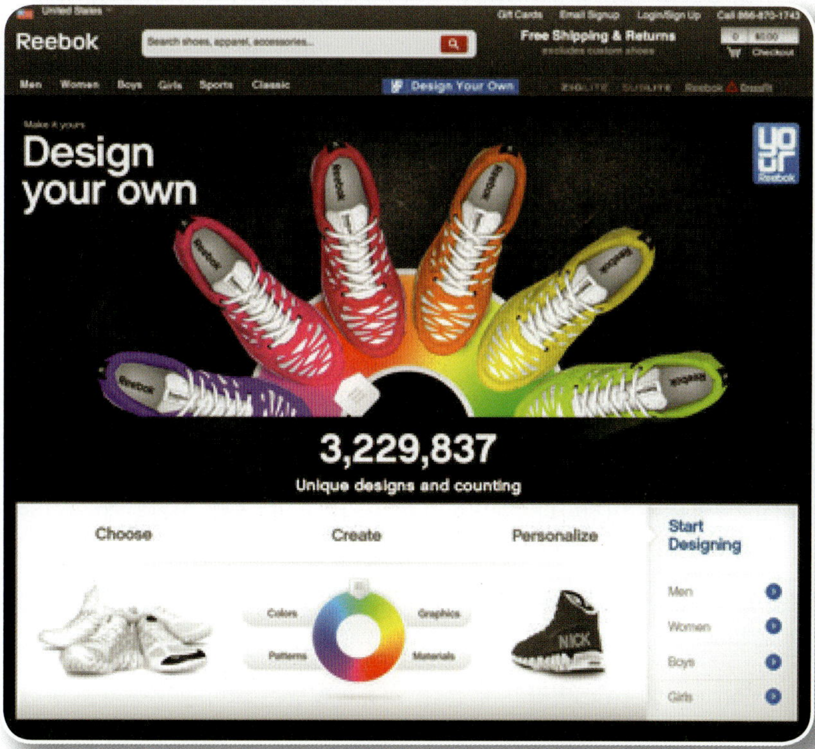

리복은 운동화를 주문제작하기 위해 초이스보드기술을 효과적으로 이용해왔다.

Courtesy of Reebok International Ltd.

수 있다. 리복(Reebok)의 경우 사이트에서 자신만의 운동화 스타일을 만들 수 있고, 슈왑(Schwab)의 뮤추얼 펀드 이밸류에이터(evaluator)를 이용하면 자신만의 투자 포트폴리오를 조합할 수 있다. 세븐사이클에서는 자신만의 자전거를 주문하고, 자신의 사진과 M&M 웹사이트(www.mymms.com)에 있는 독특한 메시지를 사용하여 초콜릿을 장식할 수도 있다. 초이스보드는 개별 구매자의 선호와 행동에 대한 정확한 정보를 수집하기 때문에, 기업은 고객에 대해서 더 잘 알게 되어 그들의 필요와 욕구를 더욱 잘 예상하고 만족시킬 수 있게 된다.

초이스보드
개별 고객들에게 그들 자신의 제품과 서비스를 디자인하는 것을 가능하게 해주는 상호작용적인 인터넷 접속시스템

대부분의 초이스보드는 기본적으로 거래를 위해 고안된 장치다. 그러나 기업은 **제휴필터링**(collaborative filtering)기술을 사용하여 초이스보드의 기능성을 확장시켰다. 제휴필터링은 비슷한 구매의도와 선호도를 갖고 행동하는 사람들을 자동으로 분류하고 그들의 미래 구매를 예측하는 프로세스다. 예를 들어, 전에는 결코 만난 적 없는 두 사람이 일정 시간에 몇 개의 동일한 음원을 구매한다고 가정하자. 제휴필터링 소프트웨어는 두 구매자가 비슷한 음악적인 취향을 가지고 있다고 유추하도록 설정된다. 만약 두 구매자 중 하나가 특정한 음악을 좋아한다면, 다른 사람 역시 그 음악을 좋아할 것이다. 제휴필터링은 마케터들이 구매자에게 실시간으로 정확한 제품 추천을 할 수 있게 해준다. 여러분은 아마존닷컴에서 무엇인가를 선택할 때마다 "이 품목을 구매한 고객들은 ○○○○도 구매했습니다"라는 메시지를 본 적이 있을 것이다. 아마존의 수익 중 약 35%가 바로 이러한 추천에 의해 창출된다.

제휴필터링
자동으로 비슷한 구매의도, 선호도, 행동을 가진 사람들을 분류하고 미래 구매를 예측하는 프로세스

개별화 초이스보드와 제휴필터링은 개별 구매자의 요구에 대해, 각자의 요구에 맞춘 응답을 제공하기 위해 마케터들이 시작한 노력의 산물이다. 이에 비해 개별화시스템은 구매자가 시작하고 노력한 산물이다. **개별화**(personalization)란 마케터의 웹사이트상에서 개개인의 특정한 요구나 선호에 따라 맞춤화된 콘텐츠를 소비자가

개별화
개개인의 특정한 요구나 선호에 대한 고객의 주문에 따라 제작하는 마케터의 웹사이트에서 콘텐츠를 창출하는 고객 최초의 실행

주도하여 창출하는 과정이다. 오늘날 미국 최대 온라인 소매업체 중 반이 7장에서 설명한 데이터마이닝 결과와 예측모델링기법에 근거한 정교한 개별화시스템을 사용하고 있다. 선글라스허트(Sunglass Hut)가 대표적인 예다. 쇼핑객은 그들의 웹사이트(www.sunglasshut.com)를 방문하여 선글라스를 클릭하면 '유사한 스타일 보기' 옵션을 볼 수 있다.

이러한 옵션은 이미지 인식과 인공지능기술을 사용하여 쇼핑객에게 적합한 다른 선글라스를 보여준다. 그래서 다른 사람들이 구매한 것, 즉 초이스보드와 제휴필터링을 기반으로 구매자가 무엇을 원하는지 제안하는 대신, 쇼핑객 자신의 선호와 특징에 맞는 아이템을 보여준다.

이러한 개별화기법은 소비자들의 환영을 받는다. 그럼에도 불구하고, 기업은 개인화된 맞춤서비스에 대한 소비자의 욕구와 사생활 침해에 대한 우려 사이에서 균형을 맞출 필요가 있음을 인정한다. 개별화기술이 각각의 니즈를 정확하게 읽고 예상할 때, 약 40%의 소비자가 그것을 '조금 소름끼쳐' 한다는 연구 결과도 있다.

허용마케팅
소비자에 의해 제공된 개인적인 자료를 바탕으로 이메일과 광고를 받도록 소비자가 동의할 것을 요청(사전 동의라 불림)

개별화의 한 양상은 구매자가 맞춤화된 커뮤니케이션을 의도적으로 자신에게 도달하도록 하는 것이다. 이처럼 허락을 얻어 마케팅활동을 하는 것을 **허용마케팅**(permission marketing)이라고 부른다. 허용마케팅은 소비자의 동의를 통해(opt-in) 그들이 제공한 개인자료를 바탕으로 이메일과 광고를 수용하도록 하는 것이다. 이 마케팅은 적절하게 사용되면 고객관계를 구축하고 유지할 수 있는 좋은 수단으로 입증되었다.

허용마케팅을 성공적으로 이용하는 기업들은 세 가지 규칙을 고수한다. 첫째, 기업은 사전동의한 고객들이 반드시 그들에게 유의미하고 중요한 정보만을 받을 수 있도록 한다. 둘째, 고객이 나가는 것을 선택할 수 있고(opt-out) 혹은 자신에게 보내지는 정보의 종류와 양, 시기를 바꿀 수 있는 선택권을 제공해야 한다. 셋째, 고객에게 그들의 이름이나 프로필이 다른 사람에게 팔리거나 공유되지 않을 것을 보장해야 한다. 성인 인터넷 사용자의 상당수가 그들의 개인적인 정보의 프라이버시에 대해 우려하고 있으므로, 이러한 보장은 매우 중요하다.

강력한 온라인 고객경험의 창출

인터넷기술의 고유한 고객가치 창출능력을 활용하여 마케팅 프로그램을 설계하고 실행하는 것은 기업에게 끝없는 도전과 같다. 기업들은 시간효용, 장소효용, 형태효용, 소유효용을 창출하기 위해 인터넷기술을 활용하는 것이 온라인 시장공간(marketspace)에서 의미 있는 존재감을 확보하는 작업의 시작에 불과함을 실감하고 있다. 오늘날 기업에 의해 만들어진 고객경험의 질은, 기업이 시장공간에서 차지하는 존재감을 측정하는 기준이 된다.

상호작용마케팅의 관점에서 고객경험은 처음 보여지는 순간부터 전체적인 구매의 사결정과정까지 고객이 기업의 웹사이트를 통해 느끼는 상호작용의 총계로 정의된다. 기업은 7가지의 웹사이트 디자인요소를 통해 고객경험을 창출한다. 7가지 디자인요소란 구성(context), 콘텐츠(content), 고객맞춤(customization), 커뮤니케이션(communication), 연결성(connection), 상업성(commerce)으로 정의된다. 각 요소에 관한 내용은 도표 14-1에 요약되어있다.

도표 14-1 고객의 온라인경험에 기여하는 7가지 웹사이트 디자인요소

구성 구성(context)은 웹사이트의 배치와 시각적 디자인에 반영된 심미적인 매력 및 기능적인 외형과 느낌을 나타낸다. 기능에 주력하는 사이트는 제품, 서비스, 정보 등 기업이 제공할 수 있는 것들에 초점을 맞추고 있다. 프라이스라인닷컴(Priceline.com)과 같은 여행 웹사이트는 대체로 목적지, 일정, 가격을 강조하며 기능적인 것에 주력하는 성향을 보인다. 반면 레블론닷컴(Revlon.com)과 같은 미용 웹사이트는 심미적인 것에 훨씬 주력한다. 이와 같은 사례처럼 콘텍스트는 기업이 제공할 수 있는 핵심적인 고객편익을 전달하는 것을 최우선으로 고려해야 한다.

콘텐츠 콘텐츠(content)는 웹사이트에 있는 텍스트, 비디오, 오디오, 그래픽과 같은 정보제시 형태를 포괄하는 모든 디지털정보를 말한다. 구성(context) 차원에서 콘텐츠의 관련성과 정보제시 형태는 웹사이트 방문자의 관심을 끌고 나머지 다섯 가지 디자인요소의 플랫폼 역할을 한다. "콘텐츠가 왕이다"라는 말이 있을 정도로 웹사이트 디자인에서 콘텐츠는 매우 중요하다.

고객맞춤 고객맞춤(customization)은 사용자에 맞춰 사이트를 변경하거나 사용자에 의해 사이트가 변경될 수 있는 사이트상의 기능을 말한다. 이러한 기능에는 소비자의 우선순위를 반영하기 위해 항목을 이동시키거나 관심 주제를 선택하는 작업이 포함된다. 이러한 요소는 마이이베이(My eBay)나 마이아마존(My Amazon)과 같이 개별화된 콘텐츠를 제공하는 웹사이트에서 두드러진다.

연결성 연결성(connection)은 기업의 사이트와 다른 사이트를 연결해주는 네트워크를 말한다. 연결을 위한 링크는 웹사이트 내에 마련되어있으며, 하이라이트된 단어나 그림 또는 그래프와 같은 형태로 나타나서 사용자가 마우스를 클릭하는 것만으로 다른 사이트에 손쉽게 방문할 수 있다. 예를 들어, 기업들은 페이스북, 인스타그램,

트래블로시티 웹사이트에서는 7가지 디자인요소를 모두 사용하여 고객에게 유리한 고객경험을 만드는 데 세심한 주의를 기울인다.

Source: Travelocity

트위터 계정에 대한 링크를 웹사이트에 일상적으로 표시한다. 연결성은 뉴욕타임즈와 같은 정보 웹사이트에서 특히 중요한 디자인요소다. 뉴욕타임즈의 책 리뷰 코너에 있는 반스앤노블 링크를 클릭하면, 매장을 방문하지 않고도 책을 주문하거나 관련 책을 찾아볼 수 있다.

커뮤니케이션 커뮤니케이션(communication)은 웹사이트와 사용자 사이에서 전개되는 대화를 말한다. 오늘날 소비자들은 커뮤니케이션이 개인적인 대화와 같이 실시간으로 상호작용하며 개별화되기를 원한다. 많은 웹사이트에서 사용자가 쇼핑을 하는 동안, 고객서비스 담당자와 직접 대화를 나누는 것이 가능하다. 하지만 점점 더 많은 웹사이트들이 인공지능을 사용하여 인간의 대화를 흉내내는 정교한 컴퓨터 프로그램 '챗봇'을 사용하고 있다.

커뮤니티 게다가 점차 많은 웹사이트들이 가상 커뮤니티(community)가 만들어지도록 기업이 의도적으로 사용자 간 의사소통을 권장한다. 이러한 디자인요소는 고객경험을 향상시키고 구매자와 판매자의 우호적인 관계를 형성하는 것으로 알려져 있어 인기가 많다. 커뮤니티의 예로는 P&G(www.pampers.com)가 주최하는 임신 혹은 육아 중인 엄마들의 커뮤니티 '팸퍼스 빌리지(Pampers Village)', 할리데이비슨(www.harley-davidson.com)이 후원하는 '할리오너즈그룹(HOG)'까지 다양하다.

상업성 상업성(commerce)이란 제품과 서비스의 판매 거래를 수행할 수 있는 웹사이트의 기능이다. 잘 설계된 웹사이트에서의 온라인 거래는 빠르고 간단하게 이루어진다.

대부분의 웹사이트에서 모든 디자인요소를 갖추고 있지는 않다. 모든 웹사이트는 구성요소와 콘텐츠는 구비하고 있지만, 나머지 다섯 가지 요소의 사용에 있어서는 다른 양상을 보인다. 왜 그럴까? 각 웹사이트는 서로 다른 목적으로 만들어졌기 때문이다. 예를 들어, 단지 제품과 서비스의 실제 판매에 주력하는 웹사이트들은 상업성 요소를 포함시키고 있다. 웹사이트가 주로 광고나 홍보 목적을 위해 사용된다면 커뮤니케이션 요소에 주력한다. 기업은 웹사이트의 성과를 평가하기 위해 다양한 측정방법을 사용한다. 그들은 매월 방문자들이 웹사이트에 머문 시간 또는 '고착도(stickiness)'로 고객경험을 측정한다. '마케팅계기판' 박스에서 미국 최대 자동차 딜러업체가 사이트 체류시간으로 고착도를 측정하고 해석하는 방법에 대해 알아보자.

마케팅계기판

시웰자동차의 사이트 체류시간 증대

자동차 딜러들은 상당한 시간, 노력, 자금을 웹사이트에 투자해 왔다. 인터넷에서 자동차를 찾아보고 구매하는 것이 일반화되었기 때문이다. 딜러들은 방문, 방문자 트래픽, 체류시간(방문객이 매월 웹사이트에서 소요하는 분 단위 시간) 등을 추적하여 웹사이트의 성과를 측정한다. 웹에서는 디자인, 쉬운 네비게이션, 몰입할 만한 콘텐츠, 시각적 매력도 등이 결합되어 상호작용적인 고객체험 및 웹사이트 체류시간을 향상시킨다.

기업은 체류시간을 측정하기 위해 자사 웹사이트의 월별 방문객당 평균소요시간을 관찰한다. 이것은 그들의 마케팅계기판상의 특정 월별 방문객 당 평균소요시간과 1회 방문당 평균소요시간(분 단위)을 추적하여 계산한다.

$$\text{월별 방문객 당 평균소요시간(분 단위)} = \left(\frac{\text{월별 방문객당}}{\text{평균방문횟수}}\right) \times \left(\frac{\text{방문당 평균소요시간}}{\text{(분 단위)}}\right)$$

도전

시웰자동차의 웹사이트 담당 관리자가 되어 최근 웹사이트 개선이 월 방문자의 웹사이트 체류시간에 미치는 영향에 대한 보고를 요청받았다고 생각해보자. 시웰은 미국 최대 자동차딜러사 중 하나로 꼽히며 업계의 고객서비스 선도자로 알려져 있다. 시웰의 웹사이트는 자사의 모든 판매점에서 우수한 고객경험을 제공하려는 기업의 신념을 반영하고 있다.

발견

월별 마케팅계기판 트래픽과 시간 측정의 예는 2017년 6월 웹사이트 개선이 시행되기 전 3개월(녹색 화살)과 2018년 6월 개선이 시행된 후 3개월(적색 화살)로 나타나 있다.

월별 방문객당 평균소요시간은 2017년 6월 8.5분에서 2018년 6월 11.9분으로 늘어났다. 시간이 늘어난 가장 큰 이유는 방문당 평균소요시간이 7.1분에서 8.5분으로 늘었기 때문이다. 평균방문횟수도 증가했지만, 증가율은 크지 않았다.

행동

웹사이트 개선을 통해 특정 월별 방문객당 평균소요시간이 눈에 띄게 늘었다. 하지만 평균방문횟수를 증가시키기 위한 추가적인 노력은 여전히 필요하다. 이를 위해 웹사이트 광고 프로그램, 구글과 함께하는 검색엔진계획, 자동차 제조업체 웹사이트로 연결되는 링크, 더 광범위한 인쇄물과 인터넷 광고 등의 다양한 노력이 필요하다.

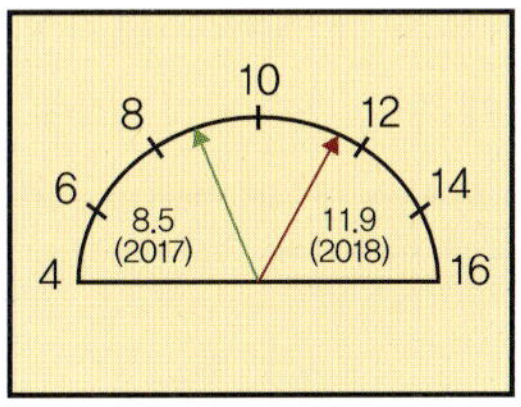

월별 방문객당 평균소요시간(분 단위)

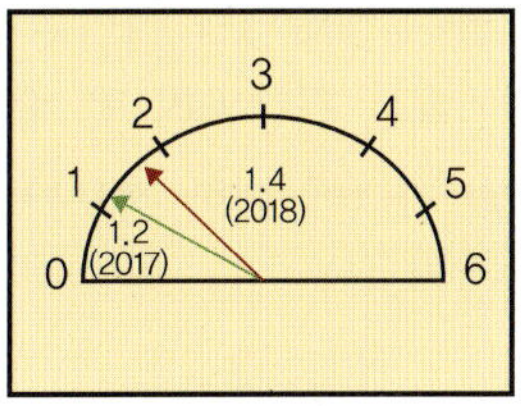

월별 방문객당 평균방문횟수

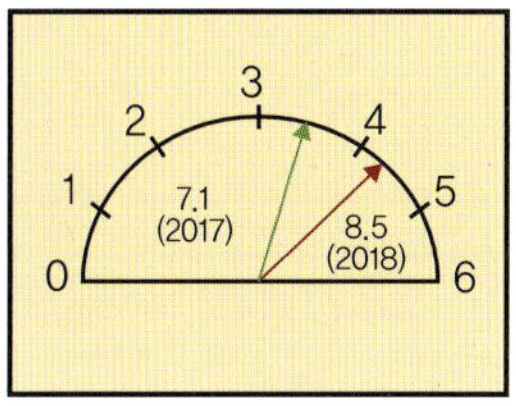

방문당 평균소요시간(분 단위)

학습리뷰

1. 마케터의 웹사이트상에서 개개인의 특정한 요구나 선호에 따라 맞춤화된 콘텐츠를 소비자가 주도하여 창출하는 과정을 ______________라고 부른다.
2. 기업은 7가지 웹사이트 디자인요소 중 어떤 것을 통해 고객경험을 창출할 수 있는가?

온라인소비자행동과 마케팅에서의 기회 및 실행

목표 2 특정 유형의 제품과 서비스가 상호작용마케팅에 더 적합한 이유를 설명할 수 있다.

온라인소비자는 누구이며 무엇을 구매하는가? 그들은 왜, 언제, 어떻게 전통적인 시장이 아닌 디지털시장공간에서 상품과 서비스를 구매하는가? 이러한 사항은 마케팅 실행과 직접적인 관련이 있다.

온라인소비자의 정의

온라인소비자

제품과 서비스에 대해 조사하고 구매하기 위해 인터넷기술을 사용하는 소비자의 하위 세분시장

온라인소비자(online consumers)는 인터넷기술을 이용해 상품과 서비스를 검색하

고 구매하는 모든 인터넷 사용자들의 하위 세분시장이다. 하나의 집단으로서 온라인소비자들은, 인터넷을 사용하는 사람들과 같이 남성보다는 여성일 가능성이 더 크고 미국의 일반 대중보다는 높은 교육을 받았으며 젊고 부유한 편이다. 온라인쇼핑의 인기가 높지만 여전히 적은 비율의 온라인소비자들이 온라인 소매 매출에서 큰 비중을 차지하고 있다. 온라인소비자의 20%가 전체 온라인 유통 매출의 69%를 일으키는 것으로 추정된다. 또 남성과 여성이 비슷한 빈도로 온라인쇼핑을 하는데, 남성의 구매당 지출 금액은 여성보다 많은 경향이 있다.

온라인소비자들이 구매하는 것

목표 3 소비자들이 온라인에서 쇼핑하는 이유를 설명하고 마케터들이 온라인 구매행동에 영향을 미치는 방법을 설명할 수 있다.

온라인소비자의 구매행동에 대해서는 여전히 많은 것을 알아가는 중이다. 비록 온라인에서 가장 빈번하게 구매되는 제품과 서비스에 대한 조사 보고서가 작성되어있지만, 마케터들은 이 품목들이 왜 인기 있는지 알 필요가 있다.

도표 14-2에 소개된 것처럼 다섯 가지의 광범위한 제품 카테고리가 온라인구매의 약 70%를 차지하며, 이는 앞으로 지속될 것으로 예측된다. 첫 번째 유형은 제품 정보가 구매의사결정에 중요한 부분이지만, 구매 전 시용이 반드시 필요하지 않거나 대단히 중요하지 않은 제품들이다. 컴퓨터, 컴퓨터 부속, 소비자 전자제품 같은 품목들이 여기에 속한다. 두 번째 유형은 컴퓨터 소프트웨어, 책, 음악, 비디오 등 디지털로 전달가능한 아이템이다. 의류 액세서리와 가정 장식품 등 특별품이 세 번째 그룹을 대표한다.

네 번째 종류의 제품이나 서비스는 정기적으로 구매되고 편의성이 매우 중요한 품목들이다. 여기에는 건강관리 및 개인 케어 제품이 포함된다. 최종 그룹은 고도로 표준화된 제품과 가격에 대한 정보가 중요한 서비스로 구성된다. 자동차 제품과 캐주얼 의류가 대표적이다.

소비자들이 온라인에서 쇼핑을 하는 이유

소비자들은 왜 온라인에서 쇼핑을 하는가? 마케터들은 새로운 온라인시장공간에서의 고객가치 창출가능성, 상호작용의 중요성, 개별화, 고객관계 수립, 강력한 고객체험을 창출할 수 있는 능력을 강조한다. 그러나 소비자들은 일반적으로 그들이 온라인에서 구매하는 여섯 가지 이유로 편의성(convenience), 선택(choice), 맞춤주문

도표 14-2 미국 온라인 유통시장의 70%를 차지하는 다섯 가지 제품 카테고리

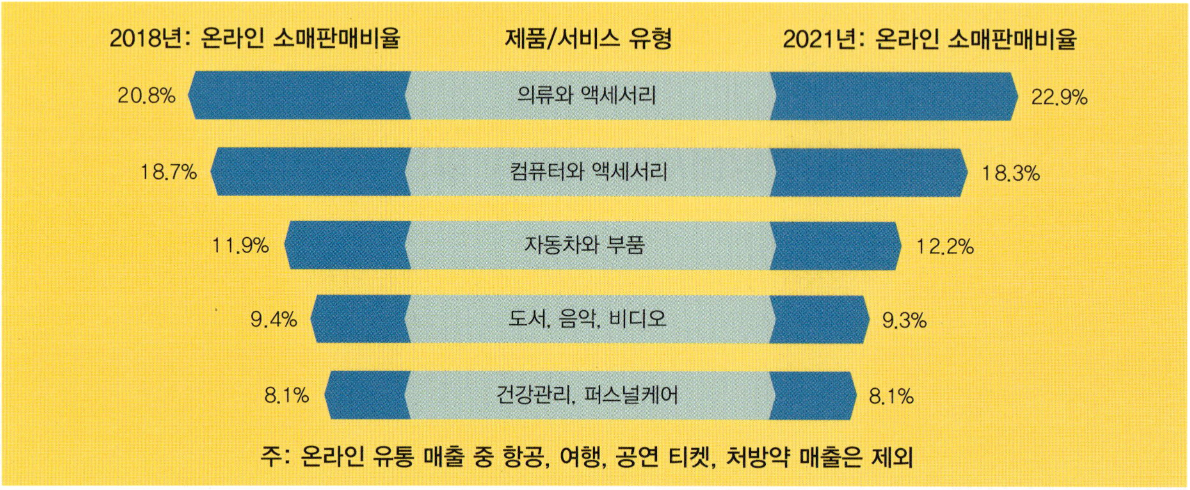

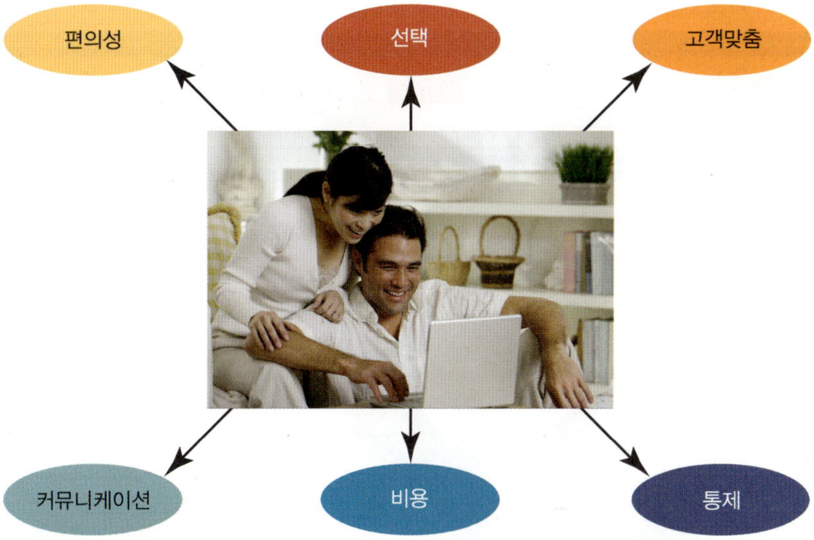

도표 14-3 소비자들은 왜 온라인으로 쇼핑하는가? 편의성, 선택, 고객맞춤, 커뮤니케이션, 비용, 통제가 어떻게 호의적인 고객경험을 초래하는지 본문에서 찾아보자.

(customization), 커뮤니케이션(communication), 비용(cost), 통제(control)의 6C를 언급한다(도표 14-2).

편의성 온라인쇼핑은 편리하다. 소비자들은 월마트의 웹사이트를 방문하여 교통체증이나 주차공간 찾기, 매장의 긴 통로를 따라 걷거나 계산대에 줄을 서서 기다리는 등의 어려움 없이 수천 개의 전시된 상품들을 훑어보고 제품을 주문할 수 있다. 온라인의 소비자들은 전자쇼핑대리인이나 자동기계장치 **봇**(bot, 특정 작업을 반복 수행하는 프로그램)를 사용하여 웹사이트를 찾아가서 가격과 상품 또는 서비스의 특징을 비교한다. 어떤 경우에도 온라인소비자는 결코 성가시게 상점에 발을 들여놓을 필요가 없다. 그러나 편의성이 고객가치 창출의 원천으로 남으려면 웹사이트를 검색하기 편하고 이미지 다운로드가 빨라야 한다.

봇
가격과 상품 및 서비스의 특징들을 비교하기 위해 웹사이트를 검색하는 전자쇼핑대리인 또는 로봇

온라인마케터 사이에서의 일반적인 견해는 다음과 같은 **8초 룰**이다. 고객들은 다운로드 시간이 8초를 초과하면 웹사이트에 들어가 탐색하려는 시도를 포기한다. 나아가 정보에 접근하거나 구매하기 위해 클릭이 많이 필요할수록, 클릭 후 대기시간이 길수록, 고객이 웹사이트를 빠져나갈 가능성이 높아진다.

8초 룰
다운로드 시간이 8초를 초과할 경우 고객이 웹사이트에 들어가 탐색하려는 노력을 포기할 것이라는 견해

선택 소비자들이 온라인에서 쇼핑을 하는 두 번째 이유가 바로 선택(choice)이다. 여기에는 두 가지 이슈가 존재한다. 첫째, 선택은 제품 혹은 서비스가 얼마나 다양한지에 달려 있다. 선택을 원하는 구매자들은 그들이 원하는 거의 모든 것을 10억 개 이상의 웹사이트에서 찾을 수 있다. 예를 들어 가전제품의 온라인구매자는 보스(Bose, www.bose.com)와 같은 스피커 제조업체나 홈쇼핑 QVC(QVC.com)와 같이 10만 개 이상의 제품을 제공하는 대형 소매업체에서 쇼핑을 할 수 있다.

두 번째 이슈는 선택을 위한 지원(choice assistance)이다. 여기에서 초이스보드와 개별화기술은 고객이 정보를 근거로 제품을 선택할 수 있도록 마케터와의 온라인 대화에 초대한다. 선택지원은 자포스닷컴(Zappos.com)의 지속적인 성공요인 중 하나다. 자포스닷컴은 잠재구매자들이 실시간으로 질문하고 답변을 들을 수 있는 온라인 채팅방을 제공한다. 또 세심하게 설계된 검색기능을 통해 브랜드별·품목별로 제품을 비교할 수 있게 해준다.

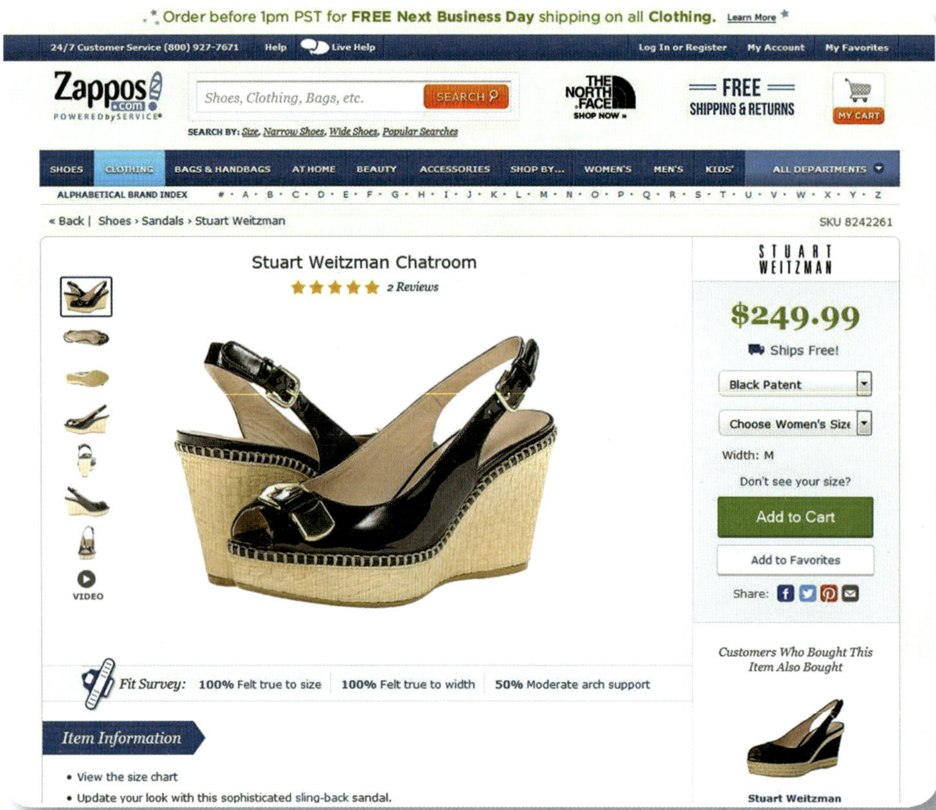

자포스닷컴은 소비자들이 온라인 구매를 하는 데 필요한 요구사항들을 모두 충족시켰기 때문에 성공할 수 있었다. 10년도 채 되지 않아 이 기업은 신발, 의류, 가방, 액세서리, 가정용품, 보석류에서 의미 있는 매출을 달성했다.

Source: Zappos.com

고객맞춤 풍부한 선택 대안과 선택 지원 체계가 있더라도 고객들은 그들의 세부적인 요구에 맞춘 특별한 아이템을 선호한다. 인터넷 기반 기술을 이용한 고객맞춤(customization)은 쇼핑객과 구매자에게 상호작용적이고 개별화된 정보와 교환을 가능하게 해준다. 앞서 소개한 리복, 슈왑, 델, 세븐사이클의 사례를 기억하는가? 정도는 다르겠지만 온라인소비자들은 고객맞춤을 통해 이익을 얻는다. 고객맞춤은 제품이나 서비스를 고객의 주문에 따라 제작하는 과정일 뿐 아니라 마케팅과 전반적인 쇼핑 및 구매의 상호작용을 고객의 필요에 따라 개별화하는 과정이기도 하다. 고객맞춤은 소비자에게 적절한 제품을 적절한 시간에 적당한 가격으로 제공하는 것 이상을 추구하는 행위다. 이는 초이스보드와 개별주문형 시스템을 결합하여, 단순한 교환활동을 넘어 쇼핑과 구매가 즐거운 개인경험이 될 수 있도록 교환환경을 확장시켜준다.

커뮤니케이션 온라인소비자들은 인터넷 기반 기술을 이용한 커뮤니케이션을 특히 좋아한다. 커뮤니케이션에는 세 가지 형태가 있다. ① 마케터가 소비자에게 제공하는 이메일, ② 소비자가 마케터에게 하는 구매와 서비스 요청, ③ 소비자와 소비자 간 채팅방과 문자 메시지 및 트위터와 페이스북과 같은 소셜미디어가 바로 그것이다.

커뮤니케이션은 온라인소비자에게 양날의 검과 같다. 먼저 인터넷 기반 기술의 상호작용 커뮤니케이션은 소비자의 편리를 증가시켜주고, 정보 탐색비용을 줄여주고, 그들의 선택을 돕고 맞춤 주문을 가능하게 해준다. 또 커뮤니케이션은 기업 주도의 독립적인 **웹커뮤니티** 구축을 촉진한다. 여기서 웹커뮤니티란 사람들이 온라인에 모여 공통 관심사에 대한 견해를 교환하는 웹사이트를 말한다. 코카콜라에서는 마이코크닷컴(MyCoke.com)을 운영하고, 아이빌리지닷컴(iVillage.com)은 여성들을 위

웹커뮤니티
사람들을 온라인에 모으고 공통 화제에 대한 견해를 교환하는 웹사이트

미국 일리노이주 시카고에 있는 게토레이의 미션컨트롤실 직원들은 페이스북과 트위터 등을 24시간 모니터링한다. 누군가 트위터에서 게토레이를 마신다고 말하거나 페이스북 또는 블로그에서 브랜드를 언급하면 그 내용이 미션컨트롤실 화면에 전송된다. 이런 방식으로 게토레이가 등장하는 대화를 살펴보고, 사람들이 브랜드를 어떻게 보고 사용하는지에 대한 유용한 소비자통찰력을 얻는 것이다.

©Clayton Hauck Photography

한 온라인 커뮤니티로 경력관리, 개인 재무관리, 육아, 관계관리, 미용, 건강 같은 주제를 다루고 있다.

웹로그(web log)와 블로그(blog)는 커뮤니케이션의 또 다른 형태이다. 블로그는 개인 또는 조직을 위한 개인 미디어의 역할을 하는 공개적으로 접근가능한 웹페이지다. 블로그는 정치에서부터 자동차 수리에 이르는 다양한 범위의 주제들에 대한 온라인 토론 공간을 제공하기 때문에 인기가 있다. HP, 프리토레이(Frito-Lay), 할리데이비슨(Harley-Davidson)과 같은 기업들은 소비자 의견을 수집하기 위해 주기적으로 블로그를 모니터링한다.

Video 14-2
Frito-Lay
kerin.tv/cr8e/v14-2

반면 커뮤니케이션은 **스팸**(spam)이라고 불리는 쓰레기 전자메일이나 원치 않는 이메일의 형태를 띨 수도 있다. 전 세계 이메일의 60%가 사실상 스팸이다. 스팸이 워낙 많고 광범위하기 때문에 이를 막기 위한 정책과 절차를 도입하는 온라인 서비스를 촉진시켰으며, 미국의 몇몇 주들은 스팸메일 규제법안을 마련하였다. 2004년 캔-스팸법안(CAN-SPAM, Controlling the Assault of Non-Solicited Pornography and Marketing, 원하지 않는 포르노와 마케팅 규제법안)은 인터넷 정보 수집과 원치 않는 이메일 프로모션 활동을 제한하였다.

스팸
쓰레기 같은 전자메일 혹은 원하지 않는 이메일

인터넷 기반 커뮤니케이션은 온라인에서의 입소문인 버즈(buzz)를 퍼뜨리는 전략을 가능하게 한다. 4장에서는 소비자행동에서 구전의 중요성에 대해 설명했다. 인터넷기술은 구전의 중요성을 더욱 강화시켰다. 아마존 창업자 제프 베이조스(Jeff Bezos)는 "인터넷에서 소비자가 만족하지 못한다면 6명의 친구가 아니라 6,000명에게 말할 것이다"라고 했다. 인터넷 구전은 특히 장난감, 자동차, 스포츠용품, 영화, 의류, 가전제품, 약품, 건강 및 미용제품, 의료서비스에 영향을 미친다. 몇몇 마케터들은 바이럴마케팅을 통해 버즈(buzz)를 만들고 이를 활용한다.

바이럴마케팅(viral marketing)은 개인을 독려하여 마케터의 메시지를 이메일, 소셜네트워크 웹사이트, 블로그를 통해 다른 사람에게 전달하게 만드는 인터넷 기반의 프로모션전략이다. 바이럴마케팅에는 세 가지 접근법이 있다. 첫째, 마케터들

바이럴마케팅
개인을 독려하여 마케터의 메시지를 이메일, SNS, 블로그를 통해 다른 사람들에게 전달하게 하는 인터넷 기반 프로모션전략

은 제품 또는 서비스에 메시지를 끼워넣어 소비자들이 메시지를 타인에게 전달한다는 사실을 거의 깨닫지 못하게 한다. 전통적인 예가 바로 핫메일(Hotmail)로, 무료 인터넷 메일을 제공한 최초의 기업 중 하나다. 각 발신 이메일 메시지에는 "MSN 핫메일에서 개인 무료 이메일을 만드세요(Get Your Private, Free Email from MSN Hotmail)" 같은 문구가 첨부된다. 이들은 이러한 노력으로 3억 5,000만 명의 이용자를 확보했다.

둘째, 마케터들은 웹사이트 콘텐츠를 설득력 있게 만들어 사용자가 다른 사람과 공유하고 싶은 마음이 들게 해야 한다. 커리어빌더닷컴(careerbuilder.com)은 몽크-이메일(Monk-e-mail) 사이트를 통해 사용자들이 개인의 다양한 상황에 맞는 맞춤형, 테마 전자카드를 보낼 수 있게 하였다. 지난 10년간 1억 통 이상의 몽크 메일이 발송됐다. 세 번째, 마케팅 담당자들은 인센티브(할인, 경품 또는 무료 상품)를 제공할 수 있다. 예를 들어 버거킹은 캠페인을 통해 "친구와 와퍼 중 무엇을 더 사랑하느냐"라고 물었다. 그들은 페이스북 사용자들에게 무료 버거의 대가로 친구 목록에서 10명을 삭제해달라고 요청했다.

온라인 직업 소개 회사인 커리어빌더닷컴(Careerbuilder.com)은 말하는 원숭이가 인상적인 몽크-이메일로 바이럴마케팅에서 큰 성공을 거뒀다. 사람들은 모자, 옷, 안경, 배경화면 등을 가지고 그들의 원숭이를 스타일링해볼 수 있다. 네 가지의 원숭이 목소리나 본인의 목소리로 메시지를 녹음할 수도 있다. 이 몽크-이메일은 친구에게 보내거나 트위터에 업로드할 수 있다.

Source: Careerbuilder.com

동적 가격정책
공급과 수요 상황에 맞추어 실시간으로 제품과 서비스 가격을 변화시키는 가격정책

비용 소비자비용은 사람들이 온라인쇼핑을 하는 다섯 번째 이유다. 온라인을 이용하면 많은 인기 품목들을 소매점과 동일하거나 더 저렴한 가격에 구매할 수 있다. 이러한 저가격은 동적 가격정책이 가능한 정교한 소프트웨어에서 비롯된다. **동적 가격정책**(dynamic pricing)이란 공급과 수요 상황에 대응하여 실시간으로 제품과 서비스 가격을 변화시키는 가격정책이다. 11장에서 설명한 것처럼 동적가격책정은 유연한 가격정책의 일종으로 가격을 더 낮출 수 있게 해준다. 동적 가격정책은 일반적으로 항공 좌석같이 시간에 민감한 제품, 예술품이나 수집품 경매에 등장하는 희귀품, 작년에 출시된 컴퓨터나 부품 같은 구형 제품의 가격을 책정하기 위해 사용된다.

소요되는 시간, 노력, 쇼핑의 번거로움 등 외적 정보 탐색에 수반되는 소비자비용 또한 감소된다. 쇼핑 편의성 향상과 외적 정보 탐색비용의 절감은 특히 집 밖에서 일하는 여성들에게 온라인쇼핑과 구매가 인기 있는 주요한 두 가지 원인이다.

통제 소비자들이 온라인구매를 선호하는 여섯 번째 이유는 소비자들이 쇼핑과 구매의사결정을 하는 과정에 그들에게 주어진 통제 때문이다. 온라인에서 쇼핑을 하는 사람들에게는 권한이 있다. 그들은 인터넷을 능숙하게 사용하여 원하는 시간·방식·조건에 맞는 정보를 찾고, 대안을 평가하고, 구매결정을 내릴 수 있다. 쇼핑하는 사람들이 자동차 매장에 발을 들여놓기 전에 온라인으로 자동차에 대한 정보를 11시간 정도 찾아본다는 연구가 있다. 이러한 활동의 결과, 소비자들은 더 많은 정보와 안목을 갖추게 된다.

소비자들이 온라인으로 쇼핑할 이유가 많기는 하지만, 일부 인터넷 사용자들은 사생활과 안전성을 이유로 구매를 멀리한다. 이런 소비자들은 좀처럼 언급되지 않는 일곱 번째 C인 쿠키를 염려한다.

쿠키
마케터가 자사의 웹사이트를 방문하는 온라인쇼핑객의 컴퓨터와 휴대폰에서 다운로드할 수 있는 컴퓨터 파일

쿠키(cookies)는 마케터가 자사의 웹사이트를 방문하는 온라인쇼핑객의 컴퓨터와

책임 있는 의사결정

윤리

누가 인터넷 사생활과 보안을 책임져야 하는가?

사생활과 보안은 소비자가 온라인쇼핑과 구매를 꺼리는 두 가지 주된 이유다. 최근 퓨인터넷(Pew Internet, 미국 인터넷 설문조사업체)과 아메리칸라이프프로젝트(American Life Project)의 여론조사에 따르면, 온라인소비자의 76%가 사생활과 보안에 우려를 표명했다. 73%의 온라인소비자는 검색엔진이 향후 맞춤화된 정보 제공을 위해 자신의 활동을 추적하는 것을 사생활 침해라고 생각했다. 나아가 많은 사람들이 이러한 우려 때문에 온라인쇼핑을 중단하고 온라인구매를 포기한다. 산업 분석가들은 온라인쇼핑객의 사생활과 보안에 대한 우려로, 전자상거래에서 매년 3,000만 달러 이상의 매출이 사라지고 있다고 추정한다.

©Brain light/Alamy Stock Photo

소비자들의 우려에 근거가 없지는 않다. 미국 연방통상위원회(Federal Trade Commision)에 따르면, 소비자 사기 관련 불만사항의 46%가 인터넷에 관련되어있으며, 이는 소비자들에게 5억 6,000만 달러의 손해를 입힌다. 게다가 소비자들은 기업보안시스템 침해로 인해 발생하는 신원 도용으로 인해, 매년 수백만 달러를 손해보고 있다. 확산되고 있는 논란은, 미국 정부가 더 엄격한 인터넷 사생활보호 및 보안 법률을 제정해야 하는가에 대한 것이다. 온라인소비자의 약 70%가 이러한 조치에 찬성하고 있다. 그러나 기업들은 자체 규제를 선호한다. 예를 들어, 트러스트e(TRUSTe, www.tryste.com)는 개인정보 보호와 공개에 대한 기준을 준수하는 기업 웹사이트들에게 인증을 부여한다. 그럼에도 전자상거래를 포함한 온라인활동에 주의를 기울이고 조심해야 할 최종 책임은 소비자에게 있다. 소비자들은 개인정보를 알려줄지에 대한 선택권이 있고, 그 정보가 어떻게 이용되는지 감시할 책임이 있다. 디지털시장공간에서 사생활과 보안에 대해 정부, 기업, 소비자보호단체가 각각 어떤 역할을 담당해야 하는가?

휴대폰에서 다운로드할 수 있는 컴퓨터파일이다. 쿠키는 마케터의 웹사이트에 사용자의 방문을 기록하고 다른 웹사이트로의 방문을 추적하고 이 정보들을 저장하여 나중에 인출하여 사용할 수 있다. 쿠키에는 제품선호도, 개인정보, 패스워드, 신용카드 번호와 같은 방문객 정보가 들어있다.

쿠키를 활용하면 온라인쇼핑객들에 맞춤화와 개별화된 콘텐츠를 만들 수 있다. 또 마케터에게 행동타깃팅을 가능하게 해준다. **행동타깃팅**(behavioral targeting)이란, 마케터가 쿠키가 제공하는 온라인쇼핑객의 행동변수를 분석하여 광고에 관심이 있을 것으로 추천되는 온라인쇼핑객들에게 광고를 전달하는 과정이다. 쿠키를 둘러싼 논쟁에 대해 관련 전문가는 "쿠키는 마치 당신이 누구인지 아는 판매원처럼 사용자 친화적인 웹 세계를 만들어준다. 하지만 최악의 경우 잠재적인 사생활 침해를 일으킬 수 있다"라고 말한다.

> **행동타깃팅**
> 쿠키가 제공하는 온라인쇼핑객의 행동변수를 분석하여 광고에 관심이 있을 것으로 추천되는 온라인쇼핑객들에게 광고를 전달하는 것

디지털시장공간의 개인정보 보호 및 보안에 대한 자세한 내용은 '책임 있는 의사결정' 박스를 참조해보자.

온라인소비자들이 쇼핑하는 시간과 장소

온라인 시장공간(marketspace)에서의 쇼핑과 구매는 전통적인 오프라인시장과 다른 시간대에 발생한다. 온라인 소매 매출의 약 80%는 주중에 발생한다. 가장 붐비는 날은 수요일이다. 반면 오프라인 소매점 매출의 약 35%는 주말에 이루어진다. 토요일이 가장 붐빈다. 주중의 온라인쇼핑과 구매는 보통 정상 근무시간에 이루어진다.

온라인소비자의 약 30%가 직장에서 웹사이트를 방문하는데, 이것이 주중 매출에 대한 이유를 부분적으로 설명해준다. 근무하는 날 주로 쇼핑하는 품목은 이벤트 티켓, 경매품, 온라인 정기간행물, 꽃과 선물, 전자제품, 여행 관련 제품 등이다. 건강과 미용제품, 의류 및 액세서리, 음원과 영상의 경우에는 소비자가 집에 가서 구매하는 경향이 있다.

소비자들이 온라인쇼핑에서 쇼핑하고 구매하는 방법

온라인소비자들이 쇼핑하고 구매하는 방법은 기술과 함께 진화해왔다. 대다수의 온라인소비자가 노트북과 데스크톱 컴퓨터 사용을 선호한다(60%). 6%는 태블릿을 좋아하고, 5%는 스마트폰을 선호한다. 29%는 특별한 선호 없이 여러 기기를 복합적으로 사용한다. 스마트폰과 소셜미디어 플랫폼이 대세가 되면서 온라인쇼핑이 더욱 사회적인 활동으로 변하고 있다. 오늘날 온라인소비자의 약 75%가 제품 및 서비스 아이디어, 추천 및 후기를 참고하고자 소셜미디어를 활용하고 있다. 점점 더 많은 소비자가 기업 웹사이트에 접속하지 않고 소셜미디어를 통해서 제품을 구매하고 있다. 제품 탐색과 구매를 위해 소셜네트워크를 활용하는 방식을 **소셜커머스**(social commerce)라고 한다. 소셜커머스에 앞장선 기업으로는 페이스북, 트위터, 핀터레스트 등이 있다. 오늘날 온라인소비자의 15%는 온라인쇼핑을 구독(subscriptions)에 의존해서 한다. **서브스크립션 커머스**(subscription commerce)는 요금을 지불하고 제품과 서비스를 정기적으로 배달받는 방식이다. 아마존프라임(Amazon Prime)과 넷플릭스(Netflix)가 대표적인 사례다. 편리함, 저렴한 가격, 높은 수준의 개인화 등이 서브스크립션 커머스의 인기를 부채질하고 있다.

소셜커머스
검색 및 구매를 위한 소셜네트워크의 사용

서브스크립션 커머스
요금을 내고 제품 및 서비스를 정기적으로 배달받는 방식

학습리뷰

1. 소비자들이 온라인쇼핑과 구매를 선호하는 6가지 이유(6C)는 무엇인가?
2. 8초 룰이란 무엇인가?

크로스채널소비자와 복합경로마케팅

목표 4 크로스채널소비자를 정의하고, 이러한 소비자를 공략하기 위한 복합경로마케팅의 역할에 대해 설명할 수 있다.

소비자들은 온라인과 오프라인 환경에서 쇼핑을 한다. 두 시장환경 사이에서 개인은 쉽게 이동할 수 있으므로 크로스채널소비자와 복합경로마케팅(multichannel)의 중요성이 부각되고 있다.

크로스채널소비자의 정의

크로스채널소비자(cross-channel consumer)란 온라인으로 제품을 탐색한 후 오프라인 매장에서 구매하거나 오프라인 매장에서 탐색한 후 온라인으로 구매하는 온라인소비자들을 말한다. 그들은 온라인에서만 구매하거나 오프라인에서만 구매하는 소비자와는 다른 집단이다(도표 14-4). 이러한 특징은 제품이나 서비스에 따라 다르게 나타난다. 예를 들어 전자책은 온라인에서만 구매되고, 고가의 맞춤 가구나 가정용 가구는 주로 오프라인에서만 구매되는 경우가 많다.

크로스채널소비자
온라인쇼핑을 하지만 오프라인에서 구매하거나 오프라인에서 구매하는 온라인소비자

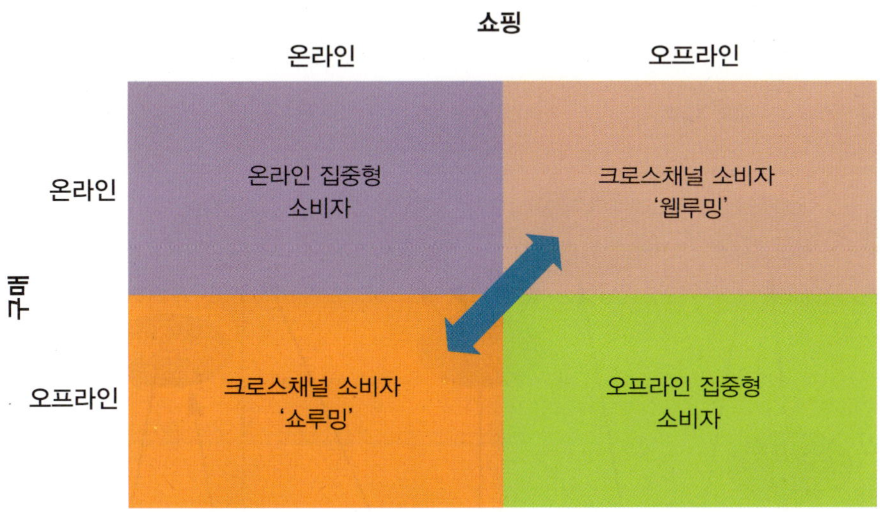

도표 14-4 크로스채널소비자는 그들이 온라인과 오프라인에서 어떻게 소비하느냐에 따라 '쇼루밍'과 '웹루밍'을 활용한다.

쇼루밍 오프라인에서 쇼핑을 즐기지만 정작 구매는 온라인에서 하는 크로스채널 소비자들은 점포에서 제품을 살펴본 후 저렴한 가격에 온라인에서 구입하는 행동인 **쇼루밍**(showrooming)을 한다. 쇼루밍의 주된 동기는 저렴한 가격에 구매하는 것이지만 쇼루밍 이용자들은 온라인에서 추가적인 제품 정보를 수집하고 온라인 판촉이나 할인판매를 찾고, 소셜미디어에서 소비자 리뷰와 제품 평가점수를 체크한다. 전체 온라인소비자의 약 75%가 하나 이상의 제품을 쇼루밍을 통해 구매한다. 가장 대표적인 쇼루밍 상품군은 소비자 가전제품과 주방 가전제품이다.

쇼루밍
오프라인 매장에서 제품을 둘러본 후 저렴한 가격에 온라인에서 구매하는 행동

웹루밍 온라인에서 쇼핑을 즐기지만 정작 구매는 오프라인에서 하는 크로스채널소비자들은 온라인에서 제품을 탐색한 후 매장에서 제품을 구입하는 **웹루밍**(webrooming)을 한다. 웹루밍의 가장 중요한 동기는 낮은 가격이지만, 웹루밍 이용자들은 배송비를 절약하고, 제품을 즉시 수령하고, 반품을 더 쉽게 하기 위해 웹루밍을 한다. 전체 온라인소비자 중 약 80%가 하나 이상의 제품을 웹루밍으로 구매한다. 자동차와 자동차 부품, 의류(신발 포함), 홈오피스기기는 인기 있는 웹루밍 상품군이다. 최근 연구에 따르면 웹루밍 소비자의 10명 중 6명이 쇼루밍을 하고, 쇼루밍 소비자 10명 중 9명이 웹루밍을 한다고 한다. 크로스채널소비자는 온라인의 소비활동과 제품 매출의 상당 부분을 차지한다. 크로스채널소비자를 통한 유통기관의 매출은 온라인채널에서만 매출의 5배에 달하는 것으로 추정된다.

웹루밍
온라인에서 제품을 둘러본 뒤 매장에서 구입하는 행동

복합경로마케팅의 실행

크로스채널소비자의 등장으로 복합경로마케팅에 관심이 쏠리고 있다. 12장에서 살펴본 내용에 따르면, 복합경로마케팅이란 전통적인 오프라인시장과 온라인에서 쇼핑과 구매를 하는, 즉 크로스채널소비자를 유치·유지하고 관계를 구축하는 데 상호보완적인 다양한 커뮤니케이션경로 및 유통경로들을 융합하는 것을 말한다.

복합경로마케팅을 구현하기 위해서는 세 가지에 유의해야 한다. ① 크로스채널소비자들의 행동을 이해하고 규정해야 한다. ② 마케터는 현재 및 잠재 고객과의 관계를 유치·유지 및 구축하기 위해 상호보완적인 커뮤니케이션 및 배송채널을 활용해야 한다. ③ 복합경로마케팅 성과를 모니터링하고 측정해야 한다.

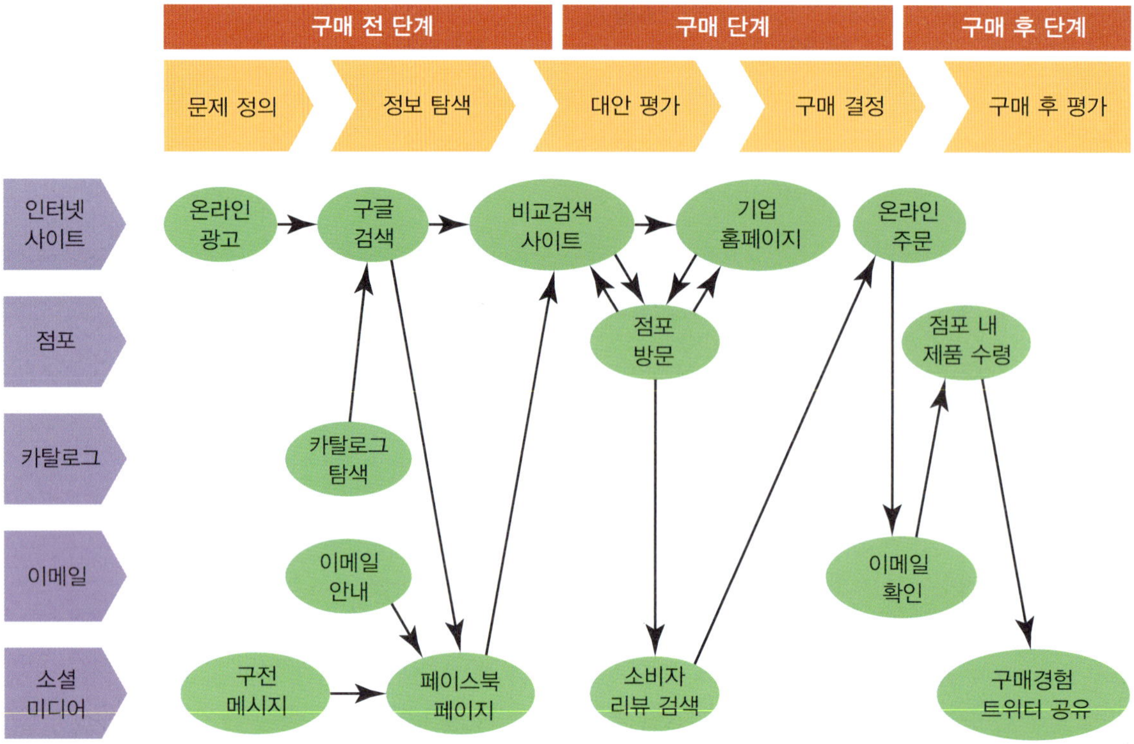

도표 14-5 크로스채널소비자의 구매여정지도 사례

채널 간 소비자 이동경로 마케터들은 소비자 구매여정지도(consumer journey map)를 활용해 소비자접점을 발견하는 것이 복합경로마케팅 성공에 매우 중요하다는 것을 알게 되었다. 4장에서 기술한 것처럼, 소비자여정지도와 소비자접점은 소비자와 기업(브랜드)이 정보 교환, 서비스 제공 또는 구매관리와 관계되는 시간과 장소를 상세히 보여준다.

도표 14-5는 일반적인 복합경로마케팅 소비자여정지도이다. 우리는 이러한 지도를 통해 세 가지 통찰을 얻을 수 있다. ① 이 지도는 크로스채널소비자가 활용하는 커뮤니케이션 및 배송 채널을 알려준다. ② 소비자 구매결정과정의 구매 전, 구매 및 구매 후 단계 전반에 걸친 커뮤니케이션 채널과 배송 채널 사이의 연결고리를 보여준다. ③ 구매여정지도는 비교 웹사이트와 소셜미디어처럼 회사가 통제할 수 없는 소비자접점을 부각시켜준다. 이러한 접점은 특정 제품, 서비스, 브랜드, 회사에 대한 크로스채널소비자의 인상을 형성하거나 변화시킬 수 있다.

소비자관계 유치, 유지 및 구축에 상호보완적인 채널 활용 복합경로마케팅에 왕도란 없다. 활용하는 커뮤니케이션 및 배송 채널의 구성은 기업의 제품, 브랜드, 서비스의 현재 및 잠재 소비자가 사용하는 채널과 그들의 정보 수집방법 및 구매선호도에 따라 달라진다. 소비자를 유치·유지하고 소비자관계를 구축하는 데 있어 서로 다른 채널들이 어떻게 상호보완하는지도 영향을 미친다. 복합경로마케팅은 다양한 채널을 아우르며 소비자접점과 메시지를 통해 일관된 고객경험을 전달함으로써 이루어진다.

예를 들어 앞에서 설명한 바와 같이, 오늘날 온라인 중심 기업들은 오프라인 매장과 쇼룸을 운영하고 있다. 그들은 복합경로마케터가 되었다. 마찬가지로 오프라인 중심 기업에게도 온라인이 점차 중요해지고 있다. 전통적인 백화점 중심으로 사업을 구축해온 에스티로더의 클리니크의 사례를 보면, 클리니크닷컴(www.clinique.com)을 방문하는 기존 고객 중 80%가 언젠가는 백화점에서 해당 기업의 제품을 구매한다고 알려져 있다. 클리니크 사용자가 아닌 소비자의 37%가 기업 웹사이트를 방문한 후 클리니크 제품을 구매한다는 사실도 똑같이 중요하다.

복합경로마케팅 성과 측정 및 모니터링 복합경로마케팅 구현의 세 번째 단계는 성과를 모니터링하고 측정하는 것이다. 이 단계는 두 가지 이유로 마케터들에게 어렵다. 첫째, 구매 결정 과정의 각 단계에서 개별 고객이 채널에 접속하여 상호작용하는 데이터가 방대하여 이를 조합하고 통합하기가 어렵다. 둘째, 각 채널과 온·오프라인 채널에 걸쳐 있는 각 접점에 성과 평가를 위한 적절한 지표를 할당하는 작업이 매우 복잡하다.

그럼에도 불구하고 성과를 모니터링하고 측정하는 방법에 진전이 있다. 예를 들어, 기업들은 매장이나 카탈로그에서 구매하는 웹사이트 방문자들을 일상적으로 추적한다. 온라인쇼핑 행동을 모든 인터넷사이트에 걸쳐 모니터링하는 구글은 온라인광고가 해당 기업의 매장 구매로 이어지는 정도를 통계적으로 측정한다. 그러나 기업의 복합경로마케팅 성과를 전 채널과 모든 소비자접점에 걸쳐 모니터링하고 측정하기 위한 종합적인 접근은 여전히 어려운 일이다. 이러한 어려움에도 불구하고, 복합경로마케팅의 인기는 온라인 유통에서의 매출이 증가함에 따라 더욱 높아지고 있다. 미국 온라인 소매유통 매출의 70%가 복합경로마케팅을 하는 기업에 의해 이루어진다.

학 습 리 뷰

1. 크로스채널소비자는 ________________이다.
2. 복합경로마케팅 구현을 위한 노력에는 어떤 세 가지 단계가 포함되어있는가?

마케팅지식 적용해보기

1. 온라인에서 물건을 구매해본 적이 있는가? 인터넷에 접근이 가능하지만 온라인에서 구매하지 않는 사람들이 많이 존재하는 이유는 무엇인가? 그들은 왜 온라인구매를 주저하는가? 소비자들이 구매하지 않는다고 해도 전자상거래가 소비자에게 혜택을 줄 것인가?
2. 전통적인 오프라인시장처럼, 온라인시장공간은 마케터들에게 더 많은 시간효용, 장소효용, 형태효용, 소유효용을 창출할 기회를 제공해준다. 가치 창출의 관점에서 보면 인터넷 기반 기술이 어떤 가치가 있을지 생각해보자. 온라인 점포를 하나 골라 쇼핑을 해보자(만약 정말로 원하는 것이 없다면, 아무것도 구매하지 마시오). 그다음 같은 제품군을 가지고 온라인 점포와 전통적인 오프라인 점포가 제공하는 시간효용, 장소효용, 형태효용, 소유효용을 비교해보자.
3. 아마존닷컴(www.amazon.com)과 반스앤노블닷컴(www.barnesandnoble.com)를 방문해보자. 웹사이트들을 둘러본 후, 온라인으로 책을 구매하는 것이 대학교 서점에서 구매하는 것과 비교할 때 어떤지 생각해보자. 특히 편리함, 선택, 고객맞춤, 커뮤니케이션, 비용, 통제에 관해 쇼핑경험을 비교하고 대조해보자.
4. 새 차를 사려고 에드먼드닷컴(www.edmunds.com)을 방문했다고 가정해보자. 해당 사이트를 방문한 경험에 근거하면, 실제로 차를 구입할 때 딜러와의 협상에서 어느 정도의 통제력을 가질 수 있는가?
5. 자기가 다니는 대학교 웹사이트를 방문해보자. 그 사이트가 거래 목적의 사이트인지 홍보 목적의 사이트인지 결론을 내릴 수 있는가? 고객경험에 영향을 미치는 웹사이트 디자인의 7요소의 관점에서 해당 사이트를 어떻게 평가할 수 있는가?

마케팅계획 세워보기

우리가 세운 마케팅계획은 제품과 서비스를 온라인 시장공간(marketspace)에 진입시키는 방법을 포함하고 있는가? 만약 대답이 '아니오'라면, 이 글을 더 이상 읽을 필요가 없고 계획에 해당 요소를 포함시키지 말아야 한다. 만약 대답이 '예'라면 마케팅계획에서 웹사이트를 개발하는 데 관심을 기울여야 할 것이다. 여러분에게 도움이 되는 고려사항은 다음과 같다.

1. 웹사이트디자인 요소, 즉 구성, 콘텐츠, 커뮤니티, 맞춤능력, 커뮤니케이션, 연결성, 상업성을 고객경험을 창출하는 데 어떻게 사용할 것인지 설명해보자.
2. 여러분의 구상을 가장 잘 반영하고 있는 기업의 웹사이트를 찾아보자.

비디오 케이스 14 피자헛과 아이엠씨스퀘어(imc^2): 복합경로마케터 되기

video 14-3
Pizza Hut
Video Case
kerin.tv/cr8e/v14-3

Source: Pizza Hut, Inc.

피자헛(Pizza Hut)이 100개국에 1만 개 이상의 체인점을 가진, 세계에서 가장 큰 피자 체인이라는 것은 놀랄 것도 없는 사실이다. 그런데 여러분은 피자헛이 미국 최고 인터넷 소매업체 35개 중 하나라는 것을 알고 있는가?

피자헛의 최고마케팅경영자(CMO) 브라이언 니콜(Brian Niccol)은 "저희는 많은 사람들이 불가능하다고 말했던 것을 해냈습니다. 연간 매출 수억 달러를 만들어내는 온라인 사업을 3년 만에 성공적으로 이룬 것이죠. 오늘날 피자헛은 상호작용이 중요한 신흥시장에서 업계 선두주자입니다"라고 했다. 이들은 이것을 어떻게 이루었는가? 피자헛은 고객체험을 창출하는 복합경로마케팅 접근방식과 최고의 고객 참여 플랫폼을 통해 퀵서브 음식점(QSR, 패스트푸드 음식점) 분야에서 혁명을 일으켰다.

소매 피자 사업

전국에 점포를 가지고 있는 세 곳의 시장지배자들로 인해 피자 산업의 경쟁은 매우 치열하다. 심지어 특정 브랜드를 집중적으로 이용한다고 여겨지는 고객들도 시간대, 가격, 편리함의 조건이 맞으면 경쟁업체들로부터 제품을 정기적으로 구매한다.

일반적으로 피자헛의 단골고객들은 (다른 두 곳의 고객들도 아마 그렇겠지만) 두 가지 범주로 구분된다. ① 빠르고 간단하게 식사를 해결하고자 하는 가구(주로 시간에 쫓기는 어머니들), ② 세계적으로 가장 다양하고 편리한 음식(요리하지 않고, 그릇이 없어도 되고, 설거지감도 없으며 남은 음식은 아침 식사로 먹기에 완벽한) 중 하나를 먹으며 활동적인 생활양식을 추진하는 젊은 성인 남성이 바로 그들이다. 이 두 그룹은 표면적으로는 매우 다르게 보이지만, 두 그룹 모두 가치와 편리성을 중요하게 생각한다. 비용에 신경을 쓰는 엄마들은 질 좋은 제품으로 끼니를 번거롭지 않게 때우고 싶어 한다. 할인 가격을 찾아다니는 젊은 성인 남성들은 식사에 투자하는 돈과 시간을 아껴서, 그들이 좋아하는 음식 이상의 것을 얻고자 한다.

미국 피자 시장에서는 테이크홈(take-home)과 배달 세분시장이 중요하다. 따라서 피자헛의 주요 경쟁업체들은 주로 이러한 측면에 초점을 맞추고 있다. 대부분의 테이크홈과 배달 판매는 고객이 레스토랑에 들어가기 전에 주문이 이루어진다. 소매 피자 고객의 수가 증가한 것은, 온라인으로 피자를 주문하는 일이 편리해졌기 때문이다. 나중에 알려진 것처럼, 피자 주문은 디지털 세상에서 가장 이상적인 형태였다. 사람들은 기본 메뉴를 이해하고, 다양한 방법으로 주문할 수 있다는 것을 알게 되었다. 또 피자를 주문할 때 매장에 서 있지 않는 일에 익숙해졌다. 피자 가게는 전국에 점포가 있고 확고하게 정착된 배달 네트워크가 존재하기 때문에 기타 퀵서브 레스토랑보다 온라인주문으로의 전환이 쉬웠다. 그러나 피자헛이 이해한 바와 같이, 소비자를 위해 진정으로 세련되며 간단하고 쉬운 주문을 만드는 데는 믿기 어려울 정도로 복잡한 문제가 따라왔다.

활동계획 만들기

대개 피자 사업에서 온라인주문의 목적은 해당 브랜드를 위해 고객들과의 거래를 더 쉽고 저렴하게 만드는 것이다. 피자헛은 사람들이 피자헛과의 관계뿐만 아니라 다른 사람들과 관계를 형성하면 무언가 새로운 걸 할 기회가 있다는 것을 인지하고 있었다. 즉 피자헛의 고객들과 지속가능한 관계를 구축하고 좀 더 의미 있고 유익한 방식으로 사람들과 어울리는 것이다. 요약하면 피자헛은 거래지향 플랫폼에서 벗어나 효율적이고 강력한 고객참여지향 플랫폼(customer engagement platform)으로 사업을 재정립하기 시작했다. 개선된 주문방식과 배달 및 식사경험을 제공하기 위해 고객 및 주방, 소파까지 찾아나섰기에 가능한 일이었다.

피자헛은 통합마케팅커뮤니케이션 전문기업 imc^2(www.imc2.com)에 포괄적인 상호작용전략을 세우도록 했다. 처음에 이 전략은 웹사이트를 새롭게 디자인하는 데 초점을 맞추고(고객의 온라인경험과 브랜드접점 모든 것을 재정비하는 것을 포함), 그다음 점진적으로 정교하고 해당 산업에서 최고의 고객참여전략에 초점을 맞추었다. imc^{2}는 이 과업에 상호작용마케팅과 브랜드참여에 대한 15년의 경험을 쏟아넣었다. imc^{2}의 고객들은 다수의 크고 작은 기업들이다. 그중에는 코카콜라(Coca-Cola), 존슨앤존스(Johnson & Johnson), 화이자(Pfizer), 옴니호텔(Omni Hotels), 해즈브로(Hasbro), P&G, 삼성 등이 포함되어있다.

피자헛닷컴에서의 고객경험, 그리고 브랜드 참여

피자헛과 imc^2 경영진은 소매 피자사업의 재정립전략이 상호작용을 가능하게 하고 권장하는 올바른 기술을 사용하여 고객들이 브랜드에 참여할 수 있게 개발되어야 한다는 것에 동의했다. 주요 디자인요소를 모두 활용하기 위해서는 새로운 웹사이트를 구축하는 것이 필수였다. 피자헛과 imc^{2}는 디자인요소들을 잘 활용하여 피자헛 고객들에게 가치를 창조했을 뿐만 아니라 경쟁업체와 차별화하는 수단으로 만들었다. 디자인요소들과 피자헛닷컴의 성과에 대해 살펴보자.

피자헛닷컴은 전국 모든 점포에서 활용할 수 있는 온라인주문을 지원하기 위해 완벽하게 리디자인되었다. 또 회사의 발빠른 마케팅전략과 야심찬 혁신제품의 도입 스케줄과 연계되어 자주 업데이트되었다. 프로모션은 피자를 구매하는 고객들이 당연히 기대하는 것이므로 가치에 대한 욕구를 잘 연결시키는 언어로 소비자들에게 전달되어야만 했다. 따라서 웹사이트 구성과 콘텐츠에서, 구매의사를 갖고 웹을 방문하는 사람들이 할인 내용을 쉽게 찾아보고 쉽고 빠르게 주문할 수 있게 해야만 한다. 잘 팔리는 제품은 사이트 중앙뿐만 아니라 주요 내용 아래 롤링 네비게이션(rolling navigation)을 통해서도 소개했다. 메뉴, 점포 위치, 영양성분과 같은 정보에 대한 기본적인 네비게이션은 회전하는 콘텐츠의 윗부분을 수평으로 가로질러 제시되도록 했다.

웹사이트의 고객맞춤(customization)은 여러 가지 방식으로 이루어졌다. 기본적으로는 주문을 단순하게 하는 것에 초점을 맞추었다. 이미 사이트에 등록한 고객을 위해 익스프레스 체크아웃(express checkout)이라 불리는 빠른 주문 등 여러 개의 개별화된 옵션도 있었다. 익스프레스 체크아웃은 가격표(playlist)와 유사한 것으로, 각 고객의 선호도를 기초로 했다. 예를 들어 함께 영화 보길 좋아하는 친구들이 있다면, 이 친구들이 좋아하는 피자에 '심야 영화(Movie Night)'라고 이름을 붙여 주문하게 할 수 있다. 웹사이트에서 직접 접속할 수 있는 익스프레스 체크아웃 옵션을 사용해서 우리는 심야 영화를 선택하고, 신속하게 주문을 검토하여 '전송' 버튼을 클릭하면 피자가 배달되는데, 이 과정에서 축적된 쿠키를 통해 기록·저장된 배달 및 지불 옵션을 활용하면 거래속도가 빨라진다. 이러한 기능에서 나오는 편의성에 투자한 것이라고 할 수 있는데, 이를 통해 소비자의 기업에 대한 충성도를 높일 수 있다. 즉 소비자들이 다른 경쟁업체의 시스템에 새로 등록해야 할 때, 그리고 경쟁업체의 장점에 접근하기가 힘들 때 다른 브랜드로 갈아타는 것을 막아주는 것이다.

웹사이트 콘텐츠와 커뮤니케이션은 전통적인 미디어를 포함한 기업의 전반적인 커뮤니케이션 프로그램과 통합된다. 커뮤

Source: Pizza Hut, Inc.

Source: Pizza Hut, Inc.

니케이션 프로그램은 플랫폼을 통해 공유되는 제품혁신, 촉진, 특별 이벤트를 알리는 과정이다. 브랜드가 추구하는 바와 조화를 이루어야 하는 커뮤니케이션은 선명한 이미지와 활기에 넘치는 색깔과 재치 있고 영리하며 유쾌한 목소리를 접목하여 재미있고 활기차야 한다. 주목할 만한 예로, 투스카니 파스타(Tuscani Pastas)의 사례를 살펴보자. 이들은 브랜드 출시에 맞추어 기업명을 피자헛에서 '파스타헛(Pasta Hut)'으로 변경한 만우절 캠페인을 벌였는데 이는 큰 호응을 얻었다. 이 캠페인은 이름 변경을 뒷받침하는 특별한 사진 및 문구를 올리고, 배너를 만들고, 피지헛닷컴을 파스타헛닷컴(PastaHut.com)으로 임시 변경하는 등의 온라인 지원이 있었기에 가능한 일이었다. 이 브랜드는 인쇄 언론매체에서 상당한 주목을 받았을 뿐만 아니라, 피자헛이 자발적이고 유쾌하며 재미있는 이벤트에 사람들을 참여시키게 해줌으로써 고객과의 관계를 돈독하게 만들어주었다.

피자헛의 통합마케팅커뮤니케이션 접근법은 기획하는 브랜드를 쉽게 테스트하여 기업의 공동브랜드안으로 통합되게 한다. 성공적인 예가 바로 피자헛과 같은 기업에 소속된 치킨 전문점 윙스트리트(Wingstreet)의 운영과 파스타로의 제품 영역 확장이었다. 이것은 피자헛의 근간인 피자 영역 너머로 패스트푸드 콘셉트를 확장할 수 있는 브랜드의 능력을 보여주며, 미래에 추구할 방향도 제시해준다.

피자헛 웹사이트와 피자헛의 기타 온라인 자산은 세계에서 가장 선호되는 피자와 기타 제품들을 고객에 도달하게 하는 것에 관한 모든 것이다. 상업성(commerce)은 사이트에서 매우 중요한 고려사항으로, 다양한 주문 경로가 존재한다. 이 주문 경로에는 현장 주문방법, 페이스북 앱(피자헛은 페이스북에 주문 애플리케이션을 만든 첫 번째 피자체인이다), 브랜드화된 데스크톱 위젯(desktop widget), 모바일 주문{토탈 모바일 액세스(Total Mobile Access)라고도 하는 것으로 WAP(wireless application protocol)사이트와 문자 주문} 이 있으며 또한 2009년에 발매된 정교하고 간단한 아이폰 앱이 있다. 고객들이 그들의 주문을 시각적으로 구성하고 전송할 수 있다. imc^{2}에 의해 계획되어 2009년 실행된 온라인 상품카드(eGift Card) 프로그램의 성공은 추가 매출이 온라인에서 발생될 수 있음을 증명해주었다.

또 그들은 피자헛닷컴에서 커뮤니티를 형성하는 것이 어렵다는 것을 깨닫고, 비용 대비 효율이 좋은 방법을 찾기 위해 페이스북을 고려했다. 피자헛 브랜드는 대략 100만 명의 팬과 업계 최초로 페이스북에서 주문할 수 있는 애플리케이션을 통해, 사람들의 일상을 방해하지 않고 자연스러운 방법으로 거대한 집단을 효율적으로 참여시킬 수 있었다. 피자헛은 편리한 무언가를 만든다면 더 큰 충성도를 확보하는 한편, 신뢰까지 증가시킬 수 있다는 것을 잘 이해하고 있는 기업이다. 트위터와 다른 소셜네트워크상의 대화를 모니터링하고 권장하는 트위턴(Twintern)이라고 불리는 인턴사원을 찾기 위한 2009년 피자헛의 프로그램은 브랜드가 광범위한 소셜마케팅 인프라를 기존의 플랫폼을 기반으로 구축하고 효과적으로 사용하는 방법을 찾은 훌륭한 사례다.

피자헛닷컴은 모바일, 데스크톱, 소셜네트워크, 그 외 디지털 게이트웨이를 연결하여 전통적인 미디어와 소매영업을 보완했다. 따라서 피자헛이 디자인요소인 연결성에 대한 고려 대상은 온라인상에서 다른 웹사이트에 연결하는 것 이상이다. 피자헛은 사람들이 브랜드에 관여하기 원하는 경우, 언제 어디서나 순조로운 체험을 할 수 있도록 포괄적인 접근방법을 제공한다.

성과 측정 및 결과

피자헛은 자사 사이트의 성과를 성실하게 평가한다. 주문형 마케팅계기판을 만들어 경영진이 브랜드 마케팅 프로그램의 다양한 면을 모니터링할 수 있게 한다. 이 계기판은 상시 최신 정보를 제공하는데, 이 정보를 가지고 업무를 최적화하거나 성과의 여러 면을 보정할 수 있다.

여기에서 얻은 결과는 주목할 만한 것이지만, 상당히 경쟁적인 산업의 특성상 유동적이며 한시적이라고 할 수 있다. 다음의 예를 들어 생각해보자.

- 피자헛닷컴은 웹사이트 거래와 검색량 1위로, 피자 카테고리에서 우위를 점하고 있다. 디지털 분석과 측정의 세계적 리더 컴스코어(comScore)에 따르면, 피자헛의 웹사이트는 피자 카테고리에서 온라인으로 지출되는 금액에서 가장 큰 거래량을 달성하고 있다.
- 피자헛닷컴은 미국 인터넷 소매 분야에서 최고의 인터넷 소매상 중 하나이다.
- 피자헛의 아이폰 앱은 공개 후 첫 두 주 만에 10만 건 이상의 다운로드를 기록했다.

피자헛의 미래

피자헛닷컴의 미래는 어떠할 것인가? 이들은 매우 짧은 시간 거대한 목표를 이루었다. 하지만 급속도로 변화하는 디지털시장에서 정상에 머무르려면 지속적인 관심이 필요하다. 피자헛은 그들의 온라인사업이 향후 5년 내에 10억 달러라는 목표를 능가할 것이고, 10년 내에는 디지털 거래가 매출을 주도할 것이라고 기대하고 있다.

피자헛의 최고마케팅경영자(CMO) 니콜(Niccol)은 피자헛의 미래 전략에 대해 야심찬 목표를 진지하게 언급한다. "저는 피자헛이 푸드서비스에서 아마존이 되고 디지털공간의 선구자가 되기를 원합니다. 저는 우리가 그 공간에서 취미 삼아 잠깐 손을 대는 굴뚝기업(brick and mortar)이 되기를 원하지 않습니다." 아마존의 모델을 따라 전환한다는 것은 피자업체라는 정체성을 발전시켜 확장된, 혹은 완전히 재정의된 퀵서브 음식점(QSR)이 되겠다는 것을 의미한다.

진화하는 경제 상황에서 성장을 원하는 브랜드는 시장 변화에 신속히 대응하기 위해 장기적으로 고민하고 계획해야 할 것이다. imc^{2}의 최고마케팅경영자 이언 울프만(Ian Wolfman)은 마케팅의 미래를 평가하며 기회를 깔끔하게 요약 설명한다. "현재 진행되고 있는 마케팅의 변신은 기업이 그들의 고객 및 기타 이해 당사자들을 대응하는 방법을 완전히 바꿔놓을 것이라 믿습니다. 번성하는 브랜드들은 피자헛처럼 사람들과 오랫동안 지속가능한 관계를 효율적으로 구축할 수 있는 그런 브랜드일 것입니다. 지속가능한 관계는 높은 신뢰와 많은 거래를 동시에 충족시켜줍니다(그림)."이어서 그는 "좀 더 장기적인 관점을 가진 브랜드는 거의 분기별 목표를 맞추기에 너무 집착하는 전통적 모델에 비해 예기치 않은 장점을 가지고 있습니다"라고 설명한다. 울프만은 이 주제에 관해 수행했던 연구를 언급하며 미래에 가장 성공적인 브랜드들은 사람들과 감성적 수준으로 깊게 공감하고 확고히 정의된 목적의식을 가지고 활동하는 그런 브랜드일 것이라고 말한다.

인터넷을 활용하여 고객편의와 제품 혁신을 시도하는 피자헛은 성공적으로 포지셔닝되어 사람들을 연결하고, 신뢰를 구축하고, 거래를 증진시키고 있다. 니콜은 고객이 시스템에 등록하여 다양한 도구를 사용하게 하기 위해 초기에 투자하는 시간을 언급한다. 니콜은 고객들의 관심과 선호를 우선시하는 이 브랜드의 전망이 밝다고 보았다. "만약 저희가 일을 제대로 해서 진정한 참여를 창출하고 사람들이 브랜드와 상호작용하는 것을 편리하고 가치 있게 만든다면 매출이나 이익 같은 것은 자연스럽게 따라올 것입니다."

질문

1. 피자헛닷컴은 어떤 종류의 웹사이트인가?
2. 피자헛닷컴은 웹사이트 디자인의 7요소를 어떻게 구체화시켰는가?
3. 초이스보드와 개별화시스템은 피자헛 웹사이트에 어떻게 사용되었는가?

그림

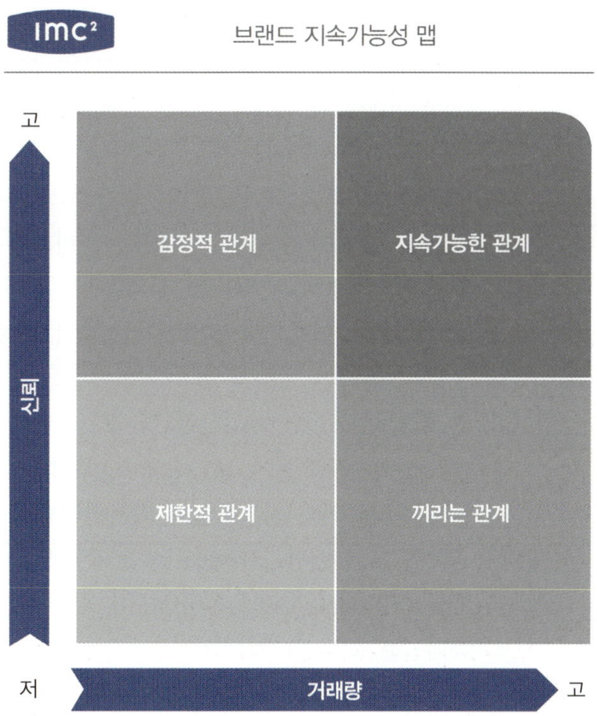

15

통합적 마케팅커뮤니케이션과 다이렉트마케팅

LEARNING OBJECTIVES

다음 학습목표를 달성해보자.

목표 1 통합적 마케팅커뮤니케이션과 커뮤니케이션 과정에 대해 논의한다.

목표 2 프로모션믹스와 각 구성요소의 특징을 설명할 수 있다.

목표 3 제품의 표적고객, 제품수명주기 단계, 유통채널전략에 적합한 프로모션믹스를 선택할 수 있다.

목표 4 프로모션 의사결정과정의 요소를 설명할 수 있다.

목표 5 다이렉트마케팅이 소비자 및 판매자에게 제공하는 가치를 이해할 수 있다.

타코벨은 웨딩벨이 된다!

타코벨(Taco Bell: 타코, 부리또 등 멕시코식 패스트푸드를 파는 체인점)의 고객들은 독립적이고 약간 컬트적(소수의 사람들이 몹시 열중하거나 좋아하는 경향이 있는)인 면이 있으며, 확실히 '멋진' 요소에 관심이 있다. 타코벨의 최고 마케팅책임자 마리사 탈버그(Marisa Thalberg)는 일부 고객들이 결혼식 피로연에 타코벨을 추가하는 것에서 착안하여 '러브 앤 타코 경연대회(Love & Tacos Convention)'를 개최함으로써 축제를 더 신나게 만들었다.

이 대회는 참가자들로 하여금 본인의 타코벨 러브 스토리를 적고 "#loveandtacoscontest"라는 해시태그를 이용해 인스타그램이나 트위터에 사진 또는 영상을 업로드하게 했다. 소비자들은 온라인 투표를 통해 상위 10개 후보작을 선정하고, 타코벨 심사위원들은 우승한 커플을 선정하여 라스베이거스에 있는 타코벨 레스토랑에서 결혼하는 데 드는 모든 비용과 여행경비를 지불했다. 우승한 커플의 결혼식에는 많은 사람들이 게스트로 입장하여 축하하고 즐길 수 있는 행복 경품 행사도 마련했다. '사랑'이라는 주제와 관련된 기타 마케팅활동으로는 팝업(pop-up) 웨딩 및 결혼 서비스 제공업체 플로라 팝(Flora Pop)과의 파트너십 및 600달러짜리 웨딩 패키지를 준비했다. 라스베이거스의 모든 매장 고객이 이용할 수 있는 이 패키지에는 타코벨 스타킹 밴드(Taco Bell garter)와 나비넥타이, 타코 소스로 만든 부케, 결혼 기념 티셔츠, 샴페인잔, 시나본 딜라이트(Cinnabon Delights) 웨딩케이크가 포함되었다.

이들은 고객과의 관계를 유지하고 가치 가격 포지셔닝을 전달하기 위해 다양한 형태의 프로모션을 사용한다. TV, 라디오, 야외 및 영화 광고뿐만 아니라 보도자료 및 PR 지원이 그 예다. 슈퍼볼에서 등장한 "모든 것보다 더 크다(Bigger Than Everything)"는 메시지의 TV 광고에 타코벨 케살루파(Taco Bell Quesalupa)가 소개된 적도 있다. 그들은 최근 몇 가지 광고를 수정하여 밀레니얼 시청자들에게 무항생제 닭고기와 방목해서 키운 닭의 달걀만을 사용

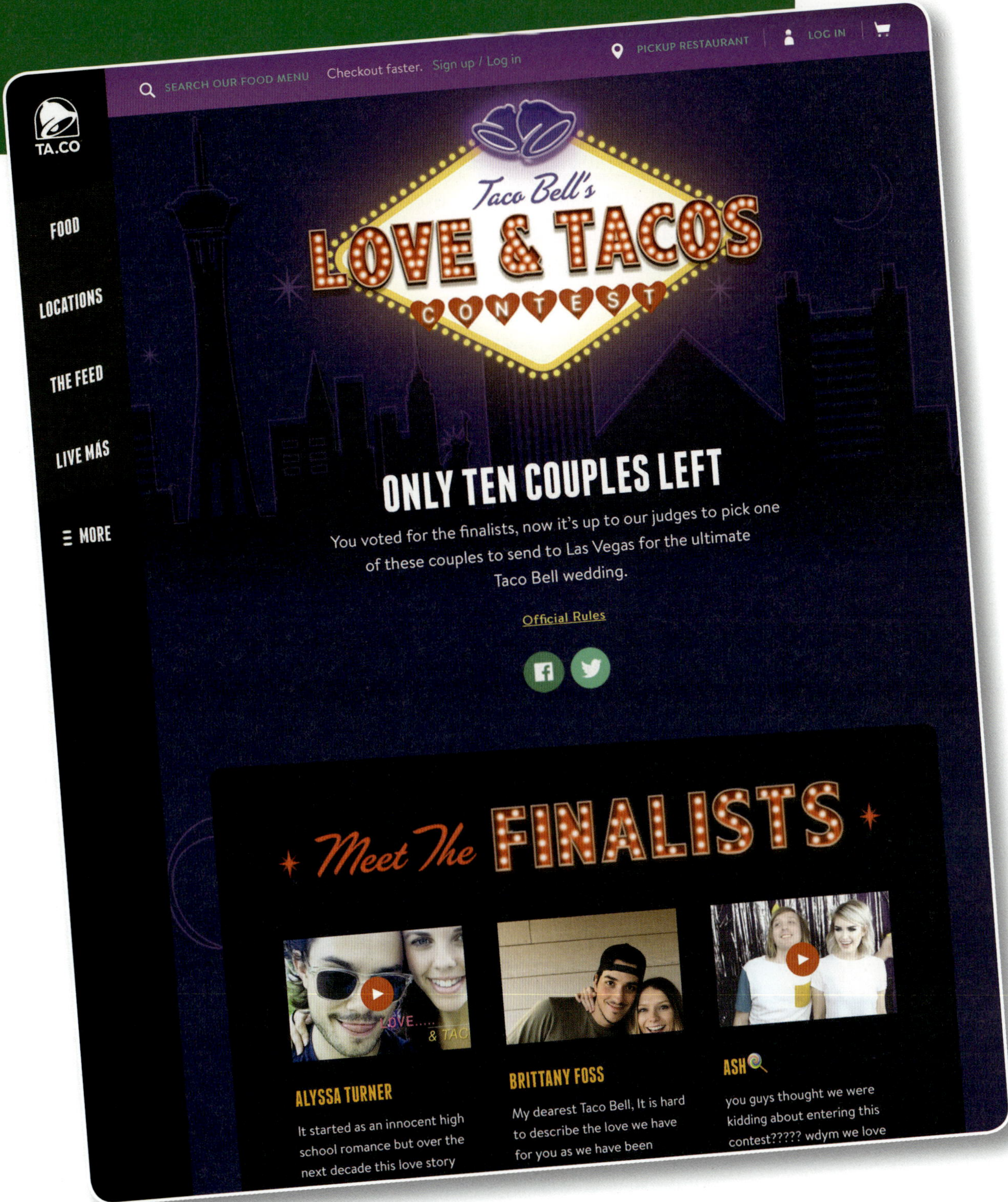

Source: Taco Bell IP Holder, LLC.

한다는 점을 강조한다. 특별 프로모션으로는 소니와의 협업을 통해 매장 방문 손님들에게 플레이스테이션 VR 헤드셋, 컨트롤러, 게임 상품권을 획득할 수 있는 기회를 제공한다. NBA와 함께 원정팀이 리그 결승전에서 이길 때, 모든 매장 방문객에게 타코를 무료로 나누어주기도 했다. 또 스테이크 더블딜라(Steak DoubleDilla)의 프로모션을 위해 에어비앤비(Airbnb)와 함께 생활공간으로 개조된 매장에서 무료 숙박을 제공했다. 타코벨은 20년 된 로고를 젊은 층과 더 잘 연결될 수 있도록 단순하게 고쳤다.

소셜미디어는 타코벨 캠페인에서도 중요한 역할을 한다. 타코벨의 유튜브 채널에서는 팬들이 타코벨에서 먹은 음식을 포스팅한 '타코 테일즈(Taco Tales, 타코 이야기)'를 방영한다. '레이스 스루(Race Thru)'라는 제목의 에피소드 2는 조회수가 150만이 넘었다. '타코벨 클립쇼(The Taco Bell Clip Show)'에는 타코벨 결혼식 제안부터 소스패킷 트릭샷(sauce packet trick shots, 타코벨의 소스패킷맨의 속임수를 꾸미는 동영상), 드라이브스루 장난(drivethru pranks)까지 다양한 콘텐츠가 올라와 있다. 페이스북 페이지와 트위터 계정은 각각 980만 명, 180만 명의 팔로워를 보유하고 있다.

타코벨의 성공적인 마케팅 캠페인은 잠재고객을 끌어들이는 기회와 마케팅커뮤니케이션 프로그램의 다양한 요소들을 통합하는 것의 중요성을 보여준다. 프로모션은 마케팅믹스의 한 요소다. 이 책에서는 프로모션이라는 용어를 주로 사용하되, 촉진이라는 용어도 필요에 따라 구분 없이 사용하므로 유의하길 바란다. 프로모션은 광고, 인적판매, 판매촉진, PR, 다이렉트마케팅의 다섯 가지 커뮤니케이션 도구로 구성된다. 이러한 커뮤니케이션 도구들의 조합을 **프로모션믹스**(promotional mix)라고 한다. 이러한 도구를 사용하여 ① 제품의 장점을 잠재구매자에게 알리고, ② 제품을 사용해보도록 설득하며, ③ 제품을 사용함으로써 누린 혜택을 향후 상기시킬 수 있다. 과거 마케터들은 종종 이러한 커뮤니케이션 도구를 개별적이고 독립적인 것으로 여겼다. 한 예로 광고부서는 판매촉진이나 PR을 담당하는 부서나 대리점과 상의하지 않고 별도로 광고를 설계 및 관리하는 경우가 많았다. 결과는 종종 전체적인 커뮤니케이션 노력이 조정되지 않고, 경우에 따라 일관성 없게 나타났다. 모든 프로모션활동(광고, 인적판매, 판매촉진, PR 및 다이렉트마케팅)을 조율하여 모든 청중에게 일관된 메시지를 제공하도록 마케팅커뮤니케이션 프로그램을 설계하는 개념을 **통합적 마케팅커뮤니케이션**(integrated marketing communications, IMC)이라고 한다. 이러한 조율은 새로운 미디어 옵션의 등장, 전통 미디어와 현대 미디어 간의 상호작용, 변화하는 소비자 커뮤니케이션 패턴으로 인해 최적의 커뮤니케이션이 더욱 어려워지면서 점점 더 중요해지고 있다. 또한 소비자 여정과 소비자 기대치를 고려하는 것이 중요해짐에 따라 IMC는 기업의 고객경험 관리전략의 핵심요소가 되었다.

프로모션믹스
하나 이상의 커뮤니케이션 도구의 조합. ① 제품의 장점을 잠재구매자에게 알리고, ② 그 제품을 사용해보도록 설득하고, ③ 제품을 사용함으로써 누린 혜택을 나중에 상기시킴

통합적 마케팅커뮤니케이션
광고, 인적판매, 판매 촉진, PR, 다이렉트마케팅 등 모든 커뮤니케이션 활동을 조정하여 모든 청중에게 일관된 메시지를 제공하는 마케팅커뮤니케이션 프로그램 설계 개념

이 장에서는 커뮤니케이션 프로세스의 개요, 프로모션믹스요소에 대한 설명, 프로모션믹스를 통합하기 위한 여러 도구 및 종합적인 프로모션 프로그램 개발 프로세스를 소개한다. 프로모션믹스요소 중 하나인 다이렉트마케팅도 이 장에서 논의된다. 16장에서는 광고, 판매 촉진, PR를 다루고, 17장에서는 소셜미디어를, 18장에서는 인적판매를 다룰 예정이다.

목표 1 통합적 마케팅커뮤니케이션과 커뮤니케이션 과정에 대해 논의한다.

커뮤니케이션 과정

커뮤니케이션(communication)은 다른 사람에게 메시지를 전달하는 과정으로 여섯 가지 요소인 정보원천, 메시지, 커뮤니케이션 채널, 수신자, 부호화, 해석으로 구성된다(도표 15-1). 여기서 정보원천(source)이란 전달하고자 하는 정보를 보유하고 있는 기업 또는 사람이 될 수 있다. 정보원천에 의해 전달된 정보, 예를 들어 최신 스마트폰에 대한 설명은 메시지(message)를 구성한다. 메시지는 판매원, 광고미디어,

커뮤니케이션
다른 사람에게 메시지를 전달하는 과정으로 정보원천, 메시지, 커뮤니케이션 채널, 수신자, 부호화, 해석의 여섯 가지 요소로 구성됨

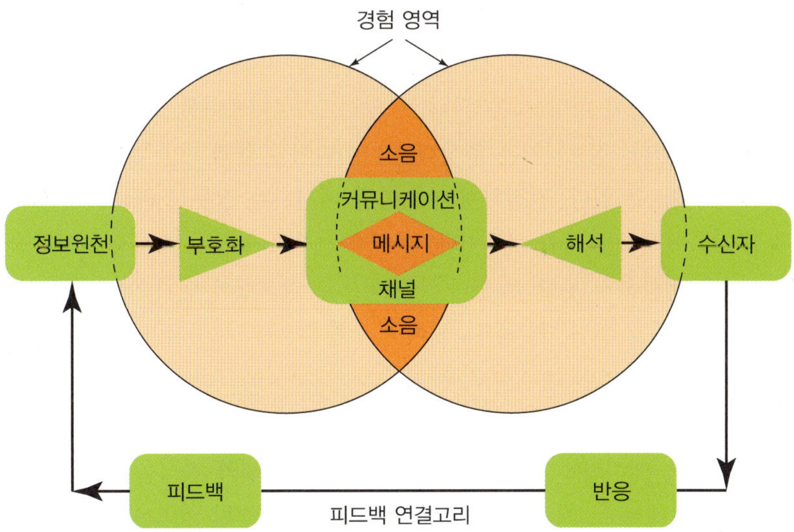

도표 15-1 커뮤니케이션은 여섯 가지 핵심요소로 구성된다. 과정의 효율성에 영향을 미치는 요인에 대해 알아보려면 본문을 참고하자.

PR 등 커뮤니케이션 채널(communication channel)을 통해 전달된다. 여기서 수신자(receiver)란 메시지를 보거나 듣거나 읽은 소비자이다.

부호화와 해석

부호화와 해석은 커뮤니케이션의 필수요소다. 부호화(encoding)는 발신인이 자신의 아이디어를 부호(symbol)의 조합으로 변환하는 과정이다. 해석(decoding)은 수신인이 수신한 부호의 조합, 즉 메시지를 거꾸로 아이디어로 변환하는 과정이다. 사진으로 제시된 노스페이스(North Face)의 광고에서 정보원천은(source)은 누구이며, 메시지는 무엇인가?

해석은 태도, 가치, 신념 등 준거기준에 따라 수신자에 의해 수행된다. 노스페이스는 정보원천이며, 잡지 〈와이어드(Wired)〉(채널)에 나타난 광고가 메시지다. 그렇다면, 이 광고를 어떻게 해석할 수 있는가? 잡지 독자들에게 호소력이 있을 것이라 생각되는 "탐험을 멈추지 마세요(Never Stop Exploring)"라는 헤드라인을 통해 제품

Video 15-1
The North Face
kerin.tv/cr8e/v15-1

여러분은 이 광고를 어떻게 해석하는가? 노스페이스가 어떤 메시지를 보내려고 하는지를 생각해보자.

Source: The North Face

에 대한 관심을 불러일으키고자 하는 것이 정보원천의 의도임을 광고의 사진과 슬로건에서 확인할 수 있다.

커뮤니케이션 과정이 항상 성공적이지는 않다. 커뮤니케이션 오류는 몇 가지 방식으로 발생할 수 있다. 정보원천은 추상적인 아이디어를 효과적인 부호 형식으로 적절히 변환하지 못할 수 있다. 적절하게 부호화된 메시지가 잘못된 채널로 전달되어 의도된 수신자가 메시지를 받지 못하거나, 수신자가 부호 형식의 메시지를 정확한 추상적 아이디어로 전환하지 못할 수 있다. 마지막으로 피드백이 연기·왜곡되어 발신인에게 도움이 되지 못할 수 있다. 커뮤니케이션 수행은 쉬워 보이지만, 진정으로 효과적인 커뮤니케이션을 하기란 매우 어려운 일이다.

메시지를 효과적으로 커뮤니케이션하기 위해 발신자와 수신자는 상호간에 공유하는 경험 영역, 즉 메시지에 적용할 수 있는 유사한 이해와 지식을 보유하고 있어야 한다. 도표 15-1에서 두 개의 원은 발신인과 수신자의 경험 영역을 나타내며 메시지에서 두 영역이 중첩된다. 가장 많이 알려진 메시지 관련 문제 중 하나는, 미국 기업들이 서로 다른 경험 영역을 가진 문화권에 그들의 메시지를 전달할 때 벌어진다. 상당수의 오해가 단지 잘못된 번역에서 일어난다. 예를 들어 KFC는 "손가락을 빨 정도로 맛있는(finger-lickin' good)"이라는 슬로건을 중국어로 옮기면서 "손가락을 먹어버리세요"라고 번역하는 실수를 저질렀다.

피드백

도표 15-1에는 반응과 피드백으로 구성된 '피드백 연결고리(feedback loop)'라는 선이 존재한다. 반응은 메시지가 수신자의 지식, 태도, 행동에 미치는 영향이다. 피드백은 반응에 대한 발신자의 해석이며, 수신자가 의도대로 메시지를 잘 해석하고 이해했는지를 나타낸다. 16장에서는 메시지가 적절하게 해석되었는지 확인할 수 있는 '사전조사(pretesting)'라는 접근방법을 살펴보도록 한다.

소음

소음(noise)은 수신된 메시지나 피드백을 왜곡함으로써 효과적인 의사소통을 방해하는 외부 요소들이다(도표 15-1). 소음은 신문광고의 의미 전달에 영향을 주는 인쇄 오류나 메시지를 명확하게 전달하지 못하는 단어 및 그림처럼 단순한 실수일 수 있다. 판매원의 억양, 속어 사용, 의사소통방식 등으로 인해 메시지를 듣고도 이해하기 어려운 상황처럼 가망 구매자가 판매원 메시지를 잘못 이해할 때, 소음이 발생한 것으로 본다.

학습리뷰

1. 커뮤니케이션이 발생하는 데 필요한 여섯 가지 요소는 무엇인가?
2. 글로벌시장에서 광고를 집행하는 미국 기업들이 어려움을 겪는 이유는, 글로벌시장의 고객들이 동일한 __________을 보유하고 있지 않아서이다.
3. 잘못 인쇄된 신문광고는 __________의 예다.

프로모션요소

목표 2 프로모션믹스와 각 구성요소의 특징을 설명할 수 있다.

기업은 고객과 커뮤니케이션하기 위해 다섯 가지 프로모션 대안인 광고, 인적판매, PR, 판매촉진, 다이렉트마케팅 중 하나 혹은 그 이상의 것을 활용한다. 도표 15-2에 다섯 가지 프로모션의 차이점을 요약하였다. 광고, 판매촉진, PR은 잠재구매집단을 대상으로 한 대량판매(mass selling)를 위해 사용된다. 반면 인적판매는 판매자와 잠재구매자 간 맞춤형 상호작용(customized interaction)에 이용된다. 인적판매 활동은 면대면, 전화, 쌍방향 전자통신을 활용한 커뮤니케이션으로 이루어진다. 다이렉트마케팅은 특정 고객에 대한 맞춤형 메시지를 사용한다. 디지털 및 소셜미디어는 이러한 각 프로모션요소에 영향을 미친다. 이와 관련된 내용은 17장에서 자세히 다룬다.

광고

광고(advertising)는 조직, 제품, 서비스 혹은 아이디어에 대하여 수행되는 스폰서가 있는 유료의 비인적 커뮤니케이션 형식이다. 일반적으로 광고를 할 때는 광고 메시지를 위한 공간을 구매해야 하기 때문에, 광고를 정의할 때는 유료(paid)의 특징을 아는 것이 중요하다. 예를 들어 시사주간지 〈타임〉의 전면 컬러 광고가격은 25만 4,200달러다. 가끔 기부 형식으로 광고시간이나 공간을 차지하는 공공서비스안내

광고
확인된 스폰서에 의하여 조직, 제품, 서비스 혹은 아이디어에 대하여 수행되는 유료의 비인적 커뮤니케이션

도표 15-2 프로모션믹스의 5가지 요소

촉진요소	대중매체 또는 맞춤형 매체	비용 지불	강점	약점
광고	대중매체	공간, 시간에 대해 이용료 지불	• 많은 사람에게 도달하기 위한 효과적인 수단	• 절대적인 비용이 높음 • 적절한 피드백을 받기 어려움
인적 판매	맞춤형 매체	판매원의 급여 또는 수수료에 대한 지급	• 즉각적인 피드백 • 매우 설득력 있음 • 청중을 선별할 수 있음 • 복잡한 정보 전달 가능	• 1회 접촉당 높은 비용 • 판매원에 따라 메시지가 달라짐
PR	대중매체	미디어에 대한 직접적 비용 지불이 없음	• 소비자가 가장 신뢰하는 정보원천	• 미디어의 협조를 얻기 어려움
판매촉진	대중매체	촉진방법에 따라 다양한 범위의 비용	• 단기간 행동 변화에 효과적 • 매우 융통성 있음	• 남용되기 쉬움 • 촉진전쟁이 일어나기 쉬움 • 쉽게 복제 가능
다이렉트마케팅	맞춤형 매체	메일, 전화, 컴퓨터를 통한 커뮤니케이션 비용	• 메시지를 빠르게 준비할 수 있음 • 소비자와 관계를 촉진	• 고객 반응이 하락하고 있음 • 데이터베이스 관리비용이 높음

잡지는 광고를 위한 대중매체다.
©Elnur Amikishiyev/Alamy Stock Photo

(공익광고, public service announcement)의 경우는 예외이다. 광고에서는 비인적(non-personal) 요소 또한 중요하다. 광고는 대중매체(TV, 라디오, 잡지 등)를 통해 이루어지는데, 이 매체는 비인적 특성을 가지며 인적판매와 달리 즉각적인 피드백 연결고리가 없다. 따라서 메시지를 발송하기 전에 마케팅조사가 중요한 역할을 맡는다. 마케팅조사를 하여 표적시장이 선택한 매체를 실제로 볼 것인지, 메시지를 잘 이해할 수 있는지 확인해야 한다.

광고에는 여러 가지 장점이 있다. 뒤이어 나올 소니(Sony)의 게임기 PS4 광고처럼 가망구매자의 관심을 끌 수 있으며, 구체적인 제품 혜택을 커뮤니케이션할 수 있다. 또한, 광고는 무엇을 말할지를 통제할 수 있고, 누구에게 메시지를 보낼 것인지도 어느 정도는 통제할 수 있다. 광고를 할 때는 얼마나 자주(how often), 언제(when) 메시지를 보낼지도 결정할 수 있다. 광고의 비개인적 측면이 장점을 제공하기도 한다. 일단 메시지가 생성되면, 동일한 메시지가 세분시장의 모든 수신자에게 전달된다. 광고의 시각, 문자, 브랜드 요소들이 사전조사를 통해 적절히 검증되면, 광고주는 광고가 소비자의 주목을 끌 것이라 확신할 수 있으며 모든 수신자가 동일하게 메시지를 해석할 것이라고 믿을 수 있다.

물론 광고에는 몇 가지 약점도 있다. 메시지를 제작하고 매체를 이용하는 비용이 상당하고 직접적인 피드백을 받기 어려워서 메시지가 얼마나 잘 전달되었는지 파악하는 것이 어렵다. 자세한 내용은 도표 15-2에 요약하였으며, 16장에서 심도 깊게 논의할 것이다.

인적판매

인적판매
개인 또는 집단의 구매결정에 영향을 미치기 위하여 판매자와 구매자 간 대면 상황에서 수행되는 양방향 커뮤니케이션 방식

두 번째로 규모가 큰 프로모션방법이 바로 **인적판매**(personal selling)다. 이는 개인 또는 집단의 구매결정에 영향을 미치기 위해 고안된 구매자와 판매자 간의 쌍방향 커뮤니케이션이다. 인적판매는 광고와 달리 발신자와 수신자 사이에 대면이 이루어진다. 그렇다면 기업에서는 인적판매를 왜 사용하는가?

도표 15-2에 나타난 것처럼 인적판매에는 중요한 장점이 있다. 판매자가 누구에게 판매제안을 할 것인지를 통제할 수 있어 불필요한 취급 범위(wasted coverage), 즉 표적청중이 아닌 소비자와 커뮤니케이션하는 낭비를 방지할 수 있다. 판매자가 메시지에 대한 잠재구매자의 반응을 보거나 들을 수 있다는 점도 인적판매의 또 다른 장점이다. 피드백이 호의적이지 않다면 판매자가 메시지를 수정할 수도 있다.

이러한 인적판매의 융통성은 단점이 될 수도 있다. 판매원들이 자신에 맞게 메시지를 변경하여 모든 소비자에게 일관성 있게 커뮤니케이션을 제공할 수 없다는 점이다. 높은 비용은 가장 큰 단점으로 꼽힌다. 일반적으로 다섯 가지 프로모션도구 중에서 인적판매의 1회 접촉당 비용이 가장 높다.

PR

PR
기업 조직이나 제품 및 서비스에 대하여 고객, 잠재고객, 주주, 공급자, 종업원, 기타 대중의 감정, 의견, 신념에 영향을 미치는 커뮤니케이션 관리 형식

PR(public relations)은 기업 조직이나 제품 및 서비스에 대하여 고객, 잠재고객, 주주, 공급자, 종업원, 대중의 감정, 의견, 믿음에 영향을 미치기 위한 커뮤니케이션 관

소니의 PS4 광고, 〈론리플래닛〉의 이탈리아 여행가이드, M&M의 경품 행사에 나타난 프로모션믹스의 세 가지 요소는 무엇인가? 자세한 내용은 본문을 읽어보자.

Sources: (left): Sony Corporation of America; (center): Lonely Planet; (right): Mars, Incorporated

리 형식이다. 홍보(publicity)가 가장 중요한 역할을 수행하지만 특별 행사, 로비활동, 연차 보고서, 기자 간담회, 소셜미디어, 이미지관리 등 많은 종류의 커뮤니케이션수단이 PR부서에서 사용될 수 있다. **홍보**(publicity)는 조직, 제품, 서비스의 비인적·간접적 지불방식의 설명으로 뉴스 기사, 사설, 제품 발표의 형식을 취한다. PR이 광고 및 인적판매와 다른 점은 '간접 지불'이 이루어진다는 점이다. PR은 대중매체(TV, 라디오 등)에 사용에 대한 비용을 지불하지 않지만 매체들이 기업에 대한 호의적인 이야기를 싣도록 노력한다. 이러한 의미에서 기업이 PR 담당 직원을 지원해야 하기 때문에 언론관계에는 간접적인 비용이 든다고 할 수 있다.

홍보
비인적이고 간접적으로 지불되는 조직, 제품, 서비스에 대한 이야기가 TV 혹은 라디오 뉴스, 신문기사, 잡지 등에 실리도록 하는 활동. 이런 의미에서 언론관계라고도 함

PR의 장점은 신뢰성이다. 어떤 기업 제품에 대한 호의적인 이야기(예: 레스토랑을 극찬하는 리뷰)를 읽는다면 해당 내용을 믿을 가능성이 높다. 실제로 전 세계 여행자들은 〈론리플래닛(Lonely Planet)〉과 같은 여행가이드에 의존한다. 이런 책들은 외딴 곳의 저렴한 레스토랑과 호텔들을 소개하며 이들에게 귀중한 PR을 제공한다. 소개되는 기업들은 여행가이드에 소개되기 위해 돈을 지불하지 않는다(구매할 수도 없다). PR은 소비자가 제품이나 서비스에 대한 사전지식이 부족할 때 특히 효과적이다.

PR의 단점은 사용자가 통제하기 어렵다는 점이다. 기업의 미디어 담당자가 점포 개점이나 신상품 출시같이 흥미로운 이벤트를 다루도록 요청할 수 있으나 기사가 긍정적일지 또는 누가 읽을 것인지 등의 결과는 결코 장담할 수 없다. 페이스북, 트위터, 특정 주제의 블로그와 같은 소셜미디어가 급격히 성장하면서 거의 모든 기업활동에 대해 온라인 토론이 공개적으로 이루어지고 있다. 상당수의 PR 담당 부서는 이제 온라인 토론을 프로모션하고 대응하는 방법에 초점을 맞추고 있다. 예를 들어 맥도날드는 350만 명 이상의 팔로워를 보유한 고객서비스 트위터 계정의 트윗에 응답하고 있다. 일반적으로 홍보는 통제의 어려움으로 인해 주된 요소로 여겨지지 않지만, 대부분 프로모션 캠페인에서 중요한 역할을 한다. 통합적 마케팅커뮤니케이션 요소의 순서에 관한 연구에 의하면, 홍보가 시행된 후 동일한 메시지의 광고가 운영되면 메시지에 대한 긍정적인 반응이 증가한다고 한다.

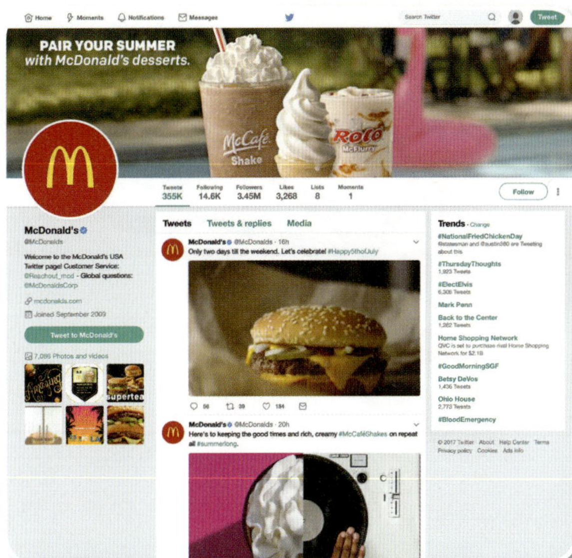

맥도날드는 트위터에서의 온라인 토론을 권장한다.

Source: McDonald's/Twitter

Video 15-2
McDonald's
kerin.tv/cr8e/v15-2

판매촉진

판매촉진
제품 또는 서비스 구매에 대한 관심을 불러일으키기 위해 제공되는 가치로 단기적 유인책

4번째 요소는 **판매촉진**(sales promotion)으로 제품 또는 서비스 구매에 대한 관심을 불러일으키기 위하여 제공되는 경제적 가치를 이용한 단기간의 장려정책이다. 판매촉진은 광고 또는 인적판매와 함께 사용되며 중간상 혹은 최종 소비자에게 제공된다. 쿠폰, 리베이트(rebate, 구매 후 현금 환불), 샘플, 스윕스테이크(sweepstake, 현상 경품) 등이 판매촉진활동의 예이다.

판매촉진의 장점은 프로그램의 단기적 특성(유효기간이 존재하는 쿠폰이나 경품 등)에 의하여 해당 기간 동안 판매를 자극할 수 있다는 것이다. 가격할인 쿠폰 또는 리베이트로 고객에게 경제적 가치를 제공하고 점포 선호도가 낮은 소비자를 끌어들여 고객통행량(traffic)을 증가시킬 수도 있다.

판매촉진의 혜택은 일시적이며 촉진이 끝나면 판매량이 줄어들기 때문에, 판매촉진활동이 캠페인의 유일한 기반이 될 수는 없다. 판매촉진을 통해 제품을 구입한 고객을 단골고객으로 전환시키려면 광고의 지원이 필요하다. 만약 판매촉진을 지속적으로 수행하면, 그 효과를 잃을 것이다. 고객들은 쿠폰을 받을 때까지 구입을 미루거나 제품가치에 의문을 가질 것이다. 연방정부는 판매촉진의 일부 형식을 규제한다. 이와 관련해서는 16장에서 자세히 다룬다.

다이렉트마케팅

다이렉트마케팅
주문, 추가 정보 요구, 점포 방문 등 고객 반응을 이끌어내기 위해 고객과 직접적인 커뮤니케이션을 활용하는 프로모션 대안

다이렉트마케팅(direct marketing)은 주문, 추가 정보 요구, 점포 방문 등의 고객 반응을 이끌어내기 위하여 고객과 직접적인 커뮤니케이션을 수행하는 것이다. 다이렉트마케팅커뮤니케이션에는 직접판매, 다이렉트메일(direct mail, DM), 카탈로그, 전화 권유, 직접반응광고(TV, 라디오, 인쇄물), 온라인마케팅과 같이 다양한 형식이 존재한다. 인적판매와 유사하게, 다이렉트마케팅은 상호작용 커뮤니케이션으로 구성되어있다. 특정 표적시장의 욕구에 따라 맞춤이 가능하다는 장점도 있다. 고객과 일대일 관계 구축을 프로모션하기 위해서는 메시지가 신속하게 개발·조정되어야 한다.

다이렉트마케팅은 가장 빠르게 성장하고 있는 프로모션방법 중 하나이지만 몇 가지 단점도 가지고 있다. 첫째, 다이렉트마케팅에서는 표적고객 정보에 대하여 포괄적인 최신 데이터베이스가 필요하다. 데이터베이스를 구축하고 유지하기 위해서는 많은 비용과 상당한 시간이 소요된다. 게다가 개인 사생활 침해에 관한 우려가 증가하여 일부 고객집단의 응답률이 감소하고 있다. 그러나 다이렉트마케팅에서 데이터의 중요성은 "데이터 중심 마케팅의 혁신적이고 책임 있는 사용"을 표방하는 데이터마케팅협회(Data & Marketing Association)에 의해 강조되고 있다. 성공적인 다이렉트마케팅 프로그램을 운영하는 기업은 이러한 이슈에 민감하게 반응하여, 고객에게 더 높은 가치를 제공하기 위해 몇 가지 다이렉트마케팅 방법을 결합하거나 다른 프로모션활동과 함께 다이렉트마케팅을 사용하여 고객가치를 높이고자 한다.

Video 15-3
Data & Marketing Association
kerin.tv/cr8e/v15-3

학습리뷰

1. TV에 방영된 광고와 PR의 차이에 대해 설명해보자.
2. 프로모션믹스 중 1회 접촉당 비용이 가장 많이 드는 것은 ＿＿＿＿＿＿이다.
3. 단기간을 기준으로 제공되는 프로모션요소는 무엇인가?

통합적 마케팅커뮤니케이션-프로모션믹스 개발

목표 3 제품의 표적고객, 제품수명주기 단계, 유통채널전략에 적합한 프로모션믹스를 선택할 수 있다.

기업의 프로모션믹스란 사용하기로 결정된 하나 또는 그 이상의 프로모션수단의 조합을 말한다. 프로모션믹스를 사용할 때 마케터는 두 가지 이슈를 고려해야 한다. ① 프로모션요소 간의 균형을 결정해야 한다. 광고가 인적판매보다 강조되어야 하는가? 리베이트를 제공해야 하는가? PR 활동이 효과적인가? 프로모션활동의 표적고객, 제품수명주기 단계, 유통채널 등 여러 요인이 이 같은 의사결정에 영향을 미친다. ② 다양한 프로모션요소들이 다른 부서의 책임이기 때문에 부서 간 조정을 통해 일관성 있는 프로모션활동을 해야 한다. 또 통합적 마케팅커뮤니케이션을 통해 이러한 목표가 달성되도록, 프로모션 계획과정을 설계해야 한다.

표적청중

프로모션 프로그램은 최종소비자, 중간상(소매상, 도매상, 산업재 유통업자) 또는 모두를 대상으로 삼는다. 소비재 구매자를 대상으로 하는 프로모션 프로그램은 잠재적 구매자의 수가 많기 때문에 대중매체를 사용한다. 인적판매는 구매가 일어나는 장소, 특히 소매점에서 주로 사용된다. 다이렉트 마케팅은 최초 혹은 반복 구매를 유도하는 데 사용될 수 있다. 오늘날 대학생 등 일부 표적청중에 대해 마케팅을 할 때는 여러 수단을 조합하는 것이 필수적이다. 이후 등장하는 '마케팅의 힘' 박스에서는 모바일마케팅 프로그램을 통해 오늘날의 대학생들에게 다가가는 방법을 설명한다.

기업 구매자에 대한 광고는 산업 전문지에서 선별적으로 사용된다. 산업 전문지의 예로는 레스토랑 설비 및 재료 구매자를 위한 잡지 〈레스토랑 비즈니스〉가 있다. 조직구매자는 종종 전문적인 욕구 또는 기술적 문제를 가지고 있어 그들에게 인적판매는 특히 중요하다. 인적판매를 통해 판매원이 정보를 제공하고, 판매 이후 필요한 지원서비스를 제공할 수 있기 때문이다.

〈레스토랑 비즈니스〉 같은 잡지는 기업구매자들에게 도달한다.
Source: Winsight, LLC

중간상은 종종 프로모션활동의 초점이 되기도 한다. 기업 구매자와 마찬가지로 인적판매가 중요한 프로모션요소이다. 판매원은 제조업체가 후원하는 프로모션 캠페인을 조정하고 마케팅 조언과 전문적 지식을 제공하여 중간상이 이익을 창출하도록 돕는다. 중간상의 질문 사항은 일반적으로 허용마진, 머천다이징 지원, 반품정책에 관한 것이다.

제품수명주기

10장에서 살펴본 것처럼 모든 제품은 제품수명주기를 가지고 있다. 프로모션믹스의 구성은 도표 15-3과 같이 4단계 수명주기에 따라 변화한다.

도표 15-3 제품수명주기는 프로모션의 목표와 활동이 4단계에 걸쳐 어떻게 변화하는지를 보여준다.

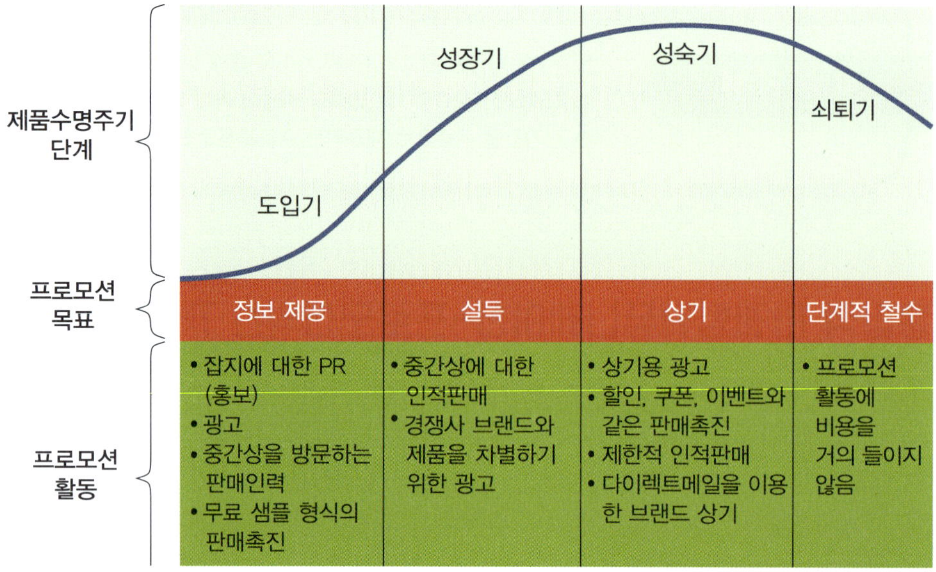

마케팅의 힘

기술

마케팅 담당자 여러분, 대학생들은 디지털과 모바일입니다!

오늘날 많은 기업에게 대학생들은 여러 가지 이유로 매력적인 표적시장이다. 첫째, 그들은 평생고객이 될 수 있는 소비습관이 형성되고 있는 조기수용자다. 둘째, 전문가들은 그들의 연간 소비 여력이 5,450억 달러에 달할 것으로 추산하고 있다. 마지막으로 2025년 신입생은 250만 명 이상으로 역대 최대 규모가 될 것으로 예상된다. 마케터들의 도전은 학생들이 기술에 정통하고, 긴밀히 연결되어있으며, 많은 것을 요구한다는 사실이다. 학생들에게 서비스를 제공하기 위해 마케팅 담당자들은 대학생들의 독특한 특성 조합에 맞춰 그들의 활동을 조정한다.

대학생들은 기술과 함께 성장한 '디지털 네이티브(digital natives, 어린 시절부터 디지털환경에서 성장한 세대를 뜻하는 말)'다. 그들은 노트북, 고화질 TV, 게임 콘솔, 태블릿 PC, 스마트폰을 사용한다. 실제로 최근 대학생을 대상으로 한 조사에서 신입생의 86%가 스마트폰을 가진 것으로 나타났다. 이들은 페이스북, 트위터, 유튜브, 인스타그램에 접속하고 앱, 쿠폰, 정보를 다운로드하고, 이메일, 문자메시지, 블로그와 소통한다. 많은 기업에게 이러한 사실은 휴대폰을 통한 마케팅, 즉 모바일마케팅이 향후 통합적 마케팅 커뮤니케이션 캠페인의 필수요소가 될 것임을 시사한다.

스냅챕에서 우리를 팔로우해보세요.

Source: Warner Bros. Entertainment Inc./Snapchat

몇 가지 지침은 모바일마케팅의 성공을 보장하는 데 도움이 된다. 첫째, 화려하고 재미있으며 '입소문으로 통할 수 있는(바이럴한)' 잠재력 있는 모바일 지원 앱을 만드는 것이 중요하다. 또 성공적인 모바일 앱은 구매자들이 가격을 비교하고 그들의 요구, 선호도 및 라이프스타일에 제품 특성을 맞출 수 있도록 도울 수 있어야 한다. 소통은 짧아야 하고(트위터는 140자 내에), 정직하고 진솔해야 하며 브랜드의 목적과 가치에 대해 정직하며, 진실하며, 투명하도록 해야 한다. 마지막으로, 모바일마케팅 캠페인은 멀티태스킹(multitasking, 여러 가지 일을 한번에 처리하는 것)을 프로모션해야 한다. 한 전문가는 마케터들이 "학생들이 버스를 타고 여행하거나 강의에 서둘러 가거나 사교활동을 하면서 글과 이미지를 보는 모습을 그려야 한다"고 말한다.

성공적인 모바일마케팅 캠페인의 예는 다음과 같다. 시청자들에게 메시지를 제공하기 위해 MTV(뮤직비디오 전문 채널로 시작하여 리얼리티쇼, 패션, 뷰티, 디자인, 영화, 애니메이션 등의 전문 채널로 확대된 방송 네트워크와 멀티미디어 브랜드)는 시청자에게 메시지를 제공하기 위해 디스크 자키와 유사한 역할을 하는 트위터 자키(Twitter jockey)를 활용한다. 스타벅스는 결제를 쉽게 하기 위해 스타벅스 모바일 앱을 사용하고, 워너브라더스(Warner Bros.'s, 미국 종합 엔터테인먼트 방송국으로 영화, 애니메이션, TV, 음악, 게임 등 정보를 제공)는 신작 영화로 짧은 게임과 비디오 티저를 만들어 밀레니얼 세대에게 전달하기 위해 스냅챗(Snapchat)을 사용한다. 미래의 대학생들에게 다가가기 위한 캠페인으로 모바일마케팅을 사용하는 브랜드들을 찾아보자.

- 도입기: 브랜드의 인지도를 높이기 위하여 소비자에게 정보를 전달하는 것이 제품수명주기 도입기의 주된 프로모션목표이다. 일반적으로 이 시점에서 모든 프로모션믹스요소를 사용하게 된다.
- 성장기: 이 시기의 주요 프로모션 목표는 소비자가 자사 제품을 구매하도록 설득하는 것이다. 광고는 브랜드의 차이점을 커뮤니케이션하기 위해 사용되며 인적판매는 유통채널을 견고히 하기 위해 사용된다.
- 성숙기: 이 시기에는 기존 구매자를 유지해야 한다. 광고의 역할은 제품의 존재를 구매자에게 상기시키기 위함이다. 할인, 쿠폰, 이벤트 같은 판매촉진은 충성도가 높은 고객을 유지하는 데 중요하다.
- 쇠퇴기: 제품을 단계적으로 철수하는 시기로, 프로모션활동이 거의 일어나지 않는다.

유통전략

앞의 12장에서 우리는 제조업체에서 중간상, 소비자로 이어지는 채널에 대해 논의한 바 있다. 제조업체가 유통경로를 통제하는 것은 일반적으로 어려운 일이지만, 프로모션전략이 유통채널을 통해 제품이 이동하는 것을 도울 수 있다. 제조업체는 유통채널을 따라 푸시전략, 풀전략, 혹은 동시에 두 전략을 사용할지에 대해 결정해야 한다.

푸시전략
유통경로구성원이 제품을 주문하고 재고를 확보하는 것을 장려하기 위하여 유통경로 구성원들을 대상으로 프로모션믹스를 수행하는 것

푸시전략 도표 15-4A는 제조업체가 **푸시전략**(push strategy)을 어떻게 사용하는지 설명해준다. 이 전략은 프로모션믹스를 유통경로 구성원에게 지시하여 이들이 제품을 주문하고 재고를 확보하도록 협력을 얻는다. 여기에서는 인적판매와 판매촉진이 중요한 역할을 담당한다. 영업사원은 도매상이 제품을 주문하도록 요청하고 판매지원책을 제공한다. 수요를 자극하기 위해 박스당 할인(정상 가격의 20% 할인과 같이) 등 판매촉진 프로그램을 제공한다. 이 전략의 목표는 유통경로를 통해 제품을 밀어냄으로써 유통경로 구성원들이 고객에게까지 제품을 밀어내도록 만드는 것이다.

예를 들어 포드(Ford)는 3,238곳의 포드 딜러(dealer)에게 판매지원과 인센티브를 제공한다. 포드는 다단계의 프로그램을 통해 판매목표를 달성한 딜러들에게 인센티브를 제공하여 보상한다. 딜러들은 판매목표에 근접하거나 이를 달성하면 인센티브를 받는다. 판매목표를 초과 달성하는 경우, 훨씬 많은 인센티브를 받는다. 포드는 딜러에게 우수한 시설을 유지하거나 고객서비스를 향상시킨 것에 대해 특별 인센티브를 제공한다. 모든 활동은 포드 딜러들이 유통경로를 통해 소비자들에게 포드 제품을 밀어낼 수 있도록 장려하기 위한 것이다.

이 광고에서는 왜 독자에게 "f로 시작하는 알약에 대해 의사에게 문의하세요"라고 제안했는가? 본문에서 답을 찾아보자.

Source: AstraZeneca

풀전략 어떤 상황에서는 제조업체들이 신제품을 주문하거나 기존 브랜드의 재고수준을 늘리기를 원하지 않는 유통구성원의 저항에 직면한다. 도표 15-4B에서 볼 수 있듯이 제조업체는 최종소비자를 대상으로 프로모션믹스를 사용하여 이들이 소매상에게 제품을 요구하도록 하는 **풀전략**(pull strategy)을 선택할 수 있다. 소매상이 최종소비자로부터 수요를 확인하고 도매상에게 제품을 주문하여 제품이 중간상을 통하여 당겨지는 것이다(최종 소비자에서 소매상, 도매상, 제조업체 등의 순서로). 예

풀전략
최종소비자가 제품을 요구하도록 장려하기 위하여 프로모션믹스를 최종 소비자를 대상으로 수행하는 것

도표 15-4 푸시전략과 풀전략에서 프로모션믹스는 유통채널의 상이한 지점을 향한다.

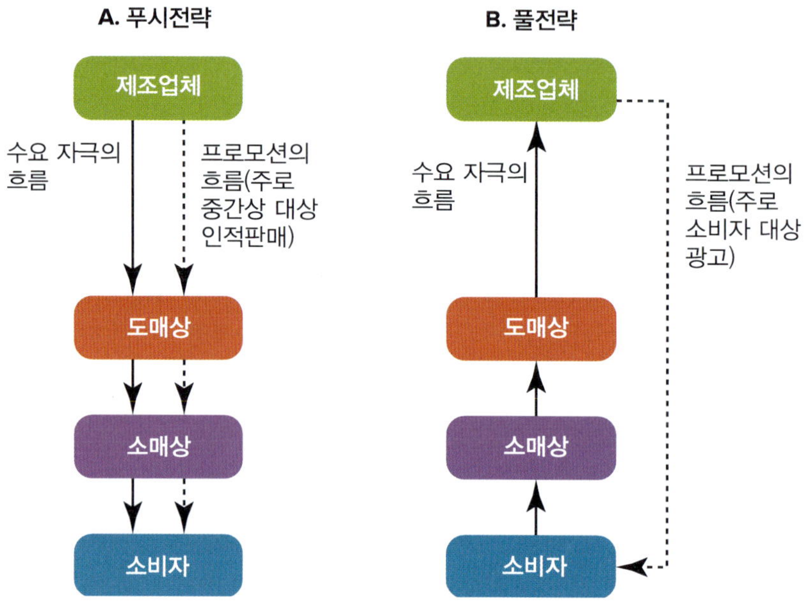

를 들어, 제약기업들은 의사들만을 대상으로 하는 전통적인 인적판매 및 샘플링을 보완하기 위하여 소비자를 직접 대상으로 하는 처방약 광고에 연간 38억 달러 이상 지출하고 있다. 이 전략은 소비자들이 의사에게 특정 브랜드의 약을 처방하도록 요구하도록 유도하기 위해 고안된 것으로, 소비자들이 유통채널을 통해 제품을 당기도록(pulling) 유도한다. "f로 시작하는 알약에 대해 의사에게 문의하세요"라고 적힌 팍시가(farxiga: 당뇨병 약제)의 인쇄광고처럼, 성공적인 캠페인은 제품 판매에 극적 영향을 미칠 수 있다.

학 습 리 뷰

1. 프로모션 프로그램은 ____________, ____________ 혹은 모두를 대상으로 삼을 수 있다.
2. 제품수명주기 각 단계의 프로모션 프로그램 목표를 설명하시오.
3. 푸시전략과 풀전략의 차이점을 설명하시오.

통합적 마케팅커뮤니케이션 프로그램 개발

목표 4 프로모션 의사결정과정의 요소를 설명할 수 있다.

미디어는 사용비용이 높기 때문에 프로모션 의사결정은 체계적인 접근방법을 이용하여 신중하게 수행되어야 한다. 앞의 2장에 나오는 전략적 마케팅과정의 계획, 실행, 평가 단계에 맞추어 프로모션 의사결정은 ① 개발, ② 실행, ③ 평가 단계로 진행된다(도표 15-5).

표적청중의 파악

프로모션 프로그램을 개발하는 과정에서의 첫 번째 의사결정은 대상으로 삼을 표적청중(target audience), 즉 예상되는 구매자집단을 파악하는 것이다. 시간과 비용이 허용되는 범위에서 프로모션 프로그램의 표적청중은 제품의 표적 세분시장이며, 1차 및 2차 마케팅 정보원으로 분석해 파악될 수 있다. 기업이 표적고객의 인구통계, 관심사, 선호도, 미디어 사용 및 구매 행동 등에 대하여 더 많이 알수록 프로모션 프

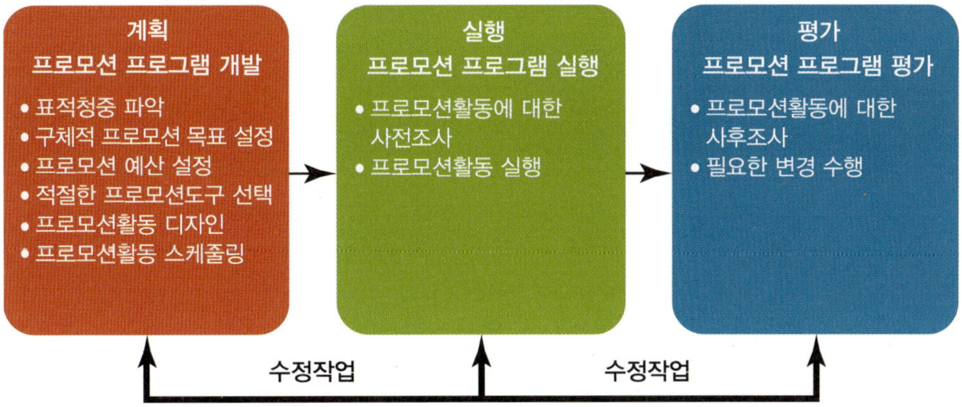

도표 15-5 계획, 실행, 평가가 포함된 프로모션 의사결정과정

로그램을 개발하는 것이 쉬워진다. 예를 들어 특정 TV 프로그램이나 특정 잡지에 광고를 게재하기 위해 성별, 나이 및 소득에 관한 정보를 사용할 수 있다. 마찬가지로 개인화된 배너를 만들고 웹서핑에서 나타나는 광고를 제작하기 위해 웹 검색 행위에 대한 정보를 수집하여 분석하는 온라인 행동 타깃팅(behavioral targeting)을 사용할 수 있다. 행동 타깃팅의 자세한 내용은 14장에서 자세히 논의한 바 있다.

구체적 프로모션목표 설정

표적고객을 파악한 후에는 프로모션활동이 성취하고자 하는 목표에 대한 의사결정을 내려야 한다. 소비자는 초기 제품 인지부터 최종적인 행동(제품의 구매 시도 또는 채택)에 이르는 순차적 단계인 고객 경로 또는 **효과계층구조**(hierarchy of effects)의 관점에서 반응한다.

효과계층구조
잠재구매자가 제품에 대한 초기 인지에서 최종 선택에 이르기까지 거쳐야 하는 인지, 관심, 평가, 구매 시도 및 채택의 단계

- 인지(awareness): 제품 또는 브랜드 이름을 인식하고 기억하는 소비자능력
- 관심(interest): 제품 또는 브랜드 속성에 대해 알고 싶은 소비자욕구 증가
- 평가(evaluation): 중요한 속성에 의한 제품 또는 브랜드에 대한 소비자평가
- 구매 시도(trial): 소비자의 실제 최초 구매와 제품 또는 브랜드 사용
- 채택(adoption): 최초 구매의 호의적 경험을 통하여 제품 또는 브랜드에 대한 반복구매와 지속적 사용

효과계층구조는 프로모션 목표를 개발하는 데 중요한 지침이 된다. 완전한 신제품의 경우, 제품군 전체에 위의 단계가 적용되지만, 기존 제품군에서 경쟁하는 새로운 브랜드인 경우에는 해당 브랜드에만 이러한 단계가 적용된다. 마케터들은 흔히 4장에서 논의했던 것처럼, 고객이나 잠재구매자가 제품이나 브랜드 메시지와 접하는 장소, 시기, 방법을 소비자접점(consumer touchpoints)이라는 용어로 설명한다. 소셜미디어의 인기는 때로 충성스러운 소비자들이 자신들이 채택한 브랜드를 추천하는 '지지 혹은 옹호(advocacy)'의 단계로 이어진다.

때로는 프로모션 프로그램 목표가 효과계층구조의 여러 단계와 관련되지만, 대부분이 1단계에 집중된다. 목표는 효과계층구조의 어느 단계와 관련 있든 다음 세 가지 중요한 특징을 가지고 있어야 한다. ① 명확하게 정의된 표적청중을 대상으로 구성되어야 하고, ② 측정가능하며, ③ 명시된 기간을 포함해야 한다.

©Peter Probst/Alamy Stock Photo

프로모션예산 설정

프로모션 목표를 결정한 후에 기업은 어느 정도의 예산을 사용할 것인지를 정해야 한다. 미국 가구에 접촉하기 위해 필요한 프로모션 예산은 엄청난 수준이다. 컴캐스트(Comcast), P&G, AT&T, GM, 타임워너(Time Warner) 등은 프로모션비용으로 연간 30억 달러 이상을 사용하고 있다. 프로모션비용 지출에 대한 성과를 측정할 수 있는 엄밀한 방법이 없기 때문에 이상적인 예산 수준을 결정하기란 매우 어려운 일이지만, 몇 가지 방법을 프로모션활동 예산 설정에 사용할 수 있다.

- 매출액비율법(percentage of sales): 과거 매출 또는 장래에 예상되는 매출액에 대한 일정 비율을 예산으로 책정하는 방법이다. 자주 사용되는 예산결정방법으로 '금년 프로모션예산은 작년도 매출액의 3%이다'라는 형식으로 제시된다. 이 방법을 레스토랑 산업에 적용한 예에 대해서는 '마케팅계기판'을 참고해보자.
- 경쟁자대비법(competitive parity): 경쟁사의 절대적인 지출액 또는 시장점유율에 따라 적절한 비율을 예산으로 책정하는 방법이다.
- 가능예산지출법(all you can afford): 제조비용 등 모든 예산 항목을 결정한 후 프로모션예산에 사용할 금액을 결정하는 방법이다.
- 목표과업법(objective and task method): 가장 우수한 예산 설정방법이다. ① 프로모션 목표를 설정하고, ② 목표를 달성하기 위해 행해야 할 과업을 정한 후, ③ 각 과업을 달성하는 데 필요한 비용을 합하여 프로모션 예산을 결정한다.

다양한 방법 중에서 목표과업법만이 기업이 달성하고자 하는 과업을 고려하며, 목표의 구체화를 필요로 한다.

적절한 프로모션 도구 선택

Video 15-4
Olympics
kerin.tv/cr8e/v15-4

예산을 결정한 후에는 다섯 가지의 기본 IMC 도구인 광고, 인적판매, 판매촉진, PR, 다이렉트마케팅의 조합을 구체화시킬 수 있다. 많은 요인이 적절한 믹스 방향을 제시하지만, 가능한 프로모션도구의 조합이 많다는 것은 서로 다른 다양한 조합을 구성해도 동일한 목표를 달성할 수 있다는 것을 의미한다. 그러므로 분석적 접근방법과 경험이 이 단계에서 특히 중요하다. 프로모션믹스는 하나의 프로모션 도구만을 사용하는 단순한 프로그램부터 모든 도구들을 사용하는 포괄적인 프로그램까지 다양하다. 올림픽은 포괄적이고 통합적인 커뮤니케이션 프로그램의 대표적인 예다. 올림픽은 동·하계 경기가 2년마다 번갈아 개최되기 때문에 프로모션활동은 경기가 개최되는 해뿐만 아니라 개최되지 않는 해에도 지속적으로 진행된다. 각국 정부, 기관, 기업, 운동선수, 개인을 포함한 다양한 그룹을 표적청중으로 삼아 광고 캠페인, 올림픽 위원회와 조직위원회의 인적판매 활동, 올림픽 관련 상품 및 스폰서 기업 제품에 대한 판매촉진, 개최 도시의 PR 프로그램, 온라인 및 소셜미디어 커뮤니케이션, 다이렉트마케팅활동 등이 진행된다. 이 단계에서는 다양한 도구의 상대적 중요도를 평가하는 것 또한 중요하다. 여러 가지 프로모션활동을 활용하고 통합하는 것이 바람직하지만, 한 가지를 특별히 강조하는 경우도 있다. 가령 올림픽에서는 PR과 홍보(언론관계)가 가장 중요한 위치를 차지한다.

TOKYO 2020

도쿄에서 열리는 2020년 하계올림픽 로고는 종합적인 IMC 프로그램의 일부분이다.

Source: International Olympic Committee

마케팅계기판

통합적 마케팅커뮤니케이션 비용을 얼마나 사용해야 할까?

통합적 마케팅 프로그램이란 고객에게 일관성 있는 메시지를 전달하기 위해 다양한 프로모션방법을 조율하는 것을 뜻한다. 프로모션 수단별 또는 전체 캠페인에 사용되는 비용은 표적청중, 제품 유형, 제품수명주기 단계, 유통전략 선택에 따라 차이가 난다. 관리자는 IMC 프로그램 비용이 매출을 발생시키는 데 얼마나 효과적인지 평가하기 위해 마케팅 성과 측정에서 매출액 대비 프로모션비용 비율을 사용할 수 있다.

도전

여러분이 던킨도너츠 관리자라고 가정하고, 지난 해 시행된 모든 프로모션 활동비용의 효과 평가를 요청받았다고 치자. 매출액 대비 프로모션비용의 비율은 관리자들이 프로모션 프로그램의 연도별 비교, 경쟁사 프로그램이나 산업 평균과 비교 등을 수행하기 위해 활용할 수 있는 측정치이다. 그래서 던킨도너츠의 매출액 대비 프로모션비용 비율을 계산하고, 경쟁사와 비교하기 위하여 스타벅스(Starbucks)와 미국 샌드위치 체인점 파네라 브레드(Panera Bread) 및 레스토랑 산업 전체 매출액 대비 프로모션비용 비율을 계산하고자 하였다. 그 비율은 다음과 같다.

$$\text{매출액 대비 프로모션비용 비율} = \frac{\text{전체 프로모션비용}}{\text{전체 매출액}}$$

발견

매출액 대비 프로모션비용 비율 계산에 필요한 정보는 업계 전문 잡지나 연차 보고서에서 쉽게 구할 수 있다. 다음 그래프는 던킨도너츠, 스타벅스, 파네라브레드, 레스토랑 산업 전체의 매출액 대비 프로모션비용 비율을 보여준다. 던킨도너츠는 IMC 프로모션 프로그램에 1억 3,000만 달러를 사용하여 78억 5,000만 달러의 매출을 창출했으며, 매출액 대비 프로모션비용 비율은 1.65(%)였다. 스타벅스의 비율은 0.57%였으며, 파네라브레드의 비율은 1.12%, 레스토랑 산업 전체의 평균 비율은 1.23%였다.

행동

던킨도너츠의 매출액 대비 프로모션비용의 비율은 스타벅스나 파네라브레드보다 높았고 레스토랑 산업 평균보다도 높았다. 이는 현재 사용하는 프로모션활동믹스와 비용의 수준이 효과적인 통합적 마케팅커뮤니케이션 프로그램을 만들어내지 못하고 있음을 시사한다. 앞으로 이 비율에 영향을 미치는 요소를 찾아내어 관리해야 할 것이다.

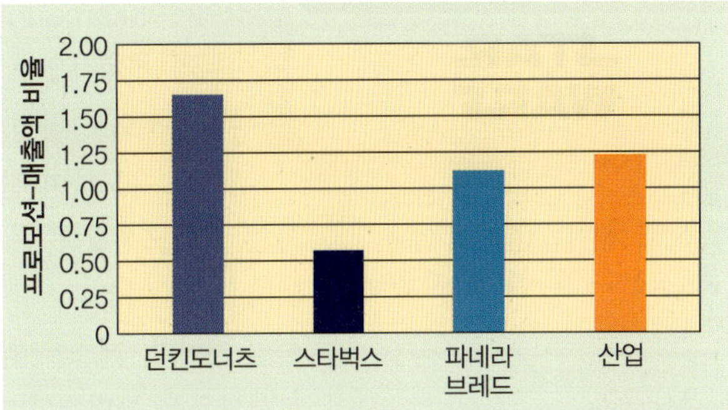

프로모션활동 디자인

프로모션 프로그램의 중심요소는 프로모션활동 그 자체다. 광고는 표적청중이 보거나 들을 것으로 계획되어있는 광고 카피와 조형적 요소로 구성되어있다. 인적판매 프로그램은 영업사원의 자질과 기술에 달려 있다. 판매촉진활동은 쿠폰, 샘플, 경품과 같이 구체적인 유인책으로 구성될 수 있다. PR 프로그램은 뉴스 발표처럼 유형적 요소에서 쉽게 찾아볼 수 있다. 다이렉트마케팅은 전달 형태, 즉 문서, 구두 및 전자방식에 따라 달라진다. 프로모션활동의 디자인은 고객에게 전달되는 메시지를 결정하는 데 중요한 역할을 담당한다. 일반적으로 프로모션활동 디자인작업은 창의성이 가장 많이 요구되는 단계로 여겨진다. 성공적인 프로모션활동의 디자인은 소비자의 흥미와 구매행동에 관한 통찰력 획득, 아이디어 생성 및 사전 테스트 기술을 사용한 아이디어 검증 등 창의적 과정의 결과다. 모든 프로모션도구에는 많은 디자인 대안이 존재한다. 예를 들어 광고는 공포, 유머, 매력이나 다른 테마를 소구(appeal)방법으로 활용한다. 마찬가지로 다이렉트마케팅은 개인화된 혹은 맞추어진 호소력 수준에 따라 다양하게 구성될 수 있다. IMC의 어려운 점 중 하나는 동일한 메시지를 전달하기 위하여 각각의 개별적인 프로모션활동을 디자인해야 하는 것이다.

프로모션활동 스케줄링

각 프로모션 프로그램 요소들을 디자인한 후에는 프로모션 프로그램의 효과적인 타이밍을 결정하는 것이 중요하다. 프로모션활동의 스케줄은 각 도구들이 제시되는 순서와 빈도를 의미한다. 예를 들어 월트디즈니와 루카스필름(Lucasfilm)은 영화 프로모션을 순차적으로 정해진 스케줄에 따라 진행하였다. 두 기업은 〈스타워즈: 라스트 제다이〉에 대한 관심을 불러일으키기 위해 유튜브와 협력하여 스타워즈 컨벤션(Star Wars Convention)을 통해 30시간 이상의 라이브 이벤트를 스트리밍했다. 이 컨벤션에는 데이지 리들리(Daisy Ridley), 마크 하밀(Mark Hamill) 등 출연 배우들이 참여했고, 고인이 된 캐리 피셔(Carrie Fisher)를 추념하였으며 영화의 첫 번째 예고편이 공개되었다. 예고편과 사진 갤러리 및 제작 선언식이 〈스타워즈쇼(Star Wars Show)〉의 에피소드와 함께 루카스필름(Lucasfilm)의 웹사이트 스타워즈닷컴(starwars.com)에 포스팅되기도 했다. 출연 배우들은 프로모션을 위해 TV 토크쇼에 출연하고 여러 잡지의 커버 스토리에 등장하며 각광을 받았다. 디즈니는 영화 캐릭터인 레이(Rey), 핀(Finn), 포(Poe)를 주인공으로 한 장난감과 관련 제품을 공개했다. 캠페인은 수집품, 책, 의류가 판매되는 포스 프라이데이(Force Friday)라는 축하 행사에서 절정에 이르렀다. 이 영화는 미국뿐 아니라 세계적으로 박스오피스 판매 기록을 경신했다.

본문에서 디즈니가 〈스타워즈: 라스트 제다이〉의 개봉을 지원하기 위해 어떤 프로모션도구를 사용했는지 알아보자.

전체적으로 다양한 프로모션활동 스케줄은 흥미를 유발하고 소비자들을 영화관으로 유도하며 관람 후 추가 구매를 장려하도록 구성된다. 계절적 변동 및 경쟁사의 프로모션활동 등 몇 가지 요소가 프로모션활동의 스케줄링에 영향을 미칠 수 있다. 스키 리조트, 항공사, 프로 스포츠팀과 같은 사업은 비수기에 프로모션활동을 줄일 것이다. 레스토랑, 소매상, 헬스클럽은 새로운 경쟁자가 시장에 진입할 때 프로모션활동을 늘릴 것이다.

프로모션 프로그램의 실행과 평가

앞서 도표 15-5에서 보았듯 프로모션 프로그램의 이상적인 실행방법은 효과를 증대시키기 위한 변화나 수정이 이루어지기 전에 사전조사를 하는 것이다. 각 프로모션 프로그램의 영향력과 목표 달성 기여도를 측정하기 위해, 사후조사를 실시하는 것도 사전조사와 마찬가지로 중요하다. 정교한 사전조사 및 사후조사 과정은 16장에서 논의할 것이다.

판매촉진 및 다이렉트마케팅을 위한 조사는 디자인 간 비교와 세분시장의 반응에 초점을 맞추어 행해진다. 조사 결과를 데이터베이스에 저장·정리·유지하여 프로모션 도구들의 상대적인 영향력과 실행가능한 옵션들을 다양한 상황에서 비교할 수 있어야 IMC 프로그램의 성과가 극대화된다. 데이터베이스 정보는 정보에 근거한 프로모션 디자인 및 실행에 대한 의사결정을 가능하게 하며, 재무부서나 관리부서 인력들은 내부 검토를 통해 IMC 활동을 지원하도록 한다. 예를 들어 샌디에이고 파드리스 야구팀(San Diego Padres)은 야구장 관람과 통합 캠페인을 연결짓는 정보의 데이터베이스를 개발했다. 이 데이터베이스는 새로운 로고, 스페셜 이벤트, 관련용품 판매, 로열티 프로그램 등을 포괄하였다.

프로모션 프로그램을 수행하는 데는 많은 비용과 시간이 소요된다. 어떤 연구자는 "매출 1,000만 달러 이하의 조직은 1년 내에 IMC 프로그램을 성공적으로 운영할 수 있고, 매출 2억 달러에서 5억 달러 사이의 조직이라면 3년이 필요하며, 20억과 50억 달러 사이의 매출을 올리는 기업은 5년이 필요하다"라고 추정한다. 또 시장지향적인 기업들이 IMC 프로그램을 실행할 가능성이 높으며, 최고 경영진의 지원을 받는 기업은 보다 효과적인 IMC 프로그램을 보유할 수 있다. 약 200개의 통합적 마케팅커뮤니케이션 대행사가 IMC 프로그램의 도입에 관한 자문을 해주고 있다. 규모가 큰 대행사들은 '종합적인 커뮤니케이션 해결책'을 제안한다.

잡지 〈애드버타이징 에이지(Advertising Age)〉가 선정한 '올해의 대행사상'을 수상한 PHD는 80개 이상의 국가에서 4,000명 이상의 마케팅 전문가들이 포함된 글로벌 네트워크를 구축하고 있다. 이들은 '세계 최고의 브랜드를 위한 스마트한 전략적 사고와 창의적인 혁신'을 표방한다. 실제로 PHD는 웹사이트에서 직접 반응, 모바일, 소셜, 인종 및 국제 미디어를 포함한 '모든 온라인 및 오프라인 미디어에 걸쳐' 서비스를 제공한다고 선언했다. PHD의 고객으로는 폭스바겐(Volkswagen), 하얏트(Hyatt), 구글(Google), 델타(Delta), 카약(KAYAK), 글락소스미스클라인(GlaxoSmithKline), 카니발(Carnival) 등이 있다. PHD의 통합 캠페인 중 하나인 플로네이즈(Flonase, 항알러지제) 비강 스프레이에 대한 통합 캠페인은 알레르기 추적기(tracker) 개발, 날씨 채널과의 파트너십, 스마트폰 및 데스크톱을 통한 추적기 접근, 페이스북(Facebook) 및 트위터(Twitter) 프로모션, 타겟(Target), 월그린(Walgreen) 같은 소매업체 사이트의 온라인 광고 등을 포괄한다. 이 캠페인을 통해 월 430만 명의 시청자, 12개월간 1,000만 분 분량의 트래커(tracker) 사용기록 및 11.2%의 매출 신장률을 기록할 수 있었다. 많은 대행사들이 특정 분야의 전문가이지만, 오늘날의 추세는 모든 프로모션 형태를 포괄하여 통합적인 관점에서 접근하는 것이다. 대행사들은 캠페인을 디자인하면서 계정관리자, 채널 전문가, 미디어 전문가 및 기획 담당자들을 함께 참여시켜 통합적 관점을 실행하고 있다.

Video 15-5
PHD Media
kerin.tv/cr8e/v15-5

성공적인 IMC 프로그램 개발에서 중요한 요소는 프로모션 프로그램 디자인과 실행을 촉진하는 프로세스를 만드는 것이다. 기업의 현재 프로세스를 평가하는 도구가 바로 IMC 감사(IMC audit)다. IMC 감사는 기업의 내부 커뮤니케이션 네트워크를 분석하고 주요 표적청중을 파악하며 고객 데이터베이스를 평가하고 광고 메시지, PR용 정보 제공, 패키징, 웹사이트, 이메일 및 소셜미디어 커뮤니케이션, 신호체계(signage), 판매촉진, 다이렉트메일을 평가하고, 기업과 대행사 직원의 IMC 전문성을 결정한다. 블로그, RSS(rich site summary), 팟캐스트(podcasts), 소셜네트워크 등 소비자 생성 미디어가 유행하고 검색엔진 사용량이 증가하면서 이 프로세스가 더욱 중요해지고 있다. 기업들은 이제 전통적인 커뮤니케이션 방법을 통합하는 것 외에도 소비자 콘텐츠를 추적·관찰하고 일관성 없는 메시지에 대응하며 심지어 개별고객의 질문에 응답할 수 있어야 한다. 주디 프랭크스(Judy Franks) 교수는, 마케터들이 그녀가 '가속자(accelerators)'라고 부르는 소비자를 의식할 것을 강조한

본문을 읽고 통합 캠페인이 플로네이즈(Flonase, 항알러지제)의 매출 증대에 어떻게 도움이 되었는지 알아보자.

Source: GSK/The Weather Company, LLC

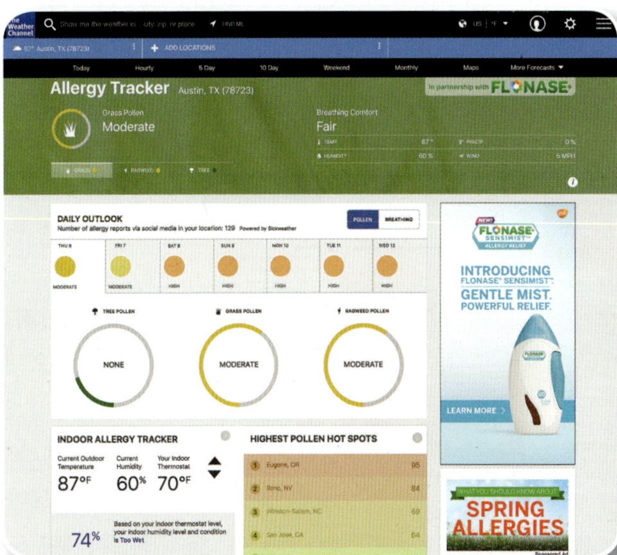

다. 가속자들은 메시지 원천의 영향이나 아무 통제를 받지 않고 매체에서 매체로(예: TV에서 유튜브로, 유튜브에서 휴대전화 문자메시지로) 콘텐츠를 마음대로 옮긴다.

학 습 리 뷰

1. 효과계층구조(the hierarchy of effects)의 단계는 어떻게 되는가?
2. 프로모션예산을 설정하는 네 가지 접근방법을 생각해보자.
3. 광고대행사들은 IMC 프로그램의 사용을 원활하게 하기 위해 어떻게 변화하고 있는가?

다이렉트마케팅

목표 5 다이렉트마케팅이 소비자 및 판매자에게 제공하는 가치를 이해할 수 있다.

다이렉트마케팅(Direct Marketing)은 다양한 형태로 다양한 매체를 활용한다. 앞서 13장에서는 다이렉트마케팅의 몇몇 유형인 다이렉트메일, 카탈로그, TV홈쇼핑, 텔레마케팅, 직접판매 등을 무점포(nonstore) 소매점방식으로 논의해보았다. 14장에서는 인터랙티브마케팅에 관해서 논의했다. 16장에서는 광고를 소개하는데, 광고의 한 유형인 직접 반응 광고는 다이렉트마케팅의 매우 중요한 수단이 된다. 여기서는 다이렉트마케팅의 성장, 소비자 및 판매자를 위한 다이렉트마케팅의 가치 및 주요 국제적·기술적·윤리적 문제에 관해 논의하고자 한다.

다이렉트마케팅의 성장

고객관계관리에 대한 관심 증가는 다이렉트마케팅의 극적 성장에 반영된다. 커뮤니케이션 활동을 맞춤화하고 일대일 상호작용을 만들어내는 것은 대부분 마케터, 특히 IMC 프로그램을 수행하는 마케터들에게 매력적이다. 왜냐하면 이로 인해 수신자들이 호의적 태도를 지니기 때문이다. 많은 다이렉트마케팅 방법이 새롭지 않지만, 고객정보 데이터베이스 및 새로운 인쇄기술은 다이렉트마케팅을 계획하고 활용하는 능력을 좋게 만들고 있다. 최근 다이렉트마케팅의 성장이 경제성장률을 뛰어넘고 있다. 다이렉트마케팅비용은 1,460억 달러 이상으로 연간 9% 수준으로 증가하고 있다.

대부분의 다이렉트마케팅 캠페인에는 몇 가지 방법이 사용된다. JC페니(J.C. Penney)는 다이렉트마케팅 활동을 통합한 기업이다. 이들은 이메일과 문자메시지를 통해 고객들에게 쿠폰을 보내는 것으로 캠페인을 시작한다. 또 소비자들에게 JC페니닷컴(jcpenney.com) 또는 모바일JC페니닷컴(m.jcpenney.com)을 방문하도록 초대하는 다이렉트메일과 카탈로그를 보내고 있다. JC페니의 페이스북 페이지에서 구매할 수 있는 소셜커머스 앱도 다운로드받을 수 있다. 많은 기업에서 다이렉트마케팅을 다른 형태의 프로모션과 통합하여 활용하고 있다. 예를 들어 포르쉐(Porsche)는 최근 자동차에 대한 소비자의 인식을 바꾸기 위해 텔레비전 광고를 시작했으며 다이렉트메일 브로슈어, 모바일 애플리케이션 및 온라인 비디오 콘테스트를 통해 캠페인을 지원했다. 한 예로 포르쉐(Porsche)는 캠페인의 일환으로 선택된 주택의 진입로에 주차하여 사진을 찍고 그 집만을 위한 카드를 만들어주었다. 모바일 다이렉트마케팅 판매와 소셜네트워크 다이렉트마케팅 판매는 각각 33%와 20%가 성장했으며, 이는 모든 다이렉트마케팅 도구 중 가장 빠른 성장이라고 할 수 있다.

페이스북은 JC페니 다이렉트마케팅 캠페인의 여러 활동 중 하나였다.
Source: JCPenney

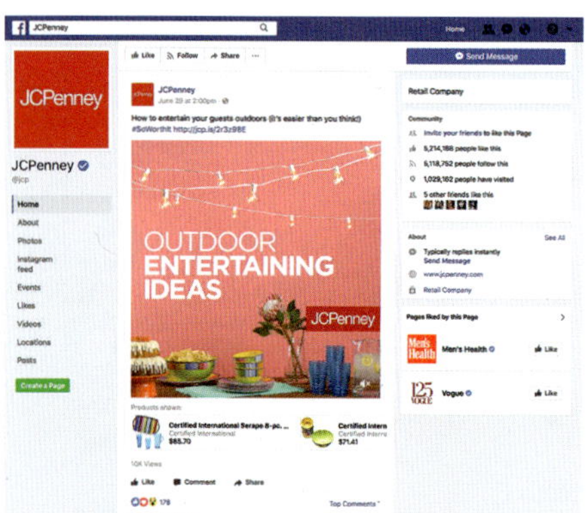

다이렉트마케팅의 가치

다이렉트마케팅의 가치를 나타내는 가장 두드러진 지표 중 하나는, 다양한 형태의 다이렉트마케팅 사용 증가이다. 예를 들어, 한 해 동안 각 가구는 평균 주당 19개의 다이렉트메일을 받고 그중 약 30%를 읽는다. 1억 1,400만 명 이상이 온라인에서 제품을 구매했는데, 소비자들은 모바일(스마트폰, 스마트워치, 태블릿)을 통해 구매할 수 있는 제품에 760억 달러 이상을 썼다. 소셜미디어 사용자의 57%는 긍정적인 게시물을 본 후 제품을 구매할 가능성이 더 높다고 응답한다.

소비자는 다이렉트마케팅을 통해 다음과 같이 다양한 혜택을 얻는다. 상점에 가지 않아도 되고 하루 중 24시간 쇼핑을 할 수 있으며 시간을 절약할 수 있다. 다이렉트마케팅은 판매원의 참견을 피할 수 있고 돈을 절약하며 즐겁고 흥미롭다. 또 점포 쇼핑에 비해 사생활이 보호된다. 많은 소비자들이 다이렉트마케팅이 우수한 고객서비스를 제공한다고 믿는다. 수신자부담 무료전화, 선호제품 구매 관련 정보를 제공하는 고객서비스 담당자, 익일배송, 무조건 보증제도 등이 다이렉트마케팅 고객들을 위한 가치를 창출하는 데 도움이 된다. 랜즈엔드닷컴(Landsend.com)에서 '라이브헬프(Live Help)' 아이콘을 클릭하면 판매 담당자와 통화를 하거나 온라인 채팅, 온라인 비디오를 통해 적절한 제품을 찾을 때까지 도움을 받을 수 있다. 랜즈엔드의 고객 한 명은 이 서비스에 대해 "마치 상점 내 복도를 걸어다니는 것 같아요"라고 말했다.

바나나리퍼블릭은 다이렉트메일을 사용하여 사람들이 매장을 방문하도록 동기를 부여한다.
Source: Banana Republic

다이렉트마케팅이 판매자에게 제공하는 가치는 창출할 수 있는 소비자반응의 결과로 설명할 수 있다. **다이렉트주문**(direct order)은 잠재구매자가 제품을 구매하고 거래를 완료하는 의사결정을 수행하는 데 필요한 정보 제공에 대한 소비자반응의 결과다. 예를 들어, 온라인 소매상 줄릴리닷컴(zulily.com)은 고객들에게 좋아하는 브랜드의 목록을 작성하도록 요청하며, 선호 브랜드에서 세일을 시작하면 해당 고객들에게 메시지와 링크를 전달한다. **정보요청 창출**(lead generation)은 제품과 서비스에 대한 관심을 불러일으켜 추가 정보를 요구하도록 기획된 제안과 요청의 결과다. 포시즌스호텔(Four Seasons Hotel)이 보유하고 있는 부동산의 일부는 주거용 주택인데, 그들은 주거용 주택을 판매하기 위해 다이렉트메일을 예상 구매고객에게 보내 전화나 웹사이트를 통해 추가 정보를 신청하도록 요청한다. 마지막으로 **통행량 창출**(traffic generation)은 사람들이 사업체(혹은 점포)를 방문하도록 동기부여하기 위하여 기획된 제안의 결과다. 예를 들어 홈디포(Home Depot)는 고객을 점포로 끌어들이기 위한 특별가격 할인행사를 알리기 위해 동의한 사람에게만 이메일을 발송한다. 동의한 사람에게만 보내는 이메일을 사전승인(opt-in) 이메일이라고 한다. 바나나리퍼블릭(Banana Republic)은 점포 내 통행량을 증가시키기 위해 다이렉트메일을 사용한다.

다이렉트주문
잠재구매자가 제품을 구매하고 거래를 완료하는 의사결정을 수행하는 데 필요한 모든 정보를 제공하는 다이렉트마케팅의 결과

정보요청 창출
제품과 서비스에 대한 관심을 불러일으켜 추가 정보를 요구하도록 기획된 다이렉트마케팅의 결과

통행량 창출
사람들에게 사업체(혹은 점포)를 방문하도록 동기부여하기 위해 기획된 다이렉트마케팅의 결과

다이렉트마케팅의 기술, 글로벌, 윤리 이슈

앞의 7장에서 설명한 정보기술과 데이터베이스는 다이렉트마케팅 프로그램의 핵심 요소이다. 데이터베이스는 이메일과 카탈로그 같은 다이렉트마케팅 도구들이 특정 고객에게 제공될 수 있도록 고객 프로필을 작성하고 저장한 결과이다. 대부분 기업이 고객의 과거 구매 내역을 보존하려고 하지만, 고객과 일대일 관계를 구축하기 위하여 다이렉트마케팅을 활용하는 데에는 다양한 유형의 데이터가 많이 필요하다. 라이프스타일, 매체 이용 현황, 인구통계자료 등 어떤 유형의 자료는 고객을 통해 가장

잘 수집된다. 반면 가격, 판매량, 브랜드와 같은 다른 유형의 자료는 구매가 이루어지는 사업체를 통해 수집해야 한다. 새로운 통합적 마케팅 데이터베이스는 소비자의 우편주소, 전화번호, 이메일주소 및 장치 ID와 매칭(matching)된다. 또한 많은 기업이 고객 기록을 페이스북 프로필, 트위터 팔로우 행동 및 구글 검색활동과 매칭시키고 있다.

인쇄 및 우편 요금의 증가로 인해 다이렉트마케팅 활동비용 관련 정보도 중요해지고 있다. 예를 들어 데이터및마케팅협회(Data & Marketing Association)는 이메일 광고비용이 소셜미디어 광고보다 3대 1의 비율로 우수하다고 추정한다. 마찬가지로 카탈로그 업체들은 친환경 콩기름잉크 및 재생지와 같은 혁신기술을 사용하여 인쇄비용을 절감할 수 있고 데이터베이스를 분석하여 우편요금을 줄일 수 있음을 알게 되었다. 우편요금과 관련하여 많은 다이렉트마케팅 담당자들은 5일 동안만 우편 배달하려는 미 우체국 계획의 잠재적 영향을 평가하고 있다.

다이렉트마케팅은 오늘날 글로벌시장에서 도전과 기회에 직면하고 있다. 영국, 호주, 유럽연합 및 일본을 포함한 많은 국가에서 법에 정해진 사전승인(opt-in), 즉 잠재고객이 자신의 이름이 다이렉트마케팅 목록에 포함되도록 승인해야 하는 것을 필수요건으로 삼고 있다. 많은 국가의 우편, 전화, 인터넷시스템이 미국 수준으로 구축되어있지 않다는 것도 문제다. 빠른 스마트폰의 확산이 다이렉트 모바일마케팅 캠페인에 기회를 제공하고 있기는 하지만, 신뢰성 및 안전성에 대한 개선이 필요하기 때문에 다이렉트메일의 성장이 늦어지고 있다. 글로벌 다이렉트마케팅 담당자들이 당

책임 있는 의사결정

윤리

개인 사생활의 미래는 어떠한가?

2003년 연방통상위원회(Federal Trade Commission)는 미국 가정 및 휴대전화에서 개인정보를 보호할 수 있는 도구를 제공하기 위해 '통화 금지 등록(Do Not Call Registry)'을 개설했다. 전체 미국인의 70% 이상이 여기 등록했다. 이후 여러 주 입법부에서도 자동화된 전화 통화를 위한 통화 금지 목록을 만드는 법을 통과시켰다. 또 메일 및 컴퓨터 사용과 관련된 개인정보 보호에 대한 새로운 논의가 진행되고 있다.

일반적으로 논의되는 질문은 "어떤 정보가 비공개인가"이다. 전화번호, 거주지 주소 및 온라인 활동은 비공개 정보인가, 공개 정보인가? 우편발송금지 등록(do-not-mail-registry)을 지지하는 사람들은 전화와 마찬가지로 시민들이 원치 않는 우편물 발송이 중단되어야 한다고 주장한다. 추적 금지 규정(do not-track regulations)을 지지하는 사람들은 쿠키를 사용하여 소비자의 쇼핑습관에 대한 정보를 수집하는 웹사이트 소유주들이 소비자의 동의를 얻어야 한다고 주장한다. 이에 마케터들은 이러한 정보를 공유해야 소비자들이 자신의 관심사에 더 잘 맞는 메시지와 광고를 받을 가능성이 높아진다며 반박한다.

데이터및마케팅협회(The Data & Marketing Association)는 현재 여러 솔루션을 지지하고 있다. 첫째, 데이터및마케팅협회는 소비자가 수신하는 메일 및 전자메일 유형을 관리하는 데 도움이 되는 온라인 도구인 DMAchoice(Direct Marketing Association Choice)를 만들었다. 둘째, 이 조직은 광고주가 온라인 광고 화면의 구석에 '광고 선택(Ad Choices)' 아이콘을 달아 소비자들이 온라인활동에 대한 정보 수집을 선택적으로 거부할 있도록 하는 온라인 행동 광고(online behavioral advertising, OBA)를 위한 자체 규제 프로그램을 지지하고 있다. 이 프로그램은 디지털광고연맹이라고 불리는 광고 협의의 일부다. 유럽연합은 자체 규제를 넘어 얼마 전 웹사이트 소유주에게 명확하게 법을 전달하기 위해, 'e-사생활지침'을 통과시켰다. 미국에서는 의회에서 '온라인추적금지법안'을 논의 중이다. 이러한 가이드라인은 페이스북이나 구글 같은 포털사이트, 광고주, 소비자들에게 엄청난 영향을 미치게 된다.

이에 대한 여러분의 의견을 생각해보자. 어떤 정보를 비공개해야 하는가? 자율규제와 입법 사이의 균형을 찾을 수 있는가?

Source: Courtesy of Direct Advertising Alliance

면한 또 다른 문제는 지급방식(payment)이다. 신용판매나 신용카드의 사용가능성은 세계적으로 차이가 나기 때문에, 물품인도시점 현금지불(Cash on Delivery, C.O.D), 은행 예금, 온라인 지불계좌(예: 페이팔, 벤모) 등 다양한 종류의 지불방식이 필요하다.

오늘날 국내외 다이렉트마케팅은 도전적인 윤리 문제에도 직면해 있다. 예를 들어, 사생활 침해에 관한 우려로 고객과 기업의 이해관계 간 균형을 맞추기 위해 가이드라인을 제공하기 위한 다양한 시도가 이루어지고 있다. 유럽연합은 유럽다이렉트마케팅연맹(Federation of European Direct Marketing) 및 영국다이렉트마케팅협회(the UK's Direct Marketing Association)와 몇 년에 걸친 논의를 하며 정보보호지침(Data Protection Directive)이라는 소비자 사생활보호법을 통과시켰다. 일반데이터보호규정(General Data Protection Regulation, GDPR)이라 불리는 새로운 법은 소셜네트워크와 클라우드컴퓨팅 같은 새롭게 발전되는 분야를 다루고 있다. 일반데이터보호규정은 2016년에 통과되어 2018년에 발효되었다.

미국에서 연방통상위원회(Federal Trade Commission)와 많은 지방 입법기관들이 사생활 보호에 관해 우려를 표명해왔다. 따라서 '통화 금지 등록(Do Not Call Registry)'과 유사한 '우편발송 금지 등록(do-not-mail-registry)'을 요구하는 몇 가지 법률이 논의되고 있다. 마찬가지로 다이렉트마케팅 담당자가 소비자를 분류하고 광고와 일치시키는 데 사용하는 웹상의 '추적도구(tracking tools)'에 대한 우려가 커지고 있다. '책임 있는 의사결정' 박스에서 이에 대한 몇 가지 문제를 살펴보자.

학 습 리 뷰

1. 다이렉트마케팅 프로그램의 계획 및 수행 능력은 ________와 ________ 사용가능성에 따라서 증가한다.
2. 다이렉트마케팅 활동에 의하여 생성되는 3가지 유형의 반응은 무엇인가?

마케팅지식 적용해보기

1. 메리 스미스(Mary Smith)는 가입 설명을 듣고 인근 지역 헬스클럽에 가입했다. 헬스클럽에 도착했을 때 라켓볼 코트 대여비용이 추가로 든다는 것을 알았다. 메리는 "판매시점대화에서 이러한 내용을 듣지 못했습니다. 모든 시설 이용권이 회원 가입비에 포함된다고 생각했어요"라고 불평했다. 이 문제를 커뮤니케이션과정의 측면에서 설명해보자.
2. 누구에게(to whom) 메시지를 전달하는지, 무엇을(what) 말하고자 하는지, 언제(when) 말할 것인지 등의 세 가지 기준을 이용하여 프로모션믹스의 다섯 가지 요소를 비교할 수 있는 매트릭스를 만들어보자.
3. 표적청중이 (a) 재미를 위하여 여행하는 소비자인지 혹은 (b) 기업의 직원이 사용할 항공사를 선택하는 기업체 여행 담당 부서인지에 따라 항공사가 활용하는 프로모션믹스가 어떻게 다를지 설명해보자.
4. 당신이 새로운 식료품 제품을 출시하고 전국적인 광고(풀전략)와 자사 판매원들이 제품을 식품판매점들에게 판매할 수 있도록 교육을 실시하고 동기부여하는 데(푸쉬전략) 많은 비용을 투자하였다고 가정해보자. 광고와 판매원으로부터 어떤 피드백을 받을 수 있는가? 어떻게 각 활동의 질과 양을 동시에 향상시킬 수 있는가?
5. 어린이용 장난감 기업으로 잘 알려져 있는 피셔프라이스(Fisher-Price)에서 신상 아동복을 출시했다고 가정해보고, 시장에 제품을 소개하기 위한 프로모션계획을 개괄적으로 제시해보자.
6. 많은 보험사에서 기업에 건강보험제품을 판매한다. 보험을 최종적으로 결정하는 것은 종업원이지만, 선택 대안으로 제공되는 보험제품은 기업에 의해 결정된다. 최

근 건강보험기업 블루크로스블루실드(Blue Cross-Blue Shield)는 "경영진들이 블루크로스블루실드 건강보장보험을 제공하지 않는다면 그 이유를 물어보세요"라는 TV 광고를 내보냈다. 이러한 광고 이면에 포함된 프로모션전략에 대하여 설명해보자.

7. (a) 테이스티 요거트(Tastee Yogurt)와 같은 새로운 브랜드 출시, (b) 3M의 포스트잇 접착 메모지(self-sticking Post-it Notes), (c) 리글리(Wrigley) 스피어민트 껌 등의 판매를 촉진하는 데 유용한 수단이 무엇인지 생각해보자.
8. 온라인 음악서비스기업 '랩소디(Rhapsody)'에 대해, 다섯 가지 프로모션요소를 모두 사용하여 통합적 마케팅커뮤니케이션 프로그램을 구성해보자.
9. 최근 BMW는 메르세데스-벤츠 GLE-Class 등 인기 있는 크로스오버 자동차와 경쟁하기 위해 스포츠활동용 자동차 모델 X6를 최초로 출시했다. 이에 대한 (a) 정보 요청, (b) 점포 통행량, (c) 다이렉트주문을 창출할 수 있는 다이렉트마케팅 프로그램을 구성해보자.
10. 데이터베이스 관리자를 위해 소비자와 판매자 관점의 균형을 제공하는 사생활보호정책을 개발해보자. 어떻게 하면 여러분이 제안한 사생활보호정책을 자발적으로 준수하게 할 수 있는가? 어떤 실행방법을 제안할 수 있는가?

마케팅계획 세워보기

도표 15-5의 프로모션 의사결정과정 계획 단계를 따라 프로모션전략을 개발해보자.

1. (a) 표적고객을 명확하게 파악하고, (b) 프로모션목표를 구체적으로 세우고, (c) 프로모션예산을 설정하고, (d) 적절한 프로모션도구를 선택하고, (e) 프로모션활동을 디자인하고, (f) 프로모션활동 일정을 결정한다.
2. 실행과 평가 단계에서 필요한 사전조사, 사후조사 과정을 구체적으로 적어보자.
3. 일관성 있는 메시지를 제공하기 위하여 각 프로모션도구들이 어떻게 통합되는지 설명해보자.

비디오 케이스 15 타코벨: IMC로 고객이 현재를 더 열심히 살도록(Live Más) 돕다!

Video 15-7
Taco Bell Video Case
kerin.tv/cr8e/v15-7

타코벨(Taco Bell)의 마케팅 담당 수석이사 스테파니 퍼듀(Stephanie Perdue)는 "모든 접점을 고려해야 합니다. 포스터부터 포장, 모든 미디어 채널에 이르기까지"라고 설명한다. 스테파니는 미국 최고의 멕시코 스타일 퀵서비스 레스토랑 타코벨에서 사용하는 통합적 마케팅커뮤니케이션(IMC)의 접근방식을 설명한다. IMC는 매주 3,600만 명 이상의 고객에게 서비스를 제공하는 푸드체인의 놀라운 성공에 기여한 핵심요소 중 하나다.

기업

타코벨(Taco Bell)의 성공과 이면에 있는 이야기는 매혹적이다. 제2차 세계대전 이후, 기업가 정신을 갖고 있던 글렌 벨(Glen Bell)이라는 젊은 해병은 사람들이 빠르게 제공되는 좋은 음식을 갈망하고 있음을 목격하고 고향인 캘리포니아로 돌아왔다. 그는 고객들이 서비스 창구에서 음식을 가져가길 원할 수 있겠다는 단순한 개념을 바탕으로 첫 번째 레스토랑인 벨즈 햄버거(Bell's Burgers)를 열었다. 그리 멀지 않은 곳에서는 맥도날드(McDonald)라는 두 형제가 드라이브 인(drive-in)의 개념에 입각하여 새로운 레스토랑을 운영하고 있었다. 몇 년간 벨과 맥도날드 형제는 성장하는 패스트푸드 산업의 선구자로서 우호적인 경쟁을 즐겼다. 그러나 버거 레스토랑 시장에 경쟁자들이 밀려들자 벨은 멕시코음식인 타코(tacos)를 만들어보기로 결정했다.

©David Paul Morris/Bloomberg via Getty Images

타코는 대부분의 미국인들에게 새로운 음식이었기 때문에, 벨은 다양한 콘셉트를 실험해보았다. 먼저 바삭바삭한 타코 껍질을 개발하고, 타코티아(Taco Tia)라는 레스토랑을 열었다. 그의 마케팅활동은 솜브레로(sombreros, 챙이 넓은 멕시코 모자)를 나눠주고 식당 밖에서 마리아치스(Mariachis, 멕시코 전통음악을 연주하는 유랑 악사)가 악기를 연주하게 하는 것이었다. 그다음 벨은 유명 파트너 그룹과 함께 '엘 타코(El Taco)'라는 또 다른 레스토랑을 열었다. 마지막으로 한 친구가 글렌에게 사업에 자기 이름을 사용해야 한다고 제안함에 따라, 최초의 타코벨(Taco Bell)이 캘리포니아 다우니(Downey, California)에서 문을 열었다.

타코벨은 빠르게 성장했다. 벨은 추가 점포를 낼 장소를 살펴보면서 역사적인 캘리포니아 선교지(mission)의 건축물과 비슷한 모습이 좋다고 생각했다. 건축가의 도움으로

그는 붉은 점토 타일 지붕이 있는 흙벽돌집 모양의 매력적인 건물을 세웠다. 이름과 로고에는 선교지 스타일의 소박하고 무게 있는 종이 그려졌다. 이 이름과 로고는 오늘날에도 여전히 사용되고 있다. 타코벨은 프랜차이즈 시스템의 도입과 추가 개점으로 곧 동부에서 서부 전역으로 뻗어나갔다.

현재 타코벨(Taco Bell)은 염!브랜드(Yum! Brands)의 자기업이다. 염!브랜드는 KFC, 피자헛, 윙스트리트(Wing-Street)를 소유하고 운영한다. 타코벨은 현재 6,500개 이상의 지점에서 15억 달러의 매출을 올리고 있다. 많은 장소들이 KFC, 피자헛, 해산물 레스토랑 체인점 롱존실버(Long John Silver)의 매장과 공동 브랜드화되어있다.

타코벨의 통합적 마케팅커뮤니케이션 프로그램

타코벨(Taco Bell)은 처음부터 매우 창의적인 홍보활동을 사용해왔다. 예를 들어, 미르(Mir) 우주정거장이 지구 대기권에 재진입하려고 할 때, 태평양에 타겟이 되는 부표를 띄워 추락하는 우주정거장의 파편이 거기에 부딪히면 미국의 모든 사람이 무료 타코를 받을 것이라고 발표했다. 마찬가지로 "야구 베이스를 훔치고, 타코를 훔쳐라(Steal a Base, Steal a Taco)"라는 프로모션을 통해 월드시리즈에서 누구라도 도루에 성공하면, 모든 사람에게 타코를 무료로 제공할 것을 약속했다. 우주정거장은 타겟에 맞지 않았지만 월드시리즈에서 도루가 연출되자 그들은 모든 사람에게 무료 타코를 제공했다. 또한 청량음료 마운틴듀(Mountain Dew)와 함께 특별 프로모션을 진행하고 프로농구협회 NBA의 공식 패스트푸드로 선정되었으며, 극장 광고용 비디오도 만들었다.

"Yo quiero Taco Bell(타코벨을 사랑해)", "Grand Taste(최고의 맛)", "Get it at The Bell(벨에서 구입하라)"과 같은 광고 캠페인이 진행됐다. 최근의 "Think Outside the Bun(햄버거번 말고 타코를 생각하라)" 캠페인은 밀레니얼세대를 위해 고안된 것이었다. 경영진은 밀레니얼세대의 변화에 따라 타코벨의 포지션을 변경할 때가 왔다고 생각했다. 브랜드 크리에이터브디렉터 트레이시 라로카(Tracee Larocca)는 "연료로서의 음식에서 체험으로서의 음식으로 음식문화가 바뀌면서 큰 기회가 있음을 깨달았습니다"라고 설명한다. 타코벨은 "삶을 맵게 유지하라(Keep Life Spicy)" 및 "더 많이 열망하라(Hunger for Más)" 같은 새로운 태그 라인을 고려하다가 결국 "더 열심히 살자(Live Más)"라는 캠페인을 개발했다. 캠페인 및 포지셔닝이 변경됨에 따라 통합마케팅은 점점 더 중요해졌다. 라로카는 "브랜드의 크리에이티브 디렉터로서 제 일은 모든 커뮤니케이션이 모든 플랫폼에서 동일한 모양, 어조 및 느낌을 갖도록 하고 우리가 대내외적으로 무엇을 하든 브랜드 목소리의 일관성을 유지하는 것입니다"라고 전한다.

광고업계 잡지인 〈에드버타이징 에이지〉는 최근 도리토스 로코스 타코(Doritos Locos Tacos)의 출시를 위한 탁월한 통합 마케팅을 인정하고 이들을 올해의 마케터상 수상 기업으로 선정했다. 이 신제품은 출시되기 전 3년간의 개발과 45개의 시제품(prototypes)을 거쳐 첫 10주 동안 1억 개라는 판매량을 기록했다. 예산의 약 70%가 전통 미디어에, 20%는 디지털 미디어에, 10%는 '탐색'할 수 있는 새로운 미디어에 할당되었다. 전통 미디어 예산에는 "더 열심히 살자(Live Más)"테마를 활용한 슈퍼볼 광고도 들어갔다. 라로카는 "모든 것이 사고방식에 관한 것이었고 반드시 연령대나 인구통계적 범위에 관한 것은 아니었습니다"라고 설명한다. "영원한 젊은이들(Forever Young)"이라는 이 광고는 "노인들이 은퇴한 집에서 탈출하여 마을에서 멋진 밤을 보내는 모습을 보여줍니다"라고 덧붙였다.

캠페인의 소셜미디어 구성요소에는 페이스북, 트위터, 바인(Vine), 스냅챗 및 인스타그램 등이 포함되었다. 예를 들어 트위터 캠페인에는 타코벨 트럭이 고향을 방문해야 하는 이유를 트윗할 수 있는 홈타운 트윗 오프(Hometown Tweet-off)가 있다. 마찬가지로 페이스북에 사진을 올리고 댓글과 '좋아요'에서 반응을 분석한다. 새로운 미디어 예산 중 일부는 타코벨의 웹 및 모바일 비디오채널, 타임스퀘어(Times Square)의 빌보드에 라이브 스트림으로 광고를 하는 데 사용되었다. 홍보 및 참여 담당 이사인 롭 포에치(Rob Poetsch)는 도리토스 로코스 타코(Doritos Locos Tacos)의 출시에 대해 "처음으로 모든 구성원이 참여하는 완전히 통합된 계획을 세웠습니다"라고 말했다.

미래의 타코벨

타코벨은 지속적으로 새로운 제품, 브랜드 콘셉트 및 프로모션을 개발하고 있다. 그러한 사례로 네이키드 에그 타코(naked egg tacos), 시나본 딜라이트(Cinnabon Delights) 및 아침 식사용 크런치랩(Crunchwrap)이 메뉴에 추가되었다. 또 시카고와 샌프란시스코에서 첫 입점을 테스트하고 있는 타코벨 칸티나(Taco Bell Cantina)라는 새로운 브랜드 콘셉트에서 고객이 공유할 수 있는 "타파스 스타일(tapas-style)" 애피타이저와 맥주, 와인을 도시적 분위기에서 제공할 예정이다. 16~24세의 "혁신가, 크리에이터 및 꿈꾸는 자"들에게 2022년까지 '리브 마스(Live Más)' 장학금으로 1,000만 달러를 수여할 계획도 발표되었다. 모든 활동은 기업의 지속적인 성장에 기여하고 있다. 염!브랜드는 타코벨의 미국 내 매출이 2021년까지 두 배 늘어날 것으로 예상했다.

질문

1. 어떤 프로모션활동이 타코벨의 초기 성공을 불러왔는가?
2. 도표 15-2에 묘사된 프로모션활동의 요소 중에서 어떤 것이 타코벨의 도리토스 로코스 타코(Doritos Locos Tacos) 캠페인에 사용되었는가?
3. 타코벨은 푸드체인의 지속적인 성공을 어떻게 보장하는가?

16

광고, 판매촉진, PR

LEARNING OBJECTIVES

다음 학습목표를 달성해보자.

목표 1 제품광고와 기업광고의 차이와 각 유형 내의 여러 가지 변형을 이해할 수 있다.

목표 2 광고 프로그램의 개발, 실행, 평가의 단계를 서술할 수 있다.

목표 3 여러 가지 광고미디어의 장점과 단점을 설명할 수 있다.

목표 4 소비자 대상 판매촉진 및 유통업체 대상 판매촉진의 강점과 약점을 논할 수 있다.

목표 5 PR을 커뮤니케이션의 중요한 형식으로 인식한다.

광고주들에게 판타지가 현실이 되고 있다!

불과 몇 년 전까지만 해도 가상현실(virtual reality, VR)과 증강현실(augmented reality, AR) 기술은 주로 비디오게임 기업과 하드코어 게이머의 영역이었다. 하지만 더 이상은 그렇지 않다. 오늘날 2,000만 명이 넘는 사람들이 이 기술을 시도해보았고 광고주들은 흥분했다!

광고주들은 광고 차단, 미디어 과잉, 시청 행동의 변화로 인해 전통적인 광고의 효과가 감소하고 있는 점점 더 도전적인 환경에 직면해 있다. 게다가 소비자들은 사생활을 침범하는 광고 및 자신과 관련 없는 광고를 원하지 않는다. 비브란트미디어(Vibrant Media)의 글로벌 마케팅 부사장 헬렌 무사드(Helen Mussard)는 소비자들이 "광고에 참여하기로 선택하면, 그것은 그들과 개인적으로 관련이 있어야 하고 들인 시간만큼 가치가 있어야 한다"라고 말한다.

가상현실 및 증강현실 기술은 광고주가 소비자에게 독특한 몰입형 경험을 제공할 수 있게 해준다. 가상현실이란 스키 고글처럼 보이는 헤드셋을 통해 만드는 360도 컴퓨터 시뮬레이션 오디오 및 비디오 체험이다. 증강현실은 컴퓨터 생성 이미지가 시야에 들어와 보이는 물리적 실제 환경 그대로이다. 최초의 증강현실 성공 사례 중 하나인, 위치 기반 증강현실 게임 '포켓몬 고(Pokémon Go)'를 기억하는가? 전문가들은 2020년까지 1억 5,500만 명 이상이 이러한 기술들을 사용할 것으로 예측한다. 또 최근 설문조사에 따르면, 미디어 기획자들의 67%가 디지털마케팅 캠페인에 더 많은 가상현실 및 증강현실 광고를 구현하길 원한다.

그렇다면 가상현실과 증강현실이 비즈니스에 어떻게 작용될까? 디지털마케팅 대행사 레디셋로켓(ReadySetRocket)의 공동 창립자 알렉스 러츠먼(Alex Lirtsman)은 "가상현실 또는 증강현실 기술을 통해 궁극적으로 자동차회사는 최신 자동차를 선보이거나, 소매업체가 패션위크 행사를 볼 수 있거나, 여행지에서의 활동을 보여줄 수 있으며, 모든 광고주들은 30초라는 광고시간을 한 단

Source: McDonald's

Source: Lowe's

©Ray Tang/REX/Shutterstock

계 높은 수준으로 끌어올릴 수 있다"라고 말했다.

많은 기술 기업에서 구글의 데이드림뷰(Daydream View, 스마트폰이 필요함)에서 소니(Sony)의 VR 헤드셋, 페이스북(Facebook)의 오큘러스 리프트(Oculus Rift), HTC의 바이브(Vive)까지 다양한 헤드셋 옵션을 제공한다. 비용은 79달러부터 시작되어, 고해상도 디스플레이가 장착된 헤드셋의 경우 800달러까지 다양하다. 이들 제품의 현재 매출은 약 7억 달러이지만, 전문가들은 몇 년 안에 매출이 1,500억 달러에 이를 것으로 추정한다.

여러 기업에서 이미 가상현실 캠페인을 구현하고 있다. 한 예로 맥도날드는 스웨덴에서 '해피고글(Happy Goggles)'을 선보였다. 소비자들은 이것을 통해 해피밀(Happy Meal) 상자를 어린이용 가상현실 뷰어로 다시 접을 수 있다. 건축자재 소매상 로우(Lowe)는 고객이 오큘러스 리프트(Oculus Rift) 헤드셋을 사용하여 모델 주방이나 욕실에 가상으로 들어갈 수 있는 도구인 홀로룸(Holoroom, 주택 개조 앱으로 VR헤드셋과 3D 설계가 결합된 기술을 이용해 체험공간을 제공)을 만들었다. TV 드라마 〈왕좌의 게임(Game of Thrones)〉은 사용자가 700피트의 얼음 벽을 오르는 가상현실 경험을 만들었고, 매리어트(Marriott) 호텔은 사람들을 런던이나 마우이로 "순간이동시키는(teleports)" 경험을 만들어냈다.

이 중 일부는 새로운 기기에 대한 열정으로 보이지만, 광고주들은 이를 실질적인 새로운 매체로 받아들인다. 영화 감독 크리스 밀크(Chris Milk)는 "광고 측면에서 볼 때, 가상현실 또는 증강현실 기술은 매우 강력한 도구다. 광고주들은 사람들의 의식을 꿰뚫고 그들의 일방적인 관심을 끄는 두 가지 주요 사항을 찾고 있다. 가상현실을 사용하면 다른 사람을 보거나 들을 수 없기 때문에 광고에 집중할 수 있다. 초기 연구 결과에 따르면 이 기술은 12~34세 연령대의 젊고 접근하기 어려운 소비자에게 어필하며 새로운 VR 및 AR 캠페인으로 인해 브랜드 회상률이 2,700%나 높아진다고 한다!"

Video 16-1
Virtual Reality
kerin.tv/cr8e/v16-1

가상현실의 성장은 오늘날 광고 분야에서 발생하는 흥미로운 변화 중 하나일 뿐이며 마케팅 커뮤니케이션 프로그램에서 5가지 프로모션 믹스요소 중 하나로서 광고의 중요성을 보여준다. 이 장에서는 세 가지의 프로모션 믹스요소, 즉 광고, 판매촉진, PR을 설명하려 한다. 다이렉트마케팅에 대해서는 앞서 15장에서 다루었고, 인적 판매에 대해서는 이후 18장에서 다룰 예정이다.

광고의 종류

목표 1 제품광고와 기업광고의 차이와 각 유형 내의 여러 가지 변형을 이해할 수 있다.

광고
알려진 스폰서에 의해 기업(조직), 제품, 서비스, 아이디어에 관한 비인적 유료 커뮤니케이션 형식

15장에서 **광고**(advertising)를 알려진 스폰서에 의해 기업(조직), 제품, 서비스, 아이디어에 관한 비인적 유료 커뮤니케이션 형식이라고 설명했다. 스마트폰에서 광고를 스캔하거나, 잡지를 보거나, TV를 보거나, 라디오를 듣거나, 인터넷을 검색할 때, 우리가 보고 들을 수 있는 광고는 참 다양하다. 따라서 이들 사이에 유사성이 없다는 인상을 받을 수 있다. 광고는 다양한 목적을 위해 계획되지만, 기본적으로는 제품광고와 기업광고의 두 가지 형식으로 구분된다.

제품광고

제품광고
제품 또는 서비스에 초점을 둔 광고로 개척형(정보형), 경쟁형(설득형), 상기형 광고를 포함

제품 또는 서비스 판매에 초점을 맞춘 **제품광고**(product advertisements)는 ① 개척형 광고(또는 정보형 광고), ② 경쟁형 광고(또는 설득형 광고), ③ 상기형 광고 등의 세 가지 형식이 있다. 광고의 종류와 목표를 확인하기 위해 메르세데스 벤츠(Mercedes-Benz), 보험사 프로그레시브(Progressive), 듀라셀(Duracell)의 광고를 자세히 살펴보도록 하자.

제품수명주기의 도입 단계에서 활용되는 개척형 광고(pioneering advertisements)

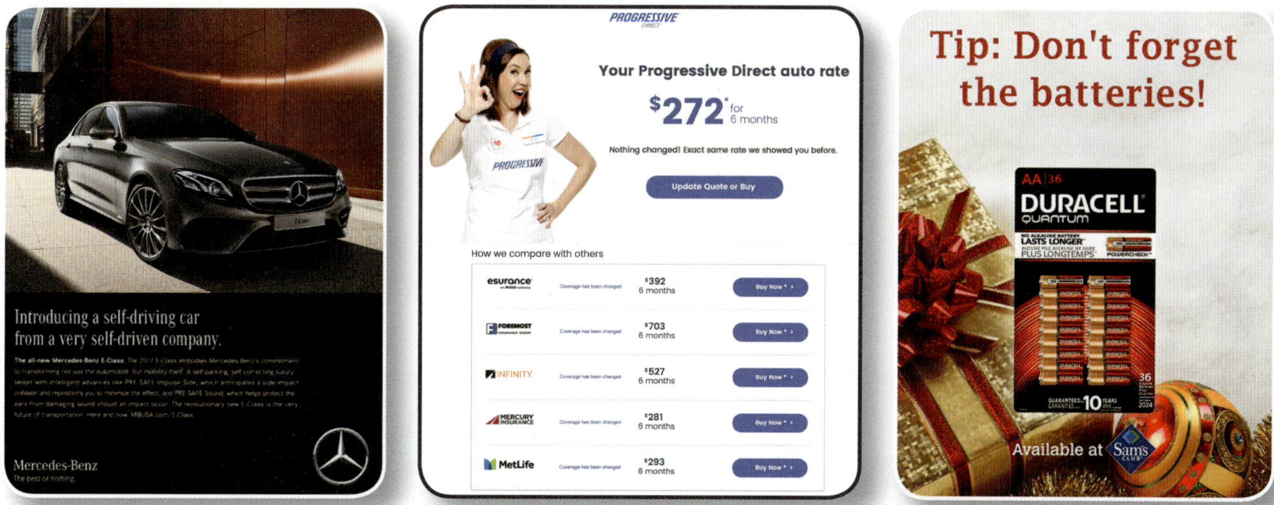

제품 광고는 목표에 따라 개척, 경쟁 또는 상기의 세 가지 형태를 취한다. 위에 나타난 세 가지 광고를 바르게 구분해보자.

Sources: Left: Mercedes-Benz USA, LLC; Middle: Progressive Casualty Insurance Company; Right: Duracell Inc.

는 사람들에게 이 제품이 어떤 것인지, 이것으로 무엇을 할 수 있는지, 어디서 구할 수 있는지를 알려준다. 개척형 광고(자율주행차를 소개하는 메르세데스 벤츠 광고 같은)의 핵심목표는 목표시장에 정보를 알리는 것이다. 특히 구체적인 정보를 담은 정보형 광고는 흥미롭고, 설득력이 있으며, 효과적인 것으로 밝혀졌다.

구체적인 브랜드의 속성과 혜택을 알리기 하기 위한 광고가 바로 경쟁형 광고(competitive advertising)다. 이 유형에서 광고 메시지의 목적은 경쟁사의 브랜드를 선택하지 않고 해당 기업의 브랜드를 선택하도록 목표시장을 설득하는 것이다. 점차 일반화되고 있는 경쟁형 광고의 한 유형이 바로 비교광고(comparative advertising)이다. 비교광고는 특정 브랜드의 강점을 경쟁브랜드와 비교하여 제시한다. 프로그레시브(Progressive, 미국 보험사)의 광고에서는 다른 보험사보다 경쟁력 있는 자동차보험료를 강조한다. 몇몇 연구에 의하면 제품의 종류, 메시지의 내용, 고객의 성별에 따라 영향력에 차이가 있긴 하지만 비교광고가 더욱 주목을 끌며 광고 브랜드의 지각된 품질을 높인다고 한다. 비교광고를 사용하는 기업은 광고의 주장에 대한 법적 보완을 위해 시장조사를 할 필요가 있다.

상기형 광고(reminder advertising)는 제품에 대한 기존 지식을 강화하기 위해 사용된다. 듀라셀(Duracell)의 광고는 소비자들에게 크리스마스 선물용 장난감에 배터리가 필요하다는 사실을 상기시키고자 한다. 이처럼 상기형 광고는 잘 알려진 위상을 가진 제품이나 제품수명주기 성숙기에 속한 제품을 홍보하기에 적합하다. 다른 유형의 상기형 광고인 강화광고(reinforcement advertising)는, 기존 이용자들이 올바른 선택을 했음을 확신할 수 있도록 만드는 데 활용된다. 다이얼(Dial)의 비누 광고가 그러한 예에 해당된다. "다이얼을 사용하는 것이 기쁘지 않으십니까? 모든 사람들이 사용하기를 원하지 않으십니까?"

기업광고

기업광고(institutional advertisements)의 목적은 특정 제품 또는 서비스를 프로모션하기 위한 것이라기보다는 기업에 관한 호감이나 이미지를 구축하기 위한 것이다. 기업광고는 텍사코(Texaco), 화이자(Pfizer), IBM 같은 기업이 기업 브랜드에 대한 신뢰를 구축하기 위해 사용되어왔다. 일반적으로 이 같은 광고는 PR계획을 지원

기업광고
특정 제품 또는 서비스를 프로모션하기 위한 것이라기보다는 기업에 대한 호감이나 이미지를 구축하기 위해 계획된 광고

하거나 불리한 언론관계에 대응하기 위해 사용되기도 한다. 기업광고의 네 가지 대안 형식은 다음과 같다.

Video 16-2
Chevron
kerin.tv/cr8e/v16-2

- 지지형 광고(advocacy advertisements): 특정 주제에 관한 기업의 입장을 언급한다. 정유회사 세브론(Chevron)의 "우리는 동의한다(We Agree)" 캠페인은 재생가능한 에너지, 지구 보호 및 지역사회 개발과 같은 문제에 대한 자사의 입장을 알리는 광고였다. 지지형 광고의 또 다른 형식은 코카콜라의 재활용 권유와 같이 조직이 특정 행동과 관련하여 권고하는 광고이다.
- 개척형 기업광고: 이전에 논의했던 제품의 개척형 광고와 유사하게, 자사가 어떤 기업이고 어떤 활동을 하며, 어디에 위치하고 있는지에 관해 이야기하는 것이다. "우리는 두통에 대해 당신이 생각하는 것 이상으로 더 많은 두통을 치료한다"라고 말하는 최근의 바이엘 광고는 이 기업이 아스피린뿐만 아니라 여러 제품을 생산한다는 것을 고객에게 전달하고자 한다. 미국 프리미엄 슈퍼마켓체인 홀푸드(Whole Foods)는 신뢰생산(Responsibly Grown) 등급 시스템에 대해 알리고자 개척형 기업광고를 사용했다.
- 경쟁형 기업광고: 해당 제품군이 다른 제품군을 능가하는 점을 알리는 광고다. 동일 구매자를 대상으로 여러 제품군이 경쟁하고 있을 때 사용된다. 다른 음료제품과 경쟁하고 있는 미국 우유가공업체 및 낙농업자들은 우유 소비량 증가를 위해 "우유 마시는 삶(Milk Life)"이라는 캠페인을 사용했다.
- 상기형 기업광고: 상기형 제품광고와 비슷하게 목표시장에서 해당 기업의 이름을 다시 한번 주목하도록 만드는 광고다. 한 예로 미 육군은 예비 신병들이 신병 지원 기회를 상기하도록 하는 캠페인을 후원했다.

낙농업자에 의한 경쟁형 기업광고는 우유의 소비량을 늘리는 것이 목적이다.

Source: America's Milk Companies

학 습 리 뷰

1. 개척형 광고와 경쟁형 광고의 차이점은 무엇인가?
2. 기업광고의 목적은 무엇인가?

광고 프로그램 개발

목표 2 광고 프로그램의 개발, 실행, 평가의 단계를 서술할 수 있다.

앞서 15장에서 살펴본 프로모션 의사결정과정을 각 프로모션 요소에 적용해보자. 예를 들어 광고는 3단계(광고 프로그램의 개발, 실행, 평가)로 관리된다.

목표고객 파악

광고주는 효과적인 광고 프로그램을 개발하기 위해 목표고객을 명확하게 파악해야 한다. 광고 프로그램의 모든 측면은 잠재적인 소비자의 특성에 영향을 받을 가능성이 크다. 목표시장의 라이프스타일, 태도, 인구통계 특성을 이해하는 것은 필수적이다. 한 예로 음료회사 마운틴듀(Mountain Dew)는 밀레니얼세대 남성을 대상으로 광고를 하고, 크래프트(Kraft)의 크리스털 라이트 음료(Crystal Light Liquid, 분말 타입)는 칼로리에 민감한 여성을 대상으로 프로모션활동을 수행했다. 두 캠페인 모두 목표고객과 일치하는 광고기술을 강조한다. 마운틴듀는 밀레니얼세대 남성들의 관심을 끌기 위해 페이스북, 트위터, 스냅챗, 인스타그램에서 전문 스케이트보더 숀 말토(Sean Malto)가 출연하는 "듀를 하자(Do the Dew)" 캠페인을 시작했다. 한편 크리스탈 라이트는 칼로리에 민감한 여성들을 끌어들이기 위해 할인점 타깃의 웹사이트(target.com)에서 영양정보를 제공하고 제품을 구매하는 사람들에게 무료 티셔츠를 제공하기 시작했다.

룰루레몬은 현재 및 잠재적인 신규 고객들을 위해 광고를 게재한다.
Source: Lululemon Athletica

마찬가지로 광고의 배치는 목표고객에 따라 달라진다. 룰루레몬(Lululemon, 프리미엄 스포츠웨어 브랜드)은 "건강한 라이프스타일" 의류를 특징으로 하는 "이것이 요가다(This Is Yoga)"라는 캠페인을 시작하면서 소셜미디어, 디지털채널, 옥외광고판 및 매장 내 상품 재배치 등을 동시에 진행했다. 또 올림픽 금메달리스트 케리 월시 제닝스(Kerri Walsh Jennings)와 서퍼 매디 피터슨(Maddie Peterson) 같은 인기 운동선수가 등장하는 '슬링 TV(Sling TV, 인터넷 스트리밍 서비스)'의 동영상 광고를 현재 및 잠재 소비자에게 노출시켰다. 이처럼 광고 스케줄링은 목표고객에 따라 달라질 수 있다. 나이키는 아마추어 선수, 대학 및 프로 운동선수들에게 소구하고자 올림픽기간에 맞추어 광고, 스폰서십, 할인판매, 보증광고 등을 시행하기로 결정했다.

광고목표 구체화

앞서 15장에서 설명했듯 프로모션목표 설정을 위한 가이드라인을 광고목표 결정에도 적용해볼 수 있다. 이 단계는 프로모션 의사결정과정에서 미디어 선택, 캠페인 평가와 같은 선택을 앞둔 광고주들에게 도움을 준다. 예를 들어, 제품 인지도를 창출하려는 광고는 〈옐로페이지(Yellow pages)〉 같은 전화번호부보다 잡지에 싣는 것이 더 적합하다. 미국 잡지출판사협회는 광고목표가 중요하다고 믿기 때문에 캠페인 목표 달성을 위해 창의적이고 효과적인 우수한 잡지 광고캠페인을 선정하여 시상을 하고 있다. 광고목표를 가장 잘 충족한 캠페인에 대해서는 매년 10만 달러의 상금을 수여한다. 광고연구재단(Advertisign Research Foundation)도 광고 및 마케팅 커뮤니케이션의 효과를 측정·평가하는 방법을 발전시키기 위해 연구 포럼을 후원한다.

광고예산 결정

1990년대 기업들은 미식축구 챔피언 결정전인 슈퍼볼(Super Bowl)의 30초짜리 광고에 70만 달러를 지불했다. 2018년, 52회 슈퍼볼에 30초 광고를 게재하는 비용은 500만 달러였다. 광고비가 빠르게 상승한 이유는 시청자 수가 늘어났기 때문이다. 최근에는 1억 300만 명이 슈퍼볼을 시청한다. 슈퍼볼의 시청자들은 광고주들에게 매력적인 대상이다. 연구 결과에 의하면, 슈퍼볼의 시청자층은 남녀 비율이 동일한 수준이다. 시청자들은 게임 전후 소셜미디어에서 광고하는 브랜드에 몰입할 가능성이 높다. 그들은 게임 중에 광고를 보는 것을 기대한다. 광고는 효과적이다. 펩시의 광고는 웹사이트에서 393만 2,000건의 조회수를 기록했다. 자동차 매트 전문기업 웨더텍(Weathertech)은 고객참여를 225% 증가시켰다. 슈퍼볼 광고 이후 개봉한 영화

슈퍼볼의 아마존 광고를 본 적 있는가?

Source: Amazon.com, Inc.

에 대한 연구를 보면, 개봉 주말 수익이 840만 달러 증가했다고 한다. 결과적으로 슈퍼볼은 몬스터(Monster) 헤드폰, 프링글스(Pringles), 크래프트(Kraft) 및 인튜이트(Intuit, 핀테크 기업) 같은 신규 광고주와 안호이저-부시(Anheuser-Busch, 벨기에 맥주 기업), 코카콜라와 같은 광고주들을 모두 끌어들였다. 아마존의 AI 스피커 알렉사(Alexa)가 일시적으로 목소리를 잃자 빈 소리를 연예인들이 대신 채워주는 내용의 광고 "알렉사가 목소리를 잃다(Alexa Loses Her Voice)"는 일간지 〈USA 투데이〉의 애드미터(광고효과측정시스템)에서 최고 등급을 받았다.

Video 16-3
Amazon Super Bowl Ad
kerin.tv/cr8e/v16-3

광고디자인

광고메시지는 주로 잠재구매자가 제품 구매를 시도해보거나 채택하는 의사결정을 내릴 때 중요한 핵심 혜택에 집중한다. 메시지는 광고에 포함되어있는 형식이나 소구방법 혹은 포함되어있는 단어에 따라 달라진다.

메시지 내용 대부분의 광고 메시지는 정보 제공이나 설득적인 요소로 구성되어있다. 이 두 요소는 너무 얽혀 있어서 구분하기 어려울 때가 있다. 예를 들어 브랜드명, 혜택, 특징, 가격과 같은 기본 정보는 관심을 끌고 구매를 유도하는 방식으로 제시될 수 있다. 그러나 가장 설득력 있는 광고조차도 성공하기 위해서는 최소 몇 가지 기본 정보를 포함하고 있어야 한다.

정보 제공 혹은 설득적인 내용은 소비자의 구매행동에 대한 기본적 근거를 제공하기 위하여 소구 형식으로 결합될 수 있다. 마케터는 다양한 종류의 소구방식을 사용할 수 있지만 일반적인 소구방식은 '공포', '성', '유머'다.

공포소구(fear appeal)는 제품이나 서비스의 구매 및 사용, 행동 변화, 제품 사용 감소에서 오는 부정적인 경험을 피할 수 있다는 것을 고객에게 제안한다. 자주 볼 수 있는 예가 사고나 부상 상황을 묘사하는 자동차 안전운전 광고, 대중적이지 못한 다른 이데올로기의 등장을 경고하는 정당 후보자의 의견, 약물과 음주에 대해 경고하는 사회문제 광고 등이다. 보험사는 종종 충분한 생명보험이나 모기지보험 없이 조기 사망한 사람들의 친지들이 받는 부정적인 영향을 보여주려고 시도한다. 식품 생산업자들은 체중을 줄이고, 콜레스테롤 수치를 낮추고, 심장 마비를 예방하기 위한 수단으로 저탄수화물·저지방·고섬유질 제품 구매를 권장한다. '미낫메쓰(MeNotMeth, 약물 교육 및 예방)' 캠페인은 "나는 메쓰(Meth, 마약의 일종)에 나를 잃었다(I lost ME to METH)" 같은 헤드라인에 공포소구를 사용한 광고를 했다. 광고의 사진에는 괴로워하는 젊은 남자가 카메라를 들여다보는 모습이 담겨 있었다.

공포소구는 소구방법이 충분히 강력하여 고객을 집중시키고 그들의 관심을 얻을 수 있지만, 이는 너무 강력해서 소비자가 메시지를 무시해버리지 않는지를 확인해야 한다. 연구에 따르면 지나치게 위협적인 메시지는 행동에 적응하려는 의도에 부정적 영향을 미친다. 실제로 금연 광고에 대한 연구에 의하면, 장기간 건강 위험의 심각성을 강조하는 것은 실제로 청소년 사이에서 흡연에 대한 매력도를 증가시킬 수 있다고 한다.

AG가 광고에서 성적 매력을 사용하는 이유를 본문에서 알아보자.
Source: AG Adriano Goldschmied

이와 대조적으로 성적소구(sex appeal)는 제품이 사용자의 매력을 증가시킨다는 것을 고객에게 보여준다. 성적소구는 자동차부터 치약까지 거의 모든 제품에서 나타난다. 그러나 소비자들의 변화는 수용가능한 성적소구가 어떤 것인지 재정의할 필요성을 제기한다. 여성과 남성의 역할에 대한 긍정적인 메시지에 대한 관심이 증가하고 있으며, 성 정체성에 대한 견해도 변화하고 있다. 한 예로 미국 패션기업 아베크롬비앤피치(Abercrombie & Fitch)는 지나치게 '성적인' 캠페인에서 벗어났고 자라(Zara), 게스(Guess), 마텔(Mattel)의 바비(Barbie) 같은 브랜드들은 성 중립적 광고를 하고 있다. 현대적인 라이프스타일 데님 브랜드 AG는 남녀를 위한 "멋지고 세련되고 고전적인" 포지셔닝을 광고디자인의 개념으로 정했다. 연구에 따르면 성적소구는 다른 소구보다 더 큰 반응을 불러일으키며, 오늘날 혼잡한 미디어환경에서 광고를 돋보이게 함으로써 주목도를 높여준다. 하지만 유감스럽게도 성적 내용이 항상 회상, 재인, 또는 구매의도의 변화를 이끄는 것은 아니다. 전문가들은 광고와 이미지에서의 성적소구 사용과 브랜드의 이미지 및 포지셔닝 간의 적합성이 높을 때 이러한 내용이 가장 효과적이라고 밝혔다.

유머소구(humor appeal)는 제품이 경쟁제품보다 더 재밌고 흥미롭다는 것을 직접 또는 미묘하게 보여주는 것이다. 공포소구와 성적소구처럼, 유머는 광고에 널리 사용된다. 말하는 도마뱀붙이(gecko)를 캐릭터로 사용하는 보험사 게이코(Geico)의 광고나, 강도들이 앱으로 도주 차량을 주문하는 광고, 철조망 위의 비둘기떼가 게이코에 대해 이야기하는 광고는 웃음을 불러일으킨다. 이러한 광고는 유머를 통해 기업을 경쟁사와 차별화시킨다. 게이코는 바이럴 비디오를 만들어 유튜브 등에 올렸고, 이것은 수일 내에 수백만 명이 보았다. 여러분은 아마 에너자이저(Energizer) 배터리 광고 속 토끼, 아플락(AFLAC) 광고 속 오리, 남성용 탈취 및 향수 브랜드의 올드스파이스맨(the Old Spice man), 트래블로시티(Travelocity)의 땅 속 요정처럼 가장 좋아하는 유머러스한 광고 캐릭터를 꼽을 수 있을 것이다. 광고효과에 대한 연구에 의하면, 유머의 효과는 빠르게 소멸되며 소비자의 관심을 잃는다고 한다. 하지만 광고주들은 유머가 자사의 광고효과를 향상시킨다고 믿는다. 유머소구의 또 다른 문제는, 글로벌 캠페인에서 사용할 때 문화에 따라 해당 유머의 효과가 다르게 나타날 수 있다는 점이다.

실제 메시지 제작 카피라이터는 광고에서 메시지의 문구, 즉 광고 카피를 책임진다. 카피라이터의 아이디어를 실제 광고로 변환시키는 것은 복잡한 일이다. 아트워크, 배치, 제작에는 많은 비용과 시간이 소요된다. 미국 광고대행사협회(American Association of Advertising Agencies)는 30초짜리 고화질 TV 광고 제작에 약 35만 4,000달러가 소요된다고 보고했다. 비용이 높은 이유 중 하나는, 기업이 글로벌 캠페인을 개발하면서 세계 여러 장소에서 광고를 촬영해야 할 필요성이 높아졌기 때문이다. 또 광고주는 전통적인 광고를 보완하기 위해 에피소드로서 웹사이트, 온라인 비디오 채널 및 디지털 장소 기반 미디어용 콘텐츠를 제작할 필요가 생겼다.

Video 16-4
Anomaly
kerin.tv/cr8e/v16-4

광고대행사 아노말리는 "침묵의 집을 깨우다"라는 캠페인으로 광고 전문 잡지 〈애드버타이징 에이지〉가 수여하는 올해의 대행사상을 받았다.

Source: Sonos, Inc.

Video 16-5
Beats by Dre
kerin.tv/cr8e/v16-5

광고 대행사 아노말리(Anomaly)는 최근 '데이터 분석, 지적재산권 및 다문화 통찰력 분야'에서 〈애드버타이징 에이지(Advertising Age)〉가 수여하는 올해의 대행사상을 받았다. 이 대행사의 접근방식을 가장 잘 보여주는 예로는 헤드폰 브랜드 비츠 바이 드레(Beats by Dre)의 "들리게 하라(Be Heard)" 캠페인을 들 수 있다. 이 캠페인에는 12개 스포츠 분야에서 활약하는 11개국 출신의 세계 최고 선수 23명이 참여했다. 또 다른 사례로는 유튜브 뮤직(YouTube Music)을 위한 "우리가 듣는 것이 아니라, 그것은 우리 자신이다(It's Not What We Listen To, It's Who We Are)" 캠페인, 샌드위치 체인점 파네라브레드(Panera Bread)를 위한 "원래 그래야 되는 음식(Food as It Should Be)"캠페인, 소노스(Sonos) 스피커 브랜드를 강조하기 위해 휴대폰만 보며 "침묵한 집(silent home)"으로 변한 가정을 치유하는 "침묵한 집을 깨워라(Wake Up the Silent Home)" 캠페인 등이 있다. 아노말리는 잡지 〈패스트 컴퍼니(Fast Company)〉가 선정한 세계 10대 광고 혁신기업 중 하나로 꼽혔다.

학 습 리 뷰

1. 광고 소구의 일반적인 세 가지 형식에 대해 설명해보자.
2. ____________는 광고에서 광고 카피를 책임진다.

적절한 매체 선택

광고주는 광고를 게재할 곳을 결정해야 한다. 표적청중에게 광고 메시지를 전달하는 수단이 바로 광고매체(advertising media)로 신문, 잡지, 라디오, TV 등이다. 매체의 선택은 목표고객, 제품 유형, 메시지 특성, 캠페인 목적, 이용가능한 예산, 매체 사용에 드는 비용과 관련된다. 도표 16-1은 광고에 사용된 2,490억 달러의 미디어별 사용 분포를 나타낸 것이다.

광고 게재를 위한 다양한 매체가 존재하며 각 매체 내에도 여러 개의 수단이 있다. 표적청중에 대한 메시지 노출을 극대화하고 동시에 비용을 최소화하기 위해 미디어의 형식과 수단을 혼합 사용하기도 한다. 미디어 선정 시 목표는 대개 ① 노출 극대화, ② 비용 최소화이다. 문제는 두 가지가 서로 상충된다는 점이다.

광고주들은 표적시장에서 메시지에 노출되는 사람의 수를 극대화하길 원하므로 도

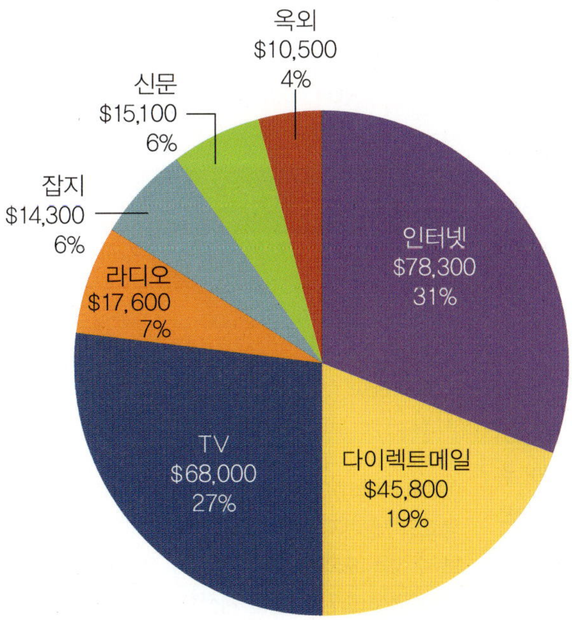

도표 16-1 TV, 다이렉트메일, 인터넷은 모든 광고비 지출의 75%를 차지한다(단위 백만 달러).

달률에 관심을 가진다. 도달률(reach)이란 광고에 노출되는 사람 또는 가구의 수를 말한다. 도달률의 정확한 정의는 매체에 따라 다르다. 신문은 총 발행부수 또는 신문을 구독하는 가구 수를 설명하기 위해 도달률을 사용한다. 반면 TV와 라디오에서는 특정 TV 혹은 라디오 프로그램을 시청하거나 청취하는 시장 내 가구비율을 나타내는 용어인 시청률과 청취율을 사용하여 도달률을 설명한다. 일반적으로 광고주는 가장 적은 비용으로 표적청중 도달률을 극대화하려고 노력한다.

도달률이 중요하기는 하지만, 광고주는 표적청중에게 메시지를 한 번 이상 노출시키는 데도 관심을 가진다. 왜냐하면 종종 소비자들은 광고 메시지에 주의를 면밀히 기울이지 않거나 광고 메시지에 복잡한 정보를 많이 포함시키기 때문이다. 광고주들이 동일 고객에게 한 번 이상 메시지가 도달되기를 원할 때, 그들은 목표시장에서 메시지 또는 광고에 노출된 평균 횟수를 나타내는 빈도(frequency)에 관심을 가진다. 도달률과 마찬가지로, 높은 빈도 수는 바람직한 것으로 간주된다. 소비자가 광고에 반복 노출되면 브랜드 확장에 더욱 호의적으로 반응한다는 것을 보여준 연구도 있다.

도달률(총시장에 대해 백분율로 표시되는)에 빈도를 곱하면, 기준으로 널리 사용되는 총도달률(gross rating point, GRP)을 구할 수 있다. 매체 기획자는 적절한 GRP를 구하기 위해 도달률과 빈도의 균형을 맞춰야 한다. 여기에 비용이 수반된다. 1,000명 노출당 비용(cost per thousand, CPM; M은 로마 숫자로 1,000을 의미)은 특정 매체에서 광고 메시지가 1,000명의 개인 또는 가구에 도달하는 비용을 의미한다. 미디어 선택에서 CPM이 사용되는 사례를 알고 싶다면 '마케팅계기판' 박스를 읽어보자.

여러 가지 매체 대안

목표 3 여러 가지 광고미디어의 장점과 단점을 설명할 수 있다.

도표 16-2에서는 주요 광고매체의 장단점을 요약하고, 본문 해당 내용을 좀 더 자세하게 서술했다. 다이렉트메일의 장단점은 앞서 15장에서 설명한 바 있다.

TV TV는 시각, 청각, 동작으로 커뮤니케이션할 수 있다는 점에서 가치 있는 매체다. 인쇄광고만으로는 스포츠카가 가속하거나 고속으로 코너링하는 느낌을 절대 보

마케팅계기판

1,000명의 고객에게 도달하기 위한 최선의 방법은 무엇인가?

마케팅관리자는 잠재고객에게 도달할 수 있는 캠페인을 계획하기 위해 여러 광고 대안을 살핀다. 여러 매체의 대안(TV, 라디오, 잡지 등)과 다양한 선택지가 존재하기 때문에 마케팅계기판에서 광고비용의 효율성을 추적하는 것이 중요하다.

도전

새로운 청량음료를 미국 시장에 출시하고자 하는 기업의 마케팅관리자가 되어 광고캠페인의 제안 발표를 준비하고 있다고 가정해보자. 우리는 경쟁자들이 잡지 광고, 신문 광고, 심지어 슈퍼볼 광고까지 할 수 있다는 것을 알고 있다. 광고에서 가장 흔히 사용되는 방법 중 하나인 1,000명 노출당 비용(CPM)을 사용하여 몇 가지 대안에 드는 비용을 비교해보고자 한다. CPM은 다음과 같이 계산할 수 있다.

$$1{,}000\text{명 노출당 비용} = \left(\frac{\text{광고비용(Cost of ad)}}{\text{노출수(Audience size)}}\right) \times 1{,}000$$

우리의 도전 과제는 예산을 가장 효율적으로 사용할 방법을 정하는 것이다.

발견

조사부서가 잡지 〈스포츠 일러스트레이티드〉와 〈타임〉, 신문 〈USA 투데이〉의 전면 컬러 광고, 슈퍼볼 시즌의 30초짜리 TV 광고의 세 가지 선택 대안에 대한 비용 및 고객 규모에 관한 정보 수집을 도와준다고 한다. 이 정보를 가지고 각 대안에 대한 1,000명 노출당 비용을 계산할 수 있다.

미디어 대안	광고비용	고객 규모	1,000명 노출당 비용
Time (잡지)	$ 254,200	2,000,000	$127
USA Today (신문)	$ 242,600	852,955	$284
Super Bowl (TV)	$5,000,000	103,000,000	$ 49

행동

세 가지 옵션에 대한 계산 결과를 기초로 해서 우리는 1,000명의 잠재고객에게 도달하는 비용(CPM)과 절대적 비용에 큰 차이가 있음을 알게 되었다. 슈퍼볼 시즌의 광고는 1,000회당 $49로 CPM이 가장 낮지만, 절대적 비용은 가장 크다. 다음으로는 이용할 수 있는 총예산, 각 대안을 통해 도달할 수 있는 고객들의 프로필, 전달하고자 하는 메시지 유형이 인쇄매체나 TV에서 잘 커뮤니케이션되는지 등의 다른 요인들을 고려해야 한다.

여줄 수 없다. 게다가 TV는 인터넷으로 방송되는 프로그램을 수신하는 가구를 포함하여 96% 이상의 가구에 도달하는 매체로 시청자가 1억 1,840만 명에 이른다. 또 술집, 호텔, 사무실, 공항, 대학 캠퍼스에도 설치되어있기 때문에 가정 밖에서 시청할 기회가 많다.

전통적인 TV 시청의 여러 가지 측면이 변하고 있다. 첫째, 조사전문기업 닐슨(Nielsen)의 연구에 따르면 TV를 시청하는 시간이 늘고 있다. 미국 시청자들은 전통적인 TV뿐 아니라 컴퓨터, 태블릿, 스마트폰을 포함한 여러 기기에서 TV 프로그램 시청에 매주 41시간을 보낸다고 한다. 또 DVR, DVD, 넷플릭스(Netflix) 같은 구독 서비스, 훌루(Hulu)나 애플 TV 같은 인터넷 옵션으로 시청하는 매체로 옮겨가고 있다. 실제로 스트리밍 서비스 이용이 가능해지면서 두 가지 추세가 생겨났다. 첫 번째 추세는 '코드 자르기(cord-cutting)'로 이는 유료 TV 시청을 취소하는 현상을 말한다. 두 번째 추세는 '폭식시청(binge watching)'이다. 이는 짧은 시간에 여러 에피소드를 이어서 시청하는 현상을 말한다. 기술도 변하고 있다. 최근 몇 년간 여러 소비자들이 고화질 TV를 구입했다. 점차 4K, 8K, OLED, QLED, 유리 없는 3D TV가 출시될 예정인데, 이러한 TV들은 고화질 TV보다 4~8배나 선명하며 일반 TV를 3D로 변환시킬 수 있다. 또 음성으로 작동하는 기능이나 동작 제어를 제공하며, 프로그램 두 가지를 동시에 시청할 수도 있게 해준다.

TV의 큰 단점은 비용이다. 황금시간대에 방영되는 〈선데이 나이트 풋볼(Sunday

매체	장점	단점
TV	대단히 많은 고객에게 도달. 효과를 높이기 위해 사진, 활자, 소리, 동작을 사용. 특정 고객을 목표로 삼을 수 있음	광고 준비와 운영에 비용이 많이 듦. 노출되는 시간이 짧으며 메시지가 소멸됨. 복잡한 정보를 전달하기는 어려움
라디오	비용이 적게 듦. 특정 지역 고객을 목표로 삼을 수 있음. 단기간에 광고를 시행할 수 있음. 소리나 유머, 친밀감을 효과적으로 사용할 수 있음	시각적 요소가 없음. 노출되는 시간이 짧으며 메시지가 소멸됨. 복잡한 정보를 전달하기는 어려움
잡지	특정 고객을 목표로 삼을 수 있음. 고화질 색상, 긴 수명, 광고를 오려서 보관할 수 있음. 복잡한 정보를 전달할 수 있음	광고 시행에 긴 시간이 필요함. 비교적 비용이 많이 듦. 주의 집중을 얻기 위해 잡지의 다른 기사와 경쟁해야 함
신문	지역시장에 대한 취급 범위가 탁월함. 광고를 빠르게 게재하거나 변경할 수 있음. 광고를 보관할 수 있음. 소비자의 반응이 빠름. 비용이 적게 듦	주의 집중을 위하여 광고가 신문기사와 경쟁함. 수명이 짧음. 저화질 색상
옐로페이지	지리적 세분시장에 대한 취급 범위가 탁월함. 사용기간이 긺. 24시간/365일/연간 이용할 수 있음	여러 시장에서 경쟁적으로 주소록이 확산됨. 지속적인 정보 갱신이 어려움
인터넷	비디오 및 오디오 가능. 애니메이션으로 주의를 끌 수 있음. 상호작용적이며 광고하는 기업에 접촉할 수 있음	애니메이션과 상호작용의 로딩에 큰 용량과 많은 시간이 소요됨. 아직은 효과가 확실하지 않음
옥외	비용이 적게 듦. 지역시장에 집중할 수 있음. 눈에 잘 띔. 반복적인 노출 기회가 있음	메시지가 짧고 단순해야 함. 고객 선별능력이 부족함. 교통사고에 위험하다는 비판을 받음
다이렉트메일	고객 선별능력이 좋음. 복잡한 정보와 개인화된 메시지를 포함할 수 있음. 고화질 그래픽 가능	접촉 건당 비용이 높음. 좋지 않은 이미지가 있음(스팸메일)

도표 16–2 광고주들은 여러 매체의 장단점을 고려해야 한다.

Night Football)〉 30초짜리 광고는 69만 9,602달러이고, 〈모던패밀리(Modern Family)〉 30초짜리 광고는 23만 9,782달러, 〈맥가이버(MacGyver)〉 30초짜리 광고는 7만 6,143달러다. 이러한 높은 비용 때문에 많은 광고주들이 기존의 30초, 또는 60초짜리 광고에 투자하는 대신 프로그램 중간에 방영되는 덜 비싼 15초짜리 '스팟(spot)' 광고를 선택하고 있다. 실제로 모든 TV 광고의 약 44%가 15초 길이로 재생된다. 최근 연구에 따르면, 프로그램 중간 광고와 일련의 광고에서 다른 광고보다 상대적으로 재생시간이 긴 광고가 광고효과에 영향을 미친다고 한다. 또 며칠 후 DVR(digital video recorder, 디지털 영상 저장장치)에서 시청할 수 있는 프로그램보다는 실시간으로만 방영되는 라이브 이벤트(live events) 프로그램으로 광고주들의 관심이 옮겨가고 있다는 징후도 나타난다.

다른 보편적 형식의 TV 광고가 바로 인포머셜이다. **인포머셜**(informercial)이란 잠재고객과 소통하기 위해 교육적 접근방식을 사용하는 일반 프로그램 길이의 30분짜리 광고다. 라이프록(LifeLock), 뉴트리뷸릿(NutryBullet), 프래브리지마스터(FrarbridgeMaster), 옥시클린(OxiClean) 제품은 인포머셜 광고를 활용했다. 인포머셜은 유익하고 재미있으며 30분짜리가 425달러에 불과하기 때문에 점점 인기

인포머셜
잠재고객과 소통하기 위해 교육적 접근방식을 사용하는 광고로 일반 프로그램과 같은 길이(30분)로 제작됨

를 끌고 있다. 이 업계는 연 매출 2,500억 달러 이상을 창출하며 여러 제품을 장기적인 성공으로 이끌어냈다. 한 예로 헬스클럽 토탈짐(Total Gym)은 배우 척 노리스(Chuck Norris)와 모델 크리스티 브링클리(Christie Brinkley)가 등장하는 인포머셜 광고로 10억 달러 이상의 매출을 올렸다.

라디오 미국에만 1만 5,500여 개의 라디오 방송국이 있으며, 이 중 약 4,660개가 AM 방송국이고 1만 860개가 FM 방송국이다. 또 수천 개의 웹캐스트 인터넷 라디오 방송국이 존재한다. 라디오의 주된 장점은 세분화된 매체라는 것이다. 예를 들어 미군방송망(American Force Network), 가족생활네트워크(the Family Life Network), 비즈니스토크라디오(Business Talk Radio), 자동차경주네트워크(the Performance Racing Network)는 모두 다른 세분시장에서 청취된다. 위성라디오 서비스인 시리우스XM(Sirius XM)은 월별 청취료를 지불하는 고객에게 전국적으로 175개 이상의 디지털 품질 방송을 제공한다. 많은 채널이 100% 광고 없이 운영된다. 또 판도라(Pandora), 스포티파이(Spotify), 사운드클라우드(SoundCloud) 같은 인터넷 라디오 서비스들이 청취자들에게 개인화된 채널을 제공한다. 라디오는 여전히 전체 성인의 91%에 매주 도달되고 있지만, 오늘날에는 여러 미디어의 등장으로 인해 라디오 청취시간이 감소세를 보이고 있다. 그러나 평균적인 밀레니얼세대(1980년대 초부터 2000년대 초 사이에 출생한 세대)들은 매주 라디오를 9.9시간 청취하고 있으므로, 대학생과 이제 막 졸업한 사람들을 표적시장으로 하는 기업에게 라디오는 중요한 매체다.

라디오의 단점은 눈으로 보아야 하는 제품에 대한 사용이 제한적이라는 것이다. 또 다른 문제는 고객이 방송국을 바꾸면서 광고를 피하기 쉽다는 것이다. 라디오는 사람들이 운전, 일, 휴식과 같이 다른 활동을 하는 중에 주목을 끌기 위해 경쟁하고 있다. 라디오 청취량은 아침에 운전할 때(오전 7시에서 9시) 가장 높으며, 낮 시간 동안 높은 수준을 유지하다가 사람들이 집으로 돌아가 저녁활동을 시작하는 오후 4시 경에는 감소되기 시작한다.

잡지 〈에어비앤비매그〉는 홈셰어링 서비스를 이용하는 한정된 세분시장인 여행자들에게 호소한다.

Source: Airbnb, Inc.

잡지 잡지는 매우 전문화된 매체다. 실제로 현재 7,293개 이상의 소비자 대상 잡지가 존재한다. 잡지 〈에어비앤비매그(Airbnbmag)〉는 에어비앤비의 홈셰어링(homesharing) 서비스에서 자주 검색되는 여행 잡지다. 잡지 〈크리@트(Cre@te)〉는 독자들이 과학, 기술 및 공학을 사용하여 가정에서 훌륭한 프로젝트를 만들도록 영감을 주기 위해 고안되었다. 〈밀크 스트리트(Milk Street)〉는 '새로운 가정식'에 접근하는 방식에 대한 잡지로 광고가 실리지 않는다. 여러 잡지 출판사들이 기존 잡지의 디지털 버전을 추가하고 있다. 한 예로 〈스케이트보더(Skateboarder)〉는 독자들이 잡지사의 웹사이트나 개인의 아이패드, 스마트폰에서 해당 잡지를 읽을 수 있도록 했다. 〈오토 트레이드(Auto Trade)〉, 〈컴퓨터 위클리(Computer Weekly)〉와 같은 잡지들은 온라인 버전만 제공하고 인쇄물은 출간하지 않는다. 마지막으로 가정 라이프스타일 전문 잡지 〈굿하우스키핑(Good Housekeeping)〉, 여성 잡지 〈엘르(Elle)〉는 자사 출판물에 음성 사용자 인터페이스(voice user interface, VUI) 버전을 추가하여 아마존

(Amazon)의 알렉사(Alexa)나 애플의 시리(Siri) 같은 음성 보조장치에서 들을 수 있게 했다.

잡지의 장점은 좁은 범위의 세분시장에 호소하는 특정 관심사에 대한 출판물의 수가 많다는 것이다. 조깅하는 사람들은 〈러너스 월드(Runner's World)〉를 읽고, 요트를 즐기는 사람들은 〈요팅(Yachting)〉을 구독한다. 정원을 꾸미는 사람들은 〈가든디자인(Garden Design)〉을 구독하며, 어린이들은 〈스포츠 일러스트레이티드 포 키드(Sports Illustrated for Kid)〉를 읽는다. 인기 있는 잡지 카테고리는 예술, 골동품, 패션, 여행, 요리, 자동차, 스포츠, 건강이다. 각 잡지의 독자들은 종종 독특한 특성을 보인다. 〈롤링스톤(Rolling Stone)〉의 독자들은 대부분 다른 사람보다 음악을 더 많이 듣는 경향이 있다. 따라서 위성 라디오 시리우스XM은 〈롤링스톤〉 잡지에 광고를 하면 표적청중의 관심을 끌 수 있겠다고 생각했다. 여러 매체에 게재된 광고를 비교한 최근 연구에 의하면, 잡지 광고는 다른 매체보다 더 많은 '영감'을 준다고 한다.

전국 대상 잡지에 광고할 때 비용이 많이 든다는 것이 단점이기는 하지만, 여러 전국구 잡지들은 절대적인 비용과 낭비되는 취급 범위를 줄일 수 있도록 지역판 또는 특정 대도시 전용판을 출간하고 있다. 〈타임〉은 라틴아메리카판, 캐나다판, 아시아판, 남태평양판, 유럽판, 미국판 등 400개가 훌쩍 넘는 지역판을 출간하고 있다.

©Shaul Schwarz/Getty Images

신문 신문은 우수한 도달력을 가진 중요한 지역 매체다. 미국에서는 한국과 달리 〈USA 투데이〉와 〈월스트리트저널〉을 제외한 모든 일간지가 지역을 대상으로 발간된다. 광고는 매일 발간되기 때문에 24시간 할인행사처럼 현재 시행되는 특정 행사에 초점을 맞출 수 있다. 지역 소매업체들은 유일하게 이용하는 광고매체로 종종 신문을 활용한다. 구독자들은 신문을 거의 보관하지 않으므로(자신이 선택한 광고를 따로 오려서 보관할 수도 있지만), 기업들은 일반적으로 고객의 즉각적인 반응이 필요한 광고를 한정해 집행한다. 신문은 잡지와 같은 수준의 고화질 컬러 광고를 기대할 수도 없다.

지역 유통업자들과 협력할 때를 제외하면 전국구 광고캠페인에서 신문을 활용하는 경우는 드물다. 이 장의 뒷부분에서 설명하겠지만, 제조업체와 지역 유통업자들이 협력할 때는 협력광고 프로그램의 비용을 분담하기도 한다. 또 다른 예외는 〈월스트리트저널〉이나 〈USA 투데이〉 같은 신문을 이용하는 것이다. 두 신문사는 각각 109만 9,000명과 85만 2,000명의 독자를 위한 전국 배급망을 갖고 있다. 미국 동북부를 중심으로 하는 신문 〈메트로(Metro)〉는 보스턴, 뉴욕, 필라델피아와 유럽, 북미 및 남미, 아시아의 100개 도시에서 매일 1,800만 명의 독자에게 전달된다. 오늘날에는 〈뉴욕타임즈〉, 〈월스트리트저널〉, 〈시카고 선타임즈(Chicago Sun-Times)〉, 〈샌프란시스코 크로니클(San Francisco Chronicle)〉 등 수백 개의 신문에서 온라인 버전을 제공하고 있다.

종이에 인쇄된 〈옐로페이지〉는 매년 110억 번 이상 사용된다. 해당 매체의 장단점을 본문에서 찾아보자.
©studiomode/Alamy Stock Photo

옐로페이지 〈옐로페이지〉는 미국에서 약 80억 달러를 지출하는, 옥외광고에 필적할 만한 광고매체다. 지역검색협회(Local Search Association)에 따르면, 미국 소비자의 40%가 최소 1년에 한 번 이상 종이로 된 〈옐로페이지〉를 이용하고, 25%는 매달 온라인 옐로페이지(데스크톱, 태블릿 및 모바일)를 사용한다고 한다. 매체의 사용량이 높은 이유는 이 전화번호부가 거의 모든 가구에 접촉할 수 있기 때문이다. 다른 매체가 인지도와 수요를 창출한 후, 〈옐로페이지〉는 소비자가 그것을 어디서 구매할 수 있는지 알려주기 때문에 방향을 제시하는 매체라고 할 수 있다. 한 가지 단점은 전화번호부가 늘어나고 있다는 점이다. 현재 덱스YP(DexYP)의 〈리얼 옐로페이지(Real Yellow Pages)〉, 히부(Hibu)의 〈옐로북(Yellowbook)〉이 여러 도시, 인접한 지역, 인종집단을 위해 전화번호부를 경쟁적으로 제작하고 있다.

인터넷 인터넷은 이미 매우 다양한 산업들을 끌어모은, 광고비 지출 측면에서 가장 많이 활용되는 매체이다. 이것은 광고주들에게 상대적으로 새롭다. 온라인광고는 시각적 메시지를 제공한다는 점에서 인쇄광고와 유사하다. 온라인광고의 추가적인 이점은 오디오와 비디오 기능을 사용할 수 있다는 것이다. 온라인광고에는 다양한 선택 대안이 존재한다. 가장 인기 있는 옵션은 유료 검색, 디스플레이(배너) 광고, 항목별 광고(classified ad)와 비디오다. 온라인광고는 또 상호작용할 수 있다는 독특한 특징을 지닌다. 리치미디어(rich media)라 불리는 상호작용광고는 메뉴 구조를 설계할 수 있는 드롭다운 메뉴(drop-down menu), 내장 게임, 검색엔진 등이 있어 시청자들의 관심을 끈다. 온라인광고는 온라인에서 의사소통하는 것을 선호하는 젊은 소비자들에게 접근할 기회를 제공해준다.

크레이그스리스트(Craigslist, 미국 중고거래 사이트)에 게재된 광고와 같은 분류된 광고와 비디오 광고는 옐로페이지, 잡지, 신문 및 TV 같은 다른 매체의 여러 장점과 특성을 제공함으로써 온라인광고 성장에 기여한다. 비디오광고는 사람들이 친구와 광고를 공유할 때 입소문으로 전달(viral)되는 이점이 있다. 인터넷 접속이 가능한 지역이 늘어나면서 스마트폰의 인기가 급증함에 따라 온라인광고가 모바일(mobile)의 독특한 특성과 결합하고 있다. **모바일마케팅**(mobile marketing)에는 조직이 모든 모바일기기를 통해 소비자와 소통하고 관계를 맺는 광범위한 대화형 메시징 옵션이 활용된다. 최근 연구 결과, 모바일기기에서 이용할 수 있는 위치 데이터가 모바일마케팅 노력의 효과를 실질적으로 증가시킬 수 있다는 것이 밝혀졌다.

모바일마케팅
조직이 모바일기기를 통해 소비자와 소통하고 관계를 맺는 광범위한 상호작용적 메시징 옵션이 활용됨

온라인광고의 단점은 영향력을 측정하기가 어렵다는 것이다. 어떤 기업들은 이를 극복하기 위해 시청자들이 온라인광고를 본 후 며칠 후나 몇 주 후에 자신의 컴퓨터에서 어디로 가는지를 추적하는 방법을 시험하고 있다. 닐슨(Nielsen)의 온라인 평가서비스는 20개 국에서 50만 명의 컴퓨터에 설치된 측정기를 통해 실제 인터넷 사용을 측정하고 있다. 온라인과 오프라인 행동 간의 관계 측정도 중요하다. 139개의 온라인광고캠페인을 연구한 콤스코어(ComScore)의 최근 연구에 따르면, 온라인광고가 항상 '클릭'을 유도하지는 않지만, 구매가능성을 17% 늘렸고 광고주 웹사이트 방문을 40% 증가시켰다고 한다. '책임 있는 의사결정' 박스에서 클릭사기가 온라인광고 효과 평가의 필요성을 어떻게 증가시켰는지 살펴보도록 하자.

콤스코어는 웹사이트가 디지털 잠재고객에게 미치는 영향을 측정하여 웹사이트의 효과를 평가한다.
Courtesy of comScore, Inc.; (tape measure): ©Kim Hall/Getty Images

옥외광고 소비자에게 제품을 상기시키는 데 매우 효과적인 매체 중 하나는 좋아하는 경기장에 있는 점수판과 같은 옥외광고(outdoor advertising)다. 옥외광고의 가장 흔한 형식인 빌보드(옥외광고판)는 도달률과 접촉빈도에서 높은 성과를 보여주며, 관련 장소에서 재미있는 방식으로 유용한 정보를 제공할 때 구매율을 증가시키는 것

으로 나타났다. 옥외매체의 가시성은 잘 알려진 제품에 대한 보조적인 강화수단이며, 상대적으로 비용이 적게 들고, 융통성 있는 대안을 제공한다. 기업은 원하는 지역시장에서 광고할 공간을 구매할 수 있다. 옥외광고의 단점은 긴 광고 카피를 사용할 수 없다는 것이다. 옥외광고를 하기에 좋은 입지란 교통 흐름의 유형과 사람들의 시야에 따라 달라진다. 만일 여러분이 대도시에서 산다면 옥외광고의 유형 중 하나인 교통수단광고(버스, 전철, 경전철, 택시 내외부에 있는 메시지)를 보았을 것이다.

옥외광고는 소비자에게 제품을 상기시킬 수 있는 효과적인 매체다.

©Bhubeth Bhajanavorakul/Shutterstock

기타 매체 전통적 매체가 더 비싸지고 산만해지면서 광고주들이 장소 기반 매체(place-based media)라 불리는 다양한 비전통적 광고 대안에 매력을 느끼고 있다. 버스정류장, 공항, 의사 진료실, 헬스클럽, 영화관(영화 시작 전 광고 상영), 식료품점, 심지어 술집이나 레스토랑, 나이트클럽 화장실 등 특정 목표고객에게 노출될 수 있는 곳들에 메시지가 위치해 있다. 주유소, ATM, 엘리베이터의 비디오 화면에도 광고가 등장하며, 광고의 상호작용성이 증가하고 있다.

250억 달러 규모의 이 산업은 점포 내 캠페인을 사용하는 AT&T, JC페니 같은 광고주뿐만 아니라 헬스클럽, 공항, 호텔에서 장소 기반 광고를 사용하는 보험사 게이코(Geico), 스프린트(Sprint), 페덱스(Fedex) 등의 광고주들을 끌어들였다. 한 연구는

책임 있는 의사결정

윤리

클릭사기는 누가 책임져야 할까?

많은 광고주들이 인쇄매체, TV광고에서 인터넷광고로 광고 예산을 전환시켰으며 인터넷광고 지출은 780억 달러를 초과하고 있다. 대부분 광고주에게 온라인광고의 이점은 광고를 클릭했을 때만 비용이 지불된다는 것이다. 유감스럽게도, 매체의 성장으로 인해 오로지 광고주가 지불해야 할 금액을 늘리려는 목적으로 광고를 클릭하는 기만적 수법인 '클릭사기(click fraud)'가 나타나고 있다. 클릭사기에는 여러 종류가 있다. 한 가지는 '읽은 만큼 지불하기(Paid-to-Read, PTR)'로 이는 단순히 광고를 클릭시키기 위해 회원을 모집하고 금액을 지불하게 한다. 또 다른 방법은 '클릭봇(clickbot)'으로 이것은 모바일장치를 통해 광고를 자동으로 클릭하게 하는 소프트웨어 프로그램이다. 실제로 이러한 행위를 적발하고 막는 것은 어려운 일이다. 구글은 최근 1년 동안 3,600만 번 다운로드된 애드웨어(adware, 특정 소프트웨어를 실행할 때 또는 자동으로 활성화되는 광고 프로그램)가 포함된 앱 41개를 발견했다. 전문가들은 클릭의 최대 20%가 사기의 결과일 수 있으며, 광고주에게 매년 65억 달러의 비용이 발생하고 있다고 추정한다.

©Aleksandra H. Kossowska/Shutterstock

온라인광고산업조사단은 합법적인 웹사이트 접속자들이 사이트를 둘러보려는 의사 없이 광고를 클릭하여 나타나는 클릭사기와 유사한 방식을 발견했다. 한 소비자는 "사이트를 무료로 사용하기 위해서는 가끔 광고 배너를 클릭해야 한다는 것을 알고 실제로 그렇게 해요"라고 말했다. 스테판 더브너(Stephen Dubner)는 이를 '웹티핑(webtipping)'이라고 부른다.

인터넷광고산업이 성장하면서 클릭사기 문제를 해결하는 일은 더욱 중요해질 것이다. 소비자, 광고주, 유료 광고를 수행하는 웹사이트, 대규모 포털사이트 모두가 복잡한 기술과 법적·사회적 상황과 관련되어 있다. 광고업계의 미디어평가위원회(Media Ratings Council)는 이러한 해결책을 제안한다. 광고의 50%는 1초 이상 노출되면 광고비가 지불된다. 그러나 유니레버(Unilever)와 같은 일부 광고주들은 광고가 100% 시청되어야 한다고 주장한다. 일부 광고주들은 '스마트가격 책정'을 요구하고 있다. 클릭이 구매 또는 정보 요청과 같은 소비자행동으로 이어지지 않는 경우 소액을 지불하겠다는 것이다.

클릭사기에 대한 해결책 찾기는 누가 주도해야 하는가? 그들은 광고산업, 웹사이트 및 소비자들을 위해 어떤 조치를 취할 수 있는가?

이 장소 기반 광고는 소비자의 관심을 끌기 위해 상호작용하고 있다.
©Roman Tiraspolsky/Shutterstock

영화 상영 전 광고처럼, 장소 기반 광고를 독창적으로 사용하면 소비자의 광고에 대한 기억을 향상시킬 수 있다는 의견을 제시했다.

광고스케줄링

제품을 광고하기 위한 정확한 일정이 존재하지는 않지만, 광고에는 반드시 세 가지 요소가 고려되어야 한다. 첫 번째는 구매자 회전률(buyer turnover)의 문제다. 이는 얼마나 자주 새로운 구매자들이 제품을 구매하기 위해 시장으로 진입하는지에 대한 것이다. 구매자 회전률이 높을수록 더 많은 광고가 필요하다. 두 번째는 구매빈도(purchase frequency)다. 제품이 더 자주 구매될수록 광고를 반복할 필요가 줄어든다. 마지막으로 망각률(forgetting rate)을 고려해야 한다. 이는 구매자들이 광고가 보이지 않을 때 해당 브랜드를 잊어버리는 속도를 말한다.

스케줄링을 정할 때는 시장이 어떻게 움직이는지를 이해해야 한다. 대부분의 기업들이 다음과 같은 세 가지 기본적인 접근법 중 한 가지를 따르는 경향이 있다.

- 지속형(일정한) 일정: 계절적 요인이 중요하지 않다면 1년 내내 광고를 일정하게, 지속적으로 운영한다.
- 비행형(간헐적) 일정: 광고를 전혀 하지 않다가 계절적 수요를 반영해야 할 때 일정을 잡는다.
- 맥박형(집중형) 일정: 수요의 증가, 프로모션활동을 집중시키는 기간, 신제품 출시로 인해 비행형 일정과 지속형 일정을 결합시킨 형태다.

예를 들어, 아침 식사용 시리얼 같은 제품은 1년 내내 안정적 수요가 있어서 광고에 지속형 일정을 사용할 것이다. 반면 스키나 선탠 로션 같은 제품은 계절적 수요가 있어 수요가 높은 기간에 광고를 집중시키는 비행형 일정으로 광고를 수행할 것이다. 장난감이나 자동차 같은 제품은 매출을 프로모션하기 위해 1년 내내 광고를 지속하겠지만, 휴일이나 신차 출시 기간처럼 수요 증가가 예상되는 특별한 기간에는 광고를 집중시키는 맥박형 일정이 필요할 것이다. 몇 가지 근거에 의하면, 맥박형 일정은 다른 전략보다 우월한 것으로 나타났다. 특정 광고의 효과는 보통 빠르게 사라지기 때문에, 다양하게 변형하는 것이 더욱 효과적이라는 연구 결과도 있다.

학 습 리 뷰

1. 〈타임〉이나 〈포춘〉과 같은 잡지, 광고 게시판, TV에서 동일한 광고를 보았다고 가정하자. 이것은 도달률의 예인가, 접촉빈도의 예인가?
2. 인터넷은 왜 인기 있는 광고매체가 되었는가?
3. 광고스케줄링을 결정하는 것에 대한 세 가지 접근방법을 설명해보자.

광고 프로그램 실행

광고 프로그램 실행이란, 광고 카피를 사전에 조사하고 실제로 실행하는 과정을 말한다. 필라델피아에 있는 백화점 와나메이커(Wanamaker)의 창립자 존 와나메이커는 "저희의 광고 절반이 낭비되었단 걸 알지만 어느 절반인지는 모릅니다"라고 말했다. 마케터들은 광고활동을 평가함으로써 광고에 대한 지출을 낭비하지 않았음을 확인할 수 있다. 평가는 대개 두 번으로 나누어 진행된다. 광고가 실제 캠페인으로 수행되기 전과 후다. 아이디어 창출 및 광고 카피 개발 단계의 평가과정에서 사용되는 몇 가지 방법들은 다음에서 논의하기로 한다.

광고 사전조사

광고가 의도한 메시지를 전달하는지 밝히기 위해, 또는 광고 대안 중에서 선택하기 위해, 광고가 어떤 매체에 게재되기 전에 **사전조사**(pretest)가 수행된다.

사전조사
광고가 의도한 메시지를 전달하는지 또는 광고 대안 중에서 선택하기 위해 매체에 게재되기 전에 시행하는 조사

포트폴리오조사 포트폴리오조사는 카피 후보안을 테스트할 때 사용한다. 테스트 광고는 다른 여러 광고 및 스토리가 들어간 포트폴리오에 포함시키고, 소비자들에게 이 포트폴리오를 읽어달라고 부탁한다. 그 후 조사 대상자들에게 광고에 대한 인상을 '매우 유익하다'부터 '매우 유익하지 않다'와 같은 몇 개의 평가척도로 표현해달라고 요청한다.

심사단조사 심사단조사에는 소비자패널에게 광고 카피를 보여주고, 이들이 카피를 얼마나 좋아하는지, 얼마나 주의를 끄는지, 얼마나 매력적인지를 평가하도록 하는 내용이 포함된다. 이 접근방법은 소비자의 반응을 얻는다는 점에서 포트폴리오조사와 유사하지만, 포트폴리오조사와 달리 테스트광고가 다른 광고 속에 숨겨져 있지 않다.

극장조사 극장조사는 가장 정교한 형태의 사전조사다. 소비자들에게 테스트광고가 들어간 새로운 TV쇼나 영화를 보도록 요청하는 것이다. 시청자들은 상영 중에 광고에 대한 자신의 감정을 작은 전자기록장치에 기록하거나 상영 후 설문지에 기록한다.

실제 광고 프로그램 실행

실제 광고 프로그램 실행의 책임은 세 가지 유형 중 한 가지 유형의 대행사에 의해 진행된다. 종합서비스 대행사(full-service agency)는 시장조사, 매체 선택, 광고카피 개발, 예술작업, 제작을 포함한 가장 포괄적인 서비스를 제공한다. 대행사에 대한 가장 일반적인 보상 형태는 수수료를 기반으로 한 모델이지만, 최근 전국광고주협회(Association of National Advertisers)의 설문조사에 따르면 이 방법에 변화가 생길 수 있다고 한다. 또 다른 형태의 보상은 미디어비용가치의 일정 비율을 지불하는 수수료 기반 모델이다. 마지막으로 통합적 마케팅 접근방법을 도입한 성과에 근거한 인센티브제도를 활용한다. 이 방식에서는 일반적으로 보상을 특정 성과 목표와 연계시킨다. 그러나 인센티브 기반 모델을 사용하는 경우도 감소할 가능성이 있다. 전통적 및 디지털 마케팅요소와 함께 매우 복잡해질 수가 있기 때문이다.

한정서비스 대행사(limited-service agency)들은 광고 카피를 개발하기 위한 크리에이티브 서비스를 제공하거나, 이전에 구입하지 않은 매체를 구매하거나(매체 대행사), 인터넷서비스를 제공하는 것(인터넷 대행사)과 같이 광고의 한 분야를 전문으로 다룬다. 크리에이티브 작업을 다루는 한정서비스 대행사들은 수행된 서비스에 대한 계약에 의해 보상을 받는다. 마지막으로, 회사의 자체 광고 담당 직원들로 구성된 사내대행사(in-house agencies)에서는 종합서비스나 한정서비스를 제공한다.

광고 프로그램 평가

광고의 의사결정과정은 프로그램을 실행하는 것에서 끝나지 않는다. 광고가 의도한 목표를 달성했는지 확인하기 위해서는 평가를 거쳐야 하고, 평가 후 광고 프로그램에 문제가 있다면 광고를 개선해야 한다고 제안할 수도 있다.

광고의 사후조사

표적청중에게 광고를 보여주고 난 후, 의도한 목표가 달성되었는지 확인하기 위해 **사후조사**(posttests)를 실시한다. 여기서는 사후조사에서 널리 사용되는 다섯 가지 접근방법에 대해 논의할 것이다.

사후조사
의도한 목표가 달성되었는지 확인하기 위해 표적청중에게 광고를 보여주고 난 후 시행되는 조사

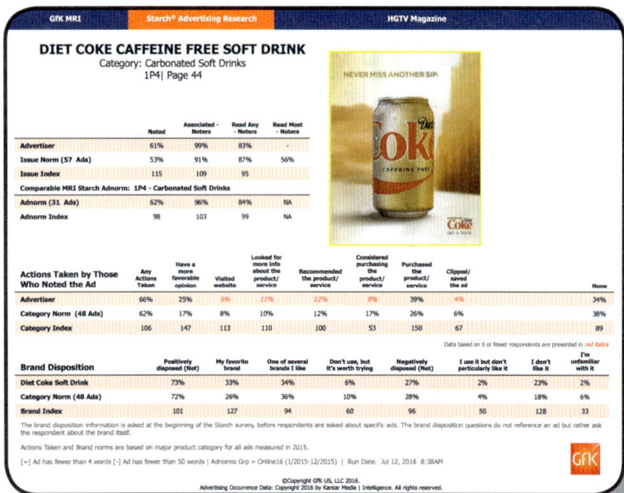
GfK MRI | Starch® Advertising Research | HGTV Magazine

DIET COKE CAFFEINE FREE SOFT DRINK
Category: Carbonated Soft Drinks
1P4| Page 44

	Noted	Associated - Noters	Read Any - Noters	Read Most - Noters
Advertiser	61%	99%	83%	-
Issue Norm (57 Ads)	53%	91%	87%	56%
Issue Index	115	109	95	
Comparable MRI Starch Adnorm: 1P4 - Carbonated Soft Drinks				
Adnorm (31 Ads)	62%	96%	84%	NA
Adnorm Index	98	103	99	NA

Actions Taken by Those Who Noted the Ad	Any Actions Taken	Have a more favorable opinion	Visited website	Looked for more info about the product/service	Recommended the product/service	Considered purchasing the product/service	Purchased the product/service	Clipped/saved the ad	None
Advertiser	66%	25%	*9%*	*11%*	*12%*	*9%*	39%	*4%*	34%
Category Norm (48 Ads)	62%	17%	8%	10%	12%	17%	26%	6%	38%
Category Index	106	147	113	110	100	53	150	67	89

Data based on 9 or fewer respondents are presented in *red italics*

Brand Disposition	Positively disposed (Net)	My favorite brand	One of several brands I like	Don't use, but it's worth trying	Negatively disposed (Net)	I use it but don't particularly like it	I don't like it	I'm unfamiliar with it
Diet Coke Soft Drink	73%	33%	34%	6%	27%	2%	23%	2%
Category Norm (48 Ads)	72%	26%	36%	10%	28%	4%	18%	6%
Brand Index	101	127	94	60	96	50	128	33

The brand disposition information is asked at the beginning of the Starch survey, before respondents are asked about specific ads. The brand disposition questions do not reference an ad but rather ask the respondent about the brand itself.

Actions Taken and Brand norms are based on major product category for all ads measured in 2015.

[=] Ad has fewer than 4 words [-] Ad has fewer than 50 words | Adnorms Grp = Online16 (1/2015-12/2015) | Run Date: Jul 12, 2016 8:38AM

스타치 테스트는 보조회상을 이용하여 광고를 네 가지 차원에서 평가한다. 자세한 내용은 본문에서 찾아보자.

Courtesy of GfK North America

보조기억 광고를 보여준 후에, 이전의 광고가 보고, 듣고, 읽은 것 중에서 어떤 방법을 통해 노출되었는지 응답자들에게 질문하는 것이다. 좌측에 제시된 스타치(Starch) 조사는 보조기억(aided recall)을 이용하여 ① 특정 잡지 광고를 본 것을 기억하는 사람의 비율(주목된 비율), ② 제품이나 브랜드를 파악할 수 있는 광고 부분을 보거나 읽은 사람의 비율(보고 연상하는 비율), ③ 광고 카피 일부를 읽은 사람의 비율(일부를 읽은 비율), ④ 적어도 광고의 절반을 읽은 사람의 비율(대부분을 읽은 비율)을 결정한다. 사진에 나타난 바와 같이 그 후 광고요소들이 조사 결과에 첨부된다.

비보조기억 비보조기억(unaided recall) 접근법에서는 응답자들이 광고 메시지를 보거나 들었는지 여부를 판단하도록 대답을 유도하지 않고 "어제 본 광고 중에서 기억나는 것은?"과 같은 질문을 응답자에게 던진다.

태도조사 태도조사에서는 광고캠페인 실행 후 응답자의 태도 변화를 측정하기 위해 몇 가지 질문을 응답자에게 던진다. 예를 들어 광고된 제품에 더 호의적인 태도를 가지고 있는지를 질문하는 것이다. 최근 연구에 따르면, 소비자생성광고(consumer-generated ads)를 개발하기 위해 공동 제작이 일반화되는 등 많은 요인이 태도에 영향을 미친다.

질의조사 질의조사(inquiry test)는 추가적인 제품정보 요구, 걸려온 전화 횟수, 제품 샘플이나 사은품 요청 등 광고로부터 발생한 소비자 질의를 기반으로 하여 광고의 효과를 조사하는 방식이다. 여기서는 질의를 가장 많이 만들어내는 광고가 가장 효과적이라고 추정한다.

판매조사 판매조사(sales test)란 통제된 실험(예: 한 시장에서 라디오광고를 수행하고 다른 시장에서 신문광고를 수행하여 결과를 비교하는 것)과 소비자구매조사(주어진 광고캠페인으로부터 나온 소매점 매출 측정)와 같은 조사를 말한다. 오늘날 가장 정교한 실험방법은 제조업체, 유통업체, 광고대행사가 케이블TV 시스템을 통해 광고 관련 변수(스케줄이나 광고 카피 등)를 조작하고 슈퍼마켓의 계산대 스캐너로부터 구한 자료를 추적하여 발생하는 매출에 대한 효과를 측정하는 것이다.

필요한 변경 실행

광고 카피의 사후조사 결과는 광고 프로그램의 변경 사항에 대한 결정에 사용된다. 사후조사 결과 인지도, 비용효율성 또는 판매 측면에서 광고 실적이 저조한 것으로 나타나면 향후 이 광고는 삭제되고 다른 광고가 대신 실행될 수 있다. 때로 광고는 매우 성공적일 경우가 있는데, 이 경우 반복 실행하거나 더 큰 광고 프로그램의 기반으로 사용할 수 있다.

학습리뷰

1. 광고 카피의 사전조사와 사후조사의 차이점을 설명해보자.
2. 보조기억을 이용한 사후조사와 비보조기억을 이용한 사후조사의 차이점은 무엇인가?

판매촉진

판매촉진은 연간 지출 820억 달러 이상을 차지하는 프로모션믹스의 핵심요소이다. 제니스미디어서비스(Zenith Media Services)의 최근 예측에 따르면, 판매촉진에 대한 지출이 프로모션 전체 지출의 18%를 차지했다고 한다. 판매촉진에 대한 지출 증가는 다양한 프로모션요소를 활용하는 통합적 마케팅 커뮤니케이션 프로그램으로 옮겨가고 있는 트렌드를 반영한 것이다. 여러 프로모션요소 중 선택 및 통합을 위해서는 각 판매촉진 프로그램의 장단점을 정확히 이해하고 있어야 한다. 판매촉진은 브랜드충성도, 품질 인식, 구매의도 및 구매에 긍정적인 영향을 미칠 수 있다. 판매촉진은 크게 소비자 대상 판매촉진과 유통업체 대상 판매촉진의 두 가지로 구분된다.

목표 4 소비자 대상 판매촉진 및 유통업체 대상 판매촉진의 강점과 약점을 논할 수 있다.

소비자 대상 판매촉진

최종고객을 대상으로 하는 **소비자 대상 판매촉진**(줄여서 소비자판매촉진)은 기업의 광고와 인적판매를 지원하기 위한 판매수단이다. 소비자 대상 판매촉진 방법에는 쿠폰, 할인판매(deals), 사은품(premium), 콘테스트대회(contest), 경품(sweepstake), 샘플, 로열티 프로그램, POP 전시물(point of purchase displays), 리베이트, PPL(product placement) 등이 있다.

소비자 대상 판매촉진
최종 소비자를 대상으로 광고와 인적판매를 지원하기 위하여 사용하는 판매수단

쿠폰은 할인가격을 제시함으로써 시용을 유도한다. 쿠폰이 판매량을 늘리는지에 관해서는 본문을 참조해 보자.

McGraw-Hill Education/Mike Hruby, photographer

쿠폰 쿠폰이란 시용(trial)을 유도하기 위해 소비자에게 할인된 가격을 제시하는 판매촉진방법이다. 매년 미국에서 약 5,500억 달러의 쿠폰 3,210억 장이 배포된다. 모든 쿠폰의 93% 이상은 신문에 삽입되어 전달된다. 소비자의 80%가 쿠폰을 사용하고 있다. 미국 소비자들은 연간 쿠폰을 약 25억 장 사용하여, 이를 통해 약 34억 달러를 절약하고 있다.

P&G, 네슬레, 크래프트(Kraft) 등의 여러 기업에서 쿠폰 발행량을 늘리고 있다. 쿠폰이 가장 많이 사용된 소매업체는 월마트, 크로거(Kroger), 타겟(Target)이었다. 발팍닷컴(www.valpak.com)이나 쿠폰닷컴(www.coupon.com)과 같은 웹사이트에서 발행되는 쿠폰, 휴대전화에서 발행되는 쿠폰의 수는 전체 쿠폰의 1% 미만을 차지하지만 계속해서 증가하고 있다. 온라인 쿠폰 사용률은 약 12%로, 다른 형태의 쿠폰보다 훨씬 많이 사용된다. 구루폰닷컴(Groupon.com)이나 리빙소셜닷컴(LivingSocial.com)과 같은 할인 거래 사이트는 쿠폰의 성장을 촉진하는 데 도움을 주었다. 오늘날 쿠폰은 거의 모든 제품군에서 남녀노소에 의해 사용된다.

일반적으로 쿠폰은 액면가보다 훨씬 많은 비용을 발생시킨다. 25센트짜리 쿠폰의 인쇄되는 전단 인쇄비용, 유통업체에 지불하는 처리비용, 교환이나 상환 등에 드는 비용 등을 합치면 쿠폰 액면가의 세 배에 달한다. 게다가 상환 오류나 위조 쿠폰 상환, 혹은 유효한 쿠폰이지만 제품이 구매되지 않고 상환되는 비용도 쿠폰 비용에 추가해야 한다. 쿠폰인포메이션(the Coupon Information) 회사는 기업들이 쿠폰사기로 매년 수억 달러 이상의 환불금을 추가 지불한다고 추정하고 있다. 최근 쿠폰사기가 급증하면서, 마케터들은 계산원이 소비자가 제시하는 쿠폰이 유효한지 확인할 수 있도록 홀로그램이나 시각적 보조물을 추가하는 것을 고려하고 있다.

할인판매 할인판매(deals)란 단기간의 가격 인하를 의미하며, 보통 잠재소비자의 시용을 늘리거나 경쟁기업의 행동에 맞대응하려는 의도로 사용된다. 예를 들어, 한 경쟁회사가 새로운 케이크믹스를 선보이면 다른 경쟁회사가 '하나 가격으로 두 개 구입'이라는 할인행사를 하여 이에 맞대응할 수 있다. 이러한 단기적 가격 인하는 케이크믹스 구매자의 부엌 선반에 재고가 쌓이도록 만들어, 경쟁사의 신제품 도입을 어렵게 만든다.

사은품 사은품(premium)이란 종종 사용되는 판매촉진방법으로 제품을 무료로 제공하거나, 소매가보다 상당히 낮은 가격으로 제공하는 것을 말한다. 후자 유형의 사은품은 자기변제금이라고도 불린다. 소비자에게 부과되는 가격이 제품 원가를 충당하기 때문이다. 맥도날드는 닌텐도스위치(Nintendo Switch) 콘솔이 출시되는 기간 동안 닌텐도와 프로모션 파트너십을 맺어 무료 사은품을 제공했다. 해피밀(Happy meal)을 구매하는 사람들에게 슈퍼마리오 피규어 8종을 무료로 제공한 것이다. 그렇다면 가장 인기 있는 사은품은 무엇일까? 국제판촉제품협회(Promotional Products Association International)에 의하면, 최고의 사은품은 의류나 필기도구, 쇼핑백, 컵, 머그잔, 책상용 액세서리 등이었다. 기업은 사은품을 제공함으로써 소비자가 제품을 재구매하거나 더 빈번하게 사용하도록 장려한다. 마케팅조사에 의하면, 할인 추구 소비자나 가치 추구 소비자 모두 사은품에 매력을 느낀다고 한다.

콘테스트 콘테스트(contest)란 소비자가 상을 받고자 자신의 기술이나 분석적·창조적 사고력을 적용하는 대회를 말한다. 비디오, 사진, 수필을 올려달라고 요청하는 형태는, 소비자생성콘텐츠(consumer-generated contents)의 유행과 잘 부합되므로 콘테스트 형식의 판매촉진이 증가하고 있다. 한 예로 나비코스(Nabisco)는 사람들에게 소셜미디어 플랫폼에서 먹고 싶은 쿠키 맛에 대한 아이디어를 요구하는 오레오 창조 콘테스트대회(the Oreo Creation Contest)를 후원했다. 심사위원단은 취향, 창의성, 독창성을 바탕으로 최종 후보를 선정했다. 가장 높은 점수를 받은 아이디어 세 가지는 실제 제품으로 만들어져 대중의 투표를 받기 위해 시장에 출시됐다. 우승자는 뉴욕 여행권과 50만 달러의 상금을 받았다. 만약 이러한 콘테스트를 좋아한다면 지금 온라인에서 콘테스트어바웃닷컴(www.contest.about.com)에 접속해보자.

나비스코의 '오레오 창조 콘테스트 대회'에서는 50만 달러와 뉴욕 여행권을 우승 상금으로 내걸었다.
Source: Nabisco

경품 경품(sweepstake)은 참가자들이 응모권을 제출하게 하는 판매촉진방법으로 소비자의 분석적·창조적인 노력을 요하지 않는 확률 게임이다. 경품의 예로는 매년 9,000만 개 이상의 응모권이 제출되는 HGTV의 "꿈의 집 무료 제공(Dream Home Giveaway)", "대상 수상자에게 100만 달러의 상금을 주는 맥도날드 모노폴리(Monopoly) 게임"이 있다.

현재 경품의 두 가지 유형이 인기를 얻고 있다. 첫 번째는 소비자들이 가치 있다고 생각하는 제품을 상으로 제공하는 유형이다. 한 예로 마스초콜릿(Mars Chocolate)은 소비자가 M&M 제품의 UPC 코드를 입력하여 토요타(Toyota) 자동차를 받을 수 있는 행사를 실시했다. 펩시는 스냅챗(Snapchat)을 이용하여 펩시와 펩시파이어 병에 적힌 코드를 제출하면 상품을 받을 수 있도록 했다.

두 번째 유형은 상으로 '경험'을 제공하는 것이다. 한 예로 닛산(Nissan)은 로스엔젤레스에서 열리는 TV 프로그램 〈더 보이스(The Voice)〉의 시즌 피날레를 관람할 수 있는 2인용 여행권을 후원했다. 이와 유사하게, 지난 5년간 피플엔터테인먼트 네트워크(People Entertainment Network)는 할리우드에서 열리는 오스카 시상식에 방문할 기회를 주는, 오스카 팬 체험 경품 행사를 후원했다. 연방법률, 연방통상위원회, 주의회는 당첨 확률이 정확히 제시되고 경품이 실제로 수여되도록 경품, 콘테스트 및 게임을 관리하는 규칙을 제정하고 있다. 실제로 마케팅기업 퍼블리셔스 클리어링 하우스(Publishers Clearing House, 경품 및 상품 기반 게임으로 상품 및 잡지 구독을 판매)와 월간지 〈러더스다이제스트(Reader's Digest)〉가 기획·시행한 경품 행사에서 문제가 발생하여 벌금이 부과된 적이 있다. 이들은 감사 결과에 따라 새로운 경품 지침을 준수하는 데 동의했다.

샘플 샘플(sample)은 널리 사용되는 또 다른 소비자 판매촉진방법이다. 제품을

벳앤제리의 무료 샘플은 고객들이 새로 나온 맛을 먹어보도록 장려하고, 플랜티의 로열티 프로그램은 단골고객에게 이득을 준다.

Sources: Left: Ben & Jerry's Homemade, Inc.; Right: ©McGraw-Hill Education

무료 또는 크게 할인된 가격으로 제공하는 것, 다시 말해 견본 혹은 견품을 제공하는 것이다. 보통 신제품에 사용되는 샘플은 고객의 손에 제품을 쥐여주는 형태이다. 샘플은 일반적으로 정상 패키지보다 작은 크기로 제공된다. 소비자가 샘플을 좋아하면, 해당 제품을 기억하고 구매할 것이라고 기대한다. 타코벨(Taco Bell)은 고객이 새로운 제품을 먹어보도록 장려하기 위해, 전국적으로 무료 시식을 여러 번 제공했다. 최근 타코벨은 프로 농구팀 골든스테이트워리어스(Golden State Warriors)가 NBA 결승전 원정 경기에서 이기자, 도리토스 로코스 타코(Doritos Locos tacos)를 무료로 제공했다. 이 제품은 가장 성공적인 신제품이 되었다. 마찬가지로 벤앤제리(Ben& Jerry's)는 '프리콘데이(Free Cone Day)'가 되면 아이스크림 한 스쿱을 무료로 제공한다. 일부 소비자들은 프리샘플즈(www.freesamples.org)와 같은 사이트에서 무료 샘플을 신청한다. 대학생 시절부터 무료 샘플을 받기 시작하여 현재 블로그에 무료 샘플 관련 내용을 포스팅하는 스테이시 피셔(Stacy Fisher)는 샘플에 대해 "새로운 것을 시도하고 돈을 절약하는 좋은 방법"이라고 말했다.

로열티 프로그램 로열티 프로그램(loyalty program)은 소비자가 수행한 구매활동에 감사를 표하고 구매액이 누적됨에 따라 포인트를 제공하여 반복 구매를 장려하고 보상하는 판매촉진도구다. 오늘날 가장 인기 있는 로열티 프로그램은 신용카드 보상 프로그램이다. 전체 신용카드의 75% 이상이 카드 사용에 대한 인센티브를 제공한다. 씨티은행(Citibank)은 씨티신용카드나 씨티직불카드를 사용하면 "땡큐(Thank You)" 포인트를 제공한다. 포인트는 책, 음악, 상품권, 현금, 여행권, 특별 한정기간 보상으로 상환된다. 항공사, 소매점, 호텔, 식품점도 인기 있는 로열티 프로그램을 내놓고 있다. 가정용품 소매상 베드베스앤비욘드(Bed Bath & Beyond), 전자제품 할인점 베스트바이(Best Buy)와 같은 전문 소매상들은 저렴한 제품과 경쟁 시 제품에 가치를 더하기 위해 보상 프로그램을 강화했다. 플렌티(Plenti)라는 새로운 보상

프로그램을 사용하면 메이시스(Macy's) 백화점과, 모빌(Mobil) 주유소, 라이트에이드(Rite Aid) 드러그스토어와 같은 여러 매장 및 사업체에서 포인트(점수)를 쌓을 수 있다. 현재 미국에는 33억 개 이상의 로열티 프로그램 멤버십이 존재하며 이것의 가구당 평균을 계산하면 29개에 달한다. 포인트 잔액은 500억 달러를 초과한다.

POP 전시물 우리는 종종 매장 통로에서 POP(point-of-purchase, 구매시점) 전시물이라고 불리는 판매촉진방식과 마주친다. POP 전시물은 광고 안내판의 형식을 취하며, 종종 실제로 제품을 보유하거나 전시한다. 일반적으로 계산대 근처나 통로 끝과 같이 통행량이 많은 장소에 위치해 있다. 실제로 영화 〈퍼시픽림〉의 POP 전시물은 DVD에 대한 소비자의 관심을 극대화하고 제품을 저장할 수 있게끔 설계되었다. 연간 POP 프로모션활동에 지출되는 비용은 POP가 다른 판촉방식과 통합되면서 더 증가할 것으로 예상된다.

POP 전시물은 점포 내 고객을 집중하게 하는 데 도움이 된다.

리베이트 현금 리베이트(rebate)는 구매입증을 근거로 돈을 돌려주는 것을 말한다. 통신망 사업체 T-Mobile은 최근 경쟁사 버라이즌(Verizon)에서 넘어온 픽셀(Pixel) 스마트폰 소유자에게 325달러 상당의 리베이트를 제공했다. 저렴한 제품에 리베이트가 시행될 때는, 리베이트를 받기 위해 구매했다고 하더라도 구매를 입증하는 자료 발송에 소요되는 시간 및 번거로움 때문에 많은 구매자가 리베이트 청구를 포기하거나 망각하는 경우가 많다. 하지만 이런 리베이트 '불이행'은 리베이트 판매촉진을 자주 이용하는 사람들에게는 잘 일어나지 않는 것으로 알려져 있다. 온라인 소비자들은 리베이트 청구가 용이하므로 리베이트를 이용할 가능성이 훨씬 높다.

PPL 소비자판매촉진의 마지막 유형은 **PPL**(product placement)이다. PPL이란 영화, TV쇼, 비디오게임, 다른 제품의 광고에 어떤 브랜드 제품을 넣어 광고로 활용하는 것이다. 스티븐 스필버그의 영화 〈ET〉에 삽입된 허쉬의 '리즈피스(Hershey's Reese's Pieces)'는 해당 캔디에 대한 큰 관심을 불러일으켰다. 이와 유사하게 톰 크루즈가 영화 〈리스키 비즈니스(Risky Business)〉에서 바슈롬(Bausch and Lomb)의 레이밴(Ray-Ban) 선글라스를 쓰고, 영화 〈탑건(Top Gun)〉에서 레이밴 에비에이터(Aviator) 선글라스를 쓴 후 해당 제품의 매출은 5년 만에 10만 개에서 700만 개로 치솟았다. 또 영화 〈토이스토리(Toy Story)〉의 상영 후, 엣치어스케치(Etch-A-Sketch)의 매출은 4,500% 늘었고, 미스터 포테이토헤드(Mr. Potato Head)의 매출 역시 800% 증가했다.

> **PPL**
> 브랜드가 부착된 제품을 영화, TV쇼, 비디오, 다른 제품의 광고에서 사용하는 소비자 판매촉진

최근에는 영화 〈블랙팬서(Black Panther)〉에서 렉서스(Lexus)의 자동차가 등장했다. 〈베이워치(Baywatch)〉의 언더아머(Under Armour), 〈라라랜드(La La Land)〉의 스텔라 아르투아(Stella Artois), 〈더 레고 배트맨(The Lego Batman)〉의 레고 제품들도 PPL이다. 영화에 PPL을 하는 수준이 가장 높은 브랜드는 무엇일까? 바로 영화 상위 50편 중에서 총 31편에 PPL을 넣은 포드(Ford)다. 그렇다면 PPL이 가장 많이 들어간 영화는 무엇일까? 109개의 식별가능한 브랜드와 제품이 등장하는 〈분노의 질주(The Fate of the Furious)〉다.

기존 광고에 대한 소비자의 저항으로 인해 광고주들이 새로운 형태의 프로모션을 시도하면서, 모든 PPL의 연간 가치는 약 60억 달러로 증가했다. PPL이 과

오늘날 PPL은 다양한 형태로 나타난다. 영화 〈블랙팬서〉에 등장한 PPL에 대한 내용을 본문에서 찾아보자.

도해졌다는 불만이 일자 연방통신위원회(the Federal Communications Commission)는 TV PPL에 대한 지침을 개발하기 시작했다. 한편 영국 정부는 최근 프로그램 전후에 대문자 'P' 로고가 표시되어 공개되는 경우에만 PPL을 허용하는 법을 통과시켰다. 그런데 이 같은 PPL 공개는 제품에 대한 선호도를 떨어뜨릴 수 있다는 연구 결과가 나와 있다.

유통업체 대상 판매촉진

유통업체 대상 판매촉진(줄여서 유통업체판매촉진)은 도매상, 소매상, 중간상을 대상으로 기업의 광고와 인적판매를 지원하기 위해 사용되는 판매촉진도구다. 지금껏 살펴본 판매촉진의 일부는 이러한 목적으로 사용되지만 ① 공제와 할인, ② 협력광고, ③ 유통업체의 영업팀 훈련 등은 유통업체만을 목표로 한다.

유통업체 대상 판매촉진
도매상, 소매상, 중간상을 대상으로 기업의 광고와 인적판매를 지원하기 위해 사용되는 판매도구

공제와 할인 유통업체판매촉진은 종종 유통채널에서 재고수준을 유지하거나 증가시키는 것에 초점을 맞춘다. 유통업체에 의한 구매 증대를 장려하기 위한 효과적인 방법이 바로 공제(allowance)와 할인(discount)의 활용이다. 물론 가격을 과다하게 인하하면 소매업체들이 판매촉진에 대한 기대로 주문 패턴을 바꿀 수 있다. 제조업자가 공제와 할인을 사용할 수 있는 여러 방법이 있지만, 일반적으로 상품관리공제, 케이스공제, 재무공제의 세 가지 방법이 사용된다.

- 상품관리공제(merchandise allowance): 브랜드에 대한 매장 내 지원활동이나 특별전시에 대해 소매업체에게 추가로 보상을 하는 것이 바로 상품관리공제다. 제조업자와 유통업체의 성과계약에서는 대체로 특정 점포에서만 유효한 쿠폰을 제품 신문광고에 포함해야 하는 등 수행활동을 구체적으로 명시한다. 계약에 있는 활동의 시행 증거가 확인되면 제조업체는 해당 점포에 공제 혜택을 제공한다. 판매촉진기간에 주문한 제품에 대해서는 정상가격에서 박스당 일정 비율을 할인해 준다.
- 케이스공제(case allowance): 일반적인 유통업체 판매촉진인 케이스공제란 특정 기간 주문된 상품 케이스를 할인해주는 것을 말한다. 수당은 대개 송장에서 공제된다. 케이스 수당의 유형으로 '무료 상품' 접근방법이 있는데, 이것은 소매업체들이 '10케이스마다 1케이스 무료'와 같이 주문량에 근거해서 제품의 일정량을 무료로 제공받는 것이다.
- 재무공제(financial allowance): 소비자 판매촉진과 연관된 비용이나 손실을 소매업체에게 지원하는 것이 바로 재무공제다. 재무공제에는 몇 가지 유형이 있다. 한 가지는 기초재고 보호 프로그램으로 제조업체들이 소매업체가 창고에 보유하고 있는 제품에 대해 케이스공제를 제시하는 것이다. 이렇게 하는 이유는 점포진열장 재고가 판매촉진을 하는 기간 동안 소진되지 않게 하기 위해서이다. 또 제조업자 창고에서 주문품을 운송하는 소매상에게 보상을 해주는 화물공제도 널리 활용된다.

협력광고 유통업체는 지역 단위에서 제조업체 제품을 촉진하는 중요한 기능을 수행한다. 한 가지 보편적인 판매촉진활동인 **협력광고**(coorperative advertising)는 유통업체가 지역에서 하는 광고활동의 질과 양을 동시에 증대시키는 것을 말한다. 다시 말해, 협력광고는 제조업체에서 소매업체가 수행한 제품의 지역광고비용 일부를 지불하는 프로그램이다. 예를 들어, 포드의 딜러는 해당 지역의 상황에 맞추어 자동차를 지역시장에 광고하여 매출을 올릴 필요가 있다. 딜러의 매출이 증가하는 것은 곧 포드 사의 매출이 증가하는 것과 같으므로, 포드는 딜러가 실시하는 광고의 비용 일부를 부담할 필요가 생긴다. 이처럼 제조업체와 지역 소매상이 서로 협력하여 실시하는 것이 바로 협력광고다.

협력광고
제조업체 제품의 광고에 대해 소매업체가 수행한 지역광고비용의 일정 부분을 제조업체가 지불하는 광고 프로그램

일반적으로 제조업체는 소매상이 구입한 제조업자 제품의 양을 근거로 하여 일정한 상한금액까지 광고비를 일정 비율로 지불한다. 그 비율은 대개 50%이다. 제조업체는 광고료를 지불하는 것 외에도 소매업체가 여러 가지 광고(종종 여러 매체에 적합한 광고) 중 하나를 선택할 수 있도록 한다. 예를 들어 제조업체는 소매업체가 조정하여 사용할 수 있도록 인쇄광고뿐만 아니라 방송광고를 제공할 수 있다.

유통업체 판매원 교육·훈련 유통업체가 수행하는 주된 기능 중 하나는 제조업체를 대신하여 고객과 접촉하고 판매를 수행하는 것이다. 소매상과 도매상은 판매원을 고용 및 관리한다. 제조업체의 성공은 제품을 판매하는 유통업체 판매원의 능력에 달려 있다. 그러므로 유통업체에서 판매원을 교육할 수 있도록 돕는 것은 제조업자에게 가장 큰 관심거리가 된다.

일반적으로 유통업체의 판매원들은 제조업체가 원하는 수준보다 덜 세련되고 제품에 대한 지식도 부족하기 때문에, 교육·훈련을 통해 판매원의 실적을 향상시킬 수 있다. 제조업체는 판매원의 교육·훈련을 위해 유통업체 판매원 교육용 제품사용설명서 및 안내책자를 제작한다. 이를 통해 얻은 제품 지식을 판매원들이 실제 판매 상황에 활용하는 것이다. 또 다른 교육·훈련 활동의 예는 판매원이 제품을 팔 수 있도록 정보를 제공하고 동기를 부여하기 위해 제조업체가 전국적 판매회의 및 유통업체 현장방문 등을 후원하는 것이다. 제조업체에서 유통업체 판매원이 자사 제품을 판매하도록 동기를 부여하기 위해 인센티브 및 표창 프로그램을 개발하기도 한다.

학습리뷰

1. 쿠폰과 할인판매의 차이점은 무엇인가?
2. 유통업체의 지역 광고 활동을 장려하기 위해 어떤 유통업체 판매촉진이 사용되는가?

PR

목표 5 PR을 커뮤니케이션의 중요한 형식으로 인식한다.

앞의 15장에서 밝혔듯, PR은 기업이나 제품 및 서비스의 이미지에 영향을 미치고자 하는 커뮤니케이션관리의 한 유형이다. PR 캠페인을 개발할 때는 PR 관리자가 직접 비용 없이 기업, 제품, 서비스를 제시하는 비인적 방법인 **홍보**(publicity)를 이용하기도 한다. 많은 기업에서 기업이나 제품라인 변화에 대한 보도자료(news release)를 언론에 제공한다. 보도자료를 제공하는 이유는 신문, 라디오 방송 및 기타 매체에 기

홍보
보도자료, 기자회견 및 공공서비스안내(PSA)와 같이 직접 비용 없이 기업, 제품, 서비스를 제시하는 비인적 방법

엠마 스톤(Emma Stone)은 지미 팰런(Jimmy Fallon)이 진행하는 〈투나잇쇼〉에 출연하여 영화를 홍보했다.

업의 이야기를 알리기 위해서이다.

두 번째로 일반적인 홍보방법은 기자회견(new conference)이다. 이것은 매체의 대표자를 초대하여 진행하는 설명회로, 발표 내용은 사전에 발송된다. 이 방법은 신제품이 출시되거나 회사 구조와 리더십에 큰 변화가 생겼을 때 사용된다.

비영리단체들은 매체들이 무료로 제공하는 공간 또는 시간인 공공서비스안내(public service announcements, PSA), 즉 공익방송에 크게 의존한다. 예를 들어 미국 적십자사의 헌장에 따르면 광고활동을 하는 것이 금지되어있어서, 적십자 지역지부들은 헌혈 요청을 위해 라디오나 TV에서 헌혈을 독려하는 공공서비스 안내를 활용한다.

학습리뷰

1. 보도자료란 무엇인가?
2. 비영리단체에서 가장 많이 사용하는 홍보 유형은 무엇인가?

마케팅지식 적용해보기

1. 경쟁형 제품광고는 경쟁형 기업광고와 어떻게 다른가?
2. 아동용 향수 신제품의 광고 관리자가 되었다고 가정해보자. 이 신제품을 홍보하는 데 어떤 미디어를 사용할까?
3. 최근 팀킨공구기업(Timkin Tools Company)의 광고 담당 임원으로 승진했다고 가정해보자. 첫 번째 미팅에서 팀킨 회장이 "광고는 낭비입니다. 우리는 6개월간 광고를 했지만, 판매가 늘지 않았습니다. 광고를 계속해야 하는 이유를 말해주십시오"라고 했다고 치고, 팀킨 회장의 질문에 답해보자.
4. 규모가 큰 생명보험사에서 강력한 공포소구를 유머러스한 접근으로 전환시키기로 결정했다고 치자. 이와 같이 메시지전략을 변화시키는 것의 장단점을 생각해보자.
5. 몇몇 전국구 광고회사들은 일정 기간 여러 광고를 실시하다가 다시 일정 기간 광고를 전혀 하지 않는 방식으로 광고효과를 높일 수 있음을 발견하였다. 이러한 비행형(간헐적) 일정은 왜 지속형 일정보다 효과적인가?
6. 다음 표에서 1,000명당 비용이 가장 적은 미디어는 무엇인가?

미디어	비용(달러)	고객 수
TV쇼	5,000	25,000
잡지	2,200	6,000
신문	4,800	7,200
FM 라디오	420	1,600

7. 매년 바슈롬의 매니저들은 콘텍트렌즈의 광고 프로그램을 개발하면서 가능한 한 많은 광고 미디어를 평가한다고 한다. 각 대안의 어떤 장점과 단점을 고려해야 하는가? 우리는 어떤 미디어를 추천할 수 있는가?
8. 이 장에서 설명한 광고 사후조사의 장단점을 각각 두 가지씩 생각해보자.
9. 페더레이티드뱅크(Federated Bank)는 노인들이 지급받은 사회보장연금 수표를 은행에 저금하도록 장려하는 소비자 대상 판매촉진활동에 관심을 가진다. 여기서 사용될 판매촉진 대안을 평가해보고, 두 가지 방법을 해당 은행에 추천해보자.
10. 결함이 발견된 에어백 인플레이터(inflators)의 리콜이 이루어졌다고 가정해보자. 리콜 통지 후 자동차 제조업체에서 PR 프로그램을 어떻게 활용할 수 있는가?

마케팅계획 세워보기

앞의 15장에서 소개했던 프로모션전략을 보강해보자.

1. 도표 16-2를 사용하여 미디어 조합(예: TV와 인터넷광고, 라디오와 옐로페이지 광고)이 서로를 어떻게 보완할 수 있는지 분석하고, 마케팅계획에 포함시킬 광고 미디어를 결정해보자.
2. 소비자 대상 판매촉진활동을 결정해보자(쿠폰, 가격 할인, 사은품, 콘테스트, 경품, 샘플, 로열티 프로그램, POP 전시물, 리베이트, PPL 등).
3. 어떤 유통업체 대상 판매촉진과 PR 도구를 사용할 것인지에 대한 계획을 구체화시켜보자.

비디오 케이스 16 구글: 적절한 시간에 적절한 광고

Video 16-6
Google Video Case
kerin.tv/cr8e/v16-6

구글 제품관리 담당 임원 리차드 홀든(Richard Holden)은 "우리가 본질적으로 수행한 것은 광고가 자연스러운 검색 결과만큼이나 고객에게 유용해야 한다고 말하는 것입니다. 우리는 고객의 욕구에 적합하지 않는 데도 광고를 구매하고 이를 보여주기를 원하지 않습니다"라고 말했다. 구글은 목적을 달성하기 위해 광고가 얼마나 효과적인지 예측하고자 '품질점수(Quality Score)' 모델을 개발했다. 이 모델은 클릭률(click-through rate), 광고주의 히스토리(advertiser history), 키워드 성과(keyword performance) 같은 여러 요소를 사용하여 각 광고에 점수를 매긴다. 홀든은 이어 "본질적으로 우리가 노력하는 것은 실제 광고를 보기 전에 어떻게 소비자가 광고에 대해 반응할지 미리 예측하는 것입니다. 우리의 관심사는 적절한 시간에 적절한 광고를 많이 보여주는 게 아니라 적게 보여주는 것입니다"라고도 말했다. 구글의 광고모델은 광고산업에 혁명을 일으키며 매일 지속적으로 좋아지고 있다.

©grzegorz knec/Alamy Stock Photo

기업

구글은 1966년 스탠포드 컴퓨터과학 전공생인 래리 페이지(Larry Page)와 서지 브린(Sergey Brin)의 연구 프로젝트에서 시작된 기업이다. 구글은 웹사이트 간의 관계를 기반으로 한 검색엔진이, 웹사이트에 핵심용어가 등장하는 횟수를 기반으로 하는 검색엔진보다 더 나은 순위 정보를 제공할 것이라는 단순한 아이디어에서 시작되었다. 모델의 성공은 기업이 빠르게 성장하도록 만들어, 창업자들은 기숙사에서 친구네 집 창고로, 다시 캘리포니아 팔로알토(Palo Alto)에 위치한 사무실에서 마침내 캘리포니아 마운틴뷰에 '구글플렉스'라 불리는 현재의 장소로 확장 이전하게 되었다. 2000년도에 구글은 수익을 창출하는 수단으로 광고를 판매하기 시작했다. 이 광고모델은 광고주가 검색단어를 입찰하도록 하여, 검색엔진 사용자에 의한 모든 '클릭'에 대해 금액을 지불하도록 되어있었다. 이 광고는 단순하고, 텍스트의 형식을 요구했기 때문에 검색 결과가 가능한 범위에서 말끔히 정돈되어있고 검색 자체도 매우 빨랐다.

페이지와 브린의 첫 번째 검색엔진은 '백럽(Back-Rub)'이라고 불렸다. 그들의 기술이 웹사이트 간의 관계 또는 백링크(backlink)를 기반으로 했기 때문이다. 그러나 이름은 곧 변경되었다. 구글 사의 스펠링 'Google'은 1 다음에 0이 100개 있는 수학용어 'googol'의 잘못된 철자이다. 페이지와 브린은 인터넷에서 접근가능한 엄청난 정보의 체계적 정리에 대한 그들의 관심을 반영하기 위해 최초 도메인에 'google'을 넣어 www.google.stanford.edu라고 정했다. 도메인의 이름은 곧 구글닷컴(www.google.com)이 되었고, 결과적으로 웹스터(Webster) 사전에 'google'이라는 동사가 추가되고 "구글 검색엔진을 사용하여 인터넷에서 정보를 획득하다"라고 정의되었다. 이제 이 이름은 너무나 친숙해져서, 광고입계 전문 잡지 〈애드버타이징 에이지〉는 구글이 전 세계에서 가장 강력한 브랜드라고 발표하기에 이르렀다.

오늘날 구글은 세계의 정보를 조직화하고 누구나 이에 접근하고 사용할 수 있도록 하는 사명을 추구하며 매일 수억 개의 조회를 처리하고 있다. 이 기업은 연간 1,000억 달러 이상의 수익을 창출하며 8만 명 이상의 직원을 두고 있다. 구글은 모기업 알파벳(Alphabet)의 자회사이다. 구글은 성장하면서 기업의 철학을 반영한 10가지 가이드라인을 개발했다.

1. 사용자에 집중하세요. 그러면 나머지 모든 것이 따라올 것입니다.
2. 한 가지 일을 진짜, 진짜 잘 해내는 것이 최고입니다.
3. 빠른 것이 느린 것보다 좋습니다.
4. 인터넷 민주주의는 작동 중입니다.
5. 해답을 찾기 위해 책상에 앉아있을 필요가 없습니다.
6. 나쁜 짓을 하지 않고도 돈을 벌 수 있습니다.
7. 세상에는 항상 더 많은 정보가 존재합니다.

8. 정보에 대한 수요에는 국경이 없습니다.
9. 정장을 입지 않고도 우리는 진지할 수 있습니다.
10. 위대한 것은 단지 적당히 좋은 것이 아닙니다.

구글은 이 같은 가이드라인을 사용하여 검색엔진을 지속적으로 개선하기 위해 노력한다. 구글의 공동창립자 래리 페이지(Larry Page)는 "완벽한 검색엔진은 당신이 의미하는 것을 정확하게 이해하고 당신이 원하는 것을 정확하게 전달할 것이다"라고 말했다.

온라인광고

구글은 검색 결과 옆이나 특정 웹페이지에 온라인광고 기회를 제공하여 수익을 창출했다. 검색 결과 또는 웹페이지 내용과 광고를 항상 구별하고 검색 결과가 나타나는 위치는 절대 광고용으로 팔지 않았다. 이러한 접근방법을 통해 누가 돈을 지불하여 광고 메시지를 넣었는지 웹사이트 방문자가 항상 알 수 있게 보장한 것이다. 온라인광고는 측정가능하며 광고효과를 즉각 평가할 수 있다는 것이 이점이다. 마케팅관리자 고피 칼레일(Gopi Kallayil)은 "당신이 광고를 수행한 것을 측정하고 추적할 수 있는 고도의 기술이 있다"라고 설명한다. 그는 "온라인광고에 지출한 모든 금액에 대한 효과를 추적할 수 있으며 광고가 어떤 특정 고객에게 도달했으며 광고메시지를 받은 후 그들이 무엇을 했는지 파악할 수 있다"라고도 설명했다. 온라인광고시장은 초기에 단순한 텍스트 광고에만 집중하던 것에서 나아가 훨씬 다양한 대안을 고를 수 있는 상황으로 성장했다. 온라인광고는 크게 다섯 가지로 분류된다.

- 검색(search): 47%
- 디스플레이(display): 35%
- 항목별 광고(classified): 10%
- 추천광고(referral): 7%
- 이메일(e-mail): 1%

구글은 온라인 검색 요청의 주도적인 공급자로 검색광고 수익의 60% 이상을 벌어들인다. 하지만 가장 빠르게 성장하고 있는 광고의 유형은 야후(Yahoo!)와 마이크로소프트(Microsoft)가 확실하게 공급자로 자리 잡은 디스플레이 광고다. 구글은 광고를 시각적인 어수선함이 아니라 중요한 정보로 만듦으로써 디스플레이 광고 매출을 성장시킬 수 있는 기회가 있다고 믿는다. 구글 공동창업자 서지 브린(Sergey Brin)은 "이것은 검색과 같아서 사람과 이들이 원하는 정보를 맞춰주는 것입니다. 이것으로 우연히 프로모션효과를 낼 수 있습니다"라고 말한다.

몇 가지 기술 및 비즈니스 실무도구의 개선은 구글의 성공에 기여했다. 첫째, 구글은 어떤 페이지가 가장 중요한지 결정하기 위해 웹페이지의 전체적인 연결 구조를 평가하고 그 구조를 사용하는 페이지랭크(PageRank)라는 특허를 보유한 알고리즘을 개발했다. 이 과정에서 어떤 페이지가 특정 검색과 관련 있는지를 결정하는 하이퍼텍스트 매칭(hypertext-matching) 분석을 사용한다. 이를 통해 웹페이지의 중요성과 관련성을 조합하여 1초도 안 되어 검색 결과를 제공할 수 있는 것이다. 둘째, 구글은 두 가지 비즈니스 실무도구를 개발해냈다. ① 광고주가 광고를 만들고, ② 콘텐츠 제공자가 광고수익을 얻을 수 있도록 돕는 애드워즈(AdWords)와 애드센스(AdSense)가 바로 그것이다. 이 두 가지 도구는 구글 광고모델의 중요한 요소가 되었다.

애드워즈

구글은 광고주가 검색엔진의 검색 결과에 광고를 배치할 수 있도록 애드워즈(AdWords)라는 온라인도구를 개발했다. 광고주는 광고 텍스트를 적고 목표 키워드를 선택하고 그들의 계좌를 관리하는 데 이것을 사용할 수 있다. 이 과정은 광고주들이 목표고객에게 도달할 수 있게 해준다. 애드워즈의 전도사가 된 프레드릭 발레이(Frederick Vallaey)는 "애드워즈에서 제가 좋아하는 점 중 하나는 우리가 적절한 시간에 적절한 고객을 찾을 수 있게 해주고 적절한 메시지를 그들에게 보여줄 수 있도록 실제로 도와준다는 것입니다. 사람들이 구글에서 검색하는 시점에서 그들을 목표 대상으로 삼을 수 있기 때문에, 애드워즈를 사용하면 우리는 매우 구체적으로 목표시장을 겨냥할 수 있게 됩니다. 사람들이 키워드를 입력하는 순간, 우리는 그들이 무엇을 찾고 있는지 정확히 알 수 있으며, 마케터로서 사람들이 찾길 원하는 답을 정확하게 제공할 수 있는 기회를 얻습니다"라고 말한다. 구글은 목표가 명확하지 않은 광고보다는 읽는 사람에게 적합한 텍스트 광고가 높은 광고 반응(클릭스루, click-through)을 보인다는 사실을 발견했다.

애드워즈는 광고주들이 사용하기에 쉽다. 큰 기업이든 작은 기업이든 신용카드만 있으면 계좌를 간단하게 개설하고 몇 분 만에 광고를 게재할 수 있다. 발레이는 "애드워즈의 셀프서비스 제품 출시는 작은 기업이 인터넷 검색엔진에 광고를 게재하고 〈포춘〉의 1,000대 기업과 나란히 경쟁하는 것을 쉽게 만든 처음 있는 일이었다"라고 말한다. 구글은 광고주가 적절한 키워드를 선택하고 광고카피를 짜고 캠페인 성과를 측정할 수 있도록 돕는 숙련된 판매 및 서비스 팀을 보유 중이다. 높은 클릭스루율은 광고가 사용자 흥미에 적합하다는 것을 나타내기 때문에, 이 팀은 광고주의 클릭스루율을 향상시키고자 노력한다. 성과를 향상시키기 위한 방법에는 키워드 변경과 광고 카피 재작성이 있다. 광고주들이 선택할 수 있는 키워드의 수에는 제한이 없고, 각 키워드가 서로 다른 광고 카피에 적합할 수 있기 때문에 고객에게 맞춘 다양한 선택 옵션(키워드)에 대한 잠재가능성이 매우 높다.

구글 애드워즈 프로그램의 또 다른 이점은, 광고주들이 비용을 쉽게 통제할 수 있다는 것이다. 누군가 링크를 '클릭'하지 않는다면 광고주는 비용을 지불하지 않지만, 구글 검색 엔진이 검색 요청을 광고 키워드 및 품질점수와 일치시킬 때마다 검색 결과 옆에 '스폰서링크(Sponsored Link)'라는 광고가 나타난다. 전통적인 광고모델에서 광고주는 광고에 의한 노출 수에 대해 요금을 지불하는 1,000명 노출당 광고비용(cost-per-thousand, CPM)을 사용하여 비용을 청구했다. 홀든(Holden)은 "구글의 모델은 클릭당 원가(cost-per-click, CPC)라 불리는 방식으로 전환되었습니다. 이 모델은 노출에 대해 광고주가 요금을 지불하는 방식이 아니라 누군가 실제로 광고를 클릭하여 광고주 웹사이트에 연결되었을 때만 비용을 지불하는 방식입니다. 따라서 광고주는 광고 노출에 대한 혜택을 누리면서(검색자가 웹사이트를 클릭하지 않고 노출만 되었을 때), 광고주 웹사이트로 연결되지 않는다면 비용을 청구하지 않습니다"라고 말한다. 또한 구글은 광고캠페인 구성요소의 변화를 평가하기 위하여 광고주에게 실시간 분석 서비스를 제공하고 있다.

애드센스

애드센스(AdSense) 프로그램은 검색 결과 옆에 광고를 게재하는 것이 아니라 웹페이지 콘텐츠 옆에 광고를 게재하는 도구로, 웹사이트 소유자를 위해 개발되었다. 현재 수천 명의 웹사이트 관리자가 자기 사이트에 광고를 유치하여 수익을 창출하기 위해 애드센스를 사용하고 있다. 광고를 검색 요청과 맞추어주는 것과 마찬가지로, 구글은 웹사이트와 광고를 일치시키는 데 동일한 철학을 적용한다. 구글은 사이트 페이지 콘텐츠에 정확하게 타깃팅한 광고를 제공함으로써, 광고가 웹사이트 방문객의 경험을 향상시킨다고 믿는다. 이러한 방법으로 광고주, 웹사이트, 정보검색자 모두 혜택을 얻는다.

애드센스는 디스플레이 광고사업을 성장시키기 위해 구글이 사용하고 있는 도구 중 하나다. 야후(Yahoo!)와 마이크로소프트의 빙(Microsoft's Bing)은 야후파이낸스(Yahoo! Finance)와 MSN머니 같은 자사 웹페이지에 광고를 게재할 수 있는, 디스플레이 광고시장의 선두주자들이다. 따라서 구글은 디스플레이 광고를 위한 추가 수단을 확보하기 위해 유튜브(YouTube)를 인수했다. 또 구글은 웹사이트에서 자기 공간을 경매에 붙이고 광고대행사들이 고객사의 광고를 게재하기 위해 입찰하는 광고 거래 사이트인 더블클릭(DoubleClick)도 인수했다. 구글은 디스플레이 애드빌더(Display Ad Builder)라 불리는 새 도구를 출시하여 누구나 쉽게 디스플레이 광고를 만들도록 하고 있다. 일부 전문가들은 구글이 검색광고에 있어 지배적인 위치를 차지하기에, 미래 성장은 디스플레이 광고시장의 성공에 달려 있다고 논평하기도 했다.

구글의 미래전략

구글은 어떻게 지속적으로 성공해왔을까? 한 가지 가능성 있는 답은 미국 TV 산업에서 광고를 뺏기 위하여 노력하기 시작했다는 것이다. 이것은 크리에이티브 능력과 대형 광고대행사와 관계 구축을 필요로 하는 새로운 유형의 광고이지만, 구글은 TV 광고 지출에 대한 경쟁력을 확보하기 위해 많은 자원을 아낌없이 지출했다. 한 예로 구글은 볼보가 유튜브 광고와 트위터 업데이트를 포함한 캠페인을 개발하는 것을 도왔다. 이들은 새로운 웹사이트 개발, 블로그 개설, 기존 웹사이트와의 관계 구축 등을 수행할 가능성이 높다.

구글이 가진 또 다른 기회는 모바일광고일 것이다. 현재 사용되고 있는 휴대전화는 54억 대가 넘고 그중 19억 대가 인터넷을 사용할 수 있다고 한다. 구글 검색엔진이 적합한 정보와 고객을 연결하는 수단을 제공해주듯, 휴대전화는 실시간 장소 기반(location-specific) 정보를 제공해줄 것이다. 모바일광고의 몇 가지 과제 중 일부는 증강현실, 가상현실, 소셜미디어, 이모티콘 광고 메시징 및 360도 비디오 광고의 사용을 촉진하는 것이다. 구글은 자사의 새로운 픽셀(Pixel) 휴대전화와 안드로이드(Android) 운영체제도 이에 도움을 줄 것이라 믿는다.

마지막으로 구글은 기업사명을 추구하면서 전 세계로의 확장을 지속할 것이다. 이미 40개국의 언어로 구글 검색 결과가 제공되며 자원봉사자들이 다른 언어를 번역하는 데 도움을 주고 있다. 구글이 "세상의 정보를 체계화하고", "그 정보가 접근 가능하고 유용하게" 만들기로 결심한 것은 명백한 사실이다.

질문

1. 구글의 독특한 특징 및 사업 실행방법을 설명해보자.
2. 광고에 대한 구글의 철학은 무엇인가? 어떻게 뜸한 광고가 잦은 광고보다 선호될 수 있는가?
3. 오늘날 이용가능한 온라인광고에 대해 설명해보자. 현재 구글은 어떤 유형의 광고시장을 지배하고 있는가? 그렇게 된 것은 왜인가?
4. 구글이 어떻게 디스플레이 광고사업에서 성공할 수 있었는가? 미래에 구글이 추구하게 될 가능성이 큰 성장 영역은 어떤 것인가?

17

소셜미디어와 모바일마케팅을 활용하여 고객과 접촉하기

LEARNING OBJECTIVES

다음 학습목표를 달성해보자.

목표 1 소셜미디어를 정의하고 마케팅 커뮤니케이션의 변화에 미친 영향을 설명할 수 있다.

목표 2 브랜드관리자가 네 가지 주요 소셜미디어를 마케팅활동에 활용하는 과정을 설명할 수 있다.

목표 3 소셜미디어를 선택하고 콘텐츠를 고르는 과정 등 소셜미디어마케팅 프로그램의 특징을 설명할 수 있다.

목표 4 소셜미디어의 투입 대비 산출 성과를 비교할 수 있다.

목표 5 실제 세상과 디지털세상이 융합하는 이유를 밝히고, 이것이 소셜미디어의 미래에 미치는 영향을 알아본다.

곧 '모바일 순간'이 크게 편리해진다!

소비자들은 매일 150번에서 200번 정도 '모바일 순간'을 맞이한다. '모바일 순간'이란 스마트폰 이용자가 소셜미디어, 메시지 혹은 이메일로 모바일마케팅 커뮤니케이션에 노출되는 순간을 말한다. 마케팅관리자가 스마트폰의 이동성을 지칭하기 위해 '모바일'이라는 말을 쓰지만 이 용어는 인터넷이 탑재된 커넥티드카가 '모바일'을 더욱 '모바일'하게 만든다는 문구처럼 새로운 의미를 가지게 될 것이다.

여러분 중 상당수가 이미 스마트폰이 장착된 대시보드, 음성인식 소프트웨어, 대형 스크린이 있는 초기 커넥티드카를 보았을 것이다. 그렇지만 자동차 생산업체는 소비자들을 위해 새로운 혜택을 계속 더할 것이다. GM의 회장 메리 바라(Mary Bara)는 "자동차 산업은 지난 50년간 변화한 것보다 다음 5년 내지 10년 동안 더 많이 변화할 것"이라고 예측한다. 한 예로 GM은 자동차의 위치와 딜러 사이의 거리를 기준으로 혜택을 주는 쿠폰을 배부하기 시작했다.

주유소는 커넥티드카로부터 혜택을 얻게 될 것이 확실하다. 편의점 역시 수혜자가 될 것이다. 편의점 채널은 편의성을 선호하고 SNS에서 제공하는 정보를 활용하여 할인 기회를 찾으면 열광하는 바쁜 신세대에 매우 매력적이다. 절반 정도의 편의점에서 이미 모바일 앱을 제공하고 이 앱에서 인터넷이 되는 자동차와 연결하여 실시간 특별 광고를 하는 것이 가능하다.

인터넷광고는 극적으로 증가하여 TV광고의 지출을 넘어 690억 달러에 달하는 가장 큰 매체가 되었다. 데스크톱의 인터넷광고가 막대하긴 하지만, 모바일기기에서의 광고가 급성장하고 있다. 최근 인터넷광고의 61% 정도가 모바일 기기를 대상으로 한다. 전화기, 태블릿, 자동차는 광고를 수신할 수 있는 채널을 가지고 있다. 첫 번째는 페이스북, 트위터와 같은 소셜미디어 채널로 앱이 메시지를 수신하도록 맞추어져 있을 때 푸시 알림을 전송한다. 두 번째는 이메일로, 여전히 모바일마케팅 캠페인의 주축이다. 마지막은 왓츠앱(WhatsApp)

Background: ©Pozdeyev Vitaly/Shutterstock; Icons: ©Hilch/Shutterstock

의 토크(Talk), 페이스북 메신저, 위챗(WeChat), 슬랙(Slack)과 같은 메시지앱으로 소비자들은 이것을 통해 기업과 채팅하고 질문하며 개인화된 추천을 받는 것이 가능해진다. 이러한 메시지앱은 인터넷에서 작동하며 반복 작업을 수행하는 소프트웨어 인터넷봇(Internet Bot)과 연동해서 사용하면 대화형 상거래(conversational commerce)라고 불리는 새로운 방식의 쇼핑을 할 수 있다.

커넥티드카나 대화형 상거래의 시장이 커짐에 따라 우리는 미래에 무엇을 기대할 수 있는가? 진화하는 소비자에 어울리는 새로운, 편리한, 통합적인 길이 우리를 기다리고 있다. 한 예로 IBM은 BMW와 파트너십을 맺어 850만 대의 커넥티드카를 위한 클라우드플랫폼(cloud platform)을 제공하기로 결정했다. 이 서비스는 소비자들이 자동차 딜러, 보험업자, 정비소 등 많은 사업체와 상호작용하는 것을 가능하게 해준다. 커넥티드 오토바이부터 자율주행차, 구매 버튼에 이르기까지 메시지앱에서 제공하게 될 다양한 혜택을 기대해보자.

이 장에서는 소셜미디어를 정의하고, 널리 활용되는 소셜미디어 네 가지를 소개한다. 또 이것이 조직에서 마케팅전략을 개발하는 데 어떻게 활용되며, 미래에 소셜미디어가 어디로 향할 것인지에 관해서도 생각해본다.

소셜미디어의 이해

> 목표 1 소셜미디어를 정의하고 마케팅 커뮤니케이션의 변화에 미친 영향을 설명할 수 있다.

소셜미디어가 무엇인지 정의하는 것은 어려운 일이다. 그렇지만 소셜미디어를 정의하여 브랜드관리자나 마케팅관리자가 적절한 유형을 선택하는 것을 도울 필요가 있다. 여기서는 소셜미디어를 정의하고 분류하며, 소셜미디어가 어떻게, 그리고 왜 마케팅 커뮤니케이션을 변화시키고 있는지 논의하겠다.

소셜미디어란 무엇인가?

여기서는 소셜미디어를 정의하고 분류하여 마케팅관리자가 수많은 소셜미디어 중 적절한 것을 선택하는 데 도움을 주고자 한다.

> **소셜미디어**
> 사용자들이 사진과 비디오, 자기 의견을 제공하는 온라인매체로 보통 인기 있는 사용자 혹은 화젯거리를 찾아내기 위한 피드백과정을 포함함

소셜미디어의 정의 **소셜미디어**(social media)는 기술과 사회적 상호작용이 결합하여 사용자에게 교감 경험과 개인적 가치를 창출하는 독특한 방식을 말한다. 소셜미디어는 사용자들이 사진과 비디오, 자기 의견을 제공하는 온라인매체로 대개 인기 있는 사용자 혹은 화젯거리를 찾아내기 위한 피드백과정을 포함하고 있다. 대부분의 소셜미디어는 개인 경험이나 생각에 근거하여 관심 있는 주제에 관한 온라인 커뮤니케이션을 주된 내용으로 한다. 다른 유형의 소셜미디어도 있는데, 이들은 게임을 하거나 어떤 도전을 수행하거나 혹은 아바타를 조정하는 것과 관련된 온라인 상호작용을 하는 가상세계 혹은 게임으로 구성된다. 기업에서는 소셜미디어를 소비자생성미디어(consumer-generated media)라고 부른다. 페이스북, 트위터와 링크드인(LinkedIn)과 같이 수백만 명의 사용자들이 서로 상호작용하는 소셜미디어 사이트를 소셜네트워크(social network)라고 한다. 우리나라에서는 주로 소셜미디어, 소셜네트워크 등을 총괄하여 SNS(social networking service)라는 용어를 사용한다.

소셜미디어라는 용어는 웹2.0, 웹3.0 혹은 소셜미디어의 기본이 되는 용어인 사용자생성콘텐츠와 구분 없이 사용되기도 한다. 웹2.0과 웹3.0은 오늘날 사용자 간 고도 상호작용을 가능하게 하는 기술적 기능을 나타내는 용어다. 웹2.0은 사람들이 온라인으로 협력하고 정보를 공유하는 기술을 뜻하며, 웹3.0은 개인별로 지역과 관심, 욕구를 기준으로 하여 개인화 및 맞춤이 가능하도록 하는 기능을 가진 초기 기술을 강조하는 것이다. 웹3.0은 클라우드컴퓨팅, 빅데이터, 사물인터넷, 보안솔루션, 사생활 보호 등 새로운 기능을 포함하고 있다.

> **사용자생성콘텐츠**
> 소비자나 최종 사용자가 창출한 공개된 다양한 형태의 온라인 미디어 콘텐츠. 소비자생성콘텐츠라고도 함

사용자생성콘텐츠(user-generated content, UGC)는 소비자나 최종 사용자가 만들어내는 공개된 온라인 미디어 콘텐츠를 말한다. 소비자생성콘텐츠로도 불리는 이것은 비디오, 블로그, 토론, 디지털 이미지, 오디오파일 및 이들과 연계된 콘텐츠를 포함한다. UGC로 불리기 위해서는 다음 세 가지 기준을 충족시켜야 한다.

차세대 웹인 웹3.0은 개개인에 대한 맞춤형 서비스를 제공할 것이다.

©Wright Studio/Shutterstock

1. 공개된 웹사이트 혹은 소셜미디어 사이트에 발표되어야 한다. 즉 단순히 이메일로 보내져서는 안 된다.
2. 상당한 수준의 독창성과 창의성을 갖고 있어야 한다. 개인 블로그에 편집이나 의견을 더하지 않고 단순히 신문기사를 올리는 것은 사용자생성콘텐츠가 아니다.

3. 전문가 조직 혹은 상업적 조직에 속하지 않는 개인에 의해 창출된 것이어야 한다. 오늘날 소셜미디어 콘텐츠의 약 80%는 사용자가 생성한 것이다.

소셜미디어의 분류 아마 대부분의 사람들은 페이스북, 트위터, 링크드인, 유튜브가 소셜미디어라는 것을 알고 있다. 그렇지만 마케팅관리자들은 잠재고객에게 접근하기 위해 400개가 넘는 전문화된 다양한 소셜미디어 중 최고의 것을 선택하기 위한 시스템을 필요로 한다. 카플란과 헤인라인(Kaplan and Haenlein)은 다음 두 가지 요인을 근거로 하여 이를 분류하는 시스템을 제안한다.

마케팅관리자들은 표적시장에 접근하기 위해 최적의 소셜미디어를 어떻게 선택할까? 선택을 위한 첫 단계로 소셜미디어가 어떻게 분류되며 전통 미디어와의 차이점은 무엇인지 본문에서 알아보자.

- 미디어 리치니스(media richness): 커뮤니케이션 당사자 간 음향, 시각 및 인적 접촉의 정도가 전화나 이메일보다 풍부하고 높은 정도를 말한다. 미디어 리치니스와 제시방식의 질이 높을수록 커뮤니케이션 당사자들이 서로의 행위에 미치는 영향이 크다.
- 자기노출(self disclosure): 어떠한 형태의 사회적 상호작용이든, 사람들은 다른 사람과의 관계에서 호의적 이미지를 얻기 위해 긍정적 인상을 남기고자 한다. 호의적 이미지는 개인의 생각과 감정, 좋아하는 것, 싫어하는 것 등을 노출하는 자기노출 정도에 영향을 받는다. 자기노출 정도가 높으면 도달하는 상대에 대한 영향력이 커질 가능성이 높다.

도표 17-1은 이 두 가지 요인을 기준으로 2차원 공간에 소셜미디어 사이트들을 위치시킨 그림이다. 예를 들어 위키피디아는 자기노출과 미디어 리치니스가 모두 낮은 협력 프로젝트다. 링크드인은 비즈니스 네트워킹을 위해 상세한 경력 정보를 담고 있으므로 자기노출의 정도가 높으나 미디어 리치니스의 정도는 낮다.

마케팅관리자들은 도표 17-1에 나타난 소셜미디어의 위치를 자세히 검토한 후 계획을 실행하기에 적절한 사이트를 결정한다. 링크드인은 200여 개국에 5억 명의 회

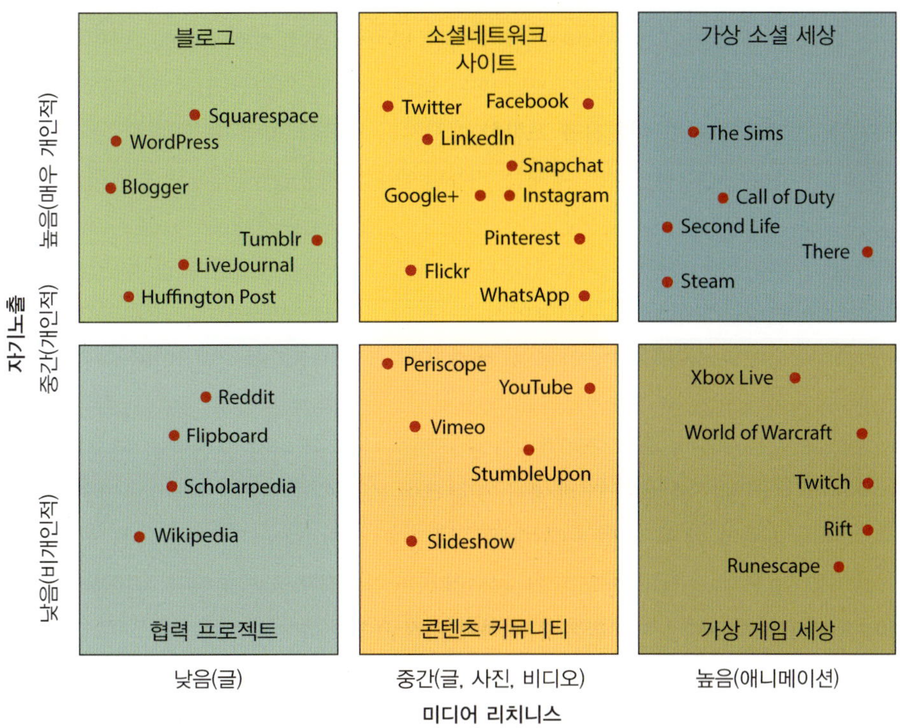

도표 17-1 미디어 리치니스와 자기노출을 기준으로 소셜미디어를 분류한 예. 글, 사진, 비디오, 애니메이션의 순서로 미디어 리치니스가 증가한다. 마찬가지로 비개인적 메시지에서 개인적 메시지로 갈수록 자기노출 정도가 커진다.

원을 가진 전문가 네트워킹서비스로, 도표 17-1에 소셜네트워킹 사이트로 분류되어 있다. 링크드인은 오늘날 광고, 리쿠르트 수수료, 회비 등으로 매년 23억 달러의 매출을 기록하고 있다. 링크드인의 고객들은 씨티그룹, 마이크로소프트, 쉐브론, 휴릿 팩커드(HP), 폭스바겐 등으로 구체적인 직급을 가진 직장인, 구직자 혹은 전문가 네트워크를 구축하려는 사람들에게 기업의 채용 기회를 제공한다.

어떻게, 그리고 왜 소셜미디어가 마케팅 커뮤니케이션을 변화시키고 있는가?

소비자는 신문, 잡지 같은 인쇄물과 라디오, TV 같은 전자매체에서 정보, 뉴스, 교육에 대한 내용을 얻는다. 이러한 전통적인 매체는 기업의 마케팅 커뮤니케이션에 대한 노력에서 여전히 중요하다. 연구 결과에 따르면, 소셜미디어는 브랜드 구축, 고객 확보, 고객 옹호 등에 집중할 때 이러한 전통적인 미디어를 보완하고 향상시킬 수 있다.

소셜미디어와 전통 미디어의 비교 소셜미디어가 어떻게 마케팅 커뮤니케이션을 변화시켰는지 이해하기 위해서는 전통 미디어와 소셜미디어를 비교해볼 필요가 있다. 둘 사이의 주된 유사점과 차이점은 다음과 같다.

- 거대 청중과 니치 청중에 대한 접근가능성: 양자 모두 거대 시장과 전문화된 세분 시장에 접근이 가능하도록 설계되었다.
- 비용과 접근가능성: 전통적인 미디어인 신문 혹은 TV 메시지와 광고는 제작비용이 비싸고 개인 차원에서 접근하기가 어렵다. 또한 전통적인 매체는 보통 개인의 소유이거나 일부는 국가가 소유하고 있다. 이와 대조적으로 소셜미디어의 메시지는 일반적으로 어디에서나 접근이 가능하며 스마트폰, 컴퓨터 혹은 태블릿기기를 가진 모든 사람에게 접근할 수 있으며 제작비도 저렴하다.
- 훈련의 필요성 및 참여 인원: 전통적인 매체에 접촉하는 데는 전문적인 기술과 훈련이 요구되며 개인이 아닌 팀이 필요한 경우가 많다. 반면 소셜미디어를 통해 메시지를 보낼 때는 낮은 수준의 기술만 있어도 충분하다. 실제로 문자나 이미지를 포함한 메시지는 누구나 올릴 수 있다.
- 전달시간: 전통적인 매체는 커뮤니케이션 내용을 제작하고 전달하기 위해 최소 며칠, 길게는 몇 달이 걸릴 수도 있으며 여기에 큰 시간 차가 발생한다. 반면 소셜미디어를 활용하는 개인은 즉시 콘텐츠를 올릴 수 있다.
- 변경가능성: 한 번 만들어진 전통적인 매체는 변경할 수가 없다. 한 예로 잡지 기사는 한 번 인쇄 및 배포되면 변경이 불가능하다. 반면 소셜미디어 콘텐츠는 즉시 변경이 가능하다.
- 신뢰성과 사회적 권위: 개인과 조직은 모두 주어진 분야에서 전문가가 될 수 있다. 즉 해당 분야에서 '인플루언서'가 될 수 있다. 〈뉴욕타임즈〉는 신뢰도가 매우 높은 신문이다. 그렇지만 소셜미디어에서 발신자는 메시지의 질이 수용자의 신뢰를 가져올 것이고 결과적으로 영향력이 높아질 것이라고 기대하면서 대화에 참여하기 시작할 뿐이다.

소셜미디어와 전통 미디어의 차이를 이해하기 위해서는 본문을 읽어보자.
©McGraw-Hill Education

도달, 비용, 투자비, 적시성, 유연성 그리고 미디어의 영향력 등으로 소셜미디어가 마케팅 커뮤니케이션을 변화시키고 있는 이유를 설명해볼 수 있다. 그럼 지금부터는 소셜미디어가 어떻게 마케팅 커뮤니케이션을 변화시키는지 생각해보자.

인플루언서마케팅의 대두 소셜미디어는 마케팅 커뮤니케이션이 표적을 정하는 방법을 변화시키고 인플루언서마케팅의 대두를 촉진했다. **인플루언서마케팅**(influencer marketing)이란 가망고객에 집중하기보다는 제품이나 서비스 혹은 브랜드를 지지하고 옹호하는 데 영향을 미치는 사람, 즉 인플루언서를 찾아내고 활용하는 데 초점을 맞추는 마케팅활동을 의미한다.

인플루언서마케팅
가망고객에게 집중하기보다는 제품이나 서비스 혹은 브랜드를 지지하고 옹호하는 데 영향을 미치는 사람, 즉 인플루언서를 찾아내고 활용하는 데 초점을 맞추는 마케팅활동

인플루언서마케팅은 소비자의 구매행위가 다른 사람의 견해, 의견 혹은 행동에 영향을 받는다는 '개인적 영향력'이라는 개념을 기반으로 한다(4장 참조). 인플루언서마케팅은 이러한 행동개념을 소셜네트워크와 사용자생성콘텐츠라는 무기를 가진 소셜미디어에 적용한 것이다. 가히 완벽한 결합이다.

소셜미디어에서 인플루언서는 대체로 여러 소셜미디어 중에서 페이스북, 인스타그램, 트위터나 유튜브와 같은 콘텐츠 커뮤니티 사이트에서 따르는 팔로워(follower)의 수에 의해 결정된다. 팔로워의 수는 거꾸로 청중에게 관련 콘텐츠를 제공하는 데 있어 인플루언서의 신뢰성, 박식함, 정통성, 확실성을 청중이 어떻게 인지하는지를 결정해준다. 한마디로 소셜미디어의 인플루언서는 팔로워의 신뢰를 받는 사람이다.

기업은 제품, 서비스 혹은 브랜드와 팔로워를 효과적으로 연결할 의사가 있는 인플루언서와 파트너십을 맺고 그들을 활용한다. 인플루언서는 이에 대한 보상을 받는다. 기업은 이들에게 즉각 수고비를 주거나, 제품 및 서비스를 무상으로 제공하거나, 콘텐츠 제작 경비를 지급한다. 2020년 기준, 미국에 있는 대규모 기업의 75%가 인플루언서들에게 약 1,010억 달러를 지출하는 것으로 추정된다.

소셜미디어의 인플루언서는 분야별로 존재한다. 예를 들어 킴 카다시안(Kim Kardashian)과 크리스 제너(Kris Jenner) 가족은 패션, 피트니스, 연예, 미용과 대중문화 분야에서 유명한 인플루언서들이다. 이들의 팔로워는 전 세계에 5억 명이 넘는 것으로 알려져 있다.

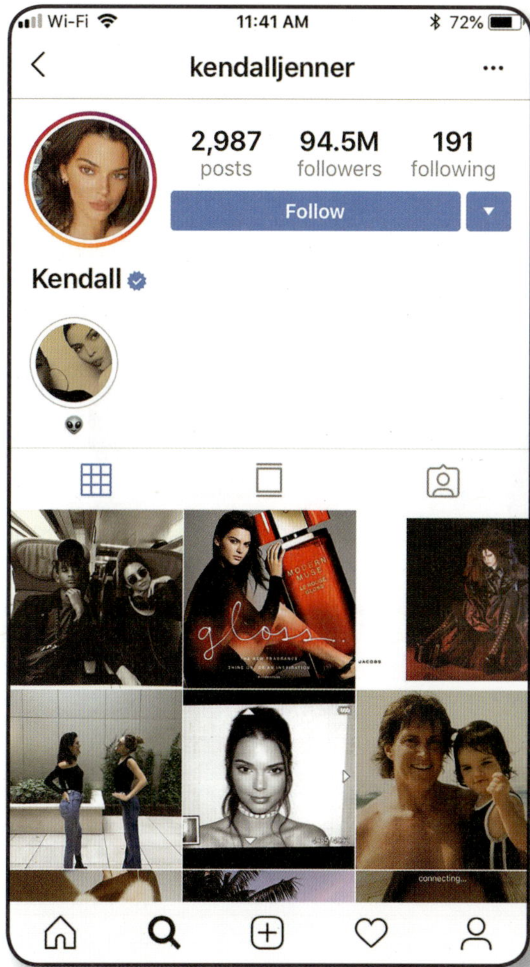

캔달 제너의 팔로워는 1억 명 정도다. 캔달과 그의 자매 및 어머니가 소셜미디어에서 얼마나 많은 팔로워를 확보하고 있는지에 관한 내용을 본문에서 찾아보자.

Source: Instagram

학습리뷰

1. 소셜미디어는 무엇인가?
2. 소셜미디어를 분류하는 데 있어 (a) 미디어 리치니스, (b) 자기노출이란 무엇인가?
3. 커뮤니케이션을 전달하는 데 소요되는 시간 측면에서 전통 미디어와 소셜미디어의 차이는 무엇인가?

주요 소셜미디어 살펴보기

목표 2 브랜드관리자가 네 가지 주요 소셜미디어를 마케팅활동에 활용하는 과정을 설명할 수 있다.

페이스북, 트위터, 링크드인, 유튜브는 가장 널리 사용되는 소셜미디어다. 따라서 마케팅관리자는 전통 미디어를 보완하기 위해 소셜미디어를 추가하고자 할 때, 반드시 이들의 특징을 이해하고 있어야 한다. 여기서는 총 네 가지의 소셜미디어를 정의·비교하면서 브랜드관리자들이 이들을 어떻게 활용해야 할 것인지 논하고자 한다. 가장 널리 활용되는 페이스북에 관해서는 좀 더 자세히 알아본다.

네 가지 소셜미디어의 비교

도표 17-2는 브랜드관리자의 시각에서 네 가지 소셜미디어 사이트를 비교해놓은 것이다. 페이스북은 사용자가 링크, 사진과 비디오를 포스팅하기 편리해서 브랜드 노출을 향상시킨다. 트위터는 브랜드 관련 메시지를 올리고 온라인 고객 지원을 확보하기에 용이하다. 링크드인은 기본적으로는 사용자들의 직장 찾기를 도와주는 강력한 네트워크이지만, 소규모 사업자들이 잠재고객에게 접근하는 것을 도와준다는 장점이 있다. 유튜브의 동영상은 복잡한 제품을 설명하는 데 특히 유용하다.

마크 저커버그와 쉐릴 샌드버그는 각각 페이스북의 CEO와 COO이다. 페이스북은 22억 명 이상의 사용자를 연결시켜주고 있다.

©Zef Nikolla/Facebook via Bloomberg/Getty Images

페이스북

페이스북(Facebook)은 사진, 비디오, 짧은 글을 입력하여 다른 사람들과 온라인에서 연결되기를 원하는 사람들에게 최우선으로 고려되는 소셜미디어다. 페이스북은 최근 사진을 공유하는 인스타그램(Instagram), 메시징을 전문으로 하는 왓츠앱(WhatsApp), 가상현실을 전문으로 하는 오큐러스(Oculus)를 합병하여 해당 미디어의 기능을 강화시켰다. 세계적으로 22억 명이 넘는 사용자를 확보한 이들은, 지구상 4명 중 1명이 사용하는 것으로 알려진 소셜미디어계의 진정한 고릴라다.

페이스북 개관 페이스북은 사용자가 개인 프로필을 생성하고 다른 사람들을 친구로 추가하여 사진, 비디오, 댓글과 '좋아요'를 교환하는 소셜미디어다. 페이스북의 사용자들은 그들이 생각하는 것, 느끼는 것, 행동하는 것을 친구 및 가족과 더불어 지속적으로 업데이트한다. 그뿐만 아니라 친구들과 채팅하고 공동 관심사 그룹을 형성하거나 그곳에 참여한다. 페이스북에서 사업자들은 광고 및 고객관계 형성을 위해 페이스북 페이지를 생성할 수 있다. 페이스북은 13세 이상의 모든 사람이 활용할 수 있다.

페이스북의 최고경영자 마크 저커버그(Mark Zuckerberg)와 최고운영경영자(COO) 쉐릴 샌드버그(Sheryl Sandberg)는 믿기 어려운 성장을 이루어냈다. 다음 내용을 보고 페이스북의 기업 규모를 가늠해보자.

- 초당 8명가량, 분당 7,246명이 회원으로 가입한다.
- 매일 3억 장의 사진이 올라오고 57억 개의 '좋아요'가 눌러지며, 7억 3,000개의 댓글이 달린다.
- 사용자의 85%는 미국과 캐나다가 아닌 곳에 거주한다.
- 250만 명 이상의 광고주로부터 수익이 창출된다.

비교기준	소셜미디어 facebook	twitter	LinkedIn	YouTube
여성–남성 사용자비율(미국)	남성 47%, 여성 53%	남성 48%, 여성 53%	남성 56%, 여성 44%	남성 50%, 여성 50%
브랜드 노출	사용자가 편리하게 링크, 사진, 비디오 등을 올릴 수 있어 브랜드 노출능력이 강력함	• 훗스위트와 트위트케스터 같은 앱을 사용하여 브랜드 관련 메시지를 쉽게 올릴 수 있음 • 스폰서 트윗으로 브랜드를 촉진할 수 있음	• 비즈니스 페이지와 링크드인 인플루언서 포스트와 같은 무료 기회가 제공됨 • 유료 스폰서로 업데이트를 하면 광범위한 도달이 가능	• 주의를 끄는 능력이 강력하고 복잡한 제품이나 브랜드에 대한 설명능력이 뛰어남 • 채널을 통해 사용자들을 콘텐츠에 집결시키고 시청률을 높임
고객 커뮤니케이션	• 브랜드를 좋아하고 그들의 의견을 공유하고자 하는 사람들이 사용하기에 적합함 • 모든 소셜네트워크의 모범	• 온라인 고객의 지지를 얻는 능력이 강력함 • 일대일 참여가 간단하며 추적하기 쉬움	고객서비스를 위해 소셜미디어를 사용하는 사람의 절반가량이 링크드인 기업 페이지를 사용하며 40%가량은 링크드인 그룹을 사용함	• 고객의 지지를 얻기 위해 즉시 주의를 끌 수 있음 • 사용자의 코멘트나 평가에 반응을 보이기가 좋음
웹사이트 방문량	• 뉴스 피드의 유리한 위치를 가지도록 콘텐츠를 변형하여 제공하기에 방문자 수가 가장 많음 • 소개받은 방문자 점유율은 하락하고 있음	• 트위터에서 소개받은 방문자의 수는 다른 어떤 소셜미디어보다 급격히 증가하고 있음 • 사진과 비디오로 인해 트윗을 클릭할 가능성이 높아짐	링크드인이 창출하는 리퍼럴의 수는 다른 소셜네트워크보다 적지만 B2B와 사업 개발 면에서 가치가 있음	• 유튜브는 방문자 창출에 주요 역할을 함 • 비디오 설명에 하이퍼링크를 달아 사용자의 사이트로 방문자들을 이동시킬 수 있음

도표 17–2 브랜드관리자들이 마케팅전략을 개발하기 위해 네 가지 소셜미디어를 활용하는 방법

- 페이스북 사용자의 반은 200명 이상의 친구를 보유하고, 18~29세 사용자는 300명 이상의 친구를 보유하고 있다.

브랜드관리자의 전략과 페이스북 페이스북의 비즈니스 페이지(business page)는 브랜드관리자가 제품, 서비스, 브랜드의 인지도를 올리기 위한 수단으로 사용된다. 이 페이지는 브랜드관리자의 개인적인 프로필과 별도로 페이스북에 그들의 비즈니스를 알리도록 해준다. 페이지가 잘 운영되면 자석과 같은 역할을 한다. 비즈니스 페이지상의 정보는 공개되므로, 브랜드관리자들이 검색엔진에 의해 분류된 고객 기반 내의 인플루언서를 찾아보기에 용이하다.

브랜드관리자는 새로운 고객을 발굴하고 페이스북 페이지에 끌어들이기 위해 페이스북 광고 플랫폼에 유료 광고나 스토리를 게재할 수 있다. 페이스북 광고의 장점은 콘텐츠가 친구들 사이에서 화젯거리가 될 수 있다는 점이다. 광고주에게는 기쁜 소식이다.

페이스북 페이지를 활용하는 조직의 과제는 최고의 반응을 창출할 콘텐츠를 포스트하는 것이다. 그렇지만 브랜드관리자는 사용자 중 일부가 피드에 유료 스폰서가 있는 콘텐츠가 올라오는 것을 싫어한다는 사실을 알고 있다. 연구자들은 페이스북의 대화에 팬들이 관여하는 정도를 높이기 위해 다음과 같은 가이드라인을 제시한다.

아플랙의 보험 광고에는 눈길을 끄는 아플랙 덕이 등장한다.

- 링크, 사진, 비디오의 사용이 창의적이어야 한다.
- 친근하지만 독특해야 한다. 팬들에게 친근한 메시지나 이미지로 콘텐츠를 구성하는 전략을 사용하되, 무엇인가 독특함을 추가해야 한다. 아플랙(Aflac)의 보험은 널리 알려진 아플랙 덕(duck)을 광고에 활용하고,

아플랙 덕 버츄얼 기프트를 보내면서 추가로 가입할 수 있는 보험을 안내했다.

- 새로움을 유지해야 한다. 넷플릭스와 유사한 서비스를 제공하는 레드박스(Redbox)는 새로 업로드되는 영화를 고객에게 바로바로 알려준다.
- 사용자의 열정을 알고 그들이 콘텐츠를 이끌어가도록 한다. 멕시코식 패스트푸드 레스토랑 타코벨(Taco Bell)은 다음 주 메뉴 사진에 실리길 원하는 메뉴를 사용자가 투표로 결정하게 했다.

의미 있는 수준의 사용자 충성도를 확보한다면, 기업은 통상 전체 고객 기반의 5% 정도를 차지하는 온라인상의 팬들에게 판촉물을 제공할 수 있다. 구매 데이터 분석에 의하면, '좋아요'를 누른 사용자들은 충성도가 높은 고객이므로 해당 브랜드를 구매할 가능성이 높다. '페이지뷰'나 '클릭'도 구매참여의 좋은 지표다.

페이스북의 모바일마케팅 20억 명의 사용자를 행복하게 하라는 것은 페이스북에게도 무리한 요구일 수 있다. 페이스북에 주된 접근통로가 컴퓨터에서 모바일로 이동함에 따라, 기업은 모바일능력을 지속적으로 개선하고 있다. 저커버그는 "단일 서비스에서 다양한 세계적인 앱으로 변화하여 사람들이 다양하게 공유할 수 있도록 한 것은, 지난 수년간 사람들과 접촉하기 위해 저희가 행한 전략상의 가장 큰 변화입니다"라고 밝혔다. 최근에 그들이 행한 일은 다음과 같다.

- 새로운 사생활 보호: 사생활과 개인 신상 데이터 활용에 관한 우려로 인해 페이스북은 새로운 사생활 보호 규정을 마련했다. 사용자들은 자신의 데이터가 어떻게 사용되는지 검토해달라고 페이스북에 요청할 수 있다. 또 개인 신상 정보에 기초한 기업활동의 대상이 되지 않도록 선택할 권리가 있다. 페이스북은 미성년자에게 노출되는 광고 게시물에 대한 규제를 강화하고, 데이터 오용을 신고한 사람에게 포상금을 지급한다.
- 데이팅 기능: 페이스북은 틴더(Tinder), 범블(Bumble) 같은 데이팅 앱과 경쟁하기 위해 사이트에 데이트(date) 기능을 추가했다. 이 기능을 사용하면 페이스북 계정에서 별도의 프로필을 만들 수 있다. 처음 채팅을 시도할 때는 오직 문자 메시지만 허용되는 전용 '받은 편지함'을 사용할 수 있다.
- 실시간 스트리밍: 비디오에 대한 관심이 증가하자 페이스북은 이에 대응하여 4시간까지 실시간 스트리밍이 가능한 새로운 서비스를 출시했다. '페이스북 라이브'라는 이름의 이 서비스는 팔로워 및 친구들과 실시간으로 활동이나 이벤트를 공유하게 해준다. 팔로워들은 실시간 방송이 시작될 때 알림 메시지를 받는다.
- 이메일마케팅: 페이스북은 커스텀오디언스(custom audience)라는 프로그램에서 광고주가 제공하는 고객의 이메일주소와 페이스북이 보유하고 있는 고객 이메일주소를 비교하는 모바일 앱을 제공하여 표적고객을 정하는 데 도움을 준다. 페이스북은 광고주의 고객과 유사해 보이는 사람들을 가려내도록 해주어 표적광고를 하는 데 도움을 주고 있다. 현재 매출의 절반 이상이 모바일기기에서 창출되고 있다.

페이스북은 이러한 모바일마케팅전략의 일환으로 어떤 변화를 추구하게 될까? 오직 저커버그만이 답을 알고 있을 것이다.

트위터

'트윗(tweet)'이라는 단어는 이제 일상의 언어가 되었다. 이러한 사실로 미루어볼 때 트위터가 미국 생활의 주류로 진입했다는 것은 명백한 일이다. 매달 3억 3,600만 명의 사용자들이 매일 5억 개 이상의 트윗을 보내고 있다고 한다.

웬디스는 한 고객과 대화하기 위해 트위터를 사용했다. 여기에 수백만 명이 관여하면서 트윗 횟수가 세계 기록을 경신했다.

Wendy's: ©Ken Wolter/Shutterstock; Phone: Source: Twitter

트위터 개관 **트위터**(Twitter)는 사용자가 '트윗(tweet)'이라 불리는 280글자의 짧은 메시지를 주고받을 수 있는 웹사이트다. 트위터는 팔로워 원칙을 기반으로 작동된다. 다른 트위터 사용자를 선택하고 팔로우하면 페이지에 시간 역순으로 해당 사용자가 보낸 트윗이 나타난다. 트위터에는 라이브 기능도 있다. "무슨 일이 일어나고 있나요?"라는 메시지 아래 카메라 모양 아이콘을 클릭하면 생방송을 시작할 수 있다.

트위터는 메시지가 짧고, 올리고 전달(리트윗; retweet)하기가 쉽고, 스마트폰에서 사용하기에 편리하여 소비자와 브랜드 모두가 사용하기 좋은 커뮤니케이션 수단이다. 패스트푸드 체인점 웬디스(Wendy's)는 브랜드 관련 메시지를 커뮤니케이션하기 위한 소셜미디어 프로그램으로, 트위터를 주요 수단으로 삼아 매일 메시지를 보내고 리트윗하고 답변하는 활동을 활발히 진행한다.

한 예로 카터 윌커슨(Carter Wilkerson)이라는 10대 소년이 치킨너겟을 1년간 무료로 먹으려면 리트윗을 몇 번이나 해야 하는지 질문했다. 웬디스의 대답은 300만 리트윗을 기록했는데, 이 횟수는 미국 코미디언 엘런 드제너러스(Ellen DeGeneres)의 기록을 깨고 최고 트윗 횟수로 등극했다. 웬디스는 카터에게 무료 너겟 1년치를 제공했다.

웬디스는 메시지를 주고받는 수단을 넘어 고객 의견을 청취하는 수단으로 트위터를 사용한다. 웬디스의 소셜미디어팀은 사람들이 무엇을 말하는지 알기 위해 웬디스 트위터에 대한 반응을 면밀히 관찰한다. 제품에 관한 우려가 감지될 경우, 웬디스는 그들의 우려가 무엇인지 확인하기 위해 즉시 소비자들에게 다가간다.

트위터
사용자가 '트윗'이라 불리는 280 글자짜리 짧은 메시지를 주고받을 수 있는 웹사이트

브랜드관리자의 전략상 트위터의 역할 트위터에서는 게시물 하나당 280자 이하만 허용된다. 따라서 브랜드관리자는 브랜드에 관한 심도 있는 언급을 기대하지 않는다. 대신에 그들은 트윗덱(TweetDeck)이나 훗스위트(HootSuite) 같은 소셜미디어 관리 도구를 사용하여 그들의 브랜드와 경쟁 브랜드에 관해 소비자들이 좋은 말이든 싫은 말이든 언급하는 것을 관찰한다. 그래서 부정적 지적에는 반응하고 긍정적인 언급은 리트윗한다. 상호작용 비디오와 생방송 기능을 사용하여 소비자들이 브랜드에 관여하도록 유도하기도 한다.

브랜드관리자들은 소비자들의 의견을 청취하고 기존 고객 및 잠재고객과 상호작용하기 위해 다양한 전략을 사용한다. 전략의 사례는 다음과 같다.

- 공식 트위터 프로필을 개발하고 팔로워를 모집하며 제품 사진과 비디오를 보여주면서 제품에 대한 사이버상의 입소문(buzz, 버즈)을 창출한다.

- 제품에 관해 언급하는 트위터를 팔로우하고, 어떤 말을 하는지 모니터링하면서 사용자의 비판에 반응하여 고객을 더 행복하게 만든다.
- 고객가치에 대한 정보를 제공하는 화젯거리를 트윗하고 생방송한다.

페이스북과 마찬가지로 트위터 역시 창의적으로 활용하면 기업이 고객에게 활발하게 관여할 수 있다. 트위터는 고객에 대한 관여를 증진시키기 위해 미국의 프로야구협회(MLB), 미식축구협회(NFL), 통신사 바이어콤(Viacom) 같은 파트너들과 24시간 실시간 스트리밍 비디오 채널을 개설했다. 트위터의 CEO 잭 도시(Jack Dorsey)는 "진행되고 있는 중요한 사안에 대해 제일 먼저 들을 수 있는 사이트가 되길 원한다"라고 말했다.

링크드인

페이스북이나 트위터와 달리 링크드인의 주목적은 전문가 네트워크 형성과 일자리 찾기이다.

링크드인
사용자가 자신의 프로필을 올려 커넥션이라고 불리기는 사업가 혹은 경영자들의 네트워크에 연결하는 비즈니스 지향 소셜네트워크

링크드인 개관 **링크드인**(LinkedIn)은 사용자가 자신의 프로필을 올려 사업가 혹은 경영자들의 네트워크에 연결하는 비즈니스 지향 소셜네트워크이다. 네트워크에 참여하는 사람들을 커넥션(connection)이라 부르기도 한다. 이 소셜네트워크는 5억 명 이상의 등록 회원을 보유하고 있으며, 이들은 전문 분야에서 연간 60억 건 정도의 탐색을 실행한다. 링크드인은 900만 개가 넘는 기업에 관한 데이터와 1,000만 개 이상의 일자리를 포스트(post)한다. 또 200여 개국에서 24개의 언어로 사용될 만큼 세계적으로 이용된다. 링크드인은 2016년에 마이크로소프트가 260억 달러에 인수했다.

대학생들은 링크드인의 프로필 체크리스트를 활용하여 주목받을 수 있는 프로필 페이지를 만들 수 있다.
Source: LinkedIn

브랜드관리자의 전략상 링크드인의 역할 마케팅관리자는 브랜드를 촉진하기 위해 링크드인을 조심스럽게 활용할 수 있다. 이것은 다른 전문가들과 네트워킹을 형성하고 이미지를 구축하기 위해 기본적으로 B2B(business to business) 차원에서 이루어진다. 관리자들은 동종 산업의 전문가 그룹 혹은 유사한 관심사를 가진 그룹에 가입하여 그들의 아이디어, 콘텐츠, 일자리 정보를 공유하고 특정 분야에 대한 조직의 역량을 알린다.

소규모 기업주를 대상으로 한 최근의 조사에 의하면, 41%의 응답자들이 링크드인이 기업에게 잠재적으로 도움이 된다고 답했다. 페이스북, 트위터, 유튜브에 관한 응답의 두 배 이상 높은 것이었다. 링크드인은 최근 자격을 갖춘 구직자를 찾는 과정을 단순화해서, 고용인이 '탐색 박스'에 필요한 사항을 입력하면 사람, 일자리, 기업에 관한 요약 정보를 얻을 수 있게 했다. 또한 잡매칭(job matching) 기능을 추가하여 고용인들이 채용 기회가 생길 경우 더 적합한 사람을 찾을 수 있게 했다. 브랜드관리자는 판매할 기회 포착을 위해, 그리고 판매자를 찾기 위해 링크드인을 활용할 수 있다. 판매 담당자가 미팅하게 될 구매 담당자의 프로필을 링크드인에서 찾아볼 수도 있다.

대학교 졸업생의 직업 탐색에 있어 링크드인의 역할 링크드인은 대학생과 최근 졸업생 회원을 4,000만 명 이상 확보하고 있다. 이들의 중요성은 날로 커지고 있다. 링크드인의 대학생 링크에서는 구직 중인 대학생의 프로필을 돋보이게 할 주요 아이디어를 얻을 수 있다.

- 짧고 기억하기 쉽고 정보가 풍부한 헤드라인을 만들어라.
- 선명하고 심플한 최근 사진을 첨부해라. 사진이 있으면 검토될 가능성이 훨씬 높다.
- 학력, 자격사항, 목표, 경력, 과외활동에 관한 간략하지만 전문적인 요약본을 만들어라.
- 스킬 및 전문 분야란에 채용자들이 탐색에 활용할 핵심단어나 문구를 적어라.
- 감독, 동료, 강사, 상담자 등 당신을 잘 아는 사람들의 추천을 포함시켜라.
- 링크드인 프로필은 공개로 하고 이력서가 포함된 URL을 만들어라(예: www.linkedIn.com/SYPark)

링크드인 프로필에 과하게 자주 사용되는 다음 10가지 단어는 사용하지 않는 편이 좋다. 10가지 단어는 책임지는(responsible), 전략적인(strategic), 창의적인(creative), 효과적인(effective), 조직의(organizational), 숙련된(expert), 혁신적인(innovative), 분석적인(analytical)이다.

유튜브

유튜브가 청중에게 도달하는 능력은 상상을 초월한다. 유튜브의 사용자는 15억 명에 달하며 ① 매일 40억 뷰를 기록하고, ② 매분 300시간 분량의 비디오가 업로드되고, ③ 50% 이상의 유튜브 사용이 모바일기기로부터 나온다.

유튜브 개관 **유튜브**(YouTube)는 구글이 소유한 비디오를 공유하는 웹사이트로, 사용자들이 비디오를 업로드하고 시청하며 의견을 피력할 수 있다. 유튜브는 영화 및 TV 장면, 음악, 비디오, 아마추어들이 올리는 사용자생성 비디오콘텐츠(user-generated video contents)를 보여주는 데 비디오 스트리밍 기술을 사용한다. 콘텐츠의 대부분은 아마추어가 올린 것이지만, 여러 기업에서도 유튜브 채널에 다양한 자료를 올린다.

유튜브
비디오를 공유하는 웹사이트로 사용자들은 영상을 업로드하고, 보고, 영상에 대한 의견을 댓글로 달 수 있음

유튜브는 잘 짜인 구조를 제공하여 사용자들을 채널로 유도하기 위해, 계속 같은 디자인을 고집하지 않고 홈페이지를 정기적으로 새롭게 디자인한다. 최근에도 유튜브채널에 쉽게 접근할 수 있게 하기 위해 홈페이지가 새롭게 디자인되었다. 유튜브채널은 조직과 개인의 홈페이지 역할을 하며, 직접 제작하거나 다른 사람이 제작한 비디오를 쉽게 올릴 수 있게 해준다.

가장 많이 재생된 비디오는 어떤 것일까? 루이즈 폰지의 〈Despacito〉가 55억 뷰로 1위, 위즈 칼리파의 〈See You Again〉이 37억 뷰로 2위, 에드 시런의 〈Shape of You〉가 37억 뷰로 3위를 기록하고 있다(역자의 말: 2020년에 〈아기상어〉가 70억 뷰를 넘기면서 1위가 되었음). 언급한 가수들은 모두 유튜브 채널을 운영하며, 본인의 음악뿐만 아니라 팬을 포함한 모든 사용자를 위해 다른 유명 비디오까지 업로드하고 있다.

어떻게 미국 록밴드 OK Go가 뮤직 비디오 〈Obsession〉을 통해 팬과 계약, 라이브쇼, 스폰서를 확보할 수 있었는지 본문에서 알아보자.

Source: OK Go

브랜드관리자의 전략상 유튜브의 역할 유튜브는 복잡한 제품이 주는 혜택을 잘 설명해줄 수 있는 매체로, 브랜드 관리자들이 비디오를 제작하고 보여줄 좋은 기회를 제공한다. 유튜브는 구글이 소유하고 있기에 검색엔진과 연동되어 사용자들이 자신의 관심 목록을 쉽게 찾도록 해준다. 브랜드관리자가 비디오를 창출하는 데는 비용이 들지만, 유튜브에 채널을 개설하는 것은 무료이므로 비용 면에서도 유리하다. 유튜브는 소규모 기업들이 비디오 광고를 개설하는 것을 돕는 프로그램도 제공하고, 웹사이트에서 비디오 광고의 핵심단어를 구매하고 관리해주기도 한다. 새로운 방식에 관한 직관을 제공하는 온라인 비디오는 마케팅전략의 일부가 되고 있다(자세한 내용은 '마케팅의 힘' 박스를 읽어보자).

미국의 록밴드 OK Go는 유튜브를 통해 팬과 스폰서를 확보하고 사업자를 찾았다. 트레드밀 비디오라 불리는 OK Go의 유튜브 뮤직비디오는 성공의 발판이 되었다. 밴드의 첫 뮤직비디오 〈This Too Shall Pass〉는 그래미의 최우수 뮤직비디오 부문에서 수상, 유럽 MTV 최고 뮤직비디오상도 수상하고 누적 5,900만 뷰를 기록했다. 가장 최근에 찍은 뮤직비디오 〈Obsession〉은 5달 만에 1,200만 뷰를 기록했다. 이들은 기존의 뮤직레이블 기업로부터 주목받는 것과 완연히 다른 방식인 유튜브를 활용하여 성공한 사례가 되었다.

유튜브 비디오를 활용하여 브랜드를 프로모션할 때의 가이드라인은 다음과 같다.

- 제품에 관한 메시지를 다소 희생하더라도 흥미로운 이야기를 전달하기 위해 메시지의 시각적 측면을 극대화하라.
- 비디오가 사용자의 탐색과정에서 떠오르도록 브랜드채널에서 핵심단어를 강조하라. 소셜미디어에 빨리 전파되도록 바이럴한 제목을 선택하라.

마케팅의 힘

기술

브이로거, 세계적으로 떠오르는 글로벌 파워 플레이어

온라인 광고의 세계가 변하고 있다. 최근 연구에 의하면 온라인 비디오의 절반가량을 아무도 보지 않는다고 한다. 이러한 상황을 더 복잡하게 만드는 사실은 밀레니얼세대와 Z세대의 주목을 끌기가 점점 어려워지고 있다는 것이다. 이에 대한 해결책으로 유튜브는 스킵할 수 없는 30초짜리 비디오를 중단하고 짧은 6초 짜리 광고로 대체하고 있다. 그렇지만 성공적인 온라인 광고의 비결은 비디오 블로거, 즉 브이로거(Vlogger)일 것이다.

마케팅관리자들은 브이로거들이 전통적인 셀러브리티의 온라인 버전이라고 말한다. 예를 들어 조 '조엘라' 슈그(Zoe 'Zoella' Sugg)는 10대 시절부터 화장품에 관한 비디오를 올리기 시작해서 현재는 1,200만 명이 넘는 구독자를 보유하고 있다. 그녀의 구독자들은 젊기 때문에 다양한 광고주가 모이며 브랜드 협찬도 매우 잦다. 온라인에서 퓨디파이(PewDiePie)로 알려져 있는 페릭스 키엘버그(Felix Kjellberg)는 대학생 때부터 비디오게임에 관한 유튜브 채널을 개설하여 현재 1억 명 정도의 구독자를 보유한, 세계 1위를 다투는 유튜버가 되었다. 그의 비디오는 140억 뷰 이상을 기록하며 〈타임〉이 선정한 올해의 인플루언서로 꼽히기도 했다.

VIDEO 17-1
Zoella: Life, Beauty & Chats
kerin.tv/cr8e/v17-1

브이로거의 영향력은 점점 막강해지고 있다. 경제지 〈포브스〉는 소셜미디어의 탑 30 파워 플레이어 리스트를 만들고 있다. 청취자 수, 전파력과 관여도 측면에서 순위를 매겨 미용, 피트니스와 홈 분야의 인플루언서를 선정하는 것이다. 이 리스트에 선정된 사람들은 8개국에 걸쳐 있으며 세계적으로 2억 5,000만 명 이상의 팔로워를 보유하고 있다.

여러분의 최애 브랜드도 이들과 같은 브이로거와 파트너가 되기를 바란다.

- 유튜브의 분석도구(YouTube's insights and analytics research)를 활용하여 시청자 수, 웹사이트 방문자 수와 사용자가 방문에 영향을 미치는 핵심단어를 찾고 표적청취자를 정하라.

브랜드관리자들의 흥미를 끌만한 사실 하나는 광고주가 구글의 탐색 히스토리를 기반으로 표적청중을 정할 수 있다는 것이다. 이전에는 시청자 수를 기반으로 해서 선정이 이루어졌다.

학습리뷰

1. 사용자 생성 콘텐츠는 페이스북에서 어떻게 작동되고 있는가?
2. 브랜드관리자가 브랜드의 팬들과 대화하기 위해 페이스북을 활용하는 방법은 무엇인가? 페이스북은 모바일마케팅활동을 어떻게 촉진하는가?
3. 브랜드관리자는 고객과 대화하기 위해 유튜브를 어떻게 활용하고 있는가? 온라인 비디오를 사용하는 모바일마케팅의 새로운 형태는 무엇인가?

소셜미디어마케팅 프로그램과 고객참여

목표 3 소셜미디어를 선택하고 콘텐츠를 고르는 과정 등 소셜미디어마케팅 프로그램의 특징을 설명할 수 있다.

경험이 풍부한 마케팅관리자는 매출을 늘리기 위해 전통적인 매체를 사용하는 방법을 이해하고 있다. 일부는 성공적이고 어떤 것은 그저 그렇다. 이 중 많은 관리자들은 소셜미디어의 역동성을 이해하는 것이 어렵다는 것을 인정하며 자신들의 브랜드를 위해 효과적으로 사용하는 방법에 대해 확신을 갖지 못한다.

소셜미디어마케팅 프로그램(social media marketing program)은 온라인 미디어 콘텐츠를 창출하고 보급하여 사용자의 주의를 끌고 독자들이 그것을 다른 소셜네트워크와 공유하기를 유도하는 기업의 통합적 마케팅 프로그램의 일부이다. 목표는 브랜드와 브랜드의 메시지에 열광하여 인플루언서가 될 활동적인 소비자에 도달하는 것이다. 그러면 이러한 소비자들은 브랜드를 사용하는 기쁨에 관하여 온라인 친구들 및 기업과 커뮤니케이션하는 '천사'가 된다. 소셜미디어마케팅 프로그램의 성공은 고객참여를 창출하고 유지하는 데 달려 있다. **고객참여**(customer engegement)는 고객이 온라인으로 실행하는 소셜네트워크와의 브랜드 중심 상호작용의 정도 및 깊이를 의미한다.

소셜미디어마케팅 프로그램
온라인 미디어 콘텐츠를 창출하고 보급하여 사용자의 주의를 끌고 독자들이 그것을 다른 소셜네트워크와 공유하기를 유도하는 기업의 통합적 마케팅 프로그램의 일부

고객참여
고객이 친구와 온라인으로 수행하기 위해 선택한 브랜드 중심 상호작용의 정도와 깊이

여기서는 ① 소셜미디어를 어떻게 선택하며, ② 창출되는 소셜미디어 콘텐츠의 종류가 무엇이며, ③ 소셜미디어 프로그램의 결과를 어떻게 측정하는지 살펴본다. 이 장에서는 립밤 제조사 카멕스(Carmex)가 유명 농구선수 르브론 제임스(LeBron James)를 협찬하며 제작한 "전 세계에서 볼 수 있는 농구슛" 프로모션을 설명하면서 끝맺음을 하려 한다. 브랜드관리자의 궁극의 꿈이라 할 수 있는 카멕스-르브론제임스닷컴(Carmex-LeBronJames.com)의 프로모션은 유튜브에서 바이러스처럼 퍼져나갔다.

소셜미디어의 선택

소셜미디어를 사용하기 위해 브랜드관리자는 수백 가지 소셜네트워크 중 한두 개를 선택해야 한다. 이를 위해 ① 웹사이트 방문자의 특성, ② 사용자 수와 특이한 방문자를 분석해야 한다.

도표 17-3 페이스북, 트위터, 링크드인, 유튜브의 사용자 수와 월간 방문자 점유율

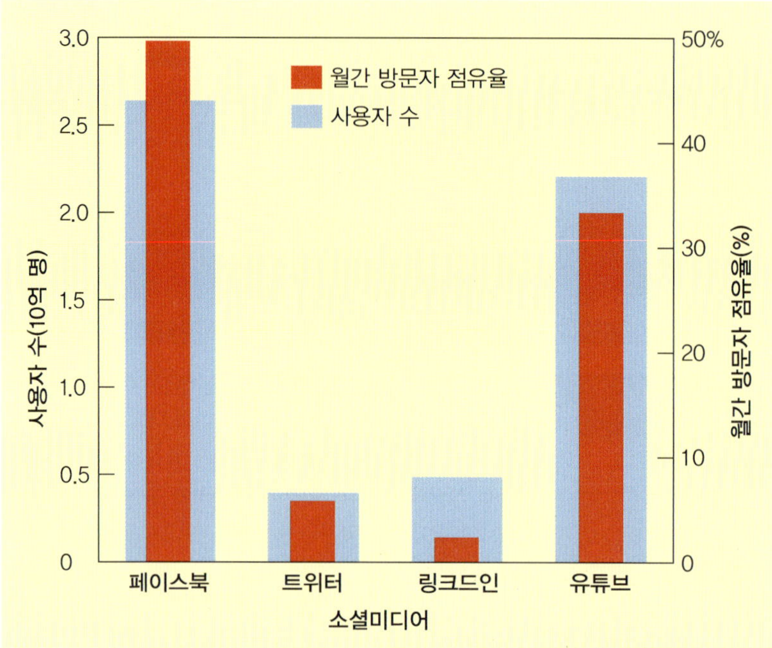

소셜미디어를 위해 활용가능한 청취자 데이터 마케팅조사기업뿐 아니라 소셜미디어 사이트도 자체적으로 브랜드관리자들의 선택을 돕기 위해 사용자 프로필 데이터를 제공하고 있다. 앞서 설명한 도표 17-2의 상단에는 주요 소셜미디어 네 가지의 사용자 남녀 비율을 나타낸 것이다. 페이스북 사용자의 53%가 여성, 47%가 남성이며, 링크드인은 44%가 여성, 56%가 남성이다. 이는 브랜드관리자가 프로모션 예산을 할당하는 데 중요한 차이를 보여준다.

소셜미디어의 최근 활동 상황 도표 17-3은 사용자 수와 페이스북, 트위터, 링크드인과 유튜브의 사용자 수와 방문자의 월간 점유율을 비교한 것이다. 사용자 수는 청취자의 크기를 나타내며 방문자 점유율은 웹사이트의 타 사이트 대비 사용 정도를 나타낸다. 사용자 수로 볼 때 페이스북과 유튜브는 대략 20억 명 이상이나 방문자 점유율은 페이스북이 50% 이상을 차지한다. 이와 유사하게 트위터와 링크드인은 각각 대략 3억 5,000만 명과 5억 명 사용자가 있으나 트위터가 높은 방문자 점유율을 보이고 있다. 이는 사용이 더 활발하다는 것을 의미한다.

소셜미디어 콘텐츠 선택

마케팅관리자가 선택할 수 있는 소셜미디어 콘텐츠는 매우 다양하다. 첫째, 소셜미디어 콘텐츠의 선택은 콘텐츠가 의도하는 목적에 따라 달라진다. 콘텐츠가 프로모션용인지, 오락 위주인지, 교육용인지, 아니면 다른 의도된 목적이 있는지가 중요하다. 둘째, 고객참여를 창출하고 유지하기 위한 전반적인 통합적 마케팅 커뮤니케이션과 소셜미디어 콘텐츠가 얼마나 보완적인지가 중요하다. 셋째, 다양한 소셜미디어에서 콘텐츠가 어떻게 잘 전달될 것이며, 넷째, 소셜미디어로 도달하고자 하는 세분시장의 특징을 감안해야 한다. 이를 위해 지역, 성별, 나이, 교육 등 인구통계변수부터 검토해야 한다. 필요하다면 사용자의 관계 내 위상, 사용자의 관심 등의 변수도 고려해야 한다.

소셜미디어 콘텐츠의 유형 많은 소셜미디어 전문가들은 기업이 고객참여를 창출하고 유지하기 위해 활용하는 소셜미디어의 유형을 7가지로 분류한다. 각 유형의 구성요소를 살펴보자.

- 교육 콘텐츠(educational contents): 인포그래픽(inforgraphics), 자주하는 질문과 답(FAQ), 간단한 정보와 기법, 학습방법 등으로 구성된다.
- 영감 콘텐츠(inspirational contents): 감동적인 어구, 놀라운 사실이나 상식, 개인적인 성공 스토리, 영감을 주는 이미지 등의 요소로 구성된다.
- 연결 콘텐츠(connecting contents): 다양한 이야기, 후일담, 앞에서는 보이지 않는 이미지 및 팬에게 감사를 표하거나 의견을 구하거나 반응을 유도하기 위한 다양한 내용으로 구성된다.
- 프로모션 콘텐츠(promotional contents): 프로모션, 쿠폰, 할인, 고객 증언과 웹으로 하는 세미나(웨비나, webinar) 등으로 구성된다.
- 제품 소식 콘텐츠(newsworthy contents): 브랜드에 관한 새로운 소식과 산업, 제품이나 서비스에 관한 화젯거리를 다룬다.
- 오락 콘텐츠(entertaining contents): 퍼즐, 농담, 바이럴 비디오 및 유머 등으로 구성된다.

기업들은 통합적 마케팅 커뮤니케이션 프로그램의 일환으로 고객의 주의를 끌고 사용자 창출 콘텐츠를 유도하기 위해 제품, 브랜드 및 서비스 소셜미디어 콘텐츠에 해시태그(#)를 붙인다. 해시태그는 트위터에서 처음 사용되었는데 점차 다른 소셜미디어에서도 널리 사용되고 있다. 성공적인 예는 사료 제조사인 퓨리나(Purina)가 사용한 #PetsAtWork였다. 이 해시태그는 많은 사람이 반려동물 사진과 관련된 글을 올리도록 유도하였고, 이로 인해 퓨리나의 홈페이지 방문자 수가 34%나 증가하였다.

소셜미디어 콘텐츠의 창의적인 개발, 실행과 전달 소셜미디어 콘텐츠의 질은 주로 창의적인 개발과 실행 및 전달이 좌우한다. 펩시콜라의 '친구 찾기'라는 유튜브 비디오가 좋은 예일 것이다.

사진에 있는 유튜브의 펩시맥스 비디오 같은 소셜미디어 캠페인을 하기 위해서 브랜드관리자는 다이어트 음료가 젊은 표적시장과 관련이 있도록 만들 수 있어야 한다.

Source: PepsiCo

펩시콜라는 제로칼로리 음료인 펩시맥스를 프로모션하기 위해 성공적인 비디오와 TV 광고인 'Uncle Dew'와 'Test Drive'를 기반으로 해서 재미있는 비디오 '친구 찾기(Friend Finder)'를 제작했다. 이 비디오는 음악 축제에 참석한 사람의 3분의 1가량이 친구를 잃어버린다는 사실에 착안하여 축제 중 친구를 잃어버린 사람들의 모습을 보여준다. 그들은 펩시맥스의 '친구 찾기' 앱을 다운로드하고 드론을 따라가서 친구를 찾는다!

'친구 찾기'는 유튜브에서 500만 뷰 이상을 기록하며 대성공했다. 이보다 더 큰 성공은 이 비디오로 인해 통합적 마케팅 커뮤니케이션에서 강조하고 있는 펩시의 글로벌 태그라인(tagline)인 "For the Love of It"이 강화되었다는 사실이다. 제품수명주기상 성숙기에 놓인 펩시맥스가 소셜미디어 콘텐츠 덕분에 표적시장 내 젊은 층의 관여도를 높인 것이다. 이 비디오는 제품 관련 메시지를 오락적인 것으로 대체하여 시청자의 주의를 끌었다. 펩시맥스의 성공 사례는 반복 구매를 유도하는데 사회적 상호작용이 중요한 역할을 한다는 최근의 연구와도 일치한다.

Video 17-2
Pepsi MAX
kerin.tv/cr8e/v17-2

소셜미디어마케팅 프로그램의 결과 측정

목표 4 소셜미디어의 투입 대비 산출 성과를 비교할 수 있다.

소셜미디어마케팅 프로그램의 성과는 크게 두 가지로 측정할 수 있다. 도표 17-4에 나와 있는 ① 투입이나 비용과 관련된 부분, ② 소셜미디어에서 도출된 산출물 혹은 수익이다. 전통적인 미디어든 소셜미디어든 이상적인 성과 측정은 실제 매출 수익과 광고 혹은 타 프로모션의 비용과 비교하여 이루어진다. 소셜미디어가 성장함에 따라 마케팅 및 브랜드관리자들에게 새로운 형태인 소셜미디어 프로모션의 원가와 창출한 매출을 연계하는 것은 점차 어려워지는 도전 과제이다. 그 결과 때로 완전히 다른 언어를 요구하는 성과 측정방식이 등장하게 되었다.

투입 혹은 원가와 연관된 성과 측정 도표 17-4는 투입 혹은 원가와 관련된 소셜미디어 성과 측정방식 세 가지를 보여준다. 측정방식을 따라 아래로 내려오면 오직 원가와 연계된 측정방식(CPM)으로 시작하여 제품에 갖는 관심의 정도를 측정하는 방식(CPC), 소셜미디어 광고 혹은 활동이 창출한 매출 수익과 밀접하게 연계된 방식(CPA)이 소개되어있다.

1,000회당 원가(cost per thousand, CPM)는 광고가 올라간 횟수와 연계되어있다. 이것은 사용자가 보았을 가능성이 있으나 실제로 반응했다는 것을 의미하지는 않는다. 이 측정법은 앞의 16장에서 소개하는 전통 미디어 성과를 측정하는 방식인 CPM과 대체로 유사하다. 클릭당 원가측정법(cost per click, CPC)은 사용자가 광고를 클릭하여 그 페이지에서 광고주의 웹사이트로 넘어갈 때마다 광고주가 페이스북과 같은 소셜미디어 사이트에 내야 하는 요금을 알려준다. 마지막으로 행위당 원가(cost per action, CPA)는 실제 매출액과 대략적으로 연계된다. 예를 들어 소셜미디어 사이트에 게재된 광고에서 발생한 구매당 5달러를 지불하는 방식이다. 모든 구매에서 창출되는 수익을 집계한다는 것은 매우 어려운 과제이기는 하나 CPA 방식은 소셜미디어 광고의 원가와 광고로부터 창출된 매출 수익과 가장 밀접하게 연계되어 있다.

산출 혹은 수익과 연계된 성과 측정 브랜드관리자의 소셜미디어마케팅 프로그램의 성과를 평가하는 측정법에는 소셜미디어에 존재하는 쌍방향 커뮤니케이션이 반영되

도표 17-4 주로 투입 혹은 비용과 관련된 소셜미디어의 성능

성과 측정	비용	광고주 특성	광고 목적	평가	
				장점	단점
1,000회당 원가 (CPM)	"나는 이 광고가 올라오는 횟수 1000번당 0.5달러를 한 달에 100달러까지 지불할 것이다."	직접 광고를 판매하는 소규모 웹사이트 (제3자 서비스를 이용할 수도 있음)	단순히 인지도를 구축하기를 원하는 광고주	사용하기 간단함	임프레션이 항상 매출로 연결되지는 않음
클릭당 원가 (CPC)	"나는 이광고를 클릭해서 나의 웹사이트로 넘어오는 방문자당 1달러를 지불할 것이다."	대부분의 웹사이트가 이 방식을 사용하며, 구글이나 에드워드 같은 제3자 서비스에 의해 실행됨	성공에 대하여 지불하길 원하지만 광고부터 실제 구매까지 추적할 능력이 없는 광고주	광고에 관심을 표명한 방문자에게만 지불 가능	청중과 부적합한 경우 광고가 표시되지 않을 수 있음
행위당 원가 (CPA)	"나는 당신 웹사이트 광고에서 기인한 구매에 대해 구매당 5달러씩 지불할 것이다."	보통 제3자 서비스를 통해 구현됨. 구글의 에드센스가 대표적인 서비스	성공에 대하여 지불하기를 원하는 수준 높은 광고주	성공한 경우에만 지불	클릭당 원가와 유사하나 추적이 어려우며 행위당 지불액이 많음

어있다. 팬, 친구, 팔로워라는 용어로 나타나는 산출물과 연계되어있고 이는 창출되는 매출 수익을 추정하는 첫 번째 단계이다. 브랜드관리자의 관점에서 사이트의 평가에 사용되는 페이스북 측정치를 일반적인 것부터 구체적인 것 순으로 살펴보자.

- 사용자/가입자: 이름을 적고, ID(보통 이메일주소)와 비밀번호를 만들고 몇 가지 질문(성별, 출생일 등)에 답하는 등 가입 절차를 완료하고 소셜네트워크 사이트에 등록한 사람
- 팬: 소셜미디어 플랫폼을 통하여 브랜드 관련 메시지 수신을 선택한 사람들
- 목소리 공유: 제품 관련 전체 온라인 채팅에서 특정 브랜드와 관련된 채팅이 차지하는 비율 혹은 점유율
- 페이지 뷰: 특정 시간에 페이스북 페이지가 열려 있는 횟수
- 방문자: 정해진 기간 동안 페이스북 페이지에 방문한 사람의 수. 한 사람이 하루 세 번 방문한다면 세 번으로 집계됨
- 특정 방문자: 특정 방문자가 정해진 기간 동안 방문한 횟수. 하루 세 번 방문했더라도 한 번으로 집계됨
- 방문자당 평균 페이지 뷰 수: 정해진 기간 동안 페이지 뷰를 방문자 수로 나눈 것
- 상호작용비율: 게시물과 상호작용한 사람의 수를 게시물을 본 사람의 수로 나눈 것. 게시물과의 상호작용은 '좋아요'를 누르거나 댓글을 달거나 하는 방식으로 이루어짐
- 클릭스루비율(click-through rate, CTR): 페이지의 링크를 클릭하여 특정 사이트로 넘어간 사용자의 비율
- 팬이 된 경로(Fan source): 소셜네트워크에 들어오게 된 경로. 광고를 보고 들어온 사람보다 친구의 추천으로 들어온 팬이 더 소중함

측정치에는 소셜미디어로부터 창출되는 매출 수익이 나타나지는 않지만 목록의 위에서 아래로 내려갈수록 전통 미디어의 비교 대상이 되는 측정치보다 구체적이라는 것을 알 수 있다. 그 이유는 전통 미디어에서 광고를 시청하고 듣거나 읽는 소비자를 추적하는 것보다는 웹사이트를 클릭한 소셜미디어 사용자를 전자적으로 추적하는 것이 훨씬 용이하기 때문이다.

전문화된 소셜미디어 소셜미디어의 장점 중 하나는 회원들의 물리적 소재지와 무관하게 아이디어 등 공통 관심사를 중심으로 커뮤니티를 형성할 수 있다는 것이다. 페이스북이나 유튜브 같은 대형 소셜미디어 사이트들이 대부분의 사용자를 보유하고 있지만, 핀터레스트(Pinterest)와 같은 소형 사이트들은 특정 제품이나 서비스에서는 더 성공적일 수 있다.

가상의 '핀(pin)'을 꽂을 수 있는 보드이자 콘텐츠 공유 소셜네트워크 핀터레스트는 의류, 수공예품, 인테리어 장식 혹은 레시피 같은 선호품 이미지에 핀을 꽂아 표시하고 공유하는 사이트다. 핀

핀터레스트에서 사용자는 자신들의 선호하는 이미지를 공유할 수 있다. 핀터레스트에서 이미지를 공유하는 것을 '핀'을 찍는다고 말한다. 핀터레스트는 브랜드관리자들이 기업의 제품을 프로모션하는 데 매우 유용하게 활용된다.

Source: Pinterest

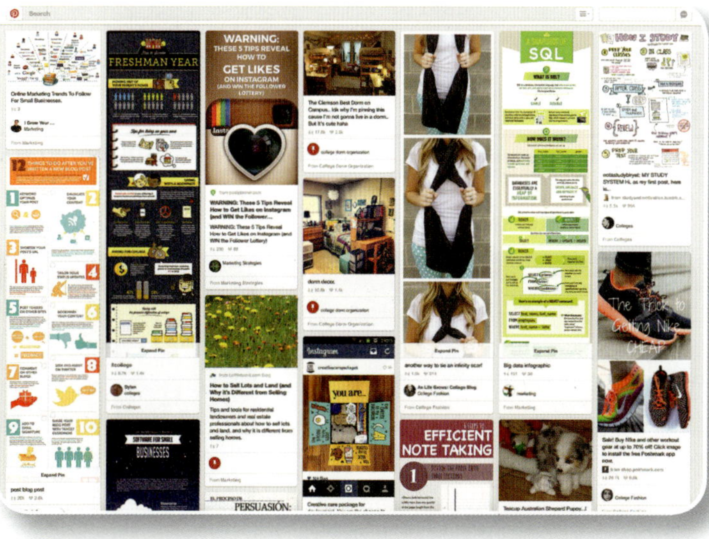

터레스트의 가입자들은 테마가 있는 맞춤 보드를 만들고 여기에 업로드하는 이미지를 '음식', '뜨개질', '잡동사니' 등으로 분류한다. 이러한 이미지를 핀터레스트 커뮤니티의 다른 회원들과 공유한다. 이미지를 페이스북이나 유튜브에 공유할 수도 있다.

핀터레스트는 1억 5,000만 명 이상의 회원을 보유하고 있으며, 이 중 70%가 여성이다. 적극적으로 활동하는 사용자는 대개 40세 미만으로 젊은 편이며, 85% 정도의 활동이 모바일기기를 통해 이루어진다. 매달 4억 명 이상이 이 소셜미디어를 활발하게 사용한다. 소매상이나 제조업체에서는 여성을 표적으로 하여 핀터레스트를 활용하는 경우가 많다. 브랜드관리자들은 기업 제품의 이미지를 핀터레스트 보드에 게시하고 홈페이지로 링크하여 사람들이 사이트에 들어오도록 하고 있다.

카멕스의 운 좋은 바이럴마케팅 성공과 르브론 제임스의 허그

브랜드관리자들은 스타들과 제휴하기를 꿈꾼다. 그래서 소셜미디어 프로모션이 온라인에 바이러스처럼 퍼져나가 수백만 달러의 가치가 있는 브랜드노출이 무료로 이루어지길 기대한다. 카멕스 립밤(Carmex lip balm)은 이러한 경험을 했다!

개요 앞서 언급한 대로 카멕스는 '르브론제임스닷컴'과 파트너십을 맺었다. 우연히 미국 프로농구 스타인 르브론 제임스가 게임 전에 카멕스 립밤을 늘 바른다는 사실을 안 후다.

Video 17-3
Carmex
kerin.tv/cr8e/v17-3

하프코트 콘테스트 카멕스는 파트너십의 일환으로 "카멕스와 르브론 제임스의 하프코트 영웅"이라는 프로모션을 기획했다. 이 프로모션은 온라인 티켓과 한 명의 운 좋은 당첨자를 위해 매주 상금이 쌓여가는 것을 보여준다. 당첨자는 농구 게임에 참석하여 하프코트에서 7만 5,000달러 상당의 슛을 할 수 있는 기회를 얻는다. 만약 당첨자가 하프코트에서 슛을 성공시키면 카멕스는 그 '영웅'을 위해 상금과 같은 금액인 7만 5,000달러를 르브론 제임스 가족재단과 미국 청소년클럽에 기부한다.

운 좋은 당첨자 마이클 드리쉬(Michael Drysch)는 2만 명의 관중으로 만석이 된 농구장에 걸어들어왔다. 마이클은 하프코트 왼편에 자리 잡은 후 두 걸음 물러났다가 한 손으로 슛을 했다. 공은 그대로 골인하여 네트를 갈랐다! 그리고 7만 5,000달러만큼 부자가 되었다!

관중들은 마이클이 흥분하여 주먹을 휘두르는 순간 모두 일어섰다. 그 순간 르브론은 기쁨에 넘쳐 뛰어나와 마이클을 붙잡고 코트에서 뒹굴었다.

슛, 네트에 그대로 골인! 르브론의 빅허그: 브랜드관리자의 황당한 꿈이 실현되었다. 본문은 카멕스의 '온 세상이 본 슛'이 어떻게 유튜브의 3,300만 뷰와 함께 꿈을 실현시켰는지 보여준다.

Courtesy of Altus Business Development, Inc.

'온 세상이 본 슛'이 바이럴해지다 '하프코트 영웅'의 당첨자 마이클 드리쉬의 믿기

The Shot

Nothing but Net!

LeBron's Bear Hug

어려운 훅 슛과 르브론 제임스의 축하를 담은 허그는 온라인에서 바이러스처럼 퍼져나갔다. NBATV는 게임 후 르브론의 옆자리에 앉은 마이클을 인터뷰했다. 그 슛은 미국 스포츠 전문 채널 ESPN이 오늘의 플레이로 선정했고 카멕스의 브랜드팀은 뉴욕으로 날아가 〈굿모닝 아메리카〉, 〈인사이드 이디션〉, 〈CNN 얼리 스타트〉 등의 TV 프로그램과 라디오 프로그램에 출연하는 등 마이클을 위한 PR 투어를 마련했다.

카멕스의 마케팅팀은 PR 투어가 진행되는 동안 트위터, 페이스북 등 소셜미디어에 관련 내용을 계속 올렸고, 3개월이 지나지 않아 '하프코트 영웅'은 유튜브에서 3,000만 뷰 이상을 기록하며 미국농구협회의 유튜브 페이지에서 가장 많이 본 비디오의 기록을 경신했다. 이 프로모션으로 카멕스는 TV, 인쇄매체, 온라인, 소셜미디어 등 모든 미디어에서 5억 번 이상의 노출을 기록할 수 있었다.

마이클 드리쉬는 불가능해 보이는 훅슛을 카멕스와 '르브론제임스닷컴'의 하프코트 영웅 프로모션에서 성공시켜 상금을 받았다. 르브론 제임스 가족재단과 미국 청소년클럽도 혜택을 입었다.
Courtesy of Altus Business Development, Inc.

카멕스의 경험은 소셜미디어 콘텐츠와 소셜미디어 인플루언서가 결합한 교과서적 예다. 소셜미디어 콘텐츠는 감동적이고, 상호작용적이고, 프로모션에 기여하며, 흥미롭고, 연결성이 뛰어나다. 이러한 콘텐츠와 페이스북, 트위터와 인스타그램에 1억 명 이상의 팔로워를 거느린 소셜미디어에서 가장 유명한 농구선수와의 결합은 이보다 더 이상적일 수 없는 파트너십이었다.

학 습 리 뷰

1. 소셜미디어 콘텐츠의 7가지 유형은 무엇인가?
2. 페이스북의 광고주는 매출을 어떻게 창출하는지 간단하게 설명해보자.
3. 마이클 드리쉬가 '하프코트 영웅' 슛을 성공시킨 후, 카멕스팀은 이 믿기 어려운 행운을 어떻게 활용했는가?

미래, 융합과 모빌리티

마케팅에서 소셜미디어를 활용하는 경향에는 과학자들이 말하는 '거울세상' 혹은 '스마트시스템'이 반영되어있다. 이 용어는 실제 세상과 디지털세계의 융합을 말한다. 스마트시스템은 실제 세상 혹은 디지털세계의 변화를 감지하여 활동을 촉발하는 컴퓨터에 근거한 네트워크이다. 이 부분에서는 ① 실제 세상과 디지털세계의 융합, ② 이 융합이 소셜미디어와 마케팅활동을 어떻게 연결짓는지, ③ 이 모든 것이 미래의 어디로 향하고 있는지를 논의한다.

목표 5 실제 세상과 디지털세계가 융합하는 이유를 밝히고, 이것이 소셜미디어의 미래에 미치는 영향을 알아본다.

실제 세상과 디지털세계의 융합

물리적 세상과 가상세계가 융합되고 있다는 말은 공상과학소설처럼 들리기도 한다. 실제 세상과 디지털세계의 융합은 소셜상거래기술, 데이터베이스와 알고리즘, 앱이 서로 얽혀 발전한 결과물이다. 이러한 요인들을 살펴보면 이 융합이 무엇인지, 그리고 마케팅에 있어 어떤 의미를 갖는지 설명하는 데 도움이 될 것이다.

소셜상거래기술 소셜미디어와 디지털기술은 기업이 소비자와 관계를 맺는 과정, 소비자들이 커뮤니케이션하고 쇼핑하고 가격을 지불하는 방법에 변화를 불러왔다. 예를 들어 사진공유 앱 스냅챗(Snapchat)은 최신형 농구화를 신은 마이클 조던의 증강현실(augmented reality) 이미지를 발표했다. 사용자들은 마이클 조던의 주위를 걸어보고 제품을 보거나 스냅스토어(Snap Store)를 탭하여 들어가 제품을 구매할 수도 있었다. 제품은 23분 만에 완판됐다!

스냅챗의 증강현실에 관해 알고 싶다면 본문을 읽어보자.
Source: Snapchat/Nike

데이터베이스와 알고리즘 앞서 7~8장에서 논의했듯 가망고객의 발견은 시장세분화를 통해 이루어진다. 시장세분화를 위해서는 데이터를 조직화하고, 조작하고, 질문하고, 제시하기 위해 사용되는 모델인 알고리즘으로 데이터를 분석해야 한다. 구글이나 페이스북 같은 데이터베이스의 소유자들은 광고주가 될 가능성이 있는 조직들이 데이터베이스를 유용하게 활용할 수 있도록 해야 광고를 유치할 수 있다. 이에 매우 성공적인 기업 구글은 470억 장에 달하는 웹페이지 목록을 제공한다. 구글의 검색엔진은 조사 관련 질의에 파란색 웹사이트 주소를 링크시켜 주소를 다시 찾아보도록 하지 않고 사진, 사실, 답을 바로 제공한다.

페이스북도 자체 탐색 엔진 알고리즘을 이용한다고 선언하면서 구글의 영역에 발을 디뎠다. 페이스북 사용자들은 사람, 장소, 사진, 관심사 등에 대한 질의를 할 수 있다. 가령 '친구들이 추천하는 레스토랑'과 같은 질문을 할 수 있다. 뿐만 아니라 페이스북 사이트에 표시되는 '좋아요'의 진정한 가치를 광고주에게 제공한다. 가령 '좋아요'를 누른 소비자를 분석하면 뉴욕에 있는 작은 초콜릿 소매상은 오가닉식품을 구매하는 젊은 부모들을 표적으로 삼을 수 있게 된다. 이처럼 데이터베이스의 '디지털세계'에서 사용자가 표시한 별 것 아닐 수 있는 '좋아요'가, 브랜드관리자가 타깃팅을 위해 기획한 프로모션이 시도하는 '실제 세상'의 실제 구매로 연결되어 융합되는 예를 어렵지 않게 찾아볼 수 있다.

앱 스마트폰 앱은 실제 세상과 디지털세계의 융합을 가속화시킨다. **앱**(app)은 애플리케이션(application)의 약자로 스마트폰이나 태블릿기기에서 작동하는 다운로드 가능한 소프트웨어 프로그램이다. 사실 애플이 아이폰을 출시했을 때, 앱이 이렇게까지 중요해질 것이라고는 기대하지 않았다. 하지만 그 기대는 틀렸다! 애플의 앱스토어(App Store)는 200만 개 이상의 유·무료 앱을 제공하고, 구글플레이(Google Play)는 안드로이드 기기 사용자를 대상으로 300만 개가 넘는 앱을 제공한다. 선택할 수 있는 앱이 많기 때문에 오늘날 소비자들은 매일 평균 2시간 동안 대략 8개 정도의 앱을 사용한다.

앱
스마트폰이나 태블릿기기에서 작동하는 다운로드 가능한 소규모 소프트웨어 프로그램

많은 앱이 비디오게임이다. 게임 〈앵그리버드(Angry Birds)〉는 출시 후 30억 번 이상 다운로드되었고, 마스카라부터 인형, 테마파크까지 다양한 테마 제품을 만들어냈다. 이 제품들은 제품수명주기상 쇠퇴기에 접어들면서 인기가 서서히 하락하고 있다. 〈팜빌(Farmville)〉, 〈템플런(Temple Run)〉, 〈퀴즈업(QuizUp)〉, 〈4픽스1월드(4Pics1Word)〉, 〈프루트닌자(Fruit Ninja)〉 같은 비디오게임도 치열한 경쟁 상황으

로 수명주기가 길지 않았다.

〈클래시 오브 클랜즈(Clash of Clans)〉와 〈캔디크러시 사가(Candy Crush Saga)〉를 비롯한 성공적인 비디오게임들은 실제 세상과 디지털세계의 융합을 시도하고 있다. 이러한 게임들은 ① 플레이어들의 심리적 성취에 기초해서 만들어지고, ② 조그마한 스마트폰 스크린에서 플레이가 가능하며, ③ 애플, 구글, 안드로이드, 페이스북에서 가장 많이 다운로드되고, ④ 다운로드는 무료지만 속도 업그레이드 같은 부가 기능을 사용하기 위해서는 돈을 지불해야 하는 '프리(free)미엄전략'을 흔히 이용한다.

시사주간지 〈타임〉은 〈캔디크러시〉 비디오게임의 설계자들이 이 게임이 디지털세계를 실제 세상의 만족과 사용자의 보상으로 연결하는 데 어떤 요인을 사용했는지 분석했다.

- 친구들과 함께하면 더 좋다. 사용자는 페이스북을 사용하면서 게임을 더 오래 한다.
- 끝이 없다. 500단계가 존재하는데 게임 디자이너가 매주 새로운 단계를 추가한다.
- 사용자가 자신이 특별하다고 느끼게 한다. 클릭이나 탭을 할 때마다 긍정적인 피드백을 제공한다.
- 사용자가 일종의 사기를 치도록 허용한다. 파워업을 구매하면 대기시간을 스킵할 수 있다.
- 도전적이다. 점차 다양해지는 퍼즐을 풀기 위해서는 수차례 플레이해야 한다.

〈캔디크러시〉 앱은 페이스북, 애플, 안드로이드 기기에서 5억 회 이상 설치되었다. 〈앵그리버드〉는 〈앵그리버드 2〉부터, 무료 다운로드를 허용하는 프리(free)미엄전략을 사용하기로 했다. 앱을 만드는 작업이 쉬워보이는가? 아마 그렇게 보일지도 모른다. 하지만 매년 수백 개의 창의적인 앱이 조용히 사라지고 있다.

Video 17-4
Clash of Clans
kerin.tv/cr8e/v17-4

〈캔디크러시〉가 디지털세계의 기술력과 실제 세상에서 게임하는 사람의 심리를 연결하기 위해 사용하는 전략은 본문에 설명되어있다.

©IanDagnall Computing/Alamy Stock Photo

모바일마케팅: 마케팅활동과의 연계 강화

실제 세상과 디지털세계의 융합은 모바일마케팅의 성장에 공헌했다. 개인용 모바일 기기를 통한 커뮤니케이션에 사용되는 다양한 상호작용 메시지의 성장에도 공헌했다. 모바일마케팅에 필요한 연결성을 위해 많은 스마트폰 앱이 개발되어있다. 몇 가지 중요한 앱은 다음과 같다.

- 가격비교 탐색 앱: 제품 바코드나 QR코드를 스캔하고 50만 개 이상의 매장을 PC와 스마트폰을 연계하여 조사한다.
- 장소 기반 프로모션: GPS 기능이 있는 스마트폰을 사용하면 할인을 받을 수 있는 JC페니 같은 점포 혹은 장소를 알려준다.
- 로열티 프로그램: 타겟(Target)이나 메이시스(Macy's) 같은 소매상에 들어가서 할인을 받기 위한 로열티 포인트를 제공한다.

최근 몇 년 사이에 스마트폰을 이용한 쇼핑을 위한 탐색 및 실제 구매가 폭발적으로 급증하여 기존의 전통(brick-and-motar) 소매상에 엄청난 기회와 위기를 동시에 가져왔다.

모바일마케팅의 명확한 차별점은 사용자들을 개인적·지속적으로 연결하여 사용자에 힘을 실어주는 능력이 있다는 것이다. 이러한 연결은 사용자의 '좋아요'와 개인적인 특성을 학습하고 이러한 정보를 온라인 친구와 제품을 판매하는 마케터와 공유하면서 이루어진다. 이처럼 사회적으로 네트워크가 형성된 세상에서는 네트워크에 연결된 사용자들이 판매자와 직접 상호작용하는 것을 활성화시켜준다.

기업은 소셜미디어, 스마트폰, 태블릿기기와 새로운 앱으로 인해 고객들과 더 다이내믹한 상호작용을 하게 되었다. 그런데 구매자 입장에서도 이러한 일들이 성공적이라고 할 수 있는가? 다음의 다양한 관점을 고려해보자.

센서가 어느 정도 통제하는 경우의 고객 구매 미래에는 자판기가 여러분의 얼굴을 스캔하여 나이와 성별을 확인한 후, 스크린 디스플레이를 변경하여 여러분이 좋아하는 캔디를 두 개의 가격을 할인해줄 수도 있을 것이다. 자판기가 여러분이 페이스북에서 '좋아요'를 누른 사실을 알고 있기에 가능한 일이다. 인근 레스토랑의 저녁식사 전자 할인권을 가지고 7시에서 9시 사이에 식사를 할 때도 할인을 받을 수 있을 것이다. 마케터는 캔디와 저녁 할인권의 효과를 바로 측정할 수 있다. 이러한 일들은 여러분에게 뜻하지 않는 편의성을 제공해주기도 하지만, 우리의 프라이버시를 침해할 가능성도 있다.

식료품점에 가기에는 너무 바쁜가? 만약 여러분이 한국이나 중국에 살고 있다면 스마트폰으로 지하철 역사의 벽에서 쇼핑한 제품을 현관까지 배달시킬 수 있다.

구매자가 모든 것을 통제하는 경우의 고객 구매 한국이나 중국의 도시에서는 가상 슈퍼마켓 쇼핑이 일찍이 실행되고 있다. 글로벌 슈퍼마켓 체인점인 테스코 홈플러스(Tesco Home Plus)는 식료품 쇼핑을 신속히 할 수 있는 기회를 제공한다. 사람들은 지하철을 기다리는 동안 역사 벽에 부착된 이미지를 스마트폰으로 스캔하여 식료품을 구매할 수 있다. 결제는 스마트폰 앱으로 이루어지며 여러분이 집에 도착할 무렵에는 현관에 제품이 배달되어있을 것이다. 이 사례를 보면, 구매자는 엄청난 편의성을 누리고 있다. 별로 한 일도 없이 얻는 성공 아닌가?

사생활 보호: 어느 정도의 융합이 지나친가 스마트시스템은 어느 선까지 분명 문제가 없다. 대부분의 사람들은 스마트폰의 장소 기반 앱으로 할인가능한 레스토랑을 찾는 정도의 융합에는 불편함을 크게 느끼지 않는다. 구글의 검색엔진, 지도, 사진, 지메일(G-mail) 혹은 유튜브에서 알려주는 거주지역, 레크리에이션 취향, 과거 여행 이력, 재정 상황 등에 관한 정보를 알고리즘에 제공하여 이상적인 휴가계획을 제안받는 것까지도 문제가 없다고 생각할 수 있다.

하지만 페이스북이 8,700만 명의 사용자 데이터를 유출한 사실이 알려지자, 많은 사람들이 개인정보 사용과 보안에 관해 고심하게 되었다. 사실 스마트폰, 스마트카, 스마트홈, 디지털 비서 등은 시계, 냉장고, 가방 등 급증하고 있는 커넥티드기기와 결합되어 인간의 모든 행동을 모니터할 수 있는 가능성을 열어가고 있다. 사생활과 관련된 사실과 수치는 다음과 같다.

- 2000+: 매일 인터넷의 온라인활동이 추적되는 횟수
- 3,500: 데이터 중개업의 리더 엑시옴(Acxiom) 사가 브랜드충성, 브랜드선호 및 구매행위를 예측하기 위해 활용하는 지표가 되는 변수의 수
- 25억: 엑시옴의 글로벌 데이터베이스에 저장된 소비자 주소의 수

인터넷 사용자의 약 68%가 사생활보호법이 자신을 보호해주지 못한다고 느낀다. 그들 중 약 86%가 데이터를 지우거나 가리기 위해 프라이버시 보호기술을 사용하고 있다.

미래에는 어떻게 될까? 데이터의 프라이버시에 대한 규제는 전 세계에서 지속적으로 화두가 될 것이다. 2018년에는 종합적 데이터 보호를 위한 규제(General Data Protection Regulation, GDPR)가 전 유럽연합 시장을 관장하는 법적 장치가 되었다. 미국에서는 소비자와 기업 간에 적절한 균형점을 찾으려는 논의가 계속되고 있다.

학 습 리 뷰

1. 실제 세상(물리적 세계)과 디지털 세계(가상세계)가 융합되는 예를 들어보자.
2. 앱은 무엇인가, 그리고 왜 중요한가?
3. 실제 세상과 디지털세계가 스마트시스템으로 융합되면서 프라이버시가 문제될 수 있는가?

마케팅지식 적용해보기

1. 소매점포의 관리자가 되어 프로모션 캠페인에 모바일마케팅을 추가하기로 결심했다고 가정하자. 커넥티드 자동차를 겨냥한 광고로 점포의 매출을 늘릴 수 있는 방안을 제안해보자.
2. 대학 친구 세 명과 함께 대학생을 대상으로 의류 온라인 사업을 시작하고자 한다. 판매하려는 제품은 티셔츠, 반바지, 스웨터 등이다. 페이스북 광고를 계획하고 있다면 (a) 남자 대학생과 (b) 여자 대학생이 표시한 '좋아요'와 '관심'이 당신의 페이스북전략 기획에 어떤 도움을 주겠는가?
3. 막 대학을 졸업하고 마케팅조사직 혹은 판매직을 찾고 있다. 링크드인 프로필에 어떤 정보를 입력해야 구직에 도움이 되겠는가?
4. 소셜미디어와 전통적인 미디어를 대조해볼 때 사용자생성콘텐츠(UGC)가 중요한 이유는 무엇인가?
5. 나이키나 뉴발란스 같은 운동화 제조업체의 브랜드관리자이며 페이스북을 사용해서 (a) 대학생 나이의 여성, (b) 55세 이상의 남성에 접근하려 한다고 가정하자. 페이스북으로 해당 세분시장에 도달하고자 할 때, 각 시장이 가지고 있는 서너 개의 '좋아요' 혹은 '관심'에서 무엇을 기대할 수 있는가?
6. 소셜미디어의 결과를 측정할 때 수익과 원가 측면에서 접근하는 성과 측정방법의 장점과 단점은 무엇인가?

마케팅계획 세워보기

여러분의 마케팅계획에서 여러분이 정한 표적세분시장(8장)을 기억하고 생각해보자.

1. (a) 본문에서 설명한 네 가지 소셜미디어 중 어떤 것이 가장 유용하겠는가? (b) 그렇게 생각한 이유는 무엇인가? 네 가지 소셜미디어 외에 핀터레스트 같은 소셜미디어도 고려했는가? 그렇게 답한 이유는 무엇인가?
2. (a) 제품의 매출을 신장시키기 위해 이러한 사이트들을 어떻게 활용할 것인가? (b) 표적시장 고객들이 왜 이러한 시도에 반응하리라 생각하는가?

비디오 케이스 17 바디글러브: 소비자가 사랑하는 것을 실천하도록 돕다

Video 17-5
Body Glove Video Case
kerin.tv/cr8e/v17-5

다이빙, 서핑 스포츠의류 브랜드인 바디글러브(Body Glove)는 어떻게 세계에서 가장 존경받는 아웃도어 스포츠브랜드가 되었는가? 이야기는 가족 농장에 있는 연못에서 수영을 스스로 배운 밥과 빌 마이스트렐(Bob & Bill Meistrell)이 자란 미국 미주리주에서 시작된다. 그들은 물에 이끌려 캘리포니아로 이주하고 LA 인근 르돈도 비치에서 어머니에게 빌린 1,800달러를 투자해 다이브앤

서프(Dive N' Surf)라는 스포츠숍을 열었다. 이들은 고품질제품, 최상의 고객서비스와 적절한 가격이라는 단순한 철학으로 사업을 키웠다. 진짜 성공 비결은 사업과 인생에 대한 그들만의 접근방식에 있었을 것이다. 한 창업자의 아들이자 다른 창업자의 조카인 빌리 마이스트렐(Billy Meistrell)은 "나는 아버지와 삼촌이 네가 좋아하는 것을 하고, 네가 하는 것을 사랑하라고 말하는 것을 끊임없이 들었다"라고 말한다.

바디글러브라는 브랜드

사업에 대한 접근방법과 다이빙과 서핑에서 선구자가 되려는 결심이 합쳐져 마이스트렐 형제들의 강력한 비즈니스 모델이 탄생했다. 빌리는 "그들에게 일터는 놀이터였습니다. 엄청난 열정과 창의성으로 일했기에 모두에게 더 풍부한 물놀이생활을 제공한 것이죠"라고 말한다. 그들의 첫 번째 혁신은 냉장고 뒷면에 사용하는 단열재 네오프린(neoprene)을 사용하여 다이브앤서프 서모클라인(Dive N' Surf Thermocline)이라 불리는 서핑할 때 입는 웨트슈트(wetsuit)을 만든 것이다. 이 제품명은 설명하기가 어려웠기에, 새로운 브랜드명에 대한 토론이 이루어졌다. 이후 "웨트슈트가 글러브처럼 몸에 딱 맞는다"라는 것에서 착안하여 유명한 브랜드명인 '바디글러브'가 탄생했다.

형제는 그들의 아이디어가 엄청난 잠재력을 가지고 있다는 걸 알고, 도움이 필요하다고 여겼다. 그들은 알고 지내던 공인회계사 러스 레서(Russ Lesser)를 찾아갔다. 그는 나중에 바디글러브의 사장이 된다. 레서는 도매 사업을 하라고 조언했다. 그는 제조업체의 구매를 주선하고 사업은 계속 성장했다. "우리는 웨트슈트를 제작하기 시작했고 그로 인해 모든 서핑 라이프스타일을 창출하는 데 일조했습니다"라고 설명한다. 브랜드의 유명세로 인해 바디글러브는 수영복을 비롯하여 다른 제품까지 라이선싱 계약을 맺을 수 있었다. 레서는 "그때가 바디글러브가 진정으로 도약하는 시점이었습니다"라고 말한다. 이어서 "저희 수영복 신상이 세계의 패션 잡지에 소개되기 시작했고 현재는 모든 수상 스포츠 제품을 판매하고 있습니다. 웨트슈트, 부기 보드, 서핑보드, 물갈퀴, 마스크, 스노클, 온갖 의류제품을 판매하고 있는 것이죠"라고도 말한다. 미국에서 연 매출액은 2억 달러로 치솟았다.

다음 단계는 바디글러브를 글로벌시장에 진입하게 하는 것이었다. 이를 위해서는 성장을 가속화시키기 위한 파트너가 필요했다. 레서는 "라이선싱 사업에 진입하길 원했던 마르키 브랜드(Marquee Brands)가 접근해왔습니다"라고 말한다. 결국 마르키는 기업의 최대 주주가 되었다. 레서는 "저는 그들은 시장에 진입할 충분한 자본이 있고, 전 세계에 계약을 맺고 있었기에 저희와 궁합이 맞는다고 생각했습니다"라고 말한다.

오늘날 바디글러브는 전형적인 성공 스토리를 대변하는 기업이 되었다. 레서는 "돈도 없고 가족 내 아무런 커넥션이 없는 두 젊은이가 수백만 달러의 매출을 올리는 기업을 만들어 냈고 수천 개의 일자리를 창출했습니다"라고 말한다. 전 세계에 이 브랜드의 추종자들이 있으며 바디글러브의 손 모양 로고는 이 시대의 상징이 되면서 워터스포츠 분야 및 모든 스포츠용품 중에서 가장 널리 알려진 로고 중 하나가 되었다. 그뿐만 아니라 마이스트렐 가족이 3세대에 걸쳐 운영을 이어오고 있으며 브랜드 경영, 특히 마케팅활동에 지속적으로 관여해오고 있다.

바디글러브의 마케팅

바디글러브의 마케팅활동은 마르키 브랜드의 경영자, 마케팅 책임자, 브랜드 책임자와 마케팅팀이 담당한다. 그들은 매년 브랜드를 성장시키기 위해 마케팅계획을 디자인한다. 바디글러브의 브랜드 담당자 제나 마이스트렐에 의하면 "매년 팀원들이 마주 앉아 다음 해의 마케팅계획을 개발합니다. 우리는 다른 시장에서 다양한 제품의 전망을 분석하며 도움이 필요한 제품을 찾아냅니다"라고 말한다. 각 계획마다 전통적인 도구와 현대적인 수단의 결합을 시도한다.

그녀는 "전통적인 마케팅은 우리에게 늘 중요할 겁니다. 잡지 〈서퍼(Surfer)〉, 〈웨이크(Wake)〉, 〈아웃사이드(Outside)〉, 〈엘르(Elle)〉, 〈보그(Vogue)〉에 인쇄광고를 하고 있습니다"라고 말한다. 동시에 바디글러브는 뉴욕 타임스퀘어 및 아웃도어 스포츠 현장에 빌보드 광고와 같은 옥외광고를 하고 있다. 광고에서는 바디글러브의 전통에 기초한 메시지를 전달한다. 제나는 "매년 우리는 새로운 캠페인을 시도합니다. 올해의 캠페인은 '당신이 사랑하는 것을 하세요'였습니다. 이 캠페인은 우리의 사명으로 사용할 정도로 매우 중요한 일입니다. 우리 회사의 기반이자, 우리 고객들이 밖에서 그들이 좋아하는 것을 하고 있다는 것을 확인시켜주고 전 제품에 쉽게 적용되기 때문에 매우 좋은 마케팅 캠페인입니다"라고 말한다.

다른 마케팅믹스도 바디글러브의 마케팅계획에서 중요한 역할을 한다. 유통채널도 확장되고 있다. 남동부 아시아 지역에만 200개 이상의 바디글러브 숍이 있다. 유럽과는 새로 파트너십을 체결하여 1,000개 이상의 전문점 혹은 백화점에까지 유통을 확장시킬 것이다. 그뿐만 아니라 서핑, 다이빙, 배에 매달려서 파도를 타는 웨이크보드 선수들을 스폰하여 이들로 하여금 브랜드 엠버서더 역할을 하게 했다. 〈드랍 존(Drop Zone)〉이라는 장편 영화 길이의 필름 시리즈도 세 편을 제작하여 후원 중인 선수들의 수상 스포츠 모험을 담았다. 로고 모형, 자동차 번호판, 자동차 범퍼에 부착하는 스티커 등 다양한 판촉물도 제공했다. 빌리 마이스트렐이 바디글러브 차를 몰고 나가면 많은 사람이 멈춰 서서 스티커를 받아갔다.

바디글러브의 소셜미디어 활동

바디글러브의 세계적인 성장에 소셜미디어의 역할이 점차 중요해지고 있다. 바디글러브의 마케팅 담당자 닉 마이스트렐은 다음과 같이 설명한다. "우리 모두는 알고 있습니다. 이 시대에

Source: Body Glove

는 콘텐츠가 왕이라는 것을, 그리고 디지털을 사용하든 소셜미디어를 사용하든 소비자 혹은 당신의 브랜드에 끌리는 사람들에게 그들과 관련 있고 가치 있는 콘텐츠를 창출해야만 한다는 것을요." 오늘날에는 여러 선택가능한 소셜미디어가 있고 닉은 그중 많은 미디어를 골라 시도해보고 있다. 그는 "전방위적 접근법을 들여다보고 있습니다. 가능한 한 모든 출구를 통해 소비자들에 접근하길 원합니다"라고 말한다.

오늘날 가장 인기 있는 소셜미디어는 어떤 것인가? 닉의 관점은 다음과 같다.

- 페이스북: 신제품을 출시하는 플랫폼으로 보며, 우리의 웹사이트나 이커머스 페이지로 클릭하여 들어오도록 유도한다. 페이스북은 단순히 제품을 강요하는 것이 아니라, 소비자들에게 경험을 제공하고 라이프스타일을 알리는 역할을 한다.
- 트위터: 소비자들에게 우리가 하는 새로운 일들을 말해주기 위한 플랫폼이다. 현재는 고객에게 서비스를 하는 도구로 쓰고 있다. 고객서비스 기능을 기반으로 하며 웹사이트의 고객서비스 링크 이상의 역할을 한다. 바디글러브는 매일 트위터에서 고객서비스 요청을 접수받는다.
- 링크드인: 재능 있는 사람을 고용하기 위한 플랫폼으로서 뛰어나다. 바디글러브에서 일어나는 대단한 일들에 대해 이야기할 수 있고, 다른 사업가나 유사업종의 사업가들과 상호작용하게 해주는 좋은 도구다.
- 유튜브: 브랜드에서 엄청난 플랫폼 역할을 한다. 콘텐츠는 왕이며, 콘텐츠를 보여주는 대단한 도구다. 새로운 콘텐츠에 목말라 하는 큰 규모의 구독자를 보유하고 있다. 유튜브를 광고를 위한 새로운 플랫폼으로 본다. TV용 전통 광고를 구매하는 대신, 적절한 소비자를 전략적으로 공략하기 위해 유튜브에서 광고 공간을 구매한다.
- 인스타그램: 마케팅 프로그램에서 큰 부분을 차지한다. 여기서는 요즘 같은 디지털시대와 관련 있는 오가닉 콘텐츠를 창출해야 한다. 사진이나 비디오를 통해 새로운 콘텐츠를 보여주는 위대한 플랫폼이다.
- 핀터레스트: 바디글러브는 많은 유형의 소비자들에게 매력적인, 여러 독특한 제품을 가지고 있다. 핀터레스트는 제품들을 보여주기에 적합한 장소다. 사람들은 핀터레스트에 이러한 제품의 분위기와 느낌을 공유하길 좋아한다.

각 플랫폼은 독특하며 각각 다른 마케팅목표를 달성할 수 있고, 빠르게 변화하며 진화하고 있다. 닉은 "당신은 첨단을 달려야 하며 세상 밖에서 일어나는 관련 사건에 발맞추어 나가야 한다"라고 말한다.

소셜미디어의 중요한 측면 중 하나는 모바일기기로부터의

접속이 급증하고 있다는 것이다. "하루 끝에서 보면 우리 고객의 67% 정도는 온라인으로 정보를 얻고 있으며, 그중 대다수가 모바일기기를 통해서 들어옵니다"라고 닉은 말한다. 변화하고 있는 소셜미디어의 또 다른 측면은 그것의 효율성을 분석할 수 있는 능력이다. 닉은 "우리는 각 플랫폼에 구축되어있는 분석도구가 매우 적절하다는 것을 알고 있습니다. 각 플랫폼은 독자적인 분석도구를 갖추고 있어요. 디지털활동을 측정하기 위해 임프레션, 클릭스루비율, 임프레션당 원가, 이커머스 플랫폼에서 창출되는 수익 등을 관찰합니다"라고 말한다.

미래

바디글러브는 지구해양재단(Earth's Oceans Foundation)에 기여하는 등 환경 보존 운동에 지속적인 지지를 보내고 있다. 그뿐만 아니라 다양한 흥미로운 제안을 준비하고 있다. 신제품의 관점에서 그들은 최근 바디글러브 에어스트림 이어버드, 바디글러브 신발, 서서 노를 저을 수 있는 공기주입식 보드 등을 출시했다. 또 "행복 창출하기" 캠페인을 시작했는데 이는 요가와 피트니스를 지지하는 제안의 일환이었다. 이외에도 서핑 시뮬레이션 기기를 프로모션하기 위해 플로라이더(FlowRider) 사와 파트너십을 맺었다. 바디글러브팀은 자신들의 미래에 열광하고 있다. 빌리는 회상하며 미소짓는다. "어떠한 기업도 바디글러브보다 더 많이 사람이 물에 들어가게 하지 못했으며, 더 즐거운 가족 라이프스타일을 영위하도록 만들지 못했습니다! 만약 당신이 물에 가까이 간다면 반드시 바디글로브의 도움으로 '당신이 사랑하는 것을 할 수 있는지' 잘 살펴보십시오."

질문

1. 바디글러브의 전통과 철학은 그들의 성공에 어떻게 기여했는가?
2. 앞서 10장에서 언급한 기준 중에서, 어떤 것이 바디글러브로 브랜드명을 바꾼 것이 올바른 결정이었음을 설명해주는가?
3. 바디글러브의 전통적인 마케팅도구에 대해 설명해보자.
4. 바디글러브는 오늘날의 고객과 커뮤니케이션하기 위해 어떤 소셜미디어를 사용하고 있는가?
5. 소셜미디어와 모바일마케팅은 바디글러브의 마케팅계획에서 점차 중요한 부분을 차지해나가고 있다. 이유는 무엇인가?

18

인적판매와 영업관리

LEARNING OBJECTIVES

다음 학습목표를 달성해보자.

목표 1 인적판매와 영업관리의 본질과 범위에 대하여 논의한다.

목표 2 상이한 유형의 인적판매를 구분하고 그 특징을 이해한다.

목표 3 인적판매과정의 단계를 설명할 수 있다.

목표 4 영업관리의 주요 기능을 이해한다.

영업 전문가를 만나자

여러분은 영업직으로서의 커리어를 고려해본 적 있는가? 만약 그렇다면 린제이 스미스(Lindsey Smith)의 사례를 본보기로 삼아보자.

린제이 스미스는 GE의 헬스케어 아메리카(GE Healthcare Americas)에서 의료진단 부문(Medical Diagnostics Division)의 분자이미지 제품(Molecular Imaging Products) 영업으로 커리어를 시작했다. 그녀는 11년 전 학부에서 경영학사 학위를 따자마자 이 기업에 취직해서 다니고 있다. 영업의 달인으로 성장한 린제이는 성공적인 영업 경력의 필수요소로 신실함, 의욕, 신뢰와 관계 형성, 팀 지향을 꼽는다.

린제이는 영업 전문가로 끊임없이 정교한 최신 제품지식을 습득하고 분석력과 소통능력을 연마하며 전략적 사고를 배양하여 개별 고객의 환자 진단 요구와 경제적, 기술적 필요성을 가능한 한 완벽히 충족시키고자 노력했다. 그녀의 고객 명단에는 의사(방사선 전문의, 신경 전문의, 심장 전문의), 의료기술자, 간호사, 건강관리 서비스기업 CEO, CFO, 기타 원무과 직원들이 망라되어있었다.

린제이 스미스의 영업 지향성과 고객관계철학은 네 가지 원칙을 기반으로 한다.

- 고객을 위한 가치 창출에 대한 집념: 린제이는 "모든 영업 방문과 고객 상호작용은 고객과 회사 양쪽 모두를 위해 가치를 창출해야 합니다"라고 믿는다.
- 고객에게 진실된 컨설턴트로서 봉사: 린제이는 "고객에게 참신한 해법을 제공함으로써 고객을 위한 자원이 되어야 합니다"라고 강조한다.
- 회사의 경쟁우위를 강화: 린제이는 꾸준히 GE 헬스케어 아메리카의 경쟁우위를 강화하고자 노력한다. 그녀는 "우리 회사의 가치 제안을 강조하고 회사의 제품 혁신, 솔루션과 서비스를 보여줍니다"라고 말한다.
- 도전을 기회로 간주: 린제이는 "도전이 혁신적인 해법과 자원을 고객에게 제공하여 고객의 신뢰를 얻고 장기적인 관계를 형성하는 기회라고 생각합니다"

©Hillsman Stuart Jackson

라고 말한다.

린제이 스미스의 영업 및 고객관계에 대한 접근방법은 본인과 고객 모두에게 좋은 결과를 가져왔다. 그녀는 회사에서 가장 많은 충성고객을 확보하여 최고의 수익 창출자 중 한 명으로 인정받고 있다. 당연하게도 지난 8년간 여섯 차례나 사내 '영업 우수 대상'을 받았다.

2014년 린제이는 GE 헬스케어 아메리카의 수석 고객 이사로 임명됐다. 이 자리는 GE에서 가장 큰 전략 헬스케어시스템인 GE 헬스케어 아메리카의 모든 사업을 책임지는 중요한 보직이다. GE 헬스케어 아메리카의 사업 포트폴리오는 의료기기, 헬스케어 컨설팅, 정보기술, 서비스 운영 및 금융 지원을 포함한다. 75명의 영업 및 운영 인력의 관리도 관여한다.

이 장은 마케팅에서 고객가치를 창출하는 데 있어 인적판매와 영업관리의 역할은 무엇이며 그것이 왜 중요한가를 다룬다. 우선 인적판매의 다양한 유형을 구분하여 설명하고, 어떤 단계를 거쳐 판매가 이루어지며 구매자–판매자의 관계가 형성되는지를 알아본다.

또 기업의 상위 마케팅목표를 달성하는 데 영업관리가 담당하는 역할에 대해서도 설명한다. 영업관리의 세 가지 기능인 영업계획 수립, 영업계획 실행, 영업사원 평가에 대해서도 상세히 다룬다. 마지막으로 기술 발전이 영업활동과 영업사원관리에 어떤 영향을 미치며 어떻게 활용되고 있는지도 알아본다.

인적판매 및 영업관리의 범위와 중요성

목표 1 인적판매와 영업관리의 본질과 범위에 대하여 논의한다.

앞서 15장에서 프로모션믹스 중 한 부분인 인적판매와 영업관리에 관해 설명했다. 인적판매가 기존고객이나 잠재고객과 의사소통하는 유용한 수단임을 인식하는 것은 중요한 일이다. 그러나 이 장에서는 인적판매가 그 이상으로 더 크고 중요한 역할을 수행한다는 사실을 강조하고자 한다.

인적판매와 영업관리의 본질

인적판매
개인이나 집단의 구매 결정에 영향을 주기 위해 구매자와 판매자 사이의 의사소통을 쌍방향으로 수행하는 것으로 면대면 접촉을 통해 이루어짐

영업관리
영업 프로그램을 계획하고 이행하며 기업의 인적판매 노력을 평가하는 업무

인적판매(personal selling)는 구매자와 판매자 사이에 쌍방향 의사소통을 통해 이루어진다. 판매과정에서의 의사소통은 개인이나 집단의 구매결정에 영향을 미치기 위한 목적으로 수행되며 면대면 접촉(face-to-face encounter)이 필요하다. 최근에는 정보통신기술의 발달로 판매자와 구매자가 직접 만나지 않고 전화나 비디오 회의 또는 인터넷에 의해 수행되기도 한다.

기술을 사용한다고 해도 인적판매는 본질적으로 인간 중심적인 활동임을 명심해야 한다. 즉 사람관리가 무엇보다 중요하다. **영업관리**(sales management)는 영업 프로그램을 계획하고 이행하며 기업의 인적판매 노력을 평가하는 것을 의미한다. 인적판매의 관리에 관여되는 과업에는 영업목표의 수립, 영업조직의 구성 영업사원의 모집·선발·훈련 및 보상, 그리고 영업사원 개인의 성과 평가 등이 있다.

판매는 어디서나 발생한다

유명작가 로버트 루이스 스티븐슨(Robert Louis Stevenson)은 한 세기 전에 "모든 사람은 살기 위해 무엇이든 팔아야 한다"라고 말했다. 그의 통찰은 제조업체의 판매사원, 부동산 중개업자, 주식중개인, 소매점에서 일하는 판매점원에게 특별한 진실로 다가온다. 사실상 고객접촉이 일어나는 모든 직업은 인적판매의 구성요소를 갖는다. 변호사, 회계사, 은행원, 기업 인사관리자 역시 사람들과 접촉하면서 알게 모르게 판매와 관련된 활동을 수행하고 있다.

마케팅 및 창업에서의 인적판매

Video 18-1
Cambridge Sales
kerin.tv/cr8e/v18-1

인적판매는 기업의 전반적인 마케팅노력에서 세 가지 중요한 역할을 담당한다. 첫째, 영업사원은 기업과 고객을 연결하는 핵심고리다. 이러한 역할을 수행하는 영업사원은 거래과정에서 회사의 이해관계와 고객의 욕구를 일치시켜 양 당사자 모두를 만족시켜야 한다. 둘째, 고객의 눈으로 볼 때 영업사원은 기업 그 자체다. 즉 영업사원은 기업을 대표하며, 많은 경우 고객이 개인적으로 접촉하는 기업의 유일한 사람이

다. 고객은 영업사원을 통해 해당 기업이 어떤 곳이며 무엇을 추구하는지를 파악한다. 영업사원의 중요성을 인식한 IBM의 진임 대표이사는 4만 명에 달하는 영업인력이 "고객에 대한 우리의 얼굴"이라고 강조했다. 셋째, 인적판매는 기업의 마케팅 프로그램에서 주도적인 역할을 수행한다. 이런 상황은 특히 기업이 15장에서 설명한 푸시마케팅전략을 실시할 때 두드러진다. 예를 들어, 화장품 직접판매기업 에이본(Avon)은 총매출액의 40%가량을 판매비용으로 지출할 정도로 인적판매에 주력하고 있다.

인적판매는 창업의 성공에도 세 가지 관점에서 중요한 역할을 담당한다. 첫째, 창업가는 우선 잠재적 투자가에게 사업 아이디어를 팔아야 한다. 둘째, 벤처 성공의 필수요소는 사업 아이디어를 구직자들에게 팔아 유능한 직원을 끌어들이는 것이다. 마지막으로, 전문가 네트워크나 소개를 토대로 고객을 설득하는 전통적 판매기술을 활용하여 고객이 제품이나 서비스를 구매하게 해야 한다. 한마디로 투자가, 종업원, 고객에게 팔아야 창업에 성공할 수 있다. 탁월하게 성공한 창업가는 위대한 영업 재능을 가진 사람이다.

관계영업: 영업사원을 통한 고객의 문제해결과 가치 창출

영업사원은 기업과 고객의 핵심 연결자로서, 고객의 가치를 여러 가지 방법으로 창출할 수 있다. 가령 영업사원은 고객과 가까이 접촉하며 문제를 신속히 감지하고 이를 해결할 방법을 찾아줄 수 있다. 심장박동기의 세계적 선도기업 메드트로닉(Medtronic)의 영업사원들은 심장박동기 시술의 90% 이상을 수술 집도의와 함께 지켜보며 문제 발생 시 의사에게 즉각적인 도움을 제공한다. 이들은 병원에 가 있지 않을 때도 의사들과 연결된 호출기를 가지고 24시간 대기한다. 이에 만족한 의사 고객 한 명은 "10번의 시술 중 9번은 순조롭게 진행되지만, 메드트로닉의 영업사원들은 어떤 상황에서라도 문제가 생기면 즉각 달려오겠다는 의지를 보여줍니다"라고 언급했다.

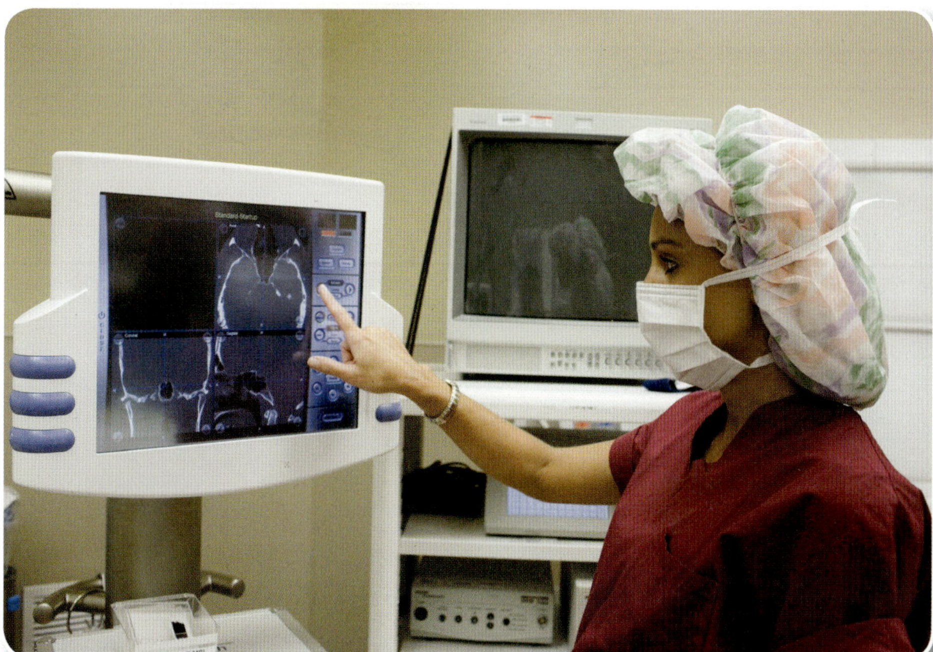

수술실에 있는 이 사람이 영업사원일 가능성이 있는가? 본문에서 메드트로닉의 영업사원이 병원 수술실을 방문하는 이유를 찾아보자.

영업사원은 또한 고객의 구매과정을 간편하게 만들어줌으로써 가치를 창출한다. 전자제품 생산업체 TE커넥티비티(TE Connectivity)의 사례를 살펴보자. 이 회사의 제품은 7만 개에 이르러 고객뿐만 아니라 영업사원까지도 수많은 제품의 사양과 성능을 신속하고 정확하게 입수하는 데 어려움을 겪고 있었다. 이러한 불편을 해소하고자 TE커넥티비티는 모든 정보를 웹사이트에 올려 영업사원과 고객이 즉각 검색하고 내려받을 수 있게 했다.

고객가치는 판매 후에 수반되는 영업사원의 사후 지원활동에 의해 창출되기도 한다. 포장재료 공급으로 수십억 달러의 매출을 올리는 제퍼슨 스머핏(Jefferson Smurfit)은 대형 거래처인 GE가 예기치 않게 대량의 골판지 포장박스를 주문하자 담당 영업사원이 공장 세 곳을 뛰어다니며 GE의 요구에 맞는 물량을 확보해 납기 내에 공급했다. 이러한 영업사원들의 헌신적인 노력으로 회사는 GE로부터 우수 공급업자상을 받았다.

관계영업
고객욕구에 대한 영업사원의 관심과 헌신을 토대로 고객과 장기적인 관계를 구축하는 활동

고객가치 창출은 고객의 욕구에 대한 영업사원의 관심과 헌신을 토대로 고객과의 결속력을 구축하는 활동인 관계영업에 의해 가능해진다. **관계영업**(relationship selling)은 구매자와 판매자 사이에 상호존중과 신뢰를 전제로 수행되며, 일회성 판매가 아니라 장기적인 고객 기반과 오래 지속되는 고객가치 창출에 초점이 맞추어진

마케팅의 힘

고객가치

과학과 영업: 여러분은 고객가치 창출 유전자를 타고났는가?

고객가치 창출은 타고나는가? 우리는 타고난 영업맨인가? 미시간대학의 마케팅 교수인 리처드 바고지(Richard P. Bagozzi)는 동료 연구자들과 함께 해당 질문에 참신한 통찰력을 제시하였다.

그들의 연구는 유전 표지자 DRD4 유전자의 7R 변종이 고객과 상호작용하고 문제를 학습하여 고객의 욕구를 충족시키는 영업사원의 성향이나 의향과 연관되었다는 것을 밝혔다. 또 연구자들은 DRD2 유전자의 A1 변종의 존재가 고객의 욕구에 경청하기보다는 주어진 제품을 구매하도록 고객을 설득하려는 성격이나 경향과 연관되어있다는 것을 발견했다.

이 두 가지 상이한 유전 표지자는 영업사원의 '고객지향 vs. 영업지향'의 차이를 설명해준다. 고객지향(customer orientation)은 "나는 고객의 문제를 해결하는 데 도움이 되는 제품을 고객이 구매하거나 사용하는 데 어려움을 겪는 것에 공감한다"라는 생각을 가지고 상호 욕구를 만족시키는 목표를 추구하며 장기 관계 형성을 희망하는 자세이다.

이와 대조적으로 영업지향(sales orientation)은 "나는 아무리 똑똑한 고객이라도 설득해서 그들이 살 수 있는 것 이상으로 무엇이든 팔고자 노력한다"라는 신념으로 고객의 욕구는 등한시한 채 자기 자신의 단기적 이익을 충족하려는 동기에만 사로잡힌 태도이다.

여러분이 판매상황에 직면해 있다면, 고객지향과 영업지향 중 어떤 성향을 보이겠는가? 여러분은 이미 고객가치 창출 유전자를 타고났을 수 있다.

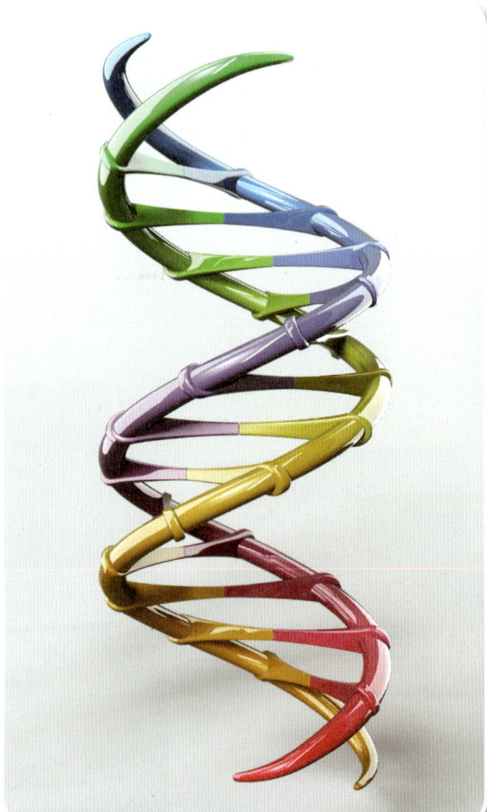

나. 이런 측면에서, 고위 영업 임원들은 고객과 장기적인 관계 구축이 영업 성과에 가장 중요한 영향을 미치는 활동이라고 본다.

관계영업은 1장의 첫 부분에서 소개한 고객관계관리(customer relationship management)의 다른 측면을 반영한다. 관계영업의 개념에서는 먼저 고객의 욕구와 필요를 숙지하고, 그다음에 고객가치 창출의 한 수단으로써 고객 문제에 대한 맞춤형 해결책을 제공하라고 강조한다.

학습리뷰

1. 인적판매란 무엇인가?
2. 영업관리는 무엇에 관한 것인가?

인적판매의 유형

인적판매는 판매업무를 수행하는 데 필요한 노력의 양과 독창성의 정도에 따라 크게 주문접수형(order taking), 주문획득형(order getting), 고객영업지원활동(customer sales support activities)의 세 가지 유형으로 나눌 수 있다. 기업은 이러한 유형 중 하나를 선택하여 사용하거나 또는 세 가지를 혼합하여 사용한다.

목표 2 상이한 유형의 인적판매를 구분하고 그 특징을 이해한다.

주문접수형 영업사원

전형적으로 **주문접수자**(order taker)는 기업이 이미 판매한 제품의 일상적 주문이나 재주문을 처리한다. 주문접수자의 일차적 책임은 기존 고객과 지속적인 관계를 맺고 매출을 유지하는 것이다.

주문접수자
기업이 이미 판매한 제품의 일상적 주문이나 재주문을 처리하는 판매사원

주문접수자의 유형은 두 가지로 구분된다. 외근주문접수자(outside order taker)는 고객에게 방문하고 재고량을 보충하는 역할을 한다. 이들은 주로 소매상이나 도매상 같은 재판매업자를 대상으로 활동한다. 과자를 만드는 기업 프리토레이(Frito-Lay)의 영업사원은 슈퍼마켓, 편의점 등의 소매점들을 방문하며 자사의 레이(Lay) 감자칩이나 도리토스(Doritos) 콘칩과 같은 제품이 원활하게 공급되고 있는지를 확인한다. 매장 진열대의 정리 작업을 보조하기도 한다.

주문사원(order clerk) 또는 점원(salesclerk)이라고도 불리는 내근주문접수자(inside order taker)는 전형적으로 단순한 질문에 응답하고 주문을 접수하며 고객과의 거래를 종결하는 업무를 담당한다. 고객이 무료 전화를 이용하여 제품이나 서비스에 대한 정보를 묻고 구매하는 인바운드 텔레마케팅(inbound telemarketing)의 경우 전화상담원이 내근주문접수자에 해당한다. 기업 간 거래에서 주문접수행위는 앞서 5장에서 설명한 단순재구매(straight rebuy) 상황에서 나타난다.

일반적으로 주문접수자는 전통적인 의미의 영업을 수행하지 않고, 단지 고객의 일상적인 문제를 해결하는 데 관여한다. 이들은 주로 잡지 구독이나 고도로 표준화된 산업용 제품처럼 단순한 제품을 취급한다. 인바운드 텔레마케팅은 델(Dell)처럼 '고객서비스' 지향 기업들에게 필수적인 영업활동이다. 이러한 기업들은 주문접수자를 철저히 훈련하여 전화를 거는 고객들이 구매의사결정을 돕는다.

주문획득형 영업사원

주문획득자
전통적인 의미의 영업을 수행하는 영업사원으로 가망고객을 파악하고, 고객에게 정보를 제공하며, 고객이 구매하도록 설득하고, 판매를 종결하며, 구매 후 고객의 제품이나 서비스 사용을 지원

주문획득자(order getter)는 전통적 의미의 영업을 수행하는데, 구체적으로 가망고객을 파악하고, 고객에게 정보를 제공하며, 고객이 구매하도록 설득하고, 판매를 종결하며, 구매 후 고객이 제품이나 서비스 사용을 도와준다. 주문접수자와 마찬가지로 주문획득자도 내근형(예: 자동차 영업사원)과 외근형(예: 제록스의 복사기 영업사원)으로 구분된다.

주문획득은 고도의 창의성과 감성적 교감이 필요한 일로, 이를 수행하기 위해서는 전문적인 제품지식을 갖추기 위해 상당한 훈련을 받아야 한다. 이들은 대개 복잡하거나 기술적으로 난해하며 선택폭이 다양해서 구매결정이 어려운 제품의 판매에 관여한다. B2B 영업 상황에서 수정재구매 또는 신규구매의 경우, 주문획득자는 특정 제품이 고객의 욕구를 어떻게 충족시킬지 찾아 제시하는 문제해결사의 역할을 수행한다. 보험과 같은 서비스 구매에 있어서도 보험설계사는 고객의 소득, 가족수명주기 단계, 투자 성향 등을 고려하여 개별 고객의 상황에 맞는 보험상품의 조합을 선택하여 제공한다. 주문획득형 영업사원은 주당 40시간만 근무하지 않는다. 업계 조사 결과, 외근형 주문획득자의 경우 종종 주당 50시간이 넘게 일하는 것으로 나타났다. 도표 18-1에서 나타나는 바와 같이, 평균적인 외근 영업사원은 주당 업무시간의 36%를 전화나 면대면으로 판매하는 데 사용한다. 또 다른 15%는 판매단서(sales lead)를 탐색하고 고객계정(customer account)을 분석하는 데 할애한다. 나머지는 사무업무, 회의, 서비스 전화, 출장, 훈련 및 고객 사후 지원에 사용한다.

외근 영업사원의 주문획득활동에는 많은 비용이 든다. 기업고객을 담당하는 영업사원 한 명의 1회 방문비용은 평균 500달러에 달하는 것으로 추정된다. 이 비용은 영업사원의 급여, 보너스, 복지, 출장비, 접대비 등을 고려하여 산정한 것이다. 영업사원의 외근활동비가 높기 때문에, 이를 절약하고자 최근 아웃바운드 텔레마케팅이

도표 18-1 외근주문획득자형 영업사원의 활동시간 배분(일주일 기준)

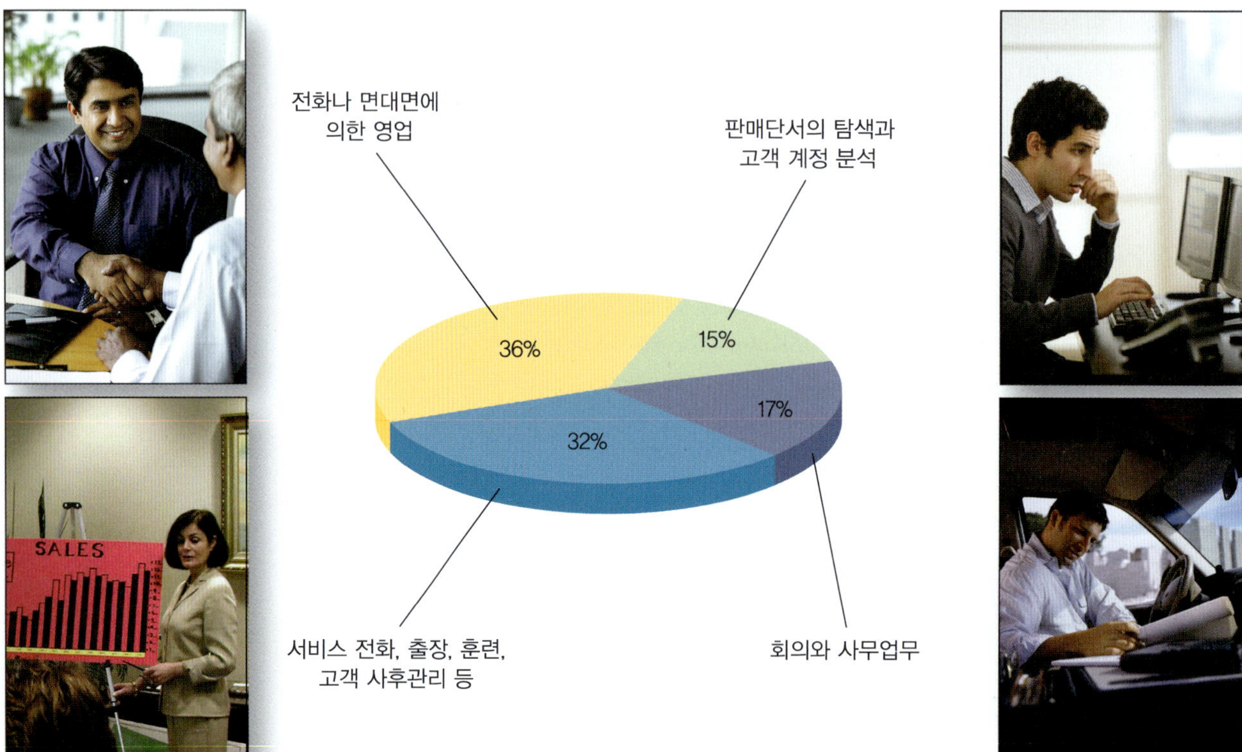

유행하고 있다. 아웃바운드 텔레마케팅(outbound telemarketing)이란 영업사원이 기존고객이나 잠재고객을 만나기 위해 직접 방문하지 않고 전화를 사용하여 그들과 접촉하는 것을 의미한다. 전화 한 통당 비용은 20~25달러로 매우 낮고, 같은 시간에 더욱 많은 고객과 상담할 수 있기 때문에 아웃바운드 텔레마케팅이 널리 확산되고 있다.

고객영업지원인력

고객영업지원인력은 다양한 서비스를 수행하여 주문획득자의 영업노력을 강화시켜준다. 선교형 영업사원(missionary salepeople)은 직접 주문을 받기 위해 노력하지 않고 프로모션활동을 수행하거나 신제품을 소개하는 일을 한다. 선교형 영업사원은 제약산업에서 많이 볼 수 있다. 이들은 의사가 자사의 약을 처방하도록 장려하는데, 실제 매출은 도매상 또는 처방약을 조제하는 약사로부터 발생한다.

영업기술자(sales engineer)는 고객의 문제를 파악·분석하여 해결하는 일을 전문적으로 한다. 이들은 기술적 노하우와 전문지식을 갖고 영업현장을 찾지만 실제로 제품과 서비스를 판매하지는 않는다. 영업기술자들은 화학제품과 중장비 같은 산업용 제품 판매에서 많이 활동한다.

전문가가 팀을 구성하여 주요 고객에게 제품을 판매하고 서비스를 제공하는 교차기능의 **팀영업**(team selling)을 활용하는 기업도 많이 있다. 팀영업은 고객의 구매센터(buying center)에 관여하는 이해관계자들의 다양한 요구를 만족시키기 위해 전문지식이 필요한 경우에 사용된다. 영업팀은 판매사원, 영업기술자, 서비스직원, 재무분석가로 구성되어 각 전문가가 고객 기업의 해당 부서와 상대하여 협상한다.

팀영업
전문가가 팀을 구성하여 주요 고객에게 제품을 판매하고 서비스를 제공하는 것

영업을 하는 팀은 여러 가지 다른 형태를 취할 수 있다. 컨퍼런스영업(conference selling)은 영업사원을 비롯한 기업 내외부의 전문가들이 여러 고객사와 같이 만나 현안과 기회를 논의하는 것을 말한다. 세미나영업(seminar selling)은 기업의 한 팀이 고객사의 기술직들을 대상으로 교육 프로그램을 실시하여 최첨단 제품과 서비스의 사용법을 가르쳐주는 것을 뜻한다. IBM과 제록스는 가망고객들과 일하면서 최초로 교차기능 팀영업을 사용한 기업이다. 이후 다른 기업들도 이러한 접근방법을 수용하여 고객을 위한 가치를 창출하고 유지하는 데 팀영업을 사용했다. 이와 관련된 자세한 내용은 '마케팅의 힘' 박스를 읽어보자.

학 습 리 뷰

1. 주문접수자와 주문획득자의 근본적인 차이점은 무엇인가?
2. 팀영업이란 무엇인가?

마케팅의 힘

고객가치

교차기능팀영업을 통한 고객가치의 창출과 유지

영업사원이 혼자 고독하게 고객을 방문하던 시대가 역사의 뒤안길로 빠르게 밀려나고 있다. 오늘날 기업의 75%는 교차기능팀을 활용하여 전문가들이 고객과 함께 일하게끔 한다. 이러한 접근방법을 이용하면 고객을 위한 가치를 창출·유지하는 업무를 보다 전문적으로 수행하여 고객과의 관계를 개선할 수 있다.

제록스와 IBM이 먼저 교차기능팀영업을 시작했다. 오늘날에는 많은 기업에서 이러한 영업방식이 고객가치의 창출과 유지에 미치는 잠재적 효과를 간파하여 이를 발빠르게 따라 하고 있다. 화학기업 듀폰(DuPont)은 옥수수 재배업자들이 제초제를 가능하면 덜 사용하길 원한다는 사실을 알아채고 화학자, 규제 전문가, 영업 및 마케팅 임원으로 구성된 팀을 만들어 환경을 오염시키지 않으면서도 소량만 사용할 수 있는 제품을 개발했다. 이 제품은 시판 첫 해 5,700만 달러라는 기록적인 매출을 올렸다. P&G는 마케팅, 영업, 광고, 컴퓨터시스템, 공급망관리 전문가들을 한 팀으로 묶어 월마트 같은 대규모 유통고객과 함께 일하게 하여 제품 개발, 촉진, 배송 등을 개선하도록 했다. 피트니보우스(Pitney Bowes)는 UPS, 페덱스 같은 배송회사들이 소포의 중량을 측정하여 요금을 산정하고 배송경로를 추적하는 정교한 컴퓨터시스템을 생산하는데, 영업팀을 활용하여 고객의 욕구를 충족시켜주고 있다. 이 팀에는 영업사원, 기술자, 관리자뿐 아니라 '배송차량관리 전문가'도 포함되어 근거리 배송 및 국제 배송과 관련된 기술을 향상시키는 방법을 지속적으로 모색하고 있다.

고객이 투입되는 원가 대비 더 큰 가치를 원할수록 교차기능팀영업을 이용하여 고객가치를 창출·유지하려는 노력의 효과가 더욱 빛나게 된다. 〈포춘〉이 선정한 500대 기업에 속하는 한 기업의 구매 담당 부사장은 "오늘날에는 최저 가격보다 최고의 가치를 얻어내는 것이 더 중요하며, 가치를 창출할 방법은 매우 많다"고 말했다.

인적판매과정: 고객관계 구축하기

목표 3 인적판매과정의 단계를 설명할 수 있다.

인적판매과정
판매 이전, 접촉, 이후에 발생하는 영업활동으로 ① 고객발굴, ② 사전접근, ③ 고객접근, ④ 영업제안, ⑤ 영업종결, ⑥ 사후지원의 여섯 단계로 구성됨

영업, 그중에서도 주문획득형 영업은 구매자와 판매자의 관계를 구축하는 복잡하고 미묘한 활동이다. 영업사원과 고객의 상호작용은 인적판매에서 필수적이다. 하지만 영업사원 업무의 상당 부분이 고객과의 접촉 이전이나 이후의 단계에서 발생한다. **인적판매과정**(personal selling process)은 ① 고객발굴, ② 사전접근, ③ 고객접근, ④ 영업제안, ⑤ 영업종결, ⑥ 사후지원으로 구성된다(도표 18-2).

고객발굴: 가망고객의 탐색과 선별

인적판매는 잠재고객을 탐색하고 선별하는 고객발굴(prospecting) 단계로부터 시

단계	목표	주요 내용
1. 고객발굴 (prospecting)	가망고객의 탐색과 선별	판매과정의 출발점이다. 광고, 소개, 무차별 검색을 통해 가망고객의 명단을 입수하고 접근할 가망고객을 선별한다.
2. 사전접근 (preapproach)	가망고객에 대한 정보 수집 및 접근방법 결정	정보원천에는 개인적 관찰, 다른 고객, 동료 영업사원 등이 포함된다.
3. 고객접근 (approach)	가망고객의 주의 끌기, 관심 자극, 영업 제안 기회 획득	공통적으로 아는 지인을 통해 소개를 받거나 다른 고객기업의 추천을 받는다. 제품 시연을 통해 접근할 수도 있다. 첫인상이 매우 중요하다.
4. 영업제안 (presentation)	제품이나 서비스에 대한 욕구를 창출하여 가망고객을 실제 고객으로 전환	다양한 방식의 제안이 가능하다. 고객의 구체적인 욕구에 주의를 기울여 제품이나 서비스에 대한 고객의 관여도를 높여야 하며, 고객의 의심이나 무관심, 이견에 대해서는 능숙하고 윤리적으로 대처하는 것이 중요하다.
5. 영업종결 (close)	가망고객으로부터 구매 확약을 획득	시험종결, 가상종결, 긴급종결과 같은 다양한 방법으로 구매계약을 요청한다.
6. 사후지원 (follow-up)	구매한 제품이나 서비스에 대한 고객 만족을 보장	고객이 직면한 문제는 무엇이든 해결하여 고객만족과 미래의 영업기회를 확보한다.

도표 18-2 인적판매 과정의 단계와 목표. 성공적인 영업과 고객관계 구축을 위해서는 각 단계가 모두 중요하다.

작된다. 잠재고객은 크게 고객단서, 가망고객, 적격 가망고객의 세 가지 유형으로 구분된다. 고객단서(lead)란 잠재고객의 가능성이 있는 사람을 의미하고, 가망고객(prospect)은 제품에 관심이나 욕구를 갖고 있는 고객을 의미한다. 제품을 원하고 구매할 능력이 있으며 결정권까지 갖춘 고객은 적격 가망고객(qualified prospect)이라고 부른다.

고객단서와 가망고객은 여러 가지 원천을 통해 구할 수 있다. 예를 들면, 광고에 쿠폰이나 무료전화번호를 포함시켜 접촉을 유도하여 고객단서를 확보할 수 있다. 전시회, 전문가회의, 컨퍼런스 등을 개최하여 고객단서를 확보하고 가망고객을 끌어들이는 방법도 자주 사용된다. 전시회에 배치된 영업사원은 전시물에 흥미를 갖고 접근하는 가망고객과 대화하며 정보를 교환한다. 최근에는 고객단서와 가망고객을 창출하는 방법으로 인터넷도 활발하게 사용된다. 오늘날 영업사원들은 웹사이트, 이메일, 링크드인(LinkedIn) 같은 소셜네트워크 등을 이용하여 그들의 제품이나 서비스에 관심을 가질 개인과 기업에게 연결되려고 노력한다.

고객단서를 창출하는 또 다른 접근방법으로 무차별 권유(cold canvassing) 또는 무차별 전화(cold calling)가 있다. 영업사원이 주소록을 보고 개인이나 사업체에 직전시회는 고객단서와 가망고객을 탐색하는 중요한 원천이다. TSNN 같은 기업은 전시회의 포괄적인 정보를 제공한다.

©Urbanmyth/Alamy Stock Photo

접 혹은 전화를 통해 접촉하는 방법이다. 이런 저인망식 무차별적 권유는 거절률이 높음에도 불구하고 빈번하게 사용된다.

문화적으로 무차별 권유가 기피되는 지역도 있다. 대부분의 아시아와 중남미 지역에서는 소개를 받아야만 개인적으로 방문이 가능하다. 이러한 무차별 권유는 미국에서도 소비자들에게 비판을 받으며 지금은 엄격하게 규제되고 있다. 연구 결과, 대다수의 미국 소비자가 이러한 관행에 대해 사생활을 침해하는 무례하고 혐오스러운 행위로 간주한다. 1991년에 제정된 전화소비자보호법(Telephone Consumer Protection Act)에서는 아침 일찍 혹은 저녁 늦게 전화하는 것을 금지하고 있다. 그 밖에 여러 연방법에서도 구매 권유 전화를 좀 더 광범위하게 규제하고 있다. 예를 들어 소비자가 전화금지명부(Do Not Call Registry)에 자기 번호를 등록하면, 어느 시간대든 전화로 권유하는 것이 금지되며 이를 어길 경우 벌금이 부과된다. 위성 TV 방송사업을 하는 디쉬네트워크(Dish Network)는 전화금지명부에 있는 소비자들에게 6,600만 건의 전화를 건 혐의로 2억 8,000만 달러의 벌금을 부과받았다.

사전접근: 영업방문 준비 단계

영업사원은 적격 가망고객을 파악한 후, 본격적인 영업을 준비한다. 이러한 사전접근(preapproach) 단계에서는 가망고객에 대한 추가 정보를 수집하고 최상의 접근방법을 결정한다. 산업이나 문화 배경과 상관없이 가망고객이 어떤 제품이나 서비스에 무엇을 원하며 어떤 방식으로 영업사원이 접근해오는 것을 선호하는지를 아는 것은 필수적인 일이다.

한 예로 증권회사 메릴린치(Merrill Lynch)의 주식중개인은 가망고객의 가처분소득, 투자목표, 투자상담 선호방식(전화 또는 대면) 등에 관한 정보를 알아야 할 것이다. 텍사스 인스트루먼트(Texas Instruments)와 같은 산업용품회사에게 사전접근이란 가망고객의 구매 역할(영향자이냐 의사결정자이냐 등), 중시하는 구매기준, 공식적·비공식적 구매 제안에 대한 가망고객의 수용성을 파악하는 것을 의미한다.

가망고객에게 언제 접촉하는 것이 가장 좋은지를 파악하는 것도 중요하다. 보험회사 노스웨스턴뮤추얼라이프(Northwestern Mutual Life)는 직업별로 어느 시간대에 전화하는 것이 가장 좋은가에 관한 지침을 갖고 있다. 예를 들어 치과의사는 오전 9시 30분 이전, 변호사는 오전 11시에서 오후 2시 사이, 대학 교수는 오후 7시에서 8시 사이에 접촉하는 것이 좋은 것으로 나와 있다.

사전접근 단계는 관습에 따라 적절한 의전이 필요한 국제 영업에서 특히 중요하다. 예를 들어 중남미 국가의 영업사원은 약속시간을 정확히 지켜야 하지만, 구매자는 통상 30분 정도 늦게 나타난다. 남아프리카 사람들은 협상에 진지하게 임하며 솔직한 제안을 선호한다. 이들에게 강압적인 접근방법은 통하지 않는다.

훌륭한 영업사원은 사전접근 단계에 많은 시간과 노력을 들인다. 가망고객에 대해 많이 알지 못하는 상태에서 성급하게 접촉을 시도하는 것은 영업을 망치는 지름길임을 명심해야 한다. 고객 조사에 따르면, 미숙하고 비전문적인 접근은 고객불만의 원인으로 나타났다.

고객접근: 첫인상 만들기

고객접근(approach) 단계는 영업사원과 가망고객의 첫 만남에서 시작된다. 첫 만남에서 영업사원의 목표는 가망고객의 주의를 끌고 관심을 자극하며 영업제안을 위한 기반을 닦는 것이다. 첫 만남에서 어떤 인상을 심어주느냐에 따라 앞으로의 업무관계가 결정되기 때문이다. 이때 첫인상이 중요하므로, 보통 영업사원은 서로 아는 지인 또는 가망고객을 추천해준 사람의 소개를 통해 가망고객과 처음 만나게 된다. 누군가의 소개나 추천을 받기 어렵다면, 제품과 서비스 자체를 언급하며 첫 만남에서의 대화를 시작한다. 어떤 방법을 사용하여 접근할 것인가는 고객발굴과 사전접근 단계에서 파악한 정보를 고려하여 결정한다.

국제 영업 시 고객접근 단계는 문화적 배경에 따라 달라져야 한다. 미국 외의 국가에서는 사업 외의 화제에 상당히 많은 시간 대화를 나누며 서로 유대감을 형성할 필요가 있다. 한 예로, 중동과 아시아에서는 사업에 대해 본격적으로 논의하기 전에 두세 번 만나 친분을 쌓는 것이 일반적이다.

첫 만남에서의 자세와 태도 역시 중요하다. 미국에서는 영업사원과 가망고객이 처음 만날 때 손을 꽉 잡고 악수하는 것이 관행이다. 프랑스에서도 악수는 통용되지만 손을 꽉 잡는 것이 아니라, 살짝 그리고 부드럽게 잡아야 한다. 일본에서는 악수를 삼가야 한다. 악수 대신 공손히 허리를 굽히며 인사해야 예의바르다고 여겨진다. 명함도 신경써야 한다. 명함의 한 면에는 영어로 된 내용을 인쇄하고, 다른 면에는 가망고객의 언어로 내용을 인쇄해두어야 한다. 아시아국가에서 고객에게 명함을 내밀 때는 상대방에게 명함 속 이름이 보이도록 하여 두 손으로 공손하게 전달해야 한다. 상대방의 명함을 받을 때도 마찬가지로 두 손으로 받아야 한다. 아시아에서 명함 교환을 중시하는 이유는, 사람의 이름이 담긴 물체는 그 사람처럼 존대를 받아야 한다고 생각하기 때문이다.

아시아에서 고객과 명함을 주고받는 가는 매우 중요한 일이다. 본문을 읽고 명함을 교환할 때의 자세를 배워 보자.

영업제안: 고객욕구에 맞춘 해결책 제시

영업제안(presentation) 단계는 주문획득형 판매과정의 핵심이다. 이 단계의 목표는 제품이나 서비스의 필요성을 설득하여 가망고객을 실제고객으로 전환하는 것이다. 영업제안의 구체적인 방식은 크게 ① 자극-반응 제안, ② 정형화 영업제안, ③ 욕구-만족 제안으로 나누어진다.

자극-반응 제안
영업사원이 적정한 자극을 주면 가망고객이 구매할 것이라는 가정을 전제로 하는 영업 제안

자극-반응 제안 **자극-반응 제안**(stimulus-response presentation)은 영업사원이 적정한 자극을 주면 가망고객이 구매할 것이라는 가정을 전제로 한다. 이 방식을 채택할 경우 영업사원은 이것저것 제안 보따리를 풀어놓으며 어느 하나가 먹혀들어 가기를 기대한다. 맥도날드에서는 고객이 햄버거를 주문하면 점원이 고객에게 햄버거에 감자튀김을 곁들이길 원하는지, 디저트를 곁들이길 원하는지를 물어보는데 이러한 접근이 바로 자극-반응 제안방식이다. 구체적으로 살펴보면 맥도날드의 점원은 제시형 영업(suggestive selling)이라는 기법을 실행하고 있다. 이러한 방식은 단순한 음식 메뉴를 판매할 때 유용하지만 대다수의 제품에 통용되지는 않는다. 복잡한 제품을 영업할 때는 좀 더 정형화된 방식이 필요하다.

정형화 영업제안
정확하고 철저하며 단계적 방식으로 가망고객에게 정보를 제공하여 가망고객을 설득하는 영업 제안

정형화 영업제안 **정형화 영업제안**(formula selling presentation)은 가망고객에게 정확하고 철저한 정보를 단계적으로 제공하여 그들을 설득하는 방식이다. 가장 널리 사용되는 유형은 통조림식 영업제안(canned sales presentation)으로, 여기서는 모든 가망고객에게 표준화된 메시지를 암기식으로 전달한다. 커비(Kirby) 진공청소기와 같은 가전제품을 전화나 가정방문으로 판매하는 기업들이 흔히 사용하는 제안방식이다. 여기서는 고객의 욕구나 선호의 차이를 무시하고 모든 가망고객에게 동일한 방식으로 제품을 설명하고 구매를 유도한다.

이러한 통조림식 영업제안은 가망고객들 간의 차이가 알려지지 않은 상황이나, 제품지식이 부족하고 판매가 미숙한 초보 영업사원들에게 유용하다. 정형화 영업제안 방식을 이용하면 숙달된 제안이 가능하다는 장점이 있는 반면, 융통성과 순발력이 부족하다는 단점이 있다. 무엇보다 가망고객의 반응에 대응하지 못하여 고객과의 소통이나 관계 형성에 취약하다는 것이 가장 큰 한계이다.

욕구-만족 제안
가망고객의 욕구와 관심을 파악하기 위해 영업사원이 탐구하고 경청하는 것을 강조하는 영업 제안방식

적응형 영업
영업상황에 맞춰 영업제안을 변화시키는 욕구-만족 영업제안방식. 영업상황에 적합하게 제안내용을 변화시켜 영업사원이 고객에게 필요한 정보를 언제 질문하고 해결방안을 언제 제시할 것인지를 알아서 융통적으로 대응하는 것으로 욕구-만족 제안의 한 형태

욕구-만족 제안 자극-반응 제안방식과 정형화 영업제안방식의 공통점은 영업사원이 대화를 주도한다는 것이다. 반면 **욕구-만족 제안**(need-satisfaction presentation)에서는 가망고객의 욕구와 관심을 파악하기 위해 영업사원이 탐구하고 경청할 것을 강조한다. 영업사원이 가망고객이 원하는 것을 파악했다면, 가망고객에게 맞추어 제안 내용을 구성하고 그들에게 가치 있는 제품의 편익을 부각시킨다. 이 방식은 문제해결과 고객가치에 초점을 맞추기 때문에 마케팅개념과 관계 형성에 가장 잘 부합하게 된다.

적응형 영업(adaptive selling)은 제안의 내용을 영업상황에 적합하게 변화시키는 것을 의미한다. 영업사원이 고객에게 필요한 정보를 얻기 위해 언제 질문하고 해결방안은 또 언제 제시할 것인지를 융통성 있게 알아서 대응하는 것이다. 학술연구와 실무경험에 따르면, 영업사원이 고객 성향과 영업상황에 대해 얼마나 많은 지식을 갖고 있는가가 적응형 영업의 성패를 좌우한다. 증권회사나 보험회사와 같은 서비스기업

이나 락포트(Rockport), AT&T, 질레트(Gillette) 등의 소비재회사들은 이러한 영업 방식을 효과적으로 사용하고 있다.

자문형 영업(consultative selling)은 문제해결에 초점을 두어 영업사원이 고객 문제를 진단하고 해결해주는 전문가 역할을 한다. 자문형 영업에서 문제해결방안은 단순히 기존의 여러 제품 가운데 몇 개를 골라주는 것이 아니라, 고객에게 독특한 가치를 창출하는 독창적 솔루션(solution)을 제시해주는 것이다.

자문형 영업
문제해결에 초점을 두어 영업사원이 고객문제를 진단하고 해결해주는 전문가 역할을 수행하는 것으로 욕구–만족 제안의 한 형태

영업사원이 문제 진단과 해결에 대한 전문가로 인정받게 되면 상향판매와 교차판매가 가능해진다. 상향판매(upselling)는 원래 고려한 것보다 더 높은 수준의 제품을 해결책으로 소개하는 영업이다. 교차판매(cross–selling)는 연관되거나 보완적인 제품과 서비스를 추가로 제안하는 영업이다. 이 두 가지 유형의 영업은 고객에게 더 큰 가치를 창출하는 것에 초점을 두고 수행되어야 성공적일 수 있다.

IBM은 고객가치를 창출하는 독특한 솔루션을 개발하는 데 초점을 두는 자문형 영업의 선도자이다.
Source: IBM Corporation

자문형 영업은 주로 기업과 기업 간의 마케팅에서 활용된다. 존슨컨트롤(Johnson Control)의 자동차 시스템서비스, IBM의 글로벌서비스, DHL의 전 세계 배송, GE의 헬스케어, 제록스의 문서관리서비스 등은 자문형 영업을 통해 고객에게 해결책을 제공한다. 제록스의 고위 영업 임원은 "우리 사업은 더 이상 복사기를 판매하는 것이 아닙니다. 이제 사업의 본질은 디지털 네트워크 기반의 정보관리솔루션을 판매하는 것으로 변화되었습니다. 이러한 사업에서는 고도로 개별화된 자문형 영업방식이 필요합니다. 그래서 우리는 자문능력이 우수하고 사업감각이 뛰어난 영업사원을 찾습니다"라고 말한 바 있다. 고객해결책이란 과연 무엇을 의미하는가? 이후 등장하는 '마케팅의 힘' 박스에서 명쾌한 답을 찾아보자.

고객이견 처리 영업제안 단계에서의 난관은 고객의 이견을 처리하는 것이다. 고객이견(objections)이란 구매 확약이나 의사결정을 하지 않는 것에 대한 핑계를 의미한다. 일부 이견은 제품의 특징이나 가격을 근거로 하고 있기에 타당하다. 그러나 대다수의 이견은 의심이나 무관심을 반영한다. 숙련된 영업사원은 고객이견이 타당하든 그렇지 않든 영업제안이 거기에서 끝나지 않는다는 것을 잘 알고 있다. 이러한 고객이견을 정중하게, 윤리적이면서도 전문가답게 다루기 위해서는 몇 가지 기법이 필요하다. 일반적으로 많이 사용되는 기법은 다음과 같다.

- 고객이견을 인정하고 이용하라: 고객이견을 오히려 구매하게 만드는 명분으로 전환시키는 방법이다. 예를 들어 가망고객이 "가격이 너무 높다"라고 말하면 영업사원은 "네, 맞습니다. 그러나 저희는 최상의 재료를 사용하기 때문에 높은 것입니다. 제가 확실하게 보여드리지요"라고 답변하는 것이다.
- 연기해라: 연기는 고객이견에 대한 즉각적인 답을 미루고 영업제안의 후반부에 능동적으로 다루는 것이다. "앞서 지적된 사항에 대해 간략히 말씀드리고자 하는데, 제 답변이 보다 타당하다고 수긍하실 것이라 생각합니다"처럼 말이다.
- 인정하고 중화시켜라: 영업사원이 고객이견을 인정하고 나서 그것이 별로 중요하지 않음을 보여주는 것이다. "그 말은 사실입니다. 다른 고객 분들도 그 점을 똑

마케팅의 힘

고객가치

고객에게 어떻게 해결책을 제공할 수 있는지 상상해보자

고객기업은 공급업체가 자사의 문제에 솔루션(solution)을 제공해주길 기대한다. 공급업체는 경쟁사와 차별화하기 위해 고객에게 해결책을 제공하려고 노력한다. 고객솔루션이란 무엇을 의미하고 영업과 어떤 관련성이 있는 것인가?

판매자는 솔루션을 고객의 사업상 욕구를 만족시키는 제품과 서비스의 조합을 통합하여 맞춤형으로 제공하는 것이라고 간주한다. 그렇다면 과연 구매자는 무엇을 솔루션이라고 생각하는가? 구매자의 관점에서 솔루션이란 ① 자신의 요구조건을 충족시키며, ② 문제를 독창적으로 해결해주고, ③ 실행가능하며 ④ 사후지원(follow-up)을 확실하게 해주는 것을 의미한다. 이러한 통찰력은 에모리대학(Emory University) 연구진 세 명이 수행한 연구에 의해 밝혀졌다. 그들은 심층적 현장연구를 수행하여 효과적인 고객솔루션이 무엇을 의미하는가에 관한 시사점을 찾아냈다. 연구과정에서 면담한 구매자 한 명은 다음과 같이 말했다.

©Frank Herholdt/Stone/Getty Images

"공급업체는 영업사원과 마케팅직원이 무엇을 하고 있는지 확실하게 알고 있어야 합니다. 영업과 마케팅 직원들은 우리 회사에서 무엇이 진행되고 있는지 잘 알고 있어야 하고요. 기술지원부서 직원들도 우리에게 무슨 일이 벌어지는지 알고 있어야 합니다. 공급업체의 전 직원은 순환고리에 놓여있습니다. 손발이 착착 맞아야지 무슨 퀴즈 게임하듯 서로 헤매면 안 되니까요."

고객에게 솔루션을 제공하기 위해 영업에서는 무슨 일을 해야 할까? 크게 세 가지를 유념해야 한다. 첫째, 고객의 구체적인 요구조건을 충분히 이해하기 위해 상당한 시간과 노력을 투자해야 한다. 둘째, 효과적인 고객솔루션은 공급자와 구매자의 관계에 토대를 둔다. 마지막으로, 자문형 영업을 이행해야 고객에게 독창적인 솔루션을 제공하여 고객가치를 창출할 수 있다.

솔루션을 제공하는 영업을 수행하는 기업은 그로 인해 여러 가지 혜택을 얻고, 그 결과로 영업 노력에 대한 재무적 성과를 향상시킬 수 있게 된다.

같이 지적하셨습니다. 하지만 그것보다 장점의 혜택이 더 크다고 생각하기 때문에 기존고객들께서 구매를 하신 것입니다."

- 고객이견을 수용하라: 고객이견이 이치에 맞고 타당하다면 이를 인정하고 가망고객이 본인의 의견을 충분히 설명하도록 내버려두는 것이 좋다. 대신에 영업사원은 가망고객이 왜 그러한 이견을 제기하는가에 대한 진짜 이유를 찾고 나중에 다시 그 점에 대해 논의할 수 있는 기회를 가져야 한다.
- 부정하라: 가망고객의 이견이 잘못된 정보를 근거로 하거나 명백하게 잘못된 경우에는 고객 앞에서 단호하게 부정하는 것이 현명하다.
- 고객이견을 무시하라: 고객이견이 전체적인 진행을 방해하거나 가망고객에게 크게 중요하지 않다고 판단될 때 사용한다.

사전접근 단계에서는 가능한 한 고객이견을 예상하여 어떤 기법으로 대응할 것인지를 생각해두는 것이 효과적이다. 고객이견을 처리하는 것은 매우 미묘한 과정으로, 적절한 시기와 고객 마음상태의 이해, 숙련된 의사소통능력이 필요하다. 무엇보다 고객이견은 윤리적으로 처리되어야 한다. 제품이나 서비스의 특징에 대해 거짓말을 하거나 왜곡하여 설명하는 것은 단연코 비윤리적이다.

영업종결: 고객의 주문이나 계약에 대한 요청

영업종결(closing) 단계에서는 가망고객으로부터 구매 확약을 획득한다. 이 단계는 가장 중요하면서도 가장 어렵다. 왜냐면 가망고객이 구매할 준비를 마쳤는지 정확히 판단하기가 쉽지 않기 때문이다. 영업사원은 가망고객이 구매의사를 간접적으로 표현하는 신호를 신속하게 알아챌 수 있어야 한다. 신호는 몸짓(가망고객이 제품이나 카탈로그를 유심히 다시 읽어봄)이나 말(이 장비는 설치된 다음에 유지비용을 감축시켜야 한다) 또는 질문(언제 배송될 수 있나요?)에서 감지할 수 있다.

영업종결은 여러 형태로 전개될 수 있다. 영업사원이 가망고객의 구매 준비가 끝났다 판단한다면 ① 시험종결, ② 가상종결, ③ 긴급종결의 세 가지 방법을 사용할 수 있다. 시험종결(trial close)은 가망고객이 원하는 구매제품의 일부 특징에 대해 질문하는 것을 뜻한다. “고객 님께서는 파란색 모델과 회색 모델 중 어떤 것을 선호하십니까?”라고 물어보는 것처럼 말이다. 가상종결(assumptive close)은 판매가 끝났다는 가정하에 어떤 배송, 보증, 금융 등의 구매조건을 선택할 것인지 물어보는 것이다. 긴급종결(urgency close)은 구매의 시급성을 알려 가망고객이 구매의사를 신속히 굳히도록 만드는 방법이다. “저리융자기한이 곧 끝납니다”라거나 “현재 이 모델이 저희가 가진 마지막 재고”라고 강조하는 것처럼 말이다. 물론 이러한 발언들은 실제 사정과 정확히 일치해야 한다. 허위 사실을 말하는 것은 윤리적이지 않다. 가망고객의 구매 준비가 확실하게 끝나면, 최종적으로 영업은 종결되며, 영업사원은 주문을 요구하게 된다.

영업종결은 가망고객으로부터 구매확약을 획득하는 단계이다. 영업종결기법에는 어떤 것들이 있는지 본문을 통해 살펴보자.

사후지원: 고객관계의 강화

판매과정이 영업종결에서 전부 끝나는 것은 아니다. 전문적인 영업에서는 고객에 대한 사후지원이 이루어진다. 어떤 마케팅 권위자는 영업을 남녀의 결혼관계에 비유하며 “영업을 잘해 계약을 따는 것은 구혼에 성공해 결혼하는 것과 같습니다. 일단 결혼생활이 시작되면 앞으로 얼마나 행복하게 잘 살지는 관계를 잘 유지하고 관리하는 것에 달려 있지요”라고 말한다. 사후지원(follow-up) 단계란 고객이 주문한 제품이 적합하게 배송·설치되고 사용상의 어려움은 없는지를 확인해주는 것을 말한다. 이 단계에서는 구매자와의 결속관계를 강화시키는 데 주의를 기울여야 한다. 이에 만족한 고객은 재주문하는 성향이 높게 나타난다. 연구 결과에 따르면, 만족한 고객으로부터 재주문을 획득하는 데 소요되는 비용과 노력은 신규고객으로부터 주문을 얻는 데 필요한 비용과 노력의 절반 정도에 불과한 것으로 나타났다. 간단히 말해, 현재 만족한 고객은 미래의 유망한 잠재고객이며, 새로운 가망고객을 소개해줄 추천자의 역할도 한다.

학 습 리 뷰

1. 인적판매과정의 여섯 단계는 무엇인가?
2. 고객단서와 적격 가망고객은 어떻게 구분하는가?
3. 마케팅개념과 가장 부합하는 영업제안방식은 무엇인가? 그 이유는?

영업관리의 과정

목표 4 영업관리의 주요 기능을 이해한다.

영업활동은 기업의 마케팅목표 달성에 기여하도록 관리되어야 한다. 비록 영업사원의 영업노력을 구체적으로 관리하는 방법이 기업마다 다를지라도, 영업관리과정 자체는 모든 기업이 비슷할 것이다. 영업관리는 크게 ① 영업계획 수립, ② 영업계획 실행, ③ 영업인력 평가의 세 단계로 이루어진다(도표 18-3).

영업계획 수립: 영업 방향의 설정

영업계획을 수립하는 것은 영업관리의 세 가지 기능에서 가장 기본적인 출발점이 된다. 글로벌 통신업체 해리스 코퍼레이션(Harris Corporation)의 부사장은 "영업계획이 가능한 한 세부적인 부분까지 상세하게 수립되어야 마케팅전략을 의도한대로 실행할 수 있습니다"라고 말한다. **영업계획**(sales plan)이란 영업사원의 영업노력이 언제 어디에 어떻게 배치되어 어떤 결과를 달성할 것인가에 관한 것이다. 영업계획 수립에는 ① 영업목표 설정, ② 영업조직 구성, ③ 거래처관리정책의 개발의 세 가지 과업이 있다.

영업계획
영업사원의 영업노력이 언제 어디에 어떻게 배치되어서 어떤 결과를 달성할 것인가에 관한 계획

영업목표 설정 영업목표 설정은 영업관리의 핵심이다. 영업에서 구체적으로 무엇을 성취할 것인가가 영업목표에 의해 결정되기 때문이다. 실무적으로 볼 때 영업목표는 전체 영업조직뿐 아니라 영업사원 개개인을 대상으로 설정된다. 영업목표는 영업노력의 산출이나 투입과 관련된 목표로 구분된다. 산출 관련 목표에는 매출량, 매출액, 유치한 신규 고객 수, 이익 등이 있다. 투입 관련 목표에서는 영업방문 횟수와 영업비용에 초점을 맞춘다. 산출 및 투입 관련 목표들은 영업조직 전체에 대해 설정되고 그다음으로 개인 영업사원별로 할당된다. 세 번째 유형의 영업목표로는 영업사원의 행동 특징이 있다. 행동목표는 영업사원마다 다르게 설정된다. 구체적인 행동목표로는 영업사원의 제품지식, 고객서비스 만족도, 영업능력과 의사소통능력 등이 있다.

영업사원이 고객을 방문하면 경쟁사가 무엇을 하는지 알 수 있기 때문에, 경쟁에 대한 지식을 목표로 강조하는 기업들이 늘어나고 있다. 실제로 80% 정도의 기업들이 영업사원들에게 경쟁사의 정보를 수집할 것을 장려하고 있다. '책임 있는 의사결정' 박스에서 영업사원들이 이러한 관행을 어떻게 생각하는지 알아보자.

어떤 영업목표를 설정하든 영업목표는 영업사원의 노력과 행동에 지대한 영향을 미치기 때문에 가능한 한 명확하고, 측정가능하며, 영업목표 달성기간이 구체적으로 제시되어야 한다. 일단 결정된 영업목표는 영업인력의 성과를 평가하는 기준으로 사용된다. 영업성과의 평가는 영업관리의 세 번째 기능에 속한다.

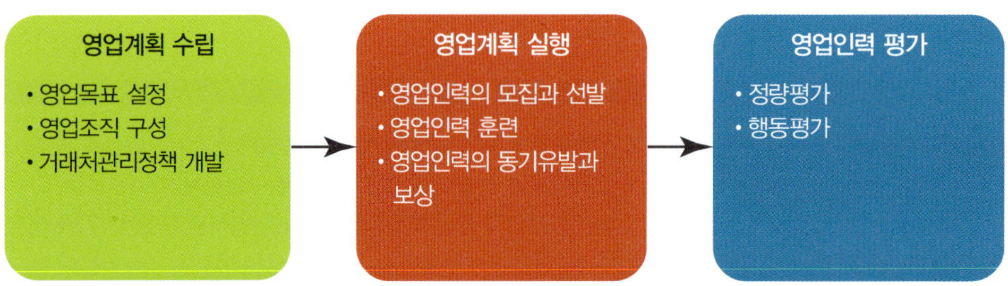

도표 18-3 영업관리과정의 단계

책임 있는 의사결정

윤리

고객에게 경쟁사에 대해 질문하는 것은 윤리적인가?

영업사원은 시장에서 어떤 일이 벌어지고 있는가에 관한 정보의 귀중한 원천이다. 이들은 고객과 밀접하게 일하고 예리한 질문을 던지면서 고객의 문제와 요구에 대한 가장 정확한 지식을 얻는다. 고객사를 통해 경쟁사의 활동을 감지할 수도 있다. 영업사원이 고객에게 경쟁사의 가격 관행, 제품 개발 노력, 유통업체 판매촉진, 프로모션 프로그램 등의 마케팅전략에 대하여 직접 질문하는 것은 윤리적인 일인가?

©Color Day Production/Getty Images

고객에게 질문하여 경쟁사에 대한 정보를 입수하는 것은 윤리적으로 매우 미묘한 문제다. 연구에 따르면, B2B 영업에 관여하는 미국 영업사원의 25%가 이러한 관행을 비윤리적이라고 간주하며, 그들의 기업은 이러한 관행에 대한 명확한 지침을 갖고 있다고 한다.

일본 영업사원들은 미국 영업사원들보다 이러한 관행을 더 비윤리적이로 간주한다는 사실은 주목할 만한 일이다. 여러분은 경쟁사의 전략과 관행에 대해 고객에게 질문하는 것이 비윤리적이라고 생각하는가? 그렇다면 그 이유는 무엇인가?

영업조직 구성 영업조직을 구성하는 것은 영업계획 수립의 두 번째 과업이다. 기업은 영업인력을 ① 지역, ② 고객, ③ 제품을 기준으로 조직화한다. 지역영업조직은 가장 단순한 구조로 국가시장 혹은 세계시장을 지역으로 구분하고 지역을 다시 구역 또는 영역으로 구분한다. 영업사원은 지리적 경계로 규정된 구역 단위에 배정되며 그 구역의 고객을 대상으로 회사의 모든 제품을 판매한다. 지역조직의 장점은 이동시간을 최소화하고 영업비용을 절감하며 영업에 대한 노력이 중복되는 것을 회피할 수 있다는 것이다. 그러나 제품이 복잡하거나 고객의 요구가 특이한 경우, 지역 영업조직을 구성하는 것은 적합하지 않다.

프리토레이는 소매 거래선에게 서비스를 제공하기 위해 지역영업조직을 두었다.

©David Goldman/AP Images for Frito Lay

다양한 고객이 이질적인 욕구를 갖는 경우라면 고객영업조직(customer sales organization)을 채택하도록 한다. 실무적으로 이러한 조직에서는 고객 유형이나 마케팅경로별로 전담 영업사원을 배정한다. 일본의 광학기기 제조기업 코니카(Konica)는 최근 지역조직을 고객영업조직으로 전환하여 대형 양판점, 전문사진관, 식당, 약국 등 소매경로별로 각기 다른 영업팀이 전담 영업을 하도록 했다. 이러한 접근방법을 사용하면 구매고객 유형별로 전문지식을 갖추고 좀 더 효과적으로 맞춤형 고객지원을 제공할 수 있다. 그러나 이런 고객조직에서는 같은 제품을 여러 영업사원이 취급하기 때문에 영업에 대한 노력이 중복되고, 관리비용이 상승하는 문제가 야기된다.

고객영업조직에서 중요한 한 가지 형태가 바로 **핵심거래처관리**(key account management)이다. 이는 매출에서 차지하는 비중이 큰 중요 고객에게 초점을 맞추어 팀영업을 전개하고 상호호혜적인 장기적 협력관계를 구축하는 영업방식을 말한다. 핵심거래처관리에서는 영업사원, 서비스직원, 기술인력이 한 팀이 되어 고객사의 구매, 생산, 엔지니어링, 물류, 재무 등 다양한 부서의 담당자와 일을 함께한다. 여기서는 영업사원을 '고객전문가'로 지정하고 특정 고객사와의 거래에만 배정하여 맞춤형 서비스를 제공하기도 한다. 소비재기업 P&G는 이러한 방법으로 월마트와 거래했다. 공구제조기업 스탠리 블랙앤데커(Stanley Black & Decker)도 건자재 전문양판점 홈디포와의 거래를 위해 고객전문가를 따로 두었다.

> **핵심거래처관리**
> 매출에서 차지하는 비중이 큰 중요 고객에게 초점을 맞추어 팀영업을 전개함으로써 상호호혜적인 장기적 협력관계를 구축하는 영업방식

특정 유형의 제품을 판매하는 데 전문지식이 필요하다면, 제품영업조직(product sales organization)을 사용한다. 예를 들어, 철강회사 맥심스틸(Maxim Steel)은 석유회사에게 시추용 파이프를 파는 영업인력과 제조업체에게 특수강을 판매하는

영업인력을 구분하여 운영한다. 제품영업조직의 일차적 장점은 영업사원이 특정 제품군이나 제품 품목과 관련된 기술적 특징과 용도, 판매기법에 대한 전문지식을 갖출 수 있다는 것이다. 그러나 영업사원들의 판매구역이 중복되는 문제가 있으며, 어떤 경우에는 같은 고객을 대상으로 영업활동을 수행하기 때문에 영업효율이 떨어지고 관리비용이 증가하게 된다.

종합해보면, 모든 상황과 모든 기업에게 딱 맞는 이상적인 형태의 영업조직은 존재하지 않는다. 따라서 영업조직의 구체적인 형태는 기업의 마케팅전략을 반영하여 결정되어야 한다. 매년 10% 정도의 미국 기업이 새로운 마케팅전략을 실행하기 위해 영업조직을 개편하는 것으로 알려져 있다.

거래처관리정책
영업사원이 누구를 접촉하고 어떤 유형의 영업 및 고객서비스 활동을 담당하며 이런 활동이 어떻게 수행되어야 하는가를 구체적으로 명시한 정책

거래처관리정책의 개발 영업계획 수립의 세 번째 과제는 영업사원이 누구와 접촉하고 어떤 종류의 영업 및 고객서비스 활동을 담당하며 이러한 활동이 어떻게 수행되어야 하는지를 구체적으로 명시한 **거래처관리정책**(account management policies)을 개발하는 것이다. 이 정책은 고객사의 구매조직에서 누구와 접촉해야 하는지, 고객 유형에 따라 어느 정도의 영업 및 서비스 노력을 기울여야 하는지, 영업 방문 도중 또는 그전에 어떤 정보를 수집해야 하는지에 관한 행동지침을 제시해준다. 영업기회의 수준 및 기업의 경쟁적 영업 포지션을 기준으로 거래처를 분류하여 차별적으로 관리하는 거래처관리정책의 예는 도표 18-4와 같다.

영업사원은 자신이 담당하는 거래처의 유형에 따라 해당 거래처에게 어느 정도의 영업 및 서비스 노력을 기울여 어떻게 대응해야 하는지에 관한 지침을 세울 수 있다. 도표 18-4의 유형 1과 2에 해당하는 거래처에게는 방문빈도와 더불어 1회 방문 시의 상담시간을 늘려야 한다. 유형 3에 속하는 거래처에는 방문빈도를 감소시키고, 유형 4의 거래처에는 직접방문보다는 전화나 이메일을 이용하여 접촉한다. 예를 들어, 유니온퍼시픽철도(Union Pacific Railroad)는 소규모 거래처 2만 개에 대한 영업을 텔레마케팅 프로그램으로 전환하고, 사후 설문조사를 실시하여 만족도를 비교했다. 흥미롭게도 유니온퍼시픽의 영업에 대한 노력이 '매우 효과적'이라고 응답한 거래처가 전에는 67%였는데, 텔레마케팅으로 전환한 후에는 84%로 나타났다.

영업계획 실행: 계획을 행동으로 실천하기

영업계획을 실행하려면 몇 가지 실무 과제들을 해결해야 한다. 영업계획 수립에서 '올바르게 일하기'에 초점을 맞춘다면, 실행(implementation)에서도 '올바르게 일하기'를 강조해야 한다. 영업계획을 실행하는 것과 관련된 세 가지 주요 과제는 ① 영업인력의 모집과 선발, ② 영업인력 훈련, ③ 영업인력의 동기유발과 보상이다.

영업인력의 모집과 선발 영업사원의 효과적인 모집과 선발은 영업관리에서 가장 중요한 과제 중 하나다. 영업관리의 첫 단추가 바로 기업이 요구하는 영업직의 유형에 맞는 사람들을 찾는 일이기 때문이다. 영업인력의 모집과 선발의 실무는 영업직이 주문접수형이냐, 주문획득형이냐에 따라 달라진다. 따라서 영업사원의 직무를 상세히 분석하여 직무명세를 작성하고 여기에 적합한 직무요건을 파악한 후 모집과 선발을 시작해야 한다.

직무분석(job analysis)이란 특정 영업직의 업무가 어떤 과업으로 구성되며 이러

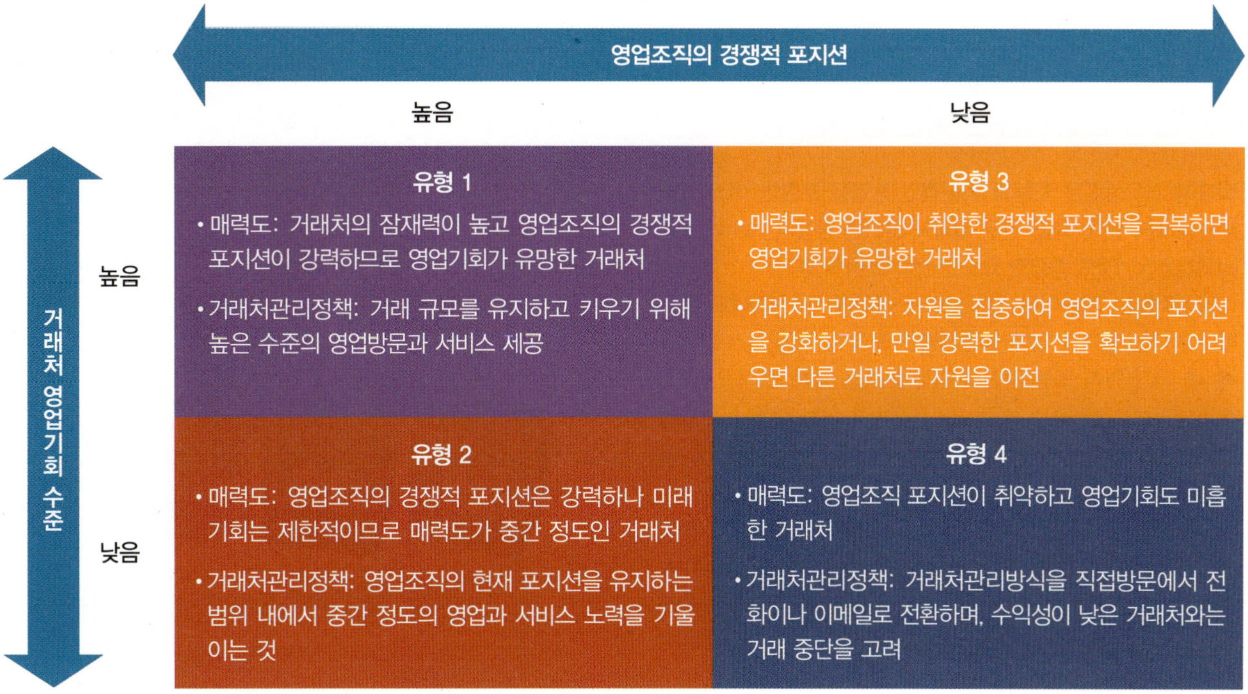

도표 18-4 영업기회의 수준과 영업조직의 경쟁적 포지션에 따른 고객의 분류와 거래처관리정책

한 과업들이 어떻게 수행되어야 하는지를 연구하는 것이다. 직무분석을 통해 얻은 정보는 직무명세(job description)를 작성하는 데 사용된다. 직무명세는 각 영업직에서 요구되는 업무관계와 요건을 정의한 문서로 ① 영업사원이 누구에게 보고를 하고, ② 다른 부서직원과 어떻게 협조하며, ③ 어떤 고객을 담당하고, ④ 구체적으로 무슨 활동을 하며, ⑤ 업무의 정신적·신체적 부담은 어느 정도이고, ⑥ 어떤 종류의 상품과 서비스를 팔아야 하는지가 적시되어있다.

직무명세를 작성했다면 직무자격(job qualifications)에 관한 지침이 도출된다. 직무자격은 업무를 성공적으로 완수하기 위해 필요하다고 생각되는 적성, 지식, 능력 및 다양한 행동적 특징을 포함한다. 주문획득형 영업직에게 필요한 직무자격은 구매자의 기대를 충실히 반영할 수 있는 능력일 것이다. 이것은 구체적으로 ① 독창성과 문제해결능력, ② 투철한 업무윤리, ③ 정직성, ④ 철저한 제품지식, ⑤ 효과적인 의사소통 및 청취능력, ⑥ 구매자의 욕구와 고객충성도에 민감하게 반응하여 주의를 기울이고 사후지원에 세심하게 임하는 자세 등이 될 것이다. 기업은 영업사원 지원자들을 평가하는 데 다양한 방법을 사용한다. 흔히 사용되는 방법으로는 면대면 개인면접, 추천서 검증, 지원서상의 배경정보 검토가 있다.

훌륭한 영업사원이란 고도의 감성지능을 갖춘 사람이다. **감성지능**(emotional intelligence)은 자신의 감정을 이해하고 일상적으로 상호작용하는 다른 사람들의 감정에 공감하는 능력을 말한다. 이러한 자질은 적응형 영업에서 중요하며, 주문획득 영업사원들의 성과가 사람마다 다른 이유를 설명해준다. 여러분의 감성지능은 어느 정도인가? '마케팅의 힘' 박스를 읽고 자신의 감성지능을 검사해보자.

감성지능
자신의 감정을 이해하고 일상적으로 상호작용하는 다른 사람들의 감정에 공감하는 능력

영업인력 훈련 영업사원의 모집과 선발이 일회성 행사라면 영업인력의 훈련은 신규 및 숙련 영업사원 모두를 대상으로 진행되는 지속적인 활동이다. 영업훈련은 단순한 영업 실무 이상의 것을 포함한다. 가령 IBM의 글로벌 서비스 부문에서 컨설팅 및 다양한 정보 기술 서비스를 파는 영업사원들은 자문형 영업기법과 더불어 사업의 기술

마케팅의 힘 | 기술

여러분의 감성지능은 어떤 종류인가?

직장에서의 성공은 지능과 기술적인 능력을 포함한 여러 가지 재능에 좌우된다. 최근 연구 결과에 따르면 감성지능(emotional intelligence, EI)도 중요한 요소인 것으로 밝혀졌다.

감성지능은 지능이나 전문성보다 성과에 대한 기여도가 두 배나 높다는 증거가 있다. 감성지능은 크게 ① 자기 동기부여 능력, ② 자기 인식 또는 자신의 감정을 아는 능력, ③ 자신의 감정과 충동을 관리하는 능력, ④ 공감능력 또는 다른 사람들이 느끼는 감정을 감지하는 능력, ⑤ 사회성 또는 다른 사람의 감정을 처리할 수 있는 능력으로 구분된다.

여러분의 감성지능은 어떤 종류인가? 감성지능을 테스트할 수 있는 웹사이트(http://globalleadershipfoundation.com/get/eitest.html)에 방문하여 40개의 짧은 질문에 답해보자. 각 차원의 감성지능에서 어떤 점수를 받았는지 알면 이에 관한 통찰력을 얻을 수 있을 것이다.

Courtesy of DTS International

적 특징에 관한 최소 2주간의 집합 교육 및 인터넷 훈련을 받는다.

신규 영업사원 훈련에는 많은 비용이 소요된다. 미국에서 영업사원 훈련을 위해 고용주가 부담하는 비용은 연간 150억 달러를 상회한다. 현장훈련(OJT)이 가장 보편적으로 사용되는 교육방법이며, 그다음으로 숙련된 영업사원들이 신규 영업사원을 개별적으로 지도하는 방법이 많이 사용된다. 이외에도 공식적인 강의, 영업훈련 전문의 세미나, 컴퓨터 기반 훈련도 빈번하게 사용된다.

영업인력의 동기유발과 보상 영업계획의 성공적인 실행은 영업사원들에게 얼마나 강력한 동기를 부여하느냐에 달려 있다. 영업사원의 직무동기는 ① 명확한 직무명세, ② 효과적인 관리체계, ③ 개인적인 성취욕, ④ 적절한 보수와 인센티브 및 포상에 의해 결정된다.

보상(compensation)은 중요한 동기요인으로, 영업사원의 노력에 대해 어떻게 금전적인 보상을 제공할지 세심하게 설계해야 한다. 영업사원에게 보수를 지급하는 방법에는 ① 고정급, ② 수수료, ③ 급여와 수수료의 혼합형 등 세 가지가 있다. 고정급 보상제(straight salary compensation plan)란 영업사원에게 일주일이나 한 달 또는 1년 단위로 고정된 급여를 지급하는 것을 말한다. 수수료 보상제(straight commission compensation plan)는 영업사원이 창출한 매출이나 이익과 직접적으로 연계하여 보수를 제공하는 방법이다. 예를 들어 보험설계사가 2%의 수수료를 받는다고 하면, 그가 10만 달러짜리 생명보험을 판매할 경우 2,000달러의 수수료를 받을 수 있다. 혼합형 보상제(combination compensation plan)는 일정한 기본급에 수수료를 추가하여 보수를 지급하는 방법이다.

세 가지 방법 모두 장단점이 있다. 고정급 보상제는 관리가 용이하고 영업사원의 영업노력을 경영진이 효과적으로 통제할 수 있다. 그러나 매출을 증대시키려는 영업사원의 동기가 약해진다는 단점이 있다. 이 방법은 영업사원이 고객서비스나 사후지원 같은 비영업활동에 시간을 많이 할애할 필요가 있을 때 사용된다. 수수료 보상제는 영업사원이 영업노력을 극대화하도록 자극하는 반면, 고객서비스 기능은 약화시키게 된다. 이 방법은 비영업활동이 최소한으로 요구될 때 유용하다. 혼합형 보상제는 고정급 보상제와 수수료 보상제의 단점은 빼고 장점만 취하는 보상방법으로, 영업사원들이 가장 선호하는 것으로 알려져 있다.

비금전적인 보상은 영업사원이 목표를 달성하거나 초과할 때 제공한다. 여기에는 해외여행, 명예의 전당 헌정, 영업왕 시상, 표창장 등이 포함된다. 화장품기업 메리케이(Mary Kay)는 실적이 탁월한 영업사원들에게 분홍색 신형 캐딜락(Cadillac), 뷰익(Buick), BMW 등 자동차나 보석류 같은 이례적인 보상을 제공한다.

메리케이는 훌륭한 영업사원들을 독려하기 위해 분홍색 자동차와 같이 독특하면서도 이례적인 보상을 제공한다. 자동차에 사용된 색상은 기업의 고유색이다.

Courtesy of Mary Kay, Inc.

영업사원의 모집, 선발, 훈련, 동기유발, 보상 프로그램은 모두 효과적으로 실행되어야 강하고 생산적인 영업조직이 만들어진다. 이러한 과정이 효과적이지 못하면 영업인력의 이직률이 올라가 영업관리비용도 커지는 결과가 초래된다. 영업사원이 이탈하면, 그가 담당하던 고객의 영업기회 손실이 불가피하며 이를 대체하기 위해 새 영업사원을 뽑고 훈련시키는 비용이 발생한다. 또 신규 영업사원은 숙련된 영업사원에 비해 영업생산성이 떨어지기에 전반적인 영업력이 약화될 수밖에 없다.

영업인력 평가: 실적의 측정

영업관리과정의 마지막은 영업인력을 평가하는 것이다. 이 단계에서 영업사원은 거래처관리정책을 충실히 준수하고 영업목표를 달성했는지에 관한 평가를 받는다. 영업 성과는 영업활동의 상이한 차원을 반영하는 정량지표와 행동지표를 사용하여 평가된다.

정량평가 정량평가(quantitative assessment)에서는 영업계획에서 수립한 영업노력의 투입 및 산출과 관련된 목표가 기준이 된다. 투입과 관련된 지표는 고객방문, 영업비용, 거래처관리정책 이행처럼 영업사원이 실제로 수행한 활동에 초점을 맞춘다. 구체적으로 고객방문 횟수, 영업활동을 위한 비용의 지출, 상사에게 제출한 보고서 횟수가 흔히 사용된다.

산출지표로는 판매할당이 주로 사용된다. **판매할당**(sales quota)은 일정 기간 동안 영업사원, 영업팀, 영업소, 영업구역 등이 달성해야 하는 구체적인 영업목표를 반영한다. 전형적인 판매할당 목표로는 판매액, 판매량, 전년 동기 대비 신장률, 품목별 매출, 신규 거래처 창출, 수익기여도가 있다. 판매할당의 달성 정도는 월 단위, 분기 단위, 반기 단위, 연 단위로 평가된다.

판매할당
일정 기간 동안 영업사원, 영업팀, 영업소, 또는 영업구역이 달성해야 하는 구체적인 영업목표

행동평가 행동평가(behavioral evaluation)에서는 정성적 지표를 사용하여 영업사원의 행동을 평가한다. 행동지표에는 영업사원의 태도, 고객에 대한 민감성, 제품지식, 영업 및 의사소통 능력, 외모, 전문가다운 품행 등이 있다. 이러한 평가지표는 주관적이기 때문에 명확한 측정이 어렵다고 해도, 영업사원을 평가할 때 빼놓을 수 없는 부분이기도 하다. 정성적 요인이 고객만족에 영향을 미치고, 궁극적으로는 정량적 성과를 결정하기 때문이다.

현재 고객만족을 영업사원 성과의 중요한 행동지표로 사용하는 미국 기업은 약 60%에 이르고 있다. 화학기업 이스트만(Eastman)은 영업인력이 고객만족에 초점을 두어 치열하게 헌신한 결과로 명예로운 말콤 볼드리지 국가품질상(Malcolm Baldrige National Quality Award)을 수상하게 되었다. 이스트만은 여러 버전의 고객만족 설문지를 9개 국어로 만들어 전 세계 주요 고객을 대상으로 정시·정확 배송, 제품 품질, 가격 관행, 시장정보의 공유 등 성과 문항 25개에 대한 응답 결과를 분석한다. 영업사원은 이 분석 결과를 고객과 함께 검토하며 개선점을 모색한다. 이스트만의 영업훈련 이사는 "영업사원이 해야 하는 두 번째로 중요한 일은 고객에게 만족도 설문지를 전달하고 받아오는 일입니다. 물론 첫 번째로 중요한 일은 주문을 획득하는 것입니다"라고 말한다.

평가를 목적으로 영업사원의 성과를 지속적으로 추적하는 마케팅계기판을 사용하는 기업들이 점차 늘고 있다. 이러한 기업의 한 예는 '마케팅계기판' 박스에 설명되어있다.

고객관계관리시스템(CRM)과 기술은 컴퓨터, 정보기술, 통신기술, 인터넷 기술을 결합하여 영업과 영업관리 기능을 변화시키고 있다. 미국 기업들은 CRM 활용에 매년 370억 달러 이상을 지출하고 있다.

©shironosov/iStock/Getty Images

고객관계관리시스템

고객관계관리시스템(customer relationship management, CRM)과 기술의 발달로 인적판매와 영업관리에 혁명적인 변화가 일어나고 있다. 컴퓨터, 정보기술, 통신기술, 인터넷기술의 융합은 많은 기업의 영업과 영업관리기능을 변화시키고 있다. 고객관계관리시스템과 기술로 고객정보와 영업 정보를 하나의 데이터베이스로 통합하여 영업사원과 영업관리자가 개별 고객 및 거래처와의 관계를 좀 더 쉽게 접근하여 분석하고 관리할 수 있게 되었다. 고객관계관리시스템과 기술은 거래관계를 개선하여 고객에 대한 가치를 창출하고 신규고객 유치와 기존고객 유지를 보조하여 기업에게 수익성 있는 영업 성장을 성취하는 것을 목표로 설계되었다.

고객관계관리시스템과 기술은 기업의 욕구에 맞춰 수립되어야 한다. 일반적으로 이러한 시스템과 기술에서는 업무 흐름의 과정을 자동화하고, 영업자동화, 마케팅자동화, 고객서비스 및 지원자동화에 초점을 맞추고 있다.

영업자동화 고객관계관리시스템과 기술을 가장 기본적이면서 보편적으로 활용하는 방법이 바로 영업과 영업관리에 적용하는 것이다. **영업자동화**(salesforce automation, SFA)란 다양한 첨단기술을 사용하여 영업기능을 보다 효과적이며 효율적으로 수행하는 것을 의미한다. 영업자동화는 다양한 형태로 구현된다. 영업자동화의 예로는 하드웨어와 소프트웨어를 이용한 거래처의 개발과 분석(예: 거래처의 구매이력과 선호도), 시간관리, 주문 처리, 배송, 사후지원, 제안서 작성, 제품 및 영업교육 등을 수행하는 것을 들 수 있다. 이러한 작업들을 자동화하면 영업사원은 더 많은 시간을 고객과 관계를 맺고 그들과 함께 해결책을 찾고 서비스를 제공하는 데 사용할 수 있다.

> **영업자동화**
> 다양한 첨단기술을 이용하여 영업기능을 보다 효과적이며 효율적으로 수행하는 것

영업제안 하드웨어와 소프트웨어도 또 다른 활용의 예이다. 도시바(Toshiba) 미국 법인의 의료시스템 부문에서 일하는 영업사원들은 랩톱 컴퓨터를 이용하여 도시바의 컴퓨터단층촬영(CT)과 자기공명영상(MRI) 스캐너와 같은 첨단 의료장비의 성능과 작동과정을 고객에게 쌍방향으로 생생하게 보여준다. 고객은 이러한 컴퓨터기

마케팅계기판

영업사원의 성과를 추적하고 평가하기

미국 중서부에 소재한 무어켐(MooreChem)은 청소화학제와 위생용품을 공급하는 대규모 화학기업이다. 무어켐의 고객은 사무용 건물을 청소하는 빌딩관리기업들이다.

무어켐은 최근 영업관리 및 거래처관리를 계획해주는 소프트웨어 패키지를 설치했다. 이 소프트웨어에는 영업사원 개개인에 대한 계기판이 들어있다. 이 계기판에는 영업수익, 총마진, 영업비용, 이익, 평균 주문량, 신규고객 유치, 고객만족도 등의 일곱 가지 지표가 나타난다. 계기판에는 영업사원이 각 지표의 목표치에 비해 어느 정도의 성과를 달성하고 있는지가 보여진다.

도전

최근 무어켐의 영업관리자로 승진한 여러분의 임무는 판매구역에 속한 영업사원 각각의 성과를 추적하여 영업활동과 업무의 방향을 제시해주는 것이다.

여러분은 조만간 여러분이 관리하는 영업사원 중 한 명인 브래디 보일(Brady Boyle)에 대한 성과평가를 실시하기로 예정되어 있다. 보일의 직전 분기 성과를 표시해주는 계기판을 검토하고, 그의 성과가 향상될 수 있도록 건설적인 의견을 제시해야 한다.

발견

브래디 보일의 분기 성과는 아래 표에 나타난다. 보일은 영업수익, 영업비용, 고객만족의 세 가지 측정치에서 목표를 초과 달성했으며 이것은 상승 추세를 보이고 있다. 또 신규고객 유치와 평균 주문량에 대한 목표도 충족시켰다. 그러나 총마진과 이익에서는 목표치에 미달되는 것으로 나타났다. 또한 이 측정치는 하향 추세를 보이고 있다. 여러분은 영업관리자로서 브래디 보일의 엇갈린 성과를 건설적이고 긍정적인 방향으로 교정할 의무를 갖고 있다.

행동

브래디 보일도 자신의 계기판에 접속할 수 있기 때문에, 본인의 성과가 목표치와 비교하여 어느 정도인지 이미 알고 있다. 앞에서 설명했듯 보일은 판매목표를 초과 달성했으나 이익목표는 미달되는 것으로 나타났다. 성과 추세에서도 판매는 상승세지만, 이익은 하락세로 나타났다.

이러한 성과가 나타난 이유를 알기 위해서는, 보일의 총마진과 영업비용의 성과와 추세에 주목할 필요가 있다. 분석 결과, 보일은 마진이 낮지만 주문량이 큰 상품을 판매하는 데 많은 시간과 비용을 들이고 있는 것으로 나타났다. 보일은 영업노력의 초점을 고객에게 많이 판매하는 것에 두고 있었다. 유감스럽게도 제품믹스가 총마진이 낮은 방향으로 편중되어 낮은 이익이 나타나게 된 것이다.

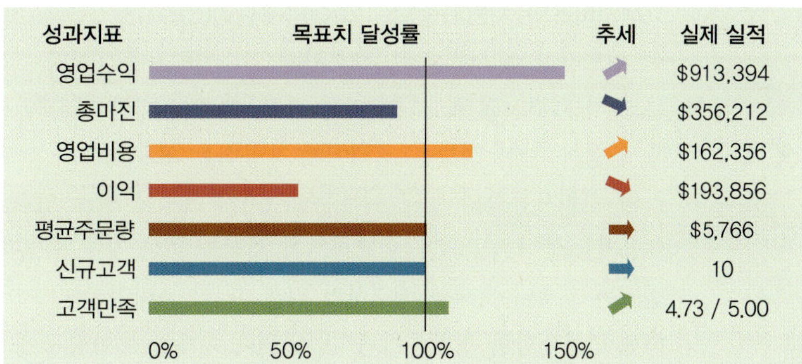

술 덕분에 정교한 3차원 동영상으로 제품이 작동하는 과정을 볼 수 있으며, 검사 결과를 고해상 스캔 화면과 비디오 제작물로 직접 확인해볼 수 있다. 심지어 영업사원이 만족스러워하는 고객이 도시바 제품을 어떻게 사용하여 좋은 성과를 거두고 있는지를 증언하는 장면도 보여주어 확신을 이끌어낸다. 도시바는 이 같은 기술을 활용하여 고객에 대한 영업제안뿐만 아니라 영업사원의 훈련에서도 크게 효과를 보고 있다.

마케팅자동화 고객관계관리시스템과 기술을 보다 정교하게 활용하는 방법이 바로 마케팅자동화이다. 마케팅자동화(marketing Automation)는 시스템과 기술을 사용하여 영업사원에게 정보를 제공하는 것이다. 마케팅자동화는 고객단서로부터 적격 가망고객을 파악하고, 특정 고객에 대한 사전 접근과 실제 접근전략을 마련하며,

도시바 미국 법인의 의료시스템 부문에서 일하는 영업사원들은 영업자동화를 위한 영업제안 도구와 훈련 장비를 활용하여 효과를 보고 있다.

(both): Source: Toshiba America Medical Systems

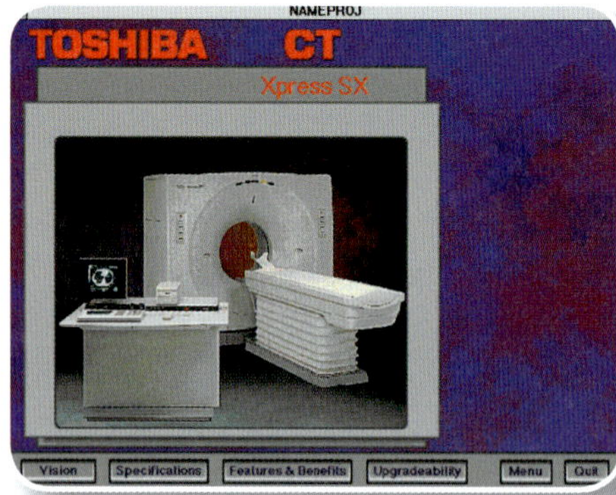

고객의 구매과정을 추적하고, 신규 및 기존 고객에게 기업의 제품과 서비스를 상향판매하거나 교차판매할 수 있는 기회를 모색하는 데 사용된다.

마케팅자동화는 정교한 분석기법과 컴퓨터 소프트웨어를 필요로 한다. 마케팅자동화의 한 예로는 소셜미디어, 이메일, 웹사이트의 추적 암호를 이용해 제품이나 서비스에 관심을 표명한 접속자의 행동을 추적하여 구매의향을 측정하는 것을 들 수 있다. 고객단서와 가망고객을 그들의 행동을 토대로 점수를 매기고, 이 점수를 기준으로 할 때 표적고객으로 판명되면 맞춤형 제품과 서비스정보를 소셜미디어와 이메일로 자동 발송하는 것이다. 만약 여러분이 온라인에서 어떤 제품이나 서비스를 검색한 후 곧바로 해당 제품이나 서비스의 공급업체로부터 메시지를 받았다면, 마케팅자동화가 작동하는 현장을 목격한 것이다.

고객서비스와 지원자동화 고객관계관리(CRM)시스템과 기술을 활용하는 세 번째로 두드러진 방법이 바로 고객서비스와 지원자동화이다. 고객서비스와 지원자동화는 설치, 수리, 교체, 보충, 기술 지식, 제품에 대한 기술적 전문지식 등과 같은 판매 후 활동에 관한 정보를 고객에게 제공하는 프로세스와 기술로 구성된다. 고객서비스와 지원자동화의 성공 여부는 두 가지 특징에 달려 있다. 하나는 '실시간 채팅'의 이용가능성, 다른 하나는 고객문제 해결을 위한 창구를 통합해 단일화했는지다. 이전에는 고객이 문제를 해결하기 위해 한 회사 내의 여러 서비스 및 지원인력과 접촉하면서 불편함을 경험해야 했다. 그러나 이제는 통합창구에 연락해서 실시간 채팅을 하며 문제해결에 도움을 받을 수 있다.

고객관계프로세스와 기술은 영업이 이루어지고 영업사원이 관리되는 방식을 확실하게 변화시키고 있다. 미국 기업들은 CRM을 활용하는 데 연간 370억 달러 이상을 지출하고 있다. 앞으로 CRM 기술 활용이 영업생산성을 향상하고 고객관계를 개선하며 영업비용과 고객서비스비용을 절감시켜는 효과를 나타낼 것으로 전망된다. 이같이 CRM 기술이 인기를 끌고 있음에도, 미국 내에서 절반가량의 고위 영업 및 마케팅 임원들은 CRM 프로세스와 기술이 아직 최대한의 잠재력을 발휘하고 있다고 생각하지 않는다.

학습리뷰

1. 영업목표의 세 가지 유형은 무엇인가?
2. 영업조직을 구성할 때 사용하는 세 가지 요인은 무엇인가?
3. 감성지능은 어떻게 적응형 영업과 연관되는가?

마케팅지식 적용해보기

1. 제인 도슨(Jane Dawson)은 저가 증권사 찰스슈왑(Charles Schwab)의 신입 영업사원이다. 제인은 잠재고객을 탐색하기 위해 경제신문 〈월스트리트저널〉의 구독자 주소 목록을 구매하고 이들에게 전화를 걸어 저가 중개서비스에 관심이 있는지 문의했다. 또 그들에게 주식을 갖고 있는지, 기존에 거래하는 증권사가 있는지를 구체적으로 물어보았다. 만약 고정적으로 거래하는 증권사가 없는 사람들에게는 투자욕구에 대해 질문했다. 첫 통화를 하고 이틀 후, 제인은 다시 전화하여 투자 상담을 해주면서 자사에서 계좌를 개설할 생각이 없는지 물어보았다. 이러한 제인의 행동을 인적판매과정의 관점에서 설명해보자.
2. 카펫 제조회사 존슨(Johnson)은 50년 동안 사업을 하면서 처음으로 가정용 카펫을 생산하게 되었다. 현재 영업사원은 지역별로 조직되어있다. 지난 50년간 카펫 매출에서 많은 비중을 차지한 고객들은 산업사용자, 병원, 학교, 건축회사였다. 이들은 제품 계열을 확장하여 바닥에 까는 융단, 중동풍 카펫, 벽에 장식하는 카펫 등을 새로 개발하였다. 이들의 현재 영업조직구조는 이러한 변화에 적합한가? 만약 아니라면 어떤 대안을 제시하겠는가?
3. 다음에 나열된 영업직들을 주문접수자와 주문획득자의 척도에서 어디쯤에 표시하겠는가? (a) 버거킹 계산대 점원, (b) 자동차보험 판매원, (c) HP 컴퓨터 판매원, (d) 생명보험 설계사, (e) 구두판매원.

   주문접수자 ———————————————— 주문획득자

4. 다음 두 기업의 상황을 고려하여 각각에 적합한 영업사원 보상제도를 제시하고 그렇게 답한 이유를 설명해보자. (a) 영업사원이 소비자의 가정을 직접 방문하여 잔디관리 장비를 판매하는 신생기업, (b) 소비자 대상으로 광고한 제품을 슈퍼마켓에서 판매하기 위해 영업사원이 슈퍼마켓을 방문하여 점포구매위원회에 제안하고 진열대를 확보하며 선반을 정리하는 역할을 수행하는 식품 분야의 대기업 나비스코(Nabisco).
5. 어떤 사람이 “영업사원의 성과는 오로지 매출로만 평가해야 한다”라고 주장했다고 가정해보자. 이 주장에 대한 여러분의 생각은 어떠한가?

마케팅계획 세워보기

여러분의 마케팅계획에 인적판매활동이 포함되는가? 만약 그렇다면 다음 질문에 답변해보자.

1. 여러분의 제품이나 서비스의 가망고객을 파악해보자.
2. 가망고객에 대한 어떤 정보를 얻어야 하는지 결정해보자.
3. 해당 가망고객에게 어떻게 접근할 것인지 설명해보자.
4. 여러분의 제품과 서비스를 가망고객에게 설명할 수 있는 영업제안을 제시해보자.
5. 여러분의 영업인력에게 적합한 조직구조(지역별, 제품별, 고객별)에 초점을 맞추고 세부적인 영업계획을 수립해보자.

비디오 케이스 18 제록스: 인적판매를 통한 고객관계 구축

> **Video 18-2**
> **Xerox Video Case**
> kerin.tv/cr8e/v18-2

“저는 우리 팀의 쿼터백입니다. 제가 담당하는 거래처는 250곳이며 제품 판매부터 대금 청구, 서비스 문제까지 모든 일을 관리합니다. 이 고객들에게는 제가 바로 회사의 얼굴입니다.” 워싱턴에 있는 제록스(Xerox)의 영업사원 앨리슨 카포셀라(Alison Capossela)가 한 말이다.

앨리슨은 고객에 대한 회사의 일차 접점으로, 고객관계를 개발하고 유지할 책임을 진다. 그녀는 정교한 영업과정을 통해 영업제안, 교육훈련 참여, 영업팀의 인력관리, 경쟁사 동향 감지 등의 다양한 활동을 한다. 앨리슨은 이 중에서 고객과 얼굴을 맞대고 상호작용하는 것을 가장 가치 있는 활동으로 여긴다. 그녀는 “고객과 얼굴을 마주 대하며 상호작용하는 것은 놀라운 경험입니다. 고객들이 도전적일수록 나는 더 치열하게 맞대응하는데 정말 재미있습니다”라고 설명한다.

회사 소개

제록스의 사명은 “고객의 업무과정과 사업 성과를 개선시켜주는 문서기술과 제품, 그리고 서비스를 지속적으로 선도하여 사람들이 일을 더 편하고 쉽게 하도록 도와주는 것”이다. 제록스는 사명을 실현하기 위해 160여 개국에 13만 명에 이르는 직원을 고용하고 있다. 세계 시장을 선도하는 문서관리회사로 〈포춘〉 500대 기업에 속한다. 이들은 프린터, 복사기, 팩스기, 복합기기, 네트워크장비, 고속컬러 인쇄기, 디지털 이미지 현상 및 저장기기 등의 기계에서 토너, 종이, 잉크 등의 소모품에 이르기까지 다양한 제품과 서비스를 판매하고 있으며 전사적으로 고객지향과 종업원 중심의 핵심가치(예: 우리는 만족한 고객을 통하여 성공한다)를 추구하며 혁신, 속도, 적응에 대한 열정을 강조한다.

제록스의 영업과정

10여 년 전 제록스는 자문형 영업방식으로 전환하기 시작했다. 단지 고객 사무실에 더 많은 장비를 설치하는 것에서 탈피하여 고객이 가진 사업상 문제를 해결하도록 도와주는 것에 초점을 두도록 한 것이다. 이러한 영업방식의 전환은 영업사원들이 제품지향 영업에서 관계지향 및 가치지향 영업으로 변화해야 한다는 것을 의미한다. 한 마디로 제록스는 '종합 솔루션 제공자'가 되길 원한 것이다.

오늘날 제록스는 고객관계 개발을 위해 대부분의 시간을 할애하는 영업전문가를 세계적으로 8,000명 이상 보유하고 있다. 앨리슨은 "내 하루 업무시간의 50%는 고객과 함께 보내며, 25%는 전화나 이메일에 대한 응답 처리, 나머지 25%는 영업제안서를 작성하는 데 보낸다"라고 말했다. 이런 접근방법 덕분에 제록스는 신규고객을 유치하는 동시에 기존고객을 보존할 수 있었다.

Source: Xerox

제록스가 신규고객을 유치하는 영업과정은 도표 18-2에서 보여준 인적판매과정의 여섯 단계를 충실히 따르고 있다. ① 제록스는 광고, 고객 소개 및 전화상담에 대한 반응을 분석하여 잠재고객을 파악한다. ② 영업사원은 잠재고객의 상황과 문서관리 욕구를 숙지하며 영업제안서를 준비한다. ③ 가망고객에게 접근하여 회의일정 및 영업제안 기회를 제시한다. ④ 영업사원은 영업제안에 있어 제록스가 제공할 수 있는 잠재적인 솔루션을 요약 설명하고, 제록스의 제품과 서비스가 어떻게 운영될 것이며, 제록스와 함께 일함으로써 얻는 혜택이 타사를 통해 얻는 것과 비교가 안 된다는 것을 강조한다. ⑤ 영업사원은 영업종결을 위한 조치를 취한다(구두나 문서로 구매 확약을 받아냄). ⑥ 고객 사무실에 설치된 제록스 솔루션이 효과적으로 작동하도록 지원하고 점검하기 위해 고객과 지속적으로 의사소통을 하고 만난다.

제록스는 기존고객과의 관계를 유지하기 위해서도 위와 같은 영업과정을 사용한다. 오늘날의 경쟁적인 환경에서 경쟁사가 제록스의 고객에게 접근해와서 유혹하는 일은 비일비재하다. 특히 계약 갱신이 다가온 고객은 경쟁 입찰이 이루어지도록 경쟁사에게 응찰할 것을 제안하기도 한다. 제록스도 경쟁사와 경쟁제품에 대한 정보를 수집·분석하는 팀을 운영한다. 이들이 수집한 정보는 영업사원에게 전달되며, 워크샵과 세미나에서 논의되기도 한다. 제록스의 입장에서 가장 상대하기 어려운 경쟁사는 제록스처럼 고객관계에 투자를 많이 하는 기업들이다. 제록스는 이 같은 영업과정을 효과적으로 활용하여 새로운 정보에 지속적으로 반응하고 대처함으로써 시장에서 발생하는 기회를 신속하게 포착하고 있다.

제록스의 영업관리과정

제록스의 영업인력은 크게 미국과 캐나다를 포함하는 북미 지역, EU 회원국을 비롯해 17개국이 포함된 유럽 지역, 복수의 지역에서 활동하는 대형 거래처를 관리하는 글로벌시장, 그 밖에 다른 모든 지역을 포괄하는 개도국 시장으로 구분된다. 각 시장 내에서 제록스 제품과 서비스는 대부분 직영 영업사원을 통해 판매된다. 이외에도 제록스는 재판매업자, 독립 대리상, 딜러, SI업체, 전화, 인터넷 판매경로 등의 다양한 경로를 활용하고 있다.

동기유발과 보상은 영업인력관리에서 중요한 요인이다. 영업사원에게 커다란 인센티브로 작용하는 것은 승부에 대한 열정이다. 더불어 보상제도도 영업 추진력에 큰 힘을 더해준다. 제록스는 우수한 성과를 거둔 영업사원들을 프레지던트 클럽으로 선발하고, 이들에게는 부상으로 세계 최고의 휴양지 중 한 곳으로 5일간 여행을 떠날 수 있는 혜택을 준다. 이 포상제도는 큰 효과를 거두어 30년 이상 이어지고 있다.

아마도 제록스의 영업관리과정에서 가장 잘 알려진 요소는, 영업인력에 대한 훈련 프로그램일 것이다. 미국 고객운영의 사장 케빈 워렌(Kevin Warren)은 "제록스는 고객과 대화할 수 있는 노련한 사업가를 채용하고자 노력합니다"라고 말한다. 또 "우리의 가치명제는 고객의 사업 운영을 돕는 문서관리를 책임지는 것이기 때문에, 자문능력이 우수하고 사업감각이 뛰어난 영업사원을 찾고 있습니다"라고 설명한다.

제록스는 영업사원이 자문형 영업을 배울 수 있게 돕는 "창조하고 승리하라"라는 프로그램을 만들었다. 이 프로그램은 쌍방향 훈련 강좌와 원격 학습인 웨비나(Webinar)로 구성되어있다. 제록스의 신규 영업사원은 누구나 8주에 걸친 역량 개발 훈련을 받아야 하는데, 여기에는 현장훈련과 더불어 버지니아주에 있는 제록스 사내 대학에서의 교육이 포함된다. 앨리슨은 "이 훈련 프로그램은 경이로운 경험"이었다고 말한다. 이러한 훈련과 고객에 초점을 맞추는 일은 영업조직을 벗어나 전사적으로 강조되는 제록스 문화의 일부분이다. 모든 고위급 중역은 최소 한 명 이상의 고객을 책임지고 맡아서 일하도록 요구받는다. 한 달 중 하루는 종일 고객의 전화와 문의에 응답해야 한다.

제록스 영업인력의 미래 전망

제록스가 성장하고 또 성공하면서 영업사원의 경력에 대한 기회도 풍부해지고 있다. 이들은 우수한 영업사원들의 경력 개발을 가속화시키며, 멘토링제도를 운영하여 영업사원에게 일상적 현안과 장기적 경력 계획에 대한 조언을 제공해준다. 글로벌화가 제록스에서 중요한 화두로 부각되면서, 숙련되고 훌륭한 영업사원들에게 글로벌한 대규모 거래처를 맡을 기회가 빠르게 주어지고 있다. 제록스는 영업사원들에게 거래처와 관련된 의사결정 권한을 많이 위임한다. 고객 수가 많다는 것은 그만큼 고객 구성이 다양하며 이질적이라는 사실을 의미한다. 이러한 고객들과의 관계를 가장 잘 관리할 수 있는 사람은 바로 담당 영업사원이다. 이와 같은 분권적 접근방법은 고객가치 창출을 통해 고객관계를 구축하려는 제록스의 의지를 보여주는 사례라고 할 수 있다.

질문

1. 제록스는 어떻게 인적판매를 통하여 고객가치를 창출하는가?
2. 앨리슨 카포셀라는 어떻게 제록스 고객들에게 해결책을 제공하는가?
3. 제록스의 영업사원 훈련 프로그램이 회사의 성공에 중요한 이유는 무엇인가?

찾아보기

ㅅ

ㅇ

ㅈ

ㅊ

ㅋ

ㅌ

ㅍ

ㅎ

기타

책을 만든 사람들

저자

Roger A. Kerin
서던메소디스트대학교 교수

Steven W. Hartley
덴버대학교 교수

역자

김성영
방송통신대학교 경영학과 교수

임채운
서강대학교 경영학부 교수

채명수
한국외국어대학교 경영학과 교수

강민정
목포대학교 경영학부 교수

배정호
충남대학교 경영학부 교수

송상연
동덕여자대학교 국제경영학과 교수

8판
KERIN 핵심마케팅

2021년 2월 22일 초판 인쇄 | 2021년 2월 26일 초판 발행
지은이 Roger A. Kerin 외 | **옮긴이** 김성영 외 | **펴낸이** 류원식 | **펴낸곳** 교문사
편집부장 모은영 | **책임진행** 이정화 | **디자인** 신나리 | **본문편집** 종이비행기

주소 (10881)경기도 파주시 문발로 116 | **전화** 031-955-6111 | **팩스** 031-955-0955
홈페이지 www.gyomoon.com | **E-mail** genie@gyomoon.com
등록 1960. 10. 28. 제406-2006-000035호
ISBN 978-89-363-2074-4(93320) | **값** 37,000원